Der Prüfungsausschuss des Aufsichtsrates

Claus Buhleier/Arno Probst/Christoph Schenk (Hrsg.)

Der Prüfungsausschuss des Aufsichtsrates

Praxisleitfaden für Finanzexperten und Aufsichtsräte

4., überarbeitete und aktualisierte Auflage

Schäffer-Poeschel Verlag Stuttgart

Herausgeber:

Dr. Claus Buhleier, WP/StB/CPA, Partner, Center for Corporate Governance,
Frankfurt und Mannheim;
Dr. Arno Probst, WP/StB, Partner, Leiter Center for Corporate Governance, Hamburg;
Christoph Schenk, WP/StB, Managing Partner Audit & Assurance Deloitte Deutschland, München;
alle Deloitte GmbH Wirtschaftsprüfungsgesellschaft

Bibliografische Information der Deutschen Nationalbibliothek

Die Deutsche Nationalbibliothek verzeichnet diese Publikation in der Deutschen
Nationalbibliografie; detaillierte bibliografische Daten sind im Internet über
http://dnb.dnb.de/ abrufbar.

Print:	ISBN 978-3-7910-5405-6	Bestell-Nr. 20470-0003
ePub:	ISBN 978-3-7910-5406-3	Bestell-Nr. 20470-0101
ePDF:	ISBN 978-3-7910-5405-6	Bestell-Nr. 20470-0153

Claus Buhleier/Arno Probst/Christoph Schenk (Hrsg.)
Der Prüfungsausschuss des Aufsichtsrates
4. Auflage, September 2022

© 2022 Schäffer-Poeschel Verlag für Wirtschaft · Steuern · Recht GmbH
www.schaeffer-poeschel.de
service@schaeffer-poeschel.de

Bildnachweis (Cover): © amriphoto.com, fotolia

Produktmanagement: Anna Pietras
Lektorat: Isolde Bacher, text_dienst, Stuttgart

Schäffer-Poeschel Verlag Stuttgart
Ein Unternehmen der Haufe Group SE

Geleitwort

Den nationalen wie den EU-Gesetzgeber zeichnet seit mehr als 20 Jahren für den Bereich der Corporate Governance ein im Gesellschaftsrecht ungewöhnlicher Handlungsdrang aus: Im Jahr 1998 wurde mit dem »Gesetz zur Kontrolle und Transparenz im Unternehmensbereich (KonTraG)« die, aktuell mit der gesetzlichen Normierung des FISG fortgesetzte, Reformwelle eingeläutet. Seither sind die diesbezüglichen Reformen und Reformansätze kaum mehr zu überblicken.

Die Leitgedanken des Gesetzgebers für den Bereich der Corporate Governance werden im Kern von zwei Ideen maßgeblich beeinflusst: Zum einen sieht sich der Gesetzgeber in die Pflicht genommen, moderne gesetzliche Rahmenbedingungen für ein nachhaltig effizientes Zusammenwirken von Vorstand, Aufsichtsrat und Abschlussprüfer zu schaffen. Die historisch begründete Renaissance des Gedankens aus den 30er-Jahren des letzten Jahrhunderts vom Abschlussprüfer als »Hilfsorgan des Aufsichtsrats« erweist sich dabei zumindest als mitverantwortlich für die zentralen rechnungslegungs- und abschlussprüfungsbasierten Überlegungen des Gesetzgebers. Mit der Rückübertragung der Kompetenz für die Auswahl, Beauftragung und Vergütung des gesetzlichen Abschlussprüfers auf den Aufsichtsrat wurden diese Maßnahmen eingeleitet, mit der Konkretisierung der Prüfungsaufgaben, der Berichtspflichten und der Diskussions- und Redebereitschaft weitere Details normiert. Die Organisation und Detaillierung der Tätigkeiten des Prüfungsausschusses durch das FISG erscheinen in dieser Denkrichtung ebenso als weiteres Umsetzungselement wie die jüngsten Vorgaben zur Besetzung, Qualifikation, Fortbildung und Haftung der Finanzexperten.

Zum anderen aber ist sich der nationale Gesetzgeber seiner zunehmend internationalen Einbettung bewusst, teilweise wird er, auch mit Unterstützung der EU-Kommission und anderer internationaler Corporate Governance-Verantwortlicher, immer wieder darauf hingewiesen. Wenn und soweit ein modernes System der Unternehmungsführung und -überwachung auch ein international anerkanntes sein soll (oder gegebenenfalls: sein muss), dann liegt die zweite handlungsweisende Idee auf der Hand: Da zumindest in Zentraleuropa, nicht nur in Deutschland, Varianten des Vorstands-/Aufsichtsratsmodells dominieren und zudem traditionell auf hierarchische, also gesetzliche Regelungen für die Organisation und Verfassung der großen Kapitalgesellschaften vertraut wird, muss eine legislatorische Brücke zwischen diesen Ansätzen und dem angelsächsischen Board-Modell, das hinsichtlich der näheren Ausgestaltung überwiegend dem Spiel der Marktkräfte überantwortet ist, geschaffen werden.

Auf Initiative der EU-Kommission bildet der historisch durch die 8. EU-Abschlussprüferrichtlinie eingeforderte Prüfungsausschuss bzw. die entsprechende Organverantwortung des Aufsichtsratsplenums ein solches systemübergreifendes Element der Corporate Governance. Die Chancen dieses Ansatzes sowie der weiteren Detaillierungsvorgaben liegen für mich in einer breiten Diskussion und praxisgerechten Umsetzung des Konzeptes unter Berücksichtigung der unterschiedlichen Rahmenbedingungen in den einzelnen Ländern, in unserem Fall für die Bundesrepublik Deutschland.

Für diese gebotene wie nötige Diskussion sind innovative Überlegungen und Konzepte erforderlich, zahlreiche hilfreiche wie weiterführende Beispiele dazu liefern die Diskussionsbeiträge, Praxisberichte, Anregungen und konkreten Hilfestellungen in diesem längst etablierten Leitfaden. Nicht geringe Risiken des im Kern »transatlantischen Imports« des »audit committee«-Konzeptes im Rahmen des angelsächsischen Board-Modells mit seiner gemeinsamen Führungs- und Überwachungsverantwortung sehe ich allerdings in einer immer weiterschreitenden Imitation des US-amerikanischen bzw. angelsächsischen Vorbilds. Die große Verantwortung des in kapitalmarktorientierten Gesellschaften erforderlichen Prüfungsausschusses (bzw. der entsprechenden Organverantwortung) liegt nicht in der organisatorischen Umsetzung oder kompetenziellen Ausgestaltung im Detail: Die nationale »Hausaufgabe«, die der Gesetzgeber allen betroffenen Gesellschaften, ihren Organen sowie den jeweils involvierten Abschlussprüfern mit den Neuregelungen aufgibt, betrifft die passgenaue und originäre Übertragung und Sicherstellung der damit überantworteten Aufgaben, Prüfungsverantwortlichkeiten und personellen Anforderungen. Kein geringes Pflichtenheft, dessen zielführende Umsetzung die Kenntnisse, Fähigkeiten und auch Verantwortung aller Beteiligten fordert. Der Praxisleitfaden liefert dazu – nunmehr bereits in vierter, deutlich erweiterter und vollständig aktualisierter Auflage – eine verlässliche Hilfestellung und Diskussionsunterstützung: Die effiziente und jeweils passgenaue Umsetzung ist und bleibt aber den involvierten und beauftragten Personen überantwortet.

München, 01.07.2022   *Univ.-Prof. (em.) Dr. Dr. Manuel René Theisen*
Geschäftsführender Herausgeber der Fachinformation
»Der Aufsichtsrat«

Vorwort zur 4. Auflage[1]

Jüngste Entwicklungen in der Unternehmenspraxis sowie die gerade für die Arbeit von Prüfungsausschüssen bedeutsamen regulatorischen Neuerungen durch das im Sommer 2021 in Kraft getretene Gesetz zur Stärkung der Finanzmarktintegrität (FISG) haben eine frühzeitige Überarbeitung des vorliegenden Praxisleitfadens für Finanzexperten und Aufsichtsräte notwendig gemacht. Die positive Aufnahme der ersten drei Auflagen am Markt, bei den Lesern und bei den Rezensenten, hat bestätigt, dass zur Unterstützung effektiver Prüfungsausschusstätigkeit eine praxisorientierte Handreichung einen wertvollen Beitrag leisten kann, die orientiert an den spezifischen Aufgaben und Sonderthemen eines Prüfungsausschusses relevante Fragen aufzeigt und praktische Hinweise enthält. Im Rahmen der aktuellen Überarbeitung wurde alle Beiträge durchgesehen und, soweit notwendig, aktualisiert. Das bewährte Konzept wurde beibehalten, aber an verschiedenen Stellen präzisiert und inhaltlich verfeinert. Dementsprechend wurde an der bisherigen Gliederungssystematik festgehalten, diese aber an einigen Stellen erweitert.

Die inhaltlichen Erweiterungen bzw. Neuerungen der 4. Auflage betreffen insb. die folgenden Kapitel:
- Rechtliche Grundlagen (B.I), vollständig neu gefasst
- Grenzen der gesetzlichen Abschlussprüfung (B.III.3), neu hinzugefügt
- Die Besetzung des Prüfungsausschusses (C.I), wesentlich überarbeitet
- Risikofaktoren für Verstöße in der Rechnungslegung und Auswirkungen auf die Tätigkeit des Prüfungsausschusses (D.II), wesentlich überarbeitet
- Überwachung der internen Kontrollsysteme des Unternehmens (D.III.1), wesentlich überarbeitet
- Überwachung der Abschlussprüfung (D.III.3), überarbeitet, inkl. Zusammenarbeit mit dem Abschlussprüfer, Ausschreibung der Abschlussprüfung, Unabhängigkeit und Zusätzliche Leistungen sowie Qualität der Abschlussprüfung
- Die Bedeutung von Prüfungsqualität und ihre Beurteilung (D.III.4), neu hinzugefügt
- Nachhaltigkeit im Rahmen der Überwachung und vorbereitende Prüfung der nichtfinanziellen Erklärung (D.V) sowie Entwicklungen und Ausblick zur Nachhaltigkeitsberichterstattung (F.IV), wesentlich überarbeitet
- Unternehmenstransformation und Auswirkungen auf die Überwachungstätigkeit (F.II), wesentlich überarbeitet
- Digitalisierung und Cyber Security (F.III), wesentlich überarbeitet
- Der Prüfungsausschuss und das Enforcement-Verfahren zur Rechnungslegung (F.VI), neu gefasst

---

[1] Im gesamten Buch wird aus Gründen der besseren Lesbarkeit das generische Maskulinum verwendet. Weibliche und anderweitige Geschlechteridentitäten werden dabei ausdrücklich miteinbezogen und sind gleichermaßen gemeint.

- Der Prüfungsausschuss bei Börsengang und Kapitalmarkttransaktionen (F.IX), neu hinzugefügt
- Die Bedeutung des Prüfungsausschusses für die Qualität der Abschlussprüfung aus Sicht der Tätigkeit der Abschlussprüferaufsichtsstelle (H.III), neu hinzugefügt
- Die Bedeutung des weiteren Finanzexperten für die Aufsichtsratspraxis (H.IV), neu hinzugefügt
- Der Prüfungsausschuss und Nachhaltigkeitsberichterstattung, Praxisinterview (H.V), neu hinzugefügt.

Für die bewährte Praxisorientierung des Werkes wurden die in den verschiedenen Kapiteln enthaltenen »Fragen und Hinweise für die Praxis« überarbeitet, erweitert und auch das Verzeichnis der Fragen am Anfang des Buches ergänzt.

Die Aufgaben des Prüfungsausschusses einer Aktiengesellschaft wurden in Deutschland erstmals mit dem BilMoG 2009 gesetzlich normiert und konkretisiert (§ 107 Abs. 3 Satz 2 AktG). Mit dem FISG wurden im Sommer 2021 weitere wesentliche Veränderungen in der Organisation und Tätigkeit des Prüfungsausschusses selbst wie auch in der Regelung seiner Überwachungsobjekte vorgenommen. Der Prüfungsausschuss hat sich demnach explizit mit der Überwachung des Rechnungslegungsprozesses, der Wirksamkeit des internen Kontrollsystems, des Risikomanagementsystems und des internen Revisionssystems sowie mit der Abschlussprüfung, hier insb. der Auswahl und der Unabhängigkeit des Abschlussprüfers, der Qualität der Abschlussprüfung und der vom Abschlussprüfer zusätzlich erbrachten Leistungen, zu befassen. Weder in der Aufsichtsratspraxis noch in der Fachliteratur ist aber zusammengefasst dargelegt, wie ein Prüfungsausschuss seinen Überwachungsaufgaben tatsächlich am besten gerecht werden kann. Es wurden im deutschen Sprachraum einige umfangreiche Dissertationen zu diesem Thema verfasst, die allerdings naturgemäß nicht anwendungsorientiert ausgerichtet sind. Daneben werden laufend in zahlreichen juristischen und betriebswirtschaftlichen Fachartikeln einzelne Fragestellungen und Probleme des Prüfungsausschusses untersucht. Die allgemeinen Standardwerke zur Aufsichtsratstätigkeit, welche den Aufsichtsrat als Ganzes behandeln, können die Fragen des Prüfungsausschusses nicht in der aktuell notwendigen Tiefe praxisorientiert darstellen. Vor diesem Hintergrund ist es unverändert das Ziel dieses Buches seit der 1. Auflage 2011 und nun 2022 in der 4. Auflage, eine Literaturlücke zu schließen und Prüfungsausschüsse bei ihrer praktischen Tätigkeit zu unterstützen.

Der Praxisleitfaden stellt – ausgehend von den rechtlichen Grundlagen sowie den organisatorischen Fragen – die Aufgaben und Tätigkeiten eines Prüfungsausschusses im Jahresverlauf dar. Konkrete Handlungsempfehlungen und Hilfestellungen stehen hierbei im Vordergrund. Im Anschluss daran werden ausgewählte Einzelfragen der Tätigkeit des Prüfungsausschusses sowie rechtsform- und branchenbezogene Besonderheiten in eigenen Kapiteln dargestellt. Erfahrene Prüfungsausschussmitglieder schildern in gesonderten Abschnitten praktische Erfahrungen und ihre Sicht der Dinge. Das Werk wird abgerundet durch Beiträge zur Wirksamkeit von Prüfungsausschüssen aus der Sicht der Corporate-Governance-Forschung, zu rechtlichen Haftungsfragen und Gerichtsurteilen sowie zu Prüfungsausschüssen in ausgewählten Ländern. Zur Unterstützung der Aufsichtsratspraxis wird den Lesern ein Excel-basierter Tagesordnungsplaner nach E-Mail-Anfrage an ebp@deloitte.de oder die Herausgeber kostenlos zur Verfügung gestellt.

Aufgrund der praxisorientierten Konzeption des Buches ist es besonders für Mitglieder von Prüfungsausschüssen von (börsennotierten) Aktiengesellschaften, aber auch für Mitglieder von anderen vergleichbaren Überwachungsorganen geeignet. Die Regierungskommission Deutscher Corporate Governance Kodex hat in ihrer Arbeit schon im Jahr 2010 die Notwendigkeit der Erhöhung der Qualifikation von Aufsichtsräten betont. Das FISG fördert und fordert ein Fortschreiten der Professionalisierung des Aufsichtsrates, wonach bei Gesellschaften, die Unternehmen von öffentlichem Interesse sind, mindestens ein Mitglied des Aufsichtsrates über Sachverstand auf dem Gebiet Rechnungslegung und mindestens ein weiteres Mitglied des Aufsichtsrates über Sachverstand auf dem Gebiet Abschlussprüfung verfügen muss. Vor diesem Hintergrund spricht sich die Regierungskommission auch 2022 unverändert für Aus- und Fortbildungsmaßnahmen für Aufsichtsräte aus. Aus- und Fortbildungsmaßnahmen für künftige und amtierende Aufsichtsräte sollten fundierte theoretische wie praxisbezogene Informationen vermitteln. Wir glauben, dass dieses Buch für die Begleitung derartiger Aus- und Fortbildungsmaßnahmen oder -seminare hilfreich sein kann.

Der Praxisleitfaden hat seinen inhaltlichen Ursprung in der praktischen Tätigkeit des Deloitte Center für Corporate Governance. Das Deloitte Center für Corporate Governance verknüpft das Wissen Corporate-Governance-erfahrener und im deutschen Rechtsgefüge verankerter Wirtschaftsprüfer mit interdisziplinärem Know-how. Es unterstützt Aufsichtsräte und Prüfungsausschüsse bei ihrer Überwachungstätigkeit durch Informationsangebote und durch die Erarbeitung von konkreten Werkzeugen zur Steigerung der Qualität und Effizienz der Aufsichtsratstätigkeit. Das Center ist in das internationale Deloitte-Netzwerk von Corporate-Governance-Experten eingebunden.

Um eine ausgewogene Sichtweise hinsichtlich der Aufgaben und Tätigkeit des Prüfungsausschusses vermitteln zu können, freut es uns sehr, dass renommierte Prüfungsausschusspraktiker ihre jeweiligen Erfahrungen aus der eigenen Prüfungsausschusstätigkeit in Kurzbeiträgen eingebracht haben. Es hat ein breiter Verfasserkreis, Deloitte-intern wie extern, an diesem Buch mitgewirkt, wir verweisen auf das Autorenverzeichnis. Wir sind allen Autoren für ihre Beiträge zu großem Dank verpflichtet. Die Überarbeitung, Konzeption und Koordination der Neuauflage dieses Buches lag in den Händen von Herrn WP StB CPA Dr. Claus Buhleier und Herrn WP StB Dr. Arno Probst.

Das Manuskript für dieses Werk wurde i.W. im März 2022 abgeschlossen, wobei aber die wesentlichen Punkte des im Juni 2022 bekannt gemachten DCGK 2022 und der politischen Einigung über die EU-Richtlinie zur Nachhaltigkeitsberichterstattung (Corporate Sustainability Reporting Directive, CSRD) nachträglich berücksichtigt wurden. Anmerkungen, Kritik und Verbesserungsvorschläge, aber auch weiterführende Anfragen zur praktischen Arbeit von Prüfungsausschüssen nehmen wir gerne unter den E-Mail-Adressen cbuhleier@deloitte.de bzw. aprobst@deloitte.de entgegen. Wir bedanken uns hierfür sehr herzlich im Voraus.

Die Herausgeber und auch die Autoren schulden weiteren helfenden Händen und Köpfen besonderen Dank. Wir danken für die Unterstützung bei der Koordination des Werkes und die technische Unterstützung bei der Manuskripterstellung insb. unseren Kolleginnen Benita Steuerwald und Marina Abader sowie Herrn Torben Müller.

Beim Verlag Schäffer-Poeschel danken wir Frau Anna Pietras, Frau Marita Mollenhauer und Frau Claudia Knapp für die vielfältige Hilfe und die konstruktive Begleitung bei der Entstehung des Werkes.

Wirksame Prüfungsausschüsse sind ein wichtiger Bestandteil einer »guten« Corporate Governance. Sie tragen wesentlich dazu bei, die Qualität und Zuverlässigkeit der Finanzberichterstattung von börsennotierten Kapitalgesellschaften und anderen Unternehmen, zukünftig zunehmend auch von deren nichtfinanzieller Berichterstattung, sicherzustellen. Die Institution Prüfungsausschuss kann ihr breites Aufgabenspektrum nur durch die praktische Tätigkeit von Aufsichtsräten, d. h. von Personen, erfüllen. Wir hoffen, dass dieses Buch den Mitgliedern von Prüfungsausschüssen und den Aufsichtsräten eine praktische Hilfe bei der Erfüllung ihrer verantwortungsvollen und zunehmend herausfordernden, aber auch spannenden Tätigkeit ist.

Dr. Claus Buhleier   *Dr. Arno Probst*   *Christoph Schenk*

Inhaltsübersicht

11

Inhaltsverzeichnis

Bearbeiterverzeichnis

Kapitel		Bearbeiter
A Einführung		Dr. Claus Buhleier/Dr. Arno Probst
B Aufgaben des Prüfungsausschusses	I Rechtliche Grundlagen	Dr. Nima Ghassemi-Tabar
	II Praktische Kernfragen der Aufgabenerfüllung eines Prüfungsausschusses	Dr. Claus Buhleier/Dr. Arno Probst
	III Abgrenzung der Aufgaben und Verantwortlichkeiten von Aufsichtsrat, Prüfungsausschuss und Abschlussprüfer	Dr. Claus Buhleier/Silke Splinter
C Organisatorische Fragen des Prüfungsausschusses	I Die Besetzung des Prüfungsausschusses	Dr. Arno Probst
	II Einarbeitung neuer Mitglieder	Dr. Arno Probst
	III Informationsversorgung	Silke Splinter
	IV Geschäftsordnung	Dr. Peter Maser
	V Protokolle über die Sitzungen des Prüfungsausschusses	Dr. Peter Maser
D Die Tätigkeit des Prüfungsausschusses im Jahreslauf	I Überblick	Dr. Claus Buhleier/Silke Splinter
	II Risikofaktoren für Verstöße in der Rechnungslegung und Auswirkungen auf die Tätigkeit des Prüfungsausschusses	Dr. Claus Buhleier/Silke Splinter
	III Überwachungsaufgaben	Markus Link/Daniel Oehlmann (D. III.1. a–b) Markus Link/René Scheffler/Daniel Oehlmann (D.III.1.c) Markus Link/Sven Richtering (D.III.1.d) Markus Link/Jan Bracke/Anna Marina Prehn (D.III.1.e) Dr. Claus Buhleier (D.III.2) Dr. Arno Probst (D.III.3) Jens Löffler (D.III.4)

Kapitel		Bearbeiter
	IV Prüfung des Jahresabschlusses	Dr. Claus Buhleier/Silke Splinter
	V Nachhaltigkeit im Rahmen der Überwachung der Unternehmensführung und vorbereitende Prüfung der nichtfinanziellen Erklärung	Sebastian Dingel/Dr. Matthias Schmidt/Daniel Oehlmann
	VI Berichterstattung über die Tätigkeit	Dr. Arno Probst
E Wirksamkeit des Prüfungsausschusses	I Merkmale eines wirksamen Prüfungsausschusses	Dr. Arno Probst
	II Potenzielle Probleme bei Organisation und Tätigkeit des Prüfungsausschusses	Dr. Arno Probst
	III Aus- und Fortbildung	Dr. Arno Probst
	IV Selbstbeurteilung des Prüfungsausschusses	Dr. Arno Probst
F Ausgewählte Einzelfragen der Tätigkeit des Prüfungsausschusses	I Unternehmensstrategie und Unternehmensplanung	Dr. Claus Buhleier/Sarah Luisa Maruhn
	II Unternehmenstransformationen und die Auswirkungen auf die Überwachungstätigkeit	Kai Vogeler/Maya Riedel
	III Digitalisierung	Christian Haas/Kai Vogeler/Maya Riedel
	IV Grundlagen der Nachhaltigkeitsberichterstattung und deren dynamische Weiterentwicklung	Sebastian Dingel/Dr. Matthias Schmidt/Daniel Oehlmann
	V Steuern	Dr. Astrid Bregenhorn-Kuhs/Elisabeth Tedesco
	VI Der Prüfungsausschuss und das Enforcement-Verfahren zur Rechnungslegung	Silke Splinter
	VII Überwachung im Konzern	Dr. Arno Probst
	VIII Der Prüfungsausschuss bei Unternehmenskrisen	Dr. Claus Buhleier/Silke Splinter
	IX Der Prüfungsausschuss bei einem Börsengang	Dr. Claus Buhleier/Andre Konopka/Sarah Kunasingam/Oliver Rattka

Kapitel		Bearbeiter
G Rechtsform- und branchenspezifische Besonderheiten des Prüfungsausschusses	I Besonderheiten bei der SE	Dr. Arno Probst
	II Besonderheiten bei der mitbestimmten GmbH	Dr. Arno Probst
	III Besonderheiten in Familienunternehmen	Dr. Arno Probst
	IV Besonderheiten bei Kredit- und Finanzdienstleistungsinstituten	Prof. Dr. Carl-Friedrich Leuschner
	V Besonderheiten bei Versicherungsunternehmen und Pensionsfonds	Dr. Markus Kreeb
	VI Besonderheiten bei Unternehmen der öffentlichen Hand	Prof. Dr. Carl-Friedrich Leuschner
	VII Besonderheiten bei Immobilienunternehmen	Rolf Künemann
H Erfahrungsberichte von Praktikern	I Das Audit Committee aus der Sicht von Warren Buffett	Dr. Arno Probst/Dr. Claus Buhleier
	II Der Prüfungsausschuss aus der Sicht von Sebastian Hakelmacher	Prof. Dr. Eberhard Scheffler
	III Die Bedeutung des Prüfungsausschusses für die Qualität der Abschlussprüfung aus der Sicht der Abschlussprüferaufsichtsstelle	Michael Sell
	IV Der zweite Financial Expert	Daniela Mattheus
	V Der Prüfungsausschuss und die Nachhaltigkeitsberichterstattung – ein Interview	Karin Dohm
	VI Der Prüfungsausschuss aus Sicht eines Arbeitnehmervertreters	Walter Vogt
	VII Der Prüfungsausschuss des Aufsichtsrates und die Abschlussprüfung aus der Sicht institutioneller Investoren	Ingo Speich
	VIII Der Prüfungsausschuss des Aufsichtsrates und die Abschlussprüfung aus der Sicht eines Stimmrechtsberaters	Katryna Krüger/Thomas von Oehsen

Kapitel		Bearbeiter
I Die Wirksamkeit von Prüfungsausschüssen aus Sicht der empirischen Corporate-Governance-Forschung	I Wissenschaftliche Einordnung	Prof. Dr. Reiner Quick/Dr. Daniela Hohenfels
	II Funktionen von Prüfungsausschüssen	Prof. Dr. Reiner Quick/Dr. Daniela Hohenfels
	III Determinanten der Wirksamkeit von Prüfungsausschüssen	Prof. Dr. Reiner Quick/Dr. Daniela Hohenfels
	IV Stand der Forschung	Prof. Dr. Reiner Quick/Dr. Daniela Hohenfels
	V Zusammenfassung und kritische Würdigung	Prof. Dr. Reiner Quick/Dr. Daniela Hohenfels
J Rechtliche Haftungsfragen und Gerichtsurteile	I Zivilrechtliche Haftung der Mitglieder des Prüfungsausschusses	Dr. Peter Maser
	II Relevanz des Strafrechts für den Prüfungsausschuss	Prof. Dr. Jürgen Wessing/John Paul Fürus
	III Wesentliche Gerichtsentscheidungen für den Aufsichtsrat und den Prüfungsausschuss	Dr. Peter Maser
K Der Prüfungsausschuss in ausgewählten Ländern	I Besonderheiten bei Prüfungsausschüssen in Österreich	Michael Vertneg
	II Besonderheiten bei Prüfungsausschüssen in der Schweiz	Alessandro Miolo/Dr. Ralph Wyss
	III Audit Committees in the United States of America	Krista Parsons/Maureen Bujno
	IV Audit Committees in Great Britain	William Touche/Tracy Gordon
L Fazit und Ausblick		Dr. Claus Buhleier/Dr. Arno Probst

Verzeichnis der Fragen und Hinweise für die Praxis

Abkürzungsverzeichnis

a. A.	anderer Ansicht
AACMI	Association of Audit Committee Members Incorporated
Abb.	Abbildung
ABl.	Amtsblatt
Abs.	Absatz
ACFE	Association of Certified Fraud Examiners
a. E.	am Ende
a. F.	alte Fassung
AFC	Anti-Fraud Collaboration
AG	Aktiengesellschaft(en), Die Aktiengesellschaft (Zeitschrift)
AI	Artificial Intelligence
AiB	Arbeitsrecht im Betrieb
AICPA	American Institute of Certified Public Accountants
AIFM	Alternative Investment Fund Managers
AIFMD	Alternative Investment Fund Managers Directive
AKEU	Arbeitskreis Externe Unternehmensrechnung
AKEIÜ	Arbeitskreis Externe und Interne Überwachung der Unternehmung
AKIR	Arbeitskreis Integrated Reporting und Sustainable Management (Schmalenbach-Gesellschaft für Betriebswirtschaft e. V.)
AktG	Aktiengesetz
AO	Abgabenordnung
AP	Abschlussprüfung
APAB	Abschlussprüferaufsichtsbehörde
APAK	Abschlussprüferaufsichtskommission
APAReG	Abschlussprüferaufsichtsreformgesetz
APAS	Abschlussprüferaufsichtsstelle
APASGebV	Abschlussprüferaufsichtsstellen-Gebührenverordnung
APMs	Alternative Performance Measures
AP-RiLi	Abschlussprüferrichtlinie
APrVO	Abschlussprüferverordnung
AQI	Audit Quality Indicators
AR	Aufsichtsrat
ArbHdb	Arbeitshandbuch
AReG	Abschlussprüfungsreformgesetz
Arg.	Argumentum
ARGA	Audit, Reporting and Governance Authority
Art.	Artikel
ARUG II	Gesetz zur Umsetzung der zweiten Aktionärsrechterichtlinie
AS	Auditing Standard
AT	Allgemeiner Teil

ATAD	Anti-Tax Avoidance Directive
ATX	Austrian Traded Index
Aufl.	Auflage
Az.	Aktenzeichen
BAFA	Bundesamt für Wirtschaft und Ausfuhrkontrolle
BaFin	Bundesanstalt für Finanzdienstleistungsaufsicht
BB	Der Betriebs-Berater (Zeitschrift)
Bd.	Band
BDU	Bundesverband Deutscher Unternehmensberater
BeckOGK	Beck-online Großkommentar
BeckRS	Beck-Rechtsprechung
Begr.	Begründung
BEPS	Base Erosion and Profit Shifting
BGB	Bürgerliches Gesetzbuch
BGBl.	Bundesgesetzblatt
BGH	Bundesgerichtshof
BGHZ	Entscheidungen des Bundesgerichtshofs in Zivilsachen
BilMoG	Gesetz zur Modernisierung des Bilanzrechts (Bilanzrechtsmodernisierungsgesetz)
BJR	Business Judgement Rule
BMF	Bundesministerium der Finanzen
BMJ	Bundesministerium der Justiz
BMJV	Bundesministerium der Justiz und für Verbraucherschutz
BMWK	Bundesministerium für Wirtschaft und Klimaschutz
BörsG	Börsengesetz
BörsO FWB	Börsenordnung der Frankfurter Wertpapierbörse
BörsZulV	Börsenzulassungs-Verordnung
BP	British Petroleum
BR-Drs.	Bundesrats-Drucksache
BSI	Bundesamt für Sicherheit in der Informationstechnik
bspw.	beispielsweise
BT-Drs.	Bundestags-Drucksache
Buchst.	Buchstabe(n)
BVI	Bundesverband Investment
BvR	Aktenzeichen einer Verfassungsbeschwerde zum Bundesverfassungsgericht
bzgl.	bezüglich
bzw.	beziehungsweise
ca.	circa (etwa, ungefähr)
CAE	Chief Audit Executive
CAIM	Common Audit Inspection Methodology
CAM	Critical Audit Matters

CapEx	Capital Expenditures (Investitionsausgaben)
CAQ	Center for Audit Quality (Non-Profit-Organization)
CbCR	Country-by-Country-Reporting
CCO	Chief Compliance Officer
CDAX	Composite Deutscher Aktienindex
CDP	Carbon Disclosure Project (Non-Profit-Organization)
CE	Constituent Entities
CEAOB	Committee of European Auditing Oversight Bodies
CEO	Chief Executive Officer(s)
CERES	Coalition for Environmentally Responsible Economies (Non-Profit-Organization)
CFO	Chief Financial Officer(s)
CISO	Chief Information Security Officer
CMA	Competition and Markets Authority
CMBS	Commercial Mortgage Backed Securities
CMS	Compliance Management System
CO_2	Carbon Dioxide (Kohlendioxid)
COSO	Committee of Sponsoring Organizations of the Treadway Commission
COVID-19	Corona Virus Disease 2019
CPA	Certified Public Accountant (US-amerikanische Berufstitel)
CPAB	Canadian Public Accountability Board
CPA Canada	Chartered Professional Accountants of Canada
CRD	Capital Requirements Directive
CRR	Capital Requirements Regulation (Kapitaladäquanzverordnung)
CSR	Corporate Social Responsibility
CSRD	Corporate Sustainability Reporting Directive (EU-Richtlinie zur Nachhaltigkeits-Berichterstattung)
CSR-RUG	Corporate Social Responsibility-Richtlinien-Umsetzungsgesetz
DAC 6	Directive on Administrative Cooperation 6
DAI	Deutsches Aktieninstitut e. V.
DAX	Deutscher Aktienindex
DB	Der Betrieb (Zeitschrift)
DCGK	Deutscher Corporate Governance Kodex
DCGN	Deutsches Corporate Governance Netzwerk
d. h.	das heißt
DIIR	Deutsches Institut für Interne Revision e. V.
DNK	Deutscher Nachhaltigkeitskodex
DNSH	Do No Significant Harm
D&O Versicherung	Directors-and-Officers-Versicherung
DPR	Deutsche Prüfstelle für Rechnungslegung DPR e. V.
DrittelbG	Gesetz über die Drittelbeteiligung der Arbeitnehmer im Aufsichtsrat (Drittelbeteiligungsgesetz)

DRS	Deutscher Rechnungslegungs Standard
DRSC e. V.	Deutsches Rechnungslegungs Standards Committee, eingetragener Verein
DSCR	Debt Service Coverage Ratio (Schuldendienstdeckungsgrad)
DSGVO	Datenschutz-Grundverordnung
DStR	Deutsches Steuerrecht (Zeitschrift)
E., Entw.	Entwurf
EBA	European Banking Authority
EBITDA	Earnings Before Interest, Taxes, Depreciation and Amortization (Gewinn vor Zinsen, Steuern, Abschreibungen auf Sachanlagen und Abschreibungen auf immaterielle Vermögensgegenstände)
EEA	European Economic Area
EFRAG	European Financial Reporting Advisory Group
e.g.	exempli gratia (zum Beispiel)
EG	Europäische Gemeinschaften; Einführungsgesetz
EGAktG	Einführungsgesetz zum Aktiengesetz
Empf.	Empfehlung
EnEV	Energieeinsparverordnung
EnWG	Gesetz über die Elektrizitäts- und Gasversorgung (Energiewirtschaftsgesetz)
EPSAS	European Public Sector Accounting Standards
ERM	Enterprise Risk Management
ERP	Enterprise Resource Planning Software
ESEF	European Single Electronic Format (ein einheitliches europäisches Berichtsformat)
ESG	Environmental Social Governance
ESMA	European Securities and Markets Authority
et al.	et alii (und andere)
etc.	et cetera (und so weiter)
ETR	Effective Tax Rate (Effektivsteuersatz)
EU	Europäische Union
EU-APrVO	EU-Abschlussprüferverordnung
EU-VO	Verordnung der Europäischen Union
e. V.	eingetragener Verein
EWG	Europäische Wirtschaftsgemeinschaft
EWR	Europäischer Wirtschaftsraum
EZB	Europäische Zentralbank
f.	folgende
FAZ	Frankfurter Allgemeine Zeitung
FCPA	Foreign Corrupt Practices Act
ff.	fortfolgende
FIFO	First in first out (der Reihe nach)

FinDAG	Gesetz über die Bundesanstalt für Finanzdienstleistungsaufsicht (Finanzdienstleistungsaufsichtsgesetz)
FINMA	Eidgenössische Finanzmarktaufsicht
FISG	Finanzmarktintegritätsstärkungsgesetz
Fn.	Fußnote
FRC	Financial Reporting Council
FS	Festschrift
FSB	Financial Stability Board
FTSE	Financial Times Stock Exchange Index
FüPoG	Gesetz für die gleichberechtigte Teilhabe von Frauen und Männern
an Dienst	Führungspositionen in der Privatwirtschaft und im öffentlichen (Führungspositionengesetz)
FWB	Frankfurter Wertpapierbörse
GAAP	Generally Accepted Accounting Principles (US-amerikanische Rechnungslegungsvorschriften
GDPR	General Data Protection Regulation
gem.	gemäß
GenG	Gesetz betreffend die Erwerbs- und Wirtschaftsgenossenschaften (Genossenschaftsgesetz)
GewO	Gewerbeordnung
GewStG	Gewerbesteuergesetz
ggf.	gegebenenfalls
GL	Guideline (Leitlinie)
GloBE	Global Anti-Base Erosion
GmbH	Gesellschaft(en) mit beschränkter Haftung
GmbH & Co. KG	Gesellschaft(en) mit beschränkter Haftung und Compagnie Kommanditgesellschaft
GmbHG	Gesetz betreffend die Gesellschaften mit beschränkter Haftung
GmbHR	GmbH-Rundschau (Zeitschrift)
GRC	Governance, Risk and Compliance
grds.	grundsätzlich
GRI	Global Reporting Initiative
GuV	Gewinn- und Verlustrechnung
GWB	Gesetz gegen Wettbewerbsbeschränkungen
Hbd.	Halbband
HGB	Handelsgesetzbuch
HGrG	Gesetz über die Grundsätze des Haushaltsrechts des Bundes und der Länder (Haushaltsgrundsätzegesetz)
h. M.	herrschende Meinung
Hrsg.	Herausgeber
Hs.	Halbsatz

IAASB	International Auditing and Assurance Standards Board
IAS	International Accounting Standard(s)
IASB	International Accounting Standards Board
ICD	Institute of Corporate Directors
ICFR	Internal Control over Financial Reporting
ICGN	International Corporate Governance Network
ICR	Interest Coverage Ratio (Zinsdeckungsgrad)
ICS	Industrial Control Systems
IDC	Independent Directors Council
i. d. F.	in der Fassung
i. d. R.	in der Regel
IdU	Institut der Unternehmensberater
IDW	Institut der Wirtschaftsprüfer in Deutschland e. V.
IEC	International Electronical Commission
i. e. S.	im engeren Sinne
IFA	Immobilienwirtschaftlicher Fachausschuss
IFIAR	International Forum of Independent Audit Regulators
IFRIC	International Financial Reporting Interpretations Committee
IFRS	International Financial Reporting Standard(s)
IIA	Institute of Internal Auditors
IIR	Income Inclusion Rule
IIRC	International Integrated Reporting Council
IKS	Internes Kontrollsystem
ILO	International Labour Organization
ImmoWertV	Immobilienwertermittlungsverordnung
Inc.	Incorporated (US-amerikanische Unternehmensform)
inkl.	inklusive
insb.	insbesondere
InsO	Insolvenzordnung
InstitutsVergV	Institutsvergütungsverordnung
InvG	Investmentgesetz
IOSCO	International Organization of Securities Commissions
IoT	Internet of Things (Bezeichnung für das Netzwerk physischer Objekte »Things«, die mit Sensoren, Software und anderer Technik ausge stattet sind, um diese mit anderen Geräten und Systemen über das Internet zu vernetzen, sodass zwischen den Objekten Daten ausge tauscht werden können)
IPPF	International Professional Practices Framework
IPO	Initial Public Offering
IPSAS	International Public Sector Accounting Standards
IR	Integrated Reporting
IRS	Internes Revisionssystem

i. S.	im Sinne
ISA	International Standards on Auditing
ISAE	International Standard for Audit Engagements
i. S. d.	im Sinne des/der
ISO	International Standards Organization
ISQM	International Standards on Quality Management
ISS	Institutional Shareholder Services
ISSB	International Sustainability Standards Board
i. S. v.	im Sinne von
IT	Informationstechnologie
i. V. m.	in Verbindung mit
i. W.	im Wesentlichen
Jg.	Jahrgang
Kap.	Kapitel
KAGB	Kapitalanlagegesetzbuch
KAM	Key Audit Matters (besonders wichtige Prüfungssachverhalte)
KfQK	Kommission für Qualitätskontrolle
KGaA	Kommanditgesellschaft auf Aktien
KHGG	Krankenhausgestaltungsgesetz
KMU	Kleine und mittlere Unternehmen
KonTraG	Gesetz zur Kontrolle und Transparenz im Unternehmensbereich
KPI	Key Performance Indicator
KStG	Körperschaftsteuergesetz
KWG	Gesetz über das Kreditwesen (Kreditwesengesetz)
LG	Landgericht
LkSG	Lieferkettensorgfaltspflichtengesetz
LLP	Limited Liability Partnership
lit.	littera (Buchstabe)
LTV	Loan to Value
MaComp	Mindestanforderungen an die Compliance
MaGo	Mindestanforderungen an die Geschäftsorganisation
MAR	Marktmissbrauchsverordnung
MaRisk	Mindestanforderungen an das Risikomanagement
MDAX	Midcap Deutscher Aktienindex
m. E.	meines Erachtens
MFDF	Mutual Fund Directors Forum (Non-Profit-Organization)
Mio.	Million(en)
MitbestG	Gesetz über die Mitbestimmung der Arbeitnehmer (Mitbestimmungsgesetz)
MMVO	Marktmissbrauchsverordnung
MontanMitbestG	Montan-Mitbestimmungsgesetz
Mrd.	Milliarde(n)

m. w. N.	mit weiteren Nachweisen
n/a	not available (nicht verfügbar)
NACD	National Association of Corporate Directors
Nasdaq	National Association of Securities Dealers Automated Quotations (elektronische Börse in den USA)
NEDs	Non-Executive Directors
n. F.	neue Fassung
NFRD	Non-Financial Reporting Directive
NJW	Neue Juristische Wochenschrift
NJW-RR	Neue Juristische Wochenschrift Rechtsprechungs-Report
Nr.	Nummer
NStZ	Neue Zeitschrift für Strafrecht
NVwZ	Neue Zeitschrift für Verwaltungsrecht
NYSE	New York Stock Exchange
NZG	Neue Zeitschrift für Gesellschaftsrecht
o. Ä.	oder Ähnliches
o. D.	ohne Datum
öAktG	Österreichisches Aktiengesetz
OECD	Organization for Economic Co-operation and Development (Organisation für wirtschaftliche Zusammenarbeit und Entwicklung)
ÖCGK	Österreichischer Corporate Governance Kodex
öGenG	Österreichisches Genossenschaftsgesetz
öGmbHG	Österreichisches Gesetz betreffend die Gesellschaften mit beschränkter Haftung
öSEG	Österreichisches Gesetz über das Statut der Europäischen Gesellschaft
öUGB	Österreichisches Unternehmensgesetzbuch
o. g.	oben genannt
OLG	Oberlandesgericht
OpEx	Operational Expenditures (Betriebsausgaben)
OR	Schweizerisches Obligationenrecht
OWiG	Ordnungswidrigkeitengesetz
PAI	Principal Adverse Impact
PCAOB	Public Company Accounting Oversight Board
PIE	Public Interest Entities
PMBOK	Project Management Body of Knowledge
PMI	Project Management Institute
PMO	Project Management Office
PRA	Prudential Regulation Authority
PS	Prüfungsstandard(s)
PublG	Gesetz über die Rechnungslegung von bestimmten Unternehmen und Konzernen (Publizitätsgesetz)

Q&A	Questions and Answers
QMS	Qualitätsmanagementsystem
QS	Qualitätssicherungsstandards
PRI	Principles for Responsible Investment
RAB	Schweizer Revisionsaufsichtsbehörde
RegBegr.	Regierungsbegründung
RegE	Regierungsentwurf
REITs	Real Estate Investment Trusts
RFS	Risikofrüherkennungssystem
RICS	Royal Institution of Chartered Surveyors
RL	Richtlinie(n)
RLCG	Richtlinie betreffend Informationen zur Corporate Governance (Schweiz)
RMS	Risikomanagementsystem
Rn.	Randnummer
RPA	Robotics Process Automation
Rz.	Randziffer
S.	Seite
s. a.	siehe auch
SAG	Gesetz zur Sanierung und Abwicklung von Instituten und Finanzgruppen (Sanierungs- und Abwicklungsgesetz)
SanInsFoG	Sanierungs- und Insolvenzrechtsfortentwicklungsgesetz
SAPIN II	Antikorruptionsgesetz in Frankreich
SAS	Statement on Auditing Standards
SASB	Sustainability Accounting Standards Board
SDAX	Small Caps Index
SDG	Sustainable Development Goals
SE	Societas Europaea
SEAG	SE-Ausführungsgesetz
SEBG	Gesetz über die Beteiligung der Arbeitnehmer in einer Europäischen Gesellschaft (SE-Beteiligungsgesetz)
SEC	United States Securities and Exchange Commission
Sec.	Section
SE-VO	SE-Verordnung
SFDR	Sustainable Finance Disclosure Regulation
SIX	Swiss Exchange
SMI	Swiss Market Index
SOA	Sarbanes Oxley Act
sog.	sogenannt(er)
SOX	Sarbanes-Oxley Act
SPAC	Special Purpose Acquisition Company (Akquisitionszweckgesellschaft)

SPV	Special Purpose Vehicle (Zweckgesellschaft)
SR	Systematische Sammlung des Bundesrechts (Schweiz)
StaRUG	Gesetz über den Stabilisierungs- und Restrukturierungsrahmen für Unternehmen
StGB	Strafgesetzbuch
StPO	Strafprozessordnung
StR	Steuerrecht
StV	Strafverteidiger (Zeitschrift)
s. u.	siehe unten
SWOT	Strengths and Weaknesses, Opportunities and Threats
Tab.	Tabelle
TCFD	Task Force on Climate-related Financial Disclosures
TecDAX	Deutscher Technologieindex
TeGoVA	The European Group of Valuers' Associations
TEPCO	Tokyo Electric Power Company
TLoD	Three Lines of Defence (ein Modell zur systematischen Heran gehensweise an Risiken, die in Unternehmen auftreten können)
TransPuG	Transparenz- und Publizitätsgesetz
Tz.	Textziffer
u. a.	unter anderem
u. Ä.	und Ähnliche(s)
u. E.	unseres Erachtens
UKLA	United Kingdom Listing Authority
UMAG	Gesetz zur Unternehmensintegrität und Modernisierung des Anfechtungsrechts
UN	United Nations
UNEP	United Nations Environment Programme
Unterabs.	Unterabsatz
UPE	Ultimate Parent Entity
Urt.	Urteil
U.S.	United States
UStG	Umsatzsteuergesetz
UTPR	Undertaxed Payments Rule
u. U.	unter Umständen
u.v.m.	und vieles mehr
v.	vom
v.a.	vor allem
VA	Verwaltungsanweisung
VAG	Gesetz über die Beaufsichtigung der Versicherungsunternehmen (Versicherungsaufsichtsgesetz)
VegüV	Verordnung gegen übermässige Vergütungen bei börsenkotierten Aktiengesellschaften (Schweiz)

VerSanG-E	Verbandssanktionengesetz-Entwurf
VersVergV	Verordnung über die aufsichtsrechtlichen Anforderungen an Vergütungssysteme im Versicherungsbereich (Versicherungs-Vergütungsverordnung)
vgl.	vergleiche
VO	Verordnung
VorstAG	Gesetz zur Angemessenheit der Vorstandsvergütung
vs.	versus
VwG	Verwaltungsgericht
WertR	Wertermittlungsrichtlinien
WM	Wertpapier-Mitteilungen, Zeitschrift für Wirtschafts- und Bankrecht
WP	Wirtschaftsprüfer
WPg	Die Wirtschaftsprüfung (Zeitschrift)
WPG	Wirtschaftsprüfungsgesellschaft(en)
WpHG	Gesetz über den Wertpapierhandel (Wertpapierhandelsgesetz)
WPK	Wirtschaftsprüferkammer
WPO	Gesetz über eine Berufsordnung der Wirtschaftsprüfer (Wirtschaftsprüferordnung)
z.B.	zum Beispiel
ZIP	Zeitschrift für Wirtschaftsrecht
ZR	Zivilrecht
z.T.	zum Teil

A   Einführung

Dr. Claus Buhleier/Dr. Arno Probst

Die Überwachung von Unternehmen durch den Aufsichtsrat ist eine komplexe und anspruchsvolle Aufgabe, die in den letzten 20 Jahren, ausgehend von einigen Unternehmenskrisen und spektakulären Bilanzskandalen sowie der weltweiten Finanz- und Wirtschaftskrise, zunehmend in den Fokus der öffentlichen und fachlichen Diskussion gerückt ist. Für Deutschland ist in jüngerer Zeit die wirtschaftsöffentlich intensiv diskutierte Causa Wirecard zu nennen, auf die der Gesetzgeber mit dem Gesetz zur Stärkung der Finanzmarktintegrität (FISG) reagiert hat, mit dem Ziel, das Vertrauen in den deutschen Finanzmarkt und die mit ihm verbundene Regulatorik zu stärken. Gleichzeitig werden zunehmend Problemstellungen, die in der gesellschaftlichen Diskussion zu Recht eine wichtige Rolle spielen – bspw. Geschlechtergleichstellung, Klimaschutz und Nachhaltigkeit oder auch soziale Fragestellungen –, aufgrund der hohen Bedeutung der Wirtschaft und ihrer Akteure, der Unternehmen, zügig auf die Ebene der Unternehmensführung und -überwachung, der Corporate Governance, heruntergebrochen. Initiativen zur Intensivierung der Aufsichtsratstätigkeit gehen dabei einerseits vom nationalen Gesetzgeber, zuletzt durch das FISG, bzw. von der EU-Kommission aus, zum anderen aber auch von den Unternehmen selbst, die eine gute Corporate Governance auch als wertvolles Instrument sehen – nicht nur für ihre Kapitalmarktkommunikation, sondern auch zur Erreichung einer soliden, krisenfesten und damit auch nachhaltigen Unternehmensführung. Dabei folgen sie zunehmend den Forderungen institutioneller Investoren und aktivistischer Aktionäre sowie Proxy-Advisors, die ihre Meinungen über die jeweilige unternehmensspezifische Corporate-Governance-Konstellation deutlich artikulieren und vermehrt ihre Investitionsentscheidungen oder -empfehlungen danach ausrichten. Dieser Trend wird weiter zunehmen.

Eine oft genutzte Möglichkeit, die Tätigkeit des Aufsichtsrates effektiver und effizienter zu gestalten, besteht in der Delegation bestimmter Aufgaben des Aufsichtsratsplenums an Ausschüsse. Besonders qualifizierte Aufsichtsratsmitglieder können sich so in kleinerem Rahmen auf abgegrenzte Themenfelder fokussieren und dadurch für den Aufsichtsrat hochwertige (Vor-)Arbeit leisten. In Ausschüssen kann fachkundig und zielorientiert diskutiert werden, Entscheidungen können schneller vorbereitet werden und es wird eine höhere Vertraulichkeit von Gesprächen, insb. mit Dritten, gewahrt.[1] Für Aufsichtsräte von Gesellschaften, die als Unternehmen von öffentlichem Interesse[2] bezeichnet werden (sog. Public Interest Entities, kurz »PIEs«), wurde im Sommer 2021 durch das FISG die gesetzliche Verpflichtung zur Bildung eines

---

1   Vgl. so schon zur Einführung des BilMoG Koprivica (2009), S. 2.
2   Unternehmen von öffentlichem Interesse sind nach § 316a HGB kapitalmarktorientierte Unternehmen (§ 264d HGB), CRR-Kreditinstitute (§ 1 Abs. 3d Satz 1 KWG) mit Ausnahme derjenigen Institute, die in § 2 Abs. 1 Nr. 1 und 2 KWG und Art. 2 Abs. 5 Nr. 5 der Richtlinie 2013/36/EU genannt sind, sowie Versicherungsunternehmen (Art. 2 Abs. 1 der Richtlinie 91/674/EWG).

Prüfungsausschusses eingeführt. In der Empf. D.3 DCGK 2020 wurde die Einrichtung eines Prüfungsausschusses ohnehin schon empfohlen, und dies entsprach der »Best Practice« in den meisten Unternehmen. Sowohl nach § 107 Abs. 3 Satz 2 AktG als auch nach den Regelungen des DCGK hat sich der Prüfungsausschuss insb. mit der Prüfung der Rechnungslegung, der Überwachung des Rechnungslegungsprozesses, der Wirksamkeit des internen Kontrollsystems, des Risikomanagementsystems und des internen Revisionssystems sowie der Abschlussprüfung, hier insb. der Auswahl und der Unabhängigkeit des Abschlussprüfers, der Qualität der Abschlussprüfung und der vom Abschlussprüfer zusätzlich erbrachten Leistungen, zu befassen. Nach § 107 Abs. 3 Satz 3 AktG kann der Prüfungsausschuss zudem Empfehlungen oder Vorschläge zur Gewährleistung der Integrität des Rechnungslegungsprozesses unterbreiten. Diese Anforderungen an die Tätigkeit des Prüfungsausschusses wurden auch schon in der im Juni 2016 in Kraft getretenen EU-Reform zur Abschlussprüfung genannt. Damit ist das Aufgabenspektrum des Prüfungsausschusses ausgesprochen breit angelegt und umfasst zudem wesentliche und verantwortungsvolle Teilbereiche der Überwachungsfunktion des Aufsichtsrates insgesamt.

Von der Einrichtung eines Prüfungsausschusses versprechen sich Gesetzgeber und Aufsichtsräte i. d. R. eine Erhöhung der Effizienz und Qualität der Überwachungstätigkeit in den genannten Bereichen. Die gesetzlich definierten Rollen des Vorstands, des Aufsichtsrates, des Prüfungsausschusses und des Abschlussprüfers im Rahmen der Aufstellung und Prüfung des (Konzern-) Abschlusses können wie nachfolgend dargestellt schematisch veranschaulicht werden (siehe Abb. 1).

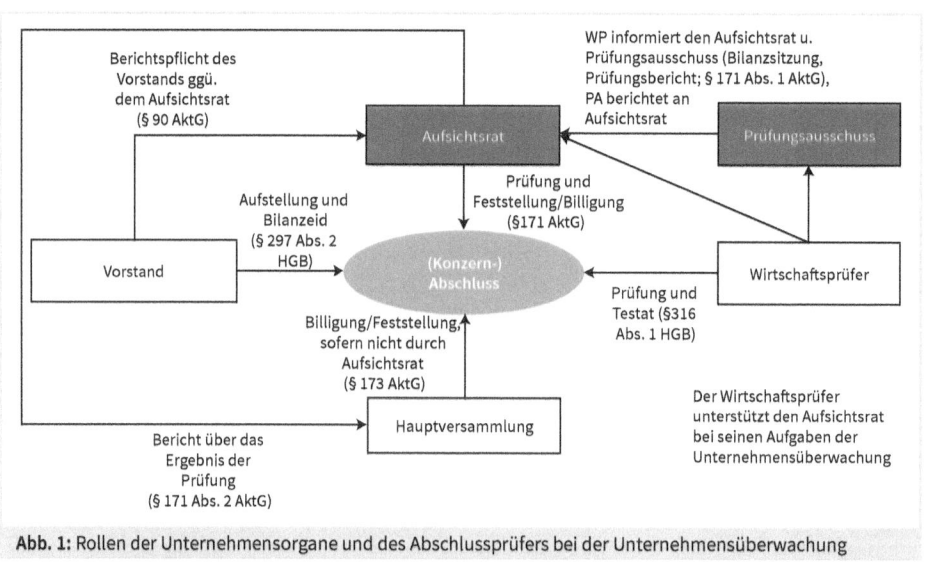

Abb. 1: Rollen der Unternehmensorgane und des Abschlussprüfers bei der Unternehmensüberwachung

Durch das FISG wurde im Sommer 2021 das »erweiterte Ökosystem« der Überwachung der Finanzberichterstattung neu strukturiert. Es kann wie folgt vereinfacht dargestellt werden (siehe Abb. 2).

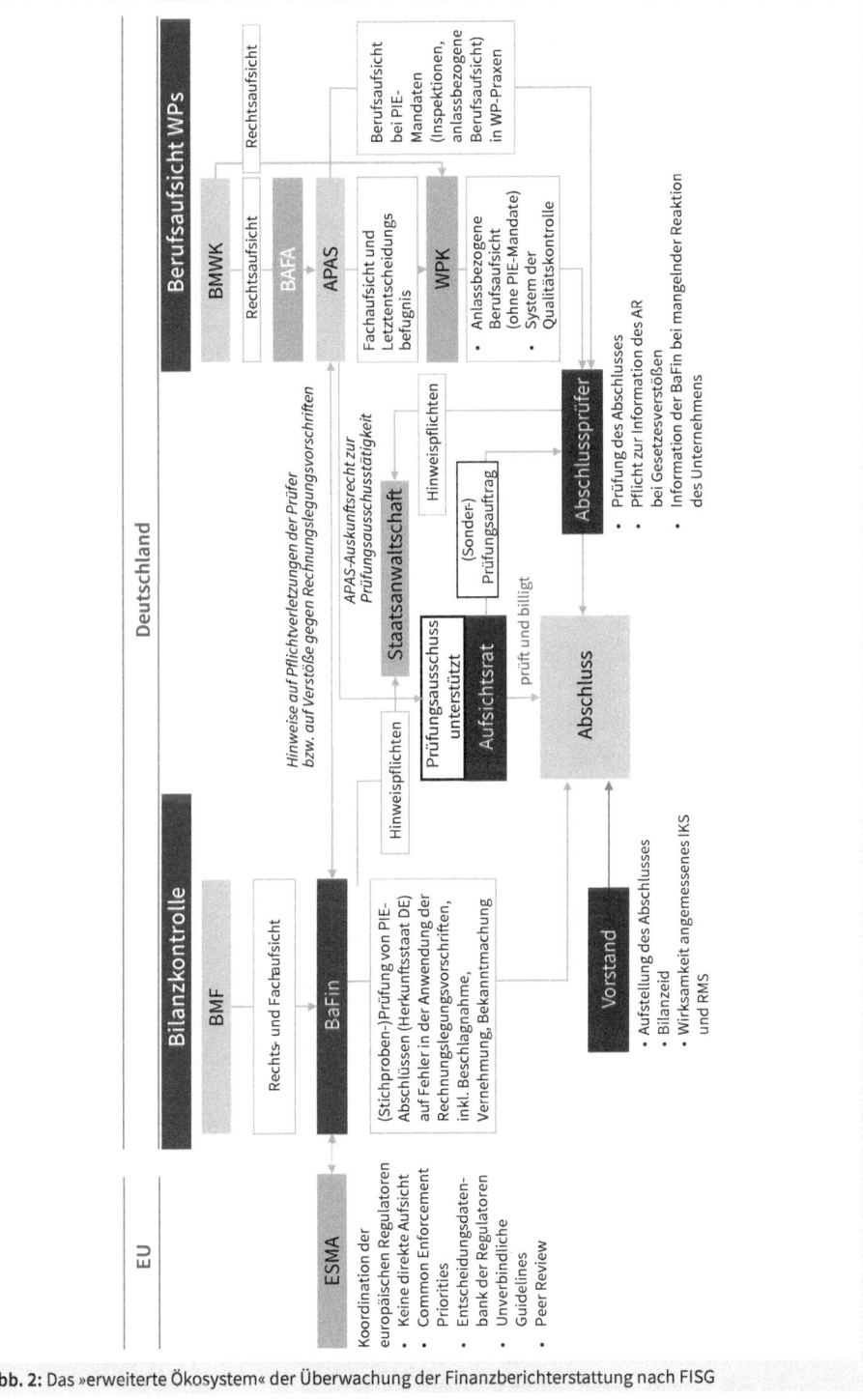

Abb. 2: Das »erweiterte Ökosystem« der Überwachung der Finanzberichterstattung nach FISG

Unverändert ist zunächst der Vorstand für die Ordnungsmäßigkeit der Finanzberichterstattung verantwortlich. Die Ordnungsmäßigkeit und Zweckmäßigkeit der vom Vorstand erstellten Finanzberichterstattung ist vom Aufsichtsrat zu überwachen, der hierbei ganz wesentlich vom Prüfungsausschuss des Aufsichtsrates unterstützt wird. Durch den vom Aufsichtsrat erteilten Auftrag zur gesetzlichen Abschlussprüfung oder durch Sonderprüfungen unterstützt der Abschlussprüfer den Aufsichtsrat sowie den Prüfungsausschuss bei der Aufgabe der Überwachung der Ordnungsmäßigkeit der vom Vorstand erstellten Finanzberichterstattung. Durch das FISG wurde die externe Bilanzkontrolle neu geordnet, die nun durch die Bundesanstalt für Finanzdienstleistungsaufsicht (BaFin) in alleiniger Verantwortung durchgeführt wird. Die BaFin berücksichtigt bei ihren (Stichproben-)Prüfungen von PIE-Abschlüssen deutscher Unternehmen die Leitlinien der Europäischen Wertpapier- und Marktaufsichtsbehörde (European Securities and Markets Authority – ESMA). Durch das FISG wurde auch die Möglichkeit des Informationsaustausches zwischen der BaFin und der Abschlussprüferaufsichtsstelle (APAS) beim Bundesamt für Wirtschaft und Ausfuhrkontrolle (BAFA) wesentlich ausgeweitet. Die APAS übt direkt und indirekt die berufsstandunabhängige Aufsicht über die Abschlussprüfer in Deutschland aus. Nach § 324 Abs. 3 HGB kann die APAS Darstellung und Erläuterung der Tätigkeit des Prüfungsausschusses eines Unternehmens von öffentlichem Interesse verlangen. Ausgeweitet wurden auch die Hinweispflichten durch BaFin und Abschlussprüfer an die Staatsanwaltschaft. Das »erweiterte Ökosystem« der Überwachung der Finanzberichterstattung veranschaulicht eindrucksvoll das durch das FISG veränderte Umfeld, in dem sich Vorstand, Aufsichtsrat, Prüfungsausschuss und Abschlussprüfer bewegen und in dem durch die neu geregelten Kompetenzen der Bilanzkontrolle durch die BaFin sowie durch die Berufsaufsicht über die Wirtschaftsprüfer die Einhaltung der jeweiligen Pflichten sichergestellt werden soll.

Die Anforderungen an die Tätigkeit von Prüfungsausschüssen sind damit zuletzt 2021 durch das FISG wiederum gestiegen, nachdem zuvor mit der EU-Reform der Abschlussprüfung 2016 und mit dem Bilanzrechtsmodernisierungsgesetz 2009 bereits eine deutliche Zunahme bzw. Konkretisierung der Aufgaben erfolgt war.

Das FISG fördert und fordert seit Sommer 2021 ein Fortschreiten der Professionalisierung des Aufsichtsrates und des Prüfungsausschusses, denn starke unternehmensinterne Aufsichtsgremien sind für eine gute Unternehmensführung und -überwachung von grundlegender Bedeutung. Bei Aufsichtsräten von Unternehmen des öffentlichen Interesses reicht bei Neubesetzungen nicht mehr nur ein Mitglied des Aufsichtsrates mit Sachverstand auf den Gebieten der Rechnungslegung oder der Abschlussprüfung. Vielmehr muss künftig mindestens ein Mitglied des Aufsichtsrates über Sachverstand auf dem Gebiet der Rechnungslegung und mindestens ein weiteres Mitglied des Aufsichtsrates über Sachverstand auf dem Gebiet der Abschlussprüfung verfügen. Klargestellt wurde, dass der Aufsichtsrat bzw. der Prüfungsausschuss zusätzlich die Qualität der Abschlussprüfung zu überwachen hat. Ferner haben Mitglieder des Prüfungsausschusses nun ein Direktauskunftsrecht gegenüber leitenden Mitarbeitern. Das FISG hat auch die Teilnahme des Vorstands bei Sitzungen des Aufsichtsrates und des Prüfungsausschusses reguliert, wenn der Abschlussprüfer als Sachverständiger hinzugezogen wird.

Wie die Überwachungsaufgaben durch den Prüfungsausschuss im Einzelnen in der Praxis adäquat auszuführen sind, wird weder im Gesetz noch im DCGK 2022 oder in den EU-Regelungen konkret spezifiziert. Die Operationalisierung der Vorschriften ist jedoch Voraussetzung für eine effektive und effiziente praktische Tätigkeit des Prüfungsausschusses – und für die Einhaltung der ihm zugewiesenen Kompetenzen und Pflichten, gerade wenn der Pflichtenkatalog stetig zunimmt, wie z. B. mit der eigenen Prüfung auch des gesonderten nichtfinanziellen (Konzern-) Berichts (§ 171 Abs. 1 Satz 4 AktG).

Hier setzt das Ziel des vorliegenden Leitfadens an: Auf Basis der aktuellen gesetzlichen Anforderungen und der Regelungen des DCGK werden konkrete Hinweise erarbeitet, die Prüfungsausschüsse dabei unterstützen, ihre Aufgaben effektiv und effizient auszuführen und sich dabei gleichzeitig an Best Practices zu orientieren.

Im Kapitel B werden zunächst die rechtlichen Rahmenbedingungen erläutert, in denen sich der Prüfungsausschuss heute bewegt. Diese beziehen sich insb. auf die Aufgaben des Prüfungsausschusses, die Mindestanforderungen an seine Mitglieder sowie sein Verhältnis zum Aufsichtsratsplenum. Es werden zudem in komprimierter Form die praktischen Kernfragen der Aufgabenerfüllung des Prüfungsausschusses zusammengestellt. Das Kapitel schließt mit einer Abgrenzung der Verantwortlichkeiten des Prüfungsausschusses von denen des Gesamtaufsichtsrates und des Abschlussprüfers sowie einer Darstellung der Grenzen der gesetzlichen Abschlussprüfung.

Nach den grundlegenden Ausführungen befasst sich Kapitel C mit organisatorischen Fragen des Prüfungsausschusses. Diese betreffen u. a. Besetzungsfragen, die Informationsversorgung und Fragen der Geschäftsordnung und des Protokolls. Anschließend wird in Kapitel D ausführlich auf die einzelnen Aspekte der Überwachungstätigkeit eingegangen. Ausgangspunkt hierfür ist eine Zusammenstellung sämtlicher Aufgaben des Prüfungsausschusses. Die Aufgaben des Prüfungsausschusses »Überwachung der internen Kontrollsysteme des Unternehmens«, »Überwachung der Abschlussprüfung« und »Vorbereitende Prüfung des Jahresabschlusses« sowie »Vorbereitende Prüfung der nichtfinanziellen Erklärung« werden praxistauglich aufbereitet und intensiv beleuchtet, ebenso wie der Aspekt der Berichterstattung des Prüfungsausschusses über seine Tätigkeit gegenüber dem Gesamtaufsichtsrat und an die Hauptversammlung. Aufgrund des FISG wurde auch ein Beitrag zur Bedeutung von Prüfungsqualität und deren Beurteilung ergänzt.

Kapitel E befasst sich mit der Wirksamkeit des Prüfungsausschusses, insb. dessen Merkmalen, dessen Organisation, der Aus- und Fortbildung und dessen Selbstbeurteilung.

In Kapitel F werden die Praxishinweise zur allgemeinen Tätigkeit von Prüfungsausschüssen um wichtige ausgewählte Einzelfragen ergänzt, z. B. die Befassung des Prüfungsausschusses mit der Unternehmensstrategie und -planung, den Auswirkungen der digitalen Transformation und Cyber Security, den Entwicklungen bei der Nachhaltigkeitsberichterstattung, der

Überwachung der steuerlichen Verhältnisse, einem Enforcement-Verfahren der BaFin, den Besonderheiten der Überwachungsaufgaben im Konzern, der Überwachungstätigkeit bei Unternehmenskrisen sowie den eigenen Aufgaben bei einem Börsengang.

Rechtsform- und branchenspezifische Besonderheiten, z. B. bei Unternehmen der öffentlichen Hand, Kreditinstituten, Versicherungen und Immobilienunternehmen, werden in Kapitel G dargestellt.

Erfahrene Praktiker bieten im anschließenden Kapitel H mit ihren Erfahrungsberichten wertvolle Einblicke in die Tagesarbeit des Prüfungsausschusses. Enthalten sind Beiträge zum Spannungsfeld von Prüfungsausschuss, Finanzexperte, Wirtschaftsprüfer und Aufsichtsrat, aus Sicht eines Arbeitnehmervertreters, zu den Erwartungen der Abschlussprüferaufsichtsstelle (APAS), zur Sicht auf den Prüfungsausschuss und zu den Erwartungen von institutionellen Investoren oder auch des Stimmrechtsberaters Institutional Shareholder Service (ISS). Abgerundet wird dieses Kapitel durch die »humoristische Sicht« Sebastian Hakelmachers, der sich schon an anderer Stelle kenntnisreich zur »korpulenten Gouvernante« geäußert hat.[3]

Kapitel I widmet sich der Wirksamkeit von Prüfungsausschüssen aus Sicht der empirischen Corporate-Governance-Forschung.

Im Kapitel J werden zivil- und strafrechtliche Haftungsfragen dargestellt, die anhand von aktuellen Gerichtsentscheidungen für den Aufsichtsrat und Prüfungsausschuss illustriert sind. Besonderheiten des Prüfungsausschusses in ausgewählten Ländern werden in Kapitel K aufgezeigt. Dargestellt werden die Besonderheiten der Prüfungsausschusstätigkeit in Österreich, der Schweiz, den USA sowie Großbritannien.

Im abschließenden Kapitel L wird ein Fazit gezogen und ein Ausblick gegeben.

Im Anhang finden sich praktische Hilfestellungen, u. a. für die Durchsicht eines Jahres-/Konzernabschlusses und für das Gespräch mit dem Abschlussprüfer.

Dieses Buch ist als »Praxisleitfaden« konzipiert, um Informationen und Hilfestellung in den Bereichen zu geben, die für die Tätigkeit des Prüfungsausschusses und seiner Mitglieder relevant sind. Das Werk folgt einem Gesamtkonzept. Auch wenn die einzelnen Abschnitte von verschiedenen Autoren stammen, so sind die Beiträge inhaltlich miteinander abgestimmt, um Wiederholungen zu vermeiden. Jeder Abschnitt ist i. d. R. so konzipiert, dass das jeweils behandelte Thema aus sich heraus verständlich ist und Hinweise und Fragen für die Praxis die Ausführungen abrunden. Querverweise sind eingefügt, wo sie zum Verständnis sowie zur Vermeidung von Wiederholungen notwendig sind.

---

3   Vgl. Hakelmacher (2011).

B Aufgaben des Prüfungsausschusses

I   Rechtliche Grundlagen

Dr. Nima Ghassemi-Tabar

1   Gesetzliche Vorgaben

a   Bestellung eines Prüfungsausschusses

Aufsichtsrat in der Aktiengesellschaft

Gemäß § 107 Abs. 3 Satz 2 AktG *kann* (nicht: *muss*) der Aufsichtsrat einen Prüfungsausschuss bestellen, der sich befasst mit

- der Überwachung des Rechnungslegungsprozesses,
- der Wirksamkeit des internen Kontrollsystems,
- dem Risikomanagementsystem,
- dem internen Revisionssystem sowie
- der Abschlussprüfung, hier insb. der Auswahl und der Unabhängigkeit des Abschlussprüfers, der Qualität der Abschlussprüfung und der vom Abschlussprüfer zusätzlich erbrachten Leistungen.

Ob der Aufsichtsrat einen Prüfungsausschuss bildet und mit welchen Aufgaben er diesen betraut, liegt somit **grundsätzlich** allein in seinem Ermessen (Organisationsautonomie des Aufsichtsrates).

Aus der Organisationsautonomie des Aufsichtsrates folgt zudem, dass auch die Aktionäre der Aktiengesellschaft – durch entsprechende Regelungen in der Satzung – ihm nicht vorschreiben können, einen Prüfungsausschuss einzurichten oder – umgekehrt – einen solchen nicht einzurichten. Dasselbe gilt hinsichtlich der Art und des Umfangs der Zuständigkeiten, mit denen der Prüfungsausschuss ausgestattet werden soll.[1] Es obliegt mithin allein dem Aufsichtsrat, nach pflichtgemäßem Ermessen zu entscheiden, ob er zur Steigerung der Effizienz seiner Überwachungstätigkeit einen entsprechenden Prüfungsausschuss einrichtet und mit welchen Kompetenzen er diesen ausstattet.

Der im Zuge des Finanzmarktintegritätsstärkungsgesetzes (FISG) eingeführte § 107 Abs. 4 Satz 1 AktG sieht für den Aufsichtsrat von Gesellschaften, die Unternehmen von öffentlichem Interesse sind, die zwingende gesetzliche Verpflichtung zur Bildung eines Prüfungsausschusses vor. Bei diesen Gesellschaften steht die Entscheidung über die Bildung eines Prüfungsausschusses

---

[1]   Spindler, in: BeckOGK AktG, § 107 Rn. 153.

also nicht mehr im Ermessen des Aufsichtsrates. Die Einrichtung eines Prüfungsausschusses entspricht ohnehin der »Best Practice« in den meisten börsennotierten Unternehmen. Besteht der Aufsichtsrat nur aus drei Mitgliedern, bilden diese Mitglieder künftig auch den Prüfungsausschuss (§ 107 Abs. 4 Satz 2 AktG).

Zwingende gesetzliche Vorgaben zur Einrichtung eines Prüfungsausschusses sehen im Übrigen nur branchenspezifische Spezialregelungen vor, wie etwa § 25d Abs. 9 KWG für Kredit- und Finanzdienstleistungsinstitute. Weiterhin sehen § 27 Abs. 3 MitbestG bzw. § 8 Abs. 2 Montan-Mitbestimmungsgesetz einen Pflichtausschuss bei mitbestimmten Gesellschaften, also auch bei einer mitbestimmten AG, in Form eines sog. Vermittlungsausschusses vor.

Aufgrund des seit 1. Januar 2020 in Kraft befindlichen Gesetzes zur Umsetzung der zweiten Aktionärsrechterichtlinie (ARUG II) bedürfen bestimmte Geschäfte zwischen börsennotierten Gesellschaften mit nahestehenden Personen (sog. Related Party Transactions) der Zustimmung des Aufsichtsrates (§ 111b AktG). Der Aufsichtsrat kann diese Zustimmungsentscheidung auf einen Ausschuss übertragen, wobei dies ein bestehender Ausschuss wie z. B. der Prüfungsausschuss sein kann (§ 111b Abs. 1 Satz 1, 2. Hs. AktG). Da bei der Entscheidungsfindung Aufsichtsräte mit einem Interessenkonflikt hinsichtlich der Related Party Transaction nicht stimmberechtigt sind, muss dem Ausschuss eine ausreichende Zahl von stimmberechtigten Mitgliedern angehören.

Aufsichtsrat bei anderen Gesellschaftsformen

Für andere Gesellschaftsformen gilt das zu dem Prüfungsausschuss in der Aktiengesellschaft Gesagte entsprechend, wenn sie einen Aufsichtsrat haben, dessen Einrichtung von Gesetzes wegen vorgeschrieben ist. Dies gilt allen voran für die mitbestimmte GmbH[2], aber auch für die Kommanditgesellschaft auf Aktien (KGaA)[3], die Societas Europaea (SE)[4] und die in der Rechtsform der GmbH organisierten Kapitalverwaltungsgesellschaften i. S. d. KAGB[5]. Die Aufsichtsräte dieser Gesellschaftsformen entscheiden also wie der Aufsichtsrat einer AG autonom und nach eigenem Ermessen über die Bestellung eines Prüfungsausschusses.

Ähnlich wie § 107 Abs. 4 Satz 1 AktG statuiert auch § 324 Abs. 1 HGB eine wichtige Ausnahme vom Grundsatz der freien Einsetzbarkeit eines Prüfungsausschusses: Demnach müssen kapitalmarktorientierte Kapitalgesellschaften i. S. d. § 264d HGB, die keinen Aufsichtsrat oder Verwaltungsrat haben, der die Voraussetzungen des § 100 Abs. 5 AktG zu erfüllen hat, einen Prüfungsausschuss einrichten, der sich mit den in § 107 Abs. 3 Satz 2 AktG beschriebenen Aufgaben befasst (»isolierter« Prüfungsausschuss).

---

2   § 25 Abs. 1 Nr. 2 MitbestG i. V. m. § 107 Abs. 3 Satz 2, Abs. 4 AktG; § 3 Abs. 2 MontanMitbestG i. V. m. § 107 Abs. 3 Satz 2, Abs. 4 AktG; § 1 Abs. 1 Nr. 3 DrittelbG i. V. m. § 107 Abs. 3 Satz 2, Abs. 4 AktG.

3   § 278 Abs. 3 i. V. m. § 107 Abs. 3 Satz 2, Abs. 4 AktG.

4   Art. 9 Abs. 1 lit. c), ii) SE-VO i. V. m. § 107 Abs. 3 Satz 2, Abs. 4 AktG.

5   § 18 Abs. 2 Satz 1 und 4 KAGB i. V. m. § 107 Abs. 3 Satz 2, Abs. 4 AktG.

Hieraus folgt einerseits, dass kapitalmarktorientierte Kapitalgesellschaften zwingend einen Prüfungsausschuss einrichten müssen, wenn sie überhaupt keinen Aufsichtsrat haben. Andererseits trifft die entsprechende Pflicht auch solche kapitalmarktorientierten Kapitalgesellschaften, die zwar über einen Aufsichtsrat verfügen, in dem jedoch nicht mindestens ein Mitglied über Sachverstand auf dem Gebiet Rechnungslegung und mindestens ein weiteres Mitglied über Sachverstand auf dem Gebiet Abschlussprüfung verfügt (vgl. § 100 Abs. 5 AktG). Hauptanwendungsbereich des § 324 HGB ist die kapitalmarktorientierte mitbestimmungsfreie GmbH[6], erfasst können aber auch kapitalmarktorientierte Personenhandelsgesellschaften, wie etwa die GmbH & Co. KG, sein.

Bei der Pflicht zur Einrichtung eines Prüfungsausschusses sieht das HGB allerdings in § 324 Abs. 1 Satz 2 Nr. 1 bis Nr. 3 drei Ausnahmen vor:
- Kapitalmarktgesellschaften, deren einziger Zweck die Ausgabe von Wertpapieren[7] ist, die durch Vermögensgegenstände besichert sind, also Emittenten von »asset backed securities«. Sie müssen im Anhang darstellen, warum kein Prüfungsausschuss bei ihnen eingerichtet ist.
- Kreditinstitute, die selbst nicht börsennotiert sind und den Kapitalmarkt nur durch Schuldtitel im Nominalwert von maximal 100 Mio. Euro in Anspruch nehmen.[8]
- Investmentvermögen i. S. d. § 1 Abs. 1 des Kapitalanlagegesetzbuchs.

Im Ergebnis kann festgehalten werden, dass für die ganz überwiegende Mehrzahl von Gesellschaften ohne einen Aufsichtsrat keine Pflicht zur Implementierung eines Prüfungsausschusses besteht.

b   Aufgaben des Prüfungsausschusses

Grundsatz
Entschließt sich der Aufsichtsrat gem. § 107 Abs. 3 Satz 2 AktG (also im Rahmen seines Ermessens) zur Bestellung eines Prüfungsausschusses, kann er entweder nur einen Teil der in § 107 Abs. 3 Satz 2 AktG beschriebenen Aufgaben, aber auch weitere Aufgaben dem Prüfungsausschuss übertragen, sofern diese nicht zwingend dem Gesamtaufsichtsrat vorbehalten sind. Die nicht auf einen Ausschuss delegierbaren Aufgaben des Gesamtaufsichtsrates sind in § 107 Abs. 3 Satz 7 AktG aufgezählt. Hierzu gehören:
- Zustimmung zur Zahlung eines Abschlags auf den voraussichtlichen Bilanzgewinn (§ 59 Abs. 3 AktG)
- Erlass einer Geschäftsordnung für den Vorstand (§ 77 Abs. 2 AktG)

---

6   So etwa bei einer GmbH, die über einen fakultativen Aufsichtsrat verfügt, die Satzung jedoch von der Vorgabe in § 52 Abs. 1 GmbHG abweicht, wonach mindestens ein Finanzexperte i. S. d. § 100 Abs. 5 AktG Teil des Aufsichtsrates sein muss; näher Ebke, in: Münchener Kommentar zum HGB, § 324 Rn. 9 ff.

7   Zu diesen Wertpapieren gehören neben Aktien aktienvergleichbare Anteile, Genussscheine, Inhaberschuldverschreibungen etc.

8   Ebke, in: Münchener Kommentar zum HGB, § 324 Rn. 5 ff.

- Bestellung und wiederholte Bestellung eines Vorstandmitglieds (§ 84 Abs. 1 AktG)
- Ernennung und Widerruf der Ernennung zum Vorstandsvorsitzenden (§ 84 Abs. 2 und 3 AktG)
- Entscheidung über die Vergütung des Vorstands (§ 87 Abs. 1 und 2 AktG)
- Prüfung des Jahres- und ggf. Konzernabschlusses, des Lage- und ggf. Konzernlageberichts und des Vorschlags für die Verwendung des Bilanzgewinns sowie Feststellung bzw. Billigung des Jahres- und ggf. Konzernabschlusses (§ 171 AktG)
- Prüfung des Abhängigkeitsberichts und Berichterstattung darüber an die Hauptversammlung (§ 314 Abs. 2 und 3 AktG)
- Beschluss, dass bestimmte Geschäfte der Zustimmung des Aufsichtsrates bedürfen (§ 111 Abs. 4 AktG).

Auch seine allgemeinen Beratungs- und Überwachungsaufgaben darf der Aufsichtsrat nicht pauschal einem (Prüfungs-)Ausschuss übertragen. Darüber hinaus gibt es weitere (ungeschriebene) Zuständigkeiten des Aufsichtsrates, wie die Bildung von Ausschüssen und der Erlass einer Geschäftsordnung sowie die Angabe der Entsprechenserklärung nach § 161 AktG, deren Übertragung auf einen Ausschuss unzulässig ist.[9] Möglich ist aber immer die Vorbereitung von Entscheidungen des Plenums durch einen Ausschuss.[10]

Fraglich ist, ob der vorstehende Grundsatz, wonach es eine Ermessensentscheidung des Aufsichtsrates ist, welche der in § 107 Abs. 2 Satz 3 AktG genannten Aufgaben er an den Prüfungsausschuss delegiert, auch für den zwingenden Prüfungsausschuss gem. § 107 Abs. 4 AktG gilt. Weder die Gesetzesformulierung noch die Gesetzesbegründung zum FISG geben hierauf eine klare Antwort. Nach dem Gesetzeszweck spricht jedoch viel dafür, dass der Prüfungsausschuss bei Gesellschaften, die Unternehmen im öffentlichen Interesse sind, zwingend auch die in § 107 Abs. 3 Satz 2 AktG genannten Aufgaben wahrnehmen muss.

Überwachung des Rechnungslegungsprozesses

§ 107 Abs. 3 Satz 2 AktG nennt als erste Aufgabe des Prüfungsausschusses die Überwachung des Rechnungslegungsprozesses: Der Rechnungslegungsprozess umfasst die Dokumentation der betrieblichen Vorgänge für externe Zwecke, welche letztlich für die Erstellung der regelmäßigen Finanzinformationen, wie den Jahresabschluss, Halbjahresabschluss und Konzernabschluss, notwendig sind. Die Überwachung des Rechnungslegungsprozesses umfasst insb. die Überwachung des Ableitungsprozesses der Rechnungslegung.[11] Als Auslegungshilfe für die im Zusammenhang mit der Überwachung des Rechnungslegungsprozesses anfallenden Aufgaben der Überprüfung des Rechnungslegungsprozesses kann die Empfehlung 2005/162/EG der Kommission (nachfolgend: »AR-Empfehlung«) herangezogen werden, die an börsennotierte Gesell-

---

9   Vgl. Mertens/Cahn, in: Kölner Kommentar zum AktG, § 107 Rn. 175.
10 Hüffer (2021), in: Hüffer/Koch AktG, § 107 Rn. 18.
11 Spindler, in: Spindler/Stilz, AktG, § 107 Rn. 10; Lanfermann/Röhricht (2009), S. 887 (890).

schaften gerichtet und – wie der DCGK – unverbindlich ist.[12] In Anhang 1 der AR-Empfehlung Ziffer 4.2 Abs. 1 ist als Aufgabe des Prüfungsausschusses die »Kontrolle der Verlässlichkeit und Vollständigkeit der von der Gesellschaft vorgelegten Finanzinformationen, insb. durch Über-prüfung der Relevanz und Kontinuität der von der Gesellschaft und ihrer Gruppe angewandten Rechnungslegungsmethoden als Aufgabe des Prüfungsausschusses« genannt. Im weitesten Sinne umfasst diese Kontrollaufgabe also auch die Überwachung der Bilanzierungspolitik des Vorstands, sodass insb. Änderungen von Bilanzierungs- und Bewertungsmethoden mit diesem zu diskutieren sind.[13]

Neben der reinen Überwachung kann der Prüfungsausschuss dem Aufsichtsrat Empfehlungen und Vorschläge zur Gewährleistung der Integrität des Rechnungslegungsprozesses unterbrei-ten (§ 107 Abs. 3 Satz 3 AktG). Die Vorschläge können durch den Aufsichtsrat gegenüber dem Vorstand angebracht werden.[14]

Überwachung der Wirksamkeit des RMS, des IKS und der Innenrevision

Weitere zentrale Aufgabe des Aufsichtsrates – bzw. eines Prüfungsausschusses – ist es, die Wirksamkeit des RMS, des IKS und der Innenrevision zu überwachen. Was unter RMS, IKS und Innenrevision zu verstehen ist, ergibt sich aus dem Gesetz nicht.

Nach der Vorstellung des Gesetzgebers ist unter RMS die systematische Erfassung zumindest derjenigen Risiken zu verstehen, die sich auf die künftige Entwicklung der Vermögens-, Finanz- und Ertragslage des Unternehmens ungünstig auswirken und die Ziele des Unternehmens ge-fährden könnten. Das RMS ist nicht auf die Rechnungslegung beschränkt, sondern allgemeiner Natur.[15] Der Prüfungsausschuss hat daher das im Unternehmen bestehende RMS auf seine Funktionsfähigkeit zu überprüfen.

Hinsichtlich der Bestimmung des IKS hilft die entsprechende Definition in IDW PS 261[16], die wie folgt lautet: »Die von dem Management im Unternehmen eingeführten Grundsätze, Verfahren und Maßnahmen (Regelungen), die gerichtet sind auf die (i) organisatorische Umsetzung der Entscheidungen des Managements, zur Sicherung der Wirksamkeit und Wirtschaftlichkeit der Geschäftstätigkeit, (ii) zur Ordnungsmäßigkeit und Verlässlichkeit der internen und externen Rechnungslegung sowie (iii) zur Einhaltung der für das Unternehmen maßgeblichen recht-lichen Vorschriften.« Der Prüfungsausschuss muss hier insb. die Angemessenheit, Effektivität

---

12   Europäische Kommission (2005): Empfehlung 2005/162/EG der Kommission zu den Aufgaben von nicht geschäftsführenden Direktoren/Aufsichtsratsmitgliedern börsennotierter Gesellschaften sowie zu den Ausschüssen des Verwaltungs-/Aufsichtsrates.
13   Lammers (2011), S. 286.
14   Habersack (2019), in: Münchener Kommentar zum AktG, § 107 Rn. 114.
15   Begründung RegE BilMoG, BT-Drs. 16/10067, S. 102.
16   IDW (2017): Feststellung und Beurteilung von Fehlerrisiken und Reaktionen des Abschlussprüfers auf die beurteilten Fehlerrisiken (IDW PS 261 n. F.).

und Effizienz der Kontrollen überwachen. Die Überwachungsfunktion des Prüfungsausschusses geht insb. über die für die Rechnungslegung relevanten Bereiche hinaus.[17]

Die Interne Revision eines Unternehmens unterstützt das Unternehmen durch die Bewertung und Verbesserung der Effektivität des RMS und des IKS. Sie hat insb. den Zweck, organisatorisch die im Unternehmen erfolgenden Prozesse und Handlungen im Hinblick auf ihre Ordnungsmäßigkeit und ihr Optimierungspotenzial zu überprüfen.[18]

Anhang 1 Ziffer 4.2 Abs. 1 AR-Empfehlung sieht die Aufgabe des Prüfungsausschusses insb. darin, dass er »Empfehlungen zur Auswahl, Bestellung, Wiederbestellung und Entlassung des Leiters der für die interne Prüfung zuständigen Abteilung sowie zu deren Mittelausstattung abgibt«. Er soll ferner verfolgen, wie die Geschäftsführung der Gesellschaft auf seine diesbezüglichen Feststellungen und Empfehlungen reagiert. Wenn eine Interne Revision im Unternehmen nicht vorgesehen ist, sollte der Prüfungsausschuss mindestens einmal im Jahr den Bedarf an einer solchen internen Prüfung untersuchen.

Die soeben genannten Überwachungspflichten des Prüfungsausschusses dürfen aber nicht darüber hinwegtäuschen, dass es weiterhin die alleinige Aufgabe des Vorstands bleibt, im Rahmen der Führung des Unternehmens über die Einrichtung und Ausgestaltung der entsprechenden Systeme zu entscheiden:

- Gemäß § 91 Abs. 2 AktG ist der Vorstand einer Aktiengesellschaft (unabhängig von der Börsennotierung) dafür verantwortlich, ein Risikofrüherkennungssystem zu implementieren.
- Der im Zuge des FISG eingeführte § 91 Abs. 3 AktG verpflichtet Vorstände börsennotierter Gesellschaften, »darüber hinaus ein im Hinblick auf den Umfang der Geschäftstätigkeit und die Risikolage des Unternehmens angemessenes und wirksames IKS und RMS einzurichten«. Die Formulierung »darüber hinaus« bezieht sich auf § 91 Abs. 2 AktG und die dort enthaltene Pflicht zur Implementierung eines Risikofrüherkennungssystems für existenzbedrohende Risiken. Hieraus wird klar, dass § 91 Abs. 3 AktG die Pflicht zur Implementierung eines umfassenden RMS im betriebswirtschaftlichen Sinne begründet. Gleiches gilt mit Blick auf das IKS: Es ist ein nicht bloß auf den Rechnungslegungsprozess bezogenes, sondern ein umfassendes IKS i. S. d. IDW PS 982 gefordert. Bei börsennotierten Gesellschaften ist die Errichtung eines IKS und eines RMS also nunmehr von der Legalitätspflicht umfasst, mit der Folge, dass Vorständen hinsichtlich des »Ob« kein Ermessen mehr zusteht. Nur noch hinsichtlich des »Wie«, d. h. hinsichtlich der konkreten Ausgestaltung des IKS und des RMS, besteht ein haftungsfreier Ermessensspielraum nach den Grundsätzen der Business Judgement Rule. Das bedeutet insb., dass der Vorstand unter mehreren (angemessenen und wirksamen) Umsetzungsvarianten die Wahl hat, sofern er auf angemessener Informationsgrundlage im Interesse der Gesellschaft und frei von Eigeninteressen entschieden hat.

---

17 Grottel/Röhm-Kottmann, in: Beck'scher Bilanz-Kommentar, § 324 Rn. 34.
18 Grottel/Röhm-Kottmann, in: Beck'scher Bilanz-Kommentar, § 324 Rn. 34.

- Bei nicht börsennotierten Gesellschaften hat der Vorstand entsprechend seinen allgemeinen Sorgfalts- und Organisationspflichten zu prüfen, ob und inwieweit »sein« Unternehmen der Errichtung eines IKS und eines RMS bedarf.[19]

Der Aufsichtsrat bzw. – soweit auf ihn delegiert – der Prüfungsausschuss hat die Notwendigkeit einer solchen Einrichtung zu prüfen und bei bestehenden Systemen Ergänzungen, Erweiterungen oder Verbesserungen des RMS vorzuschlagen.[20] Der Umfang der Überwachung dürfte entscheidend von der Risikolage der Gesellschaft abhängen. Stellt er Risiken oder Schwächen des IKS/RMS fest, so hat er auf Korrekturen hinzuwirken. Es bleibt aber weiterhin alleinige Aufgabe des Vorstands, bestehende Systeme zu erweitern oder zu optimieren.

Überwachung der Abschlussprüfung

§ 107 Abs. 3 Satz 2 AktG benennt ferner die Überwachung der Abschlussprüfung, hier insb. die Auswahl und die Unabhängigkeit des Abschlussprüfers, die Qualität der Abschlussprüfung und die vom Abschlussprüfer zusätzlich erbrachten Leistungen.

Die Überwachung der Abschlussprüfung beginnt bei »der Auswahl des Abschlussprüfers und reicht bis zur Beendigung des Prüfungsauftrages einschließlich etwaiger Nachtrags- oder Sonderprüfungen«.[21] Durch das FISG wurde zusätzlich die Qualität der Abschlussprüfung zum Überwachungsgegenstand erhoben.[22] Hierdurch soll klargestellt werden, dass die Überwachung der Abschlussprüfung die Prüfung ihrer Qualität von der Auswahl des Prüfers bis zur Beendigung des Auftrags umfasst. Diese Regelung ist insoweit komplementär zur Einführung des zweiten Finanzexperten mit Sachverstand im Bereich der Abschlussprüfung, damit die Qualität der Abschlussprüfung auch hinreichend beurteilt werden kann.

Im Zusammenhang mit dem Vorschlag des Aufsichtsrates für die Wahl des Abschlussprüfers in der Hauptversammlung (vgl. § 124 Abs. 3 Satz 1 AktG) hat der Prüfungsausschuss die Kompetenz, diesen Vorschlag des Aufsichtsrates vorzubereiten. Der Empfehlung des Prüfungsausschusses zur Wahl eines Abschlussprüfers hat der (Gesamt-)Aufsichtsrat aber nicht zwingend zu folgen, da es sich nur um eine unverbindliche Empfehlung des Prüfungsausschusses handelt. Der Aufsichtsrat muss aber die Empfehlung des Prüfungsausschusses bei seiner Entscheidung über den Vorschlag der Wahl des Abschlussprüfers miteinbeziehen.[23] Von der Unverbindlichkeit dieser Empfehlung des Prüfungsausschusses geht übrigens auch Ziffer 4.2. Abs. 2 der AR-Empfehlung aus.

Auch für die Prüfung des Jahresabschlusses und des Prüfungsberichtes (§ 171 AktG) bleibt es gem. § 107 Abs. 3 Satz 7 AktG bei der Zuständigkeit des Gesamtaufsichtsrates. Der Prüfungs-

---

19   Vgl. Habersack (2019), in: Münchener Kommentar zum AktG, § 107 Rn. 116.
20   Begründung RegE BilMoG, BT-Drs. 16/10067, S. 102.
21   RegE BilMoG, BT-Drs. 16/10067, S. 103.
22   BT-Drs. 19/26966, S. 116.
23   Lammers (2011), S. 231.

ausschuss kann allerdings durch seine vorbereitende Tätigkeit dem Plenum eine eigene tiefer gehende Prüfung der Abschlüsse ersparen.[24] Dies soll aber im Ergebnis nicht dazu führen, dass der Prüfungsausschuss praktisch eine zweite Jahresabschlussprüfung durchführt und somit die Ergebnisse des Abschlussprüfers »wasserdicht« macht. Vielmehr geht es darum, dass der Prüfungsausschuss die Prüfschritte des Abschlussprüfers und die Qualität seiner Vorgehensweise überwacht.[25] Dabei soll sich der Prüfungsausschuss nicht nur auf den Augenschein, sondern auch auf externe Faktoren, wie z. B. Ergebnisse der Abschlussprüferaufsicht, und auf feststellbare Daten, wie eine positive Fehlerkultur, die Führungskultur, effektives und effizientes Auftragsmanagement, angemessene Unterstützungsprozesse sowie Erfahrung, Fachkenntnisse, Arbeitsbelastung und Motivation der Mitarbeiter, beziehen.[26]

Die Wahrung der Unabhängigkeit des Abschlussprüfers obliegt zunächst diesem selbst. Er hat eine schriftliche Unabhängigkeitserklärung (§ 321 Abs. 4a HGB) abzugeben und die Beeinträchtigung seiner Unabhängigkeit selbst offenzulegen. Dabei geht es insb. um die Erbringung von Nichtprüfungsleistungen. Die entscheidenden Regelungen zur Unabhängigkeit des Abschlussprüfers ergeben sich aus § 319 Abs. 2 HGB, deren Einhaltung durch den Prüfungsausschuss zu kontrollieren ist. Die Überwachung des Abschlussprüfers ist keine einmalige Pflicht im Rahmen der Auswahl und Beauftragung, sondern erfordert eine kontinuierliche Begleitung der Abschlussprüfung. Dabei kommt dem Prüfungsausschuss die gesetzlich angeordnete aktive Pflicht des Abschlussprüfers in § 171 Abs. 1 Satz 3 AktG zugute, wonach dieser über die Umstände zu informieren hat, die seine Befangenheit besorgen lassen, und über Leistungen, die er zusätzlich zu seinen Abschlussprüfungsleistungen erbracht hat.

Nach § 318 Abs. 3 HGB ist der Aufsichtsrat berechtigt, die Abberufung des Abschlussprüfers zu beantragen, wenn die Besorgnis besteht, dass der Abschlussprüfer nicht unabhängig ist. Dieses Recht kann nach h. M. auf den Prüfungsausschuss übertragen werden.[27]

c   Möglichkeiten zur Informationsgewinnung

Das Gesetz stellt dem Aufsichtsrat – und damit letztlich auch dem Prüfungsausschuss – verschiedene Informationsinstrumente als Grundlage seiner Überwachungstätigkeit zur Verfügung, nämlich
* Berichte des Vorstands (§ 90 AktG),
* unmittelbare Einsichtsrechte (§ 111 Abs. 2 Satz 1 AktG) und
* Auskunftsrechte gegenüber den Leitern der Zentralbereiche (§ 107 Abs. 4 Satz 4 AktG).

---

24   Spindler, in: BeckOGK AktG, § 107 Rn. 167.
25   Bachmann, in: Kremer u. a. (2021), D.11 Rn. 8.
26   Bachmann, in: Kremer u. a. (2021), D.11 Rn. 9 f.
27   Vgl. zum Diskussionsstand Lammers (2011), S. 240.

Berichte des Vorstands

Den Vorstand trifft gem. § 90 AktG die grundlegende und zwingende Pflicht zur Berichterstattung an den Aufsichtsrat. Die Vorstandsberichte stellen die zentrale Grundlage für die Überwachung durch den Aufsichtsrat dar. Es ist zwischen drei Berichtsarten zu unterscheiden[28]:

* Periodische Berichterstattung (**Regelberichte**): Der Vorstand hat dem Aufsichtsrat unaufgefordert über die in § 90 Abs. 1 AktG genannten Vorgänge periodisch zu berichten (sog. Regelberichte). Die dort aufgeführten Vorgänge sind nicht abschließend. In welchem Turnus die Berichte zu Compliance-Maßnahmen zu erfolgen haben, ergibt sich nicht explizit aus dem Gesetz. Da der Aufsichtsrat i. S. einer effektiven Überwachung des Vorstands einmal im Kalendervierteljahr zu einer Sitzung zusammenkommen muss (§ 110 Abs. 3 AktG, § 52 GmbHG), sind die Berichte dem Aufsichtsrat in längstens vierteljährlichen Abständen ohne Aufforderung zu erstatten.

* Berichterstattung aus wichtigem Anlass (**Vorsitzberichte**): Auch außerhalb der periodischen Berichterstattung hat der Vorstand unverzüglich, d. h. ohne schuldhaftes Zögern, zu berichten, wenn ein wichtiger Anlass vorliegt (§ 90 Abs. 1 Satz 3 AktG). Wichtige Anlässe sind häufig Ereignisse, die von außen auf die Gesellschaft einwirken und negative Folgen haben können, z. B. behördliche Auflagen, Untersuchungen oder Steuernachforderungen.

* Berichterstattung auf Verlangen des Aufsichtsrates (**Anforderungsberichte**): Der Aufsichtsrat ist nicht ausschließlich auf die vom Vorstand gewährten Informationen angewiesen. § 90 Abs. 3 AktG ermöglicht dem Aufsichtsrat demgemäß, von sich aus vom Vorstand Berichte zu bestimmten Vorgängen anzufordern. Diese Vorschrift begründet nicht bloß ein Informationsrecht, sondern eine aktive Informationspflicht des Aufsichtsrates. Auch jedes einzelne Aufsichtsratsmitglied kann den Vorstand zur Erstellung eines Berichts i. S. d. § 90 Abs. 3 AktG auffordern. Das Aufsichtsratsmitglied kann jedoch nicht die Berichterstattung an sich, sondern nur an das Plenum verlangen (§ 90 Abs. 3 Satz 2 AktG).

Einsichtsrechte

Gemäß § 111 Abs. 2 Satz 1 AktG kann der Aufsichtsrat »die Bücher und Schriften der Gesellschaft sowie die Vermögensgegenstände, namentlich die Gesellschaftskasse und die Bestände an Wertpapieren und Waren, einsehen und prüfen«. Für eine wirkungsvolle Überwachung durch den Aufsichtsrat ist dieses Einsichts- und Prüfungsrecht eine unverzichtbare Ergänzung des Rechts auf Berichterstattung. Die in § 111 Abs. 2 Satz 1 AktG erfolgende Aufzählung der Gegenstände, die eingesehen und geprüft werden können, hat lediglich exemplarischen Charakter. Das Einsichts- und Prüfungsrecht umfasst grds. alle körperlich oder in elektronischer Form verfügbaren Unterlagen und Datenbestände des Unternehmens, z. B. Berichte des Chief Compliance Officer (CCO) oder der Internen Revision. Zur Ausübung seines Einsichts- und Prüfungsrechts hat der Aufsichtsrat Zutritt zu allen Geschäftsräumen des Unternehmens, egal, zu welchem Zweck die Räume vom Unternehmen genutzt werden.[29]

---

28   Vgl. ausführlich hierzu: Pauthner/Ghassemi-Tabar (2018), Compliance-Überwachung durch den Aufsichtsrat, Rn. 758 ff.
29   Spindler in: BeckOGK AktG, § 111 Rn. 47.

Eine Einschränkung des Einsichtsrechts des Aufsichtsrates gilt für Vorstandsprotokolle, da der Aufsichtsrat von den Vorstandssitzungen ausgeschlossen ist: Diese dürfen nur dann eingesehen werden, wenn der Aufsichtsrat hierfür einen konkreten Prüfungsanlass (z. B. konkrete Anhaltspunkte für eine Pflichtverletzung des Vorstands) anführen kann. Eine generelle Anordnung, dass die Protokolle der Vorstandssitzungen dem Aufsichtsrat oder einem Aufsichtsratsausschuss auszuhändigen sind, ist unzulässig.[30]

Auskunftsrechte gegenüber Mitarbeitern

Ob und inwieweit Mitgliedern des Aufsichtsrates – und somit auch des Prüfungsausschusses – ein Direktbefragungsrecht gegenüber Mitarbeitern des Unternehmens zusteht, ist umstritten.

Nur teilweise sind entsprechende Auskunftsrechte des Aufsichtsrates gegenüber Mitarbeitern ausdrücklich gesetzlich normiert (vgl. z. B. § 25d Abs. 8 Satz 7, Abs. 9 Satz 3 KWG). Außerhalb dieser branchenspezifischen Spezialregelungen geht die wohl überwiegende Meinung in der aktienrechtlichen Literatur noch von der grundsätzlichen Unzulässigkeit solcher Anfragen bei Mitarbeitern aus, weil der Informationsfluss über den Vorstand nicht umgangen werden dürfe. Benötigt der Aufsichtsrat zur wirkungsvollen Überwachung des Vorstands Informationen, die ihm nur ein bestimmter Mitarbeiter geben kann, muss das Informationsersuchen mithin nach der überwiegenden Auffassung grds. über den Vorstand gestellt werden und die Befragung in Gegenwart eines Vorstandsmitglieds erfolgen.

Dieser Grundsatz gilt auch für die Teilnahme von Mitarbeitern an Aufsichtsratssitzungen. Nach § 109 Abs. 1 Satz 2 AktG können in den Aufsichtsratssitzungen Auskunftspersonen, zu denen auch Mitarbeiter des Unternehmens zählen, zur Beratung über einzelne Gegenstände zugezogen werden. Mitarbeiter können grds. nur unter Vermittlung des Vorstands geladen werden. Eine unmittelbare Befragung von Mitarbeitern durch den Aufsichtsrat ohne Kenntnis und in Abwesenheit des Vorstands kommt nur in Ausnahmefällen in Betracht, wenn

- der dringende Verdacht einer groben Pflichtverletzung des Vorstandsmitglieds vorliegt und keine Abhilfe durch den restlichen Vorstand möglich ist oder
- der Vorstand trotz Aufforderung unzutreffend oder unvollständig berichtet.

In der Praxis kommt der dargestellte Meinungsstreit freilich selten zum Tragen, da ein regelmäßiger und direkter Kontakt des Aufsichtsrates oder einzelner Ausschüsse mit (ausgewählten) Mitarbeitern des Unternehmens mit Einwilligung des Vorstands vielfach üblich ist.[31]

Das FISG sorgt mit Blick auf den vorstehend dargelegten Meinungsstreit zumindest für ein wenig Klarheit: Gemäß § 107 Abs. 4 Satz 4 AktG kann jedes Mitglied des Prüfungsausschusses »über den Ausschussvorsitzenden unmittelbar bei den Leitern derjenigen Zentralbereiche der Gesellschaft, die in der Gesellschaft für die Aufgaben zuständig sind, die den Prüfungs-

---

30   Mertens/Cahn, in: Kölner Kommentar zum AktG, § 111 Rn. 53.
31   Vgl. dazu Ghassemi-Tabar/Probst (2021), S. 56.

ausschuss nach Absatz 3 Satz 2 betreffen, Auskünfte einholen«. Das Auskunftsrecht steht also jedem Mitglied des Prüfungsausschusses zu, muss nach der gesetzlichen Regelung jedoch verfahrenstechnisch über den Ausschussvorsitzenden eingeholt werden.

Auf eine enumerative Aufzählung derjenigen Personen, gegenüber denen das Auskunftsrecht ausgeübt werden kann, verzichtet die Regelung bewusst. Vielmehr sollen die Zentraleinheiten der ersten Führungsebene unter dem Vorstand adressiert werden, die die in § 107 Abs. 3 Satz 2 AktG genannten Aufgaben auf dieser Ebene zu verantworten haben. Auf die Bezeichnungen für die Positionen in den Unternehmen kommt es also nicht an, sondern auf die Funktion. Durch die Bezugnahme auf § 107 Abs. 3 Satz 2 AktG wird sichergestellt, dass das Auskunftsrecht nur im Rahmen der klar umrissenen Aufgaben des Prüfungsausschusses ausgeübt werden darf. Als Adressaten eines Auskunftsverlangens sollen – so die Gesetzesbegründung – »insbesondere« (= nicht abschließend) der Leiter des Risikomanagements und der Leiter der Internen Revision in Betracht kommen.

Nach dem Vorstehenden dürfte unter der Geltung des § 107 Abs. 4 Satz 4 AktG daher auch das unmittelbare Einholen von Auskünften etwa beim Chief Compliance Officer (CCO) zulässig sein, wenn dem Prüfungsausschuss (auch) die Aufgabe der Überwachung der Wirksamkeit des CMS übertragen worden ist, auch wenn das CMS im Gesetz selbst nicht genannt wird.[32]

Gemäß § 107 Abs. 4 Satz 5 AktG hat der Ausschussvorsitzende die eingeholte Auskunft allen Mitgliedern des Prüfungsausschusses mitzuteilen. Das Auskunftsrecht steht – wie gesagt – zwar jedem einzelnen Mitglied des Prüfungsausschusses zu. Satz 5 stellt jedoch sicher, dass die eingeholte Auskunft allen Mitgliedern zur Kenntnis gebracht wird. Mit dem unmittelbaren Auskunftsrecht nach § 107 Abs. 4 Satz 4 AktG, welches sich ausdrücklich nur auf Gesellschaften mit verpflichtendem Prüfungsausschuss beschränkt, ist keine Abkehr von dem aktienrechtlichen Grundsatz verbunden, dass der Vorstand grds. der richtige Adressat für ein Auskunftsverlangen des Aufsichtsrates ist. § 107 Abs. 4 Satz 6 AktG sieht daher vor, dass der Vorstand »unverzüglich zu unterrichten« ist, wenn der Ausschussvorsitzende Auskünfte einholt.

d   Verhältnis zwischen Prüfungsausschuss und Aufsichtsrat

Der Prüfungsausschuss ist kein eigenständiges Organ, sondern Teil des Gesamtaufsichtsrates.[33] Dieser entscheidet (mit Ausnahme des zwingenden Prüfungsausschusses nach § 107 Abs. 4 AktG) über Aufgaben und Zusammensetzung des Prüfungsausschusses. Er kann diesem insb. auch nur einen Teil der im Aktiengesetz für den Prüfungsausschuss vorgesehenen Aufgaben übertragen und andere Aufgaben selbst wahrnehmen oder einem anderen Ausschuss übertragen. Das Plenum des Aufsichtsrates kann auch jederzeit delegierte Aufgaben aufgrund eines

---

32   Vgl. dazu Ghassemi-Tabar/Probst (2021), S. 82 f.
33   Eine Ausnahme gilt für den Prüfungsausschuss der kapitalmarktorientierten Kapitalgesellschaft nach § 324 Abs. 1 HGB, den die Gesellschafterversammlung bestellt.

Mehrheitsbeschlusses wieder zurückholen. Die sog. Vorbehaltsaufgaben nach § 107 Abs. 3 Satz 7 AktG verbleiben aber zwingend beim Gesamtaufsichtsrat. Der Prüfungsausschuss kann insoweit nur vorbereitend tätig werden und Beschlussvorschläge für das Gesamtgremium erarbeiten. Als ungeschriebenen Grundsatz darf der Aufsichtsrat darüber hinaus nicht insgesamt seine Kernaufgabe, die Überwachung nach § 111 Abs. 1 AktG, einem Ausschuss zuweisen.[34]

Gemäß § 107 Abs. 3 Satz 8 AktG hat der Ausschuss dem Gesamtaufsichtsrat regelmäßig über seine Arbeit zu berichten, um Informationsdefizite des Plenums zu vermeiden. Wie die Berichterstattung formal und inhaltlich zu gestalten ist, bleibt dem pflichtgemäßen Ermessen des Aufsichtsrates überlassen. Es genügt ein mündlicher Bericht, sofern der Aufsichtsrat in seiner Geschäftsordnung nichts Anderweitiges geregelt hat.

2   Vorgaben des DCGK

Nachstehend soll auf die Grundsätze, Empfehlungen und Anregungen des DCGK[35] eingegangen werden, die sich mit dem Prüfungsausschuss befassen.

Empfehlung C.10 DCGK
Gemäß Empf. C.10 soll der Vorsitzende des Prüfungsausschusses unabhängig von der Gesellschaft und vom Vorstand sowie vom kontrollierenden Aktionär sein. Die Empfehlung steht vor dem Hintergrund der nur rudimentären Regelungen des Aktiengesetzes zur Unabhängigkeit von Aufsichtsratsmitgliedern in § 100 AktG. Dem Prüfungsausschuss und insb. seinem Vorsitzenden kommt ausweislich § 107 Abs. 3 Satz 2 und Abs. 4 Satz 4 AktG eine besondere Bedeutung bei der Überwachung der Arbeit des Vorstands zu, die wesentliche Motivation für die Empfehlung zur Unabhängigkeit vom Vorstand sein dürfte.

Die Unabhängigkeit von Vorstand und Gesellschaft ist in Empf. C.7 und C.8 präzisiert, während die Unabhängigkeit vom kontrollierenden Aktionär in Empf. C.9 definiert wird. Die Unabhängigkeit von der Gesellschaft und vom Vorstand ist nach Empf. C.8 und deren Begründung von den Anteilseignervertretern im Aufsichtsrat nach pflichtgemäßem Ermessen zu entscheiden.

Grundsatz 15 DCGK
Gemäß Grundsatz 15 DCGK 2022 muss mindestens ein Mitglied des Prüfungsausschusses über Sachverstand auf dem Gebiet der Rechnungslegung und mindestens ein weiteres Mitglied des Prüfungsausschusses über Sachverstand auf dem Gebiet Abschlussprüfung verfügen. Dieser neue Grundsatz gibt letztlich nur die Vorgabe des § 107 Abs. 4 Satz 3 AktG wieder, wonach der Prüfungsausschuss die Voraussetzungen des § 100 Abs. 5 erfüllen muss. Gefordert wird, dass

---

34   Spindler, in: BeckOGK AktG, § 107 Rn. 99.
35   Angesprochen ist hier der DCGK in der Fassung vom 28. April 2022 (DCGK 2022).

Sachverstand sowohl auf dem Gebiet der Rechnungslegung als auch der Abschlussprüfung vorhanden ist und dieser Sachverstand auf zwei Mitglieder verteilt ist, die jeweils auf einem der beiden Gebiete über Sachverstand verfügen. Die Besetzung des Prüfungsausschusses genügt den gesetzlichen Anforderungen also nicht, wenn ein Mitglied beide Fachgebiete beherrscht.

Empfehlung D.3 DCGK

Nach Empf. D.3 des DCGK 2020 sollte der Aufsichtsrat einen Prüfungsausschuss einrichten, der sich insb. mit der Prüfung der Rechnungslegung, der Überwachung des Rechnungslegungsprozesses, der Wirksamkeit des IKS, des RMS und des IRS sowie der Abschlussprüfung und Compliance befasst. Die Empfehlung ist mit Inkrafttreten des FISG und des neuen § 107 Abs. 4 AktG, der u. a. für börsennotierte Unternehmen **zwingend** einen Prüfungsausschuss vorsieht, überholt und Empfehlung D.3 in der Fassung des Kodex vom 28. April 2022 gestrichen. Dass auch die in Empfehlung D.3 enthaltene inhaltliche Ausfüllung und Konkretisierung der Aufgaben des Prüfungsausschusses gestrichen wurde, wird teilweise kritisch gesehen. Hier wäre die Niederlegung in einem Grundsatz wünschenswert gewesen, zumal die Aufgaben des Prüfungsausschusses ein wesentlicher Bestandteil verantwortungsvoller Unternehmensüberwachung bilden.[36]

Die neue Empfehlung D.3 DCGK 2022 konkretisiert die Vorgabe von Grundsatz 15, was unter Sachverstand auf dem Gebiet der Rechnungslegung und auf dem Gebiet der Abschlussprüfung andererseits zu verstehen ist. Zudem stellt die Empfehlung klar, dass zur Rechnungslegung und Abschlussprüfung in diesem Sinne auch die Nachhaltigkeitsberichterstattung und deren Prüfung gehört.

Zudem wird empfohlen, dass der Vorsitzende des Prüfungsausschusses zumindest auf einem der gesetzlich geforderten Gebiete entsprechend sachverständig ist. Diese inhaltliche Erweiterung der Empfehlung hinsichtlich der besonderen Kenntnisse und Erfahrungen des Vorsitzenden dürfte einerseits dem im Zuge des FISG neu eingeführten § 107 Abs. 4 Satz 3 AktG geschuldet sein, andererseits der neuen Empfehlung A.1 DCGK 2022, der das Thema nachhaltige Corporate Governance betrifft.

Darüber hinaus soll gemäß Empfehlung D.3 DCGK Satz 4 2022 die Erklärung zur Unternehmensführung die betreffenden Mitglieder des Prüfungsausschusses nennen und nähere Angaben zu ihrem Sachverstand auf den genannten Gebieten enthalten.

Nach der in Satz 5 enthaltenen Empfehlung soll der Aufsichtsratsvorsitzende nicht auch den Vorsitz im Prüfungsausschuss innehaben. Die Empfehlung hat nur die gleichzeitige Wahrnehmung der Vorsitzendenfunktion im Auge. Unproblematisch ist daher der Fall, dass der Vorsitzende des Aufsichtsrates nur einfaches Mitglied des Prüfungsausschusses ist.[37]

---

36   So Buhleier (2022): Gastkommentar Reform des DCGK 2022.
37   Vetter/Peters (2021), in: Henssler/Strohn, Gesellschaftsrecht, 5, DCGK Abs. D.4, Rn. 2; Simons (2020), in: Johannsen-Roth/Illert/Ghassemi-Tabar, Empf. D.4 Rn. 31.

Grundsatz 18 DCGK

Nach Grundsatz 18 DCGK unterstützt der Abschlussprüfer den Aufsichtsrat bzw. den Prüfungsausschuss bei der Überwachung der Geschäftsführung, insb. bei der Prüfung der Rechnungslegung und der Überwachung der rechnungslegungsbezogenen Kontroll- und Risikomanagementsysteme. Der Bestätigungsvermerk des Abschlussprüfers informiert den Kapitalmarkt über die Ordnungsmäßigkeit der Rechnungslegung.

Grundsatz 18 beschreibt die beiden Grundfunktionen der Abschlussprüfung: die Unterstützung des Aufsichtsrates bei der Überwachung der Geschäftsführung und die Information des Kapitalmarkts über das Ergebnis der Abschlussprüfung. Vor diesem Hintergrund bezwecken die Empf. D.8 und D.9 insb., die Wirksamkeit der Abschlussprüfung durch erweiterten Informationsaustausch zwischen Aufsichtsrat und Abschlussprüfer im Vorfeld der finalen Berichterstattung, durch Transparenz im Prüfungsbericht sowie durch regelmäßige Evaluation sicherzustellen.

Empfehlung D.8 DCGK

Nach Empf. D.8 DCGK soll der Aufsichtsrat oder der Prüfungsausschuss mit dem Abschlussprüfer vereinbaren, dass dieser ihn unverzüglich über alle für seine Aufgaben wesentlichen Feststellungen und Vorkommnisse unterrichtet, die bei der Durchführung der Abschlussprüfung zu seiner Kenntnis gelangen.

Wann Feststellungen oder Vorkommnisse wesentlich für die Aufgaben des Aufsichtsrates/Prüfungsausschusses sind, legt der DCGK nicht fest. Gemäß § 321 Abs. 1 Satz 3 HGB obliegt dem Abschlussprüfer eine Berichtspflicht bei der Feststellung von Unrichtigkeiten oder Verstößen, von Tatsachen, die den Bestand gefährden könnten, oder von Tatsachen, die schwerwiegende Verstöße gegen Gesetze, Gesellschaftsverträge oder Satzungen erkennen lassen. Ferner schreibt Art. 7 Abs. 1 der Verordnung (EU) Nr. 537/2014 vor, dass Unregelmäßigkeiten, die auf einen Betrug hinweisen, mitzuteilen sind und einer Wiederholung in der Zukunft entgegenzutreten ist. Grundlegend sind somit alle Feststellungen gem. IDW PS 345 Rn. 59, deren »kurzfristige Kenntnis z. B. aus Gründen der Eilbedürftigkeit erforderlicher Gegenmaßnahmen eine zeitnahe Information des Aufsichtsrates erfordert oder die die Integrität des Vorstandes betreffen«.[38]

Zeitlich ist im Rahmen von § 321 Abs. 1 Satz 3 HGB anerkannt, dass die gesetzliche Berichtspflicht i.d.R. erst im Prüfungsbericht durch einen Vorwegbericht erfüllt werden muss. Der Kodex geht jedoch deutlich darüber hinaus und empfiehlt, dass der Aufsichtsrat bzw. der Prüfungsausschuss nicht erst durch den Abschlussbericht, sondern unverzüglich über alle für seine Überwachungs- und Prüfungsaufgaben wesentlichen Feststellungen und Vorkommnisse unterrichtet werden soll. Der Kodex macht keine Angaben dazu, in welcher Form die Unterrich-

---

38 Bachmann, in: Kremer u. a. (2021), D.9, Rn. 3; Vetter/Peters (2021), in: Henssler/Strohn, Abs. D.9, Rn. 3.

tung erfolgen soll. Angesichts der gegebenen Dringlichkeit genügt eine (fern-)mündliche oder schriftliche Unterrichtung per E-Mail.[39]

Empfehlung D.9 DCGK

Nach Empf. D.9 DCGK soll der Aufsichtsrat oder der Prüfungsausschuss mit dem Abschlussprüfer vereinbaren, dass dieser ihn informiert und im Prüfungsbericht vermerkt, wenn er bei Durchführung der Abschlussprüfung Tatsachen feststellt, die eine Unrichtigkeit der von Vorstand und Aufsichtsrat abgegebenen Erklärung zum Kodex ergeben.

Diese Empfehlung lässt sich auf die Tatsache zurückführen, dass der Abschlussprüfer gem. § 161 AktG lediglich verpflichtet ist zu prüfen, ob die Entsprechungserklärung aufgenommen und vollständig ist, eine inhaltliche Prüfung ist jedoch nicht vorgesehen. Diesem Umstand möchte die Empf. D.9 entgegentreten.[40]

Empfehlung D.10 DCGK

Zu begrüßen ist die Aufnahme der bisher ungeschriebenen Best Practice zur Art und Weise der Zusammenarbeit des Prüfungsausschusses mit dem Abschlussprüfer als neue Anregung D.10. Demnach soll der Prüfungsausschuss mit dem Abschlussprüfer die Einschätzung des Prüfungsrisikos, die Prüfungsstrategie und Prüfungsplanung sowie die Prüfungsergebnisse diskutieren. Der Vorsitzende des Prüfungsausschusses soll sich regelmäßig mit dem Abschlussprüfer über den Fortgang der Prüfung austauschen und dem Ausschuss hierüber berichten. Der Prüfungsausschuss soll regelmäßig mit dem Abschlussprüfer auch ohne den Vorstand beraten. Die Empfehlung D.10 leistet zukünftig einen wertvollen Beitrag zur Intensivierung der Zusammenarbeit von Prüfungsausschuss und Abschlussprüfer, um die Effektivität der Überwachung der Qualität der Rechnungslegung zu gewährleisten.

3   Europäische Vorgaben

In der jüngeren Vergangenheit haben zwei neue europäische Regelwerke den Aufsichtsrat bzw. den Prüfungsausschuss stark tangiert. Zum einem war dies die europäische Abschlussprüferreform, die durch das Abschlussprüfungsreformgesetz (AReG)[41] und die Abschlussprüferverordnung (EU-APrVO)[42] am 17. Juni 2016 in Kraft traten, und zum anderen die gesetzliche Umsetzung

---

39   Vetter/Peters (2021), in: Henssler/Strohn, Abs. D.9, Rn. 4.
40   Busch/Link (2020), in: Johannsen-Roth/Illert/Ghassemi-Tabar, D.10 Rn. 1 f. Die bisherige Empfehlung D.10 wurde bei der DCGK Kodexreform 2022 in der Zählweise als Empfehlung D.9 angepasst, aber inhaltlich nicht geändert.
41   BGBl. I 2014, S. 1142.
42   European Commission (2021): Verordnung (EU) Nr. 537/2014 ABl. EU L 158 v. 27.05.2014, S. 72.

der zweiten Aktionärsrechterichtlinie[43], die seit 1. Januar 2020 in Kraft ist (ARUG II[44]). Bei beiden Regulierungen handelt es sich um die Umsetzung europäischer Rechtsakte.

Europäische Reform der Abschlussprüfung

Ziel der Reform war es, die Unabhängigkeit des Abschlussprüfers zu stärken, um die Qualität der Abschlussprüfung zu erhöhen. Schon im Jahr 2010 hatte die Europäische Kommission einen Zusammenhang zwischen der Finanzmarktkrise und Mängeln bei der Abschlussprüfung gesehen[45] und Reformen vorgeschlagen, die teilweise umgesetzt wurden. Weitergehende Forderungen, wie die Vorgabe, dass Abschlussprüfer ab einer bestimmten Größe generell nur noch Prüfungsleistungen erbringen sollen, wurden im Gesetzgebungsverfahren nicht umgesetzt.

Verbleibende Kernelemente der Reform sind die verpflichtende externe Prüferrotation und eine Beschränkung der durch den Abschlussprüfer erbringbaren Nichtprüfungsleistungen. Aufgabe des Prüfungsausschusses ist es, diese Vorgaben umzusetzen und zu überwachen. Nach Auffassung des federführenden Bundesministeriums für Justiz und Verbraucherschutz soll »die Verantwortung des Aufsichtsrates oder Prüfungsausschusses bei der Begleitung und Überwachung der Abschlussprüfung geschärft werden«.[46] Dazu wurden keine neuen Pflichten eingeführt, sondern bereits bestehende konkretisiert und auf einen größeren Kreis von Unternehmen erstreckt. Darüber hinaus wurde die Definition der Unternehmen von öffentlichem Interesse erweitert. Darunter fallen nunmehr kapitalmarktorientierte Unternehmen i. S. v. § 264d HGB – also börsennotierte Aktiengesellschaften, aber auch Gesellschaften, die bspw. Anleihen an einer geregelten Börse emittiert haben. Hinzu kommen nicht kapitalmarktorientierte CRR-Kreditinstitute i. S. d. § 1 Abs. 3d Satz 1 KWG[47] und Versicherungsunternehmen.

Die Auswahl des Abschlussprüfers wird nunmehr grds. detailliert geregelt. Vor der eigentlichen Bestellung muss ein zweistufiger Prozess erfolgen (siehe Abb. 3):

---

43 Europäisches Parlament und Europäischer Rat (2017): Richtlinie (EU) 2017/828 v. 17.05.2017 zur Änderung der Richtlinie 2007/36/EG im Hinblick auf die Förderung der langfristigen Mitwirkung der Aktionäre.
44 BGBl. I 2019, S. 2637.
45 Europäische Kommission (2010b).
46 Bundesministerium der Justiz und für Verbraucherschutz (BMJV): Pressemitteilung zum Entwurf des AReG vom 16.12.2015.
47 Mit Ausnahme der in § 2 Abs. 1 Nr. 1 und 2 KWG genannten Institute.

	Vorgaben des Art. 16 Abs. 2 bis 5 EU-VO	
Auswahl Ausschreibungsunterlagen	- Grundsätzlich „beliebig“ - Einhaltung der 4-jährigen Cooling-off-Periode gem. Art. 17 Abs. 3 EU-VO - Kein Ausschluss von Gesellschaften mit geringeren Honoraren aus der Prüfung von PIEs	Art. 16 Abs. 3 Buchst. a EU-VO
Versendung Ausschreibungsunterlagen	- Erläuterung der Geschäftstätigkeit des geprüften Unternehmens und der Art der durchzuführenden Abschlussprüfung - Transparente, diskriminierungsfreie Kriterien für die Bewertung der Vorschläge der Abschlussprüfer/Prüfungsgesellschaften durch das Unternehmen	Art. 16 Abs. 3 Buchst. b EU-VO
Auswahlverfahren	- Frei gestaltbar - Möglichkeit, im Verlauf des Verfahrens direkte Verhandlungen mit den Anbietern zu führen	Art. 16 Abs. 3 Buchst. c EU-VO
Beurteilung der Angebote	- Beurteilung anhand der in den Ausschreibungsunterlagen festgelegten Kriterien - Bericht über die im Auswahlverfahren getroffenen Schlussfolgerungen - Berücksichtigung der veröffentlichten Kontrollberichte über die teilnehmenden Prüfungsgesellschaften (in Deutschland derzeit nicht öffentlich verfügbar)	Art. 16 Abs. 3 Buchst. e EU-VO
Empfehlung an den Aufsichtsrat	- Begründete Empfehlung enthält mindestens zwei Vorschläge für das Prüfungsmandat - Begründete Präferenz für einen der beiden Vorschläge - Erklärung, dass die Empfehlung frei von ungebührlicher Einflussnahme Dritter ist und ihm keine wettbewerbsbeschränkenden Vertragsklauseln i.S.v. Art. 16 Abs. 6 EU-VO auferlegt wurden	Art. 16 Abs. 2 EU-VO
Empfehlung des Aufsichtsrats an die Hauptversammlung	- Der Vorschlag für die Bestellung des Abschlussprüfers enthält grds. die Empfehlung und Präferenz des Prüfungsausschusses. - Falls der Aufsichtsrat von der Empfehlung des Prüfungsausschusses abweicht, sind im Vorschlag die Gründe hierfür zu nennen.	Art. 16 Abs. 5 EU-VO

Abb. 3: Auswahl- und Vorschlagsverfahren vor der Wahl des Abschlussprüfers[48]

Die seit dem 17. Juni 2016 für Unternehmen von öffentlichem Interesse unmittelbar geltende Abschlussprüfer-VO (EU-APrVO) sieht einen Katalog von verbotenen Nichtprüfungsleistungen vor. Darunter werden solche Beratungsleistungen verstanden, die vom Abschlussprüfer weder direkt noch indirekt für das geprüfte Unternehmen oder seine Mutter- oder Tochtergesellschaften erbracht werden dürfen. Dabei gibt es Leistungen, die überhaupt nicht erbracht werden dürfen[49], und solche, die einen bestimmten Umfang nicht übersteigen dürfen. Zu den verbotenen Leistungen gehören u. a. Bewertungsleistungen, Rechtsberatung, Mitwirkung bei internen Kontrollverfahren, Teilnahme an der Führung des Unternehmens und finanzierungsbezogene Leistungen. Daneben verbleibende und somit grds. zulässige Nichtprüfungsleistungen dürfen nur in begrenztem Umfang erbracht werden.[50] Insgesamt darf das dafür von der Gesellschaft zu bezahlende Honorar 70 % des Durchschnitts der in den letzten drei Geschäftsjahren für die Abschlussprüfung bezahlten Honorare nicht übersteigen.

Der Prüfungsausschuss hat sich im Hinblick auf die Genehmigung und Überwachung der Nichtprüfungsleistungen zwingend mit folgenden Themen zu befassen:

48 Die Darstellung stammt aus Buhleier/Niehues/Splinter (2016), S. 1888.
49 Art. 5 Abs. 2 EU-VO.
50 Art. 4 Abs. 2 Satz 1 EU-VO.

- Handelt es sich um eine verbotene Nichtprüfungsleistung?
- Welche Konzernunternehmen sind in die Überwachung der Nichtprüfungsleistungen durch den Prüfungsausschuss einzubeziehen?
- Soll bestimmten, offensichtlich zulässigen Nichtprüfungsleistungen vorab zugestimmt werden?
- Wie errechnet sich die quantitative Begrenzung (70-%-Cap)?

ARUG II

Am 1. Januar 2020 ist das Gesetz zur Umsetzung der zweiten Aktionärsrechterichtlinie in Kraft getreten (ARUG II).[51] Das Gesetz setzt u. a. die Art. 9a bis 9c der EU-Aktionärsrechterichtlinie[52] mit Regelungen zur Organvergütung und wesentlichen Geschäften mit nahestehenden Personen um (»Related Party Transactions«). Ziel der Aktionärsrechterichtlinie ist die Verbesserung der Mitwirkung der Aktionäre börsennotierter Gesellschaften. Um dieses Ziel zu erreichen, erfolgten neue Regelungen in folgenden Bereichen:

1. **Mitspracherechte der Aktionäre bei der Vergütung von Aufsichtsrat und Vorstand** (»Say on Pay«)
2. **Regelungen zu Geschäften mit nahestehenden Unternehmen und Personen** (»Related-Party-Transactions«)
3. **Maßnahmen zur Verbesserung der Transparenz bei institutionellen Anlegern, Vermögensverwaltern und Stimmrechtsberatern** (»Comply or Explain«)
4. **Rechte und Pflichten zur Identifikation und Information von Aktionären** (»Know Your Shareholder«).

Eigentlich hätte die Richtlinie bis Juni 2019 in deutsches Recht umgesetzt werden müssen. Der entsprechende Gesetzesvorentwurf[53] zum ARUG II lag auch rechtzeitig vor. Allerdings dauerten die parlamentarischen Beratungen, insb. wegen der Vergütungsthematik, sehr lange, sodass das ARUG II erst zum 1. Januar 2020 in Kraft trat.

Große Bedeutung, v.a. auch in der öffentlichen Wahrnehmung, besitzen die Regelungen zur Vergütung von Vorständen und Aufsichtsräten und die damit verbundene Mitwirkung der Aktionäre. Bei der Mitwirkung der Aktionäre hat sich der Gesetzgeber für ein nur empfehlendes Votum der Hauptversammlung im Hinblick auf das System zur Vergütung der Vorstände entschieden. Hätte man demgegenüber ein bindendes Votum der Hauptversammlung eingeführt, wäre damit das dualistische deutsche System, in dem der Aufsichtsrat die Vergütung des Vorstands festlegt, beschädigt worden.

---

51 BGBl. 2019 I, S. 2637.
52 Europäisches Parlament und Europäischer Rat (2017): Richtlinie (EU) 2017/828 vom 17.05.2017 zur Änderung der Richtlinie 2007/36/EG im Hinblick auf die Förderung der langfristigen Mitwirkung der Aktionäre (ABl. EU L 132 vom 20.05.2017, S. 1).
53 Vgl. RegE des Gesetzes zur Umsetzung der zweiten Aktionärsrechterichtlinie vom 20.03.2019, BT-Drs. 19/9739.

Der Aufsichtsrat muss künftig eine Maximalvergütung (»Cap«) für den Vorstand festlegen. Dies kann für jedes Ressort einzeln oder für den Gesamtvorstand insgesamt erfolgen. Die Höhe steht im Ermessen des Aufsichtsrates, sie kann allerdings von der Hauptversammlung mit für die Zukunft bindender Wirkung herabgesetzt werden.

Vergütungsbericht

Nach der endgültigen Fassung des ARUG II müssen Vorstand und Aufsichtsrat eines börsennotierten Unternehmens künftig jährlich einen separaten, klaren und verständlichen Vergütungsbericht erstellen, der Angaben zur Vergütung jedes einzelnen Mitglieds des Vorstands und des Aufsichtsrates und zu Leistungen an diese sowie weitere Einzelangaben enthält (§ 162 Abs. 1 und 2 AktG). Folgende Angaben sind demnach notwendig:

* sämtliche festen und variablen Vergütungsbestandteile
* eine vergleichende Darstellung der jährlichen Veränderung der Vergütung des jeweiligen Organmitglieds, der Ertragsentwicklung des Unternehmens und der durchschnittlichen Arbeitnehmervergütung der letzten fünf Geschäftsjahre
* die Anzahl der gewährten oder zugesagten Aktien und Aktienoptionen und die wichtigsten Ausübungsbedingungen
* Angaben zur Rückforderung variabler Vergütungsbestandteile (sog. Clawbacks)
* Angaben und Erläuterungen zu etwaigen Abweichungen vom festgelegten Vergütungssystem für den Vorstand
* Erläuterungen, wie der Hauptversammlungsbeschluss über die Billigung des Vergütungsberichts für das vorangegangene Geschäftsjahr berücksichtigt worden ist.

Prüfung des Vergütungsberichts

Das ARUG II sieht nur **eine formelle Prüfung des Vergütungsberichts** durch den Abschlussprüfer vor. Das heißt, es ist zu überprüfen, ob die geforderten Angaben gemacht wurden, während eine inhaltliche Prüfung nicht erfolgt. Über diese Prüfung ist ein **Vermerk** zu erstellen, der dem Bericht beigefügt werden muss (§ 162 Abs. 2, Abs. 3 AktG). Darin ist lediglich festzuhalten, ob die Formalien des Vergütungsberichts eingehalten wurden, und wenn nicht, gegen welche Regelungen verstoßen wurde. Der noch im Referentenentwurf vorgesehene umfassende Prüfungsbericht entfällt.

Geschäfte mit nahestehenden Personen

Für den Aufsichtsrat bzw. den Prüfungsausschuss von großer Bedeutung sind aus dem ARUG II die Regelungen zu Geschäften mit nahestehenden Personen. Diese gelten ohne Übergangsfrist mit Inkrafttreten des Gesetzes, also zum 1. Januar 2020. Inhaltlich geht es i.W. darum, solche Geschäfte einem Zustimmungsvorbehalt des Aufsichtsrates zu unterwerfen und sie unverzüglich bekannt machen zu müssen (§ 111c AktG).

Zur Frage der nahestehenden Personen bezieht sich das ARUG II auf die internationalen Rechnungslegungsstandards (vgl. IAS 24, IFRS 10, IFRS 11 und IAS 28). Ein Nahestehen wird u. a. vermutet

- bei einer Beteiligung von mindestens 20 % der Stimmen,
- bei einem Bekleiden einer Schlüsselposition in der Gesellschaft oder ihrer Muttergesellschaft,
- bei familiären Beziehungen zu Schlüsselpersonen.

Der Begriff des »Geschäfts« ist weit zu fassen, er beinhaltet neben Rechtsgeschäften auch Maßnahmen zur Übertragung oder Überlassung von Gegenständen (einschließlich Dienstleistungen oder Finanzierungen).

Keine Geschäfte mit nahestehenden Personen sind gem. § 111a Abs. 2 AktG solche Geschäfte, die im ordentlichen Geschäftsgang und zu marktüblichen Bedingungen getätigt werden. Ob dies der Fall ist, ergibt sich aus einem Drittvergleich. Die Gesellschaft hat dazu ein Verfahren einzurichten, an dem nahestehende Personen nicht beteiligt sein dürfen (§ 111a Abs. 2 Satz 2 AktG). Zuständig dafür ist der Vorstand, der Aufsichtsrat hat dies aber zu überwachen.

Weiterhin sind bereits per gesetzlicher Definition verschiedene Geschäfte nicht als solche mit nahestehenden Personen zu betrachten:
- Geschäfte mit Tochterunternehmen (100%iger Anteilsbesitz)
- Geschäfte mit in der EU börsennotierten Tochtergesellschaften
- Geschäfte innerhalb eines Vertragskonzerns.

Insoweit sieht der Gesetzgeber keinen Minderheitenschutz als notwendig an. Ausgenommen sind ausdrücklich auch Geschäfte, die die Vergütung des Vorstands oder Aufsichtsrates betreffen.

Zustimmung durch den Aufsichtsrat oder Prüfungsausschuss

Eine vorherige Zustimmung zu einem entsprechenden Geschäft mit einer nahestehenden Person ist notwendig, wenn der wirtschaftliche Wert allein oder zusammen mit den innerhalb des laufenden Geschäftsjahres getätigten Geschäften 1,5 %[54] des Anlage- und Umlaufvermögens[55] des zuletzt festgestellten Jahresabschlusses übersteigt. Die Entscheidung kann durch den Aufsichtsrat getroffen werden oder auf einen Ausschuss, wobei sich dazu der Prüfungsausschuss anbietet, übertragen werden. Erfolgt eine solche Übertragung, so muss der Ausschuss mehrheitlich aus Mitgliedern bestehen, bei denen keine Besorgnis eines Interessenkonflikts besteht (vgl. § 107 Abs. 3 Satz 6 AktG). Auch dürfen ihm keine Mitglieder angehören, die bei dem Geschäft als nahestehende Person beteiligt sind (§ 107 Abs. 3 Satz 5 AktG).

Wird die Zustimmung verweigert, so kann der Vorstand verlangen, dass die Hauptversammlung über die Zustimmung (endgültig) entscheidet. Bei der Beschlussfassung unterliegen die an dem Geschäft beteiligten Personen einem Stimmverbot (§ 111b Abs. 4 AktG).

---

54 Dieser Wert betrug im Referentenentwurf zum ARUG II noch 2,5 %; vgl. dazu ausführlich Florstedt (2020), S. 6 f.
55 § 266 Abs. 2 HGB.

Veröffentlichungspflicht

Neben dem Zustimmungserfordernis besteht eine kapitalmarktrechtliche Pflicht zur öffentlichen Bekanntmachung des Geschäfts mit einer nahestehenden Person (§ 111c AktG). Die Veröffentlichung muss alle Informationen enthalten, die für Aktionäre, die keine nahestehenden Personen sind, notwendig sind, um die Angemessenheit des Geschäfts beurteilen zu können.

Das sind:[56]

- Name der nahestehenden Person
- Verhältnis zu der nahestehenden Person
- Datum des Geschäfts
- Wert des Geschäfts.

Die vorgenannten Informationen sind auf der Internetseite der Gesellschaft für mindestens fünf Jahre zugänglich zu machen (§ 111c Abs. 2 Satz 5 AktG).

4   Überblick zum Gesetz zur Stärkung der Finanzmarktintegrität

Das Gesetz zur Stärkung der Finanzmarktintegrität (FISG) ist am 1. Juli 2021 in Kraft getreten, mit Ausnahme vereinzelter Regelungen, die erst zum 1. Januar 2022 wirksam wurden. Die endgültige Fassung enthält nur wenige Änderungen gegenüber dem Regierungsentwurf. Für die Perspektive börsennotierter Unternehmen und ihrer Organe, d. h. insb. auch für den Prüfungsausschuss und seine Mitglieder, wird nachfolgend ein Überblick der zentralen Eckpunkte gegeben.

a   Zielsetzung des Gesetzgebers

Das erklärte Ziel des Gesetzgebers ist die Stärkung des Vertrauens in den deutschen Finanzmarkt. Dieses Ziel soll u. a. mit der Einführung einer gesetzlichen Pflicht zur Errichtung eines angemessenen und wirksamen internen Kontrollsystems (IKS) sowie eines entsprechenden Risikomanagementsystems (RMS) für börsennotierte Aktiengesellschaften und der verpflichtenden Errichtung eines Prüfungsausschusses für Unternehmen von öffentlichem Interesse erreicht werden. Ferner sieht das Gesetz u. a. die Stärkung der Unabhängigkeit des Abschlussprüfers, eine Verschärfung der Haftung des Abschlussprüfers sowie eine wesentliche Ausweitung der Prüfungsbefugnisse der BaFin vor.

---

56   Vgl. § 111c Abs. 2 Satz 3, 4 AktG.

b   Pflicht zur Errichtung eines IKS und RMS bei börsennotierten Gesellschaften

Bisher: Ermessen hinsichtlich des »Ob« und »Wie«

Nach bisheriger Rechtslage müssen kapitalmarktorientierte Kapitalgesellschaften zwar in ihrem Lagebericht die wesentlichen Merkmale des IKS und des RMS im Hinblick auf den Rechnungslegungsprozess beschreiben (§ 289 Abs. 4 HGB). Auch hat der Abschlussprüfer dem Aufsichtsrat über wesentliche Schwächen dieser Systeme bezogen auf den Rechnungslegungsprozess zu berichten (§ 171 Abs. 1 Satz 2 AktG). Von branchenspezifischen Sonderregelungen abgesehen (z. B. § 25a Abs. 1 KWG oder § 26 Abs. 1 VAG) bestand aber keine gesetzliche Verpflichtung zur Errichtung eines IKS oder RMS. Auch Grundsatz 4 DCGK 2020 statuierte eine solche Pflicht nicht. Vielmehr stand es bislang im pflichtgemäßen Ermessen des Vorstands, ein umfassendes IKS und/oder RMS nach den vorhandenen Bedürfnissen unter Berücksichtigung der Unternehmensstrategie, des Geschäftsumfangs und anderer wichtiger Wirtschaftlichkeits- und Effizienzgesichtspunkte einzurichten.

Künftig: Ermessen nur hinsichtlich des »Wie«

Im Zuge des FISG verpflichtet der neue § 91 Abs. 3 AktG Vorstände börsennotierter Gesellschaften, »darüber hinaus ein im Hinblick auf den Umfang der Geschäftstätigkeit und die Risikolage des Unternehmens angemessenes und wirksames IKS und RMS einzurichten«. Mit der Formulierung »darüber hinaus« wird auf § 91 Abs. 2 AktG und die dort enthaltene Pflicht zur Implementierung eines Risikofrüherkennungssystems Bezug genommen, für dessen Prüfung Abschlussprüfer bei börsennotierten Aktiengesellschaften gem. § 317 Abs. 4 HGB im Rahmen der Jahresabschlussprüfung den Prüfungsstandard IDW PS 340 n. F. verwenden. Hieraus sowie aus der Bezugnahme der RegBegr. auf § 107 Abs. 2 S. 3 AktG und auf den DCGK wird klar, dass § 91 Abs. 3 AktG die Pflicht zur Implementierung eines umfassenden RMS i. S. d. Prüfungsstandards IDW PS 981 vorsieht.

Für den Vorstand börsennotierter Gesellschaften bedeutet dies künftig (mithin ab dem 1. Juli 2021), dass die Errichtung eines IKS und RMS von der sie treffenden Legalitätspflicht umfasst ist mit der Folge, dass ihnen hinsichtlich des »Ob« kein Beurteilungsspielraum mehr zusteht. Ausweislich der RegBegr. verbleibt den Vorständen nur noch hinsichtlich des »Wie«, d. h. der konkreten Ausgestaltung des IKS und RMS, ein Ermessensspielraum, solange das einzurichtende interne Kontrollsystem und Risikomanagementsystem wirksam und dem Umfang der Geschäftstätigkeit und der Risikolage des Unternehmens entsprechend angemessen ist. Spätestens nach Inkrafttreten des FISG sollten daher die Geschäftsleitungen börsennotierter Unternehmen zu ihrer Haftungsentlastung den Nachweis der Existenz eines IKS und RMS erbringen können, bei deren konkreter Ausgestaltung im Hinblick auf die Geschäftstätigkeit und die Risikolage des Unternehmens sie die Grundsätze der Business Judgement Rule eingehalten haben. Das bedeutet insb., dass der Vorstand unter mehreren (angemessenen und wirksamen) Umsetzungsvarianten die Wahl hat, sofern er auf der angemessenen Informationsgrundlage im Interesse der Gesellschaft und frei von Eigeninteressen entschieden hat.

c   Änderungen des FISG betreffend Aufsichtsrat und Prüfungsausschuss

Neue Anforderungen an den Sachverstand

Künftig: Sachverstand auf den Gebieten Rechnungslegung »und« Abschlussprüfung
Bei Gesellschaften, die »Unternehmen im öffentlichen Interesse« (§ 316a HGB) sind, muss nach dem neuen § 100 Abs. 5 Hs. 1 AktG künftig »mindestens ein Mitglied des Aufsichtsrats über Sachverstand auf dem Gebiet Rechnungslegung und mindestens ein weiteres Mitglied des Aufsichtsrats über Sachverstand auf dem Gebiet Abschlussprüfung verfügen«. Was »Unternehmen von öffentlichem Interesse« sind, definiert § 316a Satz 2 HGB. Erfasst sind insb. kapitalmarktorientierte Gesellschaften i. S. d. § 264d HGB.

Die bisherige Fassung des § 100 Abs. 5 AktG setzte Sachverstand alternativ in Rechnungslegung »oder« Abschlussprüfung voraus. Die Ersetzung durch das Wort »und« soll sicherstellen, dass im Aufsichtsrat Sachverstand sowohl bzgl. der Rechnungslegung als auch der Abschlussprüfung vorhanden ist. Durch das Wort »weiteres« wird zudem klargestellt, dass der Sachverstand auf zwei Mitglieder verteilt sein muss, die jeweils auf einem der beiden Gebiete über Sachverstand verfügen, sodass dieser nicht durch ein Aufsichtsratsmitglied, das beide Fachgebiete beherrscht, sichergestellt werden kann.

Nach dem neuen § 107 Abs. 4 Satz 3 AktG muss auch der eingerichtete Prüfungsausschuss die Voraussetzungen des § 100 Abs. 5 AktG erfüllen. Mindestens ein Mitglied des Prüfungsausschusses muss mithin über Sachverstand auf dem Gebiet Rechnungslegung und mindestens ein weiteres Mitglied des Prüfungsausschusses über Sachverstand auf dem Gebiet Abschlussprüfung verfügen.

Der erforderliche Sachverstand setzt – ausweislich BT-Drs. 16/10067, S. 102, auf die die Reg-Begr. ausdrücklich Bezug nimmt – nicht zwingend voraus, dass das Mitglied des Aufsichtsrats einem steuerberatenden oder wirtschaftsprüfenden Beruf angehört, sondern kann bspw. auch angenommen werden für Finanzvorstände, fachkundige Angestellte aus den Bereichen Rechnungswesen und Controlling, Analysten sowie langjährige Mitglieder in Prüfungsausschüssen oder Betriebsräte, die sich diese Fähigkeit im Zuge ihrer Tätigkeit durch Weiterbildung angeeignet haben.

Übergangsregelung bei Bestellung vor dem 1. Juli 2021
Hinsichtlich der soeben dargestellten Anforderungen des neuen § 100 Abs. 5 Hs. 1 AktG an den Sachverstand der Aufsichtsrats- und Prüfungsausschussmitglieder ist die Übergangsregelung in § 12 Abs. 6 EG-AktG zu beachten: Danach müssen die neuen Anforderungen so lange nicht erfüllt werden, wie alle Mitglieder des Aufsichtsrats und des Prüfungsausschusses vor dem 1. Juli 2021 bestellt worden sind. Die neuen Vorgaben des § 100 Abs. 5 Hs. 1 AktG sind daher zwingend

erst bei der nächsten Nachbestellung und damit i. d. R. beim nächsten turnusmäßigen Wechsel eines der Mitglieder des Aufsichtsrats anzuwenden. Scheidet ein Aufsichtsratsmitglied vor Ablauf seiner Amtszeit aus (etwa wegen des Erreichens einer Altersgrenze) und wird infolgedessen ein bereits bestelltes Ersatzmitglied Mitglied des Aufsichtsrats, löst auch dies – ausweislich der Gesetzesbegründung – keine Pflicht zur Anwendung der neuen Vorgaben aus.

Überwachung der Qualität der Abschlussprüfung

Der neue § 107 Abs. 3 Satz 2 AktG sieht explizit vor, dass sich der Prüfungsausschuss künftig im Rahmen der Überwachung der Abschlussprüfung nicht nur mit der Auswahl und Unabhängigkeit des Abschlussprüfers, sondern auch mit der »Qualität der Abschlussprüfung« beschäftigen muss. Hierdurch soll klargestellt werden, dass die Überwachung der Abschlussprüfung die Prüfung ihrer Qualität von der Auswahl des Prüfers bis zur Beendigung des Auftrags umfasst.

Verpflichtung zur Bildung eines Prüfungsausschusses

Grundsatz

Nach bisheriger Rechtslage »kann« (nicht »muss«) der Aufsichtsrat einen oder mehrere Ausschüsse bilden und Aufgaben an diese delegieren (§ 107 Abs. 3 AktG). Allein der Aufsichtsrat entscheidet daher nach pflichtgemäßem Ermessen über die Bildung, Besetzung und Auflösung von Ausschüssen.

§ 107 Abs. 4 Satz 1 AktG in der ab dem 1. Juli 2021 geltenden Fassung sieht für Aufsichtsräte von Gesellschaften, die Unternehmen von öffentlichem Interesse sind, die gesetzliche Verpflichtung zur Bildung eines Prüfungsausschusses vor. In Empf. D.3 DCGK 2020 wird die Einrichtung eines Prüfungsausschusses ohnehin empfohlen und dies entspricht der »Best Practice« in den meisten Unternehmen.

Dreiköpfiger Aufsichtsrat

Besteht der Aufsichtsrat nur aus drei Mitgliedern, ist dieser gem. § 107 Abs. 4 Satz 2 AktG in der ab dem 1. Juli 2021 geltenden Fassung auch der Prüfungsausschuss.

Konkretisierung der Auskunftsrechte der Mitglieder des Prüfungsausschusses

Gemäß § 107 Abs. 4 Satz 4 AktG in der ab dem 1. Juli 2021 geltenden Fassung kann jedes Mitglied des Prüfungsausschusses »über den Ausschussvorsitzenden unmittelbar bei den Leitern derjenigen Zentralbereiche der Gesellschaft, die in der Gesellschaft für die Aufgaben zuständig sind, die den Prüfungsausschuss nach Absatz 3 Satz 2 betreffen, Auskünfte einholen«.

Das Auskunftsrecht steht also jedem Mitglied des Prüfungsausschusses zu, muss nach der gesetzlichen Regelung jedoch – freilich nur, soweit Vorstand und Aufsichtsrat hier nicht eine anderweitige Regelung getroffen haben – über den Ausschussvorsitzenden eingeholt werden.

Auf eine enumerative Aufzählung derjenigen Personen, gegenüber denen das Auskunftsrecht ausgeübt werden kann, verzichtet die Regelung bewusst. Vielmehr sollen die Zentraleinheiten der ersten Führungsebene unter dem Vorstand adressiert werden, die die in § 107 Abs. 3 Satz 2 genannten Aufgaben auf dieser Ebene zu verantworten haben. Auf die Bezeichnungen für die Positionen in den Unternehmen kommt es also nicht an, sondern auf die Funktion. Durch die Bezugnahme auf § 107 Abs. 3 Satz 2 AktG wird sichergestellt, dass das Auskunftsrecht nur im Rahmen der klar umrissenen Aufgaben des Prüfungsausschusses ausgeübt werden darf. Als Adressaten eines Auskunftsverlangens sollen – so die RegBegr. – »insbesondere« (= nicht abschließend) der Leiter des Risikomanagements und der Leiter der Internen Revision in Betracht kommen.

Nach dem Vorstehenden dürfte unter der Geltung des § 107 Abs. 4 Satz 4 AktG daher auch das unmittelbare Einholen von Auskünften etwa beim Chief Compliance Officer zulässig sein, wenn dem Prüfungsausschuss – wie in Empf. D.3 DCGK 2020 nahegelegt – (auch) die Aufgabe der Überwachung der Wirksamkeit des Compliance-Management-Systems übertragen worden ist.

Gemäß § 107 Abs. 4 Satz 5 AktG hat der Ausschussvorsitzende die eingeholte Auskunft allen Mitgliedern des Prüfungsausschusses mitzuteilen. Das Auskunftsrecht steht zwar jedem einzelnen Mitglied des Prüfungsausschusses zu. Satz 5 stellt jedoch sicher, dass die eingeholte Auskunft allen Mitgliedern des Prüfungsausschusses zur Kenntnis gebracht wird.

Mit § 107 Abs. 4 Satz 4 AktG, welches sich ausdrücklich nur auf Gesellschaften mit verpflichtendem Prüfungsausschuss beschränkt, ist keine Abkehr von dem aktienrechtlichen Grundsatz verbunden, dass der Vorstand grds. der richtige Adressat für ein Auskunftsverlangen des Aufsichtsrats ist. § 107 Abs. 4 Satz 6 AktG sieht daher vor, dass der Vorstand »unverzüglich zu unterrichten« ist, wenn der Ausschussvorsitzende Auskünfte einholt.

d   Höchstlaufzeit von Mandaten zur Abschlussprüfung

Grundsatz

§ 318 Abs. 1a HGB wurde aufgehoben. Damit entfällt die vor dem FISG geltende Rechtslage für eine mögliche Verlängerung der Höchstlaufzeit von Mandaten zur Abschlussprüfung bei kapitalmarktorientierten Kapitalgesellschaften von zehn Jahre auf bis zu 24 Jahre. Damit wird es bei diesen Unternehmen künftig grds. bei der Regelung des Art. 17 Abs. 1 Unterabsatz 2 der EU-Abschlussprüferverordnung bleiben, der die Höchstlaufzeit des Mandats auf zehn Jahre begrenzt.

Vermeidung unbilliger Härten durch Übergangsvorschrift

Wie bereits erwähnt, wird die Verlängerungsoption bei der externen Rotation des Abschlussprüfers abgeschafft. Das bedeutet: Unternehmen, die bis einschließlich Geschäftsjahr 2021 (KJ = GJ) seit zehn oder mehr Jahren von einem Abschlussprüfer geprüft werden, müssten für das Geschäftsjahr 2022 einen neuen Abschlussprüfer wählen.

Das EG-HGB (FISG, Art. 12) sieht allerdings Übergangsfristen für die betroffenen Unternehmen vor: Danach kann bei Vorliegen der Voraussetzungen des § 318 Abs. 1a HGB bis zum Ablauf des 30. Juni 2021 das Prüfungsmandat übergangsweise noch für bis zu zwei weitere Geschäftsjahre an den bisherigen Abschlussprüfer erteilt werden. § 318 Abs. 1a HGB wiederum verlangt, dass ein »im Einklang mit Artikel 16 Abs. 2 bis 5 der Verordnung (EU) Nr. 537/2014 durchgeführtes Auswahl- und Vorschlagsverfahren« stattfindet. Ist dieses Auswahl- und Vorschlagsverfahren im Einklang mit Art. 16 Abs. 2 ff. Abschlussprüfer-VO bis zum 30. Juni 2021 abgeschlossen, muss ein Wechsel des Abschlussprüfers erst für das Geschäftsjahr 2024 stattfinden. Dies gilt freilich nur, sofern die bisher geltende Höchstlaufzeit von 20 Jahren dadurch nicht überschritten wird.

e Verkürzung der internen Rotation des verantwortlichen Prüfungspartners

Gemäß § 43 Abs. 6 WPO (Wirtschaftsprüferordnung) in der ab dem 1. Juli 2021 geltenden Fassung müssen die für die Durchführung einer gesetzlichen Abschlussprüfung bei einem Unternehmen von öffentlichem Interesse »verantwortlichen Prüfungspartner« ihre Teilnahme an der Abschlussprüfung des geprüften Unternehmens künftig spätestens fünf Jahre nach dem Datum ihrer Bestellung beenden.

»Verantwortlicher Prüfungspartner« in diesem Sinne ist, wer den Bestätigungsvermerk nach § 322 HGB unterzeichnet oder als Wirtschaftsprüfer von einer Wirtschaftsprüfungsgesellschaft als für die Durchführung einer Abschlussprüfung vorrangig verantwortlich bestimmt worden ist. Als verantwortlicher Prüfungspartner gilt auf Konzernebene auch, wer als Wirtschaftsprüfer auf der Ebene bedeutender Tochterunternehmen als für die Durchführung von deren Abschlussprüfung vorrangig verantwortlich bestimmt worden ist (§ 43 Abs. 3 WPO).

f Trennung von (Steuer-)Beratung und Abschlussprüfung

Mit § 319a HGB hatte der Gesetzgeber zwei in der Abschlussprüferverordnung vorgesehene Mitgliedstaatenwahlrechte ausgeübt: Zum einen war die Erbringung von bestimmten Steuerberatungs- und Bewertungsleistungen, die jeweils zu den nach der Abschlussprüferverordnung verbotenen Nichtprüfungsleistungen gehören, nicht per se verboten, sondern führte nur bei Nichtvorliegen bestimmter Voraussetzungen oder – im Falle der Steuerberatungsleistungen – der fehlenden Zustimmung des Prüfungsausschusses zu einem Ausschluss des Abschlussprüfers. Zum anderen war in Ausnahmesituationen in gewissem Umfang und für eine gewisse Zeit eine Überschreitung der Honorargrenze (»Fee Cap«) für Nichtprüfungsleistungen möglich.

Um die aus Nichtprüfungsleistungen bei Unternehmen von öffentlichem Interesse erwachsenden Risiken für Interessenkonflikte zu vermindern und die Unabhängigkeit des Abschlussprüfers zu stärken sowie Auslegungsschwierigkeiten zu der Frage zu vermeiden, wann Steuerberatungs-

und Bewertungsleistungen sich auf den zu prüfenden Abschluss »unmittelbar und nicht nur unwesentlich auswirken« (vgl. § 319a Abs. 1 Nr. 2 Hs. 1 a. E. und Nr. 3 a. E. HGB), wird § 319a HGB aufgehoben. Künftig wird also der in Art. 5 Abs. 1 Unterabsatz 2 der Abschlussprüferverordnung enthaltene Katalog an verbotenen Nichtprüfungsleistungen in Deutschland uneingeschränkt anwendbar und auch keine ausnahmsweise Überschreitung des »Fee Cap« mehr zulässig sein.

g   Verschärfung der strafrechtlichen Haftung der gesetzlichen Vertreter bei Bilanzdelikten

Durch Änderungen im Bilanzstrafrecht wird die Haftung der gesetzlichen Vertreter von Kapitalmarktunternehmen verschärft. Hierzu wird die bislang in § 331 Nr. 3a HGB enthaltene Regelung zur Strafbarkeit des unrichtigen »Bilanzeids« in einen eigenständigen Straftatbestand überführt: § 331a HGB (Unrichtige Versicherung). Die unrichtige Versicherung, dass der Abschluss und der (Konzern-)Lagebericht ein zutreffendes Bild von der Lage des Unternehmens vermitteln, wird somit zu einem eigenen Straftatbestand. Bei vorsätzlichem Handeln beträgt der Strafrahmen künftig bis zu fünf Jahren Freiheitsstrafe. Zudem wird – im Hinblick auf die Vertrauensbildungsfunktion des »Bilanzeids« für die Öffentlichkeit und um eine ausreichend abschreckende Ahndung zu ermöglichen – auch die leichtfertige Abgabe einer unrichtigen Versicherung unter Strafe gestellt. Bei der leichtfertig abgegebenen unrichtigen Versicherung ist die Strafe eine Freiheitsstrafe bis zu zwei Jahren oder Geldstrafe (§ 331a Abs. 2 HGB).

h   Verschärfung der zivilrechtlichen Haftung des Abschlussprüfers

Grundsatz
Die zivilrechtliche Haftung der Abschlussprüfer von Kapitalgesellschaften, ihrer Gehilfen und der bei der Prüfung mitwirkenden gesetzlichen Vertreter einer Prüfungsgesellschaft wird durch Änderung des § 323 Abs. 2 HGB in verschiedener Hinsicht verschärft, um – so die Gesetzesbegründung – die Qualität der Abschlussprüfung zu stärken und die erforderlichen Anreize für eine sorgfältige und gewissenhafte Prüfung zu setzen. Die verschärfte Haftung gilt über entsprechende Verweise auf § 323 HGB insb. auch für die Abschlussprüfer von den Kapitalgesellschaften gleichgestellten Personenhandelsgesellschaften (§ 264a Abs. 1 HGB), für die Abschlussprüfer von Kreditinstituten, die nicht in der Rechtsform einer Kapitalgesellschaft oder Personenhandelsgesellschaft i. S. d. § 264a Abs. 1 HGB betrieben werden (§ 340k Abs. 1 Satz 1 HGB), sowie für die Abschlussprüfer von Versicherungsunternehmen, die nicht in der Rechtsform einer Kapitalgesellschaft betrieben werden (§ 341k Abs. 1 Satz 1 HGB).

Haftungshöchstgrenzen bei fahrlässigem Handeln
§ 323 Abs. 2 Satz 1 Nr. 1 bis 3 HGB in der ab dem 1. Juli 2021 geltenden Fassung sieht eine Anhebung der Haftungshöchstgrenzen für fahrlässiges Handeln in drei Stufen vor:

- 16 Mio. Euro bei der Prüfung von Kapitalgesellschaften, die Unternehmen von öffentlichem Interesse nach § 316a Satz 2 Nr. 1 HGB, also kapitalmarktorientiert i. S. d. § 264d HGB sind (Nr. 1),
- 4 Mio. Euro für die Prüfung von Kapitalgesellschaften, die Unternehmen von öffentlichem Interesse nach § 316a Satz 2 Nr. 2 oder 3 HGB, also nicht kapitalmarktorientierte Kreditinstitute oder Versicherungsunternehmen sind (Nr. 2), und
- 1,5 Mio. Euro für die Prüfung von Kapitalgesellschaften, die nicht Unternehmen von öffentlichem Interesse nach § 316a Satz 2 HGB sind (Nr. 3).

Haftungshöchstgrenzen bei grob fahrlässigem Handeln
Bei grob fahrlässigem Handeln des Abschlussprüfers differenziert das Gesetz:

Der Abschlussprüfer einer Kapitalgesellschaft nach § 323 Abs. 2 Satz 1 Nr. 1 HGB haftet bei grober Fahrlässigkeit unbegrenzt (§ 323 Abs. 2 Satz 2, Hs. 2 HGB).

Die Haftung des Abschlussprüfers einer Kapitalgesellschaft nach § 323 Abs. 2 Satz 1 Nr. 2 HGB, der grob fahrlässig gehandelt hat, ist auf 32 Mio. Euro für eine Prüfung beschränkt (§ 323 Abs. 2 Satz 3 HGB).

Die Ersatzpflicht des Abschlussprüfers einer Kapitalgesellschaft nach § 323 Abs. 2 Satz 1 Nr. 3 HGB, der grob fahrlässig gehandelt hat, ist auf 12 Mio. Euro für eine Prüfung beschränkt (§ 323 Abs. 2 Satz 4 HGB).

Unbegrenzte Haftung bei Vorsatz
Bei vorsätzlichem Handeln können sich Abschlussprüfer nicht auf die vorgenannten Haftungshöchstgrenzen berufen (§ 323 Abs. 2 Satz 2, Hs. 1 HGB). Sie haften unbegrenzt.

Darlegungs- und Beweislast
Die Darlegungs- und Beweislast dafür, dass der Abschlussprüfer, seine Gehilfen und/oder die mitwirkenden gesetzlichen Vertreter der Prüfungsgesellschaft vorsätzlich oder grob fahrlässig gehandelt haben und sich aus diesem Grunde nicht auf die vorgesehenen Haftungshöchstgrenzen berufen können, trägt nach allgemeinen Beweislastregeln der Anspruchsteller.

i   Umfassende Ausweitung der Befugnisse der BaFin und Neuordnung der »Bilanzkontrolle«

§ 108 WpHG wird im Zuge des FISG aufgehoben. Das bedeutet: Die stichprobenartigen Prüfungen der Deutschen Prüfstelle für Rechnungslegung entfallen künftig. Bis zum Ablauf des 31. Dezember 2021 nicht abgeschlossene Prüfungen werden von der BaFin fortgeführt (§ 141 WpHG).

Daneben weitet das FISG die Befugnisse der BaFin erheblich aus:

§ 18 Abs. 1 Satz 4 bis 6 WpHG in der ab dem 1. Juli 2021 geltenden Fassung konkretisiert die in § 17 Abs. 2 WpHG und in § 8 Abs. 1 BörsG geregelte Pflicht zur Zusammenarbeit zwischen den Börsenaufsichtsbehörden der Länder und der BaFin. Vor dem Hintergrund der zunehmenden Bedeutung der Zusammenarbeit der BaFin mit Aufsichtsbehörden im Ausland, insb. innerhalb der Europäischen Union, wird gewährleistet, dass die BaFin Informationen erhält, über die sie infolge ihrer fehlenden Zuständigkeit für die Börsenaufsicht nicht verfügt, und dass die Börsenaufsichtsbehörden an der Außenvertretung sachgerecht mitwirken können. Die BaFin übermittelt der Börsenaufsichtsbehörde die zur Ermöglichung der sachgerechten Mitwirkung an der Außenvertretung erforderlichen Informationen. Die Börsenaufsichtsbehörde unterstützt die BaFin bei ihrer Aufgabe der Außenvertretung und stellt der BaFin die erforderlichen Informationen zur Verfügung, soweit diese bei der Börsenaufsichtsbehörde vorliegen oder von ihr mit zumutbarem Aufwand beschafft werden können.

Sofern Kreditinstitute Aktivitäten und Prozesse zur Durchführung von Bankgeschäften, Finanzdienstleistungen oder sonstigen institutstypischen Dienstleistungen i. S. d. § 25b KWG auf andere Unternehmen ausgelagert haben, sieht der neue § 88 Abs. 2a WpHG vor, dass die BaFin Anordnungen unmittelbar gegen das Auslagerungsunternehmen treffen kann, die geeignet und erforderlich sind, um im Einzelfall die Ordnungsmäßigkeit der Tätigkeit nach dem WpHG zu gewährleisten.

Der Begriff »Auslagerungsunternehmen« wird in § 1 Abs. 10 KWG definiert: Auslagerungsunternehmen sind danach »Unternehmen, auf die ein Institut oder übergeordnetes Unternehmen Aktivitäten und Prozesse zur Durchführung von Bankgeschäften, Finanzdienstleistungen oder sonstigen institutstypischen Dienstleistungen ausgelagert hat, sowie deren Subunternehmen bei Weiterverlagerungen von Aktivitäten und Prozessen, die für die Durchführung von Bankgeschäften, Finanzdienstleistungen oder sonstigen institutstypischen Dienstleistungen wesentlich sind«.

Gemäß § 107 Abs. 1 Satz 1 WpHG ordnet die BaFin eine Prüfung der Rechnungslegung an, soweit konkrete Anhaltspunkte für einen Verstoß gegen Rechnungslegungsvorschriften vorliegen. Darüber hinaus kann die BaFin künftig eine Prüfung der Rechnungslegung auch dann anordnen, wenn sie eine Prüfung nach § 44 Abs. 1 Satz 2 KWG, nach § 14 Satz 2 KAGB oder nach § 306 Abs. 1 Nr. 1 VAG durchführt oder durchgeführt hat und die Prüfungen denselben Gegenstand betreffen (§ 107 Abs. 1 Satz 2 WpHG).

Ordnet die Bundesanstalt eine Prüfung der Rechnungslegung an, so kann sie künftig ihre Anordnung unter Nennung des betroffenen Unternehmens und den Grund für die Anordnung im Bundesanzeiger und auf ihrer Internetseite bekannt machen, soweit hieran ein öffentliches Interesse besteht (§ 107 Abs. 1 Satz 6 WpHG). Die Bekanntmachung des Grundes für die Anordnung darf keine personenbezogenen Daten enthalten (§ 107 Abs. 1 Satz 7 WpHG).

Über die Veröffentlichung soll die BaFin nach pflichtgemäßem Ermessen entscheiden; hierbei sind das Informationsbedürfnis der Öffentlichkeit und das Interesse des Unternehmens an der Geheimhaltung der angeordneten Prüfung gegeneinander abzuwägen.

Gemäß § 107 Abs. 2 WpHG können im Falle einer Anordnung der BaFin Prüfungsgegenstand auch Abschlüsse und Berichte sein, die die beiden Geschäftsjahre zum Gegenstand haben, die dem Geschäftsjahr vorausgehen, auf das § 107 Abs. 1 Satz 5 WpHG Bezug nimmt. Die bisherige Regelung sah (nur) eine Prüfung des vorausgegangenen Geschäftsjahres vor. Mit der Neufassung von § 107 Abs. 2 WpHG soll sichergestellt werden, dass bei Vorliegen konkreter Anhaltspunkte für einen Verstoß gegen Rechnungslegungsvorschriften auch die beiden Unternehmensabschlüsse und -berichte geprüft werden können, die dem Geschäftsjahr der Prüfung vorangehen, um eine effektive Bilanzkontrolle zu ermöglichen.

Der neue § 107 Abs. 5 Satz 2 WpHG erlaubt der BaFin, die Organmitglieder und Beschäftigten des geprüften Unternehmens sowie dessen Abschlussprüfer zu laden und zu vernehmen, soweit dies zur Wahrnehmung der Aufgaben der BaFin bei der Prüfung von Unternehmensabschlüssen und -berichten erforderlich ist.

Mit dem neuen § 107 Abs. 7 WpHG wird ein Durchsuchungs- und Beschlagnahmerecht geschaffen, das ebenfalls gegenüber Dritten gilt. Bedienstete der BaFin dürfen danach Geschäfts- und Wohnräume durchsuchen, wenn dies zur Wahrnehmung ihrer Aufgaben erforderlich ist und konkrete Anhaltspunkte für einen erheblichen Verstoß gegen Rechnungslegungsvorschriften vorliegen.

Die BaFin erhält schließlich die Befugnis, die Öffentlichkeit frühzeitiger und stärker als bislang über ihre Arbeit im Bereich der Bilanzkontrolle zu informieren, soweit ein öffentliches Interesse besteht (§ 107 Abs. 8 WpHG). Die BaFin ist daran nicht mehr durch Verschwiegenheitspflichten insb. nach § 21 WpHG gehindert.

II   Praktische Kernfragen der Aufgabenerfüllung eines Prüfungsausschusses

Dr. Claus Buhleier/Dr. Arno Probst

Bevor wir auf Basis der geschilderten rechtlichen Grundlagen in den folgenden Abschnitten ausführlicher auf die Tätigkeiten des Prüfungsausschusses eingehen, wollen wir einige praktische Kernfragen bewusst »vor die Klammer ziehen«. Bei diesen Fragen legen wir den Fokus auf Fragestellungen, die größtenteils gesetzlich nicht oder nicht detailliert geregelt sind, die aber u. E. von ganz entscheidender Bedeutung für eine erfolgreiche Arbeit des Prüfungsausschusses und damit auch des Aufsichtsrates insgesamt sind. Die Fragen sind als Hilfestellung und Anregung für die Organisation der eigenen Arbeit gedacht.

Zusammensetzung des Prüfungsausschusses
* Hat der Prüfungsausschuss im Hinblick auf sein spezifisches Aufgabenspektrum eine geeignete Zusammensetzung?
* Ist die Zusammensetzung divers im besten Sinne der unterschiedlichen Blickwinkel auf die Fragestellungen des Prüfungsausschusses?
* Welche wirklich konkreten Kenntnisse und Erfahrungen haben die Finanzexperten im Prüfungsausschuss? Gibt es einen »echten« Finanzexperten für Rechnungslegung im Prüfungsausschuss, also eine Person, die wirklich Erfahrungen hat mit komplexer internationaler Rechnungslegung? Verfügt der weitere Finanzexperte über Erfahrungen in der Abschlussprüfung mit vergleichbarer Komplexität? Verfügen die Finanzexperten über ausreichende Erfahrungen in der Nachhaltigkeitsberichterstattung bzw. in der Prüfung der Nachhaltigkeitsberichterstattung?
* Gibt es »Zusatz-« bzw. »Ersatz-«Finanzexperten, auch für den Fall eines Ausfalls?
* Gibt es im Prüfungsausschuss ein Verständnis für komplexe Prozessabläufe und Systeme?
* Welche Expertenrolle nimmt der Vorsitzende des Prüfungsausschusses, wie in der Empf. D.4 des DCGK vorgesehen, ein? Wird das der Rollenverteilung (Leadership, Koordination) im Prüfungsausschuss gerecht?
* Sind Arbeitnehmervertreter im Prüfungsausschuss mit ihrer oft spezifischen und hilfreichen Innensicht?
* Sind im Prüfungsausschuss auch Branchenkenner oder besteht er ausschließlich aus Regulatorik-Experten?
* Wie sieht sich der Prüfungsausschuss und seine Zusammensetzung selbst in Bezug auf Qualifikationen, Erfahrung sowie Gender im Vergleich zu einer wünschenswerten Ziel-Zusammensetzung?

Diskussions- und Gremienkultur in der Ausschussarbeit

- Wie wird die Diskussionskultur innerhalb des Prüfungsausschusses gehandhabt? Werden auch kritische Themen offen und konstruktiv-kritisch diskutiert?
- Beschäftigt sich der Prüfungsausschuss – sollten diese vorliegen – mit möglichen Risikofaktoren für die Ordnungsmäßigkeit der Finanzberichterstattung, und geht er sensibel mit möglichen »red flags« um?
- Wie wird eine gute Diskussionskultur durch die Sitzungsleitung gewährleistet?
- Spricht der Ausschuss auch regelmäßig »unter sich«?
- Werden nur Erfolge vermeldet oder auch Fehler und Probleme sowie Lösungsmöglichkeiten seitens der Unternehmensleitung angesprochen?
- Beteiligen sich alle Mitglieder gleichermaßen an den Erörterungen und stellen Fragen? Wird dies gefördert?
- Gibt es auch für den Ausschuss eine regelmäßige eigene Selbstevaluierung der Tätigkeit?
- Wie wird in der Praxis mit der Frage der Vertraulichkeit umgegangen?
- Wie sind Kommunikation und Zusammenarbeit zwischen den Vorsitzenden von Prüfungsausschuss und Aufsichtsrat ausgestaltet? Findet eine regelmäßige Abstimmung statt, auch zwischen den Sitzungen?
- Wie ist die Abstimmung und Kommunikation zwischen dem Vorsitzenden des Prüfungsausschusses bzw. dem Finanzexperten und dem Finanzvorstand in der Praxis?

Zusammenarbeit mit »Stakeholdern« des Prüfungsausschusses

- Wie ist die Informationsversorgung des Prüfungsausschusses durch den Vorstand organisiert (Umfang, Tiefe und Regelmäßigkeit)? Sind die Informationen spezifisch genug ausgerichtet auf den Prüfungsausschuss?
- Wie ist die praktische Vorgehensweise zwischen Vorstand und Prüfungsausschuss im Hinblick auf eine gesteuerte Sitzungsteilnahme von Experten des Unternehmens aus der zweiten Führungsebene, also Leiter Revision, Rechtsabteilung/Compliance, Rechnungslegung, IT, Steuerabteilung etc., sowie die vom Vorsitzenden gesteuerte Ausübung des Auskunftsrechts der Mitglieder gem. § 107 Abs. 4 Satz 4 AktG?
- Findet ein regelmäßiger Austausch mit den genannten Bereichen statt?
- Kann der Prüfungsausschuss in Absprache mit dem Vorstand auch die Innenrevision mit Fragestellungen beauftragen, im Zuge der verdichteten Erörterung der Revisionsergebnisse und Revisionsplanung?
- Stellt auch der Bereich Rechnungswesen einmal verschiedenartige, ggf. kritische Sichtweisen der eigenen Bilanzierungspolitik dar bzw. werden auch Alternativen vorgestellt?
- Wie intensiv ist der Austausch mit den Verantwortlichen für das Risikomanagement?
- Gibt es einen Austausch mit den IT-Verantwortlichen in Bezug auf die Stabilität der relevanten Steuerungssysteme und die Maßnahmen und Risiken im Bereich Cyber Security?
- Wie wird mit weiteren Verantwortlichen, z. B. in Bezug auf die nichtfinanzielle Berichterstattung kommuniziert?
- Ist die spezifische »organisatorische Aufstellung« des Prüfungsausschusses auch mit dem Gesamtaufsichtsrat abgestimmt?

- Ist das Arbeitsprogramm auch mit dem Gesamtaufsichtsrat regelmäßig abgestimmt?
- Wie direkt und intensiv ist die Zusammenarbeit mit dem Abschlussprüfer und wie regelmäßig gibt es Sitzungen oder Tagesordnungspunkte mit dem Abschlussprüfer ohne Teilnahme des Vorstands (§ 109 Abs. 1 AktG)?

Organisation der Prüfungsausschusstätigkeit

- Hat der Prüfungsausschuss seine Tätigkeit (Inhalte, zeitlicher Ablauf, Gewichtung etc.) wirklich individuell nach seinen Vorstellungen auf die Spezifika des Unternehmens (Geschäftsmodell, Risiken, Komplexität der Systeme und Strukturen, Internationalität etc.) ausgerichtet?
- Erfolgt zu Jahresbeginn eine vorausschauende Planung der Agenda des Prüfungsausschusses, die dennoch flexibel auf aktuelle Entwicklungen reagieren kann?
- Wie ist sichergestellt, dass alle vom Prüfungsausschuss zu behandelnden Themenfelder auch tatsächlich im Jahresverlauf behandelt werden?
- Ermöglicht die Sitzungsplanung Raum für die vertiefte Diskussion von komplexen oder ermessensbehafteten Themen (sog. deep dives)?
- Liegen für Sitzungen des Prüfungsausschusses die Sitzungsunterlagen in angemessener Qualität mit angemessenem zeitlichen Vorlauf vor, sodass auch die Sitzungsvorbereitung angemessen möglich ist?
- Wie ist sichergestellt, dass für die Tätigkeit des Prüfungsausschusses angemessen im Bericht des Aufsichtsrates berichtet wird?

Zukunftsorientierung des Prüfungsausschusses

- Inwiefern diskutiert der Prüfungsausschuss über Zukunftserwartungen, da z. B. auch in der Rechnungslegung heute zunehmend Annahmen über die Zukunft eine Bedeutung haben (z. B. Goodwillbewertung, latente Steuern, Rückstellungen, Beteiligungsbewertungen, Unternehmenserwerbe)
- Bringt sich der Prüfungsausschuss in die Strategiediskussion und Planungsdiskussion ein, da deren Ergebnisse auch für die Finanzberichterstattung vielfältige Implikationen haben?
- Werden die Auswirkungen der zunehmend im Fokus auch der Investoren und Kapitalgeber stehenden ESG-Themen auf die Unternehmensorganisation nach vorne gerichtet diskutiert?
- Werden auch zukunftsweisende Trends und Veränderungen besprochen, z. B. im Hinblick auf die digitale Transformation und die Möglichkeiten der Modernisierung der Unternehmensprozesse und des internen Kontrollsystems (Finance of the Future, Robotics etc.)? Wie wirken sich diese auf die Überwachung durch den Prüfungsausschuss aus?
- Hat der Ausschuss den frühzeitigen Blick auf die Notwendigkeiten, die sich aus künftigen regulatorischen Anforderungen ergeben?
- Wie nehmen die Mitglieder des Prüfungsausschusses die für ihre Aufgaben erforderlichen Aus- und Fortbildungsmaßnahmen eigenverantwortlich wahr und werden sie dabei von der Gesellschaft angemessen unterstützt?

III   Abgrenzung der Aufgaben und Verantwortlichkeiten von Aufsichtsrat, Prüfungsausschuss und Abschlussprüfer

Dr. Claus Buhleier/Silke Splinter

1   Gegenüberstellung der Aufgaben von Aufsichtsrat und Prüfungsausschuss

Der Aufsichtsrat kann gem. § 107 Abs. 3 Satz 1 AktG Ausschüsse bilden und diesen Gremien Aufgaben übertragen. Der Aufsichtsrat einer Gesellschaft von öffentlichem Interesse ist nach den Regelungen des FISG verpflichtet, einen Prüfungsausschuss einzurichten, der bestimmte, in § 107 Abs. 3 Satz 2 AktG definierte Aufgaben übernimmt (§ 107 Abs. 4 Satz 1 AktG). Besteht der Aufsichtsrat nur aus drei Mitgliedern, ist dieser auch der Prüfungsausschuss.

Eine Beschränkung gem. § 107 Abs. 3 Satz 7 AktG liegt in bestimmten Vorbehaltsaufgaben des Aufsichtsrates, die nicht – zumindest nicht in Gänze – übertragen werden dürfen. Sofern vorbereitende Aufgaben übertragen werden, beschäftigen sich sowohl Aufsichtsrat als auch Prüfungsausschuss mit den jeweiligen Themen, allerdings in unterschiedlichen Detaillierungsgraden. In Tabelle 1 werden mögliche Überschneidungen und Abweichungen der Aufgabenfelder von Aufsichtsrat und Prüfungsausschuss herausgearbeitet.

	Aufgabe des Aufsichtsrates	Aufgabe des Prüfungsausschusses	Übereinstimmung bzw. Abweichung
Prüfung Jahresabschluss, Lagebericht und Gewinnverwendungsvorschlag	Persönliche Pflicht jedes einzelnen Aufsichtsratsmitglieds (§ 171 Abs. 1 Satz 1 AktG)	Vorbereitung und Unterstützung der Prüfung durch den Aufsichtsrat	Pflicht liegt bei jedem Aufsichtsratsmitglied, nicht (vollständig) delegierbare Tätigkeit (§ 107 Abs. 3 Satz 7 AktG)
Rechnungslegungsprozess	Allgemeine Überwachungspflicht (§ 111 Abs. 1 AktG)	Überwachung des Rechnungslegungsprozesses (§ 107 Abs. 3 Satz 2 AktG)	Grundsätzlich delegierbare Tätigkeit, aber Grenzen der Delegierbarkeit: Prüfung des Jahresabschlusses etc. bleibt persönliche Pflicht jedes Aufsichtsratsmitglieds

	Aufgabe des Aufsichtsrates	Aufgabe des Prüfungsausschusses	Übereinstimmung bzw. Abweichung
Internes Kontrollsystem (IKS)	Allgemeine Überwachungspflicht (§ 111 Abs. 1 AktG)	Überwachung der Wirksamkeit des IKS (§ 107 Abs. 3 Satz 2 AktG)[57]	Grundsätzlich delegierbare Tätigkeit, aber Grenzen der Delegierbarkeit: Prüfung des Jahresabschlusses etc. bleibt persönliche Pflicht jedes Aufsichtsratsmitglieds
Internes Revisionssystem (IRS)	Allgemeine Überwachungspflicht (§ 111 Abs. 1 AktG)	Überwachung des IRS (§ 107 Abs. 3 Satz 2 AktG)[1]	Grundsätzlich delegierbare Tätigkeit, aber Grenzen der Delegierbarkeit: Prüfung des Jahresabschlusses etc. bleibt persönliche Pflicht jedes Aufsichtsratsmitglieds
Risikomanagementsystem (RMS)	Allgemeine Überwachungspflicht (§ 111 Abs. 1 AktG)	Überwachung des RMS (§ 107 Abs. 3 Satz 2 AktG)[1]	Grundsätzlich delegierbare Tätigkeit, aber Grenzen der Delegierbarkeit: Prüfung des Jahresabschlusses etc. bleibt persönliche Pflicht jedes Aufsichtsratsmitglieds
Risikofrüherkennungssystem (RFS) – Bestandteil des RMS	Allgemeine Überwachungspflicht (§ 111 Abs. 1 AktG)	Überwachung im Rahmen des RMS (§ 107 Abs. 3 Satz 2 AktG)[1]	Grundsätzlich delegierbare Tätigkeit, aber Grenzen der Delegierbarkeit: Prüfung des Jahresabschlusses etc. bleibt persönliche Pflicht jedes Aufsichtsratsmitglieds
Compliance – Bestandteil des RMS	Allgemeine Überwachungspflicht (§ 111 Abs. 1 AktG)	Überwachung im Rahmen des RMS (§ 107 Abs. 3 Satz 2 AktG)[1]	Grundsätzlich delegierbare Tätigkeit, aber Grenzen der Delegierbarkeit: Prüfung des Jahresabschlusses etc. bleibt persönliche Pflicht jedes Aufsichtsratsmitglieds
Abschlussprüfung (AP)	Allgemeine Überwachungspflicht (§ 111 Abs. 1 AktG) sowie Erteilung des Prüfungsauftrags (§ 111 Abs. 2 Satz 3 AktG)	Überwachung der AP, insb. der Unabhängigkeit des Abschlussprüfers, der Qualität der Abschlussprüfung und der zusätzlich erbrachten Leistungen (§ 107 Abs. 3 Satz 2 AktG)	Grundsätzlich delegierbare Tätigkeit, aber Grenzen der Delegierbarkeit: Prüfung des Jahresabschlusses etc. bleibt persönliche Pflicht jedes Aufsichtsratsmitglieds

Tab. 1: Gegenüberstellung der Aufgaben von Aufsichtsrat und Prüfungsausschuss[58]

---

57   Vgl. vertiefend Kap. D.III.1 »Überwachung der internen Kontrollsysteme des Unternehmens«.
58   Vgl. vertiefend Withus (2009b), S. 82 ff.

Zusammenfassend bleibt festzuhalten, dass der Aufsichtsrat durchaus einige Aufgaben an den Prüfungsausschuss delegieren kann und soll. Hierbei müssen allerdings die restriktiven gesetzlichen Grenzen berücksichtigt werden. Der Aufsichtsrat bleibt zumindest verpflichtet, die Ausschusstätigkeit zu überwachen (§ 107 Abs. 3 Satz 8 AktG). Doch auch bei den nicht in Gänze übertragbaren Aufgaben kann der Prüfungsausschuss vorbereitend tätig werden und somit wertvolle Beiträge für den Aufsichtsrat leisten.

2   Gegenüberstellung der Aufgaben von Prüfungsausschuss und Abschlussprüfer

Die Aufgabenfelder des Prüfungsausschusses und des Abschlussprüfers weisen in einigen Bereichen Überschneidungen auf bzw. ergänzen sich. Somit kann der Prüfungsausschuss – wie auch der Aufsichtsrat – einen Nutzen aus der Arbeit des Abschlussprüfers bzw. aus der Zusammenarbeit mit diesem ziehen. Um konkrete Ideen zu entwickeln, mithilfe welcher Maßnahmen die Arbeit des Abschlussprüfers gewinnbringend genutzt werden kann und welche Gespräche hierzu beitragen können, werden im Folgenden die Aufgaben des Prüfungsausschusses und des Abschlussprüfers beleuchtet. Die Aufgaben des Prüfungsausschusses und des Abschlussprüfers überschneiden sich insb. in den Bereichen Überwachung des Rechnungslegungsprozesses sowie der Wirksamkeit des IKS und des RMS. Während der Abschlussprüfer diese Themen grds. aus dem Blickwinkel der Ordnungsmäßigkeit des Abschlusses bzw. wesentlicher Auswirkungen von Mängeln auf den Abschluss beleuchtet und aufgrund vereinbarter Prüfungsschwerpunkte sowie im Rahmen eines Management Letter über Verbesserungspotenziale berichtet, ist der Aufsichtsrat dem Unternehmensinteresse verpflichtet. Dies bedeutet, dass er sich neben den möglichen Auswirkungen von Mängeln auch mit Verbesserungspotenzialen und Weiterentwicklungsmöglichkeiten des Unternehmens zu beschäftigen hat. Im Rahmen der pflichtgemäßen Erfüllung seiner Aufsichtsaufgabe darf sich der Prüfungsausschuss folglich nicht vollständig auf die Arbeit des Abschlussprüfers verlassen und seine Tätigkeit nicht auf die bloße Überwachung der Tätigkeit des Abschlussprüfers beschränken. Dennoch kann er sich die Hinweise des Abschlussprüfers zunutze machen oder durch eine gezielte Auswahl von Prüfungsschwerpunkten den »normalen« Prüfungsumfang der Abschlussprüfung an den entsprechenden Stellen erweitern. In Tabelle 2 werden mögliche Übereinstimmungen und Abweichungen der Aufgabenfelder von Prüfungsausschuss und Abschlussprüfer herausgearbeitet.

	Aufgabe des Prüfungsausschusses	Aufgabe des Abschlussprüfers	Übereinstimmung bzw. Abweichung
Prüfung Jahresabschluss, Lagebericht und Gewinnverwendungsvorschlag	Prüfung hinsichtlich Ordnungs- **und** Zweckmäßigkeit des Abschlusses (§§ 111 Abs. 1, 171 Abs. 1 Satz 1 AktG), allerdings nur vorbereitend für den Aufsichtsrat	Prüfung hinsichtlich Ordnungsmäßigkeit (§§ 316 ff. HGB)	Intensität der Prüfung durch den Abschlussprüfer höher, Prüfungsausschuss muss allerdings neben der Ordnungsmäßigkeit auch die Prüfungsrichtung »Zweckmäßigkeit« abdecken
Prüfung des CSR-Berichts, bei kapitalmarktorientierten Unternehmen mit mehr als 500 Mitarbeitern (§ 289b HGB)	Vorbereitende Prüfung für den Aufsichtsrat (§ 171 Abs. 1 Satz 1 und Satz 4 AktG)	Prüfung, ob die nichtfinanzielle Erklärung oder der gesonderte CSR-Bericht vorgelegt wurde (§ 317 Abs. 2 Satz 4, 5 HGB) Freiwillige inhaltliche Prüfung, wenn gesondert beauftragt	Die Prüfung durch den Abschlussprüfer beschränkt sich auf das Vorhandensein der Erklärung bzw. des Berichts; inhaltliche Prüfungspflicht allein dem Aufsichtsrat vorbehalten
Internes Kontrollsystem (IKS)	a) Überwachung der Wirksamkeit des IKS (§ 107 Abs. 3 Satz 2 AktG)	a) Aufgrund der Grundsätze ordnungsmäßiger Abschlussprüfung beschäftigt sich der Abschlussprüfer mit dem IKS, insb. den Teilen mit Rechnungslegungsbezug (IDW PS 261 n. F.)	a) Teils Überschneidungen; der Abschlussprüfer beschäftigt sich vorwiegend mit dem rechnungslegungsbezogenen Teilbereich des IKS, der Prüfungsausschuss hingegen mit dem IKS in Gänze
Internes Kontrollsystem (IKS)	b) Überwachung der Wirksamkeit des IKS (§ 107 Abs. 3 Satz 2 AktG)	b) Berichterstattung über Mängel **mit Rechnungslegungsbezug** im Rahmen der Aufsichtsrats- und/oder Prüfungsausschusssitzung sowie im Prüfungsbericht (§ 171 Abs. 1 Satz 2 AktG; Art. 11 Abs. 2 Buchst. j) VO (EU) Nr. 537/2014)	b) Der Prüfungsausschuss verwertet die Ergebnisse der Prüfung des Abschlussprüfers; bei den Teilbereichen des IKS ohne Rechnungslegungsbezug muss der Prüfungsausschuss entscheiden, welche anderen Informationen er verwerten kann und welche Aktivitäten er selbst ergreifen sollte
Internes Revisionssystem (IRS)	Überwachung des IRS (§ 107 Abs. 3 Satz 2 AktG)	Aufgrund der Grundsätze ordnungsmäßiger Abschlussprüfung beschäftigt sich der Abschlussprüfer mit dem IRS (IDW PS 321)	Teils Überschneidungen, Intensität der Prüfung/ Überwachung kann unterschiedlich sein, originäre Pflicht nur beim Prüfungsausschuss, keine Verpflichtung hingegen beim Abschlussprüfer

	Aufgabe des Prüfungsausschusses	Aufgabe des Abschlussprüfers	Übereinstimmung bzw. Abweichung
Risikomanagementsystem (RMS)	Überwachung des RMS (§ 107 Abs. 3 Satz 2 AktG)	Berichterstattung über Mängel mit Rechnungslegungsbezug im Rahmen der Aufsichtsrats- und/oder Prüfungsausschusssitzung (§ 171 Abs. 1 Satz 2 AktG)	Teils Überschneidungen, Intensität der Prüfung/Überwachung kann unterschiedlich sein, originäre Pflicht nur beim Prüfungsausschuss, keine Verpflichtung hingegen beim Abschlussprüfer
Risikofrüherkennungssystem (RFS) – Bestandteil des RMS	Allgemeine Überwachungsaufgabe des Aufsichtsrates (§ 111 Abs. 1 AktG), ggf. (teilweise) Übertragung auf Prüfungsausschuss; außerdem Verpflichtung zur Überwachung des gesamten RMS und somit auch des RFS als dessen Bestandteil (§ 107 Abs. 3 Satz 2 AktG)	Pflicht zur Prüfung bei börsennotierten Aktiengesellschaften (§ 317 Abs. 4 HGB), im Übrigen kann das RFS Prüfungsgegenstand einer freiwilligen Erweiterung des Prüfungsauftrags sein; Berichterstattung in gesondertem Abschnitt des Prüfungsberichts (§ 321 Abs. 4 HGB)	Teils Überschneidungen, Intensität der Prüfung/ Überwachung kann unterschiedlich sein, originäre Pflicht beim Prüfungsausschuss sowie ggf. auch beim Abschlussprüfer im Falle einer Börsennotierung
Compliance	a) Überwachung der Compliance hinsichtlich Rechnungslegungsvorschriften und Satzung im Rahmen der Prüfung des Jahresabschlusses (§ 171 Abs. 1 Satz 1 AktG)	a) Mit der Compliance hinsichtlich Rechnungslegungsvorschriften und Satzung muss sich der Abschlussprüfer im Rahmen der Abschlussprüfung beschäftigen	a) Weitestgehende Übereinstimmung der Aufgaben
Compliance	b) Überwachung der Compliance hinsichtlich anderer Gesetze und Regularien aufgrund der allgemeinen Überwachungsaufgabe des Aufsichtsrates (§ 111 Abs. 1 AktG), ggf. (teilweise) Übertragung auf Prüfungsausschuss; außerdem Verpflichtung zur Überwachung des gesamten RMS und somit auch des Themenbereichs Compliance, da dieser ein wesentlicher Bestandteil des Themas Risikomanagement ist (§ 107 Abs. 3 Satz 2 AktG)	b) Mit der Compliance hinsichtlich anderer Gesetze und Regularien, die sich nicht wesentlich auf die Rechnungslegung auswirken, muss sich der Abschlussprüfer hingegen nicht beschäftigen (§ 317 Abs. 1 Satz 3 HGB) Berichterstattung über festgestellte Verstöße: im Fall a) im Prüfungsbericht (§ 321 Abs. 2 HGB) und ggf. im Testat im Fall b) im Prüfungsbericht (§ 321 Abs. 1 Satz 3 HGB), sofern diese »zufällig« im Verlauf der Prüfung festgestellt wurden	b) Originäre Verpflichtung beim Aufsichtsrat bzw. Prüfungsausschuss; Abschlussprüfer nur zur Berichterstattung verpflichtet, sofern ihm solche Verstöße in diesem Bereich »zufällig« im Prüfungsverlauf bekannt werden

	Aufgabe des Prüfungs-ausschusses	Aufgabe des Abschluss-prüfers	Übereinstimmung bzw. Abweichung
Aktienrechtlicher Vergütungsbericht	Mitautorenschaft des Auf-sichtsrates (§ 162 AktG)	Formale Prüfung auf Vor-handensein der gesetzlich geforderten Angaben Gesonderter Prüfungsver-merk Freiwillige inhaltliche Prü-fung nur, wenn gesondert beauftragt	Keine Überschneidungen, da der Aufsichtsrat (mit) erstellt und der Abschluss-prüfer (formal) prüft
DCGK-Erklärung	Mitautorenschaft des Auf-sichtsrates (§ 161 AktG)	Formale Prüfung auf Vor-handensein Berichtspflicht für im Rah-men der Abschlussprüfung festgestellte Unrichtigkei-ten der DCGK-Erklärung	Keine Überschneidungen, da der Aufsichtsrat (mit-) erstellt und der Abschluss-prüfer (formal) prüft

Tab. 2: Gegenüberstellung der Aufgaben von Aufsichtsrat oder Prüfungsausschuss und Abschlussprüfer

Der Prüfungsausschuss hat ein sehr weites Aufgabenfeld, die Aufgaben des Abschlussprüfers hingegen sind deutlich enger gefasst. Allerdings ist die Prüfungsintensität, die vom Abschluss-prüfer gefordert wird, auch deutlich höher als diejenige, die man vom Prüfungsausschuss erwartet. Der Prüfungsausschuss muss sich mit der Frage auseinandersetzen, wie er mit der Lücke der Aufgabenabgrenzung zwischen ihm und dem Abschlussprüfer umgeht. Hierbei wird er sich an den von ihm identifizierten Risiken orientieren und seine Tätigkeiten in Gebieten ohne erkennbare Risiken sehr gering halten oder gar keinen Handlungsbedarf feststellen. Bei vorliegenden Risiken hingegen wird er vertiefende Untersuchungen anstellen, um seiner Über-wachungsaufgabe gerecht zu werden. Hierzu kann er entweder selbst tätig werden oder einen sachverständigen Dritten beauftragen.

3   Grenzen der gesetzlichen Abschlussprüfung

Aus der Gegenüberstellung der Aufgaben von Aufsichtsrat oder Prüfungsausschuss einerseits und dem Abschlussprüfer andererseits ist deutlich geworden, dass Aufgabenfelder, die in den Pflichtenkanon des Aufsichtsrates oder Prüfungsausschusses fallen, im Rahmen der Ab-schlussprüfung nicht oder nur teilweise adressiert werden.

Die folgenden Übersichten (Abb. 4 und Abb. 5) verdeutlichen die Grenzen der gesetzlichen Ab-schlussprüfung bezogen auf die Corporate-Governance-Systeme und die Berichterstattung außerhalb des Jahres- und Konzernabschlusses und der Lageberichterstattung.

Bereiche (nach AktG/DCGK)	Prüfungsausschuss	Abschlussprüfer	Abgedeckt durch Abschlussprüfung
Rechnungslegungsprozess	✓	• Beurteilung von Abschluss und Lagebericht	Bedingt
Internes Kontrollsystem (IKS)	✓	• Beurteilung des rechnungslegungsbezogenen IKS, soweit zur Prüfung von Abschluss und Lagebericht erforderlich	Bedingt
Risikomanagement (RMS)	✓	• Risikofrüherkennungssystem als Gegenstand der Abschlussprüfung bei börsennotierten Aktiengesellschaften (Bestandsgefährdungen) • Relevanz für die Prüfung des Lageberichts	Bedingt
Internes Revisionssystem (IRS)	✓	• Abschlussprüfer beurteilt die Interne Revision als Teil der Befassung mit dem rechnungslegungsbezogenen IKS und kann ggf. Ergebnisse der Internen Revision verwerten	Bedingt
Compliance-Management-System (CMS)	✓	• Nicht abgedeckt durch die gesetzliche Abschlussprüfung	Nein

Abb. 4: Corporate-Governance-Systeme und Abdeckung durch die Abschlussprüfung

Ergänzende Berichterstattung (nach HGB/AktG)	Aufsichtsrat	Reichweite der gesetzlichen Abschlussprüfung	Abgedeckt durch Abschlussprüfung
Nichtfinanzielle Erklärung (§ 289b, § 315b HGB)	• Pflicht der Prüfung durch Aufsichtsrat (§ 171 Abs. 1 Satz 4 AktG)	• Formale Prüfung auf „Vorlage" • Ggf. Ergänzung des Bestätigungsvermerks, wenn die Vorlage nicht (rechtzeitig) erfolgt ist • Freiwillige inhaltliche Prüfung nur, wenn gesondert beauftragt [begrenzte Sicherheit vs. hinreichende Sicherheit]	Bedingt
Erklärung zur Unternehmensführung (§ 289f, 315d HGB)	• Pflicht der Prüfung durch Aufsichtsrat (abgeleitet aus Lageberichts-Prüfungspflicht; DCGK) • Indirekte Mitautorenschaft des Aufsichtsrats	• Formale Prüfung, ob „Angaben gemacht wurden"	Bedingt
DCGK-Erklärung (§ 161 AktG)	• Mitautorenschaft des Aufsichtsrats	• Formale Prüfung auf Vorhandensein • Berichtspflicht für im Rahmen der Abschlussprüfung festgestellten Unrichtigkeiten der DCGK-Erklärung	Bedingt
Vergütungsbericht (§ 162 AktG)	• Mitautorenschaft des Aufsichtsrats	• Formale Prüfung auf Vorhandensein der gesetzlich geforderten Angaben • Gesonderter Prüfungsvermerk • Freiwillige inhaltliche Prüfung nur, wenn gesondert beauftragt	Bedingt

Abb. 5: Berichterstattung außerhalb des Jahres-/Konzernabschlusses und Abdeckung durch die Abschlussprüfung

Dabei zeigt sich, dass die Überwachung der Corporate-Governance-Systeme insgesamt nur bedingt in der gesetzlichen Abschlussprüfung abgedeckt wird. Ausschlaggebend für die Befassung des Abschlussprüfers mit diesen Systemen ist grds. die Frage, ob für die Zwecke der Abschlussprüfung die daraus gewonnenen Erkenntnisse der Beurteilung von Prüfungsrisiken und der Gewinnung von Prüfungssicherheit dienen.

Die Berichterstattung außerhalb des Jahres- und Konzernabschlusses sowie der Lageberichterstattung ist ebenfalls nur bedingt Gegenstand der gesetzlichen Abschlussprüfung. In den aufgeführten Berichten beschränkt sich der Abschlussprüfer grds. auf eine formale Prüfung auf Vorhandensein der Berichte bzw. Angaben, sodass die Tätigkeit des Prüfungsausschusses – ohne freiwillige zusätzliche Beauftragung einer inhaltlichen Prüfung – nur sehr begrenzt unterstützt wird.

C Organisatorische Fragen des Prüfungsausschusses

I   Die Besetzung des Prüfungsausschusses

Dr. Arno Probst

1   Sachkenntnis

Hinsichtlich der fachlichen und persönlichen Anforderungen an einzelne Aufsichtsratsmitglieder beschränkt sich das Gesetz auf die Unvereinbarkeit von Vorstands- und gleichzeitiger Aufsichtsratstätigkeit (§ 105 AktG), die in § 100 AktG aufgeführten persönlichen Qualifikationsmerkmale sowie die Regelungen zur gleichberechtigten Teilhabe von Frauen und Männern mit jeweils mindestens 30 % gem. FüPoG I, welche bei Neubesetzungen seit 2016 zu beachten sind. Individuelle fachliche Qualifikationsanforderungen werden für kapitalmarktorientierte Unternehmen zudem an die beiden »Experten« i. S. d. § 100 Abs. 5 AktG gestellt, nach denen mindestens ein Mitglied über Sachkenntnis in Bezug auf Rechnungslegung und mindestens ein weiteres Mitglied über Sachkenntnis in Bezug auf Abschlussprüfung verfügen muss. Darüber hinaus bestehen branchenspezifische individuelle Anforderungen an Aufsichtsräte von Kreditinstituten und Versicherungen.[1] Zudem müssen die Mitglieder des Aufsichtsrates nach § 105 Abs. 5 AktG »in ihrer Gesamtheit« mit dem Sektor vertraut sein, in dem das Unternehmen tätig ist.

Der BGH hat in seiner grundlegenden Entscheidung vom 15.11.1982 (Hertie-Entscheidung) unmissverständlich klargestellt, dass ein Aufsichtsratsmitglied »diejenigen Mindestkenntnisse und -fähigkeiten besitzen oder sich aneignen muss, die es braucht, um alle normalerweise anfallenden Geschäftsvorgänge auch ohne fremde Hilfe verstehen und sachgerecht beurteilen zu können«.[2] Diese vom BGH zu Recht geforderte Mindestqualifikation muss bereits bei der Wahl zum Aufsichtsratsmitglied gegeben sein.[3] Da – unter Beachtung des Plenumsvorbehalts hinsichtlich der Prüfung des Jahres- bzw. Konzernabschlusses – nicht von allen Aufsichtsratsmitgliedern Expertise auf den Gebieten Rechnungslegung bzw. Abschlussprüfung verlangt werden kann,[4] sollten dessen Mitglieder auf verschiedenen Gebieten Expertenwissen aufweisen, sodass der Aufsichtsrat insgesamt die Kenntnisse, Fähigkeiten und fachlichen Erfahrun-

---

1   Ihre Qualifikation entsprechend KWG bzw. VAG wird seit 2009 umfassend durch die BaFin überwacht.
2   BGH-Urteil v. 15.11.1982 – II ZR 27/82, bspw. in NJW (1983), S. 991. Zur Hertie-Entscheidung s. a. Kap. J.III »Wesentliche Gerichtsentscheidungen für den Aufsichtsrat und den Prüfungsausschuss«.
3   Allerdings berührt mangelnde Qualifikation nicht die Wirksamkeit der Bestellung eines unzureichend qualifizierten Aufsichtsratsmitglieds.
4   So stellt der BGH im Rahmen der Hertie-Entscheidung klar, dass das einzelne Aufsichtsratsmitglied nicht hinsichtlich aller Tätigkeitsgebiete des Aufsichtsrates über Spezialkenntnisse verfügen muss (vgl. BGH-Urteil v. 15.11.1982 – II ZR 27/82, bspw. in NJW (1983), S. 991). Unter den Mindestkenntnissen sind vielmehr allgemeine ökonomische und rechtliche Kenntnisse sowie ein Verständnis der Organisation, des Geschäftsmodells sowie der Unternehmensstrategie zu verstehen.

gen aufweist, die zur ordnungsgemäßen Wahrnehmung aller seiner Aufgaben erforderlich sind (Grundsatz 11 des DCGK 2022, der zudem regelt, dass der Aufsichtsrat für seine Zusammensetzung konkrete Ziele zu benennen hat und ein Kompetenzprofil für das Gesamtgremium erarbeiten soll). Dieses Kompetenzprofil soll nach Empf. C.1 des DCGK 2022 auch Expertise »zu den für das Unternehmen bedeutsamen Nachhaltigkeitsfragen« umfassen. Der Qualifikation des Prüfungsausschusses kommt vor diesem Hintergrund eine besondere Bedeutung zu.

Aktienrechtlich sind an die Prüfungsausschussmitglieder zunächst keine über die Vorgaben für das Plenum hinausgehenden Qualifikationsanforderungen gestellt. Da sie jedoch aus der Mitte des Aufsichtsratsplenums gewählt werden, sollten sie über die fachliche und persönliche Eignung eines Aufsichtsratsmitglieds verfügen. Um ihrer speziellen Überwachungsaufgabe jedoch wirksam nachkommen zu können, sollten die Mitglieder des Prüfungsausausschusses die notwendige fachliche Kompetenz zur Erfüllung der in § 107 Abs. 3 Satz 2 AktG kodifizierten Überwachungsaufgaben besitzen.

Nach dem im Jahr 2021 mit dem FISG geänderten § 100 Abs. 5 AktG müssen bei einer kapitalmarktorientierten Aktiengesellschaft mindestens ein Prüfungsausschussmitglied über Sachkenntnis in Bezug auf Rechnungslegung (Rechnungslegungsexperte) und mindestens ein weiteres Mitglied über Sachkenntnis in Bezug auf Abschlussprüfung (Prüfungsexperte) verfügen.[5] Diese neue Regelung muss nach § 12 Abs. 6 EGAktG jedoch so lange nicht angewandt werden, wie alle Mitglieder des Aufsichtsrates und des Prüfungsausschusses vor dem 1. Juli 2021 bestellt worden sind, und kommt daher nach dem Willen des Gesetzgebers grds. erst mit der kommenden turnusmäßigen Neubestellung zur Anwendung. Aufgrund der im Jahr 2022 in diesem Zusammenhang ergangenen Änderungen im DCGK, wonach gem. Empf. D.3 Satz 3 »nähere Angaben« zu den besonderen Kenntnissen und Erfahrungen der Experten auf ihren Gebieten in der Erklärung zur Unternehmensführung zu machen sind, und der Erwartungen am Kapitalmarkt ist in der Praxis jedoch davon auszugehen, dass eine schnellere Umsetzung bzw. personelle Benennung des Sachverstandes für den Prüfungsausschuss angestrebt wird. Mit der Neuregelung soll sichergestellt werden, dass der seitens des Gesetzgebers für erforderlich gehaltene spezifische Sachverstand auf mindestens zwei Mitglieder des Prüfungsausschusses verteilt wird.

Auch mit Einführung des FISG kann Sachverstand unterstellt werden, wenn eine Tätigkeit mit Nähe zur Rechnungslegung bzw. Wirtschaftsprüfung ausgeübt wird oder wurde, was etwa bei Angehörigen der steuerberatenden oder wirtschaftsprüfenden Berufe der Fall ist. Eine entsprechende Qualifikation kann ggf. weiterhin bei einer speziellen Berufsausbildung und bei Finanzvorständen, Fachangestellten aus den Bereichen Rechnungswesen und Controlling, Analysten sowie langjährigen Mitgliedern von Prüfungsausschüssen oder Betriebsräten ange-

---

5   Das zusätzliche Kriterium der Unabhängigkeit in Bezug auf den Finanzexperten wurde bereits mit dem AReG im Jahr 2016 gestrichen.

nommen werden. Der erforderliche Sachverstand setzt nach wie vor nicht zwingend voraus, dass das Mitglied des Aufsichtsrates einem steuerberatenden oder wirtschaftsprüfenden Beruf angehört, sondern kann auch durch entsprechende Weiterbildung erworben werden.[6] Mit Einführung des nunmehr differenzierten Sachverstands der Experten und der geforderten Publizität zu den besonderen Kenntnissen und Erfahrungen werden freilich die Anforderungen in der Praxis voraussichtlich steigen.

Über die aktienrechtlichen Vorgaben hinausgehende Anforderungen an die Qualifikation aller Prüfungsausschussmitglieder können aus dem DCGK abgeleitet werden. Bezüglich der Ausschussbildung im Allgemeinen empfiehlt dieser zunächst, dass in Abhängigkeit von der Unternehmensspezifikation und der Mitgliederanzahl des Gesamtaufsichtsrates fachlich qualifizierte Ausschüsse gebildet werden sollen (Empf. D.2 des DCGK, wonach die Ausschussmitglieder und die jeweiligen Vorsitzenden in der Erklärung zur Unternehmensführung namentlich anzugeben sind).

Der Prüfungsausschuss sollte in seiner Gesamtheit zumindest über die notwendige Expertise verfügen, um die an ihn delegierten Überwachungsaufgaben erfüllen zu können. Folglich müssen Kenntnisse zur Überwachung des Rechnungslegungsprozesses, des internen Kontrollsystems, des Risikomanagementsystems, des internen Revisionssystems, der Abschlussprüfung sowie ggf. der Compliance vorhanden sein (§ 107 Abs. 3 Satz 2 AktG). In der einschlägigen Literatur herrscht auch Konsens darüber, dass alle Mitglieder eines Prüfungsausschusses über Kenntnisse in den Bereichen Rechnungslegung und interne Kontrollverfahren verfügen sollten (»financial literacy«).[7]

Der DCGK 2022 geht bzgl. der Sachkenntnis der Experten über die gesetzlichen Anforderungen hinaus: Nach der Empf. D.3 soll der Rechnungslegungsexperte über besondere Kenntnisse und Erfahrungen in der Anwendung von Rechnungslegungsgrundsätzen, der Nachhaltigkeitsberichterstattung und interner Kontroll- und Risikomanagementsysteme verfügen, der Prüfungsexperte dementsprechend über solche der Abschlussprüfung einschließlich der Prüfung der Nachhaltigkeitsberichterstattung. Damit wird deutlich, dass der finanziellen und nichtfinanziellen Berichterstattung bzw. deren jeweiligen Prüfungen insoweit vom Kodex bereits eine gleichwertige Bedeutung beigemessen wird. Dies geschieht folgerichtig zum Grundsatz 6 des DCGK 2022, die dem Aufsichtsrat auch die Überwachung und Beratung in Sachen Nachhaltigkeitsausrichtung des Unternehmens zuweist (siehe hierzu die Kap. D.V »Nachhaltigkeit im Rahmen der Überwachung der Unternehmensführung und vorbereitende Prüfung der nichtfinanziellen Erklärung« und Kap. F.IV »Grundlagen der Nachhaltigkeitsberichterstattung und deren dynamische Weiterentwicklung«).

---

6   Vgl. RegBegr. FISG, BT-Drs. 19/26066, S. 116, auch mit Verweis auf RegBegr. BilMoG, BT-Drs. 16/10067, S. 101 ff.
7   Vgl. etwa Habersack (2019), in: Münchener Kommentar zum AktG, § 107 Rn. 119 ff. m. w. N.

Da das Plenum die Mitglieder des Prüfungsausschusses aus seiner Mitte bestellt, hat es bei der Auswahl die entsprechende Sorgfalt walten zu lassen und auf die entsprechende Qualifikation zu achten. Ansonsten kann den Aufsichtsratsmitgliedern Sorgfaltspflichtverletzung und Auswahlverschulden vorgeworfen werden. Auch das gewählte Prüfungsausschussmitglied ist in der Verantwortung, seine Qualifikation zu hinterfragen, da ihm sonst Übernahmeverschulden vorgeworfen werden kann.[8] Neben der individuellen Expertise sollte auch darauf geachtet werden, dass sich die spezifischen Kenntnisse in geeigneter Weise ergänzen. Es kann daher angemessen sein, unter Berücksichtigung der notwendigen Gesamtqualifikation des Ausschusses Anforderungsprofile festzulegen, die die individuellen Kompetenzanforderungen an Prüfungsausschussmitglieder definieren und entsprechend der notwendigen Gesamtqualifikation koordinieren.

2   Unabhängigkeit

Neben der Expertise ist die Unabhängigkeit die zweite Komponente des Anforderungsprofils von Prüfungsausschussmitgliedern; durch sie soll sich die Überwachungstätigkeit des Aufsichtsrates/Prüfungsausschusses verbessern. Auch wenn die Unabhängigkeit bereits seit der Einführung des DCGK immer wieder diskutiert wurde, gewannen die Themen »Qualifikation« und »Unabhängigkeit« von Aufsichtsrats- und Prüfungsausschussmitgliedern im Zuge der Finanz- und Wirtschaftskrise stark an Bedeutung. Zuletzt wurde im Vorfeld der Kodexüberarbeitung des Jahres 2020 die Definition von »Unabhängigkeit« intensiv diskutiert und auch neu gefasst.

Grundsätzlich ist festzuhalten, dass weder Gesetz noch DCGK über die an den Gesamtaufsichtsrat gestellten Anforderungen hinausgehende Unabhängigkeitsanforderungen an die ordentlichen Mitglieder des Prüfungsausschusses stellen. So wird mit Empf. C.6 des DCGK lediglich empfohlen, dass dem Aufsichtsrat auf der Anteilseignerseite eine nach eigener Einschätzung angemessene Anzahl unabhängiger Mitglieder angehören soll. Explizit gefordert wird die Unabhängigkeit beim Vorsitzenden des Prüfungsausschusses (Empf. C.10 des DCGK). Demnach soll der Vorsitzende des Prüfungsausschusses (wie auch der Aufsichtsratsvorsitzende und der Vorsitzende des mit der Vorstandsvergütung befassten Ausschusses) unabhängig von der Gesellschaft und vom Vorstand sein. Der Vorsitzende des Prüfungsausschusses soll zudem auch unabhängig vom kontrollierenden Aktionär sein.

Der DCGK hat mit den Empf. C.6. bis C.9 den Komplex der Unabhängigkeit bereits 2020 umfassend neu geregelt: Ein Aufsichtsratsmitglied ist unabhängig von der Gesellschaft und deren Vorstand, wenn es in keiner persönlichen oder geschäftlichen Beziehung zu der Gesellschaft

---

8   Siehe hierzu Kremer, in: Kodex-Kommentar, Rn. 1302 ff.

oder deren Vorstand steht, die einen wesentlichen und nicht nur vorübergehenden Interessenkonflikt begründen kann.

Zur Einschätzung der Unabhängigkeit wurden Indikatoren eingeführt: Die Anteilseignerseite soll, wenn sie die Unabhängigkeit ihrer Mitglieder von der Gesellschaft und vom Vorstand einschätzt, insb. berücksichtigen, ob das Aufsichtsratsmitglied selbst oder ein naher Familienangehöriger des Aufsichtsratsmitglieds

- in den zwei Jahren vor der Ernennung Mitglied des Vorstands der Gesellschaft war,
- aktuell oder in dem Jahr bis zu seiner Ernennung direkt oder als Gesellschafter oder in verantwortlicher Funktion eines konzernfremden Unternehmens eine wesentliche geschäftliche Beziehung mit der Gesellschaft oder einem von dieser abhängigen Unternehmen unterhält oder unterhalten hat (z. B. als Kunde, Lieferant, Kreditgeber oder Berater),
- ein naher Familienangehöriger eines Vorstandsmitglieds ist oder
- dem Aufsichtsrat seit mehr als zwölf Jahren angehört.

Ein Erfüllen der Indikatoren bedeutet jedoch nicht, dass ein Aufsichtsratsmitglied zwangsläufig als nicht unabhängig gilt: Sofern einer oder mehrere der genannten Indikatoren erfüllt sind und das betreffende Aufsichtsratsmitglied dennoch als unabhängig angesehen wird, soll dies in der Erklärung zur Unternehmensführung begründet werden.

Sofern die Gesellschaft einen kontrollierenden Aktionär hat, sollen im Falle eines Aufsichtsrates mit mehr als sechs Mitgliedern mindestens zwei Anteilseignervertreter unabhängig vom kontrollierenden Aktionär sein. Im Falle eines Aufsichtsrates mit sechs oder weniger Mitgliedern soll mindestens ein Anteilseignervertreter unabhängig vom kontrollierenden Aktionär sein. Ein Aufsichtsratsmitglied ist unabhängig vom kontrollierenden Aktionär, wenn es selbst oder ein naher Familienangehöriger weder kontrollierender Aktionär ist noch dem geschäftsführenden Organ des kontrollierenden Aktionärs angehört oder in einer persönlichen oder geschäftlichen Beziehung zum kontrollierenden Aktionär steht, die einen wesentlichen und nicht nur vorübergehenden Interessenkonflikt begründen kann.[9]

Von diesen Regelungen ausgenommen sind die Vertreter der Arbeitnehmer im Aufsichtsrat.

Ein Interessenkonflikt ist als wesentlich einzustufen, wenn er geeignet ist, das Aufsichtsratsmitglied bei der Ausübung seiner Aufsichtsratsfunktion so zu beeinflussen, dass es nicht mehr nur das Unternehmensinteresse in seiner Entscheidungsfindung berücksichtigt. Als nicht nur

---

9   Es sei darauf hingewiesen, dass zur Auslegung des im Gesetz verwendeten Begriffs der Unabhängigkeit auch häufig die Empfehlung der EU-Kommission 2005/162/EG v. 15.02.2005 herangezogen wird. Hiernach ist ein Organmitglied unabhängig, »wenn es in keiner geschäftlichen, familiären oder sonstigen Beziehung zu der Gesellschaft, ihrem Mehrheitsaktionär oder deren Geschäftsführung steht, die einen Interessenkonflikt begründet, der sein Urteilsvermögen beeinflussen könnte« (Art. III.13.1 der Kommissionsempfehlung 2005/162/EG). Obwohl die Definition nicht gleichlautend mit derjenigen des DCGK ist, erfolgte durch die Überarbeitung der Unabhängigkeitsdefinition im Zuge der Kodexüberarbeitung 2020 dennoch eine deutliche Annäherung an die Empfehlung der EU-Kommission.

vorübergehend ist ein Interessenkonflikt anzusehen, wenn er sich auf dauerhafte oder wiederkehrende Themen bezieht. Besteht ein Konflikt lediglich hinsichtlich einzelner Abstimmungen des Aufsichtsrates zu isolierten und nicht wiederkehrenden Themen, hat das Aufsichtsratsmitglied die Möglichkeit, diesem durch die aktienrechtlich vorgesehene Nichtteilnahme an der Abstimmung zu begegnen.[10]

3   Arbeitnehmervertreter im Prüfungsausschuss

Grundsätzlich gelten auch hinsichtlich der Qualifikation der Arbeitnehmervertreter die an alle Aufsichtsratsmitglieder gestellten Mindestqualifikationsanforderungen.[11] Werden für die Bestellung von Aufsichtsratsmitgliedern jedoch spezielle Anforderungsprofile festgelegt, ist zu beachten, dass diese nur für die Kapitalvertreter gelten können. Begründet ist dies dadurch, dass eine Beschränkung der Wahl auf entsprechend qualifizierte Experten unter den Arbeitnehmern nicht mit dem Mitbestimmungsgesetz vereinbar wäre.[12] Da es jedoch zu den Sorgfaltspflichten eines jeden Aufsichtsratsmitglieds gehört, die notwendigen Mindestkenntnisse sicherzustellen, sollten nur entsprechend qualifizierte Arbeitnehmer kandidieren.[13]

Bei entsprechender Qualifikation (siehe hierzu Kap. C.I.3 »Arbeitnehmervertreter im Prüfungsausschuss«) steht der Berufung von Arbeitnehmervertretern in den Prüfungsausschuss rechtlich nichts entgegen. Deren Beteiligung in diesem Gremium ist jedoch nicht gesetzlich geregelt. Ein Anspruch auf personelle Berücksichtigung bei der Besetzung des Prüfungsausschusses wird die Arbeitnehmervertretung regelmäßig nicht erheben können.[14]

Bei entsprechender Eignung kann der Arbeitnehmervertreter nach der gesetzlichen Regelung grds. auch als Rechnungslegungs- bzw. Prüfungsexperte fungieren. Der Berufung eines Arbeitnehmervertreters als Experte steht nach der 2016 erfolgten Streichung der bis dato in § 100 Abs. 5 AktG gesetzlich vorgeschriebenen expliziten Unabhängigkeit nichts mehr entgegen, wenngleich es andere Erwägungen geben mag, die eine solche Konstellation als schwierig erscheinen lassen. Auch stehen die Empf. C.10 und D.4 des DCGK dem entgegen, jedenfalls in Bezug auf den Ausschussvorsitzenden. Im Ergebnis aber ist aufgrund der Organisationsautonomie des Aufsichtsrates, der selbstbestimmt über die Besetzung des Prüfungsausschusses entscheidet, jedenfalls bei mitbestimmten kapitalmarktorientierten Gesellschaften eine adäquate Beteiligung der Arbeitnehmervertretung gewährleistet.

---

10   Vgl. schon zum DCGK 2017 Kremer, in: Kodex-Kommentar, Rn. 1387 ff.
11   Vgl. BGH-Urteil v. 15.11.1982 – II ZR 27/82, bspw. in NJW (1983), S. 991.
12   Analog können auch nur für die Kapitalvertreter persönliche Voraussetzungen in der Satzung festgelegt werden (vgl. § 100 Abs. 4 AktG).
13   Zu den voranstehenden Ausführungen s. a. Böckler-Stiftung (Hrsg.) (2011), insbesondere die Anlage zur Arbeitshilfe 10.
14   Siehe etwa Mertens/Cahn, in: Kölner Kommentar zum AktG, § 107 Rn. 123 m. w. N.

4   Besondere Anforderungen an den Vorsitzenden des Prüfungsausschusses

Da dem Vorsitzenden des Prüfungsausschusses besondere Verantwortung zukommt, stellt der DCGK spezielle Anforderungen an diesen. Neben den grundlegenden Qualifikationsanforderungen an alle Aufsichtsratsmitglieder und den weiteren Anforderungen an die Mitglieder des Prüfungsausschusses soll der Vorsitzende des Prüfungsausschusses nach Empf. D.3 des DCGK 2022 zugleich entweder die Rolle des Rechnungslegungsexperten oder die des Prüfungsexperten einnehmen. Der Aufsichtsratsvorsitzende soll nicht den Vorsitz im Prüfungsausschuss innehaben. Die Empfehlungen des DCGK greifen somit die Anforderungen an die Experten i.S.d. § 100 Abs. 5 AktG auf. In der Praxis bestand oftmals vor der Einführung des weiteren Experten bereits Personalunion zwischen dem Finanzexperten und dem Prüfungsausschussvorsitzenden.

Der gesetzlich geforderte Sachverstand der beiden Experten auf den Gebieten Rechnungslegung bzw. Abschlussprüfung (§ 100 Abs. 5 AktG) ist hierbei mit den vom DCGK geforderten besonderen Kenntnissen und Erfahrungen gleichzusetzen. Somit sind an den Prüfungsausschussvorsitzenden die gleichen grundsätzlichen Qualifikationsanforderungen wie an die Experten zu stellen.

Explizit gefordert wird die Unabhängigkeit beim Vorsitzenden des Prüfungsausschusses (Empf. C.10 des DCGK). Demnach soll der Vorsitzende des Prüfungsausschusses (wie auch der Aufsichtsratsvorsitzende und der Vorsitzende des mit der Vorstandsvergütung befassten Ausschusses) unabhängig von der Gesellschaft und vom Vorstand sein. Der Vorsitzende des Prüfungsausschusses soll zudem auch unabhängig vom kontrollierenden Aktionär sein (siehe hierzu im Einzelnen Abschnitt 2).

In Empf. D.3 regelt der DCGK weiterhin, dass der Aufsichtsratsvorsitzende nicht zugleich der Prüfungsausschussvorsitzende sein soll, wohingegen eine reguläre Mitgliedschaft nicht ausgeschlossen ist. Hintergrund dieser Empfehlung ist i.W. die hohe Arbeitsbelastung, die mit beiden Positionen einhergeht. Dennoch kann es nicht nur bei kleinen Aufsichtsräten begründeterweise zu einer Personalunion kommen, sondern § 107 Abs. 4 Satz 2 AktG sieht seit 2021 sogar vor, dass der Dreier-Aufsichtsrat zugleich auch Prüfungsausschuss ist. In diesem Fall wird man aus Gründen der Praktikabilität ggf. davon ausgehen dürfen, dass dieses Gremium unverändert nur einen Vorsitzenden haben darf.

Fragen für die Praxis zur Besetzung des Prüfungsausschusses

- Welche spezifischen Kompetenzen sind im Prüfungsausschuss vertreten? Ergänzen sich die unterschiedlichen Qualifikationen in geeigneter Weise, und deckt die Gesamtqualifikation des Prüfungsausschusses das gesamte Aufgabengebiet des Prüfungsausschusses ab?
- Wie wird den Anforderungen an die Unabhängigkeit entsprochen? Gibt es Begründungszwänge aufgrund der Indikatorenlösung? Wie gut darstellbar sind diese?
- Gibt es mindestens zwei oder mehrere Experten, und wie haben diese ihren Sachverstand bzw. ihre besonderen Kenntnisse und Erfahrungen auf den Gebieten der Rechnungslegung bzw. der Abschlussprüfung erworben?
- Existieren Konstellationen, die einen potenziellen Interessenkonflikt begründen können? Wenn ja, sind diese wesentlich und nicht nur vorübergehend?
- Wird über situativ auftretende Interessenkonflikte angemessen berichtet?

II   Einarbeitung neuer Mitglieder

Dr. Arno Probst

Neue Mitglieder des Prüfungsausschusses sollten zügig in dessen Arbeitsprogramm und die aktuellen Fragestellungen eingewiesen werden (Onboarding). Dabei ist es hilfreich, wenn die neuen Mitglieder aufgrund der dem Prüfungsausschuss zugewiesenen Aufgabengebiete bereits das Geschäftsmodell der Gesellschaft und die in diesem Geschäftsmodell vorherrschenden Risiken kennen. Dementsprechend empfiehlt es sich i. d. R. nicht, ein neu in den Aufsichtsrat eingetretenes Mitglied direkt in den Ausschuss zu wählen.[15] In der Praxis wird sich dies jedoch nicht immer vermeiden lassen, es kann sogar gewollt sein (»frischer Blick«), dies ist abhängig von der unternehmensspezifischen Besetzungssituation und dem jeweiligen Kompetenzprofil des Aufsichtsrates.

Wird ein neues, vorher unternehmensexternes Mitglied des Aufsichtsrates direkt auch in den Prüfungsausschuss gewählt, sollte von der jeweiligen Gesellschaft für eine vertiefte Branchen- und Unternehmenskompetenz ein spezielles unternehmens- und branchenspezifisches Einführungsprogramm angeboten werden,[16] da auch für spezielle Fragestellungen des Prüfungsausschusses besonders qualifizierte Personen i. d. R. nicht über die spezifischen Verhältnisse des Unternehmens informiert sein dürften.

Generell ist es selbstverständlich zweckmäßig, für alle neuen Mitglieder des Aufsichtsrates Orientierungsprogramme anzubieten, damit diese sich entsprechende Kenntnisse vom Unternehmen und von den aufsichtsrelevanten Fragestellungen aneignen können. Derartige Orientierungsprogramme sollen eine Betriebsbesichtigung sowie eine einführende Arbeitssitzung unter Beteiligung der wesentlichen Ansprechpartner und Verantwortlichen umfassen.

Betriebsbesichtigung

- Was sind die wesentlichen operativen Prozesse und kritischen Erfolgsfaktoren des Geschäftsmodells des Unternehmens? Wie funktioniert das Geschäftsmodell und wer sind die wesentlichen Wettbewerber? Welche operativen Bereiche hat die Gesellschaft? Welche Produktionsstätten hat das Unternehmen und wie sehen diese aus? Welche Produkte und/oder Dienstleistungen werden vertrieben? Was ist der relevante Markt des Unternehmens?
- Dem neuen Mitglied des Prüfungsausschusses sollte erläutert werden, welche Vorgänge und Prozesse hinter den vorgelegten Rechnungslegungsinformationen wie auch den Informationen der nichtfinanziellen Berichterstattung stehen, um die Angemessenheit und

---

15   So z. B. Koprivica (2009), S. 56 m. w. N.
16   Vgl. in diesem Sinne bereits unverändert gültig die Kodex-Kommission in ihren Pressemitteilungen v. 10. und 11.02.2010 zur Professionalisierung und Qualifizierung von Aufsichtsräten, abrufbar unter: http://www.dcgk.de/de/presse.html sowie die Empfehlungen der EU-Kommission 2005/162/EG.

Wirksamkeit des Überwachungssystems oder die zutreffende bilanzielle Abbildung der Geschäftsvorgänge beurteilbar zu machen. Dabei sind die Besonderheiten und Fokusbereiche jeweils der finanziellen und nichtfinanziellen Berichterstattung hervorzuheben.

Einführende Arbeitssitzung

Neben Betriebsbesichtigungen bietet es sich insb. bei umfassenden Gremienneubesetzungen an, zu Beginn der Tätigkeit ein – ggf. mehrtägiges – Treffen unter Beteiligung des Vorstands und weiterer wichtiger Führungskräfte sowie ggf. des Betriebsrats abzuhalten.[17] Unter Umständen kann auch der Abschlussprüfer für bestimmte Fragen hinzugezogen werden. Hierdurch kann das Verständnis von dem Unternehmen, dessen operativer Tätigkeit, dessen Management, wesentlichen Unternehmensrisiken und für das Finanz- und Rechnungswesen bedeutsamen Entwicklungen vertieft werden.

*   Wer sind die wichtigsten Ansprechpartner? Welche Fachkenntnisse und Erfahrungen haben sie? Wie ist deren Persönlichkeit einzuschätzen?
*   Das neue Mitglied des Prüfungsausschusses sollte zudem den Verantwortlichen der Compliance- und der Rechtsabteilung sowie die Ansprechpartner der Finanzabteilung und der internen sowie externen Revision kennenlernen. Insgesamt gilt es, die Leitungen der Zentralbereiche kennenzulernen, die für die Wahrnehmung der Aufgaben des Prüfungsausschusses von besonderer Bedeutung sind (auch für das Auskunftsrecht nach § 107 Abs. 4 AktG).

Regelmäßige Betriebsbesichtigungen von verschiedenen, für die Überwachungsaufgabe besonders relevanten Betriebsstätten des Unternehmens einschließlich der damit verbundenen Gespräche mit den Mitarbeitern des Unternehmens fördern generell die Effektivität des Prüfungsausschusses und sollten entsprechend von sämtlichen Mitgliedern in Anspruch genommen werden.

Weiterhin sollten dem neuen Mitglied des Prüfungsausschusses, das gleichzeitig auch neues Mitglied des Aufsichtsrates ist, mindestens folgende Unterlagen zur Verfügung gestellt bzw. Informationen zu folgenden Kernfragen gegeben werden:

Aktueller Geschäftsbericht

*   Welche besonders relevanten Informationen finden sich in den Geschäftsberichten und was sind die Kernthemen dabei? Wie sind die Berichte zu lesen und wie sind die wesentlichen, zu diskutierenden Inhalte zu erkennen?

Zwischenberichte der letzten Quartale

*   Wie entwickelt sich die Gesellschaft quartalsweise und im Anschluss an den letzten Geschäftsbericht? Welche (kritischen) Sachverhalte werden voraussichtlich bis zum nächsten Jahresabschluss berücksichtigt werden müssen?

---

17   Vgl. Lutter (2009), S. 778 f.

Informationen über die Branche und über die Geschäftätigkeit des Unternehmens
- Welche Kapitalmarktbeziehungen bestehen? Was sind die wesentlichen Branchenrisiken? Wie ist die Unternehmensstrategie? Was ist die aktuelle Wettbewerbsposition der Gesellschaft? Liegt eine SWOT-Analyse[18] vor? Welche Verkaufskanäle und Lieferantenketten sind vorhanden? Was sind weitere wesentliche aktuelle Geschäftssachverhalte? Wie wirken sich aktuelle Themen wie Klimawandel und Nachhaltigkeit auf die Strategie des Geschäftsmodells aus?

Satzung und Geschäftsordnung des Aufsichtsrates
- Was sind die besonderen Verantwortlichkeiten und Pflichten des Aufsichtsrates? Welche Autoritäten bestehen? Wie ist dessen Struktur und Arbeitsweise (Sitzungen)? Wie ist der Informationsfluss geregelt, gibt es eine Informationsordnung? Welche spezifischen Aufgaben kommen in diesem Kontext dem Vorsitzenden zu?

Protokolle des Aufsichtsrates aus dem letzten Geschäftsjahr
- Wie oft tagte der Aufsichtsrat bzw. Prüfungsausschuss? Was waren die Inhalte der Aufsichtsratstätigkeit? Wie liefen die Entscheidungsprozesse ab und zu welchen Ergebnissen führten die Sitzungen? Gab es Sondersitzungen zu kritischen Themen? Gab es eine Strategiesitzung außerhalb der Regelsitzungen?

Ergebnisse der letzten Selbstbeurteilung des Aufsichtsrates
- Wo liegen die Stärken und die Schwächen des Aufsichtsrates (Struktur, Arbeitsweise, Diskussionskultur)? Worauf muss zukünftig mehr geachtet bzw. was muss verbessert werden? Wurde die Selbstbeurteilung unter externer Begleitung durchgeführt?

Neben der Einarbeitung in die allgemeine Aufsichtsratstätigkeit bedarf es der Einarbeitung in die Aufgaben des Prüfungsausschusses im Speziellen. Zusätzlich sollten demnach dem neuen Mitglied des Ausschusses zur Orientierung über die Arbeit des Prüfungsausschusses spezielle Informationen über dessen Aufgaben und Prozesse sowie Arbeitsergebnisse zur Verfügung gestellt werden.

Satzung und Geschäftsordnung des Prüfungsausschusses
- Was sind die Befugnisse, Verantwortlichkeiten und Pflichten des Prüfungsausschusses? Welche Arbeitsweise wird gepflegt und wie wird diese ausgestaltet (Sitzungen, Telefonate etc.)? Welche spezifischen Aufgaben kommen dem Vorsitzenden zu und wie sind die Gepflogenheiten in der Kommunikation untereinander und gegenüber dem Plenum des Aufsichtsrates?

---

18   SWOT steht für Strengths and Weaknesses, Opportunities and Threats. Die SWOT-Analyse ist ein Instrument der strategischen Unternehmensführung. Sie untersucht die aus der Umwelt des Unternehmens resultierenden Chancen und Risiken und stellt diese den unternehmenseigenen Stärken und Schwächen gegenüber. Auf dieser Basis können Strategien abgeleitet werden, um den langfristigen Erfolg des Unternehmens sicherzustellen.

Protokolle der Sitzungen des Prüfungsausschusses aus dem letzten Geschäftsjahr
- Wie oft tagte der Prüfungsausschuss? Wie lang waren die Sitzungen und was waren die Inhalte sowie die Ergebnisse der Prüfungsausschusstätigkeit? Wie liefen die Entscheidungsprozesse ab? Welche Beschlüsse waren vorbereitend und welche endgültig? Wer nahm intern und extern an den Sitzungen teil?

Unterlagen über die beabsichtigten Sitzungstermine sowie Arbeitsschritte des Prüfungsausschusses
- Gibt es eine Jahresplanung mit vordefinierten Themen und Terminen? Wann findet die nächste Sitzung statt? Was wird der Inhalt sein? Gibt es aktuell besonders diskussionswürdige Sachverhalte? Welche Gesprächspartner (intern, extern) sind geladen?

Unterlagen und Informationen über die dem Prüfungsausschuss zugewiesenen Aufgabengebiete
- *Rechnungswesen, Financial Reporting und nichtfinanzielle Berichterstattung:* Wie ist das Finanz- und Rechnungswesen aufgestellt und welches sind die wesentlichen Prozesse zur Abschlusserstellung bzw. im Berichtswesen? Gibt es kritische Bilanzierungsmethoden? Warum wurden diese gewählt, welcher Ermessensspielraum wurde ausgeschöpft und welche Auswirkungen ergeben sich hieraus auf die Finanzberichterstattung? In diesem Zusammenhang: Wie ist die grundsätzliche Vermögens-, Finanz- und Ertragslage des Unternehmens und wie verhält es sich mit dem Erreichen von Analystenprognosen? Wie sehen ggf. die Prozesse der nichtfinanziellen Berichterstattung und die prüferische Befassung damit aus?
- *Internes Kontrollsystem:* Wie ist der grundsätzliche Aufbau des internen Kontrollsystems im In- und Ausland und der damit verbundenen wesentlichen IT-Systeme? Gibt es Hinweise zu wesentlichen Kontrollschwächen? An welchen Prozessen wird derzeit gearbeitet? Gibt es Beurteilungen Dritter, außerhalb der gesetzlichen Abschlussprüfung?
- *Risikomanagementsystem:* Was sind die Unternehmensrisiken? Wie ist das Kontrollumfeld aufgebaut? Wie ist der »Tone at the Top«? Wie geht die Unternehmensführung mit Risiken um? Gibt es Beurteilungen Dritter, außerhalb der gesetzlichen Abschlussprüfung?
- *Compliance-System:* Was sind die Kernpunkte des Compliance-Management-Systems sowie des Tax-Compliance-Management-Systems? Was sind die Compliance-Risiken des Unternehmens? Bestehen zurzeit kritische Compliance-Fälle? Gibt es Beurteilungen Dritter, außerhalb der gesetzlichen Abschlussprüfung?
- *Interne Revision und Abschlussprüfer:* Welche Kapazitäten liegen jeweils vor? Was sind die Aufgaben, wie ist deren Prüfungsplan, welche Prüfungsschwerpunkte wurden gelegt und welche sind für das aktuelle Geschäftsjahr vorgesehen? Wie überwacht die Unternehmensführung die Überwachungssysteme und welche Kontrollschwächen sind bekannt? Wie sind die Beziehung zum und das Verhalten gegenüber dem Prüfungsausschuss, insb. im Zusammenhang mit der Berichterstattung? Gab und gibt es kritische Prüfungsergebnisse? Was waren die Inhalte der Kommunikation an den Prüfungsausschuss, insb. vom Abschlussprüfer (z. B. Prüfungsberichte, Präsentation in der Bilanzsitzung des Prüfungsausschusses

bzw. des Aufsichtsrates, Management Letter)? Wie wurde die Qualität der Abschlussprüfung überwacht?
- *Rechtliches Umfeld:* Was sind die wesentlichen rechtlichen Rahmenbedingungen und gibt es aktuelle rechtliche Verfahren oder Rechtsentwicklungen, die die Arbeit sowie die Arbeitsgebiete des Prüfungsausschusses beeinflussen? Wie hält sich der Prüfungsausschuss auf dem aktuellen rechtlichen Stand?

Unterlagen zu den Ressourcen des Prüfungsausschusses
- Welche Ressourcen stehen dem Prüfungsausschuss zur Verfügung (finanziell und organisatorisch)? Wer sind die dafür verantwortlichen Ansprechpartner? Kann der Ausschuss partiell auf die Interne Revision zurückgreifen?

Ergebnisse der letzten Selbstbeurteilung des Prüfungsausschusses
- Wo liegen die Stärken und die Schwächen des Prüfungsausschusses (Struktur, Arbeitsweise, Diskussionskultur)? Gab es eine externe Unterstützung der Evaluierung? Worauf muss zukünftig mehr geachtet bzw. was muss verbessert werden?

Neben diesen Informationen wird empfohlen, in Abstimmung mit dem Vorsitzenden auch die Möglichkeit des persönlichen Gesprächs mit dem Abschlussprüfer im Zuge der Einarbeitung zu gewährleisten. Dabei sollte darauf geachtet werden, dass keine Informationsasymmetrien innerhalb des Prüfungsausschusses bestehen. Unter Umständen bietet es sich auch an, gemeinsam mit dem Vorsitzenden ein Gespräch mit dem Vorgänger im Prüfungsausschuss zu führen.

Fragen für die Praxis zur Einarbeitung neuer Prüfungsausschussmitglieder
- Erfolgt für jedes neue Mitglied des Prüfungsausschusses eine zeitnahe und ausführliche Einführung in das Unternehmen und in die Arbeit des Prüfungsausschusses?
- Haben die Mitglieder des Prüfungsausschusses ein ganzheitliches Verständnis und ein umfassendes Bild sowohl von der Prüfungsausschusstätigkeit wie auch von dem zu überwachenden Unternehmen?
- Haben sich der Rechnungslegungsexperte und der Prüfungsexperte mit den spezifischen Fragestellungen des Unternehmens für ihre Fachgebiete vertraut gemacht?

III   Informationsversorgung

Silke Splinter

Der Prüfungsausschuss ist zur sachgerechten Erfüllung der ihm zugewiesenen Aufgaben auf eine Vielzahl an Informationen angewiesen.

Wesentliche Grundlage der Informationsversorgung sind zunächst die in §90 AktG definierten Informationsrechte des Aufsichtsrates, nach denen dieser über einen Anspruch auf Regel- und Sonderberichte gegenüber dem Vorstand verfügt. Da der Prüfungsausschuss Aufgaben übernimmt, die der Gesamtaufsichtsrat an ihn delegiert hat, stehen ihm grds. die gleichen Informations- und Berichtsrechte wie dem Plenum zu, soweit sie für die Wahrnehmung der an den Ausschuss delegierten Aufgaben erforderlich sind.

Ein weiterer wesentlicher Baustein der Informationsversorgung stellt die in §170 AktG verankerte Weitergabe der externen Berichterstattung des Unternehmens, d.h. des (Konzern-)Abschlusses und des (Konzern-)Lageberichts sowie des Gewinnverwendungsvorschlags und ggf. der nichtfinanziellen Erklärung oder des nichtfinanziellen Berichts, durch den Vorstand an den Prüfungsausschuss dar. Damit verbunden ist die Berichterstattung des Abschlussprüfers in Form des Prüfungsberichts, des Bestätigungsvermerks und ergänzender Ausführungen im Rahmen der Bilanzsitzung des Prüfungsausschusses.

Ergänzend verfügt der Aufsichtsrat über umfassende Einsichts- und Prüfungsrechte (§111 AktG). Allerdings geht dieses Recht des Aufsichtsrates, Bücher und Schriften der Gesellschaft selbst einzusehen und zu prüfen, nach h.M. nicht ohne Weiteres auf den Prüfungsausschuss über. Hierzu bedarf es eines ermächtigenden Beschlusses des Gesamtaufsichtsrates.[19]

Der Prüfungsausschuss sollte aus Gründen der Effizienz grds. selbst definieren, welche Informationen ihm in welcher Qualität, Quantität und in welchen zeitlichen Abständen übermittelt werden sollen (in diesem Sinne auch Grundsatz 16 des DCGK 2022). Grundsätzlich hat er dabei durch seine Sorgfaltspflicht und Verantwortlichkeit eines Aufsichtsratsmitglieds gem. §116 AktG sämtliche zulässigen Informationsquellen zu berücksichtigen, die zur Aufgabenerfüllung notwendig sind.

---

19   Habersack (2019), in: Münchener Kommentar zum AktG, §107 Rn.172.

In Bezug auf die thematischen Inhalte sollten die Berichte zunächst so ausgestaltet sein, dass sie insgesamt – bezogen auf die Aufgaben des Prüfungsausschusses – einen ganzheitlichen und aufschlussreichen Überblick geben.

Einen Großteil der notwendigen Informationen wird der Prüfungsausschuss aus den Unterlagen zur vorbereitenden Prüfung des Jahres- bzw. Konzernabschlusses sowie zur Durchsicht der unterjährigen Berichterstattung erhalten (z. B. Bilanz, Gewinn- und Verlustrechnung, Anhang, Lagebericht, Kapitalflussrechnung, Segmentberichterstattung, Management Letter, Prüfungsbericht, Steuerbilanz, Ergebnisverwendung). Wir verweisen hierzu auf unsere Ausführungen in Kap. D.IV »Vorbereitende Prüfung des Jahresabschlusses« sowie Kap. D.III.2 »Durchsicht von Quartalsabschlüssen und Halbjahresfinanzberichten sowie Pressemitteilungen bei börsennotierten Unternehmen«.

Daneben bedarf es gesonderter Berichte zur Überwachung der internen Kontrollsysteme des Unternehmens. Wir verweisen hierzu auf unsere Ausführungen im Kap. D.III.1 »Überwachung der internen Kontrollsysteme des Unternehmens«.

Darüber hinaus bedarf es grundlegender Informationen, die auch dem Aufsichtsratsplenum zugänglich gemacht werden sollten. Hierzu gehören Informationen über die strategische Unternehmensplanung sowie über unternehmensfunktionale Informationen (z. B. Investition und Finanzierung, Forschung und Entwicklung, Beschaffung, Produktion/Produkte, Absatz/Marketing/Kunden, Mitarbeiter der verschiedenen Ebenen).

Letztendlich muss der Prüfungsausschuss die erhaltenen Informationen auf Konsistenz prüfen und auswerten, sodass er sich ein eigenes Urteil bilden kann.

1   Information durch den Vorstand

Die wichtigste Informationsquelle des Aufsichtsrates und damit auch des Prüfungsausschusses ist der Vorstand.

Der DCGK sieht die Informationsversorgung des Aufsichtsrates als gemeinsame Aufgabe von Vorstand und Aufsichtsrat (Grundsatz 16 DCGK 2022) und befindet sich damit im Einklang mit der herrschenden Rechtsmeinung. Der Prüfungsausschuss kann Defizite in der Erfüllung seiner Aufgaben somit nicht mit einer Informationsunterversorgung durch den Vorstand legitimieren, sondern sieht sich ggf. dem Vorwurf ausgesetzt, nicht energisch genug auf Informationen gedrungen zu haben.

Den Mindestrahmen der regelmäßigen Informationspflichten des Vorstands gibt der Gesetzgeber in § 90 Abs. 1 AktG vor, wonach dem Aufsichtsrat über die beabsichtigte Geschäftspolitik und Unternehmensplanung, die Rentabilität der Gesellschaft, den Gang der Geschäfte und die Lage der Gesellschaft berichtet werden muss. Ebenso muss er über Geschäfte von erheblicher Bedeutung der Gesellschaft hinsichtlich der Rentabilität und Liquidität informieren. Die Berichte des Vorstands an den Aufsichtsrat wie auch an den Prüfungsausschuss sind »möglichst rechtzeitig« und i. d. R. in Textform zu erstatten (§ 90 Abs. 4 Satz 2 AktG). Darüber hinaus empfiehlt der DCGK 2022 (Empf. D.5), dass der Aufsichtsratsvorsitzende zwischen den Sitzungen mit dem Vorsitzenden bzw. Sprecher des Ausschusses Kontakt hält und mit ihm Fragen der Strategie, Geschäftsentwicklung und Risikolage, des Risikomanagements und der Compliance des Unternehmens berät.

Im Sinne einer effizienten und zielführenden Zusammenarbeit von Vorstand und Prüfungsausschuss ist es in vielen Fällen sinnvoll, dass der Prüfungsausschuss die Informations- und Berichtspflichten des Vorstands näher festlegt. Der Prüfungsausschuss kann dadurch gleichzeitig nachweisen, dass er seinen Informationsbedarf strukturiert analysiert und an den Vorstand adressiert hat. Hierzu sollte am besten eine Informationsordnung zwischen Vorstand und Prüfungsausschuss vereinbart werden, welche – unter Beachtung der Darstellungsautonomie des Vorstands – die wesentlichen Kriterien im Hinblick auf Quantität, Qualität und Frequenz der Berichterstattung beinhaltet.[20] Diese kann Bestandteil der Geschäftsordnung des Prüfungsausschusses sein (siehe hierzu Kap. C.IV »Geschäftsordnung« und die Mustergeschäftsordnung in Anhang D, § 4) oder als Anlage zur Geschäftsordnung des Vorstands aufgenommen werden.[21]

Die Berichte müssen einerseits sämtliche Informationen enthalten, die zur vollständigen Ergründung der Sachverhalte notwendig sind. Dies beinhaltet neben reinen Zahlenwerken auch entsprechende Erläuterungen. Andererseits darf eine zu hohe Informationsdichte nicht den Überblick behindern und die wesentlichen Kernpunkte verdecken. Daneben muss erkennbar sein, wann es sich um Fakten und wann um Prognosen der Geschäftsleitung handelt.

---

20 Warncke (2010), S. 190 f.
21 Vgl. auch Siepelt (2016), S. 120.

Einen Überblick über die Anforderungen an die Berichterstattung am Beispiel der Überwachung der unternehmerischen Kontrollsysteme gibt Abbildung 6.

Vorstand				Prüfungsausschuss
Daten (Rechnungslegung, IKS, RMS, Compliance)	Auswahl	Aufbereitung	Übermittlung	Nutzung der Informationen
Berichtsgrundlagen • vollständig • aktuell • verfügbar • wirtschaftlich	Zielkonflikt: „vollständig" vs. „übersichtlich" • risikoadäquat • handlungsorientiert • Vermeidung wertvernichtender Berichtsinhalte (Kosten der Erstellung und auch der Verarbeitung durch die Empfänger) • regelmäßiger Review der Berichtsinhalte/ Feedback-Schleifen	Ziel: Verständlichkeit • adressaten- orientierter Verdichtungsgrad • risikoadäquate Hervorhebungen • inhaltliche Konsistenz (externe und interne Berichte, Berichte im zeitlichen Ablauf und Berichte von verschiedenen Erstellern) • konsistente Terminologie und Darstellung • konsistente, bedeutungs- volle und begrenzte Farbauswahl	Ziel: Zuverlässigkeit • klare Berichtslinien • schriftliche und/oder mündliche Berichterstattung • ggf. Einsatz elektronischer Reporting-Tools • Vorgehen bei Fehlerkorrekturen/ nachträglichen Änderungen festlegen	Ziel: Angemessene Verwertung der Informationen • Durchsicht • Diskussion • Klärung von Fragen und ggf. ergänzende Informations- anforderungen • ggf. Beschlussfassung • vertrauliche Behandlung

Informationsordnung

Abb. 6: Anforderungen an die Berichterstattung an den Prüfungsausschuss am Beispiel der Berichterstattung zu den unternehmerischen Kontrollsystemen

Über die genannten Regelberichte hinaus kann der Aufsichtsrat oder jedes einzelne Aufsichtsratsmitglied nach § 90 Abs. 3 AktG vom Vorstand jederzeit einen Bericht verlangen, und zwar über Angelegenheiten der Gesellschaft, über ihre rechtlichen und geschäftlichen Beziehungen zu verbundenen Unternehmen sowie über geschäftliche Vorgänge bei diesen Unternehmen, die auf die Lage der Gesellschaft von erheblichem Einfluss sein können. In entsprechender Anwendung der Vorschrift steht dem Prüfungsausschuss im Rahmen seiner Zuständigkeit das gleiche Recht zu. Will er einen Bericht vom Vorstand verlangen, muss er hierüber einen Beschluss fassen.[22] Der Vorstand berichtet dann jedoch an das Gesamtgremium.

---

22   Habersack (2019), in: Münchener Kommentar zum AktG, § 107 Rn. 172.

2   Information durch unternehmensinterne Personen und Fragerecht des Prüfungsausschusses

Generell stellen die Mitarbeiter des Unternehmens eine Informationsquelle des Prüfungsausschusses dar, die zur Auskunft herangezogen werden kann (§ 109 Abs. 1 Satz 2 AktG). Insbesondere die leitenden Angestellten, wie z. B. die Leiter der Internen Revision, der Compliance- oder der Rechtsabteilung, sind von Bedeutung. Durch das FISG wurde in § 107 Abs. 4 AktG explizit geregelt, dass jedes Mitglied des Prüfungsausschusses über den Ausschussvorsitzenden unmittelbar bei den Leitern derjenigen Zentralbereiche der Gesellschaft, die in der Gesellschaft für die Aufgaben zuständig sind, die den Prüfungsausschuss nach § 107 Abs. 3 Satz 2 AktG betreffen, Auskünfte einholen kann. Der Ausschussvorsitzende hat die eingeholte Auskunft allen Mitgliedern des Prüfungsausschusses mitzuteilen. Weiterhin ist der Vorstand unverzüglich über die Einholung der Auskünfte zu unterrichten.

Aufgrund der unterschiedlichen Unternehmensstrukturen werden im Gesetz keine expliziten Rollenbezeichnungen der Ansprechpartner genannt. Die Gesetzesbegründung des FISG nennt jedoch (nicht abschließend) den Leiter der Internen Revision und den Leiter des Risikomanagements.[23]

Als unternehmensinterne Informationsquelle dienen darüber hinaus v. a. die Berichte der Internen Revision. Zum einen soll der Prüfungsausschuss die Wirksamkeit des internen Revisionssystems überwachen (§ 107 Abs. 3 Satz 2 AktG) und sich entsprechend über die Arbeit der Internen Revision informieren, insb. über die Ressourcenausstattung, Planungen, Prüfungsschwerpunkte und Prüfungsergebnisse. Zum anderen liegt der Fokus auf den wesentlichen Feststellungen der Internen Revision und den dazu veranlassten Maßnahmen.

Daneben sollten insb. die Berichte des Chief Compliance Officer sowie ggf. des verantwortlichen Risikomanagers und der jeweiligen Leiter von Rechtsabteilung und Finanz- und Rechnungswesen regelmäßig durch den Prüfungsausschuss gesichtet werden.

Eine ergänzende direkte Berichterstattung durch den jeweiligen Bereichsleiter in einer Sitzung des Prüfungsausschusses ist jedoch sinnvoll, da hierdurch der Informationsfluss besser sein dürfte und die Gelegenheit zu direkten Nachfragen besteht.

---

23   RegE FISG v. 24.2.2021 – BT-Drs. 19/26966, S. 134.

3 Information durch den Abschlussprüfer

Wichtigster unternehmensunabhängiger Ansprechpartner des Prüfungsausschusses ist der Abschlussprüfer. Dies ergibt sich schon aus dem Aufgabenbereich des Prüfungsausschusses, der sich in weiten Teilen mit der Tätigkeit des Abschlussprüfers überschneidet. Die Informationen des Abschlussprüfers unterstützen den Prüfungsausschuss primär bei der vorbereitenden Prüfung des Jahresabschlusses. Daneben können sich aus der Tätigkeit des Abschlussprüfers heraus wertvolle Hinweise für die Überwachung der unternehmerischen Kontrollsysteme durch den Prüfungsausschuss ergeben.

Die Grundlage der Informationsversorgung durch den Abschlussprüfer bilden der Prüfungsbericht (§ 321 HGB) und die mündliche Berichterstattung des Abschlussprüfers auf der Bilanzsitzung des Aufsichtsrates und/oder des Prüfungsausschusses (§ 171 Abs. 1 Satz 2 AktG). In begrenztem Maße kann der Prüfungsausschuss die Arbeit des Abschlussprüfers beeinflussen, indem er dem Abschlussprüfer bestimmte Prüfungsschwerpunkte vorgibt.[24]

Neben diesen gesetzlich definierten Informationen liefert der Abschlussprüfer im Rahmen seiner Tätigkeit weiteres Informationsmaterial (z.B. Fachpräsentationen, ggf. Management Letter), und der Prüfungsausschuss kann individuell vereinbaren, welche weiteren Informationen durch den Abschlussprüfer bereitgestellt werden sollen.

Im Sinne einer zweiseitigen Kommunikation zwischen Prüfungsausschuss und Abschlussprüfer kann die Zusammenarbeit durch weitere Maßnahmen intensiviert werden, insb. durch die regelmäßige Teilnahme des Abschlussprüfers an weiteren Sitzungen des Prüfungsausschusses oder durch Abstimmungen zwischen dem Ausschussvorsitzenden und dem verantwortlichen Wirtschaftsprüfer während der Prüfung.[25] In diesem Sinne empfiehlt der DCGK 2022 (Empf. D.10), dass sich der Vorsitzende des Prüfungsausschusses regelmäßig mit dem Abschlussprüfer über den Fortgang der Prüfung austauscht und dem Ausschuss hierüber berichten soll.

Darüber hinaus kann der Prüfungsausschuss den Abschlussprüfer bei Bedarf zur Klärung von Sachverhalten mit Sonderprüfungen beauftragen, um notwendige Informationen zur Beurteilung zu erhalten.

Die Informationen des Abschlussprüfers dienen dem Prüfungsausschuss für seine Plausibilitätsbeurteilungen sowie insb. zum Abgleich mit den von den unternehmensinternen Quellen erhaltenen Angaben.

---

24 Vgl. Kompenhans/Buhleier/Splinter (2013), S. 61 f. Grundsätzlich entscheidet der Aufsichtsrat hierüber durch Beschluss. Es ist in der Praxis jedoch üblich, diese Beschlusskompetenz auf den Prüfungsausschuss zu delegieren.
25 Vgl. IDW-Positionspapier zur Zusammenarbeit zwischen Aufsichtsrat und Abschlussprüfer (2020), Abschnitt 8.

4   Information durch weitere unabhängige Dritte

Zwar bieten die Berichte des Vorstands, der weiteren unternehmensinternen Personen und des Abschlussprüfers wesentliche Informationsquellen, jedoch sollte der Prüfungsausschuss immer abwägen, ggf. auch weitere, unternehmensexterne Meinungen einzuholen, insb. dann, wenn es sich um kritische Sachverhalte handelt.

Besteht Bedarf an weiteren Informationen, kann der Prüfungsausschuss unternehmensexterne Sachverständige und Auskunftspersonen zur Beratung über einzelne Gegenstände hinzuziehen (§ 109 Abs. 1 Satz 2 AktG). Entsprechend bedarf es nicht ausschließlich einer spezifischen Qualifikation, wie sie ein Sachverständiger aufweist. Durch den Gesetzeswortlaut wird dem Prüfungsausschuss explizit die Möglichkeit gegeben, jede andere Person zur Informationsgewinnung heranzuziehen, von der er glaubt, Hinweise zur Klärung von Sachverhalten zu erhalten.

5   Allgemeine Informationen

Neben den Berichten von unternehmensinternen sowie -externen Personen muss sich der Prüfungsausschuss auch über öffentliche Quellen informieren. Darunter fallen bspw. öffentliche Medien, wie die Berichterstattung durch Zeitungen bzw. Nachrichten, oder veröffentlichte Studien, etwa zur Entwicklung von Märkten und Branchen. Auch sollten die zugänglichen Berichte von Mitbewerbern einbezogen werden.

6   Art und Weise der Information und Kommunikation

Zunächst sind in erster Linie die schriftlichen Berichte der verschiedenen Auskunftspersonen von Relevanz. Daneben ist aber auch der Austausch innerhalb von Gesprächen bzw. Diskussionen wichtig. Diese erfolgen insb. in den Sitzungen des Prüfungsausschusses. Es sollte aber ebenfalls erwogen werden, den Dialog außerhalb der Sitzungen zu suchen. Dies betrifft z. B. den Prüfungsausschussvorsitzenden und den Abschlussprüfer.

Generell ist auf eine angemessene Beziehung zu den Auskunftspersonen zu achten. Die Kommunikation in schriftlicher wie auch mündlicher Form zwischen den Parteien sollte ein gesundes und offenes Ausmaß annehmen, weitestgehend direkt und nicht ausschließlich formell erfolgen. Die offene Kommunikation und die daraus resultierende Information fördern das

Vertrauen zwischen den Parteien und stärken die Position des Prüfungsausschusses im Unternehmen.

Fragen für die Praxis zur Informationsversorgung

- Hat der Prüfungsausschuss definiert, welche Informationen er regelmäßig erhalten will (z. B. durch eine Informationsordnung), bzw. informiert er sich auch aktiv selbst?
- Ist die Berichterstattung der verschiedenen Ansprechpartner an den Prüfungsausschuss vollständig, qualitativ hochwertig, verständlich, wesentlich und regelmäßig bzw. zeitnah?
- Wird bei der Festlegung der Tagesordnung für die jeweils nächste Sitzung des Prüfungsausschusses überlegt, ob Bedarf an Informationen zu Ad-hoc-Themen besteht?
- Werden die verschiedenen Berichte miteinander verglichen und auf Konsistenz geprüft, insb. in Bezug auf kritische Sachverhalte?
- Wird erwogen, bestimmte Sachverhalte durch unabhängige Dritte überprüfen zu lassen, um eine objektive Bewertung zu erhalten?
- Kann sich der Prüfungsausschuss auf Basis der erhaltenen Berichte eine eigene Meinung zu den zu beurteilenden Sachverhalten bilden?

IV   Geschäftsordnung

Dr. Peter Maser

Eine gesetzliche Verpflichtung des Aufsichtsrates, dem Gremium selbst oder einem Ausschuss eine Geschäftsordnung zu geben, besteht nicht.

Das Aktiengesetz erwähnt Geschäftsordnungen[26] für den Vorstand ohne Verpflichtung zur Implementierung. Der DCGK empfiehlt allerdings, eine Geschäftsordnung[27] für den Aufsichtsrat zu erlassen. Unabhängig von diesen rechtlichen Vorgaben ist der Erlass der Geschäftsordnung sinnvoll und der Aufsichtsrat kann sie im Rahmen seiner Organisationsautonomie erlassen. Dabei besteht die Möglichkeit, in einer einheitlichen, ausführlichen Regelung für den Gesamtaufsichtsrat auch die Ausschussarbeit zu regeln oder diese in eigenen Regelwerken für jeden Ausschuss niederzulegen. Spezielle Anforderungen an die Geschäftsordnung des Prüfungsausschusses gibt es schon allein deswegen nicht, weil eine Einrichtung dieses Gremiums gesetzlich nicht vorgeschrieben ist.[28] Der DCGK empfiehlt die Bildung von Ausschüssen und namentlich eines Prüfungsausschusses.[29] Gerade bei größeren Aufsichtsräten ist die Arbeit in Ausschüssen sehr empfehlenswert, da in einem kleineren Kreis effizienter, offener und meist auch sachkundiger diskutiert werden kann.

Inhalte der Geschäftsordnung

Die Einrichtung eines Prüfungsausschusses dient der Übertragung bestimmter Rechte und Pflichten des Aufsichtsrates auf ein Teilgremium, dessen Mitglieder im Hinblick auf die anfallenden Aufgaben besonders sachkundig sein sollten.

Dem Prüfungsausschuss können wie auch anderen Ausschüssen weitgehende Kompetenzen vom Gesamtgremium eingeräumt werden. Dies umfasst ausdrücklich auch die Übertragung von Entscheidungen und nicht nur von vorbereitenden Maßnahmen für das Gesamtgremium. Das Aktiengesetz führt in § 107 Abs. 3 allerdings einige Aufgaben auf, die dem Gesamtaufsichtsrat vorbehalten sind. Dazu zählen u. a.:

- die Wahl des Aufsichtsratsvorsitzenden,
- die Geschäftsordnung für den Vorstand und
- die Bestellung, Abberufung und Vergütung von Vorstandsmitgliedern.[30]

---

26   In §§ 77 Abs. 2, 82 Abs. 2.
27   Empf. D.1 DCGK 2020.
28   Nach § 107 Abs. 3 AktG kann der Aufsichtsrat Ausschüsse, und insbesondere auch einen Prüfungsausschuss, bestellen.
29   DCGK 2017 Grundsatz 14 und Empf. D.3 DCGK 2020.
30   Möglich ist es aber, eine Vorauswahl möglicher Kandidaten für den Vorstand auf einen Ausschuss zu delegieren.

Außerhalb dieser Vorbehaltsaufgaben ist es durchaus möglich, wichtige Entscheidungen, wie die Aufnahme einer großen Finanzierung oder eine Entscheidung über eine Beteiligung, einem Ausschuss zu übertragen.[31]

Der Umfang der zu übertragenden Aufgaben und Kompetenzen kann folglich weitestgehend frei gestaltet werden[32], dies stellt sich in der Praxis entsprechend vielfältig dar. Die genaue Definition der **Kompetenzen und Aufgaben** des Prüfungsausschusses bietet sich somit als Kernregelungsbereich der Geschäftsordnung für den Prüfungsausschuss an. Hiermit verbunden ist die Regelung der **Informationsrechte** des Prüfungsausschusses, z. B. die Berechtigung zur Einholung von Auskünften vom Vorstand und vom Abschlussprüfer. Ein weiterer wesentlicher Regelungsbereich bezieht sich auf die **innere Ordnung** des Ausschusses, d. h. die Verfahren und die Beschlussfassung (z. B. Sitzungsturnus, Einladungsfristen, Möglichkeit zum Stichentscheid). Schließlich können die **Besetzung** des Prüfungsausschusses und dessen **Berichterstattung** an den Gesamtaufsichtsrat Gegenstand der Geschäftsordnung des Prüfungsausschusses sein.[33]

Regelungsspielraum

Betrachtet man nun den Regelungsspielraum, der sich zu den genannten Bereichen bietet, hilft es zunächst, sich den Rahmen vor Augen zu führen, in dem sich der Prüfungsausschuss bewegt (siehe hierzu auch Kap. B.I »Rechtliche Grundlagen«): Der Gesamtaufsichtsrat ist für sämtliche an den Prüfungsausschuss übertragenen Aufgaben letztverantwortlich und hat daher das alleinige Recht, zu bestimmen, in welchem Umfang er – unter Beachtung der bestehenden Delegationsverbote des § 107 Abs. 3 Satz 3 AktG – Aufgaben und Kompetenzen auf einen Prüfungsausschuss überträgt. Diese Delegations- und Organisationsautonomie kann nicht durch die Satzung eingeschränkt werden. Ebenso kann der Prüfungsausschuss selbstverständlich nicht eigenständig über seine Aufgaben und Kompetenzen entscheiden und nur im Rahmen der ihm zugewiesenen Kompetenzen tätig werden. Regelungen zu den Aufgaben und Kompetenzen des Prüfungsausschusses können somit nur vom Gesamtaufsichtsrat beschlossen werden – unabhängig davon, ob sie in einer gesonderten Geschäftsordnung des Prüfungsausschusses niedergelegt sind oder in der Geschäftsordnung des Gesamtaufsichtsrates. Aus der Vielfalt der möglichen Kompetenzen und Aufgaben des Prüfungsausschusses ergibt sich, dass deren exakte schriftliche Definition die Kommunikation deutlich erleichtert und Missverständnissen vorbeugt. In der Literatur wird aus diesem Grund auch die Ansicht vertreten, dass der Aufsichtsrat zur sachgerechten Erfüllung seiner Aufgaben verpflichtet ist, eine Geschäftsordnung für den Prüfungsausschuss zu erlassen. Das Recht des Aufsichtsrates zur Selbstorganisation würde sich demnach an dieser Stelle zur Pflicht verdichten.[34]

---

31   Spindler/Stilz (2019), § 107 Rn. 87; Schmidt/Lutter/Drygala (2020), § 107 Rz. 41.
32   Unter Berücksichtigung der zwingend dem Gesamtgremium zustehenden Entscheidungen nach § 107 Abs. 3 Satz 3 AktG, vgl. dazu im Einzelnen Habersack (2019), in: Münchener Kommentar zum AktG, § 107 Rz. 145 §§.
33   Vgl. Warncke (2010), S. 159 f.; zur Berichterstattung an das Plenum bestehen bereits gesetzliche Regelungen in § 107 Abs. 3 Satz 4 AktG, sodass diese Frage in der Praxis auch oft offengelassen wird; Semler/v. Schenk, in: ArbHdb Aufsichtsratsmitglieder, § 6 Rn. 71.
34   Vgl. Huwer (2008), S. 260.

Etwas komplexer stellt sich die Situation bei den Regelungen zur **inneren Ordnung** des Prüfungsausschusses dar. Hierzu gibt es zunächst in einigen Bereichen abschließende Bestimmungen im AktG, die sowohl auf den Gesamtaufsichtsrat als auch auf dessen Ausschüsse anwendbar sind, z. B. § 108 Abs. 2 AktG zur Beschlussfähigkeit. Darüber hinaus können die Aktionäre in der Satzung Vorschriften zur inneren Ordnung des Prüfungsausschusses erlassen, wofür i. d. R. eine Dreiviertelmehrheit erforderlich ist. Schließlich ist der Gesamtaufsichtsrat dazu berechtigt, verbleibende Regelungsspielräume zur inneren Ordnung des Prüfungsausschusses zu schließen, da er sich letztlich die Arbeit des Prüfungsausschusses zurechnen lassen muss. Verbleiben danach noch Regelungsspielräume, kann sich der Prüfungsausschuss selbst für bestimmte Regelungen zu seiner inneren Ordnung entscheiden. Eine Pflicht des Prüfungsausschusses zur Selbstorganisation durch Erlass einer Geschäftsordnung kann sich ergeben, wenn dies zur sachgerechten Erfüllung seiner Aufgaben notwendig ist.[35]

Gibt es keine gesonderte Geschäftsordnung für den Prüfungsausschuss, gelten die gesetzlichen und statuarischen Regelungen sowie die Regelungen der Geschäftsordnung des Aufsichtsrates entsprechend für die Ausschussarbeit.[36] Unabhängig davon, ob eine Geschäftsordnung erlassen wurde, hat das Aufsichtsratsplenum jederzeit das Recht, Regelungen dieser Ordnung aufzuheben oder zu ändern.

Gestaltungsalternativen

Die Niederlegung der gesonderten Regelungen bzw. der Geschäftsordnung für den Prüfungsausschuss kann verschiedenen Grundkonzepten folgen:[37]

- Die Geschäftsordnung des Gesamtaufsichtsrates enthält einen gesonderten Passus, der die Aufgaben- und Kompetenzzuweisung sowie ggf. spezielle Regelungen zur inneren Ordnung des Prüfungsausschusses enthält. Dieses Modell wird in der Praxis vieler Unternehmen verfolgt.
- Es wird eine gesonderte Geschäftsordnung für den Prüfungsausschuss erstellt, der nur die speziellen Regelungen für dessen Arbeit enthält und im Übrigen auf die relevanten Regelungen, insb. in der Geschäftsordnung des Gesamtaufsichtsrates, verweist.
- Der Prüfungsausschuss erhält eine umfassende eigene Geschäftsordnung, in der sämtliche relevante Regelungen, insb. zur inneren Ordnung und zur Aufgaben- und Kompetenzzuweisung, enthalten sind.

Eine umfassende Geschäftsordnung für den Prüfungsausschuss bietet den Mitgliedern eine verlässliche und einfach zu handhabende Arbeitsgrundlage, auf die sie bei Unklarheiten zurückgreifen können, und verbessert dadurch die Effizienz bei der Klärung von Zweifelsfragen. Allerdings müssen bei diesem Konzept Änderungen in der Satzung oder der Geschäftsordnung

---

35   Vgl. Warncke (2010), S. 157.
36   Vgl. Habersack (2019), in: Münchener Kommentar zum AktG, § 107 Rn. 158; Mertens, in: Kölner Kommentar zum AktG, § 107 Rn. 164.
37   Vgl. Warncke (2010), S. 158 f.; Huwer (2008), S. 260 f.

des Gesamtaufsichtsrates, die für den Prüfungsausschuss einschlägig sind, jeweils auch in der Geschäftsordnung des Prüfungsausschusses berücksichtigt werden, sodass höhere Verwaltungsaufwendungen entstehen.

Der Erlass einer gesonderten Geschäftsordnung für den Prüfungsausschuss hat im Hinblick auf die Ansprache der Investoren den Vorteil, dass ihr Erlass Eingang findet in die Erklärung zur Unternehmensführung nach § 289f HGB, die auf der Internetseite oder im Lagebericht der Gesellschaft veröffentlicht wird, dies trägt dazu bei, der Kapitalmarktöffentlichkeit einen positiven Eindruck von der »good corporate governance« des Unternehmens zu vermitteln. Darüber hinaus legen viele Unternehmen die Geschäftsordnung(en) des Gesamtaufsichtsrates und ggf. des Prüfungsausschusses selbst offen, indem sie diese auf ihrer Internetseite präsentieren.[38]

Inwieweit eine gesonderte Geschäftsordnung für den Prüfungsausschuss sinnvoll ist, kann nur unternehmensindividuell auf Basis der Komplexität der übertragenen Aufgaben, der vorhandenen Regelungstiefe in der Satzung und der Geschäftsordnung des Aufsichtsrates sowie der verfolgten Investor-Relations-Strategie beurteilt werden.

Erlass, Änderung und Aufhebung

Hat sich der Aufsichtsrat bzw. der Prüfungsausschuss grds. für eine gesonderte Geschäftsordnung des Prüfungsausschusses entschieden, stellen sich die praktischen Fragen, welches Gremium für deren Erlass, Änderung und Aufhebung zuständig ist und welche Folgen im Falle einer Nichtbeachtung der Regelungen eintreten.

Grundsätzlich kann die Geschäftsordnung des Prüfungsausschusses nur vom Gesamtaufsichtsrat erlassen, geändert und aufgehoben werden, weil nur er über deren wesentlichen Inhalt, nämlich die Zuweisung der Aufgaben und Kompetenzen an den Prüfungsausschuss, entscheiden darf. Dabei werden die entsprechenden Beschlüsse mit einfacher Mehrheit getroffen. Vor diesem Hintergrund hat der Gesamtaufsichtsrat auch das jederzeitige Recht, die Geschäftsordnung für den Prüfungsausschuss zu ändern oder aufzuheben.[39]

Wie bereits dargelegt, ist der Prüfungsausschuss selbst nur in eingeschränktem Umfang befugt, sich eine Geschäftsordnung zu geben. Seine Regelungskompetenz erfasst Regelungen zur inneren Ordnung des Prüfungsausschusses, soweit diese nicht durch Gesetz, Satzung oder den Gesamtaufsichtsrat getroffen wurden. Da der Gesamtaufsichtsrat stets die Letztverantwortung für die Arbeit des Prüfungsausschusses trägt, können Geschäftsordnungsbestimmungen, die sich der Ausschuss selbst gegeben hat, jederzeit vom Plenum »kassiert« oder geändert werden.[40]

---

38 Eine Vielzahl von Unternehmen haben ihre Geschäftsordnung für den Prüfungsausschuss auf ihre Internetseiten gestellt, u. a. sind dies: adidas AG, BASF SE, Daimler AG, Deutsche Bank AG, Deutz AG, Siemens AG oder ThyssenKrupp AG.

39 Vgl. Huwer (2008), S. 261.

40 Vgl. Habersack (2019), in: Münchener Kommentar zum AktG, § 107 Rn. 158; Semler/v. Schenk, in: ArbHdb Aufsichtsratsmitglieder, § 6 Rn. 52.

Die Geschäftsordnung für den Prüfungsausschuss gilt bis zu ihrer Änderung oder Aufhebung fort.

Wechsel in der Besetzung des Prüfungsausschusses haben keine Auswirkungen auf die Geschäftsordnung, da der Prüfungsausschuss als Kollegialorgan ununterbrochen weiterarbeitet.

Für den Erlass, die Änderung und die Aufhebung der Geschäftsordnung für den Prüfungsausschuss sind jeweils die allgemeinen Regeln über die Beschlussfassung anwendbar, wonach i.d.R. eine einfache Stimmenmehrheit genügt.[41]

Folgen der Nichtbeachtung

Für den Fall einer Nichtbeachtung der Regelungen der Geschäftsordnung für den Prüfungsausschuss ist zu unterscheiden: Der Gesamtaufsichtsrat als erlassendes Gremium kann sich über die von ihm beschlossenen Regeln für den Prüfungsausschuss durch einen entsprechenden Einzelbeschluss hinwegsetzen – auch ohne dass diesem Beschluss eine Änderung der Geschäftsordnung folgt. Hierfür ist jedoch ein gesonderter Tagesordnungspunkt erforderlich.[42]

Aus Sicht des Prüfungsausschusses ist zu differenzieren:

- Überschreitet der Prüfungsausschuss die Kompetenzen, die ihm in der Geschäftsordnung für den Prüfungsausschuss zugewiesen wurden, sind die entsprechenden Beschlüsse bis zu ihrer Bestätigung durch den Gesamtaufsichtstrat schwebend unwirksam.[43]
- Ein Verstoß des Prüfungsausschusses gegen die (höherrangige) Geschäftsordnung des Aufsichtsrates führt zur Unwirksamkeit des Ausschussbeschlusses. Dies gilt nicht bei reinen Ordnungsverstößen.[44]
- Regelungen, die sich der Prüfungsausschuss in einer Geschäftsordnung selbst gegeben hat, haben den Verbindlichkeitsgrad eines einfachen Beschlusses. Sie zeichnen sich »nur« durch ihre intendierte Dauerhaftigkeit aus. Allerdings sind sie – wie einfache Beschlüsse – jederzeit änderbar und aufhebbar, ohne dass dies einen förmlichen Aufhebungsbeschluss voraussetzt. Ein Beschluss des Prüfungsausschusses, der gegen dessen eigene Geschäftsordnung verstößt, bleibt demnach wirksam.[45]

Eine Muster-Vorlage für eine Geschäftsordnung für den Prüfungsausschuss findet sich im Anhang dieses Buchs (Anhang D »Muster einer Geschäftsordnung«).

---

41   Vgl. Lutter/Krieger/Verse (2020), § 11, Rn. 653.
42   Vgl. Semler/v. Schenk, in: ArbHdb Aufsichtsratsmitglieder, § 6 Rn. 53.
43   Vgl. Huwer (2008), S. 262.
44   Vgl. Habersack (2019), in: Münchener Kommentar zum AktG, § 107 Rn. 176.
45   Vgl. Mertens, in: Kölner Kommentar zum AktG, § 107 Rn. 171.

V   Protokolle über die Sitzungen des Prüfungsausschusses

Dr. Peter Maser

Die Anfertigung von Niederschriften über die Sitzungen des Aufsichtsrates und seiner Ausschüsse ist, unabhängig von der bereits nach § 107 Abs. 2 AktG bestehenden rechtlichen Verpflichtung, Ausdruck eines sorgfältigen Verhaltens des Gremiums. In einem möglichen Haftungsfall kann der Aufsichtsrat durch ein entsprechendes Protokoll den Nachweis erbringen, dass er auf der Basis ausreichender Informationen seine Entscheidung getroffen hat, was die zwingende Voraussetzung einer Anwendung der Business Judgement Rule ist. Dementsprechend ist auch bei Beschlüssen außerhalb von Sitzungen, die § 108 Abs. 4 AktG ausdrücklich ermöglicht, ein Protokoll anzufertigen.

Das Protokoll kann vom Vorsitzenden des Aufsichtsrates oder des entsprechenden Ausschusses angefertigt werden, üblicherweise erfolgt es durch einen Protokollführer, der weder Vorstand noch Aufsichtsrat sein muss. Gehört der Protokollführer weder dem Aufsichtsrat noch dem Vorstand an, müssen alle Aufsichtsräte der Hinzuziehung zustimmen.[46]

Das Protokoll muss vom Vorsitzenden, nicht aber zusätzlich vom Protokollführer unterzeichnet werden (§ 107 Abs. 2 Satz 1 AktG).[47] Ohne Unterschrift des Vorsitzenden handelt es sich nur um einen Entwurf. Die einfache Schriftform ist ausreichend.

Inhalt des Protokolls, Aushändigung

Zwingende Mindestinhalte eines Protokolls sind der Ort und der Tag, die Teilnehmer (Aufsichtsräte, Vorstände, ggf. Dritte), die Gegenstände der Tagesordnung und der wesentliche Inhalt der Verhandlungen. In der Regel wird die Niederschrift als eine Mischung aus Verlaufs- und Ergebnisprotokoll angefertigt, in dem wesentliche Beiträge einzelner Sitzungsteilnehmer namentlich aufgeführt werden. Darüber hinaus kann ein Aufsichtsratsmitglied verlangen, dass sein Beitrag oder sein Abstimmungsverhalten ausdrücklich festgehalten wird, um sein Haftungsrisiko zu verringern.[48] Eine wortgetreue Wiedergabe der gefassten Beschlüsse ist unerlässlich, sinnvollerweise werden sie im Protokoll in geeigneter Weise hervorgehoben.

Bei sog. gemischten Beschlussfassungen, bei denen nur ein Teil der Aufsichtsräte in der Sitzung zugegen ist und die übrigen nachträglich die Beschlüsse genehmigen, sollten diese Genehmigungen dem Protokoll hinzugefügt werden.

---

46   Drygala, in: AktG Kommentar, § 107 Rz. 31.
47   Hüffer/Koch (2021), in: AktG, § 107 Rz. 13.
48   Zetzsche/Noack (2020), § 107 Rz. 79.

Sobald das Protokoll erstellt ist, ist es allen Aufsichtsräten – auch denen, die bei einer Sitzung nicht dabei waren – auszuhändigen. Insoweit besteht eine gesetzliche Verpflichtung (§ 107 Abs. 2 Satz 4 AktG). Dem Abschlussprüfer steht ein Einsichtsrecht zu, wenn dies für eine Prüfung notwendig ist (§ 320 Abs. 2 HGB). Aktionäre hingegen haben keinen Anspruch auf Aushändigung oder Einsichtnahme in Protokolle der Aufsichtsratssitzungen.

Beweiskraft

Bei einem Protokoll handelt es sich um eine sog. Beweisurkunde. Demnach besteht bei einer ordnungsgemäßen Niederschrift, die von den Aufsichtsräten genehmigt wurde, eine tatsächliche Vermutung für ihre Richtigkeit.[49] Die entsprechende Protokollierung stellt allerdings keine Wirksamkeitsvoraussetzung für Beschlüsse des Aufsichtsrates dar (§ 107 Abs. 2 Satz 3 AktG).

---

49   Hüffer/Koch (2021), § 107 Rz. 15.

D Die Tätigkeit des Prüfungsausschusses im Jahreslauf

I   Überblick

Dr. Claus Buhleier/Silke Splinter

1   Arbeitsweise und Zeitbedarf

Der Prüfungsausschuss führt keine eigenen Prüfungshandlungen durch, wie sie von der Internen Revision oder vom Abschlussprüfer vorgenommen werden. Der wesentliche Teil der Arbeit des Prüfungsausschusses wird sich zusammensetzen aus

- der sorgfältigen Durchsicht der Rechenwerke und Berichte (u. a. Unterlagen zum Jahresabschluss, Berichte des Vorstands und des Abschlussprüfers zur Finanzberichterstattung wie auch zur Funktionsfähigkeit der internen Kontrollsysteme),
- dem Stellen gezielter Fragen zum besseren Verständnis der Zusammenhänge und zur Beurteilung der Qualität der Prüfungsobjekte und
- der Beurteilung der daraus insgesamt gewonnenen Informationen in Bezug auf deren Schlüssigkeit, Konsistenz, Glaubwürdigkeit sowie Bedeutung.

Mit Blick auf die Finanzberichterstattung wird sich die Tätigkeit des Prüfungsausschusses v.a. durch Plausibilitätsbeurteilungen auszeichnen. Der Prüfungsausschuss führt Analysen durch und vergleicht die gewonnenen Erkenntnisse und die Finanzberichte mit Plandaten sowie mit Vergangenheitswerten, um nach Erklärungen für Abweichungen und Veränderungen zu suchen. Dabei wird ein Großteil der Informationen aus Gesprächen mit dem Vorstand, ggf. weiteren Mitarbeitern des Unternehmens, dem Abschlussprüfer und weiteren sachverständigen Dritten sowie aus deren Berichten gewonnen.

Die Effektivität des Prüfungsausschusses hängt in hohem Maße von dem zeitlichen Einsatz ab, der in die Überwachungsarbeit investiert wird. Jedes Aufsichtsratsmitglied, und damit auch jedes Mitglied des Prüfungsausschusses, hat darauf zu achten, dass ihm für die Wahrnehmung seiner Mandate genügend Zeit zur Verfügung steht (Grundsatz 12 DCGK 2022). In diesem Zusammenhang spielen die Sitzungsfrequenz sowie die Sitzungsdauer eine wesentliche Rolle. Denn ohne eine ausreichende Sitzungstätigkeit des Prüfungsausschusses ist eine adäquate Wahrnehmung der Aufgaben nicht zu gewährleisten, da sich insb. in den Ausschusssitzungen der Prozess der Aufgabenerfüllung abspielt.

Sitzungsanzahl und Sitzungsdauer

Der Gesamtaufsichtsrat einer börsennotierten Gesellschaft hat im Kalenderhalbjahr mindestens zwei Sitzungen abzuhalten (§ 110 Abs. 3 AktG). Eine derartige Regelung findet sich für den Prüfungsausschuss einer börsennotierten Gesellschaft weder im deutschen Gesetzesrecht noch im DCGK, sodass im Grunde Best-Practice-Erfahrungen zur Anwendung kommen. Zweck-mäßig ist eine Frequenz von vier oder fünf Sitzungen pro Jahr, ggf. auch in Form von Telefon-/Videokonferenzen (jeweils eine Sitzung für den Jahresabschluss sowie drei Sitzungen für die Quartalsberichte). Für die Vergabe des Prüfungsauftrags kann es sich anbieten, eine weitere Sitzung abzuhalten. Darüber hinaus sind Sitzungen situationsabhängig einzuberufen.

Wie häufig ein Prüfungsausschuss zusammenkommen sollte, hängt von der Art und der Zahl der ihm überantworteten Aufgaben, der unternehmensindividuellen Lage, den Risikofaktoren und der Organisationsstruktur der Gesellschaft ab. Es empfiehlt sich, zu Beginn des Jahres den Arbeitsplan festzusetzen, der die Aktivitäten im Verlauf des Jahres beinhaltet. Auf Basis des Arbeitsplans werden die Termine der Sitzungen bestimmt, insb. in Abstimmung mit dem Ver-lauf der Finanzberichterstattung, der Abschlussprüfung und den Aufsichtsratssitzungen (siehe hierzu Kap. D.I.2, Tab. 3 »Muster einer Terminübersicht für das Gesamtjahr«). Zu den Sitzungen lädt der Vorsitzende des Prüfungsausschusses rechtzeitig ein, damit eine adäquate Vorberei-tung möglich ist.

Zwischen Prüfungsausschuss- und der darauffolgenden Aufsichtsratssitzung sollte ein ange-messener zeitlicher Abstand liegen, um die in den Ausschusssitzungen zu diskutierenden The-men vollständig erarbeiten und einen entsprechenden Bericht für den Aufsichtsrat anfertigen zu können.[1]

Die Dauer der Sitzungen sollte dem Umfang und der Komplexität der zu bearbeitenden Sach-verhalte Rechnung tragen, um die relevanten Unterlagen, z.B. zum Jahresabschluss, be-arbeiten zu können. Dabei sollte stets Zeit für ganzheitliche Diskussionen eingeplant werden. Entsprechend sollte die Dauer primär von der Agenda bzw. Tagesordnung abhängen und flexi-bel ausgerichtet sein. Dennoch sollte beachtet werden, dass die Dauer der Sitzung nichts über deren Qualität aussagt.

Grundsätzlich gilt, dass für die sinnvolle Durchführung der Ausschussarbeit ein nicht unerheb-licher Zeitaufwand abverlangt wird, der sich sowohl auf die Sitzungsfrequenz als auch auf die Länge der Sitzungen auswirkt.

Agenda, Sitzungsunterlagen und Vorbereitung

Die Sitzungen müssen gut organisiert, strukturiert und effektiv abgehalten werden, aber auch eine gewisse Flexibilität zulassen. Für jede Sitzung ist eine entsprechend funktionale Agenda zu erstellen. Die Tagesordnungspunkte werden sich maßgeblich direkt aus den Prüfungsaus-

---

1 Eine besondere Form für die Berichterstattung ist rechtlich nicht vorgesehen, kann aber vom Aufsichtsrat in der Geschäftsordnung geregelt werden. Vgl. Spindler/Stilz (2019), § 107, Rn. 118.

schussaufgaben sowie indirekt auch aus damit zusammenhängenden Medienberichten, wie z. B. Pressemitteilungen oder Berichten über die Branche, ergeben.

In Übereinstimmung mit den Tagesordnungspunkten sind die dafür relevanten Unterlagen zu-sammenzustellen, z. B. die Unterlagen zum Jahresabschluss oder die Berichte des Vorstands zur Wirksamkeit der internen Kontrollsysteme. Die Unterlagen sollten ein ausgewogenes Ver-hältnis zwischen Verständlichkeit, Vollständigkeit und Detaillierungsgrad aufweisen. So sind ggf. Zusammenfassungen von umfangreichen Dokumenten, z. B. durch die Vorstandsassistenz oder die Leiter der jeweiligen Unternehmensabteilungen, für die Prüfungsausschussmitglieder zu erstellen. In diesem Zusammenhang sollte auch kommuniziert werden, welche Informatio-nen von den jeweiligen Ansprechpartnern des Prüfungsausschusses benötigt oder gewünscht werden (siehe hierzu Kap. C.III »Informationsversorgung«).

Zur effektiven und effizienten Sitzung haben sich sämtliche Prüfungsausschussmitglieder umfassend vorzubereiten, damit die Tagesordnungspunkte in der Sitzung adäquat durchge-arbeitet und diskutiert werden können. Entsprechend ist auch ein vorzeitiger Versand der für die Sitzung erforderlichen Unterlagen notwendig, z. B. zehn Werktage im Voraus. Konkrete gesetzliche Form- und Fristenvorgaben für die Einberufung bestehen nicht, jedoch enthält vielfach die Geschäftsordnung des Aufsichtsrates oder des Prüfungsausschusses hierzu eine Regelung.

Sitzungsleitung und Sitzungsteilnehmer

Der Vorsitzende des Prüfungsausschusses lädt zu den Sitzungen ein, legt maßgeblich den In-halt der Agenda fest und finalisiert diese. Dabei geht er aktiv vor und fordert von den übrigen Ausschussmitgliedern sowie den weiteren Auskunftspersonen Informationen über zu diskutie-rende Sachverhalte ein. Er übernimmt auch die Sitzungsregie. Dies beinhaltet die Eröffnung der Sitzung sowie die Feststellung der Präsenz und Beschlussfähigkeit. Während der Beratungen zu den einzelnen Tagesordnungspunkten sorgt er für eine offene Diskussion, muss dabei aber die Gratwanderung zwischen der Kontrolle über die Sitzung und zu dominantem Verhalten von Sitzungsteilnehmern meistern. Bei Beschlussvorlagen wird der Ausschussvorsitzende die Ab-stimmung leiten und das Ergebnis feststellen. Zu den besonderen Aufgaben des Vorsitzenden des Prüfungsausschusses s. a. Kap. C.I.4.

Neben dem Vorsitzenden haben grds. sämtliche anderen Mitglieder des Prüfungsausschusses an den Sitzungen teilzunehmen. Personen, die weder dem Aufsichtsrat noch dem Vorstand an-gehören, sollen an den Sitzungen nicht teilnehmen. Sachverständige und Auskunftspersonen können allerdings zur Beratung über einzelne Gegenstände zugezogen werden (§ 109 Abs. 1 AktG). Bei Anwesenheit unabhängiger Experten müssen angemessene Vorkehrungen be-stehen, um die Vertraulichkeit von Informationen zu schützen. Aufsichtsratsmitglieder, die dem Ausschuss nicht angehören, können an den Ausschusssitzungen teilnehmen, wenn der Vorsitzende des Aufsichtsrates nichts anderes bestimmt (§ 109 Abs. 2 AktG).

Grundsätzlich entscheidet der Prüfungsausschuss, wann welche Mitglieder des Vorstands, der Abschlussprüfer oder andere Sachverständige an den Sitzungen teilnehmen, wobei der Abschlussprüfer als wichtiger Ansprechpartner des Ausschusses regelmäßig an den Sitzungen teilnehmen und auch unter Ausschluss des Vorstands befragt werden sollte.[2] Entsprechend wurde durch das FISG in § 109 Abs. 1 Satz 3 AktG die Vorgabe eingefügt, dass der Vorstand an Sitzungen des Prüfungsausschusses nicht teilnehmen soll, in denen der Abschlussprüfer als Sachverständiger zugezogen wird. Gleichzeitig wird die Teilnahmemöglichkeit des Vorstands jedoch zugelassen, wenn der Aufsichtsrat oder der Ausschuss die Teilnahme des Vorstands für erforderlich erachtet. In diesem Fall ist ein Beschluss des Gesamtgremiums erforderlich. Es kann sich für den Prüfungsausschuss in Anlehnung an die Praxis von Audit Committees in den USA anbieten, Tagesordnungspunkte einer Prüfungsausschusssitzung ohne Vorstand und ggf. ohne den Abschlussprüfer durchzuführen.

Zur besseren Koordination ist es zudem hilfreich, wenn mindestens eine Sitzung im gleichzeitigen Beisein von Abschlussprüfer und Leiter der Internen Revision stattfindet. Dabei sollte i.d.R. der Vorstand ebenfalls geladen sein, da die Interne Revision ein Instrument des Vorstands ist.

Sitzungsprotokoll

Letztlich ist auch eine sorgfältige Dokumentation der Ergebnisse der Sitzungen im Rahmen eines Protokolls notwendig (§ 107 Abs. 2 Satz 1 AktG ist entsprechend anwendbar). Das Protokoll muss als gesetzlich festgelegten Mindestinhalt Informationen über Ort und Tag der Sitzung, die Teilnehmer, die Gegenstände der Tagesordnung, den wesentlichen Inhalt der Verhandlungen und die Beschlüsse des Ausschusses beinhalten. Das Protokoll dient dazu, Entwicklungen nachzuhalten und die Berichtspflicht des Ausschusses gegenüber dem Aufsichtsrat zu erleichtern, denn dem Aufsichtsrat ist regelmäßig über die Arbeit der Ausschüsse zu berichten (§ 107 Abs. 3 Satz 8 AktG; siehe hierzu auch Kap. D.VI »Berichterstattung über die Tätigkeit«).

Die Protokollierung liegt in der Verantwortung des Ausschussvorsitzenden, der sich hierfür der Hilfe eines externen Protokollanten bedienen kann. Das Sitzungsprotokoll sollte vom Prüfungsausschussvorsitzenden freigegeben werden, bevor es im Umlaufverfahren an die restlichen Ausschussmitglieder verteilt wird. Diese sollten innerhalb einer angemessenen Zeitspanne die Möglichkeit haben, Kommentare zum Protokoll abzugeben. Danach bzw. in der nächsten Sitzung kann das endgültige Sitzungsprotokoll genehmigt und festgestellt werden. Das endgültige Protokoll ist vom Ausschussvorsitzenden zu unterzeichnen (§ 107 Abs. 2 Satz 1 AktG entsprechend).

---

2   Vgl. Nonnenmacher, R./Wemmer, D./v. Werder, A. (2016), S. 2835.

Fragen für die Praxis zur Arbeitsweise des Prüfungsausschusses

- Werden ausreichend Sitzungen von angemessener Dauer abgehalten, die zu zufriedenstellenden Ergebnissen führen?
- Werden für die Sitzungen funktionale Tagesordnungen erstellt und rechtzeitig angemessene Sitzungsunterlagen an die Prüfungsausschussmitglieder verteilt, sodass diese sich adäquat vorbereiten können?
- Ist der Prüfungsausschuss in den Sitzungen i. d. R. vollzählig, werden bei Bedarf weitere Sitzungsteilnehmer als Auskunftspersonen geladen, und werden aussagefähige Sitzungsprotokolle erstellt?
- Ist sich der Vorsitzende des Prüfungsausschusses seiner Rolle bewusst, und wird er den an ihn gestellten Erwartungen gerecht?

2   Muster einer Terminübersicht für das Gesamtjahr

Dem Prüfungsausschuss werden durch Gesetz, DCGK und die Geschäftsordnung eine Reihe von Aufgaben zugewiesen, die es im Jahresverlauf systematisch abzuarbeiten gilt. Um dies zu gewährleisten, ist eine Terminübersicht für das Gesamtjahr hilfreich, in der sämtliche Arbeiten aufgelistet und bestimmten Sitzungsterminen zugewiesen werden. Die Erstellung der Jahresterminübersicht sollte vom Vorsitzenden des Prüfungsausschusses vorbereitet und in der letzten Sitzung des Vorjahrs oder in der ersten Sitzung des Jahres besprochen und verabschiedet werden. Auf diese Weise haben die Mitglieder des Prüfungsausschusses Gelegenheit, die vor ihnen liegenden Aufgaben in ihrer Gesamtheit zu reflektieren und sich – unter Berücksichtigung von Erfahrungswerten aus der Vergangenheit – darüber abzustimmen, wie und in welcher Reihenfolge diese Aufgaben am besten »angegangen« werden können. Dabei kann auch über die Durchführung der einzelnen Besprechungen (z. B. gemeinsames Treffen, Telefonkonferenz, Videokonferenz) und deren vorläufige Terminierung diskutiert werden.

Die abgestimmte Terminübersicht für das Gesamtjahr sollte dem Gesamtaufsichtsrat zur Kenntnis gegeben werden, damit auch er sich ein Gesamtbild über die Aufgaben des Prüfungsausschusses und deren Verteilung über das Gesamtjahr verschaffen kann.

Die Jahresübersicht dient zudem als Grundlage für die jeweilige Tagesordnung der einzelnen Sitzungen, die an die Sitzungsteilnehmer vorab versandt wird. (Die Tagesordnung kann mithilfe eines Excel-basierten Tools erstellt werden, das nach E-Mail-Anfrage an ebp@deloitte.de oder die Herausgeber kostenlos zur Verfügung gestellt wird.) Die Tagesordnung ist wiederum Ausgangspunkt für die Dokumentation der Arbeit des Prüfungsausschusses in Form von Sitzungsprotokollen (siehe hierzu Kap. C.V) und den Bericht an den Gesamtaufsichtsrat.

Eine praktische Hilfestellung bei der Erstellung einer Terminübersicht für das Gesamtjahr bietet die Muster-Terminübersicht in Tabelle 3. Sie unterstellt, dass der Aufsichtsrat dem Prüfungsausschuss sämtliche im Gesetz und im DCGK genannten Aufgaben zugewiesen hat und der Prüfungsausschuss sich zu deren Abarbeitung fünf Mal im Jahr trifft. Die zweite Sitzung des Prüfungsausschusses ist in dem Muster als die »Bilanzsitzung« dargestellt; die Hauptversammlung findet zwischen der dritten und vierten Sitzung statt.

Die Muster-Übersicht versteht sich als Orientierungshilfe und kann als solche eine genaue Abgrenzung des Arbeitsumfangs und fundierte Überlegungen zur zeitlichen Planung im Einzelfall nicht ersetzen.

Leitfaden zur Nutzung des Planungstools für die Erstellung der Agenda für eine Sitzung	
Um eine Sitzung des Prüfungsausschusses übersichtlich zu planen, gehen Sie bitte wie folgt vor: Zuerst werden die Tagungsordnungspunkte (Sheet: JAHRESPLAN) gewählt. Auf dieser Basis können die Agenden für die einzelnen Sitzungen automatisch erzeugt werden.	
Teil 1: JAHRESPLAN	
01)	In dem Sheet JAHRESPLAN ist eine Tabelle hinterlegt, die die verschiedenen Aufgaben des Prüfungsausschusses darstellt. Ebenso werden Zeitintervalle für die Besprechung der einzelnen Punkte vorgeschlagen sowie eine Verteilung der Aufgaben auf insgesamt fünf Sitzungen des Prüfungsausschusses.
02)	Im unteren Bereich der Tabelle können zudem weitere Aufgaben des Prüfungsausschusses eingetragen werden, die noch nicht erfasst sind.
03)	In dem hellblau markierten Bereich können die einzelnen Sitzungen für das Gesamtjahr geplant werden. Hierzu muss jeweils in der ausgewählten Spalte ein »X« eingetragen werden. Das Datum der Sitzung kann jeweils oben in den Spalten eingetragen werden. Sollten mehr als fünf Sitzungen geplant sein, müssen die hierfür erforderlichen zusätzlichen Spalten aufgeklappt werden (Pluszeichen über der Spalte AA)
04)	Nach der Auswahl der entsprechenden Tagesordnungspunkte kann für die einzelnen Sitzungen oder eine ausgewählte Anzahl von Sitzungen jeweils automatisch eine Agenda erzeugt werden. Hierzu ist die entsprechende Schaltfläche unter den einzelnen Spalten zu betätigen.
Teil 2: AGENDA	
01)	Wenn Sie sich z. B. im Sheet »AGENDA Sitzung 1« befinden, sehen Sie die automatisch generierte Tagesordnung für diese Sitzung. Auch das Datum der Sitzung wird automatisch übertragen.
02)	Sollten sich nach der automatischen Generierung der Tagesordnung Änderungen ergeben, müssen diese im Sheet JAHRESPLAN eingetragen werden. Die Agenda kann dann jeweils über die Schaltfläche »Agenda aktualisieren« auf den neuesten Stand gebracht werden.
03)	Ergänzen Sie die Tabelle mit den Verantwortlichen und dem Zeitraum für jeden Eintrag.
04)	Nun können Sie die Agenda an alle Beteiligten über das Menü »Send-Email« verschicken oder bei Bedarf ausdrucken.

Tab. 3: Leitfaden zur Nutzung des Planungstools für die Erstellung der Agenda für eine Sitzung

Beispielhaft könnte sich bei einem Unternehmen mit kalendergleichem Geschäftsjahr folgende Sitzungsaufteilung ergeben (Tab. 4):

Aufgabe	vorgeschla-gene Zeit-intervalle	vorgeschlagene Sitzung					Verweis auf Leit-faden Kapitel
		1	2	3	4	5	
Organisation der Ausschussarbeit							
Genehmigung und ggf. Ergänzung des Protokolls der voran-gegangenen Sitzung	jede Sitzung	X	X	X	X	X	C.V
Aktualisierung der Geschäftsordnung des Prüfungsausschus-ses (ggf. Bestandteil der Geschäftsordnung des Aufsichtsrats)	jährlich	X					C.IV
Erarbeitung eines Sitzungsplans für das Folgejahr	jährlich	X					D.I.2
Vorbereitung des Berichts an die Hauptversammlung über die Arbeit des Prüfungsausschusses	jährlich		X				D.VI
Selbstevaluierung des Prüfungsausschusses; Vereinbarung von Verbesserungsmaßnahmen	jährlich	X					E.IV
Schaffung einer Informationsbasis zur Erfüllung der Über-wachungsaufgaben							
Einholung von Informationen vom Vorstand zum Geschäftsver-lauf, einschl. wichtiger Kennzahlen und – wenn vorhanden – Kommunikation an Rating-Agenturen	mindestens viertel-jährlich	X	X	X	X	X	C.III
Einholung von Informationen von Zentralbereichen unterhalb des Vorstands (z. B. Leiter des Risikomanagements und Leiter der Internen Revision)	bei Bedarf	X	X	X	X	X	C.III
Einholung von Informationen zu sonstiger Finanzberichterstat-tung (z. B. Gewinnerwartungen, Pressemeldungen etc.)	bei Bedarf	X	X	X	X	X	C.III
Vorbereitende Prüfung der Finanzberichterstattung und Prü-fung der Rechnungslegung							
a) Jahres- und Konzernabschluss einschl. Lagebericht							D.IV
Vorbereitende Prüfung des Jahres- und Konzernabschlusses einschließlich der Lageberichte sowie des Vorschlags für die Verwendung des Bilanzgewinns	jährlich		X				
Bericht des Abschlussprüfers zur Jahres-/Konzernabschluss-prüfung	jährlich		X				

Aufgabe	vorgeschla-gene Zeit-intervalle	vorgeschlagene Sitzung					Verweis auf Leit-faden Kapitel
		1	2	3	4	5	
b) CSR-Berichterstattung							D.V
Vorbereitende Prüfung der nichtfinanziellen Erklärung im (Konzern-)Lagebericht oder des gesonderten nichtfinanziellen Berichts	jährlich		X				
c) Unterjährige Finanzinformationen							D.III.2
Erörterung der unterjährigen Finanzinformationen mit dem Vorstand vor ihrer Veröffentlichung	jeweilige Quartale	X		X	X	X	
Erörterung des Reviews unterjähriger Finanzinformationen mit dem Abschlussprüfer	bei Bedarf	(X)		(X)	(X)	(X)	
Überwachung der Abschlussprüfung							
a) Auswahl und Beauftragung des Abschlussprüfers							D.III.3
Auswahl des Abschlussprüfers für das Folgejahr	jährlich	X					
Prüfung der Eignung des vorgesehenen Abschlussprüfers vor Unterbreitung des Wahlvorschlags:	jährlich	X					
Prüfung der Unabhängigkeit, auch unter Einbeziehung der von diesem zusätzlich erbrachten Leistungen	jährlich	X					
Anforderung der Bescheinigung über die Teilnahme am System der Qualitätskontrolle als Nachweis über die Erlaubnis zur Durchführung gesetzlicher Abschlussprüfungen (§ 57a WPO)	jährlich	X					
Prüfung der Einhaltung der Vorschriften zur Prüferrotation	jährlich	X					
Empfehlung zum Wahlvorschlag für die (Wieder-)Bestellung des Abschlussprüfers, ggf. auch für die prüferische Durchsicht des Halbjahresfinanzberichts	jährlich		X				
Beauftragung Abschlussprüfer	jährlich				X		
Abstimmung und Festlegung der Prüfungsschwerpunkte	jährlich				X		
Honorarvereinbarung	jährlich				X		
Vereinbarung der einzuhaltenden Informationspflichten nach AktG und DCGK	jährlich				X		

Aufgabe	vorgeschla-gene Zeit-intervalle	vorgeschlagene Sitzung					Verweis auf Leit-faden Kapitel
		1	2	3	4	5	
b) Überwachung des Abschlussprüfers							D.III.3
Überwachung der Unabhängigkeit des Abschlussprüfers während dessen Prüfungstätigkeit	bei Bedarf	(X)	(X)	(X)	(X)	(X)	
Kommunikation mit dem Abschlussprüfer zur Prüfungstätig-keit während der Prüfung	bei Bedarf	X			X	X	
Abstimmung zur Planung der Abschlussprüfung und Key Audit Matters **	jährlich				X		
Überwachung der vom Abschlussprüfer zusätzlich erbrachten Leistungen, bei börsennotierten Unternehmen ggf. Genehmigung von Nichtprüfungsleistungen, die durch den Abschlussprüfer erbracht werden sollen	bei Bedarf	(X)	(X)	(X)	(X)	(X)	
Überwachung der Qualität der Abschlussprüfung auf Basis von Audit Quality Indicators (AQI)	jährlich		X				
Rechnungslegungsprozess und unternehmerische Kontroll-systeme							
a) Überwachung des Rechnungslegungsprozesses und der Wirksamkeit des Internen Kontrollsystems							D.III.1.b
Kritische Durchsicht des schriftlichen Berichts des Vorstands über die Ausgestaltung des Rechnungslegungsprozesses sowie die Angemessenheit des IKS und die Wirksamkeitskontrollen des Vorstands; ggf. Einholung zusätzlicher Informationen von Dritten (externer Sachverständiger oder Verantwortlicher im Unternehmen)	jährlich		X				
Einbeziehung des Berichts des Abschlussprüfers über wesentliche Schwächen des IKS bezogen auf den Rechnungslegungs-prozess	jährlich		X	(X)			
Befragung des Abschlussprüfers über dessen Zusammenarbeit mit der Internen Revision	jährlich		X	(X)			

Aufgabe	vorgeschlagene Zeitintervalle	vorgeschlagene Sitzung					Verweis auf Leitfaden Kapitel
		1	2	3	4	5	
b) Überwachung der Wirksamkeit des Risikomanagementsystems							D.III.1.c
Kritische Durchsicht des schriftlichen Berichts des Vorstands über die Erkennung von Risiken, deren Steuerung und Kommunikation sowie implementierte Kontrollen zur Sicherstellung der Angemessenheit und Wirksamkeit des Risikomanagementsystems; ggf. Einholung zusätzlicher Informationen von Dritten (Abschlussprüfer, externer Sachverständiger oder Verantwortlicher im Unternehmen)	jährlich			X			
Erörterung der wesentlichen aktuellen und zukünftigen Geschäftsrisiken und getroffene Maßnahmen	mindestens jährlich			X			
c) Überwachung der Wirksamkeit des internen Revisionssystems							D.III.1.d
Befragung Leiter Interne Revision zur Organisation der Abteilung, deren sachlicher und personeller Ausstattung sowie zu wesentlichen Feststellungen und Prüfungsvorhaben; kritische Diskussion zur Angemessenheit der Ausstattung, Organisation der Abteilung und der Effektivität ihrer Arbeit	jährlich				X		
Kritische Durchsicht des jährlichen Arbeitsprogramms der internen Revision	mindestens jährlich				X		
Durchsicht der wesentlichen Feststellungen der Internen Revision einschließlich der hierzu veranlassten Maßnahmen; ggf. Einsichtnahme in Revisionsberichte	jährlich				X		
d) Überwachung der Wirksamkeit des im Unternehmen eingerichteten »Compliance«-Systems							D.III.1.e
Befassung mit aktuellen Verstößen und Verdachtsmomenten sowie hierzu veranlassten Maßnahmen des Vorstands	jede Sitzung	X	X	X	X	X	
Einholung und Diskussion von Informationen zu wesentlichen, drohenden und anhängigen Rechtsstreitigkeiten sowie ggf. Prüfungen, erheblichen Beanstandungen und sonstige außergewöhnlichen Maßnahmen von Aufsichtsbehörden	jede Sitzung	X	X	X	X	X	
Kritische Durchsicht des schriftlichen Berichts des Vorstands über das eingerichtete Compliance-System und dessen Wirksamkeit	jährlich			X			
Befragung des Chief Compliance Officers über sein Tätigkeitsfeld	jährlich			X			

Tab. 4: Muster Terminübersicht für die Tätigkeit des Prüfungsausschusses im Jahreslauf

II   Risikofaktoren für Verstöße in der Rechnungslegung und Auswirkungen auf die Tätigkeit des Prüfungsausschusses

Dr. Claus Buhleier/Silke Splinter

Risikofaktoren für Verstöße in der Rechnungslegung

Unter dem Begriff »Verstöße in der Rechnungslegung« werden falsche Angaben im Abschluss und Lagebericht verstanden, die auf einem beabsichtigten Verstoß gegen gesetzliche Vorschriften oder Rechnungslegungsgrundsätze beruhen.[3] Hierzu zählen insb. »Täuschungen« in Form von

- bewusst falschen Angaben im Abschluss und ggf. Lagebericht sowie Fälschungen in der Buchführung oder deren Grundlagen,
- Manipulation, insb. Buchungen ohne tatsächliches Vorliegen von Geschäftsvorfällen, unterlassene Buchungen u. Ä. oder
- unerlaubten Änderungen der Buchführung.

Zu Verstößen in der Rechnungslegung kann es auch kommen, wenn Vermögensschädigungen (insb. Diebstahl oder Unterschlagung) oder die Auswirkungen von anderweitigen Gesetzesverstößen (insb. Geldstrafen oder Schadenersatzverpflichtungen) in der Rechnungslegung bewusst nicht zutreffend abgebildet werden.

Mögliche »Fraud-Schemes«, die zu Rechnungslegungsverstößen führen, lassen sich grds. in umsatzbezogene und anderweitige Verstöße unterteilen.[4]

Typische umsatzbezogene Rechnungslegungsverstöße umfassen:
- »Side Agreements«, die nicht oder nicht zutreffend bilanziert werden, in Bezug auf
  - Rückgaberechte
  - kostenlose oder stark verbilligte Zusatzleistungen
  - besondere Gewährleistungsrechte
  - stark verlängerte Zahlungsziele
- »Round Trip Transactions« ohne wirtschaftlichen Hintergrund

---

3   Siehe IDW PS 210: Zur Aufdeckung von Unregelmäßigkeiten in der Abschlussprüfung, Tz. 7.
4   Zu Fraud Schemes s. a. grundlegend: Anti-Fraud Collaboration (AFC; 2021), S. 19; Deloitte (2009), abrufbar unter https://www2.deloitte.com/content/dam/Deloitte/in/Documents/risk/Corporate%20Governance/Audit%20 Committee/in-gc-fraud-schemes-questions-to-consider-noexp.pdf, sowie Peemöller et al. (2020), Bilanzskandale: Delikte und Gegenmaßnahmen.

- »Bill and Hold Transactions«, d. h. die Realisation von Umsätzen vor Auslieferung der Ware
- »Shipping Fraud«, bspw. durch Manipulation der Frachtdokumente
- »Channel Stuffing«, d. h. eine wissentliche Überbelieferung von Kunden
- »Upfront Fees«, die sofort vereinnahmt werden, obwohl sie über mehrere Rechnungslegungsperioden verteilt werden müssten.

Anderweitige Rechnungslegungsverstöße umfassen:
- »Fictious Inventory«: Aktivierung fiktiver Vorräte auf Basis von falschen Lieferbescheinigungen oder aufgrund von Doppelerfassung derselben Vorräte durch Verschieben zwischen den Lagerorten
- Manipulation von Bankbestätigungen oder anderen Bestätigungen Dritter
- »Management Estimates«: Beeinflussung schätzungsabhängiger Rückstellungen und Wertberichtigungen zur Schaffung von »Ergebnispolstern« (»Cookie Jar Reserves«) oder zur Verringerung einer Ergebnisbelastung im laufenden Jahr
- »Spreadsheet Manipulation«: Fehlerhafte Berechnungen, insb. bei komplexen Kalkulationen
- »Refreshed Receivables«: Manipulation der Ausstellungs- oder Fälligkeitsdaten von Rechnungen in der Debitorenbuchhaltung, um überfällige Forderungen zu verschleiern; Vereinbarung eines Rückkaufs und erneuten Kaufs der Ware durch den Kunden, um eine überfällige durch eine neue Rechnung zu ersetzen.
- Täuschungen sind häufig Folge von »Management Override«, d. h. von Konstellationen, in denen das Management Kontrollmaßnahmen außer Kraft setzt, die ansonsten als wirksam angesehen werden können.[5]

Die Risikofaktoren, die das Auftreten von Fraud-Fällen im Allgemeinen begünstigen, werden vielfach anhand der sog. Fraud Triangle analysiert (siehe Abb. 7).

---

5   IDW PS 210: Zur Aufdeckung von Unregelmäßigkeiten in der Abschlussprüfung, Tz. 7.

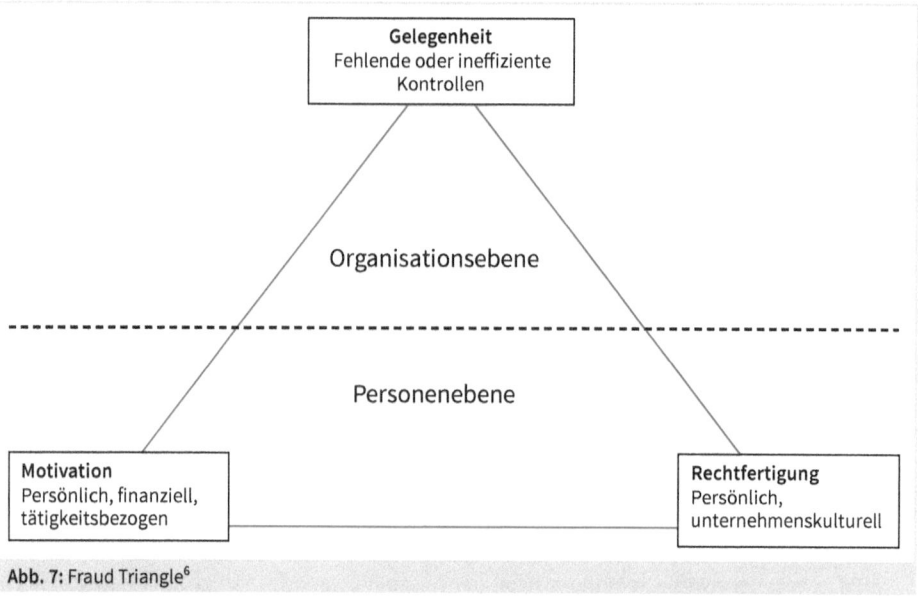

Abb. 7: Fraud Triangle[6]

Unter den Begriff der Motivation werden besondere Anreize zum Begehen von Verstößen gefasst sowie ein besonders starker Druck, unter dem die handelnde Person steht und dem sie durch das Begehen eines Verstoßes entkommen will. Anreize können sich u. a. durch eine starke Erfolgsabhängigkeit der Vergütung ergeben, Druck kann bspw. durch Finanzierungsrisiken aufgrund der drohenden Verfehlung von Covenants entstehen oder durch die drohende Verfehlung kommunizierter Ergebnisprognosen.

Eine Gelegenheit für Manipulation der Rechnungslegung besteht dann, wenn das interne Kontrollsystem umgangen werden kann, bspw. bei komplexen oder instabilen Organisationsstrukturen.

Bei der (inneren) Rechtfertigung wird als Risikofaktor insb. die Verringerung der Hemmschwelle für die Begehung von Fraud aufgrund einer subjektiv wahrgenommenen Benachteiligung genannt (bspw. ein gefühlt zu geringer Verdienst oder eine fehlende Beförderung).

Auswirkungen auf die Tätigkeit des Prüfungsausschusses
Bei seiner Überwachungstätigkeit in Bezug auf die Maßnahmen des Vorstands zur Fraud-Prävention und -Aufdeckung sollte sich der Prüfungsausschuss davon leiten lassen, inwieweit die oben dargestellten Schlüsselfaktoren für das Auftreten von Fraud-Sachverhalten im Unternehmen einschlägig sein könnten. Dabei sollte er auch den Abschlussprüfer dazu befragen, inwieweit dieser im Rahmen seiner Prüfungstätigkeit mögliche Fraud-Indikatoren im Unternehmen identifiziert und ggf. im Rahmen seiner Prüfung adressiert hat.

---

6   Vgl. IDW (2012b), Tz. 493.

Auf Basis der dargestellten Schlüsselfaktoren lassen sich bspw. folgende Risikoindikatoren, sog. Red Flags, identifizieren, die auf erhöhte Risiken für eine Manipulation der Rechnungslegung hindeuten können:[7]

1. Motivation
   a) Bedrohung der finanziellen Stabilität oder der Rentabilität durch gesamtwirtschaftliche, branchenspezifische oder betriebliche Bedingungen des Unternehmens/Konzerns
      - Anfälligkeit des Unternehmens für gesamtwirtschaftliche Entwicklungen bzw. Ereignisse, Änderungen in der Gesetzgebung oder in den Rechnungslegungsvorschriften
      - Anhängigkeit von Prozessen, Verfahren bzw. rechtlichen Ansprüchen gegen die Gesellschaft
      - Überhöhtes Wachstum bzw. ungewöhnliche Profitabilität im Branchenvergleich
      - Ungewöhnlich hoher Fremdkapitalanteil bzw. lediglich eingeschränkte Fähigkeit zur Rückzahlung der Verpflichtungen
      - Erzielung geringer Cashflows aus der operativen Geschäftstätigkeit bei gleichzeitigem Ausweis steigender operativer Erträge
   b) Übermäßiger Druck, die Anforderungen oder Erwartungen Dritter zu erfüllen
      - Negative Unternehmensentwicklungen haben erheblichen Einfluss auf bedeutsame schwebende Transaktionen bzw. Geschäfte
      - Hohe Wahrscheinlichkeit des Verkaufs der Gesellschaft/des Konzerns oder bedeutsamer Teile
      - Hohes Interesse des Managements bzw. der Gesellschafter an der Minimierung des steuerlichen Einkommens
      - Druck bzw. Auflagen der Behörden, wodurch das Management zu Verstößen verleitet wird
      - Druck auf das Management aufgrund zu optimistischer Prognosen
      - Starkes Unternehmenswachstum bei gleichzeitiger Ausschöpfung der finanziellen Mittel
      - Zweifel an der Möglichkeit, die bisherige Ausschüttungspolitik beizubehalten
   c) Bedrohung der persönlichen finanziellen Situation des Managements durch die finanzielle Leistungsfähigkeit des Unternehmens/Konzerns
      - Erhebliche Teile der Vergütung des Managements bzw. des Aufsichtsorgans bestehen aus variablen, ergebnisabhängigen Komponenten
      - Persönliche finanzielle Abhängigkeit des Managements bzw. der Aufsichtsorgane von der Unternehmenssituation
2. Gelegenheit
   a) Gelegenheit aufgrund der Art der Branche oder der Geschäftstätigkeit
      - Nutzung von komplexen bzw. innovativen Finanzinstrumenten
      - Notwendigkeit von erheblichen Schätzungen, die eine hohe Subjektivität, Komplexität bzw. Unsicherheit involvieren oder möglicherweise kurzfristig revidiert werden müssen

---

7   In Anlehnung an ISA (DE) 240: Verantwortlichkeiten des Abschlussprüfers bei dolosen Handlungen, Anlage 1, sowie Fletcher (2003), Appendix A: Sample Fraud Risk Factors, S. 39 ff.

- Akquisition von Tochtergesellschaften aus Branchen, in denen das Management bisher keine bzw. geringe Erfahrungen hat
- Wesentliche unübliche Transaktionen mit nahestehenden Unternehmen, die nicht oder von einer anderen Wirtschaftsprüfungsgesellschaft geprüft werden

b) Schwierigkeiten bei der Überwachung des Managements
- Starke Persönlichkeiten im Management ohne entsprechende Kontrollorgane
- Das Management behebt Schwächen im internen Kontrollsystem nur zögerlich

c) Komplexe oder instabile Organisationsstrukturen
- Übermäßig komplexe Organisations- bzw. Berichtsstruktur
- Unverhältnismäßig schnelles Unternehmenswachstum
- Erwerb einer Vielzahl von Tochtergesellschaften in jüngster Vergangenheit
- Bankverbindungen in Steueroasen bzw. Niederlassungen dort ohne erkennbare geschäftliche Veranlassung
- Besonders aggressive Incentivierungsprogramme bezogen auf Umsätze und/oder Profitabilität innerhalb des Unternehmens
- Unzureichende Einbeziehung des Managements der Muttergesellschaft bzw. fehlende Kontrollmechanismen bei der Verarbeitung von Finanzinformationen der Konzernunternehmen

d) Unzulängliche Komponenten des internen Kontrollsystems
- Hohe Fluktuation beim Management, im Finanzbereich und/oder in der Rechtsabteilung
- Unzulängliche Rechnungslegungs- und Informationssysteme
- Verfahrensanweisungen und interne Kontrollen sind unzureichend dokumentiert, weisen Schwächen auf, werden regelmäßig umgangen oder vom Management und wesentlichen Entscheidungsträgern nicht eingehalten

3. Innere Rechtfertigung
- Übermäßiges Interesse des Managements an der Erhaltung oder Erhöhung des Aktienkurses oder des Ergebnistrends
- Das Management verpflichtet sich gegenüber Analysten, Gläubigern oder anderen Dritten zur Erfüllung aggressiver oder unrealistischer Prognosen
- Unwirksame Kommunikation, Umsetzung, Unterstützung oder Durchsetzung der für die Gesellschaft/den Konzern geltenden Werte oder ethischen Standards durch das Management oder Kommunikation unangemessener Werte oder ethischer Standards.

In Bezug auf die Aufdeckung von Fraud hat eine internationale Studie festgestellt, dass die meisten Fälle aufgrund von Hinweisen (insb. von Mitarbeitern) entdeckt wurden. Danach folgen die Aufdeckung durch die Interne Revision sowie durch Management Reviews.[8] Vor diesem Hintergrund sollte der Prüfungsausschuss im Rahmen seiner Compliance-bezogenen Tätigkeiten

---

8   Association of Certified Fraud Examiners (ACFE, 2020), abrufbar unter: https://acfepublic.s3-us-west-2.amazonaws.com/2020-Report-to-the-Nations.pdf, S. 19.

auch die Einrichtung einer Whistleblower-Hotline sowie die Auswertung und Nachverfolgung der dort eingegangenen Hinweise hinterfragen.

Wesentliche Bausteine für die Prävention von Fraud können weiterhin in der Entwicklung eines Verhaltenskodex für die Mitarbeiter, der Gestaltung eines positiven Arbeitsklimas, der Einrichtung von angemessenen und wirksamen Kontrollen sowie einem transparenten Konsequenzen-Management bestehen.[9] Der Prüfungsausschuss sollte somit nicht nur im Rahmen seiner Überwachungstätigkeit zum internen Kontrollsystem auf Maßnahmen zur Fraud-Prävention achten, sondern in diesem Zusammenhang auch Maßnahmen in der Mitarbeitermotivation und -führung im Blick behalten.

Zur Tätigkeit des Prüfungsausschusses im Falle einer Aufdeckung von Fraud-Sachverhalten wird auf Kap. F.VIII »Der Prüfungsausschuss bei Unternehmenskrisen« verwiesen.

Fazit zu Risikofaktoren und Folgen für die Tätigkeit des Prüfungsausschusses

Für die Mitglieder im Prüfungsausschuss besteht im Ergebnis die Herausforderung

1. für das betreffenden Unternehmen und die betreffende Situation die spezifischen Risikofaktoren, d.h. die »red flags«, zu erkennen – notwendig ist eine »kritische Grundhaltung« und unabhängiges Denken, ohne destruktiv zu sein –,
2. zu reflektieren und abzuwägen, mit welchen Fragen oder Maßnahmen auf diese Risikofaktoren zu reagieren ist, z.B. Setzung besonderer Prüfungsschwerpunkte, Fristen zur Abstellung bestimmter Mängel, und
3. entsprechende Fragen in Sitzungen des Prüfungsausschusses zu stellen und Maßnahmen sowie korrigierende Handlungen zu veranlassen.

Für 1. sind Fachwissen und Sensibilität notwendig, für 2. wird Erfahrung und Urteilskraft benötigt und für 3. ist Persönlichkeit unersetzlich, um möglichen »Gegenwind« zu überwinden.

---

9   Vgl. Bantleon/Thormann (2006), S. 1720 f.

III   Überwachungsaufgaben

Markus Link/Daniel Oehlmann/Dr. Arno Probst/Dr. Claus Buhleier/Jens Löffler/Sven Richtering/
René Scheffler/Jan Bracke/Anna Marina Prehn

1   Überwachung der internen Kontrollsysteme des Unternehmens

a   Einordnung der Überwachungspflichten des Prüfungsausschusses

Der Deutsche Corporate Governance Kodex 2022 stellt das »Leitbild des ehrbaren Kaufmanns« in den Mittelpunkt, der unter Ausgleich mit den Stakeholder-Interessen »für den Bestand des Unternehmens und seine nachhaltige Wertschöpfung« zu sorgen hat.[10] Während das Erfordernis, diesem Leitbild entsprechend zu handeln, zunächst eine Vorstandsaufgabe ist, enthält gute Corporate Governance auch die Überwachung durch den Aufsichtsrat. Die Überwachung der internen Kontrollsysteme des Unternehmens gehört dabei zu den immer stärker im Fokus stehenden Aufgabenfeldern des Prüfungsausschusses, bei denen er sich i.d.R. auch fremder Unterstützung (von Interner Revision und unabhängigen Wirtschaftsprüfern sowie weiteren Beratern) bedienen wird. Die Bedeutung interner Kontrollsysteme wurde nicht zuletzt durch das FISG unterstrichen, in dem der Gesetzgeber die bisher aus der allgemeinen Sorgfaltspflicht des Vorstands abgeleitete Pflicht zur Prüfung, ob ein solches System notwendig ist, als Pflicht zur Einrichtung interner Kontroll- (und Risikomanagement-)Systeme für börsennotierte Aktiengesellschaften nunmehr explizit gesetzlich geregelt hat. Ausweislich der RegBegr. zum FISG kommt Vorständen börsennotierter Aktiengesellschaften damit nur noch ein Ermessen hinsichtlich der Frage des »Wie«, also der konkreten Ausgestaltung, zu, nicht mehr der Frage, »ob« ein solches System eingerichtet werden muss.[11] Für die Folgefrage, wie ein solches internes Kontrollsystem einzurichten ist, können sich Unternehmen v.a. an Rahmenwerken und Standards orientieren. Vom Institut der Wirtschaftsprüfer in Deutschland e.V. (IDW) finden sich Prüfungsstandards (z.B. IDW PS 982: Grundsätze ordnungsmäßiger Prüfung des internen Kontrollsystems des internen und externen Berichtswesens), die in erster Linie Prüfungsleistungen zur Unterstützung des Aufsichtsrates bereitstellen sollen, die aber auch für die Gestaltung der Systeme genutzt werden können. Bei der Orientierung an diesen generellen Leitlinien kann wiederum die Vielzahl der in Fachliteratur und (Beratungs-)Praxis verwendeten Definitionen und Erklärungen zum Thema Kontrollsysteme des Unternehmens verwirrend wirken, da sie sich vielfach durch ein hohes Abstraktionsniveau und Begriffsunschärfen auszeichnen, sodass

---

10   DCGK (2022), Präambel.
11   Vgl. RegBegr. zum FISG, BT-Drs. 19/26966, S. 114 f.

der Schritt zur praktischen Umsetzung nicht immer selbsterklärend ist. Hinzu kommt, dass die Kontrollsysteme das gesamte Unternehmensgeschehen einschließlich externer Einflussfaktoren zum Gegenstand haben, sodass sich gerade in diesem weitreichenden Aufgabenfeld potenzielle Herausforderungen für den Prüfungsausschuss auftun können (siehe hierzu auch Kap. E.II »Potenzielle Probleme bei Organisation und Tätigkeit des Prüfungsausschusses«).

Dessen ungeachtet gehört die Überwachung der Kontrollsysteme des Unternehmens zu den Pflichten des für Unternehmen des öffentlichen Interesses gem. § 107 Abs. 4 Satz 1 AktG verpflichtenden Prüfungsausschusses oder »subsidiär« zu denen des Aufsichtsrates. Konkret regelt § 107 Abs. 3 Satz 2 AktG, dass sich der – freiwillig bestellte – Prüfungsausschuss mit

- der Überwachung des Rechnungslegungsprozesses,
- der Wirksamkeit des internen Kontrollsystems (»IKS«),
- der Wirksamkeit des Risikomanagementsystems (»RMS«) und
- der Wirksamkeit des internen Revisionssystems (»IRS«).

zu befassen hat. Noch weitergehend als seine Überwachungspflichten sind die Prüfungspflichten des Aufsichtsrates nach § 171 AktG hinsichtlich des Jahres- und Konzernabschlusses sowie einer durch das Unternehmen ggf. gem. §§ 289b ff., 315a ff. HGB aufzustellenden nichtfinanziellen Erklärung. Können sich Aufsichtsrat und Prüfungsausschuss für Ersteres noch auf Prüfungshandlungen und das Prüfungsergebnis des Abschlussprüfers stützen, existiert für die nichtfinanzielle Berichterstattung keine externe Prüfungspflicht. In beiden Fällen erfordert die Prüfung durch den Aufsichtsrat oder den Prüfungsausschuss eine eingehende Befassung mit dem internen Kontrollsystem bezogen auf die Berichterstattung.

Laut der Gesetzesbegründung zum BilMoG bezieht sich die Überwachungspflicht jeweils auf die gesamten Kontrollsysteme des Unternehmens – eine Einschränkung auf die rechnungslegungsbezogenen Teile ist nicht erfolgt.[12] Das heißt, der Prüfungsausschuss hat die Kontrollsysteme nicht nur in konkreten Einzelfällen in operativen Einheiten zu überwachen, die sich auf rechnungslegungsbezogene Risiken beziehen, sondern insb. auch auf die Einhaltung relevanter rechtlicher und statutarischer Anforderungen, die Sicherstellung zuverlässiger betrieblicher Abläufe sowie die Einhaltung strategischer Ziele, die sowohl in operativen als auch in funktionalen Einheiten zu finden sind. Konkret muss der Ausschuss prüfen, ob derartige Systeme in der Gesellschaft eingerichtet sind und ob diese Systeme grds. als wirksam angesehen werden können. Dabei handelt es sich um eine laufende Prozesskontrolle.

Pflichten des Vorstands

Die **Pflicht zur Einrichtung wirksamer Kontrollsysteme im Unternehmen** ergibt sich für börsennotierte Aktiengesellschaften aus dem durch das FISG neu ins Aktiengesetz eingeführten § 91 Abs. 3 AktG, nach dem diese Gesellschaften über ein wirksames Risikomanagementsystem

---

12 RegBegr. BilMoG, BT-Drs. 16/10067, zu Art. 5 Nr. 4 (§ 107 AktG), S. 102; Withus (2009b), S. 83.

und internes Kontrollsystem verfügen müssen. Für alle anderen Gesellschaften ergibt sich dies grds. aus den allgemeinen Sorgfaltspflichten des Vorstands (§ 76 Abs. 1 i. V. m. § 93 Abs. 1 Satz 1 AktG).[13] Ungeachtet expliziter gesetzlicher Anforderung ergibt sich die praktische Notwendigkeit, Systeme einzurichten, die Gefährdungen der Unternehmensfortführung erkennen. Auch der Abschlussprüfer hat sich mit der Frage zu befassen, ob die Prämisse der Unternehmensfortführung, die der regulären Finanzberichterstattung zugrunde liegt, angemessen ist.[14]

Voraussetzung für die Erfüllung der Sorgfaltspflichten durch den Vorstand ist, dass die vorhandenen Systeme angemessen und **wirksam** sind. Angemessenheit setzt voraus, dass die eingerichteten Kontrollen dazu geeignet sind, die wesentlichen Risiken abzudecken, und dass sie auch tatsächlich eingerichtet sind (»Implementierung« der Kontrollen). Zusätzlich müssen die eingerichteten Kontrollen im Tagesgeschäft des Unternehmens aber auch tatsächlich umgesetzt werden (sog. Wirksamkeit i. e. S. der Kontrollen). Die Verwirklichung von Risiken führt allerdings nicht zwingend dazu, dass das System als unwirksam angesehen werden muss.[15]

Die Vorstandspflichten beschränken sich somit nicht auf die bloße Einrichtung von Kontrollsystemen im Unternehmen, sondern umfassen auch die Sicherstellung von deren Wirksamkeit durch die Einrichtung eines Überwachungssystems. Wirksamkeitsprüfungen betreffen dabei immer zwei Aspekte: zum einen den Aufbau und zum anderen die Funktion der eingerichteten Kontrollen. Diese Aspekte muss das vom Vorstand einzurichtende interne Überwachungssystem abdecken.

Das interne Überwachungssystem umfasst in der Praxis zum einen systemintegrierte und zum anderen systemunabhängige Kontrollen.[16] Systemintegrierte Kontrollen sind in den normalen Arbeitsablauf integriert und sollen die Wahrscheinlichkeit des Auftretens von Fehlern in den Arbeitsabläufen vermindern bzw. Fehler zeitnah aufdecken (z. B. Überprüfung der Vollständigkeit und Richtigkeit von erhaltenen oder weitergegebenen Daten nach dem Vier-Augen-Prinzip). Systemunabhängige Kontrolle bedeuten, dass der Vorstand eine (i. d. R. unternehmensinterne) Stelle, die weder mit den Prozessen selbst noch mit deren systemintegrierter Kontrolle befasst ist, damit beauftragt, die Angemessenheit und Wirksamkeit der eingerichteten Kontrollen zu überprüfen und ggf. Kontrollschwächen zu identifizieren. Dies ist üblicherweise die Interne Revision. Diese Aufgabe kann aber auch eine unternehmensexterne Stelle (z. B. der Wirtschaftsprüfer) übernehmen.

---

13   Vgl. Arbeitskreis Externe Unternehmensrechnung (AKEU)/Arbeitskreis Externe und Interne Überwachung der Unternehmung (AKEIÜ) der Schmalenbach-Gesellschaft für Betriebswirtschaft e. V. (2009), S. 1280.
14   Vgl. IDW EPS 270 n. F., Tz. 10.
15   Vgl. RegBegr. FISG, BT-Drs. 19/26969, zu § 91 Abs. 3 AktG, S. 115.
16   Vgl. Withus (2009a), S. 262 f.

In der Überarbeitung[17] des Deutschen Corporate Governance Kodex 2022 wurden u. a. die Änderungen des FISG in den Kodex eingearbeitet. Die Neufassung sieht in A.3 DCGK 2022 für das IKS vor, dass es sich auch auf nachhaltigkeitsbezogene Belange einschließlich der Systeme zur Erfassung und Verarbeitung von nachhaltigkeitsbezogenen Daten zu erstrecken hat. Zur Angemessenheit und Wirksamkeit der finanziellen und nachhaltigkeitsbezogenen internen Kontrollsysteme soll künftig im Lagebericht gem. A.5 DCGK 2022 Stellung genommen werden. Dieses von A.5 DCGK 2022 postulierte Berichtserfordernis geht über die Angabepflichten des HGB und des DRS 20 hinaus – eine entsprechende Lageberichtsangabe unterliegt wohl der Abschlussprüfung sowie einer DCGK-Abweichungserklärungspflicht nach § 161 AktG, wenn dieser DCGK-Empfehlung nicht entsprochen wurde und entsprochen wird.

Verantwortlichkeit des Prüfungsausschusses

Die Pflicht zur Einrichtung von angemessenen und wirksamen internen Kontrollsystemen obliegt dem Vorstand aufgrund von § 91 Abs. 3 AktG für börsennotierte Aktiengesellschaften bzw. für den Vorstand einer nicht börsennotierten Gesellschaft aufgrund seiner Organisationsverantwortung. Diese Vorstandspflicht ist nun der Anknüpfungspunkt für die Überwachungsverantwortlichkeit des Prüfungsausschusses. Es besteht mithin keine eigene originäre Prüfungspflicht für den Prüfungsausschuss hinsichtlich der Kontrollsysteme, sondern eine abgeleitete Pflicht zur Überwachung gem. § 107 Abs. 3 Satz 2 AktG, ob der Vorstand seinerseits den ihm obliegenden Pflichten zur Einrichtung angemessener und wirksamer interner Kontrollsysteme nachkommt und festgestellte Schwächen angemessen behebt. Das bedeutet, dass festgestellte Schwächen der Angemessenheit und Wirksamkeit in den Kontrollsystemen für den Prüfungsausschuss durchaus auch dann von Bedeutung sein können, wenn sie kein erhebliches Risiko für das Unternehmen mit sich bringen, da sie auf prozessualer Ebene Hinweise auf die mangelhafte Sicherstellung der Angemessenheit und Wirksamkeit der Systeme durch den Vorstand geben könnten.[18] Falls – um sich den Extremfall vor Augen zu führen – keine Kontrollsysteme in der nicht börsennotierten Aktiengesellschaft vorhanden sein sollten, wäre der Prüfungsausschuss gehalten, zu prüfen, ob deren Einrichtung notwendig ist.[19] Im Falle einer börsennotierten Aktiengesellschaft stellt sich aufgrund der expliziten gesetzlichen Pflicht in § 91 Abs. 3 AktG die Frage des »Ob« nicht. Aber auch für andere Gesellschaften dürfte im Regelfall davon auszugehen sein, dass Kontrollsysteme notwendig sind. Auch der Abschlussprüfer wird im Rahmen seiner Kommunikation mit dem Aufsichtsrat und Prüfungsausschuss darauf hinweisen, wenn er aufgrund fehlender oder mangelhafter interner Kontrollen nicht kontrollorientiert prüfen kann und sich daher ein mitunter erheblich höherer Umfang an im Vergleich zu einer kontrollorientierten Prüfung weniger effizienten Einzelfallprüfungen ergeben könnte. Im Falle börsennotierter Aktiengesellschaften können sich dabei Berichtpflichten nach § 171 Abs. 1 AktG für Schwächen im internen Kontrollsystem oder nach § 321 Abs. 1 Satz 3 HGB auf-

---

17   Regierungskommission Deutscher Corporate Governance Kodex (2022): Deutscher Corporate Governance Kodex in der Fassung vom 28. April 2022.
18   Vgl. Withus (2009b), S. 83.
19   RegBegr. BilMoG, BT-Drs. 16/10067, zu Art. 5 Nr. 4 (§ 107 AktG), S. 103.

grund eines gesetzlichen Verstoßes ergeben, wenn kein angemessenes und wirksames internes Kontrollsystem eingerichtet worden ist, obwohl dazu eine gesetzliche Verpflichtung bestand. Im Einzelfall, z. B. in einem stark IT-basierten Endkundengeschäft mit Millionen webbasierten Einzelumsätzen, kann sich aus Mängeln im IKS auch ein Prüfungshemmnis ergeben, das den Abschlussprüfer zu einer Einschränkung oder Versagung seines Prüfungsurteils zwingt.

In negativer Abgrenzung fällt unter die gesetzliche Pflicht zur »Überwachung der Wirksamkeit« weder die Optimierung noch die Gewährleistung der Effizienz der bestehenden Systeme, da ein suboptimales System durchaus wirksam sein kann.[20]

Die dargelegten Abgrenzungen stecken den groben Rahmen für die Überwachungsaufgaben des Prüfungsausschusses ab. Wie die Überwachung im Einzelfall ausgestaltet wird, ist von verschiedenen Faktoren abhängig, wie z. B. der Unternehmensgröße und -struktur, der Branche, der Komplexität der Geschäftstätigkeit und in der Vergangenheit aufgetretenen Schwächen im System.

Trotz oder gerade wegen der schwierigen Greifbarkeit der Aufsichtsratspflichten mit Bezug auf die internen Kontrollsysteme des Unternehmens ist ihre Bedeutung nicht zu unterschätzen: Zunächst besteht (natürlich) ein Haftungsrisiko der Aufsichtsratsmitglieder, falls in diesem Bereich eine Pflichtverletzung festgestellt wird (siehe Kap. J »Rechtliche Haftungsfragen und Gerichtsurteile«). Darüber hinaus entfalten jedoch insb. Compliance-Verstöße vielfach eine besondere Öffentlichkeitswirkung, sodass erhebliche Reputationsrisiken für das Unternehmen wie auch die Mitglieder des Aufsichtsrates entstehen – zumal die öffentliche Meinung dazu neigt, von Einzelfällen auf Schwächen im allgemeinen IKS oder RMS zu schließen.

Die wesentlichen Aufgaben des Prüfungsausschusses wurden durch Art. 39 Abs. 6 Richtlinie 2014/56/EU bei Unternehmen von öffentlichem Interesse stärker konkretisiert (siehe hierzu auch Kap. B.I.3 »Europäische Vorgaben«). Bezogen auf die deutsche Aufsichtsratspraxis bedeutet dies, dass die Tätigkeit des Prüfungsausschusses infolge der Neuregelung noch stärker auf die Überwachung des Rechnungslegungsprozesses fokussiert. Neben der Pflicht zur Überwachung des rechnungslegungsbezogenen internen Kontrollsystems wird vom Prüfungsausschuss erwartet, »den Rechnungslegungsprozess zu beobachten und Empfehlungen oder Vorschläge zur Gewährleistung von dessen Integrität zu unterbreiten«.

Die normative Konkretisierung der Aufsichtsratspflichten durch das BilMoG hat zudem dazu beigetragen, dass diese von der Öffentlichkeit (noch) stärker wahrgenommen werden und die Erwartungen an die Leistungen des Aufsichtsrates mit Blick auf die Wirksamkeit der Kontrollsysteme im Unternehmen gestiegen sind. Verstärkt wird dies durch erweiterte Offenlegungspflichten: Der durch das BilMoG eingeführte § 289f HGB verpflichtet kapitalmarktorientierte

---

20   Vgl. Arbeitskreis Externe Unternehmensrechnung (AKEU)/Arbeitskreis Externe und Interne Überwachung der Unternehmung (AKEIÜ) der Schmalenbach-Gesellschaft für Betriebswirtschaft e. V. (2009), S. 1280.

Unternehmen[21] dazu, eine »Erklärung zur Unternehmensführung« – auch Corporate Governance Statement genannt – abzugeben und diese in den Lagebericht aufzunehmen oder auf der Internetseite der Gesellschaft öffentlich zugänglich zu machen. Hierzu gehört u. a. »eine Beschreibung der Arbeitsweise von Vorstand und Aufsichtsrat sowie der Zusammensetzung und Arbeitsweise von deren Ausschüssen«. Die Beschreibung vermittelt dem Abschlussadressaten Einblicke in für die Corporate Governance wesentlichen Strukturen und Prozesse, birgt jedoch auch die Gefahr, dass die Öffentlichkeit Erwartungen an die Arbeit des Prüfungsausschusses stellt, die dieser weder erfüllen soll noch erfüllen kann.

Die Neufassung des Deutschen Corporate Governance Kodex (2022)[22] sieht in A.3 DCGK 2022 vor, dass sich das IKS auch auf nachhaltigkeitsbezogene Belange erstrecken soll. A.5 der Neufassung sieht vor, dass die wesentlichen Merkmale des IKS im Lagebericht darzustellen sind, und es soll zur Angemessenheit und Wirksamkeit dieser Systeme Stellung genommen werden. Gemäß D.3 der Neufassung soll die Anwendung von IKS Teil des Sachverstands auf dem Gebiet der Rechnungslegung sein, über den mindestens ein Mitglied des Prüfungsausschusses verfügen soll. Gemäß Grundsatz 4 der Neufassung setzen Angemessenheit und Wirksamkeit des IKS deren interne Überwachung voraus.

b   Überwachung des Rechnungslegungsprozesses sowie der Wirksamkeit des internen Kontrollsystems

Nach § 107 Abs. 3 Satz 2 AktG hat sich der Prüfungsausschuss mit der Überwachung des Rechnungslegungsprozesses zu befassen. Der Prüfungsausschuss kann nach § 107 Abs. 3 Satz 3 AktG Empfehlungen oder Vorschläge zur Gewährleistung der Integrität des Rechnungslegungsprozesses unterbreiten. Diese aktienrechtliche Aufgabenzuweisung für den Rechnungslegungsprozess – der Vorstand ist für die Rechnungslegung und internen Kontrollsysteme verantwortlich, die der Aufsichtsrat bzw. Prüfungsausschuss zu überwachen hat – wird auch im Testat des Abschlussprüfers an die Adressaten der Rechnungslegung kommuniziert. Nach § 317 Abs. 5 HGB hat der Abschlussprüfer grds. die internationalen Prüfungsstandards (International Standards on Auditing, »ISA«) anzuwenden, die von der EU angenommen worden sind. Auf der Grundlage der Anforderungen von ISA 700 »Forming an Opinion and Reporting on Financial Statements« kommuniziert der Abschlussprüfer in der Musterformulierung des PS 400 für den Bestätigungsvermerk, d. h. im Testat, diese Verantwortlichkeiten des Prüfungsausschusses bzw. Aufsichtsrates wie folgt: »Der Aufsichtsrat ist verantwortlich für die Überwachung des

---

21   Genauer: börsennotierte Aktiengesellschaften sowie Aktiengesellschaften, die andere Wertpapiere als Aktien (z. B. Schuldverschreibungen) an einem organisierten Markt ausgegeben haben und deren Aktien auf eigene Veranlassung über ein multilaterales Handelssystem (in Deutschland z. B. im Freiverkehr) gehandelt werden, siehe § 289f Abs. 1 HGB.
22   Regierungskommission Deutscher Corporate Governance Kodex (2022): Deutscher Corporate Governance Kodex in der Fassung vom 28. April 2022.

Rechnungslegungsprozesses der Gesellschaft zur Aufstellung des Jahresabschlusses und des Lageberichts.«[23]

Der Rechnungslegungsprozess für den Konzernabschluss, den Konzernlagebericht und die nichtfinanzielle Berichterstattung – unterteilt nach der Ebene der Teilbereiche, z. B. selbstständige Tochtergesellschaften oder nicht selbstständige Niederlassungen, und Konzernebene – kann wie in Abbildung 8 gezeigt schematisch dargestellt werden:

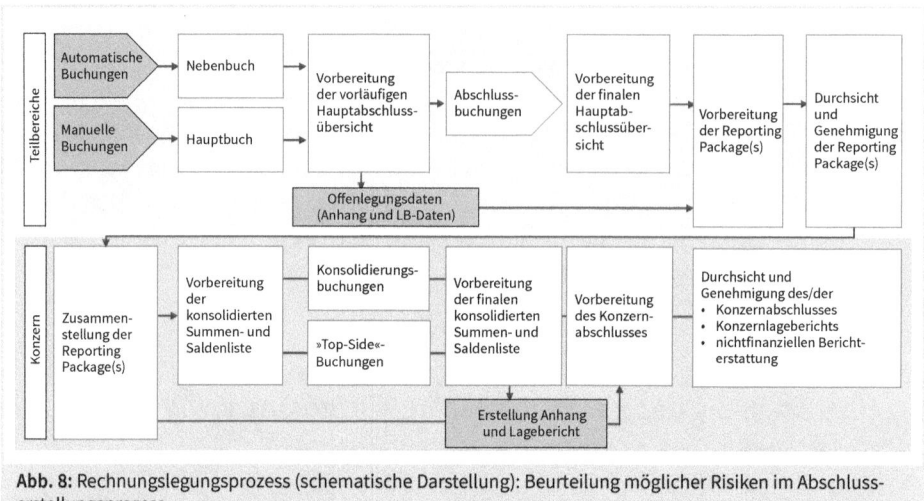

Abb. 8: Rechnungslegungsprozess (schematische Darstellung): Beurteilung möglicher Risiken im Abschlusserstellungsprozess

Deutsche Unternehmen, die als sog. Foreign Private Issuer die US-amerikanischen Börsen in Anspruch nehmen, sind nach Section 404 des Sarbanes-Oxley Act (SOA) bereits seit Jahren dazu verpflichtet, die Wirksamkeit ihres IKS – bezogen auf die Finanzberichterstattung – zu evaluieren und darüber zu berichten.[24] Der sog. Internal Control Report beinhaltet dabei auch die Aussage des Wirtschaftsprüfers, dass er die Beurteilung des Managements geprüft bzw. die Wirksamkeit der »Internal Control over Financial Reporting« beurteilt hat.

Dass die Wirksamkeitsüberwachung der Kontrollsysteme des Unternehmens nach § 107 Abs. 3 Satz 2 AktG mit den Pflichten nach Section 404 SOA nicht gleichgesetzt werden kann, wurde bereits vielfach betont.[25] Unterschiede ergeben sich insb. daraus, dass die Überwachungspflich-

---

23   Vgl. IDW-Prüfungsstandard »Bildung eines Prüfungsurteils und Erteilung eines Bestätigungsvermerks« (IDW PS 400 n. F. – 10.2021), Anlage: Beispiele für Bestätigungsvermerke.

24   Sog. Internal Control over Financial Reporting; laut Sec. 404 des SOA: »The Commission shall prescribe rules requiring each annual report required by section 13(a) or 15(d) of the Securities Exchange Act of 1934 to contain an internal control report, which shall (1) state the responsibility of management for establishing and maintaining an adequate internal control structure and procedures for financial reporting; and (2) contain an assessment, as of the end of the most recent fiscal year of the issuer, of the effectiveness of the internal control structure and procedures of the issuer for financial reporting«; s. a. Wolf (2009), S. 922 ff.

25   Vgl. Wolf (2009), S. 924 ff.

ten nach § 107 Abs. 3 Satz 2 AktG nicht nur auf rechnungslegungsbezogene Kontrollen abzielen, sondern auf das gesamte IKS. Damit wird die Überwachung des Rechnungslegungsprozesses (Abb. 8) als Bestandteil der Überwachungspflichten der Kontrollsysteme des Unternehmens gesehen. In der RegBegr. zum FISG heißt es dazu: »Das interne Kontrollsystem umfasst die Grundsätze, Verfahren und Maßnahmen zur Sicherung der Wirksamkeit und Wirtschaftlichkeit der Geschäftstätigkeit, zur Sicherung der Ordnungsmäßigkeit der Rechnungslegung und zur Sicherung der Einhaltung der maßgeblichen rechtlichen Vorschriften.«[26]

Zudem entfällt in Deutschland jedenfalls für Aktiengesellschaften, die nicht börsennotiert sind und damit nicht unter § 91 Abs. 3 AktG fallen, die ebenso umfangreiche wie kostenintensive Dokumentation der Systeme, die nach Section 404 SOA dem Grundsatz »not documented, not done« folgt, sowie die Pflicht zur regelmäßigen externen Prüfung der Wirksamkeit der eingerichteten Systeme. Für börsennotierte Aktiengesellschaften gilt das Vorstehende insoweit eingeschränkt, als sie zum Einführen und Betreiben wirksamer Systeme ausdrücklich verpflichtet sind. Dies mag für nicht börsennotierte Gesellschaften auf den ersten Blick als vorteilhaft erscheinen, weil so einer sehr breit angelegten und (annähernden) »Vollprüfung« des IKS über die Finanzberichterstattung aus dem Weg gegangen wird. Andererseits wirft es die Frage auf, ob der gänzliche Verzicht auf eine externe Prüfung nicht das andere Extrem darstellt. Um gezielt einzelne Teile des IKS einer Wirksamkeitsprüfung zu unterziehen und so den Aufsichtsrat in seiner Überwachungstätigkeit zu unterstützen, hat das IDW mit seinem Prüfungsstandard IDW PS 982 eine abgesicherte Basis geschaffen.

Ebenfalls gedanklich zu trennen ist die Überwachung des Rechnungslegungssystems von der Feststellung des Jahresabschlusses bzw. der Billigung des Konzernabschlusses durch den Aufsichtsrat nach § 172 AktG. Während der Prüfung des Jahres- bzw. Konzernabschlusses und dessen Feststellung bzw. Billigung mit den Rechnungslegungsvorschriften ein formales Sollsystem zugrunde liegt, erfolgt keine formale Beurteilung des internen Kontroll- und Risikosystems (einschließlich des Rechnungslegungssystems) durch den Prüfungsausschuss bzw. Aufsichtsrat.

Die effektive und nachweisbare Überwachung der Wirksamkeit des IKS durch den Prüfungsausschuss nach § 107 Abs. 3 Satz 2 AktG erfolgt i.W. durch Plausibilitätsanalysen von erhaltenen Informationen, die im Idealfall durch die für das IKS zuständige Zentralabteilung adressatengerecht aufbereitet wurde, ergänzt durch weitere Untersuchungen – z. B. durch die eigene Beauftragung von Sachverständigen oder durch die Veranlassung des Vorstands, der Internen Revision bestimmte Prüfaufträge zu erteilen. Hierfür sollten v.a. folgende **Voraussetzungen** erfüllt sein:[27]

---

26 RegBegr. zum FISG, BT-Drs. 19/26966, zu § 91 Abs. 3 AktG, S. 115.
27 Vgl. Arbeitskreis Externe Unternehmensrechnung (AKEU)/Arbeitskreis Externe und Interne Überwachung der Unternehmung (AKEIÜ) der Schmalenbach-Gesellschaft für Betriebswirtschaft e. V. (2009), S. 1281; Withus (2009b), S. 87 f.

- Der Prüfungsausschuss muss über ein hinreichendes **Verständnis** über das eingerichtete IKS und insb. über die vom Vorstand eingerichteten Wirksamkeitskontrollen verfügen.
- Es muss eine funktionierende laufende **Informationsversorgung** des Prüfungsausschusses – v.a. durch den Vorstand, die mit dem IKS befasste Fachabteilung im Unternehmen und den Abschlussprüfer – sichergestellt sein, insb. zu den eingerichteten Kontrollsystemen, deren Veränderungen sowie zu möglicherweise identifizierten Kontrollschwächen und den Maßnahmen, die zu deren Behebung getroffen wurden.
- Es muss eine angemessene **Dokumentation** der grundlegenden Merkmale des implementierten Kontrollsystems und des Risikomanagementsystems sowie der Methoden und Ergebnisse der Wirksamkeitsüberwachung durch den Vorstand erfolgen.

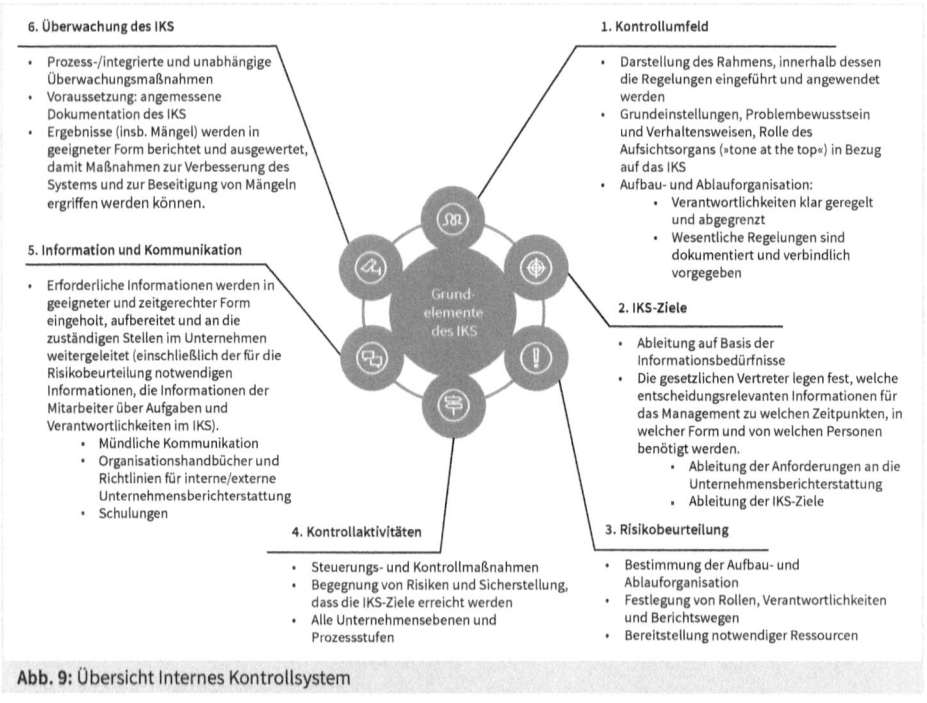

Abb. 9: Übersicht Internes Kontrollsystem

Das COSO-Rahmenkonzept

Um ein systematisches **Verständnis** von den eingerichteten unternehmensinternen Kontrollsystemen zu gewinnen, erscheint es hilfreich, sich an einem Rahmenkonzept zu orientieren, das sich – nicht zuletzt aufgrund seiner Verwendung in den einschlägigen internationalen Prüfungsstandards – in der Praxis als »Quasi-Standard« durchgesetzt hat: dem COSO-Framework. Dieses Rahmenkonzept wurde im September 1992 vom Committee of Sponsoring Organizations of the Treadway Commission (COSO) veröffentlicht.[28] Das COSO-I-Rahmen-Konzept kann wie folgt veranschaulicht werden:

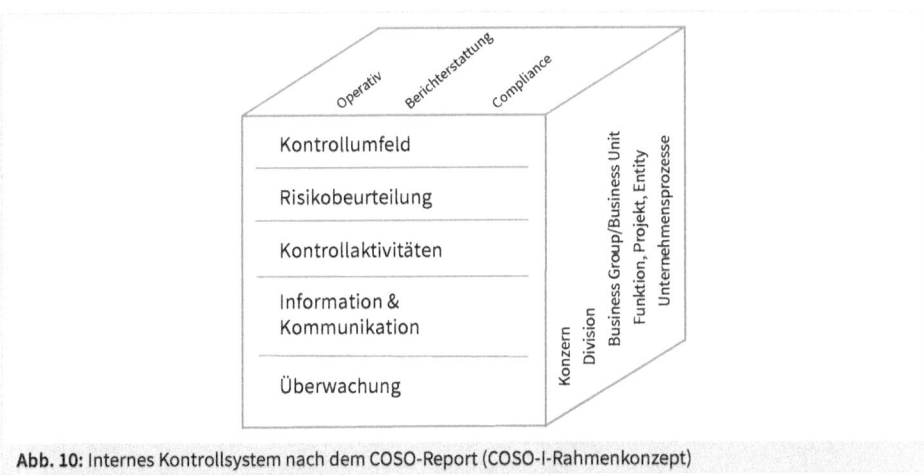

Abb. 10: Internes Kontrollsystem nach dem COSO-Report (COSO-I-Rahmenkonzept)

Die Oberfläche des Würfels zeigt die sog. Zielkategorien des IKS, die sich auf die betrieblichen Abläufe, die Finanzberichterstattung und die Einhaltung der sonstigen Gesetze und Vorschriften beziehen. Das IKS ist nach dem COSO-Report eine Vielzahl an Prozessen, die von der Unternehmensleitung und anderen Mitarbeitern beeinflusst werden, um die Erreichung von Zielen in diesen Zielkategorien mit hinreichender Sicherheit zu gewährleisten.

Die Vorderseite des Würfels zeigt die Bestandteile des IKS. Bei der Einrichtung des IKS ist zu beachten, dass die einzelnen Bestandteile untereinander in Wechselbeziehung stehen. Im Einzelnen stellen sich die Bestandteile des IKS wie folgt (Tab. 5) dar:

Komponente	Beschreibung	Hauptpunkte
Kontrollumfeld	Grundeinstellung und Verhalten der Unternehmensleitung in Bezug auf IKS (»Tone at the Top«)	• Integrität und ethische Werte • Bedeutung fachlicher Kompetenz • Führungsstil • AR-Überwachungstätigkeit
Risikobeurteilung	Erkennung, Analyse und Beurteilung von Risiken durch Unternehmensleitung	• Neue Produkte, schnelles Wachstum • Umstrukturierungen • Neue gesetzliche Regelungen

---

28   Darstellung nach IDW PS 261 n. F., Rn. 34.

Komponente	Beschreibung	Hauptpunkte
Kontrollaktivitäten	Grundsätze und Verfahren, um sicherzustellen, dass Entscheidungen der Unternehmensleitung beachtet werden	• Richtigkeit, Vollständigkeit und Genehmigung von Vorgängen • Sicherung von Vermögenswerten und Aufzeichnungen • Funktionstrennung
Information und Kommunikation	Methoden und Unterlagen, um Geschäftsvorfälle aufzuzeichnen und zu berichten	• Organisationshandbücher • Rechnungslegungssystem • Richtlinien, Notizen etc.
Überwachung des internen Kontrollsystems	Sicherstellung und Beurteilung der Wirksamkeit des IKS	• Prozessintegrierte Überwachungs-maßnahmen • Interne Revision

Tab. 5: Bestandteile des internen Kontrollsystems

Der Bestandteil »Kontrollaktivitäten« umfasst die Grundsätze, Verfahren und Maßnahmen, die die Einhaltung der Vorgaben des Managements sicherstellen soll. Dabei werden die Vorgaben des Managements in sog. Kontrollzielen gefasst, denen konkrete Aktivitäten (Kontrollmaßnahmen) zugeordnet werden. In der Praxis werden diese Zuordnungen in sog. Kontrollmatrizen zusammengefasst und in einem IKS-Tool oder in einer Tabellenkalkulation und den Prozess darstellenden Flussdiagrammen niedergelegt.

Beispiel

- Kontrollziel: Die als Verbindlichkeit gebuchten Beträge entsprechen den erhaltenen Waren.
- Kontrollmaßnahme:
    - regelmäßiger Vergleich der tatsächlichen Aufwendungen mit dem Budget sowie Analyse und Genehmigung wesentlicher Abweichungen durch das Management
    - regelmäßige Durchsicht der erfassten Einkäufe (Wareneingangsscheine) auf Basis der Kenntnis des Tagesgeschäfts.

Die Prüfung des Aufbaus der Kontrollen adressiert nun die Frage, ob die Kontrollmaßnahmen geeignet sind, die jeweiligen Kontrollziele zu erfüllen. Dies umfasst auch die Implementierung der Kontrollmaßnahmen. Im Rahmen der Wirksamkeitsprüfung wird festgestellt, ob die Kontrollmaßnahme wie vorgesehen im Unternehmen tatsächlich umgesetzt wird.

Die einzelnen Zielkategorien und Bestandteile des IKS sind in die Geschäftsabläufe und Unternehmenseinheiten eingebunden. Dies veranschaulicht die Seitenfläche des »COSO-Würfels«.

Das COSO-II-Rahmenkonzept eignet sich zur grundlegenden Orientierung über die Komponenten des RMS sowie zur Systematisierung von deren »Zielobjekten«. Es gibt bei diesem Rahmenkonzept jedoch keine starren Abgrenzungen: Sowohl zwischen den Zielobjekten als auch zwischen den Systemkomponenten besteht eine enge Verzahnung, sodass Aktivitäten oder Ereignisse teilweise mehreren Kategorien zugeordnet werden können.

2004 wurde das COSO-I-Rahmenkonzept erweitert zum »COSO-II-Rahmenkonzept zu Risikomanagementsystemen« oder »COSO ERM Framework« (Enterprise Risk Management Framework). COSO II baut auf dem ursprünglichen Konzept auf und fokussiert stärker auf ein an den Unternehmenszielen ausgerichtetes RMS.[29] Das COSO-II-Rahmenkonzept kann wie folgt dargestellt werden wie Abbildung 11:

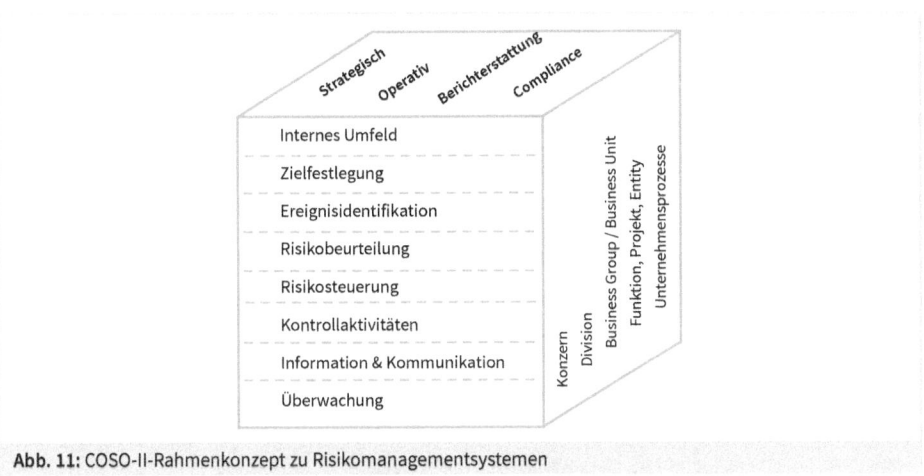

Abb. 11: COSO-II-Rahmenkonzept zu Risikomanagementsystemen

Die auf der Oberseite des Würfels dargestellten Zielkategorien wurden bei COSO II um die Kategorie »Strategische Ziele« ergänzt, und das Zielobjekt »Finanzberichterstattung« wurde erweitert zur Zielkategorie »Berichterstattung«, die sowohl die interne als auch die externe Berichterstattung umfasst.

Wesentlichere Änderungen wurden bei den Systembestandteilen vorgenommen. Der im COSO-I-Rahmenkonzept mit »Risikobeurteilungen« bezeichnete Bestandteil des IKS wurde in die Komponenten Zielfestlegung, Ereignisidentifikation, Risikobeurteilung und Risikosteuerung

---

29   Darstellung in Anlehnung an: Sponsoring Organizations of the Treadway Commission (2004), S. 5.

»zerlegt«. Es wird erläutert, dass das gesamte System sicherstellen soll, dass die Unternehmensziele mit hinreichender Sicherheit erreicht werden und die diesen entgegenstehenden Risiken mit dem »Risikoappetit« des Unternehmens im Einklang stehen.[30]

Damit trennt das COSO-II-Rahmenkonzept nicht zwischen IKS und RMS, sondern es betrachtet das IKS als integralen Bestandteil des RMS.[31] Konzeptionell geht es in beiden Systemen um Unternehmensziele und das Risiko, diese nicht zu erreichen. Das gilt z. B. gleichermaßen für das (IKS-)Ziel, keine wesentliche falsche Darstellung im Jahresabschluss zuzulassen, wie für das (RMS-)Ziel, eine neue Fabrikationsanlage auch im sich verschärfenden Wettbewerb hinreichend auszulasten. In Fortführung dieses Gedankens gilt das Gesagte auch für die Zusammenhänge mit CMS und IRS, wenn z. B. ein (CMS-)Ziel lautet, Compliance-Verstöße zu verhindern, und ein IRS-Ziel ist, nicht verhinderte Verstöße zumindest zeitnah aufzudecken. Dies entspricht, wie bereits erwähnt, auch einer häufig in Unternehmen anzutreffenden organisatorischen Zuordnung zumindest von RMS und IKS zur selben Fachabteilung. Diese gemeinsame Basis der Corporate-Governance-Systeme wird in der Unternehmenspraxis bereits in Einzelfällen unter Stichworten wie »Aligned Assurance« oder »Assurance Committee« organisatorisch adressiert, indem die damit befassten Funktionen gemeinsame Themen gedanklich »vor die Klammer« ziehen und sich gegenseitig über Aktivitäten und Befunde informieren. Die Verknüpfung der einzelnen Systeme kommt z. B. auch in aktuellen Prüfungsstandards des Instituts der Internen Revision e. V. zum Ausdruck.[32]

Im Mai 2013 wurde eine aktualisierte Version des COSO-Rahmenkonzepts herausgegeben, welches das COSO-Rahmenwerk von 1992 ersetzt. Damit sollte den zwischenzeitlichen Änderungen in den betrieblichen Abläufen und im Unternehmensumfeld Rechnung getragen werden, die sich insb. durch zunehmende Komplexität, IT-Relevanz und Globalisierung sowie ein erhöhtes Transparenzbedürfnis der Stakeholder auszeichnen. Insbesondere erfährt auch der zunehmende Einsatz von externen Dienstleistern (»Outsourced Service Providers«) besondere Berücksichtigung.[33]

---

30   »Enterprise risk management is a process, effected by an entity's board of directors, management and other personnel, applied in strategy setting and across the enterprise, designed to identify potential events that may affect the entity, and manage risk to be within its risk appetite, to provide reasonable assurance regarding the achievement of entity objectives.« Vgl. Sponsoring Organizations of the Treadway Commission (2004), S. 2.
31   Vgl. Withus (2009b), S. 85.
32   Vgl. DIIR 2, Prüfung des Risikomanagements durch die Interne Revision.
33   Siehe Deloitte Heads Up »COSO Enhances Its Internal Control – Integrated Framework«, June 10, 2013; Dierks/ Sandmann/Herre (2013), S. 166 ff.

Das Rahmenkonzept 2013 basiert in weiten Teilen auf dem vorhergehenden COSO-I-Rahmenwerk. Hinsichtlich der **Zielkategorien** ergab sich lediglich die Änderung, dass sich die Berichterstattung – wie beim COSO-ERM-Rahmenwerk – gleichermaßen auf das interne wie externe Reporting bezieht.[34] Darüber hinaus umfasst das Rahmenwerk 2013 auch die Verlässlichkeit von nicht finanzbezogenen Berichten.

Die **Bestandteile** des IKS wie auch die Darstellung der **Geschäftsabläufe** und **Unternehmenseinheiten**, in die die Zielkategorien und Bestandteile des IKS eingebunden sind, sind unverändert zum COSO-I-Rahmenwerk. Im Vergleich zum COSO-II-Rahmenkonzept fällt auf, dass die Zerlegung der Komponente Risikobeurteilungen in die Bestandteile Zielfestlegung, Ereignisidentifikation, Risikobeurteilung und Risikosteuerung wieder zurückgenommen wurde. Dem liegt der Gedanke zugrunde, dass die Zielfestlegung als Voraussetzung, nicht aber als Element der Risikobeurteilung angesehen wird und damit außerhalb des Rahmenkonzepts anzusiedeln ist.

Die wesentliche Neuerung des Rahmenkonzepts 2013 liegt allerdings in einer weitergehenden Konkretisierung der Bestandteile eines funktionierenden IKS. Das Rahmenkonzept 2013 enthält insgesamt 17 »Principles«, die den einzelnen Bestandteilen des IKS zugeordnet sind (Tab. 6). Grundsätzlich wird davon ausgegangen, dass die fehlende Wirksamkeit eines der »Principles« zu einer Unwirksamkeit des gesamten Bestandteils des IKS führt. Dies entspricht auch grds. der Herangehensweise des Abschlussprüfers in seiner Beschäftigung mit dem IKS im Rahmen der Abschlussprüfung, bei der er sich zunächst mit den übergreifenden Prinzipien, die das IKS auf Gesamtunternehmensebene prägen, auseinandersetzt, bevor er ggf. auf der Ebene einzelner Prozesse einzelne Risiken und Kontrollmaßnahmen prüft.[35] Diese Prüfungshandlungen des Abschlussprüfers zielen aber nicht auf eine eigenständige Beurteilung des IKS ab, sondern sind eingebunden in eine Prüfungsstrategie, die der Erlangung einer hinreichenden Sicherheit für die im Bestätigungsvermerk aufgeführten Prüfungsurteile dient. Aus einem uneingeschränkten Bestätigungsvermerk kann nicht auf ein funktionierendes IKS geschlossen werden, da der Abschlussprüfer auch auf andere Weise an ausreichende Prüfungsnachweise gelangen kann.

---

34 Der enge Zusammenhang von interner und externer Berichterstattung wird auch im IDW PS 982 aufgegriffen. Beide Arten der Berichterstattung fußen auf demselben IKS und können auf diese Weise effizient zur Unterstützung des Aufsichtsrates durch einen unabhängigen Wirtschaftsprüfer beurteilt werden.
35 Vgl. IDW PS 261 n. F., Tz. 13 ff.

Kontrollumfeld	Risiko-beurteilungen	Kontrollaktivitäten	Information und Kommunikation	Überwachung
1. Bekenntnis der Organisation zu Integrität und ethischen Werten	6. Klare Zielsetzungen als Grundlage für die Identifikation und Bewertung der Risiken	10. Auswahl und Entwicklung von Kontrollaktivitäten	13. Besorgen, Generieren und Verwenden von relevanten, validen Informationen	16. Auswahl, Entwicklung und Durchführung von Evaluationen
2. Unabhängiger Aufsichtsrat überwacht das IKS	7. Risikoidentifikation und Risikoanalyse	11. Auswahl und Entwicklung von allgemeinen Kontrollen in Bezug auf die eingesetzte Technologie	14. Interne Kommunikation von Zielen und Verantwortlichkeiten	17. Zeitnahe Auswertung und Kommunikation interner Kontrollschwächen an die Verantwortlichen
3. Etablierung von Strukturen, Berichtslinien und Verantwortlichkeiten zur Erreichung der Ziele	8. Fraud als potenzieller Risikofaktor	12. Verankerung durch Leitlinien und Handlungsanweisungen	15. Externe Kommunikation zu Sachverhalten mit Einfluss auf die Wirksamkeit des IKS	
4. Bekenntnis zu Kompetenz im Unternehmen	9. Identifikation und Analyse von Änderungen mit Auswirkungen auf das IKS			
5. Durchsetzung von Verantwortlichkeiten				

Tab. 6: Bestandteile des IKS und der »Principles« laut COSO-Rahmenkonzept 2013

Darüber hinaus beschreiben sog. Points of Focus die wesentlichen Charakteristika der einzelnen »Principles«. Diese sollen das Management beim Aufbau der Implementierung und der Evaluierung des IKS unterstützen, sind aber nicht ausschlaggebend für die Beurteilung der Wirksamkeit des IKS.

Das COSO-Rahmenkonzept 2013 gilt aufgrund der umfassenderen und konkreteren Erläuterungen als anwendungsfreundlicher als seine Vorgänger. Zu beachten ist, dass die COSO-Rahmenkonzepte keine unmittelbare Rechtsverbindlichkeit in Deutschland haben, sondern von deutschen Unternehmen als Orientierungsmaßstab verwendet werden.

Einen Überblick über die Unterschiede zwischen dem COSO I Internal Control – Integrated Framework (1992), dem COSO II ERM Framework und dem COSO 2013 Internal Control – Integrated Framework gibt Abbildung 12:

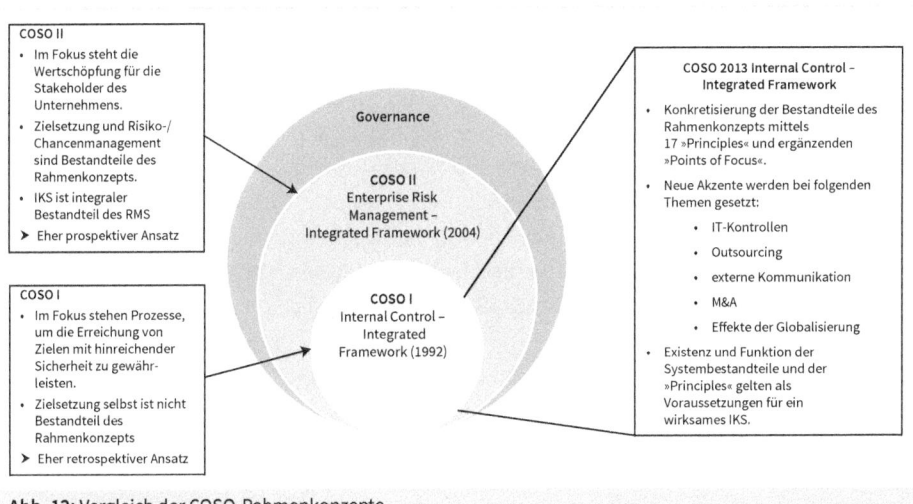

Abb. 12: Vergleich der COSO-Rahmenkonzepte

COSO hat das Rahmenkonzept COSO II im Jahr 2017 aktualisiert und mit COSO ERM eine Neufassung des Standards zum Risikomanagement geschaffen, der ein stärker entscheidungsorientiertes und weniger regulatorisch getriebenes Risikomanagement anstrebt.[36] In der Unternehmenspraxis findet der Standard bislang allerdings wenig unmittelbare Anwendung.[37]

Das COSO-Rahmenkonzept kann in der Praxis das Verständnis der eingerichteten Kontrollsysteme unterstützen: Viele Unternehmen richten ihre Systeme und deren Dokumentation an dem COSO-Rahmenkonzept aus. Auch bei der Überwachung der Wirksamkeit der eingerichteten Kontrollsysteme kann die Orientierung am Rahmenkonzept hilfreich sein: Zum einen schafft es einen gedanklichen Rahmen bei den Überlegungen, die der Prüfungsausschuss zur Wirksamkeit der eingerichteten Systeme anstellt. Zum anderen baut der vom Abschlussprüfer bei dessen Prüfung zugrunde gelegte Prüfungsstandard IDW PS 261 n. F. »Feststellung und Beurteilung von Fehlerrisiken und Reaktionen des Abschlussprüfers auf die beurteilten Fehlerrisiken« auf dem COSO-Rahmenkonzept auf, sodass die Befassung mit dem COSO-Rahmenkonzept gleichzeitig das Verständnis für das Vorgehen des Abschlussprüfers erhöht.[38]

---

36 Vgl. Gleißner/Hunziker (2019), S. 749.
37 So wurde im Rahmen der Risikomanagementstudie von Deloitte (2020) wie in der Vorgängerstudie kein Unternehmen identifiziert, das sein RMS dezidiert nach COSO ERM 2017 gestaltet.
38 Vgl. auch Gräfe/Ribbert/Wegmann (2010), S. 143 f. Aus ihren Erfahrungen bei der Umsetzung der Corporate-Governance-Anforderungen nach BilMoG beim Bertelsmann-Konzern beschreiben die Autoren das COSO-II-Rahmenkonzept »in Verbindung mit einer klaren Darstellung der Schnittstellen und einer eindeutigen Zuordnung von Inhalten anhand von Beispielen« als »praxistauglich und gut geeignet«.

Der Prüfungsstandard IDW PS 982 des Instituts der Wirtschaftsprüfer in Deutschland e. V. (IDW)

Mit dem IDW PS 982 hat das IDW einen Prüfungsstandard erlassen, der freiwillige IKS-Prüfungen regelt, die mit einem Prüfungsurteil zur Angemessenheit oder zur Wirksamkeit der geprüften Teile des IKS abschließen und damit den Aufsichtsrat bzw. Prüfungsausschuss in seiner Überwachungstätigkeit unterstützen können. Dabei geht die freiwillige Prüfung über die im Rahmen der Abschlussprüfung gebotene Befassung des Abschlussprüfers hinaus. Ziel einer Prüfung nach IDW PS 982 ist es, ein Prüfungsurteil mit hinreichender Sicherheit darüber abzugeben, ob die IKS-Regelungen in einer IKS-Beschreibung des Unternehmens angemessen dargestellt, geeignet und implementiert (Angemessenheitsprüfung) bzw. wirksam sind (Wirksamkeitsprüfung). Damit zielt die Ausrichtung des IDW PS 982 unmittelbar auf die Unterstützung der mit der Überwachung befassten Personen ab.

IDW PS 982 enthält eine Strukturierung des internen Kontrollsystems in Form von Grundelementen, an denen sich der Standard orientiert. Die Anwendung des Standards setzt aber nicht voraus, dass auch das Unternehmen sein IKS nach diesen Grundelementen strukturiert. Auch andere Rahmenwerke und ggf. auch eine vom Unternehmen selbst aufgesetzte Struktur sind i. d. R. in einer Prüfung nach IDW PS 982 verwertbar. Anders als die Prüfung des IKS im Rahmen der Abschlussprüfung ist das Prüfungsergebnis einer Prüfung nach IDW PS 982 durch den Prüfungsausschuss unmittelbar zur (teilweisen) Erfüllung der Überwachungspflicht nach § 107 Abs. 3 AktG heranziehbar. Eine vollständige Erfüllung setzt eine Wirksamkeitsprüfung voraus. Eine Angemessenheitsprüfung, die nur die grundsätzliche Eignung der Regelungen und deren Implementierung umfasst, kann lediglich einen anteiligen Beitrag leisten, den sich der Prüfungsausschuss in Kombination mit anderen Überwachungshandlungen zunutze machen kann.

In jüngerer Zeit haben sich Anwendungsfälle für interne Kontrollen konkretisiert, die auch der Überwachung durch den Aufsichtsrat bedürfen. So nimmt das Thema Nachhaltigkeit in verschiedenen Erscheinungsformen (z. B. Klimaschutz und CO_2, Anti-Korruption, Menschenrechte in der Lieferkette u.v.m.) einen schnell wachsenden Raum in der Unternehmensberichterstattung ein.[39] Die dafür benötigten Informationen durchlaufen dabei unternehmensintern i. d. R. nicht die etablierten internen Prozesse und Kontrollen der Finanzberichterstattung, sondern stammen teilweise aus Ad-hoc-Abfragen oder noch zu etablierenden Prozessen, denen die hohe Prozessreife von Finanzprozessen fehlt.

Ein anderes Betätigungsfeld betrifft Berichterstattungen außerhalb der regelmäßigen Finanzberichte, z. B. sollte in der internen Berichterstattung aus der Organisation an Vorstand und Aufsichtsrat kritisch auf Prozesstreue und das Management von Ausnahmen geblickt werden. Öffentliche Aussagen im Rahmen von Investorenkonferenzen und Analysten-Calls sind ebenfalls risikobehaftet, sodass sich die Überwachungstätigkeit des Aufsichtsrates auch auf solche Informations- und Berichtprozesse erstrecken kann und sollte.

---

39 Vgl. Schmidt (2019), S. 1198.

In diesen und weiteren Beispielen geht es immer um die folgenden Fragen:

- Welche Maßnahmen hat der Vorstand ergriffen, um den Risiken aus Fehlern in diesen Prozessen zu begegnen?
- Sind diese Maßnahmen geeignet, etabliert und wirksam? Welche Fragen kann der Aufsichtsrat bzw. der Prüfungsausschuss durch eigene Prüfungstätigkeit beantworten und wo kann und sollte er sich unterstützen lassen (z. B. durch die Interne Revision oder einen unabhängigen Wirtschaftsprüfer)?

Dokumentation durch IKS-Funktion und laufende Information des Prüfungsausschusses

Um ein konkretes Verständnis von den tatsächlich eingerichteten Systemen und der Wirksamkeitsüberprüfung durch den Vorstand zu gewinnen, ist für den Prüfungsausschuss eine strukturierte **laufende Informationsbeschaffung** erforderlich. Als Quellen kommen insb. in Betracht:[40]

- Schriftliche und/oder mündliche Berichte des Vorstands über die Ausgestaltung des IKS und die durchgeführten Wirksamkeitskontrollen
- Berichterstattung durch den Verantwortlichen für einen ggf. bestehenden Bereich »ICS« oder »GRC«
- Bericht(e) des Abschlussprüfers über wesentliche Schwächen des IKS bezogen auf den Rechnungslegungsprozess, insb. auch, wenn der Abschlussprüfer aufgrund von Mängeln im IKS keine kontrollbasierte Prüfung in einzelnen Bereichen durchführen konnte
- Gegebenenfalls ergänzende Einholung weiterer Informationen durch:
  - Befragung bzw. regelmäßige Berichterstattung des Leiters des Zentralbereiches, der für die Wirksamkeit des internen Kontrollsystems verantwortlich ist, sowie des Leiters der Internen Revision entsprechend § 107 Abs. 4 Satz 4 AktG bei Sitzungen des Prüfungsausschusses und auch außerhalb der Sitzungen
  - Beauftragung eines sachverständigen Dritten/Wirtschaftsprüfers mit der Beurteilung und/oder Prüfung einzelner Bereiche des IKS, ggf. nach einem rollierenden Prüfungsplan gem. IDW PS 982
  - Einblicknahme in die vorhandene Dokumentation zum IKS, z. B. Durchsicht der Prüfungsergebnisse der Internen Revision.[41]

Für börsennotierte Aktiengesellschaften stellt sich die Frage der Nachweisführung darüber, dass der Vorstand tatsächlich ein angemessenes und wirksames RMS und IKS eingerichtet hat. Für andere Gesellschaften gilt aber weiterhin, dass eine Dokumentation sämtlicher Kontrollen und Risiken vom Gesetzgeber nicht explizit gefordert wird, diese aber i. d. R. Voraussetzung für eine (effiziente) Durchführung der Abschlussprüfung ist. Dokumentiert werden sollten jedoch die grundlegenden Merkmale des IKS. Der angemessene Detaillierungsgrad der Dokumenta-

---

40 Vgl. Kompenhans (2009), S. 6.
41 § 111 Abs. 2 Satz 1 AktG erlaubt dem Aufsichtsrat als Organ u. a. die »Einsichtnahme in Bücher und Schriften der Gesellschaft«. Die Ausübung dieses Rechts setzt einen Aufsichtsratsbeschluss voraus. Dem Prüfungsausschuss steht das Einsichts- und Prüfungsrecht nach § 111 Abs. 2 Satz 1 AktG nach h. M. nicht zu. Der Aufsichtsrat kann den Ausschuss aber durch Beschluss zur Geltendmachung des Rechts ermächtigen; vgl. Habersack (2019), in: Münchener Kommentar zum AktG, § 107 Rn. 167.

tion kann allerdings nur unternehmensindividuell bestimmt werden, je nach Art, Größe und Komplexität des Unternehmens sowie den vorhandenen wesentlichen Risiken. Bei der Entscheidung über den Detaillierungsgrad der Dokumentation sollte grds. berücksichtigt werden, dass dokumentierte Kontrollen den Nachweis einer sorgfältigen Geschäftsführung zu einem späteren Zeitpunkt erleichtern können.[42]

Aus den genannten Quellen kann sich der Prüfungsausschuss systematisch ein Bild über das Ist-System verschaffen. Zur Überwachung der Wirksamkeit des IKS sollte der Prüfungsausschuss darauf aufbauend insb. folgende Maßnahmen sicherstellen:

Der **Vorstand** informiert den Prüfungsausschuss durch schriftliche und/oder mündliche Berichterstattung über die Ergebnisse seiner eigenen Wirksamkeitsüberprüfungen sowie ggf. über erforderliche Maßnahmen zur Beseitigung von Kontrollschwächen.[43] Der Prüfungsausschuss hinterfragt diese Maßnahmen zur Wirksamkeitsüberprüfung sowie die ggf. erforderlichen Schritte zur Beseitigung von Kontrollschwächen und diskutiert seine Überlegungen mit dem Vorstand.

Fragen für die Praxis zur Wirksamkeitsprüfung des internen Kontrollsystems

- Wie weist der Vorstand bei börsennotierten Aktiengesellschaften seine Pflicht nach § 91 Abs. 3 AktG zur Einrichtung eines angemessenen und wirksamen IKS und RMS unter Berücksichtigung von Art und Umfang des Geschäftsbetriebs, der Komplexität der Organisation und der Risikolage nach?
- Welche Bereiche befassen sich im Unternehmen mit der Überwachung der internen Kontrollsysteme? Wie ist die Informationsbeschaffung und -aufbereitung organisiert? Gibt es eine Organisationseinheit zu GRC oder IKS?
- Welche Instrumente setzt das Management zur Überwachung der Wirksamkeit des IKS ein (z. B. regelmäßige Berichterstattung durch die Fachabteilung, Selbstprüfung durch operative Einheiten, Prüfungen durch das Management oder durch die Interne Revision?
- Wie sind externe Dienstleister (z. B. Shared Service Center, IT-Dienstleister) in die Struktur des IKS eingebunden und werden diese ggf. durch die Wirksamkeitsprüfung durch den Vorstand erfasst? Liegen Bestätigungen unabhängiger Prüfer über die Wirksamkeit des IKS des Dienstleisters vor (ISAE 3402[44], SAS 70[45], IDW PS 951 n. F.[46])?
- Gibt es derzeit wesentliche Beanstandungen der Funktionsfähigkeit des IKS?
- Kann die Funktionsfähigkeit durch geplante Restrukturierungsmaßnahmen, Unternehmenserwerbe und Fusionen, Personalwechsel oder Veränderungen in der Branche zukünftig gefährdet sein? Welche Auswirkungen haben Digitalisierung (Cloudservices, Cyberattacken, Datenschutz) und Nachhaltigkeit auf das IKS?

---

42 Vgl. Arbeitskreis Externe Unternehmensrechnung (AKEU)/Arbeitskreis Externe und Interne Überwachung der Unternehmung (AKEIÜ) der Schmalenbach-Gesellschaft für Betriebswirtschaft e. V. (2009), S. 1281.
43 Vgl. Arbeitskreis Externe und Interne Überwachung der Unternehmung (AKEIÜ) der Schmalenbach-Gesellschaft für Betriebswirtschaft e. V. (2011), S. 2103 f.
44 International Standard for Audit Engagements ISAE 3402: Assurance Reports on Controls at a Service Organization
45 Statement on Auditing Standards (SAS) No. 70, Service Organizations.
46 IDW PS 951 n. F.: Die Prüfung des internen Kontrollsystems bei Dienstleistungsunternehmen.

Der **Abschlussprüfer** berichtet dem Prüfungsausschuss in der Bilanzsitzung über wesentliche Schwächen des IKS und ggf. des Risikofrüherkennungsystems[47], allerdings nur bezogen auf den Rechnungslegungsprozess und soweit er diese in der regulären Jahresabschlussprüfung festgestellt hat (§ 171 Abs. 1 Satz 2 AktG).

Dabei ist zu beachten, dass auch das rechnungslegungsbezogene IKS kein eigenständiger Prüfungsgegenstand der Abschlussprüfung ist. Allerdings würdigt der Abschlussprüfer das IKS im Rahmen seiner Prüfung, um festzustellen, inwieweit er sich auf die vorhandenen Kontrollen verlassen und dadurch den Umfang seiner eigenen substanziellen Prüfungshandlungen einschränken kann (kontrollorientierte Prüfung).[48] Damit kann der Prüfungsausschuss – soweit ein Bezug zur Rechnungslegung besteht – auf die Erkenntnisse des Abschlussprüfers zum IKS zurückgreifen und sich diese durch Befragung und Diskussion zunutze machen.

Der Prüfungsausschuss kann sich aus **weiteren Quellen** Informationen beschaffen, die ihm zusätzliche Einblicke in das IKS gewähren, und damit seine Informationsbasis für die Überwachung der Wirksamkeit der Kontrollsysteme erweitern. In der Praxis ist es bereits vielfach üblich, dass der Prüfungsausschuss – grds. in Absprache mit dem Vorstand – leitende Mitarbeiter unterhalb der Vorstandsebene befragt. Dazu ist der Prüfungsausschuss durch die Einführung eines Fragerechts an die für die Kontrollsysteme zuständigen Mitarbeiter in § 107 Abs. 4, Sätze 4 ff. AktG durch das FISG nunmehr auch explizit berechtigt. Zur Wahrung des Vertrauensverhältnisses zwischen Vorstand und Aufsichtsrat und auch aus (arbeits-)rechtlichen Gründen sollte der Prüfungsausschuss jedoch auch nach neuer Rechtslage darauf achten, dass er nicht »hinter dem Rücken« des Vorstands Auskünfte von Mitarbeitern einholt.[49] Diese Art der Informationsgewinnung kann zwar einen Teil des Informationsbedarfs des Prüfungsausschusses decken, ersetzt aber keine planmäßige, risikoorientierte und in verschiedenen Detaillierungsgraden wirkende Prüfung.

Als weitere Informationsquelle kommen daher sachverständige Dritte in Betracht, die der Prüfungsausschuss fallweise oder planmäßig beauftragen kann (§ 111 Abs. 1 Satz 2 AktG). Für die fallweise, anlassbezogene Hinzuziehung können je nach Aufgabenstellung bspw. ein Wirtschaftsprüfer, eine Unternehmensberatung oder eine Rechtsanwaltskanzlei zielführend sein. Mögliche Anlässe für die Beauftragung eines sachverständigen Dritten ergeben sich u. a. dann, wenn der Vorstand bei der Aufklärung einer Unregelmäßigkeit nicht unbefangen erscheint und dem Aufsichtsrat daran gelegen ist, einen Sachverhalt unabhängig aufklären und beurteilen

---

47   Wenn dieses gem. § 317 Abs. 4 HGB Gegenstand der Abschlussprüfung war. Für Details hierzu, insb. hinsichtlich des veränderten Prüfungsstandards IDW PS 340, siehe auch Kap. D.III.1.c »Überwachung der Wirksamkeit des Risikomanagementsystems«.

48   Vgl. hierzu im Detail IDW PS 261 n. F.: Feststellung und Beurteilung von Fehlerrisiken und Reaktionen des Abschlussprüfers auf die beurteilten Fehlerrisiken; siehe hierzu auch Kap. B.III »Abgrenzung der Aufgaben und Verantwortlichkeiten von Aufsichtsrat, Prüfungsausschuss und Abschlussprüfer«.

49   Vgl. Arbeitskreis Externe Unternehmensrechnung (AKEU)/Arbeitskreis Externe und Interne Überwachung der Unternehmung (AKEIÜ) der Schmalenbach-Gesellschaft für Betriebswirtschaft e. V. (2009), S. 1282.

zu lassen. Sachverständige Dritte können dem Prüfungsausschuss ferner Einblicke in »Best Practice«-Systeme bei vergleichbaren Unternehmen gewähren und einen Abgleich der eingerichteten Systeme mit diesen ermöglichen.[50] Für die planmäßige Prüfung kommen insb. die unmittelbar zur Erfüllung der Überwachungspflichten aus § 107 Abs. 3 AktG gestalteten Prüfungsstandards IDW PS 980–983 in Betracht. Für die Überwachung des IKS ist hier IDW PS 982 einschlägig.

Die Mitglieder des Prüfungsausschusses stellen **eigene Überlegungen** zum Abgleich ihres Verständnisses vom eingerichteten IKS mit ihrem Verständnis der wesentlichen Unternehmensrisiken an und diskutieren diese mit dem Vorstand. Ziel dieser Überlegungen ist eine fundierte Meinungsbildung des Prüfungsausschusses zu der Frage, ob das implementierte Kontrollsystem die Anforderungen des Unternehmens erfüllt oder ob »Ergänzungen, Erweiterungen oder Verbesserungen erforderlich sind«[51].

Fragen für die Praxis zum internen Kontrollsystem

- Was sind die Kernelemente des IKS?
- Verfügt das Unternehmen in allen wesentlichen Prozessen über effektive interne Kontrollen?
- Wie stellt der Vorstand die Angemessenheit und Wirksamkeit des IKS in allen relevanten Bereichen und Untereinheiten sicher und weist dies gegenüber dem Prüfungsausschuss nach?
- Wird die Wirksamkeit der Kontrollen (durch den Vorstand) überwacht?
- Sind die Organisationsrichtlinien vollständig und entsprechen sie aktuellen Standards in der Praxis?
- Welche Anforderungen an die Dokumentation des IKS bestehen im Unternehmen, und werden diese erfüllt?
- Lässt sich der Prüfungsausschuss regelmäßig vom Vorstand über das IKS und über die Ergebnisse seiner Wirksamkeitsprüfungen sowie ggf. erforderliche Maßnahmen zur Beseitigung von Schwächen des IKS unterrichten?
- Stellt der Prüfungsausschuss Überlegungen zu seiner optimalen Informationsversorgung an?
- Befasst sich der Prüfungsausschuss damit, ob eine angemessene Dokumentation des IKS vorliegt?
- Zieht der Prüfungsausschuss weitere Informationsquellen hinzu, insb. den Abschlussprüfer und die Interne Revision?
- Nimmt der Prüfungsausschuss abschließend eine eigene Beurteilung der Wirksamkeit des IKS vor und überlegt, ob Ergänzungen, Erweiterungen oder Verbesserungen des Systems erforderlich sind?
- Kann die Beauftragung des Abschlussprüfers oder eines anderen Wirtschaftsprüfers mit einer freiwilligen Prüfung nach IDW PS 982 den Prüfungsausschuss in seiner Überwachungsarbeit unterstützen und entlasten?
- Wie wird die Notwendigkeit adressiert, auch die internen Kontrollen für nichtfinanzielle Berichtsteile, z. B. hinsichtlich Nachhaltigkeit, zu überwachen?
- Wie werden Fragestellungen im Zusammenhang mit der Digitalisierung behandelt, z. B. in Bezug auf IT-Transformationen (bspw. SAP S/4Hana), Einbezug von Algorithmen und prädiktiver Analyseverfahren, Datenbanklösungen in der Cloud u. Ä.?

---

50   Vgl. Deloitte (2010a).
51   Bundesregierung, RegE eines Gesetzes zur Modernisierung des Bilanzrechts (Bilanzrechtsmodernisierungsgesetz – BilMoG), BT-Drs. 16/10067, zu Art. 5 Nr. 4 (§ 107 AktG), S. 103.

c   Überwachung der Wirksamkeit des Risikomanagementsystems

Das Thema Risikomanagement hat in deutschen Unternehmen einen Entwicklungsprozess ausgehend von eher formalen Dokumentationssystemen hin zu modernen Führungsunterstützungssystemen durchgemacht.[52] Zunächst schrieb der Gesetzgeber Vorständen von Aktiengesellschaften die Einrichtung eines Risikofrüherkennungssystems vor, was von Beginn an auch auf andere Rechtsformen ausstrahlte. Im Jahr 2021 wurde mit dem FISG eine explizite Pflicht zur Einführung eines Risikomanagementsystems (und internen Kontrollsystems) für börsennotierte Aktiengesellschaften eingeführt. Voraussetzung für die Erfüllung der Sorgfaltspflichten durch den Vorstand ist, dass die vorhandenen Systeme angemessen und wirksam sind. Angemessenheit setzt voraus, dass die eingerichteten Risikomanagementmaßnahmen dazu geeignet sind, die wesentlichen Risiken abzudecken, und dass sie auch tatsächlich eingerichtet sind (»Implementierung« der Maßnahmen). Zusätzlich müssen die eingerichteten Maßnahmen aber auch im Tagesgeschäft des Unternehmens tatsächlich umgesetzt werden (sog. Wirksamkeit i. e. S. der Maßnahmen). Die Verwirklichung von Risiken führt nicht allerdings zwingend dazu, dass das System als unwirksam angesehen werden muss.[53] Die Pflicht zur Prüfung des Risikofrüherkennungssystems durch den Abschlussprüfer (§ 317 Abs. 4 HGB) beschränkte sich bereits zuvor auf börsennotierte Aktiengesellschaften.

Aus Sicht des Aufsichtsrates, der diese Vorstandstätigkeiten zu überwachen hat, wird eine lückenhafte Unterstützung gewährt, weil seit dem FISG zwar für börsennotierte Aktiengesellschaften klar ist, dass sie ein RMS betreiben müssen, aber weiterhin nicht, wie sie das zu tun haben. § 107 Abs. 3 AktG stellt klar, dass sich die Überwachung auch auf das Risikomanagementsystem (RMS) erstreckt, mit dem das Risikofrüherkennungssystem zwar Überschneidungen aufweist, mit dem es aber nicht deckungsgleich ist. Mit dem IDW PS 981 wurde vom Institut der Wirtschaftsprüfer e. V. ein Standard für freiwillige Prüfungen geschaffen, der den Aufsichtsrat gezielt in der Überwachung des RMS unterstützen soll.

Weitere regulatorische Einflüsse erfuhr das Risikomanagement in Unternehmen 2012 durch den DRS 20 des DRSC e. V., in dem erstmals die Berichterstattung über Risiken (und Chancen) im Konzernlagebericht konkretisiert und gegenüber der bisherigen Praxis erweitert wurde.

Um diese Entwicklungen, soweit anwendbar, auch in der Pflichtprüfung des RFS zu reflektieren, wurde IDW PS 340 n. F. vom IDW im Jahr 2020 veröffentlicht, der im Folgenden noch im Detail beleuchtet wird.

Das RMS hat gegenüber den anderen Corporate-Governance-Systemen eine Sonderstellung inne: Ein Teil seiner Aktivitäten ist auf die Einhaltung guter Corporate Governance gerichtet,

---

52   Vgl. Scheffler/Lenz/Andreas (2019), S. 367.
53   Vgl. RegBegr. FISG, BT-Drs. 19/26969, zu § 91 Abs. 3 AktG, S. 115.

während ein anderer Teil als Element der Führungsunterstützung darauf ausgerichtet ist, die Unternehmensleitung mit entscheidungsnützlichen Informationen zu versorgen.

Eine Definition des Begriffs RMS kann vor diesem Hintergrund erfolgen als »strukturierter Umgang mit Risiken (i. S. v. positiven und negativen Zielabweichungen) im Unternehmen«.[54]

Der Prüfungsausschuss ist nach § 107 Abs. 3 Satz 2 AktG explizit zur Überwachung der Wirksamkeit des gesamten RMS verpflichtet. Voraussetzungen und Vorgehen der Überwachungstätigkeit des Prüfungsausschusses ähneln aufgrund vieler Überschneidungen der Systeme grds. denjenigen, die bei der Überwachung der Wirksamkeit des IKS erforderlich sind. Es besteht allerdings ein bedeutsamer Unterschied in der praktischen Arbeit der Systeme. So legt das IKS Wert auf Prozesstreue und hat eine extrem geringe Abweichungstoleranz (in Teilen herrscht eine sog. Null-Fehler-Kultur, in der durch hohe Prozesstreue und detektivische Fehlersuche ein fehlerfreies Endresultat erwünscht ist). Das RMS kann aufgrund des Charakters von Planabweichungen (vs. Prozessabweichungen) solche absoluten Aussagen nicht treffen. Im Rahmen von Risikoappetit und Risikotoleranz können Risiken akzeptiert oder sogar ausgeweitet werden, wenn ein positives Risiko-Rendite-Verhältnis angenommen wird. Risikoappetit ist dabei das Maß an Risiken, das die Unternehmensleitung bewusst eingehen möchte (z. B. um im risikoreicheren Ausland höhere Renditen zu erzielen), während Risikotoleranz jenes Maß an Risiken ist, das die Unternehmensleitung zu tragen bereit ist. Hier zeigt sich auch die eingangs erwähnte Sonderstellung des RMS, da z. B. die Überwachung des Risikomanagements für ein wesentliches Auslandsinvestment gleichermaßen eine strategische betriebswirtschaftliche Frage als auch eine Frage der Corporate Governance ist.

Die im Folgenden dargestellten **Voraussetzungen** sollten für die effektive Überwachung der Wirksamkeit des RMS durch den Prüfungsausschuss erfüllt sein. Eine freiwillige Prüfung des Risikomanagementsystems nach IDW PS 981[55] kann dazu (auch in abgegrenzten Teilbereichen) einen formalen Nachweis bieten und das Verständnis des Prüfungsausschusses für das RMS vertiefen.

Zunächst muss der Prüfungsausschuss über ein hinreichendes Verständnis über das eingerichtete RMS und insb. über die vom Vorstand eingerichteten Wirksamkeitskontrollen verfügen.

Zur Orientierung auf theoretischer Ebene wird in Abbildung 13 ein allgemeines Modell vorgestellt, das Grundelemente für den strukturierten Umgang mit Risiken zeigt:

---

54   IDW PS 981: Grundsätze ordnungsmäßiger Prüfung von Risikomanagementsystemen, Abschnitt 2 lit. e.
55   IDW PS 981: Grundsätze ordnungsmäßiger Prüfung von Risikomanagementsystemen.

Risikokultur	Einstellung zu und Umgang mit Risiken
Ziele des RMS	Entscheidung, welche Risiken eingegangen werden
Organisation des RMS	Risikobezogene Aufbau- und Ablauforganisation
Risikoidentifikation	Regelmäßige und systematische Analyse von Entwicklungen und Ereignissen
Risikobewertung	Analyse von Eintrittswahrscheinlichkeit, potenzieller Auswirkung und Wechselwirkungen
Risikosteuerung	Strukturierte Maßnahmen zur Risikobehandlung bzw. Entscheidung, Risiken ohne Maßnahmen zu tragen
Risikokommunikation	Informationsfluss im RMS innerhalb der Organisation und an Leitungs- und Überwachungsorgane
Überwachung und Verbesserung des RMS	Prozessintegrierte und prozessunabhängige Überwachung sowie kontinuierliche Verbesserungsprozesse

Abb. 13: Grundelemente eines Risikomanagementsystems

Grundlage für das RMS ist danach die »Risikokultur«, d.h. die Festlegung der risikopolitischen Grundsätze der Unternehmensführung, insb. der Risikostrategie i.S. grundsätzlicher (und teilweise ungeschriebener) Leitlinien zum Umgang mit Risiken. Es besteht dabei eine hohe Wechselwirkung mit der Unternehmenskultur. Aufbauend hierauf bestimmt die Unternehmensleitung »Ziele des RMS«. Ausgehend von einer Risikotragfähigkeit, die eine maximale Risikoposition annimmt, bestimmt die Unternehmensleitung ihren Risikoappetit, d.h. wie viel sie von dieser Risikotragfähigkeit ausnutzen möchte. Risikotragfähigkeit ist dabei die (qualitativ oder quantitativ bestimmte) maximale Risikoauswirkung, die das Unternehmen ohne Gefährdung seines Fortbestands im Zeitablauf tragen kann.[56] Risikoappetit ist dagegen wie oben gezeigt jene Risikoauswirkung, die das Unternehmen tragen möchte. Der Unterschied zwischen Risikotragfähigkeit und Risikoappetit ist demnach ein bewusst gewählter »Risikopuffer«. Die Ziele des RMS stehen in engem Zusammenhang mit den allgemeinen Unternehmenszielen. Die »Organisation des RMS« stellt eine Ressourcenzuordnung (Aufbauorganisation) dar, die notwendig ist, um die Ziele des RMS zu erreichen, und stellt durch Prozessvorgaben (Ablauforganisation) sicher, dass durch hohe Prozesstreue keine Risiken eingegangen oder unbemerkt bleiben, für die kein Risikoappetit besteht. Aufbauend hierauf erfolgt die »Risikoidentifikation« in den einzelnen Unternehmensbereichen. Hierzu sollten im Unternehmen »Beobachtungsbereiche« für die Risikoerkennung abgegrenzt (z.B. Beobachtungsbereich »Materialeinsatz und -lagerung« innerhalb des Beobachtungsfelds »Beschaffung«) und jeweils regelmäßig einer strukturierten Risikoinventur unterzogen werden. Diese zielt darauf ab, Indikatoren für mögliche Risiken zu identifizieren und Möglichkeiten zu deren fortlaufender Beobachtung vorzugeben (z.B. Risikoindikator »Überbestände/Fehlbestände« und Risikoerkennung durch »Auswertung der Lagerlisten nach Lagerhütern bzw. ›Rennern‹«). Innerhalb der »Information und Kommunikation« erfolgt durch Abfragen bei den einzelnen Verantwortlichen im Unternehmen die laufende Erhebung und Auswertung der erkannten Risiken. Die erhobenen Risiken werden nach ihrer Bedeutung (Eintrittswahrscheinlichkeit und Schadenshöhe) klassifiziert und zu einem die

---

56 Vgl. Wermelt/Oehlmann (2019), S. 1027.

Wechselwirkungen berücksichtigenden Risikobild aggregiert. Durch eine an den Informationsbedürfnissen der Empfänger ausgerichteten Risikoberichterstattung erhält der Vorstand ein genaues Bild von der Risikolage des Unternehmens und kann die zu treffenden Maßnahmen (Risikovermeidung, -reduzierung, -übertragung oder -akzeptanz) beschließen. Zudem ist im RMS regelmäßig eine Ad-hoc-Berichterstattung vorgesehen, falls außerhalb der normalen Berichtszyklen Risiken von besonderer Bedeutung auftreten.

Sowohl die Grundlagen als auch die laufende Umsetzung des RMS sollten – nicht zuletzt für den Nachweis der Erfüllung der Sorgfaltspflichten durch Vorstand und Aufsichtsrat – angemessen dokumentiert werden. Die Überwachung der Wirksamkeit des Systems fällt in den Aufgabenbereich einer prozessunabhängigen (aber unternehmensabhängigen) Kontrollinstanz, üblicherweise den der Internen Revision.[57] Soll das System aus unternehmensunabhängiger Sicht geprüft werden, bietet sich eine freiwillige Prüfung nach IDW PS 981 durch einen Wirtschaftsprüfer an. Eine externe Perspektive kann insb. einen Abgleich mit im Markt befindlichen Good Practices ermöglichen und neben der Detailprüfung auch Impulse für eine Weiterentwicklung des RMS liefern.

Hinsichtlich des Anspruchsniveaus, das an ein derartiges System realistischerweise gestellt werden kann, ist zu beachten, dass auch ein gewissenhaft konzipiertes und sorgfältig implementiertes RMS nicht mit Absolutheit garantieren kann, dass sämtliche potenziellen Risiken erfasst sind. Ein derartiges System trägt jedoch maßgeblich dazu bei, dass die systematische Erkennung und Verarbeitung von Risiken deutlich verbessert und zudem gegenüber der Öffentlichkeit (einschließlich möglicher Rechtsinstanzen) kommunizierbar wird. Noch einmal sei auf die Sonderstellung des RMS hingewiesen – es soll nicht nur gute Corporate Governance ermöglichen, sondern auch als Element der Führungsunterstützung für bessere Entscheidungen sorgen, indem es Methoden und Informationen für potenzielle Abweichungen vom Plan bereitstellt. Eine Marktstudie hat ergeben, dass 88,4 % im RMS einen Mehrwert für die Unternehmenssteuerung sehen.[58]

Als zweite Voraussetzung für die Überwachung des RMS durch den Prüfungsausschuss ist – wie auch für die Überwachung der Wirksamkeit des IKS – eine funktionierende **laufende Informationsversorgung** des Prüfungsausschusses, v.a. durch den Vorstand und (mit deutlichen Einschränkungen) den Abschlussprüfer, zu nennen. Diese bezieht sich insb. auf das eingerichtete RMS, etwaige Veränderungen sowie möglicherweise identifizierte Systemschwächen und Maßnahmen, die zu deren Behebung getroffen wurden. Der Abschlussprüfer prüft allerdings, wie bereits gezeigt, nicht das RMS, sondern das RFS. Dies ändert sich auch nicht durch IDW PS 340 n. F., der zwar als praxisnäher aufgefasst wird[59], aber nach wie vor eine andere Zielrichtung hat

---

57 Vgl. Risikomanagement: Benchmarkstudie zu den aktuellen Anforderungen des PS 981, Deloitte (2017), S. 16.
58 Vgl. Deloitte, Risikomanagement Benchmarkstudie 2020, S. 5. Gleichzeitig nutzen aber nur 13 % der teilnehmenden Unternehmen ihr RMS als Business Partner i. S. einer aktiven Entscheidungsunterstützung.
59 Vgl. Wermelt/Oehlmann (2019), S. 1031 f.

als das RMS und IDW PS 981 (vgl. Abb. 14). Der Aufsichtsrat stützt sich damit, wenn keine freiwillige Prüfung beauftragt wird, auf den Vorstand. Der DCGK stellt dies in Ziffer 3.4 wie folgt klar:

»Der Vorstand informiert den Aufsichtsrat regelmäßig, zeitnah und umfassend über alle für das Unternehmen relevanten Fragen der Planung, der Geschäftsentwicklung, der Risikolage, des Risikomanagements und der Compliance.«

Kriterium	Prüfung des Risikomanagements (IDW PS 981)	Prüfung des Risikofrüherkennungssystems (IDW PS 340 n. F.)
RMS-Beschreibung	• Notwendig	• [Nicht zwingend notwendig]
Relevantes Managementsystem	• Risikomanagementsystem (i. S. eines Enterprise Risk Management)	• Risikofrüherkennungssystem (als Teilsystem des Risikomanagementsystems)
Prüfungspflicht	• Freiwillige Prüfung	• Pflichtprüfung (bei Börsennotierung)
Risikofokus	• Strategische sowie operative Risiken; operative Risiken sind frei selektierbar	• Bestandsgefährdende Risiken aus allen Risikobereichen
Organisations und Prozessfokus	• Prüfungsscope frei wählbar	• Stets ist gesamte Risikofrüherkennungssystem des Konzerns zu betrachten
Betriebswirtschaftlicher Betrachtungswinkel	• Betrachtung des RMS als Instrument zur Unternehmenssteuerung und Unterstützung der Entscheidungsfindung	• Betrachtung des RFS als formale Erfüllung regulatorischer Anforderungen; **neu seit 01.01.2021:** Aggregation von Einzelrisiken und Vergleich mit Risikotragfähigkeit
Berücksichtigung Risikosteuerung	• Ja	• Im IDW PS 340 n. F. verpflichtend vorgesehen
Prüfungsergebnis	• Audit Opinion mit detaillierten Angaben zu Ausgestaltung und Optimierungspotenzialen	• Teil des Prüfungsberichts zur Abschlussprüfung
Relevanz für RMS-Wirksamkeitsüberwachung gem. § 107 Abs. 3 AktG und § 91 Abs. 3 AktG i. d. F. des	• Hohe Relevanz	• Nicht hinreichend, da RFS nur Teilsystem des RMS

Abb. 14: Unterschiede zwischen IDW PS 981 und IDW PS 340 n. F.

Zur angemessenen **Dokumentation** der grundlegenden Merkmale des implementierten RMS sowie der Methoden und Ergebnisse der Wirksamkeitsüberwachung durch den Vorstand sowie der identifizierten Risiken und Risikomanagementprozesse kann grds. auf die Aussagen zum IKS verwiesen werden (siehe hierzu Kap. D.III.1.b »Überwachung des Rechnungslegungsprozesses sowie der Wirksamkeit des internen Kontrollsystems«).

Die Dokumentation erfolgt oft in Form eines Risikohandbuchs, in dem die organisatorischen Maßnahmen und Regelungen zur Einrichtung des RMS sowie durchlaufende Dokumentationen zur Risikoberichterstattung und -auswertung und die beschlossenen Reaktionen auf identifizierte Risiken aufgenommen werden. Eine fehlende oder unvollständige Dokumentation stellt einen wesentlichen Mangel dar und führt zu Zweifeln an der (dauerhaften) Funktionsfähigkeit der getroffenen Maßnahmen.[60]

Die laufende Überwachung der Wirksamkeit des RMS durch den Prüfungsausschuss erfolgt wiederum durch Plausibilitätskontrollen, weitere eigene Prüfungshandlungen des Prüfungsausschusses oder durch freiwillig beauftragte Prüfungshandlungen unabhängiger Wirtschaftsprüfer.

Der **Vorstand** informiert den Prüfungsausschuss durch schriftliche und/oder mündliche Berichterstattung über die Ergebnisse der Wirksamkeitsüberprüfungen hinsichtlich des RMS sowie ggf. erforderliche Maßnahmen zur Beseitigung von Systemschwächen. Der Prüfungsausschuss hinterfragt die Maßnahmen zur Wirksamkeitsüberprüfung sowie die ggf. erforderlichen Maßnahmen zur Beseitigung von Schwächen im RMS und diskutiert seine Überlegungen mit dem Risikoverantwortlichen bzw. mit dem Vorstand. Beispiele für Fragen, die der Prüfungsausschuss stellen könnte, sind folgende:

*   Wie stellt der Vorstand sicher, dass ein im Hinblick auf den Umfang der Geschäftstätigkeit und die Risikolage des Unternehmens angemessenes und wirksames RMS eingerichtet ist?
*   Wie weist der Vorstand gegenüber dem Prüfungsausschuss nach, dass ein im Hinblick auf den Umfang der Geschäftstätigkeit und die Risikolage des Unternehmens angemessenes und wirksames RMS eingerichtet und funktionstüchtig ist?
*   Wie wurde die Risikotragfähigkeit ermittelt, und wie ist sichergestellt, dass eine angemessene Überwachung der verbleibenden Risikotragfähigkeit regelmäßig durchgeführt wird?
*   Werden im Rahmen des RMS neben der regelmäßigen Meldung auch Ad-hoc-Risiken an die Risikomanagementeinheit berichtet und anschließend unverzüglich ausgewertet?
*   Welches sind die derzeit bedeutendsten Risiken bezogen auf die Fortführung des Unternehmens und die Rechnungslegung, und lassen sich diese quantifizieren?
*   Wie wird sichergestellt, dass der von der Unternehmensleitung bestimmte Risikoappetit eingehalten wird?
*   Bestehen auf der Beschaffungsseite Lieferantenrisiken, sodass die Rohstoff-/Materialversorgung gefährdet sein könnte (z. B. sog. Single-Sourcing-Risks, die sich auf einen einzelnen Lieferanten stützen)?
*   Liegen besondere Abhängigkeiten von wenigen Kunden oder systematische Risiken in der Kundenstruktur (z. B. Branchenrisiken) vor, die dazu führen, dass sich Zahlungsschwierigkeiten bei Kunden erheblich negativ auf die wirtschaftliche Lage des Unternehmens auswirken können (Klumpenrisiken)?
*   Wurden besondere Länderrisiken in Bezug auf die Absatz-/Beschaffungsmärkte und die Finanzmärkte identifiziert, und wenn ja, wie werden diese Risiken adressiert?

Sind die Risiken aus globalen Trends wie Digitalisierung (Datensicherheit, Datenschutz, Internet of Things) und Nachhaltigkeit in ausreichendem Maße berücksichtigt? Der **Abschlussprüfer**

---

60   Vgl. IDW PS 340 n. F., Rn. 53 und bereits IDW PS 340, Rn. 17 f. (mit Bezug auf das RFS, inhaltlich aber übertragbar auf das gesamte RMS).

berichtet dem Prüfungsausschuss in der Bilanzsitzung über wesentliche Schwächen des IKS, allerdings nur bezogen auf den Rechnungslegungsprozess (§ 171 Abs. 1 Satz 2 AktG).

Bei börsennotierten Aktiengesellschaften hat der Abschlussprüfer im Rahmen seiner Abschlussprüfung zudem zu beurteilen, ob der Vorstand die nach § 91 Abs. 2 AktG erforderlichen Maßnahmen zur Risikofrüherkennung in einer geeigneten Form getroffen hat und ob das danach einzurichtende Überwachungssystem seine Aufgaben erfüllen kann.[61] Die Berichterstattung über das Ergebnis der Prüfung erfolgt in einem besonderen Teil des Prüfungsberichts (§ 321 Abs. 4 HGB). Dabei muss der Abschlussprüfer auch darauf eingehen, ob das System wesentliche Schwächen enthält oder Maßnahmen erforderlich sind, um das interne Überwachungssystem zu verbessern.[62] Der Abschlussprüfer kann dabei wegen wesentlicher Systemschwächen seine Erklärung einschränken oder sogar versagen.

Gemäß § 289 Abs. 1 Satz 4 bzw. § 315 Abs. 1 Satz 5 HGB ist im (Konzern-)Lagebericht die voraussichtliche Entwicklung mit ihren wesentlichen Chancen und Risiken zu beurteilen und zu erläutern; die zugrunde liegenden Annahmen sind anzugeben.[63] Der Lagebericht ist – einschließlich der Risikoberichterstattung – Gegenstand der Prüfung durch den Prüfungsausschuss (§ 171 Abs. 1 Satz 1 AktG). Im Rahmen dieser Prüfung sollte der Prüfungsausschuss die Risikoberichterstattung zunächst mit dem Vorstand erörtern. Als zusätzlicher Diskussionspartner bietet sich der Abschlussprüfer an. Da die Risikoberichterstattung im Lagebericht der (Konzern-)Abschlussprüfung unterliegt, hat sich der Abschlussprüfer während seiner Prüfung zwangsläufig mit der Vollständigkeit und Angemessenheit der berichteten Risiken befasst und kann hierzu Auskunft geben. Der Prüfungsausschuss hinterfragt die vom Abschlussprüfer getroffenen Feststellungen und diskutiert sie ggf. mit dem Vorstand. Ein interessanter Aspekt ist dabei vielfach die Überleitung von der internen auf die externe Risikoberichterstattung, sowohl mit Blick auf die Abgrenzung der berichteten Risiken als auch mit Blick auf die Risikoeinschätzung.

Als **weitere Quellen** für zusätzliche Informationen kommen in erster Linie wiederum die Interne Revision und sachverständige Dritte infrage.

Die Interne Revision befasst sich umfassend mit dem RMS, einschließlich der Überprüfung der Reaktionen des Vorstands auf die festgestellten Risiken. Dabei stützt sie sich i. d. R. auf den Revisionsstandard DIIR 2.[64] Sie kann daher als Dritte Verteidigungslinie im 3LoD-Modell einen vollständigeren Einblick in die Risikolandschaft des Unternehmens gewähren als der Bericht des Abschlussprüfers über die Prüfung des RFS oder die Diskussion mit dem Abschlussprüfer über die Risikoberichterstattung im Lagebericht. Neben dieser unterschiedlichen Abgrenzung

---

61 § 317 Abs. 4 HGB. Siehe hierzu auch Kap. B.III »Abgrenzung der Aufgaben und Verantwortlichkeiten von Aufsichtsrat, Prüfungsausschuss und Abschlussprüfer«. Bei Gesellschaften, die nicht unter diese Vorschrift fallen, kann die Prüfung des RFS Gegenstand einer vertraglichen Erweiterung des Prüfungsauftrags sein.
62 IDW PS 340 n. F., Tz. 50 f.
63 Vgl. auch DRS 20 »Konzernlagebericht«, Rn. 118–164.
64 Vgl. DIIR (2019a).

des Tätigkeitsumfangs können sich auch in Bezug auf die Prüfungsschwerpunkte Unterschiede zwischen der Tätigkeit der Internen Revision und der des Abschlussprüfers ergeben. Damit ist die Interne Revision für den Prüfungsausschuss eine wertvolle Informationsquelle zur Überprüfung der Wirksamkeit des RMS.[65] Einen ähnlich tiefen Einblick, ergänzt um die Kenntnis von Good Practices, bietet ein unabhängiger Wirtschaftsprüfer im Rahmen einer freiwilligen Prüfung nach IDW PS 981. Dies kann, muss aber nicht der Abschlussprüfer sein.

Schließlich stellen die Mitglieder des Prüfungsausschusses auch *eigene Überlegungen* zum Abgleich ihres Verständnisses vom eingerichteten RMS mit ihrem Verständnis der wesentlichen Unternehmensrisiken an und diskutieren diese mit dem Vorstand. Der Prüfungsausschuss erörtert auf dieser Basis, ob die gegenwärtigen und zukünftigen Geschäftsrisiken – soweit sie materielle Auswirkungen auf die Vermögens-, Finanz- und Ertragslage des Unternehmens haben können – im RMS adressiert werden und ob die vorgesehenen Reaktionen auf die identifizierten Risiken angemessen erscheinen.

In der Überarbeitung[66] des Deutschen Corporate Governance Kodex 2022 werden u. a. die Änderungen des FISG in den Kodex eingearbeitet. Die Neufassung sieht in A.3 DCGK 2022 für das RMS vor, dass es sich auch auf nachhaltigkeitsbezogene Belange einschließlich der Systeme zur Erfassung und Verarbeitung von nachhaltigkeitsbezogenen Daten erstreckt. Zur Angemessenheit der (finanziellen und nachhaltigkeitsbezogenen) Systeme soll künftig im Lagebericht gem. A.5 DCGK 2022 Stellung genommen werden. Die Neufassung des Deutschen Corporate Governance Kodex (2022) sieht außerdem in A.6 DCGK 2022 vor, dass der Aufsichtsrat u. a. überwachen soll, dass sich das RMS auch auf nachhaltigkeitsbezogene Belange erstreckt. In Grundsatz 4, DCGK 2022, ist klargestellt, dass angemessene und wirksame Risikomanagementsysteme auch deren interne Prüfung voraussetzen.

Fragen für die Praxis zum Risikomanagementsystem[67]

Überwachungstätigkeit des Prüfungsausschusses

- Wie vergewissert sich der Prüfungsausschuss, dass der Vorstand ein im Hinblick auf den Umfang der Geschäftstätigkeit und die Risikolage des Unternehmens angemessenes und wirksames RMS eingerichtet hat?
- Lässt sich der Prüfungsausschuss die Ermittlung der Risikotragfähigkeit erläutern und regelmäßig über die Überwachung der verbleibenden Risikotragfähigkeit berichten?
- Lässt sich der Prüfungsausschuss regelmäßig vom Vorstand bzw. vom Risikomanager oder der Internen Revision über das RMS und die Ergebnisse seiner Wirksamkeitsprüfungen sowie ggf. erforderliche Maßnahmen zur Beseitigung von Systemschwächen unterrichten?

---

65   Vgl. Bantleon/Mauer (2010), S. 98.
66   Regierungskommission Deutscher Corporate Governance Kodex (2022): Deutscher Corporate Governance Kodex in der Fassung vom 28. April 2022.
67   Weitere mögliche Fragen finden sich in der Broschüre »A Framework for Board Oversight of Enterprise Risk«, herausgegeben v. Canadian Institute of Chartered Accountants (2012).

- Macht sich der Prüfungsausschuss ein eigenständiges Bild vom angemessenen Risikoappetit und dessen Überwachung und diskutiert dies mit den o. g. Personen?
- Erörtert der Prüfungsausschuss mit dem Vorstand die gegenwärtigen und zukünftigen, auch strategischen Geschäftsrisiken mit wesentlichen materiellen Auswirkungen auf die Vermögens-, Finanz- und Ertragslage?
- Diskutiert der Prüfungsausschuss mit dem Vorstand die Rolle des Risikomanagements (z. B. Business Partner als Entscheidungsunterstützung oder unabhängiger Aufseher) und ob die gewählten Methoden und zur Verfügung gestellten Ressourcen für diese Rolle angemessen sind?
- Lässt sich der Prüfungsausschuss vom Risikomanager oder vom Vorstand zeigen, in welchem Verhältnis eingegangene Risiken zu den damit erhofften Renditen stehen (sog. Risk-Return-Analyse)?
- Befasst sich der Prüfungsausschuss damit, ob eine angemessene Dokumentation der Merkmale und Prozesse des RMS sowie der identifizierten Risiken vorliegt?
- Zieht der Prüfungsausschuss weitere Informationsquellen hinzu, insb. den Abschlussprüfer (oder einen anderen unabhängigen Wirtschaftsprüfer) und die Interne Revision?
- Nimmt der Prüfungsausschuss abschließend eine eigene Beurteilung der Wirksamkeit des RMS vor und überlegt, ob Ergänzungen, Erweiterungen oder Verbesserungen des Systems erforderlich sind?
- Besteht Anlass zu einer unabhängigen Untersuchung abgegrenzter Teile des RMS, z. B. Vertriebsrisiken in einer Tochtergesellschaft, IT-Risiken in der Konzernzentrale, Nachhaltigkeitsrisiken in der Produktion etc., durch einen Wirtschaftsprüfer, die mit einem Prüfungsurteil abschließt (IDW PS 981)?

Risikokultur

- Welche Managementmaßnahmen wurden ergriffen, um die Risikokultur im Unternehmen zu etablieren (z. B. Kommunikationsmaßnahmen, Schulungen und Informationsveranstaltungen)?
- Wird die Risikokultur regelmäßig gemessen (Befragungen, Studien, Benchmarks)?
- Diskutiert der Prüfungsausschuss mit dem Vorstand den »Tone at the Top« und das gelebte Verhalten der Unternehmensleitung in Bezug auf Risiken?

Ziele des RMS

- Existiert eine dokumentierte und regelmäßig überwachte Risikostrategie, die Vorstand und Risikomanagementbeauftragten als Leitplanke für Entscheidungen mit Risikobezug dient?
- Diskutiert der Prüfungsausschuss mit dem Vorstand und dem Risikobeauftragten die Bestimmung der Risikotragfähigkeit und den Risikoappetit sowie deren Bestimmung?

Organisation des RMS

- Erörtert der Prüfungsausschuss mit Vorstand und Risikomanager das organisatorische Zusammenspiel von zentralen und dezentralen Bereichen im Risikomanagement und erachtet dies als angemessen?
- Erfordert die Natur von Branche, Unternehmen und Risiken die Einberufung eines regelmäßig tagenden Risikokomitees?
- Diskutiert der Prüfungsausschuss die Angemessenheit der technischen Unterstützung des Risikomanagements durch ein Risikomanagement-IT-Tool?

Risikoidentifikation

- Wird durch die vom Unternehmen verwendeten Risikokategorien eine vollständige Erfassung der wesentlichen Risiken ermöglicht und unterstützt?
- Ist die Risikokategorisierung auf das Unternehmen und die Geschäftsmodelle zugeschnitten?
- Befasst sich das RMS auch mit strategischen Risiken?

- Besteht die Möglichkeit, interne Risiken (z. B. Prozessrisiken) sowie externe Risiken (z. B. globale Megatrends, Digitalisierung, Nachhaltigkeit, politische Risiken) aufzunehmen?
- Gehen die Risikokategorien in Auswertungen und die Berichterstattung ein?
- Wird das Risikoinventar regelmäßig aktualisiert?
- Wird eine Brutto-Netto-Risikobewertung vorgenommen?

Risikobewertung

- Wie erfolgt die Risikobewertung (Erwartungswert, maximales Risiko, ggf. statistische Modelle und Simulationen)?
- Ist die Art der Risikobewertung für die Branche, das Unternehmen und die gegenwärtige und künftige Lage angemessen (z. B. kann ein bislang gut etabliertes System nach einer Auslandsexpansion oder in einer wirtschaftlichen Krise ggf. nicht mehr angemessen sein)?

Risikosteuerung

- Werden angemessene steuernde Maßnahmen (Reduktion, Vermeidung, Transfer) für die (wesentlichen) Risiken ergriffen? Wird im Gegenzug auch diskutiert, einzelne Risiken ohne Gegenmaßnahmen zu tragen, um eine Übersicherung zu vermeiden?
- Wird der Umsetzungsstand der Maßnahmen regelmäßig erhoben?
- Wird über den Umsetzungsstand der Steuerungsmaßnahmen berichtet?
- Werden die Maßnahmen analysiert, um ihre Wirkung auf das jeweilige Risiko festzuhalten?
- Besteht eine klare Zuordnung von Verantwortlichkeiten für die Umsetzung der Maßnahmen?
- Ist der Status der Steuerungsmaßnahmen Bestandteil der regelmäßigen Risikoberichterstattung?

Risikoberichterstattung

- Existiert ein Risikostatus, in dem wesentliche Risiken, erwartete und maximale Schadenseintrittshöhen sowie plausible Wahrscheinlichkeitsschätzungen enthalten sind? Wurden ggf. entsprechende Rückstellungen gebildet?
- Ist eine Berichterstattung auf unterschiedlichen Unternehmensebenen etabliert (Vorstand, Aufsichtsrat, Bereichsleiter)?
- Ist die Risikosituation vollständig bzw. sind alle wesentlichen Risiken enthalten?
- Kann anhand des Reportings die Gesamt-Risikosituation des Unternehmens beurteilt werden?
- Sind alle wesentlichen Einheiten des Konzerns in das Reporting einbezogen?
- Kann anhand des Reportings beurteilt werden, welches die wesentlichen Risiken des Unternehmens sind und wie damit umgegangen wird?
- Existiert ein unterjähriges Reporting? Wie häufig wird die Risikosituation aktualisiert?
- Steht die Risikoberichterstattung im Lagebericht widerspruchsfrei zu internen Informationen zur Risikolage (internes Risiko-Reporting, AR-Sitzungen)?

d   Überwachung der Wirksamkeit des internen Revisionssystems

Wie in Kap. D.III.1.a »Einordnung der Überwachungspflichten des Prüfungsausschusses« dargelegt, verlangen die Überwachungspflichten nach § 107 Abs. 3 Satz 2 AktG nicht, dass der Prüfungsausschuss die Wirksamkeit der internen Kontrollsysteme des Unternehmens grds. selbst prüfen soll. Vielmehr setzt die Überwachungspflicht des Prüfungsausschusses an den Wirksamkeitskontrollen an, mit denen der Vorstand die Funktionsfähigkeit der Kontrollsysteme des

Unternehmens überwacht und sicherstellt. Das zentrale Instrument für die vom Vorstand im-plementierten Wirksamkeitskontrollen ist i. d. R. die Interne Revision. Als Stabsabteilung führt sie prozessunabhängige Kontrollen sämtlicher Kontrollsysteme im Unternehmen durch und steht somit im Fokus der Überwachungstätigkeit des Prüfungsausschusses:[68] Schwächen in der Wirksamkeit des internen Revisionssystems lassen erhebliche Zweifel zu, ob der Vorstand seiner Aufgabe der Überwachung der Wirksamkeit des IKS und RMS angemessen nachkommen kann und damit etwaige Schwächen in den Systemen erkannt und behoben werden können.

Die Vorschrift des § 107 Abs. 3 Satz 2 AktG, nach der der Prüfungsausschuss die Wirksamkeit des internen Revisionssystems zu überwachen hat, impliziert das Vorhandensein einer derartigen Institution im Unternehmen. Eine gesetzliche Pflicht zur Einrichtung einer institutionalisierten Internen Revision besteht indes – mit Ausnahme besonderer Vorschriften für Kredit- und Fi-nanzdienstleistungsinstitute und Versicherungen – nicht.[69] Die Funktion der prozessunabhän-gigen Kontrollen kann auch »ausgelagert« werden, z. B. an einen Wirtschaftsprüfer oder ein anderes Beratungsunternehmen mit entsprechender Qualifikation. Zudem können prozessun-abhängige Kontrollen auch durch einzelne »über das Unternehmen verteilte« Stellen erfolgen, ohne dass eine separate interne Revisionsabteilung als Stabsabteilung eingerichtet wird. Diese Möglichkeiten werden vielfach von kleineren Unternehmen genutzt, bei denen eine eigene Ab-teilung für prozessunabhängige Kontrollen überdimensioniert wäre.

Ist eine Interne Revision eingerichtet, so ist sie – als wesentliches Überwachungselement – grds. als Stabsstelle organisatorisch direkt unterhalb des Vorstands angesiedelt.[70] Der Vor-stand ist somit direkter Auftraggeber und »Kunde« der Internen Revision, wobei sich jedoch die Berufsgruppe der internen Revisoren zum Ziel setzt, einen Mehrwert nicht nur für den Vorstand und Aufsichtsrat, sondern für die gesamte Unternehmensorganisation zu schaffen.[71] Diese Er-weiterung des Adressatenkreises geht einher mit der allgemein zu beobachtenden Verschie-bung des Aufgabenspektrums der Internen Revision in Richtung »interner Berater«: Während sich die klassischen Aufgaben der Internen Revision auf reine Prüfungsleistungen i. S. v. Soll-Ist-Vergleichen beschränkten, erbringt die Interne Revision heute in den meisten Unternehmen auch interne Beratungsleistungen, hinterfragt hierzu insb. die Effizienz und Zweckmäßigkeit der Prozesse und erarbeitet Vorschläge zur Verbesserung der Absicherungssysteme.[72]

Ausgangspunkt der praktischen Arbeit der Internen Revision ist der Jahresprüfungsplan, der vom Leiter der Internen Revision unter Berücksichtigung der bestehenden Risikofaktoren im Unternehmen erstellt und durch den Vorstand sowie – sofern vorhanden – i. d. R. auch durch

---

68   Zur Stellung der Internen Revision im Überwachungssystem als »Third Line of Defense« vgl. Hauschka/Moosmayer/ Lösler (2016), Rn. 59 ff.
69   Vgl. Amling/Bantleon (2008), S. 1301; Berwanger (2013), S. 104 f.
70   Vgl. Institute of Internal Auditors (IIA; 2019), Standard 1100 sowie die betreffende Implementierungsleitlinie; DIIR (2017), S. 19.
71   Vgl. die Definition des Begriffs »Interne Revision« durch das DIIR (2019b), S. 16.
72   Vgl. Dieterle (2018), S. 4.

den Prüfungsausschuss genehmigt wird. Die Auswahl der Prüffelder muss dabei systematisch und risikoorientiert erfolgen (bspw. nach einem Scoring-Modell) und dokumentiert werden. Die Prüfung selbst erfolgt durch die Mitglieder der internen Revisionsabteilung – ggf. ergänzt um externe Ressourcen – nach strukturierten Prüfungsplänen, und zwar i.W. »vor Ort«. Dabei werden die Prüfungshandlungen und -feststellungen in Arbeitspapieren dokumentiert. Die Prüfungsnacharbeit umfasst die Abstimmung der Ergebnisse mit der geprüften Stelle im Unternehmen sowie die Erstellung des Revisionsberichts. Der Rahmen hinsichtlich des Umfangs und der Struktur der Berichterstattung ist in den Internationalen Grundlagen für die berufliche Praxis der Internen Revision (IPPF) geregelt.[73] In der Praxis finden sich in Revisionsberichten i. d. R. Angaben zum Prüfungsgegenstand, insb. Prüfungsumfang und -zeitraum, für den Prüfungsgegenstand relevante Risiken, eine Übersicht interner und externer Vorgaben sowie eine Auflistung der in die Prüfung involvierten Personen (Prüfer sowie Ansprechpartner des geprüften Bereichs). Weiterhin werden die wesentlichen Erkenntnisse und Feststellungen in einer Executive Summary dargestellt, die auch eine zusammenfassende Beurteilung der Wirksamkeit des internen Kontrollsystems des geprüften Bereichs enthält. Kern des Revisionsberichts ist die Darstellung der getroffenen Feststellungen. Diese enthält i. d. R. auch eine Klassifizierung der Feststellungen nach deren Bedeutungsgrad sowie Empfehlungen zu den zu treffenden Maßnahmen. Die Feststellungen und Empfehlungen beziehen sich dabei nicht nur auf die Erfüllung der Mindestanforderungen, sondern auch auf Möglichkeiten zur Effizienzsteigerung bzw. allgemein zur Optimierung der Prozesse. Für alle Maßnahmen werden im Revisionsbericht Verantwortlichkeiten sowie Umsetzungsfristen definiert. Adressaten der Revisionsberichte sind in erster Linie der Vorstand und die geprüfte Stelle im Unternehmen. Im Nachgang der Prüfung gehört es zu den Pflichten der Internen Revision, sich zu vergewissern, dass die geprüfte Stelle im Unternehmen tatsächlich Maßnahmen zur Behebung der festgestellten Schwächen einleitet.[74]

Die Überwachungstätigkeit des Prüfungsausschusses findet auch bzgl. der Internen Revision auf Systemebene statt. Das heißt, der Prüfungsausschuss wird nur im Ausnahmefall einzelne Vorgänge aus der Arbeit der Internen Revision zur Kenntnis nehmen und sich vielmehr davon überzeugen wollen, dass die Interne Revision als solche dazu in der Lage ist, ihre Aufgaben wahrzunehmen. Eine regelmäßige Beurteilung des internen Revisionssystems ist auch in den Berufsgrundsätzen der Internen Revision, den Internationalen Grundlagen für die berufliche Praxis der Internen Revision (IPPF), verankert.[75]

Im Rahmen dieser Selbstverpflichtung soll der Leiter der Internen Revision ein Programm zur Qualitätssicherung und -verbesserung entwickeln und pflegen, das regelmäßige interne und externe Beurteilungen der Internen Revision in Bezug auf die Einhaltung der sog. Standards und des Ethikkodex umfasst.[76] Externe Beurteilungen sollen mindestens alle fünf Jahre erfolgen.

---

73   Vgl. Institute of Internal Auditors (IIA; 2019), Standards 2410–2450.
74   Zur Darstellung der Organisation und Arbeit der Internen Revision in der Praxis siehe Amling/Bantleon (2008), S. 1300 ff.
75   Vgl. Institute of Internal Auditors (IIA; 2019).
76   Vgl. Institute of Internal Auditors (IIA; 2019), Standard 1300 ff.

Der im März 2017 vom IDW veröffentlichte Prüfungsstandard IDW PS 983 stellt ein Rahmenwerk zur externen Prüfung von internen Revisionssystemen (IRS) dar.[77] Der IDW PS 983 wurde gemeinsam mit dem Deutschen Institut für Interne Revision e. V. (DIIR) erarbeitet, das einen inhaltlich weitestgehend gleichlautenden Standard (»DIIR Revisionsstandard Nr. 3: Prüfung von Internen Revisionssystemen (Quality Assessments)«) zur Nutzung bei der Prüfung interner Revisionssysteme[DIIR] herausgegeben hat (im Folgenden zusammen als »Prüfungsstandards« bezeichnet). Ziel der Zusammenarbeit von DIIR und IDW war es, einheitliche Anforderungen an die Einrichtung und Beurteilung eines IRS sicherzustellen. Eine Prüfung i. S. dieser Prüfungsstandards umfasst stets sämtliche verbindlichen Elemente des IPPF.[78] Die Prüfungsstandards unterscheiden zwei Prüfungstypen (Abb. 15).[79]

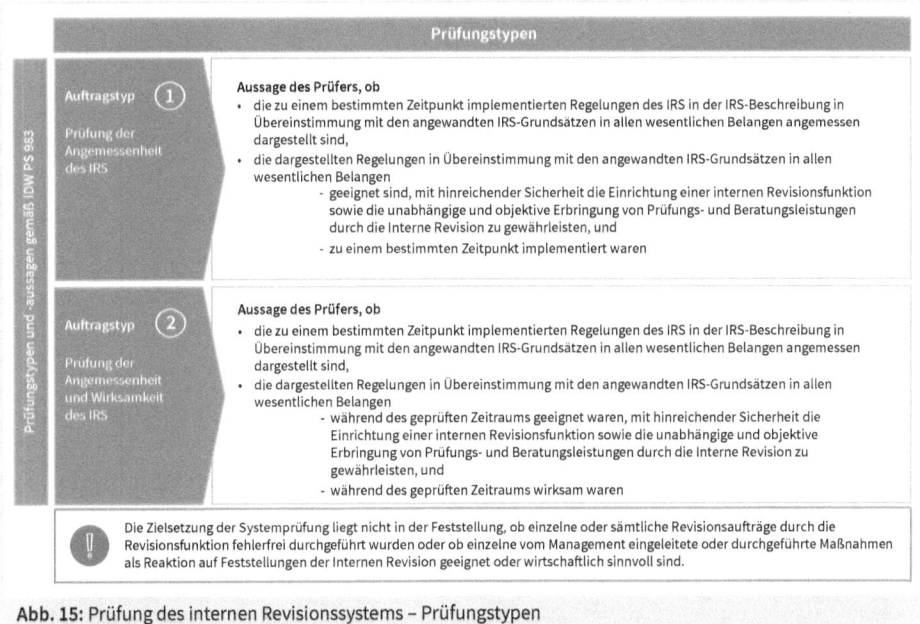

Abb. 15: Prüfung des internen Revisionssystems – Prüfungstypen

Eine Wirksamkeitsprüfung umfasst stets auch die Angemessenheitsprüfung. Weiterhin ist zu beachten, dass eine vollständige externe Prüfung des IRS gem. Standard 1312 des IPPF immer eine Wirksamkeitsprüfung umfassen muss.[80]

Ein IRS i. S. d. IDW PS 983 weist sieben miteinander in Wechselwirkungen stehende Grundelemente auf. Zur Gewährleistung einer einheitlichen Prüfungsqualität hat das DIIR einen Kriterienkatalog entwickelt, der vom IDW als sachgerechtes Hilfsmittel zur Durchführung einer

77   Vgl. IDW-Prüfungsstandard »Grundsätze ordnungsmäßiger Prüfung von Internen Revisionssystemen« (IDW PS 983), Stand: 03.03.2017.
78   Vgl. IDW PS 983 sowie DIIR Standard Nr. 3, Tz. 11.
79   Vgl. IDW PS 983 sowie DIIR Standard Nr. 3, Tz. 23 f.
80   Vgl. IDW PS 983 sowie DIIR Standard Nr. 3, Tz. 24.

Prüfung des IRS anerkannt ist. Die insgesamt 82 Qualitätskriterien verteilen sich auf elf Betrachtungsfelder und sind den sieben Grundelementen eines IRS zugeordnet (Abb. 16).[81]

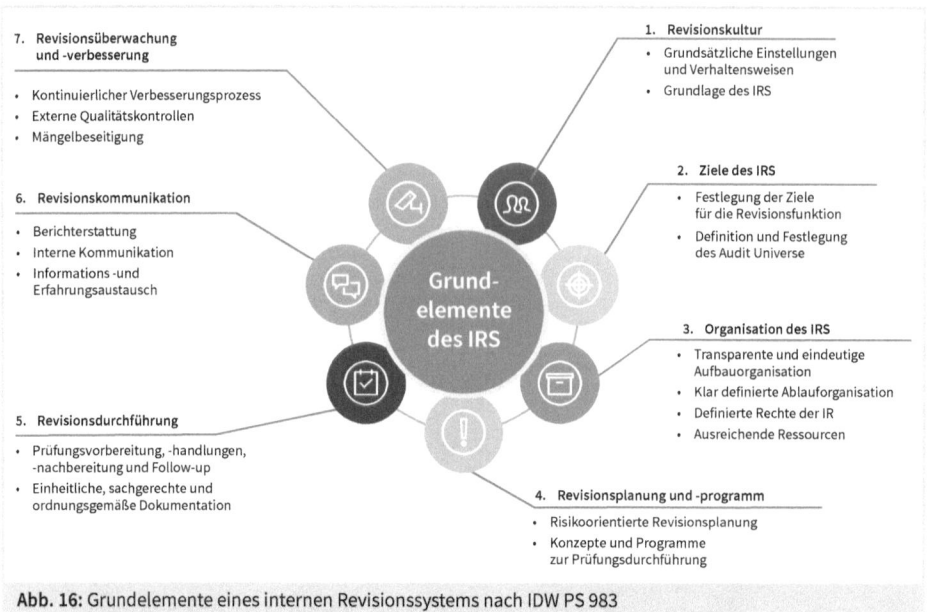

Abb. 16: Grundelemente eines internen Revisionssystems nach IDW PS 983

Sechs Qualitätskriterien sind als Mindeststandards definiert. Bei einer Nichteinhaltung mindestens eines Mindeststandards liegt immer ein wesentlicher Mangel des IRS vor.[82] Folglich sollte sich der Fokus der Überwachungstätigkeit des Prüfungsausschusses auf die Einhaltung der Mindeststandards richten:

- Vorhandensein einer offiziellen schriftlichen, angemessenen Regelung (Geschäftsordnung, Revisionsrichtlinie o. Ä.)
- Sicherstellung der Neutralität, der Unabhängigkeit von anderen Funktionen sowie eines uneingeschränkten Informationsrechts
- Angemessene quantitative und qualitative Personalausstattung der Internen Revision
- Erstellung des Prüfungsplans der Internen Revision auf Grundlage eines standardisierten und risikoorientierten Planungsprozesses
- Einheitliche, sachgerechte und ordnungsgemäße Dokumentation von Art und Umfang der Prüfungshandlungen und -ergebnisse
- Überwachung der Umsetzung der im Bericht dokumentierten Maßnahmen durch die Interne Revision in einem effektiven Follow-up-Prozess.

---

81   Vgl. IDW PS 983, Anlage 1.
82   Vgl. IDW PS 983 sowie DIIR Standard Nr. 3, Tz. 53.

Die Prüfung der Wirksamkeit des IRS durch einen unabhängigen Wirtschaftsprüfer kann dem objektiven Nachweis der ermessensfehlerfreien Ausübung der Organisations- und Sorgfaltspflichten des Vorstands und des Aufsichtsrates dienen.[83] Der Bericht des unabhängigen Wirtschaftsprüfers über die Prüfung der Angemessenheit, Implementierung und Wirksamkeit des internen Revisionssystems stellt daher eine primäre Informationsquelle für den Prüfungsausschuss bei der Wahrnehmung seiner Überwachungsaufgaben dar. Das Vorliegen einer externen Beurteilung ist jedoch keine Grundvoraussetzung.[84]

Grundlegend für die Arbeit des Prüfungsausschusses ist auch in diesem Bereich der Zugang zu den erforderlichen Informationen, um sich ein Verständnis von der Organisation, Ausstattung und Arbeit der Internen Revision zu verschaffen. Weitere Informationsquellen neben dem unmittelbaren Fragerecht nach § 107 Abs. 4 Satz 4 AktG sind:[85]

- Vorhandene Dokumentation zur Aufgabenstellung, zu den Befugnissen und der Verantwortung der Internen Revision im Unternehmen (Geschäftsordnung der Internen Revision, Revisionshandbuch)
- Unterrichtung des Prüfungsausschusses vom Prüfungsplan der Internen Revision durch den Vorstand. Dies schließt die Kriterien ein, nach denen der Prüfungsplan erstellt wurde (risikoorientierte Auswahl der Prüfungsgebiete). Falls der Prüfungsausschuss Anregungen zur Gestaltung des Prüfungsplans hat, sollte er sie mit dem Vorstand als Auftraggeber der Internen Revision diskutieren.
- Bericht über die Organisation, Ressourcen sowie wesentlichen Prüfungsergebnisse und eingeleiteten Maßnahmen zur Behebung festgestellter Schwächen durch den Vorstand
- Gespräch mit dem Leiter der Internen Revision über die Organisation, Ausstattung und Arbeitsweise der Internen Revision sowie die wesentlichen Revisionsergebnisse und eingeleiteten Maßnahmen entsprechend § 107 Abs. 4 Satz 4–6 AktG
- Bericht des Abschlussprüfers über wesentliche Schwächen des IKS und des RMS bezogen auf den Rechnungslegungsprozess im Rahmen der Bilanzsitzung (§ 171 Abs. 1 Satz 2 AktG). Das interne Revisionssystem ist – auch bezogen auf den Rechnungslegungsprozess – kein eigenständiger Gegenstand der Abschlussprüfung. Der Abschlussprüfer muss allerdings im Rahmen der Entwicklung einer risikoorientierten Prüfungsstrategie eine vorläufige Einschätzung der Wirksamkeit der Internen Revision vornehmen. Eine wirksame Interne Revision ermöglicht es ihm, die Arbeitsergebnisse der Internen Revision zu verwenden und dadurch den Umfang der eigenen Prüfungshandlungen zu verringern.[86] Der Prüfungsausschuss kann somit davon ausgehen, dass sich auch der Abschlussprüfer intensiv mit der

---

83   Vgl. IDW PS 983, Tz. 9.
84   Vgl. Arbeitskreis Externe Unternehmensrechnung (AKEU)/Arbeitskreis Externe und Interne Überwachung der Unternehmung (AKEIÜ) der Schmalenbach-Gesellschaft für Betriebswirtschaft e. V. (2009), S. 1281; zum Thema Quality Assessment der Internen Revision vgl. Cauers/Häge (2007), S. 1477 ff.; Amling/Bantleon (2008), S. 1305.
85   Vgl. Nonnenmacher/Pohle/v. Werder (2009), S. 1451; Arbeitskreis Externe Unternehmensrechnung (AKEU)/Arbeitskreis Externe und Interne Überwachung der Unternehmung (AKEIÜ) der Schmalenbach-Gesellschaft für Betriebswirtschaft e. V. (2009), S. 1282; Braiotta/Gazzaway/Colson/Ramamoorti (2010), S. 257 ff.
86   Vgl. IDW PS 321: Interne Revision und Abschlussprüfung, Rn. 14 ff.

Struktur und Arbeitsweise der Internen Revision auseinandergesetzt hat und die dabei gewonnenen Erkenntnisse und Eindrücke für seine eigene Überwachungstätigkeit nutzt, indem er den Abschlussprüfer gezielt befragt.

- Gegebenenfalls ergänzende Einsichtnahme in Revisionsberichte, falls dies vor dem Hintergrund der anderweitig erhaltenen Informationen angezeigt erscheint.

Fragen für die Praxis zum internen Revisionssystem

Als kritische Fragen zur Überwachung der Wirksamkeit des internen Revisionssystems durch den Prüfungsausschuss kommen in Betracht:

- Verfügt die Interne Revision im Vergleich zur Größe und Komplexität des Gesamtunternehmens – auch im Branchen-/Unternehmensvergleich – über eine ausreichende Mitarbeiteranzahl?
- Welche Schwächen und Verbesserungspotenziale mit Bezug auf das IRS wurden im Rahmen von internen oder externen Beurteilungen identifiziert? Welche Maßnahmen zur Verbesserung des IRS wurden umgesetzt?
- Ist die Unabhängigkeit der Mitarbeiter der Internen Revision von den zu prüfenden Sachverhalten/Abteilungen/Einheiten sichergestellt?
- Gibt es Hinweise darauf, dass die Interne Revision in ihrem Einsatzbereich und in ihrer Prüfungstiefe durch formelle oder informelle Einwirkungen des Managements eingeschränkt wird?
- Wird der Prüfungsplan der Internen Revision systematisch anhand von Risikofaktoren festgelegt und durchgeführt (z. B. Anfälligkeit für Fehlverhalten in bestimmten Regionen, hohe Fehler-/Abweichungshistorie bei bestimmten Einheiten, komplexes Geschäft wie Handel mit Derivaten)?
- Werden aktuelle Trends und Entwicklungen sowie die sich daraus ergebenden Risiken in der Revisionsplanung angemessen berücksichtigt (z. B. Digitalisierung, IT-Sicherheit)?[87]
- Werden vor dem Hintergrund der zunehmenden Bedeutung von Corporate-Governance-Themen mehr Ordnungsmäßigkeitsprüfungen (z. B. Antikartell-, Antikorruptionsvorschriften, Datenschutzanforderungen, Ausfuhrbestimmungen, Embargos) im Gegensatz zu Wirtschaftlichkeitsprüfungen durchgeführt?
- Wird die Beseitigung festgestellter Mängel konsequent nachverfolgt und überwacht?

Als kritische Fragen zum Selbstcheck des Prüfungsausschusses kommen in Betracht:

- Beurteilt der Prüfungsausschuss Organisation, Ausstattung und Arbeitsweise der Internen Revision auf der Basis entsprechender Berichte des Vorstands und eines persönlichen Gesprächs mit dem Leiter der Internen Revision?
- Lässt sich der Prüfungsausschuss vom Prüfungsplan der Internen Revision unterrichten, einschließlich der Kriterien, nach denen dieser erstellt wurde?
- Verschafft sich der Prüfungsausschuss einen Überblick über die wesentlichen Feststellungen der Internen Revision einschließlich der dazu veranlassten Maßnahmen des Vorstands zur Behebung der Feststellungen?
- Bezieht der Prüfungsausschuss weitere Informationsquellen ein, insb. den Abschlussprüfer?
- Nimmt der Prüfungsausschuss abschließend eine eigene Beurteilung des internen Revisionssystems vor und überlegt, ob Ergänzungen, Erweiterungen oder Verbesserungen des Systems erforderlich sind?

---

87   Vgl. Deloitte (2019a).

e   Überwachung der Wirksamkeit des »Compliance«-Systems

Die Notwendigkeit zur Einrichtung von Compliance-Management-Systemen (CMS) hat für Unternehmen im Laufe des letzten Jahrzehnts erheblich an Bedeutung gewonnen. Auf nationaler und internationaler Ebene werden sukzessive Standards zur Einrichtung und Prüfung von CMS durch verschiedene Organisationen entwickelt. Seit seiner Veröffentlichung im Jahr 2011 prägt der Prüfungsstandard IDW PS 980[88] »Grundsätze ordnungsmäßiger Prüfung von Compliance-Management-Systemen« die Ausgestaltung und Prüfung von CMS in Deutschland.[89] »Compliance« bezeichnet dabei insgesamt die Einhaltung von Regeln, seien es gesetzliche Bestimmungen oder unternehmensinterne Richtlinien.[90] Ein »Compliance«-System oder »Compliance-Management-System« (CMS) bezeichnet demnach abstrakt die »auf der Grundlage der von den gesetzlichen Vertretern festgelegten Zielen eingeführten Grundsätze und Maßnahmen eines Unternehmens (…), die auf die Sicherstellung eines regelkonformen Verhaltens der gesetzlichen Vertreter und Mitarbeiter des Unternehmens sowie ggf. von Dritten abzielen, d. h. auf die Einhaltung bestimmter Regeln und damit auf die Verhinderung von wesentlichen Verstößen (Regelverstöße)«.[91]

Diese »Grundsätze und Maßnahmen« sind unschwer als integraler Bestandteil des unternehmensweiten Risikomanagements zu erkennen (siehe hierzu Darstellung des COSO-Rahmenkonzepts im Kap. D.III.1.b »Überwachung des Rechnungslegungsprozesses sowie der Wirksamkeit des internen Kontrollsystems«). Daher kann es zunächst verwundern, dass gerade etwas eigentlich Selbstverständliches, nämlich die »Einhaltung von Regeln«, in der Fachliteratur wie auch im DCGK und zunehmend in der Rechtsprechung unter dem Begriff »Compliance« gesondert betrachtet und intensiv diskutiert wird.

Die Gründe hierfür lassen sich vielleicht z. T. in der historischen Entwicklung finden: Die Sicherstellung der Einhaltung (gesetzlicher) Regeln hat aufgrund der hohen Strafbewehrung in den USA eine Vorreiterrolle bei der Etablierung von CMS eingenommen. Durch die 1991 in Kraft getretenen und 2004 überarbeiteten US Sentencing Guidelines ist in den USA ein milderes Strafmaß möglich, wenn das Unternehmen ein funktionierendes Compliance-System nachweisen kann.[92] Auch die Mehrzahl der europäischen Mitgliedstaaten hat mit der Einführung eines länderspezifischen Unternehmensstrafrechts CMS als sanktionsmildernde Maßnahme vorgesehen. Frankreich verpflichtet bestimmte Unternehmen mit der Veröffentlichung des Anti-Korruptionsgesetzes SAPIN II 2016 sogar zur Einrichtung eines CMS.[93] In Deutschland können nur

---

88   Der IDW PS 980 befindet sich derzeit in Überarbeitung und erscheint in seiner neuesten Fassung voraussichtlich im Jahr 2022.
89   Vgl. Deloitte (2019b), S. 15.
90   Vgl. IDW (2011): IDW PS 980, Rn. 5.
91   Vgl. IDW (2011): IDW PS 980, Rn. 6.
92   Vgl. Moosmayer (2015), Rn. 17 f.
93   Vgl. Anti-Korruptionsgesetz SAPIN II 2016; Gesetzestext abrufbar unter: https://www.legifrance.gouv.fr/affichTexte.do?cidTexte=JORFTEXT000033558528&categorieLien=id.

natürliche Personen bestraft werden – Unternehmen indessen nur nach dem Ordnungswidrig-keitengesetz (OWiG).

Die OECD hat in ihrem Bericht zur Umsetzung des OECD-Übereinkommens über die Bekämp-fung der Bestechung in Deutschland darauf hingewiesen, dass die Sanktionierung von Unter-nehmen im deutschen ordnungswidrigkeitenrechtlichen System gering ausfällt und zudem der Vollzug in den Bundesländern unterschiedlich ausgeprägt ist.[94] Bereits im Jahr 2018 hat die gro-ße Koalition angekündigt, die Sanktionen bei Compliance-Verstößen für Unternehmen zu ver-schärfen, aber gleichzeitig auch Anstrengungen zur Bekämpfung von Wirtschaftskriminalität zu belohnen. Der am 16. Juni 2020 veröffentlichte Regierungsentwurf zum »Gesetz zur Sank-tionierung von verbandsbezogenen Straftaten« (Verbandssanktionengesetz – VerSanG-E) be-inhaltete hierbei eine grundlegende Änderung des bestehenden Systems der Sanktionierung von Organisationen. Bislang kann gegen Organisationen nach § 30 OWiG ein Bußgeld von bis zu 10 Mio. EUR verhängt werden. Während es für Organisationen mit einem durchschnittlichen Jahresumsatz von unter 100 Mio. EUR bei dieser Bußgeldhöhe bleiben soll, sah das VerSanG-E bei Organisationen mit einem höheren durchschnittlichen Jahresumsatz künftig ein Bußgeld von bis zu 10 % des Jahresumsatzes bei vorsätzlichen Verbandstaten und bis zu 5 % des Jahres-umsatzes bei fahrlässigen Verbandstaten vor (§ 9 Abs. 2 VerSanG-E). Sanktionsmildernd sollten dabei »angemessene Vorkehrungen zur Vermeidung von Verbandstaten wie insb. Organisation, Auswahl, Anleitung und Aufsicht« (§ 3 Abs. 1 VerSanG-E) angerechnet werden können, die Ver-bandsstraftaten verhindern oder zumindest erschweren. Sanktionsmildernde Vorkehrungen können hierbei »insbesondere durch Compliance-Maßnahmen erfüllt werden«.[95] Auch wenn das VerSanG-E vorerst ad acta gelegt wurde, ist zur erwarten, dass das Vorhaben künftig wieder aufgegriffen werden wird.

Compliance beschränkt sich aber längst nicht mehr auf die klassischen Risikofelder wie Kor-ruption, Geldwäsche und Kartellrecht, mithin Risiken, deren Verwirklichung vorrangig Geldbu-ßen und damit Vermögensschäden für das Unternehmen zur Folge haben. Der Kapitalmarkt, Banken, Kunden, Lieferanten und andere interessierte Stakeholder erwarten von den Unter-nehmen vielmehr die Einrichtung eines CMS, das auch nachhaltigkeitsbezogene Anforderun-gen an Unternehmen abdeckt. Die Diskussion um die Nachhaltigkeit von Unternehmen wird künftig immer relevanter werden. Dies liegt nicht zuletzt auch an neuen regulatorischen An-forderungen in diesem Kontext, wie das kürzlich beschlossene Lieferkettensorgfaltspflichten-gesetz (LkSG), das am 1. Januar 2023 in Kraft tritt und das Ziel verfolgt, durch Vorgabe rechtlich verbindlicher Sorgfaltsstandards in der Lieferkette die internationale Menschenrechtslage zu verbessern. Defizite des CMS und somit Verstöße in diesem Bereich haben nicht nur unmittel-bare Vermögensschäden für die betroffenen Unternehmen zur Folge, sondern bergen v.a. auch die Gefahr von enormen Reputationsschäden. Neben dem – aus Sicht von Unternehmen und

---

94   Vgl. Organisation for Economic Co-operation and Development (OECD; 2018): Bericht zu Phase 4: Deutschland.
95   BT-Drs. 19/23568, S. 69.

Unternehmensorganen – klassischen Ziel der Haftungsminimierung dient ein wirksames CMS somit auch dem Reputationsschutz.

Schließlich wurden in den letzten Jahren die persönlichen Haftungsrisiken von Vorstand und Aufsichtsrat bezogen auf Compliance-Verstöße diskutiert, nachdem der BGH in einem viel beachteten Urteil die Garantenpflicht des Compliance Officer i. S. d. § 13 Abs. 1 StGB zur Verhinderung von Straftaten von Unternehmensangehörigen bejaht hat.[96] Noch konkreter wird es zuletzt in dem BGH-Urteil vom 9. Mai 2017 (BGH zur Berücksichtigung von Compliance-Management-Systemen bei der Bemessung einer Geldbuße nach § 30 Abs. 1 OWiG).[97] Von hoher Bedeutung an dem Urteil ist die explizite Hervorhebung der strafmildernden Auswirkungen eines CMS. Demnach ist für die Bemessung der Geldbuße nach § 30 OWiG entscheidend, ob zu dem Zeitpunkt eines Verstoßes ein effektives CMS zur Vermeidung von Rechtsverstößen im Unternehmen implementiert war.[98]

Abgesehen von vereinzelten branchenspezifischen Sonderregelungen, die explizit zumindest eine Compliance-Funktion fordern – vgl. § 80 Abs. 1 WpHG (Wertpapierdienstleistungsunternehmen), § 25a Abs. 1 Satz 3 Nr. 3 c) KWG (Kreditinstitute) und § 29 VAG (Versicherungsunternehmen) –, enthält das deutsche Recht keine ausdrückliche Compliance-Regelung. Dementsprechend wird die gesetzliche Grundlage der Compliance-Pflicht in der juristischen Fachliteratur unterschiedlich beurteilt. In der Praxis kann diese Diskussion jedoch dahinstehen, denn die Compliance-Verantwortung des Vorstands ist heute unbestritten[99] und kommt für börsennotierte Gesellschaften in Grundsatz 5 Deutscher Corporate Governance Kodex (DCGK) zum Ausdruck. Die allgemeine Kontrollfunktion des Aufsichtsrates gem. § 111 Abs. 1 AktG umfasst auch die (anlassunabhängige) Prüfung, ob das vom Vorstand eingerichtete CMS entsprechend dem Grundsatz auf die spezifischen Risiken des Unternehmens zugeschnitten, mithin wirksam ist. Darüber hinaus hat der Aufsichtsrat auch die Überwachung und Weiterentwicklung des CMS durch den Vorstand zu kontrollieren. Die Anforderungen an diese Überwachungspflicht dürfen jedoch nicht überspannt werden. Der Aufsichtsrat hat nicht die Aufgabe, das CMS im Unternehmen (teilweise) selbst zu entwickeln; das ist vielmehr allein Aufgabe des Vorstands. Wurde die Compliance-spezifische Überwachungsaufgabe des Aufsichtsrates – wie in Empf. D.3 DCGK befürwortet – vom Gesamtaufsichtsrat auf den Prüfungsausschuss delegiert, obliegt die vorgenannte Kontrollfunktion dem Prüfungsausschuss.

Zu beachten ist, dass ein wirksames CMS nicht voraussetzt, dass alles, was rechtlich und tatsächlich möglich ist, um jegliche Zuwiderhandlungen gegen Rechtsnormen und interne Regularien zu verhindern, zwingend umgesetzt wird. Vielmehr werden nur gebotene und

---

96   Vgl. Withus (2010), S. 71; zur Einordnung und Fortentwicklung der Rechtsprechung vgl. Grützner/Behr (2013), S. 561 ff.
97   BGH, Urt. v. 09.05.2017 – 1 StR 265/16, GmbHR 2017, 1213.
98   Vgl. Raum (2015), S. 8.
99   Statt aller: Fleischer, in: BeckOGK AktG, § 91 Rz. 63: Die Compliance-Verantwortung des Vorstands gehört zum »gesicherten Bestand des aktienrechtlichen Pflichtenkanons«.

(wirtschaftlich) zumutbare Maßnahmen gefordert. Es gilt, mit angemessenem wirtschaftlichen Aufwand hinreichend wirksame Risikomitigierungsmaßnahmen zu implementieren. Dementsprechend hat ein Gesetzesverstoß im Unternehmen nicht automatisch eine straf- oder zivilrechtliche Haftung der Unternehmensorgane zur Folge, nämlich dann nicht, wenn der Vorstand (idealerweise dokumentiert) nachweisen kann, dass es sich bei dem Verstoß um einen »Ausreißer« in einem ansonsten wirksamen CMS gehandelt hat.

Zur praktischen Umsetzung der Einrichtung eines Compliance-Systems gibt es wiederum kein »Soll-System«. Vielmehr hat die Praxis unterschiedliche Organisationsmodelle entwickelt, die sich an folgenden Grundmodellen orientieren können:[100]

- Das Thema Compliance wird einer **unabhängigen Stabsstelle** überantwortet, die direkt dem Vorstand unterstellt ist (Compliance Office).
- Die Compliance-Funktion wird in die **Rechtsabteilung** integriert und dem Chef-Syndikus übertragen.
- Die Compliance-Funktion wird innerhalb der **Internen Revision** angesiedelt.
- Die Compliance-Funktion wird durch ein **Compliance-Board** (oder Compliance-Committee[101]) übernommen.

Jedes dieser Modelle hat sowohl Vor- als auch Nachteile, sodass die Entscheidung nur unternehmensindividuell getroffen werden kann. So hat die Einrichtung eines eigenständigen Compliance Office den Vorteil, unabhängig und mit einem klar abgegrenzten Pflichtenkreis arbeiten zu können, wobei sich jedoch Ineffizienzen durch erhebliche Überschneidungen der Verantwortungsbereiche mit anderen Funktionen ergeben können (insb. Recht, Personal, Interne Revision). Aus Effizienzgründen übernimmt daher oft der Chef-Justiziar gleichzeitig die Funktion des Chief Compliance Officer (CCO). Hiergegen wird jedoch z.T. eingewandt, dass ein Chef-Justiziar, der gleichzeitig Chief Compliance Officer ist, in Interessenkonflikte geraten könnte, wenn er einerseits der Staatsanwaltschaft keine »Munition« durch eine vollständige Ermittlung und Dokumentation eines Verstoßes liefern möchte, andererseits als Chief Compliance Officer gerade hierzu verpflichtet wäre.[102] Zudem ist zu beachten, dass nicht nur juristische Kenntnisse, sondern auch die umfassende Kenntnis der Geschäftsabläufe eine unabdingbare Voraussetzung für einen erfolgreichen Compliance-Beauftragten ist.[103] Für die Übernahme der Compliance-Funktion durch die Interne Revision wird angeführt, dass Compliance Audits und Forensic Audits üblicherweise in deren normalen Prüfungsplan fallen und sie daher sowohl über das erforderliche Fachwissen als auch die erforderliche Akzeptanz im Unternehmen verfügt. Zu beachten ist jedoch, dass die Interne Revision keine prozessabhängigen Kontrollen des Compliance-Management-Systems durchführen kann und soll, da die Interne Revision ihre eigene Compliance-Tätigkeit überwachen würde. Mit dieser Begründung wird eine Übernahme

---

100 Vgl. Cauers/Haas/Jakob/Kremer/Schartmann/Welp (2008), S. 2717 f.; Gößwein/Hohmann (2011), S. 965 ff.
101 Beide Bezeichnungen sind in der Praxis gängig.
102 Vgl. Kremer/Klahold (2010), S. 126.
103 Vgl. Moosmayer (2015), S. 3014 f.

der Compliance-Funktion durch die Interne Revision für Finanzdienstleistungsinstitute explizit ausgeschlossen.[104]

Denkbar sind auch gemischte Gestaltungen, die z.B. die präventive Compliance-Verantwortung einer Stabsstelle zuweisen und die detektivische Funktion der Rechtsabteilung. Im Sinne einer integrativen Organisation der unternehmerischen Kontrollsysteme kann zudem die Einrichtung einer gemeinsamen Stabsstelle für Risikomanagement und Compliance sinnvoll sein.

Alternativ sind Modelle zu einer dezentralen Verteilung der Compliance-Verantwortung denkbar, z.B. indem innerhalb der einzelnen Funktions- und Fachbereiche Compliance-Verantwortliche bestimmt werden, die sich in einem »Compliance-Board« koordinieren und an die Unternehmensleitung berichten. Vorteile dieser Organisationsform werden in einer effektiveren Verankerung der Compliance-Kultur in der Organisation gesehen.[105] Nachteile könnten sich aus einem höheren Organisations- und Abstimmungsaufwand sowie Unklarheiten in den Berichtslinien ergeben.

In der Praxis haben sich über die Zeit verschiedene Organisationsmodelle etabliert: Von einer unabhängigen Compliance-Stabsstelle über die Ansiedlung innerhalb der Internen Revision bis hin zu einem integrierten Ansatz der verschiedenen Corporate-Governance-Bereiche sind je nach Aufstellung der Unternehmen verschiedene Vorgehensweisen vertreten.

Grundlegend für die Arbeit des Prüfungsausschusses ist auch im Bereich Compliance-Management der Zugang zu den erforderlichen Informationen, um sich ein Verständnis von der Organisation und Arbeitsweise der Funktionsträger des Compliance-Systems sowie der Überwachung des Compliance-Systems durch den Vorstand zu verschaffen.

Einen grundlegenden Orientierungsrahmen auf theoretischer und praktischer Ebene bieten die vom Institut der Wirtschaftsprüfer festgelegten »Grundsätze ordnungsmäßiger Prüfung von Compliance-Management-Systemen« (IDW PS 980). Die Grundelemente des CMS sind in Abbildung 17 dargestellt.[106]

---

104   Vgl. BT 1.3.3.2 Tz. 2 Rundschreiben 05/2018 der BaFin zu den Mindestanforderungen an die Compliance-Funktion und weitere Verhaltens-, Organisations- und Transparenzpflichten – MaComp (geändert am 11.08.2021).
105   Vgl. Gößwein/Hohmann (2011), S. 967 ff.
106   Vgl. IDW (2011): IDW PS 980, Rn. 23.

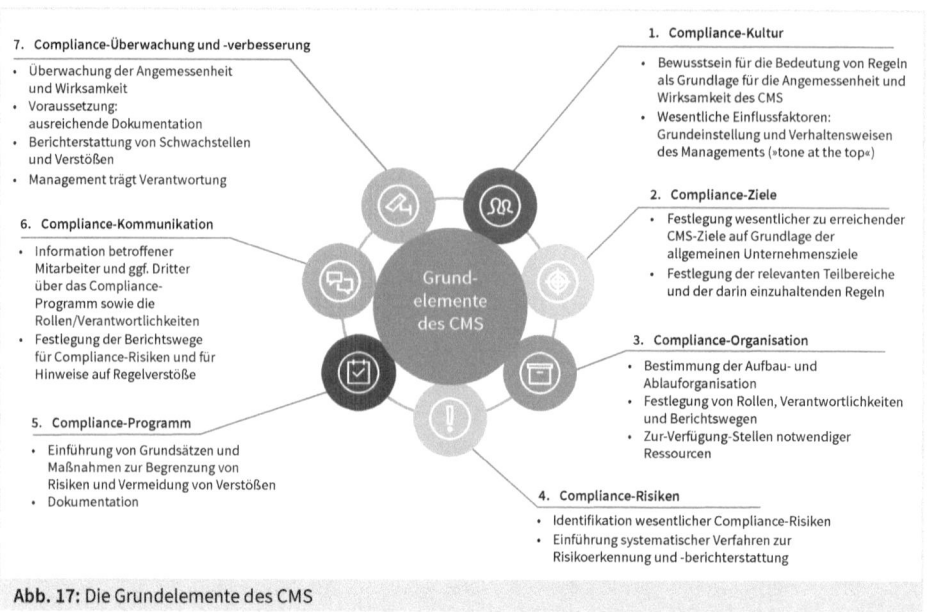

7. Compliance-Überwachung und -verbesserung

* Überwachung der Angemessenheit und Wirksamkeit
* Voraussetzung: ausreichende Dokumentation
* Berichterstattung von Schwachstellen und Verstößen
* Management trägt Verantwortung

6. Compliance-Kommunikation

* Information betroffener Mitarbeiter und ggf. Dritter über das Compliance-Programm sowie die Rollen/Verantwortlichkeiten
* Festlegung der Berichtswege für Compliance-Risiken und für Hinweise auf Regelverstöße

5. Compliance-Programm

* Einführung von Grundsätzen und Maßnahmen zur Begrenzung von Risiken und Vermeidung von Verstößen
* Dokumentation

Grund-elemente des CMS

1. Compliance-Kultur

* Bewusstsein für die Bedeutung von Regeln als Grundlage für die Angemessenheit und Wirksamkeit des CMS
* Wesentliche Einflussfaktoren: Grundeinstellung und Verhaltensweisen des Managements (»tone at the top«)

2. Compliance-Ziele

* Festlegung wesentlicher zu erreichender CMS-Ziele auf Grundlage der allgemeinen Unternehmensziele
* Festlegung der relevanten Teilbereiche und der darin einzuhaltenden Regeln

3. Compliance-Organisation

* Bestimmung der Aufbau- und Ablauforganisation
* Festlegung von Rollen, Verantwortlichkeiten und Berichtswegen
* Zur-Verfügung-Stellen notwendiger Ressourcen

4. Compliance-Risiken

* Identifikation wesentlicher Compliance-Risiken
* Einführung systematischer Verfahren zur Risikoerkennung und -berichterstattung

Abb. 17: Die Grundelemente des CMS

Wesentliche Informationsquellen für die praktische Ausgestaltung des Compliance-Systems im Unternehmen sind:[107]

* Schriftliche und/oder mündliche Berichte des Vorstands über das eingerichtete Compliance-System und dessen Überwachung
* Mit der Überwachung der Wirksamkeit des Compliance-Systems kann der Vorstand grds. die Interne Revision oder einen unabhängigen externen Prüfer beauftragen.[108] Im Falle einer Prüfung durch einen unabhängigen Sachverständigen bietet sich der eigene oder ein »fremder« Wirtschaftsprüfer an. Dieser prüft das CMS z. B. nach dem o. g. IDW PS 980, wobei der Auftragsumfang unterschiedlich abgestuft sein kann (s. a. Abb. 18):
  - **Typ 1: Beurteilung der Konzeption und Dokumentation des CMS**[109]
    Ziel der Prüfung nach Typ 1 ist es, eine Beurteilung abzugeben, ob die Grundelemente des CMS **vorhanden** und sachgerecht **dokumentiert** sind.
  - **Typ 2: Aufbauprüfung des CMS**
    Ziel der Prüfung nach Typ 2 ist die Beurteilung, ob die beschriebenen Maßnahmen in Übereinstimmung mit den angewandten Grundsätzen des CMS **geeignet** sind, Risiken für wesentliche Regelverstöße mit hinreichender Sicherheit rechtzeitig zu erkennen,

---

107 Vgl. Siepelt/Pütz (2018), S. 78 ff.
108 Vgl. Withus (2010), S. 76.
109 Die bisher noch vorgesehene Auftragsart einer sog. Konzeptionsprüfung, die ausschließlich auf die angemessene Darstellung der in der CMS-Beschreibung enthaltenen Aussagen zur Konzeption des CMS abstellt, hat in der Praxis keine Bedeutung mehr und ist daher in der überarbeiteten Fassung des IDW EPS 980 n. F. nicht mehr enthalten.

Verstöße zu verhindern und dafür zu sorgen, dass die Grundsätze und Maßnahmen zu einem bestimmten Zeitpunkt implementiert sind.[110]

– **Typ 3: Funktionsprüfung des CMS**

In Ergänzung zu Typ 2 prüft der Wirtschaftsprüfer bei Typ 3, ob die in der Beschreibung des CMS dargestellten Grundsätze und Maßnahmen innerhalb eines bestimmten Zeitraums für ausgewählte Teilbereiche des CMS **wirksam** waren. Die Wirksamkeit des CMS ist nach IDW PS 980 dann gegeben, »wenn die Grundsätze und Maßnahmen in den laufenden Geschäftsprozessen von den hiervon Betroffenen nach Maßgabe ihrer Verantwortung zur Kenntnis genommen und beachtet werden«.[111]

	Prüfungstypen	
Prüfungstypen und –aussagen gemäß IDW PS 980	**Auftragstyp** Prüfung der Konzeption*	**Aussage des Prüfers,** • ob Aussagen der gesetzlichen Vertreter in der CMS-Beschreibung zur Konzeption des CMS zutreffend dargestellt sind und • die CMS-Beschreibung auf sämtliche genannten Grundelemente eines CMS eingeht.
	Auftragstyp Prüfung der Konzeption und Angemessenheit des CMS	**Aussage des Prüfers,** • ob die Aussagen der gesetzlichen Vertreter in der CMS-Beschreibung über die Grundsätze und Maßnahmen des CMS in allen wesentlichen Belangen zutreffend dargestellt sind, • dass diese in Übereinstimmung mit den angewandten CMS-Grundsätzen geeignet sind, Risiken für wesentliche Regelverstöße mit hinreichender Sicherheit rechtzeitig zu erkennen und Verstöße zu verhindern, und • dass die Grundsätze und Maßnahmen zu einem bestimmten Zeitpunkt eingerichtet sind.
	Auftragstyp Prüfung der Konzeption, Angemessenheit und Wirksamkeit des CMS	**Aussage des Prüfers,** • ob die Aussagen der gesetzlichen Vertreter in der CMS-Beschreibung über die Grundsätze und Maßnahmen des CMS in allen wesentlichen Belangen zutreffend dargestellt sind, • dass diese in Übereinstimmung mit den angewandten CMS-Grundsätzen geeignet sind, Risiken für wesentliche Regelverstöße mit hinreichender Sicherheit rechtzeitig zu erkennen und Verstöße zu verhindern, und • dass die Grundsätze und Maßnahmen zu einem bestimmten Zeitpunkt eingerichtet sind und • während eines bestimmten Zeitraums wirksam waren.

Die bisher noch vorgesehene Auftragsart einer sog. Konzeptionsprüfung, die ausschließlich auf die angemessene Darstellung der in der CMS-Beschreibung enthaltenen Aussagen zur Konzeption des CMS abstellt, hat in der Praxis keine Bedeutung mehr und ist daher in der überarbeiteten Fassung des IDW EPS 980 n.F. nicht mehr enthalten.

Abb. 18: Auftragstypen nach IDW PS 980

---

110 Vgl. IDW (2011): IDW PS 980, Rn. 17.
111 Vgl. IDW (2011): IDW PS 980, Rn. 21.

Die regelmäßige Prüfung verschiedener Teilbereiche[112] des CMS nach IDW PS 980 sowie ggf. eine Prüfung des Tax CMS nach IDW PS 980 und IDW-Praxishinweis 1/2016 ist mittlerweile gängige Praxis. Falls der Vorstand eine entsprechende Prüfung des CMS durch einen sachverständigen Dritten durchführen lässt, sollte der Prüfungsausschuss darauf achten, dass dieser zum einen die dafür erforderliche Fachkompetenz mitbringt und dass zum anderen die im Falle einer Beauftragung nach »Typ 1« oder »Typ 2« ergänzend durchzuführenden Wirksamkeitskontrollen nicht übersehen werden. Neben der Prüfung des CMS nach PS 980 können auch die folgenden Aktivitäten und Dokumente dem Prüfungsausschuss weiteren Aufschluss über das unternehmensinterne CMS geben:

- Bericht des Abschlussprüfers über wesentliche Schwächen des IKS und des RMS bezogen auf den Rechnungslegungsprozess im Rahmen der Bilanzsitzung (§ 171 Abs. 1 Satz 2 AktG). Eine Abschlussprüfung ist grds. nicht auf die Aufdeckung von Unregelmäßigkeiten außerhalb der Rechnungslegung ausgerichtet. Allerdings muss der Abschlussprüfer, wenn er im Rahmen seiner Tätigkeit Tatsachen feststellt, die schwerwiegende Verstöße außerhalb der Rechnungslegung erkennen lassen, diese im Prüfungsbericht darstellen.[113] Hieraus ergibt sich, dass der Abschlussprüfer für den Prüfungsausschuss bei der Überwachung der Wirksamkeit des Compliance-Systems von begrenztem Nutzen ist, nämlich nur insoweit, als sich das Compliance-System auf die Richtigkeit der Rechnungslegung bezieht (vgl. Abb. 19). Jedoch sollte der Prüfungsausschuss – begrenzt auf diesen Bereich – die Erkenntnisse und Eindrücke des Wirtschaftsprüfers hinsichtlich des implementierten Compliance-Systems erfragen und diskutieren.
- Bericht des Compliance Officer über seinen Arbeitsbereich (Organisation, Ausstattung und Arbeitsweise des Compliance Office)
- Kenntnisnahme der wichtigsten Einzelvorfälle (Verstöße und Verdachtsmomente) sowie der Maßnahmen, die hierzu veranlasst wurden
- Einholung und Diskussion von Informationen zu wesentlichen drohenden und anhängigen Rechtsstreitigkeiten sowie ggf. Prüfungen, erheblichen Beanstandungen und sonstigen außergewöhnlichen Maßnahmen von Aufsichtsbehörden
- Gegebenenfalls Einholung weiterer Informationen von sachverständigen Dritten, z.B. im Rahmen der Aufklärung bedeutsamer Compliance-Fälle

---

112 Durch die zunehmende Bedeutung des Themas Geldwäsche in der Industrie (z. B. bei Güterhändlern) ist in naher Zukunft zudem auch ein Praxishinweis im Zusammenhang mit der Ausgestaltung und Prüfung von Compliance-Management-Systemen zu erwarten.

113 Vgl. IDW (2011): IDW PS 210: Zur Aufdeckung von Unregelmäßigkeiten im Rahmen der Jahresabschlussprüfung (IDW PS 210), Rn. 12 ff., Rn. 57. Siehe hierzu auch Kap. B.III »Abgrenzung der Aufgaben und Verantwortlichkeiten von Aufsichtsrat, Prüfungsausschuss und Abschlussprüfer«.

Bereiche (nach AktG/DCGK)	Prüfungs- ausschuss	Abschlussprüfer	Abgedeckt durch Jahresabschlussprüfung
Rechnungslegungs- prozess	✓	• Beurteilung von Abschluss und Lagebericht	Bedingt
Internes Kontrollsystem	✓	• Beurteilung des rechnungslegungsbezogenen IKS, soweit zur Prüfung von Abschluss und Lagebericht erforderlich	Bedingt
Risikomanagement	✓	• Risikofrüherkennungssystem als Gegenstand der Abschlussprüfung bei börsennotierten Aktiengesellschaften (Bestandsgefährdungen) • Relevanz für die Prüfung des Lageberichts	Bedingt
Internes Revisionssystem	✓	• Abschlussprüfer beurteilt die Interne Revision als Teil der Befassung mit dem rechnungslegungsbezogenen IKS und kann ggf. Ergebnisse der Internen Revision verwerten	Bedingt
Compliance- Management-System	✓	• Nicht abgedeckt durch die gesetzliche Abschlussprüfung	Nein

Abb. 19: Grenzen der Abschlussprüfung

Die Überwachung der Wirksamkeit des Compliance-Systems durch den Prüfungsausschuss umfasst auf dieser Basis v.a. Folgendes:

- Kritische Auseinandersetzung mit den Berichten des Vorstands und des Compliance Officer zum implementierten Compliance-System und der Überwachung von dessen Wirksamkeit. Mögliche Fragestellungen sind:
  - Wo bestehen Compliance-Risiken im Unternehmen (in bestimmten Rechtsgebieten, wie z. B. Kartellrecht, oder in bestimmten Geschäftsbereichen bzw. operativen Prozessen, wie z. B. Ausschreibungen und Vergabe oder Provisionszahlungen)?
  - Wurden Unregelmäßigkeiten in Form von Manipulationen der Rechnungslegung festgestellt?
  - Welches sind die grundsätzlichen Instrumente, um Unregelmäßigkeiten vorzubeugen bzw. aufzudecken?
  - Ist die Anfälligkeit der Organisation für Unregelmäßigkeiten gestiegen (z. B. wegen Personalabbau)?
- Kritische Auseinandersetzung mit wesentlichen Einzelfällen und den durch den Vorstand eingeleiteten Maßnahmen, um Rückschlüsse auf die Wirksamkeit des eingerichteten Compliance-Systems ziehen zu können
- Gegebenenfalls Beauftragung von Unterstützung durch einen sachverständigen Dritten. Dies kann sich insb. dann anbieten, wenn das Risiko für Compliance-Verstöße im Unternehmen als hoch eingeschätzt wird, weil z. B. komplexe/undurchsichtige Strukturen bestehen oder Schwächen im Compliance-System vermutet werden. Der Sachverständige kann den Aufsichtsrat dabei unterstützen, indem er die intern durchgeführten Wirksamkeitskontrollen kritisch hinterfragt oder seinerseits Wirksamkeitskontrollen durchführt. Hierbei

kommt wiederum der eigene oder ein »fremder« Wirtschaftsprüfer infrage. Dieser würde die Wirksamkeitsprüfung nach den o. g. Grundsätzen des IDW PS 980 ausführen, wobei zu beachten ist, dass in diesem Fall eine Beauftragung des Prüfungstyps 3 (Funktionsprüfung) erfolgen müsste.

Fragen für die Praxis zum Compliance-Management-System

- Liegt eine Analyse vor, in der (ausgehend von Geschäftstätigkeit, rechtlichem und regulatorischem Umfeld) Compliance-Risiken identifiziert werden?
- Wurden Unregelmäßigkeiten in Form von Manipulationen der Rechnungslegung festgestellt?
- Welches sind die grundsätzlichen Instrumente, um Unregelmäßigkeiten vorzubeugen bzw. aufzudecken?
- Ist die Anfälligkeit der Organisation für Unregelmäßigkeiten gestiegen (z. B. wegen Personalabbaus)?
- Berichtet der Vorstand an den Prüfungsausschuss über die Ausgestaltung und Wirksamkeitsprüfung des Compliance-Systems?
- Lässt sich der Prüfungsausschuss vom Compliance Officer über seinen Arbeitsbereich berichten (Organisation, Ausstattung und Arbeitsweise)?
- Sofern der Vorstand kein Compliance-System eingerichtet hat: Wurde vom Prüfungsausschuss ein solches angeregt oder zumindest eine umfassende Darstellung eingefordert, wie der Vorstand die Rechtmäßigkeit des Verhaltens im Unternehmen sicherstellt?
- Lässt sich der Prüfungsausschuss regelmäßig über wichtige Einzelvorfälle (Verstöße und Verdachtsmomente) berichten sowie über die Maßnahmen, die hierzu veranlasst werden?
- Diskutiert der Prüfungsausschuss, ob er zur Unterstützung der Erfüllung seiner Überwachungspflichten das Compliance-System durch einen unabhängigen Dritten validieren lässt?
- Nimmt der Prüfungsausschuss abschließend eine eigene Beurteilung der Wirksamkeit des Compliance-Systems vor und überlegt, ob Ergänzungen, Erweiterungen oder Verbesserungen des Systems erforderlich sind?

2   Durchsicht von Quartalsabschlüssen und Halbjahresfinanzberichten sowie von Pressemeldungen bei börsennotierten Unternehmen

Der DCGK 2020 enthielt in Empf. D.3, dass der Aufsichtsrat oder dessen Prüfungsausschuss sich u. a. mit der Prüfung der unterjährigen Finanzberichterstattung befasst. Der Inhalt dieser Empf. D.3 war grds. schon im DCGK 2017 in Ziffer 7.1.2 als Empfehlung enthalten, wonach der Aufsichtsrat oder dessen Prüfungsausschuss die unterjährige Finanzberichterstattung vor der Veröffentlichung mit dem Vorstand erörtern soll.

Die Erhebung zur Akzeptanz der Regelungen des DCGK 2020, die durch die Kodexreform grundlegend umgestaltet wurden, ergab, dass 100,0 % der DAX- und MDAX-Unternehmen sowie 88,2 % der SDAX-Unternehmen der Empf. D.3. entsprechen.[114] Auch die Analyse der Akzeptanz der diesbezüglichen Empf. 7.1.2. des DCGK 2017 ergab 2018, dass diese von 100,0 % der DAX-, 94,4 % der MDAX-, 92,9 % der SDAX-Unternehmen sowie 100,0 % der TecDAX-Unternehmen befolgt wurde.[115] Die genannten DCGK-Empfehlungen haben sich damit als Good Practice etabliert, sodass der Inhalt der Empfehlung D.3 DCGK 2020 im finalen DCGK 2022 ersatzlos gestrichen wurde.

Grundlagen der unterjährigen Finanzberichterstattung

Unternehmen, die als Inlandsemittenten Aktien oder Schuldtitel i. S. d. § 2 Abs. 1 WpHG begeben, müssen für die ersten sechs Monate eines jeden Geschäftsjahres einen Halbjahresfinanzbericht erstellen (§ 115 WpHG). Dieser enthält mindestens

- einen verkürzten Abschluss,
- einen Zwischenlagebericht und
- einen Bilanzeid (§§ 264 Abs. 2 Satz 3, 289 Abs. 1 Satz 5 HGB).

Die im WpHG a. F. enthaltene Verpflichtung, Quartalsmitteilungen zu veröffentlichen, ist seit der Neufassung des WpHG entfallen. Unternehmen, die im Prime Standard der Frankfurter Wertpapierbörse gelistet sind, haben nach der Börsenordnung allerdings mindestens eine (Konzern-)Quartalsmitteilung zu veröffentlichen, wenn nicht freiwillig ein (Konzern-)Quartalsbericht erstellt und veröffentlicht wird (§ 53 BörsO).

Prüferische Durchsicht durch den Abschlussprüfer

Eine gesetzliche Pflicht zur Prüfung oder zur prüferischen Durchsicht der unterjährigen Berichterstattung nach WpHG und BörsO durch einen Wirtschaftsprüfer besteht nicht. Soll eine prüferische Durchsicht des Halbjahresfinanzberichts durch einen Wirtschaftsprüfer erfolgen, so gelten die Vorschriften über die Bestellung des Abschlussprüfers bei Wahl durch die Hauptversammlung entsprechend (§ 115 Abs. 5 Satz 2 WpHG – siehe hierzu Kap. D.III.3 »Überwachung der Abschlussprüfung und Zusammenarbeit mit dem Abschlussprüfer«). Dies gilt nach § 115 Abs. 7 WpHG auch für die prüferische Durchsicht eines Quartalsfinanzberichts.

Tabelle 7 zeigt den Anteil an Gesellschaften aus DAX, MDAX und SDAX, die eine prüferische Durchsicht ihrer Halbjahresfinanzberichte durch einen Abschlussprüfer durchführen ließen. Aufgrund des höheren Regulierungs- und Reputationsdrucks liegt dieser bei den DAX-Gesellschaften deutlich höher als bei den MDAX- und SDAX-Gesellschaften und ist zwischen 2013 und 2021 weiter angewachsen. Der Anteil an Gesellschaften mit prüferischer Durchsicht aus MDAX und SDAX liegt etwas niedriger und die Anteilsveränderungen bei den MDAX- und SDAX-Unter-

---

114 Vgl. v. Werder/Danilov/Schwarz (2021), S. 2102.
115 Vgl. v. Werder/Danilov (2018), S. 2004.

nehmen können auch aus der jährlichen Veränderung der MDAX- und SDAX-Zusammensetzung resultieren.

Jahr	DAX	MDAX	SDAX
2021	80 %	36 %	39 %
2020	74 %	35 %	38 %
2013	73 %	38 %	32 %

Tab. 7: Anteil an Gesellschaften mit einer prüferischen Durchsicht der Halbjahresfinanzberichte durch einen Abschlussprüfer

Eine prüferische Durchsicht bietet nicht die Prüfungssicherheit einer Abschlussprüfung, sondern beschränkt sich vornehmlich auf eine kritische Würdigung des Abschlusses auf der Grundlage von Plausibilitätsbeurteilungen.[116] Über das Ergebnis der prüferischen Durchsicht erteilt der Abschlussprüfer keinen Bestätigungsvermerk, sondern eine Bescheinigung. Diese enthält bspw. folgenden Wortlaut: »Auf der Grundlage unserer prüferischen Durchsicht sind uns keine Sachverhalte bekannt geworden, die uns zu der Annahme veranlassen, dass der verkürzte Konzernzwischenabschluss der XYZ AG in wesentlichen Belangen nicht in Übereinstimmung mit den IFRS für Zwischenberichterstattung, wie sie in der EU anzuwenden sind, oder dass der Konzernzwischenlagebericht in wesentlichen Belangen nicht in Übereinstimmung mit den für Konzernzwischenlageberichte anwendbaren Vorschriften des WpHG aufgestellt worden ist.« Die Bescheinigung wird mit dem Halbjahresfinanzbericht veröffentlicht.

Wird keine prüferische Durchsicht oder Prüfung des Halbjahresfinanzberichts durchgeführt, ist dies im Halbjahresfinanzbericht explizit anzugeben (§ 115 Abs. 5 Satz 6 WpHG).

Durch das FISG wurde auch das WpHG geändert, sodass die BaFin den im zuletzt veröffentlichten Halbjahresfinanzbericht enthaltenen verkürzten Abschluss und den zugehörigen Zwischenlagebericht einer Prüfung unterziehen kann (§ 107 Abs. 1 Satz 5 Nr. 6 WpHG). Schon in der Vergangenheit konnten die Halbjahresberichte Gegenstand einer anlassbezogenen Prüfung durch die Deutsche Prüfstelle für Rechnungslegung (DPR) sein (§ 342b Abs. 2 Satz 1 und 4 HGB a. F.). Die Erfahrungen der Vergangenheit zeigen, dass die DPR bei anlassbezogenen Prüfungen durchaus auch Fehler in Halbjahresabschlüssen festgestellt hat. Das Risiko der Fehlerfeststellung bei der externen Bilanzkontrolle durch die BaFin oder früher durch die DPR ist höher, wenn der im Halbjahresfinanzbericht enthaltene verkürzte Abschluss und zugehörige Zwischenlagebericht keiner prüferischen Durchsicht durch den Abschlussprüfer unterzogen wurde. Eine prüferische Durchsicht durch den Abschlussprüfer kann in diesem Zusammenhang das Risiko einer Fehlerfeststellung vermindern.[117]

---

116 Vgl. IDW PS 900, Rn. 5 f.
117 So schon die Ergebnisse einer Studie von Baetge/Haenelt (2009b), S. 549 f.

Folgende Gründe können für die Durchführung einer prüferischen Durchsicht der unterjährigen Berichterstattung sprechen:[118]

- Verbesserung der Qualität der unterjährigen Berichterstattung
- Positives Signal an Shareholder und Stakeholder
- Unterstützung des Aufsichtsrates bei der Wahrnehmung seiner Überwachungspflichten
- Beschleunigung des Abschlussprozesses und Verringerung der Prüfungsfeststellungen durch laufende Begleitung durch den und frühzeitige Diskussion mit dem Abschlussprüfer.

Tätigkeiten des Prüfungsausschusses

Eine gesetzliche Verpflichtung des Aufsichtsrates zur Würdigung der unterjährigen Finanzberichterstattung ergibt sich nicht explizit, sondern kann nur aus der allgemeinen Überwachungspflicht des Aufsichtsrates nach § 111 Abs. 1 AktG abgeleitet werden.[119] Der DCGK 2020 enthielt in D.3 die Empfehlung, wonach der Prüfungsausschuss sich mit der Prüfung der unterjährigen Finanzberichterstattung befassen soll. Die Befassung des Prüfungsausschusses mit der unterjährigen Finanzberichterstattung gehört mittlerweile zur »Good Practice«, sodass diese Regelung im DCGK 2022 gestrichen wurde.

Eine intensive Prüfung (Befassung) durch den Prüfungsausschuss ist aufgrund der engen Fristen des Finanzkalenders herausfordernd, in der Praxis aufgrund des Zeitdruckes fast nicht möglich und durch den Prüfungsausschuss »am grünen Tisch« kaum zu leisten. In der Praxis erfolgt die Erörterung durch den Prüfungsausschuss vielfach im Wege einer Telefon- oder Videokonferenz. Im Fokus der Erörterungen sollten risikobehaftete Bilanzierungssachverhalte sowie die Aufwands- und Ertragsabgrenzung stehen. Mögliche Erörterungspunkte betreffen:

- Veränderungen zu den vorhergehenden Berichtszeiträumen
- Wesentliche Ereignisse und Transaktionen und deren Bilanzierung
- Mögliche Abweichung bei den angewendeten Rechnungslegungsmethoden und Schätzungen im Vergleich zum letzten Jahres- oder Konzernabschluss und ggf. die Begründung sowie Erläuterungen zu den bilanziellen Auswirkungen
- Abgleich der Angaben im Zwischenlagebericht mit der Unternehmenslage
- Wesentliche Veränderungen der Prognosen im Vergleich zum letzten Lagebericht
- Wesentliche Chancen und Risiken der voraussichtlichen Entwicklung in den verbleibenden Monaten des betreffenden Geschäftsjahres.

Der Prüfungsausschuss sollte sich insgesamt davon überzeugen, dass die unterjährige Finanzberichterstattung ein richtiges Bild von der Lage der Gesellschaft vermittelt. Grundsätzlich erscheint es hilfreich, den Abschlussprüfer der Gesellschaft bei der Erörterung der unterjährigen Finanzberichte oder zur Vorbereitung der Erörterung hinzuzuziehen. Zur Unterstützung der Überwachungsaufgaben des Prüfungsausschusses bietet wie ausgeführt § 115 Abs. 5 und Abs. 7 WpHG die Möglichkeit, dass der Abschlussprüfer eine prüferische Durchsicht oder eine

---

118 Vgl. Häcker (2011), S. 269 ff.
119 Vgl. Velte (2013), S. 289 f.

entsprechende Prüfung durchführen kann, wobei die Vorschriften über die Bestellung des Abschlussprüfers entsprechend anzuwenden sind. Die Entscheidung darüber, ob der Abschlussprüfer eine prüferische Durchsicht durchführen soll, wird in der Praxis der Aufsichtsrat in Abstimmung mit dem Prüfungsausschuss und dem Vorstand treffen.

Im Zusammenhang mit der gesetzlichen Pflicht zur Prüfung des Jahresabschlusses sowie der Erörterung der unterjährigen Finanzberichterstattung sollte der Prüfungsausschuss i. S. d. Best Practice auch die rechnungslegungsbezogenen Pressemitteilungen des Unternehmens verfolgen. Er sollte abgleichen, ob die veröffentlichten Pressemeldungen z. B. über etwaige Ereignisse oder Produkte sich mit den Informationen decken, die in die Erstellung der Zwischenberichterstattung einfließen (z. B. im Rahmen von Impairment-Tests) sowie der Zwischenberichterstattung selbst entnommen werden können (z. B. im Rahmen der Prognoseberichterstattung).

> **Fragen für die Praxis zur Durchsicht von Zwischenberichten**
>
> - Wird die unterjährige Finanzberichterstattung, insb. der Halbjahresfinanzbericht, vor ihrer Veröffentlichung mit dem Vorstand erörtert und kritisch hinterfragt?
> - Welche wesentlichen Entwicklungen und Geschäftsvorfälle gab es in der Zwischenperiode und welche Auswirkungen haben diese auf den Halbjahresfinanzbericht bzw. andere unterjährige Finanzberichterstattung?
> - Sind die extern berichteten Entwicklungen plausibel und konsistent zu den internen Berichten des Vorstands, insb. auch im Hinblick auf die Plandaten und Forecasts?
> - Diskutiert der Prüfungsausschuss, ob die Halbjahresfinanzberichte und die andere unterjährige Finanzberichterstattung auf freiwilliger Basis einer prüferischen Durchsicht durch den Abschlussprüfer unterzogen werden sollen?
> - Werden die rechnungslegungsbezogenen Pressemitteilungen des Unternehmens in die Beurteilungen des Prüfungsausschusses mit einbezogen?

3   Überwachung der Abschlussprüfung und Zusammenarbeit mit dem Abschlussprüfer

In den zentralen Aufgabenbereich des Prüfungsausschusses fällt nach § 107 Abs. 3 Satz 2 AktG auch die Überwachung der Abschlussprüfung. Mit der Reform durch das FISG im Jahr 2021 hat der Gesetzgeber die **Überwachung der Auswahl und Unabhängigkeit des Abschlussprüfers**, inkl. **der zusätzlich erbrachten Leistungen**, um die **Qualität der Abschlussprüfung** ergänzt. Mit dieser Änderung wird im Einklang mit Art. 39 Abs. 6 Buchst. d der Abschlussprüferrichtlinie klargestellt, dass die Überwachung der Abschlussprüfung die Kontrolle ihrer Qualität von der Auswahl des Prüfers bis zur Beendigung des Auftrags umfasst. Dabei hat der Prüfungsausschuss auch die Erkenntnisse und Schlussfolgerungen aus Inspektionen nach Art. 26 Abs. 8 der

Abschlussprüferverordnung, also der Abschlussprüferaufsichtsstelle APAS, zu berücksichtigen, soweit diese ihm bekannt sind.[120]

Der DCGK 2022 spezifiziert nun in der neuen Empf. D.10 im Hinblick auf die Überwachung der Abschlussprüfung weiter, dass der Prüfungsausschuss mit dem Abschlussprüfer die Risikoeinschätzung, die Prüfungsstrategie und Prüfungsplanung sowie die Prüfungsergebnisse diskutieren soll. Der Vorsitzende des Prüfungsausschusses soll sich regelmäßig mit dem Abschlussprüfer über den Fortgang der Prüfung austauschen, an Diskussionen zwischen Management und Abschlussprüfer über kritische Prüfungssachverhalte teilnehmen und dem Ausschuss hierüber berichten. Damit nimmt der Kodex in Kurzform Handlungsempfehlungen auf, die bereits seit 2012 Bestandteil eines ausführlichen Positionspapiers des IDW zur Zusammenarbeit zwischen Aufsichtsrat und Abschlussprüfer sind.[121]

Die noch in Ziffer 5.3.2 und 7.2 des DCGK 2017 aufgeführten einzelnen Aspekte der Vereinbarungen zwischen dem Prüfungsausschuss und dem Abschlussprüfer, die weitgehend eine Wiedergabe der gesetzlichen Grundlagen darstellten, sind zugunsten des neuen Grundsatzes 18 überwiegend weggefallen: »Der Abschlussprüfer unterstützt den Aufsichtsrat bzw. den Prüfungsausschuss bei der Überwachung der Geschäftsführung, insb. bei der Prüfung der Rechnungslegung und der Überwachung der rechnungslegungsbezogenen Kontroll- und Risikomanagementsysteme.«

Dieser Hinweis auf die **Unterstützungsfunktion** macht deutlich, dass hier – neben dem Aspekt der Überwachung des Abschlussprüfers durch den Prüfungsausschuss – v.a. die **Zusammenarbeit** zwischen Prüfungsausschuss und Abschlussprüfer im Vordergrund steht. Der Kodex stellt daher den Zusammenhang zwischen der Unterstützungsleistung des Abschlussprüfers und der Prüfungsaufgabe des Prüfungsausschusses in Bezug auf die Rechnungslegung sowie der Überwachungsaufgabe in Bezug auf die der Rechnungslegung zugrunde liegenden rechnungslegungsbezogenen Kontroll- und Risikomanagementsysteme her. Dies findet auch seine Entsprechung in § 107 Abs. 3 Satz 3 AktG, wonach der Prüfungsausschuss Empfehlungen oder Vorschläge zur Gewährleistung der Integrität des Rechnungslegungsprozesses unterbreiten kann. Die dazu notwendigen Hinweise wird er regelmäßig (neben weiteren Hinweisen z.B. der Internen Revision) vom Abschlussprüfer erhalten und entsprechend mit dem Vorstand erörtern. Eine intensive Zusammenarbeit beider Seiten steigert die Qualität der Abschlussprüfung und verbessert die Überwachung der Rechnungslegung durch den Aufsichtsrat.[122]

---

120 Vgl. RegBegr. FISG, BT-Drs. 19/26066, S. 116.
121 Vgl. aktuell IDW-Positionspapier Zusammenarbeit (2020), Punkt 17.
122 Vgl. IDW-Positionspapier Zusammenarbeit (2020), Punkt 17.

a   Vorbereitung der Auswahl des Abschlussprüfers und Vorschlag

Die Wahl des Abschlussprüfers erfolgt jährlich nach § 119 Abs. 1 Nr. 4 AktG durch die Hauptversammlung, die sich hierbei gem. § 124 Abs. 3 Satz 1 und 2 AktG auf den Vorschlag des Aufsichtsrates stützt, der wiederum auf der Empfehlung des Prüfungsausschusses beruht.[123] Es handelt sich explizit nicht um eine Vorbehaltsaufgabe des Aufsichtsratsplenums, sondern um eine (zumindest teilweise) zu delegierende Tätigkeit.[124]

Für den Vorschlag des Aufsichtsrates bzw. die Empfehlung des Prüfungsausschusses ist bei Unternehmen von öffentlichem Interesse (sog. PIE, Public Interest Entities)[125] zu unterscheiden, ob es sich lediglich um eine **Erneuerung des Mandats** des bisherigen Abschlussprüfers im Rahmen der Höchstlaufzeit handelt oder ob nach Ablauf der Höchstlaufzeit (i. d. R. zehn Jahre) eine Ausschreibung der Abschlussprüfung nach Art. 16 EU-APrVO zu erfolgen hat.

Auch wenn der bestehende Abschlussprüfer wieder bestellt werden soll, muss der Prüfungsausschuss vorher die Qualität der Abschlussprüfung und die Unabhängigkeit des Abschlussprüfers beurteilen, ebenso trägt er eine Verantwortung für die Honorarvereinbarung.

Kommt es hingegen zu einer **Ausschreibung der Abschlussprüfung**, so ist regelmäßig der Prüfungsausschuss für das Verfahren zuständig und bewegt sich dabei innerhalb der Anforderungen nach Art. 16 EU-APrVO Abs. 3 Unterabs. 1 Buchst. a bis f, die insoweit den **Verfahrensrahmen**[126] darstellen:[127]

- Eine Bestellung des Abschlussprüfers darf nicht gegen die Regeln zur externen Rotation (Höchstlaufzeit und Cooling-off) verstoßen (Buchst. a, 1. Fall).
- Die Ausschreibung darf »in keiner Weise« solche Abschlussprüfer ausschließen, die im vorausgegangenen Kalenderjahr weniger als 15 % der von PIE im Mitgliedstaat gezahlten Gesamthonorare erhalten haben (Buchst. a, 2. Fall).

---

123 Ausgenommen hiervon sind Versicherungsunternehmen, bei denen der Aufsichtsrat gem. § 341k Abs. 2 Satz 1 HGB selbst den Abschlussprüfer bestimmt.

124 Schmidt/Heinz, Beck'scher Bilanzkommentar (2020), § 318, Rn. 34 m. w. N. Der Gesamtaufsichtsrat sollte dabei in einem Maße in den Entscheidungs- und Meinungsbildungsprozess integriert werden, das es den Nichtausschussmitgliedern ermöglicht, den Folgeaufgaben gerecht zu werden; vgl. so auch schon Prangenberg/Sollanek (2010), S. 14.

125 In Deutschland: Unternehmen, die kapitalmarktorientiert im Sinne des § 264d HGB sind (§ 316a HGB), CRR-Kreditinstitute (Capital Requirements Regulation) i. S. d. § 1 Abs. 3d Satz 1 KWG – mit Ausnahme der in § 2 Abs. 1 Nr. 1 und 2 KWG genannten Institute (§ 340k Abs. 1 HGB) –, sowie Versicherungsunternehmen i. S. d. Art. 2 Abs. 1 der Richtlinie 91/674/EWG (§ 341k Abs. 1 HGB).

126 Als Arbeitshilfe für das Ausschreibungsverfahren des Prüfungsausschusses bietet sich mit einer detaillierten Beschreibung das IDW-Positionspapier Ausschreibung (2018) an.

127 Ausgenommen von der Pflicht zur Anwendung dieses Auswahlverfahrens sind kleine und mittelgroße PIE, die die Kriterien nach Art. 2 Abs. 1 Buchst. f und t der Richtlinie 2003/71/EG7 erfüllen (Art. 16 Abs. 4 EU-APrVO), sowie Unternehmen, die alternative Systeme oder Modalitäten für die Bestellung des Abschlussprüfers nach Art. 37 Abs. 2 AP-RiLi verwenden (Art. 16 Abs. 1 Unterabs. 2 EU-APrVO). Beachte: Bei Versicherungsunternehmen ist dennoch das vorgeschriebene Auswahlverfahren auch in dem von § 341k Abs. 2 Satz 1 HGB vorgesehenen Bestellungsverfahren durchzuführen, wenn die Prüferbestellung nicht auf einer Anordnung der BaFin beruht (vgl. BT-Drs. 18/12568, S. 166–168).

- Die Ausschreibungsunterlagen des Unternehmens müssen es ermöglichen, dessen Geschäftstätigkeit und die Art der durchzuführenden Abschlussprüfung zu erfassen; die Ausschreibungsunterlagen enthalten transparente, diskriminierungsfreie Auswahlkriterien (Buchst. b).
- Das Unternehmen kann das Auswahlverfahren frei gestalten und im Laufe des Verfahrens direkte Verhandlungen mit interessierten Bietern führen (Buchst. c).
- Die Ausschreibungsunterlagen müssen die Qualitätsstandards enthalten, deren Erfüllung von der Abschlussprüferaufsichtsstelle (APAS) verlangt werden (Buchst. d).
- Die Angebote der Abschlussprüfer sind anhand der in den Ausschreibungsunterlagen festgelegten Auswahlkriterien zu beurteilen; die im Auswahlverfahren gezogenen Schlussfolgerungen sind zu nennen, wobei alle Erkenntnisse und Schlussfolgerungen der von der zuständigen Aufsichtsbehörde veröffentlichten Inspektionsberichte (in Deutschland die Abschlussprüferaufsichtsstelle APAS) über die bietenden Abschlussprüfer zu berücksichtigen sind (Buchst. e).
- Das Unternehmen muss in der Lage sein, auf Verlangen der Abschlussprüferaufsichtsstelle darzulegen, dass das Auswahlverfahren auf faire Weise durchgeführt wurde (Buchst. f).

Bei der Bestellung des Abschlussprüfers sind natürlich, soweit nicht die EU-APrVO einschlägig ist (§ 316a HGB), auch nationale Regelungen zu beachten: HGB (§§ 318 ff.), AktG (§ 111 Abs. 2 Satz 3) und PublG (§§ 6 Abs. 3, 14 Abs. 2); für Kreditinstitute und für Versicherungsunternehmen vgl. § 28 Abs. 1 KWG, § 341k HGB, § 36 VAG).

Die vom deutschen Gesetzgeber vorgesehenen persönlichen **Sanktionen für Verstöße** gegen die Regelungen der EU-APrVO sind durchaus drastisch: Gegen Mitglieder von Aufsichtsräten bzw. Prüfungsausschüssen können bei Verstößen z. B. Geldbußen bis zu 500.000,00 EUR (bisher: 50.000,00 EUR) und in besonderen Fällen Freiheitsstrafen bis zu einem Jahr verhängt werden (vgl. §§ 333a, 334 Abs. 2a, 340m, 340n, 341m, 341n, 341p HGB; §§ 404a, 405 Abs. 3b bis 3d AktG; §§ 86, 87 GmbHG; §§ 151a, 152 GenG; § 20 Abs. 2a bis 2c PublG). Ein Verstoß führt hingegen nicht zur Nichtigkeit des festgestellten Jahresabschlusses des Unternehmens (§ 256 Abs. 1 Nr. 3 Buchst. c AktG).

Der Prüfungsausschuss ist, da er die Verantwortung dafür trägt, dass das Auswahlverfahren entsprechend den gesetzlichen Vorgaben durchgeführt wird, daher gut beraten, als »Herr des Verfahrens« die »Lufthoheit« über das Verfahren zu haben und es entsprechend zu überwachen. Der Prüfungsausschuss sollte die wesentlichen Entscheidungen treffen, was eine arbeitsteilige Vorgehensweise mit Delegation im Unternehmen keinesfalls ausschließt. Im Gegenteil, der Prüfungsausschuss wird mangels eigener Ressourcen regelmäßig auf die Zuarbeit und die operative Verfahrensdurchführung durch Mitarbeiter des Unternehmens (z. B. Rechnungswesen, Revision etc.) angewiesen sein.

Folgende **Entscheidungen** sollten in jedem Fall seitens des Prüfungsausschusses selbst getroffen werden:
- Geschäftsjahr, für das eine Ausschreibung stattfinden soll
- Eckdaten des Ausschreibungsprozesses und seine Organisation

- Mindestanforderungen und Auswahlkriterien
- Mögliche Gewichtung dieser Kriterien
- Art der Sicherstellung der eigenen Beurteilung der Bewerber, die in die engere Wahl kommen
- Erstellung des Berichts des Unternehmens über den Prozess
- Empfehlung an den Aufsichtsrat mit (mindestens) zwei Vorschlägen für Abschlussprüfer mit einer Präferenz.

Die **Ausgestaltung des Ausschreibungsprozesses** als solche hängt von den individuellen Gegebenheiten, z. B. der Komplexität, Internationalität und Größe des Unternehmens, ab. Es wird sich aber folgende Prozessfolge anbieten:
- Festlegung von Anforderungen und entsprechenden Auswahlkriterien
- Ansprache möglicher Bewerber sowie Aufforderung zur Angebotsabgabe
- Versand der Ausschreibungsunterlagen
- Vorauswahl der Bewerber
- Angebotsannahme, Präsentationen und Gespräche
- Beurteilung der Angebote und Auswahlentscheidung.

(1) Festlegung von Anforderungen und entsprechenden Auswahlkriterien
Die Anforderungen an den Abschlussprüfer ergeben sich außer aus den gesetzlichen und berufsrechtlichen Grundlagen insb. aus den unternehmensindividuellen Gegebenheiten, z. B. Geschäftsmodell, Größe, Komplexität und Internationalität. Aus ihnen sollten sich die Auswahlkriterien ableiten, ggf. auch ihre Gewichtung, sinnvollerweise abgestimmt mit dem Vorstand.

Die Ausschreibungsunterlagen sollten unbedingt transparente und diskriminierungsfreie, also sachlich begründete Auswahlkriterien für die Bewertung der Bewerbungen enthalten (Art. 16 Abs. 3 Unterabs. 1 Buchst. b Satz 3 EU-APrVO). Sie müssen es dem Prüfungsausschuss ermöglichen, die Abschlussprüfer sinnvoll und nachvollziehbar anhand der festgelegten Auswahlkriterien zu beurteilen.

Als **Auswahlkriterien** bieten sich insb. an:[128]
- Unabhängigkeit
- Qualitätssicherungssystem
- Geschäftsverständnis und Branchenkenntnis
- Prüfungsteam (Erfahrung, Qualifikation, Verfügbarkeit)
- Organisation des Prüfungsprozesses
- Prüfungsansatz und -strategie
- Prüfungstools und IT-Einsatz
- Kommunikation

---

128 Vgl. dazu im Einzelnen das IDW-Positionspapier Ausschreibung (2018), S. 16–21.

- Honorarvorschlag
- Angebotspräsentation
- Externe Nachweise (Qualitätskontrollberichte, veröffentlichte Berichte der APAS (in Deutschland bezogen auf einzelnen Abschlussprüfer derzeit nicht gegeben, nur allgemeiner Tätigkeitsbericht wird veröffentlicht), ISO-Zertifizierungen).

(2) Ansprache möglicher Bewerber sowie Aufforderung zur Angebotsabgabe
Im Hinblick darauf, welche Bewerber anhand der objektiven Kriterien als potenzielle Abschlussprüfer konkret angesprochen werden sollen, ist das Unternehmen grds. frei (Art. 16 Abs. 3 Unterabs. 1 Buchst. c und a EU-APrVO), dabei ist jedoch das Kriterium der Unabhängigkeit besonders zu beachten, zudem das Diskriminierungsverbot. Es muss dabei für jeden Wirtschaftsprüfer die Möglichkeit bestehen, über die Ausschreibung Kenntnis zu erlangen (»Publizität der Ausschreibung«). Da nicht geregelt wurde, in welcher Weise die Publizität erfolgen muss, kommt etwa eine Mitteilung im Bundesanzeiger infrage, eine Vorgehensweise, die sich inzwischen überwiegend in der Praxis herausgebildet hat.

(3) Versand der Ausschreibungsunterlagen
Die Ausschreibungsunterlagen sind eine entscheidende Informationsbasis für die Bewerber. Sie sollten es ermöglichen, die Geschäftstätigkeit des Unternehmens sowie Art und Umfang der durchzuführenden Abschlussprüfung anhand eines den tatsächlichen Unternehmensverhältnissen nahekommenden Überblicks zu erfassen (Art. 16 Abs. 3 Buchst. b EU-APrVO). Zu den Ausschreibungsunterlagen sollten bspw. gehören: Organigramme, Abschlüsse der letzten zwei Jahre, relevante Daten der Konzerngesellschaften (z. B. Umsatz oder Gesamtleistung, Mitarbeiter, Bilanzsumme), Organisation von Rechnungswesen und Controlling, Aufbau des internen Kontrollsystems und der IT, Informationen zur Internen Revision und zum Risikomanagement.

(4) Vorauswahl der Bewerber
Eine Vorauswahl kann auf verschiedenen Stufen des Bewerbungsprozesses und auch in mehreren Schritten durchgeführt werden, z. B. vor der Präsentation oder aber schon anhand eines Fragebogens direkt nach der Ansprache der Bewerber, um den weiteren Teilnehmerkreis zu fokussieren und internen und externen Aufwand zu minimieren. Entscheidend ist, dass eine sachliche Auswahl auf der Basis von Auswahlkriterien getroffen und dokumentiert wird. Die Auswahlentscheidung selbst sollte immer, auch bei organisatorischer Durchführung im vorstandsnahen Bereich, in der Verantwortung des Prüfungsausschusses liegen.

(5) Angebotsannahme, Präsentationen und Gespräche
Grundsätzlich sind alle Bewerber im Zuge von Gesprächen oder Q&A-Gesprächsrunden auf dem gleichen Informationsstand zu halten. So kann man z. B. bei Rückfragen die Antworten in einem Datenraum allen Teilnehmern zur Verfügung stellen. Im Laufe des Auswahlverfahrens ist es auch zulässig, direkte Verhandlungen mit interessierten Bietern zu führen (Art. 16 Abs. 3 Unterabs. 1 Buchst. c EU-APrVO). Es ist sogar sinnvoll, allen in die engere Wahl kommenden Bewerbern die Möglichkeit eines persönlichen Gesprächs zu geben, gerade für Bewerber, die das

Unternehmen noch nicht ausführlich haben kennenlernen können. Es empfiehlt sich, dass mindestens der Vorsitzende des Prüfungsausschusses an einem solchen persönlichen Gespräch teilnimmt und den übrigen Mitgliedern dazu berichtet.

Für die spätere Präsentation der Teilnehmer in der engeren Auswahl ist der Ablauf festzulegen und zudem zu regeln, welche Mitglieder des Prüfungsausschusses und anderen Unternehmensvertreter bei der Präsentation der Angebote anwesend sind. Der Prüfungsausschussvorsitzende sollte die Diskussionen leiten, je nach Ausprägung der Kompetenzverteilung sollten jedenfalls der Prüfungsexperte und der Rechnungslegungsexperte eingebunden sein. Entscheidend ist, dass der Prüfungsausschuss sich zumindest von den Bewerbern, die in die engere Wahl kommen, persönlich ein Bild machen kann.

(6) Beurteilung der Angebote und Auswahlentscheidung
Am Ende des Verfahrens beurteilt das Auswahlgremium unter der Verantwortung des Prüfungsausschusses die Vorschläge der sich bewerbenden Abschlussprüfer anhand der in den Ausschreibungsunterlagen festgelegten Auswahlkriterien. Dazu erstellen die in das Verfahren einbezogenen Mitarbeiter des Unternehmens einen Bericht (Art. 16 Abs. 3 Unterabs. 1 Buchst. e Satz 2 Hs. 1 EU-APrVO), der durch den Prüfungsausschuss validiert werden muss (Art. 16 Abs. 3 Unterabs. 1 Buchst. e Satz 2 Hs. 2 EU-APrVO).

Der Prüfungsausschuss legt dem Aufsichtsrat eine Empfehlung für die Bestellung des Abschlussprüfers in der Hauptversammlung vor (Art. 16 Abs. 2 Unterabs. 1 EU-APrVO), welche begründet sein und mindestens zwei Vorschläge für die Wahl enthalten muss. Der Prüfungsausschuss hat eine Präferenz anzugeben und zu begründen (Art. 16 Abs. 2 Unterabs. 2 EU-APrVO). In der Empfehlung muss der Prüfungsausschuss außerdem erklären, dass seine Empfehlung frei von ungebührlicher Einflussnahme Dritter ist und ihm keine Klausel auferlegt wurde, die die Auswahl auf bestimmte Prüfungsgesellschaften begrenzt (Art. 16 Abs. 2 Unterabs. 3 EU-APrVO).

b   Prüfungsauftrag

Nachdem die Hauptversammlung den Abschlussprüfer gewählt hat, schließen die Verfahrensschritte Auftragserteilung und Auftragsbestätigung die Bestellung des Abschlussprüfers ab.[129]

Der Aufsichtsrat erteilt gem. § 111 Abs. 2 Satz 3 AktG dem Abschlussprüfer den **Auftrag für die Prüfung** des Jahres- und des Konzernabschlusses. Bei der Beauftragung ist der Aufsichtsrat an den Beschluss der Hauptversammlung zur Bestellung des Abschlussprüfers gebunden.

---

129   Siehe hierzu Schmidt/Heinz, Beck'scher Bilanzkommentar (2020), § 318, Rn. 31 ff.; Adler/Düring/Schmaltz (1994/2001), § 318 Rn. 47. Die Ordnungsmäßigkeit der Bestellung ist vom Abschlussprüfer im Rahmen seiner späteren Prüfungshandlungen auch zu prüfen.

Die Auftragserteilung sollte unverzüglich erfolgen, damit der Abschlussprüfer zügig mit seinen Prüfungshandlungen beginnen kann. Da die Erteilung des Prüfungsauftrags nach § 107 Abs. 3 Satz 3 AktG keine Vorbehaltsaufgabe des Gesamtaufsichtsrates ist, kann sie auf den Prüfungsausschuss übertragen werden.[130] Der Auftrag wird also durch den Vorsitzenden des Aufsichtsrates oder – bei Delegation an den Prüfungsausschuss – durch den Vorsitzenden des Prüfungsausschusses (oder beide Vorsitzende) unterzeichnet.

Vor der Auftragserteilung hat der Aufsichtsrat bzw. der Prüfungssauschuss bzgl. des Prüfungsumfangs zu entscheiden, ob über die gesetzlich vorgegebenen Mindestinhalte hinausgehende Prüfungsschwerpunkte oder Berichterstattungen vereinbart werden sollen (siehe hierzu Kap. D.III.3.e »Abstimmung von Prüfungsschwerpunkten«). Überdies ist eine Entscheidung hinsichtlich der Vergütung zu treffen und die zeitlichen Aspekte der Prüfung (Ablauf der Prüfung und termingerechte Berichterstattung) sind zu thematisieren, da diese Punkte Bestandteile des Auftragsschreibens sind.[131]

Die Auftragsvereinbarung wird zur Konkretisierung des Prüfungsgegenstandes und aus Nachweisgründen schriftlich zwischen dem Aufsichtsrat bzw. Prüfungsausschuss und dem Abschlussprüfer in der Form bestätigt, dass i.d.R. ein nach berufsständischen Grundsätzen verfasstes Standardschreiben verwendet wird (**Auftragsbestätigungsschreiben**), welches den zwischen Aufsichtsrat bzw. Prüfungsausschuss und Abschlussprüfer verhandelten Inhalt enthält und von beiden unterschrieben wird. Die dem Auftrag zugrunde liegenden »Allgemeinen Auftragsbedingungen für Wirtschaftsprüfer und Wirtschaftsprüfungsgesellschaften«[132] sind ebenfalls nach berufsständischen Grundsätzen entwickelt worden. Die Haftung des Abschlussprüfers ist im Rahmen der Reform des FISG 2021 deutlich verschärft worden (siehe im Einzelnen § 323 Abs. 1 und 2 HGB): Bei der gesetzlichen Pflichtprüfung im Bereich der PIE ist sie bei einfacher Fahrlässigkeit auf 16 Mio. EUR begrenzt, bei grober Fahrlässigkeit unbeschränkt. Bei Nicht-PIE reduzieren sich die Beträge auf 1,5 Mio. EUR (einfache Fahrlässigkeit) bzw. 12 Mio. EUR bei grober Fahrlässigkeit.

Bei der Auftragserteilung sind ggf. verschiedene gesetzliche Auftragserweiterungen zu berücksichtigen, je nach Branche oder Rechtsform bzw. Finanzierungsform, z. B. die Prüfung des Risikofrüherkennungssystems nach § 91 Abs. 2 AktG bei börsennotierten Aktiengesellschaften (§ 317 Abs. 3 HGB). Im Auftragsbestätigungsschreiben ist andererseits zunehmend klarstellend auf Begrenzungen des Umfangs der Abschlussprüfung einzugehen, z. B. § 317 Abs. 4a HGB, wonach sich die Prüfung nicht darauf zu erstrecken hat, ob der Fortbestand des geprüften Unternehmens oder die Wirksamkeit und Wirtschaftlichkeit der Geschäftsführung zugesichert werden können. Zudem sollten auch die Bestandteile der Berichterstattung des Unternehmens, die in Bezug auf ihre Inhalte nicht Bestandteil der gesetzlichen Abschlussprüfung sind

---

130 Vgl. auch Habersack (2019), in: Münchener Kommentar zum AktG, § 111 Rn. 86.
131 Siehe hierzu Prangenberg/Sollanek (2010), S. 16.
132 Aktuell i. d. F. v. 01.01.2017, IDW Verlag GmbH, Düsseldorf.

(z. B. CSR-Berichterstattung und Erweiterungen der Erklärung zur Unternehmensführung), zur Klarstellung aufgeführt werden.

Die Auftragsvereinbarung mit dem Aufsichtsrat umfasst grds. nur die Jahres- und ggf. die Konzernabschlussprüfung. Für weitere Leistungen neben der Pflichtprüfung (z. B. gesonderte Prüfung von Reporting Packages, Covenants-Bescheinigung – sog. prüfungsnahe Dienstleistungen) ist eine separate Auftragsvereinbarung mit dem Vorstand der Gesellschaft abzuschließen, da der Aufsichtsrat diesbezüglich keine Vertretungsmacht hat. Eine separate Auftragsvereinbarung ist auch erforderlich, da diese Leistungen nicht in den Anwendungsbereich der gesetzlichen Haftungsbegrenzung nach § 323 Abs. 2 HGB fallen. Für alle weiteren, nicht prüfungsnahen Leistungen (z. B. steuerliche Beratung) erfolgt die Beauftragung im Rahmen separater Auftragsvereinbarungen ebenfalls durch den Vorstand der Gesellschaft.

Der DCGK legt weitere Anforderungen an die Beauftragung fest. Um in der Erklärung zum Corporate Governance Kodex nach § 161 AktG offenzulegende DCGK-Verstöße (comply or explain) zu vermeiden, sollten im Auftragsschreiben daher folgende Punkte explizit vereinbart werden:
- Unverzügliche Unterrichtungspflicht des Abschlussprüfers über alle für die Aufgaben des Prüfungsausschusses wesentlichen Feststellungen und Vorkommnisse, die bei der Durchführung der Abschlussprüfung zu seiner Kenntnis gelangen (Empf. D.8 DCGK 2022)
- Informationspflicht des Abschlussprüfers und Vermerk im Prüfungsbericht, sofern Tatsachen festgestellt werden, welche eine Unrichtigkeit der von Vorstand und Aufsichtsrat abgegebenen Erklärung zum Kodex (§ 161 AktG) ergeben (Empf. D.9 DCGK 2022).

Die noch im DCGK 2017 festgelegten weiteren Anforderungen an die Beauftragung (Festlegung von Prüfungsschwerpunkten – unverzügliche Berichtspflicht bei auftretenden Befangenheits- oder Ausschlussgründen) – sind seit dem DCGK 2020 nicht mehr enthalten. Dies ist zu begrüßen, da sich bspw. die Prüfungsschwerpunkte im Laufe der Abschlussprüfung verändern können und man somit flexibler reagieren kann. Es bietet sich daher an, die Ausgestaltung der Prüfungsschwerpunkte, soweit sie nicht ohnehin Bestandteil des gesetzlichen Prüfungsumfangs sind, separat vom Auftragsschreiben im Rahmen der Zusammenarbeit zu vereinbaren und regelmäßig gemeinsam im Laufe der Abschlussprüfung im Rahmen der Zusammenarbeit zu überprüfen.

Inwieweit die Aufgaben, die im Zusammenhang mit der Erteilung des Prüfungsauftrags und der anschließenden Überwachung stehen, vom Aufsichtsrat an den Prüfungsausschuss delegiert werden können, wird kontrovers diskutiert. Während die Prüfung des Jahresabschlusses dem Aufsichtsrat vorbehalten ist (siehe hierzu Kap. D.IV.1 »Prüfungsumfang und -organisation«), gibt es unterschiedliche Auffassungen darüber, inwieweit sich der Plenumsvorbehalt gem. § 107 Abs. 3 Satz 7 AktG auch auf die Erteilung des Prüfungsauftrags sowie die Überwachung des Abschlussprüfers erstreckt. Der h. M. nach ist – wie zu Beginn des Abschnitts festgestellt –

die Delegation dieser Aufgaben an den Prüfungsausschuss grds. möglich und sachgerecht.[133] Kritiker halten dem entgegen, dass die Vorgabe des § 124 Abs. 3 Satz 2 AktG, wonach sich der Aufsichtsrat bei dem der Hauptversammlung unterbreiteten Wahlvorschlag auf die Empfehlung des Prüfungsausschusses stützen soll, einen Plenumsvorbehalt impliziere.[134] Überdies wird angeführt, dass die Aufgabe der abschließenden Erteilung und die Entscheidung über die konkrete Ausgestaltung des Prüfungsauftrags beim Gesamtaufsichtsrat verbleiben sollten, da Prüfung und Billigung des Jahresabschlusses diesem vorbehalten seien und diese Aufgaben grds. die Grundlage für die Prüfung schaffen würden.[135] Im Ergebnis unterstreicht die Diskussion die Wichtigkeit der Koordination zwischen Aufsichtsrat und Prüfungsausschuss in der Praxis.

Nachdem der Abschlussprüfer den Prüfungsauftrag angenommen hat, kann er gem. § 318 Abs. 6 HGB nur aus wichtigem Grund kündigen. Über die Ergebnisse der bisherigen Prüfung hat er dem Aufsichtsrat schriftlich zu berichten. Dieser hat die gesetzlichen Vertreter sowie die nächste Hauptversammlung über die Kündigung zu unterrichten (§ 318 Abs. 7 Satz 5 HGB). Seitens des Unternehmens ist keine Kündigung möglich; lediglich ein Ersetzungsverfahren durch Widerruf im Rahmen von § 318 Abs. 3 HGB führt zu einer Beendigung des Prüfungsverhältnisses seitens der Gesellschaft.

c   Überwachung der Unabhängigkeit des Abschlussprüfers

Eine der Kernaufgaben des Prüfungsausschusses ist gem. § 107 Abs. 3 Satz AktG die Überwachung der Abschlussprüfung und hierbei insb. der Unabhängigkeit des Abschlussprüfers.

Der Abschlussprüfer muss unabhängig sein, um seine Prüfungsaufgabe sachgerecht erfüllen zu können. Von der Unabhängigkeit werden zum einen positive Auswirkungen auf die Qualität der Prüfung, zum anderen ein höheres Vertrauen der Öffentlichkeit (Adressatenkreis) in die Abschlussprüfung erwartet. Das Gesetz nennt in § 319 Abs. 3 und Abs. 4 HGB Ausschlusstatbestände, bei denen unwiderlegbar Besorgnis der Befangenheit vorliegt (z. B. Anteilsbesitz oder Erstellung des zu prüfenden Abschlusses). Als Auffangtatbestand umfasst § 319 Abs. 2 HGB alle weiteren Gründe, die die Besorgnis der Befangenheit begründen können, und nennt exemplarisch geschäftliche, finanzielle oder persönliche Beziehungen. Hinzu kommen die Regelungen in der EU-APrVO, die Erklärungspflichten des Abschlussprüfers auslösen.

---

133 Begründet wird dies einerseits damit, dass § 107 Abs. 3 Satz 7 AktG die Erteilung des Prüfungsauftrags sowie die anschließende Überwachung des Abschlussprüfers nicht von der Delegierbarkeit an einen Ausschuss ausschließt. Überdies werden der vorbereitende Charakter dieser Tätigkeiten und die spezielle Qualifikation der Mitglieder des Prüfungsausschusses angeführt. Als Vertreter dieser Meinung siehe exemplarisch Berndt/Offerhammer/Luckhaupt (2011), S. 134 ff.; Huwer (2008), S. 178 ff. und Habersack (2019), Münchener Kommentar zum Aktiengesetz, § 111 Rn. 98 m. w. N.

134 Siehe etwa Freidank/Velte (2010), S. 301; Velte (2011), S. 771.

135 So bspw. Lutter/Krieger/Verse (2008), § 5, Rn. 174 m. w. N.; Prangenberg/Sollanek (2010), S. 17; Potthoff/Trescher (2003), Rn. 1794 ff.

Grundsätzlich sollte der Prüfungsausschuss bei seiner Überwachungspflicht nicht nur auf Informationen des Abschlussprüfers zurückgreifen, es sind auch die unternehmenseigenen Maßnahmen zur Sicherung der Unabhängigkeit des Abschlussprüfers zu würdigen, z. B. bei der Vergabe von Nichtprüfungsleistungen (siehe Kap. D.III.3.c »Überwachung der Unabhängigkeit des Abschlussprüfers«), die meistens bei der Überwachung der Unabhängigkeit eine besondere Bedeutung erfahren.

Die bereits vor Unterbreitung des Wahlvorschlags nach Ziffer 7.2.1 DCGK 2017 vom potenziellen Abschlussprüfer einzuholende **Unabhängigkeitserklärung**, ob und ggf. welche geschäftlichen, persönlichen, finanziellen oder sonstigen Beziehungen zwischen ihm und dem Unternehmen bzw. seinen Organmitgliedern bestehen, die Zweifel an der Unabhängigkeit begründen können, sowie Angaben zum Umfang der in der Vorperiode erbrachten und für die kommende Periode vertraglich vereinbarten anderen Leistungen, ist seit DCGK 2020 nicht mehr vorgesehen. Dies ist u. E. zu begrüßen, da es verschiedene Regelungen gibt, nach denen der Abschlussprüfer seine Unabhängigkeit erklären muss, insoweit werden Dopplungen künftig vermieden.

So ist nach § 321 Abs. 4a HGB vorgesehen, dass der Abschlussprüfer seine Unabhängigkeit im Prüfungsbericht erklärt. Zudem muss er den Prüfungsausschuss über Umstände, die die Besorgnis der Befangenheit auslösen können, und über Leistungen, die er zusätzlich zur Abschlussprüfung erbracht hat (§ 171 Abs. 1 Satz 3 AktG), informieren. In Ergänzung für Unternehmen von öffentlichem Interesse (PIE) wird in Art. 6 Abs. 2 a) EU-APrVO vorgesehen, dass der Abschlussprüfer gegenüber dem Prüfungsausschuss jährlich schriftlich erklärt, dass der Abschlussprüfer bzw. die Prüfungsgesellschaft, Prüfungspartner und Mitglieder der höheren Führungsebene und das Leitungspersonal, die die Abschlussprüfung durchführen, unabhängig vom geprüften Unternehmen sind. Die Erklärung ist in den Prüfungsbericht aufzunehmen (Art. 11 Abs. 2 a) EU-APrVO). Bei kapitalmarktorientierten Unternehmen i. S. d. § 264d HGB hat sich die Erklärung, soweit relevant, auch auf das Netzwerk des Abschlussprüfers zu erstrecken. Des Weiteren hat der Abschlussprüfer eines Unternehmens von öffentlichem Interesse im Bestätigungsvermerk die Erklärung aufzunehmen, dass keine verbotenen Nichtprüfungsleistungen nach Art. 5 Abs. 1 EU-APrVO erbracht wurden und der Abschlussprüfer bei der Durchführung der Abschlussprüfung seine Unabhängigkeit von dem geprüften Unternehmen gewahrt hat. Auch ist der Abschlussprüfer angehalten, mit dem Prüfungsausschuss die Gefahren für seine Unabhängigkeit und die von ihm zur Vermeidung dieser Gefahren eingerichteten Schutzmaßnahmen zu erörtern (Art. 6 Abs. 2 b) EU-APrVO).

Zudem fordert IDW PS 470 n. F. (2021), Tz. 23b für die Prüfung von kapitalmarktorientierten PIE, dass der **Abschlussprüfer den Prüfungsausschuss schriftlich informiert**

über alle geschäftlichen, finanziellen, persönlichen oder sonstigen Beziehungen und Sachverhalte, die das Verhältnis der Praxis bzw. der Mitglieder eines Netzwerks zu dem Unternehmen betreffen und von denen nach pflichtgemäßem Ermessen des Abschlussprüfers vernünftigerweise angenommen werden kann, dass sie sich **auf die Unabhängigkeit auswirken können**.

Dabei sind die gesamten Honorare einzubeziehen, die während des im Abschluss abgebildeten Zeitraums für abschlussprüfungsbezogene und andere Leistungen berechnet wurden, die vom Abschlussprüfer und von Mitgliedern seines Netzwerks für das Unternehmen und für von diesem kontrollierte Teilbereiche erbracht wurden. Diese Honorare sind Kategorien zuzuordnen, die geeignet sind, die für die Überwachung Verantwortlichen bei der Beurteilung der Auswirkungen von Dienstleistungen auf die Unabhängigkeit des Abschlussprüfers zu unterstützen (z. B. analog Honoraraufgliederung § 285 Nr. 17 HGB);

über die mit den genannten Sachverhalten zusammenhängenden **Schutzmaßnahmen**, die getroffen wurden, um identifizierte Gefährdungen der Unabhängigkeit zu beseitigen oder auf ein vertretbares Maß zu verringern.

Eine Negativerklärung ist nicht erforderlich. Wenn sich wesentliche Anzeichen dafür ergeben, dass die Unabhängigkeit des Abschlussprüfers gefährdet sein könnte, sollte man zeitnah das Gespräch suchen, um eine Lösung zu finden, also keinesfalls auf das Ende der Abschlussprüfung warten.

Besonders relevant ist die Überprüfung der Unabhängigkeit bei **Erstbestellung** des Abschlussprüfers, v. a. im Ausschreibungsverfahren. Hier ist zu beachten, dass der Abschlussprüfer i. d. R. nicht bereits zum Zeitpunkt der Ausschreibung selbst, sondern erst zu Beginn des ersten zu prüfenden Geschäftsjahres oder mit (früherem) Prüfungsbeginn unabhängig sein muss. Hierbei ist, zusätzlich zur formellen Erklärung des Abschlussprüfers, von Bedeutung, dass der Prüfungsausschuss die Maßnahmen beurteilt, mit denen der Abschlussprüfer selbst seine Unabhängigkeit (ggf. weltweit) sichert. Unter Umständen müssen bestehende andere Beauftragungen im Zuge der avisierten Bestellung zum Abschlussprüfer beendet werden. Dies kann u. U. auch schon für ein Jahr gelten, dass dem ersten zu prüfenden Geschäftsjahr vorausgeht, z. B. bei der Gestaltung und Umsetzung von internen Kontroll- oder Risikomanagementverfahren, die bei der Erstellung und/oder Kontrolle von Finanzinformationen oder Finanzinformationstechnologiesystemen eingesetzt werden (sog. Cooling-in).

Bei der **Wiederbestellung** darf der Abschlussprüfer ebenso nur vorgeschlagen werden, wenn er weiterhin unabhängig ist. Auch hier reicht eine formale Erklärung des Abschlussprüfers nicht, der Prüfungsausschuss sollte sich am Ende der abgelaufenen Prüfung selbst ein Bild machen, auch über eventuelle Nichtprüfungsleistungen, und dazu auch die Informationen darüber aus dem Unternehmen selbst mit denen des Abschlussprüfers vergleichen.

Praktische Hinweise zur Überwachung der Unabhängigkeit des Abschlussprüfers

- Diskussion und Würdigung der Erklärungen des Abschlussprüfers zu seiner Unabhängigkeit
- Erörterung mit dem Abschlussprüfer über seine internen Prozesse zur Sicherung der Unabhängigkeit
- Auswertung externer Informationen und Berichte über die Unabhängigkeit des Abschlussprüfers, soweit verfügbar (z. B. über die Wirtschaftsprüferkammer, Transparenzbericht)

- Einholung und Verprobung der Honoraraufstellung des Abschlussprüfers mit unternehmensinternen Daten
- Befragung des Vorstands und des Aufsichtsratsplenums nach der Kenntnis finanzieller, persönlicher, geschäftlicher oder sonstiger Beziehungen zum Abschlussprüfer – sowohl des Organs bzw. der Mitglieder selbst als auch des Unternehmens oder seiner Mitarbeiter – sowie nach anderen Umständen, die Anlass zur Besorgnis der Befangenheit geben könnten; diese Befragung sollte mindestens zweimal, zum einen im Rahmen des Auswahlprozesses vor Unterbreitung des Wahlvorschlages sowie zum anderen im Verlauf der Prüfung, spätestens im Zeitpunkt von deren Beendigung, erfolgen
- Reflexion der Erfahrungen mit dem Abschlussprüfer aus der Vergangenheit
- Vereinbarung einer angemessenen Vergütung für die Abschlussprüfung

d   Überwachung der zusätzlichen Leistungen des Abschlussprüfers

Der Prüfungsausschuss hat sich gem. § 107 Abs. 3 Satz 2 AktG mit den vom Abschlussprüfer neben der Pflichtprüfung erbrachten Leistungen zu befassen. Das Thema zusätzlich erbrachter Leistungen (v.a. Nichtprüfungsleistungen) ist insb. unter Unabhängigkeitsgesichtspunkten zu beleuchten: Aufgrund zusätzlicher Aufträge kann z.B. die finanzielle Unabhängigkeit des Abschlussprüfers oder die Einhaltung des Selbstprüfungsverbots (insb. bei rechnungslegungsnahen Dienstleistungen) gefährdet werden.

Folgende Argumente werden für bzw. gegen die Beauftragung des Wirtschaftsprüfers mit zusätzlichen Leistungen ins Feld geführt:

Pro:
- Nutzung der beim Abschlussprüfer vorhandenen Unternehmenskenntnisse für eine effizientere Auftragsabwicklung
- Anreiz des Abschlussprüfers, qualitativ hochwertige Leistung für das Unternehmen zu erbringen, da er seine Position als Abschlussprüfer nicht gefährden möchte.

Kontra:
- Potenzielle Gefährdung der Unabhängigkeit des Abschlussprüfers
- Möglichkeit, durch Beauftragung eines anderen Wirtschaftsprüfers zusätzliche Impulse und Sichtweisen zu erlangen.

In der Literatur sind beide Sichtweisen ohne eindeutiges Ergebnis diskutiert worden. Im Rahmen verschiedener empirischer Analysen wurde allerdings immer wieder festgestellt, dass sich de facto keine nachweisbaren Auswirkungen auf die Unabhängigkeit des Abschlussprüfers ergeben haben, wohl aber die Wahrnehmung von der Unabhängigkeit negativ beeinflusst wurde. Auch die Wahrnehmung der Unabhängigkeit durch Aufsichtsräte war durch die Beratungsleistungen negativ beeinflusst, wobei dieser Einfluss mit steigender Erfahrung und Vertrauen in den Abschlussprüfer abnimmt.[136]

Bei der Überwachung der Nichtprüfungsleistungen des Abschlussprüfers sind v.a. bei Unternehmen von öffentlichem Interesse (PIE) durch die EU-Regulierung der Abschlussprüfung und deren nationale Umsetzung seit 2016 zahlreiche Neuerungen zu beachten, deren Auslegung oder Erstanwendung auch Zweifelsfragen aufwerfen kann.[137]

Die Erbringung von Nichtprüfungsleistungen für PIE wird nach Art. 5 EU-APrVO durch die Vorgabe einer sog. **Blacklist** eingeschränkt; das mit dem AReG durch den deutschen Gesetzgeber ausgeübte Mitgliedstaatenwahlrecht nach Art. 5 Abs. 3 EU-VO, nach dem bestimmte Nichtprüfungsleistungen der Blacklist dennoch zugelassen waren, wurde mit dem FISG 2021 (mit Wirkung ab 01.01.2022) zurückgenommen. Der Prüfungsausschuss wird zudem durch Art. 5 Abs. 4 EU-APrVO in die Pflicht genommen, zulässige Nichtprüfungsleistungen zu **billigen**. Ferner sind die Vorgaben des Art. 4 Abs. 2 EU-VO zur Kappung des Gesamthonorars für erlaubte Nichtprüfungsleistungen (»**Cap**«) zu überwachen.

Unzulässige Nichtprüfungsleistungen

Die EU-APrVO enthält keine Definition des Begriffs »Nichtprüfungsleistungen«. Nach ihrem Verständnis sind Nichtprüfungsleistungen alle Leistungen, die nicht Abschlussprüfungsleistungen sind. Soweit diese Leistungen nicht durch die Blacklist des Art. 5 Abs. 1 EU-APrVO ausgeschlossen sind, können sie grds. durch den Abschlussprüfer erbracht werden.

Die Blacklist (»verbotene Nichtprüfungsleistungen«) umfasst nach Art. 5 Abs. 2 EU-APrVO zunächst:

a) die Erbringung von **Steuerberatungsleistungen** im Zusammenhang mit Folgendem:
   i) Erstellung von Steuererklärungen
   ii) Lohnsteuer
   iii) Zölle
   iv) Ermittlung von staatlichen Beihilfen und steuerlichen Anreizen, es sei denn, die Unterstützung durch den Abschlussprüfer oder die Prüfungsgesellschaft bei solchen Leistungen ist gesetzlich vorgeschrieben
   v) Unterstützung hinsichtlich Steuerprüfungen durch die Steuerbehörden, es sei denn, die Unterstützung durch den Abschlussprüfer oder die Prüfungsgesellschaft bei diesen Prüfungen ist gesetzlich vorgeschrieben
   vi) Berechnung der direkten und indirekten Steuern sowie latenter Steuern
   vii) Erbringung von Steuerberatungsleistungen

---

136 Vgl. vertiefend Quick (2006), S. 42–61 sowie Meuwissen/Quick (2009), S. 382–415.
137 Vgl. dazu im Einzelnen ausführlich als Arbeitshilfe auch für Prüfungsausschüsse das IDW-Positionspapier Nichtprüfungsleistungen (2021).

b) Leistungen, mit denen eine **Teilnahme an der Führung oder an Entscheidungen** des geprüften Unternehmens verbunden ist

c) **Buchhaltung** und **Erstellung** von Unterlagen der Rechnungslegung und von Abschlüssen

d) **Lohn- und Gehaltsabrechnung**

e) **Gestaltung und Umsetzung interner Kontroll- oder Risikomanagementverfahren**, die bei der Erstellung und/oder **Kontrolle von Finanzinformationen oder Finanzinformationstechnologiesystemen** zum Einsatz kommen

f) **Bewertungsleistungen**, einschließlich Bewertungsleistungen im Zusammenhang mit Leistungen im Bereich der Versicherungsmathematik und der Unterstützung bei Rechtsstreitigkeiten

g) **juristische Leistungen** im Zusammenhang mit

   i) allgemeiner Beratung,

   ii) Verhandlungen im Namen des geprüften Unternehmens und

   iii) Vermittlungstätigkeiten in Bezug auf die Beilegung von Rechtsstreitigkeiten

h) **Leistungen im Zusammenhang mit der Internen Revision** des geprüften Unternehmens

i) **Leistungen im Zusammenhang mit der Finanzierung, der Kapitalstruktur und -ausstattung sowie der Anlagestrategie** des geprüften Unternehmens, ausgenommen die Erbringung von Bestätigungsleistungen im Zusammenhang mit Abschlüssen, einschließlich der Ausstellung von Prüfbescheinigungen (Comfort Letters) im Zusammenhang mit vom geprüften Unternehmen herausgegebenen Prospekten

j) **Werbung für, Handel mit oder Zeichnung von Aktien** des geprüften Unternehmens

k) **Personaldienstleistungen** in Bezug auf

   i) Mitglieder der Unternehmensleitung, die in der Position sind, erheblichen Einfluss auf die Vorbereitung der Rechnungslegungsunterlagen oder der Abschlüsse, die Gegenstand der Abschlussprüfung sind, auszuüben, wenn zu diesen Dienstleistungen Folgendes gehört:
   Suche nach oder Auswahl von Kandidaten für solche Positionen oder Überprüfung der Referenzen von Kandidaten für diese Positionen

   ii) Aufbau der Organisationsstruktur

   iii) Kostenkontrolle

Billigung

Nach Art. 5 Abs. 4 EU-APrVO darf ein Abschlussprüfer eine zulässige Nichtprüfungsleistung erbringen, wenn der Prüfungsausschuss dies nach gebührender Beurteilung der Gefährdung der Unabhängigkeit und der angewendeten Schutzmaßnahmen billigt. Da den Vertragsparteien die Pflicht zur Billigung der Nichtprüfungsleistung durch den Prüfungsausschuss bekannt ist, kann grds. davon ausgegangen werden, dass die Parteien diese Billigung als Voraussetzung für die Wirksamkeit des Vertrags konkludent vereinbart haben. Zur Klarstellung empfiehlt es sich jedoch, in dem zwischen dem Unternehmen und dem Abschlussprüfer zu schließenden Vertrag zu vereinbaren, dass die Leistungserbringung voraussetzt, dass sie vom Prüfungsausschuss gebilligt wird. Erteilt der Prüfungsausschuss selbst den Auftrag zur Erbringung der Nichtprüfungsleistung, liegt darin auch die Zustimmung (»Billigung«), wenn nicht bereits zuvor hierüber gesondert ein entsprechender Beschluss gefasst wurde.

Da es keine Legaldefinition des Begriffs der Nichtprüfungsleistungen gibt, empfiehlt es sich, neben Beratungsleistungen auch Prüfungsleistungen, die nicht eindeutig Abschlussprüfungsleistungen sind, durch den Prüfungsausschuss billigen zu lassen.

Über die Billigung einzelner konkreter Leistungen hinaus besteht auch die Möglichkeit, bestimmte Leistungsarten vorab zu billigen (sog. Pre-Approval-Katalog). Der vom Prüfungsausschuss beschlossene Pre-Approval-Katalog ist im Unternehmen zu kommunizieren, z.B. in einer Konzernrichtlinie. Natürlich können weitere Leistungen fallweise gebilligt werden.

Cap
Art. 4 Abs. 2 EU-APrVO sieht vor, dass die **Gesamthonorare für erlaubte Nichtprüfungsleistungen** des Abschlussprüfers auf **maximal 70 % des Durchschnitts der in den letzten drei aufeinanderfolgenden Geschäftsjahren an den Abschlussprüfer oder die Prüfungsgesellschaft für die Abschlussprüfung gezahlten Honorare** begrenzt werden. Dabei umfasst das durchschnittlich gezahlte Prüfungshonorar sämtliche Honorare für die Abschlussprüfung(en) des geprüften Unternehmens und ggf. seines Mutterunternehmens, der von ihm beherrschten Unternehmen und der konsolidierten Abschlüsse der betreffenden Unternehmensgruppe.

Da für die Anwendung des 70%-Cap vorausgesetzt wird, dass in den »letzten drei aufeinanderfolgenden Geschäftsjahren« Honorare für Abschlussprüfungen gezahlt worden sind, und die EU-APrVO erstmals für das Geschäftsjahr 2017 gilt, kann mangels Rückwirkung davon ausgegangen werden, dass der 70%-Cap das erste Mal im Geschäftsjahr 2020 beachtet werden musste. **Vorsicht**: Die Abgrenzung der Honorare zwischen Abschlussprüfungsleistungen und Nichtprüfungsleistungen wie auch die Zuordnung zu den für die Cap-Berechnung relevanten Geschäftsjahren kann sehr kompliziert sein und entspricht oftmals nicht dem intuitiven Verständnis z.B. auf Basis der Honorarangaben in den Anhängen der jeweiligen Geschäftsjahre![138] Es empfiehlt sich hier eine enge Abstimmung dieser spezifischen Berechnung mit dem Abschlussprüfer.

Der Prüfungsausschuss sollte – unabhängig von den vorstehenden Einzelfallregelungen – das Thema Erbringung zusätzlicher Leistungen durch den Abschlussprüfer überwachen und sich im Einzelfall ein Urteil darüber bilden, ob die Ausweitung der Geschäftsbeziehungen zum Abschlussprüfer für das Unternehmen die beste Möglichkeit darstellt. Er sollte dabei stets im Auge behalten, dass – auch wenn keine Anhaltspunkte für eine tatsächliche Unabhängigkeitsgefähr-

---

138 Zu Fragen des zeitlichen Anwendungsbereichs und zu Abgrenzungsfragen bei einzurechnenden Honoraren vgl. ausführlich IDW-Positionspapier Nichtprüfungsleistungen (2021), S. 51–63.

dung vorliegen – bei Dritten, je nach Art und Ausmaß der Tätigkeiten, der Anschein entstehen könnte, dass der Abschlussprüfer nicht unabhängig ist und dadurch die Außenwirkung des Testats beeinträchtigt werden kann. Das Thema berührt daher auch die Integrität des Prüfungsausschusses selbst.

Praktische Hinweise zur Überwachung der zusätzlichen Leistungen des Abschlussprüfers

- Wie ist die grundsätzliche »Policy« in Bezug auf zulässige Nichtprüfungsleistungen des Abschlussprüfers?
- Einforderung von regelmäßigen Erläuterungen des Vorstands und des Abschlussprüfers zu Inhalt und Umfang von zusätzlichen Leistungen des Abschlussprüfers
- Schriftliche Regelung/Beschluss darüber, welche sonstigen zusätzlichen Leistungen der Abschlussprüfer erbringen darf
- Festlegung einer Grenze, ab der die Auftragsvergabe durch den Aufsichtsrat zustimmungspflichtig ist
- Sind die aktuellen Regeln zur Genehmigung für die Vergabe von Nichtprüfungsleistungen an den Abschlussprüfer zu modifizieren?
- Sind die Regelungen in der Geschäftsordnung des Prüfungsausschusses im Hinblick auf das FISG und Art. 5 APrVO anzupassen?
- Ist die Kappung der Nichtprüfungsleistungen auf 70 % des durchschnittlichen Prüfungshonorars der vergangenen drei Jahre für das Unternehmen kritisch? Falls ja, welche praktischen Konsequenzen sollen für die Zukunft gezogen werden? Ist die Berechnung mit dem Abschlussprüfer abgestimmt?
- Sollte für bestimmte Leistungskategorien ein Pre-Approval-Prozess etabliert werden?

---

e   Abstimmung von Prüfungsschwerpunkten

Eine gute Zusammenarbeit zwischen Prüfungsausschuss und Aufsichtsrat sollte bereits durch einen intensiven Austausch im Zuge der vom Abschlussprüfer grds. eigenverantwortlich und unabhängig vorzunehmenden Prüfungsplanung beginnen. Dabei sollten, nicht zuletzt aus seiner ggf. intensiven Kenntnis des Unternehmens (auch seitens der Arbeitnehmervertreter) und der erörterten wesentlichen Themen in Aufsichtsrat und Prüfungsausschuss im Laufe des Jahres, auch die Informationen und Hinweise des Prüfungsausschusses Eingang finden. Der Abschlussprüfer ist ohnehin gehalten, dem Prüfungsausschuss seine Prüfungsplanung zu erläutern und ihm so die Gelegenheit zu geben, weitere Sachgebiete zu benennen, denen der Abschlussprüfer aus seiner Sicht Beachtung schenken sollte oder bzgl. der er für die Erfüllung seiner Überwachungstätigkeit weitere Informationen benötigt.[139] Im Rahmen der Kommunikation zwischen Abschlussprüfer und Aufsichtsrat bzw. Prüfungsausschuss stellt der Abschlussprüfer seine Prüfungsschwerpunkte vor und nimmt die ergänzenden Vorstellungen zu Prüfungsschwerpunkten des Aufsichtsrates bzw. Prüfungsausschusses entgegen.

---

139 Vgl. ausführlich dazu das IDW-Positionspapier Zusammenarbeit (2020), S. 20 f.

Die ergänzenden Prüfungsschwerpunkte definieren nicht den durch den Abschlussprüfer eigenverantwortlich zu bestimmenden Pflichtprüfungsumfang, sondern können diesen nur erweitern. Die abgestimmten Prüfungsschwerpunkte fließen ein in die geplanten Prüfungshandlungen (u. U. in Ergänzung der Pflichtprüfungshandlungen, jedoch nicht zu deren Lasten). Über die gewonnenen Erkenntnisse wird in der Prüfungsausschuss- und/oder Aufsichtsratssitzung berichtet. Die Hinweise des Prüfungsausschusses auf die seines Erachtens kritischen Bereiche und seine Einflussnahme auf die Festlegung von Prüfungsschwerpunkten sowie das Feedback des Prüfungsausschusses zu den im Rahmen der Prüfungsplanung festgelegten Prüfungsschwerpunkten ermöglichen es dem Abschlussprüfer, die Qualität der Abschlussprüfung durch die zusätzlich gewonnenen Informationen über die Kenntnisse des Prüfungsausschusses zu verbessern. Darüber hinaus kann auch der Aufsichtsrat aus der Diskussion über die Prüfungsschwerpunkte Informationen zur Wahrnehmung seiner Aufsichtstätigkeit gewinnen.[140] Der DCGK 2022 geht in Empf. D.10 nunmehr auch (erstmals) spezifischer auf die Kommunikation mit dem Abschlussprüfer ein. Danach soll der Prüfungsausschuss mit dem Abschlussprüfer die Risikoeinschätzung, die Prüfungsstrategie und Prüfungsplanung sowie die Prüfungsergebnisse diskutieren.

Denkbar sind als Schwerpunkte z. B. besondere Sachverhalte, Unternehmensbereiche (Tochtergesellschaften), Prozessbereiche oder Teile des rechnungslegungsbezogenen IKS, die ggf. einer besonderen Betrachtung bedürfen. Bei der Bestimmung der Schwerpunkte für den Abschlussprüfer sollte der Prüfungsausschuss alle seine Erfahrungen und Unternehmenskenntnisse einsetzen. Zu beachten ist aber, dass dies nicht zulasten der ordnungsgemäßen risikoorientierten Abschlussprüfung in anderen Sachgebieten geht.

Als Anhaltspunkte für die Auswahl können folgende Punkte dienen:
* Nutzung der Erkenntnisse aus der Vergangenheit
    - Bereiche mit hoher Fehleranfälligkeit
    - Themengebiete, die erhebliche Gestaltungsspielräume bieten
    - Nachverfolgung von Management-Letter-Punkten des Abschlussprüfers
* Aktuelles wirtschaftliches Umfeld und Geschäftstätigkeit
    - im Umbruch begriffene Geschäftsbereiche
    - eue Tätigkeitsfelder
    - komplexe und/oder unübliche Geschäftsvorfälle und Transaktionen
* Externe Informationsquellen
    - Prüfungsschwerpunkte aus den Veröffentlichungen der BaFin bzw. ESMA
    - Dialog mit dem Abschlussprüfer
    - Gesetzesänderungen und neue Rechnungslegungsstandards.

---

140 Zur Kommunikation zwischen Abschlussprüfer und Aufsichtsrat als ein wichtiges Qualitätsmerkmal vgl. IDW-Positionspapier Prüfungsqualität (2021), S. 11 ff.; s. a. bereits Kompenhans/Buhleier/Splinter (2013), S. 61.

Unter Abwägung der spezifischen Situation des Unternehmens können sich exemplarisch folgende potenzielle abschlussbezogene Prüfungsschwerpunkte ergeben:

- Goodwill-Impairment-Test
- Abbildung von Unternehmenserwerben
- Beteiligungsbewertungen
- Umsatzrealisierung, v.a. nach Anpassungen mit Leistungsprozess
- IT-Systeme des Rechnungswesens bei Neuheiten/Änderungen
- Prognoseberichterstattung im Lagebericht
- Abbildung von »Off-Balance-Sheet«-Geschäften im Jahresabschluss und Lagebericht
- Latente Steuern
- Unternehmensplanung (Plausibilität, Planungsprämissen)
- Ausstattung und Qualität der Internen Revision.

Bei der Abstimmung von Prüfungsschwerpunkten stellt sich die Frage, ob diese Aufgabe vollständig auf den Prüfungsausschuss delegierbar ist oder ob der Gesamtaufsichtsrat aufgrund seiner Prüfungsaufgabe nach § 171 Abs. 1 AktG zuständig bleiben soll. Vor dem Hintergrund der in der Praxis gängigen Delegation der Abstimmung der Prüfungsschwerpunkte an den Prüfungsausschuss erscheint es zweckmäßig, zumindest den Gesamtaufsichtsrat in die Diskussionen einzubeziehen. Denkbar wäre etwa, dass Prüfungsausschuss und Abschlussprüfer zunächst Vorschläge erarbeiten, die anschließend im Gesamtaufsichtsrat diskutiert werden.[141]

Für einen intensiven Austausch zwischen Prüfungsausschuss und Abschlussprüfer als Grundlage auch zur Ableitung von Prüfungsschwerpunkten schlägt das IDW insb. die nachstehenden Themen beispielhaft vor:[142]

- Ziele und Strategien des Unternehmens und die Vorgehensweise zu deren Umsetzung
- Ob und welche wesentlichen falschen Angaben im zu prüfenden Abschluss sich aus den Zielen und Strategien des Unternehmens sowie damit ggf. verbundenen Geschäftsrisiken ergeben können
- Welche bedeutsamen Sachverhalte ggf. mit Aufsichtsbehörden zu kommunizieren sind
- Welche Sachverhalte bestehen, die nach Ansicht des Aufsichtsrates besondere Aufmerksamkeit bei der Prüfung erfordern, und Gebiete, in denen der Aufsichtsrat die Vornahme zusätzlicher Prüfungshandlungen fordert
- Wie das rechnungslegungsbezogene interne Kontrollsystem des Unternehmens und dessen Bedeutung im Unternehmen eingeschätzt wird
- Diskussion wesentlicher Bilanzierungs- und Bewertungsmethoden sowie wesentlicher Schätzungen und Schätzunsicherheiten

---

141 So sieht auch das IDW den Gesamtaufsichtsrat als wichtige Informationsquelle des Abschlussprüfers, in der konkreten Benennung weiterer Prüfungsschwerpunkte aber eine Aufgabe des Prüfungsausschusses; vgl. IDW-Positionspapier Zusammenarbeit (2020), S. 20 f.; zu diesen Abwägungen s. a. schon Kompenhans/Buhleier/Splinter (2013), S. 63.
142 Vgl. IDW-Positionspapier Zusammenarbeit (2020), Rn. 53.

- Wie der Aufsichtsrat bzw. Prüfungsausschuss die Wirksamkeit des internen Kontrollsystems beaufsichtigt
- Reaktionen des Aufsichtsrates bzw. Prüfungsausschusses auf die Möglichkeit oder ggf. die Aufdeckung doloser Handlungen und welche Maßnahmen in diesem Zusammenhang getroffen wurden
- Welche Konsequenzen der Aufsichtsrat bzw. Prüfungsausschuss aus der Kommunikation mit dem Abschlussprüfer in Vorjahren gezogen hat
- Die Prüfungspläne und -gegenstände der Internen Revision und besondere Erkenntnisse der Internen Revision.

Nach dem Entwurf des DCGK 2022 war in Empf. D.3 ursprünglich vorgesehen, dass der Prüfungsausschuss sich davon überzeugen soll, dass »die Angemessenheit und Wirksamkeit der verschiedenen Elemente des eingerichteten internen Kontrollsystems und Risikomanagementsystems (einschließlich Compliance-Management-System) intern geprüft wird«. Zudem sollte der Prüfungsausschuss »externe Prüfungen auch des internen Revisionssystems veranlassen«. Diese im endgültigen DCGK 2022 nicht mehr enthaltene Neuerungsidee hätte teilweise mit der Reform durch das FISG korrespondiert, wonach die »Angemessenheit im Hinblick auf den Umfang der Geschäftstätigkeit und die Risikolage« sowie die »Wirksamkeit« des internen Kontrollsystems und des Risikomanagementsystems für börsennotierte Unternehmen gesetzlich als Pflicht des Vorstands verankert wurde (§ 91 Abs. 3 AktG).[143] Abgesehen davon, dass die im Kodex-Entwurf vorgenommene Differenzierung nach interner und externer Prüfung der Teilbereiche der Systeme des Unternehmens nicht eingängig erscheint, ist hier darauf hinzuweisen, dass im Zuge der gesetzlichen Abschlussprüfung keine vollständige Prüfung dieser Systeme erfolgt, sondern grds. lediglich etwa das rechnungslegungsbezogene interne Kontrollsystem oder nur das Risikofrüherkennungssystem für bestandsgefährdende Risiken Prüfungsgegenstand sind. Daher können die vollumfänglichen Corporate-Governance-Systeme auch nicht als Prüfungsschwerpunkte im Rahmen der Abschlussprüfung vereinbart werden. Zur ausführlichen Erläuterung der Befassung des Prüfungsausschusses damit und weiterer externer und interner Prüfungsmöglichkeiten dazu sei auf Kap. D.III.1 »Überwachung der internen Kontrollsysteme des Unternehmens« verwiesen.

Bei kontinuierlichem Austausch zwischen Prüfungsausschuss und Abschlussprüfer im Verlauf der Prüfung kann eine sachgerechte Anpassung der Prüfungsschwerpunkte sinnvoll bzw. notwendig werden. Sofern derartige Ergänzungen bzw. Anpassungen der im Rahmen des Prüfungsauftrags vereinbarten Prüfungsschwerpunkte notwendig sind, ist es natürlich möglich, diese in der Folgezeit festzulegen. Hierbei sollte jedoch sichergestellt sein, dass die Anpassungen mit dem Gesamtaufsichtsrat, ggf. durch den Prüfungsausschussvorsitzenden, nachträglich abgestimmt werden.[144]

---

143 Vgl. kritisch insb. im Hinblick auf die fehlende gesetzliche Verankerung auch des Compliance-Management-Systems im FISG Velte (2021), 456 f.
144 Vgl. Kompenhans/Buhleier/Splinter (2013), S. 63.

Bei Unternehmen von öffentlichem Interesse i. S. d. § 316a HGB (PIE) muss der Abschlussprüfer darüber hinaus auch die Sachverhalte, die er selbst als die besonders wichtigen Prüfungssachverhalte bestimmt hat, mit dem Prüfungsausschuss durchsprechen. Es handelt sich hierbei um Sachverhalte, die nach pflichtgemäßem Ermessen des Abschlussprüfers während der Prüfung des Abschlusses im Rahmen der Prüfung eine besondere Befassung erfordern, unabhängig von ggf. abgestimmten Prüfungsschwerpunkten. Diese sog. Key Audit Matters (KAM) werden im Bestätigungsvermerk erläutert, und es ist sinnvoll, dass der Abschlussprüfer den Prüfungsausschuss möglichst früh über die ggf. im Bestätigungsvermerk dargestellten Sachverhalte informiert.

f   Kommunikation mit dem Abschlussprüfer während der Prüfung

Im Jahresverlauf sollte es regelmäßig zu einem Austausch zwischen Abschlussprüfer und Prüfungsausschuss und ggf. Aufsichtsrat kommen, unabhängig von bzw. in Ergänzung der Teilnahme des Abschlussprüfers an der »Bilanzsitzung« des Prüfungsausschusses und/oder[145] des Aufsichtsrates. In diesen periodisch stattfindenden Sitzungen werden häufig viele notwendige Themen besprochen, sodass darüber hinaus trotz stringenter Sitzungsleitung wenig Raum besteht, weitere Themen zu erörtern oder ausführlichere, offene Diskussionen zu führen. Zu einer echten »Arbeitsbeziehung« zwischen Prüfungsausschuss (bzw. Aufsichtsrat) und den jeweiligen Vorsitzenden gehört daher ein regelmäßiger Austausch, auch unabhängig von Sitzungszwängen und bilateral. Grundsätzlich kann man zwischen anlassunabhängiger und anlassbezogener Kommunikation unterscheiden.[146]

Anlassunabhängige, regelmäßige Gespräche des Prüfungsausschusses oder des Aufsichtsrates bzw. der jeweiligen Vorsitzenden mit dem Abschlussprüfer verbessern die Zusammenarbeit erheblich. Die konkrete Vorgehensweise der Kommunikation mit dem Abschlussprüfer ist zum einen abhängig von Größe, Branche und Gepflogenheiten des Unternehmens, zum anderen sicher auch beeinflusst durch den Umfang der Tätigkeiten des Abschlussprüfers: Handelt es sich um eine große, international agierende Gesellschaft, bei Börsennotierung mit Quartals- und Halbjahresfinanzberichterstattungen, die ggf. vom Abschlussprüfer geprüft oder reviewt werden, wird die Kontaktfrequenz anders sein als im Bereich eines rein national agierenden, nichtnotierten kleineren Unternehmens. Dabei kommt es entscheidend auf die Kommunikationsbedürfnisse der Beteiligten an. Die jeweils passende Art und Weise der Kommunikation sollte gemeinsam frühzeitig abgestimmt werden, aus den Notwendigkeiten der jeweiligen Perspektiven.

Der Prüfungsausschuss sollte den Abschlussprüfer als Diskussionspartner sehen, um bspw. über wesentliche Ansatz- und Bewertungsfragen, Änderungen in der Rechnungslegung (z. B.

---

145 Vgl. § 171 Abs. 1 Satz 2 AktG, der noch immer nicht zwingend eine Teilnahme im Prüfungsausschuss und im Plenum des Aufsichtsrates fordert. In der Praxis dürfte das überholt sein und eine Teilnahme an beiden Sitzungen üblich.
146 Vgl. zu den folgenden Ausführungen auch das IDW-Positionspapier Zusammenarbeit (2020), Rn. 59ff.

aufgrund von neuen Vorschriften, Korrekturen oder einer geänderten Bilanzpolitik) sowie über Änderungen der Rechtslage und deren konkrete Umsetzungserfordernisse in der finanziellen oder nichtfinanziellen Berichterstattung informiert zu sein und diese Informationen bei seiner Überwachungstätigkeit heranzuziehen.

Der Abschlussprüfer und der Vorsitzende des Prüfungsausschusses sollten während der Prüfungsdurchführung wechselseitig das Gespräch suchen, wenn sie Informationen für ihre jeweilige Prüfungs- bzw. Überwachungstätigkeit benötigen oder Informationen erhalten, von denen anzunehmen ist, dass sie für die einem der Beteiligten obliegende Prüfungs- bzw. Überwachungstätigkeit relevant sind.[147] So kann bspw. dem Prüfungsausschuss die Möglichkeit gegeben werden, frühzeitig auf etwaige Schwachstellen im Unternehmen, z. B. Schwächen im internen Kontrollsystem, zu reagieren. Sofern sich die ursprüngliche Risikoeinschätzung von Abschlussprüfer oder Prüfungsausschuss wesentlich ändert, sollte zeitnah eine Abstimmung erfolgen, wenn nicht die Kenntnis des anderen von der Information offensichtlich ist.

So sieht auch der DCGK 2022 in Empf. D.10 vor, dass der Vorsitzende des Prüfungsausschusses sich regelmäßig mit dem Abschlussprüfer über den Fortgang austauschen soll und an Diskussionen zwischen Management und Abschlussprüfer über kritische Sachverhalte teilnimmt und dem Ausschuss hierüber berichtet. In Ergänzung dessen sollte überlegt werden, dass beide Experten (Prüfungsexperte und Rechnungslegungsexperte) bei wichtigen Themen an den Gesprächen teilnehmen, um frühzeitig eingebunden zu sein.

Wie oft, wie lange und wie intensiv Regelgespräche stattfinden sollen, sollte jeder Aufsichtsrat und Prüfungsausschuss für sich selbst erörtern und entscheiden. Als Best Practice hat sich in den letzten Jahren herausgebildet, dass der Abschlussprüfer regelmäßig – zu Aspekten der Prüfung – an den Sitzungen des Prüfungsausschusses teilnimmt und der Prüfungsausschuss auch regelmäßig in Abwesenheit des Vorstands eine Unterredung mit dem Abschlussprüfer führt. Mit dem FISG hat der Gesetzgeber im § 109 Abs. 1 AktG diesen Gedanken aufgegriffen: Wird der Abschlussprüfer als Sachverständiger zugezogen, nimmt der Vorstand an dieser Sitzung nicht teil, es sei denn, der Aufsichtsrat oder der Ausschuss erachtet seine Teilnahme für erforderlich. Diese – etwas sperrige – Formulierung lässt jedenfalls viel Gestaltungsspielraum. Darüber hinaus ist es üblich und sinnvoll, dass der Aufsichtsratsvorsitzende bzw. der Prüfungsausschussvorsitzende regelmäßig auch bilateral mit dem Abschlussprüfer spricht, auch ohne

---

147 Der Abschlussprüfer ist nach Prüfungsstandards gehalten, sich mit den für die Überwachung Verantwortlichen über die Form, die Zeitpunkte und die erwarteten Themenbereiche der Kommunikation auszutauschen, und hat zu beurteilen, ob die wechselseitige Kommunikation zwischen ihm und den für die Überwachung Verantwortlichen für den Zweck der Abschlussprüfung angemessen ist. Ist dies nicht der Fall, hat der Abschlussprüfer die Auswirkungen auf seine Beurteilung der Risiken wesentlicher falscher Darstellungen und auf die Möglichkeit, ausreichende geeignete Prüfungsnachweise zu erlangen, zu beurteilen und geeignete Maßnahmen zu ergreifen; siehe im Einzelnen IDW PS 470, zuletzt von 2021.

bspw. den Finanzvorstand, aber i. d. R. mit seiner Kenntnis. Die Vorsitzenden werden dann über die Ergebnisse in den Sitzungen berichten.

Zur **anlassbezogenen** Kommunikation führen insb. (neben den gesetzlich geregelten Berichterstattungspflichten) folgende Umstände:

Gemäß Empf. D.8 DCGK soll der Aufsichtsrat vereinbaren, dass der Abschlussprüfer über alle für die Aufgaben des Aufsichtsrates wesentlichen Feststellungen und Vorkommnisse unverzüglich berichtet, die sich bei der Durchführung der Abschlussprüfung ergeben. So sind z. B. kritische Ergebnisse der Prüfung des rechnungslegungsbezogenen internen Kontrollsystems, auch im Hinblick auf mögliche Folgerungen für den weiteren Ablauf der Abschlussprüfung, mitzuteilen und zu erörtern. Über bedeutsame festgestellte Mängel im Kontrollsystem hat der Abschlussprüfer den Prüfungsausschuss – sinnvollerweise nach vorherigem Informationsaustausch mit den operativ Verantwortlichen – unverzüglich schriftlich zu informieren.

Auch soll der Aufsichtsrat vereinbaren, dass der Abschlussprüfer ihn informiert bzw. im Prüfungsbericht vermerkt, wenn er bei der Durchführung der Abschlussprüfung Tatsachen feststellt, die eine Unrichtigkeit der nach § 161 AktG abgegebenen Erklärung zum Kodex ergeben (Empf. D.9 DCGK).

Es empfiehlt sich bspw. auch, vom Abschlussprüfer eines Unternehmens von öffentlichem Interesse frühzeitig einen Entwurf des Bestätigungsvermerks einzuholen, um die Darstellung der besonders wichtigen Prüfungssachverhalte (KAM) gemeinsam zu erörtern.

g   Überwachung der Qualität der Abschlussprüfung

Schon vor der Reform durch das FISG im Jahr 2021 musste der Aufsichtsrat bzw. Prüfungsausschuss, um seiner Aufgabe gerecht zu werden, die Abschlussprüfung zu überwachen, die Qualität der Abschlussprüfung regelmäßig und systematisch beurteilen. Mit der Reform durch FISG 2021 wurde nun die Überwachung der Qualität der Abschlussprüfung explizit in § 107 Abs. 3 Satz 2 AktG aufgenommen. Aufgrund dieser gesetzlichen Regelung hat der DCGK 2022 die entsprechende Empf. D.11 des DCGK 2020 gestrichen.

Die primäre Zuständigkeit für eine ordnungsgemäße Organisation der Abschlussprüfung und deren Qualitätssicherung liegt natürlich beim Abschlussprüfer selbst.[148] Der Prüfungsausschuss kann dieser Aufgabe nur nachkommen, wenn er sich über den gesamten Prüfungsprozess hin intensiv mit der Abschlussprüfung auseinandersetzt und mit dem Abschlussprüfer eng kommuniziert. Dem nunmehr eingeführten Prüfungsexperten kommt dabei, neben dem Rech-

---

148 So bereits deutlich im IDW-Positionspapier Zusammenarbeit (2020), Rn. 116.

nungslegungsexperten, eine bedeutsame Rolle zu, da er über Erfahrungen und Sachverstand in der Abschlussprüfung verfügen sollte. Eine intensive Zusammenarbeit beider Seiten steigert die Qualität der Abschlussprüfung und verbessert die Überwachung der Rechnungslegung durch den Aufsichtsrat und damit die Corporate Governance insgesamt.[149]

Mit einem neuen Positionspapier hat das IDW im Zuge der Reform des FISG seine Sichtweise auf die Beurteilung und Kommunikation der Qualität der Abschlussprüfung dargelegt und einige exemplarische Vorschläge für konkrete Audit Quality Indicators (AQI) aufgezeigt.[150] Dabei werden zunächst unterschiedliche mögliche Einflussgrößen auf die Prüfungsqualität (Qualitätsfaktoren) beschrieben, aus denen sich eine Gesamtbewertung der Prüfungsqualität ergeben kann. Auf der Grundlage der Qualitätsfaktoren können dann entsprechende AQI abgeleitet werden. Zudem wird beschrieben, welche Aspekte bei der Interpretation von AQI zu beachten sein können. Im Ergebnis jedoch kommt es auf das individuelle Beurteilungsermessen des Aufsichtsrates bzw. Prüfungsausschusses an. Es wird auf die ausführliche Darstellung im nachfolgenden Kap. D.III.4 »Die Bedeutung der Prüfungsqualität und ihre Beurteilung« verwiesen.

Die Beurteilung der Qualität des Abschlussprüfers setzt zum einen eine entsprechende Qualifikation der Prüfungsausschussmitglieder sowie zum anderen deren angemessene Informationsversorgung voraus. Um die Qualitätsbeurteilung von Abschlussprüfern zu erleichtern, haben verschiedene Organisationen unter der Leitung des Center for Audit Quality (CAQ)[151] eine Arbeitshilfe[152] für Prüfungsausschüsse veröffentlicht und dabei auch Audit Quality Indicators entwickelt. Die Arbeitshilfe stellt den Prüfungsausschüssen in vier Themengebiete unterteilte Fragen zur Verfügung, die diesen als Beispiel und Ausgangspunkt dienen können, um die Evaluation entsprechend den eigenen Bedürfnissen anzupassen.

Im Folgenden werden einige ausgewählte Fragen zu einzelnen Aspekten rund um die Prüfungsqualität vorgestellt:
- Fragenkomplex 1 – **Beurteilung der bisher erbrachten Dienstleistung**: Da die Evaluation der Qualitätsbeurteilung im Zuge der (Wieder-)Bestellung des Abschlussprüfers dient, wird in einem ersten Schritt die bei der zurückliegenden Prüfung erbrachte Leistung gewürdigt. Mögliche Fragen, die sich der Prüfungsausschuss hierbei stellen kann, sind:
  - Weisen die wesentlichen Mitglieder des Prüfungsteams hinsichtlich des Prüfungsauftrags angemessene Qualifikationen und Erfahrungen sowie ein Verständnis vom Unternehmen und seinem Umfeld auf?

---

149 Vgl. dazu empirisch im Zuge einer Befragung von Aufsichtsräten Probst/Theisen (2017), S. 154–157.
150 Vgl. IDW-Positionspapier Prüfungsqualität (2021).
151 Als an dem Projekt weiterhin beteiligte Organisationen sind u. a. zu nennen: Association of Audit Committee Members, Inc. (AACMI), Corporate Board Member, NYSE Euronext Company, Independent Directors Council (IDC), Mutual Fund Directors Forum (MFDF), National Association of Corporate Directors (NACD), Tapestry Networks und viele andere.
152 Die Arbeitshilfe »External Auditor Assessment Tool« von 2019, entworfen für US Audit Committees, ist auf der Homepage des Center for Audit Quality abrufbar unter: https://www.thecaq.org/external-auditor-assessment-tool-a-reference-for-us-audit-committees.

- – Wurde die Abschlussprüfung durch Spezialisten (z. B. bei steuerlichen Sachverhalten oder Bewertungsfragen) sowie digitale und innovative Prüfungstools unterstützt, die zu einer Erhöhung der Prüfungsqualität geführt haben?
- – Konnte der Abschlussprüfer das Unternehmen betreffende Fragen der Prüfung und Rechnungslegung identifizieren respektive beantworten und ggf. auf entsprechende Spezialisten zurückgreifen?
- – Hat die Prüfungsgesellschaft insgesamt den Anforderungen des Unternehmens hinsichtlich Branchenexpertise und geografischer Anforderungen entsprochen?

Die im Rahmen der Evaluation der Qualität der erbrachten Dienstleistungen und der Angemessenheit des Ressourceneinsatzes in Betracht zu ziehenden Aspekte sind auch auf den deutschen Rechtsraum übertragbar, sodass die in der Arbeitshilfe genannten Beispielfragen grds. auch zur Beurteilung der Abschlussprüfer von in Deutschland prüfungspflichtigen Unternehmen geeignet sind.

- Fragenkomplex 2 – **Beurteilung der Kommunikation mit dem Prüfungsausschuss** und dem Unternehmen:
  - – War die bisherige Zusammenarbeit zwischen Prüfungsausschuss und Abschlussprüfer durch eine intensive und offene Kommunikation in allen Phasen der Abschlussprüfung geprägt?
  - – Hat der Abschlussprüfer die Mitglieder des Prüfungsausschusses auf wesentliche Feststellungen und Vorkommnisse hingewiesen, die aus seiner Sicht das Risiko fehlerhafter Angaben erhöhen, und ist er auch auf die Fragen der Mitglieder des Prüfungsausschusses eingegangen?

Eine intensive und konstruktiv-kritische Kommunikation zwischen Aufsichtsrat und Prüfungsausschuss wird auch hierzulande gefordert, da eine solche nicht nur die Qualität der Aufsichtsrats- bzw. Prüfungsausschussarbeit und der Abschlussprüfung steigern kann, sondern hierdurch auch die Basis für eine unterjährige Beurteilung der Arbeit des Abschlussprüfers geschaffen wird. Ein Rückgriff auf die Arbeitshilfe ist demnach auch im Rahmen der Beurteilung der Kommunikation möglich.

- Fragenkomplex 3 – **Unabhängigkeit, Objektivität und berufsübliche Sorgfalt**:
  - – Hat der Prüfer die Mitglieder des Prüfungsausschusses über alle Sachverhalte informiert, die sich auf die Unabhängigkeit auswirken können?
  - – Hat die Prüfungsgesellschaft entsprechende Vorkehrungen getroffen, um Unabhängigkeitsprobleme zu erkennen?

Neben der fachlichen Qualifikation sind Objektivität und berufsübliche Sorgfalt wichtige Faktoren bei der Erbringung qualitativ hochwertiger Prüfungsdienstleistungen. Die Kommunikation mit dem Abschlussprüfer kann dem Prüfungsausschuss die Möglichkeit bieten, sich eine Bild von der Integrität, Objektivität und berufsüblichen Sorgfalt des Abschlussprüfers zu machen. Hierbei kann etwa auch die Art der Beantwortung offener Fragen, z. B. nach der Verlässlichkeit des internen Kontrollsystems, durch den Abschlussprüfer Aufschluss über dessen Objektivität und berufsübliche Sorgfalt geben.

Wirtschaftsprüfungsgesellschaften führen zudem regelmäßig »Client Service Assessments« bei ihren Mandanten durch, im Rahmen derer eine von der Prüfung selbst unabhängige Person Verantwortungsträger im Unternehmen und Mitglieder des Prüfungsausschusses zu ihrer Zufriedenheit mit der Abschlussprüfung und ggf. zusätzlich erbrachten Leistungen befragt. Diese Möglichkeit sollte der Prüfungsausschuss nutzen, um gezieltes Feedback zu geben und dadurch eine Steigerung der Prüfungsqualität zu erzielen.

4   Die Bedeutung der Prüfungsqualität und ihre Beurteilung

a   Einleitung

Die Qualität von Abschlussprüfungen (Prüfungsqualität) hat in letzter Zeit noch einmal erheblich an Bedeutung gewonnen. Hat sich in der Vergangenheit zunächst der Abschlussprüfer mit »seiner« Prüfungsqualität auseinandergesetzt, ist nun das Interesse an der Prüfungsqualität auch seitens verschiedener Stakeholder der Abschlussprüfung stark gewachsen.

Von den unterschiedlichen Stakeholder-Gruppen ragt eine heraus, nämlich die des Überwachungsorgans im Konzept der zweistufigen deutschen Unternehmensverfassung: der Aufsichtsrat und dort der Prüfungsausschuss. Dabei gründet sich der Informationsbedarf des Prüfungsausschusses zur Prüfungsqualität nicht (mehr) allein auf seine allgemeine Überwachungsaufgabe und die damit einhergehende Beurteilung der Verlässlichkeit von finanziellen und nichtfinanziellen Informationen und deren Prüfung. Denn nach dem FISG[153] findet sich nun der Aspekt der Prüfungsqualität als gesetzlich kodifizierte Aufgabe für den Prüfungsausschuss: Der Prüfungsausschuss hat sich mit der Überwachung der Qualität der Abschlussprüfung zu befassen (§ 107 Abs. 3 Satz 2 AktG).

Um aber Prüfungsqualität beurteilen zu können, ist eine geeignete Datengrundlage erforderlich. Dabei stellt sich die Frage, welche Qualitätsindikatoren (Audit Quality Indicators, AQI) die Güte von Prüfungsqualität anzeigen. In diesem Zusammenhang ist auch zu bestimmen, ob und wie die identifizierten AQI gemessen werden können. Ferner ist es von Interesse, ob es ggf. Zielwerte oder Untergrenzen für deren Ausprägung gibt, die auf eine gute oder weniger gute Prüfungsqualität hinweisen.

Im Folgenden soll daher beleuchtet werden, ob und wie Prüfungsqualität definiert werden kann und welche Ziele und Methoden für Prüfungsausschüsse geeignet erscheinen, damit sie

---

153 Bundesministerium der Finanzen (2021): Gesetz zur Stärkung der Finanzmarktintegrität (Finanzmarktintegritätsstärkungsgesetz – FISG) v. 10.06.2021.

die für diese Überwachungsaufgabe erforderlichen Informationen noch zielgerichteter bestimmen und ermitteln können.

b   Prüfungsqualität

Definition

Der Begriff der Prüfungsqualität ist unbestimmt. Weder auf nationaler noch auf internationaler Ebene wurde bislang eine einheitliche Qualitätsdefinition entwickelt.[154] Abstrakt beschreibt Prüfungsqualität jedoch den Grad der Erfüllung von Erwartungen an die Abschlussprüfung.[155] Dabei können verschiedene Arten und Betrachtungsebenen zugrunde gelegt werden.

Compliance-Qualität

Bei einer rein Compliance-orientierten Sichtweise geht es um die Einhaltung von Normen und Standards für die Durchführung und Qualitätssicherung von Abschlussprüfungen. Diese Sichtweise liegt der externen Qualitätsüberwachung von Wirtschaftsprüfer-Praxen (WP-Praxen) zugrunde. Sie wird in Deutschland zum einen durch die Qualitätskontrolle (den sog. Peer Review) sichergestellt, die die Angemessenheit und Funktionsfähigkeit des internen Qualitätssicherungssystems aller WP-Praxen prüft, die gesetzliche Abschlussprüfungen übernehmen (§§ 57a ff. WPO). Zum anderen führt die Abschlussprüferaufsichtsstelle (APAS) bei allen Abschlussprüfern von Unternehmen von öffentlichem Interesse Inspektionen durch (§§ 66a, 62b WPO), die ebenfalls den Aufbau und die Wirksamkeit des internen Qualitätssicherungssystems der WP-Praxen zum Gegenstand haben. Dabei überprüft die APAS auch die Abwicklung von Abschlussprüfungen ausgewählter Unternehmen von öffentlichem Interesse anhand der entsprechenden Prüfungsdokumentation.[156]

Zusatzqualität

Erwartungen an den Zusatznutzen von Abschlussprüfungen können sich zum einen auf inhaltliche Aspekte, wie bspw. Informationen zu Änderungen von Rechnungslegungsstandards, oder die Bereitstellung von Benchmark-Analysen beziehen. Zum anderen fallen hierunter servicebezogene Merkmale wie Termintreue oder die rechtzeitige und verständliche Anforderung von Prüfungsunterlagen im Rahmen eines effizienten Verfahrens. Die Zusatzqualität geht grds. über die reine Erfüllung von Compliance-Anforderungen hinaus; es können jedoch Schnittmengen bestehen. Jedoch darf die Erfüllung zusätzlicher Erwartungen die Compliance-Qualität nicht beeinträchtigen.[157]

---

154 Vgl. u. a. Lanfermann (2019), S. 9; Ernstberger et al. (2019), S. 806 f.
155 Vgl. IDW-Positionspapier Kommunikation von Prüfungsqualität, Stand 28.10.2021, S. 11.
156 Die Wirksamkeitsprüfung der APAS betrifft grds. den Teil des Qualitätssicherungssystems, der die Abwicklung von Abschlussprüfungen bei Unternehmen von öffentlichem Interesse zum Gegenstand hat; siehe dazu Art. 26 Abs. 6 der Verordnung (EU) Nr. 537/2014 des Europäischen Parlaments und des Rates v. 16.04.2014 über spezifische Anforderungen an die Abschlussprüfung bei Unternehmen von öffentlichem Interesse und zur Aufhebung des Beschlusses 2005/909/EG der Kommission.
157 Vgl. IDW-Positionspapier Kommunikation von Prüfungsqualität, Stand 28.10.2021, S. 13.

Betrachtungsebenen der Prüfungsqualität

Die Prüfungsqualität kann zum einen in Bezug auf ein bestimmtes Unternehmen und zum anderen auf Ebene einer WP-Praxis insgesamt, d. h. bei allen ihren Mandaten, betrachtet werden.

Die Sicherstellung der Prüfungsqualität auf Ebene der WP-Praxis ist Gegenstand der internen Qualitätssicherungssysteme[158] innerhalb der Praxen. Diese unterliegen insb. den Anforderungen der WPO, der Berufssatzung, des IDW QS 1 bzw. zukünftig IDW QMS 1, des ISQM 1 des IAASB sowie – wie oben ausgeführt – einer externen Kontrolle durch Peer Review und ggf. APAS. Aus Sicht der WP-Praxis gilt es, Risiken, die das Erreichen ihrer Qualitätsziele gefährden, zu identifizieren und aktiv zu managen. Viele Gesellschaften setzen dabei AQIs ein, um bspw. den Zielerreichungsgrad ihrer Qualitätsziele zu messen.[159]

Aus Sicht des Prüfungsausschusses steht jedoch die unternehmensspezifische Prüfungsqualität im Vordergrund. Diese berücksichtigt die Anforderungen, die die Prüfung der Rechnungslegung des zu überwachenden Unternehmens im Besonderen mit sich bringt, bspw. in Bezug auf die Branchenkompetenz des Prüfungsteams oder die Verfügbarkeit von Experten für bestimmte Rechnungslegungsgebiete innerhalb der Prüfungsgesellschaft.[160]

c   Informationsbedarf der Stakeholder

Überwachungsaufgabe des Prüfungsausschusses

Der Prüfungsausschuss hat die Aufgabe, die vorbereitende Prüfung des Jahres- und Konzernabschlusses für den Aufsichtsrat durchzuführen (§ 171 Abs. 1 Satz 1 AktG) und den Rechnungslegungsprozess zu überwachen (§ 107 Abs. 3 Satz 2 AktG). Da er sich dabei maßgeblich auf die Ergebnisse der Abschlussprüfung stützt, ist seine Befassung mit der Qualität der Abschlussprüfung von ebenso grundlegender Bedeutung wie seine Befassung mit der Erstellung der Abschlüsse durch das Unternehmen selbst.[161]

Die Beurteilung der Qualität der Abschlussprüfung und die Beurteilung der internen Rechnungslegungsprozesse greifen dabei ineinander. Ein geordneter Rechnungslegungsprozess und die Bereitstellung der für die Prüfung erforderlichen Unterlagen und Informationen sind Voraussetzung für eine ordnungsgemäße Abschlussprüfung und Berichterstattung.[162] Daher

---

158 Der Begriff des Qualitätssicherungssystems wird zukünftig durch den durch ISQM 1 geprägten Begriff des Qualitätsmanagementsystems ersetzt. Ein Qualitätsmanagementsystem ist stärker auf die Dynamik des internen Überwachungsprozesses und daraus resultierende fortlaufende Verbesserungen ausgerichtet; vgl. dazu auch IDW EQMS 1 (12.2021).

159 Das IDW hat hierzu den Praxishinweis »Zielorientierte Ableitung von Indikatoren zur Steuerung und Überwachung der Prüfungsqualität im Rahmen des Qualitätsmanagement-Prozesses nach IDW QS 1«, Stand 09.08.2018, herausgegeben.

160 Vgl. Arbeitskreis Externe und Interne Überwachung der Unternehmung (AKEIÜ) der Schmalenbach-Gesellschaft für Betriebswirtschaft e. V. (2021), S. 2221.

161 Vgl. AKEIÜ (2021), S. 2222.

162 Vgl. AKEIÜ (2021), S. 2223.

ist es sinnvoll, bei der Auswahl und Beurteilung der AQIs auch die Qualität der internen Rechnungslegungsprozesse einzubeziehen und sie damit gleichzeitig zu überwachen. Auf dieser Basis kann der Prüfungsausschuss – im Einklang mit § 107 Abs. 3 Satz 3 AktG – Empfehlungen oder Vorschläge zur Gewährleistung der Integrität des Rechnungslegungsprozesses unterbreiten.

Die Qualitätsbeurteilung der Abschlussprüfung erfolgt bereits vorbereitend im Rahmen der Auswahl des Abschlussprüfers und im Weiteren als laufende Qualitätsbeurteilung während und nach den Abschlussprüfungen. Die laufende Qualitätsbeurteilung ist Gegenstand der durch das FISG neu eingeführten gesetzlichen Verpflichtung des Prüfungsausschusses zur Überwachung der Qualität der Abschlussprüfung (§ 107 Abs. 3 Satz 2 AktG).

Als Grundlage für die Beurteilung der Prüfungsqualität nutzt der Prüfungsausschuss regelmäßig mehrere Informationsquellen, insb. aus
* der laufenden Kommunikation mit dem Abschlussprüfer,
* der Kommunikation mit unternehmensinternen Quellen, u. a. der Unternehmensleitung und der Abteilung Rechnungslegung,
* eigenen Beobachtungen sowie
* öffentlich verfügbaren Informationen.[163]

Die vom Abschlussprüfer bereitgestellten Informationen wie z. B. AQIs stellen daher nur einen Baustein für die Grundlagen zur Beurteilung der Prüfungsqualität dar.

Allgemeines Interesse an Prüfungsqualität

Außerhalb der geprüften Unternehmen und der externen Qualitätssicherer haben noch weitere Stakeholder Interesse an einer Einschätzung der Prüfungsqualität, die von einer WP-Praxis zu erwarten ist. Dies betrifft insb. Unternehmen, die einen Wechsel des Abschlussprüfers freiwillig in Erwägung ziehen oder aufgrund gesetzlicher Rotationsvorschriften ihren Abschlussprüfer wechseln müssen, sowie Eigen- und Fremdkapitalgeber von Unternehmen und die allgemeine Öffentlichkeit.[164]

Eine geeignete Quelle zur Einschätzung der Maßnahmen, die die WP-Praxis zur Sicherung ihrer Prüfungsqualität treffen, sind die Transparenzberichte, die alle Wirtschaftsprüfungsgesellschaften, die Unternehmen von öffentlichem Interesse prüfen, gem. Art. 13 AP-VO[165] jährlich auf ihrer Internetseite veröffentlichen. Diese Transparenzberichte enthalten vielfach auch ausgewählte AQIs, um der Öffentlichkeit konkrete Daten zur Qualität der durchgeführten Abschlussprüfungen zur Verfügung zu stellen. Die veröffentlichten Transparenzberichte sind Gegenstand einer inhaltlichen Bewertung durch die APAS.

---

163 IDW-Positionspapier »Kommunikation von Prüfungsqualität«, S. 5.
164 Vgl. IDW-Positionspapier »Kommunikation von Prüfungsqualität«, S. 9.
165 Verordnung (EU) Nr. 537/2014 des Europäischen Parlaments und des Rates v. 16.04.2014 über spezifische Anforderungen an die Abschlussprüfung bei Unternehmen von öffentlichem Interesse und zur Aufhebung des Beschlusses 2005/909/EG der Kommission.

d   Beurteilung von Prüfungsqualität

Geeignete AQI

Wie bereits dargestellt, steht für Prüfungsausschüsse die unternehmensindividuelle Beurteilung der Prüfungsqualität im Vordergrund. Einen allgemeinen und abschließenden Katalog oder ein »Best-Practice Set« von AQIs gibt es dementsprechend nicht.[166] Vielmehr muss der Prüfungsausschuss unternehmensindividuelle Ansätze zur Auswahl und Würdigung von AQIs erarbeiten.

Grundlegendes Ziel ist es dabei, Qualitätsfaktoren, die Rückschlüsse auf die unternehmensspezifische Prüfungsqualität erlauben, zu systematisieren und bestmöglich in AQI abzubilden.

Zielorientierte Auswahl von AQIs zur Beurteilung der Prüfungsqualität

In der Literatur finden sich verschiedene Ansätze zur Systematisierung von Qualitätsfaktoren für die Prüfungsqualität. Beispielhaft wird hier eine entsprechende Übersicht aus dem IDW-Positionspapier zur Kommunikation von Prüfungsqualität wiedergegeben:[167]

Abb. 20: Übersicht Qualitätsfaktoren

Das International Auditing and Assurance Standards Board (IAASB) zeigt in seinem »Framework for Audit Quality« auch auf, dass qualitätsbestimmende Faktoren nicht nur in der Prüfungsdurchführung i.e.S. zu verorten sind, sondern auch auf Ebene sog. Contextual Factors (z.B.

166   Vgl. auch IFIAR (o.D.): Audit Committees and Audit Quality: Trends and Possible Areas for further consideration, abrufbar unter https://www.ifiar.org/?wpdmdl=6632, S. 13.
167   Vgl. IDW-Positionspapier »Kommunikation von Prüfungsqualität«, S. 15.

dem Zeitplan für die Finanzberichterstattung) und »Interactions« (z. B. zwischen dem Aufsichtsrat, dem Management und dem Wirtschaftsprüfer). Die Darstellung verdeutlicht, dass die Prüfungsqualität von einer Vielzahl interdependenter Faktoren abhängt, die in unterschiedlichem Maße durch den Prüfungsausschuss und/oder die WP-Praxis beeinflussbar sind.[168]

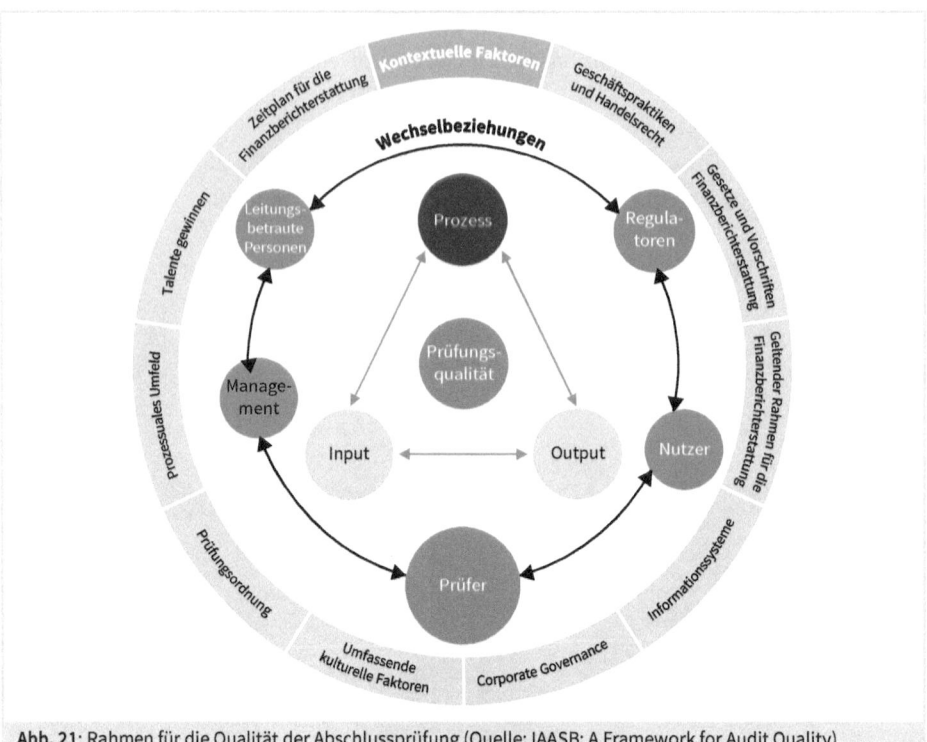

Abb. 21: Rahmen für die Qualität der Abschlussprüfung (Quelle: IAASB: A Framework for Audit Quality)

Vor dem Hintergrund der Vielzahl interdependenter Einflussgrößen und des (derzeitigen) Fehlens verallgemeinerbarer Ursache-Wirkung-Beziehungen zwischen der Ausprägung einzelner Faktoren und der Prüfungsqualität sollte nicht der Anspruch erhoben werden, bestimmte Qualitätsfaktoren objektiv beurteilbar messen und hieraus eindeutige Rückschlüsse auf die Qualität der Abschlussprüfung ziehen zu können. Sie stellen dementsprechend auch keine »Leistungsnachweise« der WP-Praxis dar. Vielmehr sollten AQIs als »Hilfestellungen« oder »Tools« verstanden werden, die der Prüfungsausschuss dazu nutzen kann, einen besseren Einblick in die Prüfungsabläufe zu gewinnen und auf dieser Basis die Qualität der Abschlussprüfung besser einordnen zu können.

---

168 IAASB (2014): A Framework for Audit Quality, abrufbar unter https://www.ifac.org/system/files/publications/files/A-Framework-for-Audit-Quality-Key-Elements-that-Create-an-Environment-for-Audit-Quality-2.pdf, S. 5.

Wird die Berichterstattung über AQIs dementsprechend als Ausgangspunkt für einen intensiveren Dialog zwischen dem Prüfungsausschuss und dem Abschlussprüfer verstanden, kann sie – neben der Beurteilung der Prüfungsqualität – auch dazu dienen, die Prüfungsqualität zu verbessern. So kann mit dem Austausch zwischen Prüfungsausschuss und Abschlussprüfer auf Basis der AQIs das Ziel verbunden werden,

- die Zusammenarbeit zwischen Management, Prüfungsausschuss und Abschlussprüfer zu verbessern,
- die Erwartungen und Verantwortlichkeiten im Hinblick auf die Prüfungsqualität transparenter zu machen,
- die Kenntnisse und das Engagement der Mitglieder des Prüfungsausschusses im Hinblick auf den Prüfungsprozess zu verbessern sowie
- die Koordination und Zusammenarbeit während der Prüfung zu verbessern.[169]

Welche Ziele mit der Nutzung von AQIs angestrebt werden sollen, sollte demnach bereits im Vorfeld diskutiert und bei der (zieladäquaten) Auswahl der KPIs durch den Prüfungsausschuss berücksichtigt werden.

Beispielsweise kann der Prüfungsausschuss das Ziel verfolgen, einen genaueren Einblick in die Einbindung von Spezialisten im Rahmen der Prüfung zu erhalten. Ein Ausgangspunkt für diesbezügliche Diskussionen mit dem Abschlussprüfer könnte die Anzahl der Expertenstunden aus verschiedenen Fachbereichen sein, die in der Prüfung eingesetzt werden. Dabei wäre mit dem Abschlussprüfer vorab abzustimmen, wie der Kreis der Experten konkret abzugrenzen ist und welche Informationen zu den eingesetzten Experten von Interesse sind. Dabei ist bspw. auch die Frage zu klären, ob die Kennzahl auf Ebene der Konzernabschlussprüfung, der Prüfung sämtlicher einbezogener Unternehmen oder auf Ebene der Prüfungsgesellschaft als Ganzes ausgewertet werden soll.

Bei der Auswahl und Definition der AQIs sollte jedoch auch jeweils berücksichtigt werden, ob der Erhebungsaufwand den Nutzen der Erhebung rechtfertigt. Beispielsweise kann die Erhebung von AQIs bei internationalen Konzernen mit einer Vielzahl involvierter Teilbereichsprüfer einen erheblichen Aufwand verursachen. Daher sollte jeweils überlegt werden, wie das benötigte Aussageniveau am effizientesten gewonnen werden kann.

Weitere Kriterien bei der Auswahl von AQIs
Quantifizierbare Messgrößen bieten den Vorteil einer übersichtlichen und über mehrere Jahre vergleichbaren Auswertung. Allerdings kann Prüfungsqualität regelmäßig nicht allein durch quantitative AQI beschrieben werden, sondern es sind ergänzende qualitative Informationen

---

169 CPA Canada/CPAB/ICD (2018): Audit Committee Guide to Audit Quality Indicators, abrufbar unter https://www.cpacanada.ca/en/business-and-accounting-resources/audit-and-assurance/enhancing-audit-quality/publications/guide-to-audit-quality-indicators, S. 5 f.

erforderlich.[170] Die Beurteilung kann hier unter Verwendung von Ausprägungsstufen (bspw. in Form eines Scoring-Modells) erfolgen.

Weitere Kriterien bei der Auswahl und Definition von AQIs betreffen
- die Transparenz der Ermittlung der Kennzahl für den Prüfungsausschuss,
- die Vergleichbarkeit der Informationen im Zeitablauf, insb. durch konsistente Ermittlung, und
- das Zusammenspiel verschiedener AQIs i. S. einer ausgeglichenen Adressierung verschiedener Aspekte der Prüfung.

Aufgrund der Herausforderungen bei der Implementierung der AQI-basierten Berichterstattung bietet es sich an, im ersten Jahr mit einer begrenzten Anzahl AQIs zu beginnen und diese erfahrungsbasiert in den kommenden Jahren weiterzuentwickeln und ggf. zu erhöhen. Wenn zu viele AQIs ausgewählt werden, besteht die Gefahr, dass die Auswertung in eine reine »Compliance-Übung« übergeht und außer Acht gerät, dass die gemessenen AQIs nicht die einzigen Ansatzpunkte zur Beurteilung der Prüfungsqualität sind.[171]

Exemplarische Zusammenstellungen möglicher AQIs finden sich z. B. in der Anlage zum IDW-Diskussionspapier »Kommunikation von Prüfungsqualität« sowie im Beitrag des AKEIÜ: Thesen zur Auswahl und Nutzung von Audit Quality Indicators aus der Sicht von Prüfungsausschüssen.

Messung von AQIs und Zielwerte
Obwohl der Prüfungsausschuss verpflichtet ist, selbst die Qualität der Abschlussprüfung zu überwachen, kann er die Erhebung und Zusammenstellung der AQIs auf den Abschlussprüfer und ggf. auch unternehmensinterne Quellen (insb. das Rechnungswesen) delegieren. Die Würdigung der vorgelegten AQIs liegt jedoch in der Verantwortung des Prüfungsausschusses.[172] Daher ist es wichtig, dass der Prüfungsausschuss versteht, wie die AQIs konkret ermittelt wurden.

Zeitpunkt der Berichterstattung über AQIs
Je nach ausgewähltem AQI könnte die Berichterstattung bereits während der laufenden Prüfung erfolgen oder nach deren Abschluss. In vielen Fällen – so auch bspw. bei einem AQI zur Messung der eingesetzten Expertenstunden – dürfte es sinnvoll sein, am Ende der Prüfung zu berichten, um den Prüfungsprozess in der Gesamtschau würdigen zu können. Die Terminierung der Berichterstattung sollte es auch ermöglichen, dass die Beurteilung der Prüfungsqualität bei der Entscheidung über den Vorschlag zur Wiederwahl des Abschlussprüfers berücksichtigt wird.[173]

---

170 Vgl. IDW-Positionspapier »Kommunikation von Prüfungsqualität«, S. 19.
171 Vgl. CPA Canada/CPAB/ICD (2018): Audit Committee Guide to Audit Quality Indicators, abrufbar unter https://www.cpacanada.ca/en/business-and-accounting-resources/audit-and-assurance/enhancing-audit-quality/publications/guide-to-audit-quality-indicators, S. 6, 9.
172 Vgl. AKEIÜ (2021), S. 2224.
173 Vgl. AKEIÜ (2021), S. 2224.

Vergleichswerte zur Analyse quantitativer AQIs

Eine Analyse der berichteten AQIs ist grds. anhand von Trendanalysen im Zeitablauf oder eines Ziel-Ist-Vergleichs denkbar. Ein Vergleich mit Zielwerten oder Benchmarks aus anderen Prüfungen (idealerweise derselben Branche und Größe) wird hingegen an der fehlenden Verfügbarkeit vergleichbarer Daten scheitern.

Soweit eine Festlegung von Zielgrößen für AQIs möglich und im unternehmensspezifischen Zusammenhang sinnvoll ist, dient sie nicht als »Messlatte« i. S. einer »Pass/fail«-Beurteilung, sondern als Ausgangsbasis, um gezielt weitere Hintergründe zu dem ausgewählten AQI in Erfahrung zu bringen. Der Vergleichswert dient damit der Ableitung zielgerichteter Fragen an den Abschlussprüfer. Beim Vergleich der AQIs mit Zielgrößen sind dann aber ggf. Anpassungen durch den Prüfungsausschuss vorzunehmen, wenn sich die Voraussetzungen, unter denen die Zielgrößen festgelegt wurden, geändert haben.

Um bessere Einblicke in das Zustandekommen der AQIs zu gewinnen, sind Gespräche mit dem Abschlussprüfer unabdingbar; eine Interpretation der AQIs durch den Prüfungsausschuss allein kann zu Missverständnissen führen. Dies soll an folgendem Beispiel illustriert werden: Ein Anstieg der im Rahmen der Prüfung angefallenen Partnerstunden kann als Indikator für eine verbesserte Prüfungsqualität interpretiert werden, weil ein erfahrenes Teammitglied mehr Zeit für die Prüfung verwendet. Allerdings kann der Anstieg der Partnerstunden auch auf eine erhöhte Anzahl von Diskussionspunkten mit dem Management zurückzuführen sein, die sich im Rahmen der aktuellen Prüfung ergeben haben, und damit nicht ohne Weiteres Rückschlüsse auf eine Verbesserung der Prüfungsqualität erlauben.

e   Ausblick

Voraussetzung für eine fundierte Beurteilung der Prüfungsqualität ist ein hinreichender Einblick des Prüfungsausschusses in die Organisation und die Durchführung der Abschlussprüfung. Die Auswahl und Würdigung von AQIs kann hierbei einen wertvollen Beitrag leisten. Gleichzeitig bietet die Würdigung von AQIs zur Qualität der Abschlussprüfung die Möglichkeit, auch die Qualität der unternehmensinternen Rechnungslegungsprozesse und das Zusammenspiel von Rechnungslegungsabteilung, Abschlussprüfer und Aufsichtsorgan zu beurteilen und ggf. zu optimieren.

Der Prüfungsausschuss muss die Prüfungsqualität individuell für das einzelne Unternehmen beurteilen und kann hierfür geeignete AQIs auswählen und definieren. Dabei beschränkt sich die Einführung einer AQI-basierten Berichterstattung an den Prüfungsausschuss jedoch nicht auf eine »Katalogauswahl« und Meldung von bestimmten Kennzahlen. Vielmehr sollten die AQIs zielorientiert und mit Blick auf die Relation zwischen Erhebungskosten und Informationsnutzen bestimmt und definiert werden.

Auch wenn viele Prüfungsausschüsse AQIs bereits seit einigen Jahren erheben und würdigen, steht der Lernprozess zur Nutzung dieser Kennzahlen zur Vertiefung des Verständnisses der Prüfungsqualität (und auch der Rechnungslegungsqualität) erst am Anfang. Daher sollte der Prüfungsausschuss nach der Berichterstattung über die AQIs nicht nur deren Ausprägung und die Rückschlüsse auf die Prüfungsqualität beurteilen, sondern auch, inwieweit die ausgewählten AQIs künftig fortgeführt, ersetzt oder ergänzt werden sollten, um die Aussagekraft der Berichterstattung zu verbessern.

AQIs können also die Überwachung der Qualität der Abschlussprüfung durch den Prüfungsausschuss unterstützen. Die wechselseitige und rollengerechte Kommunikation und Interaktion zwischen Prüfungsausschuss und Abschlussprüfer bleibt aber ein Schlüsselelement für eine hohe Prüfungsqualität.

IV   Prüfung des Jahresabschlusses

Dr. Claus Buhleier/Silke Splinter

1   Prüfungsumfang und -organisation

Die Prüfung des Jahresabschlusses und Lageberichts obliegt gem. § 171 Abs. 1 Satz 1 AktG dem Aufsichtsrat (Abb. 22). Nach § 107 Abs. 3 Satz 7 AktG ist diese Prüfungsaufgabe nicht an den Prüfungsausschuss delegierbar. Die Pflicht zur Prüfung des Abschlusses ist eine persönliche Pflicht jedes einzelnen Aufsichtsratsmitglieds[174], somit trifft die Konsequenz bei Verletzung der entsprechenden Sorgfalts- und Prüfungspflichten nicht nur die Mitglieder des Prüfungsausschusses, sondern jedes einzelne Aufsichtsratsmitglied.

Der Prüfungsausschuss kann allerdings den Jahresabschluss vorbereitend prüfen und Empfehlungen an den Gesamtaufsichtsrat geben. Eine abschließende Aufgabenverteilung mit entsprechender Haftungszuweisung an die Mitglieder des Prüfungsausschusses ist hingegen nicht möglich. Das heißt, die Aufsichtsratsmitglieder können nicht auf die Reputation und Fachkenntnis der Prüfungsausschussmitglieder und anderer Mitglieder des Aufsichtsrates vertrauen und dies wirksam als Begründung für eine fehlende eigene Auseinandersetzung mit den Abschlüssen vortragen.[175]

Neben Jahresabschluss und Lagebericht prüft der Aufsichtsrat und i. d. R. vorbereitend der Prüfungsausschuss gem. § 171 Abs. 1 Satz 1 AktG den Gewinnverwendungsvorschlag sowie – sofern Aufstellungspflicht besteht – den Konzernabschluss und -lagebericht. Ziel der Prüfung ist es, die betreffenden Abschlüsse festzustellen (bzw. zu billigen) und den Vorschlag zur Gewinnverwendung zu beschließen. Ohne ordnungsgemäße Prüfung kann der Jahresabschluss nicht festgestellt bzw. der Konzernabschluss nicht gebilligt werden. Mangels Feststellung kann keine wirksame Gewinnverwendung und Entlastung des Vorstands bzw. der Geschäftsführung sowie des Aufsichtsrates beschlossen werden. Eine ohne ordnungsgemäße Prüfung und Feststellung des Abschlusses erfolgte Ausschüttung ist nicht rechtswirksam.

Der Aufsichtsrat muss bei seiner Prüfung zwei Zielrichtungen abdecken: die Rechtmäßigkeit und die Zweckmäßigkeit des Abschlusses. Unter Rechtmäßigkeit wird die Konformität des Abschlusses mit den geltenden Gesetzen und Rechnungslegungsnormen verstanden, unter Zweckmäßigkeit hingegen wird die sachgerechte Ausübung von Wahlrechten und Ermessens-

---

174 Vgl. Buhleier/Krowas (2010), S. 1165 ff.
175 Vgl. hierzu OLG Düsseldorf, Urt. v. 6.11.2014 – I-6 U 16/14.

spielräumen im Unternehmensinteresse subsumiert.[176] Nach erfolgter Prüfung hat der Aufsichtsrat gem. § 171 Abs. 2 Satz 1 AktG schriftlich an die Hauptversammlung zu berichten.

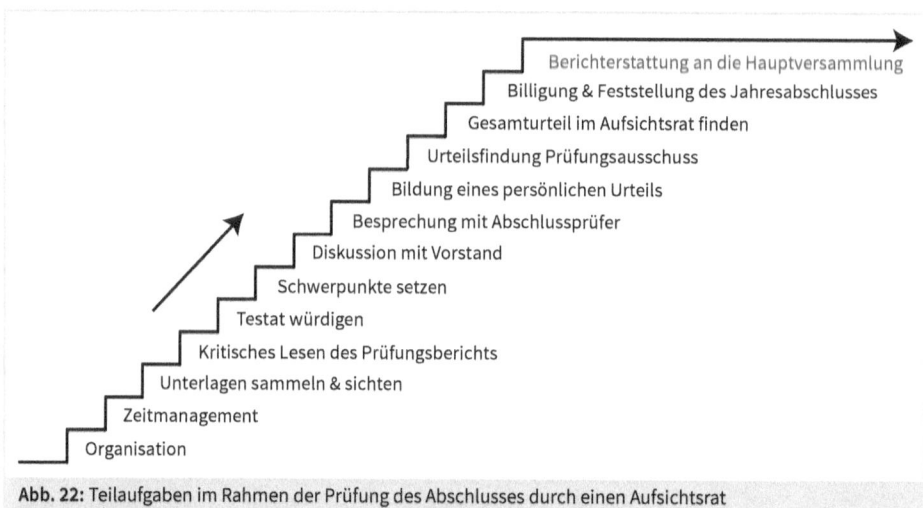

Abb. 22: Teilaufgaben im Rahmen der Prüfung des Abschlusses durch einen Aufsichtsrat

Die Organisation der Prüfung des Jahresabschlusses durch den Aufsichtsrat ist einer der zentralen Faktoren für die Effizienz und den Erfolg der Prüfung des Abschlusses durch den Aufsichtsrat. Die Zeit zur Erstellung und Prüfung des Abschlusses ist knapp bemessen, sodass auch für die Prüfung durch den Aufsichtsrat oft nur wenige Tage, i. d. R. maximal zwei bis drei Wochen, zur Verfügung stehen. In diesem Zeitraum müssen die Unterlagen gesichtet, Schwerpunkte gesetzt, Rückfragen mit Vorstand und Abschlussprüfer geklärt, Sitzungen abgehalten und dokumentiert werden. Neben der knapp bemessenen Zeit stellt der Umfang der Unterlagen ebenfalls eine kritische Größe dar: Ein HGB-Jahres- und ein IFRS-Konzernabschluss jeweils mit Lagebericht werden zusammen regelmäßig rund 300 Seiten umfassen, hierzu kommen zweimal je 50 weitere Seiten Prüfungsbericht des Abschlussprüfers. Folglich sind das Zeitmanagement und die Terminierung der entsprechenden Sitzungen des Prüfungsausschusses und des Gesamtaufsichtsrates von entscheidender Bedeutung.

2   Sichtung der Unterlagen und Fokussierung

Zu Beginn der Prüfung muss sich jedes Aufsichtsratsmitglied einen Überblick über sämtliche ihm vorliegenden Unterlagen verschaffen und in einem ersten »Grobdurchlauf« deren Umfang und Inhalt klassifizieren. Unterstützt durch die persönlichen Kenntnisse über das Unterneh-

---

176   Vgl. Hüffer/Koch (2021), AktG, § 171, Rn. 6 ff.

men, dessen Geschäftstätigkeit, dessen wirtschaftliche Gesamtsituation und die des Umfeldes werden Schwerpunkte für die von den Aufsichtsratsmitgliedern vorzunehmende Prüfung des Abschlusses festgelegt. Während Teile der Unterlagen ggf. durch kritisches Lesen hinreichend geprüft werden können, bedarf es in anderen Bereichen eingehender Nachfragen, Erläuterungen sowie Diskussionen. Der Prüfungsbericht des Abschlussprüfers sowie Gespräche mit ihm können Anhaltspunkte dafür liefern, welche Themengebiete im Fokus stehen sollten, insb. die Berichterstattung zu sachverhaltsgestaltenden Maßnahmen, entwicklungsbeeinträchtigenden oder bestandsgefährdenden Tatsachen, wesentlichen Bewertungsgrundlagen, Bilanzierungsänderungen oder Gesetzesverstößen sollte hierbei Beachtung finden.

Der Wortlaut des Bestätigungsvermerks sollte ebenfalls beachtet werden, da im Testat durch den Abschlussprüfer die festgelegten »besonders wichtigen Prüfungssachverhalte« (»Key Audit Matters«) aufgeführt werden und das diesbezügliche Prüfungsvorgehen erläutert wird (siehe Kap. D.III.3.f »Kommunikation mit dem Abschlussprüfer während der Prüfung«). Darüber hinaus können im Bestätigungsvermerk auch Hinweise gegeben oder Ergänzungen getätigt werden, wenngleich diese keine Einschränkung nach sich ziehen. Solche Hinweise werden vom Abschlussprüfer meist dann gewählt, wenn er den Adressaten auf eine besonders zentrale Annahme, auf der die Abschlusserstellung oder die Annahme der Unternehmensfortführung beruht, hinweisen möchte (z. B. Entwicklungsbeeinträchtigung wegen Auslaufens der Kreditlinien ohne Refinanzierungsmöglichkeit). Weiterhin enthält der Bestätigungsvermerk eine genaue Abgrenzung des Gegenstands der Abschlussprüfung einschließlich einer Auflistung der Lageberichtsbestandteile, die im Einklang mit den deutschen gesetzlichen Vorschriften nicht inhaltlich geprüft wurden. Hierunter fallen bspw. die Erklärung zur Unternehmensführung sowie die nichtfinanzielle Erklärung (§ 317 Abs. 2 Satz 4 ff. HGB).

Eine Prüfung in gleicher Intensität wie die der Abschlussprüfung entsprechend § 317 HGB kann vom Aufsichtsrat nicht gefordert werden.[177] Der Aufsichtsrat hat jedoch alle notwendigen Maßnahmen zu ergreifen, um nach seiner eingehenden Prüfung dem Abschluss ein Gesamturteil zuzuweisen und das Risiko einer Fehlentscheidung hierbei zu minimieren. Von dieser der Prüfung des Abschlussprüfers nachgelagerten zweiten Prüfung durch den Aufsichtsrat verspricht sich der Gesetzgeber v.a. Impulse bei solchen Themen, die der Aufsichtsrat aufgrund seiner Vorkenntnisse aus der Aufsichtsratstätigkeit heraus anders einstuft oder in einen anderen Zusammenhang einbettet, als der Abschlussprüfer dies tut. Darüber hinaus soll die Prüfung durch den Aufsichtsrat das Thema der Zweckmäßigkeit des Abschlusses aufgreifen, da der Bestätigungsvermerk nur Aussagen zur Rechtmäßigkeit trifft und nicht dazu Stellung nimmt, ob die jeweils unternehmensindividuell optimale Lösung gewählt wurde.

Im Rahmen seiner pflichtgemäßen Wahrnehmung der Aufsichtsaufgabe ist der Aufsichtsrat dafür verantwortlich, den Abschluss unter Einbeziehung sämtlicher ihm bekannten Informa-

---

177 Vgl. Waclawik, in: Hölters, AktG, § 171, Rn. 10.

tionen auf Plausibilität hin zu untersuchen, ihn einer betriebswirtschaftlichen Analyse zu unterziehen sowie hierauf aufbauend das vermittelte Gesamtbild des Unternehmens zu würdigen. Sofern der Aufsichtsrat im Einzelfall andere bilanzielle Abbildungen im Unternehmensinteresse für zweckmäßiger hält oder sogar Zweifel an der Ordnungsmäßigkeit hat, muss er seine eigene Auffassung zunächst anhand entsprechender Nachweise verifizieren, um im Anschluss mit dem Vorstand (ggf. unter Hinzuziehung des Abschlussprüfers) die konträren Standpunkte zu diskutieren. Für eine den Anforderungen entsprechende Prüfung des Abschlusses werden neben Kenntnissen über das Unternehmen auch umfassende Rechnungslegungskenntnisse benötigt, die z. B. »Querchecks« zur Stimmigkeit der Informationen innerhalb der Unterlagen ermöglichen sollen. Sobald konkrete Anhaltspunkte für einen mangelhaften Abschluss vorliegen, müssen weiterführende Prüfungen (z. B. Stichprobenprüfungen einzelner Posten gem. § 111 Abs. 2 AktG) durchgeführt werden.

3   Verwertung des Prüfungsberichts

Der Abschlussprüfer ist gem. § 321 HGB gesetzlich verpflichtet, über die Abschlussprüfung einen schriftlichen Prüfungsbericht abzufassen. Das Gesetz gibt für den Inhalt dieses Prüfungsberichts klare Leitlinien vor, die durch den IDW PS 450 n. F. über die Grundsätze ordnungsmäßiger Berichterstattung bei Abschlussprüfungen detailliert ausgefüllt werden. Entsprechend den strikten Vorgaben sind die Prüfungsberichte der Wirtschaftsprüfer weitgehend standardisiert und vergleichbar.

Trotz des vorgegebenen Aufbaus finden sich in der Detailtiefe teils erhebliche Unterschiede, die allerdings nicht allein dem Abschlussprüfer zuzurechnen sind, sondern auch durch das zu prüfende Unternehmen beeinflusst werden. Wünscht sich der Vorstand oder der Aufsichtsrat bspw. einen ausführlicheren Bericht oder möchte er, dass z. B. unternehmensspezifische Kennzahlen aufgenommen werden, kann er auf den Abschlussprüfer innerhalb der durch das Gesetz gesetzten Grenzen der Berichterstattung durch entsprechende Auftragsvereinbarungen Einfluss nehmen.

Der Prüfungsbericht stellt ein nützliches Informationsinstrument für den Aufsichtsrat bei seiner eigenen Prüfung des Abschlusses dar, denn der Abschlussprüfer gibt nicht nur sein Gesamturteil in Form des Bestätigungsvermerks ab, sondern kommentiert letztlich den Abschluss aus seiner Sichtweise. Insbesondere werden Effekte aus Bewertungsänderungen und sachverhaltsgestaltenden Maßnahmen gesondert ausgewiesen und ungewöhnliche Bilanzierungsweisen klar herausgestellt. Auch über Verstöße und Unregelmäßigkeiten, die nicht die Rechnungslegung als solche betreffen, ihm aber bei seiner Prüfungstätigkeit bekannt werden, muss der Abschlussprüfer aufgrund seiner Redepflicht Bericht erstatten. Anhand der Gliederung des IDW PS 450 n. F., die weitestgehend derjenigen des Prüfungsberichts des Abschlussprüfers entspricht, werden im Folgenden die Inhalte der Berichtspassagen herausgearbeitet und dem Aufsichtsrat ein Einblick gewährt, was er aus dem Prüfungsbericht lesen kann, welche Abschnitte besonders informativ sind und wie er die Informationen für seine Tätigkeit nutzen kann. Sofern einzelne Teilbereiche beim jeweiligen Unternehmen nicht zutreffend sind, entfallen die entsprechenden Passagen und die Nummerierung wird entsprechend angepasst.

1. Prüfungsauftrag

In diesem ersten Abschnitt des Prüfungsberichts werden die Grundlagen des Prüfungsauftrags ausgeführt. Hier sind u. a. die Wahl zum Abschlussprüfer, das Auftragsschreiben mit Angaben zum Auftraggeber, der Art der Prüfung (Jahres- oder Konzernabschlussprüfung, Rechnungslegungsstandards) sowie einige Auftragsdaten zu finden. Abgesehen davon, dass der Aufsichtsrat die Angaben auf ihre Ordnungsmäßigkeit hin überprüfen kann, bietet dieser Abschnitt regelmäßig keine neuen Erkenntnisse für ihn.

2. Grundsätzliche Feststellungen

2.1. Lage des Unternehmens

2.1.1. Stellungnahme zur Lagebeurteilung der gesetzlichen Vertreter

Dieser zentrale Abschnitt zu Beginn des Berichts soll den Leser auf für die Beurteilung der wirtschaftlichen Lage besonders wichtige Punkte hinweisen. Der Abschlussprüfer gibt hier an erster Stelle prägnant die wichtigsten Punkte aus der Lageberichterstattung der Geschäftsführung wieder. Es ist allerdings nicht seine Aufgabe, diese Kernaussagen zu werten, zu gewichten oder gar zu vervollständigen. Nicht im Lagebericht enthaltene Angaben führen ggf. zu Auswirkungen auf den Bestätigungsvermerk und können nicht durch Erläuterungen im Prüfungsbericht geheilt werden. Neben den Erläuterungen zur Entwicklung der Vermögens-, Finanz- und Ertragslage endet dieser Abschnitt des Berichts regelmäßig mit einem Ausblick (mindestens) auf das kommende Geschäftsjahr. Bereits an dieser Stelle ist ersichtlich, wie die Unternehmensleitung die weitere Entwicklung beurteilt und ob sowie in welchem Umfang es Risiken bzgl. der zukünftigen Entwicklung des Unternehmens gibt.

Sollte eine Bestandsgefährdung oder eine Entwicklungsbeeinträchtigung vorliegen, wird der Wirtschaftsprüfer auch hierüber bereits an dieser Stelle des Prüfungsberichts berichten. Meist wird, um der Gewichtigkeit eines solchen Punktes Rechnung zu tragen, ein eigener Gliederungspunkt (z. B. »2.1.2 Entwicklungsbeeinträchtigende Tatsachen«) eröffnet, und es lässt sich bereits mit einem Blick in die Gliederung des Prüfungsberichts feststellen, ob erhöhte Risiken bei der zukünftigen Entwicklung bestehen. In den Ausführungen eines solchen Abschnitts berichtet der Abschlussprüfer wieder ausgehend von den Aussagen im Lagebericht, kann allerdings darüber hinaus weiterführende Details einfließen lassen. Während z. B. im Lagebericht auf ein Risiko aus der Finanzierung über kurzfristige Kreditlinien hingewiesen und ein alternatives Finanzierungskonzept dargelegt wird, kann der Abschlussprüfer diese Aussagen mit Zahlen und Fakten füllen. Hier ist allerdings anzumerken, dass die Angaben zu Risiken im Lagebericht ebenfalls zu quantifizieren und auszuführen sind. Sollte eine deutlich umfangreichere Berichterstattung im Prüfungsbericht aufzufinden sein, deutet dies möglicherweise auf einen Mangel im Lagebericht hin. Auch ohne Mangel im Lagebericht und möglicherweise folgender Einschränkung des Testats werden entwicklungsbeeinträchtigende oder bestandsgefährdende Tatsachen zu einem Hinweis im Bestätigungsvermerk führen; bei bestandsgefährdenden Tatsachen wird ein gesonderter Hinweis im Bestätigungsvermerk explizit von § 322 Abs. 2 Satz 3 HGB gefordert. Dieser Hinweis bedeutet allerdings keine Einschränkung und kann auch bei vollständiger und ordnungsmäßiger Berichterstattung der Geschäftsführung im Abschluss angebracht bzw. verpflichtend sein, um entsprechendes Gewicht auf die Aussage zu Unsicherheitsfaktoren bei künftigen Entwicklungen zu legen.

2.2. Unregelmäßigkeiten

Der Abschlussprüfer unterliegt einer Berichterstattungspflicht über ihm während der Prüfung bekannt gewordene Unregelmäßigkeiten oder Verstöße, auch wenn diese nicht die Rechnungslegung betreffen. Solche nicht die Rechnungslegung bzw. den Abschluss direkt betreffenden Sachverhalte haben meist keinerlei Auswirkungen auf den Abschluss und somit auch regelmäßig nicht auf den Bestätigungsvermerk.

Wenn dem Abschlussprüfer keinerlei Unregelmäßigkeiten im Laufe der Prüfung bekannt geworden sind, entfällt der entsprechende Abschnitt. Auch hier kann der Aufsichtsrat folglich bereits durch einen Blick in die Gliederung feststellen, ob durch den Abschlussprüfer Verstöße identifiziert wurden und falls ja, ob diese die Rechnungslegung betreffen oder nicht.

2.2.1. Unregelmäßigkeiten in der Rechnungslegung

Hier wird über alle festgestellten Verstöße gegen andere Rechnungslegungsvorschriften berichtet, die i. d. R. zu einer Einschränkung oder Versagung des Testats geführt haben. Beispielhaft können hier fehlende Anhangangaben oder eine fehlerhafte Bewertung bei einer Rückstellung genannt werden.

Bei Unternehmen von öffentlichem Interesse sind identifizierte bedeutsame Mängel des (konzern-)rechnungslegungsbezogenen IKS stets berichtspflichtig, und es ist im Prüfungsbericht für jeden einzelnen bedeutsamen Mangel festzustellen, ob dieser Mangel vom (Mutter-)Unternehmen beseitigt worden ist oder nicht.[178]

---

178 Vgl. Art. 11 Abs. 2 Buchst. j) VO (EU) Nr. 537/2014 sowie weiterführend IDW PS 450 n. F., Tz. P65/2 sowie Tz. 118.

2.2.2. Sonstige Unregelmäßigkeiten

Sonstige Unregelmäßigkeiten und Gesetzesverstöße betreffen häufig eine nicht oder nicht fristgerecht erfolgte Offenlegung gem. § 325 HGB. In diesem Fall ergibt sich bspw. zunächst keine Auswirkung auf den Bestätigungsvermerk. Auch andere Gesetzesverstöße, die nicht in einem so engen Zusammenhang zur Rechnungslegung stehen, werden hier näher erläutert (z. B. spezialgesetzliche Regelungen bei Kreditinstituten). Hierneben fallen unter den Begriff Unregelmäßigkeiten auch Verstöße gegen den Gesellschaftsvertrag oder fraudulente Handlungen aller Art: Täuschung, Vermögensschädigung oder Betrug. Viele der möglichen Inhalte werden zumindest in ihren Konsequenzen (z. B. Rechtsstreitigkeiten) auch Auswirkungen auf die Rechnungslegung haben und können somit indirekt Auswirkungen auf den Bestätigungsvermerk entfalten (z. B. fehlende Rückstellung für Rechtsstreitigkeiten).

Darüber hinaus berichtet der Abschlussprüfer in diesem Abschnitt über festgestellte Verstöße gegen Vorschriften des Deutschen Corporate Governance Kodex durch in den Konzernabschluss einbezogene börsennotierte Gesellschaften oder Gesellschaften, die sich freiwillig zur Beachtung des DCGK verpflichtet haben (Berichterstattung gem. Empf. D.9 DCGK 2022).

3. Gegenstand, Art und Umfang der Prüfung

In diesem Abschnitt wird die Vorgehensweise bei der Prüfung ausgehend vom Prüfungsgegenstand bis hin zur Prüfungstechnik und zum Prüfungszeitraum dargestellt. Hier werden z. B. die Prüfungsverfahren erläutert (Stichprobenprüfung vs. Prozessprüfung). Dieser in weiten Teilen formelhaft aufgebaute Abschnitt, der den Prüfungsansatz des Abschlussprüfers wiedergibt, bietet nur wenig Informationen für den Aufsichtsrat. Er kann allerdings darauf achten, dass die mit dem Abschlussprüfer vereinbarten Prüfungsschwerpunkte hier benannt werden. Des Weiteren wird der Abschlussprüfer darauf hinweisen, wenn bei der Prüfung einzelner Bilanzposten ein besonderes Prüfungsvorgehen gewählt wurde (z. B. Verwendung von Gutachten als Nachweis für die Rückstellungsbewertung, Inventurbeobachtung). Bei Unternehmen von öffentlichem Interesse wird im Zusammenhang mit der Darstellung der Prüfungsschwerpunkte im Prüfungsbericht auch auf die im Bestätigungsvermerk dargestellten besonders wichtigen Prüfungssachverhalte (»Key Audit Matters«) eingegangen, da diese stets die Qualität von Prüfungsschwerpunkten haben.

Weiterhin sind bei Unternehmen von öffentlichem Interesse vertiefende Informationen zur Prüfungsdurchführung und zur Kommunikation mit dem Aufsichtsrat erforderlich:

*   Beschreibung des Zeitplans der Prüfung (Art. 11 Abs. 2 Buchst. e) VO (EU) Nr. 537/2014); dabei ist zumindest der tatsächliche Ablauf der Prüfung darzustellen. Darüber hinaus

kann es im Einzelfall sinnvoll sein, auf wesentliche Abweichungen zwischen dem ursprünglichen Plan und dem tatsächlichen Ablauf der Prüfung einzugehen.[179]

- Darlegung der quantitativen Wesentlichkeitsgrenze für den Abschluss als Ganzes sowie ggf. der spezifischen Wesentlichkeiten für bestimmte Arten von Geschäftsvorfällen, Kontensalden oder Abschlussangaben (Art. 11 Abs. 2 Buchst. h) VO (EU) Nr. 537/2014); in diesem Zusammenhang sind auch die qualitativen Faktoren, die bei der Festlegung der Wesentlichkeitsgrenzen berücksichtigt wurden, anzugeben.[180]
- Darstellung der verwendeten (Prüfungs-)Methode in Bezug auf die »Kategorien der Bilanz«, differenziert nach »direkt überprüft« und nach »System- und Zuverlässigkeitsprüfungen unterzogen« (Art. 11 Abs. 2 Buchst. g) VO (EU) Nr. 537/2014)
- Beschreibung von Art, Häufigkeit und Umfang nebst Zeitpunkt der Kommunikation mit dem Prüfungsausschuss, dem Aufsichtsorgan und dem Unternehmensleitungsorgan des Mutterunternehmens (Art. 11 Abs. 2 Buchst. d) VO (EU) Nr. 537/2014).

4. Feststellungen und Erläuterungen zur Rechnungslegung

4.1. Ordnungsmäßigkeit der Rechnungslegung

4.1.1. Buchführung und weitere geprüfte Unterlagen

4.1.2. Jahresabschluss

4.1.3. Lagebericht

Der Abschlussprüfer trifft in diesem Abschnitt Aussagen zur Ordnungsmäßigkeit des Abschlusses nebst Lagebericht. Meist wird dies in einer Bestätigung der entsprechenden Regelkonformität bestehen. Hieraus ergeben sich i. d. R. keine neuen Erkenntnisse für den Aufsichtsrat, da sich die wertenden Feststellungen und Beanstandungen bereits aus dem Bestätigungsvermerk ergeben.

4.2. Gesamtaussage des Jahresabschlusses

Dieser Abschnitt ist ein zentraler Berichtsteil, da er die Analyse des Abschlusses beinhaltet. Alle wesentlichen Beeinflussungen des Abschlusses, seien es Einmaleffekte, Sachverhaltsgestaltungen oder bilanzpolitische Maßnahmen, werden hier genannt und quantifiziert. Neben den eher abschließenden Urteilen des Abschlussprüfers, wie sie im Rahmen des Bestätigungsvermerks oder bei den Aussagen zur Ordnungsmäßigkeit getroffen werden, kann der Aufsichtsrat diesem Berichtsteil entnehmen, in welchem Ausmaß

---

179   Vgl. IDW PS 450 n. F., Tz. P56/4, 118.
180   Vgl. IDW PS 450 n. F., Tz. P57/6, 118.

die Geschäftsführung Einfluss auf den Abschluss genommen hat und in welchem Umfang Spielräume genutzt wurden.

4.2.1. Feststellungen zur Gesamtaussage des Jahresabschlusses

Der einleitende Abschnitt Feststellungen zur Gesamtaussage ist – ähnlich den Ausführungen zur Ordnungsmäßigkeit – eine formelmäßige Feststellung, die bescheinigt, ob der Abschluss insgesamt ein den tatsächlichen Verhältnissen entsprechendes Bild von der Vermögens-, Finanz- und Ertragslage des Unternehmens vermittelt. Allerdings ist auch diese Gesamtaussage aus dem Bestätigungsvermerk ersichtlich. Sollte ein entsprechendes Bild nicht vermittelt werden, kann dies zu einem eingeschränkten oder versagten Prüfungsurteil führen.

4.2.2. Wesentliche Bewertungsgrundlagen

Dieser insb. für die Prüfung der Zweckmäßigkeit des Abschlusses zentrale Abschnitt erläutert alle wesentlichen Bewertungsgrundlagen, soweit die entsprechenden Angaben nicht im (Konzern-)Anhang enthalten sind. Hierunter können alle Sachverhalte fallen, bei denen die Bewertung in größerem Ausmaß von einzelnen gewählten Parametern oder der Ausübung von Wahlrechten bzw. Schätz- und Ermessensspielräumen abhängig ist. Beispielsweise wird in diesem Abschnitt über die Bewertungsgrundlagen der folgenden Bilanzposten berichtet: selbstgeschaffene immaterielle Rechte und Werte, Geschäfts- oder Firmenwert, Sachanlagen (z. B. bei ungewöhnlichen Abschreibungsmethoden), Anteile an verbundenen Unternehmen, Vorräte, langfristige Forderungen und Ausleihungen, Pensionsrückstellungen, Altersteilzeitrückstellungen sowie andere sonstige Rückstellungen. Diese über die Angaben im Anhang hinausgehenden Erläuterungen können dem Aufsichtsrat z. B. Anhaltspunkte dafür geben, welche Bilanzposten besonders konservativ oder aggressiv bewertet wurden, in welchen Bereichen in den kommenden Geschäftsjahren mit Abwertungen zu rechnen sein kann und inwieweit das derzeitige Bilanzbild nachhaltig ist. Mit diesen Erkenntnissen kann der Aufsichtsrat die Diskussion der Zweckmäßigkeit des Abschlusses aufgreifen und die von der Geschäftsführung vorgegebene Richtung hinterfragen. Auch für die Gespräche mit dem Abschlussprüfer liefert dieser Abschnitt wichtige Anhaltspunkte, um den Abschlussprüfer z. B. nach seinem Standpunkt zu den gewählten zentralen Bewertungsparametern zu befragen. Wesentliche Bewertungsparameter sind u. a. die Diskontierungszinssätze, die für die Bewertung von Pensionsverbindlichkeiten oder für die Beurteilung der Werthaltigkeit von Firmenwerten, immateriellen Vermögenswerten oder Beteiligungen verwendet werden.

4.2.3. Änderungen in den Bewertungsgrundlagen

Dieser Berichtsabschnitt ist nur dann einschlägig, wenn Änderungen bei den wesentlichen Bewertungsgrundlagen stattgefunden haben. Werden die Vorräte z. B. erstmalig nicht mehr nach einem Bewertungsvereinfachungsverfahren wie FIFO (First in first out), sondern nach dem Einzelbewertungsgrundsatz bewertet, werden in diesem Berichtsteil das alte und das neue Bewertungsverfahren erläutert und die Veränderung des Bilanzpostens (soweit quantifizierbar) aufgesplittet in den Effekt aus der Bewertungsänderung und der tatsächlichen Veränderung. Hier erlangt der Aufsichtsrat folglich neben den entsprechenden Erläuterungen im Anhang weitergehende Aussagen zu allen Bewertungsänderungen des Berichtsjahres.

Die Hintergründe sowie die Sinnhaftigkeit der Bewertungsänderungen kann der Aufsichtsrat überdenken und ggf. mit der Geschäftsführung diskutieren.

4.2.4. Sachverhaltsgestaltende Maßnahmen

Im Gegensatz zu bloßen Bewertungsänderungen oder der unterschiedlichen Ausübung von Schätzspielräumen liegen Sachverhaltsgestaltungen insb. zur Erreichung bilanzpolitischer Ziele gestaltete Sachverhalte zugrunde. Neben dem Factoring zählen folgende Gestaltungsvarianten typischerweise zum Kreis der Sachverhaltsgestaltungen: Mietkauf, Leasing, Asset Backed Securities und Auslagerung von Vermögen oder Schulden in sog. Zweckgesellschaften. Während bspw. die Forderungen üblicherweise in der Bilanz des Rechnungsstellers ausgewiesen werden, kann dies im Falle eines Factorings anders sein. Folglich sind Kennzahlen wie z. B. die Umschlagshäufigkeit der Forderungen nicht aussagekräftig bzw. missverständlich. Sachverhaltsgestaltungen können, müssen allerdings nicht bilanziell motiviert sein. Während einige Gestaltungen tatsächliche Vorteile für das Unternehmen aufweisen, z. B. im Falle des Factorings die Liquidität erhöhen und das Zahlungsziel verkürzen, gibt es wiederum andere, die ausschließlich durch die angestrebte Verbesserung von Kennzahlen oder des allgemeinen Bilanzbilds getrieben sind.

Der Aufsichtsrat kann sich durch die kompakte Darstellung aller wesentlichen Sachverhaltsgestaltungen innerhalb kurzer Zeit einen umfassenden Überblick darüber verschaffen, wie viele solcher Maßnahmen die Geschäftsführung ergriffen hat, wie sie begründet werden und ob sich hieraus ggf. bedenkliche Aussagen zur Lage der Gesellschaft ableiten lassen. Je umfangreicher die Sachverhaltsgestaltungen an sich und je gravierender deren Auswirkungen auf Kennzahlen (v.a. solche, die die Kapitalgeber bzw. Banken im Fokus haben) sind, umso größer ist die Gefahr, dass der Abschluss kein den tatsächlichen Verhältnissen entsprechendes Bild abgibt oder die notwendigen, sehr umfangreichen Erläuterungen nicht vollständig sind sowie möglicherweise sogar die Entwicklung der Gesellschaft beeinträchtigt oder der Bestand gefährdet ist. Eine Vielzahl von Gestaltungen erschwert den Blick auf den tatsächlichen, möglicherweise schwachen Geschäftsverlauf.

4.2.5. Aufgliederungen und Erläuterungen

Dieser Abschnitt gliedert sich regelmäßig in eine Mehrjahresübersicht sowie Erläuterungen zur Vermögens-, Finanz- und Ertragslage. Sämtliche Lageerläuterungen beginnen meist mit einer Übersicht, gefolgt von ausgewählten Kennzahlen und tiefer greifenden Erläuterungen zu einzelnen Bilanzposten. Auf diesen Abschnitt kann verzichtet werden, sofern die Darstellungen im Anhang und Lagebericht aussagekräftig und ausreichend detailliert sind.

Dieser Abschnitt dient einem umfassenden Überblick der wesentlichen Veränderungen gegenüber dem Vorjahr sowie der dominierenden Posten. Hier kann der Aufsichtsrat sein Wissen zu Inhalt und Hintergrund der Bilanz oder den Werttreibern der Ertragslage vertiefen, wie auch gezielt nach Erklärungen für Veränderungen in Posten des Abschlusses suchen.

5. Feststellungen zum Risikofrüherkennungssystem

Bei börsennotierten Gesellschaften ist das vom Vorstand nach § 91 Abs. 2 AktG einzurichtende Risikofrüherkennungssystem (RFS) verpflichtend Gegenstand der Abschlussprüfung gem. § 317 Abs. 4 HGB. Die Berichterstattung findet im Falle einer solchen Prüfung in einem gesonderten Abschnitt statt. Alle anderen, vorhergehenden Berichtsteile befassen sich mit der Darstellung der wirtschaftlichen Lage des Unternehmens in Abschluss und Lagebericht oder mit der Abschlussprüfung als solcher. Dieser Abschnitt ist der einzige, in dem der Abschlussprüfer ein explizites Urteil zur Innenorganisation des Unternehmens abgeben muss. Erkennt der Abschlussprüfer Mängel im RFS, muss dies keine Einschränkung oder Versagung des Bestätigungsvermerks zur Folge haben. Nur wenn diese Mängel auch zu Mängeln in der Rechnungslegung geführt haben oder aber das RFS derart mangelbehaftet ist, dass nicht mehr von einer funktionsfähigen Kontrollumgebung mit der Folge erheblicher Auswirkungen auf die Geschäftstätigkeit gesprochen werden kann, wird dies auch Auswirkungen auf den Bestätigungsvermerk haben.

Der Abschlussprüfer trifft in diesem Abschnitt die Feststellung, ob das RFS geeignet ist, Entwicklungen, die den Fortbestand des Unternehmens gefährden, frühzeitig zu erkennen und die ihm zugedachten Aufgaben zu erfüllen. Neben diesem Gesamturteil muss der Abschlussprüfer über ihm bekannt gewordene Mängel berichten und die Bereiche benennen, in denen Verbesserungen erforderlich sind.

Der Aufsichtsrat erlangt durch diese Prüfung des RFS und den Bericht die Möglichkeit, kritische Teilbereiche, soweit vorliegend, zu identifizieren, sowie Hinweise darauf, welche Problembereiche er beim Vorstand und Abschlussprüfer thematisieren sollte.

6. Feststellungen aus Erweiterungen des Prüfungsauftrags

Dieser Abschnitt ist nur Berichtsbestandteil, wenn der Prüfungsauftrag durch den Aufsichtsrat erweitert wurde. Bei sog. Ergänzungen hingegen wird regelmäßig in einem gesonderten Dokument Bericht erstattet. Eine Erweiterung des Prüfungsauftrags, über die hier regelmäßig zu berichten ist, betrifft die Prüfung der für Zwecke der Offenlegung erstellten elektronischen Wiedergaben von (Konzern-)Abschluss und (Konzernlage-)Bericht auf ESEF-Konformität nach § 317 Abs. 3a HGB. Hierbei handelt es sich um die Pflicht für die meisten Inlandsemittenten, die Wertpapiere i. S. v. § 2 Abs. 1 WpHG begeben haben, bestimmte Offenlegungsunterlagen in Übereinstimmung mit dem European Single Electronic Format zu erstellen.

Eine weitere mögliche Erweiterung des Prüfungsauftrags betrifft Prüfungen nach § 313 Abs. 3 AktG (Abhängigkeitsbericht). Diesen Bericht muss der Vorstand einer abhängigen Gesellschaft erstellen, sofern kein Beherrschungsvertrag besteht. Zweck des Berichts ist es, darzulegen, ob der Gesellschaft durch das Beherrschungsverhältnis Vor- oder Nachteile entstanden sind und ob etwaige Nachteile in ausreichendem Umfang ausgeglichen wurden. Der Abschlussprüfer hat die Angaben des Berichts auf Vollständigkeit und Richtigkeit hin zu überprüfen und zu hinterfragen.

Weitere Beispiele für Erweiterungen des Prüfungsauftrags betreffen § 53 HGrG (Geschäftsführungsprüfung), § 6b Abs. 3 EnWG (Prüfung von Energieversorgungsunternehmen) oder § 30 KHGG NRW (Krankenhausgestaltungsgesetz des Landes Nordrhein-Westfalen; Verwendungsprüfung der Fördermittel).

Bei folgenden Auftragsinhalten handelt es sich hingegen um einen gesonderten Auftrag, der in einem getrennten Auftragsschreiben vereinbart und über den gesondert Bericht erstattet wird: Prüfung der Einhaltung von sog. Financial Covenants, Werthaltigkeitsbescheinigungen, Prüfung eines zweiten Abschlusses (z. B. Jahres- und Konzernabschluss).

7. Bestätigungsvermerk

Die Formen des Bestätigungsvermerks (uneingeschränkt, eingeschränkt, versagt) sowie deren Inhalt sind gesetzlich in § 322 HGB verankert. Hinzu kommen die Vorgaben des Berufsstands der Wirtschaftsprüfer insb. durch IDW PS 400 n. F.: Bildung eines Prüfungsurteils und Erteilung eines Bestätigungsvermerks, IDW PS 401: Mitteilung besonders wichtiger Prüfungssachverhalte im Bestätigungsvermerk, IDW PS 405: Modifizierungen des Prüfungsurteils im Bestätigungsvermerk und IDW PS 406: Hinweise im Bestätigungsvermerk.

Aufgrund dieser Vorgaben wird der Bestätigungsvermerk z. T. aus einer Art Standardtext bestehen, insb. hinsichtlich der Darstellung der Verantwortlichkeiten der gesetzlichen Vertreter und des Aufsichtsrates für den Jahresabschluss und Lagebericht sowie der Verantwortung des Abschlussprüfers für die Prüfung des Jahresabschlusses und des Lageberichts. Unternehmensindividuelle Ausführungen finden sich regelmäßig bei der Darstellung der besonders wichtigen Prüfungssachverhalte (sog. Key Audit Matters) sowie ggf. enthaltener Hinweise auf besonders hervorzuhebende Sachverhalte.

Bereits zu Beginn des Bestätigungsvermerks werden die Prüfungsurteile für den Jahres-abschluss und den Lagebericht in einem gesonderten Abschnitt wiedergegeben. An der Überschrift dieses Unterabschnitts ist zu erkennen, ob eine Einschränkung vorliegt. Bei uneingeschränkten Prüfungsurteilen lautet die Zwischenüberschrift: »Prüfungsurteil(e)«, bei einem eingeschränkten Prüfungsurteil lautet die Zwischenüberschrift »Eingeschränk-tes Prüfungsurteil zum (bspw.) Jahresabschluss«. Sofern ein Versagungsvermerk erteilt wird, ist dieser hingegen bereits in der Überschrift als solcher gekennzeichnet.

Eine aufschiebende Bedingung wird dem Bestätigungsvermerk unmittelbar vorangestellt.

8. Bestätigungsvermerk mit besonders wichtigen Prüfungssachverhalten (»Key Audit Matters«)

Bei Unternehmen von öffentlichem Interesse enthält der Bestätigungsvermerk des Ab-schlussprüfers i. d. R. eine unternehmensspezifische Darstellung der besonders wichtigen Prüfungssachverhalte (»Key Audit Matters«).

Ausgangsbasis für die Identifizierung der Key Audit Matters sind die zwischen dem Ab-schlussprüfer und dem Aufsichtsrat erörterten Sachverhalte. Hieraus werden die bedeu-tendsten Sachverhalte ausgewählt, die eine besondere Befassung bei der Prüfung des Abschlusses erfordert haben.[181] Hierunter können Sachverhalte fallen, die

- ein besonders hohes Prüfungsrisiko aufweisen,
- besondere Beurteilungen erfordern, wie geschätzte Werte mit einer hohen Schät-zungsunsicherheit, oder
- aus bedeutsamen Ereignissen oder Geschäftsvorfällen während des Geschäftsjahres resultieren.

Die Key Audit Matters sind dem Prüfungsausschuss wie auch dem Aufsichtsrat demnach grds. bekannt. Trotzdem kann und sollte es zu einer Rückkoppelung zwischen der Tätig-keit des Prüfungsausschusses und den Key Audit Matters kommen. Die Diskussion der Key Audit Matters kann dem Prüfungsausschuss insb. dabei helfen, eigene Einschätzungen und Risikobetrachtungen zu hinterfragen und die Qualität der Abschlussprüfung durch eine vertiefte Kommunikation mit dem Abschlussprüfer zu verbessern. Zur Reflexion der eigenen Tätigkeit auf Basis der Key Audit Matters kann sich der Prüfungsausschuss u. a. folgende Fragen stellen:

- Wie überwacht der Prüfungsausschuss den Rechnungslegungsprozess zur Erstellung des Abschlusses und des Lageberichts?
- Kann der Prüfungsausschuss diese Aufgaben selbst ausführen oder bedarf er (exter-ner) Unterstützung?

---

181 Siehe IDW PS 201 n. F.: Mitteilung besonders wichtiger Prüfungssachverhalte im Bestätigungsvermerk.

Die Key Audit Matters bieten mögliche Ansatzpunkte für Aktionärsfragen auf der Hauptversammlung; dies sollte bei der Vorbereitung berücksichtigt werden.

9. Anlagen zum Prüfungsbericht

Als Anlagen enthält der Prüfungsbericht regelmäßig den vollständigen Abschluss nebst Lagebericht, den Bestätigungsvermerk (da es sich bei dem im Prüfungsbericht abgedruckten Bestätigungsvermerk nur um eine Wiedergabe des Bestätigungsvermerks handelt) sowie eventuell eine Darstellung der rechtlichen und wirtschaftlichen Grundlagen. In dieser letztgenannten Anlage werden vielfach Eckdaten des Unternehmens, insb. aus dem Handelsregister (Unternehmenszweck, Geschäftsjahr, Firma, Grundkapital etc.), Beschlüsse der Organe im Geschäftsjahr, Verbindungen zu anderen Unternehmen, Zusammenfassungen wesentlicher Verträge und eine Kurzdarstellung der steuerlichen Verhältnisse (Betriebsprüfungen, Veranlagungsart etc.) aufgeführt.

Grundsätzlich sollten diese Informationen für den Aufsichtsrat keine neuen Erkenntnisse bergen, dennoch sind sie eine hilfreiche Übersicht, um z. B. eine Vertragslaufzeit oder den Stand der steuerlichen Veranlagung nachzuschlagen.

Praktische Hinweise zum Lesen eines Prüfberichts

Der rote Faden eines Prüfungsberichts zieht sich von den grundsätzlichen Feststellungen in Abschnitt 2 über die Analyse des Abschlusses, die unter Abschnitt 4 dargestellt wird, hin zur Aufgliederung sowie Erläuterung der Abschlussposten und abschließend zum Bestätigungsvermerk. Daraus leitet sich folgende Empfehlung für das Lesen des Prüfungsberichts ab (Abb. 23):

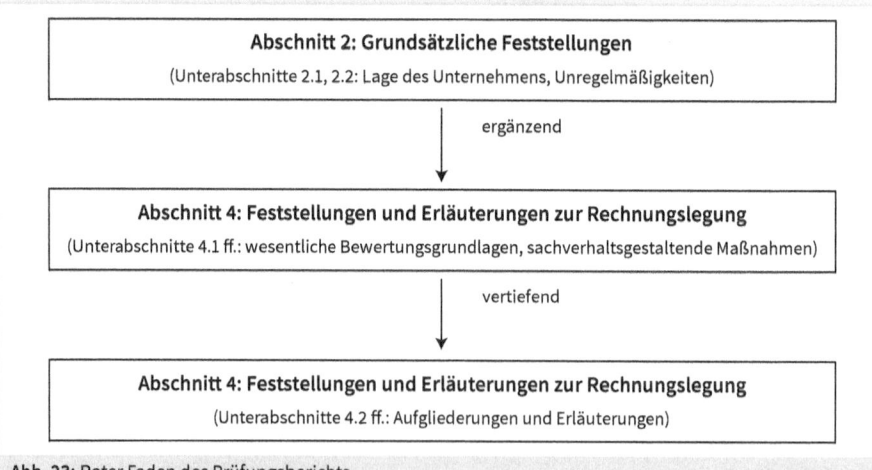

Abb. 23: Roter Faden des Prüfungsberichts

Praktische Hinweise für die Diskussion zur Finanzberichterstattung

Unter Berücksichtigung der Erkenntnisse aus der Durchsicht des Prüfungsberichts kann der Aufsichtsrat relevante Diskussionspunkte auf Basis folgender Fragen identifizieren:

- Ist der Abschluss konsistent mit dem Verständnis des Aufsichtsrates?
- Sind die wesentlichen Risiken, die im Aufsichtsrat diskutiert wurden, in der externen Risikoberichterstattung adäquat abgebildet?
- Gibt es Unplausibilitäten oder Inkonsistenzen in der Berichterstattung im Konzernlagebericht und Konzernabschluss?
- Welches sind wesentliche Sacherhalte oder Einzelposten in GuV und/oder Bilanz mit:
  - hohem Ermessensspielraum und/oder
  - komplexen Bilanzierungsregeln?
- Sind relevante Bilanz- und GuV-Posten und deren Veränderung ausreichend erläutert?
- Sind alle großen Schätzunsicherheiten und Bereiche, die stark mit Ermessen behaftet sind, im Konzernanhang beschrieben?
- Ist der Prognosebericht im Lagebericht konsistent zur Unternehmensplanung sowie zu an den Aufsichtsrat kommunizierten Informationen?
- Sind die Bilanzierungsentscheidungen des Unternehmens angemessen dokumentiert?
- Wo besteht die Gefahr, dass die BaFin (früher DPR) eine fehlerhafte Rechnungslegung feststellen könnte?

4   Kommunikation mit dem Vorstand

Der Aufsichtsrat sollte zur Beurteilung der Zweckmäßigkeit von Abschluss, Lagebericht und Gewinnverwendungsbeschluss offene und direkte Diskussionen mit dem Vorstand pflegen. Die Verpflichtung, im Unternehmensinteresse zu handeln, die Aktionärsinteressen sowie die Interessen anderer Parteien vor dem Ziel der langfristigen, nachhaltigen Erfolgssicherung des Unternehmens zu vertreten, obliegt Vorstand und Aufsichtsrat gleichermaßen. Die Aufgabe des Aufsichtsrates ist es folglich, im Rahmen der Prüfung der Zweckmäßigkeit das »Vier-Augen-Prinzip« zu gewährleisten und die vom Vorstand getroffenen Entscheidungen zu hinterfragen, zu verifizieren und zu untermauern. Im Rahmen der Prüfung sollen der Erfahrungsschatz des Aufsichtsrates und dessen Unabhängigkeit vom Erstellungsprozess genutzt werden, um neben unbewusst unterlaufenen Fehlern insb. bewusste Sachverhaltsgestaltungen (z. B. sog. window dressing) aufzuklären.

Der Aufsichtsrat kann neben der Durchsicht der Unterlagen und dem Gespräch mit dem Vorstand sein umfassendes Einsichts- und Prüfungsrecht gem. § 111 Abs. 2 AktG sowie sein Recht auf Berichterstattung gem. § 90 Abs. 3 AktG geltend machen, um weitere Unterlagen, Erklärungen oder Nachweise zu fordern und diese im Nachgang selbst oder durch einen Sachverständigen zu prüfen. Hierdurch kann der Aufsichtsrat in Zweifelsfällen Klarheit über Hintergründe und Motivation für die gewählte Darstellungsweise erlangen oder aber das Maß an Sicherheit in Bezug auf einzelne Angaben erhöhen.

Praktische Hinweise zur Beurteilung des Jahresabschlusses

In das Gespräch mit dem Vorstand, aber auch für schriftliche Anfragen an diesen, kann der Aufsichtsrat – denkbar auch unter Hinzuziehung des Abschlussprüfers – z. B. folgende Überlegungen einbeziehen:[182]

- Mehrere Geschäftsjahre umfassende Diskussionsansätze:
  - Wurden Rechnungslegungsgrundsätze geändert oder im aktuellen Geschäftsjahr anders ausgelegt, und welche Auswirkungen ergeben sich aus diesen Veränderungen?
  - Wie haben sich die Problemfälle bzw. als kritisch erachtete Bewertungsgrundsätze des letzten Abschlusses im laufenden Geschäftsjahr entwickelt?
  - Ist der Vergleich mit Vorjahren durch Transaktionen oder sachverhaltsgestaltende Maßnahmen beeinträchtigt?
- Diskussionsansätze zum Stichtag:
  - Nach welchen Verfahren und Grundsätzen wird bei den verschiedenen Bilanzposten (z. B. Goodwill, immaterielle Werte, latente Steuern, Sachanlagen oder Beteiligungen) die Werthaltigkeit beurteilt, und wie wird der Abwertungsbedarf konkretisiert bzw. quantifiziert?
  - Welche außerbilanziellen Geschäfte bestehen zum Stichtag? Wie würde ein Abschluss nach Aufnahme all dieser Geschäfte in den Abschluss aussehen? Welche Auswirkungen würden sich auf die Kennzahlen ergeben?
  - Gab es differierende Auffassungen über Bewertungsansätze oder Vorgänge innerhalb des Vorstands oder beim Abschlussprüfer? Erfolgte bei diesen kritischen Sachverhalten die Einholung einer unabhängigen, sachverständigen Meinung? Sind diese Differenzen restlos ausgeräumt?

5   Einbeziehung des Abschlussprüfers

Die Prüfung der Abschlüsse durch den Aufsichtsrat basiert auch wesentlich auf der Tätigkeit des Abschlussprüfers. Die Interdependenzen zwischen der Berichterstattung des Abschlussprüfers, der Tätigkeit des Prüfungsausschusses sowie der abschließenden Prüfung der Abschlüsse durch den Aufsichtsrat sind in Abb. 24 veranschaulicht.

---

182 Buhleier/Krowas (2010), S. 1165 ff.

Abschlussprüfer

- Gesamturteil und Bestätigungsvermerk (öffentlich zugänglich)
- Prüfungsberichte (zur Information des Aufsichtsrats)
- Mündliche Berichterstattung im Rahmen der Bilanzsitzung(en)
- Ggf. Management Letter (auf Mandantenwunsch, i.d.R. abgestufte Kommunikation)
- Liste der nichtkorrigierten Prüfungsdifferenzen (»Fehlerliste«) als Teil der vom Vorstand zu unterzeichnenden Vollständigkeitserklärung

Prüfungsausschuss

- Studium insb. der Abschlüsse und der Prüfungsberichte vor der Bilanzsitzung
- Vortrag des Abschlussprüfers in der Bilanzsitzung
  - Offene Diskussion zu Bilanzierungsfragen
  - mögliche relevante Hinweise des Abschlussprüfers, die über das Feld der Rechnungslegung hinausgehen
  - ggf. Diskussion anstehender Änderungen in der künftigen Bilanzierung
- Berichterstattung an den Gesamtaufsichtsrat über die vorbereitende Prüfung durch den Prüfungsausschuss

Aufsichtsrat

- Eigenverantwortliche Prüfung des Jahres- und Konzernabschlusses insb. auf Basis
  - des Berichts des Prüfungs-ausschusses über die vorbereitende Prüfung
  - der Berichterstattung des Abschlussprüfers
  - des Berichts des CFO
- Diskussionsmöglichkeit mit dem Wirtschaftsprüfer im Rahmen einer Vorbesprechung oder in der Bilanzsitzung
- In der **Bilanzsitzung** prüft der Aufsichtsrat den Jahres- und Konzernabschluss einschl. der Lageberichte abschließend und stimmt über die formelle Feststellung bzw. Billigung der Abschlüsse ab.
- Berichterstattung an die Hauptversammlung

Abb. 24: Interdependenzen zwischen Abschlussprüfung, Prüfungsausschuss und Bilanzsitzung des Aufsichts-rates

Prüfungsschwerpunkte

Die Vorgabe von Prüfungsschwerpunkten durch den Aufsichtsrat ermöglicht es diesem, die Tätigkeit des Abschlussprüfers auf bestimmte Themenkomplexe zu fokussieren und in nach Auffassung des Aufsichtsrates kritischen Bereichen eine zusätzliche Sicherheit zu erlangen. Bei der Festlegung der entsprechenden Schwerpunkte kann der Aufsichtsrat sein Wissen über das Unternehmen und seine eigene Risikobeurteilung einbringen. Hat er bspw. bei der Prognose-berichterstattung oder dem Planungsprozess ein ungutes Gefühl oder erachtet er diese als be-sonders ausschlaggebend für den Abschluss, so kann er dem Abschlussprüfer diesen Bereich als Prüfungsschwerpunkt vorgeben. Der Abschlussprüfer muss den vorgegebenen Themen neben seinem gesetzlichen »Pflichtprogramm« nachgehen und über die Ergebnisse berichten. Hierdurch erlangt der Aufsichtsrat folglich über die Sicherheit hinaus, die eine gesetzliche Ab-schlussprüfung mit sich bringt, weitere Informationen in Bezug auf das von ihm erkannte Risi-ko.

Die Zweckmäßigkeit von Themengebieten als Prüfungsschwerpunkt hängt positiv von der erwarteten oder tatsächlichen Fehleranfälligkeit und vom Umfang des Gestaltungsspiel-raums ab. Während z. B. bei der Aktivierung und Bewertung selbstgeschaffener immaterieller Vermögenswerte oder im Rahmen eines Goodwill-Impairment-Tests ein größerer Gestal-tungsspielraum besteht, sind bspw. bei der Passivierung von Verbindlichkeiten gegenüber Kre-ditinstituten in geringerem Umfang Gestaltungsvarianten denkbar. Die Fehleranfälligkeit steigt mit zunehmender Anzahl der Geschäftsvorfälle, die nicht gleichartig behandelt werden. Das

Risiko bei einer jährlich zu bildenden Personalrückstellung wird bspw. weitaus geringer sein als bei einer erstmalig zu bildenden Restrukturierungsrückstellung.

Mit den Prüfungsschwerpunkten des Aufsichtsrates nicht zu verwechseln sind die »besonders wichtigen Prüfungssachverhalte« (»Key Audit Matters«), die durch den Abschlussprüfer festgelegt werden. Während die »Key Audit Matters« und deren Darstellung im Bestätigungsvermerk einen konkreten Einblick in die – ohnehin erforderliche – Prüfungstätigkeit des Abschlussprüfers geben sollen, setzen die Prüfungsschwerpunkte des Aufsichtsrates einen Fokus auf Themen, denen der Abschlussprüfer zusätzlich zu seinem »Pflichtprogramm« nachgehen soll. Zur »Vorgabe und Abstimmung von Prüfungsschwerpunkten« mit dem Abschlussprüfer s. a. Kap. D. III.3.e »Abstimmung von Prüfungsschwerpunkten«.

Berichterstattung des Abschlussprüfers

Die Berichterstattung des Abschlussprüfers an den Aufsichtsrat setzt sich zum einen aus dem Prüfungsbericht[183] sowie zum anderen aus der mündlichen Berichterstattung in der Aufsichtsratssitzung und/oder Prüfungsausschusssitzung zum Abschluss, die meist durch Präsentationsunterlagen oder Handouts unterstützt wird, zusammen.

Die gesetzliche Verpflichtung aus § 171 Abs. 1 Satz 2 AktG verlangt vom Abschlussprüfer die Teilnahme an der Sitzung des Aufsichtsrates und/oder des Prüfungsausschusses über den Jahresabschluss sowie eine Berichterstattung in diesem Rahmen über die Ergebnisse seiner Prüfung, Schwächen im IKS und RMS, die Rechnungslegungsrelevanz besitzen, sowie über Umstände, die zur Besorgnis der Befangenheit führen können, und von ihm neben der Abschlussprüfung erbrachte Leistungen. Der Aufsichtsrat sollte mit dem Abschlussprüfer vereinbaren, dass dieser an beiden Sitzungen teilnimmt, um die Erfüllung der persönlichen Prüfungspflicht jedes Aufsichtsratsmitglieds zu unterstützen sowie den Kontakt zwischen Prüfungsausschuss und Abschlussprüfer zu intensivieren. In diesem kleineren Kreis herrscht häufig ein geringerer Zeitdruck und die Möglichkeit fruchtbarer Diskussionen steigt bei geringerer Teilnehmerzahl sowie deren fachlicher Vorbildung an. Anlässlich der Präsentation des Abschlussprüfers sowie im anschließenden Gespräch sollte der Aufsichtsrat aktiv Fragen zu für den Abschluss und seine Überwachungsfunktion zentralen Themen wie Sachverhaltsgestaltungen und Durchbrechungen der Bilanzierungs- oder Bewertungsstetigkeit stellen. Auch Verständnisprobleme, die sich beim Durcharbeiten der Prüfungsberichte ergeben haben, sollten in diesem Rahmen aufgegriffen und geklärt werden. Anlässlich der Vorbereitung auf die Sitzung soll jedes Aufsichtsratsmitglied die Berichte des Abschlussprüfers gelesen oder zumindest kritisch durchgesehen haben, um festzustellen, ob z. B. etwaige Besonderheiten oder Formulierungen zu eingehenderen Fragen führen könnten. Neben dem Prüfungsbericht umfasst und pointiert auch die Präsentation des Abschlussprüfers nicht nur in Bezug auf die persönliche Prüfungspflicht des Aufsichtsrates, sondern auch für seine Überwachungsfunktion im Allgemeinen, bedeutungsvolle Themen.

---

183 Vgl. hierzu Ausführungen im Kap. D.IV.3 »Verwertung des Prüfungsberichts«.

Beispielsweise enthalten die Management Letter Punkte oder die übrige Berichterstattung zu Schwächen im IKS und RMS Hinweise für den Aufsichtsrat, diese Bereiche im Rahmen seiner Tätigkeit aufzugreifen oder dem Abschlussprüfer für die nächste Abschlussprüfung als Schwerpunkt zuzuweisen.

Durch das FISG wurde in § 109 Abs. 1 AktG eine Ergänzung aufgenommen, nach der der Vorstand an Aufsichtsratssitzungen nicht teilnimmt, in denen der Abschlussprüfer als Sachverständiger hinzugezogen wird, es sei denn, der Ausschuss oder der Aufsichtsrat erachtet seine Teilnahme für erforderlich. Durch diese Vorschrift wird der bisherige Regelfall, dass der Vorstand an den entsprechenden Aufsichtsrats- oder Ausschusssitzungen teilnimmt, zum Ausnahmefall deklariert. Ungeachtet dessen besteht im Ergebnis unverändert die Möglichkeit, sämtliche Sitzungen – einschließlich derjenigen, an denen der Abschlussprüfer teilnimmt – je nach Erfordernis mit oder ohne Anwesenheit des Vorstands abzuhalten.

Praktische Hinweise zum Gespräch über die Abschlussprüfung

Die Gespräche mit dem Abschlussprüfer sollte der Aufsichtsrat nutzen, um die folgenden Bereiche zu thematisieren:[184]

- Welche Abdeckungsgrade gab es durch Vollprüfung, Prüfung ausgewählter Bilanz- bzw. GuV-Positionen bzw. prüferische Durchsichten?
- Gibt es wiederholte Schwächen oder Verbesserungsbedarf im Rechnungslegungsprozess, bei den IT-Systemen bzw. bei den internen Kontrollen?
- Wie ist die Offenheit der Auskunftspersonen? Gibt es ungehinderten Zugang zu angeforderten Unterlagen? Können Informationen nur nach Insistieren beschafft werden?
- Wie geht der Vorstand mit Feststellungen und mit den Empfehlungen des Abschlussprüfers um?
- Wie kann insgesamt der Grad der Bilanzpolitik bzw. die Auslegung von Rechnungslegungsvorschriften eingeschätzt werden: konservativ oder eher aggressiv?
- Wie ist die Fehlerkultur und wie hoch sind ggf. nicht gebuchte Prüfungsdifferenzen?
- Ist es im Prüfungsverlauf zu »Überraschungen« gekommen? Worin bestanden diese und wie wurden diese Sachverhalte letztendlich geklärt?

Der Urteilsfindungsprozess des Aufsichtsrates zur Rechtmäßigkeit des Abschlusses wird durch die Diskussionen zwischen Abschlussprüfer und Aufsichtsrat gestützt. Daneben können die Gespräche auch neue Impulse und Sichtweisen für die Prüfung der Zweckmäßigkeit beisteuern. Darüber hinaus kann der Aufsichtsrat durch die Treffen und Gespräche die Qualität der Arbeit des Abschlussprüfers und deren Bedeutung für den Abschluss sowie die Optimierung der Geschäftsprozesse im Unternehmen besser einordnen. Zur »Kommunikation mit dem Abschlussprüfer während der Prüfung« s. a. Kap. D.III.3.f.

---

184 Vgl. auch Buhleier/Krowas (2010), S. 1165 ff.

6   Bildung eines Gesamturteils

Anlässlich seiner Berichterstattung an die Hauptversammlung nach § 171 Abs. 2 AktG muss der Aufsichtsrat am Ende seiner Ausführungen über die Prüfung des Abschlusses ein abschließendes Gesamturteil abgeben, welches entweder in der Feststellung bzw. Billigung des Abschlusses oder in weitergehenden Erläuterungen zu den Einwendungen gegen diesen besteht. Zur Erfüllung dieser externen Berichtspflicht des Gesamtaufsichtsrates ist zunächst ein Beschluss des Gesamtaufsichtsrates über die Abschlüsse erforderlich. Die Aufgabe des Prüfungsausschusses besteht hierbei in der Vorbereitung der Beschlussfassung des Gesamtaufsichtsrates in der sog. Bilanzsitzung des Aufsichtsrates. Jedes einzelne Aufsichtsratsmitglied muss sich ein eigenes abschließendes Gesamturteil zum geprüften Abschluss bilden und entsprechend bei der Beschlussfassung für das gemeinsame Gesamturteil des Aufsichtsrates mitwirken. Sollte ein einzelnes Mitglied die Auffassung des Plenums zum Abschluss nicht teilen und wurde dieses Mitglied überstimmt, so hat es keinerlei Anrecht auf Berichterstattung seiner abweichenden Meinung im Bericht an die Hauptversammlung. Um eine persönliche Haftung zu vermeiden, sollte die Erfassung und Begründung der konträren Ansicht im Sitzungsprotokoll ausreichen, das Mitglied kann bei einer solch gravierenden Uneinigkeit im Aufsichtsrat auch die Amtsniederlegung erwägen.[185]

Maßgeblich für das Gesamturteil ist letztlich der Gesamtaufsichtsrat, wenngleich die Prüfung des Abschlusses und die Vorbereitung der Beschlussfassung maßgeblich durch den Prüfungsausschuss geprägt sind.

Das Gesamturteil wird regelmäßig in der Feststellung bzw. Billigung des Abschlusses bestehen, es kann allerdings auch Einwendungen gegen den Abschluss umfassen. Diese Einwendungen können abgrenzbare Teile des Abschlusses (wie z. B. eine differierende Meinung zu einer Bilanzierungsentscheidung) oder auch den ganzen Abschluss (z. B. Annahme der Unternehmensfortführung) umfassen.

Sollte der Aufsichtsrat den Abschluss in Einzelfällen nicht billigen, so geht das Feststellungsrecht gem. § 173 Abs. 1 Satz 1 AktG auf die Hauptversammlung über.

---

185 Vgl. Adler/Düring/Schmaltz (1994/2001), § 171, Rn. 63.

Praktische Hinweise zu selbstkritischen Fragen

Bei der Bildung seines Gesamturteils sollte sich der Aufsichtsrat folgende grundlegende selbstkritische Fragen stellen:

- Welche Maßnahmen und Methoden hat der Aufsichtsrat bei seiner Überwachungstätigkeit eingesetzt (Ausschussbildung, Expertenrat, Befragungen, Berichte der Internen Revision, vorbereitende Sitzungen)?
- Sind alle wesentlichen Themen im Aufsichtsrat behandelt worden?
- Waren Besonderheiten bei der Rechnungslegung zu berücksichtigen (z. B. Erstanwendung neuer IFRS-Standards, Neuerungen der Nachhaltigkeitsberichterstattung)?
- Wie ist die Einschätzung des IKS, des Risikofrüherkennungs- bzw. Managementsystems einschließlich der Internen Revision sowie des Themas Compliance?
- Wie erfolgte die Zusammenarbeit mit dem Abschlussprüfer?

V   Nachhaltigkeit im Rahmen der Überwachung der Unternehmensführung und vorbereitende Prüfung der nichtfinanziellen Erklärung

Sebastian Dingel/Dr. Matthias Schmidt/Daniel Oehlmann

1   Anforderungen an die nichtfinanzielle Erklärung

Kapitalmarktorientierte Unternehmen[186] sowie Banken und Versicherungen mit mehr als 500 Arbeitnehmern mussten ihre Lageberichte erstmals für das Geschäftsjahr 2017 um eine nicht-finanzielle Erklärung[187] erweitern.[188] Diese muss Angaben zu Umwelt-, Arbeitnehmer- und So-zialbelangen sowie zur Achtung der Menschenrechte und Maßnahmen zur Bekämpfung von Korruption und Bestechung enthalten, soweit sie für das Verständnis von Geschäftsverlauf, Ge-schäftsergebnis und Lage sowie der Auswirkungen erforderlich sind.[189]

Der Gesetzgeber hat bei der Umsetzung der EU-CSR-Richtlinie die darin enthaltenen zahlrei-chen EU-Wahlrechte an die berichtspflichtigen Unternehmen im Rahmen einer verfolgten di-rekten Umsetzung weitergegeben. Der Rechtsrahmen weicht insofern vom Rechtsrahmen für den »traditionellen« Lagebericht ab: So können die Angaben in den Lagebericht integriert wer-den (integrierte Berichterstattung) oder in einen eigenen Teilbericht in den Lagebericht aufge-nommen werden (kombinierte Berichterstattung). Alternativ können die Angaben in separaten Dokumenten gemacht werden, die entweder gleichzeitig mit dem Abschluss und Lagebericht im Bundesanzeiger offengelegt oder aber als separater nichtfinanzieller Bericht oder als Be-standteil eines Nachhaltigkeitsberichts bis zu vier Monate nach dem Abschlussstichtag veröf-fentlicht werden.

---

186 Zu den »Grundlagen der Nachhaltigkeitsberichterstattung und deren dynamische Weiterentwicklung« siehe Kap. F.IV.3 »Ausblick«.

187 Die Unterscheidung vom gesonderten nichtfinanziellen Bericht, wenn die Angaben außerhalb des Lageberichts gemacht werden, wird aus sprachlichen Gründen in diesem Beitrag vernachlässigt.

188 Im vorliegenden Beitrag werden insbesondere die Vorgaben für den Lagebericht nach § 289 HGB und die nichtfinanzielle Berichterstattung nach §§ 289b ff. HGB erörtert, da die Vorgaben für den Konzernlagebericht nach § 315 HGB denen nach § 289 HGB insofern entsprechen und da die Vorgaben für die nichtfinanzielle Konzernberichterstattung nach §§ 315b f. HGB auf §§ 289b f. HGB verweisen.

189 Vgl. ausführlich IDW-Positionspapier (2017) zu Pflichten und Zweifelsfragen im Zusammenhang mit der nichtfinanziellen Erklärung.

2 Vorbereitende Prüfung durch den Prüfungsausschuss und Aufsichtspflichten des Aufsichtsrates

a Pflichten des Vorstands

Der Vorstand leitet das Unternehmen in eigener Verantwortung im Unternehmensinteresse unter Berücksichtigung der Stakeholder mit dem Ziel nachhaltiger Wertschöpfung. Im Rahmen dessen ist er verantwortlich für die Entwicklung und Umsetzung der mit dem Aufsichtsrat abzustimmenden Strategie und der Compliance sowie für ein angemessenes Risikomanagement und Risikocontrolling im Unternehmen.[190]

Mit Blick auf die handelsrechtlichen nichtfinanziellen Berichtspflichten gem. §§ 289b ff. bzw. 315a f. HGB ist der Vorstand für die Erfüllung der gesetzlichen Rechnungslegungspflichten verantwortlich[191], sodass die nichtfinanzielle Erklärung diejenigen Angaben enthält, die für das Verständnis von Geschäftsverlauf, Geschäftsergebnis, Lage sowie der Auswirkungen der Tätigkeit des Unternehmens auf Umwelt und Gesellschaft erforderlich sind. Durch Einrichtung interner Kontrollen nach § 91 Abs. 3 AktG ist sicherzustellen, dass die nichtfinanzielle Erklärung frei von wesentlichen – beabsichtigten oder unbeabsichtigten – falschen Angaben ist.

In Weiterentwicklung der Non-Financial Reporting Directive (NFRD), nun Corporate Sustainability Reporting Directive, hat die Kommission mit der EU-Sustainable-Finance-Taxonomie[192] (EU-Taxonomie) als Teil des European Green Deal im Jahr 2020 ein Klassifikationssystem geschaffen, mit dem ökologisch nachhaltige unternehmerische Tätigkeiten anhand von Evaluierungskriterien, Schwellenwerten und Parametern identifiziert werden können. Investoren soll auf diese Weise die Möglichkeit eröffnet werden, in »grüne« bzw. ökologisch nachhaltige Projekte und Unternehmen zu investieren bzw. andere zu meiden. Die Taxonomie-Verordnung verpflichtet Unternehmen, die bereits im Einklang mit den national gefassten Regeln zur Umsetzung der CSR-Richtlinie berichten, zur Angabe des Umfangs ihrer ökologisch nachhaltigen Tätigkeiten in einer in den (Konzern-)Lagebericht aufzunehmenden nichtfinanziellen (Konzern-)Erklärung bzw. einem gesonderten nichtfinanziellen (Konzern-)Bericht (§§ 289b ff. bzw. 315b f. HGB). Die EU-Taxonomie-Verordnung trat am 12. Juli 2020 in Kraft und entfaltet als EU-Verordnung unmittelbare Wirksamkeit in allen Mitgliedstaaten, sodass eine Umsetzung in das nationale Recht und eine »Einfügung« in das deutsche Recht, z. B. das Handelsgesetzbuch, unterblieb. Die EU-Taxonomie-Berichtspflicht findet erstmalig teilweise Anwendung auf Nachhaltigkeitsberichterstattungen, die ab dem 1. Januar 2022 erfolgen. Durch ihre direkte Anknüpfung an

---

190 Siehe Grundsatz 5 und Empf. A.2 DCGK 2020.
191 Vgl. Euler/Klein (2019), in: Spindler/Stilz, AktG, Tz. 19.
192 Europäisches Parlament und Europäischer Rat (2020); vgl. Dingel (2021), S. 3 ff.

die CSR-Richtlinie in Art. 8 löst sie weitergehende Berichtspflichten für deutsche Unternehmen aus, die nach den §§ 289b ff. bzw. 315b f. HGB zur nichtfinanziellen Berichterstattung verpflichtet sind. Der Anteil der ökologisch nachhaltigen Wirtschaftsaktivitäten wird dabei nach Umsatzerlösen, Investitionsausgaben (Capital Expenditure – CapEx) und Betriebsausgaben (Operating Expenditure – OpEx) bestimmt. Artikel 8 der Taxonomie-Verordnung knüpft wie gezeigt direkt an die Berichterstattungspflicht der CSR-Richtlinie an. Im Zuge der Überarbeitung dieser Richtlinie (Details siehe im nächsten Abschnitt) wird der Anwenderkreis erheblich ausgeweitet – damit einhergehend auch der Anwenderkreis der EU-Taxonomie. Insofern stellt die EU-Taxonomie eine wesentliche Weiterentwicklung der bestehenden Nachhaltigkeitsberichterstattung dar, indem sie einerseits eine klassische finanzielle Berichterstattung inhaltlich erweitert um eine Betrachtung wirtschaftlicher KPIs unter Nachhaltigkeitsaspekten und andererseits einen einheitlichen Orientierungsmaßstab mit hohem Vergleichbarkeitspotenzial schafft, der eine bewusste Nachhaltigkeitsinvestitionsstrategie fördert und fordert.

Um Wirtschaftstätigkeiten als ökologisch nachhaltig zu klassifizieren, sind folgende vier Voraussetzungen zu erfüllen:

- Ein wesentlicher Beitrag (Substantial Contribution) zu einem Umweltziel (Kapitel II, Art. 3 lit. a) EU-Taxonomie-VO)
- Keine erhebliche Beeinträchtigung eines anderen Umweltziels (Do no significant harm, »DNSH« – Kapitel II, Art. 3 lit. b) EU-Taxonomie-VO)
- Einhaltung internationaler Mindeststandards (Minimum Safeguards) von sozialen und Governance-Aspekten, z. B. der OECD, der ILO oder der International Bill of Human Rights (Kapitel II, Art. 3 lit. c) EU-Taxonomie-VO)

Die Umweltziele der EU sind:
- Klimaschutz
- Anpassung an den Klimawandel
- Nachhaltige Nutzung und Schutz von Wasser- und Meeresressourcen
- Übergang zu einer Kreislaufwirtschaft
- Minimierung der Umweltverschmutzung
- Ökosysteme/Biodiversität.

Nach DRS 20 hat der Lagebericht alle wesentlichen Informationen zu enthalten. Die Angaben müssen verlässlich und ausgewogen sowie klar und übersichtlich sein. Diese Grundsätze gelten auch für die nichtfinanzielle Erklärung.

Die nichtfinanzielle Erklärung enthält Berichtsgegenstände, die in der traditionellen Finanzberichterstattung bislang eine eher untergeordnete Rolle spielten. Betroffene Unternehmen sind darauf häufig noch nicht entsprechend vorbereitet:[193]

---

193 Vgl. IDW-Positionspapier zu Pflichten und Zweifelsfragen im Zusammenhang mit der nichtfinanziellen Erklärung (2017), S. 6 f.

- Es fehlt meist ein unternehmensindividuelles Nachhaltigkeitsnarrativ, das die Zukunftsfähigkeit des Geschäftsmodells am Kapitalmarkt vermittelt.
- Berichtssysteme und interne Kontrollen unterscheiden sich von den Finanzberichterstattungssystemen insb. hinsichtlich Prozessgeschwindigkeit, Qualität, Vollständigkeit und Genauigkeit; die entsprechend generierten Daten sind daher fehleranfälliger. Wenn für die Bereitstellung der nichtfinanziellen Informationen längere Zeit benötigt wird, verlieren diese für interne und externe Entscheider außerdem an Wert.
- Das Risiko beabsichtigter falscher Angaben wird häufig unterschätzt (Fraud), wenn die variable Vergütung auch durch nichtfinanzielle Leistungsindikatoren wie die Zahl der Arbeitsunfälle oder den Energieverbrauch beeinflusst wird.
- Standards für die Nachhaltigkeitsberichterstattung schreiben i. d. R. keine Methoden für die Erhebung von nichtfinanziellen Informationen vor. Insbesondere bei dezentralen Fragestellungen, bspw. bei der Datenerfassung von Umweltindikatoren, erfolgt eine individuelle Ausrichtung an jeweils landesspezifischen Umweltschutzgesetzen, ohne dass eine einheitliche unternehmensweite Methodik definiert ist.
- Die zuständigen Mitarbeiter sind ggf. nicht gleichermaßen mit der Datenerhebung und Dokumentation vertraut wie diejenigen in der Finanzabteilung. Die eingerichteten Prozesse weisen oftmals einen geringeren Reifegrad im Hinblick auf Standardisierung, Formalisierung und Nachvollziehbarkeit auf, sodass ein höheres Fehlerrisiko bei der Erfassung und Verarbeitung entsprechender Daten besteht.
- Nichtfinanziellen Daten liegen oft Annahmen und Schätzungen bzw. Durchschnittswerte zugrunde: In diesem Fall sind glaubwürdige Quellen mit belastbarer Datenqualität heranzuziehen. Die Berichterstattung sollte Auskunft geben über bedeutsame Ermessensspielräume und wie mit diesen umgegangen wurde.
- Für die Berichtsinhalte müssen ausreichende Nachweise und Belege vorgehalten werden.

Die Verbesserung der Prozesse und Systeme für Datenerfassung und -management in Unternehmen würde nach Auffassung des Sustainable-Finance-Beirats der Bundesregierung zur erforderlichen Verbesserung der Datenqualität in Analogie zur finanziellen Berichterstattung und durch geeignete gesetzliche und freiwillige Mittel beitragen.[194] Dies steht im Einklang mit in der Praxis zu beobachtenden Maßnahmen zur Stärkung der internen Berichtsprozesse im Hinblick auf Effizienz und Verlässlichkeit. Diese Maßnahmen fokussieren auf eine Verbesserung des Prozessreifegrades, auf die Formalisierung und Standardisierung von Prozessschritten sowie die Einrichtung angemessener und nachvollziehbarer Kontrollen, um so letztlich die Basis für (effiziente) Prüfungen mit hinreichender Prüfungssicherheit (reasonable assurance) zu legen.

---

194 Vgl. Bundesministerium der Finanzen (2020): Zwischenbericht »Die Bedeutung einer nachhaltigen Finanzwirtschaft für die große Transformation« des Sustainable-Finance-Beirats der Bundesregierung v. 05.03.2020, S. 16.

Die Unternehmensleitung hat nach Aufstellung gem. § 170 Abs. 1 AktG dem Aufsichtsrat den Lagebericht (einschließlich nichtfinanzieller Erklärung) bzw. den gesonderten nichtfinanziellen Bericht zur Prüfung durch den Aufsichtsrat weiterzuleiten.

b   Pflichten des Aufsichtsrates

Abschluss und Lagebericht sollen nach dem Willen des Gesetzgebers als wichtige Informationsquellen für Aktionäre, Arbeitnehmer und die interessierte Öffentlichkeit über die wirtschaftliche Lage des Unternehmens informieren sowie als Instrument zur Ermittlung des Bilanzgewinns oder -verlustes der Gesellschaft für Entscheidungen der Shareholder und der Stakeholder dienen und müssen daher besonders vertrauenswürdig sein. Der durch den Vorstand aufgestellte Abschluss und der Lagebericht werden aus diesem Grund einer zweifachen Kontrolle unterworfen, nämlich durch den Abschlussprüfer als unabhängigen Dritten (nach §§ 316 ff. HGB) und durch den Aufsichtsrat (§ 171 Abs. 1 AktG).

Die Prüfung nach § 171 AktG soll den Aufsichtsrat in die Lage versetzen, die Billigung des Jahresabschlusses als Voraussetzung für die Feststellung zu erklären.[195] Die Prüfung darf nicht vollständig auf den Prüfungsausschuss übertragen werden (§ 107 Abs. 3 Satz 2 AktG):[196] Das verdeutlicht die hohe Bedeutung der Norm. Eine vorbereitende Prüfung durch den Prüfungsausschuss ist hingegen zulässig. Der Aufsichtsrat darf dessen Ergebnis aber nicht ungeprüft übernehmen. Auch ist es nicht ausreichend, lediglich den Bericht des Prüfungsausschusses zu prüfen. Die Prüfung des Aufsichtsrates ist keine zweite Abschlussprüfung, sondern darf sich darauf stützen. Allerdings darf auch das Ergebnis des Abschlussprüfers nicht einfach übernommen werden.[197] Zu beachten ist, dass die Prüfung des Aufsichtsrates über die Prüfung des Abschlussprüfers hinausgeht, da sie nicht nur Ordnungsmäßigkeit umfasst, sondern auch Zweckmäßigkeit: Zweckmäßig ist, was wirtschaftlich sinnvoll ist, insb. mit Blick auf die Verfolgung langfristiger Unternehmensziele.[198]

Die Prüfung nach § 171 AktG ist eine wesentliche Pflicht des Aufsichtsrates. Daher muss auch er über die Prüfung – sowie über seine Überwachungstätigkeit im Allgemeinen – gegenüber der Hauptversammlung, als Grundlage für seine Entlastung, Rechenschaft ablegen.[199] Die Überwachungspflicht des Aufsichtsrates umfasst damit auch die nichtfinanzielle Berichterstattung. Wie er diese überwacht hat, hat der Aufsichtsrat daher auch nach § 171 Abs. 2 AktG an die Aktionäre zu berichten.

---

195 Vgl. Koch (2021), in: Hüffer/Koch, AktG, § 171, Tz. 1.
196 Vgl. Hennrichs/Pöschke, in: Münchener Kommentar zum AktG, § 171, Tz. 81; Euler/Klein (2019), in: Spindler/Stilz, AktG, Tz. 22.
197 Vgl. Waclawik (2022), in: Hölters, AktG, Tz. 12.
198 Vgl. Koch (2021), in: Hüffer/Koch, AktG, § 171, Tz. 3–8.
199 Vgl. Koch (2021), in: Hüffer/Koch, AktG, § 171, Tz. 17.

Es ist gesetzliche Aufgabe des Aufsichtsrates nach § 171 Abs. 1 AktG, den Jahresabschluss, den Lagebericht und bei Mutterunternehmen auch den Konzernabschluss und den Konzernlagebericht zu prüfen. Abschluss und Lagebericht werden vom Abschlussprüfer entsprechend § 317 Abs. 1 HGB mit hinreichender Sicherheit geprüft. Darauf aufbauend erbringt der Aufsichtsrat (ggf. vorbereitet durch den Prüfungsausschuss) eigene Prüfungshandlungen. Der Aufsichtsrat hat also eine Prüfung zu gewährleisten, durch die das Prüfungsrisiko einer nicht ordnungsmäßigen Berichterstattung weitgehend eliminiert wird. Für Abschluss und Lagebericht bedient der Aufsichtsrat sich der maßgeblichen Unterstützung durch den Abschlussprüfer als unabhängigen externen Dritten.

Mit Blick auf die nichtfinanzielle Berichterstattung hat der Aufsichtsrat gem. § 171 Abs. 1 AktG die nichtfinanzielle Erklärung mit derselben Intensität zu prüfen wie den Abschluss und den Lagebericht. Mitunter bestehen Zweifel an der Reichweite der Prüfung und es wird in der Aufsichtsratspraxis teilweise die Auffassung vertreten, der Abschluss sei durch den Aufsichtsrat intensiver zu prüfen als die nichtfinanzielle Erklärung. »Der Wortlaut der Norm [§ 171 AktG] lässt nicht erkennen, dass für die Prüfung der nichtfinanziellen Erklärung ein anderer Maßstab gelten soll als für die übrigen Teile des Lageberichts. Der Wortsinn steht der Annahme einer gespaltenen Prüfungsintensität allerdings auch nicht entgegen.«[200] Diese Vorstellungen einer »gespaltenen Prüfungsintensität« überzeugen allerdings nicht: Denn insb. sind in § 171 Abs. 1 AktG keinerlei Indizien für eine solche Annahme zu erkennen – ganz eindeutig wird ohne jede Differenzierung der Begriff »prüfen« verwendet. Eine Orientierung des Prüfungsumfangs nach § 171 AktG an § 317 HGB[201] ist nicht angezeigt:[202] Keineswegs kann davon ausgegangen werden, dass der Aufsichtsrat nur das zu prüfen habe, was der Abschlussprüfer bereits im Rahmen der gesetzlichen Abschlussprüfung geprüft hat.

Anders als bei Abschluss und Lagebericht besteht für die nichtfinanzielle Berichterstattung keine gesetzliche inhaltliche Prüfungspflicht durch den Abschlussprüfer – dieser hat gem. § 317 Abs. 2 Satz 4 HGB lediglich zu prüfen, ob diese vorgelegt wurde. Im Rahmen der gesetzlichen Abschlussprüfung kann der Aufsichtsrat zur Erfüllung seiner Überwachungs- und Prüfungspflichten damit grds. nicht auf entsprechende inhaltliche Prüfungsergebnisse des Abschlussprüfers zurückgreifen.

Um diese Prüfungslücke zu schließen, haben Aufsichtsräte nach § 111 Abs. 2 Abs. 4 AktG das Recht, eine externe inhaltliche Überprüfung der nichtfinanziellen Erklärung oder des gesonderten nichtfinanziellen Berichts, der nichtfinanziellen Konzernerklärung oder des gesonderten nichtfinanziellen Konzernberichts zu beauftragen. Eine Prüfung kann grds. mit hinreichender (reasonable assurance) oder begrenzter Sicherheit (limited assurance) beauftragt werden. Die

---

200   Siehe Hennrichs/Pöschke (2017), S. 125.
201   So Hennrichs/Pöschke (2017), S. 125.
202   So auch Vetter (2008), S. 567; Koch (2021), in: Hüffer/Koch, AktG, § 171, Tz. 8a.

gesetzliche Abschlussprüfung nach §§ 316 ff. HGB ist eine Prüfung mit hinreichender Sicherheit (reasonable assurance). Beide Ansätze folgen einem risikoorientierten Prüfungsansatz.

Bei einer Prüfung mit begrenzter Sicherheit (limited assurance) ist die Prüfungssicherheit jedoch weitaus geringer als bei der Prüfung mit hinreichender Sicherheit, da die Prüfungshandlungen i.W. auf Befragungen und analytischen Betrachtungen beruhen und weil die Prüfung etwaiger interner Kontrollen – als wesentliche Treiber der Datenqualität – weitgehend unterbleiben kann. Das daraus resultierende Prüfungsurteil ist dementsprechend auf eine rein negative Aussage eingeschränkt[203], z. B.: »Uns sind keine Sachverhalte bekannt, dass die Angaben nicht in Übereinstimmung mit den Anforderungen (z. B. GRI-Standards) erstellt wurden.«

Bei Prüfungen mit hinreichender Sicherheit sind hingegen Prozess- und Kontrollsysteme aufzunehmen und zu beurteilen bzw. aussagebezogene Prüfungshandlungen (in größerem Umfang) vorzunehmen. Es werden regelmäßig definierte, umfangreichere Stichprobengrößen und eine umfangreichere Einbeziehung von Standorten in die Prüfung erforderlich sein. Die so erzielte Prüfungssicherheit schlägt sich in einem positiv formulierten Prüfungsurteil nieder, z. B.: »Die Angaben wurden entsprechend den Anforderungen (z. B. GRI-Standards) erstellt.«

In der Unternehmens- und Aufsichtsratspraxis werden Prüfungen von Nachhaltigkeitsinformationen derzeit überwiegend mit begrenzter Sicherheit (limited assurance) durchgeführt.[204] Im Sinne der dargestellten Prüfungsaufgaben des Aufsichtsrates nach § 171 Abs. 1 AktG ergibt sich daraus in Abhängigkeit von den beauftragten externen Prüfungsleistungen und der verbundenen Prüfungstiefe ggf. eine durch den Aufsichtsrat weiter zu adressierende Prüfungslücke mit Blick auf die vom Aufsichtsrat aktienrechtlich geschuldete Prüfungssicherheit, die der Aufsichtsrat bei komplexen Geschäftsmodellen sowie vielschichtigen Berichts- und Unternehmensstrukturen kaum durch eigene Prüfungshandlungen schließen kann.

Angesichts der oben beschriebenen Indizien für eine verbesserungswürdige Datenqualität und aufgrund der fehlenden Notwendigkeit einer zwingenden Einbeziehung der nichtfinanziellen Berichterstattung in die Abschlussprüfung erklärt sich, dass Investoren besonderen Wert auf das Urteil des Abschlussprüfers bzw. dasjenige eines anderen externen Dritten legen dürften. Der Aufsichtsrat sollte daher eine ausreichende Prüfungssicherheit für die nichtfinanzielle Berichterstattung gewährleisten (siehe Abb. 25). Bei Nichtbeauftragung einer externen Prüfung hat der Aufsichtsrat eigene Prüfungshandlungen erheblich zu intensivieren.

---

203   Zur Prüfungssicherheit und zu ihrem Zusammenhang mit dem Prüfungsrisiko und erforderlichen Prüfungshandlungen vgl. ausführlich Dittmar (2014), S. 19–28.
204   Vgl. DCGN/econsense (2018), S. 16.

Abb. 25: Prüfung der nichtfinanziellen Angaben durch externen Prüfer

Vor diesem Hintergrund und aufgrund der in Aufsichtsräten häufig noch ausbaufähigen ESG-Kenntnisse[205] werden institutionelle Investoren eine vollumfängliche Prüfung der nichtfinanziellen Angaben mit hinreichender Sicherheit (reasonable assurance) bevorzugen.[206] Bei anderen Berichtsinstrumenten – z. B. Halbjahres- bzw. Quartalsberichten – sollte eine Prüfung mit begrenzter Sicherheit (limited assurance) aus Wirtschaftlichkeitsüberlegungen und aufgrund des »Update-Charakters« gegenüber dem letzten Abschluss und Lagebericht akzeptabel sein. Im derzeitigen, noch recht frühen Stadium der Nachhaltigkeitsberichterstattung erscheint aber eine Prüfung der nichtfinanziellen Berichterstattung mit hinreichender Sicherheit vorzugswürdig. Hierfür bietet sich der Abschlussprüfer an, da er das Unternehmen bereits detailliert kennt und auch Synergiepotenziale zur Abschlussprüfung zu erwarten sind.

Fazit zu den Aufgaben des Aufsichtsrates: Wie ausgeführt, ist der Aufsichtsrat nach § 171 Abs. 1 AktG verpflichtet, die nichtfinanzielle Berichterstattung nach §§ 289b ff., 315b f. HGB auf Ordnungsmäßigkeit (insb. im Hinblick auf Vollständigkeit und Richtigkeit) zu prüfen. Dabei besteht ein Prüfungsrisiko, dass er zu einem fehlerhaften Prüfungsurteil kommt (bspw. könnte der Aufsichtsrat trotz wesentlicher Fehler zu einem positiven Urteil kommen). Dieses Prüfungsrisiko kann er vermindern, indem er gem. § 111 Abs. 2 Satz 4 AktG eine externe Prüfung durch einen unabhängigen Dritten beauftragt. Während eine Prüfung mit limited assurance dieses Prüfungsrisiko etwas vermindert, adressiert eine Prüfung mit reasonable assurance deutlich umfänglicher das Prüfungsrisiko des Aufsichtsrates und unterstützt den Aufsichtsrat bei seinen persönlichen Prüfungspflichten, vergleichbar mit der Situation einer gesetzlichen Abschlussprüfung.

---

205 Deloitte (2021): The Audit Committee Frontier – addressing climate change.
206 So auch Böcking/Althoff (2017), S. 251; Kajüter (2017), S. 624; Lanfermann (2017), S. 750.

3   Prüfung der Nachhaltigkeitsberichterstattung durch unabhängige Wirtschaftsprüfer

Eine inhaltliche Prüfungspflicht der Nachhaltigkeitsinformationen durch den Abschlussprüfer besteht im Rahmen des Gesetzes bislang grds. nicht, wobei sich diesbezüglich Änderungen im Rahmen der Einführung der CSRD ergeben können (siehe hierzu auch Kap. F.IV.3 zum »Ausblick« regulatorischer Rahmenbedingungen der Nachhaltigkeitsberichterstattung). Gleichwohl besteht seitens des Abschlussprüfers unabhängig von der Form der gewählten Berichterstattung die Verpflichtung, das Vorhandensein einer nichtfinanziellen Erklärung bzw. eines gesonderten nichtfinanziellen Berichts zu prüfen (§ 317 Abs. 2 Satz 4 HGB). Weitere Prüfungserfordernisse können bei Wahl einer integrierten Berichterstattung im Lagebericht erwachsen.

Zudem legt das Gesetz dem Aufsichtsrat in § 171 AktG die Pflicht auf, die nichtfinanzielle (Konzern-)Erklärung bzw. den nichtfinanziellen (Konzern-)Bericht zu prüfen. Er kann sich dabei durch einen externen Prüfer unterstützen lassen. In diesem Fall ist das Ergebnis der Prüfung in gleicher Form zu veröffentlichen wie die Erklärung selbst. Obgleich das CSR-RUG einen eng begrenzten Anwendungsbereich hat, entwickelt es Ausstrahlwirkungen auch auf andere Unternehmensgrößen sowie über die Lieferkette auch auf Kunden und Lieferanten von betroffenen Unternehmen.

Für die Qualität der berichteten nichtfinanziellen Leistungsindikatoren und Informationen und deren Assurance sind funktionierende interne Kontroll- und Risikomanagementsysteme ein wesentlicher Maßstab. Die Überwachungspflichten des Aufsichtsrates hinsichtlich der Wirksamkeit des internen Kontrollsystems und des Risikomanagementsystems sind auch auf diese Aspekte zu beziehen. Die Überprüfung der Einhaltung z. B. von Umwelt-, Arbeitssicherheits- und Sozialstandards sowie Compliance-Standards erfolgt in Unternehmen mit ausgeprägter Nachhaltigkeitsgovernance teilweise durch die Interne Revision. Die nichtfinanziellen Angaben nach §§ 289b ff., 315b f. HGB sind lageberichtstypische, aber nicht inhaltlich prüfungspflichtige Angaben.[207] Wenn diese Angaben zwar im (Konzern-)Lagebericht enthalten sind, aber abgrenzbar und als ungeprüft gekennzeichnet wurden, werden sie vom Abschlussprüfer grds. nicht inhaltlich geprüft. Hierauf wird dann im Abschnitt »Prüfungsurteile« des Bestätigungsvermerks ausdrücklich hingewiesen. Wenn hingegen die nichtfinanziellen Angaben (integraler) Bestandteil des (Konzern-)Lageberichts sind (voll integriert oder grds. abgrenzbar, aber durch den Ersteller nicht als ungeprüft gekennzeichnet), liegt es im pflichtgemäßen Ermessen des Prüfers, diese Angaben in die inhaltliche Prüfung (mit hinreichender Sicherheit) einzubeziehen (die Prüfungsurteile zum Lagebericht decken dann auch die nichtfinanziellen Angaben ab) oder diese Angaben nicht in die inhaltliche Prüfung einzubeziehen (dann ist hierauf wiederum im Abschnitt »Prüfungsurteile« hinzuweisen).

---

207 Siehe IDW PS 350 n. F., Tz. 120 f.

Eine isolierte Prüfung von separaten Nachhaltigkeitsberichten ähnelt grds. der Prüfung von Finanzberichten; sie unterscheidet sich allerdings in den meisten Ländern bis dato noch durch die Freiwilligkeit der Prüfung. Auf der Basis eines objektiven, systematischen Prüfprozesses und der zugrunde liegenden Prinzipien wird eine Aussage über die Ordnungsmäßigkeit der im Nachhaltigkeitsbericht dargestellten Informationen abgegeben. Diese werden, sofern die Prüfung gesondert beauftragt wird, in einem Prüfungsvermerk formuliert. Als Prüfungsstandard wird v.a. der ISAE 3000 (revised) »Assurance Engagements other than Audits or Reviews of Historical Financial Information« der International Federation of Accountants angewendet.[208] Daneben findet auch der Standard ISAE 3410 »Assurance Engagements on Greenhouse Gas Statements« Anwendung.

Bei Prüfungen nach ISAE 3000 liegt der Fokus auf der korrekten Anwendung der definierten Kriterien sowie auf deren Angemessenheit und Vollständigkeit.

Gegenstand und Prüfungsumfang sind im Kontext der Freiwilligkeit im Vorfeld zwischen Unternehmen und Prüfer abzustimmen. Der Prüfungsumfang kann sich auf einen Nachhaltigkeitsbericht im Ganzen oder aber auf ausgewählte Inhalte sowie auf qualitative und quantitative Informationen beziehen.

Im Prüfungsvorgehen ergibt sich grds. eine analoge Berücksichtigung des Unternehmensumfelds, der Geschäftstätigkeit und weiterer Risikofaktoren zur Ableitung eines risikoorientierten Prüfungsvorgehens. Dabei wird insb. auf die Aufnahme und Beurteilung der relevanten Berichtsprozesse und internen Kontrollen fokussiert, um Risiken möglicher wesentlicher Falschdarstellungen beurteilen zu können. Aufbauend auf den somit erhobenen Risiken werden in aller Regel und in Abhängigkeit von der anzulegenden Prüfungstiefe weitere Prüfungshandlungen definiert und ausgeführt.

Diese umfassen bspw. analytische Prüfungshandlungen zur Plausibilisierung, weitergehende Funktionsprüfungen eingerichteter interner Kontrollen oder auch Einzelfallprüfungshandlungen i.S.d. Würdigung einzelner spezifischer Nachweise. Oftmals findet eine Kombination unterschiedlicher Prüfungshandlungen statt, die zudem insb. beim Einsatz entsprechender elektronischer Verarbeitungssysteme um IT-bezogene Prüfungshandlungen ergänzt wird. Sämtliche Anforderungen an die Unabhängigkeit des Wirtschaftsprüfers, an Qualitätskontrollen und Vorgaben der Prüfungsstandards (insb. die Forderung angemessener Kriterien und das Konzept der Wesentlichkeit) bleiben unverändert relevant. Der Prüfungsvermerk kann zudem die Konformität zu den zugrunde liegenden Reportingstandards wie den GRI bestätigen.

Bei einer Berichterstattung entsprechend den GRI-Standards ist im GRI-Index explizit zu vermerken, welche der berichteten GRI-Standardangaben bzw. -Indikatoren extern geprüft

---

208 International Federation of Accountants (2022): www.ifac.org.

wurden. Diese zusätzlichen Stufen von Transparenz und Qualitätssicherung werden in Nachhaltigkeitsratings wie dem Dow Jones Sustainability Index[209] erfahrungsgemäß positiv honoriert.

Auch wenn das primäre Berichtsformat für Nachhaltigkeitsaspekte noch überwiegend der separate, eigenständige Nachhaltigkeitsbericht ist, zeichnet sich weltweit eine Entwicklung zu einer Ergänzung der Finanzberichterstattung um Nachhaltigkeitsaspekte ab. Dies ist insb. erkennbar an der Entwicklung des International Integrated Reporting Framework, der EU-CSR-Richtlinie, den Empfehlungen der Task Force on Climate-related Financial Disclosures (TCFD), dem Call for action: climate change as a source of financial risk des Central Banks' and Supervisors' Network for Greening the Financial System (S. 31), dem BaFin-Merkblatt zum Umgang mit Nachhaltigkeitsrisiken (S. 26), dem Action Plan on Sustainable Finance der European Banking Authority (S. 16 f.) sowie an Initiativen zur Verknüpfung des finanziellen und nichtfinanziellen Standardsettings.[210] Dennoch nutzen Unternehmen die ihnen nach § 289b Abs. 1 und 3 HGB eingeräumten Möglichkeiten zur integrierten, kombinierten bzw. separaten Berichterstattung aus. Als Gründe für die Wahl der jeweiligen Offenlegungsvariante werden genannt: die bisherige Berichterstattungspraxis des Unternehmens, Existenz, Ausmaß und Funktionsfähigkeit eines internen Erfassungs- und Kontroll- bzw. Berichtssystems, Sensibilität von Vorstand und Aufsichtsrat für Nachhaltigkeitsthemen, Verständnis des Aufsichtsrates für seine nachhaltigkeitsbezogenen Pflichten, Minimierung des Abstimmungs- und Erstellungsaufwands, die Beauftragung einer inhaltlichen Prüfung durch einen externen Dritten sowie eine möglichst praktikable Lösung hinsichtlich Datenbeschaffung und Berichtserstellung.[211]

Fragen für die Praxis zur Prüfung der Nachhaltigkeitsberichterstattung

- Nach welchem Rahmenwerk (z. B. GRI, UN Global Compact) wird die Nachhaltigkeitsberichterstattung konzipiert?
- Wird eine Prüfung der Nachhaltigkeitsberichterstattung von den Stakeholdern, insb. Finanzgebern, gefordert und honoriert?
- Durch welche Form der Prüfung (limited vs. reasonable) kann sowohl regulatorischen als auch internen und externen Ansprüchen glaubwürdig entsprochen werden?
- Bestehen für die nichtfinanzielle Erklärung bzw. die Nachhaltigkeitsberichterstattung dokumentierte Prozesse mit hinreichender Prozesstreue sowie angemessene und wirksame Kontrollmechanismen?

---

209   S&P Global (2015): https://www.sustainability-indices.com/.
210   Vgl. Barker/Eccles (2018), https://www.sbs.ox.ac.uk/sites/default/files/2018-10/Green%20Paper_0.pdf; Accountancy Europe (2019), Interconnected standardsetting for corporate reporting, online unter: https://www.accountancyeurope.eu/wp-content/uploads/191220-Future-of-Corporate-Reporting.pdf.
211   Vgl. Arbeitskreis »Integrated Reporting« der Schmalenbach-Gesellschaft für Betriebswirtschaftslehre e. V. (2018), S. 2254 f.

- Sind die vorhandenen Kontroll- und Steuerungsmechanismen für eine Entscheidungsfindung auf Managementebene ausreichend transparent und umfangreich?
- Ist die interne Nachhaltigkeitsberichterstattung effizient und verlässlich genug, richtige Entscheidungen der Unternehmensführung herbeizuführen?
- Kann der Aufsichtsrat in dem Fall, dass sein Unternehmen unter das CSR-RUG fällt, die Richtigkeit und Vollständigkeit der nichtfinanziellen (Konzern-)Erklärung bzw. des nichtfinanziellen (Konzern-)Berichts beurteilen?
- Kann der Aufsichtsrat mit Fokus auf die geforderten Angaben gem. EU-Sustainable-Finance-Taxonomie die Überleitung der taxonomiefähigen[212] Anteile der Umsatzerlöse, CapEx und OpEx auf die Finanzberichterstattung nachvollziehen?
- Möchte sich der Aufsichtsrat zur Unterstützung seiner Prüfungspflicht (teilweise) einer externen Prüfung bedienen, deren Prüfungsurteil er zur Bildung seines eigenen Prüfungsurteils (teilweise) heranziehen kann?

---

212 Für Berichterstattungen ab 01.01.2023: auch die Überleitung der taxonomiekonformen Anteile der genannten Kennzahlen.

VI   Berichterstattung über die Tätigkeit

Dr. Arno Probst

1   In der Bilanzsitzung des Aufsichtsrates

a   Die Berichterstattung an das Plenum

»Dem Aufsichtsrat ist regelmäßig über die Arbeit der Ausschüsse zu berichten« (§ 107 Abs. 3 Satz 8 AktG). Diese Vorschrift zur regelmäßigen Berichterstattung hat zum Ziel, dass der Gesamtaufsichtsrat seinen Überwachungspflichten hinsichtlich der Arbeit des Prüfungsausschusses nachkommen kann, indem er zeitnah über die getroffenen Entscheidungen und die zugrunde gelegten Entscheidungskriterien informiert wird. Beispiele hierfür sind der Bericht über die Entscheidung des Prüfungsausschusses über die Vereinbarung von Prüfungsschwerpunkten mit dem Abschlussprüfer oder die Honorarvereinbarung mit dem Abschlussprüfer. Daneben muss über die vorbereitenden Tätigkeiten des Prüfungsausschusses für den Gesamtaufsichtsrat berichtet werden, wie z. B. die Prüfung des Jahres- und Konzernabschlusses oder auch die Prüfung der nichtfinanziellen Berichterstattung.

Im Falle einer vorbereitenden Tätigkeit des Prüfungsausschusses soll das Plenum darüber hinaus mit sämtlichen entscheidungsrelevanten Informationen versorgt werden, um den Beschlussvorschlag für den Gesamtaufsichtsrat hinreichend begründen zu können. Der Bericht an das Plenum wird somit im Falle einer vorbereitenden Tätigkeit des Prüfungsausschusses deutlich ausführlicher ausfallen als bei der Information des Plenums über bereits getroffene Entscheidungen. Grundsätzlich kann das Plenum aber zu jedem an den Prüfungsausschuss delegierten Themenbereich durch Beschluss umfassende Informationen verlangen.[213]

Die Form der Berichterstattung ist gesetzlich nicht geregelt. Es empfiehlt sich jedoch insb. bei vorbereitenden Tätigkeiten, einen schriftlichen Bericht über das Ergebnis der Ausschussarbeit mit den übrigen Sitzungsunterlagen vor der Aufsichtsratssitzung zu verteilen, um den Aufsichtsratsmitgliedern eine angemessene Vorbereitung zu ermöglichen und einen effizienten Ablauf der Aufsichtsratssitzung zu fördern.[214] Es genügt grds. auch ein mündlich vorgetragener Ergebnisbericht.[215] Die mündliche Berichterstattung erfolgt durch den Ausschussvorsitzenden oder ggf. durch ein in Abstimmung mit dem Aufsichtsratsvorsitzenden bestimmtes Ausschussmitglied. Mit der Änderung in § 100 Abs. 5 AktG 2021 sollten künftig, je nach Profil des

---

213 Vgl. Habersack (2019), in: Münchener Kommentar zum AktG, § 107 Rn. 171.
214 Vgl. Gittermann (2021), in: ArbHdb Aufsichtsratsmitglieder, § 5 Rn. 103.
215 Vgl. Habersack (2019), in: Münchener Kommentar zum AktG, § 107 Rn. 170.

Ausschussvorsitzenden entsprechend Empf. D.4. des DCGK-E 2022, der Rechnungslegungsexperte bzw. der Prüfungsexperte aufgrund der komplementären Kompetenzprofile bei der Berichterstattung und bei der sich ggf. anschließenden Erörterung eine herausgehobene Rolle spielen.

Grundsätzlich hat der Prüfungsausschuss in jeder ordentlichen Sitzung des Aufsichtsrates über seine Tätigkeit zu berichten.[216] Es ist daher empfehlenswert und auch gängige Praxis, den Bericht des Prüfungsausschusses als gesonderten Punkt auf der Tagesordnung jeder ordentlichen Aufsichtsratssitzung aufzuführen.

b   Besonderheiten der Berichterstattung in der Bilanzsitzung des Aufsichtsrates

Hauptgegenstand der Bilanzsitzung des Aufsichtsrates ist die Prüfung des Jahres- und ggf. Konzernabschlusses, des Lageberichts und des Vorschlags für die Verwendung des Bilanzgewinns der AG sowie ggf. des Abhängigkeitsberichts. Hinzukommen kann die Prüfung der nichtfinanziellen Erklärung.

Hierbei handelt es sich um Vorbehaltsaufgaben des Gesamtaufsichtsrates, d. h., der Prüfungsausschuss bereitet die vom Gesamtaufsichtsrat zu treffenden Entscheidungen vor, kann diese aber nicht an seiner Stelle treffen (§ 107 Abs. 7 Satz 3 i. V. m. § 171 AktG). Die Einsetzung des Ausschusses und dessen vorbereitende Tätigkeiten befreien umgekehrt die einzelnen Mitglieder des Gesamtaufsichtsrates nicht von ihrer persönlichen Prüfungspflicht – unabhängig von ihrer jeweiligen Expertise auf dem Gebiet der Rechnungslegung und Prüfung.

Für den Gesamtaufsichtsrat bestehen für seine Prüfungstätigkeit bzgl. der Finanzberichterstattung i. d. R. v. a. die folgenden wesentlichen Informationsquellen:
* Die Prüfungsberichte des Abschlussprüfers
* Die mündliche Berichterstattung des Abschlussprüfers und dessen Auskünfte auf gezielte Fragestellungen
* Die Berichterstattung des Vorstands
* Die Berichterstattung des Prüfungsausschusses über dessen Beschlussempfehlung und die dabei zugrunde gelegten Informationen und Erwägungen.

Die Prüfung umfasst zum einen die Rechtmäßigkeit des Abschlusses nach den Vorschriften von Gesetz und Satzung sowie zum anderen die Zweckmäßigkeit der Bilanzierung (siehe hierzu

---

216 Vgl. Mertens/Cahn, in: Kölner Kommentar zum AktG, § 107 Rn. 142.

Kap. D.IV »Vorbereitende Prüfung des Jahresabschlusses«).[217] Zur vorbereitenden Prüfung der nichtfinanziellen Erklärung siehe Kap. D.V.

Die Berichterstattung des Prüfungsausschusses über dessen Vorprüfung des Jahres- und ggf. Konzernabschlusses sowie des Lageberichts (und ggf. Konzernlageberichts) sowie des Gewinnverwendungsvorschlags an das Aufsichtsratsplenum ist somit eine von mehreren zur Verfügung stehenden Informationsquellen, aufgrund der vorbereitenden Tätigkeit des Ausschusses jedoch i. d. R. die bedeutendste. Vor diesem Hintergrund sind an die Berichterstattung des Prüfungsausschusses besondere Anforderungen zu stellen.

Um den Aufsichtsratsmitgliedern eine angemessene Vorbereitung auf die Bilanzsitzung zu ermöglichen, reicht eine mündliche Berichterstattung über die vorbereitenden Tätigkeiten des Prüfungsausschusses möglicherweise nicht aus. Es wird sinnvoll sein, die Berichterstattung den Mitgliedern des Gesamtaufsichtsrates vor der Bilanzsitzung mit den anderen Sitzungsunterlagen zuzuleiten. Die Berichterstattung sollte dabei insb. folgende Aspekte enthalten:[218]

- entscheidungsrelevante Informationen und Erwägungen (z. B. wesentliche Feststellungen des Abschlussprüfers; eigene Analysen zur Ausnutzung von Ermessensspielräumen durch den Vorstand),
- gegebenenfalls als problematisch gesehene Sachverhalte, unabhängig von der Darstellung im Prüfungsbericht des Abschlussprüfers,
- gegebenenfalls noch offene Fragen zwischen dem Prüfungsausschuss und dem Vorstand sowie
- Beschlussvorschläge.

Besondere Bedeutung kommt der Berichterstattung über die Prüfung zu, ob die Ermessensentscheidungen des Vorstands hinsichtlich der Bilanzpolitik nach Ansicht des Prüfungsausschusses im Interesse des Unternehmens sind und sie daher vom Prüfungsausschuss gebilligt werden können.

Der Aufbau der Berichterstattung kann sich an den vom Prüfungsausschuss durchgeführten Prüfungsschritten orientieren, wie sie in Kap. D.IV und Kap. D.V dargelegt sind.

---

217 Vgl. Huwer (2008), S. 127.
218 Vgl. Warncke (2010), S. 209.

2 In der externen Berichterstattung über die Tätigkeit des Prüfungsausschusses

a Die Berichterstattung des Aufsichtsrates an die Hauptversammlung

Durch die Berichterstattung an die Hauptversammlung legt der Aufsichtsrat ihr gegenüber einerseits Rechenschaft über seine Tätigkeit ab, indem er über Art und Umfang seiner Überwachungstätigkeit, die Bildung von Ausschüssen und deren Tätigkeiten berichtet. Andererseits dient der Bericht der Information der Hauptversammlung als Basis für die Ausübung ihrer Kontrollfunktion. Ebenso wie die Prüfungstätigkeit nach § 171 Abs. 1 Satz 1 AktG (Jahres- und Konzernabschluss) und § 171 Abs. 1 Satz 4 AktG (gesonderter nichtfinanzieller Bericht bzw. Konzernbericht) gehört die Berichterstattung an die Hauptversammlung zu den Vorbehaltsaufgaben des Aufsichtsratsplenums (siehe § 107 Abs. 7 Satz 3 i.V.m. § 171 Abs. 2 AktG). Der Prüfungsausschuss kann und darf diese Aufgabe demnach nicht für den Gesamtaufsichtsrat abschließend erledigen. Allerdings können auch hier im Innenverhältnis vorbereitende Aufgaben an den Prüfungsausschuss übertragen werden, wovon die Verantwortlichkeit des Gesamtaufsichtsrates unberührt bleibt.

Der Bericht des Aufsichtsrates umfasst nach § 171 Abs. 1 und 2 AktG:
- das Ergebnis der eigenen Prüfung des Jahres- und ggf. Konzernabschlusses sowie des Lageberichts bzw. Konzernlageberichts und des Vorschlags für die Verwendung des Bilanzgewinns sowie ggf. das Ergebnis der Prüfung des Abhängigkeitsberichts nach § 312 AktG (siehe § 314 Abs. 2 AktG),
- das Ergebnis der eigenen Prüfung des gesonderten nichtfinanziellen Berichts bzw. Konzernberichts, sofern erstellt,
- die Mitteilung, in welcher Art und in welchem Umfang der Aufsichtsrat die Geschäftsführung der Gesellschaft während des Geschäftsjahres überprüft hat,
- eine Stellungnahme zum Ergebnis der Prüfung des Jahres- und ggf. Konzernabschlusses durch den Abschlussprüfer sowie
- eine Schlusserklärung, ob nach dem abschließenden Ergebnis der Prüfung durch den Aufsichtsrat Einwendungen zu erheben sind und ob der Aufsichtsrat den vom Vorstand aufgestellten Jahresabschluss und ggf. Konzernabschluss billigt.

Bei börsennotierten Unternehmen hat der Aufsichtsrat in seinem Bericht insb. anzugeben, welche Ausschüsse gebildet worden sind, und die Zahl seiner Sitzungen und die der Ausschüsse zu nennen.

Da eine inhaltliche Prüfung des nichtfinanziellen (Konzern-)Berichts durch den Abschlussprüfer bisher nicht vorgesehen ist (§ 317 Abs. 2 Satz 4 HGB), erwähnt § 171 Abs. 2 AktG hier nicht

analog die Stellungnahme zum Ergebnis der entsprechenden Prüfung durch den Abschlussprüfer. Der Abschlussprüfer muss lediglich beurteilen, ob die nichtfinanzielle Erklärung bzw.
der gesonderte Bericht erstellt und veröffentlicht wurde (formelle Prüfung). In der Praxis zeigt
sich jedoch, dass viele Aufsichtsräte die Möglichkeit des § 111 Abs. 2 Satz 4 AktG nutzen und
eine externe Prüfung des nichtfinanziellen (Konzern-)Berichts beauftragen. Wird freiwillig der
nichtfinanzielle (Konzern-)Bericht nach Vergabe eines entsprechenden Auftrags durch den Aufsichtsrat auch inhaltlich vom Abschlussprüfer geprüft, so ist nach § 315b Abs. 4 HGB das Ergebnis dieser Prüfung nunmehr offenzulegen. In diesem Zusammenhang erscheint auch eine
Stellungnahme zum Ergebnis dieser Prüfung im Bericht des Aufsichtsrates sachgerecht (siehe
hierzu auch Kap. D.V »Nachhaltigkeit im Rahmen der Überwachung der Unternehmensführung
und vorbereitende Prüfung der nichtfinanziellen Erklärung«).

Der DCGK empfiehlt darüber hinaus eine Information der Hauptversammlung über bei Aufsichtsratsmitgliedern aufgetretene Interessenkonflikte und deren Behandlung (Empf. E.1 des
DCGK 2020)[219] sowie gem. Empf. D.8 des DCGK 2020 eine Berichterstattung darüber, an wie vielen Sitzungen des Aufsichtsrates und der Ausschüsse die Mitglieder teilgenommen haben.[220]

Der schriftliche Bericht des Aufsichtsrates dient den Aktionären – über die Informationen im Lagebericht des Vorstands hinaus – als wesentliche Entscheidungsgrundlage für ihren Beschluss
über die Entlastung des Vorstands und des Aufsichtsrates (§ 120 AktG) sowie die Wahl oder die
Abberufung von Mitgliedern des Aufsichtsrates. Er stellt damit zum einen ein Informationsinstrument für die Aktionäre und zum anderen auch einen Rechenschaftsbericht des Aufsichtsrates über seine eigene Tätigkeit dar. Aufgrund dieser grundlegenden Bedeutung muss die
Verantwortlichkeit des Aufsichtsrates für den Berichtsinhalt formell dokumentiert werden, wie
ein BGH-Urteil unterstreicht:[221]
* Der Bericht muss durch einen Beschluss des Aufsichtsrates festgestellt worden sein; im Falle eines stillschweigenden Beschlusses wären die für das Zustandekommen des Beschlusses unerlässlichen Voraussetzungen von Beschlussfähigkeit, Zustimmung, Ablehnung oder
Stimmenthaltung nicht feststellbar.
* Der amtierende Aufsichtsratsvorsitzende muss den Bericht persönlich unterschreiben.

Da der Prüfungsausschuss, insb. auf dem Gebiet der Prüfung des Jahresabschlusses, über deutlich detailliertere Kenntnisse verfügt als die Mitglieder des Gesamtaufsichtsrates, ist es – auch
aus Effizienzgründen – in der Praxis üblich, dass der Prüfungsausschuss den schriftlichen Bericht des Aufsichtsrates an die Hauptversammlung hierzu vorbereitet.[222] Zudem findet sich im

---

219 Bezüglich des Umfangs der Berichterstattung über Interessenkonflikte sei auf den BGH-Beschluss v. 14.05.2013,
    II ZR 196/12, NZG (2013), S. 784, hingewiesen. Demnach hat der Aufsichtsrat in seinem Bericht über aufgetretene
    Interessenkonflikte und deren Behandlung zu informieren, diese jedoch nicht im Einzelnen darzulegen.
220 Die Berichtspflicht nach Ziffer 5.4.7 DCGK 2017 für den Fall, dass ein Mitglied des Aufsichtsrates an weniger als der
    Hälfte der Sitzungen des Aufsichtsrates und der Ausschüsse teilgenommen hat, ist weggefallen.
221 Henze (2010), S. 146.
222 Vgl. Huwer (2008), S. 131; Warncke (2010), S. 209 f.

Bericht des Aufsichtsrates meist ein gesonderter Abschnitt über die Tätigkeit seiner Ausschüsse im Geschäftsjahr, der von den jeweiligen Ausschüssen zweckmäßigerweise vorbereitet wird.

In der Praxis legt der Aufsichtsratsvorsitzende den gesamten Berichtsentwurf – ggf. in schon von ihm durchgesehener Form – den Mitgliedern des Aufsichtsratsplenums in dessen Bilanzsitzung vor. Der Entwurf wird dann im Plenum geprüft, diskutiert und schließlich autorisiert.[223] Dabei hält die h. M. einen ausdrücklichen Beschluss des Gesamtaufsichtsrates über die Billigung des Berichtsentwurfs für erforderlich.[224]

Der Umfang der Berichterstattung steht grds. im Ermessen des Aufsichtsrates. Allerdings zeigt die Berichterstattungspraxis, bestärkt durch die jüngere Rechtsprechung und die herrschende Literaturmeinung, eine deutliche Tendenz dahingehend, den Aktionären eine immer konkreter werdende Darstellung der Inhalte und Prozesse der Prüfungstätigkeit des Aufsichtsrates zu bieten. Gefordert wird dies insb. für den Fall einer wirtschaftlich schwierigen Unternehmenssituation, die eine Intensivierung der Überwachungspflichten des Aufsichtsrates und entsprechend ausführlichere Berichtspflichten nach sich zieht.[225]

Gemäß Grundsatz 22 des DCGK 2020 berichten Aufsichtsrat und Vorstand zudem jährlich in der Erklärung zur Unternehmensführung (§ 289f HGB) über die Corporate Governance der Gesellschaft. Somit wird – in Ergänzung zum Bericht des Aufsichtsrates nach § 171 AktG – die Erklärung zur Unternehmensführung zum zentralen Instrument der Corporate-Governance-Berichterstattung. Der Aufsichtsrat trägt die Gestaltungsverantwortung derjenigen Berichtsteile, die sich aus seiner Tätigkeit als Überwachungsorgan ergeben. Formeller Ersteller bleibt der Vorstand. Die Offenlegung der Erklärung zur Unternehmensführung kann entweder als gesonderter Abschnitt im Lagebericht oder als gesonderter Bericht auf der Internetseite des Unternehmens erfolgen (§ 289f Abs. 1 Satz 2 HGB). Dabei ist zu beachten, dass die Erklärung zur Unternehmensführung gem. § 317 Abs. 2 Satz 6 HGB keiner inhaltlichen Prüfung unterliegt. Der Abschlussprüfer nimmt lediglich eine formelle Prüfung vor, ob die Angaben gemacht wurden.

Ebenso relevant ist der gemeinsam durch Aufsichtsrat und Vorstand erstellte Vergütungsbericht gem. § 162 AktG bzw. Grundsatz 22 DCGK 2022. Der Vergütungsbericht ist nach § 162 Abs. 3 AktG durch den Abschlussprüfer zu prüfen. Aber auch hier ist nur eine formelle Prüfung vorgesehen, d. h. zu prüfen, ob die Angaben im Vergütungsbericht gemacht wurden. Der Abschlussprüfer hat einen Vermerk über die Prüfung des Vergütungsberichts zu erstellen, der dem Vergütungsbericht beizufügen ist.

---

223 Vgl. Semler (2007), S. 81.
224 Vgl. Gernoth/Wernicke (2010), S. 533.
225 Siehe ausführliche Darstellungen bei Huwer (2008), S. 129 ff.; Gernoth/Wernicke (2010), S. 531 ff.; sowie die empirische Untersuchung von Theisen/Linn/Schöll (2007), S. 2493 ff.

Um den rechtlichen und faktischen Anforderungen an eine moderne Corporate-Governance-Berichterstattung gerecht zu werden und zugleich die Chancen einer zielgruppenadäquaten Information zu nutzen, empfiehlt es sich, dass der Aufsichtsrat eine Kommunikationsstrategie entwickelt. Diese sollte – über den schriftlichen Bericht hinaus – alle Kommunikationswege des Aufsichtsrates umfassen und mit der Kapitalmarkt-Kommunikationsstrategie des Gesamtunternehmens abgestimmt sein. Ausgehend von einer Analyse der Informationsanforderungen der Stakeholder sowie den Chancen und Risiken verschiedener Kommunikationsarten und unter Berücksichtigung der Erkenntnisse aus der Selbstbeurteilung des Aufsichtsrates sind bei der Festlegung einer solchen Strategie die Ziele der Aufsichtsratskommunikation zu definieren (etwa der Abbau von Informationsasymmetrien, die Erhöhung der Glaubwürdigkeit und somit letztlich auch die Senkung der Kapitalkosten). Auf Basis dieser Ziele und unter Berücksichtigung der anfallenden Kommunikationskosten sollte der Aufsichtsrat dann den Umfang seiner über die gesetzlichen Anforderungen hinausgehenden Kommunikation bestimmen.[226]

b   Beiträge des Prüfungsausschusses

Bericht über die Arbeit des Prüfungsausschusses im Geschäftsjahr

Ein gesonderter Abschnitt der Berichterstattung des Aufsichtsrates widmet sich meist der Arbeit in den Ausschüssen des Aufsichtsrates, darunter derjenigen im Prüfungsausschuss. In diesem Abschnitt werden i. d. R. folgende Aussagen getroffen:

- Anzahl der abgehaltenen Sitzungen des Prüfungsausschusses
- Teilnehmer an den Sitzungen: Umfang der Teilnahme des Abschlussprüfers, des (Finanz-)Vorstands sowie leitender Mitarbeiter unterhalb der Vorstandsebene (z. B. Leiter der Innenrevision); Darstellung, inwieweit separate Treffen mit dem Abschlussprüfer und ggf. leitenden Mitarbeitern unterhalb der Vorstandsebene stattgefunden haben
- Durchführung von Sitzungen ohne Vorstand, insb. bei Hinzuziehung des Abschlussprüfers als Sachverständigen gem. § 109 Abs. 1 Satz 3 AktG
- Verfahren und Inanspruchnahme des Auskunftsrechts nach § 107 Abs. 4 Satz 4 AktG bei den für die Aufgaben des Prüfungsausschusses relevanten Leitern der Zentralbereiche
- Darstellung der wesentlichen Themen, die der Prüfungsausschuss behandelt hat; neben unternehmensspezifischen Themenschwerpunkten umfassen diese i. d. R.:
  - Befassung mit den Abschlüssen und Lageberichten der Gesellschaft und des Konzerns sowie dem Gewinnverwendungsvorschlag, inkl. der Erörterungen mit dem Abschlussprüfer
  - Befassung mit dem nichtfinanziellen (Konzern-)Bericht, ggf. inkl. Erörterung mit dem Abschlussprüfer dazu
  - Empfehlung für den Vorschlag des Aufsichtsrates an die Hauptversammlung zur Wahl des Abschlussprüfers, Ausschreibungsverfahren

---

226 Siehe hierzu Ruhwedel/Weitzel (2013), S. 41.

- Erteilung des Prüfungsauftrags an den Abschlussprüfer
- Überwachung der Unabhängigkeit des Abschlussprüfers sowie der von ihm zusätzlich erbrachten Leistungen, Überwachung der Qualität der Abschlussprüfung
- Festlegung des Honorars des Abschlussprüfers
- soweit zutreffend, Durchsicht von Quartals- und Halbjahresfinanzinformationen
- Befassung mit dem Rechnungslegungsprozess, der Wirksamkeit des IKS, des RMS und des internen Revisionssystems und ggf. weiteren, dem Ausschuss zugewiesenen Themen.

Inwieweit im Zusammenhang mit diesen Tätigkeiten besondere Umstände eingetreten sind, die eine ergänzende Berichterstattung erfordern, kann nur im Einzelfall entschieden werden. Beispielsweise können sich derartige Umstände aus einem Prüferwechsel ergeben oder Entwicklungen betreffen, die zusätzliche Überwachungstätigkeiten des Prüfungsausschusses erforderlich gemacht haben (z. B. signifikante Fraud-Fälle, Sonderuntersuchungen).

Nimmt der Prüfungsausschuss im Rahmen seiner Tätigkeit Einsicht in die Bücher der Gesellschaft oder beauftragt er Sachverständige (§ 111 Abs. 2 AktG), so wird der Aufsichtsrat dies i. d. R. in allgemeiner Form an die Hauptversammlung berichten.[227]

Bericht über das Ergebnis der Jahres- und Konzernabschlussprüfung sowie des Gewinnverwendungsvorschlags

Die vorbereitende Prüfung des Jahres- und Konzernabschlusses sowie des Gewinnverwendungsvorschlags durch den Prüfungsausschuss wird ausführlich in Kap. D.IV » Vorbereitende Prüfung des Jahresabschlusses« dargelegt. Haben sich dabei und bei der anschließenden Prüfung durch den Gesamtaufsichtsrat – wie im Normalfall zu erwarten – keine Meinungsverschiedenheiten zwischen Aufsichtsrat und Vorstand ergeben, kann sich die Berichterstattung auf die Feststellung beschränken, dass der Aufsichtsrat mit dem aufgestellten Jahresabschluss und dem Gewinnverwendungsvorschlag einverstanden ist bzw. dass er keinen Anlass sieht, Einwendungen zu erheben. Andernfalls sollten die bestehenden (wesentlichen) Meinungsdivergenzen dargelegt und erläutert werden.[228] Unter Umständen kommt ein Bericht über die vorbereitende Prüfung des nichtfinanziellen (Konzern-)Berichts hinzu.

Stellungnahme zum Ergebnis der Prüfung des Jahres- und ggf. Konzernabschlusses durch den Abschlussprüfer

Die Stellungnahme des Aufsichtsrates zum »Ergebnis« der Prüfung des Jahres- und ggf. Konzernabschlusses durch den Abschlussprüfer bezieht sich auf den vom Abschlussprüfer erteilten

---

227 Vgl. Huwer (2008), S. 132 f. Siehe auch die empirische Untersuchung von Gros/Velte (2012), S. 2243 ff., zur Berichterstattung der Aufsichtsräte von DAX- und MDAX-Unternehmen zu den eingerichteten Prüfungsausschüssen, wobei hier neben den Berichten der Aufsichtsräte auch die Erklärungen zur Unternehmensführung vormals nach § 289a HGB sowie die Corporate-Governance-Berichte ausgewertet wurden.

228 Vgl. Sünner (2008), S. 413 f.; zu Meinungsverschiedenheiten innerhalb des Aufsichtsrates siehe Hennrichs/Pöschke, in: Münchener Kommentar zum AktG, § 171, Rn. 216.

uneingeschränkten oder eingeschränkten Bestätigungsvermerk bzw. Versagungsvermerk inkl. der im Bestätigungsvermerk dargestellten besonders wichtigen Prüfungssachverhalte (Key Audit Matters). Hat die eigene Prüfung der Abschlüsse durch den Aufsichtsrat – wie i.d.R. zu erwarten – keine wesentlichen Divergenzen zum Ergebnis der Abschlussprüfung ergeben, kann die Berichterstattung zu diesem Bericht ebenfalls kurzgefasst werden.

Es sollte zunächst aus Gründen der Klarheit aufgeführt werden, durch welche Wirtschaftsprüfungsgesellschaft(en) die Prüfung erfolgt ist und welches Prüfungsergebnis sich ergeben hat. Dann erfolgt der Hinweis, dass der Aufsichtsrat mit dem Ergebnis der Prüfung durch den Abschlussprüfer übereinstimmt. Ergänzende Anmerkungen können zur Vorgehensweise bei der eigenen Prüfung erfolgen, insb. zu den zugrunde gelegten Informationen (Prüfungsberichte des Abschlussprüfers, mündliche Berichterstattung des Abschlussprüfers vor dem Prüfungsausschuss, Ergebnisse der Vorprüfung durch den Prüfungsausschuss).

Falls sich wesentliche Divergenzen zwischen den Ergebnissen der Abschlussprüfung und der Prüfung durch den Aufsichtsrat ergeben, müssen diese aufgezeigt und die aus Sicht des Aufsichtsrates daraus zu ziehenden Konsequenzen dargelegt werden. Gleiches gilt auch, wenn der Bestätigungsvermerk eingeschränkt oder ein Versagungsvermerk erteilt wurde.[229] In diesem Fall hat die Stellungnahme so ausführlich zu erfolgen, dass sie der Hauptversammlung als zusätzliche Beurteilungsgrundlage dient.[230]

Schlusserklärung

Die Schlusserklärung bezieht sich auf die Fragen, ob nach dem abschließenden Ergebnis der Prüfung durch den Aufsichtsrat Einwendungen zu erheben sind und ob der Aufsichtsrat den vom Vorstand aufgestellten Jahresabschluss (und ggf. Konzernabschluss) billigt.

Die »Einwendungserklärung« bezieht sich auf die gesamte Prüfungstätigkeit des Aufsichtsrates und umfasst damit den Jahresabschluss, den Lagebericht und den Gewinnverwendungsvorschlag. Im Normalfall, wenn keine Einwendungen erhoben werden, kann die Formulierung z.B. lauten: »Nach dem abschließenden Ergebnis der Prüfung durch den Prüfungsausschuss und unserer eigenen Prüfung sind keine Einwendungen zu erheben.«

Die »Billigungserklärung« bezieht sich nur auf den Jahres- und ggf. Konzernabschluss.[231] Die Formulierung kann bspw. lauten: »Der Aufsichtsrat hat die vom Vorstand aufgestellten Abschlüsse gebilligt. Der Jahresabschluss ist damit festgestellt.«

---

229 Vgl. Hennrichs/Pöschke, in: Münchener Kommentar zum AktG, § 171, Rn. 209 f.; Huwer (2008), S. 131.
230 Siehe Hüffer/Koch (2021), in: AktG, § 171 Rn. 22.
231 Zur Abgrenzung vgl. Sünner (2008), S. 415.

Falls sich Einwendungen ergeben, sind diese zu erläutern und zu begründen. Da diese Gründe ggf. auch Anlass dafür sein können, dass der Aufsichtsrat die Billigung ablehnt, kann im Rahmen der Billigungserklärung ohne weitere Erläuterungen hierauf verwiesen werden.

Weitere Bereiche der Mitwirkung des Prüfungsausschusses

Weitere mögliche Bereiche für eine Mitwirkung des Prüfungsausschusses an dem Bericht des Aufsichtsrates stellen sich wie folgt dar:[232]

In Bezug auf Interessenkonflikte kann der Prüfungsausschuss für die Berichterstattung des Aufsichtsrates nach Empf. E.1 des DCGK 2020 vorbereitend tätig werden, indem er die Unabhängigkeit seiner eigenen Mitglieder prüft und ggf. darlegt, welche Interessenkonflikte aufgetreten sind und wie diese behandelt wurden.

Im Falle einer personellen Veränderung in der Person des Vorsitzenden des Prüfungsausschusses sollte der Aufsichtsrat der Hauptversammlung berichten, inwieweit der neue Vorsitzende bzw. ein weiteres Mitglied gem. den Empf. C.10 und D.4 des DCGK 2020 über die verlangten besonderen Kenntnisse und Erfahrungen verfügt. Dabei ist nach D.4 DCGK-E 2022 die Ausweitung der komplementären Profile des Rechnungslegungsexperten (Rechnungslegungsgrundsätze, Nachhaltigkeitsberichterstattung, interne Kontroll- und Risikomanagementsysteme) und des Prüfungsexperten (Abschlussprüfung, Prüfung Nachhaltigkeitsberichterstattung) von besonderem Interesse, um der Hauptversammlung eine angemessene Beurteilung der Besetzung dieser Positionen zu ermöglichen. Diese Berichterstattung sollte durch den Prüfungsausschuss vorbereitet werden.

---

232 Vgl. Huwer (2008), S. 132.

E Wirksamkeit des Prüfungsausschusses

Dr. Arno Probst

I   Merkmale eines wirksamen Prüfungsausschusses

Wann ist ein Prüfungsausschuss wirksam? Er kann wohl als wirksam bezeichnet werden, wenn er die ihm auf Basis der rechtlichen Grundlagen übertragenen Aufgaben auf qualitativ hochwertigem Niveau effektiv und auch effizient innerhalb des Gesamtaufgabenspektrums des Aufsichtsrates abarbeitet. In Kap. I »Die Wirksamkeit von Prüfungsausschüssen aus Sicht der empirischen Corporate Governance-Forschung« werden dazu empirische Untersuchungen vorgestellt, die zur Beurteilung der Wirksamkeit die Kriterien »Zusammensetzung«, »Autorität«, »Ressourcen« und »Aktivitätsniveau« heranziehen.

Wir wollen vier Merkmale hervorheben, die nach unseren Erfahrungen von besonderer Bedeutung sind:

Persönliche, innere Unabhängigkeit der Mitglieder

Die Mitglieder eines Prüfungsausschusses sollten im besonderen Maße innerlich unabhängig und von der Persönlichkeit her in der Lage sein, bei bestehenden Auffassungsunterschieden – im Gremium und/oder mit dem Vorstand – diese konstruktiv-kritisch zu diskutieren. Dies erfordert auch eine kritische Grundhaltung und ein Hinterfragen. Der Prüfungsausschuss ist kein »Glaubensausschuss«.

Zeit- und Sitzungsplanung

Im Prüfungsausschuss sollte ausreichend Zeit für (zielgerichtete) Diskussionen und Fragen zur Verfügung stehen. Dazu ist es auch hilfreich, einen eigenen Sitzungsturnus zu haben, der natürlich mit dem Aufsichtsrat synchronisiert sein sollte, aber nicht deckungsgleich sein muss. Provokativ: Der Ausschuss sollte häufiger zusammenkommen als vier Mal im Jahr jeweils eine Stunde vor der Sitzung des Aufsichtsrates.

Wesentlichkeitsfokus

Es sollte einen Fokus auf Wesentlichkeit geben, sowohl in der jeweiligen Sitzung als auch in Bezug auf das Jahresarbeitsprogramm. Dies bedeutet, dass wirklich wichtige und ggf. kritische Dinge auch eine intensivere Befassung erfahren. Dazu bedarf es einer intensiven, risikoorientierten Jahresplanung, die natürlich auch durch spontan relevante Themenstellungen ergänzt werden kann. Unwesentliche Standardthemen sollten nicht viel Raum einnehmen! Eine nützliche Orientierungshilfe kann hierbei der Leitfaden zur Nutzung des Planungstools für die Erstellung der Agenda sein (siehe hierzu Kap. D.I.2 »Muster einer Terminübersicht für das Gesamtjahr«).

Leadership

Wirksamkeit hat sehr viel mit Leadership zu tun. Daher kommt der Person des Vorsitzenden des Prüfungsausschusses eine ganz besondere, die Arbeit und Diskussionskultur prägende Funktion zu! Seine Sitzungsführung und sein (auch zeitliches) Engagement sind entscheidend für den Erfolg, nach innen in den Ausschuss wie auch in der Berichterstattung für die Arbeit des Plenums und bei der Kommunikation mit dem Vorsitzenden des Aufsichtsrates und dem Vorstand, auch und insb. zwischen den Sitzungen. Hier kommt es auf die Verknüpfung von Leadership-Fähigkeiten und thematischem Sachverstand an! Das gilt insb. auch für die Zusammenarbeit der beiden Finanzexperten im Prüfungsausschuss, von denen, zumindest nach Empf. D.4. des DCGK-E 2022, einer der Vorsitzende sein soll.

In den nachfolgenden Abschnitten werden einige Anregungen gegeben, die zur Wirksamkeit des Prüfungsausschusses ebenfalls Hilfestellung geben sollen.

II   Potenzielle Probleme bei Organisation und Tätigkeit des Prüfungsausschusses

Ein gut funktionierender Prüfungsausschuss bietet dem Aufsichtsrat und damit der Unternehmensüberwachung viele Vorteile in Qualität und Effizienz der Aufgabenerfüllung. Die Implementierung von Prüfungsausschüssen birgt jedoch auch potenzielle Gefahren und Probleme, die allerdings durch Umsicht in der Zusammensetzung und Arbeitsweise vermieden werden können.[1]

Prüfungsausschuss und Aufsichtsrat

Mit der – für Unternehmen im öffentlichen Interesse nunmehr gebotenen – Etablierung eines Prüfungsausschusses geht die Gefahr einher, dass die anderen Aufsichtsratsmitglieder die eigenen Überwachungsaufgaben nicht mehr ausreichend wahrnehmen können, wenn das Arbeitsprogramm und die Ergebnisse des Prüfungsausschusses nicht in einer gebotenen Tiefe auch im Plenum des Aufsichtsrates diskutiert werden. Die Einrichtung eines Prüfungsausschusses soll zwar dem Aufsichtsrat die Arbeit erleichtern. Niederschlagen kann sich dies insb. in einer Delegation bestimmter Aufgabengebiete an den Ausschuss oder in der Identifizierung von für die Überwachungstätigkeit besonders relevanten Problemfeldern, die dann abschließend im Plenum diskutiert werden. Allerdings muss gerade bei beschlussvorbereitenden Tätigkeiten des Prüfungsausschusses bzw. bei Tätigkeiten, die dem Prüfungsausschuss nicht endgültig übertragen werden können, wie etwa die Prüfung des Jahresabschlusses nach § 171 Abs. 1 Satz 1 AktG, der Gesamtaufsichtsrat auf Basis der vom Ausschuss bereitgestellten Unterlagen und Informationen weiterhin mit der von ihm geforderten Sorgfalt eine eigene Entscheidung treffen. Keinesfalls darf er nur die Berichte des Prüfungsausschusses »konsumieren«, ergänzend eventuell noch ein paar Fragen stellen und den zu diskutierenden Sachverhalt mit der Begründung absegnen, der Prüfungsausschuss habe sich eingehend damit beschäftigt und dessen Mitglieder seien dafür die Spezialisten.

Mit der Einrichtung eines Prüfungsausschusses geht auch die Gefahr einher, dass ein Informationsgefälle zwischen Ausschussmitgliedern und Nicht-Ausschussmitgliedern entsteht. Bei den für den Gesamtaufsichtsrat vorbereitend tätigen Ausschüssen könnten die Informationssammlung und die Diskussion aus dem Plenum hinaus verlagert und dem Gesamtaufsichtsrat im Extremfall nur selektierte Informationen weitergegeben werden. Bei einem beschließenden Prüfungsausschuss könnte die Informationsversorgung sogar gänzlich minimiert werden.

Entsprechend sind eine klare Berücksichtigung und Festlegung der Berichtspflichten des Prüfungsausschusses an den gesamten Aufsichtsrat in der Geschäftsordnung des Aufsichtsrates oder des Prüfungsausschusses zu empfehlen, um diese Problematik zu mindern.

---

1   Vgl. im Folgenden auch grundlegend schon Böckli (2003), S. 567 ff. sowie Koprivica (2009), S. 155–159 m. w. N.

Prüfungsausschuss und Geschäftsführung

Der Aufsichtsrat hat die Geschäftsführung zu überwachen (§ 111 Abs. 1 AktG). Zur Steigerung seiner Effizienz soll ihm der Prüfungsausschuss dabei helfen und sich u. a. mit der Überwachung des Rechnungslegungsprozesses, der Wirksamkeit des IKS, des RMS und des internen Revisionssystems befassen (§ 107 Abs. 3 Satz 2 AktG). Die Kernzuständigkeit zur Ordnungsmäßigkeit und Funktionsfähigkeit hinsichtlich dieser Bereiche liegt allerdings beim Vorstand, der die Gesellschaft unter eigener Verantwortung zu leiten hat (§ 76 Abs. 1 AktG i. V. m. § 91 AktG). Entsprechend muss der Prüfungsausschuss die Grenzen der eigenen Verantwortlichkeiten zu denen der Geschäftsleitung beachten und sollte sich nicht in das Management des Unternehmens einmischen, wenn dies über den Überwachungs- und Beratungsauftrag des Aufsichtsrates hinausgeht. So darf er bspw. nicht die interne Kontrolle im Rechnungslegungsprozess oder das Risikomanagement faktisch übernehmen.

Umgekehrt muss der Prüfungsausschuss darauf achten, dass der Vorstand ihm nicht vorab schwierige Sachverhalte zur Begutachtung bzw. zur Absegnung und damit zur Vorentscheidung vorlegt, die wiederum der Entscheidungskompetenz des Vorstands unterliegen, um den Ausschuss zu lenken oder um potenziell zukünftige Diskussionen zu vermeiden. Beispiele hierfür bieten sich u. a. im Umgang mit Finanzderivaten oder generell in der Intensität von Bilanzpolitik.

Dadurch würde es zu einer Verschiebung der Eigenverantwortlichkeit vom Vorstand zum Prüfungsausschuss bzw. Aufsichtsrat kommen. Allerdings ist auch hier zu beachten, dass es nicht vermeidbar sein wird und auch einer guten Praxis entspricht, innerhalb der Zusammenarbeit zwischen Prüfungsausschuss und Vorstand bestimmte Fragen und Sachverhalte im Vorfeld zu besprechen und die Sichtweise des Prüfungsausschusses einzuholen.

Prüfungsausschuss, interne und externe Prüfer und Compliance

Der Prüfungsausschuss soll sich zwar mit der (Angemessenheit und) Wirksamkeit des IKS, des RMS und des internen Revisionssystems sowie mit der Compliance und der Abschlussprüfung befassen, aber auch hier muss er die Grenzen der eigenen Verantwortlichkeiten beachten.

Entsprechend ist bspw. die Abschlussprüfung und das systematische Vorgehen hierbei Sache des dafür vorgesehenen Abschlussprüfers, der die Abschlussprüfung eigenverantwortlich und unabhängig durchführt. Wie dieser die Prüfung technisch durchführt, ist nicht durch den Prüfungsausschuss diktierbar, solange der Prüfer die in den Berufsstandards kodifizierten Grundsätze ordnungsmäßiger Abschlussprüfung beachtet. Dies ist auch nicht notwendig. Denn den konstruktiven Einfluss auf die in- und externen Prüfungen erhält der Prüfungsausschuss aus der Vorlage der Prüfungspläne sowie der sich daraus ergebenden Möglichkeit der Festlegung von Prüfungsschwerpunkten der Jahresabschlussprüfung und der Koordination der Prüfer untereinander.[2]

---

2   Vgl. dazu im Einzelnen IDW-Positionspapier Zusammenarbeit (2020), S. 20, Punkte 50 ff.

Gerade hinsichtlich der Internen Revision, die ein Instrument des Vorstands ist, darf der Prüfungsausschuss seine Verantwortlichkeit nicht überschreiten, um das Verhältnis der Internen Revision zum Vorstand nicht zu schädigen. Auch im Rahmen der Compliance überwacht der Prüfungsausschuss das entsprechende System, er selbst setzt aber nicht die Compliance an sich durch. Dennoch ist es gute Praxis, dass auch der Prüfungsausschuss die Themensetzung der Internen Revision intensiv mit dem Vorstand diskutiert und sich einbringt.

Inhaltliche Tätigkeit des Prüfungsausschusses
Zunächst muss festgehalten werden, dass der Prüfungsausschuss selbst keine Prüfungen durchführt, wie es die Interne und Externe Revision tun. Die Tätigkeit des Prüfungsausschusses wird v.a. durch Plausibilitätsbeurteilungen von Planungs- und Dokumentationsunterlagen sowie deren Analyse und Vergleich geprägt sein. Prüfungen der Bücher, Schriften und Vermögensgegenstände der Gesellschaft sowie die entsprechende Beauftragung eines Sachverständigen gem. § 111 Abs. 2 AktG dürften eher die Ausnahme sein.

Diese Aufgabendurchführung kann schnell zu einer oberflächlichen Durchsicht der notwendigen und umfangreichen Unterlagen führen. Gegebenenfalls bedient sich der Prüfungsausschuss hierzu auch der Hilfe von Checklisten. Diese können zwar erheblichen Nutzen bringen und den Ausschuss auch konstruktiv unterstützen, sie verleiten aber auch zu einem bloßen und raschen Abhaken.

Ein derartiges Abweichen von der erwarteten, verantwortungsvollen Arbeitsweise gilt es zu vermeiden. Abgesehen davon, dass bestimmte Sachverhalte sicherlich durch schnelle Analysen überprüft werden können, müssen sich die Mitglieder des Prüfungsausschusses stets bewusst sein, was die relevanten Kernpunkte im Rahmen ihrer Verantwortlichkeiten waren, welche Konsequenzen sich daraus ergeben können und wie diese ggf. in Zukunft verbessert oder vermieden werden können.

Gleichwohl ist ebenso ein zu hohes bzw. übereifriges Engagement zu verhindern. Im Rahmen seiner Überwachungstätigkeit sollte der Prüfungsausschuss nicht zu »forensisch« agieren, insb. da er sich einen wesentlichen Teil der benötigten Informationen aus Gesprächen mit dem Vorstand und ggf. den Mitarbeitern des Unternehmens sowie unbedingt mit dem Abschlussprüfer einholt. Deshalb ist zu beachten, dass das für eine gute Zusammenarbeit notwendige, vertrauensvolle Verhältnis zwischen den Beteiligten nicht beeinträchtigt wird.

Überforderung und Überschätzung des Prüfungsausschusses
Das Aufgabenspektrum des Prüfungsausschusses ist von der Komplexität und der Bedeutung der jeweiligen Aufgabengebiete her sehr breit angelegt (Rechnungslegung und Rechnungslegungsprozess – inkl. der zunehmend relevanten nichtfinanziellen Berichterstattung und der damit verbundenen Prozesse –, IKS, RMS und Revisionssystem, Compliance, Abschlussprüfung und prüfungsnahe Leistungen des Abschlussprüfers). Damit geht ebenfalls die Notwendigkeit einer intensiven Beschäftigung in sachlicher wie auch zeitlicher Hinsicht einher. Eine zentrale

Herausforderung für Unternehmen liegt daher auch darin, geeignete Kandidaten für die Besetzung des Prüfungsausschusses zu finden, die den Anforderungen gerecht werden, v.a. im Hinblick auf das Profil der zwei komplementär profilierten Finanzexperten. Zudem wird man sich zunehmend die Frage stellen müssen, ob die Tätigkeit als Prüfungsausschussmitglied im Rahmen eines »Nebenamts«, wie die Aufsichtsratstätigkeit von vielen verstanden wird, überhaupt noch durchzuführen ist, ohne die jeweiligen Mitglieder zu überfordern.

Hiermit ist ebenfalls das Problem einer übersteigerten Erwartungshaltung gegenüber dem Prüfungsausschuss verbunden, die eine falsche Vorstellung von der Rolle des Prüfungsausschusses und der Verlässlichkeit der Finanzinformationen weckt. Der Prüfungsausschuss kann nicht als Garant für das gesamte Finanz- und Rechnungswesen verstanden werden. Damit ist zu überdenken, entsprechende Informationen zur Aufklärung zur Aufgabe des Prüfungsausschusses, zu seinen Chancen zur Verbesserung der Aufsichtsratstätigkeit sowie seinen Grenzen bereitzustellen, etwa im Rahmen einer öffentlichen Geschäftsordnung z. B. auf der Internetseite der Gesellschaft.

Gefährdungen für die Aufsichtsratstätigkeit

Die Arbeit des Prüfungsausschusses ist eng mit der Arbeit des Aufsichtsrates verzahnt. Auch bei der Tätigkeit des Aufsichtsrates kann es Probleme in der Organisation und Tätigkeit des Aufsichtsrates in seiner Gesamtheit geben. Gefährdungen einer wirksamen Aufsichtsratstätigkeit werden auch international diskutiert. Tabelle 8 zeigt potenzielle Gefahren auf und gibt Hinweise für mögliche Abhilfen.

Gefahr für Aufsichtsratstätigkeit	Mögliche Abhilfen
Informationsüberfrachtung	• Freiräume schaffen für die Reflexion des Corporate-Governance-Rahmens im Unternehmen – Unternehmensziele/Strategien – bestehende Ordnungsrahmen (inhaltlich und hinsichtlich des Formalisierungsgrads) • Vorbereitungsmaterialien für Sitzungen müssen »bewältigbar« sein
Kurzfristiges Denken	• Bewertung der strategischen Initiativen im Lichte der »Nachhaltigkeit«, Zukunftsblick • Anpassung der Incentivierung an den langfristigen Unternehmenserfolg
Einseitigkeit	• Sicherstellung einer »Diversity of Thought« • Expertise als ausschlaggebendes Auswahlkriterium
Zustimmung ohne Verständnis des Sachverhaltes	• Verständnis und Bewertung der Risiken • Ggf. Hinzuziehung von Sachverständigen
Übernahme einer aktiven Managementrolle	• Kein »Hineinregieren« in den Vorstand durch den Aufsichtsrat • Beachtung der Grenze zwischen aktivem Hinterfragen und aktiver Beeinflussung

Gefahr für Aufsichtsratstätigkeit	Mögliche Abhilfen
Übergewichtung der Risikoaversion	• Risiken gehören zum Geschäft und zum unternehmerischen Handeln • Bewusster Umgang mit Risiken statt überzogene Risikoaversion
Fehlende Berücksichtigung der Anteilseigner	• Ziel- und konsensorientierte Kommunikation mit Anteilseignern • Kommunikationsordnung und Themenverteilung; Abstimmung zwischen Vorstand und Aufsichtsrat
Wichtigkeit der Compliance unterschätzen	• Tone at the Top • Null-Toleranz-Politik

Tab. 8: Gefahren für die Aufsichtsratstätigkeit und mögliche Abhilfen

Fragen für die Praxis zur Tätigkeit des Prüfungsausschusses

- Sind die Verantwortlichkeiten und Pflichten des Prüfungsausschusses, insbesondere die Pflichten hinsichtlich des Berichts an den Gesamtaufsichtsrat, explizit geregelt, z. B. in einer eigenen Geschäftsordnung, und sind sich die übrigen Aufsichtsratsmitglieder der Ausschussaufgaben sowie ihrer eigenen Verantwortlichkeiten und Pflichten bewusst?
- Beachtet der Prüfungsausschuss die Grenzen der eigenen Verantwortlichkeiten zu denen der Geschäftsleitung, der internen Prüfer und des Abschlussprüfers?
- Da die Tätigkeit des Prüfungsausschusses NICHT in einer oberflächlichen Durchsicht und einem flüchtigen Abhaken von Checklisten besteht: Wie viel Zeit nimmt man sich?
- Sind die Prüfungsausschussmitglieder ihren Aufgaben in sachlicher und zeitlicher, aber auch persönlicher Hinsicht gewachsen, v.a. die beiden Finanzexperten?

III   Aus- und Fortbildung

Für einen wirksamen Prüfungsausschuss ist insb. der Sachverstand der Ausschussmitglieder von Bedeutung[3] (siehe hierzu auch Kap. C.I.1 »Sachkenntnis«). Die erforderliche Sachkenntnis ist Maßstab für den Aus- und Fortbildungsbedarf der Prüfungsausschussmitglieder. Grundanforderung ist, dass der Prüfungsausschuss als Gremium in der Lage sein muss, die ihm vom Aufsichtsrat zugewiesenen Aufgaben auch ohne fremde Hilfe zu verstehen und sachgerecht zu beurteilen. Allein angesichts der Komplexität und Änderungsdynamik der Rechnungslegungsvorschriften und des Umfangs der Finanzberichterstattung (wie auch der nichtfinanziellen Berichterstattung) sowie der zugehörigen Prüfungsberichte ist dies eine beträchtliche Herausforderung. Hinzu kommen die Änderungen in der Geschäftstätigkeit des Unternehmens wie auch im Unternehmensumfeld einschließlich der rechtlichen Rahmenbedingungen, die zu einem laufenden Aus- und Fortbildungsbedarf führen, um eine sachgerechte Überwachung der unternehmerischen Kontrollsysteme sicherstellen zu können.

Der DCGK unterstreicht die Bedeutung des Themas Aus- und Fortbildung wie folgt:

> »Die Mitglieder des Aufsichtsrates nehmen die für ihre Aufgaben erforderlichen Aus- und Fortbildungsmaßnahmen eigenverantwortlich wahr« (Grundsatz 19 des DCGK 2022).

Weiter heißt es in Empf. D.11 dazu:

> »Die Gesellschaft soll die Mitglieder des Aufsichtsrates bei ihrer Amtseinführung sowie den Aus- und Fortbildungsmaßnahmen angemessen unterstützen und über durchgeführte Maßnahmen im Bericht des Aufsichtsrates berichten.«

Die eigenverantwortliche Wahrnehmung der Aus- und Fortbildungsmaßnahmen durch die Mitglieder des Aufsichtsrates wird im DCGK als Ausfluss der allgemeinen Sorgfaltspflichten der Aufsichtsratsmitglieder festgestellt, ohne dass die Einhaltung einer Kommentierung nach § 161 Abs. 1 Satz 1 AktG bedarf. Aus einem Mangel an Qualifikation bei den Prüfungsausschussmitgliedern können Schadenersatzpflichten entstehen, sowohl für die Mitglieder des Plenums (Auswahlverschulden) als auch für die Prüfungsausschussmitglieder, die ihr Amt ohne hinreichende Qualifikation angenommen haben (Übernahmeverschulden).

Die Empfehlung des DCGK, die Gesellschaft solle die Aufsichtsratsmitglieder bei der Amtseinführung und der Wahrnehmung der erforderlichen Aus- und Fortbildungsmaßnahmen angemessen unterstützen, löst hingegen eine Kommentierungspflicht nach § 161 Abs. 1 Satz 1 AktG aus. Die Quote der Unternehmen, die dieser Empfehlung folgen, liegt dementsprechend recht

---

3   Vgl. zur Qualifikation auch Koprivica (2009), S. 41–62 m. w. N.

hoch: Nach einer Erhebung 2018 befolgen insgesamt 96,6 % der Kapitalmarktunternehmen diese Empfehlung, wobei die Quote bei DAX-, MDAX- und TecDAX-Unternehmen bei 100 % und bei
SDAX-Unternehmen bei 92,9 % liegt.[4]

Ausgestaltung der Aus- und Fortbildungsmaßnahmen

Wie die Aus- und Fortbildungsmaßnahmen ausgestaltet und wahrgenommen werden sollen,
wird im Kodex natürlich nicht spezifiziert. Infrage kommen u. a.

*   Selbststudium durch die Prüfungsausschussmitglieder (Fachliteratur, Wirtschaftspresse,
    Fachzeitschriften, Newsletter[5] etc.),
*   Besuch von Seminaren speziell für Aufsichtsräte, die von professionellen Seminaranbietern
    angeboten werden, ggf. einschließlich Zertifizierung,
*   Inhouse-Schulungen für den Aufsichtsrat und/oder den Prüfungsausschuss (als Vortragen-
    de kommen insb. einzelne Aufsichtsratsmitglieder, Spezialisten aus dem Unternehmen
    oder externe Experten in Betracht).

Bei der Entscheidung für eine bestimmte Schulungsform können folgende Überlegungen hilfreich sein:

*   Bei »öffentlichen« Veranstaltungen besteht die Möglichkeit, verschiedene Teilnehmer zu
    treffen. Neben interessierten Experten finden sich regelmäßig auch Vorstände oder Auf-
    sichtsräte anderer Unternehmen, die neben den Referenten ebenfalls praktische Erfahrung
    und Einschätzungen hinsichtlich aktueller Diskussionspunkte bieten. Derartige Veranstal-
    tungen geben den Teilnehmern auch die Gelegenheit, sich innerhalb von Diskussionen und
    Gesprächen informell auszutauschen und Einsicht zu erhalten, wie andere Aufsichtsräte
    bzw. Prüfungsausschüsse mit speziellen Sachverhalten umgehen.
*   Individuell ausgerichtete Veranstaltungen werden von unternehmensinternen oder -exter-
    nen Referenten durchgeführt und stimmen ihre Inhalte speziell auf die Unternehmenssitu-
    ation sowie auf die Bedürfnisse der jeweiligen Prüfungsausschussmitglieder ab. Daher sind
    derartige Veranstaltungen ausgesprochen effektiv. Durch die vertrauliche Atmosphäre ist
    innerhalb solcher Veranstaltungen ebenfalls die Diskussion von Sachverhalten möglich, die
    für unternehmensexterne Personen nicht bestimmt sind, da sie bspw. im Zusammenhang
    mit sensiblen Unternehmensdaten oder -gegebenheiten besprochen werden.

Unterstützung durch die Gesellschaft

Eine Förderung durch die Gesellschaft kann zum einen durch eine Bereitstellung bestimmter
Schulungsmaßnahmen erfolgen (z. B. Beauftragung von externen Experten mit der Durchführung einer Schulungsmaßnahme für die Aufsichtsratsmitglieder) oder zum anderen durch die
Übernahme von Kosten für die individuelle Inanspruchnahme externer Schulungsmaßnahmen
durch die Aufsichtsratsmitglieder. Die Frage der Zulässigkeit einer Kostentragung durch die

---

4   Vgl. von Werder/Danilov (2018), S. 2003.
5   Vgl. z. B. das Deloitte-Online-Magazin »Corporate Governance Inside«, abrufbar unter: https://www2.deloitte.com/de/
    de/pages/governance-risk-and-compliance/articles/corporate-governance-inside.html#.

Gesellschaft ist strittig. Zum Teil werden hier Einschränkungen gesehen, mit der Begründung, dass Aufsichtsratsmitglieder selbst für die für die Amtsausübung erforderlichen Kenntnisse und Fähigkeiten zu sorgen haben und Auslagenersatz nur dann in Betracht kommt, wenn es um den Erwerb von speziellen Qualifikationen geht, der im Unternehmensinteresse liegt.[6] Die wohl im Vordringen begriffene Meinung befürwortet jedoch eine Kostenübernahme mit der Begründung, dass derartige Fortbildungsmaßnahmen grds. im Interesse des Unternehmens liegen – auch wenn es sich nicht um den Erwerb von Spezialkenntnissen handelt.[7] Insgesamt ist es zu empfehlen, dass derartige Maßnahmen vom Aufsichtsrat selbst oder von der Gesellschaft beauftragt werden, nicht von den Mitgliedern.

Schulungsinhalte

Hinsichtlich der Schulungsinhalte enthält der DCGK keine genauere Spezifizierung. Allerdings gab die Kodex-Kommission durch Pressemitteilungen Hinweise zu den als sinnvoll erachteten Inhalten. So sollten die Aus- und Fortbildungsmaßnahmen für künftige und amtierende Aufsichtsräte fundierte theoretische wie praxisbezogene aktuelle Informationen v.a. zu den Bereichen rechtliche Grundlagen, Konzernrechnungslegung und Risikocontrolling sowie zur praktischen Arbeit im Aufsichtsrat vermitteln:[8]

- **Rechtliche Grundlagen**
  Auf dem Gebiet der rechtlichen Grundlagen der Aufsichtsratstätigkeit könnten z.B. vertiefende Informationen zu den Rechten, Pflichten und der Verantwortung von Aufsichtsräten auf der Basis von AktG und DCGK gegeben werden, die auch Haftungsfragen einschließen, die nach der EU-Reform der Abschlussprüfung in Deutschland verschärft worden sind.
- **Konzernrechnungslegung, nichtfinanzielle Berichterstattung und Risikocontrolling**
  Innerhalb der Konzernrechnungslegung und des Risikocontrollings könnte der Schwerpunkt auf der Verbesserung des Verständnisses von Bilanzen und Prüfungsberichten aus der Sicht des Aufsichtsrates gelegt werden. Wichtig sind auch Kenntnisse zu aktuellen Entwicklungen der internationalen Rechnungslegung sowie der sich aktuell und künftig dynamisch entwickelnden Nachhaltigkeitsberichterstattung. Darüber hinaus sollte eine Einführung in die Bedeutung und die Methodik des Risikocontrollings aus Sicht des Aufsichtsrates erfolgen.
- **Praktische Arbeit im Aufsichtsrat**
  Hierzu zählen z.B. die Arbeitsweise der Ausschüsse, die Aufgabe der sog. Vorbesprechungen, das Berichtswesen und Überprüfungsmechanismen, aber auch praktische Hinweise für die Arbeit in mitbestimmten Aufsichtsräten sowie die Behandlung von Interessenkonflikten. Von besonderer Bedeutung sei hierbei laut Kommission, dass die Aus- und Fortbildungsmaßnahmen auch die Einbettung der Arbeit im Aufsichtsrat in das gesellschaftspolitische Umfeld behandelt. In diesem Zusammenhang sollten die Aspekte des Unternehmensinteresses, dem der Aufsichtsrat gesetzlich verpflichtet ist, und ihre praktische Umsetzung dargestellt werden.

---

6   Vgl. Habersack (2019), § 113, Rn. 28 f.
7   Vgl. Opitz (2013), S. 183.
8   Vgl. hierzu und im Folgenden die Pressemitteilungen und den Leitfaden der Kodex Kommission v. 10. bzw. 11.02.2010 unter: https://www.dcgk.de/de/presse.html.

Für eine vertiefte Branchen- und Unternehmenskompetenz sollte neuen Aufsichtsratsmitgliedern ein spezielles branchen- und unternehmensspezifisches Einführungsprogramm von dem jeweiligen Unternehmen angeboten werden.

Besondere Anforderungen an Prüfungsausschussmitglieder

Aufgrund der dem Prüfungsausschuss zugewiesenen besonderen Aufgaben geht die Qualifikation der Ausschussmitglieder über das von anderen Mitgliedern des Aufsichtsrates geforderte Mindestmaß an Kenntnissen und Fähigkeiten hinaus, die notwendig sind, um alle normalerweise anfallenden Geschäftsvorgänge auch ohne fremde Hilfe verstehen und sachgerecht beurteilen zu können. Nur besondere Sachkenntnis erlaubt es den einzelnen Mitgliedern des Prüfungsausschusses, die Fülle an Berichten (Konzernberichte, Prüfungsberichte, Zwischenberichte, Vorstandsberichte) über das weite Aufgabenspektrum des Ausschusses sachgerecht zu verarbeiten, in einen fundierten Dialog mit den internen sowie externen Prüfern zu treten und auf Basis der erhaltenen Informationen eine eigenständige Stellungnahme über die Qualität des Rechnungswesens bzw. der unternehmerischen Kontrollsysteme abzugeben, die dem Gesamtaufsichtsrat als Entscheidungsgrundlage dient.

Entsprechend sollte der Prüfungsausschuss regelmäßig selbstkritisch hinterfragen, ob Aus- oder Fortbildungsbedarf mindestens innerhalb der ihm durch den Gesamtaufsichtsrat übertragenen Aufgabengebiete besteht.[9]

Bei der Beurteilung des Bedarfs an Aus- und Fortbildung können folgende Überlegungen in Betracht gezogen werden:
- Gibt es neue Gesetze, Rechtsprechungen, Standards, Kodizes, Branchentrends etc.?
- Was sind Sinn und Zweck der Neuerungen?
- Was sind die für den Prüfungsausschuss wesentlichen inhaltlichen Kernpunkte der Neuerungen?
- Hat sich das Unternehmensumfeld oder die Unternehmenstätigkeit geändert oder erweitert?
- Was sind die Konsequenzen aus den Neuerungen bzw. Änderungen und resultiert hieraus Anpassungsbedarf in den Tätigkeitsgebieten und in der Art und Weise der Aufgabenerfüllung des Prüfungsausschusses?

Eng mit der Aus- und Fortbildung ist die Einarbeitung neuer Mitglieder des Prüfungsausschusses verbunden, in deren Rahmen unternehmensspezifische Orientierungsprogramme durchgeführt werden sollten (siehe dazu auch Kap. C.II »Einarbeitung neuer Mitglieder«).

---

9   Auch die EU-Kommission empfiehlt den Gesellschaften, den Mitgliedern des Prüfungsausschusses regelmäßige Schulungen anzubieten. Vgl. Empfehlung der Kommission v. 15.02.2005 zu den Aufgaben von nicht geschäftsführenden Direktoren/Aufsichtsratsmitgliedern börsennotierter Gesellschaften sowie zu den Ausschüssen des Verwaltungs-/Aufsichtsrates (2005/162/EG), Amtsblatt L 52, Anhang 1, Abschnitt 4.3.1.

Zu den besonderen Anforderungen an den Sachverstand der beiden Finanzexperten siehe Kap. C.I.1.

Fragen für die Praxis zur Aus- und Fortbildung

- Wird abgewogen, ob ein aufgabenbezogener Aus- oder Fortbildungsbedarf bei den Mitgliedern des Prüfungsausschusses besteht?
- Falls eine Aus- oder Fortbildung als notwendig erachtet wird, welche Maßnahme ist dafür die angemessenste (Selbststudium, internes oder externes Seminar, Orientierungsprogramm)?

Bericht über durchgeführte Maßnahmen der Aus- und Fortbildung

Der DCGK 2022 sieht in der Empf. D.11 auch vor, dass im Bericht des Aufsichtsrates (§ 171 Abs. 2 AktG) über durchgeführte Maßnahmen der Aus- und Fortbildung berichtet wird. Auch hier dürfte der Empfehlung seitens der Unternehmen überwiegend gefolgt werden. Weitergehende Grundsätze zu diesem »Aus- und Fortbildungsbericht« gibt es bisher nicht. Im Sinne eines überzeugenden Corporate Governance Reporting jedoch wird sich der Prüfungsausschuss bzw. Aufsichtsrat intensiver mit der Frage der Ausgestaltung dieser Berichterstattung befassen müssen. Dabei ist davon auszugehen, dass es nicht mit allgemeinen Formulierungen getan sein wird, sondern konkreter über »Maßnahmen« zu berichten sein wird, also voraussichtlich eine Nennung von Themen, Umfang, Dauer und Teilnehmerkreis erfolgen sollte. Hier ist es ggf. sinnvoll, für den Prüfungsausschuss und dann auch für die Gesamtmitglieder oder einzelnen Mandatsträger (z. B. die Finanzexperten) spezifische Fortbildungsformate aufführen zu können. Eine jährliche Berichterstattung wird in der Praxis auch jährliche Fortbildungsmaßnahmen nach sich ziehen. Es wird daher sinnvoll sein, einen mehrjährigen Fortbildungskalender zu führen und planvoll (aber auch maßvoll und zielgerichtet) vorzugehen.

Fragen für die Praxis zur Berichterstattung zur Aus- und Fortbildung

- In welchem Format soll die Berichterstattung im Bericht des Aufsichtsrates erfolgen?
- Gibt es einen mehrjährigen Aus- und Fortbildungsplan?
- Wird differenziert berichtet, welche Maßnahmen für den Gesamtaufsichtsrat, den Prüfungsausschuss sowie einzelne Mitglieder (z. B. den Finanzexperten) durchgeführt wurden?
- Wird auch über die Kosten der Maßnahmen berichtet?

IV Selbstbeurteilung des Prüfungsausschusses

Der DCGK 2022 empfiehlt Aufsichtsräten in Ziffer D.12 (Selbstbeurteilung), regelmäßig zu beurteilen, wie wirksam der Aufsichtsrat insgesamt und seine Ausschüsse ihre Aufgaben erfüllen. In der Erklärung zur Unternehmensführung soll der Aufsichtsrat zudem berichten, ob und wie eine Selbstbeurteilung durchgeführt wurde.[10]

Gerade der Prüfungsausschuss steht hier im Fokus, da er einen breiten und verantwortungsvollen Aufgabenkatalog bewältigen muss. Zudem verfügt der Prüfungsausschuss vielfach faktisch über eine vom Aufsichtsrat übertragene Entscheidungskompetenz, z. B. hinsichtlich der Wünsche zur Festlegung von Prüfungsschwerpunkten des Abschlussprüfers.

Das Ziel der Selbstbeurteilung sollte eine systematische Bestandsaufnahme und ein systematisches Benchmarking der Tätigkeit des Prüfungsausschusses sein. Dabei kann sich die Beurteilung sowohl auf die Effektivität – also auf die Frage, ob der Prüfungsausschuss das tut, was er tun soll – wie auch auf die Effizienz beziehen – also auf die Ziel-Mittel-Relation bei der Aufgabenerfüllung. Es gibt keine gesetzlichen Detailvorgaben dazu.

Die regelmäßige Umsetzung einer Selbstbeurteilung bietet erheblichen Nutzen. So können Selbstbeurteilungen die Leistungsfähigkeit des Gremiums deutlich steigern, wenn hierdurch identifiziertes Verbesserungspotenzial genutzt wird und sich ein permanenter Lernprozess entwickelt. Weiterhin kann sich nicht nur der Ausschuss selbst, sondern auch der Gesamtaufsichtsrat durch eine Selbstbeurteilung einen Eindruck von der Arbeit des Prüfungsausschusses verschaffen. Des Weiteren belegen die Mitglieder des Prüfungsausschusses mit regelmäßigen Selbstbeurteilungen, dass sie ihrer Verantwortung gerecht werden, und vermindern hierdurch persönliche Haftungsrisiken.

Die praktische Durchführung einer Selbstevaluation wird im Corporate Governance Kodex nicht ausführlicher behandelt. Damit eröffnet sich bzgl. der Umsetzung ein breiter Spielraum und die Selbstbeurteilung kann an den individuellen Gegebenheiten des Unternehmens ausgerichtet werden.

---

10 Im DCGK 2017 war noch von einer »Effizienzprüfung« die Rede. Auch die EU-Kommission sieht für Aufsichtsräte eine jährliche Selbstbeurteilung vor, die sich auch auf die Kompetenz und Leistung seiner Ausschüsse erstrecken soll. Vgl. Empfehlung der Kommission v. 15.02.2005 zu den Aufgaben von nicht geschäftsführenden Direktoren/Aufsichtsratsmitgliedern börsennotierter Gesellschaften sowie zu den Ausschüssen des Verwaltungs-/Aufsichtsrates (2005/162/EG), Amtsblatt L 52, Art. 8, abrufbar unter: https://eur-lex.europa.eu/legal-content/DE/TXT/HTML/?uri=CELEX:32005H0162&from=EN.

In der Praxis haben sich bzgl. der Umsetzung einer Effizienzprüfung bzw. Selbstbeurteilung verschiedene Herangehensweisen entwickelt.[11] So kann die Evaluation bspw. einfach durch eine informelle interne Diskussion im Prüfungsausschuss unter Leitung des Vorsitzenden stattfinden. Für eine strukturierte Selbstevaluation bieten sich folgende gängige Alternativen an, die unterschiedlich dazu geeignet sind, Quantität und Qualität der Prüfungsausschussarbeit zu erfassen:

Standardisierte Fragebögen

Standardisierte Fragebögen ermöglichen dem Prüfungsausschuss, die Evaluation mit wenig Aufwand selbst durchzuführen. Die Prüfungsausschussmitglieder beantworten die einzelnen Fragen jeweils selbstständig.

Konzeptionsbedingt werden mit derartigen Fragenkatalogen eher allgemeine Sachverhalte abgeprüft, oft in Kombination mit einer Bewertungsskala. Auch ist die Berücksichtigung der qualitativen Merkmale der Ausschusstätigkeit zwar möglich, eine weitere Untersuchung jedoch aufgrund des starren Fragenkatalogs praktisch begrenzt.

Entsprechende Kataloge werden von den großen Wirtschaftsprüfungsgesellschaften zur Verfügung gestellt, z. B. die Checklisten des Center für Corporate Governance von Deloitte zur Selbstbeurteilung des Aufsichtsrates oder speziell für den Prüfungsausschuss.

Individualisierte Fragebögen

Individualisierte Fragebögen setzen i.d.R. auf standardisierten Fragenkatalogen auf. Allerdings werden hier die unternehmensspezifischen Besonderheiten berücksichtigt. Des Weiteren kann der Prüfungsausschuss vorgeben, welche Themengebiete im Speziellen untersucht werden sollen, und die Intensität der Befragung kann selbst festgelegt werden. Damit lässt sich im Vergleich zum Standardfragebogen eine wesentlich höhere Qualität der Selbstbeurteilung realisieren.

Board Review durch einen externen Berater

Ein höherer Nutzen bei der Durchführung der Selbstbeurteilung ergibt sich durch einen umfassenden Board Review durch einen qualifizierten Berater. Der Board Review zeichnet sich durch eine ganzheitliche Analyse der Aufsichtsratstätigkeit aus. Durch den flexiblen Charakter des Evaluationsprozesses ergibt sich im Vergleich zur Selbstbeurteilung anhand von Fragebögen ein enormer Spielraum. So kann in persönlichen und intensiven Gesprächen mit den einzelnen Mitgliedern des Prüfungsausschusses die Tätigkeit des Gremiums detailliert untersucht werden, da eine flexible Reaktion auf die Antworten der Befragten möglich ist. Derartige Gespräche sind letztlich auch Teil einer guten Gremienkultur.

---

11   Einblicke in die Praxis der Effizienzprüfung bei DAX- und MDAX-Unternehmen finden sich in Eulerich/Velte (2012), S. 128 f.

In der Praxis des Deloitte Center für Corporate Governance hat sich die Kombination aus Fragebögen und Board Review bewährt. Hierdurch können schnell die eher formal quantitativen sowie in Ansätzen die qualitativen Aspekte der Prüfungsausschusstätigkeit mithilfe des Fragebogens beurteilt werden. Anschließend befasst man sich intensiver mit den qualitativen Sachverhalten und bezieht dabei die Ergebnisse der Fragenkataloge ein.

Beispiele für formale, quantitative Fragestellungen

- Verfügt der Prüfungsausschuss über eine Geschäftsordnung, die insb. die Aufgaben des Ausschusses sowie dessen Befugnisse genau beschreibt?
- Wie oft tagt der Ausschuss?
- Kommt der Ausschuss seinen Berichtspflichten gegenüber dem Aufsichtsrat nach?
- Ist der Vorsitzende des Prüfungsausschusses nicht zugleich Vorsitzender des Aufsichtsrates?

Beispiele für qualitative, prozessdynamische Fragestellungen

- Wie ist die Diskussionskultur im Prüfungsausschuss?
- Auf welchem Niveau befinden sich die Kooperation und der Informationsfluss der Prüfungsausschussmitglieder untereinander sowie mit den relevanten Ansprechpartnern, z. T. über den Vorsitzenden (z. B. Gesamtaufsichtsrat, Vorstand, Leiter Interne Revision, Leiter Rechtsabteilung, Abschlussprüfer)?
- Wie verhalten sich die Betroffenen bei Meinungsverschiedenheiten?
- Werden Informationsasymmetrien aufgebaut und Machtpositionen ausgenutzt?
- Sind alle Mitglieder des Prüfungsausschusses engagiert?

Die Auswertung kann anonym durch ein Prüfungsausschussmitglied, einen Wirtschaftsprüfer oder einen anderen externen Berater erfolgen. Die Ergebnisse und deren Implikationen werden anschließend im Ausschuss diskutiert und danach dem Aufsichtsratsplenum vorgestellt.

Unabhängig von der Methode der Durchführung der Selbstbeurteilung zeigen sich an dieser Stelle die Vorteile der Einbeziehung eines unabhängigen Experten. Diese ermöglicht eine Bewertung über die eigenen Blickwinkel und Unternehmensgrenzen hinaus und damit ein strukturiertes Benchmarking der Aufsichtsratstätigkeit in Bezug auf andere Gremien oder Best Practice. Außerdem stellt die Einbindung eines externen Beraters eine objektive Durchführung der Evaluation und v.a. eine objektive Auswertung der Ergebnisse sicher. Gerade bei der Diskussion der Resultate ist es zweckmäßig, wenn ein neutraler »Sparring«-Partner zur Verfügung steht. Für die Befragten ist es i.d.R. einfacher, mit einer neutralen und zur Verschwiegenheit verpflichteten Person über problematische Sachverhalte oder Verbesserungspotenzial zu sprechen.

Dabei genügt es nicht, wenn der Berater Kenntnisse über Prozessabläufe oder Interviewtechniken besitzt. Er muss sich insb. mit den rechtlichen Verantwortlichkeiten der Unternehmensorgane auskennen, auch mit den Aufgabengebieten Rechnungslegung, Rechnungslegungsprozess, interne Überwachungssysteme und Abschlussprüfung.

Der Ablauf einer Selbstbeurteilung und die sich dabei ergebenden Ausgestaltungsformen werden in dem folgenden Schaubild zusammengefasst:

Abb. 26: Ablauf und Gestaltungsformen einer Selbstbeurteilung

Letztlich stellt sich die Frage nach der Häufigkeit der Selbstbeurteilung. Die Bedeutung des Begriffs »regelmäßig« wird im Kodex zwar nicht explizit definiert, sie wird aber im Allgemeinen mit »jährlich« ausgelegt.[12] Dabei kann die Art der Durchführung variieren, bspw. in Form einer regulären Evaluation auf Basis von Checklisten einmal im Geschäftsjahr und eines umfassenden Board Review im Abstand von drei Jahren.[13]

Unabhängig von der Art der Durchführung ist eine Festlegung von inhaltlichen Schwerpunkten in den folgenden Evaluationen zu empfehlen, insb. bei der Anwendung von Checklisten bzw. bei jährlichen Effizienzprüfungen. Daneben sollte eine Aufsichtsratsevaluation immer dann durchgeführt werden, wenn der Aufsichtsrat vor neuen Herausforderungen bzw. Aufgaben steht, wie z. B. einer Neubesetzung oder Erweiterung des Gremiums oder einer Änderung in der Strategieausrichtung des Unternehmens.

---

12 Vgl. bspw. v. Werder, in: Kodex-Kommentar (2021), Rn. 8 zu Empf. D.13.
13 Auch das Grünbuch »Europäischer Corporate Governance Rahmen« schlägt vor, in einem z. B. dreijährigen Abstand einen externen »Facilitator« hinzuzuziehen, um einen objektiven Standpunkt und ein externes Benchmarking zu gewährleisten. Vgl. EU-Kommission (2011), S. 10.

Fragen für die Praxis zur Effizienzprüfung des Prüfungsausschusses

- Wird der Prüfungsausschuss regelmäßig evaluiert?
- Soll die Selbstbeurteilung durch Diskussion, Fragenbögen oder durch einen umfassenden »Board Review« durchgeführt werden?
- Soll die Selbstbeurteilung intern oder zur Verbesserung der Objektivität durch einen externen Moderator durchgeführt werden?
- Werden identifizierte Schwachstellen angegangen bzw. gibt es einen permanenten Lernprozess?

F Ausgewählte Einzelfragen der Tätigkeit des Prüfungsausschusses

I Unternehmensstrategie und Unternehmensplanung

Dr. Claus Buhleier/Sarah Luisa Maruhn

1 Unternehmensstrategie als Ausgangspunkt für Geschäftstätigkeit und Risikoprofil

Der Unternehmenserfolg hängt heute weniger von der Überlegenheit von Produkten oder Dienstleistungen ab als vielmehr von der Fähigkeit eines Unternehmens, künftige technische Entwicklungen, künftige Nachfragebedürfnisse und andere Veränderungen der Marktbedingungen frühzeitig zu erkennen, aus den gewonnenen Erkenntnissen eine langfristige Unternehmensstrategie abzuleiten und diese dann erfolgreich umzusetzen. Übergeordneter Ausgangspunkt ist hierbei die Festlegung des Unternehmenszwecks und der Unternehmensziele. Wo sieht sich das Unternehmen in x Jahren? Welche quantitativen und qualitativen Ziele werden verfolgt? Im Rahmen der Unternehmensstrategie werden Wege definiert, wie diese Ziele erreicht werden sollen, und damit die Grundlagen zur Strategieumsetzung durch operative Maßnahmen geschaffen. Strategiekonzepte enthalten unterschiedliche Maßnahmenbündel zur Erlangung von Wettbewerbsvorteilen für die Erreichung der Unternehmensziele. Die unterschiedlichen Unternehmensstrategien sind zu bewerten und die erfolgversprechendsten Strategien sind auszuwählen. Bei der Strategieauswahl und -umsetzung sind die bisherige Position des Unternehmens, seine Stärken und Schwächen, Chancen und Risiken sowie die verfügbaren Ressourcen zu berücksichtigen. Gemäß dem Leitsatz »Structure follows Strategy« sollen sich alle betrieblichen Strukturen an der zuvor definierten Unternehmensstrategie ausrichten. Die Unternehmensstrategie beeinflusst wesentlich die Geschäftstätigkeit (»Was wird getan?«), das Geschäftsmodell (»Wie wird es getan?«) und damit auch die Risikopolitik und das künftige Risikoprofil eines Unternehmens.

Aus den Unternehmenszielen und der Unternehmensstrategie sollte eine Risikostrategie abgeleitet werden, die mit den Begriffen Risikoappetit, Risikotoleranz und Risikotragfähigkeit charakterisiert werden kann. Risikoappetit beschreibt die grundsätzliche Bereitschaft, die mit der Erreichung angestrebter Ziele verbundenen strategischen und operativen Risiken einzugehen. Aus dem Risikoappetit wird – unter Beachtung der Unternehmensstrategie – eine Risikotoleranz festgelegt. Die Risikotoleranz ist die maximal tolerierbare Abweichung in Bezug auf die angestrebte Zielsetzung. Diese wird i. d. R. in Form konkreter quantitativer Wesentlichkeitsgrenzen oder auch qualitativer Kriterien umgesetzt. Ausgangspunkt für die Bemessung des Risikoappetits sowie der Risikotoleranz ist die Risikotragfähigkeit des Unternehmens. Die Risikotragfähigkeit beschreibt das maximale Risikoausmaß, welches das Unternehmen ohne Gefährdung seines Fortbestands tragen kann. Die Bestandsgefährdung kann dabei aus der finanziellen Situation – Überschuldung, (drohende) Zahlungsunfähigkeit –, aber auch aus anderen regulatorischen oder geschäftlichen Anforderungen resultieren – bspw. Verlust der Zulassung wichtiger Produkte, Patentschutz, Wegfall des Zugangs zu wichtigen Märkten, langfristige Betriebsunterbrechung. In der Risikopolitik werden die unternehmerischen Vorgaben zum erwünschten Umgang mit Risiken durch die Unternehmensleitung formuliert und im Unternehmen kommuniziert, um die Ziele in Bezug auf den Risikoappetit und die Risikotoleranz für den jeweiligen Unternehmensbereich zu operationalisieren.[1]

Die Unternehmensstrategie hat damit Auswirkungen auf die Geschäftstätigkeit in der Zukunft und das künftige Risikoprofil eines Unternehmens und kann den Fortbestand des Unternehmens beeinflussen. Die Tragweite strategischer Entscheidungen ist damit groß und verdient auf der Agenda von Vorstand und Aufsichtsrat die volle Aufmerksamkeit.

2   Überwachung der Unternehmensstrategie

Die fortschreitende Globalisierung, zunehmender Wettbewerb, erhöhte Ansprüche der Stakeholder, Finanzpartner und der Gesellschaft insgesamt an die Aktivitäten des Unternehmens (»Purpose«, »ESG«) sowie gestiegene Haftungsansprüche und Insolvenzen bei Unternehmen haben einen Wandel des klassischen Rollenverständnisses der Aufsichtsräte eingeleitet. Inhaltlich bedeutet dies die Abkehr des Aufsichtsrates von einem rein retrospektiven Ergebniskontrolleur hin zu einer vorausschauenden Unternehmensüberwachung. Die vorausschauende Überwachung der Unternehmensstrategie durch den Aufsichtsrat umfasst zwei Ebenen: zum einen die Existenz eines strategisch fundierten Geschäftsmodells und zum anderen die Sicherstellung der nötigen Fähigkeiten und Ressourcen für die erfolgreiche Umsetzung dieses Geschäftsmodells. Für Aufsichtsräte resultiert daraus die Grundfrage: »Ist die Strategie tauglich und das Management fähig?«[2]

Aus Sicht der Betriebswirtschaft können die inhaltlichen Zusammenhänge zwischen Entwicklung und Umsetzung der Unternehmensstrategie durch den Vorstand und die Überwachung bzw. Kontrolle der Unternehmensstrategie durch den Aufsichtsrat wie in Abbildung 27[3] veranschaulicht werden.

---

1   Vgl. IDW PS 981: Grundsätze ordnungsmäßiger Prüfung von Risikomanagementsystemen, Tz. A22.
2   Hirt (2013), S. 144–146, hier S. 144.
3   In Anlehnung an Dillerup/Stoi (2016), S. 236.

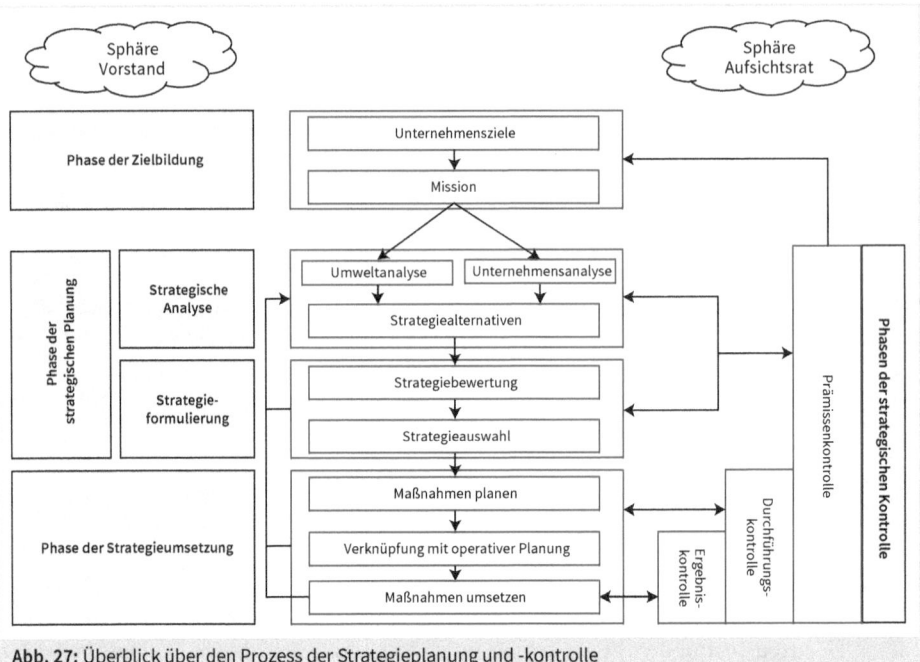

Abb. 27: Überblick über den Prozess der Strategieplanung und -kontrolle

Im Rahmen des »Best Managed Companies Award« zeichnen Deloitte, Credit Suisse und die Frankfurter Allgemeine Zeitung gemeinsam mit dem Bundesverband der Deutschen Industrie (BDI) hervorragend geführte Unternehmen aus. Dieser international etablierte Wettbewerb von Deloitte Private wird derzeit in über 40 Ländern durchgeführt. Best Managed Companies sind Bestandteil eines globalen Ökosystems hervorragend geführter Unternehmen.[4] Eine Best Managed Company muss in den folgenden vier Themenbereichen hervorragend aufgestellt sein: Strategie, Produktivität & Innovation, Unternehmenskultur sowie Governance & Finanzen. In Gesprächen mit über 1.000 Best Managed Companies auf der ganzen Welt hat sich gezeigt, dass diese ausgezeichneten Unternehmen im Bereich Strategie die in Tabelle 9 zusammengestellten führenden Praktiken (»leading practices«) anwenden:

---

4   Vgl. https://www2.deloitte.com/de/de/pages/mittelstand/topics/best-managed-companies.html.

Themenbereiche der Unternehmensstrategie	Führende Praktiken (»leading practices«)
Zweck, Vision und Mission	• Der Zweck bzw. Purpose gibt dem Unternehmen eine Richtung vor, ist an den Werten ausgerichtet und mit den Kernkompetenzen des Unternehmens verbunden. • Vision, Mission und Werte werden verwendet, um die Richtung zu bestimmen und Entscheidungen zu priorisieren, welchen Mehrwert Produkte und Dienstleistungen für Kunden bieten sollen und wie eine emotionale Bindung zum Unternehmen zu erreichen ist.
Strategieentwicklung	Best-Managed-Unternehmen haben Strategieentwicklungsprozesse: • Mindestens einmal im Jahr werden in Workshops Prioritäten gesetzt. • Es wird Marktforschung (Kundenfeedback) durchgeführt und die Erkenntnisse von Lieferanten und Mitarbeitern werden genutzt, um die jährliche Prioritätensetzung voranzutreiben. • Das komplette Führungsteam sowie Nachwuchsführungskräfte und Beiräte werden in die Strategieentwicklung eingebunden. • Zentrierung um die Kernstärken des Unternehmens • Hohe Kundenorientierung • Iterativer Charakter • Über einen bestimmten Zeitraum messbar (z. B. 3- bis 5-Jahre-Roadmap mit Wochen-, Monats- und Jahreszielen) • Nutzung moderner Technologien wie KI und Big Data für die Strategieentwicklung • Berücksichtigung von globalen Trends, auch wenn das Unternehmen einen inländischen Fokus hat
Strategieumsetzung	Zur Umsetzung ihrer Strategie haben Best-Managed-Unternehmen • eine Gesamtstrategie, die auf Geschäftseinheiten und Funktionen heruntergebrochen wird, • Sensitivitätsanalysen durchgeführt und sind auf »Was wäre, wenn«-Szenarien (z. B. was wäre, wenn der Wechselkurs oder Aktienpreise fallen würde?) vorbereitet, • eine unternehmerische Führung, die bereit ist, Risiken einzugehen und ein Team zu bilden, das sehr motiviert ist, das Geschäft voranzutreiben, • agile KPIs (wöchentliche/monatliche Meilensteine) definiert zur Messung des strategischen Fortschritts und starke Programm-Management-Strukturen, die jedes Jahr die Umsetzung wichtiger Initiativen vorantreiben.
Strategie, Kommunikation und Ausrichtung	Die Führung in Best-Managed-Unternehmen interagiert mit dem gesamten Unternehmen in hohem Maße, indem sie • ihre Strategie konsistent, konsequent und prägnant kommuniziert, • je nach Unternehmensgröße mit verschiedenen Methoden kommuniziert (z. B. »Town Halls«, Newsletter, tägliche/wöchentliche Zusammenkünfte, vierteljährliche Meetings, Off-Site-Events, Dashboard-Reports, »Hot Stove«-Meetings, Strategieausführungsplan als One Pager, Intranet etc.) und moderne Technologien und soziale Medien für die Strategiekommunikation nutzt, • alle Ebenen des Managements und der Mitarbeiter in die Strategiekommunikation und Durchführung strategischer Maßnahmen einbindet (unter Berücksichtigung des Einflusses von einzelnen Personen).

Tab. 9: Führende Praktiken von Best Managed Companies im Bereich Strategie

Die Rollenverteilung von Vorstand und Aufsichtsrat bei Fragen der Unternehmensstrategie ist im Aktienrecht geregelt. Der Vorstand ist mit der Leitung der Gesellschaft in eigener Verantwortung betraut (§ 76 Abs. 1 AktG). Dies betrifft sowohl die Entwicklung als auch die Umsetzung der Unternehmensstrategie. Dem Aufsichtsrat ist die Aufgabe der Überwachung der Geschäftsführung und damit auch der Überwachung der Unternehmensstrategie zugewiesen (§ 111 Abs. 1 AktG). Von Bedeutung ist in diesem Kontext auch § 90 Abs. 1 und 2 AktG, der die Berichtspflicht des Vorstands an den Aufsichtsrat über die beabsichtigte Geschäftspolitik und grundsätzliche Fragen der Unternehmensplanung regelt. Nach § 111 Abs. 4 Satz 2 AktG hat die Satzung oder der Aufsichtsrat zu bestimmen, ob bestimmte Arten von Geschäften nur mit Zustimmung des Aufsichtsrates vorgenommen werden dürfen. Ein Zustimmungsvorbehalt kann auch für interne Leitungsmaßnahmen des Vorstands festgelegt werden, darunter insb. Einzelentscheidungen der Unternehmensplanung und die jährliche Budgetplanung. Gegen einen auf die Mehrjahresplanung bezogenen Zustimmungsvorbehalt bestehen keine durchgreifenden Bedenken. Gerade die zukünftige Geschäftspolitik bestimmt entscheidend das Schicksal des Unternehmens. Dem trägt die Berichtspflicht in § 90 Abs. 1 Nr. 1 AktG Rechnung. Dieser Berichtspflicht entspricht eine Überwachungs- und Beratungspflicht des Aufsichtsrates. Es muss daher dem Aufsichtsrat möglich sein, die Planung an seine Zustimmung zu binden, zumal der Aufsichtsrat seiner Überwachungsaufgabe kaum sinnvoll nachkommen kann, wenn über die Ziele der Geschäftspolitik keine Einigkeit mit dem Vorstand besteht.[5]

Das Aktienrecht enthält darüber hinaus wenig detaillierte Vorgaben für die Strategieüberwachung, sodass in der Vergangenheit der Aufsichtsrat lange in die Rolle eines »rückblickenden Kontrolleurs« gedrängt wurde. Ein modernes Corporate-Governance-Verständnis sowie der Deutsche Corporate Governance Kodex betonen heute neben der Überwachungsfunktion auch die Beratungsfunktion des Aufsichtsrates und damit eine Verschiebung von der retrospektiven zu einer in die Zukunft gerichteten Kontrolle. Damit verändert sich auch das traditionelle Rollenbild des Aufsichtsrates, weg von der neutralen Instanz, die den Fokus auf die unabhängige Beurteilung und die ordnungsmäßige Entwicklung der Unternehmensstrategie legt. Bei dem modernen und auch internationalen Verständnis der Strategiearbeit nimmt der Aufsichtsrat nun vielmehr die Rolle eines aktiven Begleiters ein, indem er im Rahmen einer kritischen und konstruktiven Begleitung eigene strategierelevante Kenntnisse sowie Markt- und Branchenwissen in die Strategiekonzeptionierung einbringt.[6] Während das überkommene Verständnis die Strategie noch als singuläres Ereignis sieht, das lediglich einer einmaligen zustimmenden Kenntnisnahme des Aufsichtsrates bedarf, wird die Entwicklung und Umsetzung der Unternehmensstrategie heute eher als Prozess verstanden, der sich in einem anhaltenden Dialog zwischen Vorstand und Aufsichtsrat äußert.

---

5   Vgl. Habersack (2019), in: Münchener Kommentar zum AktG, § 111 AktG, Rn. 127.
6   Vgl. Achleitner (2016), S. 159.

Im DCGK 2022 wird die Bedeutung der Nachhaltigkeitsaspekte für die Unternehmensstrategie nunmehr in den neuen Empf. A.1 und A.3 behandelt. Die Unternehmensstrategie soll nach Empfehlung A.1 neben den langfristigen wirtschaftlichen Zielen auch ökologische und soziale Ziele angemessen berücksichtigen. Die Unternehmensplanung soll entsprechende finanzielle und nachhaltigkeitsbezogene Ziele umfassen. Dies entspricht ausweislich der Nachhaltigkeitsberichterstattung vieler Unternehmen der gelebten Best Practice. Eine wirksame Umsetzung der Unternehmensstrategie erfordert eine entsprechend umfassende Unternehmenssteuerung und Erfolgskontrolle. Das interne Kontroll- und Risikomanagementsystem soll daher auch auf finanzielle und nachhaltigkeitsbezogene Belange ausgerichtet sein. Um diesem neuen DCGK 2022 zu entsprechen, bietet es sich an, dass der Aufsichtsrat hinterfragt, wie die ökologische und soziale Nachhaltigkeit bei der strategischen Ausrichtung des Unternehmens und deren Umsetzung berücksichtigt wird, dass strategische und operative Pläne finanzielle und nachhaltigkeitsbezogene Ziele umfassen und dass das interne Kontroll- und Risikomanagementsystem auch auf nachhaltigkeitsbezogene Belange ausgerichtet ist.

Der Prozess der Entwicklung, Umsetzung und Überwachung der Unternehmensstrategie im Dialog zwischen Vorstand und Aufsichtsrat wird in Abbildung 28 typisiert veranschaulicht.

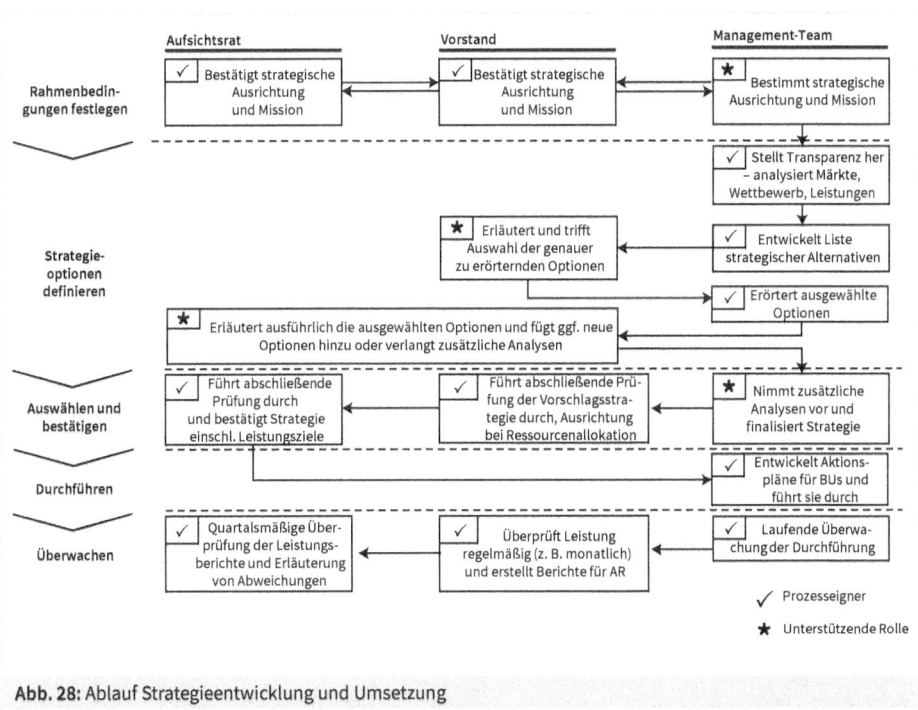

Abb. 28: Ablauf Strategieentwicklung und Umsetzung

Die Rolle des Aufsichtsrates bei der Strategieentwicklung

Die aktive Einbindung des Aufsichtsrates in eine Strategiediskussion mit dem Vorstand setzt strategisches Vorwissen und Unternehmenskenntnis bei den einzelnen Mitgliedern voraus. Eine inhaltliche Überwachung der Strategieentwicklung ist außerdem nur möglich, sofern die Aufsichtsratsmitglieder die Komponenten und Prämissen der Unternehmensstrategie und ihren Entstehungsprozess kennen. Das Idealbild sieht einen Aufsichtsrat vor, der konstruktive und kritische Fragen stellt und neue, bisher nicht bedachte Aspekte aufwirft.[7]

Herausforderungen ergeben sich im täglichen Geschäft v.a. dadurch, dass die Kontrolle der Unternehmensstrategie unternehmensspezifisch ist, da Branche, Struktur, Geschäftätigkeit und auch insb. die Persönlichkeiten und Kompetenzen der einzelnen Personen in Vorstand und Aufsichtsrat variieren. Des Weiteren ist von einem Informationsgefälle auszugehen zwischen dem hauptamtlichen Vorstand mit vollem Informationszugriff und dem Aufsichtsrat, der keinen täglichen Zugang zum Unternehmensgeschehen und zum Wissen der Fachabteilungen hat. In der Praxis besteht eine Lösung in der Einrichtung eines Strategieausschusses, um mögliche Informationsasymmetrien zwischen Vorstand und Aufsichtsrat zu überbrücken. Dieser sollte mehrmals im Jahr zusammenkommen, um sich mit den aktuellen Strategiethemen intensiv auseinanderzusetzen. Eine weitere Alternative besteht in der Organisation von strategiebezogenen Klausurtagungen und Workshops. Hier ist neben Vorstand und Aufsichtsrat auch die Einbeziehung weiterer Experten und Führungskräfte möglich, um die gesamte Expertise im Unternehmen auszuschöpfen und dem Aufsichtsrat tiefere Einblicke in das Geschehen unterhalb der Vorstandsebene zu gewähren. Eine inzwischen gängige Möglichkeit, den Fokus der Strategiedebatte nicht aus den Augen zu verlieren, ist die Niederschrift einer präzise formulierten Darstellung der Unternehmensstrategie auf zirka zehn Seiten.[8] Diese sollte eine Executive Summary beinhalten, die eine »wahre und attraktive Geschichte« des Unternehmens aus Sicht des Markts und der Investoren erzählt und eine erfolgreiche Zukunft avisiert.[9] Der Vorstand gibt dem Aufsichtsrat damit die Möglichkeit, sich auf die Schlüsselgedanken und die Substanz der ausgewählten Strategie zu konzentrieren, und räumt ausreichend Zeit für wichtige Diskussionen ein. Die neue Rolle des Aufsichtsrates innerhalb der Unternehmensplanung birgt allerdings die Gefahr einer »Nebenregierung«, die eine unabhängige Kontrolle verhindert und zu Rollenkonflikten führen kann. Der Aufsichtsrat muss daher für sich eine Balance zwischen inhaltlicher Arbeit bei der Strategieentwicklung und Erfüllung der formalen Pflichten bei seiner Aufsichtsrattätigkeit finden.[10]

---

7   Vgl. Achleitner (2016), S. 159.
8   Vgl. Achleitner (2016), S. 160.
9   Hirt (2013), S. 144–146, hier S. 144.
10 Vgl. Achleitner (2016), S. 160.

Die Rolle des Aufsichtsrates bei der Strategieumsetzung

Jegliche Unternehmensstrategie verliert an Wert, wenn sie durch den Vorstand nicht umgesetzt bzw. die Umsetzung durch den Aufsichtsrat nicht überwacht wird. Strategischer Erfolg ist vereinfacht das Produkt aus der Qualität der Strategie und der Strategieumsetzung. Die Strategieumsetzung umfasst die Bestimmung und Ausführung operativer Maßnahmen zur Erreichung der strategischen Ziele und zur Realisation der Strategie. Aufsichtsräte sollten das Unternehmen und den Vorstand so weit hinterfragen, dass sie beurteilen können, ob für die Umsetzung der Unternehmensstrategie geeignete Mitarbeiter, Strukturen, Organisation und Ressourcen verfügbar sind. Die Grundfrage ist damit, ob die Strategie vor dem finanziellen und personellen Hintergrund des Unternehmens auch tatsächlich umsetzbar ist. In der Praxis scheitern Unternehmensstrategien häufig nicht an ihrer analytischen oder intellektuellen Qualität, sondern an der tatsächlichen Umsetzung.

Zentrale Aufgaben der Strategieumsetzung sind:[11]

- **Verknüpfung der Strategie mit der operativen Planung und Kontrolle**
  Die Strategieziele sind detailliert auf die operative Planung herunterzubrechen und in die jährliche Budgetierung einzuarbeiten. In der operativen Planung ist der Ressourcenbedarf für die Umsetzung der Unternehmensstrategie zu berücksichtigen.
- **Strategische Projekte**
  Strategien als Maßnahmenbündel sind nach den Verantwortlichkeiten in den jeweiligen Organisationseinheiten oder als strategische Projekte zu planen und umzusetzen.
- **Führung des Wandels**
  Jede Strategie zielt darauf ab, Veränderungen in der Organisation und bei den Mitarbeitern zu erreichen. Eine große Herausforderung liegt in der erfolgreichen Führung dieses Wandels.
- **Strategiekommunikation**
  Entscheidend für die Strategieumsetzung sind Information und Motivation der Führungskräfte und Mitarbeiter, damit diese ihren Beitrag leisten können. Strategische Informationen sind allerdings auch sensitiv, sodass abzuwägen ist, wer welche Informationen in welcher Tiefe benötigt.

Die häufigsten Probleme der Strategieumsetzung sind in der Praxis:[12]

- **Mangelndes Strategieverständnis**
  Umsetzungsprobleme beginnen schon bei der missverständlichen Formulierung von Strategien. Viele Führungskräfte und Mitarbeiter verstehen nicht, was sie umsetzen sollen. Eigene Interpretationen führen dazu, dass Führungskräfte an ihre Mitarbeiter unterschiedliche

---

11 Vgl. Dillerup/Stoi (2016), S. 398.
12 Vgl. Dillerup/Stoi (2016), S. 397 m. w. N.

Zielvorstellungen weitergeben. Mitarbeiter wissen zudem meist nicht, welchen konkreten Beitrag sie zur Strategieumsetzung leisten können und sollen.

- **Mangelnde Verknüpfung der Strategie mit untergeordneten Zielen und Anreizen**
  Zielvorgaben für Unternehmensbereiche, Organisationeinheiten und Mitarbeiter sollen aus der Unternehmensstrategie abgeleitet werden, es besteht sonst die Gefahr, dass untergeordnete Ebenen kurzfristige operative Ziele verfolgen, die keinen Zusammenhang mit der Strategie haben oder ihr sogar widersprechen. Anreizsysteme, die auf das Erreichen kurzfristiger oder widersprüchlicher Zielsetzungen ausgerichtet sind – z. B. reine Umsatzmaximierung –, verstärken das Problem.

- **Keine strategische Ressourcenverteilung**
  Die Unternehmensstrategie soll die Grundlage für die Ressourcenverteilung sein. Werden Unternehmensstrategie und operative Planung getrennt voneinander erstellt, entspricht die Ressourcenverteilung in den Budgets selten den strategischen Budgets.

- **Fehlende Messung der Strategieumsetzung**
  Die Strategieumsetzung sollte laufend überprüft werden. Existierende Berichterstattungssysteme sind oftmals nur begrenzt geeignet, Informationen über den Stand der Strategieumsetzung zu liefern, da häufig der Fokus auf kurzfristigen operativen Kennzahlen liegt. Mehrperiodische Betrachtungen werden selten durchgeführt, und es kann herausfordernd sein, geeignete Meilensteine oder Kennzahlen zur Verfolgung der Strategieumsetzung zu identifizieren.

Die Aufgabe des Aufsichtsrates ist es, sich regelmäßig durch den Vorstand über den Stand und die Fortschritte der Strategieumsetzung informieren zu lassen und die Strategieumsetzung kritisch und konstruktiv zu begleiten. Hilfreich ist es, wenn es einvernehmlich gelingt, Meilensteine und Kennzahlen zum Grad der Strategieumsetzung zu definieren und diese im Zeitablauf gemeinsam nachzuverfolgen.

Die Rolle des Aufsichtsrates bei der Strategieüberwachung

Die Kontrolle und damit die Überwachung der Strategieumsetzung nimmt in einer immer dynamischer werdenden Umwelt einen immer höher werdenden Stellenwert ein. Schon das Winston Churchill zugeschriebene Zitat bringt es auf den Punkt: »However beautiful your strategy, you should occasionally look at the results.« Zeigt eine Unternehmensstrategie nicht die gewünschte Wirkung, kann dies an unrealistischen Annahmen, einer fehlerhaften Strategie oder

Problemen bei der Strategieumsetzung liegen. Die Strategieüberwachung sollte daher nicht nur am Ende, sondern auch während des Strategieprozesses erfolgen. Sie überprüft die Strategieentwicklung, die Strategieumsetzung und die Zielerreichung. Für die Strategieüberwachung können Aufsichtsräte die in Abbildung 29 dargestellten Kontrollarten nutzen.[13]

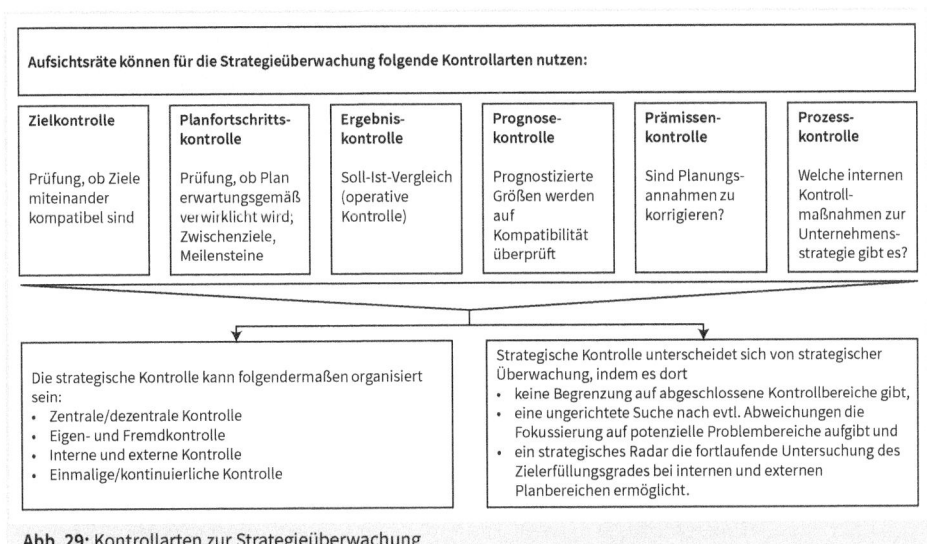

Abb. 29: Kontrollarten zur Strategieüberwachung

Als Ergebnis der Strategieüberwachung, die auch durch strategische Kontrolle oder ein strategisches Controlling im Unternehmen unterstützt werden kann, sind Abweichungen von der Unternehmensstrategie und Abweichungsursachen zu identifizieren, Vorschläge für erforderliche Korrekturmaßnahmen zu erarbeiten und notwendige Anpassungen zu initiieren. Sollte die fortlaufende Strategieüberwachung keinen Fokus des Vorstands darstellen, kann die Strategieüberwachung durch den Aufsichtsrat auch mithilfe strukturierter Fragenkataloge durchgeführt werden. Dafür geeignet sein kann der Fragenkatalog zur strategischen Kontrolle (Abb. 30).[14]

13   Vgl. Beyer/Heyd/George (2017), S. 335.
14   In Anlehnung an Wheelen/Hunger (2010), S. 264.

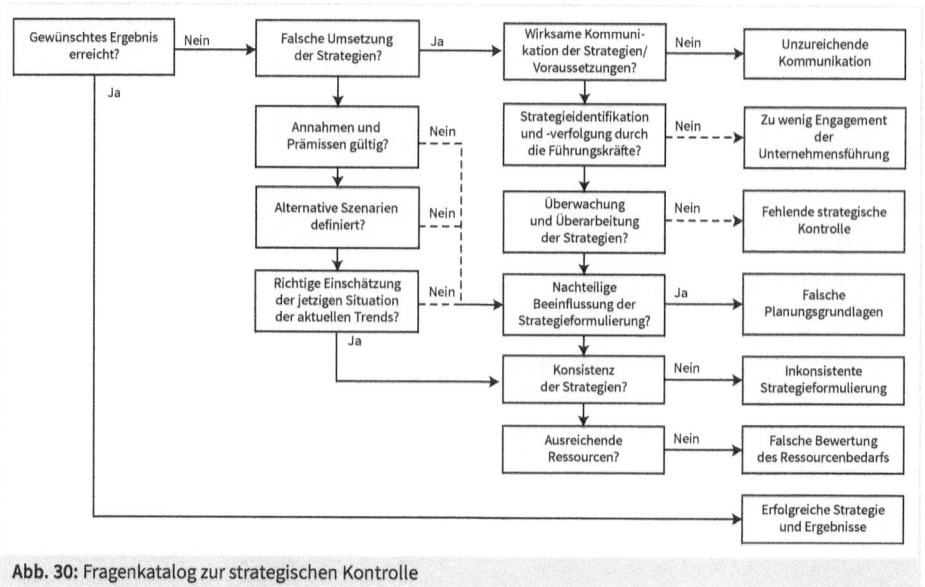

Abb. 30: Fragenkatalog zur strategischen Kontrolle

Abschließende Gesichtspunkte

Um mit dem Vorstand die Unternehmensstrategie auf Augenhöhe diskutieren zu können, muss der Aufsichtsrat ein Verständnis der jeweiligen Branche und der entsprechenden unternehmerischen Herausforderungen haben. Der Aufsichtsrat muss die Zusammenhänge zwischen strategischen Handlungsoptionen, Unternehmensstrategie, Risikoprofil, Risikotragfähigkeit und geplantem Unternehmensergebnis verstehen. Der Aufsichtsrat benötigt die Persönlichkeit und Erfahrung, Ratschläge einbringen und Einfluss auf die Ausrichtung und Umsetzung der Unternehmensstrategie nehmen zu können, wenn dies im Unternehmensinteresse notwendig ist. Der Aufsichtsrat sollte zur Verfolgung der Strategieumsetzung notwendige Meilensteine und Kennzahlen identifizieren und die Verknüpfung zwischen Umsetzung der Unternehmensstrategie und Vorstandsvergütung verstehen. Insgesamt ist es wichtig, mit dem Vorstand bei der Entwicklung und Umsetzung der Unternehmensstrategie konstruktiv zusammenzuarbeiten, Vertrauen zu schaffen, den Rücken zu stärken, aber auch die Fähigkeit zu haben, zu erkennen, wann Korrekturmaßnahmen notwendig sind. Insgesamt können die Überlegungen in der zentralen Frage für den Aufsichtsrat zusammengefasst werden: »Würde ich mein eigenes Geld in dieses Unternehmen stecken?« Wenn nein, besteht Handlungsbedarf.

Für die systematische Beschäftigung des Aufsichtsrates mit Fragen der Unternehmensstrategie kann die Praxishilfe zur Selbstreflektion in Abbildung 31 hilfreich sein.

	stimme voll zu	stimme zu	stimme nicht zu	stimme voll nicht zu
Überblick				
Der Aufsichtsrat arbeitet konstruktiv mit dem Vorstand zusammen, um die Entwicklung, Durchführung und Anpassung einer angemessenen Unternehmensstrategie sicherzustellen.				
Der vom Vorstand vorgelegte Strategieansatz steht im Einklang mit der wirtschaftlichen Lage der Gesellschaft und dem Branchenumfeld, in dem die Gesellschaft tätig ist.				
Der komplette Aufsichtsrat bringt sich »beratend« in die Ausarbeitung der Strategie ein, ohne die Trennlinie zum Vorstand zwischen »Beratung« und »Unternehmensführung« zu überschreiten.				
Strategieentwicklung				
Vorstand und Aufsichtsrat haben einen Prozess für die Strategieentwicklung definiert, der die entsprechenden Rollen umfasst, die dem Vorstand und Aufsichtsrat zugeordnet werden.				
Vorstand und Aufsichtsrat haben sich auf die einzelnen Schritte geeinigt, die sie zur Strategieentwicklung ergreifen werden.				
Die Aufsichtsräte stellen gezielte Fragen, wobei sie auf wichtige Entwicklungen nicht bloß reagieren, sondern diese auch antizipieren.				
Strategieinhalte				
Vorstand und Aufsichtsrat diskutieren ausführlich und offen über wesentliche Einflussgrößen, die bei der Entwicklung und Durchführung der Strategie berücksichtigt werden.				
Der Vorstand unterrichtet den Aufsichtsrat laufend über Umstände, die sich auf den Erfolg der Unternehmensstrategie auswirken können.				
Wenn der Vorstand dem Aufsichtsrat eine Strategie vorschlägt, dann haben der Vorstand und die Aufsichtsräte Diskussionen geführt, eine Einigung erzielt und Annahmen getroffen.				
Bei der Beurteilung einer Strategie haben die Aufsichtsräte die Durchführbarkeit der Strategie und ihren zeitlichen Ablauf berücksichtigt.				

	stimme voll zu	stimme zu	stimme nicht zu	stimme voll nicht zu
Überwachung				
Der Aufsichtsrat überwacht die Plandurchführung mithilfe von Meilensteinen.				
Der Aufsichtsrat erhält regelmäßig relevante Informationen				
Der Aufsichtsrat stellt sicher, dass der Vorstand die Strategie bei Bedarf anpasst.				
Qualität und Wirksamkeit der Aufsichtsratsarbeit				
Die Auswahl und Abberufung der Aufsichtsräte spiegelt die strategische Ausrichtung der Gesellschaft wider.				
Der Vorstand hat die Aufsichtsräte über alle Aspekte der Gesellschaft unterrichtet und die Aufsichtsräte haben sich mithilfe interner und externer Quellen auf eigene Initiative über die Gesellschaft und ihr Umfeld informiert.				
Bei der Beurteilung des Aufsichtsrats und einzelner Aufsichtsräte wurden die Fachkenntnisse berücksichtigt, die erforderlich sind, um zu der Strategie beitragen zu können.				
Die Gesellschaft hat festgelegt, dass Aktien ein wesentliches Element der Vorstandsvergütung werden sollen, und hat einen wesentlichen Teil der Vorstandsvergütung in Form von Aktien ausbezahlt.				
Der Aufsichtsrat ist gewillt und in der Lage, einzuschätzen, ob die Gesellschaft eine erfolgreiche Strategie hat– und, falls nicht, Korrekturen anzustoßen.				

Abb. 31: Praxishilfe zu Selbstreflektion für Aufsichtsräte zum Thema Unternehmensstrategie

Fragen für die Praxis zur Unternehmensstrategie

- Haben Vorstand und Aufsichtsrat ein klares Verständnis von ihren jeweiligen Rollen bei der Strategieentwicklung und der Bewertung der Risikostrategie?
- Waren in der Vergangenheit wesentliche und negative Abweichungen von der Unternehmensstrategie zu beobachten?
  - Wie ist die Qualität vergangener Unternehmensstrategien insgesamt zu beurteilen?
  - Wurden strategische Analysen handwerklich sauber durchgeführt?
  - Ist die Unternehmensstrategie vollständig?
- Kann der Aufsichtsrat grundlegende Fragen stellen, um aktiv in den Strategieentwicklungsprozess einzugreifen?
- Haben Vorstand und Aufsichtsrat die einzelnen Schritte für den Strategieentwicklungsprozess festgelegt?
- Haben Vorstand und Aufsichtsrat Schlüsselelemente wie Vision/Leitbild, interne/externe Faktoren etc. vollständig berücksichtigt?
- Wurde die Validität der Prämissen der Unternehmensstrategie vertieft diskutiert?
  - Wurde in verschiedenen Szenarien gedacht?
  - Wurden potenzielle Einflüsse anderer valider Prämissen oder disruptiver Faktoren berücksichtigt?
- Wurden potenzielle aus dem Klimawandel oder der Energiewende resultierende Fragestellungen bei der Strategieerarbeitung berücksichtigt? Welche Einflüsse kann der Klimawandel, die Energiewende oder mögliche weitere ESG-Themen auf das Geschäftsmodell, die Kunden, die betrieblichen Abläufe und Prozesse, die Lieferkette oder die Finanzierungsfähigkeit (Stichwort »Green Finance«) haben? Wie wurden ökologische und soziale Ziele in der Unternehmensstrategie angemessen berücksichtigt?
- Stellt der Vorstand dem Aufsichtsrat eine vorläufige Strategie vor, die gemeinsam vor der Finalisierung diskutiert wird/werden kann?
- Beinhaltet die Diskussion die Durchführbarkeit und Zeitplanung der Strategie?
- Ist die vom Vorstand vorgelegte Unternehmensstrategie nachvollziehbar, schlüssig, realistisch und sinnvoll?
- Wie wirkt sich die Unternehmensstrategie auf das bisherige Geschäftsmodell und die zukünftige Risikolage des Unternehmens aus?
- Wenn das Unternehmen gegenüber der Öffentlichkeit Selbstverpflichtungen zum Klimawandel oder zu anderen ESG-Themenbereichen abgegeben hat, z. B. CO_2-Reduktion um X % oder Klimaneutralität bis zum Jahre S, wie werden die notwendigen Schritte, um diese Ziele zu erreichen, bei operativen und strategischen Entscheidungen sowie in der Unternehmensstrategie berücksichtigt?
- Welches sind die Indikatoren oder Kennzahlen, um die Strategieumsetzung nachverfolgbar zu machen?
- Gibt es eine Verknüpfung zwischen dem Grad der Umsetzung der Unternehmensstrategie und dem Vergütungssystem für den Vorstand?

3 Überwachung der Unternehmensplanung als eigener Überwachungsgegenstand

Die Überwachung der Unternehmensstrategie ist eine Aufgabe des gesamten Aufsichtsrates, der dabei ggf. durch einen Strategieausschuss unterstützt wird. Der Aufsichtsrat kann für die vorbereitende Prüfung der Rechnungslegung sowie die Überwachung der internen Überwachungssysteme durch einen Prüfungsausschuss unterstützt werden. Aufgrund der weitreichenden Aufgabenbereiche, die dem Prüfungsausschuss durch das AktG und den DCGK zugewiesen werden, ergeben sich für den Prüfungsausschuss weitere potenzielle Tätigkeitsfelder, die in Verbindung mit den originär vorgesehenen Aufgaben stehen bzw. Überschneidungen mit ihnen aufweisen.

Die Unternehmensplanung wird in § 90 Abs. 1 Satz 1 Nr. 1 AktG explizit als Gegenstand der Berichterstattung an den Aufsichtsrat genannt. Der Vorstand muss regelmäßig über die beabsichtigte Geschäftspolitik und andere Fragen der Unternehmensplanung (insb. die Finanz-, Investitions- und Personalplanung) berichten. Abweichungen der tatsächlichen Entwicklung von früher berichteten Zielen sind zu nennen und zu begründen. Der Aufsichtsrat kann Form und Ausmaß der Berichterstattung individuell und anhand seiner konkreten Informationsbedürfnisse, z. B. im Rahmen einer Informationsordnung, festlegen.[15] Dieses Gestaltungsrecht sollte der Aufsichtsrat auch konsequent nutzen. Denn die gebotene präventive Überwachung der Geschäftsführung setzt voraus, dass sich der Aufsichtsrat intensiv und fortlaufend mit den in der Unternehmensplanung dokumentierten Zielen des Vorstands, den für die Zielerreichung geplanten Maßnahmen und den zur Realisierung vorgesehenen Mitteln auseinandergesetzt hat.

Aber auch die vergangenheitsbezogene Kontrolle der vom Vorstand erbrachten Leistung ist ohne Plan-Ist-Vergleich sinnlos. Erst der Abgleich der realisierten Ergebnisse mit der Ausgangsplanung ermöglicht es dem Aufsichtsrat, die Geschäftsführung und Leistung des Vorstands zu beurteilen. Die Unternehmensplanung dient damit als Referenz zur Beurteilung der Unternehmensentwicklung sowie des Grades der Strategieerreichung.

Der Planungsprozess und die konkrete Ausgestaltung des Planungssystems ist Geschäftsführungsaufgabe und obliegt dem Vorstand. Das Aktienrecht gewährt insoweit dem Vorstand einen breiten Beurteilungs- und Ermessensspielraum. Insbesondere bilden nach wohl herrschender Rechtsauffassung die im betriebswirtschaftlichen Schrifttum entwickelten Grundsätze ordnungsmäßiger Unternehmensplanung nur grobe Orientierungsmuster ohne normative

---

15 Vgl. m. w. N. Spindler (2019), in: Spindler/Stilz, AktG, § 90 Rn. 90.

Verbindlichkeit.[16] Es sollte jedoch unstreitig sein, dass das Planungssystem einer größeren Aktiengesellschaft folgende Mindestelemente aufzuweisen hat:[17]

Langfristige Zielfestlegung

Die langfristige und strategische Zielausrichtung des Unternehmens bildet das Fundament der Unternehmensplanung. Sie bestimmt die weitere Umsetzungsplanung. Auch bereits realisierte Maßnahmen sollten primär anhand ihres Zielerreichungsbeitrags beurteilt werden. Der Aufsichtsrat ist in die Zielfestlegung einzubinden, er hat die Ziele zu prüfen und sich ein eigenes Urteil zu bilden. Es erscheint aufgrund der Bedeutung der Zielfestlegung für das Unternehmen angemessen, wenn der Aufsichtsrat die Billigung der Ziele formell beschließt.[18]

Mittelfristige Planung (ein bis fünf Jahre)

Der zweckmäßige Umfang der mittelfristigen Planungsinstrumente wird durch die Komplexität und Größe der Gesellschaft determiniert. Es ergibt sich aber bereits aus § 91 Abs. 2 AktG, dass die Planungsrechnungen geeignet sein müssen, bestands- und zielgefährdende Entwicklungen frühzeitig zu erkennen. Zielgefährdende Entwicklungen liegen vor, wenn die langfristig gesetzten Unternehmensziele in absehbarer Zeit nicht erreicht werden können. Die Umsetzungsplanung sollte daher überdacht und die strategische Zielsetzung ggf. neu festgelegt werden. Bestandsgefährdende Entwicklungen gefährden sogar unmittelbar die Unternehmensfortführung.

Kurzfristige Planung (ein bis zwei Jahre)

Im Rahmen der kurzfristigen Planung sind Detailpläne für die wesentlichen Zielgrößen (Absatzplanung, Investitionsplanung, Personalplanung etc.) zu erstellen. Als Mindeststandard gilt eine jährlich im Voraus verabschiedete integrierte Ergebnis-, Finanz- und Vermögensplanung mit fortlaufendem Plan-Ist-Vergleich. Eine Ausweitung der integrierten Unternehmensplanung auf einen Planungszeitraum von bis zu drei Jahren ist üblich, sodass sie auch für die mittelfristige Planung und Risikofrüherkennung Verwendung findet.

Die Unternehmensplanung ist für Prüfungsausschuss und Aufsichtsrat in mehrfacher Hinsicht von Bedeutung. Die Planungsdaten bilden zum einen sinnvolle Vergleichsdaten bei der (vorbereitenden) Prüfung von Jahresabschluss und Lagebericht, aber auch bei der eigenen Prüfung der nichtfinanziellen Berichterstattung sowie der Festlegung der Vorstandsbezüge. Zum anderen kann der Aufsichtsrat den Prüfungsausschuss beauftragen, die Angemessenheit und Ausgestaltung von Planungsprozess und -instrumenten zu kontrollieren. Diese Überwachungs- und Beratungstätigkeit sollte u. a. in der Festlegung eines konkreten Anforderungsprofils an Form, Häufigkeit und Ausmaß der Vorstandsberichte zur Unternehmensplanung münden.

---

16   Vgl. Fleischer (2006), § 7 Rn. 39; Hüffer/Koch (2021), § 90 AktG, Rn. 4a.
17   Zu Systementwürfen für Grundsätze ordnungsmäßiger Unternehmensplanung siehe Institut der Unternehmensberater IdU im Bundesverband Deutscher Unternehmensberater BDU e. V. (2009) und Groß/Amen (2003), S. 1161–1180.
18   Vgl. Kropff (1998), S. 615–619; Albach (1997), S. 32–40.

Unternehmensplanung als Instrument zur Überwachung von Bilanzierung und Lageberichterstattung

Die Unternehmensplanung bildet die Datenbasis für die Prüfung von zukunftsbezogenen Aussagen in Jahresabschluss und Lagebericht. Erforderlich ist weiter eine Analyse der gesamtwirtschaftlichen und branchenspezifischen Rahmenbedingungen. Die Planungsdaten und die implizit in Abschluss und Lagebericht enthaltenen Annahmen über die künftige Unternehmensentwicklung dürfen nicht voneinander abweichen. Andernfalls sind entweder die Unternehmensplanung oder der Abschluss und der Lagebericht nicht realitätsgerecht erstellt worden. Es ist allerdings anzumerken, dass inhaltliche Divergenzen zwischen Planung und Abschlussdaten häufig nur auf eine mangelnde Kommunikation und Abstimmung zwischen internem und externem Rechnungswesen zurückzuführen sind. Solche unbeabsichtigten Divergenzen sind als einfaches Organisationsversagen, also als Systemmangel zu qualifizieren. Im Einzelnen weisen insb. folgende Prüffelder einen starken Zukunftsbezug auf, sodass hier die Unternehmensplanung die geeignete Grundlage zur Überwachung von Bilanzierungsentscheidungen bzw. Aussagen im Lagebericht ist:

Angemessenheit der Annahme der Unternehmensfortführung

Die vom Vorstand zu jedem Abschlussstichtag zu treffende Annahme über die Unternehmensfortführung im nächsten Geschäftsjahr entscheidet über die für den Jahres- und Konzernabschluss maßgeblichen Ansatz- und Bewertungsmaßstäbe (§ 252 Abs. 1 Nr. 2 HGB, IAS 1.25). Gibt es Anzeichen für eine akute Bestandsgefährdung der Gesellschaft, müssen Prüfungsausschuss und Aufsichtsrat die Angemessenheit und Plausibilität der durch den Vorstand getroffenen Annahme der Unternehmensfortführung sowie der nachfolgenden Ansatz- und Bewertungsentscheidungen beurteilen. Diese Beurteilung ist nur durch Rückgriff auf die Unternehmensplanung möglich, an deren Aktualität, Validität und Detailgrad in solchen Fällen hohe Anforderungen zu stellen sind. Neben den Konsequenzen aus einer nicht gegebenen oder bedrohten Fortführung der Unternehmenstätigkeit für Ansatz und Bewertung sind die Auswirkungen auf den Lagebericht (§§ 289, 315 HGB) und das Risikofrüherkennungssystem (§ 91 Abs. 2 AktG) zu berücksichtigen.

Werthaltigkeit von Unternehmensbeteiligungen, Geschäftswerten und sonstigen langfristigen Investitionswerten

Die Werthaltigkeit von in der Bilanz aktivierten Unternehmensbeteiligungen, Geschäftswerten und sonstigen langfristigen Investitionswerten (z. B. Produktionsanlagen) wird maßgeblich durch die Ertragskraft der Vermögenswerte, also ihre Fähigkeit zur Erwirtschaftung von künftigen Einzahlungsüberschüssen bestimmt. Die im Rahmen der bilanziellen Wertminderungsprüfungen verwendeten Annahmen müssen mit den Prognosewerten der Unternehmensplanung übereinstimmen. Sind in der Vergangenheit die Zielgrößen der Planung nur selten erreicht worden, was anhand eines mehrjährigen Plan-Ist-Vergleichs leicht nachgeprüft werden kann, ist Vorsicht geboten. Der Prüfungsausschuss muss ggf. hinterfragen, ob die Unternehmensplanung realitätsnahe Planwerte generieren kann.

Werthaltigkeit von aktiven latenten Steuern, insbesondere von latenten Steuern auf steuerliche Verlustvorträge

Latente Steuern sind in der Bilanz anzusetzen, wenn Ansatz- und Bewertungsunterschiede zwischen Steuerbilanz und Jahres- bzw. Konzernabschluss oder steuerliche Verlustvorträge bestehen und diese Unterschiede künftige Steuerbelastungen oder -entlastungen bei der Gesellschaft bewirken. Für erwartete künftige Steuerentlastungen sind latente Steuern zu aktivieren und für künftige Steuerbelastungen zu passivieren. Aktive latente Steuern sind nur werthaltig, soweit die künftige Steuerentlastung aufgrund hinreichender künftiger steuerpflichtiger Einkünfte auch tatsächlich realisiert werden kann. Ob hinreichende künftige zu versteuernde Einkünfte vorliegen werden, muss anhand einer auf der Unternehmensplanung aufbauenden Steuerplanung entschieden werden. Der Prüfungsausschuss kann die Bilanzierungsentscheidung des Vorstands nur prüfen, indem er sich von der Plausibilität der Steuerplanung und den zugrunde liegenden Annahmen überzeugt. Je vertrauter die Ausschussmitglieder mit den Daten der allgemeinen Unternehmensplanung sind, desto einfacher können sie naturgemäß ihre Prüfungsentscheidung treffen.

Berichterstattung im Lagebericht über die voraussichtliche Entwicklung der Gesellschaft

Der Vorstand muss im Lagebericht seine Erwartungen über die voraussichtliche Entwicklung der Gesellschaft mit ihren wesentlichen Chancen und Risiken unter Angabe der zugrunde liegenden Annahmen erläutern und zu einer Gesamtaussage verdichten (§§ 289, 315 HGB). Er hat seine Prognosen über die bedeutsamsten finanziellen und nichtfinanziellen Leistungsindikatoren über einen Prognosezeitraum von mindestens einem Jahr abzugeben und dabei Richtung und Intensität der Veränderungen zu verdeutlichen (DRS 20.126 ff.). Die Erläuterung der voraussichtlichen Entwicklung sollte insb. auf die erwarteten wirtschaftlichen Rahmenbedingungen, Branchenaussichten, beabsichtigten Änderungen der Geschäftspolitik, neue Absatzmärkte oder Änderungen des Produktportfolios eingehen. Außerdem sind die in der Vorperiode berichteten Prognosen mit der tatsächlichen Geschäftsentwicklung zu vergleichen und wesentliche Abweichungen zu analysieren (DRS 20.57).

In der Praxis ist zu beobachten, dass Vorstände ihre Erwartungen und Planwerte häufig nicht vollständig offenlegen möchten. Sie befürchten, dass Wettbewerber oder andere Interessengruppen (Arbeitnehmer, Lieferanten, Behörden) die Informationen zum Nachteil der Gesellschaft verwenden könnten. Hier muss der Prüfungsausschuss immer sorgfältig abwägen, ob solche Begründungen gerechtfertigt sind. Verstöße gegen die gesetzlichen Vorgaben sollten grds. nicht toleriert werden. Auch die bis Ende 2021 im Zuge der Bilanzkontrolle beauftragte Deutsche Prüfstelle für Rechnungslegung (DPR) und die Rechtsprechung zeigen eine nur geringe Toleranzschwelle bei festgestellten Verstößen.[19]

---

19   Vgl. Gödel (2010), S. 431–435.

Unternehmensplanung als eigenständiger Überwachungsgegenstand

Die wesentlichen Informationen zur Vermögens-, Finanz- und Ertragslage der Gesellschaft erhält der Aufsichtsrat aus den Jahresabschlüssen, Lageberichten und Vorstandsberichten zur Unternehmensplanung. Form, Häufigkeit und Ausmaß der Berichterstattung sollten vorab festgelegt werden. Die Erstellung eines entsprechenden Anforderungskatalogs kann an den Prüfungsausschuss delegiert werden, weil er die Rechnungslegungs-, Kontroll- und Planungsprozesse des Unternehmens i. d. R. genau kennt. In diesem Zusammenhang gewinnt auch die nichtfinanzielle Berichterstattung sowie die systemische Herleitung und Planung der ihr zugrunde liegenden Leistungsindikatoren eine zunehmende Bedeutung.

Es kann darüber hinaus mit guten Gründen vertreten werden, dass sich der Prüfungsausschuss auch mit der Ordnungsmäßigkeit des Planungssystems befassen muss. Denn insb. bei komplexen und in einem volatilen Umfeld tätigen Gesellschaften stellt die Planung eine bedeutsame Geschäftsführungsaufgabe dar. Das Planungssystem ist oft untrennbar mit IKS und RMS verknüpft, sodass die Überwachung des Planungssystems bereits unter den in § 107 Abs. 3 Satz 2 AktG gesetzlich definierten Überwachungsaufgaben subsumiert werden kann. Das Planungssystem sollte dabei als eigener Überwachungsgegenstand angesehen werden, der bestimmte Ordnungsmäßigkeitskriterien erfüllen muss. Allgemeine Mindestanforderungen ergeben sich durch die Grundätze ordnungsmäßiger Planung. Hierzu zählen insb. die Grundsätze der Vollständigkeit, Wesentlichkeit, Folgerichtigkeit und Nachvollziehbarkeit.[20]

Fragen für die Praxis zur Unternehmensplanung

- Wie stellt die Unternehmensleitung sicher, dass die Planung vollständig, widerspruchsfrei und schlüssig ist?
- Gibt es einen abgestimmten Planungsprozess?
- Sind die Teilplanungen miteinander verbunden und werden Abhängigkeiten berücksichtigt?
- Werden auch nichtfinanzielle Leistungsindikatoren geplant und dazu zukunftsbezogene Aussagen getroffen?
- Gibt es ein Bottom-up-Vorgehen oder Top-down-Vorgaben, und wie ist der »Iterationsprozess« geregelt?
- Weichen die der Planung zugrunde liegenden Annahmen von den allgemeinen Branchen- und Markterwartungen ab? Wenn ja, warum?
- Enthält die Unternehmensplanung nicht nur finanzielle, sondern auch nachhaltigkeitsbezogene Ziele?
- Gibt es eine Qualitätssicherung der Planung, und wie ist sie ausgestaltet?
- Waren in der Vergangenheit häufig wesentliche und insb. negative Planabweichungen zu beobachten? Was waren die Ursachen für unvorhergesehene Planabweichungen, und wurden aus wiederholt negativen Planabweichungen Konsequenzen für zukünftige Planungen gezogen?
- Wie sind die Planungstreue des Unternehmens und die Prognosequalität des Planungssystems insgesamt zu beurteilen?

---

20 Vgl. detailliert Institut der Unternehmensberater IdU im Bundesverband Deutscher Unternehmensberater BDU e. V. (2009), S. 9–11; Groß/Amen (2003), S. 1176 f.

4   Bedeutung der Unternehmensstrategie und der Unternehmensplanung für die Festsetzung der Vorstandsbezüge

Die Unternehmensstrategie und die Unternehmensplanung sind auch für die Festsetzung der Bezüge der Vorstandsmitglieder bedeutsam. § 87 Abs. 1 AktG legt u. a. fest, dass die Bezüge der Vorstandsmitglieder in einem angemessenen Verhältnis zu ihren Aufgaben und Leistungen sowie zur Lage der Gesellschaft stehen müssen. Bei börsennotierten Gesellschaften ist die Vergütungsstruktur auf eine nachhaltige und langfristige Unternehmensentwicklung auszurichten (s. a. Grundsatz 24 des DCGK). Der Aufsichtsrat wird darüber hinaus durch § 87 Abs. 2 AktG zur Herabsetzung der Vorstandsvergütung verpflichtet, wenn sich die Lage der Gesellschaft nach Festsetzung der Vorstandsvergütung so verschlechtert hat, dass die Weitergewährung der (vollen) Bezüge für die Gesellschaft unbillig wäre.

Mit dem Ende 2019 in Kraft getretenen Gesetz zur Umsetzung der zweiten Aktionärsrichtlinie (ARUG II) werden die Anforderungen an das Vergütungssystem börsennotierter Gesellschaften durch das Thema »Pay for Performance« konkretisiert. Ein valides Instrument ist hierbei die Kopplung der variablen Vergütungsbestandteile des Vorstands an den Grad der Strategieerreichung. Durch eine Ergänzung des Gesetzes um § 87a AktG wird der Aufsichtsrat neben den bisherigen Regelungen nun auch dazu angehalten, zu erläutern, inwiefern das System zur Vorstandsvergütung einen Beitrag zur Förderung der Geschäftsstrategie und zur langfristigen Entwicklung der Gesellschaft leistet (§ 87a Abs. 1 Nr. 2 AktG). Die langfristig variablen Vergütungsbestandteile sollen neben finanziellen daher auch nichtfinanzielle Leistungskriterien beinhalten. Hierbei muss deutlich werden, wie diese Leistungskriterien zur Erreichung der Unternehmensziele beitragen und wie sie zu messen sind. Das ARUG II setzt damit einen Anreiz, die Umsetzung der Geschäftsstrategie zu fördern.

Der DCGK 2022 spiegelt in Grundsatz 24 die Anforderungen des ARUG II an das System der Vorstandsvergütung und formuliert dies wie folgt:

> »Die Vergütungsstruktur ist bei börsennotierten Gesellschaften auf eine nachhaltige und langfristige Entwicklung der Gesellschaft auszurichten. Die Vergütung der Vorstandsmitglieder hat zur Förderung der Geschäftsstrategie und zur langfristigen Entwicklung der Gesellschaft beizutragen.«

Die variable Vergütung, die sich aus dem Erreichen langfristig orientierter Ziele ergibt, soll den Anteil aus kurzfristig orientierten Zielen übersteigen. Für das bevorstehende Geschäftsjahr soll der Aufsichtsrat für jedes Vorstandsmitglied für alle variablen Vergütungsbestandteile die Leistungskriterien festlegen, die sich – neben operativen – v.a. an strategischen Zielsetzungen orientieren sollen. Der Aufsichtsrat soll festlegen, in welchem Umfang individuelle Ziele der einzelnen Vorstandsmitglieder oder Ziele für alle Vorstandsmitglieder zusammen maßgebend sind. Da der Erfolg der Strategieumsetzung erst zeitlich versetzt messbar ist, sollen die dem Vorstandsmitglied gewährten variablen Vergütungsbeträge von ihm unter Berücksichtigung der jeweiligen Steuerbelastung überwiegend in Aktien der Gesellschaft angelegt oder entsprechend aktienbasiert gewährt werden. Über die langfristig variablen Gewährungsbeträge soll das Vorstandsmitglied erst nach vier Jahren verfügen können (Ziffer G.6 ff. DCGK).

Die Aufgabe des Aufsichtsrates ist damit die Verknüpfung von Unternehmensstrategie und Vorstandsvergütung. Die Festsetzung der Vorstandsbezüge ist hierbei eine unternehmerische Entscheidung des Aufsichtsrates, die uneingeschränkt der Business Judgement Rule unterliegt (§§ 116 Satz 1, 93 Abs. 1 Satz 2 AktG).[21] Der Aufsichtsrat muss jedoch auf der Grundlage angemessener Informationen handeln, um sachgerechte Vergleichsmaßstäbe entwickeln zu können. Er muss zur Festlegung eines geeigneten und klaren Vergütungssystems insb. den Zusammenhang zwischen Unternehmensstrategie, Risikoprofil und geplantem Unternehmensergebnis sowie alle Zwischenschritte zur Verfolgung der Strategieumsetzung verstehen. In diesem Zusammenhang bilden Zielerfüllung und Anspruchsniveau der Zielfestlegung wesentliche Kriterien der Leistungsbeurteilung. Diese Kriterien können nur mit Leben gefüllt werden, wenn eine quantitative Unternehmensplanung vorhanden ist. So erfordert die verlässliche Beurteilung des Zielerfüllungsgrads einen Plan-Ist-Vergleich. Aber auch die Ausrichtung der Vergütungsstruktur an der nachhaltigen Unternehmensentwicklung setzt voraus, dass die Unternehmensziele und die Unternehmensstrategie zuvor durch Vorstand und Aufsichtsrat festgelegt wurden. Insgesamt gilt, dass der Vorstand sich durch den Aufsichtsrat an der Umsetzung seiner Unternehmensstrategie und an der Umsetzung seiner Unternehmensplanung messen lassen muss.

---

21   Vgl. Spindler (2019), in: Spindler/Stilz, AktG, § 87 Rn. 20 m. w. N.

II   Unternehmenstransformationen und die Auswirkungen auf die Überwachungstätigkeit

Kai Vogeler/Maya Riedel

1   Grundlagen

Der Wettbewerbsdruck in globalen Märkten mit branchenindividuellen Kundenwünschen, das Aufkommen von neuen und disruptiv wirkenden Technologien, der Untergang von traditionellen Geschäftsmodellen sowie die zunehmende Komplexität und der Umfang von regulatorischen Anforderungen, auch im Kontext der zahlreichen aktuellen Gesetzesinitiativen rund um das Thema Nachhaltigkeit, Nachhaltigkeitsberichterstattung und ESG[22], zwingt die Unternehmen, sich immer wieder strategisch neu auszurichten und für die Zukunftssicherung anzupassen. Es ist die Verantwortung und die Aufgabe des Vorstands, die strategische Ausrichtung des Unternehmens zu entwickeln, diese mit dem Aufsichtsrat abzustimmen und für die Umsetzung der Unternehmensstrategie zu sorgen.[23]

Die Umsetzung von Unternehmensstrategien bedeutet eine Unternehmenstransformation, d.h. einen Prozess der Veränderung und den damit verbundenen fundamentalen und dauerhaften Wandel des Unternehmens von einem aktuellen Ist-Zustand hin zu einem angestrebten Ziel-Zustand in der Zukunft. Unternehmenstransformationen sind abzugrenzen von Veränderungen, die durch kontinuierliche Verbesserungsprozesse (Change Management und Continuous Business Improvement) herbeigeführt werden und damit Teil des Regelbetriebs des Unternehmens sind. Unternehmenstransformationen zeichnen sich dadurch aus, dass sie je nach strategischen Anpassungsbedarfen eine unternehmensweite Wirkung und überregionale Umsetzungsaktivitäten entfalten können.

Konkrete Unternehmenstransformationen können ein sehr breites Spektrum von Umsetzungsinhalten haben, z.B.:

Unternehmenstransformation zur Geschäftstätigkeit
- Neuausrichtung des Geschäftsmodells, z.B. im Hinblick auf ESG-Anforderungen
- Auf- und Ausbau von überregionaler Geschäftstätigkeit und Präsenz in den Märkten

---

22   Für einen guten Überblick dazu vgl. Velte (2022), S. 63 ff.
23   Vgl. DCGK 2022, der in Empf. A.1 auch Sozial- und Umweltfaktoren thematisiert und ökologische und soziale Ziele neben die wirtschaftlichen stellt.

- Restrukturierungen im Zusammenhang mit Unternehmenskäufen und -verkäufen
- Restrukturierungen von Unternehmensbereichen und Reorganisation von Wertschöpfungsprozessen.

Unternehmenstransformation zur Aufbauorganisation

- Regionale und überregionale Zentralisierung von Geschäftsprozessen in einem Shared Service Center
- Auslagerung von Unternehmensprozessen an externe dritte Dienstleister (Outsourcing).

Unternehmenstransformation von Unternehmensprozessen

- Regionale und überregionale Standardisierung, Integration und Digitalisierung von operativen Geschäftsprozessen der Wertschöpfungsketten
- Regionale und überregionale Standardisierung der Prozesse zur Unternehmenssteuerung und -überwachung.

Unternehmenstransformation von IT-Technologie

- Harmonisierung, Standardisierung und Zentralisierung von IT-Systemen und IT-Systembetrieb
- Auslagerung von IT-Systemen und IT-Systembetrieb an externe dritte Dienstleister.

Unternehmenstransformationen sind durch ihre unternehmensweite Wirkung für das Unternehmen bedeutsame Initiativen und damit Teil der Umsetzung der mittelfristigen Unternehmensstrategie.

Das Chancen- und Risikoprofil von Unternehmenstransformationen hat Auswirkungen auf den Gesamterfolg der Unternehmung. Aufgrund ihrer grundlegenden Tragweite bedarf die Initiierung und Umsetzung von Unternehmenstransformationen regelmäßig einer Beschlussfassung durch den Aufsichtsrat und der Beauftragung des Vorstands mit der Umsetzung der Unternehmenstransformation.

Auf dieser Grundlage trägt der Vorstand i. S. seiner Sorgfaltspflicht[24] die Verantwortung für die sachgerechte Planung, Durchführung und Überwachung der Unternehmenstransformation. Hierfür muss der Vorstand geeignete Maßnahmen ergreifen, um die Chancen für den Unternehmenserfolg aus der Unternehmenstransformation zu realisieren und den damit verbundenen Risiken begegnen zu können.

Obwohl sich Unternehmenstransformationen über eine Laufzeit von mehreren Wirtschaftsperioden erstrecken können, sind Unternehmenstransformationen immer zeitlich begrenzte Vorhaben mit einem definierten zeitlichen Startpunkt und einem geplanten zeitlichen Endpunkt.

---

24   Vgl. § 93 Abs. 1 Satz 1 AktG.

Damit sind Unternehmenstransformationen gem. ihrem Charakter Projekte[25], und es muss für die operative Umsetzung einer Unternehmenstransformation eine Projektorganisation aufgesetzt werden, die von einer Projektmanagementfunktion geleitet wird.

Unternehmenstransformationen sind hochkomplexe Vorhaben. Daher ist es erforderlich, dass die Projektaufbauorganisation und -ablauforganisation der Komplexität der Unternehmenstransformationen Rechnung tragen kann und geeignete Einheiten des Projektaufbaus und der Projektablauforganisation eingerichtet sind. Für die Strukturierung von Unternehmenstransformationen wird typischerweise das Gesamtvorhaben in einzelne Projekte mit definierten Arbeitsaufträgen gegliedert. Die Struktur der Einzelprojekte bildet das Gesamtprojekt oder Programm zur Unternehmenstransformation.

Das Management des Programms, d. h. die Steuerung und Überwachung der Einzelprojekte sowie die Koordination der zwischen den Einzelprojekten bestehenden Abhängigkeiten, findet auf den Ebenen der Programmleitung durch die Programm-Management-Funktion (operative Programmsteuerung) und den Programm-Lenkungskreis (Überwachung durch den Programmsponsor) statt. Wesentliche Elemente einer wirksamen Programm-Management-Funktion sind die Einrichtung eines Projektmanagement-Office (PMO) zur administrativen Unterstützung der Programmleitung sowie die Einrichtung einer Programmcontrolling-Funktion, Qualitätsmanagementfunktion und Risikomanagementfunktion. Für die nachhaltige Verankerung der Unternehmensveränderungen sollte eine wirksame Change-Management-Funktion eingerichtet werden. Außerdem sollte für die unabhängige Überwachung einer Unternehmenstransformation die Interne Revision eingebunden sein. Bei Unternehmenstransformationen mit Auswirkungen auf den Rechnungslegungsprozess und bei der Einführung von IT-gestützten Rechnungslegungssystemen kann es sinnvoll sein, einen Wirtschaftsprüfer für die Durchführung einer projektbegleitenden Prüfung hinzuzuziehen.

Für eine systematische und strukturierte Vorgehensweise werden Unternehmenstransformationen hinsichtlich des zeitlichen und inhaltlichen Ablaufs in Projektphasen gegliedert und entlang der Projektphasen durchgeführt. Die zentralen Phasen, die in einer Unternehmenstransformation berücksichtigt werden sollten und in ihrer Bearbeitung zeitlich aufeinander folgen, sind typischerweise:

1. Initiierung und Mobilisierung: Definition eines Vorgehensmodells zur Umsetzung der Zielsetzung der Unternehmenstransformation
2. Analyse und Konzeption: Analyse der Ausgangssituation und Konzeption der Umsetzung von Transformationsthemen

---

25   Vgl. PMI PMBOK (2021): Guide and Standards.

3. Design und Implementierung: Definition der Ausgestaltung der Inhalte der Unternehmenstransformation und deren Implementierung in der Unternehmensorganisation, den Unternehmensprozessen und der Unternehmens-IT
4. Überführung in den Regelbetrieb: Durchführung der operativen Geschäftstätigkeit auf Grundlage der implementierten Unternehmenstransformation.

Durch die Überführung der Projekttätigkeit in den Regelbetrieb der operativen Geschäftstätigkeit werden die Umsetzungsziele der Unternehmenstransformation verankert. Für die kontinuierliche Verbesserung wird ein Prozess zur regelmäßigen Überprüfung der Leistungsfähigkeit der transformierten Unternehmensorganisation, -prozesse und IT-Systeme aufgesetzt, mit dem Ziel, Leistungslücken zu identifizieren und Verbesserungsmaßnahmen zu definieren und umzusetzen.

2   Auswirkung auf die Überwachungstätigkeit

Durch die Umsetzung von Unternehmenstransformationen werden nachhaltige Veränderungen in der Aufbau- sowie Ablauforganisation und in den IT-Systemen des Unternehmens verankert. Gleichzeitig haben Unternehmenstransformationen durch die Umsetzung von Veränderungen in der Aufbau- und Ablauforganisation immer eine Auswirkung auf die Überwachungssysteme des Unternehmens.

Für die Überwachung und Bewältigung von Unternehmensrisiken werden in der Praxis in Abhängigkeit von Art, Umfang und Komplexität der Geschäftstätigkeit sowie den regulatorischen Anforderungen häufig integrierte Corporate-Governance-Systeme entwickelt. Darüber hinaus wird in der Praxis das Three-Lines-of-Defence-Modell verwendet, um die Rollen und Verantwortlichkeiten sowie die Abgrenzung der jeweiligen Corporate-Governance-Systeme untereinander zu beschreiben.

In einer Weiterentwicklung des Three-Lines-of-Defence-Modell hat mit Datum von 20.02.2020 das Institute of Internal Auditors (IIA) das »Three Lines Model« vorgestellt.[26] Mit dem Three Lines Model wird ein prinzipienbasierter Ansatz eingeführt, der die strikte Trennung der Lines of Defence des vorangegangenen Modells auflöst und eine unternehmensspezifische und dynamische Anpassung vorschlägt.

---

26   Vgl. Institute of Internal Auditors (2020): https://www.theiia.org/globalassets/documents/resources/the-iias-three-lines-model-an-update-of-the-three-lines-of-defense-july-2020/three-lines-model-updated.pdf.

Das Three Lines Model kann auch für den Fall von Unternehmenstransformationen bei der Beschreibung der Rollen und Verantwortlichkeiten im Corporate-Governance-System herangezogen werden und damit eine Übersicht über die Verantwortlichkeiten des Vorstands und die Aufsichtspflichten des Aufsichtsrates bzw. des Prüfungsausschusses des Aufsichtsrates vermitteln.

Die First Line of Defence bezieht sich auf die Geschäfts- und Rechnungslegungsprozesse und Kontrollen, die der Vorstand eingerichtet hat und auf deren Grundlage eine geordnete operative Geschäftstätigkeit geplant, durchgeführt, gesteuert und überwacht wird sowie eine ordnungsmäßige (finanzielle und nichtfinanzielle!) Berichterstattung über die Geschäftstätigkeit erfolgt. Veränderungen durch die Unternehmenstransformation haben Veränderungen in der First Line of Defence zur Konsequenz. Es ist die Verantwortung des Vorstands, dafür Sorge zu tragen, dass die Geschäftsprozesse und Kontrollen trotz der Veränderung während und nach der Transformation wirksam bleiben. Darüber hinaus sollte der Vorstand geeignete Systeme zum Management der Umsetzungsrisiken der Unternehmenstransformation einrichten. Das betrifft die Einrichtung einer der Komplexität der Unternehmenstransformation angemessenen Projektorganisation, ein effektives Projektmanagement und angemessene Steuerungs- und Überwachungssysteme für das Projektcontrolling und das Projektrisikomanagement.

Die Second Line of Defence bezieht sich auf alle vom Vorstand eingerichteten Systeme zum Compliance-Management, Risikomanagement und zum internen Kontrollsystem.[27] Die Zielstellung der Second Line of Defence ist es, zu überwachen, ob die in der First Line of Defence eingerichteten Unternehmensabläufe und Kontrollen angemessen ausgestaltet, eingerichtet und wirksam sind. Das gilt auch für die Überwachung bei Veränderung während einer Transformation. Hierbei können die First und Second Line of Defence gem. dem »Principle 3: Management and first and second line roles« getrennt voneinander oder auch integriert sein. So kann es, wie das Three Lines Model vorschlägt, sinnvoll sein, dass Spezialisten der Second Line of Defence mit ihrer Expertise bei Umsetzungsaktivitäten in der First Line of Defence unterstützen.

Gleichermaßen ist es die Verantwortung des Vorstands, die Risiken aus der Unternehmenstransformation hinsichtlich Verstößen gegen gesetzliche Vorschriften und interne Richtlinien zu begrenzen und die Überwachungssysteme in der Second Line of Defence parallel zu den Veränderungen in der First Line of Defence angemessen anzupassen.

Die Third Line of Defence bezieht sich auf die Interne Revision und ist die gegenüber der First Line und der Second Line of Defence unabhängige Funktion, die ggf. zur Überprüfung der Unternehmenstransformation eingebunden ist.

---

27   Vgl. IDW PS 980, IDW PS 981 und IDW PS 982.

Es ist die Verantwortung des Prüfungsausschusses, sich mit der Überwachung des Rechnungslegungsprozesses sowie mit der Wirksamkeit des internen Kontrollsystems, des Risikomanagementsystems und des Compliance-Management-Systems zu befassen. Aufgrund der Auswirkungen der Unternehmenstransformation auf den Rechnungslegungsprozess und auf die Überwachungssysteme von internem Kontrollsystem, Risikomanagementsystem und Compliance-Management-System sollte sich der Prüfungsausschuss mit der Unternehmenstransformation somit intensiv befassen.

Mit Verabschiedung des Gesetzes zur Stärkung der Finanzmarktintegrität (FISG) wurde die Verpflichtung zur Implementierung eines angemessenen und wirksamen internen Kontrollsystems und eines Risikomanagementsystems in §91 Abs. 3 AktG[28] kodifiziert. Dies bedeutet die Notwendigkeit für den Prüfungsausschuss, sich intensiv mit den Aktivitäten hinsichtlich des internen Kontroll- und Risikomanagementsystems im Zusammenhang mit Unternehmenstransformationen zu befassen.

Der Prüfungsausschuss sollte sich beim Vorstand informieren bzw. von diesem berichten lassen, welche Maßnahmen der Vorstand zur Begrenzung der Umsetzungsrisiken aus der Unternehmenstransformation in der First Line of Defence ergriffen hat, welche Anpassungen in den Überwachungssystemen der Second Line of Defence erfolgt sind und zu welchen Erkenntnissen die Wirksamkeitsüberprüfungen der Second Line of Defence geführt haben.

Um sich im Rahmen des Three-Lines-of-Defence-Modells über die Angemessenheit der Maßnahmen der First Line of Defence zu informieren, könnte der Prüfungsausschuss die folgenden Fragen aufwerfen:

Fragen für die Praxis zur First Line of Defence

- Hat der Vorstand den Umfang und das Umsetzungsziel der Unternehmenstransformation klar definiert, und hat das Vorhaben zur Unternehmenstransformation eine ausreichend breite Unterstützung durch die Mitglieder des Vorstands?
- In welche Teilprojekte wurde das Transformationsziel übersetzt?
- Wie wird die fachliche Richtigkeit der Umsetzung sichergestellt?
- Wurden für komplexe Sachverhalte interne und externe Spezialisten hinzugezogen?
- Wie werden die fachlichen und technologischen Interdependenzen zur IT oder zu anderen parallel laufenden Programmen berücksichtigt?
- Wie ist sichergestellt, dass die gesetzlichen und regulatorischen Anforderungen eingehalten werden?
- Ist ein für den Umfang und die Komplexität der Unternehmenstransformation angemessenes und effektives Stakeholder-Management eingerichtet?

---

28   Vgl. §91 Abs. 3 AktG: Der Vorstand einer börsennotierten Gesellschaft hat darüber hinaus ein im Hinblick auf den Umfang der Geschäftstätigkeit und die Risikolage des Unternehmens angemessenes und wirksames internes Kontrollsystem und Risikomanagementsystem einzurichten.

- Ist ein für den Umfang und die Komplexität der Unternehmenstransformation angemessenes Projektmanagement mit einer definierten Projektorganisation mit Lenkungs- und Führungsgremien, Teilprojekten, teilprojektübergreifenden Querschnittsfunktionen und definierten Rollen und Verantwortlichkeiten eingerichtet?
- Ist ein angemessenes Projektmanagement-Office (PMO) zur Unterstützung der Projektsteuerung und -überwachung eingerichtet?
- Ist ein effektives Ressourcenmanagement eingerichtet und sind ausreichend Ressourcen mit den passenden Kompetenzen und Erfahrungen bereitgestellt?
- Sind wirksame Systeme zur Projektsteuerung und -überwachung mit einem Projektcontrolling, Projektrisikomanagement und Projektqualitätsmanagement eingerichtet?
- Ist ein effektives Kosten- und Budgetmanagement eingerichtet?
- Ist ein angemessenes Berichtswesen zu Statusinformationen über den Umsetzungsfortschritt und sind effektive Berichtswege und Gremien für die Berichterstattung an den Vorstand eingerichtet?
- Ist ein angemessenes und effektives Zulieferermanagement eingerichtet, welches auch die Sorgfaltspflichten in der Lieferkette adressiert?
- Sind die Interne Revision und der Abschlussprüfer eingebunden?

Des Weiteren kann sich der Prüfungsausschuss hinsichtlich der Überwachungssysteme der Second Line of Defence wie folgt informieren:

Fragen für die Praxis zur Second Line of Defence

- Hat der Vorstand in einem angemessenen Umfang die Auswirkungen der Unternehmenstransformation auf den Rechnungslegungsprozess, das interne Kontrollsystem, das Risikomanagementsystem und das Compliance-Management-System erfasst und bewertet?
- Sind die notwendigen Anpassungen an den Systemen der Second Line of Defence aufgrund der Veränderungen in der First Line of Defence parallel zur Umsetzung der Unternehmenstransformation definiert und umgesetzt worden?
- Gewährleistet die Second Line of Defence eine laufende Wirksamkeitsprüfung der Systeme zur Risikobegrenzung, sodass auch bei Unternehmenstransformationen mit Laufzeiten über mehrere Wirtschaftsperioden hinweg für jede Wirtschaftsperiode eine wirksame Überwachungsfunktion eingerichtet ist?

Der Prüfungsausschuss sollte sich durch den Vorstand oder den Leiter der Internen Revision über die Einbindung der Internen Revision, den Prüfungsplan und die Prüfungsschwerpunkte informieren sowie bei Unternehmenstransformationen mit einer mittelfristigen Projektlaufzeit sich regelmäßig über Prüfungsergebnisse berichten lassen.

Des Weiteren sollte sich der Prüfungsausschuss von dem Abschlussprüfer darüber berichten lassen, welche Auswirkungen die Unternehmenstransformation auf die Abschlussprüfung hat. Eine tiefergehende Beurteilung der Unternehmenstransformation könnte in einer projektbegleitenden Prüfung durch den Abschlussprüfer erfolgen, denn aufgrund seiner unabhängigen Stellung, seiner fachlichen Qualifikation und seiner umfassenden Unternehmenskenntnisse kann der Abschlussprüfer frühzeitig Risiken aus dem Projekt erkennen und über sie unabhängig, rechtzeitig und sachgerecht an den Vorstand berichten.[29] Gerade bei umfangreichen und komplexen Unternehmenstransformationen besteht oftmals das Principal-Agent-Problem, weil interne Projektteams oder externe Auftragnehmer (Agents) Partikularinteressen verfolgen, die von den Interessen des Vorstands (Principal) abweichen können. Dieses grundlegende Problem kann bspw. zu subjektiv gefärbten Projektfortschritts- und Statusberichten oder nicht zeitgerechter Berichterstattung über Projektrisiken führen. Der Abschlussprüfer kann durch seine berufsrechtlich verankerte Unabhängigkeit diese asymmetrische Informationsverteilung abmildern.

---

29   Vgl. IDW PS 850: Projektbegleitende Prüfung bei Einsatz von Informationstechnologie.

III   Digitalisierung

Christian Haas/Kai Vogeler/Maya Riedel

1   Aktuelle Entwicklungen

Nach der dritten industriellen Revolution mit der Automatisierung von Produktionsprozessen erfolgt aktuell die nächste revolutionäre Stufe: Die Vernetzung von Produkten, Prozessen und Infrastruktur in Echtzeit bedeutet eine umfassende Veränderung der industriellen Produktion. Alle Teile der Wertschöpfungsketten wie Zulieferung, Produktion, Auslieferung, Kundenservice und Instandhaltung werden durch das Internet miteinander verbunden, wobei die Information über die einzelnen Schritte in Echtzeit zur Verfügung steht. Durch das Internet der Dinge (Internet of Things, IoT) sowie durch Daten und Dienste findet eine vollumfängliche Digitalisierung der klassischen Industrie statt, was unter dem Begriff Industrie 4.0 zusammengefasst wird. In der Finanzwirtschaft ist die Digitalisierung schon seit geraumer Zeit Teil des Veränderungsprozesses und mit digitalen Technologien wie computergestützten Überweisungssystemen, Girokarten und Tele- und Onlinebanking weit vorangeschritten. Technologische Entwicklungen wie bspw. Blockchain, digitale Zahlungssysteme, Crowdfunding oder Social Trading werden die digitale Transformation der Finanzwirtschaft weiter beschleunigen.

Genauso wie die operativen Geschäftsprozesse digitalisiert werden, erfolgt eine Digitalisierung der Prozesse der Finanzfunktion. Die Entwicklung von disruptiven Technologien wie bspw. Robotics Process Automation (RPA), In Memory Computing, Advanced Analytics, Cloud Computing und Artifical-Intelligence-Technologien (AI) bilden die Grundlage für die umfassende Digitalisierung der Finanzfunktion mit erheblichen Auswirkungen auf die Aufbauorganisation, Rechnungslegungsprozesse und letztendlich auf die Beschäftigten der Finanzfunktion.

Die Entwicklung der Aufbauorganisation der Finanzfunktion war in der Vergangenheit geprägt von der Standardisierung und Zentralisierung von Rechnungslegungsprozessen und der Auslagerung von Prozessaktivitäten in regionale oder globale Shared Service Center. Die Digitalisierung ermöglicht es, eine Vielzahl dieser standardisierten Prozesse mit Technologien wie Robotics Process Automation (RPA) zu automatisieren. Dies hat zur Folge, dass ausgelagerte Prozesse wieder in die lokale Finanzfunktion eingegliedert werden können. Die Digitalisierung der Finanzfunktion bedeutet auch ein Fortschreiten der Integration der Finanzbuchhaltung in das Controlling, deren technologisches Fundament durch die Entwicklung von z.B. In Memory Computing gelegt ist. Mit einer integrierten Datenhaltung von Finanzbuchhaltungs- und Controllinginformationen i.V.m. einer hoch leistungsfähigen

Datenbanktechnologie sind Echtzeitauswertungen und die Bereitstellung von dynamischen Managementberichten möglich. Darüber hinaus wird die digitalisierte Finanzfunktion dazu fähig sein, nachvollziehbare Vorhersagen von Finanzkennzahlen, wie z. B. zu erwartende Kosten und Erlöse, durch Advanced Analytics i. V. m. AI-Technologien jederzeit bereitzustellen. Die Anwendung dieser neuen Technologien erfordert gleichzeitig ein umfangreiches Schulungsprogramm für die bestehende Mitarbeiterschaft, da diese in einer klassisch arbeitenden Finanzfunktion nicht immer die notwendigen prozessualen und technologischen Kenntnisse aufbauen konnte.

Die Zukunftschancen aus der Digitalisierung der Finanzfunktion gehen einher mit zentralen Risiken in den Bereichen Datensicherheit und Datenqualität von Finanzdaten. Dabei ist die Gewährleistung von Datensicherheit die Voraussetzung für eine hohe Datenqualität von Finanzdaten in der digitalisierten Rechnungslegung und damit Grundlage für die Verlässlichkeit von Finanzberichten.

2   Datensicherheit und Cyber Security

Im Hinblick auf die Digitalisierung bilden auf den ersten Blick leistungsfähige IT-Systeme die Grundlage zur Bewältigung von aktuellen Entwicklungen und künftigen Herausforderungen. Jedoch beeinflusst die fortschreitende Digitalisierung nicht nur die IT-Systeme, sondern geht einher mit zusätzlichen Anforderungen an darunterliegende Prozesse und notwendige Komponenten, die für die Erfüllung von Aufgaben innerhalb der betroffenen IT-Infrastruktur erforderlich sind. Gekoppelt ist daher die Entwicklung der Digitalisierung an infrastrukturelle, organisatorische, personelle und technische Komponenten (Informationsverbund). Unter dem Aspekt der Strukturanalyse stellen die Komponenten die Grundgesamtheit der Technik der Informationsverarbeitung dar oder einzelne organisatorische bzw. technische Bereiche einer Unternehmung.[30] Überdies geht die digitale Transformation Hand in Hand mit der Bewahrung der primären Schutzziele Integrität, Verfügbarkeit und Vertraulichkeit innerhalb der Datensicherheit im Informationsverbund.[31]

Allerdings führt die Digitalisierung zu einer Konvergenz der IT-Systemvernetzung in den Unternehmen, und die Vernetzung mit den unternehmensexternen Stakeholdern nimmt zu. Damit steigt auch die externe Bedrohungs- und Gefährdungslage, insb. Fälle von mangelnder Cyber Security haben in der jüngeren Vergangenheit die Öffentlichkeit aufgeschreckt.

---

30   Vgl. Bundesamt für Sicherheit in der Informationstechnik (2017): BSI-Standard 200-2 IT-Grundschutz-Methodik.
31   Vgl. ISO/IEC 27001:2013(en) Information technology – Security techniques – Information security management systems – Requirements.

Hinzu kommt, dass sich verändernde Gegebenheiten der Arbeitswelt die Unternehmen vor neue Herausforderungen stellen. Durch die Verlagerung der Arbeitsplätze ins Homeoffice oder eine intensivere Nutzung von mobilen Arbeitsplätzen ist die Einhaltung von unternehmensweiten Sicherheitsstandards erschwert und ist im Grunde eine besondere Risikobelastung für die Bedrohungs- und Gefährdungslage. Die veränderten Rahmenbedingungen gehen mit einem Teilverlust von Kontrollen innerhalb der zentral gesteuerten IT einher. Vor allem die Umsetzung von Maßnahmen im Kontext der Coronapandemie-Bekämpfung stellt in diesem Zusammenhang ein weiteres Risiko für die Informationssicherheit dar.[32]

Tatsächlich haben die Cyberangriffe in den vergangenen Jahren deutlich zugenommen, und der aktuelle Trend zeigt eine ungebremst rasant steigende Gefährdung der Unternehmen mit spürbaren und massiven Schäden. Dies betrifft v.a. große Unternehmen, von denen viele täglich angegriffen werden.[33] Primäre Ziele dieser Angriffe sind die Entwendung geschützter Informationen oder die Zerstörung von IT-Infrastruktur. Die Täter sind oft Einzelpersonen oder kleine Gruppen, z.B. Insider, Lieferanten und Aktivisten, aber auch professionelle kriminelle Netzwerke oder staatlich gelenkte Organisationen. Die Motivation hinter den Angriffen reicht von Finanzbetrug, Datendiebstahl und -missbrauch, Aktivismus und Sabotage bis hin zur gezielten Spionage.

Vor allem aus Sicht der Entscheidungsträger stellt insb. die Vielfältigkeit die Cyberrisiken eine Gefahr für Unternehmen, Gesellschaft und Mensch dar. Demnach stellen nach Einschätzung der Entscheidungsträger mit wachsender Relevanz Computerviren bzw. Schadsoftware, die Manipulation der öffentlichen Meinung durch Fake News und Datenbetrug im Internet mit je 77 %, 76 % und 75 % ein erhöhtes Risiko für die Bedrohungs- und Gefährdungslage dar. Zur Wahrnehmung und Begegnung von Cyberrisiken besteht die Notwendigkeit von effektiven Schutzmaßnehmen und einer Stärkung digitaler Kompetenzen.[34]

---

32   Vgl. Bundesamt für Sicherheit in der Informationstechnik (2020): Home-Office? – Aber sicher!, https://www.bsi.bund.de/SharedDocs/Downloads/DE/BSI/Cyber-Sicherheit/Themen/empfehlung_home_office.html.
33   Bitkom (2021): Wirtschaftsschutz 2021.
34   Vgl. Deloitte (2021): Cyber Security Report 2021.

Bedrohungen durch Cyber-Security-Risiken

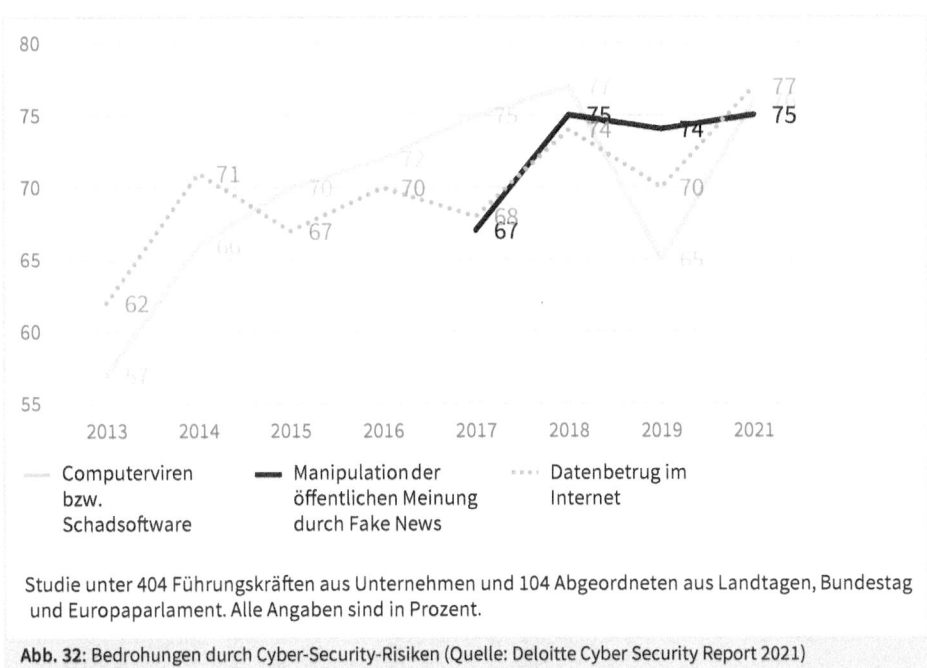

Studie unter 404 Führungskräften aus Unternehmen und 104 Abgeordneten aus Landtagen, Bundestag und Europaparlament. Alle Angaben sind in Prozent.

Abb. 32: Bedrohungen durch Cyber-Security-Risiken (Quelle: Deloitte Cyber Security Report 2021)

Auch wenn die gesamtwirtschaftliche Schadenshöhe durch Cyberkriminalität aufgrund der zu vermutenden hohen Dunkelziffer nicht vollständig bekannt ist, so schätzen die an der Studie des Digitalverbands Bitkom zu dem Thema Cyberangriffe befragten Unternehmen die wirtschaftliche Schadenssumme auf insgesamt 223 Mrd. EUR in Deutschland.[35] Die Risiken sind für jedes einzelne Unternehmen offensichtlich, wie bspw. Betriebsausfälle oder -stillstände, der Verlust geistigen Eigentums und von Information Assets, finanzielle Verluste, physische Schäden und rechtliche Sanktionen. Langfristige Auswirkungen auf die Reputation und die Marke eines Unternehmens kann insb. der Vertrauensverlust durch den Diebstahl von Kundendaten haben.

Aufgrund der umfassenden IT-Vernetzung der Unternehmen erfordern wirksame präventive Maßnahmen zur Verhinderung erfolgreicher Cyberangriffe einen gesamtheitlichen Ansatz. Ein wirksamer Schutz gegen Cyberangriffe erfordert die Kombination von verschiedenen Fähigkeiten im Unternehmen, wie das Bewusstsein für Cyberrisiken, die Fähigkeit zur Identifikation von Cyberbedrohungen, ein angemessenes Risikomanagement, technische Maßnahmen und die Fähigkeit zur wirksamen Reaktion auf bestehende Cyberangriffe. Für den IT-technischen Schutz sollte eine leistungsfähige Sicherheitstechnologie eingerichtet sowie deren Wirk-

---

35   Vgl. Bitkom (2021): Wirtschaftsschutz 2021.

samkeit regelmäßig überprüft werden, zumal eine deutliche Professionalisierung von Cyber-kriminellen zu beobachten ist, die vermehrt neueste Technologien nutzen, um vorhandene Schutzmechanismen zu umgehen.

Insgesamt lässt sich zusammenfassen, dass wirksame Maßnahmen gegen Cyber-Security-Risiken von zentraler Bedeutung sind, um Vertraulichkeit, Integrität und Verfügbarkeit von Daten, Systemen und Prozessen zu gewährleisten. Die Umsetzung dieser Maßnahmen ist ein kritischer Erfolgsfaktor für die Digitalisierung der Unternehmen.

3   Datenqualität von Finanzdaten und internes Kontrollsystem in der Digitalisierung

Digitalisierung bedeutet v.a. Beschleunigung in den Abläufen von Geschäfts- und Rechnungs-legungsprozessen. Mit der zunehmenden Integration von Wertschöpfungsketten und der IT-Systemvernetzung kann der Datenaustausch ohne zeitaufwendige Schnittstellenverarbeitung über Unternehmensgrenzen hinweg umgesetzt werden. In Echtzeit bereitgestellte Informationen und deren automatische und intelligente Verarbeitung beschleunigen die Durchlaufzeiten von Transaktionen und präzisieren die Steuerung von Geschäftsprozessen. Rechnungslegungs-prozesse stellen Finanzinformationen und -berichte aus den Datenflüssen der rechnungs-legungsrelevanten Geschäftsvorfälle bereit. Hierbei müssen die Risiken für Fehler in den Finanzinformationen und -berichten begrenzt und die allgemeinen Ordnungsmäßigkeitskrite-rien der Rechnungslegung erfüllt werden.[36]

Folglich setzt die fortschreitende Digitalisierung Entscheidungsträger in Unternehmen unter Druck, die Begrenzung von Fehlerrisiken in der Rechnungslegung aktiv zu begleiten und den Anforderungen einer unternehmerischen Steuerung und Überwachung gerecht zu werden. Gerade dieser Umstand hat dazu geführt, dass der Gesetzgeber verlangt, ein angemessenes und wirksames internes Kontrollsystem einzurichten und Risiken im Rahmen der Governance-Funktion mehr Bedeutung zu geben. Im Zuge dessen rückt das Thema Datensicherheit und Cyber Security auch für die Aufsichtsräte zunehmend in den Mittelpunkt ihrer Überwachungs-tätigkeiten, mit der Folge, dass Unternehmen in der kohärenten Betrachtungsweise auf ihr Ge-samtrisikoportfolio Cyberrisiken einzuschließen haben.[37]

Die Relevanz von angemessenen und wirksamen internen Kontrollsystemen und Risikoma-nagementsystemen ist allerdings nicht nur eine Folge der zunehmenden technologiegetrie-

---

36   Vgl. IDW (2002): IDW RS FAIT 1. Grundsätze ordnungsmäßiger Buchführung bei Einsatz von Informationstechnologie.
37   Vgl. Gabel/Kiefner/Heinrich (2019).

benen Digitalisierung, sondern ist auch auf gesetzliche Anforderungen u. a. zur Stärkung der Finanzmarktintegrität (FISG-Reform 2021) zurückzuführen, die als zusätzliche Transformationstreiber auf Unternehmen einwirken. Verfahren und Prozesse einer erweiterten Corporate Governance haben dabei das Ziel, das unternehmerische Handeln in Einklang mit geltendem Recht zu bringen und jene Anforderungen zu erfüllen. Die Corporate Governance hat die Bildung und Nutzung eines Rahmenwerks zur Steuerung und Sicherstellung von Interessensorientierungen zum Ziel, um interne Kontrollsysteme und Risikomanagement zu schärfen.[38] Gesetzliche Anforderungen an Aufsichtsräte zur Beaufsichtigung von Cyber-Security-Risiken lassen sich auch mittelbar aus dem Handelsgesetzbuch (u. a. § 289 HGB, Inhalt des Lageberichts) und dem Aktiengesetz (u. a. § 171 AktG, Prüfung durch den Aufsichtsrat) ableiten.

Für die digitale Transformation der Finanzfunktion (Vorstandsverantwortung) bedeutet dies, dass die Anpassung des internen Kontrollsystems parallel zu der fortschreitenden Digitalisierung der Rechnungslegungsprozesse erfolgen muss, damit die mit der Digitalisierung einhergehenden Veränderungen und Risiken jederzeit durch ein leistungsstarkes internes Kontrollsystem begrenzt werden. Die aktuelle Entwicklung in der Praxis zeigt, dass die Digitalisierung gleichermaßen für die Rechnungslegungsprozesse wie auch für die internen Kontrollsysteme stattfindet. Digitale interne Kontrollsysteme sind notwendig für die Überwachung einer Echtzeit-Datenverarbeitung, die mit manuellen Kontrollen nicht effizient umsetzbar ist. Für die Umsetzung eines digitalen internen Kontrollsystems werden aufeinander abgestimmte Technologien, wie z. B. neue oder optimierte Enterprise-Resource-Planning-Software (ERP) kombiniert mit Robotics Process Automation (RPA) und Process Mining, eingesetzt. RPA kann bspw. erfolgreich bei systemübergreifenden Schnittstellen eingesetzt werden, um zuverlässig und effizient wiederkehrende Datenabgleiche zwischen Systemen durchzuführen. Mit Process Mining können Transaktionsfolgen von Geschäftsprozessen durch datenbasierte Prozessvisualisierung transparent gemacht werden, um gezielt Schwachstellen und Risiken in den Prozessen zu identifizieren. Aufkommende Technologien und Zukunftstrends, wie z. B. Artificial Intelligence, werden zu einer weiter voranschreitenden Digitalisierung des internen Kontrollsystems führen.

Die Digitalisierung der Geschäfts- und Rechnungslegungsprozesse ist mit umfangreichen Geschäftschancen verbunden und wichtiger Teil der unternehmerischen Zukunftssicherung. Gleichzeitig sind mit den Chancen jedoch auch hohe Risiken verbunden. Bei der Realisierung der Chancen wie auch bei der Begrenzung von Risiken aus der Digitalisierung betreten viele Unternehmen Neuland – umso mehr ist hier die Überwachung durch den Aufsichtsrat bzw. den Prüfungsausschuss gefordert.

---

38 Vgl. Falk (2012).

4   Auswirkungen auf die Überwachungstätigkeit des Prüfungsausschusses

Da die Rechnungslegungsprozesse ebenso wie die Geschäftsprozesse durch die Digitalisierung grundlegend transformiert werden, sollte sich der Prüfungsausschuss mit diesen Veränderungen und den damit verbundenen Risiken umfassend beschäftigen.

Der Chief Information Security Officer (CISO) eines Unternehmens ist in der Unternehmenspraxis oftmals mit der Aufgabe betraut, den Vorstand in regelmäßigen Abständen über Entwicklungen der Bedrohungslage und der Cyber-Security-Risiken Bericht zu erstatten, gleichwohl kann die Funktion nur zu einem gewissen Teil allen Anforderungen der Steuerung und Überwachung gerecht werden.[39] Aus diesem Grund hat der Aufsichtsrat bzw. der Prüfungsausschuss sich in seiner Überwachungsfunktion zu vergewissern, dass der Vorstand seiner Verantwortung zur Einrichtung geeigneter Maßnahmen zur Datensicherheit, wie z. B. Cyber-Security-Maßnahmen, nachkommt. Die Notwendigkeit der Prioritätenverschiebung des Themas Cyber Security als zentrales Anliegen innerhalb der Unternehmenssteuerung zeigt sich auch daran, dass die Risikobeherrschung als notwendige Grundlage angesehen wird, um erfolgreich im Markt operieren zu können.[40] Schließlich wird die Gefahr des Cyber-Security-Versagens als gegenwärtige Bedrohungs- und Gefährdungslage angesehen, mit der Unternehmen konfrontiert sind.[41] Angesichts der Tatsache, dass sowohl gesetzliche als auch behördliche Anforderungen auf Unternehmen einwirken und es erfordern, den Schutz von sensiblen Daten vor ungewollten Eingriffen Dritter zu gewährleisten und die Weitergabe von Informationen an relevante Stakeholder zur Vermeidung von Gesetzesbrüchen aufrechtzuerhalten, ist eine stärkere Konzentration zur Überwachung von Cyberangriffen erforderlich. Dieser Umstand unterstreicht die angemessene Prüfung von Auswirkungen in Bezug auf Cyber Security.

Hierzu bedarf es auch der Auseinandersetzung damit, ob, inwieweit und mit welchen Mitteln sich die **Interne Revision** mit dem Thema Datensicherheit und Cyber Security zu beschäftigen hat. Das Augenmerk liegt hier zunächst in der Betrachtung geltender Richtlinien im Umgang mit Cyberrisiken, die das Unternehmen für sich definiert hat, wobei die Betrachtung externer Richtlinien weiterhin einen bestimmenden Charakter hat und die Arbeitsweise von Vorständen und Aufsichtsräten beeinflusst bzw. die unternehmerischen Aktivitäten stets im Einklang mit diesen zu stehen haben. Deshalb ist es für die Geschäftsführung und den Aufsichtsrat ratsam, sich gemeinsam ein Bild über vorhandene Überwachungsmechanismen und ihre Funktionsweise sowie Ziele zu machen, sodass eine Abwägung zur Übertragung von Zuständigkeiten zur Kontrolle des Cyberrisikos auf den Prüfungsausschuss möglich ist. Jedoch hat der Aufsichtsrat

---

39   Vgl. Harvard Law School Forum on Corporate Governance: Cybersecurity (2020): An Evolving Governance Challenge https://corpgov.law.harvard.edu/2020/03/15/cybersecurity-an-evolving-governance-challenge/.

40   Vgl. World Economic Forum (2020), https://www3.weforum.org/docs/WEF_IBC_Measuring_Stakeholder_Capitalism_ Report_2020.pdf.

41   Vgl. World Economic Forum (2021): Insight Report. The Global Risks Report.

in der Überwachung und Evaluierung des Vorstands in Bezug auf Informationssicherheit und Cyber Security und in der Auseinandersetzung mit den Themen ein differenziertes Rollenbild einzunehmen. In der Betrachtung der Aufgabendefinition und der Wahrnehmung der Pflichten ergeben sich somit unterschiedliche Rollen.

Folgende Aspekte sollte der Aufsichtsrat bzw. Prüfungsausschuss bei seiner Tätigkeit in Bezug auf Cyber Security im Fokus haben:

Sachkunde (intern oder extern)
Der Aufsichtsrat sollte sich ein Bild machen, ob er intern über ausreichende Kompetenz zur Überwachung der Cyber Security des Vorstands verfügt oder sich weiteren externen Sachverstands bedienen sollte.

Informationsgewinnung und Bewertung
Im Hinblick auf die Überwachung ist es auch hier für den Aufsichtsrat unabdingbar, dass er Informationen zu Cyberrisiken erhält. Die Sammlung von notwendigen Informationen bildet die Grundlage für eine fundierte Bewertung. Die Geschäftsführung hat die erforderliche Ressourcenausstattung festzulegen, wohingegen der Aufsichtsrat zu kontrollieren hat, ob die Anzahl der zugewiesenen Ressourcen für eine wirksame Informationsgewinnung und -bewertung genügt.

Sektorspezifische Kenntnisse über Bedrohungen
Der Aufsichtsrat sollte über für seinen Sektor spezifisches Branchenwissen verfügen und ein grundlegendes Verständnis von Bedrohungen im Cyberumfeld des Sektors haben, bspw. sollte er über die vergangenen Bedrohungen und Angriffe in seinem Sektor informiert sein.

Risiken und Strategie
Mit Blick auf Cyber Security gewinnt auch die Strategie bzgl. des Risikos und der Kosten-Risiko-Abwägung an Bedeutung. Der Prozess der Strategiefindung und kritischen Begleitung sollte auch unter der Mitwirkung der strategischen Handlungskompetenz der Aufsichtsratsmitglieder stattfinden. Obwohl die Verantwortung der Strategieentwicklung weiterhin in der Unternehmensleitung fest verankert ist, kann im Prüfungsausschuss ein Diskurs über die Ausrichtung des Unternehmens mit den Erkenntnissen der Aufsichtsratsmitglieder zu Implikationen der Strategie im Hinblick auf Cyber Security geführt werden.

Cyber Awareness/Risikokultur
Cyber-Awareness-Schulungen als eingeleitete Maßnahmen durch die operative Unternehmensführung für die Sensibilisierung von Mitarbeitenden zum Thema Informationssicherheit sind durch den Aufsichtsrat ebenfalls zu bewerten, denn eine ausgewogene und starke Risikokultur für den Umgang mit Cyber-Security-Risiken ist nur sichergestellt, wenn das Verhalten der Mitarbeitenden durch alle Ebenen des Unternehmens risikobewusst erfolgt. Schulungen helfen dabei, individuelles Fehlverhalten präventiv zu vermeiden.

Denkbar wäre die Bildung eines spezifischen Ausschusses zur Cyber Security. Auch wenn der Prüfungsausschuss sich dem Thema widmet, sollte Cyber Security als wichtiges Thema in die Überwachung des Aufsichtsrates aufgenommen werden. Dabei ist es notwendig, dass die bzw. einige Mitglieder des Aufsichtsrates oder des Ausschusses relevante Erfahrungen im Bereich Cyber-Security-Risiken mitbringen. Schließlich sollte der Aufsichtsrat oder die zuständigen Ausschüsse in der Lage sein, Berichterstattungen oder auch durchgeführte Analysen zu verstehen, auszuwerten und die Risiken zu beurteilen. Diese Kenntnis wiederum ermöglicht eine wirksame Wahrnehmung der Aufsichtspflichten. Gegebenenfalls ist es erforderlich, externen Sachverstand hinzuziehen, insb. in den Fällen, in denen ein Unternehmen nicht oder noch nicht über das notwendige Know-how und die notwendigen Kapazitäten verfügt.

Die zur Kenntnisnahme befugten Mitglieder des Aufsichtsrates oder der Ausschüsse haben gleichzeitig die Pflicht, Aktivitäten zum Schutz, Verfahren zur Behandlung von Sicherheitsvorfällen wie auch die Schadensbegrenzung zu beaufsichtigen, die von der Geschäftsleitung unternommen werden, um Risiken zu begegnen, die mit Cyberangriffen verbunden sind.

Um seiner Arbeit als Aufsichtsrat oder in den Ausschüssen nachzukommen, kann der Aufsichtsrat die Zusammenarbeit mit der Internen Revision forcieren. Die erfolgreiche Zusammenarbeit zur Informationsversorgung erlaubt es, Erkenntnisse aus Berichten hinsichtlich vorhandener Steuerungs- und Überwachungsmaßnahmen zu erlangen.

Es empfiehlt sich, die Reaktionspläne im Umgang mit Sicherheitsvorfällen zu kennen und zu beaufsichtigen. Anpassungen von Reaktionsplänen, bspw. die Änderung des Eskalationsprozesses, sollten auch einhergehen mit der Benachrichtigung des Aufsichtsrates.[42]

Der Aufsichtsrat sollte sich bei einem wesentlichen Cybervorfall einen Überblick über das Ausmaß verschaffen und abhängig davon entsprechende Vorkehrungen, wie vertiefte Untersuchungen über Art und Umfang des Vorfalls sowie Maßnahmen zur Verhinderung weiterer Vorfälle, treffen. Für den Fall, dass sich ein Cyber-Security-Vorfall ereignet, sind Aufsichtstätigkeiten angemessen zu dokumentieren. Eine angemessene Dokumentation dient der Protokollierung der Überwachungspflicht.[43]

Der Aufsichtsrat kann zur Sicherstellung seiner Aufgabenerfüllung bei der Ausübung der Aufsichtsfunktionen neben der Bildung von Ausschüssen oder der Zusammenarbeit mit der Internen Revision auch Unterstützung von externen Prüfern oder des Abschlussprüfers erhalten.

---

42   Vgl. Harvard Law School Forum on Corporate Governance: Cybersecurity Oversight and Defense – A Board and Management Imperative (2021). https://corpgov.law.harvard.edu/2021/05/14/cybersecurity-oversight-and-defense-a-board-and-management-imperative/.

43   Vgl. Internet Security Alliance: Management von Cyber-Risiken: Handbuch für Unternehmensvorstände und Aufsichtsräte. (2018); https://www.allianz-fuer-cybersicherheit.de/SharedDocs/Downloads/Webs/ACS/DE/partner/20181004_Handbuch_Cyber_Risiken.pdf;jsessionid=A0147B6D013507E55F6316131397701B.internet472?__blob=publicationFile&v=4.

Dabei bietet sich z. B. die IT-Prüfung außerhalb der Abschlussprüfung an.[44] Die Unterstützung hilft dabei, den Prüfungsauftrag auf die Gefährdungslage durch Cyber Security zu erweitern. Für die Beauftragung des Abschlussprüfers als weitere Unterstützungsleistung ist zu Beginn eine Rollendefinition zu erstellen und die Prüfungsleistung zu bestimmen. Die Prüfungsleistung wiederum ergibt sich aus der Beurteilung des Risikoprofils als Ergebnis aus der Risikoermittlung und -überwachung durch das Unternehmen, sodass für die Prüfung eine Determinierung von Themenschwerpunkten erfolgen kann und der Aufsichtsrat damit ein umfassendes Bild erhält.[45]

Mit der Bestimmung der Auftragsart PS 860 (IT-Prüfung außerhalb der Abschlussprüfung) kann eine direkte IT-Prüfung erfolgen.[46] Der Auftrag kann dann als Aufbau- und Funktionsprüfung durchgeführt werden. Der Fokus einer Aufbauprüfung »Design und Implementation« liegt in der Überprüfung der konkreten Ausgestaltung des internen Kontrollsystems. Hierfür findet zuerst eine Aufnahme von Unternehmensprozessen u. a. durch Befragungen von sachkundigen Personen zu Prozessabläufen und Kontrollen statt. Die Funktionsprüfung »Operating Effectiveness« schließt an die Aufbauprüfung an. Im Gegensatz zur Prüfung der angemessenen Ausgestaltung der Systeme zielt die Funktionsprüfung darauf ab, die tatsächliche Zweckmäßigkeit eingerichteter interner Kontrollsysteme festzustellen. Basierend auf dem Verständnis der Prozesse wird eine repräsentative Stichprobe gezogen, und eine Analyse der Wirksamkeit der durchgeführten Kontrollen findet statt.

Die Analyse des Umfelds und der inhärenten Risiken sollte bei der Betrachtung der Cyber Security der Ausgangspunkt der Untersuchung sein, um individuelle Risiken angemessen zu adressieren und die Prüfungshandlungen spezifisch auszuarbeiten. In der Praxis sollte sich der Prüfungsausschuss hinsichtlich des Schutzes der IT-Infrastruktur des Unternehmens mit den folgenden Fragestellungen beschäftigen:

Fragen für die Praxis zur IT-Infrastruktur

- Findet eine laufende Überwachung der digitalen Unternehmensnetzwerke statt?
- Inwieweit werden die Zugriffsberechtigungen der Mitarbeiter regelmäßig überprüft?
- Gibt es regelmäßige Schwachstellenanalysen der Netzwerke und der wichtigsten Geschäftsanwendungen?
- Gibt es regelmäßige Überprüfungen der Widerstandsfähigkeit durch z. B. Security-Penetration-Tests?
- Wurden die wichtigsten Information Assets identifiziert, die von Cyberangriffen betroffen sein könnten?
- Findet eine regelmäßige Überprüfung und ggf. Anpassung der Maßnahmen zum Schutz der wichtigsten Information Assets statt?

---

44 Vgl. IDW (2018): IDW PS 860: IT-Prüfung außerhalb der Abschlussprüfung.
45 Vgl. IDW-Positionspapier Zusammenarbeit zwischen Aufsichtsrat und Abschlussprüfer (2020). https://www.idw.de/blob/121970/a63e81356bf589ff67ec568c024a42a6/down-positionspapier-aufsichtsrat-ap-data.pdf.
46 Vgl. IDW (2018): IDW PS 860: IT-Prüfung außerhalb der Abschlussprüfung, Tz. 12–22.

Des Weiteren sollte sich der Prüfungsausschuss mit den Auswirkungen der Digitalisierung auf den Rechnungslegungsprozess und das interne Kontrollsystem befassen sowie sich beim Vorstand informieren und sich von diesem berichten lassen, welche Aktivitäten zur Digitalisierung im Unternehmen unternommen werden:

Fragen für die Praxis zur Digitalisierung

- Welcher Vorstandsbereich ist federführend mit dem Thema der Digitalisierung betraut?
- Gibt es eine Digitalisierungsstrategie und damit verbunden eine Definition von dem Umfang und der Zielsetzung hinsichtlich der im Unternehmen geführten Geschäftsmodelle, Geschäftsbereiche und Geschäftsprozesse?
- Gibt es eine Digitalisierungsstrategie für den Finanzbereich, und was ist die Zielsetzung für die Digitalisierung der Finanzfunktion?
- Sind über die Finanzfunktion hinaus die von der Digitalisierung betroffenen rechnungslegungsrelevanten Geschäftsbereiche und -prozesse identifiziert?
- Bei einem hohen Automatisierungsgrad ist die Behebung von fehlerhaften Daten sehr aufwendig. Wie wird die vollständige und richtige Eingabe von Stamm- und Bewegungsdaten sichergestellt?
- Wie werden bei einer hohen Automatisierung der Rechnungslegungsprozesse durch Kontrollen systematische Fehler verhindert?
- Wie wird bei einer hohen IT-Systemintegration und einer automatischen Ende-zu-Ende-Verarbeitung die Nachvollziehbarkeit des Datenflusses sichergestellt?[47]

---

47   Vgl. Audit Committee Leadership Summit (2019): Cybersecurity governance.

IV Grundlagen der Nachhaltigkeits-berichterstattung und deren dynamische Weiterentwicklung

Sebastian Dingel/Dr. Matthias Schmidt/Daniel Oehlmann

1 Nachhaltigkeit als Chancen und Risiken der künftigen Entwicklung

Nachhaltigkeitsaspekte (Environmental, Social and Governance Issues, ESG) werden häufig als »nichtfinanziell« bezeichnet; sie sind aber keineswegs »ohne Bezug zur wirtschaftlichen Lage«: Sie betreffen die Zukunftsfähigkeit des Geschäftsmodells sowie Chancen und Risiken der Unternehmensentwicklung und sind daher zunehmend in den Fokus der Aufmerksamkeit des Kapitalmarkts gerückt. Abbildung 33 verdeutlicht am Beispiel der Berichterstattungspflicht gem. §§ 289b ff. HGB die Vielschichtigkeit der Anforderungen.

Abb. 33: Pflichtangaben der nichtfinanziellen Erklärung im Lagebericht gem. §§ 289b ff. HGB

Diese Nachhaltigkeitsaspekte (ESG) werfen für Unternehmen, die Unternehmensleitung und Aufsichtsräte vielschichtige Fragen auf, die Strategie, Risikomanagement, Governance, Investorenerwartungen und Unternehmensberichterstattung umfassen.

Übergeordnete Fragestellungen

Governance

- Wo liegt die Verantwortung für die Überwachung klimabezogener oder anderer ESG-Risiken und -Chancen innerhalb der Unternehmen?
- Wie werden die Fortschritte bei den ESG-Verpflichtungen überwacht?
- Wie gehen die Geschäftsführung und der Vorstand vor, um die potenziellen Auswirkungen von klimabezogenen oder anderen ESG-Risiken und -Chancen zu bewerten?
- Wie zuversichtlich ist die Geschäftsleitung in Bezug auf die Fähigkeit des Unternehmens, disruptive ökologische und gesellschaftliche Trends zu erkennen und zu antizipieren?

Strategie

- Hat das Unternehmen klimabezogene oder andere ESG-Ereignisse oder -Bedingungen berücksichtigt, die sich auf sein Risikomanagement, sein Geschäftsmodell, seine Abläufe und Prozesse, seine Lieferkette und seine Fähigkeit, Finanzmittel zu beschaffen oder Kunden zu gewinnen, auswirken könnten?
- Wenn das Unternehmen klimabezogene oder andere ESG-Verpflichtungen eingegangen ist (z. B. Netto-Null-Verpflichtungen, CO_2-neutrale Verpflichtungen, DEI-Verpflichtungen), wie werden die Strategien zur Erreichung dieser Verpflichtungen in die operative und strategische Entscheidungsfindung integriert und in der Finanzberichterstattung berücksichtigt?

Risk Management

- Wie identifiziert und bewertet das Unternehmen klimabezogene oder andere ESG-Risiken und -Chancen und beurteilt deren Wesentlichkeit für das Geschäft?
- Wie werden Risiken und Chancen, die für das Geschäft wesentlich sind, in das Risikomanagement des Unternehmens integriert?
- Wie wird das Unternehmen über Entwicklungen bei klimabezogenen oder anderen ESG-Gesetzen und -Vorschriften in allen für die Geschäftstätigkeit relevanten Rechtsordnungen in Kenntnis gesetzt?

Investoren

- Welche klimabezogenen oder anderen ESG-Informationen haben die Investoren angefordert?
- Haben die Anleger angegeben, wie wichtig solche Informationen für ihre Entscheidungen sind?
- Welchen Plan hat das Unternehmen, um diese Informationen an die Anleger weiterzugeben?

Vorstandsvergütung

- Wie wird das Vergütungssystem für den Vorstand mit der Förderung der Geschäftsstrategie, der langfristigen Geschäftsentwicklung sowie finanziellen und nicht finanziellen (ESG-)Leistungskriterien verknüpft?

Finanzielle und andere Aspekte der Berichterstattung

- Hat das Unternehmen die möglichen Auswirkungen von klimabezogenen oder anderen ESG-Ereignissen oder -Bedingungen auf die Jahresabschlüsse berücksichtigt?
- Welche Prozesse und Kontrollen gibt es, um sich mit den sich entwickelnden klimabezogenen oder anderen ESG-Risiken und den damit verbundenen Offenlegungen zu befassen?
- Wenn das Unternehmen klimabezogene oder andere ESG-Informationen im Geschäftsbericht des Unternehmens, der den Jahresabschluss enthält oder diesem beiliegt, offenlegt, sind diese Angaben mit dem geprüften Jahresabschluss vereinbar?

Maßnahmen zur Überwachung und Zusammenarbeit von Vorstand und Management im Bereich ESG

- Einrichtung einer wirksamen Governance
- Verbesserung der Vollständigkeit, Genauigkeit und Zuverlässigkeit von klimabezogenen oder anderen ESG-bezogenen Angaben
- Bewertung der Auswirkungen von klimabezogenen oder anderen ESG-Aspekten auf die Jahresabschlüsse
- Vorbereitung auf die Offenlegung gemäß den ESG-Standards (z. B. SASB, TCFD, GRI)
- Externe Prüfungsleistungen in Betracht ziehen

Abb. 34: Übergeordnete Fragestellungen zur ESG

Gerade institutionelle Investoren im In- und Ausland legen erheblichen Wert auf eine aussa-gekräftige Darstellung der nichtfinanziellen Unternehmensfaktoren.[48] Zur weiteren Standar-disierung und inhaltlichen Weiterentwicklung ist in diesem Sinne weltweit eine Verschärfung der diesbezüglichen regulatorischen Anforderungen zur Nachhaltigkeitsberichterstattung zu beobachten.[49]

Der positive Zusammenhang zwischen ESG-Performance und wirtschaftlicher Lage wurde in zahlreichen empirischen Studien nachgewiesen:

- Eine Meta-Studie von rund 2250 empirischen Studien kam zu dem Ergebnis, dass rund 90 % der Studien einen nichtnegativen Zusammenhang von ESG- und finanzieller Performance nachwiesen. In der Mehrzahl dieser Studien wurde ein positiver Zusammenhang nachge-wiesen.[50] Nach einer weiteren Meta-Studie wurde in 43 von 49 Studien (86 %) ein solcher positiver Zusammenhang nachgewiesen.[51]
- Eine Befragung von rund 600 institutionellen Investoren kam zu dem Ergebnis, dass die meisten Investoren ESG-Aspekte aufgrund der wirtschaftlichen Relevanz verfolgen und dass 92 % der befragten Investoren erwarten, dass Unternehmen über diese Aspekte be-richten, insb. darüber, wie sie die wirtschaftliche Lage beeinflussen. 80 % der Teilnehmer stimmten zu (»agree« bzw. »strongly agree«), dass eine solche ESG-Integration besser stan-dardisiert werden sollte.[52]

Investoren erwarten von Unternehmen nicht die Maximierung der Nachhaltigkeitsleistung, sondern die Optimierung des Chancen- und Risikoportfolios. Nachhaltigkeit ist demnach im Kern Chancen- und Risikomanagement.

So werden mit einer nachhaltigen Entwicklung insb. folgende Chancen adressiert:[53]

- Neue Produkte, Dienstleistungen und Märkte
- Ressourceneffizienz
- Zugang zu sicheren, günstigen Energiequellen
- Eine insgesamt verbesserte Resilienz gegen externe Entwicklungen.

---

48   Vgl. Vetter (2008), S. 561.
49   Vgl. Poole/Sullivan (2021), https://www.iasplus.com/en-ca/publications/other/tectonic-shifts-how-esg-is-changing-business-moving-markets-and-driving-regulation.
50   Vgl. Friede/Busch/Bassen (2015), https://papers.ssrn.com/sol3/papers.cfm?abstract_id=2699610.
51   Vgl. Clark/Feiner/Viehs (2014), https://www.smithschool.ox.ac.uk/publications/reports/SSEE_Arabesque_Paper_16Sept14.pdf.
52   Vgl. Eccles/Kastrapeli (2017), https://arabesque.com/research/Final_The_Investing_Enlightenment.pdf.
53   In Anlehnung an die Recommendations of the Task Force on Climate-related Financial Disclosures (TCFD), S. 5–8.

Gleichzeitig können u. a. folgende Risiken vermindert werden:[54]

- Ereignisrisiken mit geringer Eintrittswahrscheinlichkeit, aber gravierenden negativen Folgen (»Long Tail Risks«), z. B. die Reaktorkatastrophe in Fukushima (TEPCO) oder der Untergang der Deepwater-Horizon-Ölbohrplattform (BP)
- Regulierungsrisiken, z. B. wenn durch regulatorische Eingriffe die Nutzungsdauer von Vermögenswerten erheblich verkürzt wird und diese nicht mehr genutzt werden dürfen, obwohl die Nutzung technisch noch möglich wäre (»Stranded Assets«), bspw. bei einem Ausstieg aus Kern- und Kohleenergie und den damit verbundenen Auswirkungen auf Energieversorger
- Klagerisiken, z. B. durch Tierversuche, Gentechnologie oder Pestizide
- Reputationsrisiken, auch im Zusammenhang mit Börsengang, Unternehmenserwerben oder -zusammenschlüssen
- Marktrisiken/technologische Risiken: Ablösung bestehender Geschäftsmodelle, wenn neue Produkte marktgängig werden, z. B. die mögliche Ablösung des Verbrennungsmotors durch alternative Antriebstechnologien.

Natürlich ist diese Aufzählung nicht abschließend. Aktuelle Praxisfälle können häufig mehreren Kategorien zugeordnet werden, und die aufgeführten Risiken sind nicht zweifelsfrei trennbar von anderen Risiken, z. B. Kartellrechtsrisiken. Alle diese Risiken sind aber Unterkategorien von strategischen bzw. Geschäftsrisiken und damit Risiken, die nicht vergleichsweise einfach mit standardisierten Risikomanagementansätzen gesteuert werden können. Sie sind vielmehr komplexe Risiken, die sich längerfristig auswirken und durch zahlreiche Faktoren beeinflusst werden, z. T. mit unklaren Wirkungszusammenhängen.

Insbesondere solche strategischen Chancen und Risiken sind für institutionelle Investoren relevant, die eine wichtige Funktion bei der privaten und betrieblichen Altersvorsorge spielen und daher regelmäßig lange Anlagehorizonte verfolgen. Eine so verstandene Verfolgung von ESG ist daher nicht eine Abkehr vom Shareholder-Value-Konzept. Im Gegenteil: Sie dient der Sicherung des nachhaltigen Unternehmensbestands und der dauerhaften Rentabilität bzw. nachhaltigen Wertschöpfung i. S. d. Aktionäre.

Eine quantitative Berichterstattung anhand von vergleichbaren und standardisierten KPIs ist wichtig für die Aussagekraft der Berichterstattung. Studien zeigen, dass lediglich beim Bereich Compliance qualitative Angaben für Investoren nützlich sind. Bei allen anderen Belangen sind quantitative Angaben unerlässlich.[55] Die Nachhaltigkeitsberichterstattung sollte in die Finanz-

---

54   In Anlehnung an die Recommendations of the Task Force on Climate-related Financial Disclosures (TCFD), S. 5–8.
55   Vgl. Bingham et al. (2017), S. 3; Amel-Zadeh/Serafeim (2019), S. 5; Ioannou/Serafeim (2018), S. 26–28.

berichterstattung integriert werden und verlässlich sein. Als Ausdruck von »integrated thinking« trägt der integrierte Bericht einerseits der gesamtgesellschaftlichen Sensibilität und andererseits dem Wert des Unternehmens für die Gesellschaft Rechnung.[56] Institutionelle Investoren benötigen insb. zukunftsgerichtete Informationen über die künftige Entwicklung mit ihren wesentlichen Chancen und Risiken. Dabei sollte der Fokus deutlicher als bisher nicht nur auf die kurzfristige, sondern auch auf die mittel- und langfristige Entwicklung (z. B. klimabedingte Gefährdungen des Geschäftsmodells) gelegt werden.[57] Auch wenn die Praxis durch heterogene Berichtsmodelle geprägt ist und praktische Argumente gegen integrierte Berichterstattung angeführt werden[58], spricht vieles dafür, die nichtfinanzielle Berichterstattung gleichzeitig mit Abschluss und Lagebericht vorzulegen und in den »herkömmlichen« Lagebericht zu integrieren (insb. die Angaben zu Geschäftsmodell, Risiken und Leistungsindikatoren). Weiterführende Modelle versuchen sogar ganzheitlich, die Wertbeiträge der Unternehmen für die Gesellschaft messbar und vergleichbar zu machen.[59]

Die einschlägigen Governance-Vorgaben (z. B. Leitbild des ehrbaren Kaufmanns und Empfehlung zur nachhaltigen Wertschöpfung im DCGK, nichtfinanzielle Berichtpflicht im HGB, Erweiterung der Berichtspflichten gem. EU-Sustainable-Finance-Taxonomie) verpflichten nicht umfassend zu einer nachhaltigen Unternehmensführung. Der enthaftende Schutz der »Business Judgement Rule« gilt aber nur nach vorheriger angemessener Identifizierung und Abschätzung aller relevanten Risiken. Haben sich Vorstand und Aufsichtsrat hingegen hinreichend versichert und sind sie zu einer positiven Beurteilung des Geschäftsmodells unter ökonomischen Gesichtspunkten gelangt, sind die aktienrechtlichen Voraussetzungen der Enthaftung durch die Business Judgement Rule regelmäßig erfüllt (Ausnahme: die Risiken wurden in unverantwortlicher Weise falsch beurteilt).[60]

Fragen für die Praxis zur Nachhaltigkeit der Unternehmensführung

- Sind Nachhaltigkeitsthemen in die Unternehmensstrategie integriert und durch das Risikomanagement sinnvoll berücksichtigt?
- Welchen Einfluss haben Nachhaltigkeitsthemen auf die finanzielle Leistungsfähigkeit der Organisation?
- Wurden Nachhaltigkeitsthemen (Handlungsfelder) unter Berücksichtigung interner Relevanz und Stakeholder-Erwartungen unter Wesentlichkeitsgesichtspunkten analysiert, und welchen Wertbeitrag liefern die definierten Handlungsfelder im Hinblick auf Ökonomie, Ökologie und Soziales?

---

56   Zur Begründung einer integrierten Berichterstattung vgl. Haller/Durchschein (2018), S. 1806 ff.
57   Vgl. UN PRI/ICGN (2018), S. 10–14.
58   Vgl. Arbeitskreis Integrated Reporting der Schmalenbach-Gesellschaft für Betriebswirtschaftslehre e. V. (AKIR;2018), S. 2254 f.
59   Vgl. z. B. Value Balancing Alliance (2022), https://www.value-balancing.com/.
60   Vgl. Fleischer (2017), S. 2021 f.

- Welche Auswirkungen ergeben sich aus der Nachhaltigkeitsstrategie bzw. der aktuellen Nachhaltigkeitsperformance auf die Refinanzierung des Unternehmens mit besonderem Fokus auf die EU-Sustainable-Finance-Taxonomie bzw. alternative Finanzierungsmodelle wie Green Bonds?
- Welche Nachhaltigkeitsziele haben wichtige Kunden oder Konkurrenten definiert i. S. eines Benchmarkings?
- Wie positioniert sich das Unternehmen mit seinem Produktangebot gegenüber den Kundenanforderungen?
- Sind die identifizierten Nachhaltigkeitsthemen mit konkreten Zielen und Maßnahmen hinterlegt?
- Ist eine kontinuierliche Steuerung i. S. d. Zielerreichungsüberwachung und -berichterstattung gewährleistet?
- Unterstützt der unternehmenseigene Verhaltenskodex die Durchsetzung von ökologischen und sozialen Themen?
- Ist eine kritische Prüfung von Input (wie Materialien und Energie) und Output (bspw. Komponenten, Fertigprodukte, Treibhausgasemissionen, Wasser und Schadstoffe) an jedem Punkt der Wertschöpfungskette erfolgt?
- Verfügt das Unternehmen über geeignete Mitarbeiter mit den adäquaten Qualifikationen zur Identifikation und Steuerung von Nachhaltigkeitsaspekten?
- Besteht eine ausreichende Nachhaltigkeitsexpertise auf Aufsichtsrats-, Vorstands- und Führungskräfteebene?

2   Anforderungen und Grundlagen der Nachhaltigkeitsberichterstattung

Die nichtfinanzielle Berichterstattung und damit auch die Nachhaltigkeitsberichterstattung hat sich in den vergangenen Jahren auf internationaler Ebene und in Deutschland dynamisch weiterentwickelt, und es ist absehbar, dass diese rasante Entwicklung der Nachhaltigkeitsberichterstattung weiter anhalten wird.

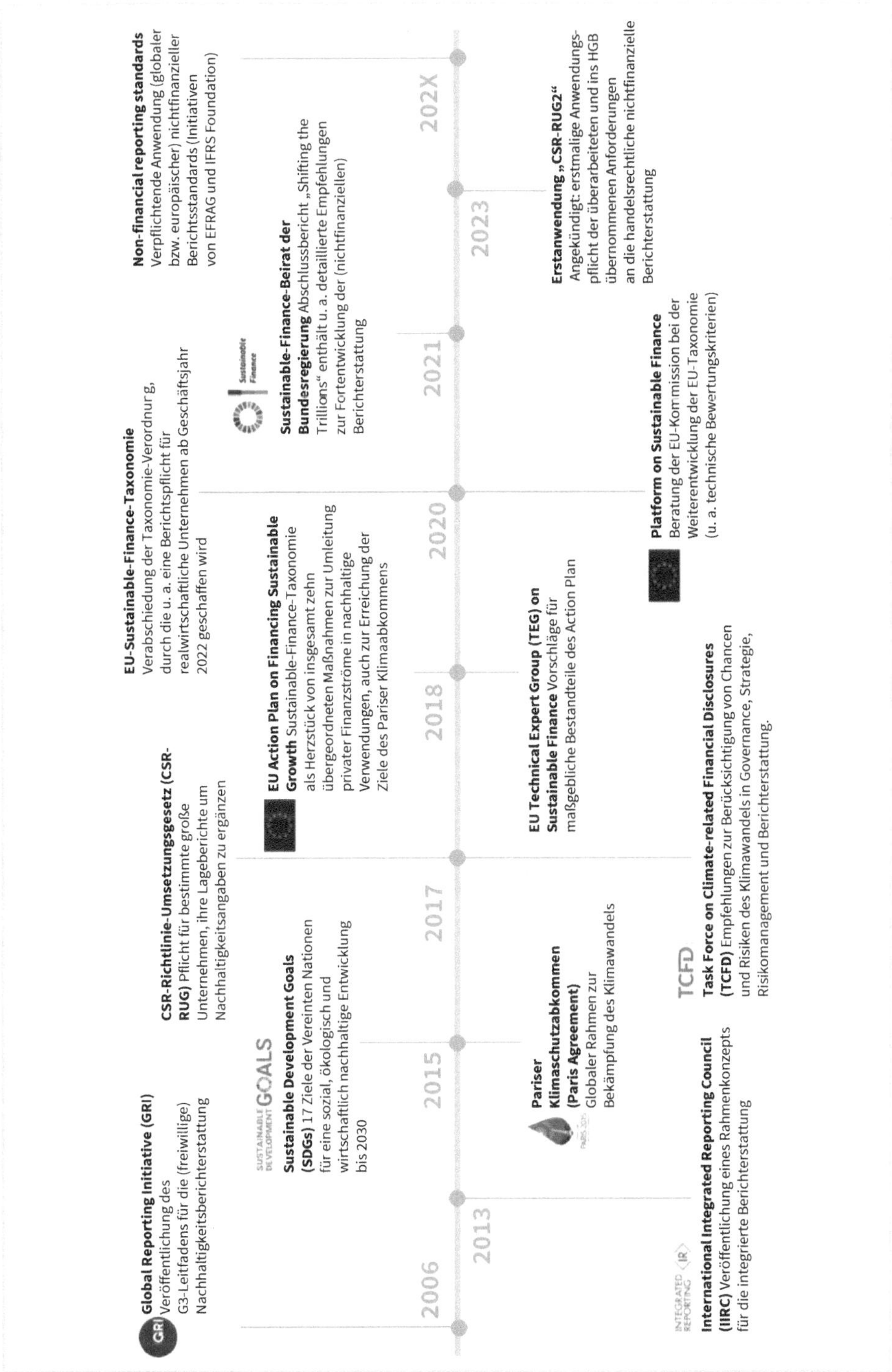

Global Reporting Initiative (GRI) Veröffentlichung des G3-Leitfadens für die (freiwillige) Nachhaltigkeitsberichterstattung

CSR-Richtlinie-Umsetzungsgesetz (CSR-RUG) Pflicht für bestimmte große Unternehmen, ihre Lageberichte um Nachhaltigkeitsangaben zu ergänzen

EU-Sustainable-Finance-Taxonomie Verabschiedung der Taxonomie-Verordnur g, durch die u. a. eine Berichtspflicht für realwirtschaftliche Unternehmen ab Geschäftsjahr 2022 geschaffen wird

Non-financial reporting standards Verpflichtende Anwendung (globaler bzw. europäischer) nichtfinanzieller Berichtsstandards (Initiativen von EFRAG und IFRS Foundation)

Sustainable Development Goals (SDGs) 17 Ziele der Vereinten Nationen für eine sozial, ökologisch und wirtschaftlich nachhaltige Entwicklung bis 2030

EU Action Plan on Financing Sustainable Growth Sustainable-Finance-Taxonomie als Herzstück von insgesamt zehn übergeordneten Maßnahmen zur Umleitung privater Finanzströme in nachhaltige Verwendungen, auch zur Erreichung der Ziele des Pariser Klimaabkommens

Sustainable-Finance-Beirat der Bundesregierung Abschlussbericht „Shifting the Trillions" enthält u. a. detaillierte Empfehlungen zur Fortentwicklung der (nichtfinanziellen) Berichterstattung

Erstanwendung „CSR-RUG2" Angekündigt: erstmalige Anwendungspflicht der überarbeiteten und ins HGB übernommenen Anforderungen an die handelsrechtliche nichtfinanzielle Berichterstattung

Pariser Klimaschutzabkommen (Paris Agreement) Globaler Rahmen zur Bekämpfung des Klimawandels

Task Force on Climate-related Financial Disclosures (TCFD) Empfehlungen zur Berücksichtigung von Chancen und Risiken des Klimawandels in Governance, Strategie, Risikomanagement und Berichterstattung.

EU Technical Expert Group (TEG) on Sustainable Finance Vorschläge für maßgebliche Bestandteile des Action Plan

Platform on Sustainable Finance Beratung der EU-Kommission bei der Weiterentwicklung der EU-Taxonomie (u. a. technische Bewertungskriterien)

International Integrated Reporting Council (IIRC) Veröffentlichung eines Rahmenkonzepts für die integrierte Berichterstattung

2006   2013   2015   2017   2018   2020   2021   2023   202X

Abb. 35: Fortentwicklung der nichtfinanziellen Berichterstattung

Die Berichterstattung über Nachhaltigkeit erfolgt in Deutschland vielfach freiwillig, wobei in Abhängigkeit von der Bedeutsamkeit des Themas bzw. der Unternehmensgröße regulatorische Vorgaben zu berücksichtigen sind. So sind Unternehmen grds. gem. den §§ 289 Abs. 3 und 315 Abs. 1 HGB verpflichtet, Aspekte der Nachhaltigkeit wie Umwelt- oder Arbeitnehmerbelange bereits dann in den (Konzern-)Lagebericht (DRS 20)[61] aufzunehmen, wenn sie für das Verständnis des Geschäftsverlaufs oder der Geschäftslage von Bedeutung sind. Prognosen sind zu den wichtigsten finanziellen und nichtfinanziellen Leistungsindikatoren anzugeben, die auch zur internen Steuerung des Konzerns herangezogen werden. Unter nichtfinanziellen Leistungsindikatoren sind bspw. die eingangs aufgezeigten Nachhaltigkeitschancen und -risiken zu verstehen. So wäre z. B. zu beschreiben, wie das Risiko von Produktionsstillständen durch Ressourcenverknappung minimiert wird oder wie stark sich drohende Gesetzesänderungen zur Produktsicherheit auf die Ertragslage auswirken, da entsprechende Maßnahmen implementiert werden müssen. Das herangezogene Risikomanagement ist in angemessenem Umfang zu beschreiben. Für große Kapitalgesellschaften von öffentlichem Interesse mit mehr als 500 Mitarbeitern gelten zusätzlich §§ 289a, 315b ff. HGB i. d. F. des CSR-Richtlinie-Umsetzungsgesetzes (CSR-RUG), nach denen eine nichtfinanzielle Erklärung bzw. ein nichtfinanzieller Bericht zu veröffentlichen ist. Diese Berichtspflichten wurden in den Jahren 2020 und 2021 im Zuge der EU-Sustainable-Finance-Taxonomie und der zugehörigen delegierten Rechtsakte maßgeblich erweitert.[62] Auch das Institut der Wirtschaftsprüfer (IDW) hat sich mit den Auswirkungen von ESG-bezogenen Aspekten in IFRS-Abschlüssen befasst.[63] Die damit einhergehenden Pflichten für Unternehmen, Aufsichtsrat und Prüfungsausschuss werden in Kap. D.V. dargestellt.

Eine freiwillige Nachhaltigkeitsberichterstattung kann natürlich über die gesetzlich vorgeschriebenen Angaben im Lagebericht hinausgehen. Angaben über soziale und ökologische Aktivitäten können bspw. über Ratings (z. B. des CDP, früher Carbon Disclosure Project[64]), eigene Kommunikationskanäle wie das Internet oder einen eigenständigen Nachhaltigkeitsbericht erfolgen. So wird die Unternehmensstrategie immer häufiger im Nachhaltigkeitskontext dargestellt und über finanzielle und nichtfinanzielle Ziele in Abhängigkeit von der erreichten Leistung berichtet. Außerdem gilt es, entsprechende Investitionen und Leistungen darzulegen. Für Unternehmen, die eine nachhaltige Unternehmensführung strategisch implementieren, führt dabei an der Finanzabteilung kein Weg vorbei. Da es sich hier um kapitalmarktrelevante Informationen handelt, die sich an Investoren richten, müssen die Abteilungen »Berichterstattung« und »Investor Relations« sicherstellen, dass sie adäquat in die Kommunikation eingebunden sind.

Eine globale Deloitte-Befragung von Mitgliedern von Prüfungsausschüssen (»Audit Committees«) hat im November 2021 nachfolgend dargestellte praktische Herausforderungen für die

---

61   DRSC (2015), www.drsc.de/service.
62   European Commission (2020): EU taxonomy for sustainable activities, https://ec.europa.eu/info/business-economy-euro/banking-and-finance/sustainable-finance/eu-taxonomy-sustainable-activities_en.
63   Vgl. IDW (2021): Fragen und Antworten zur Berücksichtigung von ESG-bezogenen Aspekten in IFRS-Abschlüssen v. 21.12.2021.
64   Vgl. CDP (2022): www.cdp.net.

Überwachung der Auswirkungen des Klimawandels bzw. der Nachhaltigkeitsberichterstattung ergeben.[65]

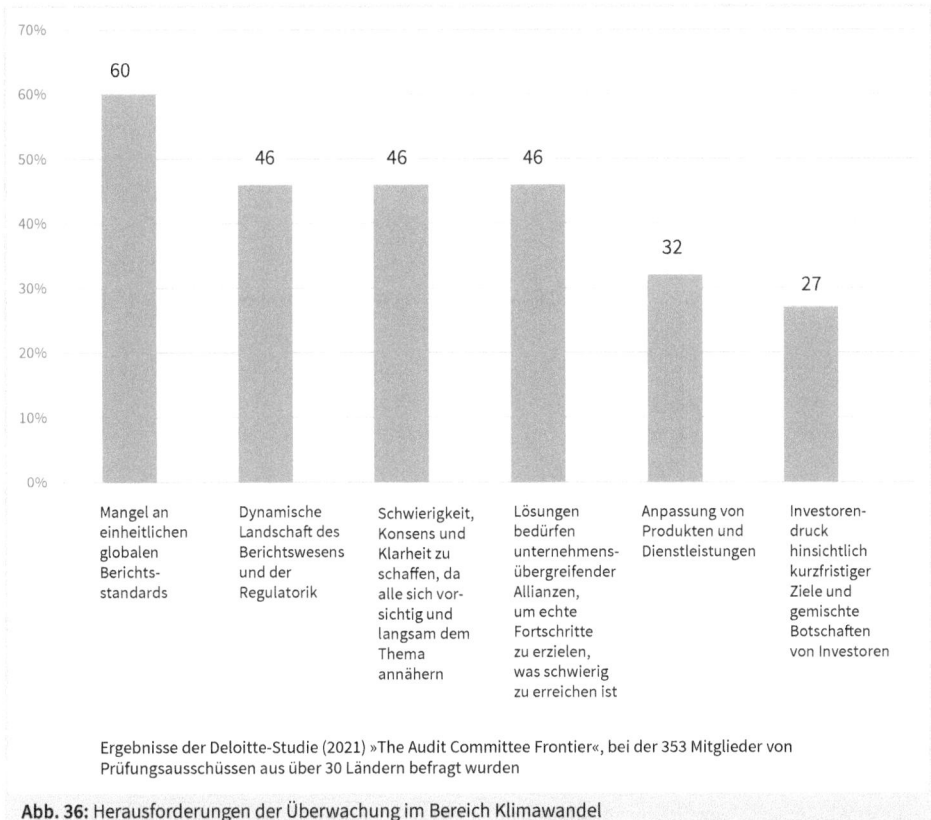

Ergebnisse der Deloitte-Studie (2021) »The Audit Committee Frontier«, bei der 353 Mitglieder von Prüfungsausschüssen aus über 30 Ländern befragt wurden

Abb. 36: Herausforderungen der Überwachung im Bereich Klimawandel

Der Mangel an einheitlichen globalen Berichtsstandards wird als größte Herausforderung angesehen. Als gleichwertig bewerten die Teilnehmer die Dynamik der Weiterentwicklung der Regulatorik und der Berichterstattung. Weitere Themen von Bedeutung sind ein vorsichtiger Angang an das Thema, was Konsensbildung erschwert und die Herausforderung, unternehmensübergreifende Allianzen zu bilden. Dagegen werden die Anpassungen von Produkten und Dienstleistungen und die Investorenanforderungen im Vergleich als geringere Herausforderungen wahrgenommen.

Die Anzahl der veröffentlichten Nachhaltigkeitsberichte großer deutscher Unternehmen steigt kontinuierlich. Um den Stakeholder-Anforderungen Rechnung zu tragen und sich mittels Transparenz über die eigene Nachhaltigkeitsleistung zu differenzieren, gewinnt die Erstellung eines Nachhaltigkeitsberichts für Unternehmen aller Branchen und Rechtsformen an Relevanz. So

---

65   Deloitte (2021): The Audit Committee Frontier – addressing climate change.

veröffentlichten 96 % der weltweit größten Unternehmen einen Nachhaltigkeitsbericht nach den Vorgaben der Global Reporting Initiative (GRI).[66]

Das Medium Nachhaltigkeitsbericht hat vornehmlich den Zweck, die Transparenz der Organisation gegenüber Kunden, Mitarbeitern, Anwohnern und sonstigen von einem Unternehmen betroffenen Stakeholdern zu erhöhen. Auch wenn die Forschung noch zu keinem eindeutigen Ergebnis gekommen ist, gibt es dennoch Anzeichen dafür, dass Unternehmen, die ESG-Kriterien umfangreich und detailliert berichten, niedrigere Hürden bei der Kapitalbeschaffung überwinden müssen.[67] Ebenso kann davon ausgegangen werden, dass eine freiwillige Offenlegung von Nachhaltigkeitsindikatoren Kapitalkosten für Unternehmen, die im Vergleich zum Wettbewerb eine bessere ESG-Performance aufweisen und in ihre Mitarbeiter, in die vorbildliche Erfüllung von Umweltregularien und nachhaltige Produktstrategien investieren, positiv beeinflussen.[68]

Positive Wirkungen wie Marken- und Meinungsbildung bei Stakeholdern über Nachhaltigkeitsthemen zu erzielen, erfordert eine präzise Planung, eine strukturierte Vorgehensweise und klare Verantwortlichkeiten. Die Herausforderung bei der Erstellung eines Nachhaltigkeitsberichts liegt zum einen in der dargestellten organisatorischen Verankerung des Themas und zum anderen im internen Erstellungsprozess selbst. So ist der Nachhaltigkeitsbericht einerseits ein Instrument der Unternehmenskommunikation, benötigt jedoch Daten für die Bereiche Ökonomie, Ökologie und Soziales u. a. aus den Abteilungen Rechnungswesen, Einkauf, Facility Management oder der Personalabteilung. Ferner ist die Verknüpfung mit bestehenden Managementsystemen der Bereiche Umwelt, Qualität, Energie, Risiko und Arbeitssicherheit zu gewährleisten.[69] Unerlässlich ist es, ergänzend neben dem Umfang und der Integration der nichtfinanziellen Berichterstattung, die Verlässlichkeit der Berichterstattung unter Risikogesichtspunkten zu hinterfragen. Wesentliche Falschdarstellungen in der Berichterstattung stellen gravierende Risiken für das Unternehmen, das Management sowie die verantwortlichen Aufsichtsorgane dar. Angemessene und wirksame interne Kontrollsysteme auf demselben Niveau wie in der Finanzberichterstattung sind auch für nichtfinanzielle Informationen zur Gewährleistung einer hohen Datenqualität und damit der Adressierung solcher Risiken erforderlich. § 91 Abs. 3 AktG i. d. F. des FISG fordert ohnehin von börsennotierten Aktiengesellschaften ausdrücklich ein wirksames internes Kontrollsystem. Für nicht börsennotierte Aktiengesellschaften gelten hier die allgemeinen Sorgfaltspflichten. Das Thema fällt damit auch in die Überwachungspflicht von Aufsichtsrat bzw. Prüfungsausschuss.

Im Wesentlichen gilt, dass Nachhaltigkeitsthemen aktiv gesteuert werden müssen. Ein reines Berichten genügt nicht für eine effektive Strategieumsetzung. Um eine wirksame Steuerung sowie langfristige Glaubwürdigkeit innerhalb und außerhalb des Unternehmens sicherzustellen, müssen Nachhaltigkeitsthemen in die Controlling-Standardprozesse für Planung und Reporting integriert werden. Die Steuerung sollte sich auf eine handhabbare Auswahl an Key-Performance-Indikato-

---

66   Vgl. Global Reporting Initiative (2020), S. 11.
67   Vgl. Diamond/Verrechia (1991), S. 1325–1359.
68   Vgl. Dhaliwal/Zhen Li/Tsang (2011), S. 59–100.
69   Vgl. Steinhardt/Stubenrauch (2012).

ren (KPI) erstrecken, die einen Bezug zum Kerngeschäft haben und entweder wirtschaftlich relevant sind oder von relevanten Stakeholdern spezifisch nachgefragt werden. Finanzabteilung und CFO besitzen hier grds. geeignete Instrumente, um eine lückenlose Berichterstattung sicherzustellen. Die IT-Infrastruktur und Prozesse mit einem höheren Reifegrad im Hinblick auf Standardisierung, Dokumentation und Nachvollziehbarkeit erleichtern eine systematische Datenerhebung und -validierung. Außerhalb der direkten Finanzberichterstattung stellt sich allerdings oftmals die operative Herausforderung, das verfügbare Know-how auch auf traditionell eher operative Unternehmensbereiche wie bspw. im Produktionsumfeld zu übertragen, um auch hier eine verlässliche Datenerhebung als Basis für die Steuerung und Berichterstattung sicherzustellen. Besonders wichtig wird dies, wenn die Leistung im Bereich Nachhaltigkeit Auswirkungen auf die Prüfbarkeit der Unternehmensdaten oder die Vergütung hat. Als entscheidender Qualitätsfaktor ist dabei das interne Kontrollsystem der nichtfinanziellen Berichterstattung hervorzuheben als Zusammenfassung aller Maßnahmen zur Sicherstellung einer verlässlichen Berichterstattung.

Um Unternehmen eine Hilfestellung bei der Erstellung von Nachhaltigkeitsberichten zu bieten und deren Lesern ein höheres Maß an Vergleichbarkeit zu gewähren, haben sich verschiedene Standards etabliert. Einen Überblick über die Vielfalt gibt Abbildung 37.

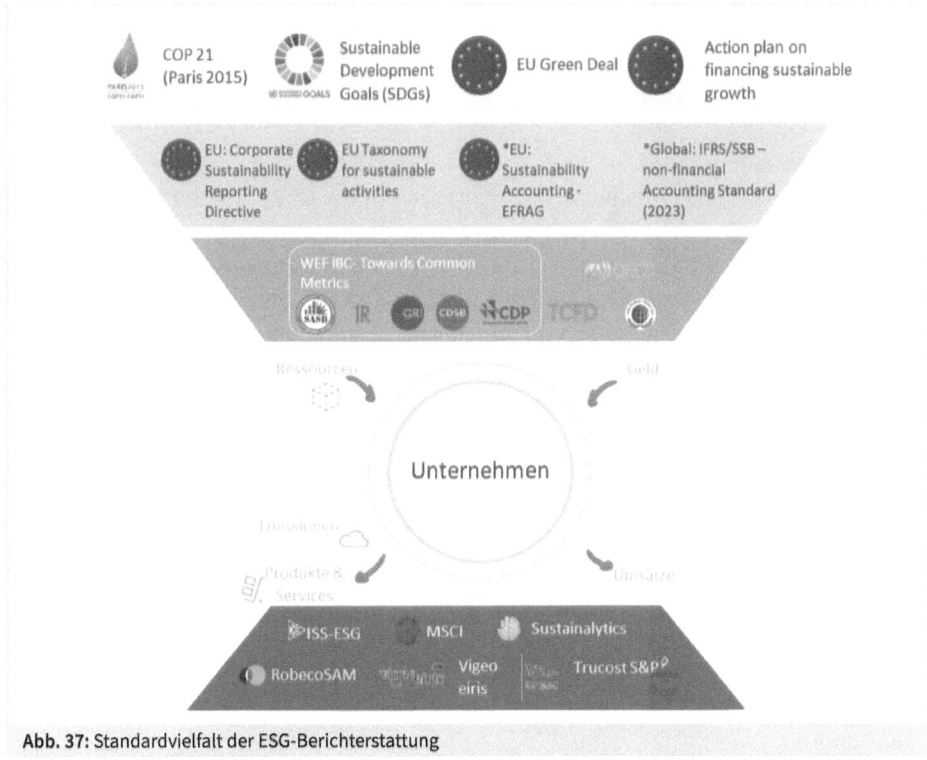

Abb. 37: Standardvielfalt der ESG-Berichterstattung

Im Folgenden wird ein Überblick über verbreitete Standards bzw. Rahmenwerke gegeben.

Integrated Reporting (IR)

Am 5. Dezember 2013 wurde vom International Integrated Reporting Council (IIRC) das Rahmenkonzept für eine integrierte Finanz- und Nachhaltigkeitsberichterstattung (International Integrated Reporting (IR) Framework, im Folgenden: IR-Rahmenkonzept) verabschiedet. Im Januar 2021 wurde eine (geringfügig) überarbeitete Fassung des Framework veröffentlicht.

Im Mittelpunkt des entsprechend aufgestellten integrierten Berichts soll die Beschreibung und Analyse des Geschäftsmodells, also der Kombination von Produktionsfaktoren (Inputs) durch Wirtschaftsaktivitäten (Produktionsprozesse) zu Produkten und Dienstleistungen (Outputs) sowie der damit verbundenen Auswirkungen (Outcomes) stehen. Es ist zu analysieren, auf welche Erfolgsfaktoren das Unternehmen angewiesen ist und v.a. wo die Gefahr von Engpässen besteht und somit Risiken der künftigen Entwicklung – und im Umkehrschluss, welche Chancen bestehen, wenn das Unternehmen im Vergleich zu seinen Wettbewerbern ausreichend oder sogar überdurchschnittlich mit diesen Ressourcen versorgt ist. Während die herkömmliche Finanzberichterstattung, v.a. im Jahres- bzw. Konzernabschluss, vornehmlich der an die Anteilseigner gerichteten Rechenschaftslegung über die Verwendung der anvertrauten Mittel dient, wird im integrierten Bericht gem. IR-Rahmenkonzept die Wertschöpfung nicht nur für die Anteilseigner, sondern für alle Stakeholder des Unternehmens betrachtet: So sind die gesellschaftlichen Auswirkungen der Geschäftstätigkeit darzustellen und zu analysieren, also inwieweit hierdurch für das Unternehmen oder für die Gesellschaft Werte geschaffen oder vermindert wurden.

Das IR-Rahmenkonzept hat die Entwicklung der Rechenschaftslegung von Unternehmen maßgeblich geprägt: Vor allem die heute maßgeblichen Rahmenwerke, namentlich die EU-CSR-Richtlinie (in Deutschland v.a. durch §§ 289b ff., 315b f. HGB umgesetzt), die TCFD-Empfehlungen der Task Force on Climate-related Financial Disclosures (in die Finanzberichterstattung zu integrierende Berichterstattung über Chancen und Risiken des Klimawandels für ein Unternehmen), die SASB-Standards des Sustainability Accounting Standards Board (konkrete branchenspezifische Nachhaltigkeitsinformationen zur Integration in die Finanzberichterstattung) und die Value Balancing Alliance (Monetarisierung externer Effekte durch ein »Impact Statement«) bauen hierauf auf, wenn auch mit unterschiedlichen Grundkonzeptionen und Adressaten.

Zwischenzeitlich ist der IIRC mit dem nachfolgend vorgestellten SASB zur Value Reporting Foundation verschmolzen. Die Vorgaben für die Berichterstattung werden weiterhin als »SASB-Standards« bezeichnet. Die Value Reporting Foundation ist wiederum eine Kooperation mit dem neuen ISSB eingegangen, sodass die Relevanz der IR- bzw. SASB-Vorgaben möglicherweise zunehmen wird.

SASB-Standards

Der Sustainability Accounting Standards Board (SASB), eine US-Organisation, wurde im Jahr 2011 gegründet, und seine ursprüngliche Zielsetzung war es, dass US-börsennotierte Unternehmen zu einer integrierten Nachhaltigkeitsberichterstattung nach SASB-Standards verpflichtet werden sollten. Seine Ausrichtung war also v.a. auf den US-Kapitalmarkt fokussiert, eine globale Ausrichtung – wie bei IASB, IIRC, TCFD oder GRI – wurde grds. nicht verfolgt. Dennoch war die Arbeit des SASB von Beginn an auch für deutsche Unternehmen relevant, sei es wegen der Vergleichbarkeit ihrer integrierten Nachhaltigkeitsberichterstattung mit der von US-Wettbewerbern, wegen entsprechender Erwartungen einflussreicher US-Investoren (die ihren Niederschlag in den Erhebungen US-basierter Datenbanken für Unternehmensinformationen finden) oder aufgrund eigener Börsennotierung in den USA.

Mittlerweile liegen SASB-Standards für 77 Branchen aus elf übergeordneten Sektoren vor, die in einem robusten Due Process entwickelt wurden. Sie decken je nach Branchenrelevanz grds. die Themen Umwelt, Governance, Geschäftsmodell und Innovation sowie Humankapital ab, die wiederum in weitere Aspekte gegliedert werden. Der Standard für die Chemiebranche umfasst bspw. die folgenden Aspekte, zu denen konkrete Berichtsvorgaben genannt werden: Treibhausgasemissionen, Luftqualität, Energie, Wasser und Abwasser, Abfall, Produktlebenszyklus, Arbeitnehmersicherheit, Menschenrechte, Compliance und Risikomanagement. Die jeweiligen Standards umfassen durchschnittlich Anforderungen zu 13 (ganz überwiegend quantitativen: rund 75 % der Berichtsanforderungen betreffen quantitative Angaben) Berichtselementen aus sechs Aspekten. Die sich daraus ergebende Berichterstattung soll den von Investoren gewünschten Branchenvergleich ermöglichen.

Task Force on Climate-related Financial Disclosures (TCFD)
Mark Carney, Governor der Bank of England und Chairman des G20 Financial Stability Board (FSB), warnte bereits im Herbst 2014 vor einer »Carbon Bubble«, die den Finanzmärkten drohe und potenziell gravierendere Auswirkungen als die Finanz- und Wirtschaftskrise haben werde. Wenn die Staatengemeinschaft zur Begrenzung des Klimawandels eine weitgehende Dekarbonisierung der Weltwirtschaft (um 80 bis 95 %) bis 2050 umsetzt, dann seien treibhausgasintensive Assets und Unternehmen mittel- bis langfristig überbewertet. Vor diesem Hintergrund hat der FSB eine Task Force eingesetzt, die Empfehlungen für Climate-Related Financial Disclosures ausgearbeitet hat.

Im Kern umfassen die TCFD-Empfehlungen lediglich insgesamt elf Berichtselemente, die den vier Dimensionen Governance, Strategie, Risikomanagement sowie Indikatoren und Ziele zugeordnet werden.

Global Reporting Initiative (GRI)
Die Global Reporting Initiative (GRI) wurde 1997 in Boston gegründet, nachdem sich die Öffentlichkeit über die Umweltschäden infolge der Havarie des Tankers »Exxon Valdez« 1989 und der anschließenden Ölpest empört hatte. Die Wurzeln liegen in den gemeinnützigen Organisationen CERES (früher: Coalition of Environmentally Responsible Economies) und Tellus Institute (mit Beteiligung des UN-Umweltprogramms UNEP). Die GRI wurde mit der Idee gegründet, ein-

heitliche Leitlinien für die Nachhaltigkeitsberichterstattung von Organisationen zu entwickeln, an denen sich diese freiwillig orientieren können. Ziel war es, den ersten Mechanismus der Rechenschaftspflicht zu schaffen, der sicherstellen sollte, dass Unternehmen die Grundsätze des verantwortungsvollen Umgangs mit der Umwelt einhalten, und der dann auf soziale, wirtschaftliche und Governance-Fragen ausgeweitet wurde. Die GRI-Vorgaben sind die weltweit von Unternehmen am häufigsten genutzten Richtlinien für die Nachhaltigkeitsberichterstattung, sie haben sich damit zu einem De-facto-Standard entwickelt.

Der GRI-Leitfaden ermöglicht eine valide Berichterstattung, indem er Prinzipien zur Bestimmung von Berichtsinhalten, für die Stakeholder-Fokussierung sowie für die Ausgestaltung der drei Säulen Ökonomie, Ökologie und Soziales vorgibt. Zudem bietet er eine Hilfestellung zur Festlegung von Leistungsindikatoren und zur Etablierung dauerhafter Steuerungsinstrumente. Die Standards der GRI liegen seit Oktober 2016 als modularisierte »GRI Sustainability Reporting Standards« vor.

Weitere Standards bieten das International Integrated Reporting Council (IIRC) mit dem Fokus auf integrierte Berichterstattung, im deutschsprachigen Raum der Deutsche Nachhaltigkeitskodex (DNK) und die Task Force on Climate-related Financial Disclosures (TCFD) .

Besondere Bedeutung haben hier die Empfehlungen der Task Force on Climate-related Financial Disclosures (TCFD) erlangt. Diesen liegt die Annahme zugrunde, dass an den Finanzmärkten eine »Carbon Bubble« droht. Wenn die Staatengemeinschaft zur Begrenzung des Klimawandels eine weitgehende Dekarbonisierung der Weltwirtschaft bis 2050 umsetzt, dann sind treibhausgasintensive Assets und Unternehmen mittel- bis langfristig überbewertet. Solche »Stranded Assets« wären dann außerplanmäßig abzuschreiben, ebenso Beteiligungen und Anleihen von treibhausgasintensiven Unternehmen. Unternehmen sollen angeben, wieweit sie solchen Risiken ausgesetzt sind. Die High Level Expert Group on Sustainable Finance hat der EU-Kommission empfohlen, das Rahmenwerk der TCFD zu übernehmen und zu operationalisieren. Zwischenzeitlich wurden die Non-Binding Guidelines zur CSR-Richtlinie um die Empfehlungen der TCFD ergänzt. In den USA wurden mehrere Unternehmen auf ihren Hauptversammlungen per von Investoren eingebrachten Anträgen verpflichtet, Berichte entsprechend den TCFD-Guidelines zu erstellen. In Australien wurde die größte Bank (Commonwealth Bank) von Investoren verklagt, weil der Finanzbericht trotz umfangreicher Geschäfte mit treibhausgasintensiven Unternehmen keine Angaben zu entsprechenden Risiken enthielt und daher kein den tatsächlichen Verhältnissen entsprechendes Bild vermittele. Konkret empfiehlt die TCFD Angaben[70] zu insgesamt elf Berichtselementen aus den vier Kategorien Governance, Strategie, Risikomanagement sowie Indikatoren und Ziele (Tab. 10).

---

70   Task Force on Climate-related Financial Disclosures (2017).

Governance	Strategie	Risikomanagement	Indikation und Ziele
Angaben zu klimabe-zogenen Governance-Aspekten	Angaben zu tatsäch-lichen und potenziellen Auswirkungen von kli-mabezogenen Chancen und Risiken auf Ge-schäftsmodell, Strategie und Planung	Angaben, wie das Unter-nehmen klimabezogene Chancen und Risiken identifiziert, analysiert, bewertet und steuert	Angaben zu Indikatoren und Zielen, anhand derer klimabezogene Chancen und Risiken gemanagt werden
Jeweils empfohlene Angaben			
Rolle des Aufsichtsrates bei der Überwachung von klimabezogenen Chancen und Risiken	Vom Unternehmen iden-tifizierte klimabezogene Chancen und Risiken (kurz-, mittel- und lang-fristig)	Prozesse zur Identifizie-rung, Analyse und Be-wertung dieser Chancen und Risiken	Indikatoren zur Analyse und Bewertung von kli-mabezogenen Chancen und Risiken und deren Bezug zu Strategie und Risikomanagement
Rolle des Vorstands mit Blick auf das klimabe-zogene Chancen- und Risikomanagement	Auswirkungen dieser Chancen und Risiken auf Geschäftsmodell, Strate-gie und Planung	Prozesse zur Steuerung dieser Chancen und Risiken	Scope 1, 2 und 3 »Green-house Gas«, CO_2-Emis-sionen und verbundene Risiken
	Szenarioabhängige Strategieresilienz, insb. in einem Unter-2-°C-Szenario	Einbindung dieser Pro-zesse in das allgemeine Risikomanagement-system	Klimabezogene Ziele und entsprechende Leistung

Tab. 10: TCFD-Guidelines – elf Berichtselemente aus vier Kategorien

Fragen für die Praxis zur Nachhaltigkeitsberichterstattung

- Welche Form der externen Nachhaltigkeitsberichterstattung entspricht der internen Verankerung von Nachhaltigkeit im Unternehmen:
  - Kapitel Nachhaltigkeit im Geschäfts- oder Lagebericht (s. a. §§ 289 ff. bzw. 315 ff. HGB bzw. DRS 20)?
  - Separater Nachhaltigkeitsbericht?[71]
  - Kombinierter Finanz- und Nachhaltigkeitsbericht?
  - Integrierter Bericht?
- Werden aktuelle Veränderungen in der Regulierung adäquat erkannt, um Auswirkungen auf die eigene Geschäftstätigkeit rechtzeitig zu erkennen?

---

71 Bei dieser Wahl ist zu beachten, dass der Kommissionsentwurf der CSRD vorsieht, die verpflichtende Nachhaltigkeitsberichterstattung zwingend im Lagebericht vorzunehmen; ein eigenständiger Nachhaltigkeitsbericht ist dann nur noch als Teil der freiwilligen Berichterstattung möglich. Zu Details siehe Kap. F.IV.3 »Ausblick«.

- Ist das gewählte Medium zielgruppen- bzw. branchenadäquat:
  - Gedruckter Corporate-Responsibility-Bericht?
  - Digitaler Bericht?
  - Nachhaltigkeitsflyer/-broschüre?
- Entsprechen die definierten Stakeholder-Erwartungen den im Geschäfts- und/oder Nachhaltigkeitsbericht veröffentlichten Informationen?
- Sind die kommunizierten Nachhaltigkeitsinformationen über alle Informationskanäle hinweg (Internet, Broschüren, Nachhaltigkeitsbericht etc.) konsistent?
- Stellen entsprechende Governance-Strukturen eine glaubwürdige und valide Berichterstattung über die aktuelle Berichtsperiode hinaus sicher?
- Liegen adäquate Methoden hinter den veröffentlichten Kennzahlensystemen?
- Sind interne Kontrollen zur Sicherung der Datenvalidität implementiert?
- Welche internen Richtlinien unterstützen die Zielerreichung und deren Messung?

3   Ausblick auf die CSRD

In ihrem Bestreben, die EU-Richtlinie über die nichtfinanzielle Berichterstattung zu überarbeiten, hat die Europäische Kommission am 21. April 2021 einen Entwurf für eine Richtlinie zur Nachhaltigkeitsberichterstattung von Unternehmen (Corporate Sustainability Reporting Directive, CSRD) veröffentlicht.[72] Im Fortgang der Verhandlungen zwischen den Institutionen der EU wurde am 21. Juni 2022 eine Einigung über einzelne strittige Fragen erzielt.[73] Die Zielsetzung der vorgeschlagenen CSRD ist die Verbesserung der Nachhaltigkeitsberichterstattung, um das Potenzial des europäischen Binnenmarktes besser zu nutzen und zum Übergang zu einem vollständig nachhaltigen und inklusiven Wirtschafts- und Finanzsystem im Einklang mit dem europäischen Green Deal und den UN-Zielen für nachhaltige Entwicklung beizutragen. In dem Vorschlag wird auch darauf hingewiesen, dass die Corona-Pandemie den Informationsbedarf der Adressaten beschleunigt hat, insb. da sie die Verwundbarkeit der Arbeitnehmerschaft und der Wertschöpfungsketten der Unternehmen gezeigt hat. Die wichtigsten Vorschläge beinhalten eine massive Ausweitung des Anwendungsbereichs der Richtlinie über die nichtfinanzielle Berichterstattung von 11.600 auf ca. 49.000 Unternehmen in der EU, einschließlich ausländischer Tochtergesellschaften.

Nach dem aktuellen Stand der Verhandlungen der Corporate Sustainability Reporting Directive (CSRD)[74] ist der Anwendungsbereich der neuen Berichtspflichten wie folgt:

Für Geschäftsjahre beginnend am oder nach

---

72   European Commission (2021): Sustainable finance package.
73   Rat der Europäischen Union (2022): Neue Vorschriften für die Nachhaltigkeitsberichterstattung von Unternehmen.
74   European Commission (2021): Sustainable finance package.

- dem 1. Januar 2024 für Unternehmen, die bereits der geltenden CSR-Richtlinie unterliegen;
- dem 1. Januar 2025 für große Unternehmen, die derzeit nicht der CSR-Richtlinie unterliegen;
- dem 1. Januar 2026 für börsennotierte KMU sowie für kleine und nicht komplexe Kreditinstitute und firmeneigene Versicherungsunternehmen. Für KMU besteht dazu die Möglichkeit der Inanspruchnahme einer zusätzlichen zweijährigen Übergangsfrist;
- dem 1. Januar 2028 für Nicht-EU-Unternehmen mit EU-Niederlassungen oder EU-Tochterunternehmen und einem EU-Umsatz von mehr als 150 Mio. EUR.

»Große Unternehmen« sind definiert als solche, die am Bilanzstichtag mindestens zwei der drei folgenden Größenmerkmale überschreiten:
- Bilanzsumme: 20.000.000 EUR
- Nettoumsatzerlöse: 40.000.000 EUR
- Durchschnittliche Zahl der während des Geschäftsjahres Beschäftigten: 250.

Um den begrenzten Kapazitäten und Ressourcen der betroffenen kleineren oder mittleren Unternehmen (KMU) Rechnung zu tragen und ihnen ausreichend Zeit für die Vorbereitung auf die erstmalige Anwendung der Anforderungen einzuräumen, sieht der Vorschlag vor, dass diese zum einen gesonderte Nachhaltigkeitsberichterstattungsstandards für KMU nutzen können und zum anderen erst drei Jahre nach Inkrafttreten (also zum 1. Januar 2026) mit der Berichterstattung beginnen müssen.

Unternehmen im Anwendungsbereich der CSRD hätten über Folgendes zu berichten[75]:
- Ihre Geschäftsstrategie, einschließlich Angaben zur Widerstandsfähigkeit (Resilienz) des Geschäftsmodells und der Chancen aus Nachhaltigkeitsaspekten
- Die gesetzten Nachhaltigkeitsziele und die Fortschritte auf dem Weg zu deren Erreichung
- Die Rolle der Verwaltungs-, Leitungs- und Aufsichtsorgane in Bezug auf Nachhaltigkeitsfaktoren
- Die Richtlinien und Maßnahmen in Bezug auf Nachhaltigkeitsaspekte
- Die bedeutendsten negativen Auswirkungen des Unternehmens auf Nachhaltigkeitsfaktoren, auch aus der Wertschöpfungskette (s. u.)
- Die wichtigsten Risiken in Bezug auf Nachhaltigkeitsaspekte, einschließlich ihrer wichtigsten Abhängigkeiten von solchen Aspekten
- Wie diese Risiken gesteuert werden und die Art und Weise, wie die Informationen, über die berichtet wird, ermittelt wurden.

Die CSRD würde Unternehmen dazu verpflichten, qualitative und quantitative, zukunftsgerichtete und rückblickende Informationen sowie solche, die kurz-, mittel- und langfristige Zeithorizonte abdecken, zur Verfügung zu stellen. Sofern angemessen, sollen die Berichtsinhalte auch

---

75 Art. 19a i. d. F. der Richtlinie des Europäischen Parlaments und des Rates zur Änderung der Richtlinien 2013/34/EU, 2004/109/EG und 2006/43/EG und der Verordnung (EU) Nr. 537/2014 hinsichtlich der Nachhaltigkeitsberichterstattung von Unternehmen.

Informationen über die Wertschöpfungskette des Unternehmens einschließlich der eigenen Geschäftstätigkeit, der Produkte und Dienstleistungen des Unternehmens, seiner Geschäftsbeziehungen und seiner Lieferkette beinhalten.

Die Informationen müssten verpflichtend als Teil des Lageberichts zur Verfügung gestellt werden, und die Unternehmen müssten unter Verwendung der europäischen Standards für die Nachhaltigkeitsberichterstattung berichten, die noch von der European Financial Reporting Advisory Group (EFRAG) entwickelt werden, wobei ein erster Satz von Standardentwürfen im April 2022 veröffentlicht wurde:

- ESRS 1: General Principles (Allgemeine Grundsätze)
- ESRS 2: General, strategy, governance and materiality assessment (Allgemeines, Strategie, Governance und Bewertung der Wesentlichkeit)
- ESRS E1: Climate Change (Klimawandel)
- ESRS E2: Pollution (Verschmutzung)
- ESRS E3: Water and marine resources (Wasser und Meeresressourcen)
- ESRS E4: Biodiversity and ecosystems (Biodiversität und Ökosystem)
- ESRS E5: Resource use and circular economy (Kreislaufwirtschaft)
- ESRS S1: Own workforce (Eigene Arbeitskräfte)
- ESRS S2: Workers in the value chain (Arbeitskräfte in der Lieferkette)
- ESRS S3: Affected communities (Betroffene Gemeinden)
- ESRS S4: Consumers and end-users (Konsumenten, Endverbraucher)
- ESRS G1: Governance, risk management and internal control (Governance, Risikomanagement, interne Kontrolle)
- ESRS G2: Business conduct (Unternehmensführung)

Ein zweiter Satz Standards soll ein Jahr später folgen.[76] Die vorgeschlagene CSRD beinhaltet eine verpflichtende Prüfung der bereitgestellten Informationen (begrenzte Sicherheit) und eine verpflichtende digitale Berichterstattung im ESEF-Format mit entsprechender Kennzeichnung der Nachhaltigkeitsinformationen unter Verwendung einer noch zu entwickelnden Taxonomie. Vorgesehene Inhaltsbereiche der europäischen Nachhaltigkeitsberichtsstandards sind:

- **Umweltaspekte:** Verlangsamung des bzw. Anpassung an den Klimawandel; Wasser- und Meeresressourcen; Ressourcennutzung und Kreislaufwirtschaft; Verschmutzung; Biodiversität und Ökosysteme
- **Soziale Aspekte:** Chancengleichheit einschließlich: Ausbildung und Qualifikationsentwicklung, Gleichstellung der Geschlechter und gleiches Entgelt für gleiche Arbeit sowie Beschäftigung von Menschen mit Behinderungen; Arbeitsbedingungen einschließlich: sicherer und anpassungsfähiger Arbeitsplätze, Löhne, sozialer Dialog und Beteiligung der Arbeitnehmer, Vereinbarkeit von Beruf und Privatleben sowie ein gesundes, sicheres und gut angepasstes Arbeitsumfeld; Menschenrechte, Grundfreiheiten, demokratische Grundsätze und Standards

---

76   European Financial Reporting Advisory Group (EFRAG, 2021): Sustainability Reporting Standards Roadmap, https://www.efrag.org/Activities/2010051123028442/Non-financial-reporting-standards?AspxAutoDetectCookieSupport=1.

- **Unternehmensführungsaspekte:** Rolle der Verwaltungs-, Leitungs- und Aufsichtsorgane des Unternehmens, auch im Hinblick auf Nachhaltigkeitsfaktoren, und deren Zusammensetzung; Geschäftsethik und Unternehmenskultur einschließlich Korruptions- und Bestechungsbekämpfung; politisches Engagement des Unternehmens einschließlich seiner Lobbying-Aktivitäten; Steuerung und Qualität der Beziehungen zu Geschäftspartnern einschließlich der Zahlungsbedingungen; interne Kontroll- und Risikomanagementsysteme des Unternehmens in Bezug auf den Berichtsaufstellungsprozess

Der ursprüngliche Vorschlag der Kommission sah eine Umsetzung der CSRD in nationales Recht durch die Mitgliedstaaten bis zum 1. Dezember 2022 vor. Dies wird sich durch den geänderten Zeitplan des Inkrafttretens der Richtlinie (s.o.) ändern.

	Aktuelle Nachhaltigkeitsbericht-erstattung Richtlinie 2014/95/EU & CSR-RUG	Neue Nachhaltigkeitsberichterstattung gemäß Entwurf der CSRD (Stand 28.06.2022)
Anwendungs-zeitpunkt	Ab Geschäftsjahr 2017	Für GJ beginnend am oder nach dem 1.1.2024 für Unternehmen, die bereits der geltenden CSR-Richtlinie unterliegen; für GJ beginnend am oder nach dem 1.1.2025 für große Unternehmen, die derzeit nicht der CSR-Richtlinie unterliegen; für GJ beginnend am oder nach dem 1.1.2026 für börsennotierte KMU sowie für kleine und nicht komplexe Kreditinstitute und firmeneigene Versicherungsunternehmen. Für KMU besteht dazu die Möglichkeit einer zweijährigen Übergangsfrist; für GJ beginnend am oder nach dem 1.1.2028 für Nicht-EU-Unternehmen mit EU-Niederlassungen oder EU-Tochterunternehmen und einem EU-Umsatz von mehr als 150 Mio. EUR.
Betroffene Unternehmen	Große Unternehmen mit > 500 Mitarbeitenden	»Große Unternehmen« und börsennotierte KMU; Tochterunternehmen werden grds. von der Berichterstattungspflicht befreit; keine Befreiung für kapitalmarktorientierte Tochterunternehmen.
Wesentlichkeit	Outside-in und inside-out	Outside-in (finanzielle Wesentlichkeit = finanzielle Perspektive) oder inside-out (ökologische und soziale Wesentlichkeit = Wirkungsperspektive)

	Aktuelle Nachhaltigkeitsbericht-erstattung Richtlinie 2014/95/EU & CSR-RUG	Neue Nachhaltigkeitsberichterstattung gemäß Entwurf der CSRD (Stand 28.06.2022)
Inhalt der Bericht-erstattung	§ 289c HGB: Geschäftsmodell, mind. 5 Aspekte (Umwelt, Soziales, Mitarbeiter, Men-schenrechte und Antikorruption und -bestechung) sowie die dazugehörigen Konzepte, Ergebnisse, KPI und Risiken	Erweiterung der bestehenden Inhalte: • Fokus auf die Strategie • EU-Taxonomie • Corporate Governance • Zukunftsgerichtete Angaben • Risiken und Risikomanagement • Weitere Inhalte gem. Berichtsstan-dards (s.u.)
Berichtsstandards	Wahl aus einer Vielzahl, z.B. GRI, DNK, UNGC	European Sustainability Reporting Standards
Ort der Bericht-erstattung	Im Lagebericht oder in einem gesonder-ten nichtfinanziellen Bericht	Zwingend im Lagebericht
Externe Prüfungs-pflicht	Keine	Prüfung mit begrenzter Sicherheit (prüferische Durchsicht); Erarbeitung von Prüfungsstandards zur Prüfung mit hinreichender Sicherheit bis 2028; an-schließend Überprüfung und geplante Anhebung der Prüfungstiefe von be-grenzter zu hinreichender Sicherheit
Format der Bericht-erstattung	Keine spezifischen Anforderungen, Print und/oder online	Einheitliches elektronisches Berichtsformat (ESEF)

Tab. 11: Vergleich Übersicht CSRD-Vorschlag (Stand 28.06.2022)

Der Richtlinientext geht auch auf den Kontext des Vorschlags ein und weist in der einleitenden Begründung insb. auf den Vorschlag der IFRS-Stiftung hin, ein neues internationalen Sustaina-bility Standards Board einzurichten. Im November 2021 wurde das International Sustainability Standards Board (ISSB) gegründet, das global anerkannte Standards für die Nachhaltigkeitsbe-richterstattung entwickeln wird. Der ISSB wird neben dem IASB tätig sein und eng mit diesem zusammenarbeiten, um die Konnektivität und Kompatibilität zwischen den IFRS-Finanzbe-richterstattungsstandards und den Standards des ISSB – den IFRS-Standards zur Nachhaltig-keitsberichterstattung – zu gewährleisten. Der Name der vom ISSB zu entwickelnden Standards wird »IFRS Sustainability Disclosure Standards« lauten. Durch die teilweise parallele Arbeit von ISSB und EFRAG besteht hier das Risiko, dass zumindest für europäische Unternehmen kon-kurrierende und sich z. T. in ihren Inhalten widersprechende Standards für die Nachhaltigkeits-berichterstattung entstehen.

Der Stand der Diskussion im Juni 2022 lässt folgenden zusammenfassenden Ausblick zu: Die Berichterstattung wird durch europäische Berichtsstandards, Anwendung der EU-Taxonomie, zwingende Berichterstattung im Lagebericht, digitale Kennzeichnung (ESEF) und externe Prüfungspflicht künftig qualitativ besser, vergleichbarer und deutlich stärker an die Regeln der Finanzberichterstattung angeglichen. Dieses Vorhaben wird durch das erklärte Ziel, langfristig das Prüfungsniveau auf die für die Finanzberichterstattung geltende hinreichende Prüfungssicherheit zu heben, weiter unterstützt.

Der Aufsichtsrat ist gut beraten, die Erwartungen an seine schon 2017 durch das CSR-Richtlinie-Umsetzungsgesetz (CSR-RUG) erweiterte kritische Rolle bei der Darstellung der relevanten Nachhaltigkeitsfragen ernst zu nehmen. Dies sollte auch durch ein explizites Bekenntnis zu den Berichtsinhalten belegt werden, damit Investoren und sonstige Stakeholder darauf vertrauen können. In der Zusammenarbeit mit dem Vorstand können sich dabei aus Sicht von Accountancy Europe insbesondere folgende Herangehensweisen als nützlich erweisen:[77]

- Überwindung des Informationssilos durch die Integration von Daten in Berichtssysteme mit internen Kontrollen, für qualitativ hochwertige, überprüfbare Informationen
- Implementierung von Prozessen und Kontrollen, um Daten auf dem gleichen Robustheitsniveau wie für Finanzinformationen zu sammeln
- Verbesserung der Verbindung von Nachhaltigkeit und Finanzberichterstattungen, um allen Beteiligten entscheidungsnützliche Informationen bereitzustellen.

Aufsichtsrat und Prüfungsausschuss sollten sich mit folgenden Fragestellungen befassen:
- Effektive Überwachung von Nachhaltigkeitsinformationen – Anerkennung ihrer Relevanz für strategische Entscheidungen, verbesserte Unternehmensberichte und das Vertrauen von Investoren und Stakeholdern
- Entwicklung von nachhaltigkeitsspezifischen Kompetenzen und Kenntnissen in Aufsichtsrat und Prüfungsausschüssen
- Überwachung der internen Kontrollen für die Nachhaltigkeitsberichterstattung einschließlich der relevanten IT- Systeme.

---

77   Accountancy Europe (2022): Sustainability Assurance under the CSRD, S. 10.

V Steuern

Dr. Astrid Bregenhorn-Kuhs/Elisabeth Tedesco

Die Pflichten des Vorstands als gesetzlicher Vertreter der Gesellschaft sind vielfältig. Neben der vorrangigen Pflicht zur eigenverantwortlichen Leitung der Geschäfte der Gesellschaft (§ 76 AktG) unter Anwendung der Sorgfalt eines ordentlichen und gewissenhaften Geschäftsleiters hat der Vorstand die steuerlichen Pflichten der Gesellschaft zu erfüllen (§ 34 AO). Er tritt in ein unmittelbares Pflichtenverhältnis zur Finanzbehörde und ist damit zur Zahlung von Steuern verpflichtet und muss z. B. Buchführungs-, Erklärungs-, Mitwirkungs- und Auskunftspflichten (§§ 140 ff., 90, 93 AO) nachkommen. Der Aufsichtsrat hat die Geschäftsführung durch den Vorstand zu überwachen (§ 111 AktG), sodass grds. auch die steuerlichen Angelegenheiten der Gesellschaft Teil des Überwachungskataloges des Aufsichtsrates sind, spätestens dann, wenn der Aufsichtsrat den Jahresabschluss – einschließlich der darin enthaltenen steuerlichen Abschlussinformationen – selbst zu prüfen hat (§ 171 Abs. 1 AktG). Darüber hinaus liegt in den letzten Jahren eine verstärkte Aufmerksamkeit der Öffentlichkeit darauf, ob Unternehmen ihren »fair share« an Steuern zahlen. Es geht nicht mehr allein um die Frage, was steuerlich »legal« ist, sondern vielmehr auch darum, was »legitim« ist. In der Folge sind Steuern sowohl für den Vorstand als auch den Aufsichtsrat zu einem Tagesordnungspunkt mit hoher Priorität und breiter Öffentlichkeitswirkung geworden.

Nur wenige Unternehmen bleiben von dem anhaltenden Wandel in der Steuerpolitik unberührt. Internationales Steuerrecht hat lange Zeit mit der zunehmend globalisierten und digitalisierten Wirtschaft nicht Schritt halten können, was u. a. zu sog. weißen Einkünften, d. h. Einkünften, die in keinem der beteiligten Staaten besteuert wurden, geführt hat. Das Base Erosion and Profit Shifting Project der OECD/G20 (»BEPS«) hat sich zum Ziel gesetzt, diesen Entwicklungen Rechnung zu tragen und sowohl die Transparenz der Besteuerung zu erhöhen als auch die internationale Steuerplanung einzuschränken. Diese Initiative führt seit 2015 zu beispiellosen gesetzlichen Steueränderungen in den OECD-Mitgliedstaaten und teilweise sogar darüber hinaus.

- Die nächste Welle von umfassenden Steueränderungen steht unmittelbar bevor: Am 8. Oktober 2021 haben die OECD-/G20-Staaten einen breiten Konsens über das Zwei-Säulen-Konzept einer globalen Steuerreform erzielt.[78] »Pillar 1« regelt die Ausweitung und Neuverteilung von Besteuerungsrechten zwischen Ansässigkeits- und Marktstaaten für die größten und profitabelsten multinationalen Unternehmen (> 20 Mrd. EUR Umsatz, > 10 % Profitabilität) mit einem »25 over 10«-Ansatz: 25 % aller Gewinne eines multinationalen Unternehmens, die die Profitabilitätsschwelle von 10 % des Umsatzes überschreiten, sol-

---

78 OECD (2021): https://www.oecd.org/tax/beps/statement-on-a-two-pillar-solution-to-address-the-tax-challenges-arising-from-the-digitalisation-of-the-economy-october-2021.htm. Stand 04.11.2021 haben 137 Mitgliedstaaten diesem Konsens zugestimmt.

len durch eine formelhafte Aufteilung anteilig zwischen den einzelnen Staaten, in denen die Umsätze erzielt werden, umverteilt werden.

- »Pillar 2« sieht eine globale effektive Mindestbesteuerung in Höhe von 15 % für große multinationale Unternehmen mit einem globalen Umsatz von mehr als 750 Mio. EUR vor. Hierfür einigen sich die beteiligten Staaten auf ein weltweit gültiges Mindestniveau der Besteuerung, ohne einen Steuersatz vorzuschreiben. Gleichzeitig wird Staaten mit einem höheren Besteuerungsniveau die Möglichkeit gegeben, auf die sehr niedrigen Steuersätze anderer Staaten zu reagieren, z. B. durch Nachversteuerung von im Ausland angefallenen Gewinnen.

Um »Pillar 1« in nationales Recht umzusetzen, erarbeiten die OECD-/G20-Staaten ein multilaterales Übereinkommen, das 2022 unterzeichnet und 2023 umgesetzt werden soll. Dieses multilaterale Übereinkommen soll auch regeln, dass alle bestehenden lokalen Steuern auf digitale Dienstleistungen in den Mitgliedstaaten abzuschaffen sind. Zur Umsetzung von »Pillar 2« hat die OECD am 20. Dezember 2021 Modellregeln zur Globalen Mindestbesteuerung veröffentlicht[79] und am 22. Dezember 2021 wurde bereits der EU-Richtlinien-Entwurf zur Globalen Mindestbesteuerung vorgelegt.[80] Der weitere Zeitplan zur Umsetzung von »Pillar 2« sieht vor, dass die OECD-/G20-Staaten die erarbeiteten Mustervorschriften über bestimmte Instrumente 2022 auf nationaler Ebene umsetzen, damit diese bereits ab 2023 oder ab 2024 in Kraft treten können.[81]

Die zunehmende Komplexität, der ständige Wandel und der Fokus einer breiten Öffentlichkeit haben die Unternehmenssteuern in den vergangenen Jahren zu einem priorisierten Überwachungsfeld des Aufsichtsrates bzw. des Prüfungsausschusses, an den die Überwachungshandlungen vom Aufsichtsrat regelmäßig delegiert werden gemacht.

Ausgehend von der Einhaltung steuerlicher Vorschriften, der ordnungsgemäßen Würdigung steuerlicher Sachverhalte mit Auswirkung auf den Jahres- und Konzernabschluss und dem Management von Auswirkungen steuerlicher Entwicklungen, die seit jeher Gegenstand der Überwachung sind, hat der Prüfungsausschuss auch die angemessene Ausgestaltung der innerbetrieblichen Kontrollsysteme für Steuern zu überwachen. Gegenstand der Überwachung sind auch Steuerberatungsleistungen, die für Abschlussprüfer von Unternehmen von öffentlichem Interesse durch das Finanzmarktintegritätsstärkungsgesetz (»FISG«) verboten, für Abschlussprüfer von allen anderen Unternehmen in den Grenzen des § 319 HGB unverändert erlaubt sind.

---

79 OECD (2021): https://www.oecd.org/tax/beps/tax-challenges-arising-from-the-digitalisation-of-the-economy-global-anti-base-erosion-model-rules-pillar-two.pdf.

80 European Commission (2021): https://ec.europa.eu/taxation_customs/system/files/2021-12/COM_2021_823_1_EN_ACT_part1_v11.pdf. Am 14. März 2022 veröffentlichte die OECD sowohl einen Kommentar als auch illustrative Beispiele zu den Pillar-2-Modellregeln vgl. hierzu OECD (2022a) und OECD (2022b).

81 Die Umsetzungszeitpunkte der Pillar-2-Modellregeln in nationales Recht sind im Juni 2022 strittig unter den EU-Mitgliedstaaten. Ein Kompromiss-Vorschlag, die Anwendung um ein Jahr auf 2024 zu verschieben, konnte bei den ECOFIN-Treffen bis einschließlich 17. Juni 2022 nicht erzielt werden.

Die zu überwachenden steuerlichen Themenfelder lassen sich wie folgt kategorisieren:

- Steuerstrategie des Unternehmens unter Berücksichtigung der aktuellen Entwicklungen auf internationaler Ebene (insb. der OECD),
- steuerliche Tax-Compliance- und Prozessrisiken,
- Abbildung der tatsächlichen und latenten Steuerpositionen im Jahres- und Konzernabschluss einschließlich der steuerlichen Risiken (Tax Accounting) und
- Wahrung der Unabhängigkeit des Abschlussprüfers im Hinblick auf die von ihm an die Gesellschaft erbrachten Steuerberatungsleistungen, soweit diese nicht für Unternehmen von öffentlichem Interesse verboten sind.

Bezogen auf diese Themenbereiche lassen sich die in Tabelle 12 dargestellten Ziele und Risiken identifizieren.

	Ziele	Risiken
Steuerstrategie	Abstimmung der Steuerstrategie mit der Geschäfts- und Nachhaltigkeitsstrategie	• Reputationsrisiken aus aggressiver Steuerplanung • Nichtakzeptanz der Steuerplanung durch die Steuerbehörden • Finanzielle und operative Risiken aus unangemessener Berücksichtigung von Änderungen in der Steuergesetzgebung und/oder -rechtsprechung • Höhe der Umsetzungskosten (externe und interne Kosten) • Restriktionen (Personal, Budget und Zeit)
Tax-Compliance- und Prozessrisiken (siehe hierzu Kap. G.VII.4 »Risiko- und Compliance-Management-Systeme und deren Überwachung«)	Vollständigkeit und Richtigkeit steuerlicher Offenlegungspflichten; Vermeidung von Steuernachzahlungen aus steuerlichen Betriebsprüfungen; Implementierung eines Tax CMS	• Zinsen auf steuerliche Nachforderungen und ggf. Strafzahlungen • langwierige und kostenintensive Auseinandersetzungen mit den Steuerbehörden • Steuerstrafrechtliche Konsequenzen
Rechnungslegung	Standardkonforme Abbildungen von Steueransprüchen und -verbindlichkeiten sowie -risiken	• Wesentliche Fehler in der Rechnungslegung (HGB, IFRS, Steuerbilanz, Anhangangaben) • Reputationsrisiken
Steuerliche Nichtprüfungsleistungen, soweit diese zulässig sind (siehe hierzu Kap. D.III.3.d »Überwachung der zusätzlichen Leistungen des Abschlussprüfers«)	Ordnungsgemäße Kontrolle der vom Abschlussprüfer erbrachten Steuerberatungsleistungen, soweit diese zulässig sind	• Gefährdung der Unabhängigkeit des Abschlussprüfers • Reputationsrisiken wegen Zweifel an Unbefangenheit

Tab. 12: Steuerliche Überwachungsfelder des Prüfungsausschusses

Überwachungsaufgaben und Informationsquellen

Verlässliche Informationen sind notwendige Voraussetzung für die Überwachungstätigkeit des Prüfungsausschusses und gleichzeitig die wohl größte Herausforderung.

Bezogen auf die genannten steuerlichen Überwachungsfelder sollte der Prüfungsausschuss die Ziele und Maßnahmen des Vorstands bei wesentlichen steuerlichen Themen, einschließlich der damit verbundenen Risiken sowie der getroffenen bzw. geplanten Maßnahmen zur Verminderung dieser Risiken, kennen und verstehen. Der Einsatz standardisierter Prozesse, z.B. eines konzernweiten Tax Compliance Management oder Risiko Reporting System, kann dem Prüfungsausschuss dabei dienlich sein.

Weitere Informationen kann der Prüfungsausschuss in erster Linie durch die Berichterstattung und Befragung des Vorstands gewinnen. Als ergänzende Informationsquelle bietet sich auch der Abschlussprüfer der Gesellschaft an, insb. mit Blick auf Fragen der Rechnungslegung. Es kann dabei sinnvoll sein, mit dem Abschlussprüfer steuerliche Fragestellungen, wie z.B. die Bestimmung von Verrechnungspreisen, als Prüfungsschwerpunkt zu vereinbaren. Außerdem kann – in Anwesenheit des Vorstands – der Leiter der internen (Konzern-)Steuerabteilung befragt werden und ggf. zusätzlich ein Vertreter der externen Steuerkanzlei, die die Gesellschaft in steuerlichen Fragen allgemein oder bei speziellen steuerlichen Themenstellungen begleitet. Schließlich können Fragen der Tax Compliance, z.B. in Zusammenhang mit der angewandten Tax Technology, auch auf den Prüfungsplan der Internen Revision gesetzt werden und hierdurch zusätzlicher Aufschluss über mögliche Risiken gewonnen werden.

Bei multinational tätigen Unternehmen ist zu berücksichtigen, dass die steuerlichen Fragestellungen auf die ausländischen Tochterunternehmen zu übertragen sind, sodass sich der Prüfungsausschuss des Mutterunternehmens in diesen Fällen einem erweiterten Überwachungsfeld für das In- und Ausland gegenübersieht. Auch hier können standardisierte Prozesse oder die Einbindung von Prüfungsausschüssen der ausländischen Tochtergesellschaften helfen, dieser Herausforderung zu begegnen.

Im Folgenden werden die aufgezeigten steuerlichen Überwachungsfelder kurz skizziert:

Überwachung der Steuerstrategie

Durch Steuerplanungsmaßnahmen verfolgt die Unternehmensführung grds. das Ziel, die Steuerbelastung der Gesellschaft zu minimieren. Während Anfang des Jahrtausends noch auf aggressive und risikoreiche Steuerstrategien gesetzt wurde, gerät die Unternehmensführung nunmehr in Erklärungsnöte gegenüber Presse und Politik, wenn die Konzernsteuerquote – als Gradmesser für die Effizienz der Konzernsteuerplanung – »zu niedrig« ist oder wirtschaftliche Aktivitäten in vermeintlichen Steueroasen ausgeübt werden. Diese Kehrtwende wurde i.W. durch den 2015 veröffentlichten OECD-Aktionsplan eingeläutet, der sich gegen die Erosion von Steuerbemessungsgrundlagen und die Gewinnverlagerung (Base Erosion and Profit Shifting – BEPS) richtet und dessen 15 Maßnahmen seither kontinuierlich konkretisiert und implementiert werden. Die Maßnahmen reichen von der Stärkung der Hinzurechnungsbesteuerung (Anti-Tax Avoidance Directive – ATAD) über die Meldepflicht für grenzüberschreitende Steuergestaltungen (Directive on Administrative Cooperation 6 – DAC 6) bis hin zu standardisierten Dokumentationsanforderungen für Verrechnungspreise (Country-by-Country Reporting – CbCR).

Der Prüfungsausschuss sollte sich vergewissern, dass die Steuerstrategie des Unternehmens mit der Geschäftsstrategie abgestimmt ist, die heute in vielen Fällen auch Nachhaltigkeitskomponenten beinhaltet. Die unternehmerische Sozialverantwortung – Umwelt, Soziales und Unternehmensführung – spiegelt sich sodann auch in der Steuerstrategie des Unternehmens wider.

Die Überwachungshandlungen sollten sich nicht nur auf die unmittelbaren Auswirkungen von Änderungen steuerlicher Rahmenbedingungen auf die Steuerstrategie beziehen, sondern darüber hinaus auch auf deren mittel- und langfristige Auswirkungen auf die übergeordnete Geschäftsstrategie. Die Reputationsrisiken, die mit dem (Nicht-)Managen der Steuerstrategie (und damit gleichzeitig der Geschäftsstrategie) einher gehen können, bedürfen dabei einer besonderen Aufmerksamkeit.

Es war nicht zuletzt auch die Aufmerksamkeit der Öffentlichkeit, die jüngst dazu geführt hat, dass europäische Gesellschaften, die zur Veröffentlichung eines Nachhaltigkeitsberichts (§§ 289b ff. HGB sowie §§ 315b f. HGB) verpflichtet sind, unter bestimmten Voraussetzungen ihre nachhaltige Steuerstrategie in Zukunft im Rahmen ihrer Berichterstattung entsprechend dem Global Reporting Initiative (GRI) Standard 207 dokumentieren müssen. Unternehmen, die Steuern als wesentlichen Bereich ihres Unternehmens identifiziert haben, müssen danach zu folgenden vier Themenfeldern in ihrem Nachhaltigkeitsberichts Stellung beziehen:

1. **Steuerkonzept**: Beschreibung des Ansatzes des Unternehmens zur Einhaltung der Steuergesetze und weiterer regulatorischer Vorgaben; Verknüpfung der Steuerstrategie mit der Geschäfts- und Nachhaltigkeitsstrategie
2. **Tax Governance, Kontrolle und Risikomanagement**: Beschreibung des (klassischen) Tax CMS und der Verantwortlichkeiten in Bezug auf Steuerrisiken und Steuer-Compliance; darüber hinaus Beschreibung des Managements reputationsbezogener Risiken hinsichtlich der vom Unternehmen eingesetzten Steuerpraktiken
3. **Stakeholder-Management**: Beschreibung des Ansatzes zur Zusammenarbeit mit den Steuerbehörden und politischen Interessenvertretungen; Angaben hinsichtlich der möglichen politischen Einblicknahme zu Steuerfragen; ebenso Beschreibung des Umgangs mit Bedenken von internen und externen Stakeholdern
4. **Country-by-Country Reporting**: Orientierung am bestehenden OECD-CbCR gem. § 138a AO, jedoch ergänzt um qualitative Angaben sowie zusätzlich Erläuterungen der Differenzen zwischen dem effektiven Steuersatz und dem Regelsteuersatz in der jeweiligen Jurisdiktion.[82]

---

82   Dabei ist zu berücksichtigen, dass das nach GRI geforderte CbCR wiederum vom »öffentlichen« CbCR abweicht, das von multinationalen Unternehmen mit einem konsolidierten Konzernumsatz von über 750 Mio. EUR auf der Homepage der Konzernmutter zu veröffentlichen ist (bislang erfolgt die Veröffentlichung lediglich gegenüber den Finanzbehörden); der entsprechende Richtlinienvorschlag wurde am 11.11.2021 vom EU-Parlament gebilligt und ist damit final.

Unabhängig von den erhöhten Dokumentations- und Veröffentlichungspflichten, die dem Prüfungsausschuss bei seiner Überwachungstätigkeit dienlich sein können, sollte er sich einen möglichst unabhängigen Eindruck von der verfolgten Steuerstrategie und den damit verbundenen Risiken verschaffen. Hierzu gehören insb. mögliche Reputationsrisiken, denen bei ersten Anzeichen durch entsprechende Klarstellungen begegnet werden sollte. Hierfür sollte der Prüfungsausschuss einen regelmäßigen Austausch mit dem Konzernsteuerleiter – mindestens jährlich, besser vierteljährlich – anstreben. Auch den Austausch mit wesentlichen externen Beratern und dem verantwortlichen Steuerpartner des Abschlussprüfers kann der Prüfungsausschuss in Betracht ziehen.

Überwachung der Tax-Compliance-Risiken

Der Prüfungsausschuss sollte sich damit beschäftigen, ob und wie die Unternehmensführung ein angemessenes internes Kontrollsystem entsprechend § 91 Abs. 3 AktG eingerichtet hat, um Steuerrisiken zu vermeiden oder mit diesen verantwortungsvoll umzugehen. Im Falle einer fehlerhaften Deklaration durch den Steuerpflichtigen kann ein nachweislich eingerichtetes innerbetriebliches steuerliches Kontrollsystem für die Finanzverwaltung ein Indiz gegen das Vorliegen eines Vorsatzes oder der Leichtfertigkeit darstellen.[83] Die vom IDW im Praxishinweis 1/2016[84] erstmalig formulierten Anforderungen an die ordnungsgemäße Ausgestaltung eines Tax-Compliance-Management-Systems (Tax CMS) können für den Prüfungsausschuss hilfreiche Anhaltspunkte bieten, wenngleich sie gesellschaftsspezifisch anzupassen sind. Zur Bestätigung der angemessenen Ausgestaltung und/oder Wirksamkeit des Tax CMS kann das Unternehmen sein Tax CMS auch nach IDW PS 980 testieren lassen.

Durch das am 1. Juli 2021 in Kraft getretene Gesetz zur Stärkung der Finanzmarktintegrität wird die Bedeutung der Überwachung der internen Steuerungs- und Kontrollsysteme durch den Aufsichtsrat zunehmend betont. Der Prüfungsausschuss sollte die durch das FISG angestoßene Weiterentwicklung von internen Kontrollsystemen nutzen, um die Governance-Funktion des Aufsichtsrates auch in Bezug auf Unternehmenssteuern noch dezidierter auszuüben. Die Vorlage eines ordnungsgemäßen Tax CMS, das mit den weiteren unternehmensspezifischen internen Kontroll- und Risikomanagementsystemen verknüpft ist, ist wohl nach § 91 Abs. 2 AktG erforderlich. Darüber hinaus ist zu berücksichtigen, dass sich ein Tax CMS und die darin verankerten Grundsätze neben ihrer Funktion als Präventionsinstrument auch positiv auf das Gesamtbild der Organisation im Hinblick auf eine nachhaltige Unternehmenspolitik auswirken können, die, wie oben dargestellt, zunehmend an Bedeutung gewinnt.

---

83   Vgl. Anwendungserlass des BMF zu § 153 AO v. 15.05.2016, Tz. 2.6.
84   IDW (2017): IDW-Praxishinweis 1/2016 »Ausgestaltung und Prüfung eines Tax-Compliance-Management-Systems gem. IDW PS 980« v. 31.05.2017; vgl. ergänzend IDW PS 980 »Grundsätze ordnungsmäßiger Prüfung von Compliance Management Systemen« v. 11.03.2011 und IDW PS 982 »Grundsätze ordnungsmäßiger Prüfung des internen Kontrollsystems des internen und externen Berichtswesens« v. 03.03.2017.

Das Risiko von Feststellungen im Rahmen von Betriebsprüfungen kann in den seltensten Fällen vollständig eliminiert werden. In den letzten Jahren zeichnet sich z. B. europaweit eine Verschärfung der Prüfung von Verrechnungspreisen und Sachverhalten mit Auslandsbezug ab, die wegen ihres innewohnenden Ermessensspielraums regelmäßig zu Auseinandersetzungen mit der Finanzverwaltung führen. Zeichnen sich Feststellungen ab, die zu wesentlichen Steuernachzahlungen führen, sollte sich der Prüfungsausschuss frühzeitig vom Vorstand über den Verhandlungsstand mit dem Finanzamt, über die in Erwägung gezogenen Reaktionen und deren Abwägung berichten lassen.

Mit der Umsetzung von »Pillar 2« werden weitere neue globale Tax-Compliance-Anforderungen auf global agierende Unternehmen zukommen. Die Modellregeln zu »Pillar 2« sind detaillierte Regelungen zur Implementierung einer globalen Mindestbesteuerung der Gewinne multinationaler Unternehmen mit effektivem Steuersatz in Höhe von mindestens 15 %. Dazu werden miteinander in Bezug stehende Regelungen vorgeschlagen, durch die auf niedrig, d. h. unter 15 %, besteuerte Gewinne eine sog. »Top-Up Tax« erhoben werden soll. Durch diese »Top-Up Tax« soll die Steuerbelastung auf 15 % erhöht werden. Sie wird entweder als »Income-Inclusion Rule« (IIR) auf Ebene der Muttergesellschaft (Ultimate Parent Entity – UPE) oder als »Undertaxed-Payment Rule« (UTPR) auf Ebene anderer Konzerngesellschaften erhoben, wobei die UTPR nur dann zur Anwendung kommt, wenn bei der Muttergesellschaft keine IIR Anwendung findet.

Die Modellregeln der OECD und der EU-Richtlinien-Entwurf zu »Pillar 2« definieren in einem jeweils rund 70-seitigen Dokument,
- welche multinationalen Unternehmen im Anwendungsbereich der globalen Mindestbesteuerung sind,
- wie die effektive Steuerbelastung länderbezogen zu ermitteln ist – hierfür werden neue, eigene Regelungen aufgestellt zur Ermittlung von (i) Covered Taxes und (ii) GloBE Income[85] –, und
- wie die »Top-Up Tax« zu berechnen und ggf. zu verteilen ist.

Diese neuen Regelungen machen zukünftig zum einen ein neues GloBE »Ledger« im Tax-Reporting erforderlich. Zum anderen wird auf die deutsche Konzernmutter als Ultimate Parent Entity eine neue, eigenständige Steuererklärungspflicht zukommen: Nach Art. 42 Abs. 3 des EU-Richtlinien-Entwurfs vom 22. Dezember 2021 kann die deutsche Konzernmutter als UPE – nur in Deutschland – einen sog. befreienden »GloBE Information Return« mit der »Top-Up Tax« für den Konzern abgeben.[86]

---

85   Die Abkürzung GloBE steht für Global Anti-Base-Erosion.
86   Die genaue deutsche Umsetzung der EU-Richtlinie und der zukünftige Steuerdeklarationsprozess sind noch abzuwarten.

Alle »Constituent Entities«[87] informieren in diesem Fall ihr Finanzamt im Ausland über die Identität der UPE und den eingereichten »GloBE Information Return« (Art. 42 Abs. 3 des EU-Richtlinien-Entwurfs RL-E). Der GloBE Information Return enthält (Art. 42 Abs. 5 des EU-Richtlinien-Entwurfs):

- Informationen zur Unternehmensstruktur
- Alle CEs (inkl. steuerliche Ansässigkeit, Steuernummern etc.)
- ETR pro Jurisdiktion (inkl. Adjusted Covered Taxes und GloBE Income pro Jurisdiktion)
- »Top-Up Tax« per Jurisdiktion und für jede CE.

Bei der Umsetzung dieser Tax-Compliance-Verpflichtungen wird es für den Prüfungsausschuss notwendig sein, sich neben der Behandlung der steuerlichen Fragestellungen mit den Datenanforderungen und -quellen, der Datensammlung und dafür zur Verfügung stehenden IT-Lösungen zu Ermittlung der GloBE Tax zu befassen. Dokumentationserfordernisse, Prozesskontrollen und Datenqualitätserfordernisse zur Erfüllung der Tax-Compliance-Verpflichtungen werden auch vor dem Hintergrund der möglichen Strafen, falls die GloBE-Steuererklärung nicht rechtzeitig/nicht richtig abgegeben wird, in Höhe von 5 % des Jahresumsatzes der Gesellschaft (Art. 44 des EU-Richtlinien-Entwurfs) im Fokus der Überwachungsaufgaben stehen.

Überwachung der Rechnungslegungsrisiken

Die Überwachung der Rechnungslegungsrisiken ist Gegenstand der Tätigkeit des Prüfungsausschusses. Bereits bei der Diskussion der Steuerstrategie sollten die Auswirkungen der verfolgten Steuerstrategie auf die externe Rechnungslegung einbezogen werden. Steuerliche Rechnungslegungsrisiken können sowohl aus einer nicht ordnungsgemäßen Abbildung der tatsächlichen und latenten Steuerpositionen in der Bilanz und Gewinn- und Verlustrechnung als auch nicht angemessenen Anhangangaben resultieren. Die erhöhte Aufmerksamkeit für steuerliche Anhangangaben ergibt sich nicht zuletzt aus den Verlautbarungen der ESMA von 2019 und 2020, in denen z. B. die Anforderungen an den Nachweis zur Werthaltigkeit aktiver latenter Steuern auf Verlustvorträge konkretisiert[88] werden oder mehr Transparenz im Umgang mit Unsicherheiten bei der Anwendung des Ertragsteuerrechts nach IFRIC 23 gefordert wird.[89]

Um Rechnungslegungsrisiken in Bezug auf steuerliche Themen wirksam überwachen zu können, bedarf es eines tiefgreifenden Verständnisses der (globalen) Organisation der Steuerfunktion des Konzerns durch den Prüfungsausschuss. Die Organisation der Steuerfunktion unterliegt – auch »befeuert« durch die »new ways of working« in der Corona-Pandemie – einem Wandel von einer traditionellen In-Haus Steuerabteilung hin zu einem Co-Sourcing oder Out-Sourcing Model unter Einbindung von in- oder externen Shared-Service-Centern sowie der

---

87 Art. 3 des EU-Richtlinien-Entwurfs v. 22.12.2021 definiert den Term »Constituent Entities« als die in die Betrachtung einzubeziehenden Gesellschaften und Betriebsstätten einer multinationalen Gruppe für Zwecke der globalen Mindestbesteuerungsregelungen.
88 ESMA (2019a): Verlautbarung v. 15.07.2019 zu IAS 12 Ertragsteuern.
89 ESMA (2019b): Prüfungsschwerpunkte für Jahres- und Konzernabschlüsse 2019.

Nutzung von Artificial Intelligence (AI) Tax Tools und Managed Services IT-Support. Diese Transformation der Steuerfunktion geht mit neuen Anforderungen an das Personalmanagement der Steuerfunktion einerseits und an das Management der Drittanbieter andererseits einher. Der Prüfungsausschuss sollte eine regelmäßige, institutionalisierte Information zum organisatorischen Aufbau der Steuerfunktion von dieser anfordern und erhalten, idealerweise sowohl schriftlich als auch im persönlichen Gespräch mit dem/den Verantwortlichen der Steuerfunktion. Ein Fokus des Prüfungsausschusses sollte dabei auch auf den eingesetzten Systemen und Technologien zum Managen der Steuer(risiko)position liegen: Die Buchhaltungs- und Finanzsysteme der Organisation müssen in der Lage sein, auf Änderungen in den Vorschriften zur Steuerermittlung und -berichterstattung flexibel zu reagieren und die Daten zu erheben und zu analysieren.

Zur Überwachung der steuerlichen Rechnungslegungsrisiken bietet es sich für den Prüfungsausschuss an, eine laufende Einbindung der Steuerfunktion in den Rechnungslegungs- und Abschlusserstellungsprozess zu fordern. Damit sollte sichergestellt werden können, dass die Steuerfunktion über Geschäftsprozesse mit potenziellen Implikationen für die Berechnung der laufenden und die Abgrenzung der latenten Steuern informiert ist und gleichzeitig die abschlussrelevanten steuerlichen Informationen vollständig und richtig Eingang in den Abschluss finden.

Überwachung der vom Abschlussprüfer erbrachten Steuerberatungsleistungen

Seit Inkrafttreten der EU-Abschlussprüferverordnung[90] (EU-APrVO) werden hohe Ansprüche an die Unabhängigkeit von Abschlussprüfern von Unternehmen des öffentlichen Interesses i. S. d. § 316 HGB (Public Interest Entities – PIE: Unternehmen mit einer Börsennotierung an einem amtlichen Markt sowie Kreditinstitut oder Versicherungsunternehmen) und an ihre Überwachung gestellt. Die Auswirkung dieser Regelungen auf deutsche Unternehmen von öffentlichem Interesse hat sich durch das am 1. Juli 2021 in Kraft getretene Finanzmarktintegritätsstärkungsgesetz (FISG) geändert. Steuerberatungsleistungen gehören nach Art. 5 der EU-APrVO grds. zu den verbotenen Nichtprüfungsleistungen.[91] Der deutsche Gesetzgeber hatte bis zum Inkrafttreten des FISG seine Mitgliedstaatenwahlrechte ausgeübt und ausgewählte Steuerberatungsleistungen unter bestimmten Voraussetzungen – etwa der Zustimmung durch den Prüfungsausschuss – zugelassen. Mit dem FISG hat der deutsche Gesetzgeber die in § 319a HGB a. F. enthaltene Ausnahme von der Blacklist aufgehoben, sodass bei Abschlussprüfungen bei Unternehmen von öffentlichem Interesse für nach dem 31.12.2021 beginnende Geschäftsjahre das Verbot aller Steuerberatungsleistungen der Blacklist zu beachten ist.

---

90   EU-Verordnung (EU) Nr. 537/2014 des Europäischen Parlaments und des Rates v. 16.04.2014 über spezifische Anforderungen an die Abschlussprüfung bei Unternehmen von öffentlichem Interesse und zur Aufhebung des Beschlusses 2005/909/EG der Kommission (VO (EU) 537/2014), ABl. EU L 158 v. 27.05.2014, 77.
91   Art. 5 der EU-APrVO regelt insgesamt das Verbot der Erbringung von Nichtprüfungsleistungen, die sog. Black List.

In der Praxis ist zu beobachten, dass eine Vielzahl der Vorstände und Aufsichtsräte der PIE-Unternehmen die Steuerberatungsleistungen ihres Abschlussprüfers vollumfänglich untersagen, um das Risiko eines etwaigen Compliance-Verstoßes insoweit auszuschließen.

Das Institut der Wirtschaftsprüfer hat sich in seinem Positionspapier »EU-Regulierung der Abschlussprüfung: Positionspapier zu Nichtprüfungsleistungen des Abschlussprüfers«[92] u. a. auch dazu geäußert, welche Steuerberatungsleistungen aus Sicht des IDWs nicht von der Blacklist betroffen sein sollen:

- Durchführung einer Tax Due Diligence, da dieses eine prüferische Tätigkeit und keine Beratungstätigkeit darstellen soll; nicht erlaubt sind aber damit verbundene Tax Structuring oder Tax Modelling Services, da diese Steuerberatungsleistungen darstellen.
- Steuerberatungsleistungen, die ausschließlich für Angestellte eines PIE-Abschlussprüfungsmandanten erbracht werden, auch dann, wenn das PIE die Leistungen beauftragt und sie bezahlt, sofern das PIE diese Leistungen nicht für eigene Zwecke verwendet.
- Prüfung eines Tax-Compliance-Management-Systems i. S. d. IDW PS 980 i. V. m. dem IDW-Praxishinweis 1/2016, da dieses eine reine Assurance-Dienstleistung darstellen soll. Eine steuerliche Beratungsleistung darf in diesem Zusammenhang jedoch nicht erbracht werden.

Die weitere Entwicklung in der Interpretation der Regelungen durch die Standardsetter werden Vorstand und Aufsichtsrat eng zu beobachten haben, um ihre Compliance- und Governance-Aufgaben zu erfüllen.

Bei Unternehmen, die nicht im öffentlichen Interesse i. S. d. § 316 HGB stehen, ist die Erbringung von Steuerberatungsleistungen grds. weiterhin erlaubt[93], aber durch das Selbstprüfungsverbot (§ 33 der WP-Berufssatzung) sowie das Verbot, bei der Führung der Bücher oder der Aufstellung des zu prüfenden Jahresabschlusses mitzuwirken (§ 319 Abs. 3 Nr. 3a HGB), begrenzt. Die Berechnung der Steuerrückstellungen durch den Abschlussprüfer wird im Allgemeinen eine unzulässige Mitwirkung darstellen. Die Beurteilung der bilanziellen Auswirkungen einer vom Abschlussprüfer ausgearbeiteten und von ihm beim Prüfungsmandanten eingeführten steuerrechtlichen Gestaltung würde ebenfalls einen Verstoß gegen das Selbstprüfungsgebot darstellen. Die Mitwirkung bei Betriebsprüfungen oder Verrechnungspreisberatung, soweit diese sich nicht wesentlich auf den Abschluss auswirkt, sollte einem Abschlussprüfer grds. unverändert gestattet sein, bedarf aber der Überwachung durch den Prüfungsausschuss (§ 107 Abs. 3 Satz 2 AktG).

---

92 IDW (2021): https://www.idw.de/blob/98172/757da0312ec927a636f2f1909e931fce/down-positionspapier-nichtpruefungsleistungen-data.pdf. Diese Fassung datiert vom 07.12.2021. Das IDW-Positionspapier wird laufend aktualisiert.
93 Vgl. BGH v. 21.04.1997, BGHZ 135, 260.

Da die Überwachung des Umfangs und der Art der Steuerberatungsleistungen sowie die Dokumentation dem Prüfungsausschuss obliegt, sollte eine klare und im besten Fall globale konzerninterne Richtlinie implementiert werden, um etwaigen Unabhängigkeitskonflikten in der Zukunft proaktiv entgegenzuwirken. Darüber hinaus bietet sich eine enge Abstimmung mit dem Abschlussprüfer an, der gleichermaßen über einen Monitoringprozess verfügen sollte.

Fragen für die Praxis zu den steuerlichen Überwachungsfeldern

1. Wie ist die Steuerstrategie des Unternehmens mit der Geschäftsstrategie abgestimmt? Welche unternehmensinternen Abstimmungsschwierigkeiten gibt es?
2. Welche Finanz-, Berichts- und Reputationsrisiken verbindet das Management mit der Steuerstrategie? Was hat das Management getan, um diese Risiken zu ermitteln, zu bewerten und zu minimieren, kurz- und langfristig?
3. Welche steuerlichen Kenntnisse sind im Prüfungsausschuss, im Aufsichtsrat, im Vorstand und im Unternehmen vorhanden? Wie kann das Unternehmen Ressourcen in Bereichen aufstocken, in denen es möglicherweise an ausreichenden oder spezifischen Fähigkeiten mangelt?
4. Wie kann das Management über Änderungen in der nationalen und globalen Steuerpolitik kontinuierlich auf dem Laufenden bleiben? Wie bereitet das Management das Unternehmen darauf vor, die finanziellen und operativen Auswirkungen der vorgeschlagenen Änderungen kurz- und langfristig zu bewältigen? Was wurde bisher gemacht? Was bleibt zu tun?
5. Verfügt das Unternehmen über ausreichende interne und externe Ressourcen, um Tax-Compliance- und Prozessrisiken zu vermeiden und insb. sicherzustellen, dass Steuererklärungen vollständig und zutreffend abgegeben werden, Änderungen in der Steuergesetzgebung und -rechtsprechung Rechnung getragen wird und ein konstruktives Arbeitsverhältnis mit den zuständigen Steuerbehörden gepflegt wird?
6. Welche steuerlichen Risiken bestehen und wie werden sie in den Abschlüssen angemessen abgebildet? Bestehen aktive latente Steuern auf temporäre Differenzen und/oder Verlustvorträge und auf der Basis welcher Annahmen werden sie bewertet? Wird die Überleitung des erwarteten Steueraufwands zum tatsächlichen Steueraufwand aussagekräftig erläutert und sind potenzielle Sondereffekte nachvollziehbar?
7. Wurden vom Abschlussprüfer auf Ebene des Konzernabschlusses oder der Einzelabschlüsse im In- und Ausland Prüfungsschwerpunkte mit steuerlichen Berührungspunkten definiert?
8. Verfügt das Unternehmen über ein angemessenes konzernweites Reportingsystem, um unzulässige (steuerliche) Nichtprüfungsleistungen durch den Abschlussprüfer zu vermeiden?

VI Der Prüfungsausschuss und das Enforcement-Verfahren zur Rechnungslegung

Silke Splinter

Ab Juli 2005 prüfte die Deutsche Prüfstelle für Rechnungslegung (DPR) Abschlüsse von Unternehmen, die den regulierten Kapitalmarkt in Deutschland in Anspruch nehmen. Auslöser für die Einführung der sog. Enforcement-Verfahren in Deutschland war eine Serie von Bilanzskandalen (Enron, WorldCom u. a.), die das Vertrauen der Anleger in die ihnen zugänglichen Finanzinformationen erschüttert und dadurch zu erheblichen Marktverzerrungen geführt hat.

Das Enforcement-Verfahren sollte vor diesem Hintergrund Unregelmäßigkeiten bei der Rechnungslegung kapitalmarktorientierter Unternehmen aufdecken und diese zudem v. a. durch konkrete Hinweise zur zukünftigen Rechnungslegung und die erhoffte Abschreckungswirkung einer möglichen Fehlerfeststellung präventiv verhindern.[94]

Im Zuge der Aufarbeitung des Wirecard-Skandals wurde diese Zielsetzung – zumindest implizit – stärker auf die Aufdeckung von Bilanzmanipulation ausgerichtet. Zur Vermeidung von Schnittstellen- und Kompetenzproblemen sowie zur Straffung des Verfahrensablaufs wurde zudem das bislang zweistufige Enforcement-Verfahren, bestehend aus DPR und Bundesanstalt für Finanzdienstleistungsaufsicht (BaFin), als solches abgeschafft. Ab dem 1. Januar 2021 ist die BaFin allein für die Bilanzkontrolle zuständig. Ihre Ermittlungsbefugnisse wurden deutlich erweitert.

Die Prüfungsaufgabe der BaFin ist gesetzlich wie folgt definiert:

»Die Bundesanstalt hat die Aufgabe, nach den Vorschriften dieses Abschnitts zu prüfen, ob folgende Abschlüsse und Berichte, jeweils einschließlich der zugrunde liegenden Buchführung, von Unternehmen, für die als Emittenten von zugelassenen Wertpapieren die Bundesrepublik Deutschland der Herkunftsstaat ist, den gesetzlichen Vorschriften einschließlich der Grundsätze ordnungsmäßiger Buchführung oder den sonstigen durch Gesetz zugelassenen Rechnungslegungsstandards entsprechen:

1. festgestellte Jahresabschlüsse und zugehörige Lageberichte, offengelegte Jahresabschlüsse und zugehörige Lageberichte, offengelegte Einzelabschlüsse nach § 325 Absatz 2a des Handelsgesetzbuchs und zugehörige Lageberichte, gebilligte Konzernabschlüsse und zugehörige Konzernlageberichte oder offengelegte Konzernabschlüsse und zugehörige Konzernlageberichte,

2. veröffentlichte verkürzte Abschlüsse und zugehörige Zwischenlageberichte sowie

3. veröffentlichte Zahlungs- oder Konzernzahlungsberichte.« (§ 106 WpHG)

---

94 Vgl. Grottel, in: Beck'scher Bilanzkommentar (2020), § 342b HGB, Rn. 1.

Die BaFin tritt mithin als zusätzliche Prüfungsinstanz neben den Abschlussprüfer und den Aufsichtsrat. Allerdings sind die Enforcement-Prüfungen nicht als »Vollprüfungen« angelegt und sollen die Prüfungsarbeit von Abschlussprüfer und Prüfungsausschuss weder ergänzen noch ersetzen. Andererseits können jedoch Fehlerfeststellungen der BaFin nicht nur die Arbeit von Vorstand und Abschlussprüfer infrage stellen, sondern auch die des Prüfungsausschusses. Nicht zuletzt deshalb sollte der Prüfungsausschuss das Thema »Enforcement« keinesfalls aus den Augen verlieren – sowohl zwischen als auch während der Enforcement-Verfahren.

1   Hintergrundinformationen zum BaFin-Enforcement

Betroffene Unternehmen und Prüfungsinstanz

Dem Enforcement unterliegen nach § 106 WpHG ausschließlich Unternehmen, die als Emittenten von zugelassenen Wertpapieren[95] die Bundesrepublik Deutschland als Herkunftsstaat haben.[96]

Bis zum 31. Dezember 2021 wurde in Deutschland ein zweistufiges Enforcement-Verfahren umgesetzt:

*   Auf der ersten Stufe stand die Deutsche Prüfstelle für Rechnungslegung e. V. als privatrechtliches Gremium. Die Mitglieder der Prüfstelle waren hauptverantwortlich für die Abwicklung des Enforcement-Verfahrens.
*   Auf der zweiten Stufe stand die BaFin. Die BaFin griff jedoch i. d. R. nur dann ein, wenn das Unternehmen die Prüfung durch die DPR ablehnte oder mit einer Fehlerfeststellung durch die DPR nicht einverstanden war oder aber aufseiten der BaFin erhebliche Zweifel an der Richtigkeit des Prüfungsergebnisses der DPR oder der ordnungsgemäßen Durchführung der Prüfung der DPR bestanden.

Im Zuge der Aufarbeitung des Wirecard-Skandals wurde kritisiert, dass das zweistufige Enforcement-Verfahren u. a. zu einer Verlängerung der Verfahrensdauer und zu Abstimmungsschwierigkeiten zwischen den beiden Enforcement-Instanzen führen kann. Seit dem 1. Januar 2021 wird das Enforcement daher als einstufiges Verfahren mit der BaFin als allein verantwortlicher Instanz umgesetzt.

---

95   Im Sinne des § 2 Abs. 1 WpHG, also insbesondere Aktien und Schuldtitel.
96   Eine »Aufstellung der dem Enforcement unterliegenden Unternehmen« findet sich auf der Homepage der BaFin (www. bafin.de).

Prüfungsanlässe und Auswahlverfahren

Das Enforcement-Verfahren sieht nach § 107 Abs. 1 WpHG zwei Prüfungsanlässe vor:

1. Anlassprüfung bei Vorliegen konkreter Anhaltspunkte für einen Verstoß gegen Rechnungslegungsvorschriften
2. Reguläre Stichprobenprüfung ohne besonderen Anlass.

Die BaFin wird somit nicht nur im Verdachtsfall tätig, sondern deckt anlassunabhängig in Stichproben sämtliche Unternehmen ab, die dem Enforcement unterliegen. Über das Verfahren
zur Stichprobenauswahl hat die BaFin bislang keine Informationen veröffentlicht. Gemäß den
»Leitlinien zur Überwachung von Finanzinformationen (Enforcement)«, die die European Securities and Markets Authority (ESMA) herausgegeben hat, sollte das Auswahlmodell jedoch »auf
einem gemischten Modell basieren, bei dem ein risikobasierter Ansatz mit einem Stichproben-
verfahren und einem Rotationsprinzip kombiniert wird«.[97]

Prüfungsablauf und Prüfungsschwerpunkte

Die Enforcement-Prüfung beginnt mit der förmlichen Prüfungsanordnung durch die BaFin. Diese gliedert sich in den Bescheid über die geplante Prüfung, die Begründung des Bescheids und
eine Rechtsbehelfsbelehrung, wobei ein erfolgreicher Widerspruch gegen den Bescheid nur in
Ausnahmefällen möglich sein wird. Die BaFin kann die Prüfungsanordnung und deren Grund
nach § 107 Abs. 1 WpHG bekannt machen, soweit hieran ein öffentliches Interesse besteht.

Die operative Zuständigkeit für die Enforcement-Prüfungen liegt innerhalb der BaFin bei der Gruppe
»Bilanzkontrolle«, die im Zuge der Alleinzuweisung der Prüfungszuständigkeit geschaffen wurde.
Die Gruppe besteht aus mehreren Referaten und soll rund 60 Mitarbeiter haben. Im Zuge der Neu-
ordnung des Enforcements wurde gesetzlich die Möglichkeit einer Übernahme der Beschäftigten
der DPR durch die BaFin vorgesehen, um deren Know-how möglichst zu erhalten (§ 18b FinDAG).
Damit stehen der BaFin insgesamt deutlich mehr Ressourcen zur Verfügung als zuvor der DPR.

In Anbetracht der erweiterten Prüfkapazitäten der BaFin und des Aufbaus eines Marktmonito-
rings zur Identifizierung risikobehafteter Unternehmen wird damit gerechnet, dass es künftig
verstärkt zu Anlassprüfungen kommen wird.[98]

Einzelheiten zum weiteren Ablauf der Enforcement-Prüfung nach der Umstellung auf das ein-
stufige Verfahren hat die BaFin bislang nicht veröffentlicht. Es ist jedoch davon auszugehen, dass
ein zu prüfendes Unternehmen – wie zuvor bei der Durchführung der Prüfungen durch die DPR –
zunächst darum gebeten wird, Auskunftspersonen zu benennen und erste Unterlagen einzureichen (insb. Prüfungsberichte).

---

97   Vgl. ESMA (2020): Leitlinien zur Überwachung von Finanzinformationen, 23/11/2020, ESMA 32-50-218, Rz. 53.
98   Vgl. Hoffmann (2021), S. 1472.

Nach Sichtung der eingereichten Unterlagen wird der zuständige Referent das Unternehmen um sachverhaltsbezogene Erläuterungen sowie i. d. R. um die Einreichung weiterer Unterlagen bitten. Für die Beantwortung der jeweiligen »Fragerunden« wird den Unternehmen regelmäßig eine Frist von ca. 14 Tagen eingeräumt.

Die BaFin kann von den Organmitgliedern – also auch direkt von den Aufsichtsratsmitgliedern –, von den Beschäftigten des Unternehmens und vom Abschlussprüfer Auskünfte, die Vorlage von Unterlagen und sonstigen Daten und die Überlassung von Kopien verlangen. Ebenfalls kann die BaFin diesen Personenkreis laden und vernehmen. Dies gilt auch für die nach dem HGB in den Konzernabschluss einzubeziehenden Tochterunternehmen sowie »gegenüber jedermann«, wenn konkrete Anhaltspunkte für einen Verstoß gegen Rechnungslegungsvorschriften vorliegen (§ 107 Abs. 5 WpHG).

Die angeforderten Unterlagen können im Einzelfall sehr umfänglich sein und auch die Arbeit des Prüfungsausschusses betreffen. Beispielsweise kann die BaFin die Sitzungsprotokolle des Aufsichtsrates und/oder Prüfungsausschusses (einschließlich Anlagen) anfordern oder auch die interne Risikoberichterstattung. Dies ermöglicht es dem Prüfer, den »Top-down«-Blickwinkel der Aufsichtsgremien einzunehmen und auf dieser Basis mögliche Schwachstellen in der Rechnungslegung zu identifizieren.

Gegebenenfalls finden auch direkte Gespräche zwischen Unternehmensvertretern und Vertretern der BaFin statt. Die BaFin hat angekündigt, ihre Prüftätigkeit durch verstärkte Vor-Ort-Prüfungen proaktiver zu gestalten und zu beschleunigen.

Bei Vorliegen konkreter Anhaltspunkte für einen erheblichen Verstoß gegen Rechnungsvorschriften umfassen die durch das FISG deutlich erweiterten Ermittlungsbefugnisse der BaFin zudem eine – grds. unter Richtervorbehalt stehende – Durchsuchung von Wohn- und Geschäftsräumen und die Sicherstellung bzw. Beschlagnahmung von Beweismitteln.

Die Prüfung der BaFin orientiert sich an bestimmten Prüfungsschwerpunkten. Drei Prüfungsschwerpunkte wurden auf europäischer Ebene von der ESMA als »European common enforcement priorities« festgelegt und von der BaFin übernommen. »Dauerbrenner« bei den Prüfungsschwerpunkten waren bislang insb. die Werthaltigkeit von Vermögenswerten (IAS 36) sowie die Bilanzierung von Unternehmenszusammenschlüssen (IFRS 3). Die Prüfungsschwerpunkte berücksichtigen jedoch auch neue Bilanzierungsvorschriften und die bilanziellen Auswirkungen der gesamtwirtschaftlichen Entwicklungen (z. B. Effekte aus der COVID-19-Krise).

Die ESMA hat die in Tabelle 13 unter den jeweils ersten drei Punkten dargestellten Prüfungsschwerpunkte ausgewählt. Die Prüfungsschwerpunkte der ESMA für das Jahr 2021 wurden von der DPR noch um zwei weitere Prüfungsschwerpunkte ergänzt. Für das Jahr 2022 hat die BaFin einen ergänzenden Prüfungsschwerpunkt festgelegt.

Prüfungsschwerpunkte für das Jahr 2021	Prüfungsschwerpunkte für das Jahr 2022
1. IAS 1 **Darstellung des Abschlusses: Annahmen** bzgl. **der Unternehmensfortführung, wesentliche Ermessensentscheidungen und Schätzungsunsicherheiten, Darstellung von COVID-19-Sachverhalten**	1. **Auswirkungen von COVID-19:** sorgfältige Bewertung und Transparenz der längerfristigen Auswirkungen der COVID-19-Pandemie
2. IAS 36 **Wertminderung von Vermögenswerten**	2. **Klimabezogene Themen:** Konsistenz zwischen den im IFRS-Abschluss offengelegten Informationen und den nichtfinanziellen Informationen zu klimabezogenen Themen; Beurteilung der Auswirkung von Klimarisiken; Offenlegung aller wesentlichen Ermessensentscheidungen und Schätzungsunsicherheiten in Bezug auf Klimarisiken
3. IFRS 9 **Finanzinstrumente** und IFRS 7 **Finanzinstrumente: Angaben**	3. **Erwartete Kreditverluste** (Expected Credit Loss): mehr Transparenz bei den (Anhang-)Angaben zu erwarteten Kreditverlusten
4. IAS 24 **Angaben über Beziehungen zu nahestehenden Unternehmen und Personen**	4. **Reverse Factoring** – Ausweis in Bilanz und Kapitalflussrechnung sowie Anhangangaben – Berücksichtigung in der Lageberichterstattung
5. **Konzernlagebericht** – Risikoberichterstattung unter Beachtung der Auswirkungen von COVID-19: Vollständigkeit und Angemessenheit der Berichterstattung über wesentliche Risiken; Einklang zwischen Risiko- und Prognoseberichterstattung	

Tab. 13: Prüfungsschwerpunkte für die Jahre 2021 und 2022[99]

Bahnt sich im Laufe des Verfahrens eine Fehlerfeststellung an, wird die BaFin das Unternehmen zunächst anhören und ihm dadurch die Gelegenheit zur Stellungnahme geben.

Das Verfahren endet mit der Feststellung der BaFin, ob und ggf. inwieweit die Rechnungslegung fehlerhaft ist. Ist dies der Fall, erlässt die BaFin einen entsprechenden feststellenden Verwaltungsakt und macht diesen dem Unternehmen einschließlich einer Begründung bekannt. Darüber hinaus kann die BaFin nach Inkrafttreten der Änderungen durch das FISG auch feststellen, wie sich die Rechnungslegung ohne den Fehler dargestellt hätte (§ 109 Abs. 1 Satz 2 WpHG).

---

99   Jeweils die ersten drei aufgeführten Prüfungsschwerpunkte wurden aus den »European common enforcement priorities« der ESMA übernommen.

Im nächsten Schritt veröffentlicht die BaFin – d.h. nicht mehr das Unternehmen selbst – den festgestellten Fehler auf ihrer Internetseite, im Bundesanzeiger und in einem überregionalen Börsenpflichtblatt oder über ein elektronisch betriebenes Informationsverbreitungssystem (§ 109 Abs. 2 WpHG). Der zu veröffentlichende Text enthält auch die wesentlichen Teile der Begründung der Fehlerfeststellung.

Ergänzend kann die BaFin Hinweise auf ausgewählte Bilanzierungsvorgaben und deren Einhaltung durch das Unternehmen geben. Die Hinweise liegen unterhalb der Fehlerschwelle und sollen eine präventive Wirkung entfalten.

2   Die Rolle des Prüfungsausschusses

Vor dem Enforcement-Verfahren

Aufgrund der bereits dargestellten teilweisen Zielkonformität zwischen der Arbeit des Prüfungsausschusses und der Aufgabe der BaFin bei den Enforcement-Prüfungen kann und sollte sich der Prüfungsausschuss die von der BaFin bereitgestellten Informationen zunutze machen. Dies betrifft insb. die festgelegten Prüfungsschwerpunkte und ggf. auch Fehlerfeststellungen bei anderen Unternehmen, die wertvolle Hinweise für die Rechnungslegung des eigenen Unternehmens geben können.

Die jährlich festgelegten **Prüfungsschwerpunkte** sollte der Prüfungsausschuss – soweit für das Unternehmen inhaltlich einschlägig – in seinen Fragenkatalog für die Bilanzsitzung aufnehmen und mit dem Vorstand sowie dem Abschlussprüfer kritisch diskutieren.

- Systembezogene Fragestellungen, z.B.: Werden die jährlich veröffentlichten Prüfungsschwerpunkte bei der Abschlusserstellung explizit berücksichtigt und besondere Qualitätssicherungsmaßnahmen aufgesetzt, um das Risiko von Beanstandungen zu minimieren?
- Gezielte Fragestellungen zu einzelnen Rechnungslegungssachverhalten, z.B.:
  - Risikoberichterstattung und Prognosebericht
  - Abbildung von Unternehmenszusammenschlüssen
  - Impairment-Tests, insb. von Goodwill und Marken.

Des Weiteren erscheint es lohnenswert, sicherzustellen, dass aktuelle **Fehlerfeststellungen** der BaFin bzw. der DPR sowie **Fachbeiträge von Mitarbeitern der BaFin bzw. früheren Beschäftigten der DPR** im Rahmen der Abschlusserstellung bzw. -prüfung berücksichtigt werden, soweit sie für das Unternehmen einschlägig sind.

Auf prozessualer Ebene sollte der Prüfungsausschuss beim Vorstand die Erstellung einer **Enforcement-Richtlinie** anregen, in der der Ablauf einer Enforcement-Prüfung dargestellt und die Zuständigkeiten im Unternehmen geregelt werden. Eine derartige Enforcement-Richtlinie empfiehlt sich insb. deshalb, weil Verfahren regelmäßig straff organisiert sind und vielfach innerhalb kurzer Antwortfristen eine erhebliche Fülle an (qualitätsgesicherten) Informationen zusammenzustellen ist.

Aus diesem Grund sollte das Unternehmen auch zeitnah eine sorgfältige Dokumentation sämtlicher wesentlicher Bilanzierungssachverhalte nachhalten. Die Verantwortlichen sollten sich bewusst sein, dass Dokumentationslücken die Ordnungsmäßigkeit der Buchführung infrage stellen können, die ebenfalls Gegenstand der Prüfung durch die BaFin ist. Insofern sollte der Prüfungsausschuss regelmäßig hinterfragen, ob eine angemessene fortlaufende Dokumentation der wesentlichen Bilanzierungssachverhalte vorgenommen wird.

Während eines Enforcement-Verfahrens

Aufseiten des Unternehmens ist der Vorstand als gesetzlicher Vertreter »Herr« des Enforcement-Verfahrens und gleichzeitig direkter Ansprechpartner der BaFin. Der Prüfungsausschuss sollte das Verfahren jedoch eng begleiten, da sein Ausgang Reputations- und Haftungsrisiken nicht nur für das Unternehmen, sondern auch für die Mitglieder des Aufsichtsrates und des Prüfungsausschusses mit sich bringen kann.

Im Verlauf der Prüfung sollte sich der Prüfungsausschuss angesichts der Bedeutung des Verfahrens zeitnah über die von der BaFin hinterfragten Bilanzierungssachverhalte und die vom Unternehmen eingereichten Erläuterungen informieren. Hauptansprechpartner ist hierbei zunächst der (Finanz-)Vorstand, jedoch auch der Abschlussprüfer des Unternehmens. Letzterer unterstützt das Unternehmen i. d. R. bei der Beantwortung der Anfragen der BaFin. Das Enforcement-Verfahren ist von der Abschlussprüfung grds. losgelöst. Der Ausgang des Enforcement-Verfahrens betrifft den Abschlussprüfer jedoch indirekt, da die BaFin eine Fehlerfeststellung – im Falle abweichender Prüfungsergebnisse – als Tatsache wertet, die auf das Vorliegen einer Berufspflichtverletzung durch den Abschlussprüfer schließen lässt, und sie dann an die Abschlussprüferaufsichtsstelle übermittelt (§ 110 Abs. 2 WpHG).

Konkret kann die Einbindung des Prüfungsausschusses in das Enforcement-Verfahren – in Abhängigkeit vom Verfahrensverlauf – insb. Folgendes umfassen:

- Durchsicht der Fragen und Informationsanforderungen der BaFin
- Diskussion mit dem Vorstand, wer das Verfahren begleiten soll. Neben den Verantwortlichen im Unternehmen kommen hier der Abschlussprüfer und weitere externe Spezialisten (z. B. andere Wirtschaftsprüfer oder Rechtanwaltskanzleien) infrage.
- Durchsicht von Gesprächsprotokollen im Falle direkter Gespräche mit der BaFin, an denen der Prüfungsausschuss nicht teilgenommen hat
- Ergänzende Diskussionen mit dem Vorstand und dem Abschlussprüfer über den Fortgang des Verfahrens.

Zum Abschluss eines Enforcement-Verfahrens

Am Schluss des Enforcement-Verfahrens teilt die BaFin dem Unternehmen das Ergebnis der Prüfung mit. Falls es zu einer Fehlerfeststellung kommt, wird dieser i. d. R. bekannt gemacht, wie in Kap. F.VI.1 »Hintergrundinformationen zum BaFin-Enforcement« dargestellt. Nur in seltenen Ausnahmefällen kann hiervon abgesehen werden, nämlich falls ein öffentliches Interesse an der Bekanntmachung fehlt (§ 109 Abs. 2 WpHG).

Falls die BaFin Fehler festgestellt oder Hinweise zur zukünftigen Rechnungslegung gegeben hat, sollte der Prüfungsausschuss zum einen die Folgen für die zukünftige Bilanzierung mit dem Vorstand und dem Abschlussprüfer diskutieren. Zum anderen wäre zu hinterfragen, inwieweit die Fehlerfeststellung Rückschlüsse auf Verbesserungspotenzial in den Abläufen (z. B. Organisation des IKS, Einbeziehung von externen Sachverständigen bei der IFRS-Rechnungslegung) oder der personellen Besetzung bestimmter Rollen erlaubt.[100]

Die Tätigkeit des Prüfungsausschusses mit Bezug auf das Enforcement-Verfahren kann – je nach Arbeitsintensität – Gegenstand der Berichterstattung des Aufsichtsrates an die Hauptversammlung über die Arbeit der Ausschüsse nach § 171 Abs. 2 Satz 2 AktG sein.

Fragen für die Praxis zur Tätigkeit des Prüfungsausschusses bei Enforcement-Verfahren

- Nach Bekanntgabe der Prüfungsschwerpunkte:
  - Welche Relevanz haben die ESMA/(BaFin)-Prüfungsschwerpunkte für das Unternehmen und den aktuellen Abschluss?
  - Sind die ESMA/(BaFin)-Prüfungsschwerpunkte Key Audit Matters in der Prüfung des aktuellen Abschlusses?
  - Bilden die ESMA/(BaFin)-Prüfungsschwerpunkte Anregung für vertiefte Diskussionen im Prüfungsausschuss bzw. eine Grundlage für Prüfungsschwerpunkte des Aufsichtsrates?
  - Berücksichtigt der Prüfungsausschuss bei seiner vorbereitenden Prüfung des Jahresabschlusses die Prüfungsschwerpunkte und die aktuellen Fehlerbekanntmachungen der BaFin, soweit sie für die Gegebenheiten des Unternehmens einschlägig sind?
  - Liegt beim Unternehmen eine angemessene Dokumentation zu den von der ESMA/(BaFin) adressierten Prüfungsschwerpunkten vor?
- Überlegungen zu unterjährigen Entwicklungen:
  - Gibt es bei der Unternehmensstrategie oder der aktuellen Geschäftsentwicklung Themen, die zu Risiken in der Rechnungslegung führen könnten?
  - Wie werden die wesentlichen komplexen Einzeltransaktionen abgebildet?
  - Gibt es aktuelle Fehlerbekanntmachungen anderer Unternehmen bzw. Peers, die von Relevanz sein könnten?
  - Gibt es komplexe und spezifische Bilanzierungsthemen mit hohen Unsicherheiten?
  - Fragt der Prüfungsausschuss den Vorstand, wie für wesentliche Bilanzierungssachverhalte eine angemessene Dokumentation sichergestellt wird?

---

100 Vgl. Warncke (2010), S. 290.

- Während und nach einem Enforcement-Verfahren:
  - Wird der Prüfungsausschuss in allen Phasen des Enforcement-Verfahrens zeitnah vom Vorstand über den Verfahrensverlauf unterrichtet?
  - Werden aus dem Verlauf und den Ergebnissen der Enforcement-Prüfung – soweit möglich – Lehren für die zukünftige Bilanzierung und die organisatorische Abbildung des Rechnungslegungsprozesses gezogen?

VII   Überwachung im Konzern

Dr. Arno Probst

Konzerne sind heutzutage gängige Wirtschaftspraxis, unabhängig von der Unternehmensgröße prägen sie das Bild der Unternehmenslandschaft. Sie sind durch wirtschaftliche Einheit und rechtliche Vielfalt geprägt. Ein Konzern wird gebildet, indem ein herrschendes und
ein oder mehrere abhängige Unternehmen unter der einheitlichen Leitung des herrschenden
Unternehmens zusammengefasst sind oder indem rechtlich selbstständige und voneinander
unabhängige Unternehmen unter einheitlicher Leitung zusammengefasst sind. Die einzelnen
Unternehmen sind Konzernunternehmen (§ 18 AktG).

Abhängig von der jeweiligen Art und Größe der einzelnen Konzernunternehmen ist die Existenz
mehrerer Prüfungsausschüsse innerhalb eines Konzerns möglich bzw. geboten. So müssen
insb. Tochterunternehmen, die Unternehmen von öffentlichem Interesse (§ 316a Satz 2 HGB)
sind, aber selbst keinen Aufsichtsrat oder Verwaltungsrat haben, unabhängig von der Existenz
eines Prüfungsausschusses bei der Konzernmutter einen eigenen Prüfungsausschuss einrichten.[101] Damit stellt sich die Frage, welche Besonderheiten sich für die Prüfungsausschüsse der
jeweiligen Konzernunternehmen ergeben, insb. bei der Differenzierung zwischen Konzernobergesellschaft bzw. herrschendem Unternehmen und den übrigen Konzernunternehmen.

1   Prüfungsausschuss der Konzernobergesellschaft bzw. des herrschenden Unternehmens

Die Überwachungspflicht des Aufsichtsrates bzw. des Prüfungsausschusses einer Konzernmutter bezieht sich nicht nur auf die Konzernobergesellschaft, sondern auch auf den gesamten
Konzern. Bei seiner Informationssammlung über die Tochtergesellschaften sind der Aufsichts-
rat der Konzernobergesellschaft und damit auch dessen Prüfungsausschuss gegenüber den
Vorständen der Tochterunternehmen jedoch nicht weisungsbefugt. Entsprechend läuft die
Berichterstattung weitestgehend über den Konzernvorstand, der über den Konzern genauso
wie über die Konzernobergesellschaft zu berichten hat, sowie den Konzernabschlussprüfer.
Die Überwachung des Konzerns ist insoweit von wesentlicher Bedeutung, da ein Blick in die
Wirtschaftsgeschichte zeigt, dass wirtschaftliche Schieflagen und Zusammenbrüche mit ihren
oftmals verheerenden Folgen häufig bei Tochtergesellschaften aufgetreten sind, wie z. B. bei
den Konzernen Metallgesellschaft, Thyssenkrupp, Siemens und MAN.

---

101 Vgl. § 324 HGB; die in Art. 41 Abs. 6 lit. a der Abschlussprüferrichtlinie vorgeschlagene Befreiungsmöglichkeit von
der Pflicht zur Einrichtung eines Prüfungsausschusses für solche Unternehmen wurde im Zuge des BilMoG nicht in
nationales Recht übernommen. Vgl. Grottel, in: Beck'scher Bilanzkommentar, § 324 Rn. 25.

Überwachungspflichten konzernweit

Der Prüfungsausschuss der Konzernobergesellschaft muss auch die Entwicklung der Tochtergesellschaften beobachten und bspw. im Rahmen seiner Überwachungspflichten nach § 107 Abs. 3 AktG zum Risikomanagementsystem abwägen, ob und welche Risiken für das Mutterunternehmen daraus resultieren. Dies gilt insb. im Falle von Tochterunternehmen, mit denen ein Gewinnabführungsvertrag abgeschlossen wurde, aufgrund der damit verbundenen Verlustübernahmeverpflichtung. Die Überwachung des Risikofrüherkennungssystems für bestandsgefährdende Risiken (§ 91 Abs. 2 AktG), aber auch des angemessen und wirksam einzurichtenden Risikomanagementsystems (§ 91 Abs. 3 AktG) insgesamt, welches der Vorstand der Obergesellschaft einzurichten hat, um konzernweit Risiken zu erkennen und diesen begegnen zu können, ist ebenso konzernweit zu verstehen.

Wichtigste Informationsquelle zur Beurteilung des Systems sind dementsprechend die Berichte des Vorstands der Obergesellschaft, da dieser in seinen Berichten auch auf Tochterunternehmen und Gemeinschaftsunternehmen (§ 310 Abs. 1 HGB) einzugehen hat, wenn die Gesellschaft Mutterunternehmen (§ 290 Abs. 1 und 2 HGB) ist (§ 90 Abs. 1 Satz 2 AktG). Als weitere Informationsquelle dienen die Berichte des Konzernabschlussprüfers, da dieser jedenfalls die Maßnahmen nach § 91 Abs. 2 AktG konzernweit zu beurteilen hat (§ 321 Abs. 4 HGB), nicht hingegen die Angemessenheit und Wirksamkeit des Risikomanagementsystems insgesamt.

Die vorgestellten Ausführungen gelten grds. sinngemäß auch für die anderen Überwachungspflichten des § 107 Abs. 3 AktG, also für die Überwachung des Rechnungslegungsprozesses, des internen Kontrollsystems, des internen Revisionssystems wie auch der Abschlussprüfung, soweit sich aus Konzernsicht relevante Sachverhalte ergeben können. Bezüglich der Überwachung im Konzern durch den Prüfungsausschuss gelten daher generell die Ausführungen des Kap. D.III. »Überwachungsaufgaben«.

Konzernrechnungslegung

Eine wesentliche Aufgabe des Prüfungsausschusses der Konzernobergesellschaft ist die Prüfung des Konzernabschlusses und Konzernlageberichts. Da der Konzernabschluss binnen 90 Tagen nach Geschäftsjahresende öffentlich zugänglich sein soll (Empf. F.2 des DCGK 2022), ist eine zeitnahe Auseinandersetzung mit dem Rechenwerk unabdingbar.

Der Konzernabschluss ist ein reines Informationsinstrument und dient im Gegensatz zum Jahresabschluss nicht der Bemessung von Dividenden und nicht als Grundlage für die steuerliche Gewinnermittlung. Wie bei der Prüfung des Jahresabschlusses erstreckt sich die Prüfung des Konzernabschlusses allerdings ebenfalls auf die Rechtmäßigkeit wie auch auf die Zweckmäßigkeit (siehe hierzu auch Kap. D.IV »Vorbereitende Prüfung des Jahresabschlusses«). Insbesondere muss sich der Prüfungsausschuss der Zweckmäßigkeitsprüfung widmen, da mit der Erstellung des Konzernabschlusses zahlreiche bilanzpolitische Spielräume verbunden sind.[102]

---

102 Vgl. hierzu und im Folgenden auch Koprivica (2009), S. 99 m. w. N.

Weil der Konzernabschluss die Vermögens-, Finanz- und Ertragslage des Konzerns so zeigen soll, als seien die in den Abschluss einbezogenen Unternehmen eine wirtschaftliche Einheit, resultieren aus der Transformation von der Handelsbilanz I zur Handelsbilanz II durch den Grundsatz der Einheitlichkeit, aus dem sich u. a. die Neuausübung von Ansatz- und Bewertungswahlrechten ergibt, ggf. erhebliche bilanzpolitische Spielräume. Weitere bilanzpolitische Möglichkeiten entstehen bspw. durch die verschiedenen Verfahren im Zusammenhang mit der Währungsumrechnung.

Der Prüfungsausschuss könnte den Konzernabschluss mit dem Abschluss vergleichen, der sich durch eine gegenteilige Ausübung der genutzten Wahlrechte ergäbe, und sich ein Bild über die Verwendung von Gliederungswahlrechten machen, um insgesamt sicherzustellen, dass sich die Bilanzpolitik auf Konzernebene nicht negativ auf die Transparenz des Abschlusses auswirkt. Dabei sollte er auch Erklärungen über die vom Vorstand ergriffenen Maßnahmen zur Sicherung der konzernweit einheitlichen Anwendung der Bilanzierungs- und Bewertungsregelungen einholen. In diesem Zusammenhang sollte der Prüfungsausschuss auch die Konzernrechnungslegungsrichtlinien heranziehen, in der Fragen der Rechnungslegung nach dem Recht und den Methoden der Konzernmutter für alle Konzernunternehmen einheitlich geregelt werden. Außerdem müssen die Anhangangaben des Konzernabschlusses neben der inhaltlichen Richtigkeit auch auf Übersichtlichkeit sowie Vollständigkeit kritisch durchgesehen werden. Die vorgestellten Ausführungen gelten gleichermaßen für den Konzernlagebericht.

2   Prüfungsausschuss des abhängigen Unternehmens bzw. der anderen Konzernunternehmen

Prüfung des Jahresabschlusses einer nach § 264 Abs. 3 HGB befreiten Gesellschaft
Eine Kapitalgesellschaft, die Tochterunternehmen eines nach § 290 HGB zur Aufstellung eines Konzernabschlusses verpflichteten Mutterunternehmens ist, kann nach § 264 Abs. 3 HGB unter bestimmten Voraussetzungen von der gesetzlichen Pflichtprüfung des Jahresabschlusses durch einen Abschlussprüfer absehen. Wird aufgrund der Inanspruchnahme der Befreiungsmöglichkeit des § 264 Abs. 3 HGB auf die eigene gesetzliche Abschlussprüfung der Tochtergesellschaft verzichtet, ergeben sich für den Aufsichtsrat und den Prüfungsausschuss der Tochtergesellschaft besondere Anforderungen in seiner Aufgabenerfüllung, denn die Pflicht zur Prüfung des Jahresabschlusses und des Lageberichts des Tochterunternehmens durch den Prüfungsausschuss nach § 324 HGB i. V. m. § 171 Abs. 1 Satz 1 AktG besteht weiterhin (siehe hierzu auch Kap. D.IV »Vorbereitende Prüfung des Jahresabschlusses«).[103] Gleichwohl entfal-

---

[103] Die Prüfung des Vorschlags zur Verwendung des Bilanzgewinns durch den Aufsichtsrat nach § 171 Abs. 1 Satz 1 AktG entfällt bei Vorliegen eines Ergebnisabführungsvertrags.

len jedoch das Prüfungsergebnis (Testat) sowie der Prüfungsbericht des Abschlussprüfers, die für den Prüfungsausschuss ein wesentliches Mittel zur Information und damit eine essenzielle Grundlage für die eigene Prüfung darstellen. Ebenfalls entfällt so der Diskussionspartner in den unterjährigen Sitzungen des Prüfungsausschusses sowie in der Bilanzsitzung des Aufsichtsrates oder des Prüfungsausschusses, in der er über die wesentlichen Ergebnisse seiner Prüfung, insb. wesentliche Schwächen des IKS und des RMS bezogen auf den Rechnungslegungsprozess, zu berichten hätte (§ 171 Abs. 1 Satz 2 AktG).[104]

Aufgrund der Sorgfaltspflicht und Verantwortlichkeit eines ordentlichen und gewissenhaften Aufsichtsrates (§ 116 Satz 1 i. V. m. § 93 AktG) folgt hieraus, dass den einzelnen Mitgliedern des Prüfungsausschusses eine höhere Verantwortung und damit ein höherer Arbeitsaufwand zukommt, denn der Prüfungsausschuss muss trotzdem sicherstellen, dass die vom Vorstand vorgelegten Abschlussunterlagen einerseits gesetz- und ordnungsmäßig sind, also dass die gesetzlichen Vorschriften und ergänzenden Bestimmungen des Gesellschaftsvertrags oder der Satzung beachtet worden sind. Andererseits erstreckt sich die Prüfung auch auf die Untersuchung der Geschäftsführung sowie auf die Zweckmäßigkeit der von der Geschäftsführung gewählten Bilanzierung.

Bei hinreichend kleiner Größe und damit einhergehender Übersichtlichkeit der Gesellschaft können die sorgfältige Durchsicht und Plausibilitätsbeurteilungen des Prüfungsausschusses zur sachgerechten Erfüllung der Aufgaben ausreichen. Weist die Gesellschaft allerdings eine komplexere Struktur mit entsprechenden Geschäftsvorfällen auf, wird der Prüfungsausschuss seine umfassenden Einsichts- und Prüfungsrechte nach § 111 AktG ausnutzen müssen, um zu einem angemessenen Urteil kommen zu können. Dies bedeutet schlichtweg, dass er materielle Prüfungshandlungen durchzuführen hat, die denen der Internen Revision und des Abschlussprüfers in ihrer Intensität nahekommen.

Dies kann aber auch zu einer zeitlichen Herausforderung führen. Denn der Konzernabschluss soll innerhalb von 90 Tagen nach Geschäftsjahresende öffentlich zugänglich sein. Das fordert eine zeitnahe und v. a. schnelle Prüfung des Abschlusses des Tochterunternehmens, da auch die Konzernspitze eine angemessene Zeit zur Erstellung und Prüfung des Konzernabschlusses aufbringen muss, auch wenn sie damit in der Praxis nicht so lange wartet, bis alle Rechenwerke der Tochtergesellschaften final vorliegen.

Unterstützende Informationen und Prüfungsergebnisse können in diesem Fall durch den Konzernabschlussprüfer eingeholt werden, da er faktisch die Abschlüsse der Tochterunternehmen prüfen muss, auch wenn die Prüfung der Reporting Packages der Konzerntöchter an die Konzernspitze i. d. R. die internationalen Rechnungslegungsstandards IFRS (oder die amerikani-

---

104 Vgl. hierzu und im Folgenden auch Prangenberg (2007), S. 154–155.

schen US-GAAP) berücksichtigt. Diese Prüfungsergebnisse liegen im Allgemeinen auch dem Vorstand der Tochtergesellschaft vor.

Ein weiteres Augenmerk sollte der Prüfungsausschuss auf den Ausgleichsanspruch bei Vorliegen eines Ergebnisabführungsvertrags zwischen der Konzernspitze und der Tochtergesellschaft richten und sich über die hieraus resultierenden Sachverhalte informieren, z. B. die Werthaltigkeit der Forderung an die Konzernspitze im Falle eines Verlustausgleichs.

Zur Vermeidung zeitlicher Engpässe und v.a. zur Minderung des Haftungsrisikos des Prüfungsausschusses und des Aufsichtsrates der Tochtergesellschaft kann es daher insgesamt empfehlenswert sein, gem. § 111 Abs. 1 Satz 2 AktG bestimmte Aufgaben Sachverständigen zu übertragen. Demzufolge sollte es erwogen werden, zur Unterstützung des Prüfungsausschusses entweder einzelne Sachverhalte durch Experten klären zu lassen oder den Jahresabschluss durch einen Wirtschaftsprüfer mindestens einer prüferischen Durchsicht zu unterziehen. Die bestmögliche Erfüllung der Aufgabe besteht in der Durchführung einer freiwilligen Jahresabschlussprüfung im Umfang der gesetzlichen Abschlussprüfung, wenn nicht der Konzernabschlussprüfer ausreichende Informationen aus seiner Prüfung des Tochterunternehmens auch dessen Prüfungsausschuss zur Verfügung stellt.

Abhängigkeitsbericht

Eine weitere Besonderheit besteht in der Prüfung des Abhängigkeitsberichts. Übt ein Unternehmen einen beherrschenden Einfluss auf die Gesellschaft aus und besteht kein Beherrschungs- oder Gewinnabführungsvertrag, hat der Vorstand einen Abhängigkeitsbericht aufzustellen (§ 312 Abs. 1 Satz 1 AktG). In dem Bericht sind alle Rechtsgeschäfte und Maßnahmen aufzuführen, welche die Gesellschaft im vergangenen Geschäftsjahr mit dem herrschenden Unternehmen oder einem mit ihm verbundenen Unternehmen auf Veranlassung oder im Interesse dieser Unternehmen vorgenommen bzw. getroffen oder unterlassen hat (§ 312 Abs. 1 Satz 2 AktG). Bei den Rechtsgeschäften sind gem. § 312 Abs. 1 Satz 3 AktG die Leistungen und Gegenleistungen, bei den Maßnahmen deren Gründe sowie deren Vorteile und Nachteile für die Gesellschaft anzugeben. Dieser Abhängigkeitsbericht ist vom Abschlussprüfer und vom Aufsichtsrat zu prüfen (§ 313 Abs. 1 und § 314 Abs. 2 AktG).[105] Über das Ergebnis der Prüfung hat der Aufsichtsrat der Hauptversammlung im Rahmen seiner Berichterstattung nach § 171 Abs. 2 AktG zu berichten (siehe hierzu auch Kap. D.VI.2.a »Die Berichterstattung des Aufsichtsrates an die Hauptversammlung«) und abschließend zu erklären, ob gegen die Schlusserklärung des Vorstands Einwände bestehen (§ 314 Abs. 3 AktG).[106]

---

105 Vgl. hierzu und im Folgenden auch Koprivica (2009), S. 101 f. m. w. N.
106 Das OLG Düsseldorf hat am 22.11.2012 entschieden, dass keine Prüfungs- oder Berichtsdefizite im Aufsichtsratsbericht vorliegen, wenn nicht explizit angeführt wird, dass der Aufsichtsrat den Abhängigkeitsbericht des Vorstands geprüft hat. Es ist vielmehr ausreichend, wenn sich aus dem Bericht ergibt, dass eine solche Prüfung erfolgt ist. Vgl. OLG Düsseldorf, Urt. v. 22.11.2012 – I-6 U 18/12.

Dem Prüfungsausschuss kann die Vorbereitung der Prüfung, nicht jedoch die abschließende Prüfung des Abhängigkeitsberichts übertragen werden (§ 107 Abs. 3 Satz 7 AktG). Ist der Prüfungsausschuss vorbereitend tätig, um eine Empfehlung für den Aufsichtsrat zu geben, ob dieser Einwände erheben soll oder nicht, kann er entsprechend den Bericht des Abschlussprüfers zur Information in seine eigene Prüfung mit einbeziehen.

Die Untersuchung durch den Prüfungsausschuss erstreckt sich auf die Kontrolle der Vollständigkeit und Richtigkeit des Abhängigkeitsberichts. Dies stellt eine schwierige Aufgabe dar, da die Vollständigkeitsprüfung selbst nicht Gegenstand der Prüfung durch den Abschlussprüfer ist. Es sollte daher bereits unterjährig darauf geachtet werden, dass der Vorstand alle berichtspflichtigen Vorgänge erfasst und dokumentiert. Weiterhin empfiehlt sich zur Unterstützung auch eine Erweiterung des Prüfungsauftrags an den Abschlussprüfer. Insbesondere ist die Abgrenzung des Kreises verbundener Unternehmen, die Vollständigkeit der berichteten Rechtsgeschäfte und Maßnahmen sowie die Richtigkeit der Angaben zu prüfen. Ebenso sollten die anzugebende Leistung und Gegenleistung bei den Rechtsgeschäften sowie bei den Maßnahmen die Gründe der Maßnahme und deren Vorteile und Nachteile für die Gesellschaft analysiert werden. Der Prüfungsausschuss sollte dabei insb. auf die Behandlung wesentlicher oder außergewöhnlicher geschäftlicher Vorgänge achten.

Für seine vorbereitende Prüfung des Abhängigkeitsberichts kann sich der Prüfungsausschuss auch an IAS 24 über die Angaben über Beziehungen zu nahestehenden Unternehmen und Personen orientieren.

Fragen für die Praxis zur Überwachungstätigkeit im Konzern

- Verfügt der Konzern über ein auch aus Konzernsicht angemessenes Risikomanagementsystem?
- Hat der Prüfungsausschuss der Muttergesellschaft die Möglichkeit, seine konzernweite Überwachungspflicht zum Rechnungslegungsprozess, zum internen Kontrollsystem, zum internen Revisionssystem und zur Abschlussprüfung wahrzunehmen, und dafür die relevanten Informationen?
- Widmet sich der Prüfungsausschuss bei seiner Prüfung des Konzernabschlusses insb. der Zweckmäßigkeit des Abschlusses im Hinblick auf Gestaltungsspielräume und Wahlrechte?
- Sollen zur Unterstützung des Prüfungsausschusses bei seiner Prüfung des Abschlusses einer nach § 264 Abs. 3 HGB befreiten Gesellschaft einzelne Sachverhalte durch Sachverständige geprüft werden, und werden hierzu auch Informationen über die Prüfung des Konzernabschlussprüfers eingeholt?
- Wird erwogen, den Jahresabschluss einer nach § 264 Abs. 3 HGB befreiten Gesellschaft durch einen Abschlussprüfer prüfen zu lassen?
- Wird im Rahmen der Prüfung des Abhängigkeitsberichts der Bericht des Abschlussprüfers zur Information zu Hilfe genommen oder der Prüfungsauftrag des Abschlussprüfers diesbezüglich erweitert?

VIII   Der Prüfungsausschuss bei Unternehmenskrisen

Dr. Claus Buhleier/Silke Splinter

Indikatoren für wirtschaftliche Krisen

Das frühzeitige Erkennen von Frühwarnindikatoren für eine wirtschaftliche Krise ist Grundvoraussetzung für die Einleitung effektiver Maßnahmen. Der Prüfungsausschuss spielt in diesem Zusammenhang eine Schlüsselrolle, da er zum einen nicht nur eine vergangenheits-, sondern möglichst auch eine zukunftsorientierte Überwachung der Rechnungslegung vornimmt und zum anderen meist auch die Überwachung der unternehmerischen Kontrollsysteme übernimmt, weshalb er sich intensiv mit dem Risikomanagement des Unternehmens befasst.[107]

Die in Abbildung 38 dargestellten Indikatoren können für die frühzeitige Identifikation von wirtschaftlichen Schwierigkeiten hilfreich sein.[108]

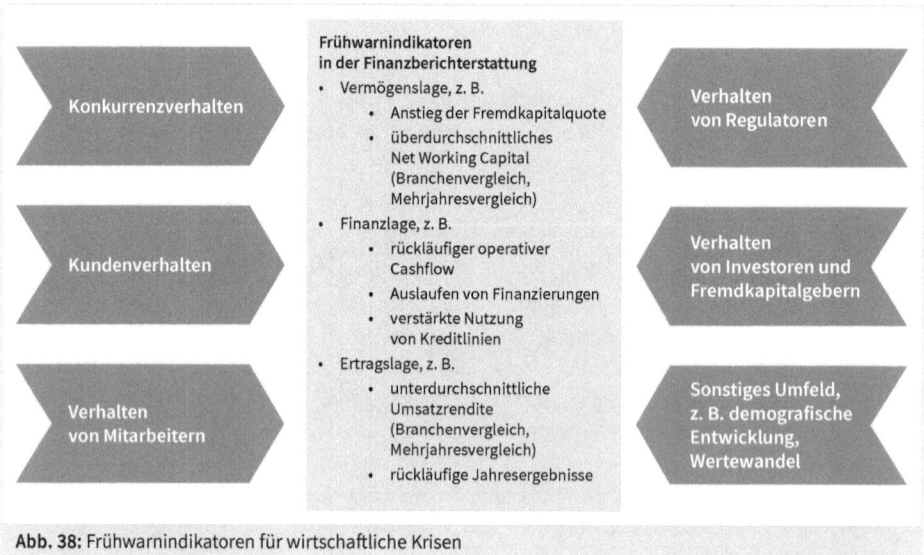

Abb. 38: Frühwarnindikatoren für wirtschaftliche Krisen

Schwierigkeiten beim Erkennen der Frühwarnindikatoren können sich u. a. ergeben aus

- zu detaillierten oder zu aggregierten Berichten des Vorstands,
- der Verharmlosung der Frühwarnindikatoren durch den Vorstand,
- einer unvollständig ausgeprägten Diskussionskultur in Prüfungsausschuss und Aufsichtsrat.

---

107   Vgl. Hasselbach (2012), S. 45.
108   Weitere »Red Flags « finden sich in Governing Corporations (o.D.): Appendix B »Red Flags in Management«, abrufbar unter: https://flatworldknowledge.lardbucket.org/books/governing-corporations/s15-appendix-b-red-flags-in-manage.html.

Es gilt somit aus Sicht des Prüfungsausschusses, seine Informationsbasis zum einen um vorstandsunabhängige Informationsquellen zu erweitern (siehe hierzu Kap. C.III »Informationsversorgung«), und zum anderen, die Auskünfte und Erläuterungen des Vorstands möglichst intensiv zu hinterfragen und dabei unternehmensunabhängige Informationen als Benchmark zugrunde zu legen. Für Letzteres eignen sich bspw. Branchenreports, Analystenberichte oder Gespräche mit Branchenexperten.

Die unterschiedlichen Phasen von Unternehmenskrisen und deren Ursachen

Unternehmenskrisen lassen sich in der Praxis in verschiedene Phasen – von Stakeholder-Krise bis zur Insolvenz – einteilen:

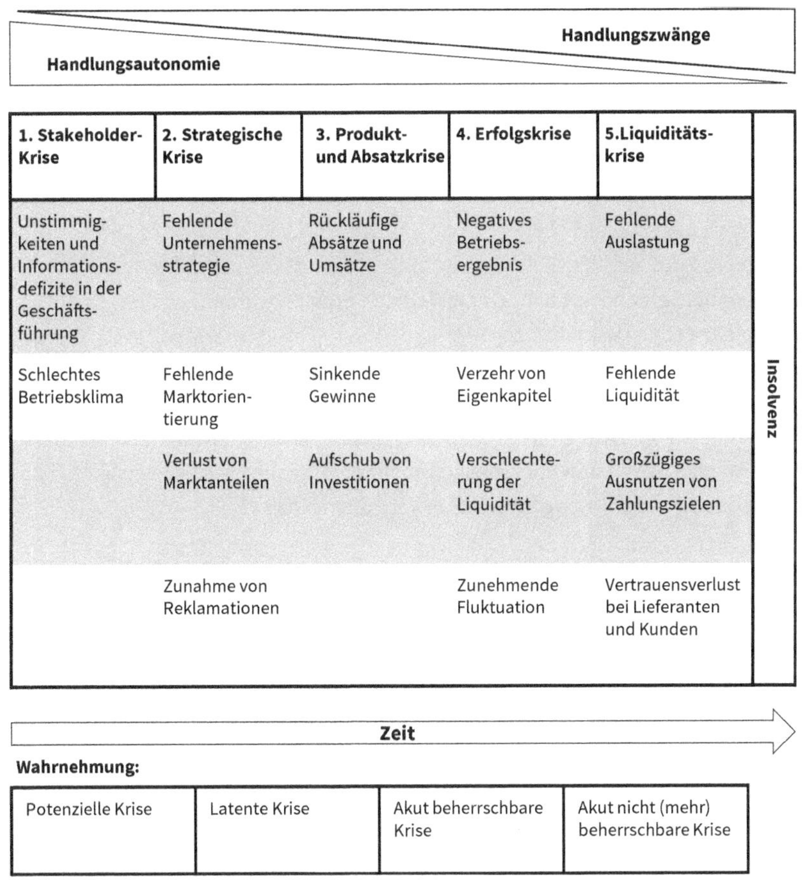
Handlungszwänge
Handlungsautonomie
1. Stakeholder-Krise
2. Strategische Krise
3. Produkt- und Absatzkrise
4. Erfolgskrise
5.Liquiditäts-krise
Unstimmigkeiten und Informationsdefizite in der Geschäftsführung
Fehlende Unternehmensstrategie
Rückläufige Absätze und Umsätze
Negatives Betriebsergebnis
Fehlende Auslastung
Schlechtes Betriebsklima
Fehlende Marktorientierung
Sinkende Gewinne
Verzehr von Eigenkapitel
Fehlende Liquidität
Verlust von Marktanteilen
Aufschub von Investitionen
Verschlechterung der Liquidität
Großzügiges Ausnutzen von Zahlungszielen
Zunahme von Reklamationen
Zunehmende Fluktuation
Vertrauensverlust bei Lieferanten und Kunden
Insolvenz
Zeit
Wahrnehmung:
Potenzielle Krise
Latente Krise
Akut beherrschbare Krise
Akut nicht (mehr) beherrschbare Krise

Abb. 39: Verschiedene Phasen von Unternehmenskrisen

Für die Aufsichtsratspraxis können die unterschiedlichen Phasen der Unternehmenskrisen und deren Ursachen wie folgt charakterisiert werden:[109]

Stakeholder-Krise

Krisen auf Ebene der Stakeholder (dies sind insb. Mitglieder der Unternehmensleitung und der Überwachungsorgane, Gesellschafter, Arbeitnehmer und ihre Vertretungen, Kreditinstitute und andere Gläubiger) entstehen oft durch Konflikte zwischen diesen Gruppen und ihren Mitgliedern. Vor allem Konflikte der Corporate Governance strahlen auf das Unternehmen, insb. auf das Führungsverhalten, aus, führen zu erheblichen Reibungsverlusten oder Blockaden und verhindern notwendige Entscheidungen. Existenzbedrohende Barrieren sind häufig auch die Folge mangelnder Erkenntnis, Akzeptanz und Kommunikation von notwendigen Veränderungen (Neuausrichtung) des Unternehmens. Die Konsequenzen treten schleichend ein. Das für eine Neuausrichtung erforderliche Wissen und Können geht zunehmend verloren. Das bisherige Leitbild ist wegen veränderter Rahmenbedingungen überholt oder wird in dem Unternehmen nicht mehr gelebt. Innerhalb der Leitungs- und Überwachungsebene bis in die Belegschaft hinein treten Blockaden und Polarisierungen auf. Häufig wird die Unternehmenskultur mitsamt der Leistungsbereitschaft der Belegschaft deformiert und Nachlässigkeit breitet sich aus. Dadurch wird das Aufkommen eines Umfelds begünstigt, das Täuschungen und Vermögensschädigungen ermöglicht, z. B. weil

- Aktivitäten des Controllings und der Internen Revision bewusst behindert werden,
- falsche Bereichsergebnisse billigend in Kauf genommen werden,
- Unstimmigkeiten in den Potenzialen u. a. dadurch eintreten, dass Schwächen in der Produktqualität durch erhöhte Marketingaktivitäten kompensiert werden sollen.

Die Glaubwürdigkeit der handelnden Personen schwindet. Zugleich kommen bei Stakeholdern Zweifel auf, ob die Organe den auf sie zukommenden Aufgaben gewachsen sind. Insoweit beginnt mit der Stakeholder-Krise oft auch eine Vertrauenskrise.

Strategiekrise

Strategiekrisen ergeben sich häufig als Folge einer Stakeholder-Krise. Meist infolge unzureichender Kundenorientierung und unsystematischer Beobachtung der Wettbewerbsentwicklungen erfolgen unangemessene oder ineffektive Innovationen und Investitionen, die zu strategischen Lücken (z. B. unzureichendes Produktprogramm) und strukturellen Defiziten (z. B. unangemessene Fertigungstiefe) führen. Schwächen im Personalmanagement können gleichermaßen Ursache wie auch Folge einer Strategiekrise sein. Zu erkennen ist die Strategiekrise v.a. am Verlust von Marktanteilen, der wiederum einen Rückgang der Wettbewerbsfähigkeit indiziert und damit grundlegende strategische Sanierungsmaßnahmen erforderlich macht. Mögliche Ursachen der Strategiekrise sind

---

109   Die nachfolgende Beschreibung wurde entnommen IDW: Fragen und Antworten: Zur Erstellung und Beurteilung von Sanierungskonzepten nach IDW S 6, Stand: 16.05.2018, Abschnitt 3.5. Vgl. ferner auch Küting/Strauß (2020), S. 2196 ff.

- eine unklare oder fehlende strategische Ausrichtung im Hinblick auf die angestrebten Wettbewerbspositionen oder Wettbewerbsvorteile und
- nachhaltige Fehleinschätzungen der Wettbewerbssituation oder der Marktentwicklung.

Diese Entwicklungen können zu falscher Innovationspolitik hinsichtlich Produktportfolio und Verfahrenstechnik, Fehlinvestitionen, falsch angelegten Diversifikationen und Kooperationen sowie Fehlern in der Standortwahl führen. Nicht zuletzt ist die Wettbewerbsfähigkeit von der jeweiligen Wettbewerbssituation des Unternehmens in seiner Branche abhängig. Diese lässt sich i.W. durch drei Haupteinflussgrößen beschreiben.

1. Zunächst geht es um die Branchenstruktur, geprägt durch die Akteure, ihre Stärke, ihre Geschäftspraktiken und ihr Verhalten: vorhandene und potenzielle Wettbewerber, Anbieter von Ersatzprodukten, aktuelle und potenzielle Lieferanten, aktuelle und potenzielle Kunden.
2. Das Wettbewerbsgeschehen wird auch durch die horizontale und vertikale Kooperation und Interaktion zwischen den Akteuren geprägt.
3. Schließlich beeinflussen die Marktphasen die Wettbewerbssituation.

So macht es einen erheblichen Unterschied, ob sich ein Markt in der Expansions- oder Stagnationsphase befindet.

Produkt- und Absatzkrise

In der Folge einer Strategiekrise kann sich eine Produkt- und Absatzkrise entwickeln. Sie liegt vor, wenn die Nachfrage nach den Hauptumsatz- und -erfolgsträgern nicht nur vorübergehend stark zurückgeht. Aus dieser Entwicklung resultieren steigende Vorratsbestände und dadurch eine Zunahme der Kapitalbindung. Auch führen Unterauslastungen der Produktionskapazitäten zu Ergebnisrückgängen. Eine solche Situation kann durch Umstände auf der Nachfrageseite oder auf der Unternehmensseite verursacht sein, wie z. B.:

- Qualitativ nicht ausreichendes Marketing- und Vertriebskonzept
- Sortimentsschwächen
- Qualitätsprobleme bei Produkten, Dienstleistungen, Service
- Falsch eingeschätzte Preisentwicklung und Fehler in der Preispolitik
- Schwächen in der Liefertreue
- Fehler in der Vertriebssteuerung/falsche Anreizsysteme im Vertrieb.

Erfolgskrise

Ohne wirksames Gegensteuern in der Stakeholder- und Strategiekrise bzw. der Produkt- und Absatzkrise folgt zwangsläufig die Erfolgskrise. Ein Renditeverfall drückt sich darin aus, dass zunächst die Eigenkapitalkosten nicht mehr verdient werden. Sodann entstehen starke Gewinnrückgänge und schließlich Verluste bis hin zum vollständigen Verzehr des Eigenkapitals. Diese Entwicklung wird geprägt durch Nachfragerückgänge, Preisverfall und Kostensteigerungen je verkaufter Einheit. Mit sinkender Eigenkapitalquote wird das Unternehmen zunehmend kreditunwürdig. Zugleich durchläuft das Unternehmen einen kritischen Punkt in der Krisenentwicklung: Die Zahlungsfähigkeit lässt sich durch geschickte Liquiditätspolitik zunächst zwar weiterhin aufrechterhalten; die zur nachhaltigen Sanierung erforderlichen Mittel (z. B. für Investitionen oder Sozialpläne) lassen sich jedoch unter den gegebenen Umständen nicht mehr beschaffen. Eine Sanierung lässt sich dann ohne Kapitalzuführung – ggf. auch unter Änderung der bisherigen Gesellschafterstruktur – nicht mehr erreichen. Auch wenn eine Erfolgskrise kurzfristig durch ein singuläres Ereignis ausgelöst wird, kann dem eine tiefer liegende Krise (Stakeholder-, Strategie- oder Produkt- und Absatzkrise) zugrunde liegen.

Liquiditätskrise

Mit Eintritt der Liquiditätskrise ist das Unternehmen in seiner Existenz erhöht gefährdet. Eingetretene Liquiditätsschwierigkeiten indizieren ein Insolvenzrisiko, falls keine oder unzureichende Maßnahmen ergriffen werden. Häufig wird spätestens mit einer Liquiditätskrise auch eine krisenverschärfende Finanzierungsstruktur offensichtlich. Gründe hierfür können sein:

*   Fehlende Übereinstimmung zwischen Geschäftsmodell und Eigenkapitalsituation
*   Komplexe Finanzierungsstruktur aufgrund einer Vielzahl bilateraler Beziehungen zu Finanzgebern mit heterogener Interessenlage
*   Unausgewogene Zusammensetzung der Finanzierung mit Eigenkapital, Fremdkapital und hybriden Finanzierungsformen
*   Mangelnde Fristenkongruenz zwischen Kapitalbindung und Kapitalbereitstellung
*   Klumpenrisiken in der Fälligkeitsstruktur von Finanzierungen
*   Unzureichendes Working-Capital-Management.

Insolvenzreife

Eine sich zuspitzende Liquiditätskrise kann zu dem Insolvenzgrund der Zahlungsunfähigkeit führen. Wird eine Insolvenzreife festgestellt, kann diese nur dadurch überwunden werden, dass mit geeigneten und schnell realisierbaren Maßnahmen wieder die Voraussetzungen für eine positive Fortbestehensprognose geschaffen werden. Fällt die Fortbestehensprognose dagegen negativ aus, d. h., droht Zahlungsunfähigkeit, wird dies – meist schon aufgrund dann notwendiger Liquidationsbewertung – i. d. R. eine Überschuldung nach sich ziehen. Im Falle einer drohenden Zahlungsunfähigkeit oder Überschuldung – nicht aber bei Zahlungsunfähigkeit – bietet sich den gesetzlichen Vertretern die Möglichkeit, das Schutzschirmverfahren nach § 270b InsO einzuleiten und in einer Zeit von höchstens drei Monaten einen Insolvenzplan zu erstellen.

In der Praxis[110] ermöglicht es eine erste vorläufige Beurteilung des Unternehmens und seiner Krisenentwicklung, Vermutungen darüber anzustellen, durch welche Ursachen die Unternehmenskrise entstanden ist. Durch Eingrenzung der vermuteten kritischen Bereiche kann eine systematische Ursachenanalyse durchgeführt werden, die fortlaufend den gewonnenen Erkenntnissen anzupassen ist. Dabei sind die Krisenursachen für die jeweiligen Geschäftsbereiche entsprechend den Krisenstadien zu analysieren und zu dokumentieren. Allgemeine Angaben über Krisenursachen – z. B. Managementfehler – reichen nicht aus. Unternehmenskrisen sind

---

110 Grundlage für diesen Abschnitt ist IDW: Fragen und Antworten: Zur Erstellung und Beurteilung von Sanierungskonzepten nach IDW S 6, Stand: 16.05.2018, Abschnitt 3.5.

zumeist das Resultat mehrstufiger Ursache-Wirkungs-Ketten und haben zudem i. d. R. mehrere zusammenwirkende, sich verstärkende oder abschwächende Ursachen. Daher bedarf es darauf gerichteter Analysen, die sich auch auf das Management und die Belegschaft erstrecken sollten.

Dabei können sowohl Faktoren aus den verschiedenen Bereichen des Unternehmens als auch aus der Unternehmensumwelt in Betracht kommen. Zu unterscheiden sind üblicherweise externe Krisenursachen (z. B. Konjunktureinflüsse, steigende Wettbewerbsintensität, Marktveränderungen) und interne Ursachen (z. B. Qualitätsprobleme, operative Defizite im Leistungserstellungsprozess, Managementprobleme). Insgesamt muss sorgfältig zwischen Symptomen und Ursachen einer Krise unterschieden werden.

Prüfungsausschuss in einer akuten wirtschaftlichen Unternehmenskrise

In wirtschaftlich schwierigen Zeiten sollte der Prüfungsausschuss den Vorstand enger begleiten und überwachen als bei einem normalen Geschäftsverlauf. Hierzu gehört u. a.

- eine umfangreichere und häufigere Berichterstattung des Vorstands (z. B. Liquiditätsplanung),
- eine Ad-hoc-Berichterstattung an den Aufsichtsratsvorsitzenden bei wichtigen Anlässen (§ 90 Abs. 1 Satz 3 AktG)[111] und
- ein besonderes Augenmerk auf die Vertraulichkeit der Berichterstattung.

Gerade in Krisenzeiten ist von besonderer Bedeutung, dass der Prüfungsausschuss ein konstruktives Vertrauensverhältnis zum Vorstand aufbaut. Hinsichtlich der Beratung der Vorstandsmitglieder muss jedoch stets das gesetzliche Verbot beachtet werden, Geschäftsführungsaufgaben auf den Aufsichtsrat zu übertragen (§ 111 Abs. 4 Satz 1 AktG).

Bedeutendere Maßnahmen zur Krisenbewältigung, wie z. B. die Veräußerung von Unternehmensteilen, dürften regelmäßig in den Katalog der zustimmungspflichtigen Rechtsgeschäfte fallen, sodass der Gesamtaufsichtsrat hier zwingend einzubinden ist (§ 111 Abs. 4 Satz 2 AktG). Dem Prüfungsausschuss können in diesem Zusammenhang entscheidungsvorbereitende Aufgaben, wie z. B. die vorbereitende Prüfung der vom Vorstand vorgetragenen Argumente, übertragen werden.

Bei komplexeren Fragestellungen kann es angezeigt sein, dass der Aufsichtsrat mittels Beschluss einen externen Berater hinzuzieht, um eine qualifizierte Aufnahme und Bewertung der Unternehmenssituation und der vom Vorstand vorgesehenen Maßnahmen zu gewährleisten (§ 111 Abs. 2 Satz 2 AktG).[112]

Eine wirtschaftliche Krise des Unternehmens kann bestimmte gesellschaftsrechtliche Pflichten sowie Publizitätspflichten auslösen. Zu nennen sind hier v. a. die Ad-hoc-Publizitätspflichten nach Art. 17 Abs. 1 MMVO sowie die Pflicht zur Verlustanzeige und unverzüglichen Einberufung

---

111 Vgl. Spindler (2019), in: Münchener Kommentar zum AktG, § 90 Rn. 31 f.
112 Zur Rolle des Aufsichtsrates in der Unternehmenskrise s. a. die Ergebnisse einer diesbezüglichen Panel-Befragung, Theisen/Probst (2016), S. 1 ff. sowie Scheffler (2014), S. 2859 ff.

und Durchführung einer außerordentlichen Hauptversammlung beim Verlust von mindestens der Hälfte des Grundkapitals nach § 92 Abs. 1 AktG. Für beide Maßnahmen ist originär der Vorstand der Gesellschaft verantwortlich. Der Aufsichtsrat muss jedoch im Rahmen seiner Überwachungspflichten nach § 111 Abs. 1 AktG auch darauf achten und ggf. darauf hinwirken, dass der Vorstand den ihm obliegenden Verpflichtungen nachkommt.[113]

Gemäß § 15a InsO sind die Mitglieder des Vorstands verpflichtet, ohne schuldhaftes Zögern, spätestens aber drei Wochen nach Eintritt eines Insolvenzantragsgrunds (Zahlungsunfähigkeit oder Überschuldung mit negativer Fortführungsprognose) einen Insolvenzantrag zu stellen. Auch die Insolvenzantragspflicht trifft somit originär den Vorstand, nicht aber den Aufsichtsrat der Gesellschaft.

Der BGH hat in seiner Entscheidung vom 16.03.2009 jedoch klargestellt, dass der Aufsichtsrat »sich ein genaues Bild von der wirtschaftlichen Situation der Gesellschaft verschaffen und insbesondere in einer Krisensituation alle ihm nach § 90 Abs. 3, § 111 Abs. 2 AktG zur Verfügung stehenden Erkenntnisquellen ausschöpfen« muss.[114] Stellt ein Aufsichtsratsmitglied auf dieser Basis die Insolvenzreife der Gesellschaft fest, so ist es verpflichtet, auf die Stellung des Insolvenzantrags durch den Vorstand sowie die Unterlassung unzulässiger Zahlungen durch den Vorstand hinzuwirken. Dies schließt die Pflicht zur Abberufung von unzuverlässig erscheinenden Vorstandsmitgliedern ein. Das Aufsichtsratsmitglied muss nach §§ 116, 93 Abs. 2 Satz 2 AktG darlegen und beweisen, dass es diese Pflichten erfüllt hat oder es jedenfalls an der Nichterfüllung kein Verschulden trifft.

Eine Haftung der Aufsichtsratsmitglieder kann regelmäßig ausgeschlossen werden, wenn der Aufsichtsrat zur Klärung des Bestehens der Insolvenzreife der Gesellschaft einen unabhängigen, fachlich qualifizierten Berufsträger beauftragt, der über sämtliche für die Beurteilung erheblichen Umstände ordnungsgemäß informiert ist, und der Aufsichtsrat die Arbeitsergebnisse des Beraters einer Plausibilitätskontrolle unterzieht.[115] Die Beauftragung eines externen Beraters bedarf eines Beschlusses des Aufsichtsrates (§ 108 Abs. 1 AktG).

Krisen in der Rechnungslegung
Krisen im Bereich der Rechnungslegung können wie folgt eingeordnet werden:
* Unbeabsichtigter Bilanzierungsfehler, festgestellt z. B. im Rahmen einer Enforcement-Prüfung
* Bilanzmanipulationen durch den Vorstand oder leitende Mitarbeiter (z. B. durch die Geschäftsleiter von Auslandsgesellschaften), festgestellt bspw. durch die Interne Revision oder durch Whistleblower (siehe hierzu auch Kap. D.II »Risikofaktoren für Verstöße in der Rechnungslegung und Auswirkungen auf die Tätigkeit des Prüfungsausschusses«).

---

113 Schmittmann (2012), S. 171 f.
114 BGH v. 16.03.2009, DStR 2009, S. 1157 ff.; Vertiefung und Fortführung dieser Rechtsprechung durch das Urteil des OLG Düsseldorf v. 31.05.2012 – I-16 U 176/10.
115 Schmittmann (2012), S. 175.

Die Überwachung der Aufarbeitung dieser Feststellungen fällt primär in den Zuständigkeitsbereich des Prüfungsausschusses und betrifft insb. die folgenden Maßnahmen:

- Vollständige Aufklärung des Umfangs des Bilanzierungsfehlers
- Prüfung der Konsequenzen für die Rechnungslegung (Fehlerkorrektur)
- Prüfung weitergehender Konsequenzen der fehlerhaften Rechnungslegung (z. B. in Bezug auf Covenants)
- Kommunikation (Ad-hoc-Mitteilung, ergänzende Presseerklärungen, Kommunikation an wesentliche Stakeholder etc.)
- Prüfung interner Konsequenzen der fehlerhaften Bilanzierung
  - Ursachenanalyse
  - Funktionieren der internen Kontrollen (präventiv und detektiv)
  - Änderungen in den Prozessen, der Ressourcenausstattung und ggf. der Besetzung bestimmter Rollen
- Juristische Aufarbeitung des Sachverhalts (Prüfung eigener Schadenersatzansprüche und ggf. gegen die Gesellschaft erhobener Ansprüche).

Bilanzierungsfehler können zu einem erheblichen Vertrauensverlust bei den Anteilseignern, den Fremdkapitalgebern und den übrigen Stakeholdern des Unternehmens führen. Im Vordergrund des Krisenmanagements steht daher nicht nur die Aufarbeitung des Fehlers an sich, sondern auch das Kommunikationsverhalten der Gesellschaft sowie die Sicherstellung, dass der Geschäftsleitung trotz der Krisenbewältigung noch genügend Ressourcen für die Führung der operativen Geschäfte verbleiben.

Krisen im Compliance-Management

Kein noch so gutes Compliance-System ist dazu geeignet, Compliance-Verstöße mit hundertprozentiger Sicherheit auszuschließen.[116] Die Überwachung der Aufklärung und Nachverfolgung möglicher Compliance-Verstöße fällt – ebenso wie die Überwachung präventiver Maßnahmen – unter die allgemeine Pflicht des Aufsichtsrates zur Überwachung der Geschäftsführung durch den Vorstand.[117] Hierzu gehören bei größeren Compliance-Verstößen konkret die Überwachung

- der internen Untersuchungen zur Aufdeckung von Verstößen durch die Angestellten und/oder den Vorstand (Internal Investigation) sowie
- der Umsetzung der sich aus dem Compliance-Vorfall ergebenden Konsequenzen zur Verbesserung der Prozesse und Organisationsstrukturen.

Die Pflicht zur Aufklärung und Nachverfolgung von Verstößen liegt grds. beim Vorstand. Dem Prüfungsausschuss obliegt die Überwachung der vom Vorstand getroffenen Maßnahmen. Eine

---

116 Eine Studie über Fraud-Fälle in Europa einschließlich der wesentlichen Motive und Charakteristika der Täter hat die US-amerikanische Association of Certified Fraud Examiners (ACFE, 2020) herausgegeben, abrufbar unter https://acfepublic.s3-us-west-2.amazonaws.com/2020-Report-to-the-Nations.pdf.

117 Vgl. Siepelt/Pütz (2018), S. 78.

primäre Zuständigkeit oder ein Weisungsrecht des Aufsichtsrates gibt es auch im Falle von Compliance-Verstößen nicht.[118] Die Befassung des Prüfungsausschusses mit einem Compliance-Verstoß kann – je nach dessen Bedeutung – folgende Aspekte umfassen:

- Aufklärung der Hintergründe/Motive des Täters, da diese ein Schlaglicht auf interne Organisationsschwächen werfen können (z. B. unrealistische Zielvorgaben, Relativierung der Ethik-Vorschriften des Unternehmens durch Vorgesetzte des Täters)
- Aufklärung etwaiger Schwächen in den unternehmerischen Kontrollsystemen, die den Compliance-Verstoß ermöglicht bzw. erleichtert haben
- Art der Aufdeckung des Compliance-Verstoßes (z. B. Nachverfolgung von Hinweisen anderer Mitarbeiter)
- Maßnahmen des Vorstands: u. a. Geltendmachung von Schadenersatz, personelle Maßnahmen, Kommunikation gegenüber Shareholdern und Stakeholdern des Unternehmens und den Medien.

Die Befassung des Prüfungsausschusses mit einzelnen Compliance-Verstößen muss sich allein schon aus Kapazitätsgründen auf die wichtigsten Fälle beschränken. Bei unwichtigeren Fällen reicht eine reine Kenntnisnahme, z. B. im Rahmen der Berichterstattung des Vorstands über die unternehmerischen Kontrollsysteme.

Eine eigene Handlungspflicht des Prüfungsausschusses bzw. Aufsichtsrates ergibt sich nur in Ausnahmefällen, und zwar zum einen, wenn der Vorstand selbst unter dem Verdacht der Pflichtverletzung steht, und zum anderen, wenn der Vorstand seine Pflichten verletzt und nicht von sich aus eine (angemessene) Untersuchung wesentlicher festgestellter Compliance-Verstöße anstrengt.[119] In diesen Fällen kann der Aufsichtsrat selbst eine unternehmensinterne Untersuchung in Auftrag geben.[120] Die Begleitung dieser unternehmensinternen Untersuchung kann auf den Prüfungsausschuss delegiert werden. Zum Teil wird auch ein – ggf. zeitlich befristeter – Compliance-Ausschuss eingerichtet.

Eine unternehmensinterne Untersuchung kann grds. durch unternehmensangehörige Personen (z. B. Revision, Compliance-Beauftragter) und/oder externe Berater (z. B. Juristen, Wirtschaftsprüfer) durchgeführt werden. Gegenstand der Untersuchung ist die Sicherung von Beweismitteln (unter Vermeidung einer Verletzung der Datenschutzbestimmungen), die Befragung von Zeugen innerhalb des Unternehmens, die Auswertung der Daten und die zusammenfassende Aufbereitung der Untersuchungsergebnisse.[121] Die Ergebnisse der Untersuchung

---

118 Siepelt/Pütz (2018), S. 79 f.; Sünner (2008), S. 56 ff.

119 Reichert/Ott (2014), S. 248 ff.

120 Der Begriff ist von den US-amerikanischen »Internal Investigations« entlehnt, die sich dort als Aufklärungsform durchgesetzt haben und nach der Einführung von staatlichen Belohnungen für »Whistleblower« durch den Dodd-Frank Act im Jahr 2011 noch häufiger geworden sind. Internal Investigations durch externe Berater werden im US-Recht zugunsten des Unternehmens strafmildernd berücksichtigt, soweit sie unter der Instruktion und Überwachung eines unabhängigen Aufsichtsorgans, i. d. R. des Prüfungsausschusses, durchgeführt werden.

121 Siehe im Einzelnen z. B. Ott/Lüneborg (2019), S. 71 ff.

sind im Falle einer Beauftragung durch den Aufsichtsrat allein diesem zur Verfügung zu stellen, um die Unabhängigkeit der Untersuchung nicht zu gefährden; der Aufsichtsrat kann die Ergebnisse aber seinerseits grds. – auch vor Abschluss der Untersuchungen – an unternehmensinterne Stellen weitergeben. Mögliche Konsequenzen liegen grds. wiederum in der Hand des Vorstands, wobei der Aufsichtsrat für sämtliche Konsequenzen zuständig ist, die den Vorstand betreffen, einschließlich der Geltendmachung möglicher Schadenersatzansprüche gegen den Vorstand.[122]

Mögliche Unregelmäßigkeiten und Pflichten des Abschlussprüfers

Eine Variante einer »Compliance-Krise« kann eintreten, wenn der Abschlussprüfer im Rahmen der Abschlussprüfung mögliche Unregelmäßigkeiten identifiziert. Gemäß Art. 7 EU-APrVO hat der Abschlussprüfer besondere Maßnahmen zu ergreifen, wenn er bei der Durchführung der Prüfung auf Sachverhalte aufmerksam wird, die eine bereits eingetretene oder möglicherweise eintretende Unregelmäßigkeit vermuten lassen. Unter Unregelmäßigkeiten i. S. d. Art. 7 EU-APrVO werden schwerwiegende Verstöße gegen Rechtsvorschriften einschließlich Bilanzmanipulationen zu verstehen sein. Dies umfasst auch nicht unmittelbar rechnungslegungsbezogene Verstöße, auf deren Aufdeckung die Abschlussprüfung nicht unmittelbar ausgerichtet ist (z. B. Verstöße gegen Geldwäschevorschriften, Korruption und Kartellrechtsverstöße).[123]

Der Abschlussprüfer hat die in Art. 7 EU-APrVO genannten Unregelmäßigkeiten den gesetzlichen Vertretern, i. d. R. dem Vorstand, und den für die Überwachung Verantwortlichen, i. d. R. dem Aufsichtsrat und dem Prüfungsausschuss, mitzuteilen. Die Mitteilung an den Aufsichtsrat bzw. Prüfungsausschuss ist dabei auf Sachverhalte begrenzt, die schwerwiegend und für die Wahrnehmung der Aufsichtsfunktion relevant sind. Diese Berichtspflichten gegenüber dem Unternehmen nach Art. 7 EU-APrVO existieren schon seit 2012 in IDW PS 210: »Zur Aufdeckung von Unregelmäßigkeiten im Rahmen der Abschlussprüfung«.

Art. 7 EU-APrVO schreibt darüber hinausgehend vor, dass der Abschlussprüfer das geprüfte Unternehmen auffordert, die mitgeteilten Sachverhalte zu untersuchen und geeignete Maßnahmen zum Umgang mit den vermuteten Unregelmäßigkeiten und zur Vermeidung einer Wiederholung zu treffen. Die in Art. 7 EU-APrVO angesprochene Untersuchung des Sachverhalts wird folgende Teilschritte beinhalten:[124]

- Untersuchung, ob fundierte Anhaltspunkte für das Vorliegen von Unregelmäßigkeiten vorliegen
- Bei fundierten Anhaltspunkten Durchführung einer internen »Investigation«, ggf. mit Unterstützung externer Spezialisten

---

122 Lutter/Krieger/Verse (2020), Rechte und Pflichten des Aufsichtsrates, § 7 Rn. 447 ff.
123 Vgl. IDW (2021): EU-Regulierung der Abschlussprüfung. Inhalte und Zweifelsfragen der EU-Verordnung und der Abschlussprüferrichtlinie, Abschnitt 14.2.1.
124 Vgl. IDW (2021): EU-Regulierung der Abschlussprüfung. Inhalte und Zweifelsfragen der EU-Verordnung und der Abschlussprüferrichtlinie, Abschnitt 14.2.3.

- Information des Prüfungsausschusses über Sachverhalte und Untersuchungsmaßnahmen
- Auswertung der Untersuchungsergebnisse und – bei Vorliegen von Verstößen – Durchführung einer Ursachenanalyse.

Der Abschlussprüfer wird die Angemessenheit der Untersuchung beurteilen. Kommt der Abschlussprüfer zu dem Schluss, dass das geprüfte Unternehmen die Angelegenheit nicht untersucht, resultiert daraus für den Abschlussprüfer nach Art. 7 Unterabs. 2 EU-APrVO eine Meldepflicht an die Behörden. Die Meldepflicht bezieht sich nicht nur auf Unregelmäßigkeiten, die eine wesentliche Auswirkung auf die Rechnungslegung haben.[125] Gemäß dem durch das FISG eingeführten § 323 Abs. 5 HGB ist diese Mitteilung nach Art. 7 Unterabs. 2 EU-APrVO an die Bundesanstalt für Finanzdienstleistungsaufsicht zu richten, bei dem Verdacht einer Straftat oder Ordnungswidrigkeit auch an die für die Verfolgung jeweils zuständige Behörde. Diese Informationsweitergabe stellt keine Verletzung vertraglicher oder gesetzlicher Verschwiegenheitspflichten dar.

Sollte der Abschlussprüfer im Rahmen der Abschlussprüfung mögliche Unregelmäßigkeiten identifizieren, wird sich die Kommunikation zwischen Abschlussprüfer und Prüfungsausschuss intensivieren und der Prüfungsausschuss wird sich mit den vom Abschlussprüfer kommunizierten Themen gründlich befassen und entsprechende Maßnahmen veranlassen, soweit diese nicht schon ergriffen wurden. Der Prüfungsausschuss steht hier unter einem gewissen »Handlungszwang«, da, sollten keine geeigneten Maßnahmen von dem Unternehmen ergriffen werden, der Abschlussprüfer eine Mitteilung an die Bundesanstalt für Finanzdienstleistungsaufsicht zu richten hat.

Notfallplanung

Obwohl die Reaktionen auf eine Krise im Einzelnen von deren Art und Umständen abhängen, unterstützt ein allgemeiner Notfallplan die Verantwortlichen dabei, im Ernstfall schneller und sicherer reagieren zu können. Die Erstellung eines Notfallplans liegt in erster Linie in der Verantwortung des Vorstands und sollte vom Aufsichtsrat bzw. – insb. in Bezug auf Krisen in der Rechnungslegung – vom Prüfungsausschuss überwacht werden. Mögliche Inhalte eines solchen Notfallplans betreffen

- die Zusammensetzung eines Krisenstabes
- Logistische Aspekte (Zugang zu Dokumenten, Infrastruktur)
- Kommunikationspläne, sowohl an die Öffentlichkeit als auch an wesentliche Stakeholder
- Ausrichtung der Unternehmenssteuerungssysteme auf tagesaktuelles Krisenmanagement
- Rechtliche Aspekte (Verantwortlichkeiten und Haftungsszenarien)
- Krisenszenarien einschließlich der zu treffenden Maßnahmen
- Vorgehen im Krisenfall zur Erarbeitung eines spezifischen »Response Plans«.

---

125 Vgl. IDW (2021): EU-Regulierung der Abschlussprüfung. Inhalte und Zweifelsfragen der EU-Verordnung und der Abschlussprüferrichtlinie, Abschnitt 14.2.3.

Der Prüfungsausschuss selbst sollte sich seinerseits ebenfalls so gut wie möglich auf Krisenszenarien vorbereiten. Die Krisenvorbereitung kann insb. folgende Themen betreffen:[126]

- Krisenberichterstattung des Vorstands (Form, Frequenz), ggf. als Webmeeting
- Berichterstattung des Prüfungsausschusses an das Plenum
- Sicherstellung einer zeitnahen Auswertung externer Ressourcen im Krisenfall
- Einbeziehung externer Berater
- Verhalten der Prüfungsausschussmitglieder gegenüber den Medien.

Die COVID-19-Pandemie ab März 2020 hat Unternehmensorganisationen nahezu weltweit innerhalb kürzester Zeit vor bisher nicht gekannte Herausforderungen gestellt. Die Erfahrungen haben gezeigt, wie wichtig es ist, die Unternehmenssteuerung und die damit verbundenen Systeme anhand von Notfallplänen auf eine solche Situation vorzubereiten, gerade wenn man in der Krise keine Zeit hat, sich erst auf solche Szenarien einzustellen. Risikomanagement und Krisenprävention werden künftig eine bedeutende Rolle in der Überwachungstätigkeit einnehmen.

---

126 Vgl. im Einzelnen: Enns/Lindsay (2008), S. 7–12.

IX Der Prüfungsausschuss bei einem Börsengang

Dr. Claus Buhleier/Andre Konopka/Sarah Kunasingam/Oliver Rattka

1 Grundfragen bei einem Börsengang

a Motive für den Gang an den Kapitalmarkt

Im anglo-amerikanischen und asiatischen Wirtschaftsraum haben die Kapitalmärkte seit jeher eine enorme Bedeutung, was sich insb. in der hohen Anzahl getätigter Börsengänge, aber auch der Zahl neuerer Transaktionsformen, wie z. B. einem SPAC[127], reflektiert. In Deutschland erfahren die Kapitalmärkte in der jüngsten Vergangenheit einen neuen Stellenwert, sowohl aus der Perspektive von Investoren als auch aus derjenigen von Emittenten. Die Zahl der Börsengänge, auch bekannt als »Initial Public Offering« (IPO), hat zuletzt stetig zugenommen. Für den größten deutschen Börsenplatz in Frankfurt haben im Jahr 2020 segmentübergreifend zehn Unternehmen den Gang an die Börse gewählt. 2021 waren es bereits zwanzig Unternehmen. Trotz der seit Anfang 2022 eingetretenen und anhaltenden geopolitischen Veränderungen und damit verbundenen Unsicherheiten stehen viele weitere IPO-Aspiranten in den Startlöchern und bereiten sich auf den Gang an den Kapitalmarkt vor.

IPOs werden zunehmend als valide strategische Option in der Unternehmensentwicklung und -planung betrachtet, über Industrien und Sektoren sowie den Reifegrad eines Unternehmens hinweg, von Start-up-Unternehmen bis zu Spin-offs globaler Blue Chips. Intention und Motive für einen IPO können dabei vielfältig und ebenso heterogen sein, wie das nachfolgende Schaubild zeigt.

Wenngleich die Finanzmittelaufnahme und Finanzierung der Unternehmensstrategie dominieren, bestehen in der Praxis, gerade bei familien-/eigentümergeführten Unternehmen, auch Vorbehalte. Börsennotierte Unternehmen unterliegen einer verschärften Publizitätspflicht, einhergehend mit einem detaillierten Regelwerk an Transparenzanforderungen[128]. Dazu gehören eine regelmäßige Berichterstattung, Hauptversammlungen und Ad-hoc-Reporting-Pflichten ebenso wie die Berücksichtigung der Regelungen des Deutschen Corporate Governance Kodex zur Unternehmensführung. Die Bereitschaft, Einfluss oder gar Kontrolle abzugeben, spielt daher eine wesentliche Rolle in der Ausgestaltung des Börsengangs.

---

127 Zur Definition siehe Kap. F.IX.1.b.
128 Vgl. Regelungen in der europäischen Marktmissbrauchsverordnung und dem deutschen Wertpapierhandelsgesetz; Bundesanstalt für Finanzdienstleistungsaufsicht (2018b): Die Informationspflichten für Emittenten im deutschen Raum veröffentlicht die Bundesanstalt für Finanzdienstleistungsaufsicht.

	Finanzierungs-quelle	Erweiterter, flexibler Zugang zu frischem Kapital, bspw. zur Stärkung der Eigenkapitalbasis
	(Teil-)Exit	Private Equity-/Venture-Capital-Investoren nutzen IPOs für einen schrittweisen Ausstieg aus Beteiligungen
	Wachstumspfad	Separation von Unternehmens-einheiten zur Unterstützung des Wachstumspfads (bspw. über Ausgliederung oder Abspaltung)
	Nachfolge	Familiengeführte Unternehmen oder Start-ups nutzen IPOs zur Trennung von Management- & Eigentümer-struktur
	Arbeitgeber-attraktivität	Börsennotierte Unternehmen sind visibler und attraktiver auf dem Arbeitsmarkt (u. a. durch Aktienoptionsprogramme)
	Unternehmens-bekanntheit	Ein Börsengang steigert die öffentliche Wahrnehmung des Unternehmens und seiner Marken

Abb. 40: Motive eines Börsengangs

b   Kapitalmarktinstrumente

Der Gang an die Börse kann über diverse Instrumente und Transaktionsausprägungen erreicht werden, wobei grds. zwischen Eigen- und Fremdkapitalinstrumenten unterschieden wird. Für beide Möglichkeiten existieren verschiedene Platzierungsformen und Marktsegmente. Nach-folgend eine Übersicht der wesentlichen Eigenkapitalinstrumente:[129]

- Initial Public Offering (IPO): bezeichnet das erstmalige öffentliche Angebot von Aktien eines Unternehmens und deren Notierungsaufnahme in einen organisierten Kapitalmarkt. Bei diesem klassischen Börsengang wird Kapital durch die Ausgabe neuer Aktien aufgenom-men und/oder es werden bestehende Aktien umplatziert.
- Direct Listing: Hierbei werden bestehende Aktien gelistet, ohne neues Kapital aufzunehmen. Dies erfolgt in Form einer reinen Börsenzulassung, ohne ein öffentliches Angebot von Aktien.
- SPAC: ein Akquisitionszweckunternehmen bzw. eine Mantelgesellschaft ohne eigenes operati-ves Geschäft. Einziges Ziel dieser Mantelgesellschaft ist es, durch ein Listing Kapital aufzuneh-men. Die Erlöse werden in der Folge dazu verwendet, innerhalb eines begrenzten Zeitraums ein nicht börsennotiertes Unternehmen zu übernehmen und es mittelbar an die Börse zu bringen.
- Equity Carve-out/Spin-off: Hierbei werden Unternehmensteile aus einem bestehenden (gelisteten) Unternehmen herausgetrennt und in eine neue Gesellschaft gebracht, deren Anteile dann an der Börse angeboten werden.

---

129 Deutsche Börse Cash Market (2021): Going Public – Ihr IPO an der Deutschen Börse.

Bei den Fremdkapitalemissionen, z. B. in Form eines Initial Bond Offering (IBO), werden Schuldverschreibungen eines – meist bisher nicht börsennotierten – Unternehmens zum Handel zugelassen. Auch hier bestehen für die Emittenten bspw. durch den zu wählenden Handelsplatz oder das Segment unterschiedliche Gestaltungsmöglichkeiten mit Auswirkungen hinsichtlich Vorbereitung und Aufwand für Platzierung, Publizität, Nachfolgepflichten und Vorteilhaftigkeit der Konditionen.

Die nachfolgenden Kapitel beziehen sich auf die Anforderungen im Rahmen eines IPO, wobei insb. die Regelungen für den Börsenplatz Deutschland im Vordergrund stehen.

2   Der Weg zur Kapitalmarktreife (»IPO Readiness«)

a   Prozess zur IPO- und Kapitalmarktreife

Tragen sich Gesellschafter oder Management mit dem Gedanken eines Börsengangs, steht dessen initiale Einschätzung aus strategischer Sicht an erster Stelle. Welches Ziel wird mit dem Kapitalmarktgang angestrebt? Soll parallel ein Plan B verfolgt werden? Welcher Börsenplatz und welches Segment passen am besten zu den strategischen Unternehmenszielen und zur Unternehmenskultur? Welches Kapitalmarktinstrument ist am geeignetsten und welche Vor- und Nachteile bringt dieses mit sich?

Abhängig von den Rahmenbedingungen des Emittenten und der Komplexität des Vorhabens sollten sich IPO-Aspiranten für die Vorbereitung auf einen Börsengang 12 bis 24 Monate Zeit nehmen. Folgende Grobphasen können hierbei unterschieden werden:

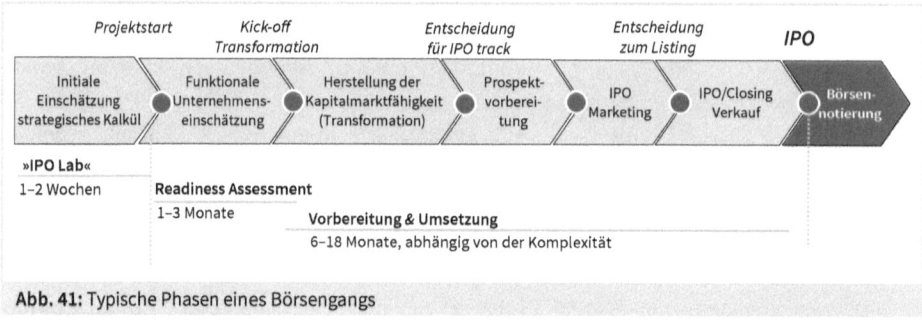

Abb. 41: Typische Phasen eines Börsengangs

Eine detaillierte Einschätzung der Börsenreife des Börsenaspiranten (»Readiness Assessment«), sorgfältige Planung und zentral orchestrierte, interdisziplinäre Umsetzung sind wesentliche Erfolgsfaktoren für einen Börsengang. Hierbei kommt neben dem transaktionalen Aspekt, d. h. der eigentlichen Börsenvorbereitung (Prospekterstellung, Vermarktung und Listing), insb. dem

Transformationsaspekt und somit der Schaffung der unternehmerischen Voraussetzungen (organisatorische, prozessuale und systemgestützte Börsenfähigkeit), eine materielle Bedeutung zu.

Ein erfolgreicher Börsengang ist abhängig von externen Faktoren wie der Kapitalmarktstimmung ebenso wie von internen Faktoren, etwa dem Grad der Börsenreife des Emittenten. Die Einschätzung der Börsenreife dient der Validierung des frühestmöglichen Börsenfensters für den Börsenaspiranten. Hat der Emittent die Börsenreife erreicht, kann er sich bietende Börsenfenster, d. h. günstige Zeitfenster für einen Börsengang, flexibel nutzen.

Zur Erhöhung der Transaktionssicherheit und zum Ausloten des Transaktionswertes wird oftmals parallel zur IPO-Vorbereitung ein klassischer M&A-Prozess angestoßen (sog. Dual-Track), d. h. die Einbindung von strategischen oder Finanzinvestoren als Kapitalgeber oder Käufer. In jüngster Vergangenheit haben in diesem Zusammenhang auch SPAC-Transaktionen als Alternative zu IPO und M&A-Prozess (»Trade sale«) an Bedeutung gewonnen. Insbesondere Start-ups und mittelständische Unternehmen ziehen neben dem »traditionellen Börsengang« – in Deutschland i. d. R. an der Deutschen Börse Frankfurt – den Zusammenschluss mit einer bereits gelisteten Börsenhülle und einen dadurch verkürzten Prozess der Börsenzulassung (sog. De-SPAC-Prozess) in Erwägung. Nicht zuletzt aufgrund von Überlegungen zu weiteren gesetzlichen und regulatorischen Auflagen in den USA bleibt jedoch abzuwarten, inwieweit sich eine SPAC-Transaktion als nachhaltige Alternativform etablieren kann.

Ein weiterer Erfolgsfaktor liegt in der Auswahl der Berater. Eine vertrauensvolle Zusammenarbeit zwischen Eigentümern, Management und den externen Beratern ist essenziell für eine erfolgreiche Vorbereitung. Erfahrene und unabhängige Berater helfen dabei, den IPO-Prozess zu steuern, den Zeitplan aktiv zu managen und das Unternehmen operativ bei der Vorbereitung und Umsetzung zu unterstützen. In der Regel sind folgende Parteien wesentlich für einen IPO-Prozess:

- Underwriter/konsortialführende Investmentbank(en): Beratung bei der Strukturierung des Emissionsprozesses, Durchführung einer Bank-Due-Diligence, Beratung bei der Preisfindung, Unterschrift des Börsenzulassungsprospekts, Koordination der Roadshows
- Rechtsanwälte: Erstellung des Börsenzulassungsprospekts, Erstellung von rechtlichen Bescheinigungen gegenüber den Underwritern, Unterstützung bei rechtlichen Themenstellungen, Definition der Ziel-Rechtsform des Börsenvehikels und Unterstützung der Umwandlung
- Financial Advisor: Unterstützung beim IPO-Programm-Management, Definition der Ziel-Organisationsstruktur, Erstellung der notwendigen Finanzinformationen, Einführung von internen Kontrollen, Corporate Governance und Risikomanagementsystemen, Herstellung der funktionalen Börsenreife
- Wirtschaftsprüfer: Prüfung und Testaterstellung der für die Emission relevanten Jahres- und Konzernabschlüsse, Abgabe eines Comfort Letter (schriftliche Bestätigung) gegen-

über der Emissionsbank in Bezug auf die im Prospekt veröffentlichten Finanzdaten des Emittenten

- Sonstige Berater: Abhängig von der Branche, der Listing Location und der besonderen Situation des Unternehmens können weitere Experten und von Banken unabhängige IPO-Berater Unterstützung bieten.

Maßgeblichen Einfluss auf das Zielbild und den Prozess hat die Wahl von Börsenplatz und -segment. Der Großteil der deutschen IPO-Aspiranten strebt eine Zulassung an der Frankfurter Börse an. Abhängig von der Equity Story und der Investorenzielgruppe können auch ausländische Börsenplätze infrage kommen. So hat bspw. CureVac als deutsches biopharmazeutisches Unternehmen am 14. August 2020 den Gang an die US-amerikanische Nasdaq gemacht.[130] Jurisdiktion und Börsenplatz/-segment bilden den Rahmen der gesetzlichen und regulatorischen Zulassungs- und Folgepflichten. Da diese sich mitunter stark voneinander unterscheiden, ist ein früher Entschluss hinsichtlich des Börsenplatzes und -segments ratsam.

Wird der IPO auf Basis der strategischen Evaluierung als mögliche und sinnvolle Option erachtet, beinhaltet der nächste Schritt die Einschätzung der Börsenreife des Börsenaspiranten, das sog. IPO Readiness Assessment. Hierbei wird der Ist-Zustand (Status quo) des potenziellen Emittenten mit dem erforderlichen Soll-Zustand zur Herstellung der »Börsenreife« abgeglichen, um Maßnahmen zur Schließung eventueller Lücken zu identifizieren. Das IPO Readiness Assessment dient der Validierung der IPO-Roadmap in Bezug auf das Zeitfenster und die Machbarkeit sowie der Ableitung eines detaillierten Aktivitätenplans in der Vorbereitung auf die Umsetzungsphase. Das aktuelle Unternehmensprofil des Emittenten in Bezug auf System- und Prozesslandschaft sowie Mitarbeiterfähigkeiten und -verfügbarkeit wird mit den rechtlichen und regulatorischen Anforderungen eines IPO ebenso wie mit den Anforderungen des Börsenplatzes und den Erwartungen der Investorenzielgruppe (zukünftige Neuaktionäre) gespiegelt.

b   Fokusthemen im Rahmen der IPO- und Kapitalmarktreife

Aus den verschiedenen Zulassungsvoraussetzungen und Folgepflichten im Rahmen eines Börsengangs lassen sich phasen- und funktionsübergreifende Fokusthemen ableiten:

---

130 CureVac (2021): CureVac kündigt Preis für Erstemission von Stammaktien an, https://www.curevac.com/2020/08/14/curevac-kuendigt-preis-fuer-erstemission-von-stammaktien-an/.

Programm-Management
- Entwicklung und Management der IPO & Kapitalmarkt-Roadmap
- Fortschrittskontrolle, Management der Abhängigkeiten, Eskalation von Entscheidungen

Kapitalmarktstrategie
- Equity Story
- Börsenplatz, Zielinvestorengruppe
- Alternative Instrumente/ Strategien
- Regulatorische Erfordernisse

Unternehmensstruktur
- IPO-Vehikel & Konzernstruktur
- Rechtliche Organisation
- Struktur der Gremien/Organe & Ausschüsse
- Steueroptimierung

Governance System, IT Systeme & Daten
- Risikomanagement & IKS
- Compliance Management
- Interne Revision
- Corporate Governance Kodex
- ERP System
- Digital-(E-Commerce)Plattformen
- Cybersicherheit, Notfallwiederherstellung

IPO Finanzzahlen
- Prospektanforderungen – historische Zahlen, Prognose/Business Plan, Pro-forma-Angaben
- GuV-Struktur, Segmentierung, KPIs
- Management Reporting
- Auswirkung des IPO-Zeitfensters

Kapitalmarktfähigkeit pro Funktionen
- Zielbild pro Funktion und Dimension (Personen, Prozesse, Systeme)
- Kapitalmarktberichterstattung/ Investor Relations
- Managementvergütungssysteme
- Change & Kommunikation

Nachhaltigkeit
- ESG-Strategie (als Teil der Equity Story)
- Externe Berichterstattungspflichten (z.B. CSR-RUG)

Abb. 42: IPO-Fokusthemen (»Deloitte IPO Framework«)

Die Fokusthemen bilden die Basis für die Struktur der Projektorganisation in Form von »Workstreams«[131] (s. a. »IPO-Programm-Management«).

Kapitalmarktstrategie

Die Kapitalmarktstrategie beinhaltet die Entwicklung des Emissionskonzepts, darunter insb. die »Equity Story«, die Wahl des Börsenplatzes und -segments sowie die Identifikation der Investorenzielgruppe. Im weiteren Prozessverlauf kommen Fragestellungen zur Zielkapitalstruktur dazu, betreffend die Eigenkapitalausstattung und -quote, den Anteil des Streubesitzes sowie eine zukünftige Dividendenfähigkeit. Kurz vor dem IPO stehen die Roadshow und Analystenpräsentationen im Vordergrund. Federführend wird diese Arbeitsgruppe von der Emissionsbank geleitet, unterstützt durch den Financial Advisor/Wirtschaftsprüfer.

Ziel-Unternehmensstruktur

Rechtliche und steuerliche Aspekte beeinflussen die Ziel-Unternehmensstruktur des Emittenten bzw. der Unternehmensgruppe. Im ersten Schritt stellt sich die Frage, wer die emittierende Gesellschaft sein soll und ob diese bereits über eine kapitalmarktfähige Rechtsform in Form einer AG, SE oder KGaA verfügt.[132] Ist dies nicht der Fall, wird ein Rechtsformwechsel notwendig. Hierbei sind u. a. steuerliche Effekte auf Gesellschafterebene im Blick zu halten. Hieran schließen sich weitere Aspekte zur gesellschaftsrechtlichen Struktur an, darunter die

---

131 Vgl. Deloitte (2021): IPO Readiness.
132 Nach §§ 32, 34 BörsG i. V. m. § 5 I BörsZulV dürfen – im deutschen Rechtsraum – nur frei handelbare Wertpapiere zum regulierten Markt zugelassen werden. Da dementsprechend das Unternehmen frei handelbare Aktien am Markt zulassen muss, ist ein Rechtsformwechsel in eine AG, SE oder KGaA notwendig.

Besetzung und Ausgestaltung der Organe und Ausschüsse der Gesellschaft. Der Deutsche Corporate Governance Kodex (DCGK) stellt wesentliche gesetzliche Vorschriften (insb. aus dem AktG) zur Leitung und Überwachung deutscher börsennotierter Gesellschaften dar und enthält – in Form von Empfehlungen – Standards guter und verantwortungsvoller Unternehmensführung.

Größere Emittenten im Konzernverbund ziehen im Rahmen der Entwicklung einer attraktiven Equity Story nicht selten Umstrukturierungen der Gruppe in Betracht. Dies kann auch die Herauslösung von Unternehmensteilen – bspw. in Form eines Equity Carve-out (Ausgliederung) oder Spin-off (Abspaltung) – beinhalten. Hier werden Detailanalysen zur optimalen rechtlichen und steuerlichen Strukturierung relevant.

Finanzdaten und Berichterstattung

Auch im Rahmen der Finanzdaten und der Berichterstattung gibt es sowohl Zulassungsvoraussetzungen für ein Listing als auch Folgeverpflichtungen, die sich für das sodann notierte Unternehmen in Abhängigkeit von der Wahl des Börsenplatzes und Marktsegments z. T. erheblich unterscheiden.

Der im Rahmen des IPO-Prozesses zu erstellende Wertpapierzulassungsprospekt (kurz: »Prospekt«) enthält Finanzinformationen über die Vermögens-, Finanz- und Ertragslage des Emittenten.[133] Grundsätzlich ist hier die EU-Prospektverordnung für die Mitgliedstaaten der EU und damit auch Deutschland einschlägig, mit der Möglichkeit ergänzender Vorschriften auf nationaler Ebene. Bezogen auf den Börsenplatz Frankfurt bedeutet dies, dass je nach ausgewähltem Segment die Finanzinformationen einerseits verpflichtend nach den International Financial Reporting Standards (IFRS) – im Prime- oder auch General-Standard-Segment – oder weiterhin nach den deutschen handelsrechtlichen Rechnungslegungsgrundsätzen (im Scale-Segment) bereitgestellt werden müssen.

In diesem Zusammenhang steht daher potenziell die Umstellung der Rechnungslegung auf IFRS im Fokus (siehe »Vertiefung: Umstellung der Rechnungslegung«). Ein weiterer Aufwandtreiber im Rahmen der Prospekterstellung kann eine finanztechnisch komplexe Gesellschaftshistorie des Börsenaspiranten sein, bspw. aufgrund von materiellen M&A-Transaktionen oder Umstrukturierungen, die eine nur eingeschränkte Vergleichbarkeit der historischen Zeiträume zulassen würden und daher zusätzlich Pro-forma-Finanzinformationen erfordern.

Auch die Segmentstrategie und die wesentlichen Steuerungskennzahlen (in Form von »Alternative Performance Measures«) finden häufig Eingang in den Prospekt mit dem Ziel der Unterstreichung der Equity Story.

---

133 Europäisches Parlament und Europäischer Rat (2019): Delegierte Verordnung (EU) 2019/980 der Kommission, Anhang I, Abschnitt 18.

Governance-Systeme

Besondere Kapitalmarktanforderungen bestehen an das Risikomanagementsystem (RMS), das interne Kontrollsystem (IKS), das Compliance-Management-System (CMS) sowie an die Interne Revision.

Gemäß § 91 Abs. 3 AktG sind die Vorstände börsennotierter Unternehmen zur Implementierung eines wirksamen und angemessenen IKS und RMS verpflichtet. Darüber hinaus hält der DCGK Empfehlungen zur Implementierung eines wirksamen Compliance-Management-Systems bereit.

Bedingt durch Skandale im In- und Ausland, durch das Gesetz zur Stärkung der Finanzmarktintegrität (FISG), die gestiegenen kapitalmarktrechtlichen Anforderungen und die wachsenden Erwartungen der Investoren rückt die Qualität von internem Kontrollsystem, internem Risikomanagementsystem und Compliance-Management-Systemen sowie die Existenz und Leistungsfähigkeit einer Internen Revision immer stärker in den Fokus. Auf diese Systeme ist in den notwendigen Abschlüssen und dem Börsenprospekt einzugehen, dies wird in der Due Diligence der Banken zunehmend hinterfragt.

IT-Systeme und Daten

Der Workstream IT-Systeme und Daten beschäftigt sich mit der Funktionalität, Belastbarkeit und Skalierbarkeit der operativen und finanzrelevanten IT-Systeme. Im Sinne der Risikobetrachtung, die auch detailliert im Prospekt aufzunehmen ist, spielt die IT-Sicherheit (darunter Disaster Recovery Plan, Cyber Security, Data Security) eine große Rolle. Unter dem Aspekt »IT follows function« sollten die aktuellen IT-Systeme sowohl die künftig zu erfüllenden Kapitalmarktanforderungen ebenso wie einen potenziellen Wachstumspfad des Emittenten darstellen können.

Funktionale Börsenreife

Ein Börsengang bedeutet für das Unternehmen eine signifikante Transformation. In der logischen Sekunde nach dem Börsengang muss der Emittent die Anforderungen und Erwartungen an kapitalmarktorientierte Unternehmen erfüllen. Dies erfordert eine rechtzeitige Vorbereitung und Planung der notwendigen organisatorischen Strukturen und Geschäftsprozesse, um insb. die gestiegenen Informations- und Berichtspflichten zu erfüllen.

Die funktionale Börsenreife betrachtet die Kapitalmarktanforderungen aus Sicht der Unternehmensfunktionen (bspw. für Finanzen, Personal, Recht, Steuern, Investor Relations etc.). Das Zielbild pro Funktion definiert die Aufbau- und Ablauforganisation zur Erreichung der Kapitalmarktfähigkeit. Dies umfasst Änderungen hinsichtlich Kapazität der Funktionen, Kompetenz der Mitarbeiter sowie relevanter Geschäftsprozesse und -systeme.

Zum IPO-Programm-Management s. Kap. F.IX.2.d »Vertiefung: IPO-Programm-Management/ Projektorganisation«.

c   Vertiefung: Umstellung der Rechnungslegung

Die Deutsche Börse Frankfurt unterscheidet in ihrer Marktstruktur zwischen dem EU-regulier-ten Markt und dem Freiverkehr (Open Market). Zum regulierten Markt zählen die Segmente »General Standard« und »Prime Standard«, zum Freiverkehr die Marktsegmente »Scale« und »Quotation Board«.[134] Der regulierte Markt ist ein organisierter Markt i.S.d. Wertpapierhan-delsgesetzes (§2 Abs. 11 WpHG) und somit EU-reguliert[135].

Sofern ein Unternehmen eine Zulassung an einem regulierten Markt in der EU anstrebt, ist zwingend ein Konzernabschluss nach IFRS oder einem von der EU als gleichwertig anerkann-ten Rechnungslegungsstandard anzuwenden. Daher ist für die Herstellung einer Börsenreife, sofern nicht bereits nach IFRS berichtet wird, eine Umstellung der Rechnungslegung nach IFRS notwendig. Dies betrifft insb. die historischen Abschlüsse der letzten drei Geschäftsjahre, die Teil des EU-Börsenzulassungsprospekts sind, ebenso wie die Berichterstattung für den Kon-zernabschluss nach erfolgreichem Börsengang.

Die Berichterstattung nach IFRS bezieht sich gem. §315e HGB ausschließlich auf den Kon-zernabschluss. Der Einzelabschluss der Emittenten ist weiterhin nach HGB aufzustellen und zu veröffentlichen. Dieser ist u.a. relevant für die Gewinnausschüttung und damit die Dividen-denfähigkeit der Emittentin. Im Konzernabschluss ausgewiesene Gewinne können daher nur ausgeschüttet werden, wenn sie im Einzelabschluss der Emittentin enthalten sind. Der Einzel-abschluss der Emittentin für das letzte Geschäftsjahr vor dem Börsengang ist ebenfalls Teil des Börsenzulassungsprospekts.

Die Umstellung der Rechnungslegung von HGB zu IFRS für den gesamten Konzern umfasst nicht ausschließlich die fachliche Umstellung der Rechnungslegung, sondern beinhaltet ebenso eine System-, Prozess- und Mitarbeiterkomponente, um eine ganzheitliche Transformation der Be-richterstattung darzustellen.

Externe Berichterstattung

Die externe Berichterstattung bildet die Grundlage der IFRS-Umstellung. Neben einer Ana-lyse und Quantifizierung der wesentlichen Unterschiede zwischen HGB und IFRS werden Entscheidungen bzgl. auszuübender Wahlrechte und Ermessensspielräume getroffen, die Aus-wirkungen auf die wesentlichen Steuerungskennzahlen des Unternehmens und damit unmit-telbar Auswirkungen auf die Equity Story haben können. Zudem werden die Grundlagen für die fortlaufende Berichterstattung, wie z.B. Bilanz, Gewinn- und Verlustrechnung, Kapitalfluss-rechnung, Segmentberichterstattung und Anhang, geschaffen. Insbesondere die Segmentbe-richterstattung ist eng verbunden mit der internen Berichterstattung des Unternehmens. Hier

---

134 Deutsche Börse Cash Market (2021): Segmente.
135 Deutsche Börse Cash Market (2021): Gesetzliche Märkte und Transparenzstandards.

soll der Kapitalmarkt die gleichen Informationen erhalten, welche die »verantwortliche Unternehmensinstanz«[136] als Entscheidungsgrundlage nutzt.

Interne Berichterstattung

Im Rahmen der internen Berichterstattung sind Planung, Budget und Forecast-Informationen Grundlage für die unterjährige externe Kapitalmarktkommunikation und ebenfalls Datengrundlage für die Ad-hoc-Reportingpflicht für börsennotierte Unternehmen. Die entsprechenden Informationen müssen nach IFRS berichtet werden.

Systeme und Prozesse

Grundlage für die Erstellung von Abschlüssen ist das zugrunde liegende ERP-System. Hier sollte – abhängig von der Komplexität der Umstellung auf Konzernebene oder auf Einzelgesellschaftsebene – IFRS im ERP-System implementiert werden. Die Umstellung beinhaltet v.a. Anpassungen der Kontenpläne, des Record-to-Report-Prozesses und die Implementierung geeigneter Prozesse, um den gestiegenen Transparenzanforderungen, insb. für die Erstellung des Anhangs nach IFRS, gerecht zu werden.

Mitarbeiter und Change

Ein Wechsel der Rechnungslegung bringt – wie eingangs dargestellt – weitreichende Veränderungen in der Organisation und den Prozessen mit sich. Eine frühzeitige Kommunikation und Einbindung in das Projekt, flankiert mit IFRS-Schulungsmaßnahmen für die Mitarbeiter, ist ein entscheidender Erfolgsfaktor. Sofern IFRS-Know-how nicht umfassend im Unternehmen vorhanden ist, sind durch Recruiting-Maßnahmen geeignete Mitarbeiter einzustellen.

d   Vertiefung: IPO-Programm-Management/Projektorganisation

Das IPO-Programm-Management ist das Kernstück: Es steuert den gesamten IPO-Prozess und koordiniert die einzelnen Workstreams. Der Workstream setzt die organisatorische Steuerung des Projektes auf, koordiniert die regelmäßigen Abstimmungen, übernimmt das Change- und Kommunikationskonzept innerhalb der Workstreams und innerhalb des Unternehmens und betreut die von den Banken durchgeführte Due Diligence sowie die Prospekterstellung und -einreichung.

---

136 Gem. IFRS 8.7 im Englischen »Chief operating decision maker«.

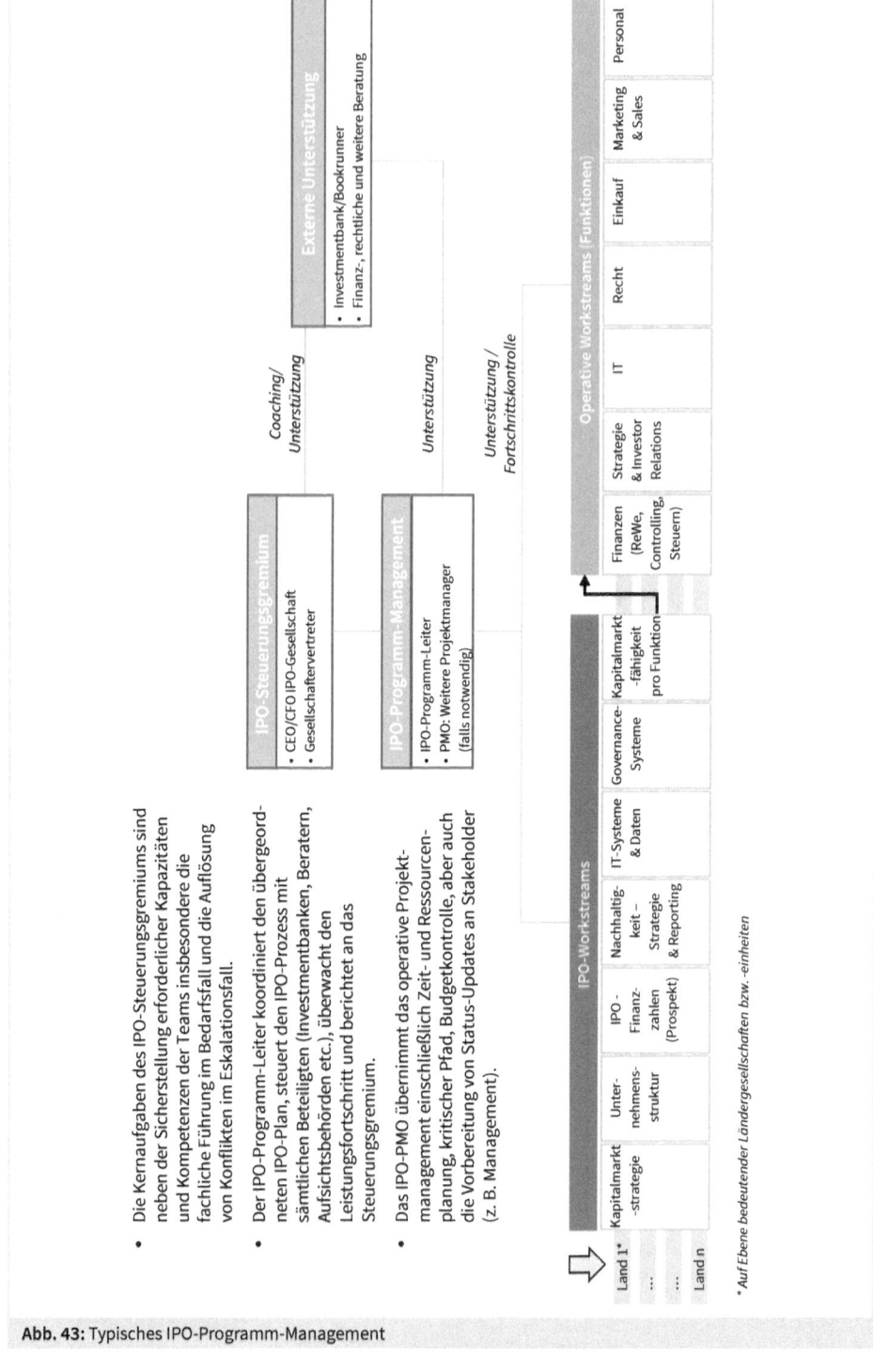

Abb. 43: Typisches IPO-Programm-Management

3   Anforderungen an Börsenaspiranten (Zulassungsvoraussetzungen)

a   Überblick Zulassungsvoraussetzungen

Die Voraussetzungen für eine Zulassung von Wertpapieren in Deutschland determinieren sich zum einen über rechtliche Anforderungen, zum anderen über die Regularien der jeweiligen Börsenplatzbetreiber für die einzelnen Handelssegmente.[137]

Sollen die Wertpapiere an einer Börse im regulierten Markt gehandelt werden, müssen nach § 32 Börsengesetz (BörsG) diese Wertpapiere zugelassen oder durch die Geschäftsführung der Börse einbezogen werden.[138]

Dem Zulassungsantrag des Börsenaspiranten ist ein gebilligter Prospekt oder, falls das Billigungsverfahren bei der Bundesanstalt für Finanzdienstleistungsaufsicht (BaFin) noch nicht abgeschlossen ist, ein Entwurf des Prospekts und weitere Dokumente beizufügen, die eine Prüfung der Zulassungsvoraussetzungen ermöglichen.

b   Vertiefung: Wertpapierprospekt

Maßgeblich für die Zulassung von Wertpapieren zum Handelsplatz der Frankfurter Wertpapierbörse ist die Erstellung eines Wertpapierzulassungsprospekts (»Wertpapierprospekt« oder kurz »Prospekt«) gem. EU-Prospektverordnung (Verordnung (EU) 2017/1129) sowie gem. der ergänzenden Delegierten Verordnung (EU) 2019/980 der Kommission[139], die Anlass, Struktur und Umfang des Prospekts regeln. Der Prospekt ist im Falle eines Börsengangs in Deutschland von der Bundesanstalt für Finanzdienstleistungsaufsicht (BaFin) zu genehmigen.

Der Börsenzulassungsprospekt ist das zentrale Dokument bei öffentlichen Angeboten und der Zulassung von Wertpapieren an einem Kapitalmarkt und er ist Grundlage für die Beurteilung der Vermögens-, Finanz- und Ertragslage sowie der Zukunftsaussichten des Emittenten. Die Finanzinformationen und daraus abgeleitete Daten sind essenziell für den Prospekt. In der Regel finden diese sich in ausgewählten Prospektbestandteilen wie der Executive Summary, dem Operational & Financial Review oder den »F-Pages«.

---

137 Der Antrag auf Zulassung zum Teilbereich des regulierten Marktes mit weiteren Zulassungsfolgepflichten (Prime Standard) kann zusammen mit dem Antrag auf Zulassung zum regulierten Markt (General Standard) gestellt werden, § 48 Börsenordnung für die Frankfurter Wertpapierbörse (BörsO FWB), Deutsche Börse Cash Market (2021).

138 Das Zulassungsverfahren ist in der BörsZulV (Verordnung (EG) Nr. 1287/2006) geregelt.

139 Europäisches Parlament und Europäischer Rat (2017): Richtlinie (EU) 2017/1129; Europäisches Parlament und Europäischer Rat (2019): Delegierte Verordnung (EU) 2019/980.

Im Grundsatz gilt die Aufnahme geprüfter Konzernabschlüsse der letzten drei Geschäftsjahre im Börsenzulassungsprospekt. Ausnahmen bestehen für Jahresabschlüsse, sofern keine Pflicht zur Konzernrechnungslegung besteht. Dabei sind die Abschlüsse der letzten zwei Jahre nach den Rechnungslegungsgrundsätzen aufzustellen, die der Emittent nach Zulassung anzuwenden hat (d. h. IFRS im regulierten Markt). Üblicherweise werden alle drei Geschäftsjahre nach IFRS aufgestellt (»Drei-Spalten-Darstellung« bei IFRS-Erstanwendern).

Zusätzlich fordert die BaFin die Aufnahme des handelsrechtlichen Jahresabschlusses für das letzte Geschäftsjahr. Lageberichte werden nicht aufgenommen. Besonderheiten ergeben sich bei einer »komplexen finanzhistorischen Vorgeschichte«. Diese liegt vor, sofern die zur Verfügung stehenden historischen Finanzinformationen die aktuelle Geschäftstätigkeit des Emittenten nicht zutreffend darstellen. Dies ist regelmäßig bei Carve-outs der Fall, sodass hier ersatzweise »kombinierte Abschlüsse« (»Combined Financial Statements«) erstellt werden.

Je nach Zeitpunkt des IPO ist die Aufnahme eines IAS-34-Zwischenabschlusses erforderlich. Der Zwischenabschluss ist für Zwecke des IPO prüferisch durchzusehen (Review, keine Prüfung). Prospektrechtlich ist dies erforderlich, wenn der letzte geprüfte Abschluss älter als neun Monate ist. Unter Vermarktungs- und Due-Diligence-Aspekten (Comfort Letter) sollte der letzte geprüfte oder prüferisch durchgesehene Abschluss nicht älter als 135 Tage sein (maßgebend ist der Abschlussstichtag).[140] Bei einem IPO im März 2023 (bei einem mit dem Kalenderjahr identischen Geschäftsjahr) wäre die Aufnahme eines Zwischenabschlusses nicht erforderlich. Bei einem IPO nach dem 15.05.2023 wäre bspw. ein Quartalsabschluss zum 31.03.2023 erforderlich.

c   Vertiefung: Rolle des Abschlussprüfers (Comfort Letter)

Im Zusammenhang mit Kapitalmarkttransaktionen wird der Wirtschaftsprüfer regelmäßig vom Emittenten beauftragt, einen Comfort Letter zu erteilen. Im Comfort Letter werden die Ergebnisse gesondert vereinbarter Untersuchungshandlungen im Zusammenhang mit dem Wertpapierprospekt sowie bzgl. aktueller Finanzinformationen des Emittenten wiedergegeben. Die Adressaten sind die Prospektverantwortlichen, also der Emittent und die emissionsbegleitenden Banken. Zweck ist die Unterstützung der Due Diligence der Banken und die Inanspruchnahme des Wirtschaftsprüfers für Prospektfehler im Haftungsfall. Der Comfort Letter ist neben dem Officers' Certificate, der Opinion der Anwälte und den Due Diligence Calls ein Due-Diligence-Element.

Wesentliche Untersuchungshandlungen im Zuge des Comfort Letter sind das Tickmarking/Circle-up und die sonstigen Untersuchungshandlungen.

---

140 Zu den Anforderungen an die Aufnahme von Zwischenfinanzinformationen vgl. Europäisches Parlament und Europäischer Rat (2019): Delegierte Verordnung (EU) 2019/980, Anhang I, Abschnitt 18.2.

Das Tickmarking/Circle-up beinhaltet den Abgleich der Finanzkennzahlen im Prospekt mit den Abschlüssen und der Buchhaltung. Hier liegt in der Praxis ein Fokus auf den APMs (Alternative Performance Measures)/Non-GAAP Measures). Dies sind Kennzahlen, die nicht durch Rechnungslegungsstandards definiert sind (z. B. Adjusted EBITDA, Free Cash Flow, Net Debt). Diese sind i. d. R. wesentlich für die Vermarktung des Unternehmens. Hinsichtlich der Verwendung im Prospekt ist zu beachten, dass die Prominenz der APMs die IFRS-Kennzahlen nicht überlagern sollte. Zudem sind die APMs auf Abschlusskennzahlen überzuleiten, Anpassungen müssen aus der Buchhaltung ableitbar sein. Die Verwendung ist durch das Management zu erläutern.

Die sonstigen Untersuchungshandlungen umfassen das Lesen von Gremienprotokollen, der Review der Change Period (nach dem letzten geprüften/reviewten Abschluss) und Untersuchungshandlungen zur Feststellung bestätigungsrelevanter Ereignisse (nur IDW PS 910).

4   Ausgewählte Folgepflichten börsennotierter Unternehmen

a   Überblick

Nach der Erstnotierung ergibt sich für die Gesellschaft – dem Schutzgedanken und der Transparenzanforderung der Kapitalmärkte Rechnung tragend – ein deutlich erhöhter Umfang der Berichterstattung an die Kapitalmärkte. Diese betreffen neben der Finanzberichterstattung insb. auch weitere Berichterstattungspflichten, wie die nichtfinanzielle Berichterstattung und die Erklärung zur Unternehmensführung. Daneben sind die Informations- und Publizitätspflichten gem. Marktmissbrauchsverordnung zu beachten.

b   Finanzberichterstattung

Wesensmerkmal der regelmäßigen Finanzberichterstattung eines börsennotierten Unternehmens ist die unterjährige Berichterstattung, somit neben den jährlichen Geschäftsberichten insb. Halbjahresberichte und – im Falle der Notierung im Prime Standard – auch Quartalsmitteilungen, die innerhalb der von §§ 114–117 WpHG vorgegebenen Fristen und in angegebener Form zu veröffentlichen sind. Die für börsennotierte Aktiengesellschaften geltenden Empfehlungen der Regierungskommission Deutscher Corporate Governance Kodex (DCGK) geben darüber hinaus noch deutlich kürzere Veröffentlichungsfristen vor.[141] Die Finanzberichterstattung in Abhängigkeit von Börsenplatz und Marktsegment lassen sich wie folgt einteilen:

---

141   Vgl. Regierungskommission Deutscher Corporate Governance Kodex (DCGK; 2022), Empf. F.2.

Börsensegmente	Frankfurter Börse (Deutschland)		
	Prime Standard	General Standard	Scale
Zulassungsvoraussetzungen			
Rechnungslegungs-standards	IFRS	IFRS	Deutsche GAAP oder IFRS
Berichtshistorie	3 Jahre geprüfte Jahresabschlüsse	3 Jahre geprüfte Jahresabschlüsse	*Firmengeschichte der > 2 Jahre*
Wertpapierprospekt	EU-Prospekt (BaFin)	EU-Prospekt (BaFin)	EU-Prospekt (BaFin)
Folgeverpflichtungen			
Jahresfinanzbericht	innerhalb von 4 Monaten (GCGC: 90 Tage)	innerhalb von 4 Monaten	innerhalb von 6 Monaten
Halbjahresfinanzbericht	innerhalb von 3 Monaten (GCGC: 45 Tage)	innerhalb von 3 Monaten	innerhalb von 4 Monaten
Quartalsmitteilung	innerhalb von 2 Monaten (GCGC: 45 Tage)	nein	nein
Deutscher Corporate Governance Kodex	verpflichtend	verpflichtend	freiwillig
Jährliche Analystenkonferenz	ja	nein	ja
Sprache	in Englisch **und** Deutsch	in Deutsch **oder** Englisch	in Deutsch **oder** Englisch

Abb. 44: Zulassungsvoraussetzungen und Folgeverpflichtungen am Beispiel Deutsche Börse Frankfurt

c   Weitere Berichterstattungspflichten

Die weiteren Berichterstattungspflichten lassen sich insb. aus § 289c HGB zur nichtfinanziellen Berichterstattung sowie aus § 289f HGB zur Erklärung zur Unternehmensführung ableiten. Nach § 289f HGB haben börsennotierte Aktiengesellschaften eine Erklärung zur Unternehmensführung in ihrem Lagebericht abzugeben, die i.W. (i) die DCGK-Erklärung nach § 161 AktG, (ii) Angaben zu Unternehmensführungspraktiken, (iii) einen Verweis auf den Vergütungsbericht i. S. d. § 162 AktG sowie insb. (iv) Angaben zur Frauen- und Männerquote und zum Diversitätskonzept beinhaltet.[142] Nachfolgend wird insb. auf die nichtfinanzielle Berichterstattung, den Vergütungsbericht und die Entsprechenserklärung zum DCGK eingegangen.

Nichtfinanzielle Berichterstattung

Kapitalmarktorientierte Unternehmen mit mehr als 500 Mitarbeitern im Jahresdurchschnitt sind gem. CSR-Richtlinie-Umsetzungsgesetz (CSR-RUG)[143] zur nichtfinanziellen Berichterstattung verpflichtet. Dies kann in Form einer Erweiterung des Lageberichts um eine nichtfinanzielle Erklärung erfolgen oder als separater Bericht. Inhaltlich erforderlich ist die Darstellung des Geschäftsmodells, der verfolgten Konzepte und Risiken in Bezug auf Mitarbeiter, Umwelt,

---

142   Deloitte (2021): Zweites Führungspositionen-Gesetz – FüPoG II.; Gesetz zur Ergänzung und Änderung der Regelungen für die gleichberechtigte Teilhabe von Frauen an Führungspositionen in der Privatwirtschaft und im öffentlichen Dienst (2021).

143   Die Richtlinie 2014/95/EU zur Angabe nichtfinanzieller und die Diversität betreffender Informationen (CSR-Richtlinie) bildet den europäischen Ausgangspunkt. Das deutsche CSR-Richtlinien-Umsetzungsgesetz ist am 19.04.2017 in Kraft getreten. Die neuen Vorschriften zur Erweiterung der nichtfinanziellen Unternehmensberichterstattung finden sich im HGB (Vorschriften zur Lageberichterstattung).

Soziales, Menschenrechte und Korruption/Bestechung sowie der bedeutsamsten nichtfinanziellen Leistungsindikatoren.

Leitlinien für die Berichterstattung bietet die international anerkannte Global Reporting Initiative (GRI) oder der nationale Rat für nachhaltige Entwicklung (Deutscher Nachhaltigkeitskodex, DNK). Auch ISO 26000 und der UN Global Compact bieten Orientierungspunkte. Die Anwendung der in der Gesetzesbegründung empfohlenen Leitlinien hat jedoch nur Empfehlungscharakter, insofern weisen Nachhaltigkeitsberichte eine sehr heterogene Struktur auf.

Erweiterte Vorgaben zur Nachhaltigkeitsberichterstattung kommen mit der am 12. Juli 2020 in Kraft getretenen EU-Taxonomie-Verordnung zum Tragen. Anknüpfend an die CSR-Richtlinie in Art. 8, löst sie weitergehende Berichtspflichten für deutsche Unternehmen aus, die nach den §§ 289b ff. oder 315b f. HGB zur nichtfinanziellen Berichterstattung verpflichtet sind. Der Anteil der ökologisch nachhaltigen Wirtschaftsaktivitäten wird dabei nach Umsatzerlösen, Investitionsausgaben und Betriebsausgaben bestimmt. Sie findet erstmals teilweise Anwendung auf Nachhaltigkeitsberichterstattungen, die ab dem 1. Januar 2022 erfolgen.[144]

Die Vorgaben zur Nachhaltigkeitsberichterstattung entwickeln sich stetig weiter. Der Entwurf der EU-Kommission zur Corporate Sustainability Reporting Directive (CSRD) erweitert die Nachhaltigkeitsberichterstattung hinsichtlich Umfang, Berichtsform und Prüfungsanforderungen und soll sie auf eine Ebene mit der Finanzberichterstattung stellen. Anwendbar ist dies europaweit, für große und kapitalmarktorientierte Unternehmen ab 2025 für das Berichtsjahr 2024. Die CSRD ist noch nicht in Kraft. Die EU Institutionen müssen über die Richtlinie noch abstimmen. Wird der Vorschlag angenommen, muss auch Deutschland die Anforderungen der Richtlinie in nationales Gesetz überführen und die CSR-RUG anpassen.[145]

Vergütungsbericht

Nach § 315a Abs. 2 HGB müssen (zusammengefasste) Konzernlageberichte börsennotierter Gesellschaften einen Vergütungsbericht enthalten. Darin sind die Gesamtvergütung der Mitglieder des Geschäftsführungs- und des Aufsichtsorgans anzugeben und das Vergütungssystem von Vorstand und Aufsichtsrat zu erläutern. Ferner sind börsennotierte Aktiengesellschaften handelsrechtlich dazu angehalten, die individuellen Bezüge jedes einzelnen aktuellen Vorstandsmitglieds unter Namensnennung offenzulegen. Die Veröffentlichung dieser individualisierten Informationen kann durch einen Beschluss der Hauptversammlung mit Dreiviertelmehrheit unterbleiben.

Mit dem Gesetz zur Umsetzung der zweiten Aktionärsrechterichtlinie der EU (ARUG II) stehen börsennotierten Gesellschaften umfangreiche Änderungen in ihrer Vergütungsberichterstattung bevor.

---

144 Deutscher Nachhaltigkeitskodex (2021): Den DNK zur Erfüllung der CSR-Berichtspflicht nutzen.
145 Europäische Kommission (2021): Sustainable finance package – Proposal for a Corporate Sustainability Reporting Directive (CSRD).

ARUG II umfasst u. a. zwei Regelungsbereiche, welche auf die Unternehmensberichterstattung ausstrahlen. Neben der Verbesserung der Kontrolle von Transaktionen mit nahestehenden Personen sollen die Aktionärsrechte bei der Vergütung von Vorstand und Aufsichtsrat gestärkt werden.[146] In diesem Zusammenhang schreibt der Gesetzgeber die Erstellung eines aktienrechtlichen Vergütungsberichts vor. In § 162 AktG wird für börsennotierte Gesellschaften nun die Pflicht zur jährlichen Erstellung eines separaten, gemeinsamen Vergütungsberichts von Vorstand und Aufsichtsrat formuliert. Dieser ist für mindestens zehn Jahre auf der Internetseite der Gesellschaft zu veröffentlichen. Der bisher mögliche Verzicht auf die individualisierten Vergütungsangaben durch einen entsprechenden Hauptversammlungsbeschluss wurde durch ARUG II ersatzlos gestrichen. Der Vergütungsbericht muss – unter namentlicher Nennung – für jedes einzelne aktuelle oder frühere Vorstands- und Aufsichtsratsmitglied der Gesellschaft Informationen über die im letzten Geschäftsjahr gewährte und geschuldete Vergütung enthalten. Ein aktienrechtlicher Vergütungsbericht ist erstmals für Geschäftsjahre, die nach dem 31. Dezember 2020 beginnen, zu erstellen. Bei einem dem Kalenderjahr entsprechenden Geschäftsjahr ist er somit erstmalig für das Geschäftsjahr 2021 offenzulegen.

DCGK-Entsprechenserklärung
Über die Entsprechenserklärung gem. § 161 AktG sind Vorstand und Aufsichtsrat der börsennotierten Gesellschaft dazu verpflichtet, Abweichungen zu den Empfehlungen zu begründen und jährlich zu veröffentlichen (»Comply or explain«).

d   Informations- und Publizitätspflichten – Marktmissbrauchsverordnung

Mit dem Gang an die Börse unterliegt der Emittent dem Regelungsbereich von Marktmissbrauchsverordnung (MMVO) und Wertpapierhandelsgesetz (WpHG). Die zeitnahe und transparente Versorgung der Anleger mit wesentlichen Informationen steht hierbei im Vordergrund. Vier Bereiche gilt es zu beachten:[147]

- **Ad-hoc-Publizität**: Der Emittent hat alle Insiderinformationen grds. unverzüglich zu veröffentlichen, die den Preis der Aktie erheblich beeinflussen können. Damit sollen alle Kapitalmarktteilnehmer möglichst schnell über wesentliche Informationen verfügen. Eventuellen Insidergeschäften aufgrund eines bestehenden Informationsungleichgewichts wird damit vorgebeugt.[148]
- **Directors' Dealing**: Vorstände und Aufsichtsräte müssen ihre Eigengeschäfte (z. B. Aktien und Schuldtitel des eigenen Unternehmens), sog. Directors' Dealings, zeitnah offenlegen. Neben dem Vorbeugen von Insiderhandel dient dies auch dazu, (potenziellen) Anlegern wertvolle Hinweise auf die Einschätzung von »Unternehmensinsidern« zu geben.[149]

---

146 Bundesanstalt für Finanzdienstleistungsaufsicht (BaFin) (2020): What ARUG II means for companies and BaFin.
147 Vgl. Bundesanstalt für Finanzdienstleistungsaufsicht (2018b): Die Informationspflichten für Emittenten im deutschen Raum veröffentlicht die Bundesanstalt für Finanzdienstleistungsaufsicht.
148 Vgl. hierzu Art. 17 Abs. 1 MAR.
149 Vgl. hierzu Art. 19 Abs. 1 MAR.

- **Stimmrechtsanteile in Unternehmen:** Die Informationen zu Ein- und Ausstiegen größerer Investoren sind ebenfalls relevant für Anlageentscheidungen, insb. da sie Hinweise auf die weitere Unternehmensentwicklung und die Vorbereitung einer möglichen Unternehmensübernahme geben können. Entsprechend werden bedeutende Stimmrechtsanteile offengelegt sowie das Erreichen, Über- und Unterschreiten von bestimmten Stimmrechtsschwellen (gestaffelt von 3 % bis 75 %) zeitnah publiziert.[150]
- **Informations- und Veröffentlichungspflichten:** Um Inhabern von Wertpapieren die Wahrnehmung ihrer Rechte zu ermöglichen oder zu erleichtern, haben Emittenten weitere Informations- und Veröffentlichungspflichten, bspw. in Form von Informationen zur Einberufung und Tagesordnung einer Hauptversammlung sowie zu wesentlichen Änderungen bei den mit den Wertpapieren verbundenen Rechten.[151] Ebenso müssen börsennotierte Unternehmen ihre Jahres- und Halbjahresfinanzberichte veröffentlichen und damit über die Geschäftsentwicklung informieren.[152]

Eine Nichteinhaltung dieser Vorgaben wird entsprechend sanktioniert.

5   Die Rolle des Aufsichtsrates bzw. Prüfungsausschusses

a   Aufgaben des Aufsichtsrates und Aufsichtsratsbesetzung

Tätigkeiten

Die Entscheidung über einen Börsengang eines Unternehmens hat für die Gesellschaft und die Gesellschafter weitreichende Bedeutung und bedarf einer sorgfältigen Abwägung aller damit verbundenen Vor- und Nachteile. Ein Börsengang ist ein komplexer und dynamischer Prozess, dessen Umsetzung in allen Phasen von der Mitwirkung der beteiligten Gesellschafter bzw. Altaktionäre abhängt, da sich ein Börsengang an der Schnittstelle von Gesellschafts-, Kapitalmarkt- und Zivilrecht bewegt. Die Interessen der Gesellschafter bzw. Altaktionäre werden regelmäßig in einem existierenden oder neu einzurichtenden Aufsichtsrat gebündelt oder in der Frühphase des Projektes »Börsengang« in Gesellschafterausschüssen organisiert, solange ein Aufsichtsrat noch nicht besteht.

Die Gesellschafter bzw. der Aufsichtsrat werden in beratender bzw. überwachender Tätigkeit die folgenden Themenbereiche intensiv begleiten:
- Überwachung der Auswahl geeigneter Konsortialbanken sowie leistungsfähiger Berater (siehe hierzu Kap. F.IX.2.a »Prozess zur IPO- und Kapitalmarktreife«)

---

150 Vgl. §§ 33 ff. WpHG.
151 Vgl. §§ 48 ff. WpHG.
152 Vgl. §§ 114 ff. WpHG.

- Auswahl eines Abschlussprüfers, der für das Projekt »Börsengang« und die neue Phase als börsennotiertes Unternehmen über die entsprechenden Kompetenzen, Ressourcen und Erfahrungen verfügt[153]
- Überwachung der Schritte und Maßnahmen, um die »Börsenreife« im entsprechenden Zeitrahmen zu erreichen (siehe hierzu Kap. F.IX.2.b »Fokusthemen im Rahmen der IPO- und Kapitalmarktreife« und Kap. F.IX.2.c »Vertiefung: Umstellung der Rechnungslegung«)
- Laufende Überwachung der IPO-Projektorganisation und des IPO-Projektverlaufes (siehe hierzu Kap. F.IX.2.d »Vertiefung: IPO-Programm-Management/Projektorganisation«).

Gremienstruktur

Parallel zu dieser funktionalen Überwachungstätigkeit beschäftigen sich die Gesellschafter bzw. der Aufsichtsrat mit strukturellen Themen, insb. solchen, die aus dem Gesellschaftsrecht resultieren. Ein zentrales Thema ist u. a., ob der bestehende oder ggf. zu bildende Aufsichtsrat »börsenreif« ist. Aufsichtsräte börsennotierter Unternehmen müssen insb. den folgenden Anforderungen entsprechen:

- **Geschlechterquote:** Bei börsennotierten Gesellschaften, für die das Mitbestimmungsgesetz, das Montan-Mitbestimmungsgesetz oder das Mitbestimmungsergänzungsgesetz gilt, setzt sich der Aufsichtsrat zu jeweils mindestens 30 % aus Frauen und Männern zusammen (§ 96 Abs. 2 AktG).
- **Zwei Finanzexperten:** Bei Gesellschaften, die Unternehmen von öffentlichem Interesse nach § 316a Satz 2 HGB sind, muss mindestens ein Mitglied des Aufsichtsrates über Sachverstand auf dem Gebiet Rechnungslegung und mindestens ein weiteres Mitglied des Aufsichtsrates über Sachverstand auf dem Gebiet Abschlussprüfung verfügen (§ 100 Abs. 5 AktG).
- **Branchenkenntnis:** Die Mitglieder des Aufsichtsrates müssen in ihrer Gesamtheit mit dem Sektor, in dem die Gesellschaft tätig ist, vertraut sein (§ 100 Abs. 5 AktG).
- **Kompetenzprofil für den Aufsichtsrat:** Der Deutsche Corporate Governance Kodex fordert in der Empf. C.1, dass der Aufsichtsrat für seine Zusammensetzung konkrete Ziele benennt und ein Kompetenzprofil für das Gesamtgremium erarbeitet. Vorschläge des Aufsichtsrates an die Hauptversammlung sollen diese Ziele berücksichtigen und gleichzeitig die Ausfüllung des Kompetenzprofils für das Gesamtgremium anstreben. Der Stand der Umsetzung soll in der Erklärung zur Unternehmensführung veröffentlicht werden.

Im Wertpapierprospekt sind die Kompetenzen der einzelnen Aufsichtsräte zu beschreiben, um potenziellen Investoren die Beurteilung zu ermöglichen, ob obige formale und inhaltliche Anforderungen an die einzelnen Aufsichtsräte sowie den Aufsichtsrat als Gesamtgremium erfüllt sind.

---

153 Bei einer in den USA angestrebten Börsennotierung ist es notwendig, dass der Abschlussprüfer nach den von der Securities und Exchange Commission (SEC) geforderten Prüfungsstandards des Public Company Accounting Oversight Board (PCAOB) prüfen kann und vom PCAOB entsprechend für Abschlussprüfungen zugelassen ist. Zu den Anforderungen an Prüfungsausschüsse von in den USA börsennotierte Unternehmen siehe Kap. K.III »Audit Committees in the United States of America«.

Gesellschaftsrechtliche Maßnahmen

Die Gesellschafter bzw. die Aufsichtsräte sind i. d. R. auch in weitere gesellschaftsrechtliche Maßnahmen eingebunden, um die Gesellschaft »kapitalmarktfähig« zu machen, insb. Satzungsänderungen und Kapitalmaßnahmen:

- **Satzungsänderungen** können der Rechtsformwechsel von einer GmbH in eine börsenfähige AG, KGaA oder SE sein oder die Abschaffung von historisch vereinbarten Vorzügen, um bestehende und künftige Aktionäre gleich zu behandeln.
- **Kapitalmaßnahmen** sind typischerweise Kapitalerhöhungen aus Gesellschaftsmitteln oder durch Altgesellschafter, möglicher Aktiensplit oder für börsennotierte Gesellschaften marktübliche Ermächtigungen, wie z. B. zur Schaffung von genehmigtem und bedingtem Kapital sowie zum Erwerb eigener Aktien.

Für diese gesellschaftsrechtlichen Maßnahmen sind i. d. R. entsprechende Aufsichtsratsbeschlüsse sowie außerordentliche Hauptversammlungen notwendig, für die die entsprechende Mitwirkung der jeweiligen Aufsichtsräte notwendig ist. Insbesondere bei Gründungen einer AG, SE oder KGaA oder bei Formwechseln in eine AG, SE oder KGaA haben Aufsichtsräte nach § 33 AktG den Hergang der Gründung eigenständig zu prüfen.

Notwendige Gesamtschau, Identifikation von Änderungsbedarf und Überwachung von Verbesserungsmaßnahmen

Die Unternehmensleitung, der Aufsichtsrat und die internen bzw. externen Berater sollten die bestehenden Corporate-Governance-Praktiken des Unternehmens anhand der gesetzlichen Anforderungen und anerkannter Best Practices überprüfen und feststellen, wo Änderungen vorgenommen werden müssen. Dieser Prozess ist Teil eines umfangreichen »IPO Readiness Assessment«. In einigen Bereichen kann es einfach darum gehen, bestehende Prozesse und Strukturen zu formalisieren, während in anderen die Messlatte möglicherweise höher gelegt werden muss. Daneben kann es Bereiche geben, in denen das Unternehmen zunächst nicht in der Lage ist, die Anforderungen vollständig zu erfüllen. Hier sollte ein Plan entwickelt werden, um das Unternehmen so schnell wie möglich und rechtzeitig auf das für eine Börsennotierung notwendige Niveau zu bringen.

Es ist nicht Aufgabe des Aufsichtsrates, dieses »IPO Readiness Assessment« selbst durchzuführen. Er sollte aber darauf dringen, dass eine derartige Gesamtschau durchgeführt und der Aufsichtsrat über die Ergebnisse informiert wird. Notwendig ist, dass der Aufsichtsrat den Änderungsbedarf kennt und fortlaufend überwacht, wie die notwendigen Änderungen in Art und Umfang termingerecht umgesetzt werden. In der Regel führen Unternehmen ein »IPO Readiness Assessment« 12 bis 18 Monate vor einem möglichen IPO durch.

Fragen der Vergütung von Vorstand, Aufsichtsrat und Führungskräften

Im Rahmen der Vorbereitung des Börsenganges sind die künftige Vergütung des Vorstandes, des Aufsichtsrates und der Führungskräfte weitere wichtige Themen, die die Aufmerksamkeit des Aufsichtsrates erfordern. Grund dafür sind die Anforderungen des § 87 AktG, wonach der Aufsichtsrat die Vorstandsvergütung im angemessenen Verhältnis zu den Aufgaben und Leistungen des Vorstandsmitglieds sowie zur Lage der Gesellschaft festzusetzen hat und bei börsennotierten Gesellschaften die Vergütungsstruktur auf eine nachhaltige und langfristige Entwicklung der Gesellschaft auszurichten ist. § 87a AktG enthält detaillierte Anforderungen an das Vergütungssystem börsennotierter Gesellschaften, insb. die Festlegung einer Maximalvergütung, den Beitrag der Vergütung zur Förderung der Geschäftsstrategie und zur langfristigen Entwicklung der Gesellschaft sowie die Festlegung von finanziellen und nichtfinanziellen Leistungskriterien für die Gewährung variabler Vergütungsbestandteile. Die besondere Herausforderung der Festlegung der Vorstandsvergütung besteht für Aufsichtsräte darin, dass sie den »Mehrklang« aus leistungsgerechter Vergütung, regulatorischen Anforderungen, Verknüpfung mit der Strategieumsetzung sowie Investorenerwartungen berücksichtigen.

Für die Vergütung des Aufsichtsrates empfiehlt der Deutsche Corporate Governance Kodex (DCGK) in Grundsatz 25, dass diese in einem angemessenen Verhältnis zu ihren Aufgaben und der Lage der Gesellschaft stehen soll.

Im Zusammenhang mit dem Börsengang ist auch die Vergütungssystematik unterhalb von Vorstand und Aufsichtsrat zu hinterfragen. Für eine einheitliche Unternehmenssteuerung ist es hilfreich, wenn die Vergütungsstruktur und Incentivierung der oberen Führungskräfte, insb. die variable Entlohnung, konsistent zur Vorstandsvergütung gestaltet ist, wenn insb. durchgängige Zielgrößen verwendet werden, die in die gleiche Richtung gehen.

Weitere Aufgaben

Weitere Aufgaben eines neu gebildeten Aufsichtsrates sind

- die Prüfung des Jahresabschlusses, des Lageberichts und des Vorschlags für die Verwendung des Bilanzgewinns, bei Mutterunternehmen auch des Konzernabschlusses und des Konzernlageberichtes, ferner die Prüfung des gesonderten nichtfinanziellen Berichts (§ 289b HGB) und des gesonderten nichtfinanziellen Konzernberichts (§ 315b HGB, § 171 Abs. 1 AktG),
- die Feststellung des Jahresabschlusses bzw. die Billigung der Abschlüsse, soweit diese Aufgaben nicht der Hauptversammlung übertragen wurden,
- die Mitwirkung und Überwachung der nach § 161 AktG erstmals notwendigen Erklärung, ob den Empfehlungen des DCGK entsprochen wurde und wird oder welche Empfehlungen nicht angewendet wurden oder werden und warum dies nicht geschieht,
- schriftlicher Bericht an die Hauptversammlung, in dem der Aufsichtsrat über das Ergebnis seiner o. g. Prüfungen berichtet. In dem Bericht hat der Aufsichtsrat auch mitzuteilen, in welcher Art und in welchem Umfang er die Geschäftsführung der Gesellschaft während des Geschäftsjahrs geprüft hat; bei börsennotierten Gesellschaften hat er insb. anzugeben, welche Ausschüsse gebildet worden sind, sowie die Zahl seiner Sitzungen und die der Ausschüsse mitzuteilen (§ 171 Abs. 2 AktG). Dieser Bericht ist durch den Aufsichtsrat in seiner Gesamtheit zu beschließen.

b   Aufgaben des Prüfungsausschusses

Die Aufgaben des Prüfungsausschusses bei einem Unternehmen von öffentlichem Interesse wurden schon an anderer Stelle ausführlich beschrieben, sodass hier auf die Besonderheiten bei Börsengang und Kapitalmarkttransaktionen eingegangen wird.

Im Zentrum der vom Gesetz nach § 107 Abs. 3 AktG geforderten Überwachungstätigkeit des Prüfungsausschusses wird anfangs die »Bestandsaufnahme« stehen:

- Funktionsfähigkeit des Rechnungslegungsprozesses
- Wirksamkeit der internen Überwachungssysteme, d. h.
  - des internen Kontrollsystems
  - des Risikomanagementsystems
  - des internen Revisionssystems
- Abschlussprüfung, hier insb. die Auswahl und die Unabhängigkeit des Abschlussprüfers, die Qualität der Abschlussprüfung und die vom Abschlussprüfer zusätzlich erbrachten Leistungen.[154]

Im Rahmen dieser »Bestandsaufnahme« wird sich der Prüfungsausschuss informieren, ob es in der Vergangenheit Mängel im Rechnungslegungsprozess oder Schwächen im internen Kontrollsystem gegeben hat und wie diese für die Zukunft abgestellt werden sollen. Ausgangspunkt hierbei wird regelmäßig die Berichterstattung der Geschäftsleitung sowie die des Abschlussprüfers über die vergangenen Abschlussprüfungen sein. Der Prüfungsausschuss wird bei dieser Bestandsaufnahme auch berücksichtigen, ob das Unternehmen ein junges Start-up-Unternehmen, ein etabliertes familiengeführtes Unternehmen aus dem Mittelstand oder eine bei einem Carve-out bzw. Spin-off aus einem Konzern entstandene Einheit ist, die sich rechtlich, organisatorisch und von den Kompetenzen verselbstständigen muss.

Neben dieser vergangenheitsbezogenen »Bestandsaufnahme« wird der Prüfungsausschuss hinterfragen, wie das Unternehmen zukunftsbezogen den zusätzlichen Anforderungen an ein börsennotiertes Unternehmen in Umfang und notwendiger Qualität entsprechen kann. Beispiele:

- Umfangreichere Berichtsanforderungen für die IFRS-Rechnungslegung sowie Zusatzanforderungen an den HGB-Jahresabschluss; beide Abschlüsse müssen einer möglichen anlassbezogenen Prüfung durch die Bundesanstalt für Finanzdienstleistungsaufsicht (BaFin) nach § 106 WpHG standhalten können.
- Angemessenheit und Wirksamkeit der im Hinblick auf den Umfang der Geschäftstätigkeit und die Risikolage des Unternehmens notwendigen internen Kontroll- und Risikomanage-

---

154   Der Prüfungsausschuss bzw. der Aufsichtsrat wird das Augenmerk darauf legen, dass der Abschlussprüfer für das Projekt »Börsengang« und die neue Phase als börsennotiertes Unternehmen über die entsprechenden Kompetenzen, Ressourcen und Erfahrungen verfügt, die anzuwendenden Regeln zur Unabhängigkeit des Abschlussprüfers einhalten kann und, wenn notwendig, bei einem Börsengang in den USA über die notwendige PCAOB-Zulassung verfügt. In der Praxis wird der Abschlussprüfer, der den Börsengang begleitet, auch das Unternehmen in den ersten Jahren der Börsennotierung weiter prüfen.

mentsysteme (§ 91 Abs. 3 AktG) einschließlich eines wirksamen Risikofrüherkennungssystems (§ 91 Abs. 2 AktG)

- Aufstellung und Veröffentlichung der nichtfinanziellen Erklärung (§ 289b HGB sowie § 315b HGB)
- Aufstellung und Veröffentlichung der Erklärung zur Unternehmensführung (§ 289f HGB sowie § 315d HGB)
- Aufstellung und Veröffentlichung des Vergütungsberichtes (§ 162 AktG).

Bei diesen Überwachungsgegenständen wird sich der Prüfungsausschuss gemeinsam mit dem Aufsichtsrat eine Meinung bilden müssen, wie er mit der »Lücke« zwischen den Überwachungspflichten des Prüfungsausschusses bzw. des Aufsichtsrates sowie des Umfangs der gesetzlichen Abschlussprüfung umgehen will (siehe hierzu Kap. B.III »Abgrenzung der Aufgaben und Verantwortlichkeiten von Aufsichtsrat, Prüfungsausschuss und Abschlussprüfer«). Der Prüfungsausschuss muss sich eigenverantwortlich eine Meinung bilden, ob er diese »Prüfungslücken« durch eigene Prüfungshandlungen am »grünen Tisch« schließen kann oder ob er der Unterstützung bei seinen Überwachungsaufgaben, z. B. durch den Abschlussprüfer, bedarf.

Neben diesen eher formalen Herausforderungen wird sich der Prüfungsausschuss auch damit beschäftigen, wie das Unternehmen mit den »vorausschauenden« Fragen der Finanzberichterstattung umgeht. Investoren erwarten von börsennotierten Unternehmen, dass sie Ergebnisprognosen für die Zukunft abgeben und diese möglichst in der Zukunft auch erfüllen. Es stellt sich für den Prüfungsausschuss daher die Frage, ob das Unternehmen die Systeme und Erfahrungen hat, um derartige Prognosen zeitnah und präzise abzuleiten (sog. Forecasting Quality oder auch Planungs- bzw. Budgettreue).

Ein weiteres Thema für die künftige externe Finanzberichterstattung und Investorenkommunikation ist die Auswahl wesentlicher Kennzahlen, sog. Key Performance Indicators (KPI). Nach der Börsennotierung erwarten Investoren, dass die Unternehmensleitung an den Kapitalmarkt ähnliche Kennzahlen berichtet wie vergleichbare Unternehmen. Analysten und Investoren werden immer diejenigen Unternehmen kritisch hinterfragen, die von der Branche oder vergleichbaren Unternehmen abweichende Kennzahlen oder alternative Leistungskennzahlen, sog. Alternative Performance Indicators oder »Non GAAP Measures«, in der Finanzberichterstattung und Kapitalmarktkommunikation verwenden. Diese Kennzahlen sollten vom Beginn der »Going Public«-Phase an konsistent an den Kapitalmarkt kommuniziert werden. Der Prüfungsausschuss und der Aufsichtsrat werden daher hinsichtlich der Unternehmensleitung hinterfragen, ob die wesentlichen Kennzahlen der Finanzberichterstattung, den Erwartungen des Kapitalmarktes nachkommend, entsprechend den regulatorischen Anforderungen zuverlässig von Quartal zu Quartal abgeleitet und bei Bedarf vorhergesagt werden können. Der Prüfungsausschuss wird dabei auch hinterfragen, ob diese Kennzahlen konsistent zur Unternehmensstrategie sowie zum System der Vorstandsvergütung sind und den Anforderungen der Abschlussprüfung oder einer möglichen BaFin-Prüfung standhalten.

c   Weitere Themen für Vorstand, Aufsichtsrat und Prüfungsausschuss

Wenn der Börsengang erfolgt ist, muss der Vorstand intensiv daran arbeiten und sicherstellen, dass die während des Börsengangs im Prospekt und auf Roadshows präsentierte »Equity Story« auch erfüllt werden kann. Der Aufsichtsrat und der Prüfungsausschuss werden den Vorstand bei der Umsetzung dieser Herausforderungen überwachen und begleiten. Während dieser Anfangszeit der Börsennotierung werden das Unternehmen, die Unternehmensleitung und die Unternehmensentwicklung im besonderen Fokus der Investoren und Aktionäre stehen. Mit jedem Quartalsabschluss muss das Unternehmen Rechenschaft ablegen:

- **Effektive Verwendung der Erlöse aus dem Börsengang**: Einer der ersten Indikatoren für eine gute Unternehmensführung ist die effektive Verwendung der Erlöse aus dem Börsengang.
- **Operativer Erfolg**: Konkrete Messgrößen für den operativen Erfolg zeigen die Unternehmensentwicklung und -profitabilität und können das Vertrauen der Investoren stärken.
- **Steigerung des Shareholder Value**: Ein steigender Börsenkurs zeigt den höheren Wert für die Aktionäre und die Umsetzung der kommunizierten »Equity Story«, soweit die Erwartungen nicht angepasst werden müssen.
- **Fähigkeit, Prognosen zu erfüllen oder zu übertreffen**: Die regelmäßige Erfüllung oder Übererfüllung von Prognosen zeigt, dass der Vorstand das Geschäft »im Griff hat«; die Nichterfüllung von Prognosen nach der Veröffentlichung von Unternehmenszahlen kann der Aktienkursentwicklung schaden.

Die Aufsichtsräte und der Prüfungsausschuss haben die Aufgabe, den Vorstand bei diesen herausfordernden Aufgaben kritisch, aber auch konstruktiv zu begleiten. Neben einer positiven Geschäftsentwicklung ist eine solide »Corporate Governance« und eine qualitativ hochwertige Finanzberichterstattung – erstellt vom Vorstand, geprüft vom Abschlussprüfer und hinterfragt vom Aufsichtsrat und Prüfungsausschuss – eine notwendige Grundlage für eine erfolgreiche Unternehmens- und Börsenentwicklung in der Zukunft.

Fragen für die Praxis bei einem Börsengang

- Wurden die Vorteile und Nachteile eines Börsenganges objektiv abgewogen? Ist der Börsengang bzw. die Kapitalmaßnahme im Interesse des Unternehmens? Wurde überlegt, an welchem Börsenplatz das »Listing« erfolgen soll und wie dies zur Unternehmensstrategie passt? Welche Alternativen gibt es zum Börsengang?
- Hat das Unternehmen eine »Equity Story«, die vor dem Börsengang für Investoren attraktiv und nach dem Börsengang anspruchsvoll und erfüllbar ist? Kann die Unternehmensleitung dies externen Investoren glaubhaft vermitteln?
- Wurde ein geeignetes externes IPO-Team aus Banken, Anwälten, Wirtschaftsprüfern und anderen Beratern gebildet, das den Börsengang mit der notwendigen Expertise und Erfahrung begleitet?

- Besteht Klarheit über den Umfang der für einen Börsenprospekt notwendigen Informationen, wo und wie schnell diese Informationen beschafft werden können sowie über Haftungsfragen, die mit einem Börsenprospekt im Zusammenhang stehen?
- Ist das Unternehmen »reif« genug, um dauerhaft an den Kapitalmärkten bestehen zu können, oder wird der Gang an die Börse als einmaliger Vorgang bzw. Kraftakt betrachtet?
- Entsprechen die rechtliche Struktur und die »Corporate Governance« den Anforderungen an ein börsennotiertes Unternehmen, und ist die Struktur für potenzielle Investoren transparent und nachvollziehbar?
- Verfügt der Vorstand über die Fähigkeiten und Erfahrungen, um den IPO-Prozess zu leiten und künftig ein börsennotiertes Unternehmen führen zu können? Wie lange sind die Führungspersonen im Unternehmen, um eine glaubhafte Equity Story zu vermitteln?
- Verfügt der Aufsichtsrat über die Fähigkeiten und Eignungen, um ein börsennotiertes Unternehmen und dessen Vorstand zu überwachen und zu beraten?
- Ist der Aufsichtsrat entsprechend den gesetzlichen Anforderungen besetzt und ist die notwendige Anzahl von »Finanzexperten« im Aufsichtsrat vorhanden? Sind die Aufsichtsräte in ihrer Gesamtheit mit dem Sektor, in dem die Gesellschaft tätig ist, vertraut?
- Sind die notwendigen Abschlüsse (IFRS/HGB) in einer Qualität, dass sie wertpapierprospekttauglich sind und den Anforderungen von intensiverer Abschlussprüfung, Comfort Letter sowie einer möglichen, dem IPO nachgelagerten Prüfung durch die BaFin standhalten?
- Verfügt das Unternehmen über die Fähigkeiten, Ergebnisausblicke in einer Qualität abzugeben, die den Anforderungen des Kapitalmarktes entspricht (sog. Forecasting Quality)?
- Entsprechen für die künftige externe Finanzberichterstattung die »wesentlichen Kennzahlen« (sog. KPIs) den Erwartungen des Kapitalmarktes sowie den regulatorischen Anforderungen, und werden diese intern geplant und überwacht?
- Existieren ein Rechnungslegungsprozess und das zughörige interne Kontrollsystem, um die höheren Berichtsanforderungen für Jahresabschlüsse, Halbjahres- und ggf. Quartalsberichterstattung sowie Ad-hoc-Reportingpflichten in der für ein börsennotiertes Unternehmen notwendigen Qualität und Geschwindigkeit erfüllen zu können? Wo besteht möglicherweise Nachholbedarf und bis wann werden mögliche Defizite abgestellt?
- Ist das Unternehmen für die Funktionen Finanzberichterstattung und Rechnungslegung, Investor Relations, Steuern, interne Kontrollen und Risikomanagement sowie Compliance mit Prozessen, Systemen und fachkundigen Mitarbeitern für die steigenden Herausforderungen eines börsennotierten Unternehmens vorbereitet, oder besteht Nachholbedarf?
- Ist die steuerliche Struktur für einen Börsengang angemessen oder besteht Optimierungsbedarf?

G Rechtsform- und branchenspezifische Besonderheiten des Prüfungsausschusses

I Besonderheiten bei der SE

Dr. Arno Probst

Mit der Möglichkeit der Gründung einer SE (Societas Europaea) wird der internationalen Ausrichtung der Gesellschaften, insb. in der Europäischen Union (EU), entsprochen. Die SE oder Europäische AG kann innerhalb der EU nach den Vorschriften der SE-VO[1] gegründet werden und ist eine rechtsfähige AG (Art. 1 Abs. 3 SE-VO). Der Sitz der SE muss in dem Mitgliedstaat liegen, in dem sich die Hauptverwaltung der SE befindet (Art. 7 SE-VO). Der Sitz kann in einen anderen Mitgliedstaat verlegt werden (Art. 8 SE-VO) und es findet das Recht des Sitzstaats der SE Anwendung (Art. 3 SE-VO). Wurde eine SE mit Sitz in Deutschland gegründet, gelten für sie zunächst die SE-VO und anschließend die deutschen Ausführungsgesetze für gesellschaftsrechtliche Fragen (SEAG) und für die Beteiligung von Arbeitnehmern an der SE (SEBG). Die nationalen Regelungen, insb. das deutsche Aktien- und Umwandlungsrecht, gelten schließlich in Ergänzung.

Durch die internationale Ausrichtung kann die SE aus zwei verschiedenen Leitungssystemen bzw. Systemen der Unternehmensverfassung wählen (Art. 38 SE-VO). Danach verfügt die SE über eine Hauptversammlung der Aktionäre und entweder ein Aufsichtsorgan und ein Leitungsorgan (dualistisches System) oder ein einheitliches Verwaltungsorgan (monistisches System).

Das dualistische System entspricht der deutschen Struktur der Corporate Governance, nämlich die operative Leitung durch einen Vorstand sowie die Überwachung durch einen Aufsichtsrat. Durch die Anwendung des Rechts des Sitzstaats der SE sind beim dualen System entsprechend die nationalen gesetzlichen Vorschriften in Bezug auf den Prüfungsausschuss anzuwenden, da diesbezüglich in der SE-VO sowie dem SEAG keine Regelungen enthalten sind. Dagegen folgt das monistische System dem angloamerikanischen Board System (Art. 38–45 SE-VO). Es besteht nur ein Führungsgremium, der Verwaltungsrat, dessen Mitglieder das Unternehmen leiten und zugleich für die Überwachung zuständig sind. Bei den börsennotierten deutschen SE wird in der bisherigen Praxis überwiegend die Form des dualistischen Systems beibehalten, es gibt aber auch Ausnahmen, z. B. die GFT Technologies SE.

In Deutschland enthalten die §§ 20 bis 49 SEAG detaillierte Regelungen für das monistische System, die anstelle der §§ 76 bis 116 AktG gelten. Danach leitet der Verwaltungsrat u. a. die Gesellschaft, bestimmt die Grundlinien ihrer Tätigkeit und überwacht deren Umsetzung (§ 22 Abs. 1 SEAG). Er hat dafür zu sorgen, dass die erforderlichen Handelsbücher geführt werden, und hat geeignete Maßnahmen zu treffen, insb. ein Überwachungssystem einzurichten, damit

---

1   Verordnung (EG) Nr. 2157/2001 des Rates v. 08.10.2001 über das Statut der Europäischen Gesellschaft (SE) (ABl. EU L 294 v. 10.11.2001).

den Fortbestand der Gesellschaft gefährdende Entwicklungen frühzeitig erkannt werden (§ 22 Abs. 3 SEAG). Er kann die Bücher und Schriften der Gesellschaft sowie Vermögensgegenstände, namentlich die Gesellschaftskasse und die Bestände an Wertpapieren und Waren, einsehen und prüfen und damit auch einzelne Mitglieder oder für bestimmte Aufgaben besondere Sachverständige beauftragen. Zudem erteilt er dem Abschlussprüfer den Prüfungsauftrag für den Jahres- und Konzernabschluss gem. § 290 HGB (§ 22 Abs. 4 SEAG).

Die Tagesgeschäfte werden von einem oder mehreren geschäftsführenden Direktoren geführt, die die SE auch nach außen vertreten (§ 40 Abs. 2 Satz 1 SEAG). Sie werden vom Verwaltungsrat bestellt und sind von diesem weisungsabhängig (§ 40 Abs. 1 Satz 1 SEAG). Dabei können die Mitglieder des Verwaltungsrats selbst zu geschäftsführenden Direktoren[2] bestellt werden, sofern die Mehrheit des Verwaltungsrats weiterhin aus nicht geschäftsführenden Mitgliedern[3] besteht (§ 40 Abs. 1 Satz 2 SEAG).

Die geschäftsführenden Direktoren haben den Jahresabschluss und den Lagebericht unverzüglich nach ihrer Aufstellung dem Verwaltungsrat vorzulegen (§ 47 Abs. 1 Satz 1 SEAG). Für die Prüfung des Jahresabschlusses durch den Verwaltungsrat gilt § 171 Abs. 1 und 2 des AktG entsprechend (§ 47 Abs. 3 SEAG). Billigt der Verwaltungsrat den Jahresabschluss, so ist dieser festgestellt, sofern nicht der Verwaltungsrat beschließt, die Feststellung des Jahresabschlusses der Hauptversammlung zu überlassen (§ 47 Abs. 5 Satz 1 SEAG).

Die Größe des Verwaltungsrats kann bis zu 21 Mitglieder betragen (§ 23 SEAG). Entsprechend kann aus Effizienzgründen die Bildung von Ausschüssen sinnvoll sein. So kann der Verwaltungsrat gem. § 34 Abs. 4 SEAG aus seiner Mitte einen oder mehrere Ausschüsse bestellen, namentlich, um seine Verhandlungen und Beschlüsse vorzubereiten oder die Ausführung seiner Beschlüsse zu überwachen. Bestimmte Aufgaben können nicht anstelle des Verwaltungsrats einem Ausschuss zur Beschlussfassung überwiesen werden.[4] Dabei ist dem Verwaltungsrat regelmäßig über die Arbeit der Ausschüsse zu berichten (§ 34 Abs. 4 Satz 3 SEAG).

Nach § 34 Abs. 4 Satz 4 ff. SEAG kann der Verwaltungsrat auch einen Prüfungsausschuss einrichten, dem insb. die Aufgaben nach § 107 Abs. 3 Satz 2 AktG übertragen werden können. Der Verwaltungsrat einer SE, die ein Unternehmen von öffentlichem Interesse nach § 316a Satz 2 HGB ist, hat einen Prüfungsausschuss i. S. d. Abs. 4 Satz 4 einzurichten (§ 34 Abs. 5 Satz 1 SEAG). Dieser Prüfungsausschuss muss dann die Voraussetzungen des § 100 Abs. 5 des Aktiengesetzes (zwei Finanzexperten, Sektorvertrautheit in ihrer Gesamtheit) erfüllen. Er muss mehrheitlich mit nicht geschäftsführenden Mitgliedern besetzt werden. Richtet der Verwaltungsrat einer SE i. S. d. § 264d HGB einen Prüfungsausschuss ein, müssen ebenfalls die Voraussetzungen des

---

2   Executive directors oder inside directors.
3   Non-executive directors oder outside directors.
4   Dies betrifft die Aufgaben nach § 34 Abs. 1 Satz 1, § 22 Abs. 1 und 3, § 40 Abs. 1 Satz 1 und § 47 Abs. 3 SEAG und die Aufgaben nach § 68 Abs. 2 Satz 2, § 203 Abs. 2, § 204 Abs. 1 Satz 1, § 205 Abs. 2 Satz 1 und § 314 Abs. 2 und 3 AktG.

§ 100 Abs. 5 AktG erfüllt werden. Der Vorsitzende des Prüfungsausschusses darf nicht geschäftsführender Direktor sein. Zur Aufgabenerfüllung können Sachverständige und Auskunftspersonen zur Beratung über einzelne Gegenstände zugezogen werden (§ 36 Abs. 1 Satz 2 SEAG).

Damit verfügt der europäische Prüfungsausschuss mindestens über dieselben Kompetenzen
wie der aktienrechtliche Prüfungsausschuss. Jedes Mitglied des Prüfungsausschusses kann
über den Ausschussvorsitzenden unmittelbar bei den Leitern derjenigen Zentralbereiche der
Gesellschaft, die in der Gesellschaft für die den Prüfungsausschuss nach § 34 Absatz 4 Satz 4
SEAG betreffenden Aufgaben zuständig sind, Auskünfte einholen. Der Ausschussvorsitzende
hat die eingeholte Auskunft allen Mitgliedern des Prüfungsausschusses mitzuteilen. Werden
Auskünfte nach Satz 3 eingeholt, sind die geschäftsführenden Direktoren hierüber unverzüglich zu unterrichten (§ 34 Abs. 5 Satz 3 und 4 SEAG).

Von besonderer Bedeutung ist bei der Besetzung des SE-Prüfungsausschusses die Unabhängigkeit der Ausschussmitglieder. Da der Verwaltungsrat sowohl aus geschäfts- wie auch aus nicht
geschäftsführenden Direktoren bestehen kann, sollten aus Gründen einer guten Corporate
Governance die Mitglieder des SE-Prüfungsausschusses insb. unabhängig von der Geschäftsführung sein. Insofern sollten keine geschäftsführenden Direktoren Mitglied des SE-Prüfungsausschusses werden.

Fragen für die Praxis zu Besonderheiten des Prüfungsausschusses bei der SE

- Sollte aus Effizienz- und Effektivitätsgründen ein Prüfungsausschuss in der SE, die nicht Unternehmen des öffentlichen Interesse ist, implementiert werden?
- Erfüllen die Mitglieder des SE-Prüfungsausschusses die persönlichen Kriterien einer guten Corporate Governance, insb. in Bezug auf ihre Unabhängigkeit?

II   Besonderheiten bei der mitbestimmten GmbH

Dr. Arno Probst

Im Gegensatz zur AG hat eine GmbH nach dem GmbHG nur zwei Organe. Zum einen die Gesellschafterversammlung und zum anderen die Unternehmensleitung durch einen bzw. mehrere Geschäftsführer. Damit besteht zunächst kein obligatorischer Aufsichtsrat und damit bestehen auch keine Vorgaben oder Empfehlungen zur Einrichtung eines Prüfungsausschusses. Allerdings kann durch die Gesellschafter im Gesellschaftsvertrag festgelegt werden, einen Aufsichtsrat einzuführen (§ 52 GmbHG). Ist nach dem Gesellschaftsvertrag ein Aufsichtsrat zu bestellen, so sind weitestgehend die Rechte und Pflichten des aktienrechtlichen Aufsichtsrates zu befolgen, sofern es in der Satzung nicht anders bestimmt wird (§ 52 Abs. 1 GmbHG).

Je nach Struktur der Gesellschafter und Komplexität des Unternehmens mit seiner Geschäftstätigkeit kann die freiwillige Einführung eines Aufsichtsrates zweckmäßig sein (fakultativer Aufsichtsrat). Aufgrund der nicht zwingenden Verweisung auf das Aktienrecht nach § 52 GmbHG können sich die Gesellschafter am Aktienrecht orientieren, grds. sind aber die Kompetenzen und die Struktur frei bestimmbar. Dies gilt auch für die Einrichtung eines Prüfungsausschusses.

Unter bestimmten Voraussetzungen wird die Bildung eines Aufsichtsrates durch das Investmentgesetz (§ 6 Abs. 2 InvG) und v.a. durch die Mitbestimmungsgesetze vorgeschrieben. So ist ab einer Größe von über 500 Arbeitnehmern die Bildung eines paritätisch besetzten Aufsichtsrates gesetzlich vorgeschrieben. Wie auch beim fakultativ eingerichteten Aufsichtsrat sind dann die Rechte und Pflichten des Aufsichtsrates der GmbH den aktienrechtlichen Vorschriften angepasst.[5] Allerdings verändert die Einrichtung eines Aufsichtsrates durch die Mitbestimmung nicht die hierarchische Organisation der GmbH. Die Gesellschafterversammlung bleibt das oberste weisungsberechtigte Organ und die Geschäftsführung leitet das Unternehmen nicht eigenständig wie in der AG.[6] Eine Pflicht zur Einrichtung eines Prüfungsausschusses gilt zudem für kapitalmarktorientierte GmbHs i. S. d. § 324 Abs. 1 HGB.

Wird ein Aufsichtsrat nach dem Investmentgesetz oder den Mitbestimmungsgesetzen eingerichtet, hat dieser wie der Aufsichtsrat der AG die Geschäftsführung zu überwachen. Diese Aufgabe beinhaltet auch die Prüfung des Jahresabschlusses, die Beauftragung des Abschlussprüfers bei einer prüfungspflichtigen GmbH sowie die Überwachung des von der Geschäftsführung einzurichtenden Risikofrüherkennungssystems (§§ 171 Abs. 1 Satz 1, 124 Abs. 3 Satz 1 AktG, § 318 Abs. 1 Satz 4 HGB, § 111 Abs. 1 Satz 1 AktG). Dies sind Aufgabenbereiche, die dem

---

5   Siehe dazu § 3 Abs. 2 MontanMitbestG, § 3 Abs. 1 Satz 2 MitbestErgG i. V. m. § 3 Abs. 2 MontanMitbestG, § 1 Abs. 1 Nr. 3 Satz 2 DrittelbG, § 25 Abs. 1 Satz 1 Nr. 2 MitbestG.
6   Vgl. hierzu und im Folgenden auch Lutter/Krieger/Verse (2020), Rechte und Pflichten des Aufsichtsrates, Rn. 1114–1131 m. w. N.

aktienrechtlichen Prüfungsausschuss durch das Aktiengesetz eigens zugewiesen werden bzw. mit denen er sich befassen soll. Gerade bei dem nach § 25 Abs. 1 Nr. 2 MitbestG und § 1 Abs. 1 Nr. 3 DrittelbG obligatorisch vorgeschriebenen Aufsichtsrat gilt für die Aufgaben des Prüfungsausschusses § 107 Abs. 3 Satz 2 AktG entsprechend.

Für den fakultativen Aufsichtsrat nach § 52 Abs. 1 GmbHG gelten allerdings nicht explizit die gesetzlichen Aufgaben nach § 107 Abs. 3 Satz 2 AktG, mit Ausnahme der Pflicht, die Abschlussprüfung und die Unabhängigkeit des Abschlussprüfers sowie seine zusätzlich erbrachten Leistungen zu überwachen.[7]

Je nachdem, wie groß der Aufsichtsrat der GmbH ist, kann oder muss er sich direkt an der Aufgabenerfüllung des aktienrechtlichen Prüfungsausschusses orientieren oder aus Effektivitäts- und Effizienzgründen einen entsprechenden eigenen Prüfungsausschuss einrichten. Aufgrund der originären Kontrolle durch die Gesellschafterversammlung wird der Prüfungsausschuss vornehmlich vorbereitend tätig sein und eine ausführliche Festlegung seiner Kompetenzen sollte in einer Geschäftsordnung erfolgen (siehe hierzu Kap. C.IV »Geschäftsordnung« sowie im Anhang D das »Muster einer Geschäftsordnung« für den Prüfungsausschuss).

Im Rahmen der Spezifizierung der Kompetenzen des Prüfungsausschusses sollten auch dessen Informationspflichten und insb. dessen Informationsrechte gegenüber der Geschäftsführung vorgegeben werden. Hier kann die Regelung zur Informationsversorgung nach Grundsatz 16 und 17 des DCGK 2022 einen Hinweis geben. Denn die GmbH-Geschäftsführung ist mit Ausnahme der Weisungen durch das Montanmitbestimmungsgesetz zu keiner fortdauernden Regelberichterstattung verpflichtet.

Besonderheiten eines Prüfungsausschusses in der mitbestimmten GmbH ergeben sich auch im Zusammenhang mit dessen Besetzung. Im Speziellen betrifft dies die Unabhängigkeit seiner Mitglieder vor dem Hintergrund der paritätischen Arbeitnehmervertretung (siehe hierzu Kap. C.I »Die Besetzung des Prüfungsausschusses« über die Mindestanforderungen an die Mitglieder des Prüfungsausschusses (Financial Experts, Unabhängigkeit)). Sowohl für den fakultativen als auch für den obligatorischen Aufsichtsrat einer GmbH im öffentlichen Interesse nach § 316a HGB (insb. einer kapitalmarktorientierten GmbH) gilt die Regelung des § 107 Abs. 4 Satz 3 AktG i. V. m. § 100 Abs 5 AktG, nach der mindestens ein Mitglied des (dann zu bildenden) Prüfungsausschusses über Sachverstand auf dem Gebiet Rechnungslegung und mindestens ein weiteres Mitglied des Aufsichtsrates über Sachverstand auf dem Gebiet Abschlussprüfung verfügen muss (§ 324 Abs. 1 HGB).

---

7   Vgl. Braun/Louven (2009), S. 968.

Grundsätzlich gilt jedoch, dass für die Besetzung des Prüfungsausschusses, i. S. einer Konzentration von für die dem Ausschuss zugewiesenen Aufgaben sachverständigen Personen, die Qualifizierung ausschlaggebend sein sollte.

Fragen für die Praxis zu Prüfungsausschüssen bei der mitbestimmten GmbH

- Sollte aus Effizienz- und Effektivitätsgründen, auch ohne Kapitalmarktorientierung, ein Prüfungsausschuss in der GmbH implementiert werden?
- Erfüllen die Mitglieder des GmbH-Prüfungsausschusses die persönlichen Kriterien einer guten Corporate Governance, insb. in Bezug auf ihre Unabhängigkeit?

III   Besonderheiten in Familienunternehmen

Dr. Arno Probst

Familienunternehmen sind Unternehmen, deren Geschäftstätigkeiten und Entwicklungen maßgeblich von einer Familie oder einem zahlenmäßig eingeschränkten Eigentümerkreis beeinflusst werden. Sie lassen sich in verschiedenen Rechtsformen, Größenordnungen und Finanzierungsformen finden und sind i. d. R. durch die Einheit von Eigentum und Leitung geprägt. Gegebenenfalls leiten die Eigentümer das Unternehmen gemeinsam mit Fremdmanagern. Daneben kann auch eine Trennung zwischen Eigentum und Leitung bestehen. Das Unternehmen wird dann jedoch weiterhin von einer absehbaren Anzahl natürlicher Personen oder Familien kontrolliert und ist oftmals durch eine Unternehmenskultur der Eigentümerfamilie geprägt.

Damit unterscheidet sich die Corporate Governance von Familienunternehmen von der Corporate Governance einer Publikumsgesellschaft, im Speziellen von einer kapitalmarktorientierten Aktiengesellschaft, in der die Trennung von Unternehmensführung und -kontrolle durch den Vorstand und den Aufsichtsrat gesetzlich vorgeschrieben ist. Um den bei Familienunternehmen gegenüber Publikumsgesellschaften abweichenden Rahmenbedingungen Rechnung zu tragen, wurde auf Initiative privater Organisationen ein eigenständiger »Governance Kodex für Familienunternehmen« entwickelt.[8] Der Kodex enthält u. a. Empfehlungen hinsichtlich der Aufsichts- und Kontrollstrukturen in einem Familienunternehmen und betont damit die Notwendigkeit einer adäquaten Corporate Governance auch für Familienunternehmen, mit der eine verantwortungsvolle Einflussnahme der Eigentümer auf ihr Unternehmen, die Stärkung des Zusammenhalts der Familie und die generationsübergreifende Steigerung des Unternehmenswerts erzielt werden kann.

Bei Familienunternehmen obliegt die Ausübung der Kontrolle im Regelfall den Gesellschaftern bzw. Inhabern. Ein Aufsichtsgremium ist für die Mehrheit der Familienunternehmen nicht gesetzlich vorgeschrieben. In diesen Fällen empfiehlt der Governance Kodex für Familienunternehmen, dass die Inhaber über die Implementierung solch eines Aufsichtsgremiums entscheiden sollen (Ziffer 2.1.3 Governance Kodex für Familienunternehmen).[9] Mit solch einem Gremium kann die Qualität und Objektivität bei der Beratung und Kontrolle der Unternehmensführung gesichert werden. Die Inhaber sollen die Aufgaben des Aufsichtsgremiums eindeutig festlegen (Ziffer 3.1.1 Governance Kodex für Familienunternehmen). Darüber hinaus wird empfohlen, dass Inhalt, Umfang, Art und Weise sowie Turnus der Berichterstattung der

---

8   Zuletzt i. d. F. v. 17.05.2021 von der »Kommission Governance Kodex für Familienunternehmen«, begründet von Professor Dr. Peter May, http://www.kodex-fuer-familienunternehmen.de.

9   Dies kann in Form eines Beirats, Verwaltungsrats, Aufsichtsrates oder Gesellschafterausschusses erfolgen. Zu Beiräten, deren Struktur und Aufgaben im Mittelstand aus Sicht der Praxis s. a. Deloitte (2010b): Beiräte im Mittelstand.

Unternehmensführung eindeutig festgelegt sind (Ziffer 3.1.2 Governance Kodex für Familienunternehmen).

Bei der Zusammensetzung des Aufsichtsgremiums sind insb. die Größe des Unternehmens, die Komplexität der Inhaberstruktur und die übernommene Verantwortung zu berücksichtigen, wobei auch eine Aufnahme von Mitgliedern, die nicht der Inhaberfamilie angehören, aus Gründen der Qualität und Objektivität sinnvoll sein kann (Ziffer 3.2.1 Governance Kodex für Familienunternehmen). Grundsätzlich sollen die Mitglieder des Aufsichtsgremiums über erforderliche Kompetenzen und Qualifikationen verfügen, um die ihnen zugeschriebenen Aufgaben erfüllen zu können (Ziffer 3.2.3 Governance Kodex für Familienunternehmen). Eine effektive Größe des Gremiums dürfte zwischen drei und fünf, höchstens sieben Mitgliedern liegen, was der zahlenmäßigen Besetzung eines Prüfungsausschusses weitestgehend gleichkommt, denn kleine Gremien mit höherer Sitzungsfrequenz arbeiten im Allgemeinen effektiver und effizienter. Wird ein größeres Gremium eingerichtet, sollte entsprechend erwogen werden, einen Unterausschuss zu bilden.

Der Fokus des Aufsichtsgremiums in Familienunternehmen liegt jedoch im Gegensatz zum aktienrechtlichen Aufsichtsrat, der primär die Überwachungsfunktionen nach §111 AktG übernimmt, neben der Kontrolle des operativen Geschäfts v.a. im Bereich der Beratung und Begleitung aus unternehmerischer Perspektive.

Unabhängig von der Beratungsfunktion können bzgl. der Überwachungs- bzw. Kontrollfunktion zur Besetzung bzw. zu den Eigenschaften der Mitglieder eines Aufsichtsgremiums weitestgehend die Anforderungen des aktienrechtlichen Prüfungsausschusses als Maßstab übertragen werden, z.B. hinsichtlich der Unabhängigkeit, der Qualifikation oder des zeitlichen Engagements. Je nach Ausprägung des Familienunternehmens in der Struktur, Geschäftstätigkeit, Berichterstattung und Organisation ist ebenso eine Orientierung an der Aufgabenwahrnehmung des aktienrechtlichen Prüfungsausschusses möglich.

Fragen für die Praxis zu Prüfungsausschüssen in Familienunternehmen

- Sollte aus Gründen der Effektivität und Effizienz zur Kontrolle und Beratung der Geschäftsführung des Familienunternehmens ein Aufsichtsgremium oder ein Unterausschuss des Aufsichtsgremiums in Anlehnung an den aktienrechtlichen Prüfungsausschuss implementiert werden?
- Wie soll seine Zusammensetzung (Familie/extern) aussehen, welche Aufgaben und Befugnisse soll er haben?
- Wie kann man ggf. auf andere Weise sinnvolle unabhängige Elemente der überwachenden Begleitung herstellen?

IV   Besonderheiten bei Kredit- und Finanzdienstleistungsinstituten[10]

Prof. Dr. Carl-Friedrich Leuschner

1   Besonderer Rechtsrahmen

Mit der Finanzmarktkrise bzw. den Schieflagen einer Reihe von Kreditinstituten ist die **Gestaltung der Corporate Governance** bei Kreditinstituten in den Fokus der Aufsicht getreten. Zwar wurden Schwächen in der internen Governance nicht als ein unmittelbarer Auslöser der Finanzkrise identifiziert, jedoch konstatiert die Aufsicht, dass diese einen wesentlichen unterstützenden Faktor dargestellt haben.[11] Vor dem Hintergrund der Bedeutung eines funktionsfähigen Bankensystems für die Gesamtwirtschaft hat der europäische Gesetzgeber durch die im nationalen Recht unmittelbar anzuwendende EU-Verordnung (Capital Requirements Regulation – CRR)[12] und das CRD-IV-Umsetzungsgesetz[13] als nationale Umsetzung der EU-Richtlinie (Capital Requirements Directive – CRD IV)[14] einen wichtigen Meilenstein gesetzt. Einen weiteren Meilenstein hat die Europäische Kommission Ende Oktober 2021 mit ihren Legislativvorschlägen für die Umsetzung der Vorgaben des Baseler Ausschusses für Bankenaufsicht gelegt. Mit dem **Basel IV** genannten Paket[15] findet nach gut zehn Jahren laufender Veränderungen die Überarbeitung des regulatorischen Rahmenwerkes für Banken ihren vorläufigen Schlusspunkt. Geändert werden v.a. Verfahren, mit denen die Banken die Höhe der Eigenkapitalunterlegung für ihre Risiken berechnen.

Mit der Veröffentlichung **zweier Leitlinien** der Europäischen Bankenaufsichtsbehörde (European Banking Authority – EBA) bzw. **der EBA** in Zusammenarbeit mit der Europäischen Aufsichtsbehörde für Wertpapiere und Märkte (European Securities and Markets Authority – **ESMA**)

---

10   Der nachfolgende Abschnitt wurde maßgeblich von Finn Meurer aktualisiert und überarbeitet; hierfür gilt ihm mein ganz herzlicher Dank.
11   Vgl. European Banking Authority (EBA) (2011).
12   Verordnung (EU) Nr. 575/2013 v. 26.06.2013 über Aufsichtsanforderungen an Kreditinstitute und Wertpapierfirmen und zur Änderung der Verordnung (EU) Nr. 646/2012.
13   Gesetz zur Umsetzung der Richtlinie 2013/36/EU über den Zugang zur Tätigkeit von Kreditinstituten und die Beaufsichtigung von Kreditinstituten und Wertpapierfirmen und zur Anpassung des Aufsichtsrechts an die Verordnung (EU) Nr. 575/2013 über die Aufsichtsanforderungen an Kreditinstitute und Wertpapierfirmen (CRD IV-Umsetzungsgesetz) v. 28.08.2013, BGBl. I 2013, Nr. 53, S. 3395.
14   Richtlinie 2013/36/EU v. 26.06.2013 über den Zugang zur Tätigkeit von Kreditinstituten und die Beaufsichtigung von Kreditinstituten und Wertpapierfirmen, zur Änderung der Richtlinie 2002/87/EG und zur Aufhebung der Richtlinien 2006/48/EG und 2006/49/EG, ABl. EU L 176/338.
15   Vgl. Europäische Kommission (2021).

wurden die Vorschriften 2017[16] gem. dem sich aus dem CRD IV ergebenden Mandat[17] auf euro-päischer Ebene weiter konkretisiert. Damit ergibt sich für die Verwaltungs- und Aufsichtsorga-ne v.a. von bedeutenden Kreditinstituten ein **umfangreicher Rechtsrahmen, der deutlich über die branchenübergreifenden Regelungen des HGB bzw. des AktG hinausgeht**. Im Folgenden werden – ausgehend von den handels- und aktienrechtlichen Regelungen – die **besonderen aufsichtsrechtlichen Anforderungen an bedeutende Kreditinstitute** dargestellt. Aufgrund des unmittelbaren Zusammenhangs mit weiteren umfassenden Regularien für Kreditinstitute soll dabei auch auf entsprechende Wechselwirkungen – v.a. mit den Mindestanforderungen an das Risikomanagement der Kreditinstitute (**MaRisk**)[18] – eingegangen werden.

Die BaFin hat allerdings erklärt, dass sie Teile der von der EBA veröffentlichten Leitlinien zur internen Governance sowie die Leitlinien zur Eignung nicht in ihre Verwaltungspraxis überneh-men wird. So schließt die BaFin die Ausführungen zur formellen Unabhängigkeit der Mitglieder des Leitungsorgans in seiner Aufsichtsfunktion beider europäischer Leitlinien explizit aus.[19] Die Leitlinien fordern, dass dem Leitungsorgan in seiner Aufsichtsfunktion eine ausreichende Anzahl an Mitgliedern, d.h. solche ohne jeglichen früheren oder aktuellen Bezug zum Institut oder seiner Geschäftsleitung, angehören sollen. Die BaFin lehnt diese Forderung mit dem Ver-weis auf eine in der CRD IV fehlende Rechtsgrundlage ab. Alle weiteren das Verwaltungs- oder Aufsichtsorgan betreffenden Anforderungen werden indes von der deutschen Aufsicht über-nommen. Im Kontrast zur BaFin erklärt die EZB, beiden Leitlinien in vollem Umfang zu entspre-chen.[20] Dies führt insb. bei international tätigen Finanzinstituten zu Verunsicherungen.

2   Anforderungen an Aufsichts- und Verwaltungsräte

a   Voraussetzungen für die Tätigkeit in Verwaltungs- und Aufsichtsorganen

Für Kredit- und Finanzdienstleistungsinstitute werden die Voraussetzungen für die Tätigkeit in Aufsichtsgremien und die Bildung von diesen unabhängig von der Rechtsform grds. im KWG geregelt, sodass sich im Hinblick auf die Verabschiedung des Finanzmarktintegritätsstärkungs-

---

16   European Banking Authority (2018), Leitlinien zur internen Governance (EBA/GL/2017/11), nachfolgend »Leitlinien zur internen Governance«, und European Banking Authority/European Securities and Markets Authority (2017), Leitlinien zur Bewertung der Eignung von Mitgliedern des Leitungsorgans und Inhabern von Schlüsselfunktionen (EBA/GL/2017/12), nachfolgend »Leitlinien zur Eignung«.

17   Das Mandat zur Entwicklung von Leitlinien zur internen Governance ist in Art. 74 Abs. 3 CRD IV konstatiert; Art. 91 Abs. 12 CRD IV bzw. Art. 9 Abs. 1 der Richtlinie 2014/65/EU des Europäischen Parlaments und des Rates v. 15.05.2014 über Märkte für Finanzinstrumente sowie zur Änderung der Richtlinien 2002/92/EG und 2011/61/EU (MiFiD II) mandatieren Leitlinien im Zusammenhang mit der Eignung von Aufsichtsratsmitgliedern.

18   BaFin (2017), Rundschreiben 09/2017 (BA), nachfolgend »MaRisk[2017]«.

19   Vgl. ESMA, ESMA71-99-598, S. 4f., vgl. EBA, EBA/GL/2017/11 Guidelines Compliance Table, S. 4f.

20   Vgl. ESMA, ESMA71-99-598, S. 22f., vgl. EBA, EBA/GL/2017/11 Guidelines Compliance Table, S. 11.

gesetzes (FISG) vom 3. Juni 2021 praktisch gesehen keine wesentlichen Änderungen ergeben haben.[21] Die Tätigkeit in einem Verwaltungs- oder Aufsichtsorgan setzt nach § 25d Abs. 1 KWG rechtsformunabhängig für alle Institute i. S. v. § 1 Abs. 1b KWG voraus, dass die Mitglieder zuverlässig sind und die erforderliche **Sachkunde** zur Wahrnehmung ihrer originären Kontrollfunktion sowie zur Beurteilung und Überwachung der Geschäfte besitzen. Dabei gilt der **Proportionalitätsgrundsatz**: Die Sachkunde hat sich an der Komplexität und letztlich auch am Risikogehalt der vom Institut bzw. von der Gruppe betriebenen Geschäfte zu orientieren. Auch dürfte die systemische Relevanz der Institute bzw. Gruppen eine Rolle spielen. Die Leitlinien zur Eignung, die die Anforderungen des Art. 91 CRD IV (ebenfalls Grundlage des § 25d KWG) konkretisieren, gehen über diese Kriterien hinaus. Es werden neben der **Zuverlässigkeit** und **Sachkunde** auch ein guter **Leumund, Aufrichtigkeit, Integrität, Unvoreingenommenheit** sowie **Unabhängigkeit** gefordert und Kriterien für die Beurteilung dargelegt.

Dabei orientiert sich die erforderliche Sachkunde sowohl im deutschen als auch im europäischen Rechtsrahmen an dem Umfang und der Komplexität der von dem Institut betriebenen Geschäfte und wird stets anhand des Einzelfalls beurteilt. Sachkunde kann u. a. durch (Vor-)Tätigkeit in derselben Branche erworben worden sein (z. B. als Organmitglied eines vergleichbaren Unternehmens). Aber auch bei Personen, die eine Tätigkeit in einer anderen Branche, in der öffentlichen Verwaltung oder aufgrund von politischen Mandaten ausüben, wird bislang die erforderliche Sachkunde angenommen, sofern die Tätigkeit maßgeblich auf wirtschaftliche und rechtliche Fragen ausgerichtet und nicht von nachgeordneter Natur ist. Dies gilt bspw. für sog. geborene Mitglieder, d. h. für Hauptverwaltungsbeamte einer Gebietskörperschaft. Bei mitbestimmten Verwaltungs- oder Aufsichtsorganen wird für die Beschäftigten regelmäßig das Vorliegen der Sachkunde unterstellt, wenn sie unmittelbar in die rechtlichen und wirtschaftlichen Abläufe des Tagesgeschäfts eingebunden sind. Solche Automatismen werden allerdings von der EZB zunehmend kritisch hinterfragt; deshalb sollten auch »geborenen« Mitgliedern bei der Übernahme von Organfunktionen spezifische Onboarding-Schulungen bereitgestellt werden, wie sie in der Privatwirtschaft bereits gängige Praxis sind.

Sollte die erforderliche Sachkunde nicht vorliegen, ist eine Tätigkeit in einem Verwaltungs- oder Aufsichtsorgan nicht vollständig ausgeschlossen. In Abhängigkeit von der Größe und Komplexität des Unternehmens kann das Mitglied sich die **erforderliche Sachkunde im Rahmen einer Fortbildung** auch noch nach der Bestellung – spätestens in einem Zeitraum von sechs Monaten – aneignen. Wichtig erscheint dabei, dass die Fortbildung auf die für die Sachkunde erforderlichen Inhalte – bspw. Rechnungslegung, Risikomanagement oder die besonderen aufsichtsrechtlichen Anforderungen – ausgerichtet ist und dabei die spezifische Geschäftstätigkeit des jeweiligen Instituts berücksichtigt. Neben einer internen Fortbildung durch das Institut dürften hier von externen Dienstleistern angebotene Schulungen infrage kommen, die aufgrund ihrer Tätigkeit diese Themenbandbreite abdecken. Die Leitlinien zur Eignung fordern

---

21   Vgl. Einzelheiten hierzu in Koch/Wolfgarten (2021), S. 880.

in diesem Zusammenhang schriftlich fixierte, vom Leitungsorgan[22] verabschiedete Richtlinien und Verfahren zur Einführung und Schulung von Mitgliedern des Leitungsorgans.[23]

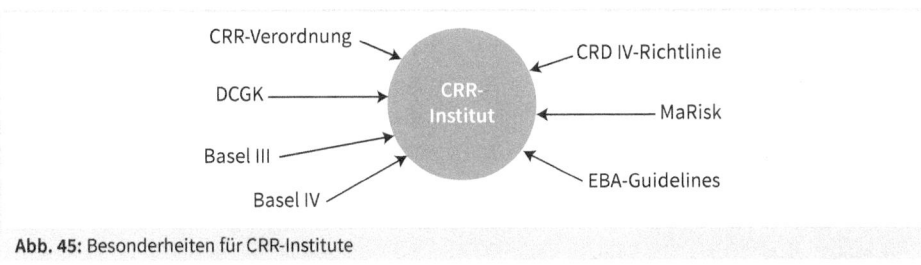

Abb. 45: Besonderheiten für CRR-Institute

In Abgrenzung zu der bei Geschäftsleitern geforderten »fachlichen Eignung« ist nach § 25d Abs. 2 KWG sowie nach der Begründung zum CRD-IV-Umsetzungsgesetz die **Sachkunde der einzelnen Verwaltungs- oder Aufsichtsorganmitglieder nur in dem Umfang erforderlich, der zu einer Kollektiventscheidung befähigt**.[24] Zwar bedingt dies insoweit eine Erleichterung, als nicht jedes einzelne Mitglied über alle erforderlichen Spezialkenntnisse verfügen muss und es auf die Gesamtheit der Kenntnisse aller Mitglieder des Organs ankommt. Gleichwohl dürfte – nicht zuletzt mit Blick auf die Bildung von unterschiedlichen Ausschüssen – eine detaillierte Fachkenntnis unerlässlich sein. Dies ergibt sich nicht nur aus der bisherigen BGH-Rechtsprechung zur Befähigung und Weiterbildungspflicht von Aufsichtsratsmitgliedern. Ebenso formuliert die Aufsicht – konkret mit Blick auf die Mitglieder des Prüfungsausschusses – die Erwartungshaltung, dass nicht nur der Vorsitzende des Prüfungsausschusses über **Sachverstand auf den Gebieten der Rechnungslegung und Abschlussprüfung** verfügen muss, sondern auch die übrigen Mitglieder des Ausschusses die benötigten Kenntnisse, Fähigkeiten und Erfahrungen besitzen müssen.[25] Zudem muss das Aufsichtsorgan insgesamt über ein angemessen breites Spektrum an Erfahrungen verfügen.[26] Die konkretisierenden Leitlinien zur Eignung grenzen die Anforderungen in Bezug auf die Sachkunde für die Verwaltungs- oder Aufsichtsorganmitglieder indes nicht von denen der Geschäftsleitung ab. Insoweit ist zu erwarten, dass eine entsprechende ausreichende Sachkunde der einzelnen Mitglieder des Verwaltungs- oder Aufsichtsorgans von der Aufsicht eingefordert wird.

---

22   Der Begriff Leitungsorgan beinhaltet gem. den Leitlinien sowohl die Geschäftsleitung (»Leitungsorgan in seiner Leitungsfunktion«) als auch das entsprechende Aufsichts- oder Verwaltungsorgan (»Leitungsorgan in seiner Aufsichtsfunktion«).

23   Vgl. EBA/ESMA (2018), EBA/GL/2017/12. Final Report on Guidelines on the Assessment of the Suitability of Members of the Management Body and Key Function Holders: Title IV – Human and financial resources for training of members of the management body, Abschnitt 10.

24   Vgl. RegBegr., BT-Drs. 17/10974, S. 87; Art. 91 Abs. 7 CRD IV.

25   Vgl. König (2013), S. 50; siehe hierzu auch Kap. G.IV.3.a »Allgemeine Anforderungen« und Kap. G.IV.3.c »Prüfungsausschuss«.

26   Vgl. Art. 91 Abs. 1 CRD IV.

§ 25d Abs. 1 KWG fordert explizit, dass die Organmitglieder der Wahrnehmung ihrer Aufgaben **ausreichend Zeit** widmen müssen.[27] Zur Bewertung des ausreichenden Zeitaufwands wird in den Leitlinien zur Eignung ein nicht abschließender Kriterienkatalog dargestellt, der von den Instituten herangezogen werden kann (z. B. Anzahl der Mandate oder geografische Präsenz). Dabei wird von der EBA gefordert, dass der erforderliche Zeitaufwand je Rolle unter Berücksichtigung von Einführung und Schulung ermittelt, dem Organmitglied mitgeteilt und vom Institut überwacht wird, ob das jeweilige Organmitglied ausreichend Zeit für die Erfüllung seiner Funktion aufwendet.[28] Unabhängig davon sollte das Verwaltungs- oder Aufsichtsorgan **nicht mehr als fünf Aufsichtsratsmandate** bei konzernexternen börsennotierten Gesellschaften wahrnehmen, wobei ein Aufsichtsratsvorsitz doppelt zählt.[29]

b   Ausschlussgründe

Mit Blick auf mögliche Interessenkonflikte sowie zeitliche Begrenzungen sieht § 25d Abs. 3 KWG für **CRR-Institute mit erheblicher Bedeutung eine Reihe von Kriterien** vor, die einer Tätigkeit als Verwaltungs- bzw. Aufsichtsratsmitglied eines Instituts entgegenstehen.[30] Hierzu gehören die folgenden Fälle:

1. Geschäftsleiter in demselben Unternehmen,[31]
2. ausgeschiedene Geschäftsleiter, wenn dem Verwaltungs- oder Aufsichtsorgan bereits zwei ehemalige Geschäftsleiter angehören,[32]
3. Geschäftsleiter anderer Unternehmen, die zugleich in mehr als zwei weiteren Unternehmen Mitglied des Verwaltungs- oder Aufsichtsorgans sind,
4. Personen, die bereits in mehr als vier anderen Unternehmen[33] Mitglied eines Verwaltungs- oder Aufsichtsorgans sind.

Dabei gelten in Bezug auf Nr. 3 und Nr. 4 mehrere Mandate in Verwaltungs- oder Aufsichtsorganen jeweils nur als ein Mandat, sofern diese bei der Aufsicht unterstehenden Unternehmen derselben Gruppe oder desselben institutsbezogenen Sicherungssystems wahrgenommen werden. Entsprechendes gilt, sofern das Institut eine bedeutende Beteiligung (§ 1 Abs. 9 KWG)

---

27   Vgl. Art. 91 Abs. 2 CRD IV.
28   Vgl. EBA/ESMA (2017), EBA/GL/2017/12, S. 17.
29   Vgl. Empf. C.4 DCGK 2022.
30   Für Finanzholding-Gesellschaften bzw. gemischte Finanzholding-Gesellschaften gelten die Regelungen nur, sofern diese nach § 10a Abs. 2 Satz 2 oder 3 KWG bzw. § 10b Abs. 3 Satz 8 KWG (zwischenzeitlich aufgehoben; vgl. § 12 Abs. 2 Finanzkonglomerateaufsichtsgesetz) als übergeordnetes Unternehmen bestimmt wurden und ihnen ein CRR-Institut nachgeordnet ist.
31   Der in Bezug auf die Gesellschaftsform der Societas Europaea (SE) aufgenommenen Ausnahme, dass die Tätigkeit als Geschäftsleiter ein Aufsichtsmandat ausschließt, dürfte vor dem Hintergrund der in Deutschland vorherrschenden dualistischen Unternehmensstruktur nur eine geringe praktische Bedeutung zukommen (§ 105 Abs. 1 und 2 AktG).
32   Vgl. DCGK 2022, Empf. C.11. Nach der Auffassung der Aufsicht ist unbeschadet der gesetzlichen Zulässigkeit mit Blick auf eventuelle Interessenkonflikte die Tätigkeit eines ehemaligen Vorstandsmitglieds im Verwaltungs- und Aufsichtsorgan kritisch zu hinterfragen; vgl. König (2013), S. 52.
33   Die originär vorgesehene Begrenzung auf fünf Aufsichtsratsmandate wurde mit Blick auf die endgültige Fassung von Art. 91 Abs. 3 CRD IV angepasst.

hält. Um sicherzustellen, dass kommunale Hauptverwaltungsbeamte (geborene Mitglieder) die ihnen zugewiesenen Mandate auch in kommunalen Unternehmen unbeschränkt wahrnehmen können, findet bei diesen die Begrenzung auf vier Mitgliedschaften in einem Verwaltungs- bzw. Aufsichtsorgan keine Anwendung (§ 25d Abs. 3 Satz 5 KWG). Die BaFin kann zudem unter Berücksichtigung des Einzelfalls die Wahrnehmung eines weiteren Mandats gestatten. CRR-Institute von erheblicher Bedeutung sind nach dem Willen des deutschen Gesetzgebers Institute, deren Bilanzsumme im Durchschnitt zu den jeweiligen Stichtagen der letzten drei abgeschlossenen Geschäftsjahre 15 Mrd. Euro erreicht oder überschritten haben. Dabei gelten als **Institute von erheblicher Bedeutung** stets

- Institute, die nach Art. 6 Abs. 4 der Verordnung (EU) Nr. 1024/2013[34] von der EZB beaufsichtigt werden,
- Institute, die als potenziell systemgefährdend i. S. v. § 47 Abs. 1 KWG[35] eingestuft wurden, und
- Finanzhandelsinstitute i. S. v. § 25f Abs. 1 KWG.

Für alle **anderen Institute** i. S. d. § 1 Abs. 1b KWG, d. h. für die überwiegende Mehrzahl der mittelständischen Privatbanken, Sparkassen und Genossenschaftsbanken, gilt, dass Mitglied des Verwaltungs- oder Aufsichtsorgans nach § 25d Abs. 3a KWG nicht sein kann,

1. wer in demselben Unternehmen Geschäftsleiter ist,
2. wer in dem betreffenden Unternehmen Geschäftsleiter war, wenn bereits zwei ehemalige Geschäftsleiter des Unternehmens Mitglied des Verwaltungs- oder Aufsichtsorgans sind, oder
3. wer in mehr als fünf von der BaFin beaufsichtigten Unternehmen Mitglied des Verwaltungs- oder Aufsichtsorgans ist, es sei denn, diese Unternehmen gehören demselben institutsbezogenen Sicherungssystem an.

Maßnahmen:
- Schulungen
- Zeitlicher Faktor
- 2x Geschäftsleiter
- Sachverstand in Rechnungslegung & Abschlussprüfung
- »Geborene Mitglieder«
- Bereitstellung finanzieller Ressourcen
- Mitteilungspflichten

Verwaltungs- und Aufsichtsorgane

Eigenschaften:
- Proportionalitätsgrundsatz
- Leumund
- Sachkunde
- Zuverlässigkeit
- Aufrichtigkeit
- Integrität
- Unvoreingenommenheit
- Unabhängigkeit
- Systemische Relevanz

Abb. 46: Anforderungen an Verwaltungs- und Aufsichtsorgane

---

34   Verordnung (EU) Nr. 1024/2013 des Rates v. 15.10.2013 zur Übertragung besonderer Aufgaben im Zusammenhang mit der Aufsicht über Kreditinstitute auf die Europäische Zentralbank, ABl. EU L 287/63.

35   Eine entsprechende Anpassung des § 25d Abs. 3 Satz 7 KWG im Rahmen der Einführung des Sanierungs- und Abwicklungsgesetzes (SAG) ist unterblieben. Vgl. § 20 Abs. 1 Satz 3 SAG.

Hinsichtlich der Mandatsbeschränkungen gilt indes der Ausnahmetatbestand gem. § 64r Abs. 14 KWG. Demnach gelten für Organmitglieder, die ihr Mandat bereits vor dem 31. Dezember 2013 innehatten, die weniger restriktiven Vorschriften des KWG i. d. F. vor dem 1. Januar 2014.[36] Von dieser Bestandsschutzregel ausgenommen sind allerdings Mandate, bei denen eine Systemgefährdung i. S. d. § 67 Abs. 2 Satz 1 SAG vorliegt. Unbeschadet der bestehenden Ausnahmen weichen damit die KWG-rechtlichen Begrenzungen der Aufsichtsratsmandate deutlich von den Beschränkungen des § 100 Abs. 3 AktG ab.

c   Mitteilungs- und Meldepflichten

Ein Institut ist gem. § 24 Abs. 1 Nr. 15 KWG verpflichtet, die **Bestellung** eines Mitglieds sowie stellvertretender Mitglieder des Verwaltungs- oder Aufsichtsorgans der BaFin und der Deutschen Bundesbank anzuzeigen.[37] Hierbei sind die Tatsachen, die für die Beurteilung der Zuverlässigkeit, Sachkunde und ausreichenden zeitlichen Verfügbarkeit für die Wahrnehmung der Aufgaben notwendig sind, anzugeben. Die einzeln einzureichenden Unterlagen werden durch ein Merkblatt der BaFin konkretisiert.[38] Die Anzeige soll der zuständigen Aufsichtsbehörde die Möglichkeit geben, die entsprechenden Voraussetzungen – z. B. Sachkunde oder abstrakte zeitliche Verfügbarkeit von Aufsichtsratsmitgliedern – zu beurteilen. Da alle entsprechenden Anzeigen aller in Deutschland ansässigen Institute an die BaFin und die Bundesbank erfolgen, werden die Anzeigen von EZB-beaufsichtigten Instituten von der deutschen Aufsicht an die EZB weitergeleitet. Die Beurteilung und die entsprechende Rückmeldung an das Institut obliegen der EZB. Obgleich die EZB auf Grundlage des KWG ihre Einschätzung trifft, ist sie nicht an die nationale Auslegung und Verwaltungspraxis gebunden. Für die EZB gilt mithin ein von ihr 2017 veröffentlichter und zuletzt 2018 aktualisierter Leitfaden, der Grundsätze, Praktiken und Verfahren der Beurteilung der Eignung von Mitgliedern der Leitungsorgane darstellt.[39]

Das **Ausscheiden** eines Mitglieds bzw. stellvertretenden Mitglieds des Verwaltungs- oder Aufsichtsorgans ist ebenfalls der BaFin und Bundesbank anzuzeigen (§ 24 Nr. 15a KWG), damit diese zu jeder Zeit über ein vollständiges Bild der Zusammensetzung des Organs verfügen.

---

36   Gesetz über das Kreditwesen, neu gefasst durch Bekanntmachung v. 09.09.1998, BGBl. I 1998, S. 2776, zuletzt geändert durch Art. 2 des Gesetzes zur Modernisierung der Finanzaufsicht über Versicherungen (VAMoG) v. 01.04.2015 (BGBl. I 2015, S. 434) in der bis zum 31.12.2013 geltenden Fassung.

37   Vgl. für Finanzholding-Gesellschaften § 24 Abs. 3a Satz 1 Nr. 4 und 5 KWG.

38   Vgl. BaFin (2016), Merkblatt zu den Mitgliedern von Verwaltungs- und Aufsichtsorganen, S. 3 ff.

39   Vgl. EZB (2018), Leitfaden zu Beurteilung der fachlichen Qualifikation und persönlichen Zuverlässigkeit.

3   Bildung von Ausschüssen

a   Allgemeine Anforderungen

Entsprechend dem aktienrechtlichen Leitbild (§ 107 Abs. 3 AktG) und der Empfehlung des DCGK[40] haben Verwaltungs- oder Aufsichtsorgane von Kredit- und Finanzdienstleistungsinstituten in Abhängigkeit von der Größe, internen Organisation sowie Art, Umfang, Komplexität und Risikogehalt der Geschäfte **Ausschüsse** zu bilden. Anders als das Aktienrecht, nach dem die Bildung von Ausschüssen ein Wahlrecht darstellt, schreibt das KWG die Bildung von Ausschüssen im Grundsatz vor und erlangt insoweit für die bezeichneten Institute erhebliche Bedeutung.[41]

Der Anwendungsbereich erstreckt sich auf Institute, Finanzholding-Gesellschaften und gemischte Finanzholding-Gesellschaften.[42] Diese sollen nach Maßgabe des **Proportionalitätsprinzips** abhängig von der Größe, internen Organisation und Art, des Umfangs, der Komplexität und des Risikogehalts der Geschäfte des Unternehmens Ausschüsse nach § 25d Abs. 8–12 KWG bilden. Demgegenüber wird für CRR-Institute, die von erheblicher Bedeutung i. S. d. § 25d Abs. 7 KWG sind, sowie für die in § 25d Abs. 2 KWG bezeichneten Aufsichtsorgane von übergeordneten (gemischten) Finanzholding-Gesellschaften mit nachgeordnetem CRR-Institut die Bildung von Ausschüssen gefordert. Jedoch kann nach der Begründung zum CRD-IV-Umsetzungsgesetz von der Bildung der Ausschüsse abgesehen werden, wenn dem Verwaltungs- oder Aufsichtsorgan weniger als zehn Mitglieder angehören. Ab einer Mindestzahl von zehn Mitgliedern im Gesamtorgan geht der Gesetzgeber grds. davon aus, dass die Bildung von Ausschüssen sinnvoll und notwendig ist, um bestimmte Themen vorzubereiten.[43]

Die starre Grenze von zehn Gesamtorganmitgliedern wird jedoch vom Finanzausschuss des Deutschen Bundestages relativiert. Demzufolge kann für die Pflicht zur Bildung von Ausschüssen die **Mitgliederzahl** dann unberücksichtigt bleiben, wenn das Geschäftsmodell einfach und risikoarm ist.[44] Durch die Überlegungen des Finanzausschusses soll dem Proportionalitätsgedanken insoweit Rechnung getragen werden, als kleine und mittelgroße Institute mit einem einfachen Geschäftsmodell von der Bildung von Ausschüssen freigestellt werden. Zu beachten bleibt allerdings, dass bei Nichteinrichtung von Ausschüssen die Aufgaben der jeweiligen Aus-

---

40   Vgl. DCGK 2022, Empf. D.2.
41   Entsprechendes gilt aktuell für Mitglieder der Verwaltungs- oder Aufsichtsorgane einer Finanzholding-Gesellschaft oder gemischten Finanzholding-Gesellschaft, wenn diese nach § 10a Abs. 2 Satz 2 oder Satz 3 bzw. § 10b Abs. 3 Satz 8 KWG als übergeordnetes Unternehmen bestimmt worden ist und ihr ein CRR-Institut nachgeordnet ist.
42   Vgl. § 1 Art. 1b und Art. 4 Abs. 1 Nr. 20 und 21 CRR.
43   Vgl. RegBegr., BT-Drs. 17/10974, S. 88.
44   Vgl. Bericht des Finanzausschusses zum CRD-IV-Umsetzungsgesetz, BT-Drs. 17/13541, S. 4 f. Die Bildung eines Prüfungsausschusses ist für Institute nach § 340k Abs. 5 Satz 1 HGB jedoch dann zwingend vorgeschrieben, wenn sie kapitalmarktorientiert i. S. d. § 264d HGB sind und keinen Aufsichts- oder Verwaltungsrat haben, der die Voraussetzungen gem. § 100 Abs. 5 AktG erfüllt.

schüsse dem Gesamtorgan obliegen.[45] Unabhängig davon kann die BaFin jederzeit die Bildung eines oder mehrerer Ausschüsse verlangen, wenn ihr dies nach Maßgabe der oben bezeichneten Kriterien (§ 25d Abs. 7 Satz 5 KWG) oder zur ordnungsgemäßen Wahrnehmung der Kontrollfunktion des Verwaltungs- oder Aufsichtsorgans erforderlich erscheint.

Nach § 25d Abs. 8–12 KWG haben die Institute grds. im oben bezeichneten Sinne neben dem schon in § 324 HGB konkretisierten **Prüfungsausschuss** einen **Risiko-, einen Nominierungs- und einen Vergütungskontrollausschuss** einzurichten.

Prüfungsausschuss

- Alle Kredit- und Finanzdienstleistungsinstitute –auch wenn sie nicht in der Rechtsform einer Kapitalgesellschaft betrieben werden – sind bislang verpflichtet, einen Prüfungsausschuss i. S. v. § 324 HGB zu bilden, wenn sie kapitalmarktorientiert i. S. v. § 264d HGB sind und nicht bereits über einen Aufsichts- oder Verwaltungsrat verfügen, der die Voraussetzungen nach § 100 Abs. 5 AktG erfüllt.
- Internes Kontrollsystem (IKS)
- Risikomanagementsystem (RMS)

Risikoausschuss

- Risikoberichterstattung für das Gesamtorgan
- Überwachung der Konditionen im Kundengeschäft
- Vergütungsstruktur
- Fortlaufende Stresstests

Nominierungsausschuss

- Ermittlung von Bewerbern
- Förderung der Vertretung des unterrepräsentierten Geschlechts
- Förderung der Diversität im Leitungsorgan

Vergütungskontrollausschuss

- Überwachung der Vergütungssysteme
- Zusammenarbeit mit dem Risikoausschuss

Abb. 47: Ausschüsse des Verwaltungs- und Aufsichtsorgans nach KWG

Entsprechend dem Proportionalitätsgedanken konstatiert jedoch die Aufsicht, dass sich wiederum in Abhängigkeit von der Art, dem Umfang, der Komplexität und dem Risikogehalt der Geschäfte die Bildung von Ausschüssen gerade bei kleineren Instituten an der individuellen Ausprägung orientieren kann.[46] Im Umkehrschluss müssen große oder systemrelevante Institute ihren deutlich umfangreicheren Überwachungstätigkeiten und -prozessen durch Einrich-

---

45   Vgl. BaFin (2014), BA 53-FR 2105-2014/0014 – 2014/1739454, S. 3.
46   Vgl. König (2013), S. 50.

tung dieser Ausschüsse entsprechend Rechnung tragen. Die Aufsicht erwartet zudem, dass bei diesen Instituten ein »besonderes Maß an Expertenwissen zu Spezialthemen aus den Prüfungsausschüssen« einfließt.

Um für Dritte die Erwägungsgründe für die Bildung bzw. Nichtbildung von Ausschüssen transparent zu machen, schlägt die Aufsicht eine umfassende, nachvollziehbare und schriftlich dokumentierte Risikoanalyse vor.[47]

Die Ausschüsse sollen gebildet werden, um die entsprechenden Aufgaben des Gesamtorgans vorzubereiten und so zu einer Effizienzsteigerung beizutragen, ohne jedoch das Aufsichtsorgan von seiner Gesamtverantwortung zu entbinden.

Aus § 25d Abs. 7 KWG und der entsprechenden Gesetzesbegründung wird deutlich, dass die Mitglieder der einzelnen Ausschüsse die für die jeweiligen Ausschussaufgaben erforderlichen Kenntnisse, Fähigkeiten und Erfahrungen haben müssen.[48] Diese müssen glaubhaft und nachvollziehbar dokumentiert werden. Nur in diesem Fall kann der entsprechende Ausschuss das Aufsichtsorgan auch tatsächlich beraten und unterstützen. Der Sicherstellung der erforderlichen Sachkunde dient dabei die explizit in das Gesetz aufgenommene Verpflichtung, dass die Institute angemessene personelle und finanzielle Ressourcen einsetzen müssen, um den Mitgliedern des Verwaltungs- und Aufsichtsorgans nicht nur die Einführung in ihr Amt, sondern auch **die Wahrnehmung der Kontrollfunktion** und die **Fortbildung** zu ermöglichen (§ 25d Abs. 4 KWG).

Der fachliche Austausch zwischen den Ausschüssen soll dadurch sichergestellt werden, dass mindestens ein Mitglied eines jeden Ausschusses einem weiteren Ausschuss angehört.

Wie nach § 107 Abs. 3 Satz 1 AktG sind die jeweiligen Ausschussmitglieder »aus der Mitte« des Verwaltungs- bzw. Aufsichtsrates zu bestellen, sodass grds. nur ein Mitglied des Aufsichtsorgans einem Ausschuss angehören kann. Hinsichtlich der **organisatorischen Gestaltung der Ausschüsse** (z. B. Zahl der Ausschussmitglieder)[49] hat das Verwaltungs- oder Aufsichtsorgan weitgehende Freiheiten. Größe und Zusammensetzung der jeweiligen Ausschüsse dürften sich jedoch an der konkreten Aufgabenstellung sowie den individuellen Verhältnissen des Instituts orientieren. Neben den aus dem AktG und KWG resultierenden Vorschriften für die Bildung von Ausschüssen konkretisiert die EBA im Rahmen ihres Mandats zur Schaffung eines einheitlichen europäischen Aufsichtsrahmens in ihren Leitlinien zur internen Governance[50] die entsprechenden Vorschriften über die Ausschussbildung aus der CRD IV[51].

---

47 Vgl. König (2013), S. 50.
48 Vgl. König (2013), S. 51.
49 Vgl. § 108 Abs. 2 Satz 3 AktG, wonach jedoch bei einer Beschlussfassung mindestens drei Mitglieder an der Beschlussfassung teilnehmen müssen.
50 EBA (2017), Leitlinien zur internen Governance (EBA/GL/2017/11).
51 Die Anforderungen zur Bildung des Risiko-, Nominierungs- und Vergütungsausschusses sind in den Art. 76 Abs. 3, 88 Abs. 2 und 95 Abs. 1 CRD IV konstatiert.

b   Risikoausschuss

Der **Risikoausschuss** soll das Gesamtorgan zur aktuellen und zukünftigen Gesamtrisikobereitschaft und -strategie beraten. Hierzu gehört auch, dieses in Bezug auf die Überwachung der
Umsetzung der Strategie durch die obere Leitungsebene zu unterstützen. Daneben obliegen
dem Risikoausschuss insb. die folgenden Aufgaben:
- Überwachung der Konditionen im Kundengeschäft dahingehend, dass diese mit dem Geschäftsmodell und der Risikostruktur des Unternehmens im Einklang stehen. Sollte dies
  nicht der Fall sein, muss der Risikoausschuss von der Geschäftsleitung Vorschläge verlangen, wie dies abzustellen ist; die Umsetzung ist zu überwachen;
- Prüfung, ob die durch das Vergütungssystem gesetzten Anreize die Risiko-, Kapital- und
  Liquiditätsstruktur des Unternehmens sowie die Wahrscheinlichkeit und Fälligkeit von Einnahmen berücksichtigen.[52]

Darüber hinaus fordert die EBA, dass die Umsetzung der Strategien für das Kapital- und Liquiditätsmanagement sowie für alle anderen relevanten Risiken eines Instituts überwacht werden,
um die Angemessenheit im Hinblick auf den festgelegten Risikoappetit und die festgelegte Risikostrategie zu beurteilen. Dazu gehören u. a. Marktrisiken, Kreditrisiken, operationelle Risiken
(einschließlich Rechts- und IT-Risiken) und Reputationsrisiken. Weiterhin soll der Risikoausschuss eine Reihe von möglichen Szenarien überprüfen, einschließlich **Stressszenarien**, um die
Reaktion des Risikoprofils des Instituts bei externen und internen Ereignissen zu bewerten.[53]

Zur Wahrnehmung dieser Aufgaben hat der Ausschussvorsitzende ein gesetzlich normiertes,
unmittelbares Auskunftsrecht gegenüber den Leitern der Internen Revision und des Risikocontrollings (§ 25d Abs. 8 Satz 7 KWG). Ergänzend kann der Risikoausschuss den Rat externer
Sachverständiger einholen, soweit dies für seine Tätigkeit erforderlich ist. Der Risikoausschuss
sollte mit anderen Ausschüssen zusammenarbeiten, deren Tätigkeiten Auswirkungen auf die
Risikostrategie haben können, und sich regelmäßig mit den internen Kontrollfunktionen des
Instituts, insb. der Risikomanagementfunktion, austauschen.[54] Darüber hinaus sieht die EBA
den Zugang zu umfangreichen Informationen und Daten sowie (Ad-hoc-)Informationen der internen Kontrollfunktionen vor.[55] Hierzu hat sich in der Praxis bewährt, mindestens einmal jährlich eine gemeinsame Sitzung des Risiko- und Prüfungsausschusses abzuhalten.

Die nationalen aufsichtlichen Regelungen fordern, dass die Geschäftsleitung das Aufsichtsorgan
vierteljährlich über die Risikosituation in angemessener Weise zu informieren hat. Die Berichterstattung soll nachvollziehbar sowie aussagefähig sein und auch eine Beurteilung der Risikosituation des Instituts beinhalten. Dabei ist auf besondere Risiken für die Geschäftsentwicklung

---

52   Dies gilt nach § 25d Abs. 8 Satz 5 KWG unbeschadet der Aufgaben des Vergütungskontrollausschusses.
53   EBA (2018), Leitlinien zur internen Governance (EBA/GL/2017/11), S. 15 f.
54   EBA (2018), Leitlinien zur internen Governance (EBA/GL/2017/11), S. 15 f.
55   EBA (2018), Leitlinien zur internen Governance (EBA/GL/2017/11), S. 15 f.

sowie deren Steuerung gesondert einzugehen. Unter Risikogesichtspunkten wesentliche Informationen sind von der Geschäftsleitung unverzüglich an das Aufsichtsorgan weiterzuleiten.[56] Diese **Risikoberichterstattung** stellt eine wesentliche Grundlage für die Überwachungstätigkeit des Aufsichtsorgans dar.[57] Um auch hier die Tätigkeit des Risikoausschusses zu stärken, wird dieser befugt, Art, Umfang, Format und Häufigkeit der Informationen, die die Geschäftsleitung zum Thema Strategie und Risiko vorlegen muss, zu bestimmen. In Abhängigkeit von der Geschäftstätigkeit und der Risikosituation dürfte dabei eine über die bisherige quartalsweise Risikoberichterstattung hinausgehende Information geboten sein. Unbeschadet der Bildung eines Risikoausschusses bleibt grds. jedes Verwaltungs- bzw. Aufsichtsratsmitglied Adressat der Risikoberichterstattung. Auch wenn die Risikoberichterstattung – nach entsprechender Beschlussfassung – auf den Risikoausschuss beschränkt wird, so hat jedes Aufsichtsratsmitglied weiterhin das Recht, die Berichterstattung einsehen zu können.[58]

c   Prüfungsausschuss

Mit der Verabschiedung des Finanzmarktintegritätsstärkungsgesetzes (FISG) vom 3. Juni 2021 sieht § 107 Abs. 4 HGB zukünftig für Aufsichtsräte von Aktiengesellschaften, die Unternehmen von öffentlichem Interesse nach § 316a Satz 2 HGB sind, die verpflichtende Bildung eines Prüfungsausschusses nach § 107 Abs. 3 Satz 2 AktG vor.[59] Bei Gesellschaften, die Unternehmen von öffentlichem Interesse nach § 316a Satz 2 HGB sind, muss mindestens ein unabhängiges Aufsichtsratsmitglied über Sachverstand in der Rechnungslegung (»**Finanzexperte**«) und ein weiteres Mitglied des Aufsichtsrates über Sachverstand auf dem Gebiet der Abschlussprüfung (»**Wirtschaftsprüfungsexperte**)« verfügen.[60] Ausgenommen sind bislang jedoch Kreditinstitute, die nur Schuldverschreibungen bis zu einem Nominalwert von 100 Mio. Euro ohne Verpflichtung zur Veröffentlichung eines Wertpapierprospekts emittieren.[61] Mit § 25d Abs. 9 KWG wird die Einrichtung eines Prüfungsausschusses nach Maßgabe der vorgenommenen Analyse (§ 25d Abs. 7 Satz 1 KWG) rechtsform- und kapitalmarktunabhängig für alle Institute verpflichtend. Durch die Besonderheiten des KWG sind die FISG-Änderungen für Finanzdienstleistungsinstitute daher nicht so bedeutend, da bereits § 25d Abs. 9 Satz 2 KWG im Hinblick auf den Vorsitzenden des Prüfungsausschusses fordert, dass dieser über Sachverstand sowohl auf dem Gebiet der Rechnungslegung als auch auf dem Gebiet der Prüfung verfügen muss.[62] Zudem besteht die aufsichtsrechtliche Erwartungshaltung, dass auch die übrigen Mitglieder des Prüfungsausschusses die erforderlichen Kenntnisse, Fähigkeiten und Erfahrungen mitbringen.[63] Bei der

---

56   Vgl. BaFin (2017a), Rundschreiben 09/2017 (BA), AT 4.3.2 Tz. 3 i.V.m BT 3.1 Tz. 5.
57   Vgl. BaFin (2017a), Rundschreiben 09/2017 (BA), AT 1 Tz. 1.
58   Vgl. BaFin (2017a), Rundschreiben 09/2017 (BA), BT 3.1 Tz. 5.
59   Für nicht bedeutende CRR-Kreditinstitute in der Rechtsform der AG ergibt sich somit ab dem 01.07.2021 die Pflicht zur Einrichtung eines Prüfungsausschusses.
60   Vgl. § 100 Abs. 5 AktG
61   Vgl. § 324 Abs. 1 Satz 2 Nr. 2 HGB.
62   Vgl. im Einzelnen Koch/Wolfgarten (2021), S. 880.
63   Vgl. König (2013), S. 51, 55 und 61.

nach § 25d Abs. 7 Satz 2 KWG vorgesehenen Ernennung eines Vorsitzenden des Prüfungsausschusses sollte mit Blick auf DCGK 2022, Empfehlung D.3 der Vorsitzende des Aufsichtsrates nicht auch den Vorsitz im Prüfungsausschuss innehaben.

Zukünftig muss nun bei einem CRR-Institut in der Rechtsform einer AG ein weiteres Mitglied des Aufsichtsorgans über Sachverstand in der Rechnungslegung oder Prüfung verfügen. Nach meiner Einschätzung dürfte dies bei den meisten Instituten ohnehin schon der Fall sein, sodass sich der zusätzliche Zeitaufwand oder gar personelle Veränderungen in Grenzen halten werden. In Effizienzprüfungen des Aufsichtsorgans nach § 25d Abs. 11 Satz 1 Nr. 3 KWG wird dies allerdings zukünftig verstärkt untersucht und nachgewiesen werden müssen.

Die vom Prüfungsausschuss wahrzunehmenden Aufgaben entsprechen weitgehend dem Regelstatut des § 107 Abs. 3 Satz 2 AktG, gehen jedoch z. T. deutlich darüber hinaus. So hat der Prüfungsausschuss das Verwaltungs- bzw. Aufsichtsorgan nach der in § 25d Abs. 9 KWG enthaltenen (nicht abschließenden) Aufzählung zu unterstützen hinsichtlich der Überwachung

- des Rechnungslegungsprozesses,
- der Wirksamkeit des Risikomanagementsystems, insb. des internen Kontrollsystems und der Internen Revision,
- der Durchführung der Abschlussprüfung[64], insb. hinsichtlich der Unabhängigkeit, der erbrachten Leistungen, der Bestellung sowie der Vergütung, und
- der zügigen Behebung der vom Prüfer festgestellten Mängel durch die Geschäftsleitung mittels geeigneter Maßnahmen.

Der **Überwachung des Risikomanagements** (einschließlich des internen Kontrollsystems und der Internen Revision) kommt bei Instituten eine herausragende Bedeutung zu. Nach § 25a KWG sind Institute ebenso wie Gruppen verpflichtet, eine angemessene Geschäftsorganisation und v.a. ein angemessenes und wirksames Risikomanagement einzurichten. Die hieran zu stellenden Anforderungen konkretisiert die Aufsicht in den umfassenden Regelungen der MaRisk.[65] Die Gestaltung des Risikomanagements berührt dabei unmittelbar die Tätigkeit des Aufsichts- und Verwaltungsorgans und nimmt auf diese Bezug.[66] Das Risikomanagement schafft die Grundlage für eine sachgerechte Wahrnehmung der Überwachungsfunktion des Aufsichtsorgans. Deshalb muss nach den MaRisk das Aufsichtsorgan angemessen in das Risikomanagement eingebunden werden. Die Möglichkeit eines unmittelbaren **Austausches zwischen dem Vorsitzenden des Prüfungsausschusses sowie den Leitern der Internen Revision und des Risikocontrollings** ist dabei ein wichtiger Baustein in der Wahrnehmung der Überwachungsfunktion.[67]

---

64 Die qualitative Überwachung spielt eine immer größer werdende Rolle, vgl. hierzu im Einzelnen Hofbauer (2021), S. 56 ff.
65 Vgl. Braun/Wolfgarten (2012), S. 828 ff.
66 Vgl. bspw. MaRisk[2017], AT 4.2 (Strategien) sowie AT 4.3 (Internes Kontrollsystem).
67 Mit Blick auf die Überwachung der Wirksamkeit des Risikomanagementsystems dürfte sich auch eine Einbindung der nach § 25a Abs. 1 Satz 3 Nr. 3 Buchst. c) KWG (MaRisk[2017], AT 4.4.2) einzurichtenden Compliance-Funktion empfehlen.

Die nach § 25d Abs. 8 und Abs. 9 KWG festgelegten Aufgabenbereiche des Risiko- und Prüfungsausschusses sind besonders mit Blick auf die Überwachung der Wirksamkeit des Risikomanagementsystems nicht überschneidungsfrei. Insoweit wird in der Praxis die Überwachungsfunktion in Bezug auf das Risikomanagementsystem – mit Ausnahme des rechnungslegungsbezogenen Kontrollsystems – vielfach vom Risikoausschuss wahrgenommen. § 25d Abs. 10 KWG lässt es unter Berücksichtigung der Kriterien des § 25d Abs. 7 KWG grds. zu, einen gemeinsamen Risiko- und Prüfungsausschuss zu bilden.[68] Eine Zusammenfassung zu einem gemeinsamen Risiko- und Prüfungsausschuss dürfte dabei jedoch nur für kleine oder mittelgroße Institute infrage kommen. Bei großen Instituten ist demgegenüber mit Blick auf § 25d Abs. 7 KWG die Bildung eines getrennten Risiko- und Prüfungsausschusses geboten.[69] In der Praxis ist es üblich, mindestens einmal im Jahr eine gemeinsame Sitzung des Prüfungs- und Risikoausschusses durchzuführen, um einen angemessenen Austausch sicherzustellen.

Eine weitere Aufgabe des Prüfungsausschusses ergibt sich dadurch, dass das Verwaltungs- bzw. Aufsichtsorgan nach § 25d Abs. 6 KWG die Geschäftsleiter auch im Hinblick auf die Einhaltung der einschlägigen bankaufsichtsrechtlichen Regelungen überwacht und der Erörterung z. B. von Strategien und Risiken ausreichend Zeit widmen muss. Die **Nicht-Einhaltung der bankaufsichtsrechtlichen Regelungen** bzw. schlagend werdende Risiken haben insoweit einen unmittelbaren Reflex auf die Tätigkeit des Verwaltungs- bzw. Aufsichtsorgans. Dies gilt nicht zuletzt deshalb, weil ein nachhaltiger Verstoß eines Geschäftsleiters gegen die in § 25c Abs. 4a und § 25c Abs. 4b KWG bezeichneten Pflichten (z. B. zur Einrichtung einer ordnungsgemäßen Geschäftsorganisation oder zur Entwicklung einer auf eine nachhaltige Entwicklung gerichteten Geschäftsstrategie), durch den eine Bestandsgefährdung des Instituts herbeigeführt wird, strafbewehrt ist.[70]

Über die in § 107 Abs. 3 Satz 2 AktG enthaltene Aufzählung hinaus benennt § 25d Abs. 9 KWG explizit die Überwachung der zügigen Behebung der vom Prüfer festgestellten Mängel durch die Geschäftsleitung als eine explizite Aufgabe des Verwaltungs- bzw. Aufsichtsorgans. Dies setzt nicht nur eine detaillierte inhaltliche Befassung mit den Feststellungen des Prüfers[71], sondern auch eine laufende Abstimmung bzw. **Kommunikation mit Geschäftsleitung und Prüfer** voraus. Mit Blick auf die Art und den Umfang der Geschäfte empfiehlt es sich bei großen Instituten, einen laufenden Prozess zur Abarbeitung von Feststellungen unter unmittelbarer Einbindung

---

68   Eine entsprechende Zusammenfassung des Nominierungs- und Vergütungskontrollausschusses ist gesetzlich nicht vorgesehen.
69   Vgl. König (2013), S. 38.
70   Mit dem Gesetz zur Abschirmung von Risiken und zur Planung der Sanierung und Abwicklung von Kreditinstituten und Finanzgruppen v. 07.08.2013, BGBl. I 2013, S. 3090 ff., wurde § 54a KWG eingeführt, nach dem ein entsprechender Verstoß der Geschäftsleiter, der eine Bestandsgefährdung zur Folge hat, mit einer Freiheitsstrafe von bis zu fünf Jahren oder mit einer Geldstrafe bestraft werden kann. Dabei wurden in die gesetzlichen Anforderungen des § 25c Abs. 4a und 4b KWG die Kernelemente der MaRisk[2017] aufgenommen.
71   Vgl. König (2013), S. 59. Dabei kann es sich um Verstöße z. B. gegen handels- oder aufsichtsrechtliche Normen, um Schwächen des internen Kontrollsystems oder um betrügerische Handlungen (Fraud) handeln.

des Prüfers und zur entsprechenden Berichterstattung der Geschäftsleitung an den Prüfungsausschuss zu etablieren. Neben der Sicherstellung der Compliance ergeben sich ggf. hierdurch Hinweise für die Festlegung von künftigen Prüfungsschwerpunkten.

d   Nominierungsausschuss

Um sowohl auf der Ebene der Geschäftsleitung als auch in Bezug auf das Verwaltungs- bzw. Aufsichtsorgan eine bedarfsgerechte Nachfolgeplanung sicherzustellen, soll der Nominierungsausschuss nach § 25d Abs. 11 KWG das Verwaltungs- bzw. Aufsichtsorgan bei der **Ermittlung von Bewerbern** für die Geschäftsleitung sowie bei der Vorbereitung von Wahlvorschlägen für Mitglieder des Aufsichtsorgans unterstützen.[72] Dabei hat der Nominierungsausschuss die Ausgewogenheit und Unterschiedlichkeit der Kenntnisse, Fähigkeiten und Erfahrungen aller Mitglieder des jeweiligen Organs zu berücksichtigen und auf dieser Basis eine Stellenbeschreibung mit Bewerberprofil unter Angabe des mit der Aufgabe verbundenen Zeitaufwands zu erstellen. Dem Nominierungsausschuss obliegt ebenfalls die Aufgabe, eine Zielsetzung zur **Förderung der Vertretung des unterrepräsentierten Geschlechts** im Verwaltungs- oder Aufsichtsorgan sowie eine Strategie zu deren Erreichung zu erarbeiten. Darüber hinaus sollen alle Institute gem. Art. 91(10) der Richtlinie 2013/36/EU über eine Richtlinie zur **Förderung der Diversität im Leitungsorgan** verfügen und diese umsetzen. Dabei ist darauf zu achten, einen breit gefächerten Bestand an Qualitäten und Kompetenzen einzubinden sowie verschiedene Diversitätsaspekte wie Bildung, den beruflichen Hintergrund, Geschlecht, Alter und geografische Herkunft einzubeziehen.[73]

Die genannten Aufgaben des Nominierungsausschusses ergänzt eine regelmäßige, mindestens jährlich durchzuführende Bewertung von Struktur, Größe, Zusammensetzung und Leistung der Geschäftsleitung bzw. des Aufsichts- oder Verwaltungsorgans. Auf dieser Basis hat der Nominierungsausschuss Empfehlungen auszusprechen und insoweit die entsprechenden Personalentscheidungen vorzubereiten. Hierbei ist mit Blick auf die Gesamtverantwortung auch darauf zu achten, dass einzelne Personen oder Gruppen die Entscheidungsfindung innerhalb der Geschäftsleitung nicht in einer für das Institut schädlichen Weise beeinflussen.

Regelmäßig – mindestens jährlich – sind auch die Kenntnisse, Fähigkeiten und Erfahrungen sowohl der einzelnen Geschäftsleiter und Mitglieder des Verwaltungs- oder Aufsichtsorgans als auch des jeweiligen Organs in seiner Gesamtheit zu bewerten. Die EBA konstatiert in ihren Leitlinien zur Eignung, dass Institute jederzeit die Eignung der einzelnen Organmitglieder und des Kollektivs sicherstellen müssen und in diesem Zusammenhang auch – unabhängig von einer

---

72   Vgl. Art. 88 Abs. 2 CRD IV; vgl. EBA/ESMA (2017), EBA/GL/2017/12, Abschnitt 15.
73   Vgl. EBA/ESMA (2021), EBA/GL/2021/06. Final Report on Guidelines on the Assessment of the Suitability of Members of the Management Body and Key Function Holders: Title V – Diversity within the management body, Abschnitt 12.

regelmäßigen Bewertung – unter bestimmten Umständen (z. B. bei wesentlichen Änderungen der Organzusammensetzung) die **Eignung** neu bewerten müssen.[74]

Damit der Nominierungsausschuss seine Aufgaben wahrnehmen kann, hat das Institut ihn finanziell angemessen auszustatten. Der Ausschuss kann auf alle internen und externen Ressourcen zurückgreifen, die er für angemessen hält.

e   Vergütungskontrollausschuss

Die Einrichtung eines Vergütungskontrollausschusses soll eine effektivere **Überwachung der Vergütungssysteme** auf Basis einer tiefer gehenden Auseinandersetzung mit Detailfragen der Vergütung sicherstellen. Dabei unterscheidet sich der Vergütungskontrollausschuss von dem Vergütungsbeauftragten nach § 23 InstitutsVergV[75], den die Geschäftsleitung eines bedeutenden Instituts zwecks Überwachung der Angemessenheit der Vergütungssysteme einzurichten hatte bzw. zu bestellen hat. Konkret obliegt dem Vergütungskontrollausschuss nach § 25d Abs. 12 KWG i. V. m. § 15 InstitutsVergV u. a. Folgendes:

*   Überwachung der angemessenen Gestaltung der Vergütungssysteme der Geschäftsleiter und Mitarbeiter, v.a. in Bezug auf die Leiter der Risikocontrolling- und der Compliance-Funktion sowie der sog. **Risikoträger**[76], sowie Unterstützung der Überwachung der angemessenen Gestaltung der Vergütungssysteme für die Mitarbeiter des Unternehmens. Dabei sind darüber hinaus die Auswirkungen der Vergütungssysteme auf das Risiko-, Kapital- und Liquiditätsmanagement und damit auf das Gesamtrisikoprofil zu bewerten; sicherzustellen ist, dass die Vergütungssysteme an den Geschäfts- und Risikostrategien sowie an der Vergütungsstrategie ausgerichtet sind.
*   Beschlussvorbereitung hinsichtlich der **Geschäftsleitervergütung** unter Berücksichtigung der Auswirkungen auf die Risiken und das Risikomanagement. Der Vergütungskontrollausschuss hat dabei den langfristigen Interessen z. B. der Anteilseigner, Anleger sowie dem öffentlichen Interesse Rechnung zu tragen.
*   Überwachung der ordnungsgemäßen Einbeziehung der internen Kontroll- und sonstigen maßgeblichen Bereiche.

Um mögliche Wechselwirkungen zwischen einer erfolgsabhängigen Vergütung und dem mit der Tätigkeit verbundenen Risikopotenzial beurteilen zu können, muss mindestens ein Mitglied des Vergütungskontrollausschusses über ausreichend Sachverstand und Berufserfahrung im

---

74   Vgl. EBA/ESMA (2017), EBA/GL/2017/12, S. 11 ff.
75   Vgl. Verordnung über die aufsichtsrechtlichen Anforderungen an Vergütungssysteme von Instituten (Instituts-Vergütungsverordnung – InstitutsVergV) v. 16.12.2013 (BGBl. I 2013, S. 4270), die zuletzt durch Art. 1 der Verordnung v. 15.04.2019 (BGBl. I 2019, S. 486) geändert worden ist.
76   Hierbei handelt es sich um Mitarbeiterinnen und Mitarbeiter, deren Tätigkeiten einen wesentlichen Einfluss auf das Gesamtrisikoprofil des Instituts haben. Vgl. § 18 Abs. 2 InstitutsVergV i. V. m. der Delegierten Verordnung (EU) Nr. 604/2014 v. 04.03.2014, ABl. EU L 167/30.

Bereich Risikomanagement und -controlling verfügen, insb. hinsichtlich der Ausrichtung von Vergütungssystemen an der Gesamtrisikobereitschaft und -strategie sowie den Eigenmitteln des Instituts. Auch ist eine **Zusammenarbeit mit dem Risikoausschuss** vorgesehen. In der Praxis findet deshalb i. d. R. eine gemeinsame Sitzung mit dem Prüfungs- und Risikoausschuss statt.

Unbeschadet der Regelungen zu den Aufgaben des Vergütungskontrollausschusses ist durch das Verwaltungs- oder Aufsichtsorgan sicherzustellen, dass es im Hinblick auf die wirksame Wahrnehmung seiner Überwachungsfunktion keinen Interessenkonflikten ausgesetzt ist (§ 25d Abs. 5 KWG). Dies kann nach Auffassung der Aufsicht v. a. dadurch sichergestellt werden, dass statt einer variablen eine fixe Vergütung gewährt wird.[77]

4   Offenlegung

Seit der Einführung der CRR unterliegt die Tätigkeit des Verwaltungs- bzw. Aufsichtsorgans nach § 25d KWG einer **erhöhten Transparenz**. So haben Institute hinsichtlich ihrer Unternehmensführungsregelungen nach Art. 435 Abs. 2 CRR in Bezug auf das Leitungsorgan (in seiner Leitungs- und Aufsichtsfunktion) u. a. die folgenden Informationen offenzulegen:

- Strategie für die **Auswahl** der Mitglieder, deren tatsächliche Kenntnisse, Fähigkeiten und Erfahrungen,
- **Diversitätsstrategie** für die Auswahl der entsprechenden Mitglieder, die Ziele und einschlägigen Zielvorgaben der Strategie sowie den Zielerreichungsgrad,
- **Zahl der Sitzungen** des Risikoausschusses sowie
- **Informationsfluss** bei Fragen des Risikos.

Flankiert werden diese Offenlegungsanforderungen von weitgehenden Informationen zur Vergütungspolitik, die nach § 16 InstitutsVergV i. V. m. Art. 450 CRR in Bezug auf Risikoträger z. B. den Entscheidungsprozess für die Festlegung der Vergütungspolitik, die wichtigsten Gestaltungsmerkmale des Vergütungssystems sowie quantitative Angaben zu den Vergütungen umfassen. Bei CRR-Instituten von erheblicher Bedeutung sind diese Informationen auch auf der Ebene des Leitungsorgans (Art. 450 Abs. 2 CRR) zu machen. Wird dies von der zuständigen Behörde gefordert, so ist nach Art. 450 Abs. 1 lit. j CRR auch für nicht börsennotierte Institute die Gesamtvergütung jedes Mitglieds des Leitungsorgans öffentlich zugänglich zu machen.[78]

---

77   Vgl. König (2013), S. 40.
78   Nach § 285 Nr. 9 lit. a) Satz 4 bzw. § 314 Nr. 6 lit. a) Satz 4 HGB sind bei einer börsennotierten Aktiengesellschaft unter Namensnennung die Bezüge jedes einzelnen Vorstandsmitglieds, aufgeteilt nach erfolgsunabhängigen und erfolgsbezogenen Komponenten sowie Komponenten mit langfristiger Anreizwirkung gesondert anzugeben.

Abb. 48: Offenlegungspflichten

Perspektivisch ist neben einer gut ausgewogenen Diversitätsstrategie mit Aufkommen der **Sensibilisierung für Klimaschutz, Nachhaltigkeit und Biodiversität** zu erwarten, dass Nachhaltigkeits- und Finanzberichterstattung zunehmend verschmelzen werden und dies auch Auswirkungen auf die Gestaltung der Corporate Governance von Banken haben wird. Ein Schwerpunkt besteht dabei in der Umsetzung der ESG-Ziele, also der Kriterien, die profitorientiertes Handeln in Einklang bringen mit einer nachhaltigen ökologischen und sozialen Entwicklung, sowie einer adäquaten Unternehmensführung (»environmental, social and governance«). So hat die Europäischen Union jüngst mittels der **EU-Taxonomieverordnung** die Kriterien für grüne Finanzflüsse standardisiert und die Vorgaben auch im Bereich der Corporate Governance erhöht. Die Verordnung findet ab dem 1. Januar 2022 volle Anwendung. Im Sommer 2022 hat das Europäische Parlament einen Prozess zur Erarbeitung der neuen **Corporate Sustainability Reporting Directive** (CSRD) angestoßen. Ziel der Kommission ist, die Berichtspflichten der Unternehmen über nichtfinanzielle Aspekte weiter zu erhöhen und bestehende Richtlinien zu präzisieren. Neben Informationen zu Fragen der Nachhaltigkeit und sozialen Rechten werden auch die Berichtspflichten rund um Governance-Aspekte erhöht. Auch sollen deutlich mehr Firmen als bisher von den geplanten Vorschriften betroffen sein. Ab dem 1. Januar 2026 werden so z.B. börsennotierte KMU und firmeneigene Versicherungsunternehmen in den Geltungsbereich der Vorschrift fallen. Die Berichterstattung muss zudem künftig von einem akkreditierten unabhängigen Prüfer zertifiziert werden.[79] Zunehmend wird auch ein Zusammenhang zwischen Diversität in Leitungsorganen, Nachhaltigkeit und Firmenperformance hergestellt. Die Förderung der Diversität in Leitungsorganen folgt den Erkenntnissen der jüngsten Studien, etwa mit Hinblick auf die Frauenförderung. Zunehmend wird auch untersucht, inwieweit sich die Rentabilität von Unternehmen, die **Umwelt-, Sozial- und Governance-Kriterien (ESG)** in ihr Geschäftsmodell im Kontext kultureller Vielfalt einbeziehen, erhöhen kann.[80] Es wird erwartet,

---

79   Vgl. Rat der Europäischen Union (2022).
80   Vgl. Meurer (2021).

dass diese Kriterien mit der Einrichtung des Sustainability Accounting Standards Board (SASB) mittelfristig konkretisiert werden. Neben der zukünftigen Anwendung der EU-Taxonomieverordnung finden bereits heute die Vorgaben der EU-**Nachhaltigkeitsrichtlinien** (NFRD) und die nationale Umsetzung über das CSR-Richtlinie-Umsetzungsgesetz Einzug in die nichtfinanzielle Berichterstattung. Dies betrifft jede große kapitalmarktorientierte Kapitalgesellschaft. Bestandteile sind u. a. Änderungen in der Berichterstattungsform, die Erstellung eines separaten Nachhaltigkeitsberichtes sowie die Identifizierung von ESG-Risiken z. B. in den Lieferketten. Die nachfolgende Abbildung gibt einen ersten Überblick.

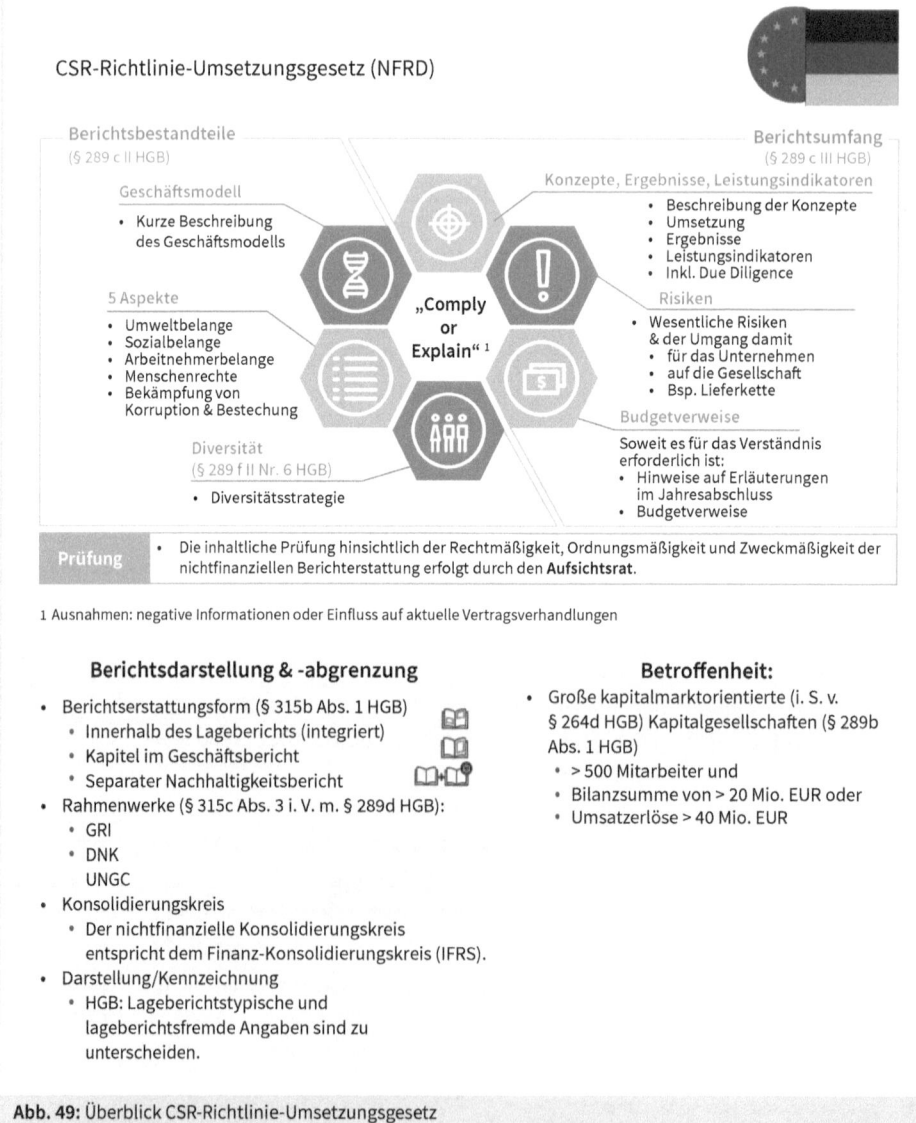

Abb. 49: Überblick CSR-Richtlinie-Umsetzungsgesetz

5   Fazit

Mit Blick auf die Anforderungen des § 25d KWG sowie der EBA-Leitlinien, des BaFin-Merkblattes und des EZB-Leitfadens gehen die facettenreichen Anforderungen an Verwaltungs- bzw. Aufsichtsorgane von Kreditinstituten in ihrer Komplexität und Gesamtheit deutlich über die gesellschaftsrechtlichen Anforderungen an Verwaltungs- bzw. Aufsichtsorgane hinaus. Daran ändert auch die Verabschiedung des FISG grds. nichts, allerdings wurde mit dem Gesetz erstmals eine gesetzliche Pflicht zur Einrichtung eines »angemessenen und wirksamen« internen Kontrollsystems (IKS) sowie eines entsprechenden Risikomanagementsystems (RMS) für börsennotierte Aktiengesellschaften festgelegt.[81] Die bisherige Rechtslage sah vor, dass die Grundzüge des IKS und RMS im Hinblick auf den Rechnungslegungsprozess zwar im Lagebericht beschrieben werden müssen, mit wenigen Ausnahmen gab es bis dato jedoch keine Pflicht zur Einrichtung eines IKS und des RMS. Auch der Deutsche Corporate Governance Kodex (DCGK) statuiert eine solche Pflicht bisher nicht.[82] Mit der Einführung des FISG wurde das Aktiengesetz entsprechend angepasst (siehe § 91 Abs. 3 Satz 2 AktG). Für die Vorstände börsennotierter Unternehmen ergibt sich hierdurch eine Legalitätspflicht mit der Folge, dass sich nur noch hinsichtlich der konkreten Ausgestaltung des IKS und RMS ein haftungsfreier Ermessensspielraum nach den Grundsätzen der Business Judgement Rule (BJR) ergibt.[83] Spätestens mit Inkrafttreten des FISG sollten die Vorstände börsennotierter Gesellschaften den Nachweis der Existenz eines IKS und RMS zu ihrer Haftungsentlastung erbringen können.[84]

Im Zuge einer einheitlichen europäischen Aufsichtspraxis werden nicht nur die Anforderungen an die Zuverlässigkeit, Sachkunde und zeitliche Verfügbarkeit der Mitglieder von Verwaltungs- bzw. Aufsichtsorganen und des Kollektivs näher definiert und interpretiert, sondern darüber hinaus v.a. deren Aufgaben und ihre Wahrnehmung durch die Bildung von Ausschüssen weitgehend konkretisiert. Die Aufsichtsorgane müssen mit ihrem Handeln den verstärkten Kontrollaufgaben in angemessener und effizienter Weise gerecht werden.

Dabei gilt es zu berücksichtigen, dass die Tätigkeit der Verwaltungs- bzw. Aufsichtsorgane von Kredit- und Finanzdienstleistungsinstituten nicht zuletzt aufgrund einer erhöhten Transparenz verstärkt im Fokus der öffentlichen Diskussion um eine gute Corporate Governance steht. Abzuwarten bleibt, wie die erweiterten Anforderungen an Verwaltungs- und Aufsichtsorgane der Institute auch auf andere kapitalmarktorientierte Unternehmen ausstrahlen werden; die Diskussion um eine gute Corporate Governance bleibt spannend.

---

81   Vgl. § 91 Abs. 3 AktG.
82   Vgl. Grundsatz 4 des Deutschen Corporate Governance Kodex 2020.
83   Vgl. § 317 Abs. 4 HGB sowie Bezugnahme der RegBegr. FISG, BT-Drs. 19/26066, auf § 107 Abs. 2 Satz 3 AktG.
84   Vgl. Deloitte (2021): Gesetz zur Stärkung der Finanzmarktintegrität (FISG) vom Bundestag beschlossen: Überblick zu den zentralen Inhalten aus Sicht börsennotierter Unternehmen und ihrer Organe.

V   Besonderheiten bei Versicherungsunternehmen und Pensionsfonds

Dr. Markus Kreeb

Die Regelungen zur wahlweisen Einrichtung eines Prüfungsausschusses i. S. d. § 107 Abs. 3 Satz 2 AktG bzw. zur verpflichtenden Einrichtung eines Prüfungsausschusses für Unternehmen von öffentlichem Interesse (PIE) nach § 107 Abs. 4 AktG sowie zu dessen Ausgestaltung unterliegen keinen versicherungsspezifischen Modifikationen. Die Anwendung der aktienrechtlichen Regelungen hinsichtlich des Prüfungsausschusses ist für Versicherungsaktiengesellschaften und aufgrund des Verweises von § 189 VAG für Versicherungsvereine auf Gegenseitigkeit (VVaG), die keine kleinen Vereine sind, zu bejahen. Die verpflichtende Anwendung aktienrechtlicher Normen bei öffentlich-rechtlichen Versicherungsunternehmen ist jedoch über die in § 33 Abs. 2 VAG genannten expliziten Sachverhalte hinaus höchst umstritten.[85] Im Zweifelsfall werden die in der jeweiligen Satzung des öffentlich-rechtlichen Versicherungsunternehmens enthaltenen Vorschriften weiteren Aufschluss über die Anwendung aktienrechtlicher Normen geben.

Vor dem Hintergrund fehlender Versicherungsspezifika in den Regelungen bzgl. des Prüfungsausschusses werden im Folgenden die versicherungsaufsichtsrechtlichen Anforderungen an die Aufnahme und Ausübung eines Aufsichtsratsmandats sowie damit verbundene besondere Aufgaben im Versicherungskontext näher beleuchtet. Dabei wird auf Besonderheiten wie die Regelungen für kleinere Vereine i. S. d. § 210 VAG, kleine Versicherungsunternehmen oder Einrichtungen der betrieblichen Altersvorsorge (Pensionskassen, Pensionsfonds) nur sehr selektiv eingegangen. Aufgrund der herausragenden Bedeutung der Kapitalanlage insb. in der Personenversicherung wird im Anschluss daran die Ausschussbildung exemplarisch anhand der Organisation und Kompetenzzuweisung eines Kapitalanlageausschusses dargestellt. Abgerundet wird das Unterkapitel mit Anmerkungen zu Vergütungsregeln für Aufsichtsräte.

Anforderungen an die Mitglieder des Aufsichtsrates bei Erst- und Rückversicherungsunternehmen sind v. a. in § 24 Abs. 1 VAG i. V. m. Art. 273 der Delegierten Verordnung EU 2015/35 normiert.

Eine wesentliche Anforderung ist die **fachliche Eignung**, die ein Mitglied des Aufsichtsrates besitzen muss, um die Geschäfte des Unternehmens und damit verbundene Risiken angemessen beurteilen und überwachen sowie die Entwicklung des Unternehmens aktiv begleiten zu können.[86] Die Beurteilung der fachlichen Qualifikation einer Person wird anhand ihrer beruflichen und formalen Qualifikationen, Kenntnisse und einschlägigen Erfahrung im Versicherungssektor bzw. in anderen Finanzsektoren oder in anderen Unternehmen vorgenommen.[87] Die

---

85   Vgl. Prölss/Dreher (2018), VAG, § 33 VAG Rn. 23.
86   Vgl. BaFin (2018a), Merkblatt, S. 13.
87   Vgl. Art. 273 Abs. 2 der Delegierten Verordnung EU 2015/35.

Unternehmen sollten dafür Sorge tragen, dass die Mitglieder von Verwaltungs- bzw. Aufsichtsorganen in ihrer Gesamtheit über angemessene Qualifikationen, Erfahrungen und Kenntnisse in bestimmten Bereichen verfügen, wie z. B. über die Versicherungs- und Finanzmärkte, das Governance-System oder die finanz- bzw. versicherungsmathematische Analyse.[88]

Bei der Umsetzung der Anforderungen an die fachliche Eignung ist das Proportionalitätsprinzip von großer Bedeutung. Dabei ist das Geschäftsmodell des Unternehmens mit Art, Umfang und Komplexität der Risiken zu berücksichtigen.[89] Die Beurteilung durch die BaFin, welche Gestaltung als risikoproportional anzusehen ist, ist jedoch nicht statisch, sondern hängt von der Entwicklung des Risikoprofils des Unternehmens ab. Fachliche Eignung schließt auch die stetige Weiterbildung ein, damit die Mitglieder des Verwaltungs- und Aufsichtsorgans in der Lage sind, sich ändernden Anforderungen gerecht zu werden. Die Mitglieder des Aufsichtsorgans sollten sich daher durch geeignete Maßnahmen weiterbilden. Über die aufsichtsrechtlichen Anforderungen hinaus statuiert § 100 Abs. 5 AktG für Versicherungsunternehmen, die dem Anwendungsbereich von Solvency II unterliegen, dass mindestens ein Mitglied des Aufsichtsrates über Sachverstand in der Rechnungslegung und nach Umsetzung des FISG 2021 mindestens ein weiteres Mitglied über Sachverstand auf dem Gebiet der Abschlussprüfung verfügen muss. Des Weiteren müssen die Mitglieder in ihrer Gesamtheit mit dem Sektor, in dem das Unternehmen tätig ist, vertraut sein. Zusätzlich sollen Mitglieder des Verwaltungs- oder Aufsichtsorgans im Wege einer Selbsteinschätzung ihre Kenntnisse auf den Themenfeldern Kapitalanlage, Versicherungstechnik und Rechnungslegung der BaFin gegenüber darlegen.[90]

Bei Kaufleuten i. S. v. §§ 1 ff. HGB, buchführungspflichtigen Land- und Forstwirten sowie anderen Unternehmern i. S. v. § 141 AO wird das Vorliegen von wirtschaftlicher Expertise grds. unterstellt. Abhängig von Größe und Geschäftsmodell des jeweiligen Unternehmens kann diesen Personen die fachliche Eignung attestiert werden. Sofern Mitglieder eines mitbestimmten Aufsichtsorgans als Beschäftigte des (Rück-)Versicherungsunternehmens in die rechtlichen und wirtschaftlichen Abläufe des Tagesgeschäfts eingebunden sind, ist für diese das Vorliegen der fachlichen Eignung anzunehmen. Auch bei Hauptverwaltungsbeamten einer Gebietskörperschaft (z. B. hauptamtlichen Bürgermeister) oder Kämmerern wird die fachliche Eignung unterstellt, wenn deren Tätigkeit in nicht unwesentlichem Umfang auf rechtliche und wirtschaftliche Fragestellungen gerichtet war. Darüber hinaus kann die fachliche Eignung für die Tätigkeit in einem Aufsichtsorgan eines Versicherungsunternehmens durch Fortbildung erworben werden. Dabei hat die Fortbildungsveranstaltung auf die Grundzüge der Rechnungslegung und des Aufsichtsrechts sowie das Risikomanagement des Versicherungsunternehmens einzugehen und auf die Funktion und Verantwortung der Mitglieder eines Aufsichtsorgans Bezug zu neh-

---

88 Vgl. EIOPA (o.D.): EIOPA-BoS-14/253 DE »Leitlinien zum Governance-System«, Leitlinie 11.
89 Zur Voraussetzung der fachlichen Eignung bei Aufsichtsräten von Versicherungsunternehmen vgl. BaFin (2018a), Merkblatt, S. 12 ff.
90 BaFin (2018a), Merkblatt, S. 19.

men. Nach Art. 273 Abs. 1 der Delegierten Verordnung EU 2015/35 muss die Fortbildungsveranstaltung vor der Anzeige der Bestellung zum Aufsichtsrat besucht worden sein.

Neben der fachlichen Eignung wird in § 24 Abs. 1 Satz 1 VAG das Kriterium der **Zuverlässigkeit** als weiteres Qualifikationsmerkmal für die Tätigkeit als Aufsichtsrat eines Versicherungsunternehmens spezifiziert.[91] Diese ist gefährdet, wenn persönliche Umstände die sorgfältige und ordnungsgemäße Wahrnehmung des Kontrollmandats beeinträchtigen können. Berücksichtigt werden dabei das persönliche Verhalten sowie Geschäftsgebaren des Mitglieds hinsichtlich straf-, vermögens- und aufsichtsrechtlicher Aspekte. Zu den Kriterien für mangelnde Zuverlässigkeit zählen auch das Vorliegen von Interessenkonflikten. Diese sind dann gegeben, wenn das Mitglied aufgrund persönlicher Umstände oder der eigenen wirtschaftlichen Tätigkeit in seiner Unabhängigkeit bei der Überwachung des Unternehmens beeinträchtigt ist.[92] So stellt die gleichzeitige Vermittlertätigkeit für das (Rück-)Versicherungsunternehmen einen Interessenkonflikt dar.

Außerdem setzt die Wahrnehmung eines Aufsichtsratsmandats eine ausreichende **zeitliche Verfügbarkeit** des Mitglieds voraus.[93] Deshalb ist nach § 24 Abs. 4 Satz 2 VAG die Ausübung von nicht mehr als fünf Kontrollmandaten bei unter der Aufsicht der BaFin stehenden Unternehmen erlaubt. Nicht berücksichtigt werden dabei Unternehmen derselben Versicherungs- oder Unternehmensgruppe. Eine weitere Einschränkung macht § 24 Abs. 4 Satz 1 VAG dahingehend, dass höchstens zwei ehemalige Geschäftsleiter als Mitglieder des Aufsichtsorgans fungieren dürfen. Das (Rück-)Versicherungsunternehmen hat über **schriftliche interne Leitlinien** i. S. d. § 23 Abs. 3 VAG zu verfügen, in denen Verfahren zur Beurteilung der fachlichen Eignung und Zuverlässigkeit der Mitglieder des Aufsichtsorgans festgelegt werden.

Weitere Anforderungen an den Aufsichtsrat von Versicherungsunternehmen ergeben sich aus dem Gesetz für die **gleichberechtigte Teilhabe von Frauen und Männern an Führungspositionen** (FüPoG) bzw. dem **Gesetz zur Ergänzung und Änderung** dieser Regelungen (FüPoG II). Nach den Bestimmungen des »Ersten Führungspositionen-Gesetzes« spezifiziert das Verwaltungs- bzw. Aufsichtsorgan börsennotierter oder mitbestimmter Unternehmen Zielvorgaben für den Frauen- bzw. Männeranteil sowohl für den Vorstand als auch den Aufsichtsrat. Bei Aufsichtsräten börsennotierter und zugleich paritätisch mitbestimmter Unternehmen muss nach § 96 Abs. 2 AktG der Frauenanteil mindestens 30 % betragen. Mit dem »Zweiten Führungspositionen-Gesetz« wurden die Regelungen bzgl. des Frauenanteils insb. für den Vorstand und die beiden Führungsebenen unterhalb des Vorstands erheblich nachgeschärft.[94]

---

91   Zur Voraussetzung der Zuverlässigkeit bei Aufsichtsräten von Versicherungsunternehmen vgl. BaFin (2018a), Merkblatt, S. 15.
92   BaFin (2018a), Merkblatt, S. 16, vgl. Art. 258 Abs. 5 Durchführungsverordnung (EU) 2015/35.
93   BaFin (2018a), Merkblatt, S. 16.
94   Vgl. Fachartikel »Zweites Führungspositionen-Gesetz – FüPoG II« auf den Internetseiten von Deloitte unter: https://www2.deloitte.com/de/de/pages/audit/articles/zweites-fuehrungspositionen-gesetz-fuepog-ii.html.

Im Kontext des Aufsichtsrates wurde mit dem neu eingefügten § 111 Abs. 5 Satz 2 AktG festgelegt, dass die von diesem zu spezifizierenden Zielvorgaben die angestrebte Anzahl der Frauen und deren Anteil am jeweiligen Gesamtgremium beschreiben und vollen Personenzahlen entsprechen. Des Weiteren stellt Satz 3 klar, dass, sofern der Aufsichtsrat für den Aufsichtsrat oder den Vorstand eine Zielquote von null vorgibt, diese klar und verständlich zu begründen ist, insb. sind die zugrunde liegenden Erwägungen ausführlich zu erläutern. Bereits im Rahmen des »Ersten Führungspositionen-Gesetzes« wurde festgehalten, dass, wenn der Frauenanteil bei Verabschiedung der Zielquote für Vorstand und Aufsichtsrat unter 30 % liegt, die jeweilige Zielvorgabe für den Frauenanteil die entsprechende Quote im Zeitpunkt der Verabschiedung nicht mehr unterschreiten darf.[95]

Die vorstehend beschriebenen Regelungen aus dem FüPoG und dem FüPoG II gelten sowohl für Versicherungsaktiengesellschaften als auch – durch den Verweis des § 189 Abs. 3 VAG – für Versicherungsvereine auf Gegenseitigkeit. Für kleine Versicherungsunternehmen, Einrichtungen der betrieblichen Altersversorgung sowie kleinere Vereine finden die Regelungen nur dann Anwendung, wenn die Voraussetzungen der gesetzlichen Mitbestimmung erfüllt sind, ansonsten finden sie überhaupt keine Anwendung. Öffentlich-rechtliche Versicherungsunternehmen werden vom Anwendungsbereich des FüPoG nur dann erfasst, wenn diese Anstalten oder Körperschaften in Trägerschaft des Bundes sind.[96]

Nach § 47 Abs. 1 Nr. 1 und Nr. 2 VAG ist sowohl die Bestellung als auch das Ausscheiden von Mitgliedern von Verwaltungs- und Aufsichtsräten **anzuzeigen**.

Die Anzeige ist sowohl bei einer Erst- als auch bei einer Neubestellung im Zuge von Umwandlungen der Mitglieder von Aufsichtsorganen vorzunehmen. Dabei sind ein eigenhändig unterschriebener Lebenslauf, Nachweise über Fortbildung, das eigenhändig unterschriebene Formular »Persönliche Erklärung mit Angaben zur Zuverlässigkeit«, ein Führungszeugnis sowie ein Auszug aus dem Gewerbezentralregister durch das Unternehmen **einzureichen**. Die Anzeige der Bestellung hat ohne schuldhaftes Zögern, also innerhalb von zwei Wochen zu erfolgen. Die Unterlagen dürfen im Zeitpunkt der Bestellungsanzeige nicht älter als drei Monate sein. Die Anzeige des Ausscheidens eines Mitglieds eines Verwaltungs- und Aufsichtsrates hat unter Angabe von Gründen unverzüglich zu erfolgen.[97]

Die Mitglieder eines Aufsichtsorgans haben ihren **Pflichten** jederzeit nachzukommen. Sie müssen ihre »Überwachungs- und Kontrollfunktion sorgfältig ausüben, um wesentliche Verstöße der Geschäftsleiter gegen die Grundsätze einer ordnungsgemäßen Geschäftsführung zu entdecken und zu beseitigen«. Verstöße gegen diese Pflichten können von der Aufsichtsbehörde nach § 303 Abs. 2 Nr. 3 VAG sanktioniert werden. Die Überwachungs- und Kontrollfunktion be-

---

95   Vgl. § 111 Abs. 5 Satz 2 AktG a. F. bzw. § 111 Abs. 5 Satz 5 AktG.
96   Vgl. § 3 Nr. 5c) des BGleiG. Das BGleiG findet sich in Art. 2 des FüPoG wieder.
97   Zu den Anzeigepflichten und erforderlichen Unterlagen vgl. BaFin (2018a), Merkblatt, S. 4 ff.

inhaltet neben der Teilnahme an den Sitzungen des Aufsichtsrates auch deren Vorbereitung anhand von Sitzungsunterlagen. Die Vor- und Aufbereitung von Sitzungsunterlagen ausschließlich durch Mitarbeiter des Mandatsträgers ist dabei als nicht ausreichend zu erachten. Außerdem zählt es zu den Pflichten des Aufsichtsorgans, sowohl die Geschäftsstrategie als auch die Risikosituation des Unternehmens zu beobachten und zu beurteilen.[98]

Die **Aufgaben** des Aufsichtsrates von Versicherungsunternehmen umfassen neben den allgemeinen sich aus dem AktG ergebenden Aufgaben eines Aufsichtsorgans (§§ 84, 87, 89, 111, 171, 172, 314 AktG) weitere versicherungsspezifische Aufgabenbereiche. Dazu zählen – mit Ausnahme von kleineren Vereinen – die Bestellung des Treuhänders für das Sicherungsvermögen (§ 128 VAG), die Bestellung und Entlassung des verantwortlichen Aktuars (§ 141 Abs. 3 VAG) sowie die Überwachung der Tätigkeiten des Vorstands auch in Bezug auf die Geschäftsorganisation entsprechend der Mindestanforderung an die Geschäftsorganisation von Versicherungsunternehmen (MaGo) i. V. m. §§ 23, 26, 27, 29, 30, 32 VAG.

Mit dem **Rundschreiben 2/2017 (VA)** gibt die BaFin Hinweise zur Auslegung der Vorschriften über die Geschäftsorganisation im VAG sowie der Delegierten Verordnung (EU) 2015/35.[99] Dabei werden in Kapitel 8.4 des MaGo-Rundschreibens die Rollen von Geschäftsleitung und Aufsichtsrat akzentuiert. Die BaFin beschränkt sich in diesem Zusammenhang weitgehend auf die Benennung der aktienrechtlichen Rechte des Aufsichtsrates, u. a. zur Bestellung der Vorstandsmitglieder, der Festlegung von deren Vergütung sowie der Informations-, Einsichts- und Prüfungsrechte im Versicherungsunternehmen. Darüber hinaus berät der Aufsichtsrat die Geschäftsleitung u. a. in strategischen Fragen.[100] Dabei geht es der BaFin v. a. darum, die **Kommunikation** zwischen Aufsichtsrat und Vorstand zu befördern.[101] Geschäftsleitung und Aufsichtsrat überlegen in eigener Verantwortung, ob und welche Ausschussstruktur für das Unternehmen als geeignet erachtet wird.

Die MaGo konkretisieren die bereits bestehenden Anforderungen an das Risikomanagement. Dabei stellt das Risikomanagement einen Teil der Geschäftsorganisation eines (Rück-)Versicherungsunternehmens dar. Grundsätzlich ist die Geschäftsleitung für ein angemessenes und wirksames Risikomanagementsystem verantwortlich. In diesem Kontext hat der Aufsichtsrat die Pflicht, zu überwachen, ob ein angemessenes und wirksames Risikomanagementsystem eingerichtet ist.[102] Diese Pflicht ergibt sich aus § 111 Abs. 1 AktG bzw. den korrespondierenden gesellschaftsrechtlichen Vorschriften und erstreckt sich auch auf das Risikofrüherkennungssystem als Teil des Risikomanagementsystems.

---

98 BaFin (2018a), Merkblatt, S. 4 ff.
99 Vgl. BaFin (2017b), Rundschreiben 2/2017 (VA).
100 Vgl. BaFin (2017b), Rundschreiben 2/2017 (VA), Tz. 84.
101 Vgl. Hartig, in: Krimphove/Kruse (2018), S. 225.
102 Vgl. BaFin (2017b), Rundschreiben 2/2017 (VA), Tz. 152.

Eine weitere Besonderheit im Kontext der Versicherer betrifft die in § 25 VAG spezifizierten **Anforderungen an Vergütungssysteme** im Versicherungsbereich, die im Rahmen der **VersVergV** konkretisiert werden. Für die angemessene Ausgestaltung des Vergütungssystems der Mitarbeiterinnen und Mitarbeiter ist nach § 3 Abs. 1 der VersVergV grds. die Geschäftsleitung verantwortlich. Für die angemessene Ausgestaltung des Vergütungssystems für Geschäftsleiterinnen und Geschäftsleiter ist jedoch der Aufsichtsrat verantwortlich. Dabei muss nach § 3 Abs. 1a Nr. 3 VersVergV der variable Teil der Vergütung bei Geschäftsleitern die nachhaltige Entwicklung des Unternehmens widerspiegeln. Darüber hinaus hat der Aufsichtsrat Sorge zu tragen, dass die Vergütung der Geschäftsleiter in einem angemessenen Verhältnis zu deren Aufgaben und Leistungen sowie zur Lage des Unternehmens steht.[103] Außerdem hat die Geschäftsleitung den Aufsichtsrat mindestens einmal jährlich über die Ausgestaltung des Vergütungssystems zu informieren.[104] Dem Aufsichtsratsvorsitzenden ist gegenüber der Geschäftsleitung ein entsprechendes Auskunftsrecht einzuräumen.

Bei **bedeutenden Unternehmen**[105] i. S. d. Versicherungs-Vergütungsverordnung sind nach § 4 VersVergV darüber hinausgehende Anforderungen an die Ausgestaltung der Vergütung von Geschäftsleitern u. a. im Zusammenhang mit der variablen Vergütung und deren teilweisen Einbehaltung zu beachten. Des Weiteren ist bei bedeutenden Unternehmen ein Vergütungsausschuss einzurichten, der die Ausgestaltung, Überprüfung und Weiterentwicklung der Vergütungssysteme zum Gegenstand hat.

Dabei ist dem Aufsichtsratsvorsitzenden ein direktes Auskunftsrecht gegenüber dem Vergütungsausschuss einzuräumen.[106]

Selbstverständlich gilt der Grundsatz der Organisationsautonomie[107] des Aufsichtsrates hinsichtlich der Bildung und Ausgestaltung von Ausschüssen auch für Aufsichtsräte von Versicherungsunternehmen. Aufgrund der überragenden Bedeutung von Kapitalanlagen, insb. für die Erwirtschaftung von Zinsgarantien in der Personenversicherung, soll anhand eines Praxisbeispiels die Ausgestaltung und Kompetenzzuweisung eines **Kapitalanlageausschusses** in anonymisierter Form illustriert werden. Die Einrichtung eines Kapitalanlageausschusses entspricht der gängigen Praxis in der Versicherungsbranche, um die Effizienz der Überwachungs- und Beratungstätigkeit des Aufsichtsrates zu erhöhen. In diesem Zusammenhang ist zwischen vorbereitenden Beschlüssen des Ausschusses, der Beratung des jeweiligen Vorstands durch den Ausschuss und autonomen Entscheidungen des Ausschusses zu differenzieren.

---

103 Vgl. § 3 Abs. 2 VersVergV.
104 Vgl. § 3 Abs. 5 VersVergV.
105 Der Begriff des bedeutenden Unternehmens wird in § 1 Abs. 3 VersVergV definiert.
106 Vgl. § 4 Abs. 7 VersVergV.
107 Vgl. § 107 Abs. 3 AktG.

Im vorliegenden Praxisfall unterliegen dem vorbereitenden Votum des Kapitalanlageausschusses die Festlegung der Kapitalanlagestrategie mit der Aufteilung in Replikations- und Risikoportfolios sowie die Zielgrößen für die einzelnen Assetklassen sowie der Durationen. Des Weiteren werden hierunter Erwerb, Veräußerung und Anteilsveränderungen an Beteiligungen mit strategischer Bedeutung und Erwerb, Veräußerung und Bebauung von Grundstücken subsumiert. Eine entscheidende Funktion hat der Ausschuss hinsichtlich der Spezifizierung der Risikobereitschaft und der Risikomesssystematik inne.

Dazu zählen die Festlegung der grundsätzlichen Risikobereitschaft sowie des Limitsystems. Auch die Entscheidung über den Einsatz neuer Anlageklassen stellt eine autonome Entscheidung des Anlageausschusses dar. Zu den wesentlichen Sachverhalten, die einer Beratung mit dem zuständigen Vorstand bedürfen, zählen die Jahresplanung für Kapitalanlagen mit den wesentlichen Investitionen in Replikations- und Risikoportfolio sowie die Festlegung des Risikobudgets und der korrespondierenden Investitionen.

Diese Lösung mit einer klaren Zuweisung der (Entscheidungs-)Kompetenzen und Beschlussgegenstände hebt sich deutlich von der ursprünglichen Vorgehensweise ab, zustimmungspflichtige Geschäfte (z. B. Erwerb von Grundstücken ab einer bestimmten Größenordnung) zu definieren und durch das Aufsichtsratsplenum genehmigen zu lassen. Die vorgenommene Kompetenzverteilung orientiert sich an dem Risikomanagementprozess im Kapitalanlagekontext. Aus dieser prozessualen Sichtweise sollte ein besserer Einblick der Aufsichtsräte in das Risikomanagementsystem des Versicherers resultieren. Abgerundet wird die Lösung durch eine Konkretisierung der aus § 90 AktG abgeleiteten Informationspflichten des Vorstands gegenüber dem Kapitalanlageausschuss, z. B. hinsichtlich der Vorlage des Beteiligungs- oder Immobilienberichts.

Vergütungen für die Tätigkeit als **Aufsichts- oder Verwaltungsratsmitglied** müssen abschließend durch Satzung oder Beschluss der Hauptversammlung bzw. obersten Vertretung festgelegt werden (vgl. § 113 AktG, §§ 189, 210 VAG i. V. m. § 32 BGB). Vergütungen neben der Aufsichtsrats- und Verwaltungsratsvergütung bedürfen einer vertraglichen Grundlage unter Zustimmung der zuständigen Gremien. Sie können nur in Betracht kommen, wenn der Betreffende dem Unternehmen regelmäßig einen nennenswerten Teil seiner Arbeitskraft zur Verfügung stellt. Die Gefahr der Interessenkollision durch mehrfache Tätigkeit soll grds. vermieden werden. So darf Mitgliedern des Aufsichtsorgans nach § 3 Abs. 6 VersVergV keine Vergütung für die Vermittlung von Versicherungsverträgen gezahlt werden. Die VersVergV steht jedoch einer Vergütung der Aufsichtsratstätigkeit von angestellten Arbeitnehmervertreter(innen) nicht im Wege.[108]

---

108 Vgl. § 3 Abs. 7 VersVergV.

Fragen für die Praxis zu Versicherungsunternehmen und Pensionsfonds

- Welche fachlichen Anforderungen müssen Mitglieder von Aufsichts- bzw. Verwaltungsräten von Versicherungsunternehmen erfüllen?
- Welche Unterlagen müssen in diesem Zusammenhang bei der BaFin eingereicht werden?
- Inwiefern bestehen für den Aufsichts- bzw. Verwaltungsrat von Versicherungsunternehmen über das Aktienrecht hinaus versicherungsspezifische Aufgaben?
- Welche Einflussmöglichkeiten hat das Aufsichtsorgan von Versicherungsunternehmen auf die Vergütungsstruktur im Versicherungsunternehmen?
- Inwiefern kann die Einrichtung von Ausschüssen die Effizienz des Aufsichtsorgans von Versicherungsunternehmen verbessern?

VI   Besonderheiten bei Unternehmen der öffentlichen Hand[109]

Prof. Dr. Carl-Friedrich Leuschner

1   Grundsätzliche Überlegungen

Für Aufsichtsräte von Kapitalgesellschaften der öffentlichen Hand besteht seit Inkrafttreten des BilMoG die Möglichkeit einen Prüfungsausschuss zu bestellen. Ob dies notwendig war oder nicht, konnte der Aufsichtsrat nach eigenem Ermessen entscheiden. Falls man sich dafür entschied, mussten bei der Errichtung dieses Ausschusses die Voraussetzungen des § 100 Abs. 5 AktG erfüllt werden. Mit dem neuen § 107 Abs. 4 AktG wurde im Zuge des FISG 2021 die Einrichtung eines Prüfungsausschusses i. S. d. § 107 Abs. 3 Satz 2 AktG für Aufsichtsräte von Gesellschaften, die Unternehmen von öffentlichem Interesse nach § 316a Satz 2 HGB sind, zur Pflicht. Auch hierbei müssen die – ebenfalls geänderten – Voraussetzungen des § 100 Abs. 5 AktG erfüllt sein, insb. also die Ausweitung auf das weitere Mitglied mit Sachverstand auf dem Gebiet der Abschlussprüfung – den zweiten Finanzexperten – beachtet werden. Darüber hinaus spielt auch die Auswahl und die Überwachung des Abschlussprüfers eine immer wichtiger werdende Rolle.[110]

Gerade im öffentlichen Bereich spielt die Debatte über nachhaltige Daseinsvorsorge, digitale Transformation, demografischen Wandel, Klimaschutzziele, die Nachhaltigkeitsziele der Vereinten Nationen und die Zukunft des demokratischen Gemeinwesens eine besondere Rolle. Die allgemeinen Grundsätze für eine ordnungsgemäße Unternehmensführung sollten daher für Unternehmen der öffentlichen Hand weiterentwickelt und in den Public Corporate Governance Kodex integriert werden.[111]

Im Bereich der öffentlichen Daseinsvorsorge gibt es jedoch auch Unternehmen anderer Rechtsformen, bei denen Aufsichtsräte, Beiräte, Verwaltungsräte und andere Kontrollgremien bestehen, zu deren Einrichtung die Gebietskörperschaft verpflichtet ist. Abhängig von der Größe und wirtschaftlichen Bedeutung des Unternehmens sollte aufgrund der Ausstrahlung der aktienrechtlichen Vorschriften darüber nachgedacht werden, ob die Einrichtung eines Prü-

---

109 Der nachfolgende Abschnitt wurde maßgeblich von Frau Friederike Rolshoven und Herrn Ali Sengül aktualisiert und überarbeitet; hierfür gilt ihnen mein ganz herzlicher Dank.
110 Vgl. Hofbauer (2021), S. 56 ff.
111 Vgl. Expertenkommission Deutscher Public Corporate Governance-Musterkodex: Deutscher Public Corporate Governance-Musterkodex (D-PCGM).

fungsausschusses sachgerecht ist.[112] Die Stadt Darmstadt ist hier mit gutem Beispiel vorange-gangen.[113]

Für die von § 107 Abs. 3 Satz 2 AktG ausdrücklich angesprochenen Aufgaben des Prüfungsaus-schusses, der Überwachung des Rechnungslegungsprozesses, des IKS, RMS, des Systems der Internen Revision und der Abschlussprüfung ergeben sich bei Unternehmen, die mehrheitlich im Besitz der öffentlichen Hand sind, einige Besonderheiten.

Für öffentliche Unternehmen verlangt der Gesetzgeber ein besonders hohes Maß an Transpa-renz, um dem treuhänderischen Charakter des verwalteten Vermögens Rechnung zu tragen. So dürfen sich Gebietskörperschaften nur dann an Unternehmen in Privatrechtsform beteiligen, wenn sie diese dazu verpflichten, auch unterhalb der Schwelle des § 267 HGB wie große Kapital-gesellschaften Rechnung zu legen (z. B. § 65 Abs. 1 Nr. 4 Bundeshaushaltsordnung).

Durch § 53 Abs. 1 HGrG wird der Gegenstand der Abschlussprüfung bei öffentlichen Unter-nehmen erweitert. Primäres Ziel des § 53 HGrG ist es, der beteiligten Gebietskörperschaft als Gesellschafterin ein zusätzliches Informations- und Kontrollinstrument zur Verfügung zu stel-len. Der Abschlussprüfer und seine Berichterstattung über die Abschlussprüfung unterstützt darüber hinaus aber auch das Aufsichtsorgan bei seiner Aufgabe der Überwachung der Ge-schäftsführung. Umso wichtiger ist eine Auseinandersetzung des Prüfungsausschusses mit den Ergebnissen der Prüfung nach § 53 HGrG und die Einbindung dieser Prüfung in die eigenen Überwachungsaktivitäten.

Gleichzeitig gibt der Gesetzgeber dem Aufsichtsorgan in Unternehmen der öffentlichen Hand eine weitere Informationsquelle für die Überwachungstätigkeit an die Hand, die Rechnungs-prüfung. Ihr Gegenstand deckt sich nicht mit dem der Abschlussprüfung und ist primär an den Gesellschafter adressiert, ist aber ebenfalls hilfreich für die Wahrnehmung der Überwachungs-aufgabe des Aufsichtsorgans. Diese Wahrnehmung ist zugleich Gegenstand der Rechnungs-prüfung und sollte Ausgangspunkt für eine kritische Reflexion der eigenen Tätigkeit durch das Aufsichtsorgan sein.

Bei der Auswahl der Mitglieder der Kontrollgremien kommunaler Unternehmen gilt es darüber hinaus einige Besonderheiten zu beachten. Die Personen sind häufig kraft Amtes Mitglied oder werden von der Kommune entsandt. Dabei werden zumeist die Regeln über die Bestellung von Ausschüssen der kommunalen Vertretungskörperschaft angewandt, also Mitglieder die-ser Vertretungskörperschaft nach politischem Proporz entsandt. Es bestehen Treuepflichten gegenüber der Gesellschaft und gegenüber der Kommune, aus denen im Einzelfall auch Kon-flikte für das Mitglied resultieren können. Die Kommunalordnungen statuieren zur Auflösung

---

112 Vgl. Papenfuß (2013), S. 80.
113 Vgl. HEAG (2018). https://www.heag.de/stadtwirtschaft/darmstaedter-beteiligungskodex/.

dieses Konflikts eine Verpflichtung, den Interessen der Kommune Vorrang zu gewähren, und Weisungsrechte der Kommunalorgane gegenüber den Vertretern in Gesellschaftsorganen.[114] Die Diskussion[115], in welchen Fällen diese landesrechtlich begründeten Rechtspflichten gegenüber dem Gesellschaftsrecht als Bundesrecht zurücktreten, wird kontrovers geführt. Eckpunkte markieren die Entscheidungen des Bundesgerichtshofs in BGHZ 36, 292 (306) und Bundesverwaltungsgerichts (Urt. v. 31.08.2011, NVwZ 2012, 115). Ihre praktische Relevanz wird dadurch weitgehend entschärft, dass die Kommunalordnungen die Vertreter der Kommune in Gesellschaften von Schadenersatzverpflichtungen aus der Organtätigkeit freistellen, soweit diese nicht vorsätzlich oder grob fahrlässig oder nach Weisung gehandelt haben.[116] Trotz dieser Sonderregelungen sollte die öffentliche Hand bei der Auswahl der Gremienmitglieder auf fachliche und persönliche Eignung achten. Gegebenenfalls müssen sich die Mitglieder entsprechend weiterbilden, wie es bereits bei Finanzinstituten gängige Praxis ist. Die Kontrollgremien können die Aufgaben auch nur dann ordentlich und gewissenhaft wahrnehmen, wenn neben der fachlichen Qualifikation auch die zeitliche Verfügbarkeit der Mitglieder gegeben ist.

2   Erweiterung der Abschlussprüfung

Befindet sich die Mehrheit der Anteile an einem Unternehmen mit zivilrechtlichem Organisationsstatut in der Hand des Bundes, der Länder oder von Kommunen und erreicht mindestens eine dieser Gebietskörperschaften einen Anteil von 25 %, so können diese gem. § 53 Abs. 1 HGrG verlangen, dass die Abschlussprüfung um die Gegenstände des § 53 Abs. 1 Nr. 1 und 2 HGrG erweitert wird. Dazu ist es nicht erforderlich, dass die Gebietskörperschaft die Anteile unmittelbar hält. Ihr werden gem. § 53 Abs. 2 HGrG auch Anteile zugerechnet, die entweder von Sondervermögen oder Beteiligungen der Gebietskörperschaft gehalten werden, soweit diese selber mehrheitlich in der Hand von Gebietskörperschaften sind und sie selber mindestens einen Anteil von 25 % hält. Die Städte, Gemeinden und Landkreise sind aufgrund von Regelungen in den Gemeinde- und Landkreisordnungen gehalten, diese Erweiterung zu verlangen.[117] Bund und Länder können darauf verzichten.[118] Das zuständige Unternehmensorgan muss dafür Sorge tragen, dass der Auftrag an den Abschlussprüfer entsprechend erweitert wird.

§ 53 Abs. 1 Nr. 1 HGrG verlangt eine Prüfung der Ordnungsmäßigkeit der Geschäftsführung und § 53 Abs. 1 Nr. 2 HGrG insb. eine Darstellung der wirtschaftlichen Verhältnisse des Unternehmens durch den Abschlussprüfer. Für diese Erweiterung der Abschlussprüfung hat das Institut der Wirtschaftsprüfer (IDW) zusammen mit Vertretern des Bundesfinanzministeriums (BMF), des Bundesrechnungshofs und der Landesrechnungshöfe den IDW-Prüfungsstandard 720 (IDW

---

114 Z.B. § 113 Abs.1 Gemeindeordnung NRW, § 125 Abs.1 Hessische Gemeindeordnung.
115 Zu dieser Diskussion zusammenfassend Heidel (2012), S. 48 ff.
116 Z.B. § 113 Abs. 6 GO NRW, § 125 Abs. 3 Hessische GO; weiterführend Walter/Pauly/Beutel (2012).
117 Z.B. § 123 Abs. 1 Nr. 1 Hessische GO; § 105 Abs. 1 Nr. 1 Gemeindeordnung Baden-Württemberg.
118 Z.B. Art. 68 Abs. 2 Landeshaushaltsordnung Bayern, § 68 Abs. 2 Bundeshaushaltsordnung.

PS 720) erarbeitet.[119] Hauptbestandteil ist ein Fragenkatalog, mit dessen Beantwortung das Ergebnis der Prüfung dokumentiert wird. Der Fragenkatalog ist grds. auf alle Unternehmen anzuwenden, muss aber abhängig von Rechtsform, Größe und Unternehmenstätigkeit angepasst werden. So können einzelne Fragen oder Fragenkreise, die für das Unternehmen nicht einschlägig sind, weggelassen werden, wenn dies begründet wird. Der Abschlussprüfer kann im Rahmen einer jährlich wechselnden Prüfungsplanung einzelne Fragen und Fragenkreise einer intensiveren Prüfung unterziehen als andere. Auf diese Prüfungsschwerpunkte sollte der Prüfungsausschuss Einfluss nehmen, um die Unterstützung durch den Abschlussprüfer bei der eigenen Überwachungsaufgabe zu optimieren.

a   Prüfung der Ordnungsmäßigkeit der Geschäftsführung

Für die Prüfung der Ordnungsmäßigkeit der Geschäftsführung differenziert der Fragenkatalog des IDW PS 720 in die Teilbereiche Geschäftsführungsorganisation, -instrumentarium und -tätigkeit. Die Fragen lassen sich aber überwiegend auch den Aufgaben des Prüfungsausschusses gem. § 107 Abs. 3 Satz 2 AktG zuordnen.

Fragen mit besonderem Bezug zur Überwachung des IKS
Im Zuge der Überwachung des IKS hat der Prüfungsausschuss die Frage zu beantworten, ob es seinen Zwecken, nämlich der Sicherung der Wirksamkeit und Wirtschaftlichkeit der Geschäftstätigkeit, insb. dem Schutz des Vermögens, der Ordnungsmäßigkeit und Verlässlichkeit der internen und externen Rechnungslegung sowie der Einhaltung der für das Unternehmen maßgeblichen rechtlichen Vorschriften (IDW PS 261 n. F. Tz. 19) gerecht wird (siehe hierzu auch Kap. D.III.1.b »Überwachung des Rechnungslegungsprozesses sowie der Wirksamkeit des internen Kontrollsystems«).[120]

Mit dem Aspekt der Wirksamkeit der Geschäftstätigkeit beschäftigen sich im Rahmen der Prüfung nach § 53 HGrG die Fragen nach Angemessenheit und Einhaltung der Regelungen zur internen Organisation. So hat der Abschlussprüfer die Angemessenheit und die Einhaltung der Regelungen für die innere Organisation der Organe und ihre Beziehungen untereinander (Frage 1a und Fragenkreis 7) und für die Aufbauorganisation und wesentliche Teile der Ablauforganisation des gesamten Unternehmens (Fragen 2a, b, d, e) zu beurteilen. Ausdrücklich anzusprechen sind das Controlling und die Steuerung von Beteiligungsunternehmen (Fragen 3g, h).

Zum Aspekt des Vermögensschutzes gehören die Fragen nach den Vorkehrungen zur Korruptionsprävention (Fragen 2c, 6c) und für einen vollständigen und zeitnahen Einzug der Entgelte (Frage 3f), nach einem funktionierenden Finanzmanagement (Frage 3e) und zum Umgang mit

---

119 IDW PS 720: Berichterstattung über die Erweiterung der Abschlussprüfung nach § 53 HGrG i.d.F v. 09.09.2010.
120 Papenfuß (2013), S. 92.

Finanzinstrumenten (Fragenkreis 5). Der Prüfungsausschuss sollte sich vergewissern, ob das Unternehmen die immer komplexer werdenden Finanzierungsmechanismen managen kann. Gegebenenfalls sollte der Wirtschaftsprüfer vom Prüfungsausschuss beauftragt werden, hierzu Stellung zu nehmen.

Dem Aspekt der Einhaltung der für das Unternehmen maßgeblichen rechtlichen Vorschriften ist die Frage nach der Einhaltung der Vergabevorschriften zuzuordnen (Frage 8b und Fragenkreis 9). Bei Unternehmen der öffentlichen Hand handelt es sich zumeist gleichzeitig um öffentliche Auftraggeber gem. § 98 GWB. Sie sind verpflichtet, bei der Beschaffung von Leistungen oberhalb der EU-Schwellenwerte das europarechtlich geprägte Vergaberecht zu beachten. Unterhalb dieser Schwellenwerte gelten haushaltsrechtliche Vorschriften. Wegen der besonderen Bedeutung dieser Vorschriften unter dem Gesichtspunkt der Wirtschaftlichkeit der Beschaffung, Korruptionsbekämpfung und der mit der Verletzung verbundenen Risiken sollte ihre Einhaltung branchen- und rechtsformübergreifend im Fokus des Prüfungsausschusses stehen. Die Mitglieder des Prüfungsausschusses sollten hierzu in einen Dialog mit dem Wirtschaftsprüfer treten.

Im Zusammenhang mit der Ordnungsmäßigkeit der Rechnungslegung steht die Frage nach der Angemessenheit des Rechnungswesens einschließlich der Kostenrechnung (Frage 3c).

Fragen zum Risikofrüherkennungssystem
Aus dem Gemeinwohlauftrag öffentlicher Unternehmen wird für die Geschäftsführung eine besondere Verpflichtung zur Aufrechterhaltung der Funktionsfähigkeit des Unternehmens abgeleitet. Sie ist daher unabhängig von der Rechtsform und Größe des Unternehmens gehalten, ein nach den Verhältnissen des Einzelfalls angemessenes Risikofrüherkennungssystem (RFS) einzurichten (IDW PS 720 Tz. 8) (siehe hierzu Kap. D.III.1.c »Überwachung der Wirksamkeit des Risikomanagementsystems«).

Dieses RFS ist deshalb nicht nur unter den Voraussetzungen des § 317 Abs. 4 HGB Gegenstand der Abschlussprüfung, sondern auch im Rahmen der Erweiterung gem. § 53 HGrG. Der Abschlussprüfer trifft im Fragenkreis 4 Feststellungen, ob im Unternehmen ein System eingerichtet wurde, mit dem bestandsgefährdende Risiken rechtzeitig erkannt werden können, und ob dieses System kontinuierlich und systematisch überprüft und an sich verändernde Gegebenheiten angepasst wird. Er beurteilt die Eignung und Angemessenheit der Maßnahmen und deren Dokumentation.

Allerdings wird im Rahmen der Prüfung des RFS nicht die Reaktion der Geschäftsleitung und nachgeordneter Entscheidungsträger auf so erkannte Risiken beurteilt. Der Abschlussprüfer beurteilt damit nicht das RMS des öffentlichen Unternehmens in seiner Gesamtheit. Zur Sachgerechtigkeit und Wirtschaftlichkeit des Umgangs mit diesen Risiken wird keine Aussage vom Abschlussprüfer getroffen. Hier muss der Prüfungsausschuss im Rahmen seiner Tätigkeit ansetzen.

Unternehmensplanung

Wichtiger Bestandteil des RMS von öffentlichen Unternehmen ist die Unternehmensplanung, die häufig auch als Wirtschaftsplan bezeichnet wird. Zusammen mit einem Plan-Ist-Abgleich muss die Geschäftsführung dem Aufsichtsorgan grds. vierteljährlich im Rahmen der Zwischenberichterstattung über die Entwicklung der Aufwendungen und Erträge gegenüber dem Plan und die Abwicklung des Vermögensplanes berichten, bei erfolgsgefährdenden Mehraufwendungen bzw. Mindererträge gelten unverzüglich zu erfüllende Berichtspflichten.[121]

Die Unternehmensplanung hat eine kurz- und mittelfristige Komponente. Die kurzfristige besteht aus einem Erfolgs- und Vermögensplan. Der Erfolgsplan stellt eine Plan-Gewinn- und Verlustrechnung für das kommende Wirtschaftsjahr dar. Im Vermögensplan werden die Einzahlungen und Auszahlungen aufgrund der Investitions- und Finanzierungstätigkeit für dieses Jahr abgebildet. Grundlage für die Prognose der Investitionstätigkeit bildet ein mittelfristiges Investitionsprogramm mit einem Planungshorizont von zumeist drei Jahren, in dem die Maßnahmen einzeln aufgeführt werden.

Dieses Instrument wird ergänzt durch eine ebenfalls mittelfristige Ergebnis- und Finanzplanung. Ihrer Funktion als Instrument der Risikofrüherkennung kann die Unternehmensplanung nur gerecht werden, wenn sie verlässlich ist und ihre Prognosen und Schätzungen eine hohe Qualität aufweisen. Dies muss vom Prüfungsausschuss durch den Vergleich mit den Ist-Zahlen der Zwischenberichterstattung sowie des Jahresabschlusses und durch Beobachtung der Planänderungen im Zeitraum der mittelfristigen Planung überwacht werden. Abweichungen und Änderungen sind daraufhin zu prüfen, ob zum Zeitpunkt der Planung alle bekannten und relevanten Informationen verarbeitet wurden und ob die Planung insgesamt auf konsistenten Annahmen beruht.

Der Abschlussprüfer unterstützt den Prüfungsausschuss, indem er im Rahmen der Prüfung nach § 53 HGrG die grundsätzliche Eignung des Planungswesens beurteilt, die Durchführung von Abweichungsanalysen feststellt (Fragen 3a und b) und einige Aspekte bei der Planung von Investitionen vertieft (Fragen 8a, c, d).

Fragen zur Arbeit der Internen Revision

Bei der Aufgabe der Überwachung der Wirksamkeit der Internen Revision kann sich der Prüfungsausschuss im Rahmen der Prüfung nach § 53 HGrG auch auf die im Fragenkreis 6 dargestellten Prüfungsergebnisse stützen. Dort ist insb. zu beurteilen, ob die Interne Revision den Bedürfnissen des Unternehmens entsprechend ausreichend ausgestattet ist und ob bei den Mitarbeitern die Gefahr von Interessenkonflikten besteht. Beschrieben werden die wesentlichen Tätigkeitsschwerpunkte der Internen Revision im abgelaufenen Geschäftsjahr und dabei aufgedeckte bemerkenswerte Mängel. Zusätzlich ist zu empfehlen, dass zumindest der Vor-

---

121 z. B. §§ 14 bis 19 EigenbetriebsVO Bayern; §§ 16 bis 21 EigenbetriebsG Hessen.

sitzende des Prüfungsausschusses einmal im Jahr ein Gespräch mit dem Leiter der Internen Revision ohne die Geschäftsführung führt, um sich ein eigenes Bild von der Revisionsabteilung machen zu können. Bei Bedarf kann der Prüfungsausschuss auch direkt Aufträge an die Interne Revision erteilen, um bestimmten Fragen im Zusammenhang mit der Überwachungstätigkeit nachgehen zu können.

Von besonderer Bedeutung für die Beurteilung der Wirksamkeit der Internen Revision ist die Frage, wie im Unternehmen mit deren Feststellungen und Empfehlungen umgegangen wird und von ihr selbst die Umsetzung von Empfehlungen kontrolliert wird (Frage 6 f). Hier kann der Abschlussprüfer wertvolle Unterstützungsarbeit leisten.

b   Darstellung der wirtschaftlichen Verhältnisse

Auch bei der Beurteilung der wirtschaftlichen Lage des Unternehmens wird der Prüfungsausschuss vom Abschlussprüfer unterstützt. § 53 Abs. 1 Nr. 2 HGrG verlangt eine Darstellung der wirtschaftlichen Verhältnisse des Unternehmens durch den Abschlussprüfer. Neben der Darstellung und Analyse der Vermögens-, Finanz- und Ertragslage, die der Abschlussprüfer regelmäßig im Bericht vornimmt, nimmt er im Fragebogen detailliert Stellung, insb. zur Entwicklung der Vermögens- und Ertragslage sowie zur Liquidität und Rentabilität der Gesellschaft und zum offenkundig nicht betriebsnotwendigen Vermögen (Fragenkreise 11 bis 14). Er beschreibt verlustbringende Geschäfte sowie die Ursachen bedeutsamer Verluste und die Ursachen eines in der Gewinn- und Verlustrechnung ausgewiesenen Jahresfehlbetrags (Fragenkreis 15 und 16).

Bei der Beurteilung der wirtschaftlichen Verhältnisse eines Unternehmens der öffentlichen Hand ist immer zu berücksichtigen, dass vorrangiges Unternehmensziel nicht die Gewinnmaximierung, sondern die wirtschaftliche Erfüllung des öffentlichen Auftrags ist.

Die Prüfung der finanziellen Berichterstattung durch den Abschlussprüfer kann der Aufsichtsrat außerdem als Grundlage für die Prüfung auf Zweckmäßigkeit verwenden. Dabei prüft der Aufsichtsrat bzw. Prüfungsausschuss, ob gesetzlich niedergeschriebene Bilanzierungs- und Bewertungsspielräume im Interesse des Unternehmens ausgeübt worden sind. Um hier möglichst viele Überschneidungen zu generieren, empfiehlt sich die richtige Setzung der Prüfungsschwerpunkte.

3   Rechnungsprüfung

Die Gebietskörperschaft steuert und überwacht ihre Beteiligungsunternehmen nicht nur durch ihre Vertreter in den Überwachungsorganen, sondern auch durch die Organe der Rechnungsprüfung.

§ 44 HGrG und ähnlich lautende Vorschriften der Gemeindeordnungen (z. B. § 131 Abs. 2 Nr. 6 Hessische Gemeindeordnung) sehen bei öffentlichen Unternehmen in der Privatrechtsform eine Prüfung der Betätigung der Gebietskörperschaft durch die Organe der Rechnungsprüfung vor.

Gegenstand dieser Prüfung ist die Ausübung oder Nichtausübung aller Rechte, die mit der Gesellschafterstellung oder Organmitgliedschaft verbunden sind. So wird geprüft, ob die kommunalrechtlichen oder haushaltsrechtlichen Voraussetzungen für eine Beteiligung der Gebietskörperschaft an dem privatrechtlichen Unternehmen eingehalten, die Beteiligung ordnungsgemäß verwaltet und die mit der Beteiligung verfolgten öffentlichen Zwecke erreicht wurden. Dazu gehört auch die Arbeit der Vertreter der Gebietskörperschaft als Gesellschaftervertreter und in den Überwachungsorganen.

Sie thematisiert damit u. a. die Arbeit im Prüfungsausschuss selbst. Grundsätzlich findet keine Prüfung der Geschäftätigkeit und Rechnungslegung des Unternehmens statt, da dies bereits durch die erweiterte Jahresabschlussprüfung des Abschlussprüfers erfolgt. Nur ausnahmsweise wird eine weitergehende Prüfung im Unternehmen gem. § 54 HGrG bzw. aufgrund vorbehaltener Prüfungsrechte durchgeführt.

Im Zusammenhang mit der Arbeit des Prüfungsausschusses ist von besonderer Bedeutung, dass durch die Rechnungsprüfung festgestellt werden soll, ob die Vertreter der Gemeinde im Überwachungsorgan der Gesellschaft ihre Möglichkeiten der Einflussnahme im Interesse der Gebietskörperschaft und der Erfüllung des öffentlichen Zwecks genutzt und die Geschäftsführung ausreichend überwacht haben.[122]

Die Rechnungsprüfung informiert sich zu diesem Zweck auch aus dem Bericht über die Erweiterung der Abschlussprüfung gem. § 53 HGrG. Weitere Informationsquellen sind in erster Linie die bei der Gebietskörperschaft vorhandenen Unterlagen, über die sie als Gesellschafterin verfügt, sowie die Berichte ihrer Vertreter in den Überwachungsorganen.

Die Rechnungsprüfung hat auch Anspruch auf Einblick in die bei den Vertretern gesammelten Protokolle der Sitzungen von Aufsichtsrat und Prüfungsausschuss.[123] Zwar gilt grds. die Verschwiegenheitspflicht des § 116 AktG i. V. m. § 93 Abs. 1 Satz 2 AktG, aber eine Ausnahme von dieser Verpflichtung ist in § 394 AktG vorgesehen. Bei der Erstattung von Berichten von Aufsichtsratsmitgliedern an die Gebietskörperschaften, auf deren Veranlassung sie in den Aufsichtsrat gewählt oder entsandt worden sind, unterliegen sie grds. keiner Verschwiegenheitspflicht. Voraussetzung ist allerdings, dass die Kenntnis vertraulicher Angaben und Geheimnisse für die Zwecke der Berichte von Bedeutung ist. Der Schutz des Unternehmens wird

---

122 Vgl. Heimrath (2010), Rn. 230 ff.; Fiebig (2018), S. 54 ff.
123 Vgl. Heimrath (2010), Rn. 242; Arg. § 69 Nr. 2 BHO (und gleichlautende LHO), auf den bei der Schaffung der §§ 394, 395 AktG Bezug genommen wurde.

einerseits durch eine Erstreckung der Verschwiegenheitspflicht gem. §395 Abs. 1 AktG auf die Rechnungsprüfung erreicht, soweit diese nicht Mitteilungen im dienstlichen Verkehr macht, und andererseits durch ein Verbot der Veröffentlichung von vertraulichen Angaben und Geschäftsgeheimnissen im Rahmen der Veröffentlichung von Prüfungsergebnissen gem. §395 Abs. 2 AktG gewährleistet. Eine Verletzung dieser Geheimhaltungspflichten ist nach §404 AktG strafbar.

Ergeben sich aus diesen Unterlagen Fragen, können sich die Organe der Rechnungsprüfung auch unmittelbar im Unternehmen und dessen Büchern und Schriften unterrichten, wenn ein Rechtsanspruch besteht. Während bei der GmbH §51a Abs. 1 GmbHG greift, muss bei der AG dieser Anspruch gem. §54 Abs. 1 HGrG in der Satzung verankert sein.

Zu den Pflichten des Prüfungsausschusses gehört daher auch die kritische Auseinandersetzung mit den Berichten der Rechnungsprüfung, die Anhaltspunkte für eine Evaluation der eigenen Arbeit und eigene weitergehende Prüfungen geben können.

4   Erweiterung der Governance-Strukturen auf EU-Ebene

Das kamerale Rechnungssystem findet bisher in den meisten deutschen Gebietskörperschaften Anwendung. Die europäische Staatsschulden- und Finanzkrise zeigte allerdings große Schwächen der stark heterogenen Kameralistik in Europa auf. So werden bspw. finanzielle Handlungsspielräume suggeriert, die so nicht vorhanden sind, da die Kameralistik ein zahlungsbasiertes System ist. Ein weiterer wesentlicher Punkt ist die kaum vorhandene Vergleichbarkeit oder Aggregationsmöglichkeit der Finanzkennzahlen – weder im europäischen noch im nationalen Raum. Dadurch wird eine optimale Steuerung der Gebietskörperschaften erschwert.[124]

Die Diskussion einer Harmonisierung der Rechnungslegungsstandards geht aus der EU-Richtlinie 2011/85 vom 8. November 2011 hervor, die besondere Anforderungen an den haushaltspolitischen Rahmen der Mitgliedstaaten bestimmt. Im Zuge dessen sollen die European Public Accounting Standards (EPSAS) durch einheitliche europäische Rechnungslegungsstandards eine erhöhte Effizienz und Effektivität gewährleisten.[125] Die EU-Richtlinie sieht im Vordergrund der Reform die grundlegende Umstellung von der kameralen Rechnungslegung auf eine auf der doppelten Buchführung basierenden Rechnungslegung. Ein solches System hätte den großen

---

124 Vgl. Richtlinie 2011/85 EU.
125 Vgl. EPSAS (2022): Übersicht. https://ec.europa.eu/eurostat/de/web/epsas/ (Abfrage Stand 26.01.2022).

Vorteil, dass ausgelagerte Bereiche der Gebietskörperschaften wie öffentliche Unternehmen in das eigene System einbezogen werden könnten.

Durch die Erweiterung des Ordnungsrahmens gelang das Europäische Statistikamt Eurostat zu der Erkenntnis, dass neben der Dringlichkeit eines einheitlichen Rechnungslegungsstandards eine solche hinsichtlich der Governance-Struktur besteht.[126] Eine EPSAS-Arbeitsgruppe, bestehend aus Fachleuten, diskutiert u.a. die Identifizierung und Erörterung von EPSAS-Governance-Strukturen und Standards.

Als Grundlage zur Einführung und Entwicklung der EPSAS dienen die International Public Sector Accounting Standards (IPSAS), die bisher in ihrer jetzigen Form in den EU-Mitgliedstaaten nicht eingeführt wurden.[127] Hier sollte auch die öffentliche Hand im Zeitalter der Digitalisierung mehr Mut haben und i. S. v. mehr Transparenz die EPSAS-Governance-Strukturen mit einer entsprechenden doppelten Buchführung einführen.

---

126 Vgl. Nowak (2017), S. 96.
127 Vgl. Europäische Kommission (2013), S. 10.

VII Besonderheiten bei Immobilienunternehmen

Rolf Künemann

1 Geschäftsmodelle und Eigentümerstrukturen

Immobilienunternehmen unterliegen sowohl hinsichtlich ihres Leistungsspektrums als auch hinsichtlich ihrer Eigentümerstruktur einer Vielzahl von regulatorischen Anforderungen sowie strategischen und operativen Herausforderungen. Das Verständnis der Immobilienunternehmen in diesem Abschnitt umfasst den gesamten Lebenszyklus sowie die vollständige Wertschöpfungskette von Immobilien. Sie beinhaltet in der Entstehungsphase den Bereich Projektentwicklung sowie die Bauindustrie. In der Bewirtschaftungsphase lassen sich hierunter die Betreiber der jeweiligen Immobilien sowie die damit im Zusammenhang stehenden Dienstleister subsumieren. In der Regel wird noch zwischen den einzelnen Assetklassen wie bspw. Gewerbe, Wohnen sowie Hotelimmobilien differenziert. Unter den Dienstleistern werden überwiegend die Assetmanager, Property-Manager, Facility-Manager und Makler erfasst. Aufgrund der jeweils unterschiedlichen Geschäftsmodelle der einzelnen Segmente und der damit verbundenen Risiken ergeben sich für den Aufsichtsrat jeweils unterschiedliche Fragestellungen, auf die später differenzierter eingegangen wird.

Die Eigentümerstruktur der Immobilienunternehmen in Deutschland ist im Bereich der Erstellung und Entwicklung von Immobilien überwiegend mittelständisch geprägt. Aufgrund des hohen Kapitalbedarfs in der Bewirtschaftungsphase finden sich in der Immobilienwirtschaft häufig rechtliche Eigentümerstrukturen, die den notwendigen Finanzbedarf am öffentlichen Kapitalmarkt einsammeln und damit besonderen regulatorischen Anforderungen unterliegen.

Bei einer Immobilien-AG handelt es sich um ein Unternehmen, das in der Rechtsform der Aktiengesellschaft geführt wird und weit überwiegend in Immobilien investiert. Immobilien-AGs sind überwiegend ein deutsches, österreichisches bzw. schweizerisches Phänomen. In anderen Ländern gibt es vermehrt Real Estate Investment Trusts (REITs), die aber im Vergleich zur Immobilien-AG stärker reguliert sind.

Bei einem REIT handelt es sich um eine Sonderform der börsennotierten Aktiengesellschaft, die in Deutschland mindestens 75 % ihrer Umsatzerlöse und sonstigen Erträge aus Immobilien erzielt und deren Aktiva zu mindestens 75 % aus Immobilien bestehen. Schwerpunkt in Deutschland ist die Bewirtschaftung von Gewerbeimmobilien. Wohnimmobilien (Bestand vor dem 01.01.2007) gehören nicht zu den zulässigen Assetklassen. Bis Dezember 2021 gab es vier REITs mit einer Marktkapitalisierung von rund 4,3 Mrd. EUR. Bei der Assetklasse Wohnimmobilien liegen ca. 10 % bis 20 % der Wohnungsbestände in den Händen der öffentlichen Hand.

Diese sind überwiegend in der Rechtsform der GmbH organisiert und unterliegen zusätzlichen Anforderungen der öffentlichen Hand. Die Aufsichtsräte werden üblicherweise durch die Politik bestimmt. Weitere ca. 2,1 Mio. Wohnungen sind genossenschaftlich organisiert, die unter die Bestimmungen des GenG fallen.

Eine weitere Rechtsform, die im Zusammenhang mit Immobilien häufig genutzt wird, sind die offenen und geschlossenen Immobilienfonds. Diese werden seit dem 22. Juli 2013 durch das KAGB geregelt. Offene Immobilienfonds waren in der Vergangenheit überwiegend in diversifizierten Immobilienportfolios investiert und über die Kapitalverwaltungsgesellschaft (früher: Kapitalanlagegesellschaft) handelbar. In Deutschland wird das verwaltete Nettovermögen der offenen Immobilienfonds (offene Spezialfonds sowie offene Publikumsfonds) vom Bundesverband Investment und Asset Management (BVI) 2020 auf ca. 233 Mrd. EUR geschätzt.[128]

Bei geschlossenen Immobilienfonds wird das Kapital mehrerer Anleger zusammengeführt, um eine oder mehrere Immobilien zu erwerben. Diese Anteile weisen eine geringe Liquidität auf, daher sind Hauptanleger private Investoren.

Vor dem Hintergrund dieser Eigentümerstruktur sieht sich die Immobilienwirtschaft den zunehmend verschärften regulatorischen Anforderungen gegenüber. Dies gilt ebenfalls für die Manager sog. alternativer Assets, zu denen auch Immobilien zählen (AIFMD). Aber auch verschärfte Regelungen bei einzelnen Investoren in der Immobilienwirtschaft wie Versicherungen wirken sich unmittelbar auf die Immobilienwirtschaft aus. Insoweit stellen steigende regulatorische Anforderungen (AIFMD, Basel III, Solvency II etc.), die differenzierte Entwicklung einzelner Immobilienmärkte sowie die unterschiedlichen Geschäftsmodelle der Unternehmen steigende Anforderungen an die Aufsichtsräte und erfordern zusätzliche Kenntnisse in den Bereichen:

- Rechtliches Umfeld
- Unternehmens- bzw. Portfoliostrategien
- Risiko- und Compliance-Management
- Vorschriften der Corporate Governance
- Immobilienbewertung
- Finanzierungsstrukturen
- Bilanzierungsvorschriften.

Für Aufsichtsräte in der Immobilienwirtschaft ist insb. die vertiefte Kenntnis der Immobilienbewertung eine wesentliche Voraussetzung, um den steigenden Anforderungen an den Aufsichtsrat gerecht zu werden. Dies ist vor dem Hintergrund, dass die Immobilien i. d. R. mehr als 90 % der Bilanz von Immobilienunternehmen ausmachen, nachvollziehbar. Nachstehend werden daher die wesentlichen Bewertungsverfahren sowie kritischen Faktoren der Immobilienbewertung dargestellt.

---

128 Bundesverband Investment und Asset Management (BVI; 2021).

2   Immobilienbewertung und deren Überwachung

Es lassen sich unterschiedliche Anlässe finden, die eine Immobilienbewertung erforderlich machen.

Die wichtigsten Anlässe sind Transaktionen, Finanzierungen und Rechnungslegung. In dem nach HGB aufzustellenden Einzelabschluss werden Immobilien zu fortgeführten Anschaffungskosten bewertet oder bei voraussichtlich dauernder Wertminderung auf den niedrigeren beizulegenden Zeitwert abgeschrieben. Den Zeitraum einer dauernden Wertminderung definiert der Immobilienwirtschaftliche Fachausschuss des Instituts der Wirtschaftsprüfer in dem veröffentlichten IFA 2 mit einem Zeitraum von fünf Jahren, bei Neubauten mit zehn Jahren. Insoweit ist eine Abwertung nicht erforderlich, wenn der fortgeschriebene Buchwert der Immobilie nach fünf bzw. zehn Jahren den Zeitwert der Immobilie unterschreitet.

Im IFRS-Konzernabschluss sind nach IAS 40 die zur Ertragserzielung gehaltenen Immobilien entweder mit den fortgeführten Anschaffungskosten oder mit dem Zeitwert nach IFRS 13 anzusetzen. Da die Mehrzahl der kapitalmarktorientierten Immobilienunternehmen in Deutschland ihre Immobilien mit dem Zeitwert in die Bilanz aufnehmen, sind insb. für die Aufsichtsräte dieser Unternehmen vertiefte Kenntnisse in der Bewertung von Immobilien von entscheidender Bedeutung.

Der beizulegende Zeitwert ist als der Betrag definiert, der in einem geordneten Geschäftsvorfall zwischen Marktteilnehmern am Bemessungsstichtag für den Verkauf eines Vermögenswerts eingenommen bzw. für die Übertragung einer Schuld gezahlt werden würde (IFRS 13.9). Zur Ermittlung dieses Wertes haben sich in der Bewertungspraxis unterschiedliche Methoden durchgesetzt. In Deutschland herrschen derzeit noch die vom Gesetzgeber normierten Verfahren von Immobilienwertverordnung (ImmoWertV) und Wertrichtlinien (WertR) vor. International gibt es weitere Standards, so die im »White Book« zusammengefassten International Valuations Standards (IVS), das Blue Book mit den European Valuations Standards der TEGoVA (The European Group of Valuers Associations) sowie die im »Red Book« zusammengefassten Valuations Standards der Royal Institution of Chartered Surveyors (RICS), einen britischen Qualitätsstandard.

Grundsätzlich lassen sich die in den unterschiedlichen Standards definierten Verfahren in die ertrags-, die vergleichswert- sowie die sachwertorientierten Verfahren differenzieren. Die ertragswertorientierten Verfahren, unter die wir hier das Ertragswertverfahren der ImmoWertV, die Investment Method sowie das Discounted-Cash-Flow-Verfahren subsumieren, werden bei Immobilien angewandt, die zur Erzielung von Mieteinnahmen langfristig gehalten werden (Investment Properties). Bei diesen Verfahren werden die erwarteten Bewirtschaftungsüberschüsse mit einem risikoadjustierten Zinssatz auf den Bewertungsstichtag abgezinst. Bei der Ermittlung der Überschüsse werden persönliche Verhältnisse, z. B. eine günstige Finanzierung, eliminiert, um einen objektivierten Wert zu erhalten. Bei der Investment Method wird anders als beim deutschen Verfahren noch die Grunderwerbsteuer abgezogen. Bei den vergleichswertorientierten Verfahren wird der Wert der Immobilie unmittelbar aus beobachtbaren Kaufpreisen abgeleitet (direktes Verfahren) oder mittels adjustierter durchschnittlicher Preise vergleichbarer Objekte ermittelt. Beim Sachwertverfahren erfolgt die Bewertung von Gebäuden auf Grundlage der historischen fortgeschriebenen Herstellungskosten vermindert um eine Altersminderung.

Die ertragswertorientierten Verfahren stellen in der Rechnungslegung die vorherrschende Methode dar und werden i.W. durch die Parameter Miet- und Leerstandsentwicklung sowie Diskontierungs- bzw. Kapitalisierungszins bestimmt (siehe Abb. 50).

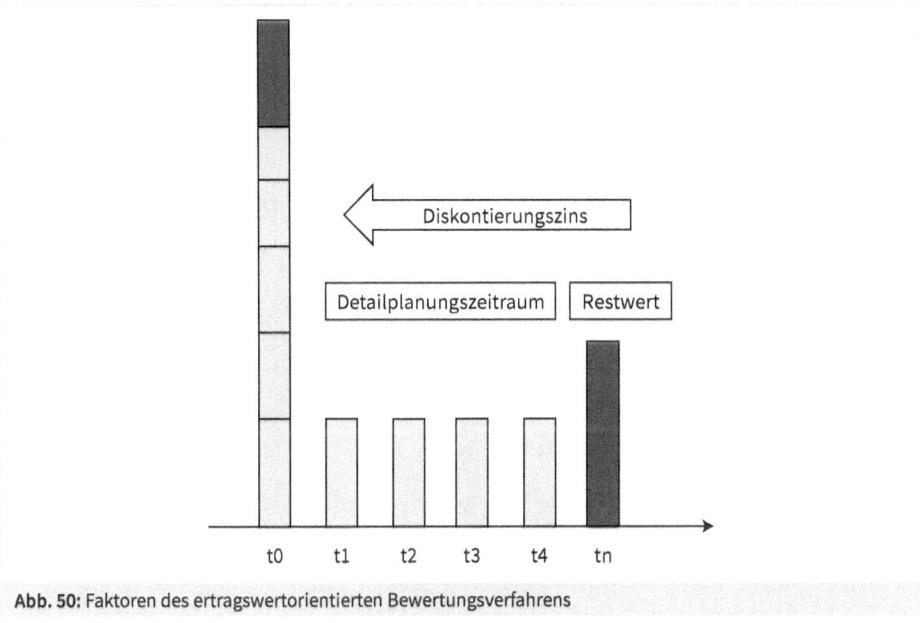

Abb. 50: Faktoren des ertragswertorientierten Bewertungsverfahrens

Diese Faktoren unterliegen einem erheblichen Ermessensspielraum der bewertenden Unternehmen:

- Unsicherheit hinsichtlich der Prognose der Mietentwicklung einschließlich Leerstand und Kostenansätze
- Ermessensspielraum im Hinblick auf den angewandten Diskontierungszinssatz
- Freiräume bei der Ermittlung des angesetzten Restwertes.

Insbesondere der Diskontierungszinssatz bzw. die bei der Ermittlung des Restwertes genutzte Verzinsung der ewigen Rente kann einen erheblichen Einfluss auf den Immobilienwert des Unternehmens haben. Die Übersicht in Abbildung 51 verdeutlicht diese Abhängigkeit.

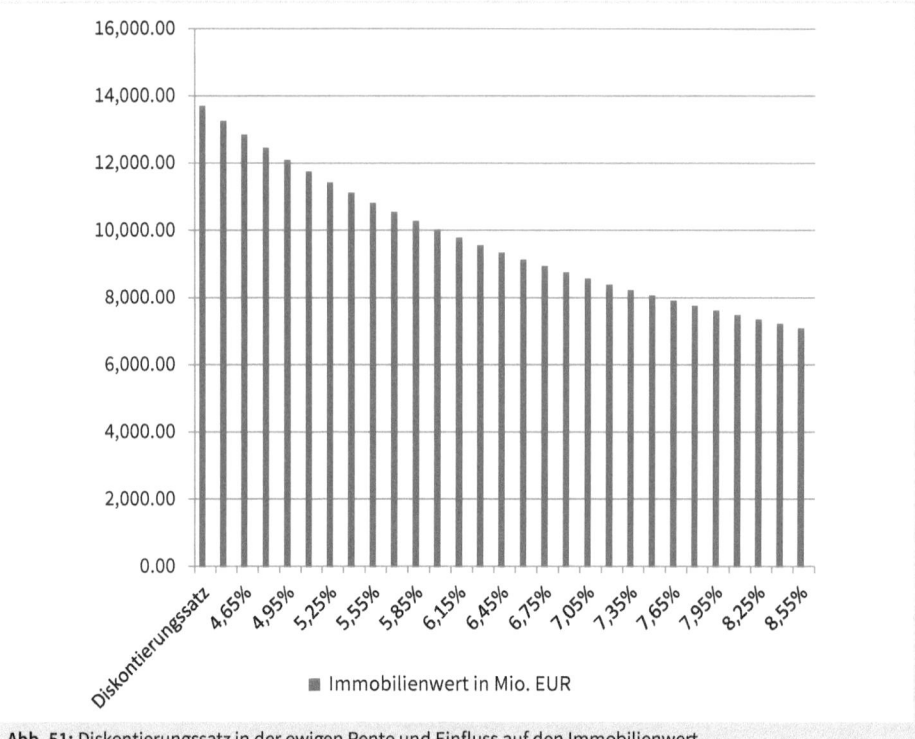

Abb. 51: Diskontierungssatz in der ewigen Rente und Einfluss auf den Immobilienwert

Insoweit wird deutlich, dass gerade eine kritische Auseinandersetzung des Aufsichtsrates mit der Immobilienbewertung ein Erfolgsfaktor für eine gute Aufsichtsratsarbeit bei Immobilienunternehmen ist.

Fragen für die Praxis zur Immobilienbewertung und deren Überwachung

- In welchem Umfang waren die Inputparameter am Markt beobachtbar, und aus welchen Quellen stammen die wesentlichen Daten?
- Wie stark weichen die verwendeten Bewertungsparameter von denen der Vergleichsunternehmen ab, und wie lässt sich diese Abweichung begründen?
- Wie haben sich insb. der Diskontierungssatz sowie die Kapitalisierungsrate gegenüber dem Vorjahr geändert, und was waren die wesentlichen Gründe?
- Ist die Bewertung insgesamt als konservativ, neutral oder ambitioniert einzustufen?
- In welchem Umfang wurden die Bestände durch externe Gutachter bewertet, und nach welchen Kriterien wurde der externe Gutachter ausgewählt?
- Wie ist die Unabhängigkeit des externen Gutachters sichergestellt?
- Wie stellt das Unternehmen sicher, dass die für die Bewertung relevanten Daten vollständig und richtig an den Bewerter übermittelt werden?
- Welche internen Kontrollen hat die Unternehmensleitung eingerichtet, um die Richtigkeit der Immobilienbewertung sicherzustellen?

3   Finanzwirtschaft, Steuern und Rechnungslegung sowie deren Überwachung

Die Finanzlage der Immobilienunternehmen ist insb. durch die Immobilienfinanzierung und die damit verbundenen Risiken geprägt. Während in der Entwicklungsphase kurzfristige Finanzierungen vorherrschen, erfolgt die Finanzierung in der Bewirtschaftungsphase überwiegend langfristig.

Die Projektfinanzierung erfolgt dabei üblicherweise in mehreren Stufen. In der Anfangsphase des Projekts wird vereinzelt nur der Ankauf des Grundstücks finanziert. Die weitere Finanzierung ist dann stark abhängig von der weiteren positiven Projektentwicklung. Teilweise hängt die Auszahlung einzelner Tranchen der Finanzierung von erreichten Vorvermietungs- bzw. Vorverkaufsquoten ab. Wenn diese nicht erreicht werden, kann es zu Finanzierungsengpässen kommen. Weitere Risiken können sich aus Projektverzögerungen sowie Kostensteigerungen ergeben, da diese Mehrkosten i. d. R. nicht durch den vereinbarten Kreditrahmen abgedeckt sind.

In der Bewirtschaftungsphase erfolgt überwiegend eine langfristige Finanzierung der Immobilien. Während früher der objektbezogene Immobilienkredit mit einer laufenden Annuität vorherrschte, setzen sich in jüngster Vergangenheit andere Finanzierungsformen durch. Insbesondere der Zugang zum Kapitalmarkt hat vielen Immobilienunternehmen neue Kapitalquellen eröffnet. Zu nennen sind hier die klassischen Anleihen, Wandelschuldverschreibungen, das Mezzanine-Kapital sowie die Finanzierung über Commercial Mortgage Back Securities (CMBS). Bei dieser Finanzierungsform werden die Forderungen gegen die Kreditnehmer verbrieft und am Kapitalmarkt platziert.

Im Rahmen der Kreditverträge verpflichten sich die Kreditnehmer oftmals zur Einhaltung bestimmter Finanzkennzahlen. Häufig zur Anwendung kommende Covenants sind

- die Kapitaldienstfähigkeit (Debt Service Cover Ration, DSCR),
- die Zinsdienstfähigkeit (Interest Cover Ratio, ICR) sowie
- das Verhältnis des Fremdkapitals zum Marktwert der Immobilie (Loan to Value, LTV).

Für die einzelnen Kennzahlen werden dann Mindestwerte vereinbart. Bei deren Nichteinhaltung kann es zu geänderten Konditionen bis hin zur Fälligstellung der Kredite kommen.

Fragen für die Praxis zur Finanzierung von Immobilienunternehmen

- Liegen kurzfristige Projektfinanzierungen im größeren Umfang vor, und wie werden die Auszahlungsvoraussetzungen durch das Unternehmen laufend überwacht?
- Gibt es ein laufendes Projektcontrolling, und wie überwacht die Geschäftsleitung den Projektfortschritt?
- Wie managt das Unternehmen die Zinsänderungsrisiken (fix vs. variabel)?
- Wie sieht die Finanzierungsstrategie für das Unternehmen aus?

- In welchem Umfang stehen Refinanzierungen bzw. Prolongationen an, und wie schätzt das Unternehmen die Chancen einer erfolgreichen Refinanzierung ein?
- Wie schätzt die Unternehmensleitung die Risiken und Kosten der Anschlussfinanzierung ein?
- Wie überwacht die Unternehmensleitung die Einhaltung der Covenants, und wie stellen sich die wesentlichen Covenants derzeit und zukünftig dar?

Neben den Finanzierungsrisiken unterliegen Immobilienunternehmen besonderen steuerlichen Risiken. Zu nennen sind hier insb. die Zinsschranke, der Verlust der erweiterten Kürzung nach § 9 Nr. 1 Satz 2 GewStG sowie die Vorsteuerkorrektur nach § 15 a UStG. Im Zusammenhang mit der Zinsschranke wird bei Konzernunternehmen der Zinsabzug auf 30 % des EBITDA begrenzt, es sei denn, die Freigrenze von 3 Mio. EUR wird nicht überschritten oder die Eigenkapitalquote des Unternehmens ist mindestens so hoch wie die Eigenkapitalquote des Konzerns. Da es sich bei Immobilien um kapitalintensive Investitionen handelt, sind Immobilienunternehmen von dieser steuerlichen Vorschrift strukturell stärker betroffen als Unternehmen anderer Branchen. Die Nichteinhaltung der jeweils verfolgten Befreiungsstrategie kann zu erheblichen steuerlichen Nachteilen führen, da die Zinsschranke als Substanzsteuer wirkt, die insb. bei einer negativen wirtschaftlichen Lage zu erheblichen Mehrbelastungen führt.

Die erweiterte Kürzung führt für vermögensverwaltende Gesellschaften zu einer Gleichstellung mit einem privaten Vermieter. Für diese Unternehmen wird keine Gewerbesteuerbelastung des operativen Ergebnisses hergestellt, soweit dieses aus der Vermögensverwaltung erzielt wird. Wenn aber eine gewerbliche Tätigkeit ausgeübt wird, und dazu zählt auch die Vermietung von Betriebsvorrichtungen, verliert das Unternehmen diesen steuerlichen Vorteil.

Gerade im Bereich der Vermietung gewerblicher Objekte resultieren weitere steuerliche Risiken aus den umsatzsteuerlichen Vorschriften. Soweit das Immobilienunternehmen im Rahmen der Projekterstellung bzw. beim Ankauf anteilig oder vollständig Vorsteuer aus den vorliegenden Rechnungen gezogen hat und sich die Verwendung des Objektes aus umsatzsteuerlicher Sicht ändert, ist der Vorsteuerabzug nach § 15a UStG entsprechend zu korrigieren. Dies kann zu erheblichen Liquiditätsabflüssen führen, die im Rahmen der Bewirtschaftung zusätzlich erwirtschaftet werden müssen. Im Fall des Kaufs vermieteter Immobilien besteht außerdem die Problematik, dass Vorsteuerberichtigungen auch für Vorsteuer, die vom Verkäufer gezogen wurde, durch den Käufer vorgenommen werden muss.

Im Rahmen seiner Überwachungsfunktion hat der Aufsichtsrat sich ein eigenes Bild vom Überwachungssystem dieser steuerlichen Risiken zu verschaffen.

Fragen für die Praxis zur Überwachung steuerlicher Risiken bei Immobilienunternehmen

- Wie ist die steuerliche Strategie des Unternehmens (konservativ vs. aggressiv)?
- Wie wird die aktuelle steuerliche Risikolage des Unternehmens eingeschätzt (Themen, Risiken aus Betriebsprüfungen, welche Maximalrisiken bestehen für das Unternehmen aus den jeweiligen steuerlichen Sachverhalten)?

- Mit welchem Instrumentarium stellt das Unternehmen sicher, dass die steuerlichen Vorschriften/ Voraussetzungen laufend eingehalten werden?
- Wie überwacht das Management die externen Dienstleister (Makler, Property-Manager etc.) im Hinblick auf die Einhaltung steuerlicher Vorschriften?
- Welchen Einfluss können potenzielle Änderungen der Steuergesetze auf das Unternehmen haben?

Entsprechend § 107 Abs. 3 AktG hat der Prüfungsausschuss den Rechnungslegungsprozess im Unternehmen zu überwachen. In diesem Zusammenhang obliegt es dem Aufsichtsrat, sich auch ein umfassendes Bild über die für das Immobilienunternehmen wesentlichen Vorschriften der Rechnungslegung sowohl nach dem deutschen Handelsgesetzbuch (HGB) als auch nach den International Financial Reporting Standards (IFRS) zu verschaffen. Zudem sollte der Aufsichtsrat ein Verständnis von den wesentlichen Bilanzierungssachverhalten bei Immobilienunternehmen haben. Diese Bilanzierungsthemen hängen sehr stark von dem Geschäftsmodell des betrachteten Unternehmens ab. Bei Projektentwicklern stehen folgende Themen im Vordergrund:

- Drohende Vertragsstrafen bei Terminüberschreitungen bzw. Mängeln am Gebäude
- Rückstellungen für noch anfallende Kosten bei fertiggestellten und an den Erwerber übergebenen Gebäuden
- Bilanzielle Behandlung von Nachträgen zu bestehenden Bauaufträgen
- Rückstellung für Mietgarantien
- Abgrenzung von Herstellungskosten sowie laufender Aufwand (Vertriebskosten)
- Konsolidierungsthemen bei Verkauf von SPV (Special Purposes Vehicles)
- Going-Concern-Fragestellungen bei nicht erfolgreicher Vermarktung der Gebäude
- Verlustfreie Bewertung von nicht verkauften Einheiten
- Erfassung der Umsatzrealisierung nach IFRS 15 über einen Zeitraum oder zu einem Zeitpunkt.

Bei bestandshaltenden Immobilienunternehmen herrschen i. d. R. folgende Themen vor:

- Laufende Bewertung des Immobilienportfolios
- Bilanzierung von Finanzderivaten (Zins- und Währungsswaps)
- Bilanzierung von latenten Steuern
- Bilanzielle Behandlung von mietfreien Zeiten.

Die wesentlichen IFRS-Standards mit Bezug auf Immobilien sind in Tabelle 14 dargestellt:

Standard	Inhalt
IAS 2	• Betrifft Immobilien, die zum Zweck der Weiterveräußerung gehalten werden • Bewertung erfolgt zu den Herstellungskosten bzw. dem niedrigeren Nettoveräußerungserlös • Wesentlicher Standard für Unternehmen im Rahmen der Projektentwicklung
IAS 16	• Regelt die Bilanzierung von Immobilien, die für eigene Zwecke genutzt werden (Verwaltungsgebäude bzw. Produktionshallen) • Bewertung erfolgt überwiegend zu fortgeführten Anschaffungs- bzw. Herstellungskosten oder zu dem niedrigeren erzielbaren Betrag nach IAS 36

Standard	Inhalt
IAS 40/ IFRS 13	• Regelt die Bilanzierung von langfristig zur Erlöserzielung bzw. Wertsteigerung gehaltenen Immobilien • Erstbilanzierung erfolgt zu Anschaffungskosten und die Folgebilanzierung entweder zu fortgeführten Anschaffungskosten oder dem Zeitwert nach IFRS 13 • Erfolgswirksame Änderungen werden in der Gewinn- und Verlustrechnung erfasst und bestimmen die Ertragslage von bestandshaltenden Unternehmen.
IFRS 15	• Regelt die Umsatzrealisierung aus Verträgen mit Kunden und hat IAS 11 »Fertigungsaufträge«, IAS 18 »Umsatzerlöse«, IFRIC 13 »Kundenbindungsprogramme«, IFRIC 15 »Verträge über die Errichtung von Immobilien«, IFRIC 18 »Übertragung von Vermögenswerten durch einen Kunden« und SIC 31 »Umsatzerlöse – Tausch von Werbeleistungen« ersetzt • Der IFRS 15 geht von einem Fünf-Stufen-Modell aus. In der ersten Stufe wird der mit dem Kunden geschlossene Vertrag identifiziert, in der zweiten Stufe werden die einzelnen Leistungsverpflichtungen festgestellt, in der nächsten Stufe wird der Transaktionspreis bestimmt, um diesen dann in der nächsten Stufe auf die einzelnen Leistungsverpflichtungen zu verteilen. Die letzte Stufe bildet der Erlösrealisierungszeitraum. • Bei Projektentwicklern bzw. Bauträgern kommt es in Deutschland fast immer zu einer Erlösrealisierung über den Zeitraum der Herstellung. Die Realisierung orientiert sich hierbei an dem Fertigstellungsgrad der Immobilie. • Bei Wohnungsunternehmen unterliegen die Mieterlöse üblicherweise den Regelungen des IFRS 16 »Leasingverhältnisse«. IFRS 15 findet Anwendung im Rahmen der Abrechnung von Betriebskosten.

Tab. 14: Für Immobilienunternehmen wesentliche IFRS-Standards

Fragen für die Praxis zur Bewertung und Erlösrealisierung bei Immobilienunternehmen

• Welches sind die wesentlichen Annahmen zur Bewertung des Immobilienbestands, und wie stehen diese im Vergleich zu den direkten Mitbewerbern am Markt?
• In welchem Umfang wurde bei der Immobilienbewertung auf externe Gutachter zurückgegriffen?
• Kam es hinsichtlich der Immobilienbewertung zu Meinungsverschiedenheiten über die Bewertungsmethodik oder einzelner Parameter und deren Entwicklung im Zeitablauf?
• Wie erfolgt bei Projektentwicklern die Ermittlung des Fertigstellungsgrads und somit die anteilige Erlösrealisierung?
• Wie werden laufend die angefallenen Kosten für die jeweiligen Projekte abgegrenzt, und welche Kontrollen sind seitens des Unternehmens implementiert?
• Wie grenzt das Unternehmen die einzelnen Leistungsverpflichtungen aus den Bauträgerverträgen ab? Gibt es eine unterschiedliche Vorgehensweise zwischen Einzel- und Globalvertrieb bei Immobilienprojekten?

4   Risiko- und Compliance-Management-Systeme und deren Überwachung

Das Risikomanagement umfasst nach allgemeiner Auffassung die Gesamtheit aller organisatorischen Regelungen und Maßnahmen zur Erkennung von Risiken und deren Steuerung bzw. deren Bewältigung. Der Prüfungsausschuss ist nach § 107 Abs. 3 Satz 2 AktG zur Überwachung der Wirksamkeit des gesamten Risikomanagements verpflichtet. Neben der theoretischen Kenntnis des RMS des Immobilienunternehmens hat sich der Aufsichtsrat bzw. Prüfungsausschuss grundlegende Kenntnisse über die wesentlichen typischen Risiken von Immobilienunternehmen anzueignen.

Die Risikolage eines Unternehmens steht in starker Abhängigkeit von seinem Geschäftsmodell (Bestandshalter, Projektentwickler, Dienstleister etc.) sowie den Märkten, in denen sich das Unternehmen bewegt (Deutschland, Europa, Amerika, Asien etc.). Tabelle 15 gibt einen Überblick über einige strategische und operative Risiken bei einem Immobilienunternehmen. Die Tabelle ist jedoch nicht abschließend.

Risiko	
Makroökonomische und strategische Risiken	• Finanzmarktrisiken sowie die Schuldenkrise in Europa können sich auf die Refinanzierungsmöglichkeit des Unternehmens auswirken. • Veränderte Markttrends werden nicht frühzeitig erkannt und das Unternehmen bietet nicht mehr das richtige Produkt/die richtige Immobilie an. • Eine negative Entwicklung der einzelnen internationalen Immobilienmärkte führt zu stark schwankenden Immobilienpreisen. • Der demografische Wandel führt zu einer geografischen Nachfrageverschiebung bzw. die Ansprüche an die Immobilie ändern sich und das Unternehmen ist nicht darauf eingestellt. • Die falsche Auswahl von Investitionen kann zur falschen Allokation der finanziellen Mittel führen. • Weitere Anforderungen aufgrund des fortschreitenden Klimawandels können auf der Immobilienseite nicht erfüllt werden. • …
Objekt-, Projekt- bzw. Marktrisiken	• Ertragsrisiko aufgrund fehlenden Mieterhöhungspotenzials • Ausfall von Mietzahlungen • Leerstand von Objekten • Schlechter allgemeiner Objektzustand führt langfristig zu erheblichem Instandhaltungsaufwand. • Negative Entwicklung der Mikrolage der einzelnen Objekte • Risiken aus Nicht-Beachtung von Verkehrssicherungspflichten • Risiken aus Neubauprojekten aufgrund nicht geplanter Kostensteigerungen • Allgemeiner Rückgang des Mietniveaus bei Gewerbeobjekten drückt die zu erzielenden Veräußerungspreise • Objekt ist aufgrund seines energetischen Zustands nicht mehr zukunftsfähig. • …

Risiko	
Finanzrisiken	• Kosten der Refinanzierung steigen und wirken sich negativ auf die Ertragslage des Unternehmens aus. • Finanzielle Covenants werden gebrochen und führen zu nicht geplanten Darlehensrückzahlungen bzw. erhöhten Finanzierungskosten. • Liquiditätsrisiken aufgrund nicht ausreichender Kreditlinien • Kredit-/Finanzierungsrisiken aufgrund nicht ausreichender Beleihungsreserven • ...
Personalrisiken/ IT-Risiken	• Geringe Mitarbeiterzufriedenheit und hohe Mitarbeiterbelastung führen zu Unzufriedenheit und einer hohen Fluktuation. • Keine ausreichende IT-Stabilität, kein Notfallkonzept • ...
Politische/recht- liche/regulatori- sche Vorgaben	• Anforderungen an die Energieeffizienz (EnEV) steigen nachhaltig und führen zur Unrentabilität einzelner Maßnahmen. • Mietrechtsänderungen wirken sich nachhaltig auf das Unternehmen aus. • Regulatorische Anforderungen aus AIFM wirken sich nachteilig auf das Geschäftsmodell des Unternehmens aus. • Strengere gesetzliche Vorschriften zur Mietpreisentwicklung wirken sich nachteilig auf die Mietenentwicklung sowie die Immobilienwerte aus. • Verschärfte Anforderungen aus den Datenschutzbestimmungen erfordern erheblichen organisatorischen Aufwand und können bei Nichteinhaltung zu hohen Strafen und einem Reputationsverlust des Unternehmens führen. • Einhaltung kaufvertraglicher Verpflichtungen (Sozialcharta) • ...

Tab. 15: Übersicht zu strategischen und operativen Risiken bei Immobilienunternehmen

Das Risikomanagementsystem umfasst sämtliche organisatorischen Regelungen und Maßnahmen im Zusammenhang mit dem Umgang von Risiken. Diese organisatorischen Vorgaben können grds. auf die Risikovermeidung, -bewältigung oder -akzeptanz zielen und einen strukturierten Umgang mit Risiken im Unternehmen sicherstellen (vgl. IDW PS 981 Tz. 18 mit weiteren Verweisen). Durch ein integriertes Risikomanagement wird sichergestellt, dass Risiken laufend und zeitnah erfasst, analysiert, bewertet und an die relevanten Entscheidungsträger transparent berichtet werden. Das Risikomanagement umfasst ebenfalls ein Überwachungssystem, das die getroffenen Maßnahmen laufend überprüft. Vom Risikomanagementsystem ist das Risikofrüherkennungssystem abzugrenzen, das sich auf einen wichtigen Teilaspekt des Risikomanagementsystems fokussiert.

Fragen für die Praxis zum Risikomanagement bei Immobilienunternehmen

• Macht sich der Aufsichtsrat/Prüfungsausschuss ein eigenständiges Bild von der Risikoneigung des Vorstands?
• Lässt sich der Aufsichtsrat/Prüfungsausschuss regelmäßig vom Vorstand über das RMS und über die Ergebnisse seiner Wirksamkeit sowie ggf. erforderliche Maßnahmen zur Beseitigung von Schwächen unterrichten?

- Berichtet der Vorstand regelmäßig über das Management wesentlicher Risiken und werden diese Berichte hinterfragt?
- Befasst sich der Aufsichtsrat/Prüfungsausschuss damit, ob eine angemessene Dokumentation der Merkmale und Prozesse des RMS sowie der identifizierten Risiken vorliegt?
- Zieht der Aufsichtsrat/Prüfungsausschuss weitere Informationsquellen hinzu, insb. die Interne Revision und den Abschlussprüfer?
- Wird die strategische Ausrichtung des Unternehmens hinsichtlich Produkt und Märkte laufend untersucht?
- Wird das Immobilienportfolio hinsichtlich der wesentlichen wertbeeinflussenden Faktoren (Lage, baulicher Zustand, Mieterstruktur etc.) laufend untersucht und hinterfragt?
- Wurden die Risiken aus der politisch angestrebten Klimaneutralität und den daraus folgenden regulatorischen Anforderungen an die Immobilienwirtschaft ausreichend berücksichtigt?
- Wie wird die Einhaltung der vereinbarten Financial Covenants überwacht?

Dem Compliance-Management wird auch in der Immobilienwirtschaft eine wachsende Bedeutung beigemessen. Hierbei umfasst das Compliance-Management eines Unternehmens alle Grundsätze, Aktivitäten und Maßnahmen, welche die Einhaltung gesetzlicher, aufsichtsrechtlicher und vertraglicher Bestimmungen sowie interner Richtlinien und Standards durch das Unternehmen, seine Organe und Mitarbeiter sicherstellen sollen (Initiative Corporate Governance der deutschen Immobilienwirtschaft e. V.). Die Geschäftsprozesse in der Bau- und Immobilienwirtschaft zeichnen sich vielfach durch besondere Anforderungen an das Compliance-Management aus. Hohe Einzelvolumina je Geschäftsvorfall, eine geringe Anzahl Beteiligter bei wesentlichen Entscheidungen sowie langjährige Geschäftsbeziehungen zwischen den Beteiligten beschreiben nur exemplarisch branchentypische Sachverhalte mit großer Compliance-Relevanz. Im Hinblick auf sensible Compliance-relevante Geschäftsprozesse sind insb. die Vergabe von Bauaufträgen, der Ankauf und Verkauf sowie die Vermietung von Immobilien zu nennen. Insbesondere vor dem Hintergrund korruptionsrelevanter Sachverhalte sind folgende Risiken für die Immobilienwirtschaft als wesentlich einzustufen:

- Verhindern von nicht genehmigten Zahlungen im Zusammenhang mit dem An- und Verkauf von Objekten bzw. der Erteilung von Aufträgen
- Sicherstellung der Gleichbehandlung möglicher Kaufinteressenten beim Verkauf von Immobilien
- Sicherstellung der Einhaltung von kaufvertraglichen Regelungen aus Ankäufen
- Sicherstellung der Einhaltung behördlicher Auflagen (Brandschutz, Baugenehmigungen, EnEV etc.).

Fragen für die Praxis zur Compliance bei Immobilienunternehmen

- Liegt eine Analyse vor, in der ausgehend von dem Geschäftsmodell, der Unternehmensorganisation, Internationalität sowie dem rechtlichen und regulatorischen Umfeld (Vergabevorschriften, Maklerrecht, KAGB, BGB, KStG, UStG, DSGVO etc.) Compliance-Risiken identifiziert wurden?
- Berichtet der Vorstand an den Prüfungsausschuss/Aufsichtsrat über die Ausgestaltung des CMS?
- Lässt sich der Prüfungsausschuss/Aufsichtsrat vom Compliance Officer über seinen Arbeitsbereich berichten?

- Gibt es seitens der Geschäftsführung ein klares Bekenntnis zu Compliance und sind die Erwartungen hinsichtlich eines regelkonformen Verhaltens klar definiert und angemessen kommuniziert?
- Lässt sich der Prüfungsausschuss/Aufsichtsrat regelmäßig über wichtige Einzelfälle berichten sowie über die Maßnahmen, die hierzu veranlasst werden?
- Berichtet der Vorstand an den Prüfungsausschuss/Aufsichtsrat darüber, wie der Vorstand die Wirksamkeit des CMS beurteilt?
- Diskutiert der Prüfungsausschuss/Aufsichtsrat, ob er zur Unterstützung der Erfüllung seiner Überwachungspflichten das CMS durch einen unabhängigen Dritten validieren lässt?
- Sofern der Vorstand kein CMS eingerichtet hat, wurde vom Prüfungsausschuss/Aufsichtsrat ein solches angeregt oder zumindest eine umfassende Darstellung eingefordert, wie der Vorstand die Einhaltung von Gesetzen sicherstellt?
- Nimmt der Prüfungsausschuss/Aufsichtsrat abschließend eine eigene Beurteilung der Wirksamkeit des CMS vor und überlegt, ob Ergänzungen, Erweiterungen oder Verbesserungen des Systems erforderlich sind?

H Erfahrungsberichte von Praktikern

I   Das Audit Committee aus der Sicht von Warren Buffett

Dr. Arno Probst/Dr. Claus Buhleier

Warren Buffet, eine Investmentlegende, hat seinen Wohlstand mit intelligenter Kapitalanlage aufgebaut, die er seit 1965 über das von ihm als CEO geführte Investment-Unternehmen Berkshire Hathaway Inc., Omaha, USA, steuert. Daneben ist oder war er bei anderen Unternehmen Mitglied im Board of Directors oder in deren Audit Committees. In seiner Funktion als CEO schrieb er erstmals im Jahr 1970 seine zwischenzeitlich berühmt gewordenen »Letters to the Shareholders of Berkshire Heathaway Inc.«, deren Ausgaben (ab 1977) auf der Webseite von Berkshire Heathaway Inc. abrufbar sind.[1]

Diese Briefe an die Aktionäre von Berkshire Hathaway, die gemeinsam mit dem Jahresbericht von Berkshire Hathaway Inc. veröffentlicht werden, zeichnen sich durch Objektivität, Klarheit und Buffetts ganz persönlichen Humor und seine Lebensweisheit aus.

Als Reaktion auf Bilanzskandale in den USA von Unternehmen wie Enron und Worldcom, die Verstrickung von Arthur Andersen in den Enron-Skandal sowie die Diskussion um die Einführung des Sarbanes-Oxley Act von 2002, der u. a. die Funktions- und Leistungsfähigkeit von US-amerikanischen Audit Committees durch formale Maßnahmen verbessern sollte, nahm Warren Buffett im Aktionärsbrief für das Geschäftsjahr 2002 Stellung zur Rolle des Audit Committee. Diese von Lebensweisheit geprägten grundlegenden und praktischen Ausführungen spiegeln seine Erfahrungen als Mitglied von US-amerikanischen Audit Committees sowie seine Erwartungen als Investor wider und sind daher im Kontext dieses Buches lesenswert. Der Text datiert vom 21. Februar 2003, ist auch heute noch bemerkenswert und daher nachfolgend im Original wiedergegeben:[2]

»Audit committees can't audit. Only a company's outside auditor can determine whether the earnings that a management purports to have made are suspect. Reforms that ignore this reality and that instead focus on the structure and charter of the audit committee will accomplish little.

As we've discussed, far too many managers have fudged their company's numbers in recent years, using both accounting and operational techniques that are typically legal but that nevertheless materially mislead investors. Frequently, auditors knew about these deceptions. Too

---

1   Vgl. Berkshire Hathaway Inc. (2015): http://www.berkshirehathaway.com/letters/letters.html.
2   Zitiert aus Berkshire Hathaway Inc. (2002) Annual Report, S. 19–20, abrufbar unter http://www.berkshirehathaway.com/reports.html.

often, however, they remained silent. The key job of the audit committee is simply to get the auditors to divulge what they know.

To do this job, the committee must make sure that the auditors worry more about misleading its members than about offending management. In recent years auditors have not felt that way. They have instead generally viewed the CEO, rather than the shareholders or directors, as their client. That has been a natural result of day-to-day working relationships and also of the auditors' understanding that, no matter what the book says, the CEO and CFO pay their fees and determine whether they are retained for both auditing and other work. The rules that have been recently instituted won't materially change this reality. What will break this cozy relationship is audit committees unequivocally putting auditors on the spot, making them understand they will become liable for major monetary penalties if they don't come forth with what they know or suspect.

In my opinion, audit committees can accomplish this goal by asking four questions of auditors, the answers to which should be recorded and reported to shareholders. These questions are:
1. If the auditor were solely responsible for preparation of the company's financial statements, would they have in any way been prepared differently from the manner selected by management? This question should cover both material and nonmaterial differences. If the auditor would have done something differently, both management's argument and the auditor's response should be disclosed. The audit committee should then evaluate the facts.
2. If the auditor were an investor, would he have received – in plain English – the information essential to his understanding the company's financial performance during the reporting period?
3. Is the company following the same internal audit procedure that would be followed if the auditor himself were CEO? If not, what are the differences and why?
4. Is the auditor aware of any actions – either accounting or operational – that have had the purpose and effect of moving revenues or expenses from one reporting period to another?

If the audit committee asks these questions, its composition – the focus of most reforms – is of minor importance. In addition, the procedure will save time and expense. When auditors are put on the spot, they will do their duty. If they are not put on the spot ... well, we have seen the results of that.

The questions we have enumerated should be asked at least a week before an earnings report is released to the public. That timing will allow differences between the auditors and management to be aired with the committee and resolved. If the timing is tighter – if an earnings release is imminent when the auditors and committee interact – the committee will feel pressure to rubberstamp the prepared figures. Haste is the enemy of accuracy. [...]

The primary advantage of our four questions is that they will act as a prophylactic. Once the auditors know that the audit committee will require them to affirmatively endorse, rather than merely acquiesce to, management's actions, they will resist misdoings early in the process, well before specious figures become embedded in the company's books. Fear of the plaintiff's bar will see to that.«

Der von der Hauptversammlung von Berkshire Hathaway Inc. gewählte Abschlussprüfer ist die Deloitte & Touche LLP, die über die weltweite Deloitte-Organisation die globalen Aktivitäten von Berkshire Heathaway Inc. prüft.

II   Der Prüfungsausschuss aus der Sicht von Sebastian Hakelmacher[3]

Prof. Dr. Eberhard Scheffler

1   Die Evolution des Prüfungsausschusses

Aufsichtsräten mit großer Population wird empfohlen, den durch Mitgliederüberschuss verursachten Ausschuss durch die Einrichtung von Ausschüssen zu verringern.[4] Mit besonderem Nachdruck wird zur Absonderung eines Prüfungsausschusses geraten[5], der sich v.a. mit dem Kontroll- und dem Risikomanagementsystem sowie mit der Rechnungslegung des Unternehmens befasst. Da diese brisanten Themen für viele Aufsichtsratsmitglieder von untergeordnetem Interesse sind, hat der Gesetzgeber zusätzlichen Druck zur Einrichtung und Ausstattung eines Prüfungsausschusses aufgebaut.[6]

Der Prüfungsausschuss wird weltweit als Prophylaxe gegen Unregelmäßigkeiten gepriesen und als Allheilmittel gegen Kontrollschwächen aller Art verschrieben. Diese Medikation setzt folgende **Begriffsklärung** voraus: Mit Prüfungsausschuss sind weder unlesbare Berichtsentwürfe des Abschlussprüfers noch unangebrachte Prüfungszeichen unerfahrener Prüfungsassistenten und auch nicht abwegige Vermerke frisch eingewechselter Abschlussprüfer gemeint. Vielmehr ist der Prüfungsausschuss ein bilanzscharf eingestelltes Sonderkommando des Aufsichtsrates. Der Begriff »Ausschuss« ist also nicht abfällig gemeint, sondern als Expertengremium oder Kommission zu interpretieren.

Seine Geburt verdankt der Prüfungsausschuss der Nachahmung angloamerikanischer Managementmoden und dem internationalen Trend, die Rechnungslegung zum Hauptzweck von Unternehmen und Konzernen zu machen. Wegen seines Ursprungs waren die Vorkämpfer überzeugt, dass der Prüfungsausschuss enorm an Professionalität gewinnt, wenn er als **Audit Committee** bezeichnet wird. Er wurde daher in frühen bahnbrechenden Veröffentlichungen, wie z.B. im Deutschen Corporate Governance Kodex (DCGK), immer als »Prüfungsausschuss (Audit Committee)« zitiert.[7]

---

3   Sebastian Hakelmacher ist gelernter Wirtschaftsprüfer und Spezialist für bunte Vögel und graue Kriechtiere, die sich im Zoo der Corporate Governance tummeln.
4   So schon Begründung zum KonTraG (Ernst/Seibert/Stuckert (1998), S. 77). Siehe auch Müllheimer (2018).
5   Ein Prüfungsausschuss ist bei Unternehmen von öffentlichem Interesse zwingend einzurichten (§ 324 Abs. 1 HGB; DCGK 2022, Grundsatz 14).
6   Finanzmarktintegritätsstärkungsgesetz v. 03.06.2021 (FISG).
7   DCGK 5.3.2.; ebenso z. B. Hüffer (2021), in: AktG, § 107 Ziffer 17a.

Die Protagonisten haben in aller Arglosigkeit übersehen, dass das Audit Committee eine Notge-
burt des sog. **monistischen Verwaltungssystems** ist, bei dem Kapitalgesellschaften mit einem
einzigen Verwaltungsorgan zurechtkommen müssen, das als »Board« oder »Verwaltungsrat«
bezeichnet wird. In Deutschland herrscht demgegenüber das **dualistische System** mit zwei
prächtig entwickelten Verwaltungsorganen vor. Geschäftsführung und Überwachung der Geschäftsführung sind getrennt und jeweils einem besonderen Organ zugewiesen, nämlich dem
Vorstand oder der Geschäftsführung bzw. dem Aufsichtsrat – eine Opulenz, die in internationalen Diskussionen über Corporate Governance meist schamhaft verschwiegen wird.

Um das Handicap der eingliedrigen Unternehmensverwaltung zu kaschieren, wurde von ihren
Anhängern das Audit Committee als Ersatz- oder Notaufsichtsrat erfunden. Es setzt sich aus
ausgelesenen Boardmitgliedern zusammen, die sich nicht um die alltäglichen Geschäfte des
Unternehmens kümmern, aber an den Sitzungen des Board teilnehmen und an dessen Entscheidungen und Beschlüssen mitwirken. Diese »nicht geschäftsführenden« Direktoren sollen
die Kontrollsysteme des Unternehmens und auch die Geschäftsführung der »exekutiv tätigen«
Direktoren überwachen.

Als Boardmitglieder haben die Mitglieder des Audit Committee direkten Zugang zu allen unternehmensinternen Einrichtungen und Informationsquellen. Sie können unmittelbar andere
Unternehmensangehörige ansprechen und befragen. Diese direkten Kontaktmöglichkeiten
erklären das große Wohlgefallen, das treuherzige Fachgreise an dem Audit Committee haben.

Demgegenüber ist im dualistischen System den Mitgliedern des Aufsichtsrates bei ihrer Überwachungstätigkeit eine unmittelbare offizielle Ansprache anderer Unternehmensangehöriger
nur im Einvernehmen mit dem Vorstand gestattet. Ein Auskunftsrecht besteht nur gegenüber
den Vorstandsmitgliedern, die ohnedies zu regelmäßiger Berichterstattung an den Aufsichtsrat verpflichtet sind.

Die Gleichsetzung von Prüfungsausschuss und **Audit Committee** ignoriert, dass das Audit Committee mit Boardmitgliedern besetzt ist, während der Prüfungsausschuss ein vom Vorstand
unabhängiges Gremium von Bilanzwachleuten darstellt, die dem Aufsichtsrat angehören.

2   Einrichtung und Besetzung des Prüfungsausschusses

a   Allgemein

Entgegen der landläufigen Meinung kann ein Prüfungsausschuss auch **ohne Aufsichtsrat** existieren. Kapitalmarktorientierte Kapitalgesellschaften (§ 264d HGB), die keinen Aufsichtsrat

oder Verwaltungsrat[8] haben, müssen einen Prüfungsausschuss einrichten. Seine Mitglieder sind von den Gesellschaftern der Kapitalgesellschaft zu wählen. Die Ausschussmitglieder müssen in ihrer Gesamtheit mit dem Sektor vertraut sein, in dem das Unternehmen tätig ist. Ihre Mehrheit, darunter der Vorsitzende, muss aus unabhängigen Personen bestehen. Mindestens ein Mitglied muss ein unabhängiger Experte auf dem Gebiet der Rechnungslegung **oder** Abschlussprüfung sein (§ 324 Abs. 2 HGB).

Gesellschaften **mit Aufsichtsrat** brauchen keinen Prüfungsausschuss zu bilden, es sei denn, es handelt sich um Unternehmen von öffentlichem Interesse (PIE), für die ein Prüfungsausschuss gesetzlich vorgeschrieben ist. Allerdings legt der Deutsche Corporate Governance Kodex (DCGK) dem Aufsichtsrat börsennotierter Gesellschaften die Bildung eines Prüfungsausschusses so warm ans kalte Herz[9], dass leicht erregbare Kommentatoren für einen Aufsichtsrat mit mehr als 3,5 Mitgliedern eine entsprechende Selbstorganisationspflicht des Aufsichtsrates konstatieren[10].

Der Prüfungsausschuss muss als Mitglied einen, bei einem PIE zwei sog. Finanzexperten aufweisen. Im Interesse der Effizienz sollte der Ausschuss aus maximal fünf Mitgliedern bestehen.[11] Bei mehr Mitgliedern wächst die Gefahr unbeständiger Präsenz und der Verwässerung der Fachdiskussion. Hat der Aufsichtsrat eines PIE nur drei Mitglieder, bilden diese zugleich den Prüfungsausschuss, in dem neben den zwei vorgeschrieben Finanzexperten nur noch eine andere Koryphäe untergebracht werden kann.

Trotz der mehrfach und zunehmend betonten Bedeutung des Prüfungsausschusses wird in Gesetz und Literatur eine **Teilhabe von Frauen** nicht erwähnt. Wichtiger als die abartige Genderung der Sprache ist eine angemessene Frauenbeteiligung in wichtigen Gremien. Ein ideal zusammengesetzter dreiköpfiger Prüfungsausschuss könnte z. B. aus einer vom Unternehmen unabhängigen Wirtschaftsprüferin, die auf dem Gebiet der Abschlussprüfung sachverständig ist, einem männlichen Rechnungslegungsexperten und einem weiteren Mitglied mit beliebigem Sachverstand und Geschlecht bestehen. Der Dreiklang kann unterschiedlich gemischt sein, solange die gesetzlich vorgeschriebene Vielfalt von Sachverstand und geschlechtlicher Orientierung eingehalten wird.

Die von Außenseitern beharrlich gewünschte **Unabhängigkeit der Aufsichtsratsmitglieder**[12] sollte bei allen Mitgliedern des Prüfungsausschusses gegeben sein. Sie ist allerdings in der Praxis eine systembedingte Rarität, weil Aufsichtsratsmandate meist aufgrund von Familien-

---

8   Dieser Rückfall in das monistische System betrifft die SE.
9   DCGK 2022 Grundsatz 14.
10   U. a. Semler/v. Schenck, in: ArbHdb Aufsichtsratsmitglieder, § 8 Rn. 254.
11   § 107 Abs. 4 AktG.
12   »Aufsichtsrat« ist ein doppeldeutiger Begriff: Er bezeichnet sowohl das Gremium als auch die einzelne Person, die Mitglied des Aufsichtsrates ist. Die verkürzende Bezeichnung für ein Aufsichtsratsmitglied hilft, wenn man sich nicht genau festlegen oder Verwirrung stiften will. Daher wird sie auch hier verwandt.

banden[13], näheren Bekanntschaften, nützlicher Verbandszugehörigkeit oder dezenter Über-kreuzverflechtung vergeben werden.

Das Zusammenpferchen von bilanz-, prüfungs- oder kontrollerfahrenen Aufsichtsratsmitglie-dern im Prüfungsausschuss hat den Vorteil, dass sich die übrigen Aufsichtsratsmitglieder freier und intensiver der Image- und Kontaktpflege sowie sozialen und anderen Belangen widmen können.

b   Der Vorsitzende des Prüfungsausschusses

Der Prüfungsausschuss braucht einen Vorsitzenden, der als Ansprechpartner, Sitzungslei-ter und Bote fungiert. Er soll laut DCGK »über besondere **Kenntnisse und Erfahrungen** in der Anwendung von Rechnungslegungsgrundsätzen und Internen Kontrollverfahren« verfügen »sowie mit der Abschlussprüfung vertraut sein«.[14] Diese Anforderungen übersteigen die eng gefassten Qualifikationsansprüche an die Finanzexperten, die entweder nur Bilanzfachmann oder nur Prüfungsexperte sein können.

Noch schmerzvoller als die fachlichen Vorbedingungen ist die für den Ausschussvorsitzenden postulierte **dreifache Ungeselligkeit**: Er soll unabhängig sein (1) vom Unternehmen, (2) von dessen Vorstand und (3) von einem kontrollierenden Aktionär.[15] Er darf keinerlei Beziehungen zu diesen Personen oder mit ihnen verbundenen Unternehmen unterhalten, die Konflikte mit den Interessen des Unternehmens auslösen oder eine unbefangene Überwachung der Ge-schäftsführung behindern können.[16] Belastend kommt hinzu, dass er nach zwölf Jahren Auf-sichtsratszugehörigkeit seine Unabhängigkeit verliert und nicht mehr amtsfähig ist.

Der DCGK empfiehlt, dass der **Aufsichtsratsvorsitzende** nicht den Vorsitz im Prüfungsaus-schuss innehaben soll.[17] Das löst folgende Fragestellungen aus:
1. Muss sich der Vorsitzende des Aufsichtsrates als gemeines Mitglied des Prüfungsausschus-ses dem Vorsitzenden des Prüfungsausschusses unterordnen?
2. Bestehen generelle Zweifel an der Unabhängigkeit des Aufsichtsratsvorsitzenden? Traut man einem Aufsichtsratschef die geforderten Fachkenntnisse und Erfahrungen nicht zu?
3. Soll durch den Ausschluss des Aufsichtsratsvorsitzenden das Profilierungs- oder Vergü-tungsangebot für gemeine Aufsichtsratsmitglieder erweitert werden?

Die erste Frage wird mit der Bemerkung abgetan, dass sich der Aufsichtsratsvorsitzende eine solche Konstellation nicht zumuten sollte, da er ohnedies genug zu tun hat. Ein dreiköpfiger

---

13   Dieser zweideutige Ausdruck ist hier eindeutig positiv gemeint.
14   DCGK 2022 D.3.
15   DCGK 2022 C.10.
16   DCGK, Tz. 5.4.2.
17   DCGK 2022 D.3.

Aufsichtsrat sollte erweitert werden, damit ein Prüfungsausschuss ohne den Aufsichtsratsvorsitzenden eingerichtet werden kann. Die unter 2. genannten Zweifel werden von Sympathisanten des Aufsichtsratsvorsitzenden leidenschaftlich verneint.

Die in der dritten Frage anklingende Motivation dürfte uneingeschränkt bejaht werden. Im Interesse der (finanziellen) Gleichbehandlung muss jedes Aufsichtsratsmitglied, dessen Aufsichtsratsvergütungen der häuslichen oder gewerkschaftlichen Abgabepflicht unterliegen und das so auf die nicht abgabepflichtigen Sitzungsgelder als Taschengeld angewiesen ist, in einem Ausschuss untergebracht werden.

Ehemalige Vorstandsmitglieder, deren Amtszeit vor weniger als zwei Jahren endete, sind als Vorsitzende des Prüfungsausschusses nicht erwünscht[18], obwohl sie am besten wissen, wo das Topmanagement seine »Leichen begraben« hat. Diese Diskriminierung von jäh in den Ruhestand gestürzten Vorstandsmitgliedern ist im DCGK 2020 nicht mehr ausdrücklich enthalten. Ihre Berufung in den Prüfungsausschuss scheitert dennoch an der fehlenden Unabhängigkeit. Für ihre Entsorgung in den Aufsichtsrat spricht die Erfahrung, dass sie sich von solchen Grablegungen erstaunlich schnell distanzieren und – soweit es die ihnen bekannten Verhältnisse zulassen – ohne Scheu an den Ausgrabungen teilnehmen.

3 Finanzexperten als Stützpfeiler

Die von Außenseitern immer wieder geforderte professionelle Aufrüstung der Aufsichtsräte hat der Gesetzgeber mit großer Zurückhaltung in Angriff genommen. Immerhin wurde 2009 für kapitalmarktorientierte Gesellschaften vorgeschrieben, dass dem Aufsichtsrat ein Sachverständiger als Mitglied angehören muss, der sich mit der Rechnungslegung oder mit der Abschlussprüfung auskennt.[19] Fachleute dieses Kalibers wurden und werden in Literatur und Praxis irreführend, aber hartnäckig als »Finanzexperte« bezeichnet.[20]

Als eine der Kurzschlussreaktionen auf den immer noch nicht aufgeklärten Wirecard-Skandal hat der Gesetzgeber[21] bei Unternehmen von öffentlichem Interesse (PIE)[22] die Bestückung des Aufsichtsrates mit Finanzexperten verdoppelt. Sowohl im Aufsichtsrat als auch im Prüfungsausschuss müssen mindestens ein Mitglied mit Sachverstand auf dem Gebiet der Rech-

---

18 Diese frisch pensionierten Vorstandsmitglieder sind laut DCGK 2022, C.7 auch als Aufsichtsratsmitglied unerwünscht.
19 BilMoG v. 25.05.2009; § 100 Abs. 5 AktG.
20 Die gebräuchliche Bezeichnung wird aus Bequemlichkeit auch hier verwendet. Sie bezeichnet sowohl Fachmänner als auch Fachfrauen.
21 FISG v. 03.06.2021, BGBl I 2021, S. 1534.
22 § 316a HGB.

nungslegung und mindestens ein weiteres Mitglied mit Sachverstand auf dem Gebiet der Abschlussprüfung vertreten sein.[23]

Die Anzahl der Finanzexperten ist nicht auf zwei beschränkt. Ihre Funktion kann in Aufsichtsrat und Prüfungsausschuss von unterschiedlichen Personen ausgeübt werden, sodass leicht vier Finanzexperten im Aufsichtsrat untergebracht werden können.

a   Qualifikation

Ursprünglich galt als Finanzexperte, wer täglich den Börsenteil der Tageszeitung durchblätterte und wenigstens zwei hybride Finanzderivate beim englischen Namen nennen konnte.[24] Diese Fachgrößen waren in fast jedem Aufsichtsrat, z. T. sogar mehrfach, vertreten. Bilanzkundige Mitglieder, die es in Einzelfällen gab, wurden als Sonderlinge im Aufsichtsrat geduldet.

Mit dem Bilanzrechtsmodernisierungsgesetz von 2009 (BilMoG) hat der Gesetzgeber den Finanzexperten neu definiert, indem er von ihm »Sachverstand auf dem Gebiet der Rechnungslegung **oder** Abschlussprüfung« verlangt.

Während ein Experte auf dem Gebiet der Rechnungslegung ohne Sachkenntnisse auf dem Gebiet der Abschlussprüfung denkbar ist, bestehen große Zweifel, dass ein Sachverständiger auf dem Gebiet der Abschlussprüfung ohne Kenntnisse der Rechnungslegung zurechtkommt. Diese Zweifel werden durch die Anforderungen im Wirtschaftsprüfer-Examen gerechtfertigt. Auch wenn der Kenntnisumfang nach bestandener WP-Prüfung auf ein mandatsabhängiges Maß reduziert werden kann, muss der Abschlussprüfer in der Lage sein, alle aufkommenden Bilanzfragen seines Mandanten mit fachlich anmutenden Gemeinplätzen erschöpfend zu beantworten.

Das geforderte Wissen und die für PIEs vorgeschriebene Doppelbesetzung mit Finanzexperten nähren ernste Bedenken, ob die **Nachfrage nach Finanzexperten** befriedigt werden kann. Die Skepsis verschärft sich, wenn kapitalmarktorientierte Unternehmen ihren Konzernabschluss auf dem Treibsand der International Financial Reporting Standards (IFRS) aufstellen müssen.[25] Diese ewig unvollendete Sammlung von Bilanzrezepturen fasziniert nicht nur durch ihre fehlende Systematik, sondern auch durch ihre Unmenge und Unbeständigkeit. Hier muss der gefechtsreife Finanzexperte ein ständig lernender Spezialist sein, der morgen weiß, warum die von ihm gestern als richtig beurteilte Bilanz heute falsch ist.

Das knappe Angebot verschlimmert sich dadurch, dass der Finanzexperte wie jedes Aufsichtsratsmitglied eine **natürliche Person** sein muss. Leider ist immer wieder zu beobachten, dass

---

23   § 100 Abs. 5 AktG.
24   Hakelmacher (2009), S. 20.
25   § 315e HGB. Vgl. Hinterseher (2012), S. 123; Hakelmacher (2014), S. 227 ff.

Aufsichtsratsmitglieder im Amt bleiben oder ohne Skrupel wiedergewählt werden, obwohl sie ihre Natürlichkeit längst verloren haben.[26]

Insbesondere bei Finanzexperten, die sich über einen längeren Zeitraum mit den IFRS-Regeln befassen[27], besteht die Gefahr, dass sie die Fähigkeit zu ungekünsteltem Denken und natürlichen Reaktionen verlieren. Es ist ungewiss, ob regelmäßige HGB-Injektionen den Verfall der Natürlichkeit verlangsamen können.[28] Intime Kenner der Szene raten daher, dass Finanzexperten, die mit intensiven IFRS-Kenntnissen infiziert sind, nach Ablauf ihrer vierjährigen Amtszeit eine mindestens einjährige Regenerationspause im Kurpark des HGB oder im Personalausschuss des Aufsichtsrates verbringen, bevor sie als Finanzexperten wiedergewählt werden.

b Der spärliche Fundus an bilanzkundigen Finanzexperten

Angesichts der Tatsache, dass die für die Rekrutierung von Aufsichtsratsmitgliedern bevorzugten Bevölkerungsteile selten Finanzexperten hervorbringen, fragen sich die betroffenen Unternehmen besorgt, wo qualifizierte Kandidaten aufzutreiben sind. Zuversicht kann aus der Gewissheit geschöpft werden, dass die Erfolgschancen erheblich steigen, wenn bei der Suche auch Expertinnen berücksichtigt werden.

Zur Veranschaulichung des knappen Angebots seien einige prädestinierte Personengruppen betrachtet.

Spitzenmanager, die sich als Strategen, Macher oder Netzwerker für alle wirtschaftsnahen Hochämter empfehlen, sind mit strategischen Plänen und internationalen Problemstellungen, wie z. B. den Umweltauflagen für die Fahrradständer vor den Fabriktoren in Indien, voll ausgelastet. Ihre weittragenden Visionen vertragen keine zahlenschwangeren Überlegungen und Vorlagen. Sie sind daher i. d. R. nicht ministrabel.

Die verwandten **Unternehmensberater**, die als Management Consultant firmieren, sind auf trendige, möglichst globale Perspektiven und Projekte fixiert und wollen sich nicht von nüchternen Zahlen ablenken lassen. Sie sind daher als Finanzexperten ebenfalls kaum zu gebrauchen.

Banker betrachten sich nach der hausgemachten Formel »Finanzierungsautorität = Finanzprofi = Bilanzkenner« als geborene Finanzexperten. Diese Selbsteinschätzung wird dadurch konter-

---

26 Der DCGK (C.7) geht offenbar davon aus, dass spätestens nach zwölf Jahren Aufsichtsratszugehörigkeit die Natürlichkeit verschwunden ist.
27 Zur Illustration siehe Studer/Wallace (2011).
28 Vgl. Kalkeimer (2012), S. 187 ff.

kariert, dass die Vertreter der einst angesehenen Berufsgruppe von anderen Branchen nichts verstehen, sodass sie für Unternehmen der realen Wirtschaft als Finanzexperten ausscheiden.

Die beruflich verwandten **Finanzanalysten** berauschen sich an den Kaskaden finanzieller Daten und permanenten Trendanalysen. Da bleibt keine Zeit, sich mit dem Hintergrund der Finanzzahlen zu befassen. Insofern ist ihre Eignung als Finanzexperte als ungenügend einzustufen.

Aktive **Finanzvorstände** anderer (unabhängiger) Unternehmen sind erstklassige Kandidaten, wenn sie – was nicht selbstverständlich ist – mit der Rechnungslegung aktuell und hinreichend befasst sind und ausreichend Zeit für die Aufsichtsratstätigkeit aufbringen. Das gilt auch für ehemalige Finanzvorstände anderer Unternehmen, wenn sie aktuelle Rechnungslegungskenntnisse aufweisen, unabhängig sind und noch nicht die Altersgrenze für Aufsichtsräte überschritten haben.

Da die berufliche Aus- und Fortbildung mit der Berufung zum Vorstand meist beendet wird, liegt es nahe, unabhängige **Leiter des Rechnungswesens** anderer Unternehmen als Finanzexperten in Erwägung zu ziehen. Diese Experten sind jedoch i. d. R. in ihren Unternehmen unabkömmlich und damit nicht verfügbar.

Wirtschaftsprüfer sind dank ihrer Aus- und Fortbildung prinzipiell großartige Finanzexperten, wenn sie oder ihre Sozietät oder Gesellschaft nicht als Abschlussprüfer des betroffenen Unternehmens tätig sind. Sie neigen allerdings dazu, ihr abgründiges Bilanzwissen in extenso zu demonstrieren und bei jeder Ungewissheit Bedenken wegen unzureichend belegter Wertansätze[29] protokollieren zu lassen.

Steuerberater haben seit dem Wegfall des umgekehrten Maßgeblichkeitsprinzips das Interesse an der handelsrechtlichen Rechnungslegung weitgehend verloren. Sie sind heute in erster Linie mit der hieb- und stichfesten Formulierung von Selbstanzeigen für ihre vermögende Mandantschaft beschäftigt. Man kann daher den Steuerberatern nur eine eingeschränkte Brauchbarkeit als Finanzexperten attestieren.

Ähnliches gilt für **Juristen,** obwohl sie sonst zu allem fähig sind. Sie assoziieren Rechnungslegungsmaßstäbe wie »kaufmännisches Ermessen« oder »wirtschaftliche Betrachtungsweise« mit Willkür. Bei der Auslegung solcher unbestimmten Rechtsbegriffe, insb. beim Soft Law der Internationalen Rechnungslegungsstandards, können ihre Beklemmungen leicht zu Depressionen führen.

Akademische Bilanzlehrer können talentierte Finanzexperten sein. Bei ihrer Berufung zum Finanzexperten muss man damit rechnen, dass sie den Ablauf der Ausschuss- und Aufsichts-

---

29   Vgl. Zornborstel (2012), Die Verbreitung des Fair Value zur Minimierung verlässlicher Aussagen der Rechnungslegung.

ratssitzungen durch intensive Fragen zur gängigen Praxis und tatsächlichen Handhabung aufhalten. Ihr Wissensdurst ist anhaltend, aber i. d. R. harmlos. Er zielt auf Auskünfte, mit denen sie ihre wissenschaftlichen Vorträge und Schriften anreichern wollen.

Amtierende **Standardsetzer** verweigern sich einer Kandidatur, weil sie als Aufsichtsrat um ihre fachliche Sterilität fürchten und nicht von Pragmatismus infiziert werden möchten. Ehemalige Standardsetzer, die außerhalb der keimfreien Zone der Standardsetzung ihr fachliches Knowhow pflegen, scheinen dagegen recht gut geeignet zu sein. Zu prüfen ist, ob sie praktisches Geschick für den Umgang mit den wenig praktikablen Rechnungslegungsstandards haben.

In Anbetracht des beschränkten Angebots ist die Versuchung groß, Finanzexperten fremder Aufsichtsräte abzuwerben oder zu einer zusätzlichen Amtsübernahme zu überreden. Da das Amt des Aufsichtsrates als Nebentätigkeit konzipiert ist, wird es von Prominenten gern als standesgemäßes Hobby mehrfach ausgeübt. Multiaufsichtsräte können auch **Multifinanzexperten** sein, zumal sie überzeugt sind, dass ein Aufsichtsrat oder Prüfungsausschuss umso professioneller besetzt ist, je mehr Mandate seine Mitglieder gleichzeitig haben.

4   Die Aufgaben des Prüfungsausschusses

Der Prüfungsausschuss soll (1) die Wirksamkeit des internen Kontrollsystems, das Risikomanagementsystem und die Interne Revision sowie (2) den Rechnungslegungsprozess, die Abschlussprüfung und die vom Abschlussprüfer zusätzlich erbrachten Leistungen überwachen.[30]

Als besonderen Ansporn hat der Gesetzgeber den Mitgliedern des Prüfungsausschusses eines PIE ein **außergewöhnliches Auskunftsrecht** zugestanden.[31] Sie können ohne Einschaltung des Vorstands über den Ausschussvorsitzenden Auskünfte einholen bei den Leitern der Zentralbereiche, die für die vorstehend genannten Aufgaben zuständig sind. Von diesem Individualrecht ist Gebrauch zu machen, wenn aus der Überwachungsverantwortung eine Auskunftseinholung geboten ist.

Dieser Eingriff in die Auskunftshoheit des Vorstands, der in der bisherigen Praxis ohne Probleme schon ausprobiert wurde, hat der Gesetzgeber zum Schutz der Autorität des Vorstands wie folgt erschwert.[32] Bevor der Ausschussvorsitzende das Auskunftsersuchen als Bote weiterleitet, muss er prüfen, ob dafür die Voraussetzungen gegeben sind. Er wird daher auf einer schriftlichen Formulierung des Auskunftsbegehrens bestehen. Nach Weiterleitung der Anfrage ist der Vorstand über die Auskunftseinholung unverzüglich zu informieren.

---

30   § 107 Abs. 3 AktG.
31   § 107 Abs. 4 AktG.
32   Vetter (2021), S. 584 ff.

a   Überwachung der Managementtools

Inspektion und Überwachung der unternehmensinternen Kontroll- und Steuerungsinstrumente erfordern Kenntnisse und Know-how, die über den von Finanzexperten erwarteten Sachverstand hinausgehen. Sie müssen ggf. anderweitig besorgt werden.

Das **interne Kontrollsystem** (IKS) soll garantieren, dass kontrolliert in die Hose geht, was sonst von selbst schiefgehen würde. Ein strenges IKS bremst automatisch hyperaktive Manager und Mitarbeiter, sodass niemand durch unerwartete Erfolge überrascht wird.

Das **Controlling** ist als Mahnwesen zur Zielerreichung konzipiert. Es soll strauchelnde Manager zielorientiert aufrichten. Seine Werkzeuge sind verschachtelte Planungs- und Berichtssysteme, die dynamische Manager in den Wahnsinn treiben können. Der permanente Soll-Ist-Vergleich, auf dem pflichtbewusste Controller bis zur Insolvenz des Unternehmens bestehen, soll die unberechenbare Agilität kreativer Manager dämpfen.

Das **Risikomanagement** soll sicherstellen, dass alle Risiken, die mit dem Unternehmen und seiner Tätigkeit verbunden sind, rechtzeitig erkannt und ausreichend beherrscht werden. Zuständig für Einrichtung und Handhabung ist der Vorstand. Um das größte Risiko des Unternehmens, nämlich das schwer greifbare Tun und Lassen der Topmanager, muss sich der Aufsichtsrat kümmern. Diese nervige Aufgabe kann nicht an einen Prüfungsausschuss delegiert werden.

Der Prüfungsausschuss sollte außerdem das **Compliance-System** des Unternehmens und die gelebte Regeltreue unter die Lupe nehmen.[33] Der sonst penible Gesetzgeber hat unverständlicherweise versäumt, diese wichtige Obliegenheit zu erwähnen.

Nicht zuletzt muss sich der Prüfungsausschuss mit der **Internen Revision** befassen, die ihre Wahrsagungen aus den Innereien des Unternehmens abliest. Heimliche Liebhaber des monistischen Systems fantasieren, dass diese Ordnungshüter dem Prüfungsausschuss unterstellt werden oder zumindest direkt zuarbeiten sollten.[34] Sie vergessen, dass die Interne Revision ein devotes Instrument der Geschäftsführung ist.

b   Begleitung des Rechnungslegungsprozesses

Mit »Rechnungslegungsprozess« ist nicht die gerichtliche Auseinandersetzung über die Entblößung der Unternehmenslage gemeint, sondern der **Reifevorgang der Rechnungslegung** von der durch Buchungsvorgänge ausgelösten Schwangerschaft der Rechnungsleger über die

---

33   Dieser Hinweis ist im DCGK 2022 nicht mehr enthalten. DCGK 2022, A.3 weist darauf hin, dass nachhaltigkeitsbezogene Ziele in das interne Kontrollsystem und Risikomanagementsystem einzubeziehen sind.
34   Der berechtigte Wunsch der Aufsichtsräte nach vorstandsunabhängigen Informationen lässt sich im Rahmen des dualistischen Systems eleganter und durchaus sinnvoll lösen.

Sturzgeburt des Jahres- oder Konzernabschlusses bis zu dessen Abnabelung durch den Abschlussprüfer. Der Prüfungsausschuss soll die embryonale Entwicklung der Rechnungslegung und die Molesten der in guter Hoffnung befindlichen Rechnungsleger hautnah mitempfinden.

Die **Schwangerschaft** der Rechnungsleger dauert i. d. R. zwölf Monate. Sie wird v.a. von den geschäftlichen Ereignissen geprägt, die im Rechnungswesen des Unternehmens laufend dokumentiert werden und deren zusammengeraffte Abbildung im Abschluss Vorstand und Aufsichtsrat freudig oder unangenehm überraschen.

Kapitalmarktorientierte Gesellschaften sind – um im Bild zu bleiben[35] – zu regelmäßiger Schwangerschaftsgymnastik in Form von Halbjahresfinanzberichten und Quartalsmitteilungen angehalten. An diesen Lockerungsübungen muss sich wohl oder übel auch der Prüfungsausschuss als Trainer und Aufpasser beteiligen.

Die **Geburt des Abschlusses** kann je nach Lage oder Schieflage des Unternehmens leicht oder schwer sein.[36] Der unter heftigen Wehen leidende Vorstand bedarf einer geburtshelfenden Betreuung durch den Aufsichtsrat oder Prüfungsausschuss, da der Abschlussprüfer nur unter Beachtung strenger Hygienevorschriften als Hebamme eingreifen darf.

Komplikationen der Schwangerschaft oder Entbindung treten auf, wenn das stets optimistische Topmanagement plötzlich merkt, dass sich die von ihm prognostizierten Gewinne in nicht erwartete Verluste erheblichen Ausmaßes verwandelt haben – ein Tatbestand, den andere Unternehmensangehörige wesentlich früher erkennen. Die meist hektische Suche nach bilanzmäßigen Verbesserungen und die Appelle an das Mitgefühl des Abschlussprüfers gehören ebenso zum Rechnungslegungsprozess wie die penibel auszuführende Korrektur der Inventurlisten, die mühselige Suche nach oder die (Wieder-)Herstellung von Belegen und die resignierende Feststellung des Jahresabschlusses durch Vorstand und Aufsichtsrat.

Den letzten Akt des Rechnungslegungsprozesses bildet die öffentliche **Präsentation** der bis dahin vertraulich zu behandelnden Daten und Informationen in Abschluss und Lagebericht, die mit einem möglichst rosigen Ausblick für das laufende Geschäftsjahr garniert wird.

c   Auswahl und Beauftragung des Abschlussprüfers

Generell wird der Abschlussprüfer von den Unternehmenseigentümern gewählt und vom Aufsichtsrat oder Beirat oder von der Geschäftsführung beauftragt. Bei Unternehmen von öffent-

---

35   Für viele Aufsichtsratsmitglieder sind diesbezügliche Aufklärungen leichter zugänglich und verständlicher als der Griff in die umfangreiche Rechnungslegungsliteratur.
36   Vgl. Beckenbauer/Drängler (2013).

lichem Interesse ist die **Auswahl** des Abschlussprüfers[37] besonders umständlich geregelt. Hier muss der Prüfungsausschuss eine Vorauswahl unter mindestens zwei Wirtschaftsprüfern oder Wirtschaftsprüfungsgesellschaften treffen und einen Kandidaten dem Aufsichtsrat für dessen Wahlvorschlag an die Hauptversammlung empfehlen.

Ein ambitionierter Prüfungsausschuss wird die gesetzlichen Kriterien für die **Auslese** des Abschlussprüfers[38] durch unternehmensspezifische Anforderungen und Wünsche ergänzen. Dazu gehören neben angenehmen Umgangsformen bspw. Körpergewicht, Toleranz, Tierliebe oder geschlechtliche Orientierung der Prüfer bzw. bei Prüfungsgesellschaften Ranking, Prüferauswahl, Weiterbildungs- oder Kinderbetreuungseinrichtungen.[39] Nur in Ausnahmefällen werden Waffenschein, forensische Erfahrungen oder eine Ausbildung in Erster Hilfe verlangt.

Maßstab für adäquate Auswahlkriterien ist die reibungslose und für das Unternehmen und seine Organe unbeschwerte Abwicklung der Abschlussprüfung mit einem positiven Prüfungsergebnis. Als maßstabgerechtes Beispiel sei der betriebseigene Kindergarten einer Prüfungsgesellschaft erwähnt. Ein Prüfer, der seine Kinder in guter Obhut weiß, kann sich gelassener der Prüfungstätigkeit widmen als einer, der sich ständig sorgt, ob seine Kinder auf der Straße spielen, Hanf anbauen oder unkontrolliert im Internet surfen.

Wenn die gewünschten Eigenschaften nicht durch einen Abschlussprüfer abgedeckt werden, kann der Prüfungsausschuss eine gemeinsame Prüfung durch zwei oder mehr Abschlussprüfer vorschlagen, die insgesamt über die gewünschten Attribute verfügen. Ein **Joint Audit** stärkt nach Ansicht der Europäischen Kommission die Durchschlagskraft der Abschlussprüfung[40], weil »mehr Augen mehr sehen«.

Trotz der berauschenden Joint-Aspekte sind Gemeinschaftsprüfungen in Deutschland wenig populär. Die gesetzlichen Vertreter der zu prüfenden Unternehmen befürchten, dass beim Auftritt von zwei und mehr kampfstarken Prüfermannschaften die Unternehmensangehörigen oft nicht wissen, ob sie es mit Streikposten, Teilnehmern einer Betriebsbesichtigung oder Asylsuchenden zu tun haben. Eine Kennzeichnung der Prüfer könnte diskriminierend oder provozierend wirken.

Der Aufsichtsrat erteilt dem von der Hauptversammlung gewählten Abschlussprüfer den **Prüfungsauftrag**. Zwei Gründe sprechen dafür, die Auftragserteilung zulässigerweise an den Prüfungsausschuss zu delegieren. Zum einen ist den Spezialisten des Prüfungsausschusses mehr Überzeugungskraft zuzutrauen, wenn sich der Abschlussprüfer gegen Erweiterungen des Prü-

---

37   Kapitalmarktorientierte Unternehmen sowie Kreditinstitute und Versicherungsunternehmen.
38   Insbesondere §§ 319–319b HGB sowie ab 2016 Teil III der EU-Verordnung zur Abschlussprüfung bei Unternehmen von öffentlichem Interesse (Verordnung (EU) Nr. 537/2014; ABl v. 27.05.2014, L 158/27).
39   So schon Hakelmacher (2012), S. 185.
40   Europäische Kommission (2011), S. 19.

fungsauftrags wehrt. Zum anderen stellt die Honorarvereinbarung mit dem Abschlussprüfer eine delikate Angelegenheit dar, die im kleinen Kreis behutsamer austariert werden kann.

Da es weder einen gesetzlichen Mindestlohn noch eine verbindliche Gebührenordnung für Abschlussprüfer gibt, weisen ihre sensiblen Berufsvertreter unermüdlich auf die Gefahr hin, dass die Einkommen der Abschlussprüfer ohne ein angemessenes Entgelt unter die Armutsgrenze sinken könnten.[41] Aus Interesse an motivierten, sachlich und wissensmäßig gut ausgerüsteten Prüfern sollte der Prüfungsausschuss beim Prüferhonorar ähnlich umsichtig und großzügig handeln wie der Aufsichtsrat bei der Festlegung von Vorstandsvergütungen.

d   Überwachung des Abschlussprüfers

Zur Überwachung der **Unabhängigkeit des Abschlussprüfers** muss der Prüfungsausschuss mit Argwohn beobachten, ob der Abschlussprüfer durch überzogene Gefälligkeiten, die er dem geprüften Unternehmen erweist, seine beruflich gebotene Zurückhaltung aufs Spiel setzt. Dabei ist die Abgrenzung von statthaften und unzulässigen Hilfeleistungen nicht klar markiert. Zwischen der zulässigen Auslegung kryptischer Rechnungslegungsstandards, mit denen der Abschlussprüfer seine Prüfungsfeststellungen untermauert, und einer unerlaubten Bilanz-Nachhilfe für Führungskräfte des geprüften Unternehmens verläuft nur ein schmaler Grat. Letztere ist schädlich, wenn sie ein wesentlicher Teil der Fortbildung der Führungskräfte ist.

Der Prüfungsausschuss muss ferner darauf achten, dass dem Abschlussprüfer nicht die **Unbefangenheit** entgleitet, weil er mit den geschäftlichen und personellen Verhältnissen des Unternehmens zu sehr vertraut geworden ist. Indizien für eine fortschreitende Preisgabe der Unbefangenheit sind bspw. der Zutritt oder das Verlassen des Firmengeländes mit Traglasten ohne intensive Personenkontrolle oder die Benutzung der Waschräume für Direktoren ohne deren Begleitung.

Auf der anderen Seite verbessert die **Vertrautheit** mit den Unternehmensverhältnissen wesentlich die Güte der Abschlussprüfung. Ein erstmals tätiger Abschlussprüfer braucht erfahrungsgemäß zwei bis drei Jahre, bis er die Aktivitäten des Unternehmens und das Gebaren seines Topmanagements wirklich durchschaut.[42] Da herumirrende Prüfer unseriös wirken, kompensieren fabrikneue Abschlussprüfer mangelhafte Sach- und Ortskenntnisse durch entschlossenes Auftreten. Dies darf den Prüfungsausschuss aber nicht hindern, den Abschlussprüfer rechtzeitig aufzuklären und auf den richtigen Pfad zu leiten.

---

41   Feldeisen (2012).
42   Insofern ist ein neuer Abschlussprüfer betriebsblind und auf den Prüfungsausschuss als »Blindenhund« angewiesen.

Der Prüfungsausschuss muss neben der Abschlussprüfung auch die vom Abschlussprüfer zusätzlich erbrachten Leistungen in Augenschein nehmen. Bei Unternehmen von öffentlichem Interesse ist dem Abschlussprüfer jegliche **Nichtprüfungsleistung** verboten, auch wenn der Abschlussprüfer dazu ausgebildet und befähigt ist und sein Wissen aus der Abschlussprüfung nutzen kann. Steuerberatungs-, Bewertungs- und andere Beratungsleistungen muss das PIE meist teuer anderweitig einkaufen.

Bei PIEs ist die Mandatszeit des Abschlussprüfers auf höchstens zehn Jahre begrenzt. Durch den **Prüferwechsel** gehen wertvolle Kenntnisse über Stärken und Schwächen des zu prüfenden Unternehmens verloren. Hier ist der Prüfungsausschuss aufgerufen, gravierende Kenntnislücken des neuen Abschlussprüfers zu schließen.

Der Prüfungsausschuss muss auch die **Qualität der Abschlussprüfung** beurteilen.[43] Diese delikate Aufgabe zielt auf eine von kritischer Grundhaltung des Prüfers geprägte Abschlussprüfung. Das grenzenlose Misstrauen des Abschlussprüfers[44] muss der Prüfungsausschuss voller Misstrauen beobachten und testen. Gleichwohl wird der Prüfungsausschuss auf eine reibungslose Abschlussprüfung und ein plausibles Prüfungsergebnis dringen.

e   Hilfeleistungen für den Aufsichtsrat

Viele Aufsichtsratsmitglieder wollen nicht glauben, dass sie den Jahresabschluss und den Lagebericht des Unternehmens sowie ggf. den Konzernabschluss und Konzernlagebericht persönlich prüfen müssen und diese **Prüfungspflichten** nicht an einen Prüfungsausschuss delegiert werden können. Als Trost bleibt die Aufforderung an den Prüfungsausschuss, ihnen mit geziemender Geduld, verdaulichen Zubereitungen der Unterlagen und nötigen Erläuterungen zum ausreichenden Verständnis von Abschluss und Lagebericht zu verhelfen.

Die wesentliche Prüfungsunterlage für die Aufsichtsratsmitglieder ist der **Prüfungsbericht des Abschlussprüfers.** Auch gesunde Aufsichtsratsmitglieder dürfen sich seiner Lektüre nicht verweigern.[45] Um diese Attacke auf das Wohlbefinden zu überstehen, muss der Prüfungsausschuss auf den Abschlussprüfer einwirken, dass er im Bericht Formulierungen wählt, die auch Aufsichtsräte verstehen, die »Soll und Haben« nur als Romantitel[46] kennen.

Zur **Rechnungslegung im weiteren Sinn** gehören für bestimmte Unternehmen der Abhängigkeits-, der Vergütungs- oder der Zahlungsbericht sowie die Unternehmenserklärung[47] und der

---

43   § 107 Abs. 3 AktG.
44   § 43 Abs. 4 WPO.
45   Zu Risiken und Nebenwirkungen fragen Sie Ihren Arzt oder Psychiater.
46   Gustav Freytag (1855).
47   §§ 289f und 315d HGB.

CSR-Bericht[48]. Diese Berichte sind ebenfalls vom Aufsichtsrat inhaltlich zu prüfen. Da Unternehmenserklärung und der CSR- oder Nachhaltigkeitsbericht vom Abschlussprüfer inhaltlich (noch) nicht zu prüfen sind[49], ist zusätzliche Schützenhilfe des Prüfungsausschusses gefragt. Zur Linderung dieser Strapazen wird empfohlen, den Prüfungsauftrag an den Abschlussprüfer angemessen zu erweitern.[50]

5   Fazit

Aufsichtsräten, deren Mitgliederzahl an die Größe einer Volksschulklasse heranreicht, wird zur Steigerung ihrer Effizienz die Einrichtung von Ausschüssen empfohlen. Wegen der epochalen Bedeutung der Rechnungslegung erweist sich die Installation eines Prüfungsausschusses als besonders dringlich, sie ist deshalb für Unternehmen von öffentlichem Interesse zwingend vorgeschrieben.

Der Gesetzgeber hat darüber hinaus die Prüfungspflichten des Aufsichtsrates so stark erweitert, dass er ohne den Beistand eines professionell besetzten Prüfungsausschusses kaum zurechtkommt.

Die für Aufsichtsrat und Prüfungsausschuss gesetzlich verordneten Finanzexperten unterstreichen die bittere Priorität der Rechnungslegung im Dasein der Unternehmen und Konzerne. Ihr Sachverstand muss unternehmensspezifisch durch unternehmerisches, wirtschaftliches und soziales Know-how ergänzt werden.

---

48   CSR = Corporate Social Responsibility; §§ 289b ff. und 315b ff. HGB.
49   § 317 Abs. 2 Satz 4 HGB.
50   Vgl. § 111 Abs. 1 Satz 4 AktG.

III   Die Bedeutung des Prüfungsausschusses für die Qualität der Abschlussprüfung aus der Sicht der Abschlussprüferaufsichtsstelle

Michael Sell[51]

1   Tätigkeit der Abschlussprüferaufsichtsstelle

a   Aufgabenspektrum der Abschlussprüferaufsichtsstelle

Rechtsrahmen der APAS-Tätigkeit

Die Abschlussprüferaussichtsstelle (APAS) wurde durch das Abschlussprüferaufsichtsreformgesetz (APAReG) vom 31. März 2016 zum 17. Juni 2016 eingerichtet. Das APAReG dient der Umsetzung der aufsichts- und berufsrechtlichen Vorschriften der »Richtlinie 2014/56/EU des Europäischen Parlaments und des Rates vom 16. April 2014 zur Änderung der Richtlinie 2006/43/EG über Abschlussprüfungen von Jahresabschlüssen und konsolidierten Abschlüssen« sowie der Ausführung der unmittelbar anwendbaren »Verordnung (EU) Nr. 537/2014 des Europäischen Parlaments und des Rates vom 16. April 2014 über spezifische Anforderungen an die Abschlussprüfung bei Unternehmen von öffentlichem Interesse« und zur Aufhebung des Beschlusses 2005/909/EG der EU-Kommission. Damit beruht die Gründung der APAS auf europäischen rechtlichen Vorgaben und wurde faktisch durch Herauslösung der ehemaligen Abschlussprüferaufsichtskommission (APAK) aus der Wirtschaftsprüferkammer (WPK) erreicht. Gleichzeitig wurden die vorhandenen Mitarbeiter der APAK auf die APAS überführt.

Die APAS hat ihren Sitz in Berlin und unterhält weitere Standorte in Düsseldorf und in Eschborn. Die APAS ist eine Behörde im funktionalen Sinn, die organisatorisch in das Bundesamt für Wirtschaft und Ausfuhrkontrolle (BAFA) als Abteilung 1 eingegliedert ist (Stichwort: Behörde in der Behörde). Die Eingliederung in das BAFA betrifft insb. die Bereiche IT, Organisation und Personal. Dienstvorgesetzter der in der APAS tätigen Beschäftigten ist der Präsident des BAFA. Er übt die Geschäftsaufsicht aus. Die APAS untersteht **keiner** Fachaufsicht, d. h., sie entscheidet fachlich selbstständig, unterliegt aber der Rechtsaufsicht des Bundesministeriums für Wirtschaft und Klimaschutz (BMWK), die durch ein Referat in der Abteilung »Mittelstand« des BMWK ausgeübt wird.

---

51   Der Verfasser gibt seine persönliche Auffassung wieder.

Organisatorische Gliederung der APAS

Entsprechend ihrer Aufgabenbereiche untergliedert sich die APAS in zwei Unterabteilungen mit jeweils vier Referaten. Die Unterabteilung »Inspektionen und Qualitätskontrolle« führt ohne besonderen Anlass Inspektionen bei Praxen durch, die Abschlussprüfungen bei Unternehmen von öffentlichem Interesse nach § 316a HGB durchführen (sog. Public Interest Entities – PIE). Nur diese Wirtschaftsprüferpraxen beaufsichtigt die APAS direkt. Alle anderen Wirtschaftsprüfer und Wirtschaftsprüfungsgesellschaften werden durch die Wirtschaftsprüferkammer (WPK) beaufsichtigt. In dieser Unterabteilung werden zudem die öffentliche fachbezogene Aufsicht über das bei der WPK eingerichtete System der Qualitätskontrolle ausgeübt und grundsätzliche rechtliche und verfahrensbezogene Fragen bearbeitet.

Die Unterabteilung »Berufsaufsicht und Marktbeobachtung« ermittelt anlassbezogen bei konkreten Anhaltspunkten für Berufspflichtverletzungen bei Abschlussprüfungen von Unternehmen von öffentlichem Interesse nach § 316a HGB. Die konkreten Anhaltspunkte entsprechen dem Anfangsverdacht der Strafprozessordnung. Ein Anfangsverdacht i. S. d. Strafprozessordnung, der Anlass zum Einschreiten gibt und zur Erforschung des Sachverhaltes verpflichtet, setzt voraus, dass zureichende tatsächliche Anhaltspunkte für eine verfolgbare Straftat vorliegen (vgl. § 152 Abs. 2 StPO i. V. m. § 160 Abs. 1 StPO). Ein Anlass zur Prüfung von Ermittlungen ergibt sich bspw. aus Strafanzeigen, amtlich erlangten Erkenntnissen (BaFin-Mitteilungen an die APAS; Konkursakten) oder Berichten in den Medien.

Daneben wird in der Unterabteilung Berufsaufsicht die öffentliche fachbezogene Aufsicht über in der Zuständigkeit der WPK liegende Aufgaben wahrgenommen und die Entwicklung auf dem Markt für Abschlussprüfungen bei Unternehmen von öffentlichem Interesse nach § 316a HGB beobachtet. Ferner werden dort Grundsatzthemen bearbeitet und die referatsübergreifende internationale Tätigkeit konzentriert.

Geschäfts- und Verfahrensordnung

Zur Innenorganisation der APAS hat das BMWK eine Geschäftsordnung erlassen, die am 17. Juni 2016 in Kraft getreten ist. Diese regelt insb. weitere Einzelheiten zum Aufbau der APAS, zur Unabhängigkeit und Integrität der Mitarbeiter, zur Arbeit der Beschlusskammern sowie zur Tätigkeit des Fachbeirates. Zur Sicherstellung einer einheitlichen und transparenten Verfahrensweise hat der Leiter der APAS ergänzend zu den gesetzlichen Grundlagen in der WPO und der Verordnung (EU) Nr. 537/2014 eine Verfahrensordnung für die Durchführung der Inspektionen gem. §§ 66a Abs. 6 Satz 1 Nr. 1, 62b WPO und der berufsrechtlichen Ermittlungen gem. § 66a Abs. 6 Satz 1 Nr. 2 und 3 WPO erlassen, die durch das BMWK genehmigt wurde. Die Verfahrensordnung regelt u. a. Organisation, Planung und Durchführung der Inspektionen und der berufsaufsichtlichen Verfahren. Die genannten Geschäfts- und Verfahrensordnungen konkretisieren die gesetzlichen Vorgaben. Ihre Einhaltung wird im Wege der o. g. Rechtsaufsicht durch das BMWK überwacht. Alle Dokumente sind auf der APAS-Homepage abrufbar.

Beschlusskammern

Die APAS entscheidet nach § 1 Abs. 5 APAS-Errichtungsgesetz durch Beschlusskammern. Hiervon betroffen sind insb. alle Maßnahmen, die im Rahmen der Durchführung von Inspektionen und berufsrechtlichen Ermittlungen ergehen sowie alle damit im Zusammenhang stehenden Nebenentscheidungen. Beide Kammern haben jeweils fünf Mitglieder, einen Vorsitzenden und vier Beisitzer. Den jeweiligen Vorsitz führt der fachlich zuständige Unterabteilungsleiter; der Leiter der APAS führt den Vorsitz in der Gemeinsamen Beschlusskammer, die die behördeninterne Widerspruchsbehörde bei Widersprüchen gegen die Bescheide der jeweiligen Beschlusskammer ist. Die vier beisitzenden Mitglieder der Kammern dürfen folgerichtig nicht der Leitung der APAS angehören. Sie werden durch den Leiter der APAS unter Berücksichtigung der fachlichen Kenntnisse und Sachnähe in Bezug auf den Zuständigkeitsbereich der jeweiligen Kammer und die Tätigkeit des beisitzenden Mitglieds in der APAS bestimmt.

Marktbeobachtung

Die APAS beobachtet und bewertet Marktentwicklungen bei Abschlussprüfungsleistungen für Unternehmen von öffentlichem Interesse. Im Rahmen der Marktbeobachtung kommt der APAS die gesetzlich vorgeschriebene Aufgabe zu, die Entwicklungen auf dem Markt für die Bereitstellung von Abschlussprüfungsleistungen für Unternehmen von öffentlichem Interesse zu beobachten und zu bewerten. Hierbei geht es auch um mögliche Auswirkungen auf die Gesamtstabilität des Finanzsektors.

Die APAS erstellt und veröffentlicht für Zwecke der Durchführung eines transparenten, diskriminierungsfreien Auswahlverfahrens von Abschlussprüfern gem. Art. 16 Abs. 3 der Verordnung (EU) Nr. 537/2014 jährlich eine Liste.[52] Diese Liste enthält alle Abschlussprüfer und Prüfungsgesellschaften, die im vorausgegangenen Kalenderjahr gesetzliche Abschlussprüfungen bei Unternehmen von öffentlichem Interesse beendet und dabei jeweils mindestens 15 % der von sämtlichen deutschen Unternehmen von öffentlichem Interesse gezahlten Gesamthonorare erhalten haben.

Zur Erfüllung der Vorgaben des Art. 14 der Verordnung (EU) Nr. 537/2014 erhebt die APAS bestimmte Daten in Bezug auf Einnahmen, die Abschlussprüfer und Prüfungsgesellschaften von Unternehmen von öffentlichem Interesse bezogen haben. Auslegungsfragen hierzu werden in der Verlautbarung Nr. 4 behandelt.

Im Ergebnis können daher bei Ausschreibungen der öffentlichen Hand Prüfungsgesellschaften, die die 15 %-Quote überschreiten, von der Ausschreibung ausgeschlossen werden, ohne dass dies eine europarechtlich zu beanstandende Maßnahme darstellt. Diese Möglichkeit wurde vom europarechtlichen Gesetzgeber geschaffen, um der Konzentration auf dem Prüfermarkt für PIEs entgegenzuwirken.

---

52   Vgl. APAS-Webseite https://www.apasbafa.bund.de Rubrik »Die APAS«, Unterrubrik »Marktbeobachtung«.

b   Inspektionen

Die APAS führt ohne besonderen Anlass Inspektionen bei Praxen durch, die Abschlussprüfungen bei Unternehmen von öffentlichem Interesse durchführen. Die Inspektionen erfolgen nach §§ 66a Abs. 6 Satz 1 Nr. 1, 62b WPO bei Berufsangehörigen und Wirtschaftsprüfungsgesellschaften, die gesetzlich vorgeschriebene Abschlussprüfungen bei Unternehmen von öffentlichem Interesse nach § 316a HGB durchführen sowie nach § 63h Satz 1 GenG bei genossenschaftlichen Prüfungsverbänden, soweit diese gesetzlich vorgeschriebene Abschlussprüfungen bei kapitalmarktorientierten Unternehmen i. S. d. § 264d HGB durchführen.

Die durchzuführenden Inspektionen erstrecken sich nach Art. 26 Abs. 6 der Verordnung (EU) Nr. 537/2014 mindestens auf:

- eine Bewertung des Aufbaus des internen Qualitätssicherungssystems der Wirtschaftsprüferpraxis,
- eine angemessene Prüfung der Einhaltung der Qualitätssicherungsmaßnahmen in den Verfahren und eine Überprüfung der Prüfungsunterlagen von Unternehmen von öffentlichem Interesse zur Ermittlung der Wirksamkeit des internen Qualitätssicherungssystems sowie
- eine unter Berücksichtigung der Ergebnisse der Inspektion vorgenommene Bewertung des Inhalts des aktuellen von der Praxis veröffentlichten jährlichen Transparenzberichtes.

Risikoorientierter Prüfungsansatz

Die Inspektionen bei Praxen werden risikoorientiert unter Berücksichtigung von Art und Umfang der Tätigkeit der Praxis vorgenommen. Zum Zweck der Beurteilung der Wirksamkeit des internen Qualitätssicherungssystems werden ausgewählte Verfahren und einzelne Prüfungsaufträge über gesetzliche Abschlussprüfungen bei Unternehmen von öffentlichem Interesse nach § 316a HGB inspiziert. Aufgrund der Prüfungskapazitäten der APAS werden die PIE-Prüfgesellschaften in jährliche, Drei-Jahres- und Sechs-Jahres-Prüfzyklen eingeteilt. Bei den der Jahresprüfung unterliegenden Big-Four-Gesellschaften kann nur eine beschränkte Anzahl von PIE-Mandaten aus der Grundgesamtheit aller PIE-Mandate der Big Four geprüft werden, um zu einem Urteil über das Qualitätsmanagementsystem zu gelangen. Nicht möglich ist es etwa wegen der Kapazitätsgrenzen, einen fixen Prozentsatz aller PIE-Prüfungsmandate bei den jeweiligen Gesellschaften zu prüfen. Ebenso wie man aus rund 2.000 repräsentativen Bewohnern Deutschlands das Ergebnis der Bundestagswahl ziemlich genau vorhersagen kann, funktioniert dies statistisch auch bei der richtigen Auswahl der inspizierten Prüfungsmandate einer großen Wirtschaftsprüfungsgesellschaft.

Der Inspektion des internen Qualitätssicherungssystems wird die von den europäischen Prüferaufsichten gemeinsam entwickelte Common Audit Inspection Methodology (CAIM) zugrunde gelegt. Das Inspektionsprogramm für einzelne Prüfungsaufträge wird risikoorientiert auf Grundlage der geprüften Jahres- und Konzernabschlüsse sowie weiterer verfügbarer Informationen anderer Aufsichtsbehörden und Open-Source-Informationen festgelegt. Ausgangspunkt jeder Inspektion eines Prüfungsauftrages ist die Beurteilung von Fehlerrisiken durch den

Abschlussprüfer und die Prüfung des rechnungslegungsbezogenen internen Kontrollsystems des geprüften Unternehmens durch den Abschlussprüfer. Aufgrund des risikoorientierten Inspektionsansatzes können insb. Prüffelder von Relevanz sein, denen ein hohes Maß an Ermessen der gesetzlichen Vertreter des geprüften Unternehmens im Rahmen der Abschlusserstellung innewohnt. Bei der Inspektion werden die Ergebnisse der letzten durchgeführten Qualitätskontrolle der Kommission für Qualitätskontrolle (KfQK) berücksichtigt.

Ablauf des Inspektionsverfahrens

Die Abschlussprüferaufsichtsstelle unterrichtet die Praxis über die Einleitung des Inspektionsverfahrens durch die Übersendung einer schriftlichen Inspektionsanordnung und fordert diese auf, Angaben zur Praxisstruktur, zum Qualitätssicherungssystem und über die geprüften Unternehmen von öffentlichem Interesse nach § 316a HGB (Prüfungsaufträge) zu machen. Unter Berücksichtigung der Angaben der Praxis werden die zu inspizierenden Prüfungsaufträge und die zu inspizierenden Schwerpunkte des internen Qualitätssicherungssystems festgelegt. Über die risikoorientiert ausgewählten Prüfungsaufträge wird die Praxis schriftlich unterrichtet.

Die Inspektion wird entweder vor Ort, in den Räumen der Praxis oder in den Geschäftsräumen der Abschlussprüferaufsichtsstelle durchgeführt. In Zeiten von COVID-19 wurden auch elektronische Prüfungen der elektronisch hinterlegten Arbeitspapiere durchgeführt, indem den Inspektoren der elektronische Zugang zu den Arbeitspapieren ermöglicht wurde. Dabei wertet das Inspektionsteam die von der Praxis zur Verfügung gestellten Unterlagen aus und führt die erforderlichen Inspektionshandlungen durch. Grundlage der Inspektionen sind insb. die Dokumentation des Qualitätssicherungssystems der Praxis, die Prüfungsberichte sowie die Arbeitspapiere der Praxis zur Prüfung der ausgewählten Prüfungsaufträge. Darüber hinaus werden Erkenntnisse aus den Gesprächen mit der Leitung und anderen Mitarbeitern der Praxis zur Qualitätssicherung sowie den Verantwortlichen für den einzelnen Prüfungsauftrag berücksichtigt.

Das Inspektionsteam erörtert gewonnene Erkenntnisse mit der Praxis im Rahmen einer Schlussbesprechung. Das vorläufige Ergebnis der Inspektion wird unter Darstellung des Sachverhaltes, des Inspektionsvorgehens und der Feststellungen schriftlich zusammengefasst und der Praxis mit der Möglichkeit zur Stellungnahme übersandt. Nach Eingang der Stellungnahme der Praxis fertigt das Inspektionsteam den Inspektionsbericht und leitet diesen der Beschlusskammer »Inspektionen« zur Beratung und Entscheidung zu.

Rechtsmittel gegen Inspektionsauswahl und Inspektionsergebnisse

Gibt es Beanstandungen seitens der APAS, werden diese konkret in einem mit einer Rechtsmittelbelehrung versehenen Inspektionsbericht benannt und ggf. Auflagen zur Beseitigung, die überwacht werden, erlassen. Die Feststellungen im Inspektionsbescheid haben den Charakter eines Verwaltungsaktes (so auch das Verwaltungsgericht Berlin – Az. VG 16 k 246.09), stellen also nicht allein eine Meinungsäußerung der APAS dar und können vor dem Verwaltungsgericht Berlin gerichtlich überprüft werden.

Internationale Zusammenarbeit im Bereich der Inspektionen

Der internationale Austausch bildet einen wichtigen Bestandteil der Arbeit im Bereich Inspektionen. Hierzu ist die APAS Mitglied in diversen Arbeitsgruppen des Committee of European Auditing Oversight Bodies (CEAOB) und beim International Forum of Independent Audit Regulators (IFIAR). Des Weiteren werden im Rahmen der bilateralen Zusammenarbeit gemeinsame Inspektionen (joint inspections) etwa mit der US-Aufsicht durchgeführt. Auch dies ist in Zeiten von COVID-19 als remote inspection möglich.

c   Anlassbezogene Berufsaufsicht

Die APAS übt die Berufsaufsicht über die Abschlussprüfer aus, die Abschlussprüfungen bei Unternehmen von öffentlichem Interesse nach § 316a HGB durchführen. Die APAS ermittelt bei konkreten Anhaltspunkten für Berufspflichtverletzungen bei der Durchführung gesetzlich vorgeschriebener Abschlussprüfungen bei Unternehmen von öffentlichem Interesse nach § 316a HGB und sanktioniert festgestellte Verstöße (§ 66a Abs. 6 WPO). Für Berufspflichtverletzungen, die nicht im Zusammenhang mit der Durchführung von Abschlussprüfungen bei Unternehmen von öffentlichem Interesse stehen, ist die Berufsaufsicht der WPK zuständig, die wiederum der öffentlichen fachbezogenen Aufsicht durch die APAS unterliegt.

Berufsaufsichtsverfahren

Die Berufsaufsicht der APAS ist stets anlassbezogen. Erlangt die APAS Kenntnis von konkreten Anhaltspunkten für das Vorliegen einer Berufspflichtverletzung (Anfangsverdacht), ist sie verpflichtet, ein Aufsichtsverfahren einzuleiten und den Sachverhalt umfassend zu ermitteln. Hinweise auf mögliche Berufspflichtverletzungen resultieren v.a. aus Inspektionen der APAS und aus Mitteilungen der BaFin. Daneben liefern auch öffentlich zugängliche Informationen (wie bspw. Presseberichte) und Beschwerden, etwa durch Whistleblower, Anhaltspunkte.

Liegt ein Anfangsverdacht vor, erhält zunächst der Abschlussprüfer oder die Prüfungsgesellschaft die Möglichkeit, sich zu äußern (rechtliches Gehör). Für ihre Ermittlungen stehen der APAS verschiedene Instrumentarien und Befugnisse zur Verfügung, die ihr weitreichende Rechte zur Beschaffung von Informationen einräumen. So ist bspw. das Recht auf Verweigerung richtiger und vollständiger Auskünfte oder der Vorlage von Unterlagen eingeschränkt. Bei der Verletzung von Mitwirkungspflichten kann die APAS ein Zwangsgeld festsetzen. Die APAS ist auch befugt, Ermittlungen u. a. bei dem geprüften Unternehmen oder weiteren Personen durchzuführen, die in einer Beziehung oder Verbindung zum Abschlussprüfer oder zur Prüfungsgesellschaft stehen.

Berufsaufsichtliche Maßnahmen

Die Beschlusskammer »Berufsaufsicht« würdigt abschließend, ob es sich um eine Berufspflichtverletzung handelt, und entscheidet, ob diese zu sanktionieren ist oder das Aufsichtsverfahren

493

eingestellt wird. Für die Sanktionierung einer festgestellten Berufspflichtverletzung kommen verschiedene Maßnahmen in Betracht (§ 68 Abs. 1 WPO). Diese reichen von einer Rüge, ggf. verbunden mit einer Geldbuße von bis zu 1 Mio. EUR, über ein befristetes Verbot, bestimmte Tätigkeiten auszuüben, bis hin zu einem Berufsausschluss. Neben dem einzelnen Abschlussprüfer können auch Prüfungsgesellschaften Gegenstand von berufsaufsichtlichen Ermittlungen und Maßnahmen sein (§ 71 Abs. 2 WPO).

Gegen eine berufsaufsichtliche Maßnahme kann Einspruch erhoben werden. Über den Einspruch entscheidet der Gemeinsame Ausschuss der APAS unter Vorsitz des APAS-Leiters.

Wird das Aufsichtsverfahren mit einer berufsaufsichtlichen Maßnahme abgeschlossen, erhebt die APAS Gebühren auf der Grundlage der APAS-Gebührenverordnung (APASGebV).

Berufsgerichtliches Verfahren

Sämtliche berufsaufsichtlichen Maßnahmen der APAS können gerichtlich überprüft werden. Dies setzt voraus, dass der Einspruch zurückgewiesen und rechtzeitig ein Antrag auf berufsgerichtliche Entscheidung gestellt wurde (§ 71a WPO).

Zuständige Gerichte sind dann ausschließlich das Landgericht Berlin als erste Instanz, das Kammergericht Berlin als zweite Instanz und schließlich der Bundesgerichtshof. Die Generalstaatsanwaltschaft Berlin nimmt in den Verfahren vor den Berufsgerichten die Aufgaben der Staatsanwaltschaft wahr (§§ 84, 106, 108 WPO).

Informationsaustausch mit BaFin

Der Austausch von Informationen, die auf das Vorliegen einer Berufspflichtverletzung durch den Abschlussprüfer schließen lassen, zwischen der BaFin und der APAS ist gesetzlich geregelt (§ 110 WpHG). Zudem dürfen BaFin und APAS Informationen, die die von der BaFin durchgeführten Prüfungen oder die Rechnungslegung von durch die BaFin geprüften Unternehmensabschlüssen betreffen, ohne Geltung gesetzlicher Verschwiegenheitspflichten austauschen (§ 109a WpHG). Darüber hinaus ist ein gegenseitiger Informationsaustausch zwischen APAS und anderen Stellen geregelt, soweit dies zur jeweiligen Aufgabenerfüllung erforderlich ist (§ 66c Abs. 1 WPO).

Internationale Zusammenarbeit im Bereich der Berufsaufsicht

Die APAS ist Mitglied im Committee of European Auditing Oversight Bodies (CEAOB), das als zentrales Gremium der Zusammenarbeit der europäischen Aufsichtsstellen konzipiert ist. In diesem Rahmen hat die APAS dem CEAOB zu verschiedenen Zeitpunkten Informationen über Berufsaufsichtsmaßnahmen zu übermitteln (§ 69 Abs. 4 WPO). Die Zusammenarbeit im Bereich Berufsaufsicht umfasst die Mitarbeit in den Arbeitsgruppen »Berufsaufsicht« des CEAOB auf europäischer Ebene und des International Forum of Independent Audit Regulators (IFIAR) auf internationaler Ebene.

Bekanntmachungen der APAS gemäß § 69 WPO

Die APAS veröffentlicht gem. § 69 Abs. 1 WPO jede unanfechtbare berufsaufsichtliche Maßnahme gegen Berufsangehörige betreffend die Abschlussprüfung bei Unternehmen von öffentlichem Interesse nach § 316a HGB. Außerdem wird gem. § 69 Abs. 1a WPO jede in diesem Zusammenhang ergangene rechtskräftige Bußgeldentscheidung und jede strafrechtliche Verurteilung bekanntgegeben. Entsprechendes gilt bei Entscheidungen, die gegenüber Wirtschaftsprüfungsgesellschaften ergangen sind (§ 71 WPO i. V. m. § 69 WPO) auf der APAS-Homepage.

2 Anknüpfungspunkte für eine Zusammenarbeit zwischen Prüfungsausschuss und APAS

Prüfungsausschüsse von Unternehmen von öffentlichem Interesse haben nach § 107 AktG (neben anderem) eine der APAS ähnliche Aufgabe, nämlich die Abschlussprüfung, hier insb.
- die Auswahl und die Unabhängigkeit des Abschlussprüfers,
- die Qualität der Abschlussprüfung und

die vom Abschlussprüfer zusätzlich erbrachten Leistungen, zu überwachen (§ 107 Abs. 4 Satz 1 i. V. m. Abs. 3 Satz 2 AktG).

a Auftragsvergabe an Wirtschaftsprüfungsgesellschaften

Inspektionsberichte

Die Ergebnisse der Inspektionen im Inspektionsbericht werden nur den betroffenen Wirtschaftsprüfungsgesellschaften zur Verfügung gestellt. Sie sind nicht öffentlich, was aus meiner persönlichen Sicht gut ist, weil ansonsten über die APAS-Feststellungen erbittert vor dem Verwaltungsgericht gestritten werden würde. Das Ziel der APAS-Inspektionen ist aber präventiv. Sie sollen helfen, zukünftige Fehler zu vermeiden, und nicht den Abschlussprüfer öffentlich bloßstellen oder öffentlich belehren.

Im Rahmen der Ausschreibungsbedingungen für Abschlussprüfungen bei Unternehmen von öffentlichem Interesse kann aber der Prüfungsausschuss von der sich bewerbenden Wirtschaftsprüfungsgesellschaft fordern, die letzten Inspektionsberichte zu übermitteln (was sich bei Großaufträgen anbieten könnte). Die Wirtschaftsprüfungsgesellschaft kann dies aber auch ohne Gründe verweigern, da die Prüfungsausschüsse darauf keinen juristischen Anspruch haben.

Die Inspektionsberichte sind so gegliedert, dass sie vorne einen allgemeinen Teil enthalten, der das Qualitätsmanagementsystem der Praxis betrifft, und dahinter einzelne mandatsspezifische Teile. Den allgemeinen Teil wird der Abschlussprüfer dem Prüfungsausschuss in jedem Fall zur Verfügung stellen dürfen, den mandatsspezifischen Teil natürlich nur, insoweit er das betreffende Unternehmen betrifft. Ich kann Sie nur auffordern, an Ihren Abschlussprüfer heranzutreten und sich nicht gleich mit einem Hinweis auf seine Verschwiegenheit zufriedenzugeben. Für die Zukunft versuchen wir von der APAS für eine Gesetzesänderung zu werben, die es uns erlaubt, Ihnen auf Anfrage die entsprechenden Teile des Berichts zur Verfügung zu stellen.

Eine andere Quelle für Informationen über die Qualität der Abschlussprüfer ist der Austausch untereinander, wie z. B. innerhalb von Netzwerken von Prüfungsausschussmitgliedern.

Audit Quality Indicators (AQI)
Wo ich jedoch aktuell noch eine »Lack of Guidance« sehe, ist bei der Überwachung der Qualität der Abschlussprüfung. Die aktuell wieder intensiver geführte Diskussion um die sog. AQI ist dabei m. E. nur bedingt zielführend, denn dabei wird von der Idee ausgegangen, dass man nur ein hinreichend bestimmtes und zielgerichtetes Set an Indikatoren finden muss, und danach steuert man mit diesen Indikatoren (ganz i. S. eines Controlling-Instruments) die Qualität der Abschlussprüfung. Ich gehöre diesbezüglich eher zu den Skeptikern und sehe hier eher das Risiko, dass – sobald ein solches System feststeht – genau zielgerichtet diese Indikatoren optimiert werden, ohne dass dies gleichermaßen einen Einfluss auf die Prüfungsqualität hat. Kennzahlen sind ein quantitatives Moment, das ein Faktor bei einer qualitativen Bewertung ist, aber nicht mehr. Zahlen erklären allein nichts, sie wollen erklärt werden.

Wenn es also zumindest heute nicht ausreichend ist, irgendwelche AQIs zu beobachten und damit die Prüfungsqualität in ausreichendem Maße zu überwachen, was können Prüfungsausschüsse dann tun, um dieser Aufgabe gerecht zu werden?

Inspection Surveys
Nützliche Informationen enthalten die jährlichen Inspection Surveys der IFIAR oder die Jahresberichte der APAS. In beiden wird – zugegebenermaßen in hoch aggregierter Form – über die sog. Inspections Findings berichtet, die durch die Aufsichten festgestellten Prüfungsfehler. Prüfungsausschüsse können in diesen Berichten erkennen, in welchen Bereichen die Abschlussprüfer häufiger Fehler machen. Sprechen Sie Ihren Abschlussprüfer an und fragen Sie ihn z. B., wie er bei der Prüfung Ihres Unternehmens im Bereich der Schätzwerte vorgeht, denn das ist einer der fehleranfälligsten Bereiche.

Angemessene Ressourcenplanung von Engagement-Partner, Wirtschaftsprüfern und Prüfungsassistenten
Es überrascht nicht, dass man qualitative Prüfungshandlungen mit jemandem besprechen muss, der qualitative Prüfungserfahrung besitzt, d. h., der Stundenansatz muss begleitet sein durch eine angemessene Stundenverteilung der Prüfungstätigkeit der verschiedenen Prüfungsteilnehmer. Die Abschlussprüfer stehen regelmäßig unter großem zeitlichen Druck, was

allein schon ihre Arbeit fehleranfällig werden lässt. Hinzu kommt die angespannte Situation auf dem Arbeitsmarkt, die dazu führt, dass gute Mitarbeiter immer seltener eine Karriere in der Abschlussprüfung anstreben und zudem dann immer früher als geplant die Wirtschaftsprüfungsgesellschaften verlassen. Darunter leidet dann die qualitative Zusammensetzung der Prüfungsteams.

Die APAS schaut in den Inspektionen regelmäßig auf die Ressourcenplanung, weil diese ein klares Signal dafür ist, auf welcher Faktenbasis sich der Abschlussprüfer das prüferische Urteil gebildet hat.

b   Zielgerichtete Kommunikation mit dem Abschlussprüfer und Berichtsweg

Für die Überwachung der Qualität der Abschlussprüfung ist die Kommunikation mit dem Abschlussprüfer grundlegend. Wichtig ist, dass der Prüfungsverantwortliche an den Prüfungsausschuss berichtet und nicht an den Vorstand. Mit den richtigen Fragen erfahren Prüfungsausschüsse zum einen, wie der Abschlussprüfer welche Prüfungsrisiken sieht, wie er diese Prüfungsrisiken bewertet, wie er vorgeht und welche Ressourcen (qualitativ und quantitativ) er einsetzt. Prüfungsausschüsse erfahren, in welchen Bereichen der Abschlussprüfer Herausforderungen und Schwierigkeiten sieht und zu welchen Ergebnissen er kommt. Mit diesen Fragen können Prüfungsausschüsse außerdem dem Abschlussprüfer indirekt mitteilen, was für die Überwachungsaufgaben des Prüfungsausschusses wichtig ist und welche Erwartungshaltung der Prüfungsausschuss hat, und können so zu einem gewissen Teil Einfluss auf die Abschlussprüfung nehmen. Sprechen Sie bei dem Abschlussprüfer diese grundlegenden Themen rechtzeitig vor der Auftragsvergabe und vor dem Beginn der Abschlussprüfung an. Lassen Sie deutlich werden, dass Sie nicht möchten, dass hieraus ein Problem für die Abschlussprüfung Ihres Unternehmens wird. Lassen Sie sich zu Beginn der Prüfung die Ressourcenplanung vorlegen und fragen Sie zum Ende nach den tatsächlich eingesetzten Ressourcen, quantitativ und qualitativ. Ich denke, ein wenig Druck in diese Richtung wird möglicherweise die Qualität der Abschlussprüfung erhöhen, denn vom Management der Prüfungsgesellschaften kommt eher der Druck in Richtung Profitabilität des Prüfungsauftrags.

Der gesetzliche Pflichtenkatalog und das Interesse des Prüfungsausschusses begründet seine Erwartungshaltung, die der Abschlussprüfer adressieren muss. Dies betrifft insb. die Prüfungsbegleitung hinsichtlich der Prüfrisiken, bei der sich ein Austausch auch während der Prüfung anbietet und bei der die Kommunikation nicht allein dem Abschlussprüfer und dem Vorstand überlassen sein sollte. Bei den heutigen Anforderungen und den Erwartungen der Öffentlichkeit ist ein alleiniges Auftakt- und Abschlussgespräch zwischen Prüfungsausschuss und Abschlussprüfer jedenfalls abseits von Mini-Unternehmen, die gleichwohl PIEs sind, unzureichend.

3   Überlegungen de lege ferenda

APAS-Überlegungen für eine Guidance zur Überwachung der Abschlussprüfung durch Prüfungsausschüsse

Sobald sich das Ressourcenproblem der APAS entspannt hat, beabsichtigt die APAS eine Handreichung oder Hilfestellung zur Überwachung der Abschlussprüfung zur Verfügung zu stellen. Gute Anregungen existieren schon jetzt z. B. im Bericht der International Organization of Securities Commissions (IOSCO) über »Good Practices for Audit Committees« aus dem Jahre 2019.[53]

Festlegung konkreter Mindestanforderungen

Der Gesetzgeber sollte konkrete Mindestanforderungen festlegen, die ein Prüfungsausschuss in seiner Rolle als Überwacher der Abschlussprüfung und des Abschlussprüfers zu beachten hat. Dies würde aus Sicht der APAS einen wesentlichen Beitrag leisten, den anfänglich erwähnten »Lack of Guidance« zu schließen.

Pflicht eines Prüfungsausschusses für jedes PIE und Bericht des Prüfungsausschusses über seine Tätigkeit als Teil des Geschäftsberichts

Der Gesetzgeber hat durch das Gesetz zur Stärkung der Finanzmarktintegrität (FISG) in § 107 Abs. 4 Satz 1 AktG für Aufsichtsräte von Gesellschaften, die Unternehmen von öffentlichem Interesse (sog. PIEs) sind, die gesetzliche Verpflichtung zur Bildung eines Prüfungsausschusses vorgesehen, um damit die Bedeutung des Prüfungsausschusses als Teil der Corporate Governance zu stärken. Im Bericht des Aufsichtsrates an die Hauptversammlung nach § 171 Abs. 2 AktG hat der Aufsichtsrat über das Ergebnis der eigenen Prüfung der Jahresabschlüsse durch den Aufsichtsrat zu berichten und mitzuteilen, in welcher Art und in welchem Umfang er die Geschäftsführung der Gesellschaft während des Geschäftsjahrs geprüft hat. Bei börsennotierten Gesellschaften hat der Aufsichtsrat zusätzlich anzugeben, welche Ausschüsse gebildet worden sind, sowie die Zahl seiner Sitzungen und die der Ausschüsse mitzuteilen. Der Gesetzgeber könnte diese allgemeine jährliche Berichtspflicht des Aufsichtsrat stärker konkretisieren und vom Prüfungsausschuss eine ausführlichere Berichterstattung fordern.

Kern des Berichts ist die Beantwortung der Frage, wie der Prüfungsausschuss den Pflichtenkatalog des § 107 Abs. 3 AktG zur Überwachung

- des Rechnungslegungsprozesses,
- der Wirksamkeit des internen Kontrollsystems,
- des Risikomanagementsystems,
- des internen Revisionssystems sowie
- der Abschlussprüfung, hier insb. der Auswahl und der Unabhängigkeit des Abschlussprüfers, der Qualität der Abschlussprüfung und der vom Abschlussprüfer zusätzlich erbrachten Leistungen,

---

53   International Organization of Securities Commissions (IOSCO; 2019): IOSCO Report on Good Practices for Audit Committees in Supporting Audit Quality, https://www.iosco.org/library/pubdocs/pdf/IOSCOPD618.pdf.

durch seine Tätigkeit im Jahreslauf erfüllt und ob der Prüfungsausschuss Empfehlungen oder Vorschläge zur Gewährleistung der Integrität des Rechnungslegungsprozesses unterbreitet hat.

Eine konkretere Berichterstattung würde die Arbeit des Prüfungsausschusses transparenter machen und seine wichtige Position in der Corporate Governance hervorheben. Dies kann im Übrigen bereits heute schon auf freiwilliger Basis erfolgen.

4   Fazit

Auch noch so ausgeklügelte Prozeduren garantieren nicht die Aufdeckung von Missständen, wenn bei den Beteiligten der Wille zur Aufsicht fehlt oder nicht ausgeprägt ist. Aufsicht muss man **wollen**, und dies funktioniert nur mit einer Kultur des **Hinschauens**.

IV   Der zweite Financial Expert

Daniela Mattheus

Neue Besetzungsanforderung nach dem FISG

Mit dem Gesetz zur Stärkung der Finanzmarktintegrität (Finanzmarktintegritätsstärkungsgesetz, FISG) steht erneut der Prüfungsausschuss – seine Zusammensetzung, Aufgaben und Informationsrechte – im Fokus. Der Prüfungsausschuss soll effektiver werden, Unregelmäßigkeiten schneller erkannt werden. Dies soll – im Ansatz völlig richtig – auch durch eine fokussierte Besetzung in Aufsichtsrat und Prüfungsausschuss erreicht werden. Die erforderliche Fachexpertise auf den Gebieten der Rechnungslegung und Abschlussprüfung wird durch das FISG gestärkt.

Die Regierungskommission hat in ihrer jüngsten Aktualisierung des Deutschen Corporate Governance Kodex (DCGK) vom 28. April 2022 auf diese gesetzlichen Neuerungen reagiert und die Anforderungen an die Besetzung und Arbeit von Prüfungsausschüssen für börsennotierte Gesellschaften nachjustiert.

In diesem Sinne ist die Neuregelung in den §§ 100 Abs. 5, 107 Abs. 4 AktG zu verstehen, die bei Gesellschaften, die Unternehmen von öffentlichem Interesse nach § 316a Satz 2 HGB sind, mindestens ein Mitglied des Aufsichtsrats bzw. Prüfungsausschusses mit Sachverstand auf dem Gebiet der Rechnungslegung und (neu) mindestens ein weiteres Mitglied des Aufsichtsrats bzw. Prüfungsausschusses mit Sachverstand auf dem Gebiet der Abschlussprüfung verlangt. Künftig genügt die Besetzung eines Aufsichtsrats bzw. Prüfungsausschusses den gesetzlichen Anforderungen also nicht mehr, wenn nur ein Gremienmitglied beide Fachgebiete beherrscht. Zugleich müssen die Mitglieder – wie schon bisher – in ihrer Gesamtheit mit dem Sektor, in dem die Gesellschaft tätig ist, vertraut sein.

Für bestehende Prüfungsausschüsse bzw. Aufsichtsräte gibt es nach dem FISG Bestandsschutz: Ein Austausch bestehender (Ersatz-)Mitglieder ist nicht erforderlich, wenn alle Mitglieder des Aufsichtsrats bzw. des Prüfungsausschusses vor dem 1. Juli 2021 bestellt worden sind; die neuen gesetzlichen Anforderungen gelten erst bei der nächsten Nachbestellung. Freilich müssen börsennotierte Gesellschaften schon jetzt den seit 27. Juni 2022 im Bundesgesetzblatt veröffentlichten neuen DCGK bei Abgabe ihrer nächsten Entsprechenserklärung berücksichtigen und sich zu den dort niedergelegten Empfehlungen schon erklären.

Was bedeutet Sachverstand auf dem Gebiet der Abschlussprüfung?

Der FISG-Gesetzgeber knüpft den nunmehr erforderlichen Sachverstand in der Abschlussprüfung laut Gesetzesbegründung nicht zwingend daran, dass das Mitglied einem wirtschaftsprüfenden Berufsstand angehört. Vielmehr kann der Sachverstand auch durch adäquate Weiterbildungen oder Erfahrung in der Arbeit mit dem Abschlussprüfer, etwa als Finanzvorstand oder langjähriges Mitglied in einem Prüfungsausschuss, erworben worden sein. Explizit verweist das FISG auf die Gesetzesbegründung des 2008 verabschiedeten BilMoG und den dortigen Auslegungsmaßstab. Insofern ändert sich das individuelle Profil eines Finanzexperten de lege ferenda nicht; es müssen nunmehr nur beide Fachgebiete zwingend im Gremium vertreten sein, und das durch ein weiteres Mitglied. Die Kodex-Kommission erweitert diese Kompetenzanforderungen für börsennotierte Unternehmen mit seiner neu formulierten Empfehlung in D.3. in verschiedener Hinsicht: So soll der Sachverstand auf dem Gebiet der Abschlussprüfung in besonderen Kenntnissen und Erfahrungen in der Abschlussprüfung bestehen (Satz 1). Dies setze – so die Begründung zu D.3. – eine eigene Tätigkeit auf diesem Gebiet voraus. Wie umfangreich und aktuell diese sein muss, lässt die Kommission offen. Sie betont lediglich, dass eine Ausbildung und Tätigkeit als Wirtschaftsprüfer nicht erforderlich seien. Analoges soll für das »Kompetenzniveau« bezogen auf den Sachverstand für Rechnungslegung gelten. Der Vorsitzende des Prüfungsausschusses soll entweder auf dem Gebiet der Abschlussprüfung oder der Rechnungslegung sachverständig sein (Satz 3 der Empf. D.3). Die Namen und die näheren Angaben zum Sachverstand auf den genannten Gebieten bzw. die einschlägigen beruflichen Erfahrungen für die beiden Financial Experts sollen in der Erklärung zur Unternehmensführung dargelegt werden (Satz 4 der Empf. D.3). Es wird sich zeigen, wie ggf. Gerichte oder Regulatoren die Anforderungen an die Sachkunde auslegen bzw. konkretisieren könnten.

Warum ein zweiter Financial Expert mit Sachverstand in der Abschlussprüfung?
Was also ist Ziel dieser neuen Besetzungsanforderung? Denn der FISG-Gesetzgeber hat damit die Zusammensetzung des Prüfungsausschusses nur »minimalinvasiv« und im Einklang mit der Richtlinienvorgabe des europäischen Gesetzgebers angepasst. In der EU-Abschlussprüfer-Richtlinie wird in Art. 39 Abs. 1 Satz 4 unverändert gefordert, dass »[m]indestens ein Mitglied des Prüfungsausschusses ... über Sachverstand im Bereich Rechnungslegung und/oder Abschlussprüfung verfüg[t]«. Aufgrund der Wirecard-Erfahrungen geht der deutsche Gesetzgeber im FISG mit der Forderung nach einem zweiten Financial Expert über die EU-Mindestanforderung hinaus.

Augenscheinlich liegt darin einerseits die eindringliche Aufforderung, die Kompetenz im Prüfungsausschuss insgesamt zu erhöhen. Andererseits und vor allem zielt sie darauf ab, die Qualität der Abschlussprüfung – die das FISG nunmehr explizit als Aufgabe des Aufsichtsrats bzw. Prüfungsausschusses verankert (§ 107 Abs. 3 Satz 3 AktG) – besser zu überwachen. Mithin ist implizit die Frage aufgeworfen: Inwieweit muss der Prüfungsausschuss die Qualität der Abschlussprüfung – etwa durch Audit Quality Indicators – überprüfen können? Muss er hierfür selbst alle Prüfungsstandards kennen und am Ende einer Abschlussprüfung beurteilen, ob diese eingehalten worden sind? Nach dem Gesetzgeber mitnichten, denn dies ist (und so sollte es bleiben) doch wohl primäre Aufgabe der Abschlussprüferaufsichtsstelle und der Qualitätssicherungsmaßnahmen des Berufstandes. Und dennoch: Der Prüfungsausschuss muss den für sein Unternehmen »richtigen« Abschlussprüfer auswählen, diesen während des Prüfungsprozesses begleiten und dessen Ergebnisse für seine eigene Beurteilung der Rechnungslegung und des Rechnungslegungsprozesses einordnen können. Deshalb müssen die Ausschussmitglieder in der Lage sein, zu verstehen, wie der Abschlussprüfer zu seinem risikoorientierten Prüfungsansatz und dem unternehmensspezifischen Risikoprofil gelangt, seine Prüfungsschwerpunkte setzt und Key Audit Matters definiert. Hierfür ist eine Kenntnis des Prüfungsansatzes und der Prüfungsmethodik unerlässlich.

Gleiches gilt auch für die Zusammenarbeit mit dem Abschlussprüfer, deren Best Practice die Kodex-Kommission nunmehr in der Empf. D.10 DCGK niederlegt. Danach soll der Prüfungsausschuss mit dem Abschlussprüfer die Einschätzung des Prüfungsrisikos, die Prüfungsstrategie und die Prüfungsplanung sowie die Prüfungsergebnisse diskutieren. Dabei soll es Aufgabe des Prüfungsausschuss-Vorsitzenden sein, sich regelmäßig mit dem Abschlussprüfer über den Fortgang der Prüfung auszutauschen und hierüber dem Ausschuss zu berichten. Bemerkenswert ist, dass dies offenbar unabhängig gelten soll, ob der Vorsitzende der Finanzexperte für Abschlussprüfung oder für derjenige für Rechnungslegung ist. Man mag dies dahingehend interpretieren, dass der Ausschussvorsitzende Expertise in beiden Gebieten mitbringen soll. Wie auch immer, ist ein anderes Mitglied im Prüfungsausschuss als Finanzexperte bezogen auf die Abschlussprüfung benannt, ist nicht ohne weiteres verständlich, warum nicht dieses Mitglied stärker in die Zusammenarbeit mit dem Abschlussprüfer, dessen Auswahl und Bewertung einbezogen werden soll.

Hierin liegt die Herausforderung und auch die Chance für den Prüfungsausschussvorsitzenden, nämlich in dem zweiten Finanzexperten einen fachlichen Sparringspartner im Aufsichtsgremium für die relevanten Überwachungsaufgaben zu haben. Insofern wird für den Prüfungsausschussvorsitzenden auszuloten sein, wie diese Expertise für das Sparring genutzt werden kann, wie er also den zweiten Finanzexperten etwa in Vorabdiskussionen mit dem Abschlussprüfer und dem CFO einbindet bzw. einbinden kann.

Der Prüfungsausschussvorsitzende muss – unabhängig von der weitergehenden Kodex-Empfehlung in C.10 DCGK – in jedem Fall auch die Unabhängigkeit von der Gesellschaft und dem Vorstand mitbringen. Dies ist ein – neben der Fachexpertise – im Grunde für alle Mitglieder des Prüfungsausschusses weiteres wichtiges Eignungskriterium. Dies mag zwar gesetzlich nicht verankert sein, folgt indes zwingend daraus, dass die Kontrollfunktion im Prüfungsausschuss im Vordergrund steht. Hierauf sollte bei der Auswahl des zweiten Financial Expert Wert gelegt werden.

Was sollte ein Financial Expert noch mitbringen?

Ein Weiteres ist für einen effektiven Prüfungsausschuss mindestens ebenso entscheidend: die Kenntnisse und Erfahrungen mit Blick auf interne Kontrollverfahren. Angesprochen sind hier das Risiko- und Compliance-Management, das interne Kontrollsystem und die Interne Revision – also all die Bereiche, die der Aufsichtsrat bzw. idealiter der Prüfungsausschuss nach § 107 Abs. 3 Satz 2 AktG auf Wirksamkeit überwachen soll. Denn die systematische Überwachung von Risiken und (auch bilanzrechtlichen) Compliance-Verstößen setzt zuerst bei den Kontrollsystemen und deren Wirksamkeit und nicht erst bei der Finanzberichterstattung an. Umso mehr muss darauf gedrungen werden, dass der besondere Sachverstand im Prüfungsausschuss gerade und besonders auch explizit um die Kenntnisse und Erfahrungen im Umgang mit Kontrollsystem und Risiken erweitert wird. Diese zwingende Ergänzung des Anforderungsprofils eines Finanzexperten spiegelt auch die tatsächliche Befassung mit diesen Themen im Prüfungsausschuss wider. Konsequent ergänzt die Empfehlung D.3 DCGK das Profil des Finanzexperten für Rechnungslegung um Kenntnisse und Erfahrungen in der Anwendung von internen Kontroll- und Risikomanagementsystemen. In der Praxis bringen in der Regel auch die Prüfungsexperten vertiefte Kenntnisse und Erfahrungen für diese Kontrollverfahren mit.

Last but not least darf eines in der heutigen Zeit nicht vergessen werden: Rechnungslegung, oder besser Rechenschaftslegung, vornehmlich am Kapitalmarkt, geht weit über Finanzkennzahlen hinaus. Die nichtfinanzielle Berichterstattung ist DAS Thema im Prüfungsausschuss und sollte in der Fachkompetenz seiner Mitglieder Niederschlag finden. Ebenfalls aus dieser Perspektive muss das Profil des Financial Expert schnellstens hinterfragt und um profunde »Non«-financial-Expertise ergänzt werden. Die Transformation in eine nachhaltige Wirtschaft wird ebenso das »Berufsbild« des Finanzexperten transformieren und auch die (Zusammen-)Arbeit im Prüfungsausschuss nachhaltig verändern. Auch hier hat die Kodex-Kommission vorgelegt mit der Aussage in D.3. Satz 2 DCGK: »Zur Rechnungslegung und Abschlussprüfung gehören auch die Nachhaltigkeitsberichterstattung und deren Prüfung«. Konsequent ergänzt die Kommission in ihrer Begründung, dass die internen Kontroll- und Risikomanagementsysteme auch die Nachhaltigkeitsberichterstattung betreffen müssen.

New Normal in der Arbeit für Prüfungsausschüsse?

In Summa besteht allerorts die Erwartung, dass mit dem zweiten Finanzexperten die Arbeitsweise im Ausschuss weiter intensiviert und professionalisiert wird. Die neuen Kodex-Empfehlungen, insbesondere zu den Neujustierungen in der Arbeit des Prüfungsausschusses, und vor allem die weiterführenden Erläuterungen der Kommission mögen heute noch nicht überall Best Practice sein. Sie sind zumindest geeignet, eine Debatte über das New Normal in der Arbeit für Prüfungsausschüsse anzustoßen. Hierzu gehört auch die Frage, wie man die Expertise einzelner Aufsichtsratsmitglieder, hier des zweiten Finanzexperten, noch stärker nutzen kann und muss. Am Ende geht es um die Zukunft des Aufsichtsrats und um die Frage, wie sich der Aufsichtsrat (eingeschlossen seine Ausschüsse) in diesen Zeiten transformieren muss, um regulatorischen Anforderungen, aber auch allgemeinen Erwartungen zu genügen und einen Wertbeitrag für das Unternehmen und seine Stakeholder zu leisten. Diese zukunftsweisende Debatte über eine – trotz aller Formalitäten – agilere Aufsichtsratsarbeit wird spannend sein!

V   Prüfungsausschuss und Nachhaltigkeits- berichterstattung – ein Interview

Karin Dohm

Deloitte sprach im Februar 2022 mit Frau Karin Dohm, Vorsitzende des Prüfungsausschusses und stellvertretende Vorsitzende des Aufsichtsrates der Deutschen EuroShop AG, Hamburg, Vorsitzende des Prüfungsausschusses und Mitglied im Aufsichtsrat der Ceconomy AG, Düsseldorf, sowie CFO und Mitglied des Vorstands der HORNBACH Holding AG & Co. KGaA, Bornheim, zur Bedeutung der Nachhaltigkeitsberichterstattung aus Sicht von Prüfungsausschuss und Finanzvorstand.

Welche Bedeutung hat die Nachhaltigkeitsberichterstattung heute im Vergleich zur »regulären« Finanzberichterstattung?

Die Nachhaltigkeitsberichterstattung nimmt derzeit, bedauerlicherweise, muss man sagen, noch eine untergeordnete Bedeutung ein. Das hat z. T. natürlich praktische, aber auch historische Ursachen: Finanzberichterstattung ist die Basis für Unternehmensbewertungen, Dividendenpotenzial und auch Besteuerung. Das sind harte, quantitative Werte, die seit jeher von materieller Bedeutung für verschiedene Stakeholder sind.

Durch die Weiterentwicklung der Nachhaltigkeitsberichterstattung, gerade auch die Aufnahme diverser Kennzahlen, und die wachsende Erkenntnis, dass kein Unternehmen in einer zerstörten Umwelt dauerhaft Gewinne erwirtschaften kann, steigt der Stellenwert der Nachhaltigkeitsberichterstattung in meiner persönlichen Wahrnehmung kontinuierlich an. Ich gehe davon aus, dass sie künftig den gleichen Stellenwert wie die Finanzberichterstattung haben wird bzw. dass die beiden miteinander verschmolzen werden.

Wie erleben Sie die Erwartungen der Investoren und Fremdkapitalgeber (Stichwort »Green Finance«) an die Inhalte der Nachhaltigkeitsberichterstattung und deren Verlässlichkeit?

Ich stelle ein wachsendes Interesse seitens der Investoren und Fremdkapitalgeber fest. Dabei wandelt sich auch die Art des Interesses, weg von einer reinen grundlegenden Abfrage (»tick the box«) hin zu spezifischeren Fragen zur Nachhaltigkeitsberichterstattung und vor allen Dingen zu den dahinterstehenden Aktivitäten des Unternehmens. Es geht nicht mehr nur darum, ob zu Nachhaltigkeitsthemen berichtet wird oder welche möglichen Ziele festgelegt worden sind. Stattdessen werden sehr konkrete Fragestellungen geäußert, wie z. B.: Inwieweit sind die definierten Zielsetzungen mit den Zielen für den Vorstand in der Vergütung verknüpft? In welchem Ausmaß werden die Ziele in der Nachhaltigkeitsberichterstattung in der Chancen-

und Risikobetrachtung berücksichtigt? Und zunehmend auch: Ob und inwieweit nimmt die Nachhaltigkeit(sberichterstattung) Einfluss auf die Fragestellungen rund um die finanzielle Berichterstattung und damit rund um Themen wie bspw. die Bewertung von Vermögensgegenständen, Investitionen oder Rückstellungen?

Generell wird der Austausch fundierter; auch, weil sich externe Stakeholder mehr und mehr mit der Ausgestaltung und den Inhalten der Nachhaltigkeitsberichterstattung beschäftigen. Anders ausgedrückt: Der Interessenfokus liegt heute deutlich auf der Verknüpfung von Berichterstattung und Unternehmensalltag. Dies ermöglicht einen inhaltstärkeren Dialog, der wiederum den Transformationsprozess im Unternehmen inspirieren kann.

Welchen Herausforderungen steht die Unternehmenspraxis gegenüber, die Verlässlichkeit der Nachhaltigkeitsberichterstattung sicherzustellen?

Datenverfügbarkeit und -vergleichbarkeit stellen definitiv die größten Herausforderungen dar. Dies gilt losgelöst davon, ob es sich um Emissionswerte i. S. d. Scope 1, 2, 3[54] handelt oder um andere ESG-Kennzahlen. Die Unternehmenspraxis muss daher mittels geeigneter interner Kontrollsysteme sicherstellen, dass genau diese Herausforderungen effektiv adressiert werden. Wie bei jeder Veränderung und bei jedem Ausbau des IKS impliziert dies außerdem, dass Kontrollen, Prozesse und Verantwortlichkeiten überprüft und ggf. neu definiert werden. Es braucht dafür auch den nötigen Buy-in von internen Stakeholdern und Mitarbeiterinnen und Mitarbeitern im Unternehmen. Die Herausforderung an dieser Stelle besteht dabei darin, ganzheitlich ein Grundmaß an gemeinsamem Willen zu haben. Wie bei jedem Change-Projekt ist es auch bei der Weiterentwicklung der Nachhaltigkeitsberichterstattung von elementarer Bedeutung, die gesamte Belegschaft mitzunehmen. Ziel muss es daher sein, möglichst viele Menschen im Unternehmen frühzeitig mit ins Boot zu holen. Dabei hilft es natürlich, wenn Aufsichtsrat und Vorstand eine klare, einheitliche Nachricht zur Bedeutung der Nachhaltigkeitsberichterstattung proklamieren.

Ein weiteres wichtiges Thema ist die Frage, wie die Revisionssicherheit, d. h. eine Datenerfassung und -berichterstattung, die nachvollziehbar ist, idealerweise in die übrigen Berichterstattungsprozesse integriert werden kann. Ich empfehle jedem Unternehmen, hier in langfristig tragfähige IT-Prozesse zu investieren. Möglichst wenig manuelles Einsammeln von Werten und eine weitgehende Reduktion von Schnittstellen erleichtern jede weitere Skalierung. Am Ende des Tages ist das auch für alle Beteiligten wichtig: sowohl für die Ersteller und Prüfer als auch

---

54   Die Einteilung von Emissionen in Scope 1, 2 und 3 stammt aus dem Greenhouse Gas Protocol (GHG Protocol). Dabei handelt es sich um einen Standard zur Messung und Kommunikation der Treibhausgasemission, der die gesamte Wertschöpfungskette berücksichtigt und zwischen direkten und indirekten Emissionen von Treibhausgasen unterscheidet. Scope 1: umfasst die direkte Freisetzung klimaschädlicher Gase im eigenen Unternehmen. Scope 2: umfasst die indirekte Freisetzung klimaschädlicher Gase durch Energielieferanten. Scope 3: umfasst die indirekte Freisetzung klimaschädlicher Gase in der vor- und nachgelagerten Lieferkette.

aus der Sicht von Prüfungsausschuss und Aufsichtsrat. Es lohnt sich daher, sich über kurzfristige Ideen hinaus Gedanken über eine langfristige Lösung zu machen.

Gibt es in den Unternehmen, Vorständen, Aufsichtsräten und bei den Abschlussprüfern ausreichend Wissen und Erfahrungen bei dem Thema Nachhaltigkeitsberichterstattung?

Grundsätzlich liegt ausreichendes Fachwissen vor. Das Thema wird in meiner Wahrnehmung auch von allen genannten Akteuren in Form von kontinuierlicher individueller und ausschussspezifischer Weiterbildung sehr ernst genommen. Ich erlebe hier lebhafte Diskussionen, sowohl innerhalb des Prüfungsausschusses und innerhalb der Aufsichtsräte als auch im Austausch mit den Prüfern. Der Wille und der Wunsch, das Fachwissen mit Blick auf die Nachhaltigkeitsberichterstattung weiterzuentwickeln, ist vorhanden.

Nichtsdestoweniger sehe ich, dass zwei Aspekte allen Beteiligten derzeit noch fehlen: Zum einen ist es eine jahrzehntelange Erfahrung mit allen Aspekten der Nachhaltigkeitsberichterstattung. Die ist naturgemäß (noch) nicht gegeben. Das fördert aber auch Kreativität und viel Offenheit und erledigt sich, so trivial es klingen mag, im Zeitablauf. Zum anderen – und das ist elementar – fehlen einheitliche Standards. Damit wäre allen Beteiligten geholfen und es würde nicht nur die Diskussion rund um die Vollständigkeit des Berichtes erleichtert, sondern es könnte gleichermaßen auch die gegebene Erwartungslücke vermindert werden. Definierte Standards erlauben es zudem, das Soll-Objekt klarer festzulegen und so die aktuell noch divergierenden oder rein qualitativen Anforderungen abzulösen.

Außerdem lassen sich mithilfe der Standards die Verantwortlichkeiten intern im Unternehmen klarer nachvollziehen. Dabei hat sich die Frage nach der Verantwortlichkeit der ESG/CSR-Themen stetig weiterentwickelt. Diese Erfahrung habe ich durchweg in allen Unternehmen gemacht, in denen ich bisher tätig war, ob als Wirtschaftsprüferin, als Aufsichtsrätin oder als CFO. Heutzutage beobachte ich, dass diese Themenblöcke vermehrt beim CEO/Vorstand angesiedelt sind. Das finde ich sehr wichtig und richtig. Doch auch wenn diese Themen gesamthaft durch den Vorstand verantwortet werden, stehen die Vorstandsmitglieder für ihren eigenen Bereich auch individuell in der Verantwortung. Ich glaube, dass insgesamt das Bewusstsein dafür steigt, dass es hier um eine Haltungsfrage geht, die losgelöst von einer Berichterstattung zu betrachten ist. Letztlich bleibt es eine gemeinschaftliche Aufgabe des Vorstandes, dass das gesamte Unternehmen gut aufgestellt ist.

Wie sehen Sie das in der Praxis häufig vorzufindende Nebeneinander von »regulärer« Finanzberichterstattung und Nachhaltigkeitsberichterstattung? Ist das viel diskutierte und in der Praxis doch schwierig umzusetzende »Integrated Reporting« ein Lösungsweg?

Fangen wir mit der zweiten Frage an: Ich halte ein »Integrated Reporting« i. S. d. IIRC für den Alltag vieler Unternehme derzeit für zu komplex. Ein integriertes Reporting i. S. einer Zusammenführung der finanziellen und der nichtfinanziellen Berichterstattung halte ich dagegen für sehr sinnvoll. Zur ersten Frage: Ein Nebeneinander der beiden Berichterstattungen, wie wir es derzeit haben, führt in meinen Augen zu Ineffizienzen und wird der angestrebten realen Verknüpfung im Unternehmensalltag nicht gerecht.

Davor steht natürlich eine Unternehmensstrategie, die nicht nur klassische finanzielle KPIs adressiert, sondern diese auch mit ESG-Zielen verknüpft. Nach meiner Erfahrung als CFO und als Aufsichtsrätin führt eine solche Strategie in Kombination mit einer daran ausgerichteten Vergütungsstruktur automatisch zu einem Zusammenwachsen der Berichterstattungen. Ich nehme aus Gesprächen mit Investoren auch regelmäßig dahingehende Anforderungen mit.

In Deutschland stellt derzeit der Lagebericht eine Sonderform der Berichterstattung dar, die international nicht üblich ist. Hier sehe ich die Notwendigkeit, im Zuge der Verknüpfung von regulärer und Nachhaltigkeitsberichterstattung ein Format zu finden, das internationale Vergleichbarkeit und Interpretierbarkeit sichert. Dies ist letztendlich auch gerade zur Stärkung des deutschen und des europäischen Kapitalmarkts unabdingbar.

Wie sehen Sie die aktuelle Diskussion auf EU-Ebene zur Regulierung der Nachhaltigkeitsberichterstattung, d.h. die Überarbeitung der Richtlinie zur Unternehmensberichterstattung für sog. nichtfinanzielle Informationen (Non-Financial Reporting Directive, nun Corporate Sustainability Reporting Directive – CSRD) sowie die Berichterstattungsanforderungen im Rahmen der EU-Taxonomie-Berichtsanforderungen?

Es ist gut zu sehen, dass die Bausteine des European Green Deal sukzessive mit Leben gefüllt werden. Dazu gehören natürlich auch die Taxonomie und die CSRD.

Die EU-Taxonomie hat in meiner Wahrnehmung in der Debatte unter dem Kompromiss rund um Gas- und Atomstrom gelitten. Wir müssen abwarten, wie die Anwendungspraxis durch die Unternehmen und die darauf aufsetzende Wertung durch Analysten und Investoren sich entwickelt. Definitiv wird die Taxonomie im Rahmen der ESG-Transformation der Kreditinstitute Einfluss auf die Assetallokation durch Banken und Asset Manager haben. Dies wird idealerweise das Ziel, 55 % der CO_2-Emissionen bis 2030 zu reduzieren, forcieren.

Auch die CSRD hat in meiner Wahrnehmung das Potenzial, diese Entwicklung zu unterstützen. Wichtig ist dabei, dass die weitere Entwicklung zügig und einheitlich erfolgt und damit der europäische Kapitalmarkt gestärkt wird. Derzeit nehme ich wahr, dass der Druck der Eigen- und Fremdkapitalgeber und der daraus entstehende Impuls wirksamer ist als derjenige aus der Verpflichtung der Berichterstattung. Eines haben alle Ansätze gemeinsam: Sie bringen Energie und Dynamik in die Diskussion, die deutlich über das, was die bisherige nichtfinanzielle Berichterstattung geboten hat, hinausgeht.

An dieser Stelle kommt Aufsichtsrat und Prüfungsausschuss eine übergeordnete Rolle zu. Denn beide Gremien sind mit ihrem Einfluss auch mit dafür verantwortlich, dass zum einen in der Strategie durch den Vorstand entsprechende Impulse gesetzt werden. Zum andern können sie durch ihre Überwachung sicherstellen, dass Themen, die bisher im Unternehmen an verschiedenen Stellen bearbeitet worden sind, wie z. B. Risikomanagement, Strategieentwicklung, Beschaffung oder Versicherungsschutz, wirklich zusammengeführt werden.

Das von der EU-Kommission geplante Rahmenwerk zur Nachhaltigkeitsberichterstattung, das derzeit die EFRAG vorbereitet, steht in einem Konflikt mit den aktuellen Plänen des International Sustainability Standards Board (ISSB) für ein globales Standardwerk. Welche Auswirkungen sehen Sie für die Nachhaltigkeitsberichtung als solche und die Auswirkungen auf die Prüfung der Nachhaltigkeitsberichte?

Ich gehe davon aus, dass die Standards des ISSB analog zu den IFRS-Standards weitreichende Akzeptanz und damit auch Relevanz bekommen. Das wäre sehr positiv i. S. der Transparenz und der Vergleichbarkeit der Daten und damit auch für die Interaktion mit Analysten und Investoren.

Daneben verstehe ich die zukünftigen Standards der EFRAG als Detaillierung für die EU-spezifischen Zielsetzungen im Rahmen des European Green Deal. Natürlich sollten sich diese beiden Regelwerke nicht widersprechen oder zu zweierlei Berichterstattungen führen.

Ich gehe davon aus, dass der ausgeübte Druck zur Schaffung von einheitlichen Standards von allen beteiligten Stakeholdern groß ist und bleiben wird.

Gibt die Nachhaltigkeitsberichterstattung Anstöße dazu, das Risikomanagement zu hinterfragen und ggf. zu verbessern?

Ja, wobei ich nicht »hinterfragen« sagen würde. Ich denke, dass die Nachhaltigkeitsberichterstattung Anstöße dazu gibt, das Risikomanagement »weiterzuentwickeln«. Der Impuls besteht dabei in der Zusammenführung von finanziellen und nichtfinanziellen Aspekten in der Risikoberichterstattung.

Wie schätzen Sie die Verknüpfung der Nachhaltigkeitsstrategie und der Nachhaltigkeitsberichterstattung mit der Vorstandsvergütung ein? Welche Möglichkeiten und Risiken sehen Sie dabei?

Ich halte die Verknüpfung von Vergütung und nachhaltiger Berichterstattung für einen ganz wichtigen Hebel, gerade auch aus Sicht des Aufsichtsrates. Dabei ist die Berichterstattung natürlich nur insoweit relevant, als sie ein Spiegel der tatsächlichen unternehmerischen Aktivitäten ist. Das knüpft an die zuvor diskutierte Verknüpfung zwischen finanzieller und nichtfinanzieller Berichterstattung und die Qualitätssicherung beider an.

Ich bin weiterhin überzeugt davon, dass das Thema auch von Investorenseite kontinuierlich prominenter adressiert wird und sich damit auch dieses Jahr im Abstimmungsverhalten der

Investoren widerspiegeln wird. Gerade heute (09.02.2022) hat die DSW ihre aktuellen Abstimmungsempfehlungen veröffentlicht, die genau diese Frage aufgreifen. Idealerweise sollten im Ergebnis unternehmerisches Handeln, die darauf basierende Vergütung und das Abstimmungsverhalten der Investoren an denselben nachhaltigen Kriterien ausgerichtet sein.

Wie beurteilen Sie den Umstand, dass die gesetzliche Abschlussprüfung die Prüfung der »regulären« Finanzberichterstattung mit »hinreichender Sicherheit« zum Gegenstand hat, vom Gesetzgeber die Prüfung der Nachhaltigkeitsberichterstattung aber auf formale Gesichtspunkte beschränkt wurde? Sehen Sie Auswege für die Praxis?

Ich halte diese aktuelle Beschränkung für einen Übergangszustand. Ich glaube, das wird sich zügig auf einen vergleichbaren »Prüfgrad« anpassen, sodass künftig dieselben quantitativen und qualitativen Anforderungen für die Prüfung der Finanzberichterstattung und der Nachhaltigkeitsberichterstattung gelten werden, also auch die Assurance. Gerade als Aufsichtsrätin möchte ich die Gewissheit haben, dass die berichteten Werte im Rahmen sowohl der Erstellung als auch der Prüfung angemessene Kontrollen durchlaufen haben. Aufgrund der Verknüpfung der Vorstandsvergütung mit ESG-Zielen wird die prüferische Sicherheit abermals relevanter »for those concerned with governance«.

Wäre eine Prüfung der Finanz- und Nachhaltigkeitsberichterstattung (ESG-Berichte) »aus einer Hand« hilfreich und mit Blick auf die integrierte Berichterstattung sinnvoll?

Ich persönlich bin, eben aufgrund dieser inhaltlichen Verknüpfung, eine große Befürworterin der weiteren Verbindung der nichtfinanziellen und finanziellen Berichterstattung. Als Wirtschaftsprüferin halte ich das auch aufgrund meiner beruflichen Erfahrung für den besseren Ansatz. Auch wenn ich eine Freundin von Rotation bin, halte ich es darüber hinaus für ineffizient, wenn man hier verschiedene Prüfer hat. Man muss bedenken, dass gleiche Aspekte betroffen sind und das übergreifende Ziel darin bestehen sollte, die nichtfinanzielle und die finanzielle Berichterstattung weiter zusammenwachsen zu lassen. Zusätzlich halte ich es für wichtig, dass die Nachhaltigkeitsberichterstattung auch weiterhin von Wirtschaftsprüfungsgesellschaften und nicht von anderen Institutionen geprüft wird. Das knüpft an meine These an, dass die Verlässlichkeit der Berichterstattung weiter steigen wird. Dafür braucht es nicht nur einen revisionssicheren Erstellungsprozess, sondern auch eine klassische, standardisierte Prüfung. Das gilt umso mehr, als dass dieser Teil der Berichterstattung mehr und mehr für Investitionsentscheidungen herangezogen werden wird.

Wie kann der Prüfungsausschuss die Nachhaltigkeitsstrategie und die Nachhaltigkeitsberichterstattung überwachen und seinen gesetzlichen Aufgaben gerecht werden?

Eine wichtige Frage! Hier sind aus Prüfungsausschusssicht zwei Aspekte besonders wichtig: Zum einen sollte eine regelmäßige Befassung mit der Nachhaltigkeitsberichterstattung stattfinden. Ich empfehle, dies fest in der »Standing Agenda« zu verankern. Zum anderen muss sich der Prüfungsausschuss mit den faktischen Inhalten und Prozessen vertraut machen und v.a. der Frage nachgehen, wie die Nachhaltigkeitsstrategie im Unternehmen auch tatsächlich gelebt wird. Hier empfehle ich außerhalb der regelmäßigen Sitzungen mit Unternehmensvertretern den Austausch zu suchen, um jenseits von CFO- oder CSR-Beauftragten den gelebten Alltag zu verstehen. Ich habe die Erfahrung gemacht, dass es dabei auch zielführend ist, losgelöst von der Zusammensetzung des Prüfungsausschusses andere Aufsichtsratsmitglieder einzubeziehen, insb. wenn diese aus ihrer sonstigen Tätigkeit profunde Erfahrung mit einzelnen ESG-Facetten mitbringen.

Werden Prüfungsausschüsse mit einer »schleichenden« Ausweitung ihrer Aufgaben konfrontiert, mit sog. scope creep? Wie können Prüfungsausschüsse mit diesen Herausforderungen umgehen?

Die Aufgaben des Prüfungsausschusses und damit die Anforderungen an ihn haben sich mit Sicherheit in den vergangenen Jahren kontinuierlich ausgeweitet. Insgesamt ist zugleich das Portfolio des gesamten Aufsichtsrates tiefer und weiter geworden. Diese Entwicklungen lassen sich selbstverständlich auch in einigen anderen Ausschüssen beobachten. Nichtsdestotrotz sollten diese Entwicklungen zum Anlass genommen werden, kritische Fragen in regelmäßigen Abständen zu stellen. Dazu gehören z. B.: Sind die Besetzung des Prüfungsausschusses und das Fachwissen noch passend? Sind die Sitzungszyklen noch ausreichend? Oder wie bereits erwähnt: Sollte man sich in anderen Konstellationen und mit anderen Unternehmensvertretern austauschen? Welche vertiefenden Workshops sollten zusätzlich zu den regulären Sitzungen aufgesetzt werden?

Ich persönlich habe einige Themen, die ich im bilateralen und regelmäßigen Austausch außerhalb der Regelsitzungen bespreche, sei es mit dem oder der CFO, mit dem Leiter oder der Leiterin Interne Revision, den Abschlussprüfern oder anderen Experten des Unternehmens.

Ich glaube auch, dass sich das deutsche Two-Tier-System, was ich für grds. gut halte, im Zuge der erweiterten Anforderungen wie zuletzt durch das FISG in den vergangenen zehn Jahren deutlich und positiv weiterentwickelt hat. Dadurch wird das Gremium seinen zwei Namensbestandteilen »Aufsicht« und »Rat« letztendlich besser gerecht.

Welche abschließenden Anmerkungen oder Hinweise haben Sie zum Thema Nachhaltigkeitsberichterstattung und Prüfungsausschuss?

Ich begrüße die am 22. Januar 2022 im Entwurf veröffentlichte Fassung des Deutschen Corporate Governance Kodex, denn es werden sehr relevante Themen für uns als Gesellschaft und letztendlich für uns in Europa direkt angesprochen. Es ist gut und wichtig, dass das Thema der Nachhaltigkeit in dem DCGK-Entwurf als ein übergeordnetes Thema vor die Klammer gezogen wird. Das ist wichtig, denn die Nachhaltigkeit betrifft Ökonomie und Gesellschaft gleichermaßen.

Es bleibt dennoch weiterhin eine unternehmensindividuelle Aufgabe, die richtigen Ziele und Impulse zu setzen, um das eigene Unternehmen hin zu einem nachhaltigen Geschäftsmodell und am Ende des Tages i. S. einer Kreislaufwirtschaft zu transformieren. Dafür ist eine enge und zielorientierte Zusammenarbeit in den jeweiligen Gremien, aber auch besonders zwischen Prüfungsausschuss und Vorstand unabdingbar. Insofern halte ich insb. die kommenden drei Jahre für überaus anspruchsvoll und natürlich auch im besten Sinne des Wortes spannend.

VI   Der Prüfungsausschuss aus der Sicht eines Arbeitnehmervertreters

Walter Vogt[55]

Einmal mehr sind es Einzelfälle von dolosen Handlungen, die die Arbeit von Aufsichtsrat und Prüfungsausschuss in ein negatives Licht rücken. Ohnehin steht heute das Kontrollorgan, und hier gerade der Prüfungsausschuss, zunehmend im Fokus nicht mehr nur von Investoren und ihren (Stimmrechts-)Beratern, sondern auch, aufgrund der medialen Wirkung, unter verschärfter Beobachtung von Gesetzgeber, Stakeholdern und einer immer kritischer werdenden Öffentlichkeit. Der Einrichtung von adäquaten unternehmensinternen Kontroll- und Überwachungssystemen durch den Vorstand und einer Beurteilung ihrer Wirksamkeit durch den Aufsichtsrat bzw. Prüfungsausschuss entsprechend den Neuregelungen des zum 1. Juli 2021 in Kraft getretenen FISG[56] kommt damit ein noch stärkeres Gewicht zu. Aber: Wie soll und kann der Prüfungsausschuss dieser Bedeutung in seinem Handeln konkret gerecht werden? Zumal die aktuellen Megathemen, namentlich in erster Linie der Angriffskrieg Russlands auf die Ukraine, Naturkatastrophen – speziell die weiter andauernde globale Pandemie –, die digitale Transformation und die mit ihr einhergehende strategische Neuausrichtung der Unternehmen, der Bruch von Lieferketten, die Verwerfungen bei Rohstoffen und Wechselkursen, geopolitische exogene Schocks und nicht zuletzt die Finanzierungswirkungen von Nachhaltigkeit und Corporate Social Responsibility ihn ohnehin bereits vor enorme Herausforderungen stellen.

Nachfolgend werden fünf zentrale Handlungsfelder für die Prüfungsausschusspraxis aufgezeigt:
1. Kontinuierliches Einholen und Bewerten entscheidungsrelevanter Information
2. Unternehmensprozesse kennen, Managementsysteme beurteilen, Berichterstattung plausibilisieren
3. Den Abschlussprüfer als Sparringspartner nutzen und die Qualität der Abschlussprüfung sichern
4. Nachhaltigkeitsthemen im Prüfungsausschuss antizipieren und offensiv besetzen
5. Ressourcen und Kompetenz gezielt einbringen und fortwährend weiterentwickeln.

Ein aktives und zielgerichtetes Einbringen aller Mitglieder unabhängig von der Zugehörigkeit zu ihrer jeweiligen »Bank« ist hierbei die Leitlinie für eine »gute« Arbeit im Prüfungsausschuss.

---

[55] Walter Vogt ist hauptamtlicher Gewerkschaftssekretär beim IG-Metall-Vorstand in Frankfurt am Main im Ressort Betriebsverfassung/Mitbestimmungspolitik.

[56] Bundesministerium der Finanzen (2021): Gesetz zur Stärkung der Finanzmarktintegrität (Finanzmarktintegritätsstärkungsgesetz – FISG). Online unter: https://www.bundesfinanzministerium.de/Content/ DE/Gesetzestexte/Gesetze_Gesetzesvorhaben/Abteilungen/Abteilung_VII/19_Legislaturperiode/2021-06-10-FISG/0-Gesetz.html. Der durch das FISG eingeführte §91 Abs. 3 AktG stellt die Vorstandspflichten wie folgt klar: »Der Vorstand einer börsennotierten Gesellschaft hat darüber hinaus ein im Hinblick auf den Umfang der Geschäftstätigkeit und die Risikolage des Unternehmens angemessenes und wirksames internes Kontrollsystem und Risikomanagementsystem einzurichten.«.

1 Kontinuierliches Einholen und Bewerten entscheidungsrelevanter Information

Bereits die Kodexnovelle 2019 stellte klar, dass in börsennotierten Gesellschaften der Vorstand den Aufsichtsrat regelmäßig, zeitnah und umfassend über alle für das Unternehmen relevanten Fragen insb. der Strategie, der Planung, der Geschäftsentwicklung, der Risikolage, des Risikomanagements und der Compliance informiert und dabei auch auf Abweichungen des Geschäftsverlaufs von den aufgestellten Plänen und vereinbarten Zielen unter Angabe von Gründen eingeht.[57] Analog der Vorlage des Jahresabschlusses (§ 170 AktG) sollte diesbezüglich auch jeweils der Prüfungsausschuss Erstadressat sein. Für die Definition der vom Vorstand bereitzustellenden Information, zu deren Umfang und Zeitpunkt der Berichterstattung bietet sich auch im Prüfungsausschuss eine verbindliche Informationsordnung an, und die einer regelmäßigen Überprüfung, z. B. im Rahmen der jährlichen Evaluation der eigenen Tätigkeit, bedarf.

Speziell Quartalsberichte stellen zentrale Berichtselemente für den Prüfungsausschuss dar, die auch unterjährig einer detaillierten Analyse bedürfen. Die Aspekte Nachhaltigkeit, Standort- und Beschäftigungssicherheit sowie die Auswirkungen der Unternehmensplanung auf die Beschäftigten sind gerade aus Sicht der Arbeitnehmerbank entscheidungsrelevant. Die unternehmensindividuellen Steuerungskennzahlen (KPIs)[58] müssen dazu in ihrer Entwicklung verfolgt und auf Wechselwirkungen geprüft werden, regelmäßig bilden sie auch die Basis für variable Bonuszahlungen des Vorstands. Die Relation und Verhältnismäßigkeit zur Lohn- und Gehaltsentwicklung der Beschäftigten sind stets zu hinterfragen.

Bei der Beurteilung der Ertragslage ist aus Beschäftigtensicht die Ableitung des operativen Ergebnisses auf Ebene der internen Steuerung zu analysieren. Eine detaillierte Betrachtung der Faktorkosten ist hier genauso relevant wie die Prognose der künftigen Entwicklung anhand der Auftragseingänge und des Auftragsbestandes nebst der dafür zur Verfügung stehenden Beschäftigung.[59] Ferner sollte die Beurteilung der Vermögens- und Finanzlage bezogen auf die Investitionstätigkeit, speziell in das Produktivvermögen, einen weiteren Schwerpunkt bilden. Inwieweit leiden durch überhöhte Zahlungen an die Anteilseigner notwendige Investitionen, in welchen Bereichen sind Neu- und Ersatzinvestitionen nötig? Etwaige Widersprüchlichkeiten müssen von den Arbeitnehmervertretern im Prüfungsausschuss reklamiert werden, und gleichzeitig ist sicherzustellen, dass sie auch Eingang in die Debatten im Plenum oder in anderen Ausschüssen (z. B. Investitionsausschuss, Personalausschuss) finden. Aufgrund der persönlichen Kontakte und der direkten Zugänge zu den Beschäftigten ist die Arbeitnehmerbank hier Experte in eigener Sache.

---

57 DCGK (2022): Grundsatz 16.
58 Key Performance Indicator.
59 Zur Unterstützung von Betriebsräten hat die IG Metall mit dem Diagnosetool »BIWIN« eigens ein EDV-gestütztes Informationssystem zur automatisierten Ableitung wesentlicher arbeitsorientierter Kennzahlen entwickelt, Näheres siehe Zillger/Vogt (2021), S. 31–33.

Ferner kommt dem Lagebericht im Rahmen der Jahresabschlussprüfung durch den Prüfungsausschuss eine besondere Relevanz zu. Längst ist dieser kein monolithischer Block mehr, sondern es stehen verschiedene Berichtsaspekte isoliert nebeneinander, die mit unterschiedlicher Intensität der externen Abschlussprüfung unterliegen. Es existieren explizite Ausnahmen oder Hinweise, dass einzelne Aspekte ungeprüft bzw. nur formal geprüft sind.[60] Hier kann sich der Prüfungsausschuss bei seiner eigenen Prüfung nicht auf das Prüfungsurteil eines externen Prüfers stützen (es sei denn, dessen materielle Prüfung wurde vom Aufsichtsrat explizit beauftragt). Folglich bedarf es dann einer vertieften Prüfung durch den Ausschuss, auch deshalb, weil der Aufsichtsrat im Bericht an die Hauptversammlung den Aktionären Art und Umfang seiner eigenen Prüfungshandlungen mitteilen und sich konkreten Fragen stellen muss. Je mehr Prüfpflichten auf den Prüfungsausschuss zukommen, umso wichtiger ist es, dass dieser auf die Wirksamkeit der zugrunde liegenden Prozesse und Systeme abstellt und sie hinterfragt. Die zentrale Frage ist, wer letztlich konkret den Lagebericht schreibt, d. h. aus welchen Fachabteilungen die relevanten Informationen kommen und wie sich der Prozess der Lageberichterstellung gestaltet. Dies leitet auch über zum nächsten Punkt.

2   Unternehmensprozesse kennen, Managementsysteme beurteilen, Berichterstattung plausibilisieren

Auch ohne die Neuregelung des § 91 Abs. 3 AktG ist es selbstredend, dass alle Unternehmen adäquate Risiko- und Kontrollsysteme als ihre zweite Verteidigungslinie einzurichten haben. Diese Systeme müssen bezogen auf Art und Umfang der jeweiligen Geschäftstätigkeit angemessen und wirksam sein, was bedingt, dass sie kontinuierlich bzgl. Effektivität und Effizienz auf den Prüfstand gestellt werden müssen. Die fundierte Kenntnis von Funktionsweise und Wirksamkeit der Kontrollsysteme, d. h. der Compliance-Organisation, des Risikomanagements, der Internen Revision und des internen Kontrollsystems (gerade auch derjenigen Teile, die über die rechnungslegungsbezogenen Kontrollen hinausgehen), sind für den Prüfungsausschuss unabdingbar. Ein kohärentes Zusammenspiel aller vier Systeme ist die Voraussetzung für die Ableitung eines belastbaren Jahresabschlusses sowie einer plausiblen Planung unter hinlänglicher Abwägung von Chancen und Risiken. Eine unterjährige Auseinandersetzung mit den Ist- und Plan-Zahlen – im Prüfungsausschuss auch begleitet durch den Wirtschaftsprüfer – ist eine wesentliche Grundlage für die eigenen Prüfungshandlungen.

---

60   Letztlich ist in lageberichtstypische, in lageberichtstypische, aber nicht inhaltlich zu prüfende und in lageberichtsfremde (keine gesetzlich geforderte Einbeziehung in die inhaltliche Prüfung) Angaben zu unterscheiden.

Folglich tut der Prüfungsausschuss gut daran, gezielte Fragen an den Vorstand zu adressieren, die auf die Wirksamkeit der zugrunde liegenden Prozesse und Systeme abzielen. Bevor bspw. Strategiefragen inhaltlich beraten werden, muss der Prüfungsausschuss Klarheit darüber haben, wie die Planungsprozesse im Unternehmen organisatorisch verankert und welche Stellen bei der Planung konkret involviert sind. Erst dann kann die Erörterung folgen, welche Daten und Annahmen den Prognosen zugrunde liegen, von welcher Qualität die Daten sind und wie Chancen und Risiken der künftigen Entwicklung konkret identifiziert und bewertet werden. Dabei halten Arbeitnehmervertreter engen Kontakt zur Belegschaft, um genau diese qualitativen Informationen zu sammeln und sie anschließend vor dem Hintergrund möglicher Risiken zu interpretieren. Begründete Bedenken sprechen sie im Prüfungsausschuss aktiv an.

Sowohl der Bilanzskandal um die Wirecard AG als auch die Folgen der Pandemie machen deutlich, dass weiterhin strukturelle und organisatorische Defizite in den Steuerungssystemen der Unternehmen bestehen. Insofern hat sich der Prüfungsausschuss noch intensiver mit der effizienten Überwachung von Compliance-Tatbeständen auseinanderzusetzen, was ihm Gesetz und Kodex als dem in der Praxis meist zuständigen Ausschuss auferlegen.[61] Überwachung meint dabei mehr, als nur »auf Augenhöhe« zu sein. Es geht auch nicht darum, »Polizei« im Unternehmen zu spielen. Vielmehr muss sich der Prüfungsausschuss mit der Prävention, also mit der Entwicklung von effizienten Compliance-Systemen und deren wirksamem Monitoring, befassen. Nicht nur weil Gesetz und Kodex das fordern, sondern weil er eine Mitverantwortung trägt, wenn es um die Etablierung von wirksamen und transparenten Strukturen geht. Das gilt erst recht in Zeiten von digitaler Transformation, in denen es gelingen muss, trotz eines Überangebots an Informationen und bestehender Unsicherheiten die richtigen, entscheidungsrelevanten Informationen, deren Eintrittswahrscheinlichkeiten und Eintrittsgeschwindigkeiten sowie die gegenseitigen Wechselwirkungen in einem wirksamen Compliance-System abzubilden und zu steuern.

Die Hebel im Prüfungsausschuss liegen dazu primär im kritischen Lesen und konkreten Nachfragen der Berichte von Interner Revision, von Compliance- und Risikomanagement. Unstimmigkeiten sind zu hinterfragen und auch, wie es nach den Regelungen des FISG nunmehr möglich und in Finanzunternehmen schon lange im Kreditwesengesetz legitimiert ist[62] (und davon abgesehen auch bislang schon gute Praxis in der Realwirtschaft gewesen sein sollte), direkt an die Leitung der Zentralbereiche zu adressieren. Festgestellte Systemmängel bleiben bis zu ihrer Behebung durch den Vorstand auf Wiedervorlage, welche jedes Mitglied des Prüfungsausschuss auch für sich selbst führen sollte. Des Weiteren sollten dem Prüfungsausschuss die Notfallsysteme und die bei Schadenseintritt zu treffenden Maßnahmen und Routinen bekannt sein. Ein stets aktuelles Risikomanagementhandbuch bildet dazu eine zentrale Informationsquelle, was umso notwendiger ist, als dass auch der Vorstand seine Pflichterfüllung

---

61   § 107 Abs. 3 Satz 2 AktG i. V. m. § 107 Abs. 4 AktG. bei PIE's und Empf. D.3 DCGK (2019); i. V. m. Grundsatz 5 DCGK (2022), wobei das Aufgabenprofil des Prüfungsausschusses unter D.3 (DCGK 2019) im DCGK 2022 gestrichen wurde.
62   § 107 Abs. 4 Satz 4–6 AktG und § 25d Abs. 8, 9 und 12 KWG.

bzgl. bestandsgefährdender Risiken, Stichwort Insolvenz, nachzuweisen hat.[63] Gerade bezogen auf das Risikomanagement kommt der im vorigen Abschnitt bereits thematisierten zeitnahen und vollständigen unterjährigen Berichterstattung eine wichtige Frühwarnfunktion zu. Arbeitnehmervertreter in Prüfungsausschüssen werden daher die Unternehmensplanung, zusammen mit den Jahres- und Quartalsabschlüssen, immer auch auf drohende negative Auswirkungen, speziell im Hinblick auf die Beschäftigung, analysieren.

Seit Beginn des Jahres 2020 sind die Geschäftsmodelle durch die COVID-19-Pandemie beeinflusst. Aktuell stellen wegbrechende Aufträge infolge von Lieferengpässen, die Sicherheit und die Verteuerung der Energieversorgung, die drastisch steigende Inflation und weiterhin die Digitalisierung die Unternehmen vor große Herausforderungen. Hinzu kommen die Auswirkungen des Krieges in der Ukraine auf die VFE Lage der Unternehmen sowie die Sicherstellung der Einhaltung von Sanktionsvorgaben. Auch hier ist es zunächst die Kontrollaufgabe des Prüfungsausschusses, sicherzustellen, dass die vom Unternehmen eingeleiteten Maßnahmen geeignet sind, den Unternehmensfortbestand und damit die Beschäftigung nachhaltig zu sichern. Neben der aktuellen Liquiditätslage ist auf die Entwicklung der Verschuldung und der künftigen Kapitaldienstfähigkeit ein weiteres zentrales Augenmerk zu legen. Die Ausschusstätigkeit wird sich einerseits in einer erhöhten Kontrolldichte zeigen, wie vermehrtem und gezieltem Nachfragen, dem Anfordern zusätzlicher Berichte und Unternehmensinformationen, eventuell bis hin zur Einbeziehung weiterer Sachverständiger, andererseits auch in einer Erhöhung der Kontrollintensität wie der erhöhten Anzahl von – ggf. auch virtuellen – Plenums- und Ausschusssitzungen.

Neu auseinandersetzen muss sich der Prüfungsausschuss mit den Regelungen des SanInsFOG, hier speziell des StaRUG[64], die betroffenen Unternehmen ab dem Jahr 2021 neue Möglichkeiten der finanziellen »Restrukturierung« geben. Kann ein Vergleich mit den Gläubigern nicht erzielt werden, besteht bei drohender Zahlungsunfähigkeit[65] ab dem Jahr 2021 ein Wahlrecht, das Unternehmen entweder gerichtlich im Insolvenzverfahren oder außergerichtlich nach dem StaRUG zu sanieren. Explizit hinzuweisen ist darauf, dass § 1 Abs. 1 StaRUG eine allgemeine und rechtsformübergreifende Regelung zur Krisenfrüherkennungspflicht des Geschäftsleitungsorgans vorgibt, was bislang nur für Aktiengesellschaften über § 91 Abs. 2 AktG zwingend vorgeschrieben war. Damit ist spätestens im Zustand der **drohenden** Zahlungsunfähigkeit die Kontrolldichte und die Kontrollintensität des Prüfungsausschusses deutlich auszuweiten.

---

63   Die Verantwortlichkeit des Abschlussprüfers bezieht sich i.W. auf die Ordnungsmäßigkeit und Verlässlichkeit der Rechnungslegung. Nur in kapitalmarktorientierten Gesellschaften hat er sich nach § 91 Abs. 2 AktG i. V. m. § 317 Abs. 4 HGB davon zu überzeugen, ob ein entsprechend dafür eingerichtetes Überwachungssystem seine Aufgabe, bestandsgefährdende Risiken zu erkennen, wirksam erfüllt.

64   Gesetz zur Fortentwicklung des Sanierungs- und Insolvenzrechts (SanInsFoG), insbesondere Art. 1: Gesetz über den Stabilisierungs- und Restrukturierungsrahmen für Unternehmen (StaRUG), https://www.bgbl.de/xaver/bgbl/start.xav?startbk=Bundesanzeiger_BGBl&start=%2F%2F%2A%5B%40attr_id=%27bgbl120s3256.pdf%27%5D#__bgbl__%2F%2F*%5B%40attr_id%3D%27bgbl120s3256.pdf%27%5D__1630841635959.

65   Das Insolvenzantragswahlrecht des Schuldners bei drohender Zahlungsunfähigkeit ist mit Verabschiedung des SanInsFoG in der Insolvenzordnung (InsO) neu geregelt worden. In aller Regel ist nun ein Prognosezeitraum von 24 Monaten zugrunde zu legen (§ 18 Abs. 2 InsO).

Ein solches »Risikofrüherkennungssystem« stellt indes immer nur einen Teilaspekt eines ganzheitlichen Risikomanagementsystems dar. Insofern darf sich das Kontrollorgan nicht auf die Prüfung ausschließlich bestandsgefährdender Risiken beschränken, sondern muss sich vielmehr mit der Effizienz des Risikomanagements vollumfänglich vertraut machen. Dreh- und Angelpunkt einer effizienten Herangehensweise stellt dabei die Unternehmensstrategie dar, aus der auch die Risikostrategie abgeleitet ist, und die wiederum die Leitplanken für ein systematisches Risikomanagement im Unternehmen setzt. Fragen zum Umgang mit Risiken (konkret Risikoappetit[66] und Risikotragfähigkeit[67]) bilden neben der Kenntnis der Risikoorganisation und der zielbezogenen Berichterstattung letztlich die Determinanten einer unternehmensindividuellen Ausgestaltung. Der Einsatz neuer technischer Möglichkeiten wie künstliche Intelligenz gibt neben den bekannten experimentellen Simulationen auch dem Prüfungsausschuss ein höheres Maß an Sicherheit.

Eine neue Form von Wirtschaftskriminalität zeigt sich in der stetig zunehmenden Gefahr von gezielt begangenen Cyberangriffen. Je höher der Grad an digitalen Geschäftsmodellen ist, desto größer sind auch das Risiko von Cyberattacken und deren Auswirkung auf die »business continuity« sowie die finanziellen Schäden (im Hinblick auch auf die u. U. zu niedrigen Deckungssummen der D&O-Versicherung)! Hier sollte der Prüfungsausschuss zunächst eruieren, wie der Vorstand das unternehmensindividuelle Risiko eines Cyberangriffs – nicht zuletzt vor dem Hintergrund des russischen Angriffskrieges auf die Ukraine – einschätzt, auf welche Anlagen ein solcher Angriff erfolgen könnte und welche Sicherheitsmaßnahmen, personellen Ressourcen, Budgets (z. B. Umfang des Versicherungsschutzes) und Zuständigkeiten er zur präventiven Abwehr implementiert hat. Explizit sollte auch die Überprüfung der IT-Sicherheit regelmäßiger Prüfungsgegenstand der Internen Revision sein und dem Prüfungsausschuss durch Vorlage entsprechender Berichte nachgewiesen werden. Sicherzustellen ist, dass alle eingesetzten Systeme nicht nur bekannt, sondern zur Vermeidung von Sicherheitslecks auf ihrem jeweils aktuellen Stand sind. Im Weiteren sollte der Prüfungsausschuss die Angemessenheit der IT-Sicherheit im Hinblick auf das Geschäftsmodell beurteilen. In seine Beurteilung einfließen wird auch die Einschätzung des Stellenwerts zum Thema Datensicherheit bei den Führungskräften und Beschäftigten (Stichwort: »Tone from the Top«). Werden mögliche Bedrohungsszenarien antizipiert oder mittels Stresstests regelmäßig simuliert? Die Problematik gestaltet sich umso drängender, je mehr Prozesse bereits outgesourct wurden. Das Beispiel Cybercrime macht deutlich, dass der Prüfungsausschuss die Kernelemente des internen Kontrollsystems (IKS) kennen muss, um die Wirksamkeit beurteilen können. Die Vollständigkeit und die jeweilige organisatorische Ausgestaltung sollten einem regelmäßigen Berichtsturnus unterliegen, was notfalls auch aktiv einzufordern ist.

---

66 Mit dem »Risikoappetit« trifft das Leitungsorgan eine bewusste Entscheidung darüber, in welchem Umfang es bereit ist, Risiken einzugehen und damit die strategischen Ziele des Unternehmens zu erreichen (d. h. die eigenen Vorgaben zur qualitativen und quantitativen Risikobereitschaft).

67 Risikotragfähigkeit meint die Fähigkeit, auftretende Risiken aus eigenen Mitteln auffangen zu können. Sie wird maßgeblich durch die Fähigkeit bestimmt, Vermögens- oder Ergebniseinbußen aufgrund von Risikoeintritten ohne Bestandsgefährdung und ohne schwerwiegende negative Auswirkungen hinsichtlich der Gestaltungsmöglichkeiten auszugleichen.

Bei allem sollte wie erwähnt die Interne Revision zuverlässiger Partner des Prüfungsausschusses sein. Ihr obliegt als dritte Verteidigungslinie die laufende und prozessunabhängige Prüfung der unternehmensinternen Prozesse und Kontrollmechanismen. Ihre Aufbauorganisation, ihr Prüfumfang und auch ihr jährlicher Prüfplan sind für den Prüfungsausschuss von wesentlicher Bedeutung. Zentrale Kriterien stellen ihre Unabhängigkeit vom Vorstand und die adäquate Ausstattung mit Ressourcen für eine wirksame Ausübung der Tätigkeit dar – und was der Prüfungsausschuss immer im Blick haben sollte.

3   Den Abschlussprüfer als Sparringspartner nutzen und die Qualität der Abschlussprüfung sichern

Das FISG sieht in § 107 Abs. 2 Satz 2 AktG explizit vor, dass sich der Prüfungsausschuss im Rahmen der Überwachung der Abschlussprüfung nicht nur mit der Auswahl und Unabhängigkeit des Abschlussprüfers (auf beide Aspekte soll an dieser Stelle nicht weiter eingegangen werden), sondern auch mit der »Qualität der Abschlussprüfung« beschäftigen muss. Doch wie kann das in der Praxis konkret umgesetzt werden?

Der Abschlussprüfer, so schon die Kodexnovelle 2019[68], unterstützt Aufsichtsrat und Prüfungsausschuss bei der Überwachung der Geschäftsführung, insb. bei der Prüfung der Rechnungslegung und der Überwachung der rechnungslegungsbezogenen Kontroll- und Risikomanagementsysteme. Der Prüfungsausschuss sollte demnach für die effiziente Erfüllung seiner Aufgaben den Abschlussprüfer gezielt in die eigene Prüfungstätigkeit mit einbinden. Das geschieht etwa mittels vertiefender Prüfungen im internen Kontrollsystem, bei der Plausibilität der Ableitung von internen Verrechnungspreisen oder auch der Planungsgenauigkeit des Vorstands bezogen auf die Einhaltung bestimmter Kennzahlen wie Covenants o. Ä.[69] Wenn Doppelprüfungen und Redundanzen durch eine kooperative Zusammenarbeit vermieden werden, dann erhöht dies wiederum den Nutzen für den Prüfungsausschuss dergestalt, dass ihm für seine gestiegenen Überwachungsaufgaben mehr Ressourcen bleiben, was wiederum zur Steigerung der Qualität der Abschlussprüfung beiträgt. Eigene tiefer gehende Prüfungshandlungen des Prüfungsausschusses werden damit keinesfalls obsolet, denn einerseits hat der Aufsichtsrat zum Ergebnis der externen Prüfung Stellung zu nehmen, d. h. das externe Prüfungsergebnis in seinen eigenen Prüfungshandlungen zu verwerten, und andererseits – und da geht die Prüfungshandlung des Aufsichtsrates über die des externen Prüfers hinaus – steht in der Prüfung

---

68   DCGK (2022): Grundsatz 18.
69   Vgl. Kompenhans/Buhleier/Splinter (2013), S. 59–66 (62–63).

durch das Kontrollorgan auch immer die sachliche Angemessenheit und Zweckmäßigkeit i. S. d. Unternehmensinteresses im Fokus. Mitglieder der Arbeitnehmerbank im Prüfungsausschuss können sich proaktiv einbringen und eigene Vorstellungen der aus ihrer Sicht relevanten Prüfungsschwerpunkte artikulieren. Umgekehrt ist es auch der Abschlussprüfer selbst, der von der größeren Nähe des Prüfungsausschusses zum Management sowie von den Mitgliedern der Arbeitnehmerbank bei der Ableitung und Plausibilisierung seiner Prüfungshandlungen vom Erfahrungsschatz aller Prüfungsausschussmitglieder profitiert.

Nach dem Kodex soll der Aufsichtsrat vereinbaren, dass ihn der Abschlussprüfer über alle für die Aufgaben des Aufsichtsrates wesentlichen Fragestellungen und Vorkommnisse, die sich bei der Durchführung der Prüfung ergeben, unverzüglich berichtet.[70] Eine kollegiale Zusammenarbeit zwischen Prüfungsausschuss und Abschlussprüfer, nicht nur während der Hoch-Zeit vor Ort, sondern auch unterjährig, dient letztlich der Steigerung der Qualität sowohl der Aufsichtsratsarbeit als auch der Abschlussprüfung. Die Einbindung des Prüfers auch zu unterjährigen Sitzungen bietet dem Prüfungsausschuss die Basis für die Überwachung der Prüfungsqualität und überdies die Möglichkeit, Einzelfragen zur Rechnungslegung oder zu potenziell unternehmensgefährdenden Risiken schon in einem sehr frühen Stadium zu erörtern und so deren Tragweite zu erfassen. Daher ist es unerlässlich, dass zumindest einzelne Mitglieder des Prüfungsausschusses auch während der Prüfung in intensivem und offenem Austausch mit dem Abschlussprüfer stehen.[71] Der Ausschuss sollte also die entsprechenden »touchpoints« kennen und nutzen. Sollte der Dialog dem Prüfungsausschussvorsitzenden in der Praxis vorbehalten sein, dürfen sich auch die Arbeitnehmervertreter nicht scheuen, den Kontakt zu den Abschlussprüfern nötigenfalls selbst proaktiv zu suchen, spätestens in der Bilanzsitzung.

Zur Beurteilung der Qualität der Abschlussprüfung gehört es schließlich, die Prüfung noch einmal Revue passieren zu lassen, etwaigen Prüfungshinweisen oder gar Einschränkungen des Bestätigungsvermerks nachzugehen und auch die sukzessive Abarbeitung eines etwaigen Management-Letters in regelmäßigen Abständen vom Vorstand einzufordern. Für eine formalisierte kritische Nachschau der durchgeführten Abschlussprüfung ist sicherzustellen, dass sich auch alle Prüfungsausschussmitglieder offen einbringen können. In der Praxis, z. B. vom International Auditing and Assurance Standards Board (IAASB)[72] oder vom DAI[73], wurden inzwischen mögliche Fragestellungen und Indikatoren abgeleitet. Wohl zielführender als ein »tick the box« ist es, aus der praktischen Sicht zu resümieren, welchen Eindruck bspw. die Wirtschaftsprüfungsberichte, die Einhaltung von Budget und Ressourcen, die Ausführungen des Abschlussprüfers in den Bilanzsitzungen oder auch die persönliche Kommunikation bei den Prüfungsausschussmitgliedern hinterlassen haben. Qualitative Anhaltspunkte könnten sein, ob die Erläuterungen des Abschlussprüfers verständlich waren, ob das Prüfungsergebnis, spe-

---

70   DCGK (2022): Empf. D.8.

71   Dazu, dass diese Praxis noch nicht etabliert ist, vgl. Harnacke (2021), S. 1093–1097.

72   Vgl. Köhler (2019): Audit Quality Indicators. Corporate Governance Inside, Ausgabe 4. https://www.deloittegermany.de/corporate-governance-inside-smart-audit/audit-quality-indicators/.

73   Vgl. Deutsches Aktieninstitut e. V. (2021)..

ziell zu den Prüfungsschwerpunkten, vom Abschlussprüfer aussagekräftig dargestellt wurde, ob Nachfragen zur Zufriedenheit beantwortet wurden und ob der Umgang von einer zielbezogenen und vertrauensvollen Atmosphäre geprägt war. Letztlich erwächst daraus ein individueller Qualitätsanspruch jedes Prüfungsausschusses, der gemeinsam mit dem Abschlussprüfer im Rahmen einer »lessons learned« zu erörtern ist und der damit, quasi als Lernreise, zu einer kontinuierlichen Verbesserung der Qualität der Abschlussprüfung beiträgt.

4   Nachhaltigkeitsthemen im Prüfungsausschuss antizipieren und offensiv besetzen

Das Thema Nachhaltigkeit ist längst auch bei Investoren und ihren Stimmrechtsberatern und mittlerweile auch im DCGK (2022) angekommen. Das ist zu begrüßen, bleibt aber unkonkret. Die künftige neue Nachhaltigkeitsberichterstattung über die CSRD[74] und die weiteren Bestrebungen auf Ebene der EU aus dem »Green Deal« hin zu einer »Sustainable Governance«[75] weisen einerseits in die von der Gesellschaft erwartete Richtung, während sich andererseits in einer sukzessive über delegierte Rechtsakte oktroyierten Taxonomie von »Sustainable Finance«[76] – aktuell in den ersten beiden von insgesamt sechs Umweltschutzaspekten, Klimaschutz und Klimawandel, künftig dann auch zu sozialen Aspekten – die Heterogenität und die jeweiligen Partikularinteressen deutlich zeigen. Diese Unsicherheiten sind auch für den Prüfungsausschuss eine wesentliche Herausforderung in allen Fragen der künftigen Unternehmensfinanzierung.

Ferner werden vor dem Hintergrund einer sich künftig vornehmlich im Lagebericht abzeichnenden Nachhaltigkeitsberichterstattung auch nichtfinanzielle Themen die bisherige Finanzberichterstattung deutlich erweitern und damit ebenfalls zu Werttreibern für das Unternehmen. Der neue Titel »Nachhaltigkeitsberichterstattung« unterstreicht aus gewerkschaftlicher Sicht die notwendigerweise gleiche Wertigkeit zwischen »finanzieller« und »nichtfinanzieller« Information. Auch die Nachhaltigkeitsberichterstattung wird das Tätigkeitsspektrum des Prüfungsausschusses betreffend Wesentlichkeit und Verfügbarkeit qualitativer Information nachdrücklich ergänzen und erfordert schon heute den Aufbau entsprechender Kompetenzen. Hatte der Gesetzgeber nach dem Fall Wirecard mit dem FISG reagiert und bei PIE's die Besetzung mit zwei Finanzexperten im Aufsichtsrat vorgesehen (§ 100 Abs. 5 AktG), hat der Kodex (DCGK 2022) selbiges im Grundsatz für den Prüfungsausschuss aufgegriffen. Zu den beiden Finanzexpertisen gehört nach Empfehlung D.3 (DCGK 2022)

---

74   Die Corporate Sustainability Reporting Directive, welche künftig die Nonfinancial Reporting Directive (NFRD) ablösen wird, siehe European Commission (2021): https://eur-lex.europa.eu/legal-content/EN/TXT/PDF/?uri=CELEX:52021PC0189&from=EN.

75   Vgl. Europäische Kommission (2020): https://ec.europa.eu/info/law/better-regulation/have-your-say/initiatives/12548-Nachhaltige-Unternehmensfuhrung_de.

76   Vgl. Europäisches Parlament und Europäischer Rat (2020): EU-Taxonomie-Verordnung unter https://eur-lex.europa.eu/eli/reg/2020/852/oj?locale=de.

nun auch die Finanzberichterstattung. Gerade die Arbeitnehmerbank erwartet sich eine höhere Transparenz darüber, wie die Auswirkungen nicht nur von Klima- und Umweltbelangen, sondern auch von Sozial- und Arbeitnehmerbelangen in die Strategie der Unternehmen einfließen und wie diese im Weiteren die wirtschaftliche Tätigkeit beeinflussen. Für sie steht außer Frage, dass sich Vorstand und Aufsichtsrat in ihrem Handeln stets für das Unternehmensinteresse einzusetzen haben. Dieses lässt sich de facto mit Unternehmenskontinuität und einer damit verbundenen langfristigen Sicherung von Standort und Beschäftigung auf den Punkt bringen. Dabei geht es immer auch um Nachhaltigkeit: um »SDG«, »ESG« oder »CSR« – oder wie immer man es auch nennen will.[77]

Konkret heißt das etwa, eine Mitverantwortung für eine aussagekräftige Personalberichterstattung offensiv wahrzunehmen und ein grundsätzliches Bewusstsein für die Relevanz eines Human Capital Reporting zu schaffen. Wer wäre dazu besser prädestiniert als die Arbeitnehmerbank, speziell, wenn einzelne Mitglieder auch ein Mandat im Prüfungsausschuss wahrnehmen? Sie können Treiber sein und die Logik einer angemessenen Personalberichterstattung über die Vorgaben des jetzt neuen Vergütungsberichts nach ARUG II für Vorstand und Aufsichtsrat hinaus thematisieren und eine Verantwortlichkeit hierfür im Aufsichtsrat festlegen.[78]

Nachhaltigkeitskriterien zeigen sich auch darin, wie nichtfinanzielle Ziele konzipiert und messbar abgeleitet werden, da sie im Weiteren regelmäßig Eingang in langfristige Vergütungsbestandteile und Vorstandsboni finden. Es ist gerade die Arbeitnehmerbank, die Vorschläge zur Förderung der Nachhaltigkeit und der sozialen Verantwortung, gerade durch ethische, soziale und beschäftigungssichernde Kriterien, einbringen, mit entwickeln, messbar ausprägen und im Plenum zur Diskussion stellen kann. Ziel im Prüfungsausschuss ist es, dabei sicherzustellen, dass das im zweiten Handlungsfeld erörterte Risikomanagementsystem weder »Hülle« noch »Papiertiger« ist, sondern als zentrales unternehmerisches Steuerungsinstrument dient, wobei das Kontrollorgan über die aus ihm generierten KPIs fortlaufend zu unterrichten ist.

Künftige Herausforderung im Risikomanagement wird ferner sein, dass neben dem traditionellen »management approach«, also der Betrachtung solcher Risiken, die von extern auf das Unternehmen einwirken, dann auch diejenigen Risiken in eine Risikomatrix eingehen, die das Unternehmen durch sein eigenes Geschäftsmodell gegenüber Dritten selbst bewirkt.[79] Unter Nachhaltigkeitsgesichtspunkten ist diese menschenrechtliche Sorgfalt bereits jetzt in die Überlegungen einzubeziehen, um die Anforderungen aus dem Lieferkettensorgfaltspflichtengesetz[80] ab dem Jahr 2023 rechtzeitig und vollumfänglich erfüllen zu können. Hierzu ist wiederum die Erweiterung der beschriebenen Compliance-Management-Systeme erforderlich, deren vollumfängliche Wirksamkeit im Weiteren der Prüfungsausschuss, auch über die Eingaben aus

---

77 Vgl. Thannisch/Vogt (2021).
78 Den extrem niedrigen Stellenwert bei der Personalberichterstattung im Geschäftsbericht zeigt auch Scholz (2013), S. 88–91.
79 Doppelte Wesentlichkeit. Die klassische »Outside-in«-Sicht wird ergänzt durch eine »Inside-out«-Betrachtung.
80 Gesetz über die unternehmerischen Sorgfaltspflichten in Lieferketten v. 16.07.2021 unter https://www.bgbl.de/xaver/bgbl/start.xav?startbk=Bundesanzeiger_BGBl&start=//*[@attr_id=%27bgbl121s2959.pdf%27]#__bgbl__%2F%2F*%5B%40attr_id%3D%27bgbl121s2959.pdf%27%5D__1630835434846.

den zugrunde liegenden Beschwerdemechanismen unter Einhaltung von Vertraulichkeit und Hinweisgeberschutz[81], regelmäßig beurteilen muss. Dabei ist seitens des Prüfungsausschusses zu gewährleisten, dass er in die zugrunde liegende Wesentlichkeitsanalyse eingebunden ist und diese ratierlich konstruktiv-kritisch hinterfragt. Eine zentrale Herausforderung wird für den Prüfungsausschuss dann die Vernetzung von Finanz-, Corporate-Governance- und Finanzberichterstattung in einer bereits heute absehbaren integrierten Lageberichterstattung sein.

5   Ressourcen und Kompetenz gezielt einbringen und fortwährend weiterentwickeln

Die vorgenannten Handlungsfelder machen deutlich: Die Anforderungen an eine verantwortungsvolle Kontrolltätigkeit i. S. einer »guten« Corporate Governance nehmen seit Jahren rasant zu. Allein die anhaltende Flut von komplexen Gesetzesänderungen, von Richtlinien und Verordnungen bedingt eine permanente Aktualisierung des aufgebauten Wissens, wovon die Prüfungsausschussmitglieder besonders tangiert sind – ganz abgesehen von den sich stetig ändernden internationalen Bilanzierungsregeln, welche für sich allein schon kontinuierlichen Qualifizierungsbedarf fordern. Das alles hat zur Folge, dass Arbeitsbelastung und vorzuhaltende Ressourcen (Zeit!), aber auch Verantwortung und Haftung für Mitglieder in Prüfungsausschüssen kontinuierlich steigen. Selbstverständlich bleiben davon auch die Arbeitnehmervertreter nicht ausgenommen.

Doch noch immer wird von Kreisen, die mit der dualen Unternehmensverfassung, erst recht mit der »vermeintlich deutschen Eigenart« der Unternehmensmitbestimmung, nur wenig anfangen können (oder wollen), den Arbeitnehmervertretern die Kompetenz in Abrede gestellt. Die Diskriminierung geht mitunter so weit, dass gar proklamiert wird, lediglich die Vertreter der Kapitalseite würden ihre Entscheidungen primär am Unternehmensinteresse ausrichten, während als maßgebliche Auswahlkriterien für die Arbeitnehmerseite hingegen Faktoren wie Prominenz und Popularität – mithin eine besondere Durchsetzungsstärke in der betrieblichen Mitbestimmung – zählten, nicht jedoch eine besondere Expertise in bestimmten Fachbereichen.[82]

Fakt ist: Es steht außer Zweifel, dass die strikte Trennung der Verantwortlichkeiten von Vorstand und Aufsichtsrat einerseits bei gleichzeitig zahlenmäßig paritätischer Besetzung des Aufsichtsrates von Kapitalseite und Arbeitnehmerbank andererseits die maßgeblichen Voraussetzungen dafür bietet, die sozialen, ökonomischen und ökologischen Anforderungen zu fördern und zu stärken. Gerade unter den beschriebenen Herausforderungen bedeutet Kompetenz nicht,

---

81   Das Thema Whistleblower-Schutz hätte bereits bis zum 17.12.2021 in nationales Recht umgesetzt werden müssen. Ferner verlangt das Lieferkettensorgfaltspflichtengesetz die Implementierung sicherer Meldekanäle.

82   Vgl. Peltzer (2009), S. 707, 718.

dass ein Aufsichtsrat umso professioneller besetzt ist, je mehr Mandate seine Mitglieder gleichzeitig innehaben, sondern vielmehr die Bereitschaft und die Ressource für eine permanente Vertiefung und für die eigenverantwortliche Erweiterung der eigenen Qualifikation.

Der Aufsichtsrat tut gut daran, den Prüfungsausschuss fachlich kompetent, gleichzeitig aber auch divers und vielfältig zu besetzen. Entsprechende Regelungen können bspw. in der Geschäftsordnung getroffen werden. Ausdrücklich bleiben dabei die Arbeitnehmervertreter nicht außen vor, setzt doch der erforderliche Sachverstand nicht zwingend voraus, dass das Mitglied des Aufsichtsrates einem steuerberatenden oder wirtschaftsprüfenden Beruf angehört. Vielmehr kann die nötige Expertise auch angenommen werden für Finanzvorstände, für fachkundige Angestellte aus den Bereichen Rechnungswesen und Controlling sowie auch für langjährige Mitglieder in Prüfungsausschüssen oder Betriebsräte, die sich diese Fähigkeit im Zuge ihrer Tätigkeit durch Weiterbildung angeeignet haben.[83] Eine entsprechende Berufserfahrung ist bei langjährigen Betriebsräten, insb. wenn sie auch im Wirtschaftsausschuss[84] vertreten sind, häufig bereits vorhanden; vielfach reicht sie zudem weit über reine Grundkenntnisse hinaus.[85] Noch mehr kann das für die hauptamtlichen Vertreter der Gewerkschaften zutreffen.

Insofern ist ein politisches Wahlmandat weder ein Freibrief[86] noch steht es profunder Fachkenntnis entgegen. Es sind vielmehr ihre fundierten Kenntnisse der Situation in den Betrieben und ihre kritische Grundhaltung, durch die die Arbeitnehmervertreter die Überwachung von Compliance- und Risikomanagementsystemen stärken. Nicht minder wertvoll ist ihr Wissen um die Risiken, die in der Wertschöpfungskette auch mit Blick auf die Einhaltung von Arbeitnehmerrechten bestehen. Und nicht zuletzt tragen speziell die außerbetrieblichen Gewerkschaftsvertreter mit ihren Branchenkenntnissen und unternehmensübergreifendem Wirtschaftsverständnis dazu bei, dass nicht nur die Kapitalmarktziele, sondern auch die langfristigen Interessen des Unternehmens im Blick behalten werden. Über allem steht bei der Arbeitnehmerbank das Wissen und Verständnis der zugrunde liegenden unternehmensinternen Prozesse, die wiederum im Kontext von digitaler Transformation der Geschäftsmodelle auch Auswirkung auf das Risikomanagement haben.

---

83   Vgl. die Begründung des RegE zum BilMoG, BT-Drs. 16/10067, S. 102.

84   Zum Wirtschaftsausschuss nach dem Betriebsverfassungsgesetz s. §§ 106 ff. BetrVG.

85   So zeigt eine Studie, dass auch rund 15 % der Arbeitnehmervertreter Finanzexperten sind, vgl. Vetter (2020), S. 993–999 (997).

86   Für die IG Metall ist zu konstatieren, dass jedes einzelne Mandat sorgfältig abgewogen wird. In mitbestimmten Aufsichtsräten mit mindestens zwei externen Mandaten erfolgt die hauptamtliche Besetzung nach einem Mix aus Genderproporz (zu dem es eine eindeutige Beschlusslage und damit klare und verbindliche Regelungen gibt), fachlicher Expertise und politischer Belange. Dabei ist für IG-Metall-Mitglieder in Aufsichtsräten eine frühzeitige und fundierte Qualifikation zur Übernahme eines Mandats selbstverständlich, dies wird nach den internen Leitlinien als Erwartungshaltung kommuniziert. Entsprechende Angebote bietet die IG Metall alljährlich über ihre Mitbestimmungsakademie an: http://www.bildung-beratung.igm.de/wir/mitbestimmungsakademie/.

6   Fazit

Aus Sicht der Arbeitnehmervertreter steht ein langfristig orientiertes, verantwortliches unternehmerisches Wirtschaften im Mittelpunkt des Interesses und ihres Mandats. Der Notwendigkeit ihrer Einbeziehung und ihrer aktiven und konstruktiv-kritischen Tätigkeit auch im Prüfungsausschuss kommt damit eine wesentliche Bedeutung zu. Die Rolle des Kontrolleurs ist dem Prüfungsausschuss auch weiter inhärent, gleichzeitig kommt er aber immer mehr aus der Überwachungs- in eine Beratungs- und Begleiterrolle. Diese kann und sollte er proaktiv nutzen. Denn die Dimensionen des Strukturwandels und die mit diesen einhergehenden Veränderungen auf die Unternehmen und ihre Beschäftigten sind gewaltig. So ist es die spezielle Expertise der Arbeitnehmerbank im Mix mit dem fachlichen ökonomischen Know-how, die im Prüfungsausschuss einen wirklichen Mehrwert schafft und von dem am Schluss wiederum das Plenum als Ganzes profitiert. Ein sozialpartnerschaftlicher Umgang, auch im Prüfungsausschuss, schafft ein gemeinsames Verständnis und die Akzeptanz für die vor den Unternehmen liegenden tiefgreifenden Herausforderungen. Die fünf explizit beschriebenen Felder mögen dem Prüfungsausschuss für seine Tätigkeit eine Handlungsorientierung geben.

VII   Der Prüfungsausschuss des Aufsichtsrates und die Abschlussprüfung aus der Sicht institutioneller Investoren

Ingo Speich

1   Erwartungen institutioneller Investoren an Prüfungsausschüsse

Prüfungsausschüsse rücken immer stärker in den Fokus institutioneller Investoren. In der Vergangenheit wurde der Prüfungsausschuss in den Gesprächen mit dem Aufsichtsratsvorsitzenden häufig nur am Rande erwähnt. Heute ist das Interesse deutlich gestiegen, insb. durch die Entwicklungen der letzten drei Jahre. Ein Treiber war sicherlich der Untergang der Wirecard AG mit dem Kollektivversagen des Aufsichtsrates inkl. des viel zu spät implementierten und nicht gerade durch eine erfolgreiche Arbeit glänzenden Prüfungsausschusses. Neben der Umsetzung des Finanzmarktintegritätsstärkungsgesetzes (FISG) hat auch der eine oder andere kontrovers diskutierte Fall am deutschen Kapitalmarkt für Aufsehen gesorgt. Der Aktienkurs der Grenke AG kam durch mutmaßliche Anschuldigungen eines aktivistischen Fonds im Hinblick auf Bilanzunregelmäßigkeiten unter Druck. Unmittelbar daran anknüpfend wurde die Rolle des Aufsichtsrates und des Prüfungsausschusses diskutiert. Das Vertrauen in das Management wurde von Aktionären hinterfragt, der Aktienkurs ist als Folge massiv eingebrochen. Schnell wird deutlich: Schwache Kapitalmarktkommunikation und zu geringe Transparenz sind eine toxische Mischung, das daraus entstehende Vertrauensdefizit beeinflusst den Unternehmenswert negativ. Der Aufsichtsrat, insb. der Prüfungsausschuss, ist gefordert, Licht ins Dunkel zu bringen.

Immer häufiger erkennen Aktionäre ihre Verantwortung als Eigentümer eines Unternehmens an und nehmen diese auch wahr. Diese Entwicklung war längst überfällig. Denn nur Dividenden und Kursgewinne zu vereinnahmen, greift heute zu kurz. Eine detaillierte und dauerhafte Auseinandersetzung mit dem Geschäftsmodell eines Unternehmens ist von zentraler Bedeutung. Insbesondere institutionelle Anleger sollten die Entwicklung ihres Investments aktiv begleiten. Die Abstimmung auf den jährlichen Hauptversammlungen ist hierfür ein probates Mittel.

Abstimmungsergebnisse von nahezu 100 % gehören der Vergangenheit an. In der Hauptversammlungssaison 2021 wurden Aufsichtsräte und Vorstände mit 78 % entlastet und Bestellungen des Wirtschaftsprüfers wurden mit 84 % Zustimmung angenommen. Die Causa Wirecard hat nicht nur das FISG angestoßen, sondern auch die Sicht auf den Tagesordnungspunkt zur Bestellung der Wirtschaftsprüfer geschärft. Grundsätzlich geht das kritischere Votum der

Aktionäre in die richtige Richtung. Trotzdem ist noch Luft nach oben: Denn die Hauptversammlungspräsenz – also der Anteil der Aktionäre, der tatsächlich abstimmt – ist mit rund 66 % nach wie vor deutlich zu gering. Bereinigt um die Anteile der Familien und der weiteren Ankeraktionäre würde die Hauptversammlungspräsenz sogar noch deutlich niedriger ausfallen. Das von Emittenten viel gelobte virtuelle Hauptversammlungsformat hat sogar zu einem leichten Rückgang der Präsenzen im Jahr 2021 gegenüber dem Jahr 2020 geführt.

Das FISG führt weder zu einer Belebung der Hauptversammlungspräsenz noch zu einem erfreulichen Ausblick bei institutionellen Investoren. Weite Teile sind bereits über die jeweiligen Abstimmungsrichtlinien abgedeckt bzw. die Investorenforderungen gehen bereits heute deutlich weiter. Dazu gehören bspw. die Einrichtung des Prüfungsausschusses oder die neuen Anforderungen an und Modalitäten zur Bestellung der Wirtschaftsprüfer. Aus Sicht der institutionellen Investoren werden granulare Forderungen eher über Abstimmungsrichtlinien oder Stewardship-Regelwerke abgedeckt als über die aktuelle Gesetzgebung wie das FISG. Daher empfiehlt sich immer zum Jahreswechsel einen Blick in die aktuellen Abstimmungsrichtlinien. Die Veränderungen zum Vorjahr sind stets ein adäquater Gradmesser für die jeweils in der Diskussion befindlichen Themen.

2   Aufsichtsräte im Fokus von Investoren

Zunehmend geraten Aufsichtsräte in den Fokus der Investoren. Früher reichte es aus, mit dem Vorstand zu sprechen, mittlerweile gehört die Kommunikation mit dem Aufsichtsratsvorsitzenden zum Standardrepertoire der Investor Relations. Der Aufsichtsratsdialog dreht sich um Themenkomplexe, die der Vorstand nicht beantworten kann oder sollte. Im Detail geht es u. a. um die Binnenorganisation zwischen den Organen, Vergütung von Aufsichtsrat und Vorstand, Besetzung von Aufsichtsrat und Vorstand im Hinblick auf die Kompetenzlandkarte und -profile sowie die Ausgestaltung von Ausschüssen und die Aufsichtsratsarbeit im Allgemeinen. In der modernen Investorenkommunikation ist ein direkter Austausch zwischen Aufsichtsrat und Aktionären unerlässlich. Investoren hinterfragen immer detaillierter die Aufsichtsratsarbeit und werden bei Hauptversammlungen kritischer, dabei hilft ein offener Austausch, um bereits frühzeitig über anstehende kritische Punkte zu diskutieren. Unternehmen sind zudem an einem fortwährenden Austausch interessiert, um informiert zu sein, da zunehmend Aktivisten den Druck auf Unternehmen erhöhen und ein enger Kontakt zu den altbekannten Aktionären hilfreich sein kann. Zudem müssen sich Aufsichtsräte viel stärker mit fachlichen Aspekten auseinandersetzen, um dem Vorstand ein angemessener Sparringspartner sein zu können. Gerade vermeintliche Spezialistenthemen wie Nachhaltigkeit haben eine enorme Transformationswirkung auf Unternehmen und wurden in der Vergangenheit häufig seitens des Aufsichtsrates nicht ausreichend gewürdigt. Davon ist auch der Prüfungsausschuss an erster Stelle betroffen, denn nicht nur die Aktionärsforderung, sondern auch die regulatorische Veränderung hin zu einer nachhaltigen Berichterstattung fordert dieses ein.

3   Prüfungsausschuss als fundamentaler Bestandteil der Aufsichtsratsarbeit

Der Aufsichtsratsvorsitzende vertritt das Kontrollgremium in der Investorenkommunikation.

Die zunehmende Komplexität der Aufsichtsratsarbeit führt jedoch zu einer arbeitsteiligeren Vorgehensweise innerhalb des Aufsichtsrates und zu einer Verlagerung von wichtigen Inhalten in die Ausschüsse. Gerade der Prüfungsausschuss nimmt dort eine zentrale Rolle ein. Aus Sicht von Investoren ist der Prüfungsausschuss das wichtigste Gremium innerhalb des Aufsichtsrats und rückt stärker in den Fokus der Investoren. Zwar ist der Bericht des Prüfungsausschussvorsitzenden hier anders als in Großbritannien nicht zwingend Kernbestandteil einer Hauptversammlung, aber die dort diskutierten Inhalte sind Investoren durchaus eine Betrachtung wert. Im Dialog mit dem Aufsichtsratsvorsitzenden werden daher auch zunehmend Inhalte der Tätigkeit des Prüfungsausschusses hinterfragt. Daher bleibt es nicht aus, dass der Prüfungsausschuss u. a. ein besonderes Augenmerk auf die Abstimmungsrichtlinie (Proxy Voting Policy) von Investoren legt.

4   Kernforderungen an den Prüfungsausschuss

Eine besonders wichtige Anforderung ist die Unabhängigkeit des Vorsitzenden des Prüfungsausschusses. Aufgrund der herausgehobenen Stellung ist der Vorsitzende Gegenstand der Abstimmungsrichtlinie nicht nur im Hinblick auf die Unabhängigkeit, sondern auch auf die zeitliche Belastung. Die Unabhängigkeit wird i. d. R. gem. dem Deutschen Corporate Governance Kodex (DCGK) definiert. Dabei ist diese Forderung bei Ankerinvestoren oder Familienunternehmen besonders zu beachten und kann bei Nichteinhaltung zu einer Nicht-Entlastung des Aufsichtsrates oder einer Ablehnung im Nominierungsprozess führen. Ebenso darf der Vorsitzende kein ehemaliges Vorstandsmitglied der Gesellschaft bzw. des Großaktionärs oder dessen Vertreters sein. Der Aufsichtsratsvorsitzende soll nicht den Vorsitz im Prüfungsausschuss innehaben. Selbstredend sollte die Besetzung auf Ebene der Einzelpersonen für den Prüfungsausschuss in den Kompetenzprofilen erläutert, die individualisierte Sitzungsteilnahme auf Ebene des Prüfungsausschusses offengelegt und ein ausführlicher Bericht über die erfolgte Arbeit ex post gegeben werden. Lebensläufe der Aufsichtsratsmitglieder und damit der Prüfungsausschussmitglieder gehören mittlerweile zum Standard, werden aber noch an der einen oder anderen Stelle mit der schwer nachvollziehbaren Begründung des Schutzes des Persönlichkeitsrechts verweigert. Selbstredend ist die Nicht-Entlastung der Mitglieder des Aufsichtsrates bei nicht vorhandenen Lebensläufen oder einer Teilnahmequote von weniger als 75 % an den Ausschusssitzungen ohne ausreichende Begründung. Zusätzlich spielt eine ausreichende Diversität des Prüfungsausschusses eine große Rolle und sollte beachtet werden. Analog ist die Qualifikation zu hinterfragen. Die differenzierte Sichtweise des FISG zum Finanzexperten ist zu begrüßen, auch wenn diese Anforderung über die meisten Abstimmungsrichtlinien hinausgeht. Ein Finanzexperte auf dem Gebiet der Rechnungslegung und ein Finanzexperte auf dem Gebiet der Abschlussprüfung erhöhen die Qualität, sicherlich sollte bei kleinen Aufsichtsräten das Prinzip der Proportionalität beachtet werden, um die Gremien personell nicht zu überfrachten und zu überfordern. Somit sollte bei der Besetzung der Mitglieder des Prüfungsausschusses eine besondere Sorgfalt erfolgen.

5   Informationspolitik

Interessant ist die Zusammenarbeit zwischen dem Prüfungsausschuss und Aufsichtsratsplenum, das letztlich nahezu alle relevanten Beschlüsse mittragen muss. Aus Aktionärssicht muss sichergestellt sein, dass das Plenum ausreichend über die Tätigkeit des Prüfungsausschusses informiert ist. Details zum Informationsfluss zwischen dem Prüfungsausschuss und Aufsichtsratsplenum sind häufig Gegenstand der Gespräche zwischen Aktionären und Aufsichtsrat und konkretisieren damit die Binnenorganisation des Gremiums. Aus externer Sicht ist daher der Spagat zu meistern zwischen maximaler Information über die Interaktion innerhalb des Aufsichtsrates und dem Vermeiden von Offenlegen sensibler Informationen für das Unternehmen bis hin zur Vermeidung von Insiderinformationen im Investorengespräch. Im Rahmen der Hauptversammlung kann auch der Prüfungsausschussvorsitzende bei besonders relevanten Aspekten aus Sicht des Prüfungsausschusses Auskunft geben und damit die Investoren informieren. Dies sollte allerdings nur dann erfolgen, wenn es aufgrund von besonderen Situationen geboten erscheint, und sollte nicht den Regelfall darstellen.

6   Bestellung des Wirtschaftsprüfers als Kernaufgabe des Prüfungsausschusses

Die Bestellung des Wirtschaftsprüfers ist eine der ureigensten Aufgaben des Prüfungsausschusses. Aus Sicht der Investoren ist der Auswahlprozess klar zu definieren und Besonderheiten, die unternehmensspezifisch sind, sind hervorzuheben. Die Unabhängigkeit des Wirtschaftsprüfungsunternehmens bzw. verantwortlichen Wirtschaftsprüfers vom zu prüfenden Unternehmen muss gewährleistet sein. Bestehen bereits an dieser Stelle berechtigte Zweifel, wird gegen den zu bestellenden Wirtschaftsprüfer bei der Hauptversammlung gestimmt. Ferner sollen die an das Wirtschaftsprüfungsunternehmen gezahlten Honorare in der Gesamtheit ausgewiesen werden, sowohl im Prüfungs- als auch im Beratungsbereich. Der Ausweis soll sich nicht nur auf die Pflichtangaben der auf Deutschland entfallenen Honorare beschränken, sondern auch die freiwilligen Angaben der weltweiten Honorare umfassen. Kritisch ist ein Mandatsverhältnis über einen besonders langen Zeitraum, daher ist die Begrenzung der Mandatslaufzeit auf maximal zehn Jahre durch das FISG zu begrüßen. Das FISG hat zudem mit den Anforderungen der Investoren der Begrenzung der Mandatsdauer des verantwortlichen Abschlussprüfers auf fünf Jahre gleichgezogen. Zudem wird aus Investorensicht begrüßt, dass der verantwortliche Abschlussprüfer namentlich im Bestätigungsvermerk und immer häufiger auch im Geschäftsbericht genannt wird.

7   Nachhaltigkeit als neue Kompetenz des Prüfungsausschusses und Mittel zur Verbesserung des Risikomanagements in der Kapitalanlage bei Investoren

Unternehmerischer Erfolg wird heute nicht mehr ausschließlich über Finanzkennzahlen definiert, auch Nachhaltigkeitskriterien spielen eine zunehmend größere Rolle. Durch das steigende Interesse an nachhaltigem Wirtschaften und einer verantwortungsvollen Unternehmensführung hat sich die Anspruchshaltung gegenüber Unternehmen erhöht: Immer häufiger fordern Investoren zusätzliche Einblicke und damit mehr Transparenz, um möglichen Fehlentwicklungen frühzeitig entgegenwirken zu können.

Dass der Kapitalmarkt zunehmend Nachhaltigkeitsthemen berücksichtigt, liegt nicht zuletzt auch daran, dass der Risikobegriff bei Finanzentscheidungen bislang zu eng gefasst und damit der Entscheidungshorizont nicht langfristig genug war. Für nachhaltige Investments hat sich am Kapitalmarkt der Überbegriff »ESG« etabliert, der für Environment, Social und Governance steht, also für Ökologie, Soziales und verantwortungsvolle Unternehmensführung. Die darunter zusammengefassten Kriterien sind von strategischer Bedeutung für die Kapitalanlage, da durch sie auch weiter in der Zukunft liegende, aber tiefgreifende Strukturveränderungen mit all ihren Risiken und Chancen antizipiert werden können. Durch die Berücksichtigung von ESG-Kriterien können also Risiken zutage kommen, die im Rahmen einer klassischen Finanzanalyse nicht sichtbar wären, aber ein hohes Schadenspotenzial haben. Das gilt insb. für die sog. Ereignis-, Klage-, Regulierungs- und Reputationsrisiken.

So liegen bspw. insb. bei global agierenden Unternehmen hohe Risiken in der Lieferkette und betreffen so den gesamten Wertschöpfungsprozess. Daher müssen Unternehmen Strukturen und Prozesse schaffen, die das Risiko für Verstöße im ökologischen oder sozialen Bereich geringhalten. Denn gerade in Zeiten von Smartphones und sozialen Medien sind Verfehlungen schnell verbreitet. Unwiderrufliche Schäden an der Unternehmensmarke sind die unmittelbare Folge. Daraus werden schnell handfeste finanzielle Schäden, wenn eine juristische Aufarbeitung erforderlich ist und es zu Strafzahlungen oder Schadensersatzforderungen kommt. Davon ist auch der Aufsichtsrat nicht ausgenommen.

8   Die »nichtfinanzielle Erklärung« als Kernelement einer zunehmenden Nachhaltigkeitsregulierung

Auch auf gesellschaftlicher, politischer und aufsichtsrechtlicher Ebene wächst der Druck auf die Kapitalmarktteilnehmer: Auf EU-Ebene laufen zahlreiche Initiativen, die Nachhaltigkeit als festen Bestandteil etablieren sollen. Die Regulierungsschritte des EU-Aktionsplans für »Sustainable Finance« hat den Kapitalmarkt erreicht. Es ist unstrittig, dass die Risiken und Chancen, mit denen Unternehmen konfrontiert sind, zunehmend im Zusammenhang mit Nachhaltigkeitsaspekten stehen. Die Konsequenz: Es muss auf allen Ebenen, einschließlich der Ebene des Aufsichtsrates, mehr Fachwissen in den Bereichen Umwelt und Soziales eingebracht werden, als es bislang erforderlich erschien. Eine Forderung lautet deshalb, dass Unternehmen künftig einen »Sustainability Expert« einsetzen müssen, vergleichbar mit dem »Financial Expert«. Insbesondere im Energie- und Versorgersektor, aber auch in der aus Nachhaltigkeitssicht per se kritisch diskutierten Bergbaubranche spielt Nachhaltigkeit eine zentrale Rolle. Daher sollten verpflichtend ein oder mehrere »Sustainability Experts« im Aufsichtsrat als vollwertige Mitglieder vertreten sein. Die Verknüpfung von Nachhaltigkeit und Corporate Governance, die am Kapitalmarkt schon seit Langem gelebte Praxis, hat zum Begriff der Sustainable Corporate Governance geführt und wird gerade auf EU-Ebene näher konkretisiert. Die Herausforderung für institutionelle Investoren ist die Berichtspflicht nach der Sustainable Finance Disclosure Regulation (SFDR), die durch die mangelnde Berichterstattung der Unternehmen konterkariert wird. Seit dem 10. März 2021 ist SFDR auf Level 1 in Kraft. Eine weitere Berichtspflicht entsteht auf Ebene der Finanzprodukte mit Level 2 am 1. Januar 2023. Sofern ein Unternehmen bspw. durch eine Aktie im Wertpapier-Portfolio vertreten ist, müssen Kernindikatoren vom Assetmanager berichtet werden. Diese werden als Principal Adverse Impact (PAI) bezeichnet und umfassen bspw. Treibhausgasemission, geschlechterspezifische Vergütungskennzahl und Verstöße gegen den UN Global Compact. Zukünftig wird es elementar sein, dass alle Datenpunkte von Unternehmen berichtet werden. In den derzeit diskutierten Level-II-Texten der Corporate Sustainability Reporting Directive (CSRD) werden diese PAIs aufgegriffen und stellen somit eine sinnvolle Verknüpfung zur SFDR dar. Allein diese neue Anforderung zeigt, welche zusätzlichen Anforderungen an Prüfungsausschüsse herangetragen werden.

Aufgrund der Reform der bestehenden CSR-Richtlinie, die seit dem Geschäftsjahr 2017 für die börsennotierten Unternehmen Anwendung findet, wird durch CSRD die »nichtfinanzielle Erklärung« eine deutliche Aufwertung erfahren. Weitere zahlreiche Aspekte werden den Prüfungsausschuss damit fordern. Dabei werden auch Haftungsfragen berücksichtigt. Die meisten Aufsichtsräte beauftragen bereits heute eine »Limited Assurance«, um die Haftungsfragen einzugrenzen, durch CSRD wird dies zur Pflicht. Aus Sicht von Investoren wäre die höherwertige Prüfung mit »Reasonable Assurance« wünschenswert und ein positives Signal an den Kapitalmarkt, dass Nachhaltigkeit ernst genommen wird.

Solange es noch keinen »nachhaltigen« Rechnungslegungsstandard gibt, ist eine integrierte Berichterstattung – also die Kombination aus Nachhaltigkeitsbetrachtung mit der Finanzberichterstattung – zu begrüßen. Aktionäre können durch diese integrierte Berichterstattung einen Überblick über die finanziellen Folgen von nicht beachteten Nachhaltigkeitsaspekten gewinnen. So wirkt sich eine steigende Anzahl von Betriebsunfällen auf die Personalkosten aus oder erhöhte CO_2-Emissionen können durch den Kauf von Emissionsrechten die Gewinn- und Verlustrechnung belasten. Der Hauptvorteil der integrierten Berichterstattung ist jedoch die Verknüpfung von Finanz- und Nachhaltigkeitsberichterstattung – und damit die Beseitigung von Silodenken im Unternehmen. Viele Unternehmen stehen hier jedoch noch am Anfang. Denn um glaubwürdig zu sein, sollten z. B. auch nachhaltige KPIs bei der Managementvergütung berücksichtigt werden, idealerweise als Teil der langfristigen Vergütung, da Nachhaltigkeit im langfristigen Bereich am stärksten wirkt.

9   Die Klimadiskussion wird den Kapitalmarkt lenken

Aktuell konzentriert sich die Regulierung primär auf die Umweltsäule der Nachhaltigkeit und blendet die sozialen Komponenten sowie die Aspekte der guten Unternehmensführung (Governance) weitestgehend aus. Daher stehen zum jetzigen Zeitpunkt Klimathemen als Allererstes im Fokus. Die Erstellung eines CO_2-Fußabdrucks ist auch heute schon eher der Standard als die Ausnahme. Das bedeutet, dass für jedes Portfolio die CO_2-Emissionen zu einem Stichtag ermittelt, bewertet und berichtet werden können. Sicherlich ist dies nicht Kernaufgabe des Prüfungsausschusses. Ein Prüfungsausschuss ist aber dafür verantwortlich, dass die von Unternehmen berichteten Informationen zum CO_2-Fußabdrucks sorgfältig ermittelt und wahrheitsgemäß berichtet werden, um sog. Greenwashing zu verhindern. Ein Prüfungsausschuss wird sich zunehmend mit dem Ergebnis der Modellierung von Klimarisiken auseinandersetzen, die bei einer entsprechenden Materialität auf den Risikobericht des Unternehmens abstrahlen. Die »Task Force on Climate-related Financial Disclosure« (TCFD) strebt eine zukunftsgerichtete Betrachtung der Risiken mit einer dynamischen Komponente an. Die TCFD gründete sich 2015 als Initiative aus dem G20 Financial Stability Board (FSB) und hat Empfehlungen für die freiwillige klimabezogene Offenlegung finanzieller Risiken entwickelt, die von Unternehmen, Banken und Investoren zur Information ihrer jeweiligen Interessengruppen verwendet werden können. Solche Initiativen sind nötig, um der spürbaren Laissez-Faire-Haltung der Vorstände und Aufsichtsräte und ihrer mangelnden Aktivität im Hinblick auf das Thema Klimaschutz mit praktischen Ansätzen entgegenzutreten. Die Aufbruchsstimmung, die von der Klimakonferenz in Paris ausging, hat die Vorstandsetagen nicht wirklich erfasst. Die Unternehmenslenker haben der Problematik der globalen Erwärmung nicht in ausreichender Weise in der Unternehmensstrategie, in den Geschäfts- und Finanzplänen und damit letztlich auch nicht in der Berichterstattung Rechnung getragen.

Institutionelle Anleger richten ihre Portfolien zunehmend nach »Net Zero« aus. Darunter wird die Klimaneutralität verstanden. Demnach müssen sich auch Unternehmen Klimaneutralitätsziele geben. Derzeit ist nicht die Frage, ob ein Unternehmen ein solches Ziel hat, sondern wann es erreicht wird und wie steil der CO_2-Senkungspfad ist. Institutionelle Anleger meiden zunehmend Unternehmen, die CO_2-Emissionen zu langsam reduzieren. Dies wird sich auch in der Diskussion mit dem Aufsichtsrat niederschlagen. Dabei stehen nicht primär Implementierungsfragen zur Diskussion, es geht vielmehr darum, welche Governance angestrebt wird, um den Vorstand zu sensibilisieren. Im Prüfungsausschuss wird Nachhaltigkeit stärker diskutiert werden müssen, nicht nur im Hinblick auf die Berichterstattung, sondern auch im Hinblick auf die nachhaltigen Vergütungskomponenten des Vorstands, die Steuerung des Unternehmens, die Angemessenheit des kurz- und langfristigen Risikomanagements sowie die Interdependenzen mit dem Geschäftsmodell und der langfristigen Unternehmensstrategie.

Anhand einiger Beispiele soll kurz erläutert werden, wie Nachhaltigkeit auf die Anlageentscheidung wirkt.

Aktionäre achten nicht nur bei besonders Klimawandel-exponierten Branchen auf die Berichterstattung (z. B. Chemie und Versorger, Automobil, Transport und Bergbau), sondern auch in der Breite. Wie brisant das CO_2-Thema ist, zeigt nicht zuletzt die steile Preisentwicklung bei Emissionsrechten, die zuletzt deutlich angezogen haben. Die aus dem Klimawandel resultierenden Risiken weiterhin zu ignorieren, wäre schlicht unverantwortlich und unternehmerisch falsch. Es ist vielmehr abzusehen, dass sich die diesbezügliche Regulierung in den kommenden Jahren massiv verschärfen wird und die Unternehmen damit vor große Herausforderungen und hohe Implementierungskosten stellt. Investoren drängen daher auch jetzt schon die Aufsichtsräte dazu, TCFD anzugehen und nicht noch mehr Zeit untätig verstreichen zu lassen. Durch den Klimawandel sind massive Herausforderungen zu erwarten. Wertschöpfungsketten, und damit Geschäftsmodelle, werden sich verändern oder obsolet werden. Dabei divergieren die Risikotypen. In den meisten Branchen dominieren die »transitorischen Risiken«, also klimabedingte Veränderungen auf Angebot und Nachfrage. Größter Kritikpunkt der Investoren ist dabei der viel zu langsam voranschreitende Prozess der Veränderung von Geschäftsmodellen und die Trägheit des Managements. Die Investoren haben erkannt, welch großes Risiko das darstellt. Aber auch die sog. physischen Risiken, also der Einfluss von Wetterphänomenen auf Vermögenswerte, die Zuliefererkette oder den laufenden Betrieb von Anlagen, können Unternehmenserträge beeinflussen und sind ein weiterer Treiber. Angesichts dieser realen Risikofaktoren liegt es auf der Hand, dass Investoren im Rahmen einer stärkeren ESG-Integration Nachhaltigkeitsaspekte demnächst noch viel stärker als bisher bei der Anlageentscheidung berücksichtigen werden. Zukünftig werden ganze Branchen abgestraft und andere aufgewertet, da sich durch den Klimawandel die Wertschöpfung verschiebt. Investoren werden kritische Unternehmen meiden und für Druck bei den Aktienkursen sorgen.

Am Beispiel der deutschen Automobilindustrie zeigt sich: Unternehmen können sich der gesellschaftlichen Diskussion zur Nachhaltigkeit nicht mehr entziehen. Dort hatten ökologische Aspekte wie die CO_2-Regulierung unmittelbare materielle Konsequenzen. Denn neben den auf die lange Bank geschobenen hohen Kosten für Forschung und Entwicklung alternativer Antriebe wurden die Automobilkonzerne konsequenterweise an der Börse mit deutlichen Bewertungsabschlägen bestraft: Das Kurs-Gewinn-Verhältnis hatte sich gemessen an historischen Durchschnittsniveaus zwischenzeitlich nahezu halbiert.

Die deutsche Automobilindustrie gehört damit zu den ersten großen Verlierern der Klimaregulierung. Das harte CO_2-Ziel im Jahr 2016 von 130 g CO_2 pro Neufahrzeug pro Kilometer hat nicht nur für die Aufstockung der Forschungs- und Entwicklungsaufwendungen im Milliardenbereich gesorgt, sondern überhaupt erst die Skandale in der Autobranche ausgelöst. Wirklich überraschend kam die regulatorische Vorgabe nicht – Autokonzerne und Anleger hatten lediglich die eindeutigen Vorzeichen ignoriert und waren somit nicht darauf vorbereitet. Eine frühzeitige Positionierung hätte beiden Seiten immense Verluste erspart. Aktuell ist die Diskussion, wie hoch die Durchdringungsrate der Elektrofahrzeuge im Mix ist und damit das aktuelle CO_2-Ziel von 95 g pro Neufahrzeug eingehalten werden kann.

10   Fazit: Das Aufgabenspektrum und damit die Komplexität für den Prüfungsausschuss werden zunehmen

Um der steigenden Bedeutung des Zukunftsthemas Nachhaltigkeit gerecht zu werden, muss sich der Aufsichtsrat, und damit der Prüfungsausschuss, eine Meinung bilden. »Limited Assurance«, d.h. eine externe Prüfung mit begrenzter, nicht hinreichender Prüfungssicherheit, wird für die nichtfinanzielle Erklärung aus Sicht der Investoren zukünftig nicht mehr ausreichen.

In den Aufsichtsratssitzungen sollten Nachhaltigkeitsthemen unter Zuhilfenahme des Prüfungsausschusses in turnusgemäßer Abfolge hinterfragt und besprochen werden. Auch in den internen Kontrollsystemen muss Nachhaltigkeit und die Zuverlässigkeit der Nachhaltigkeitsberichterstattung ein fester Bestandteil werden und sich daher auch einer Qualitätssicherung durch Dritte unterziehen. Der Prüfungsausschuss muss die Governance bei Nachhaltigkeitsaspekten im Blick haben. Darüber hinaus gilt es, bei den Kernaufgaben des Prüfungsausschusses, wie der Bestellung des Wirtschaftsprüfers, die Anforderungen der Investoren im Blick zu behalten. Zudem sollten die klassischen Hygienekriterien, wie die Unabhängigkeit des Vorsitzenden des Prüfungsausschusses und mehrheitlich des gesamten Prüfungsausschusses, eingehalten werden.

Die Häufigkeit von aktivistischen Attacken wird in Zukunft eher zunehmen, da die breite Betrachtung von nachhaltigen Aspekten durch die CSRD weit über die nichtfinanzielle Erklärung hinaus in den Blickpunkt rückt, die Anforderungen an die Mitglieder des Prüfungsausschusses steigen werden und die Kommunikationsnotwendigkeit gegenüber Investoren deutlich zunehmen wird. Letztlich sollte allen Beteiligten – Vorständen, Aufsichtsräten und Investoren – Folgendes bewusst sein: Das gemeinsame Ziel ist die langfristige Steigerung des Unternehmenswertes.

VIII   Der Prüfungsausschuss des Aufsichtsrates und die Abschlussprüfung aus der Sicht eines Stimmrechtsberaters

Katryna Krüger/Thomas von Oehsen

Vor 37 Jahren in den USA gegründet, agiert ISS[87] als global größter Anbieter von Corporate-Governance- und Responsible-Investment-Lösungen und gibt u. a. Stimmempfehlungen für Aktionärsversammlungen in aller Welt ab. Darunter fallen auch weit über tausend Haupt- und Generalversammlungen in Deutschland, Österreich und der Schweiz, die Jahr für Jahr bewertet werden. Dafür legt ISS Abstimmungsrichtlinien zugrunde, die jährlich reflektiert und überarbeitet und anhand derer der Aufsichtsrat mit seinem Prüfungsausschuss und die Abschlussprüfung im Vorfeld von Hauptversammlungen regelmäßig analysiert werden. Darüber hinaus bewertet ISS diese Themenbereiche auch durch das hauseigene Ratingprodukt »QualityScore«.

Seit es Aktiengesellschaften gibt, ist die Geschichte des Kapitalmarktes durch den ständigen Kampf geprägt, die Interessen aller Aktionäre gleichmäßig schützen zu wollen. Dieses Ziel zu erreichen wurde aufgrund indirekter Eigentümerstrukturen durch Pensionsfonds und Vermögensverwalter immer komplizierter, da diese vermehrt Portfolios in Märkten hielten, die sie anfangs kaum kannten. Diese Herausforderung war ein wichtiger Grund, der 1985 zur Gründung von ISS führte, der seitdem über 3.000 institutionelle Investorkunden mit den notwenigen Informationen versorgt, damit sie Stimmrechte wahrnehmen und informiert abstimmen können. Heute erstellt ISS Analysen mit Stimmempfehlungen für jährlich rund 44.000 Aktionärsversammlungen auf der Basis jährlich überarbeiteter Abstimmungsrichtlinien und gilt als weltweit führender Stimmrechtsberater.

1   Einfluss und besondere Rolle von Stimmrechtsberatern

Aufgrund dieser Zahlen sprechen einige Marktbeobachter von einer besonders großen Macht der Stimmrechtsberater im Allgemeinen und ISS im Besonderen. Überdies wird manchmal geglaubt, dass institutionelle Investoren automatisch und im Einklang mit den Empfehlungen von Stimmrechtsberatern abstimmen und dies nicht mehr unabhängig und nach eigener kritischer Überprüfung der entsprechenden Tagesordnungspunkte tun. Natürlich kann sich ein Zusam-

---

87   ISS ist die Kurzform für Institutional Shareholder Services.

menhang zwischen Empfehlung und Abstimmung ergeben. Meistens ist dies aber der Fall, weil Investoren ähnliche Auffassungen zu bestimmten Corporate-Governance-Themen haben bzw. weil die Richtlinien, Analysen und Empfehlungen der Stimmrechtsberater auf Basis von Corporate-Governance-Prinzipien erstellt werden, die viele Investoren teilen. Zudem kann eine scheinbare Korrelation von Empfehlung und Abstimmung auf ganz unterschiedlichen Gründen beruhen, denn ein Stimmrechtsberater mag aufgrund eines bestimmten Kriteriums zwar eine negative Stimmempfehlung für einen Abstimmungspunkt aussprechen, den viele Investoren dann auch tatsächlich ablehnen mögen. Tun sie dies jedoch aufgrund anderer Kriterien – was oft der Fall sein kann –, dann fehlt ein direkter Zusammenhang zwischen Empfehlung und Abstimmung.

Unabhängig vom tatsächlichen Einfluss sollte man eher die besondere Rolle der Stimmrechtsberater betrachten, die darauf zielt, institutionellen Investoren informierte Abstimmungsentscheidungen zu ermöglichen. Stimmrechtsberater wie ISS verfolgen Rechtsreformen und Corporate-Governance-Entwicklungen in rund 120 Märkten weltweit, geben diese Informationen an ihre Kunden weiter und sensibilisieren sie somit für lokale Marktpraktiken. So bedarf z. B. das deutsche dualistische System aus Vorstand und Aufsichtsrat und die umfassende Arbeitnehmermitbestimmung in den Aufsichtsräten für einige nichtdeutsche Investoren durchaus der Erklärung. Ähnliches gilt für die im internationalen Vergleich langen fünfjährigen Aufsichtsratswahlperioden, die viele Investoren kritisch sehen. Ohne die Expertise und Informationsbereitstellung von Stimmrechtsberatern würden informierte Abstimmungsentscheidungen internationaler Investoren erheblich erschwert werden, weil einigen dieser Investoren die Besonderheiten des deutschen Corporate-Governance-Systems nicht vertraut geworden wären.

Nur durch den Dialog, den ISS sowohl mit seinen institutionellen Kunden als auch mit den Emittenten regelmäßig führt, kann Verständnis für nationale Gepflogenheiten erwachsen, die man in einer Zeit, in der sich die Mehrheit der Aktien deutscher DAX-40-Konzerne in ausländischer Hand befindet, nicht mehr für selbstverständlich nehmen kann.

2   Formulierung der ISS-Abstimmungsrichtlinien

Dieser Dialog erlaubt es ISS auch, im Rahmen seiner jährlichen Richtlinienumfrage für institutionelle Investorenkunden und interessierte Emittenten die wichtigsten Corporate-Governance-Themen und -Trends zu erfragen. Diese fließen dann in den dreistufigen Abstimmungsrichtlinienprozess ein, den ISS jedes Jahr durchführt. Daneben zieht ISS aber natürlich auch die jeweiligen nationalen Gesetze, Corporate-Governance-Kodizes und Marktpraktiken heran.

Auf regionaler Ebene arbeiten »Sub-Committees«, in denen lokale Analysten Richtlinienvorschläge für die von ihnen abgedeckten Märkte unterbreiten. Die deutschsprachigen Märkte werden dabei vom Europäischen Richtlinienausschuss repräsentiert. Daneben gibt es Ausschüsse für Nordamerika, Asien/Pazifik und weitere internationale Märkte. In einer zweiten Stufe werden die Entwürfe dem »Steering Committee« unterbreitet, das den weiteren Arbeitsablauf koordiniert und die endgültigen Vorschläge dem »Global Policy Board« vorlegt. Dieses Gremium, das sich aus den erfahrensten ISS-Führungskräften sowie anerkannten Corporate-Governance-Experten zusammensetzt, entscheidet schließlich, welche Richtlinien für welche Märkte neu eingeführt oder aktualisiert werden. Diese gelten dann für Hauptversammlungen, die ab dem 1. Februar eines jeden Jahres stattfinden.

3   Qualifizierte und unabhängige Aufsichtsräte

In fast allen Regionen auf der Welt finden sich neben dem Dauerthema Managervergütung die Bereiche Unabhängigkeit und Qualifizierung des Aufsichtsrates, Verwaltungsrats oder Board of Directors ganz oben auf der Liste. Denn in vielen Märkten gibt es häufigere Wahlen aufgrund deutlich kürzerer Wahlperioden für den Board of Directors und damit auch den Prüfungsausschuss, wie z. B. in der Schweiz, wo sich der gesamte Verwaltungsrat jedes Jahr zur Wahl stellen muss.

Auch wenn es für Investoren nicht immer einfach ist, die Qualität eines Aufsichtsrates richtig einzuschätzen, so sind doch die Erwartungen an die Arbeit der Aufsichtsratsmitglieder eindeutig gestiegen.

Gleiches gilt für den Verwaltungsrat in der Schweiz, wenngleich seine Aufgaben mit denen des deutschen oder österreichischen Aufsichtsrates aufgrund der unterschiedlichen Corporate-Governance-Systeme nicht ganz vergleichbar sind. Der Aufsichtsrat jedenfalls wird vermehrt als Verantwortungsträger für nachhaltige Unternehmensführung wahrgenommen, von dem Investoren erwarten, dass ihre Interessen gegenüber denen des Unternehmens fair abgewogen und ggf. auch eingefordert werden. Es gibt eine klare Erwartung und glücklicherweise auch einen Trend zu mehr Unabhängigkeit, Qualifizierung und Professionalisierung in Aufsichtsräten, u. a. deshalb, weil die Verantwortungen und Aufgabenlasten des Gremiums in den letzten Jahren, insb. in Deutschland, deutlich erweitert worden sind.

Für einen Stimmrechtsberater ist der Bereich Qualifizierung nicht ganz einfach zu fassen, wenn man das Ziel hat, alle Unternehmen konsistent und fair, aber nicht subjektiv zu bewerten. Allerdings würde ISS in allen Märkten bereits von vornherein solche der Hauptversammlung vorgeschlagenen Kandidaten ablehnen, die aufgrund mangelhafter Aufsichtstätigkeit bzw. erheblichen Fehlverhaltens im zu bewertenden oder in anderen Unternehmen substanzielle Zweifel an ihrer Eignung hervorrufen, den Vorstand oder die Geschäftsleitung effektiv zu beaufsichtigen und im besten Interesse aller Aktionäre zu handeln. Dieses Vorgehen betrifft sicherlich nur einen sehr kleinen Teil der zur Wahl stehenden Kandidaten, stellt aber sicher, dass offensichtlich nicht geeignete Kandidaten bereits vor der Wahl als solche ausfindig gemacht werden können. Da der Prüfungsausschuss mit seinen Mitgliedern als besonders wichtiger Teil des Aufsichtsrates angesehen wird, untersteht dieser dementsprechend auch einer besonders genauen Beobachtung seitens der Aktionäre.

Dagegen wird der Bereich Unabhängigkeit von vielen Stimmrechtsberatern intensiver geprüft. Unabhängigkeit ist deshalb so wichtig, weil es zum einen Objektivität fördert, die wiederum notwendig ist, um die Arbeit des Vorstands auf den langfristigen Erfolg hin zu überprüfen. Zum anderen fällt es unabhängigen Aufsichtsratsmitgliedern oft auch leichter, unbequeme Themenbereiche anzusprechen.

Objektivität und das Vermeiden von potenziellen Interessenkonflikten erfahren dabei für den Prüfungsausschuss eine noch weit größere Bedeutung, weil diese Punkte von vielen Investoren enger als für die übrigen Aufsichtsratsmitglieder ausgelegt werden. Da immer ein guter Mix aus qualifizierten und unabhängigen Kandidaten im Aufsichtsrat anzutreffen sein sollte, kommt es allerdings nicht darauf an, dass sämtliche Mitglieder des Gremiums unabhängig sind. Es sollte aber sichergestellt sein, dass ein wesentlicher Teil des Aufsichtsrates aus unabhängigen Mitgliedern besteht. So hat ISS in seinen europäischen Abstimmungsrichtlinien festgelegt, dass grds. die Hälfte eines Aufsichtsrates, Verwaltungsrats oder Board of Directors aus unabhängigen Mitgliedern bestehen sollte. Dabei würde ISS einen entsprechenden Kandidaten z. B. aus folgenden Gründen als nicht unabhängig klassifizieren (Auswahl):[88]

- Das Mitglied wird bereits vom Unternehmen als nicht unabhängig eingestuft.
- Das Mitglied ist bedeutender Aktionär oder Vertreter eines solchen mit einem Aktienanteil von mindestens 10 %.
- Das Mitglied bzw. das Unternehmen, für das er/sie hauptberuflich tätig ist, erbringt Dienstleistungen für das Unternehmen, in dem er/sie im Aufsichtsrat tätig ist.
- Das Mitglied ist seit zwölf Jahren oder länger Teil des Aufsichtsrates.
- Das Mitglied ist Unternehmensgründer oder Teil der Gründungsfamilie.
- Das Mitglied ist Regierungsvertreter (Bund, Länder oder Kommunen).

Darüber hinaus klassifiziert ISS auch Arbeitnehmervertreter als nicht unabhängig. Da diese in deutschen Unternehmen, die der Mitbestimmung unterliegen, bereits die Hälfte eines Aufsichtsrates ausmachen, erwartet ISS für deutsche – und auch österreichische – Unternehmen mit Arbeitnehmervertretung in den Aufsichtsräten ein Drittel unabhängige Mitglieder bezogen auf den gesamten Aufsichtsrat. Bei einem 20-köpfigen Aufsichtsrat sollten also insgesamt sieben Mitglieder unabhängig sein. Sollte diese Mindestzahl von unabhängigen Kandidaten für einen Aufsichtsrat nicht erreicht werden, würde ISS seinen institutionellen Kunden bei einer Aufsichtsratswahl empfehlen, gegen sämtliche als nicht unabhängig klassifizierten Kandidaten zu stimmen.

---

88   Die kompletten ISS-Abstimmungsrichtlinien, einschließlich der Unabhängigkeitskriterien, sind abrufbar im Internet unter: http://www.issgovernance.com/policy-gateway/voting-policies/.

Ein weiterer Ablehnungsgrund in Deutschland und Österreich könnte der Wechsel eines Vorstandsvorsitzenden in den Aufsichtsratsvorsitz desselben Unternehmens sein. In Deutschland herrscht vielfach die Meinung vor, dass die Wahl eines ehemaligen Vorstandsmitglieds in den Aufsichtsrat zur Erhaltung von wichtigem Know-how vorteilhaft für ein Unternehmen sein kann.

Während es in Deutschland weitestgehend akzeptiert wird, dass eine zweijährige Cooling-off-Periode einen angemessenen Zeitraum darstellt, um eine ausreichende Distanz zum Vorstand herzustellen, ist das bei vielen internationalen Investoren nicht der Fall. In anderen dualistischen Märkten, wie den Niederlanden, empfiehlt der Corporate-Governance-Kodex sogar ausdrücklich, dass der Aufsichtsratsvorsitzende kein ehemaliges Vorstandsmitglied desselben Unternehmens sein soll.[89] Nach dieser – international herrschenden – Auffassung besteht die Gefahr, dass ein ehemaliger CEO als Aufsichtsratsvorsitzender das Unternehmen und den Vorstand nicht mit der erforderlichen Objektivität und ohne Einmischung in operative Themen überwachen würde – unabhängig davon, wie lange er diesem zwischenzeitlich fernblieb. Zudem kann eine solche Konstellation für einen neuen CEO problematisch sein, z. B. wenn er frühere Entscheidungen seines Vorgängers revidieren muss.

Deshalb trägt ISS einen solchen Wechsel i. d. R. auch nicht mehr mit. Wenn diese Person dann noch Mitglied oder gar Vorsitzender des Prüfungsausschusses werden würde, läge zudem ein gravierender Verstoß gegen die Empfehlungen des Deutschen Corporate Governance Kodex vor[90], den wahrscheinlich die wenigsten Aktionäre tolerieren würden.

Bei alledem stellt sich natürlich das Problem, dass die Hauptversammlung nur die Mitglieder eines Aufsichtsrates wählt, nicht aber den Vorsitzenden direkt. Deshalb würde ISS schon dann einen ehemaligen Vorstandsvorsitzenden bei der Wahl in den Aufsichtsrat desselben Unternehmens ablehnen, wenn nicht ausgeschlossen werden kann, dass dieser den Vorsitz des Aufsichtsrates übernimmt. Ausschließen würde ISS den direkten Wechsel in den Vorsitz, wenn das Unternehmen oder der Kandidat im Vorfeld der Hauptversammlung öffentlich erklärt, dass er nicht Vorsitzender des Aufsichtsrates wird.

Schließlich ist in Deutschland noch das Thema »Overboarding« zu beachten, also die Anzahl aller Mandate eines Kandidaten in Aufsichtsräten oder Board of Directors. Hier ist eine Begrenzung aus Corporate-Governance-Gesichtspunkten sinnvoll, weil die Arbeit in den Aufsichtsräten in den letzten Jahren deutlich zeitaufwendiger, aufgabenreicher und wesentlich komplexer geworden ist. ISS zieht Mandate in börsennotierten Gesellschaften im In- und Ausland heran und akzeptiert einschließlich des zur Wahl stehenden Mandats zwei externe Aufsichtsratsmandate für (exekutive) Vorstände anderer Unternehmen bzw. fünf einfache Aufsichtsratsmandate für (nicht exekutive) Aufsichtsräte, wobei der Vorsitz eines Aufsichtsrates oder Board of Direc-

---

89   Vgl. Empfehlung 2.1.9 des Niederländischen Corporate Governance Kodex. Monitoring Committee Corporate Governance Code (2016).
90   Vgl. Empf. D.4 des Deutschen Corporate Governance Kodex.

tors doppelt gezählt wird. Bei der Betrachtung ist zwar grds. der Zeitpunkt der Hauptversammlung maßgebend, sofern jedoch absehbar ist, dass im Laufe einer Hauptversammlungssaison andere Mandate wegfallen, würde diese Entwicklung nicht außer Acht gelassen werden.

4   Prüfungsausschuss und Abschlussprüfung

Für den Prüfungsausschuss sehen die ISS-Abstimmungsrichtlinien für Europa vor, dass der Ausschussvorsitzende und mindestens die Hälfte der von den Aktionären in den Aufsichts- bzw. Verwaltungsrat gewählten und von diesem in den Prüfungsausschuss entsandten Mitgliedern unabhängig sind (d.h. bei Außerachtlassung der Arbeitnehmervertreter). Diese in Übereinstimmung mit der Richtlinie 2014/56/EU des Europäischen Parlaments und des Rates vom 16. April 2014 formulierte ISS-Empfehlung mag zwar etwas strikter sein als die Empfehlungen des Deutschen Corporate Governance Kodex, der klare Empfehlungen nur für den Aufsichtsratsvorsitzenden sowie die beiden Vorsitzenden des Prüfungsausschusses und des mit der Vorstandsvergütung befassten Ausschusses gibt.[91] Jedoch bleibt sie hinter den Empfehlungen des »Swiss Code of Best Practice for Corporate Governance« sogar leicht zurück, der nämlich besagt, dass sich der Prüfungsausschuss als Ganzes aus nicht exekutiven und vorzugsweise unabhängigen Mitgliedern des Verwaltungsrats zusammensetzen soll.[92]

Darüber hinaus regelt die Richtlinie für die Schweiz, dass ISS jegliche exekutiven Mitglieder, die zur Wahl in den Verwaltungsrat stehen, ablehnen würde, wenn diese auch Mitglieder im Prüfungsausschuss (oder Vergütungsausschuss[93]) sind oder werden. Diese Problematik kann in Deutschland und Österreich aufgrund des dualistischen Systems und der Trennung von Vorstand und Aufsichtsrat natürlich nicht auftreten. Allerdings kann diese Richtlinie für die deutschsprachigen Märkte im Ergebnis dazu führen, dass ein zur Wahl stehendes Aufsichtsrats- oder Verwaltungsratsmitglied einzig aufgrund der mangelnden Unabhängigkeit des Prüfungsausschusses abgelehnt wird, da es Fälle geben kann, in denen das Unabhängigkeitskriterium im Gesamtgremium Aufsichts- oder Verwaltungsrat erreicht wird, nicht jedoch im Ausschuss.

Indirekt betroffen ist der Prüfungsausschuss jedoch immer auch bei Abstimmungen über die Wahl des Abschlussprüfers. Diese sind, wie auch die Empfehlungen der Stimmrechtsberater, in den meisten Fällen reine Routinepunkte, weil die meisten größeren Unternehmen eine der marktführenden Prüfungsgesellschaften beauftragen, bei denen es i.d.R. kaum Bedenken hinsichtlich der Qualität und Objektivität gibt. Dennoch kann es folgende Ausnahmen geben, in denen ISS seinen institutionellen Investorkunden eine Ablehnung empfehlen könnte (Auswahl):

---

91   Vgl. Empf. C.10 des Deutschen Corporate Governance Kodex.
92   Vgl. Ziffer 23 des Swiss Code of Best Practice for Corporate Governance.
93   Vgl. Ziffer 25 des Swiss Code of Best Practice for Corporate Governance.

- Die Methoden und Verfahren des Abschlussprüfers erwecken ernsthafte Bedenken.
- Der/die federführende(n) Prüfungspartner wurde(n) mit einer bedeutenden Kontroverse im Bereich der Rechnungsprüfung in Verbindung gebracht.
- Der/die federführende(n) Prüfungspartner war(en) zuvor in leitender Funktion für das Unternehmen tätig oder können als anderweitig mit dem Unternehmen verbunden angesehen werden.
- Es gibt Gründe, zu glauben, dass das Prüfungsurteil weder fehlerfrei ist noch die finanzielle Lage des Unternehmens korrekt abbildet.
- Der Name des vorgeschlagenen Abschlussprüfers ist nicht offengelegt.
- Der Abschlussprüfer wurde ausgetauscht, ohne dass hierfür Gründe genannt wurden.
- Sonstige Honorare (Non-Audit Fees) sind höher als prüfungsbezogene Honorare (Audit Fees).

So sollten die wesentlichen Gründe für einen Wechsel zu einer neuen Prüfungsgesellschaft den Aktionären gegenüber im Geschäftsbericht oder an anderer Stelle erläutert werden, damit diese den entsprechenden Schritt nachvollziehen können. Fehlt eine solche Begründung, würde ISS die Wahl des neuen Abschlussprüfers sehr kritisch beurteilen.

Viele Investoren erachten darüber hinaus nicht prüfungsbezogene Dienstleistungen als problematisch, wenn sie einen erheblichen Anteil des Gesamthonorars ausmachen. Zwar haben die marktführenden Prüfungsgesellschaften interne Kontrollmechanismen, die Interessenkonflikte vermeiden sollen, dennoch kann die Objektivität des Abschlussprüfers infrage gestellt werden, wenn sonstige Beratungsleistungen höher honoriert werden als die prüfungsbezogenen Aufträge als solche. Allerdings können hohe Beratungshonorare in bestimmten Ausnahmesituationen gerechtfertigt sein, z. B. bei Börsengängen, Firmenabspaltungen oder Insolvenzfällen, die ISS entsprechend würdigen und bewerten würde. Entscheidend ist letztlich, dass die Unabhängigkeit des Abschlussprüfers nicht infrage gestellt werden muss.

In jedem Fall sollten Unternehmen bereits gem. der Richtlinie 2006/43/EG des Europäischen Parlaments und des Rates vom 17. Mai 2006 Aufschluss über die Höhe der Honorare geben, die einerseits für die Prüfung von Jahres- und konsolidierten Abschlüssen und für andere Bestätigungsleistungen gezahlt wurden, sowie andererseits solche Honorare, die die Gesellschaft für sonstige Leistungen erhalten hat.

5   ISS QualityScore

Näher betrachtet werden Prüfungsausschuss und Abschlussprüfung im sog. QualityScore[94], einem datenbezogenen Screening-Tool zur Identifikation von ESG-Risiken[95] für Investoren und Unternehmen. Dieses Produkt wurde von ISS Anfang 2013 als »Governance Quick Score« auf den Markt gebracht, hat sich im Laufe der Zeit aber auch auf die Bereiche »Umwelt« und »Soziales« ausgeweitet. Im Bereich »Governance« wird neben den Bereichen »Board Structure«, »Shareholder Rights« und »Compensation/Remuneration« als vierte Säule der Bereich »Audit« genauer analysiert. Sämtliche Oberthemen werden in diverse Unterpunkte aufgeschlüsselt, an lokale Marktpraktiken angepasst und relativ zu den Unternehmen einer entsprechenden Region (im Fall der deutschsprachigen Märkte ist das die DACH-Region) ausgewertet. Dabei sind die Kriterien für die einzelnen Bewertungen von »1« (geringe Risiken) bis »10« (große Risiken) eng an die ISS-Abstimmungsrichtlinien gelehnt. Für das Jahr 2021 wurden rund 7.200 Unternehmen in 30 Ländern erfasst, davon in Europa diejenigen Unternehmen, die in den führenden lokalen Indizes gelistet sind. So werden z. B. für Deutschland die insgesamt 160 DAX-, MDAX-, SDAX- und TecDAX-Unternehmen einbezogen. Eine Ausweitung dieses Produkts auf weitere Unternehmen und Märkte ist angedacht.

Jede der vier o. g. Säulen ist in diverse Unterkategorien aufgeteilt. Im Bereich »Audit« sind dies die Kategorien »External Auditor«, »Audit & Accounting Controversies« sowie »Other Issues«, die wiederum auf verschiedene Faktoren hin überprüft werden. Von insgesamt 230 möglichen Faktoren entfallen auf den Bereich »Audit« 15, wobei nicht alle Faktoren für jede Region herangezogen werden. Dies führt für die deutschsprachige Region derzeit dazu, dass die Bewertung im Bereich »Audit« letztlich nur auf fünf Faktoren insgesamt beruht:

Kategorie »External Auditor«
- Verhältnis sonstige Honorare (Non-Audit Fees) zu prüfungsbezogenen Honoraren (Audit Fees)?
- Negativer Prüfvermerk durch den Abschlussprüfer im abgelaufenen Geschäftsjahr?
- Amtszeit des aktuellen Abschlussprüfers?

Kategorie »Audit & Accounting Controversies«
- Rechtliche Verfahren gegen das Unternehmen innerhalb der vergangenen zwei Jahre durch Finanzaufsichtsbehörde?

---

94   Nähere Informationen zu Quality Score: ISS (2022): Governance Quality Score, https://www.issgovernance.com/esg/ratings/governance-qualityscore/.
95   »ESG« steht für »Environment, Social & Governance«.

Kategorie »Other Issues«

- Finanzexperten im Prüfungsausschuss (in Deutschland besonderer Fokus auf den Vorsitzenden)?

Im Ergebnis sollen die »QualityScore«-Bewertungen Investoren und Unternehmen helfen, einen schnellen Einblick in potenzielle ESG-Risiken zu nehmen und diese zu identifizieren. Die »QualityScore«-Auswertungen haben keine direkte Auswirkung auf die ISS-Stimmempfehlungen für die Tagesordnungspunkte einer Hauptversammlung des entsprechenden Unternehmens, da diese auf eigenständigen Richtlinien beruhen. Was aber für die Stimmempfehlungen gilt, muss ebenso für die »QualityScore«-Bewertungen gelten: ISS ist ein Stimmrechtsberater, der selbst keine Aktien an Unternehmen hält, die er analysiert, und folglich auch keine Stimmrechte auf Hauptversammlungen genießt. Abstimmen können nur die Aktionäre selbst. Inwiefern institutionelle Investoren die ISS-Stimmempfehlungen oder »QualityScore«-Bewertungen in ihre Abstimmungsentscheidung einbeziehen, für die sie immer selbst verantwortlich sind, bleibt allein ihnen überlassen und kann deshalb auch nicht vorhergesehen werden.

6   Abstimmungsverhalten und Trends

Seit 2008 verfolgt ISS das tatsächliche Abstimmungsverhalten auf den Aktionärsversammlungen der Unternehmen in den wichtigsten Indizes von 17 westeuropäischen Märkten. Für Deutschland werden dabei die 80 DAX- und MDAX-Unternehmen ausgewertet, in Österreich und der Schweiz die jeweils 20 Unternehmen, die im ATX bzw. SMI gelistet sind. Die sog. Audit-Related Proposals, welche in den meisten Fällen die Wahl des Abschlussprüfers für das kommende Geschäftsjahr darstellen, erhalten europaweit nur durchschnittlich 1,2 % Gegenstimmen – eine Zahl, die nach zwischenzeitlichem Anstieg in etwa gleich hoch ist wie im Jahr 2008 und somit auf einem recht niedrigen Niveau verharrt. In Deutschland sind die ablehnenden Stimmen auf den Hauptversammlungen der wichtigsten Unternehmen mit 3,5 % allerdings etwas höher. Noch deutlicher sieht die Situation in der Schweiz aus, wo auf den Generalversammlungen 2021 immerhin 4,3 % der Aktionäre die entsprechenden Abstimmungspunkte abgelehnt haben. Anders dagegen in Österreich, wo im Jahr 2021 nur 1,1 % der Aktionäre nicht zugestimmt haben. Obwohl der Bereich »Audit« im Vergleich zu anderen Themenbereichen wie z. B. der Vergütung, die in Europa durchschnittlich von 6,5 % der Aktionäre nicht mitgetragen wird, weniger ablehnende Stimmen erhält, ist das Thema durch die bekannten EU-Maßnahmen[96] verstärkt in das Blickfeld der Aktionäre gerückt, die bestimmte Nichtprüfungsleistungen kritisch sehen und eine regelmäßigere Ausschreibung des Prüfers begrüßen. Insofern zeigen diese Trends, dass der Prüfungsausschuss und die Abschlussprüfung stärker in den Fokus internationaler Investoren rücken und in der Zukunft auch kritischer auf den Aktionärsversammlungen bewertet werden könnten.

---

96   Z. B. durch Richtlinie 2014/56/EU des Europäischen Parlaments und des Rates v. 16.04.2014.

7   Fazit

Stimmrechtsberater wie ISS geben mit ihren Empfehlungen die Corporate-Governance-Auffassungen der überwiegenden Mehrheit von institutionellen Investoren wieder, da ISS bei der Analyse von Aufsichtsrat, Prüfungsausschuss und Abschlussprüfung Richtlinien anwendet, die in enger Abstimmung mit Investorkunden, interessierten Emittenten und anderen Marktteilnehmern erstellt, jährlich überarbeitet und regelmäßig reflektiert werden, damit Stimmempfehlungen konsistent und nachvollziehbar bleiben. Dabei wird der Einfluss von Stimmrechtsberatern allerdings oft überschätzt und übersehen, dass nicht sie, sondern stets die Investoren verantwortlich für die jeweiligen Abstimmungsentscheidungen sind. Diese werden sich den entsprechenden Wahlvorschlägen der Unternehmen aber nicht entgegenstellen, wenn erkennbar ist, dass ein Aufsichtsrat mit seinem Prüfungsausschuss in seiner Gesamtheit über die notwendigen Qualifikationen verfügt, ausreichend unabhängig ist und seinen wichtigsten Investoren Gehör schenkt. Denn Aufsichtsräte, die sich guter Corporate Governance verpflichtet fühlen, verstehen sich als Mittler zwischen Unternehmensführung und Aktionären, stimmen die Interessen beider Seiten miteinander ab und erhöhen so die Wahrscheinlichkeit guter Entscheidungen, damit Unternehmensziele erreicht und Aktionärswerte gesteigert werden können

I Die Wirksamkeit von Prüfungsausschüssen aus Sicht der empirischen Corporate-Governance-Forschung

Prof. Dr. Reiner Quick/Dr. Daniela Hohenfels

I   Wissenschaftliche Einordnung

Als angewandte Realwissenschaft verfolgt die Corporate-Governance-Forschung u. a. das Ziel, Problemlösungen für praxisorientiertes Handeln zu entwickeln (Gestaltungsinteresse). Hierunter ist auch ein normatives Interesse zu subsumieren, indem sie die in der Praxis eingesetzten Gepflogenheiten beurteilt und Empfehlungen für eine Normierung ableitet. Mit dem FISG ist über § 107 Abs. 4 AktG eine Pflicht zur Bildung von Prüfungsausschüssen für alle Unternehmen von öffentlichem Interesse (§ 316a HGB Gesellschaften) eingeführt worden. Hierüber wird die bisherige Empfehlung zu dessen Implementierung, die in Ziffer D.3 des Deutschen Corporate Governance Kodex (DCGK) in der Fassung vom 16.12.2019 als Beitrag zu einer guten Unternehmensführung enthalten ist, verschärft. Eine Verpflichtung bestand bislang gem. § 324 Abs. 1 HGB nur für kapitalmarktorientierte Unternehmen i. S. d. § 264d HGB, die keinen Aufsichts- oder Verwaltungsrat haben. Die Prüfungsausschuss-Forschung beschäftigt sich bereits seit längerer Zeit mit den Auswirkungen, die mit einer Implementierung der Ausschüsse verbunden sind, sowie mit den zu erfüllenden Bedingungen für eine wirksame Arbeitsweise der Ausschüsse, sodass deren Ergebnisse in diesem Kontext eine gute Grundlage für die Stützung gesetzlicher Neuerungen bieten.

Für Fragestellungen zur Wirksamkeit von Prüfungsausschüssen wählen Forscher primär empirische Forschungsansätze als Beurteilungsgrundlage. Hierbei infrage kommende Forschungsmethoden sind (1) Fallstudienexperimente, bei denen der Proband ein von den Forschern konzipiertes, hypothetisches Szenario zu bearbeiten hat, (2) Befragungen, bei denen den Befragten Einstellungs-, Meinungs-, Verhaltens- oder Überzeugungsfragen zu bestimmten Sachverhalten gestellt werden, sowie (3) Analysen auf Basis von archivierten Daten, die öffentlich verfügbare Dokumente (z. B. Geschäftsberichte) auswerten. Hierbei eingesetzte Teststatistiken sind deskriptive Analysen, Regressions- und Varianzanalysen.

Forschungsarbeiten zur Wirksamkeit von Prüfungsausschüssen lassen sich differenzieren in Studien, welche die Wahrnehmung der Untersuchungssubjekte (häufig: Wirtschaftsprüfer, interne Revisoren, Investoren) zum Nutzen von Prüfungsausschüssen analysieren, und Studien, welche deren tatsächliche Wirksamkeit untersuchen. Die tatsächliche Wirksamkeit ist für außenstehende Dritte nicht direkt beobachtbar, daher erfolgt die Beurteilung i. d. R. über Qualitätssurrogate, die über öffentlich zugängliche Informationen hergeleitet werden, wie etwa das Ausmaß an Bilanzpolitik im veröffentlichten Konzernabschluss.

II Funktionen von Prüfungsausschüssen

§ 107 Abs. 3 AktG definiert die folgenden Aufgaben eines Prüfungsausschusses: (1) Überwachung des Rechnungslegungsprozesses, (2) Überwachung der Wirksamkeit des internen Kontrollsystems, des Risikomanagementsystems und des internen Revisionssystems sowie (3) Überwachung der Abschlussprüfung und hierbei insb. der Auswahl und der Unabhängigkeit des Abschlussprüfers, der Qualität der Abschlussprüfung von der Bestellung bis zur Beendigung des Prüfungsauftrags und der vom Abschlussprüfer zusätzlich erbrachten Leistungen. Bei kapitalmarktorientierten Unternehmen i. S. d. § 264d HGB hat sich nach § 124 Abs. 3 Satz 2 AktG der Vorschlag des Aufsichtsrates zur Wahl des Abschlussprüfers auf die Empfehlung des Prüfungsausschusses zu stützen.

Die genannten Aufgaben können allerdings nur unter der Bedingung erfüllt werden, dass der Ausschuss effektiv ist, d. h. wirksam funktioniert.

III Determinanten der Wirksamkeit von Prüfungsausschüssen

In Jurisdiktionen, die durch eine freiwillige Implementierung von Prüfungsausschüssen gekennzeichnet sind, sowie in Unternehmen, für die die Einrichtung eines Prüfungsausschusses nicht verpflichtend ist, könnte deren Existenz bereits als ein grundlegendes Kriterium für Wirksamkeit herangezogen werden, sofern davon abstrahiert wird, dass Unternehmen einen Ausschuss nicht lediglich »pro forma« implementieren. Die Einrichtung von Prüfungsausschüssen dient der Stärkung der Überwachungstätigkeit der Aufsichtsorgane sowie der Stärkung der Internen Revision und des externen Abschlussprüfers in Auslegungsfragen zur Rechnungslegung gegenüber dem Management (Archambeault/DeZoort/Hermanson, 2008).[1] DeZoort/Hermanson/Archambeault/Reed (2002) definieren folgende Determinanten der Prüfungsausschuss-Effektivität, die unabhängig davon gelten, ob eine gesetzliche Verpflichtung zur Implementierung von Prüfungsausschüssen besteht oder ob diese auf freiwilliger Basis erfolgt:

Zusammensetzung

Die Zusammensetzung des Ausschusses bezieht sich in erster Linie auf die Fachkenntnisse, Unabhängigkeit, Objektivität und Integrität der einzelnen Mitglieder. So verlangt etwa § 107 Abs. 4 Satz 3 i. V. m. § 100 Abs. 5 AktG sowie § 324 Abs. 2 Satz 2 HGB die Besetzung des Ausschusses mit einem Mitglied, das Expertise in der Rechnungslegung hat, und einem weiteren Mitglied, das über Sachverstand in der Abschlussprüfung verfügt. Diese Eigenschaften sind erforderlich, um alternative Bilanzierungspraktiken, rechnungslegungsrelevante Schätzungen oder Parameteränderungen oder die Folgen der Implementierung neuer Rechnungslegungsstandards und deren Auswirkungen auf das Unternehmensergebnis unabhängig beurteilen und diskutieren zu können (Beasley/Carcello/Hermanson/Neal, 2009). Sie sind zudem erforderlich, um die Qualität der Abschlussprüfung überwachen zu können. Der DCGK empfiehlt in Ziffer D.3 darüber hinaus, dass der Vorsitzende des Prüfungsausschusses Expertise in der Rechnungslegung, den internen Kontrollverfahren und der Abschlussprüfung aufweisen soll. Auch wird empfohlen, dass zumindest der Vorsitzende unabhängig ist und nicht den Vorsitz des Aufsichtsrates innehat. Bezogen auf die Unabhängigkeit der Unternehmensleitung insgesamt weist die EU-Empfehlung 2005/162/EG (13.1) darauf hin, dass diese nur dann gewährleistet ist, wenn keine sozialen, familiären oder anderen Beziehungen zum Unternehmen bestehen und das Mitglied keine bedeutenden Anteile am Unternehmen hält, wodurch Interessenkonflikte entstehen können. Nach § 324 Abs. 2 Satz 2 und 3 HGB muss die Mehrheit der Mitglieder, darunter der Vorsitzende, unabhängig sein und der Vorsitzende darf nicht mit der Geschäftsführung betraut sein. § 107 Abs. 3 AktG schreibt in ähnlicher Weise vor, dass sich der Prüfungsausschuss mehrheitlich aus Mitgliedern zusammensetzt, bei denen keine Besorgnis eines Interessenkonflikts aufgrund ihrer Beziehung zu einer nahestehenden Person besteht. Schließlich wird von den Mitgliedern des

---

1 Die Zitierweise orientiert sich im Folgenden an den Gepflogenheiten der internationalen wissenschaftlichen Literatur.

Prüfungsausschusses Branchenexpertise verlangt (§ 107 Abs. 4 Satz 3 i. V. m. § 100 Abs. 5 AktG sowie § 324 Abs. 2 Satz 2 HGB).

Autorität

Mit Autorität des Prüfungsausschusses werden dessen Verantwortlichkeiten, Pflichten und Einwirkungsmöglichkeiten bezeichnet. Die Autorität des Prüfungsausschusses in Deutschland erstreckt sich auf die in § 107 Abs. 3 Satz 2 AktG und im DCGK genannten Aufgaben (siehe hierzu Kap. I.II »Funktionen von Prüfungsausschüssen«). Insgesamt ist die Autorität im Vergleich zu One-tier-Corporate-Governance-Systemen (monistisches System) mit dem Board of Directors als gemeinsames Gremium für Unternehmensführung und -kontrolle jedoch begrenzt. Der Prüfungsausschuss in Deutschland ist (lediglich) ein Unterausschuss des Aufsichtsrates, dem das übergeordnete Entscheidungsrecht zugesprochen wird und der somit Entscheidungen des Prüfungsausschusses rückgängig machen kann.

Ressourcen

Der Ressourcenfaktor bezieht sich auf zeitliche, finanzielle und organisationsbezogene Aspekte sowie den Informationszugang des Prüfungsausschusses. So sollte jedes Mitglied des Prüfungsausschusses in der Lage sein, der Ausschussarbeit ausreichend Zeit zu widmen.[2] Finanzielle Ressourcen beziehen sich auf die Finanzierung der Ausschussarbeit sowie die Teilnahme an fachlichen Trainings und die Möglichkeit, externe Berater hinzuzuziehen. Organisationsbezogene Aspekte beziehen sich auf die Anzahl an Prüfungsausschussmitgliedern. Eine höhere Anzahl an Mitgliedern kann komplexere Unternehmensstrukturen und die Überwachung des Rechnungslegungsprozesses besser handhaben, wenngleich eine zu hohe Anzahl an Mitgliedern wiederum Entscheidungsprozesse und die konkrete Zuweisung von Verantwortlichkeiten behindern kann (Köhler, 2005). Informationszugang meint einen kontinuierlichen und effizienten Informationsfluss zwischen Prüfungsausschuss, Management, Interner Revision und Abschlussprüfer. Gemäß § 107 Abs. 4 Satz 4 AktG besitzt jedes Mitglied des Prüfungsausschusses jedoch das Recht, über den Ausschussvorsitzenden Auskünfte unmittelbar bei den Leitern der jeweiligen Zentralbereiche des Unternehmens, die für die benannten Aufgaben zuständig sind, Auskünfte einzuholen.

Aktivitätsniveau

Das Aktivitätsniveau beschreibt die Motivation der Mitglieder des Prüfungsausschusses zur aktiven Ausschussarbeit, zur Kooperation mit dem Management, der Internen Revision und dem Abschlussprüfer sowie zur Vorbereitung und zur Auseinandersetzung mit relevanten Fragestellungen inkl. der Berichterstattung über die Ausschussarbeit und deren Ergebnisse. Auch mit der Schaffung von guten Bedingungen über eine angemessene Ressourcenausstattung und der Ausstattung mit Fachexpertise kann der Prüfungsausschuss nicht effektiv sein, wenn er nicht aktiv ist. Ein wesentlicher Faktor zur Erreichung eines angemessenen Aktivitätsniveaus ist die Anzahl und Zeitdauer der jährlichen Sitzungen des Prüfungsausschusses.

---

2   Die Wahrung des Zeitfaktors kann zumindest dadurch ansatzweise sichergestellt werden, dass § 100 Abs. 2 Nr. 1 AktG die Anzahl an Aufsichtsratsmandaten auf 10 begrenzt.

IV Stand der Forschung

1 Existenz von Prüfungsausschüssen

Empirische Befunde zur Auswirkung der Existenz eines Prüfungsausschusses bzw. dessen Implementierung sind in ihrer Anzahl begrenzt, da Prüfungsausschüsse in den meisten Ländern mit einem One-tier-Corporate-Governance-System seit langer Zeit verbindlich vorgeschrieben sind. Bestehende Ergebnisse sind gemischt, wenngleich jüngere Studien mehrheitlich auf eine Verbesserung der Rechnungslegungsqualität durch einen Prüfungsausschuss hinweisen. Eine Studie aus den USA konnte für den Zeitraum von 1993 bis 1996, in dem Prüfungsausschüsse in den USA noch nicht verpflichtend waren, keinen Einfluss der Existenz von Prüfungsausschüssen auf die Qualität der Rechnungslegung nachweisen (Peasnell/Pope/Young, 2005). Die Ergebnisse dieser Studie sind jedoch in ihrer Aussagekraft eingeschränkt, weil während des Untersuchungszeitraums bereits ein Großteil der in der Stichprobe untersuchten Unternehmen freiwillig einen Prüfungsausschuss implementiert hatte und diese damit im Vergleich zu Unternehmen ohne Prüfungsausschuss stark überrepräsentiert waren. Für Frankreich konnte hingegen mit der Existenz eines Prüfungsausschusses ein Rückgang an ergebniserhöhender Bilanzpolitik festgestellt werden (Piot/Janin, 2007). Ein vergleichbares Ergebnis wurde auch für Australien nachgewiesen. Hier war der Anteil an bilanzpolitischen Maßnahmen zur Erreichung jährlicher Gewinnsteigerungen bei Unternehmen mit einem Prüfungsausschuss deutlich geringer als in Unternehmen ohne einen Prüfungsausschuss (Davidson/Goodwin-Stewart/Kent, 2005). Baxter/Cotter (2009) zeigten, dass Bilanzpolitik mit der Formierung eines Audit Committee zurückging. Für Portugal ließ sich kein signifikanter Unterschied in der Rechnungslegungsqualität zwischen Unternehmen mit und ohne Prüfungsausschuss feststellen (Alves, 2011). Zu einem entsprechenden Ergebnis gelangten auch Velte/Stiglbauer (2011) für Deutschland. Eine Studie von Ernstberger/Hitz/Stich (2012) konnte jedoch für Deutschland einen deutlichen Rückgang von fehlerhaften IFRS-Abschlüssen bei Unternehmen mit einem Prüfungsausschuss nachweisen. Albersmann/Hohenfels (2017) konnten ebenfalls ein geringeres Ausmaß an Bilanzpolitik in IFRS-Abschlüssen bei deutschen im CDAX gelisteten Unternehmen feststellen, die einen Prüfungsausschuss aufweisen, im Vergleich zu Unternehmen ohne Prüfungsausschuss. Zudem untersuchten die Autoren bei den Unternehmen, die während des Untersuchungszeitraums einen Prüfungsausschuss eingerichtet hatten, den Effekt auf das Ausmaß an Bilanzpolitik, der sich in den Jahren vor und nach der Formierung des Ausschusses ergab. Die Ergebnisse zeigten einen signifikanten Rückgang des Ausmaßes an Bilanzpolitik im ersten Jahr nach Formierung im Vergleich zum letzten Jahr vor Formierung eines Prüfungsausschusses.

Ezzine (2018) stellte auf der Basis französischer und saudischer Daten fest, dass die Existenz eines Prüfungsausschusses die Streuung der Rentabilitäten verringert. Dagegen fanden Appiah/Amon (2017) für Großbritannien keinen signifikanten Zusammenhang zwischen der Existenz eines Prüfungsausschusses und der Wahrscheinlichkeit für eine Insolvenz. Zhou/Owusu-An-sah/Maggina (2018) konnten unter Verwendung griechischer Daten keinen Einfluss der Existenz eines Prüfungsausschusses auf den Unternehmenserfolg erkennen.

2   Zusammensetzung

Archivstudien

Im Mittelpunkt dieser Studien stehen die Auswirkungen der Expertise und Unabhängigkeit der Mitglieder des Prüfungsausschusses, welche zentrale Elemente seiner Zusammensetzung darstellen. Hinsichtlich der **fachlichen Qualifikation** sprechen die Arbeiten zumeist die Kenntnisse der Prüfungsausschussmitglieder im Finanz- und Rechnungswesen, mitunter aber auch die Unternehmensleitungsexpertise, Prüfungskenntnisse und juristisches Know-how an. Ein erster Forschungsstrang greift dabei auf die Qualität der Rechnungslegung bzw. des internen Kontrollsystems zurück, um die Wirksamkeit des Prüfungsausschusses zu beurteilen. In diesem Zusammenhang wurde die Berichterstattungsqualität sehr oft über das geschätzte **Ausmaß an Bilanzpolitik** bewertet, wobei hierzu i. d. R. diskretionäre Periodenabgrenzungen, d. h. über das übliche Maß hinausgehende zahlungsunwirksame Bestandteile im Periodenergebnis herangezogen wurden.[3] Mit Ausnahme der Studien von Song/Windram (2004), Rainsbury/Bradbury/Cahan (2009), Ghosh/Marra/Moon (2010), Jamil/Nelson (2011) und Gebrayel/Jarrar/Salloum/Lefebvre (2018), die keinen signifikanten Einfluss feststellen konnten, zeigen die Befunde durchweg eine positive Wirkung der fachlichen Qualifikation der Prüfungsausschussmitglieder auf die Berichterstattungsqualität (Xie/Davidson/DaDalt, 2003; Choi/Jeon/Park, 2004; Bédard/Chtourou/Courteau, 2004; Krishnan, 2005; Karamanou/Vafeas, 2005; Dhaliwal/Naiker/Navissi, 2010; Krishnan/Wen/Zhao, 2011; Sharma/Sharma/Ananthanarayanan, 2011; Keune/Johnstone, 2012; Woidtke/Yeh, 2013; Bryan/Liu/Tiras/Zhuang, 2013; García-Sanchez/Martínez-Ferrero/García-Meca, 2017; Mohammad/Ahmed, 2017; Intintoli/Kahle/Zhao, 2018; Qamhan/Haat/Hashim/Salleh, 2018; Qiao/Chen/Hung, 2018). Bei Versicherungsunternehmen in den USA fanden Hsu/Huang/Lai (2019) einen positiven Zusammenhang zwischen den Rechnungslegungskenntnissen der Prüfungsausschussmitglieder und der Höhe der Schadenrückstellungen.

Für Malaysia konstatierten Hasan/Kassim/Hamid (2020), dass mit zunehmenden Rechnungslegungskenntnissen im Prüfungsausschuss das Ausmaß sachverhaltsgestaltender Bilanzpolitik zurückgeht. Velte/Stiglbauer (2011) sowie Albersmann/Hohenfels (2017) konnten für Deutschland einen Rückgang im Ausmaß an Bilanzpolitik nachweisen, wenn der Prüfungsausschuss mit Mitgliedern mit Finanzexpertise besetzt ist.

---

3   Eine ausführliche Diskussion findet sich im Kap. I.IV.5 »Aktivitätsniveau«.

Sellami/Fendri (2017) belegten für Südafrika einen positiven Zusammenhang zwischen den Fachkenntnissen und der IFRS-Konformität in Bezug auf die Darstellung von Transaktionen mit verbundenen Parteien. Shepardson (2019) bestätigte die Bedeutung von **aufgabenspezifischer Erfahrung** im Zusammenhang mit Abschreibungen auf den Geschäfts- und Firmenwert, d.h., das Vorhandensein einschlägiger Erfahrungen und der Anteil an Prüfungsausschussmitgliedern mit solcher Erfahrung ist mit höheren Abschreibungen verbunden. Glendening/Mauldin/Shaw (2019) wiesen nach, dass Unternehmen eher über kritische Schätzungen im Jahresabschluss berichten, wenn die Rechnungslegungskenntnisse der Prüfungsausschussmitglieder hoch sind. Hohe Rechnungslegungskenntnisse reduzieren zudem die Gefahr einer unangemessen optimistischen Berichterstattung im Lagebericht (Lee/Park, 2019). Gleiche Effekte ergeben sich auch für die **Qualität der CSR-Berichterstattung** (Al-Shaer/Salama/Toms, 2017). Zudem zeigten Al-Shaer/Zaman (2018) auf, dass mit zunehmender Expertise der Prüfungsausschussmitglieder die Wahrscheinlichkeit für eine freiwillige Prüfung des CSR-Berichts steigt. Andererseits kamen Appuhami/Tashakor (2017) zu dem Ergebnis, dass die Breite und die Intensität der CSR-Berichterstattung australischer Unternehmen nicht durch die Expertise der Prüfungsausschussmitglieder beeinflusst werde. In die gleiche Richtung gehen die Befunde von Raimo/Vitolla/Marrone/Rubino (2020), wonach die Finanzexpertise des Prüfungsausschusses bei einer internationalen Stichprobe keinen Einfluss auf die Qualität einer integrierten Berichterstattung ausübt. Musallam (2018) fand für palästinensische Unternehmen sogar eine negative Auswirkung auf die CSR-Berichterstattung.

Auch die Besetzung des Prüfungsausschusses mit **unabhängigen Mitgliedern** steht in einem positiven Zusammenhang mit der Qualität der Finanzberichterstattung (Klein, 2002; Lee, 2003; Bédard/Chtourou/Courteau, 2004; Choi/Jeon/Park, 2004; Krishnan, 2005; Yang/Krishnan, 2005; Davidson/Goodwin-Stewart/Kent, 2005; Jamil/Nelson, 2011; Sharma/Sharma/Ananthanarayanan, 2011; Woidtke/Yeh, 2013; Kapoor/Goel, 2017; Mohammad/Ahmed, 2017; Cassell/Myers/Schmardebeck/Zhou, 2018; Qamhan/Haat/Hashim/Salleh, 2018). Ausnahmen sind die Studien von Gebrayel/Jarrar/Salloum/Lefebvre (2018), die auf der Grundlage von Daten aus dem Oman keinen signifikanten Zusammenhang zwischen der Unabhängigkeit der Prüfungsausschussmitglieder und dem Ausmaß an Bilanzpolitik erkennen konnten, sowie die Studien von Hasan/Kassim/Hamid (2020) und von Intintoli/Kahle/Zhao (2018), die in Malaysia bzw. den USA keinen Einfluss der Unabhängigkeit der Prüfungsausschussmitglieder auf sachverhaltsgestaltende Bilanzpolitik feststellten. Raimo/Vitolla/Marrone/Rubino (2020) stellten für eine internationale Stichprobe fest, dass die Unabhängigkeit die Qualität einer integrierten Berichterstattung steigert. Musallam (2018) und Katmon/Mohamad/Norwani/Al Farooque (2019) fanden keinen Zusammenhang zwischen der Unabhängigkeit der Prüfungsausschussmitglieder und der Qualität der CSR-Berichterstattung in Palästina bzw. Malaysia. Andererseits ergab die Studie von Al-Shaer/Zaman (2018), dass mit steigender Unabhängigkeit der Prüfungsausschussmitglieder die Wahrscheinlichkeit für eine freiwillige Prüfung des CSR-Berichts steigt. Firoozi/Magnan/Fortin (2019) sowie Alam/Chen/Chiccotello/Ryan (2018) gelangten zu dem Ergebnis, dass die Rechnungslegungsqualität steigt, wenn unabhängige Prüfungsausschussmitglieder ihren Wohnsitz in der Nähe der Firmenzentrale haben. Da die meisten Untersuchungen in den USA durchgeführt wurden, erstaunt es angesichts des dortigen monistischen Corporate-Governance-Systems nicht, dass diese Studien die Anzahl der **nicht in der Geschäftsführung tätigen Mitglieder des Prüfungsausschusses** als Indikator für dessen Unabhängigkeit herangezogen haben. Für das deutsche dualistische System sind solche Ergebnisse nicht unmittelbar relevant. Allerdings lassen sie Rückschlüsse für den Fall zu, dass ehemalige Vorstandsmitglieder im Prüfungsausschuss vertreten sind. Andere Studien haben den **Aktienbesitz der Prüfungsausschussmitglieder** verwendet, um deren Unabhängigkeit zu messen. Mangena/Pike (2005) fanden in diesem Zusammenhang etwa heraus, dass der Grad der Zwischenberichterstattung umso höher ist, je geringer der Anteil der von Prüfungsausschussmitgliedern gehaltenen Aktien am zu überwachenden Unternehmen ist. Zudem ist die Bereitschaft zur freiwilligen Berichterstattung des Managements zu dessen Verantwortlichkeit hinsichtlich der Finanzberichterstattung bei Unternehmen mit unabhängigen Mitgliedern höher (El-Gazzar/Fornaro/Jacob, 2008).

Abbott/Parker/Peters (2004) zogen **Jahresabschlusskorrekturen** als Surrogat für die Wirksamkeit des Prüfungsausschusses heran. Sie konnten zeigen, dass Unternehmen mit mindestens einem Finanzexperten im Prüfungsausschuss und Unternehmen mit unabhängigen Mitgliedern weniger zu wesentlichen Korrekturen im Jahresabschluss neigen. Schmidt/Wilkins (2013) erkannten, dass der Zeitraum zwischen dem Erkennen der Notwendigkeit für Jahresabschlusskorrekturen und der entsprechenden Veröffentlichung geringer ist, sofern im Prüfungsausschuss Rechnungslegungsexpertise vorhanden ist. Ashraf/Michas/Russomanno (2020) wiesen nach, dass IT-Kenntnisse im Prüfungsausschuss die Wahrscheinlichkeit von Jahresabschlusskorrekturen verringern und zu einer zeitgerechteren Ergebnisbekanntgabe führen. Carcello/Neal/Palmrose/Scholz (2011) zeigten auf, dass solche positiven Effekte von Fachwissen und Unabhängigkeit in Bezug auf Jahresabschlusskorrekturen entfallen, sofern der Vorstandsvorsitzende in den Auswahlprozess der Prüfungsausschussmitglieder involviert ist. In vergleichbare Richtung gehen die Befunde von He/Yang/He (2018), die feststellten, dass es in den USA zu mehr Jahresabschlusskorrekturen kommt, sofern die Prüfungsausschussmitglieder zeitlich nach dem Vorstandsvorsitzenden bestellt wurden.

Eine Bestellung durch ein unabhängiges Nominierungskomitee reduziert hingegen solche Korrekturen. Bei Unternehmen, bei denen es zu **Bilanzbetrug** kam, war eine geringere Anzahl von Bilanzexperten im Prüfungsausschuss vertreten (Farber, 2005) und dessen Mitglieder waren weniger unabhängig (Beasley/Carcello/Hermanson/Lapides, 2000). Unabhängige Mitglieder reduzieren zudem das Auftreten von **Unterschlagungen** (Mustafa/Youssef, 2010). Außerdem unterliegen Unternehmen mit unabhängig besetzten Prüfungsausschüssen seltener **Sanktionen der US-amerikanischen Börsenaufsicht** (Security and Exchange Commission, SEC) und bei ihnen ist die Wahrscheinlichkeit höher, dass der Abschlussprüfer in seinem Bestätigungsvermerk auf **Going-Concern-Probleme** hinweist bzw. aufgrund solcher Probleme sein Testat einschränkt oder versagt. Dagegen gelangten Barua/Rama/Sharma (2010) zu der Erkenntnis, dass die Investitionen in die **Interne Revision** niedriger sind, sofern im Prüfungsausschuss Prüfungskenntnisse vorhanden sind. Umgekehrt wiesen Wan-Hussin/Fitri/Salim (2021) für Malaysia nach, dass eine höhere Finanzexpertise des Prüfungsausschussvorsitzenden auch positiv auf die Qualität der Internen Revision wirkt und somit die interne Kontrollfunktion insgesamt stärkt. Sterin (2020) wies in diesem Zusammenhang nach, dass Branchen- und Rechtskenntnisse, nicht jedoch die Finanzexpertise und Erfahrungen als Vorstandsmitglied, zu besseren **internen Kontrollen** führen.

Andere Surrogate basieren auf der **Beziehung mit dem Abschlussprüfer.** Die betreffenden Studien weisen durchgehend eine positive Wirkung der fachlichen Qualifikation nach, d. h., Unternehmen mit qualifizierten Prüfungsausschussmitgliedern zahlen höhere (Abbott/Parker/Peters/Raghunandan, 2003a; Vafeas/Waegelein, 2007; Ghafran/O'Sullivan, 2017; Jizi/Nehme, 2018; dieser Zusammenhang wurde jedoch von Rainsbury/Bradbury/Cahan, 2009, und von Zain/Wahab/Foo, 2010, nicht gefunden) bzw. angemessene Prüfungshonorare (Hansen/Lisic/Seidel/Wilkins, 2021). Zudem haben sie eher eine Big-4-Prüfungsgesellschaft als Abschlussprüfer (Alhababsah/Yekini, 2021, fanden diesen Zusammenhang auf der Basis von Daten aus Jordanien für die Branchenkenntnisse, nicht aber für juristische Kenntnisse; Khudhair/Al-Zubaidi/Raji, 2019, gelang es nicht, einen Zusammenhang zwischen der Finanzexpertise und der Wahl einer Big-4-Prüfungsgesellschaft nachzuweisen). Sie erleiden weniger Verzögerungen in der Abgabe des Prüfungsurteils (in Bezug auf die Rechnungslegungskenntnisse von malaysischen Prüfungsausschussvorsitzenden, Baatwah/Salleh/Stewart, 2019) und weisen eine geringere Wahrscheinlichkeit dafür auf, dass dem Abschlussprüfer nach Erteilung eines Going-Concern-Vermerks kein neuer Prüfungsauftrag erteilt wird (Carcello/Neal, 2003; Visvanathan (2021) fand weder diesen Zusammenhang, noch einen Einfluss der Rechnungslegungskenntnisse im Prüfungsausschuss auf die Wahrscheinlichkeit für einen Going-Concern-Vermerk). Schließlich betreiben sie seltener Opinion Shopping (Wechsel des Abschlussprüfers mit dem Ziel, einen uneingeschränkten Bestätigungsvermerk zu erlangen; Archambeault/DeZoort, 2001), haben eher Abschlussprüfer, die zu einem Negativurteil über die internen Kontrollen kommen bzw. bestellen einen solchen Abschlussprüfer mit höherer Wahrscheinlichkeit erneut (Lisic/Myers/Seidel/Zhou, 2019) und beauftragen den Abschlussprüfer häufiger damit, Zwischenabschlüsse zu prüfen (Mangena/Tauringana, 2008). Effektivere Prüfungsausschüsse reduzieren nach Befunden aus Großbritannien ein kritisches Ausmaß an Honoraren für Nichtprüfungsleistungen, wobei neben der Finanzexpertise auch die Größe und die Sitzungshäufigkeit des Prüfungsausschusses in das Effektivitätsmaß einflossen (Al-Okaily/BenYoussef, 2020). Auch Bédard/Paquette (2021) gelangten zu dem Ergebnis, dass beim Abschlussprüfer weniger Steuerberatungsleistungen nachgefragt werden, wenn die Finanzexpertise des Prüfungsausschusses hoch ist. Auch im Hinblick auf die Unabhängigkeit der Prüfungsausschussmitglieder belegen die vorliegenden Forschungsbefunde eine Stärkung der Wirksamkeit. Bei hoher Unabhängigkeit wurde ein höheres Prüfungshonorar gezahlt (Abbott/Parker/Peters/Raghunandan, 2003a; Vafeas/Waegelein, 2007; Khudhair/Al-Zubaidi/Raji, 2019; von Zain/Wahab/Foo, 2010, wurde das hingegen nicht festgestellt), häufiger ein branchenspezialisierter Abschlussprüfer bestellt (Abbott/Parker, 2000; Chen/Moroney/Houghton, 2005), weniger Beratungsleistungen vom Abschlussprüfer bezogen (Abbott/Parker/Peters/Raghunandan, 2003b), seltener Opinion Shopping betrieben (Archambeault/DeZoort, 2001), nach einem Prüferwechsel eher eine Big-4-Prüfungsgesellschaft bestellt (Lee/Mande/Ortman, 2004) und der Abschlussprüfer häufiger damit beauftragt, den Zwischenabschluss zu prüfen (Mangena/Tauringana, 2008). Naiker/Sharma/Sharma (2013) gingen der Frage nach, ob Prüfungsausschüsse mit Mitgliedern, die früher für den Abschlussprüfer tätig waren, an diesen häufiger Beratungsaufträge vergeben, konnten aber keinen signifikanten Zusammenhang identifizieren. Lediglich Reinstein/Weirich (1996) legten einen negativen Befund vor, d.h., unabhängige Mitglieder des Prüfungsausschusses orientierten sich eher am Abschlussprüfer des eigenen Unternehmens. Barua/Rama/Sharma (2010) belegten, dass positive Wirkungen eines unabhängig besetzten Prüfungsausschusses nur erzielt werden, wenn alle Mitglieder unabhängig sind. Ali/Singh/Al-Akra (2018) stellten für australische Unternehmen fest, dass Unternehmen mit einem effektiveren Prüfungsausschuss höhere Prüfungshonorare zahlen, wobei u.a. die Unabhängigkeit und fachlichen Kenntnisse der Prüfungsausschussmitglieder in die Messung der Effektivität einflossen.

Appiah/Amon (2017) untersuchten in Großbritannien, ob die Zusammensetzung des Prüfungsausschusses die Wahrscheinlichkeit für eine Insolvenz der entsprechenden Unternehmen beeinflusst. Je höher die Unabhängigkeit, desto geringer die **Insolvenzwahrscheinlichkeit**. Hinsichtlich der Fachkenntnisse konnten die Autoren hingegen keinen signifikanten Zusammenhang belegen. Für Australien zeigten Lee/Fargher (2018) auf, dass die Unabhängigkeit der Prüfungsausschussmitglieder (nicht aber deren Fachkenntnisse) in einem signifikant positiven Zusammenhang mit der Qualität des **Whistleblowing-Systems** steht. Deslandes/Fortin/Landry (2020) gelang es hingegen, aufzuzeigen, dass die Kenntnisse des Prüfungsausschusses, nicht aber dessen Unabhängigkeit, eine aggressive Steuerpolitik kanadischer Unternehmen eindämmen.

Defond/Hann/Hu (2005), Karamanou/Vafeas (2005), Aldaman/Duncan/Kelly/McNamara/Nagel (2012) und Singhvi/Rama/Barua (2013) wiesen nach, dass die fachliche Qualifikation der Prüfungsausschussmitglieder auch vom **Kapitalmarkt** positiv wahrgenommen wird. Saibaba/Ansari (2011) und Chen/Li (2013) konnten diesen Effekt auch für die Unabhängigkeit nachweisen. Al-Jaifi/Al-Rassas/Al-Qadasi (2019) wiesen für Malaysia nach, dass institutionelle Anleger Unternehmen mit hoher Effektivität des Prüfungsausschusses präferieren, wobei die Effektivität über die Unabhängigkeit, die Expertise und die Größe des Prüfungsausschusses gemessen wurde. Abernathy/Herrmann/Kang/Krishnan (2013) belegten einen positiven Einfluss der Rechnungslegungskenntnisse auf **Analystenprognosen**, d.h., diese sind genauer und streuen weniger. Farber/Huang/Mauldin (2018) wiesen nach, dass sich in den USA die Analystenabdeckung und das Handelsvolumen erhöhen und die Liquiditätsrisiken verringern, nachdem ein Mitglied mit Rechnungslegungsexpertise in den Prüfungsausschuss bestellt wurde. Gleichermaßen stellte Ezzine (2018) auf der Basis französischer und saudischer Daten fest, dass die Unabhängigkeit der Prüfungsausschussmitglieder die Streuung der Rentabilitäten verringert.

Reformen zur Steigerung der Unabhängigkeit der Prüfungsausschussmitglieder wirken nach der weltweiten Analyse von Fauver/Hung/Li/Taboada (2017) **unternehmenswertsteigernd**. Chaudhry/Roomi/Aftab (2020) belegten für Pakistan bzw. Dakhlallh/Rashid/Abdullah/Al Shebab (2020) für Jordanien, dass sich die Rechnungslegungskenntnisse des Prüfungsausschussvorsitzenden positiv auf die **Ertragslage** von Unternehmen auswirken, während Al Farooque/ Buachoom/Sun (2020) für Thailand keinen Einfluss der Unabhängigkeit auf die Ertragslage feststellen konnten. Zhou/Owusu-Ansah/Maggina (2018) konnten unter Verwendung griechischer Daten ebenfalls keinen Einfluss der Unabhängigkeit eines Prüfungsausschusses auf den Return on Assets (ROA) erkennen.

In jüngeren Studien fanden weitere, über die Unabhängigkeit und die fachliche Qualifikation hinausgehende Aspekte der Zusammensetzung Berücksichtigung. So konnten Johl/Subramaniam/Zain (2009) keinen signifikanten Einfluss der **ethnischen Zusammensetzung** des Prüfungsausschusses identifizieren. Dagegen belegten Felix/Pevzner/Zhao (2021), dass **kulturelle Vielfalt** die Rechnungslegungsqualität positiv beeinflusst. Hinsichtlich der geschlechtsspezifischen Verteilung der Mitglieder zeigten die Untersuchungen von Srinidhi/Gul/Tsui (2011), García-Sanchez/Martínez-Ferrero/García-Meca (2017), Li/Li (2019), Oradi/Izadi (2020) und García-Meca/Ramón-Llorens/Martínez-Ferrero (2021), dass **weibliche Mitglieder** zu einer größeren Finanzberichtsdisziplin von CFOs führen, die Qualität der Finanzberichterstattung erhöhen, die Wahrscheinlichkeit für finanzielle Unregelmäßigkeiten verringern und aggressive Steuerpolitik eindämmen (für Kanada ließ sich nach Deslandes/Fortin/Landry, 2020, ein solcher Zusammenhang nicht nachweisen), während Ittonen/Miettinen/Vähämaa (2010) feststellten, dass in diesem Fall niedrigere Prüfungshonorare gezahlt werden. Umgekehrt gelangten Aldamen/Hollindale/Ziegelmayer (2018), Miglani/Ahmed (2019) sowie Sellami/Cherif (2020) zu der Erkenntnis, dass der Anteil der weiblichen Prüfungsausschussmitglieder in einem positiven Zusammenhang zu den Prüfungshonoraren steht, sodass die Autoren unterstellen, dass über einen höheren Anteil an weiblichen Prüfungsausschussmitgliedern eine höhere Prüfungsqualität durchgesetzt wird. Auch Lai/Srinidhi/Gul/Tsui (2017) und Oradi/Izadi (2020) wiesen nach, dass weibliche Prüfungsausschussmitglieder eine höhere Prüfungsqualität nachfragen, denn mit zunehmendem Frauenanteil steigen die Prüfungshonorare und die Wahrscheinlichkeit, dass ein Branchenspezialist mit der Abschlussprüfung beauftragt wird. Dagegen verzeichneten Sun/Liu/Lan (2011) und Alhababsah/Yekini (2021) keinen signifikanten Zusammenhang zwischen dem Frauenanteil und der Höhe der Prüfungshonorare. Velte (2018) zeigte einen positiven Einfluss der Frauenquote im Prüfungsausschuss auf die Lesbarkeit der Berichterstattung über bedeutsame Prüfungssachverhalte in Bestätigungsvermerken aus Großbritannien auf. Appuhami/Tashakor (2017) erkannten, dass die Breite und die Intensität der CSR-Berichterstattung australischer Unternehmen durch den Anteil weiblicher Prüfungsausschussmitglieder positiv beeinflusst werden. In die gleiche Richtung gehen die Befunde von Bravo/Reguera-Alvarado (2019) in Bezug auf die Umwelt-, Sozial- und Corporate-Governance-Berichterstattung börsennotierter spanischer Unternehmen. Chijoke-Mgbame/Boateng/Mgbame (2020) belegten für Nigeria, dass sich die Unternehmensleistung (gemessen an der Gesamtkapitalrentabilität und über Tobin's Q) mit steigendem Anteil weiblicher Prüfungsausschussmitglieder verbessert. Mitbestimmungsvorschriften bedingen in Deutschland, dass auch **Arbeitnehmervertreter** im Aufsichtsrat vertreten sind. Sofern Arbeitnehmervertreter auch im Prüfungsausschuss mitwirken, reduziert sich die Prüfungsqualität (Hillebrandt/Ratzinger-Sakel, 2021). Pathak/Samba/Li (2021) untersuchten den Einfluss der **Diversität** von Prüfungsausschüssen auf Jahresabschlusskorrekturen. Vielfalt in Bezug auf Alter und Geschlecht verringert Jahresabschlusskorrekturen, die auf bewussten Fehlern basieren, während Vielfalt in Bezug auf den funktionalen Hintergrund und die Amtszeit von Prüfungsausschussmitgliedern zu weniger Jahresabschlusskorrekturen führt, die auf unbewussten Fehlern basieren.

Die Auswirkung einer langen **Amtszeit der Prüfungsausschussmitglieder** ist unklar, denn es wurden sowohl negative (Sharma/Iselin, 2012; Chan/Liu/Sun, 2013) als auch positive Effekte (He/Yang/He, 2018) beobachtet. Li/Wahid (2018) konstatierten, dass bei Unternehmen mit einer hohen Durchmischung der Amtszeit weniger Jahresabschlusskorrekturen notwendig sind. Deslandes/Fortin/Landry (2020) wiesen für Kanada nach, dass eine höhere Amtszeit des Prüfungsausschusses eine aggressive Steuerpolitik der Unternehmen eindämmt. Mit zunehmender Amtszeit des Prüfungsausschussvorsitzenden sinkt in Malaysia die Wahrscheinlichkeit, dass der Bestätigungsvermerk verspätet erteilt wird (Baatwah/Salleh/Stewart, 2019). Dagegen gelangten Chaudhry/Roomi/Aftab (2020) für Pakistan zu dem Ergebnis, dass es keinen Zusammenhang zwischen der Amtszeit des Prüfungsausschussvorsitzenden und der Ertragslage des Unternehmens gibt. Auf der Basis deutscher Daten stellte Nipper (2021) fest, dass eine lange Amtszeit des Prüfungsausschussvorsitzenden zu mehr Bilanzpolitik, zu einem schnelleren Bestätigungsvermerk und zu weniger Fehlerfeststellungen führt. Cheng/Felix/Indjejikian (2019) belegten einen positiven Einfluss der **Erfahrung** von Prüfungsausschussmitgliedern. Sofern Mitglieder des Prüfungsausschusses gleichzeitig im Vorstand anderer Unternehmen tätig sind, bei denen in jüngster Vergangenheit wesentliche Schwächen der internen Kontrollen aufgedeckt wurden oder die Jahresabschlusskorrekturen vornehmen mussten, sinkt die Wahrscheinlichkeit für solche Ereignisse im betrachteten Unternehmen. Vermutlich sorgten solche Erfahrungen bei anderen Unternehmen für Verbesserungen in den betrachteten Unternehmen. Falls Prüfungsausschussmitglieder früher als Partner beim Abschlussprüfer tätig waren, reduziert sich die Wahrscheinlichkeit für einen Prüferwechsel, erhöht sich die Prüfungsqualität und die Höhe der Prüfungshonorare sowie die Anzahl der Prüfungsstunden sinken (Christensen/Omer/Shelly/Wong, 2019). Die Erfahrungen, die das Prüfungsausschussmitglied während seiner Tätigkeit beim Abschlussprüfer gesammelt hat, erleichtern es dem Prüfungsausschuss, Prüfungsqualität durchzusetzen, und sie tragen zu einer höheren Prüfungseffizienz bei. Sultana/Singh/Rahman (2019) erkannten für australische Unternehmen, dass sich die Länge der Amtszeit, das Alter und die gleichzeitige Besetzung entsprechender Positionen in anderen Unternehmen positiv auf die Prüfungsqualität auswirken. Chaudhry/Roomi/Aftab (2020) konnten für pakistanische Unternehmen nachweisen, dass sich deren Ertragslage verbessert, wenn der Prüfungsausschussvorsitzende **weitere Mandate** innehat. Sharma/Sharma/Tanyi/Cheng (2020) gelangten zu dem Ergebnis, dass sich weitere Mandatserfahrung der Prüfungsausschussmitglieder in geringeren Eigenkapitalkosten niederschlägt. Auf der anderen Seite misslang es Deslandes/Fortin/Landry (2020), einen Zusammenhang zwischen der Anzahl weiterer Mandate und einer aggressiven Steuerpolitik kanadischer Unternehmen zu finden. Dagegen kamen Ferris/Liao (2019) für eine internationale Stichprobe zu dem Ergebnis, dass mit zunehmender Anzahl weiterer Mandate bei anderen Unternehmen die Qualität der Rechnungslegung sinkt. Wan-Hussin/Fitri/Salim (2021) stellten für Malaysia fest, dass die Qualität der Internen

Revision abnimmt, sofern der Vorsitzende des Prüfungsausschusses weitere Prüfungsausschussmandate innehat. Eine ungerade Anzahl an Prüfungsausschussmitgliedern erhöht die Rechnungslegungsqualität, gemessen an Jahresabschlusskorrekturen (Gao/Huang, 2018).

Intintoli/Kahle/Zhao(2018) wiesen nach, dass sich die Anstrengungen von Prüfungsausschussmitgliedern zur Beurteilung des Risikos für Bilanzbetrug und der Integrität des Managements mit zunehmenden **sozialen Beziehungen zu dem Finanzvorstand** verringern. Qamhan/Haat/ Hashim/Salleh (2018) stellten für den Oman fest, dass die Wahrscheinlichkeit für Bilanzpolitik steigt, wenn während des Geschäftsjahres Prüfungsausschussmitglieder neu bestellt wurden oder ihr Amt niederlegten.

Befragungen

Eine Befragung von Prüfungsausschussmitgliedern zeigte an, dass eine ausreichende Expertise aller Ausschussmitglieder auf den Gebieten Rechnungslegung, Prüfung und Corporate Governance erwünscht ist (DeZoort, 1997). Zudem wird diese fachliche Qualifikation von Vorständen, internen Revisoren, Abschlussprüfern und Prüfungsausschussmitgliedern von börsennotierten Unternehmen als eine wesentliche Voraussetzung für die Effektivität des Prüfungsausschusses erachtet (Gendrom/Bédard, 2006). Befragungsergebnisse zeigten gleichzeitig aber auch, dass es an diesen erforderlichen Kompetenzen fehlt (Al-Twaijry/Brierley/Gwilliam, 2002; Krishnamoorthy/Wright/Cohen, 2002). Untersuchungsteilnehmer hierfür waren Akademiker, interne und externe Revisoren bzw. Abschlussprüfer.

Köhler (2005) befragte deutsche Aufsichtsrats- und Prüfungsausschussmitglieder und stellte fest, dass es diesen insb. an Kenntnissen über Interne Revision und Abschlussprüfung mangelt. Auch die Unabhängigkeit der Mitglieder ist für die Wirksamkeit des Prüfungsausschusses nach der Auffassung von Abschlussprüfern ein essenzieller Faktor (Krishnamoorthy/Wright/Cohen, 2002). Raghunandan/Read/Rama (2001) gelangten zu der Erkenntnis, dass nach der Einschätzung von internen Revisoren Prüfungsausschüsse, die mit mindestens einem Finanzexperten sowie ausschließlich unabhängig besetzt sind, längere Sitzungen mit der Internen Revision abhalten, eine intensivere Beziehung zur Internen Revision pflegen und die Programme bzw. Ergebnisse der Internen Revision sowie deren Interaktion mit dem Management prüfen.

Experimente

Laut DeZoort (1998) führen einschlägige Fachkenntnisse dazu, dass Ausschussmitglieder eher wie Experten in Bezug auf das interne Kontrollsystem urteilen. Andere experimentelle Studien wiesen nach, dass Mitglieder mit Fachwissen im Prüfungswesen, aber auch erfahrenere Mitglieder eher dazu bereit sind, im Falle einer Meinungsverschiedenheit zwischen dem Abschlussprüfer und Management den Abschlussprüfer zu unterstützen, während Mitglieder mit Führungserfahrung eher dem Management zur Seite stehen (DeZoort/Salterio, 2001; DeZoort/Hermanson/Houston, 2003a). Agoglia/Doupnik/Tsakumis (2011) belegten, dass die Finanzberichterstattung des Managements weniger aggressiv ist, wenn die Mitglieder über Expertenwissen verfügen. Norman/Rose/Suh (2011) stellten fest, dass die Expertise der Prüfungsausschussmitglieder keinen Einfluss darauf hat, ob Falschdarstellungen im Jahresabschluss von der Internen Revision korrigiert werden. McDaniel/Martin/Maines (2002) gelangten zu der Erkenntnis, dass einschlägige Erfahrungen (financial experts) und einschlägiges Wissen (financial literates) unterschiedliche Effekte auf die Einschätzung der Jahresabschlussqualität haben. Financial literates äußern häufiger Bedenken hinsichtlich der Behandlung von prominenten, d.h. aktuell im Zentrum der öffentlichen Diskussion stehenden, und einmaligen Rechnungslegungsfragen, wohingegen financial experts eher dazu neigen, Kritik an der Handhabung von weniger prominenten und regelmäßig wiederkehrenden Themen anzubringen. Einen positiven Einfluss der Fachkenntnisse auf Investitionsentscheidungen wies Schneider (2018) nach.

Des Weiteren bestätigte die experimentelle Forschung den positiven Einfluss der Unabhängigkeit auf die Wirksamkeit von Prüfungsausschüssen. So werden Abschlussprüfer bei einem Konflikt mit dem Management von einem unabhängigen Prüfungsausschuss eher unterstützt (Bierstaker/Cohen/DeZoort/Hermanson, 2012) bzw. sie gehen davon aus, dass dies der Fall ist (Ng/Tan, 2003; Cohen/Gaynor/Krishnamoorthy/Wright, 2011; Brown-Liburd/Wright, 2011). Unabhängige Mitglieder drängen eher auf eine unverzerrte Finanzberichterstattung (Magilke/Mayhew/Pike, 2009) und die Unternehmensleitung neigt bei einem unabhängigen Prüfungsausschuss weniger zu einer aggressiven Rechnungslegung (Agoglia/Doupnik/Tsakumis, 2011).

3   Autorität

Eine Archivstudie von Bédard/Chtourou/Courteau (2004) deckte auf, dass Jahresabschlüsse von Unternehmen mit einer klaren **Zuteilung der Verantwortlichkeiten** des Prüfungsausschusses weniger Bilanzpolitik aufweisen, während Liu/Zhuang (2011), ebenfalls unter Rückgriff auf Archivdaten, feststellten, dass sich die Autorität des Prüfungsausschusses positiv auf die Zuverlässigkeit von freiwilligen Berichten auswirkt.

Befragungen legten offen, dass Konflikte zwischen dem Prüfungsausschuss und dem Management hinsichtlich Rechnungslegungsfragen bestehen (Haka/Chalos, 1990), dass eine **schriftlich fixierte Geschäftsordnung** den Handlungserfolg des Prüfungsausschusses hinsichtlich der Überwachung von Rechnungslegung, interner und externer Revision erhöht (Kalbers/Fogarty, 1993) und dass der Prüfungsausschuss nur eingeschränkt dazu in der Lage ist, den Abschlussprüfer bei Meinungsverschiedenheiten mit der Unternehmensleitung zu unterstützen. Fehlende Macht, der Geschäftsleitung entsprechend entgegenzutreten, wurde dabei als eine mögliche Ursache identifiziert (Krishnamoorthy/Wright/Cohen, 2002). Dagegen belegten die Ergebnisse von Interviews mit malaysischen Vorständen, Abschlussprüfern und Prüfungsausschussmitgliedern von Salleh/Stewart (2012), dass der Prüfungsausschuss bei wesentlichen Fragestellungen mit Erfolg eine vermittelnde Rolle einnimmt.

Köhler (2005) zeigte in einer Befragung deutscher Prüfungsausschussvorsitzender auf, dass die **Aufgaben im Bereich der Prüfung** am stärksten wahrgenommen werden, und die von Al-Twaijry/Brierley/Gwilliam (2002) befragten Akademiker aus Saudi-Arabien beklagten, dass sich die Aufgaben des Prüfungsausschusses zu sehr auf die Abschlussprüfung beschränken würden. Beattie (2012) wies nach, dass britische Prüfungsausschüsse ihre Aufgaben im Zusammenhang mit der Abschlussprüfung nicht vollständig wahrnehmen. Einige der von Beasley/Carcello/Hermanson/Neal (2009) interviewten Prüfungsausschussmitglieder betonten, wie wichtig es ist, dass der Prüfungsausschuss seine Autorität, z. B. hinsichtlich der Überwachung externer und interner Revisionsorgane, sicherstellt. Abdullah/Ismail/Smith (2018) kommen durch Befragungen von Leitern der Innenrevision börsennotierter Unternehmen aus Malaysia zu dem Ergebnis, dass es einen positiven Zusammenhang einer Überprüfung der Planung und Durchführung von Revisionen durch den Prüfungsausschuss mit der Revisionsqualität gibt.

Die experimentellen Studien von Agoglia/Doupnik/Tsakumis (2011) und Brown-Liburd/Wright (2011) betonen die zunehmende Stärke des Prüfungsausschusses im Überwachungsprozess. Experimentelle Befunde von Gold/Klynsmit/Wallage/Wright (2018) deuten darauf hin, dass sich ein hoher Einfluss des Prüfungsausschusses auf die Auswahl des Abschlussprüfers positiv auf Anlageempfehlungen von Anlageberatern auswirkt, sofern diese einen Prüferwechsel antizipieren.

4 Ressourcen

Studien mit Archivdaten

Ein Großteil der vorliegenden Studien bildet den Ressourcenfaktor über die Anzahl an Mitgliedern im Prüfungsausschuss ab und fokussiert damit auf organisationsbezogene Aspekte. Hierbei wird überwiegend der Einfluss der **Größe des Prüfungsausschusses** auf die Rechnungslegungsqualität gemessen. Die Ergebnisse sind uneinheitlich. Für die USA konnten Ghosh/Marra/Moon (2010), Yang/Krishnan (2005) sowie Intintoli/Kahle/Zhao (2018) ein geringeres Ausmaß an Bilanzpolitik mit zunehmender Größe des Prüfungsausschusses nachweisen. Auch Karamanou/Vafeas (2005) stellten einen positiven Einfluss der Größe des Prüfungsausschusses auf die Ergebnisqualität fest. Bei Versicherungsunternehmen in den USA zeigten Hsu/Huang/Lai (2019) einen positiven Zusammenhang zwischen der Größe des Prüfungsausschusses und der Höhe der Schadenrückstellungen auf. Daneben existieren Studien, die für die USA keinen wesentlichen Einfluss der Größe des Prüfungsausschusses nachweisen konnten (Xie/Davidson/DaDalt, 2003; Vafeas, 2005). Entsprechendes konnte auch für Australien (Baxter/Cotter, 2009; Davidson/Goodwin-Stewart/Kent, 2005) und den Oman (Gebrayel/Jarrar/Salloum/Lefebvre, 2018) beobachtet werden. Dagegen stellten Qamhan/Haat/Hashim/Salleh (2018) für den Oman eine positive Wirkung der Größe fest. Hasan/Kassim/Hamid (2020) misslang es, für Malaysia einen Zusammenhang zwischen der Größe des Prüfungsausschusses und dem Ausmaß an sachverhaltsgestaltender Bilanzpolitik nachzuweisen. Sellami/Fendri (2017) konnten für Südafrika keinen Zusammenhang zwischen der Größe des Prüfungsausschusses und der IFRS-Konformität in Bezug auf die Darstellung von Transaktionen mit verbundenen Parteien belegen. Eine Erklärung für diese uneinheitlichen Ergebnisse könnte in einem nichtlinearen Effekt der Ausschussgröße liegen. Die Literatur weist auf eine kritische Untergrenze von drei Mitgliedern hin, die für den Entscheidungs- und Abstimmungsprozess erforderlich sind (Koprivica, 2009). Bei einem zu großen Prüfungsausschuss können positive Effekte, wie zuvor erwähnt, durch eine schlechtere Kommunikation zwischen den Mitgliedern und Unklarheiten über die Verantwortlichkeiten einzelner Mitglieder gemindert werden. Die kritische Obergrenze wird in der Literatur bei sechs Mitgliedern gesehen (Fischbach, 2003; Koprivica, 2009), wenngleich diese in Abhängigkeit von der Unternehmensgröße zu betrachten ist (zunehmende Unternehmensgröße erfordert mitunter einen größeren Prüfungsausschuss, da die Anzahl der zu diskutierenden Sachverhalte zunimmt).

Eine Studie von Bédard/Chtourou/Courteau (2004) aus den USA konnte einen nichtlinearen Effekt in Bezug auf negative Effekte eines sehr kleinen Prüfungsausschusses, d.h. eines Prüfungsausschusses, der mit weniger als drei Mitgliedern besetzt ist, im Vergleich zu größeren Prüfungsausschüssen auf das Ausmaß an Bilanzpolitik untersucht, jedoch keinen signifikanten Unterschied feststellen. Zu einem entsprechenden Ergebnis gelangten auch Davidson/Goodwin-Stewart/Kent (2005) im Rahmen einer Studie mit Daten von australischen Unternehmen. Albersmann/Hohenfels (2017) untersuchten ebenfalls einen nichtlinearen Effekt mit Bezug auf deutsche Unternehmen, konnten dabei aber weder für kleine noch für große Prüfungsausschüsse (jeweils in Relation zur Unternehmensgröße) ein höheres Ausmaß an Bilanzpolitik im Vergleich zu einer für die Unternehmensgröße normalen Ausschussgröße nachweisen.

In Bezug auf den Zusammenhang zwischen der Größe des Prüfungsausschusses und der Qualität der CSR-Berichterstattung erkannten Al-Shaer/Salama/Toms (2017) keinen signifikanten Zusammenhang. Auch die Wahrscheinlichkeit für eine freiwillige Prüfung des CSR-Berichts wird nicht durch die Größe des Prüfungsausschusses beeinflusst (Al-Shaer/Zaman, 2018). Dagegen kamen Appuhami/Tashakor (2017), Musallam (2018) und Katmon/Mohamad/Norwani/Al Farooque (2019) zu dem Ergebnis, dass die Breite und die Intensität der CSR-Berichterstattung australischer Unternehmen bzw. die Qualität der CSR-Berichterstattung palästinensischer und malaysischer Unternehmen durch die Größe des Prüfungsausschusses beeinflusst werden. Zudem zeigten Raimo/Vitolla/Marrone/Rubino (2020) auf Basis einer internationalen Stichprobe auf, dass die Qualität einer integrierten Berichterstattung mit zunehmender Größe steigt. García-Meca/Ramón-Llorens/Martínez-Ferrero (2021) zeigten, dass es größeren Prüfungsausschüssen in Spanien eher gelingt, eine aggressive Steuerpolitik zu vermeiden, was Deslandes/Fortin/Landry (2020) auch für Kanada erkannten.

Neben der Rechnungslegungsqualität wird das Prüfungshonorar als Maßstab für die vom Abschlussprüfer wahrgenommene Effektivität des Ausschusses in Abhängigkeit von dessen Größe verwendet. Für die USA konnte nachgewiesen werden, dass das Prüfungshonorar mit zunehmender Größe des Prüfungsausschusses steigt, was auf ausgiebigere Prüfungshandlungen bei großen Prüfungsausschüssen hinweist (Vafeas/Waegelein, 2007; Jizi/Nehme, 2018). Zu einem vergleichbaren Ergebnis gelangten auch Zaman/Hudaib/Haniffa (2011) für Großbritannien. Khudhair/Al-Zubaidi/Raji (2019) fanden für den Irak heraus, dass größere Prüfungsausschüsse eher eine Big-4-Prüfungsgesellschaft beauftragen. Für die USA konnte nachgewiesen werden, dass Unternehmen, in denen ein Prüferwechsel mit hoher Wahrscheinlichkeit aus dem Motiv eines Opinion Shopping heraus stattfand, i. d. R. kleinere Prüfungsausschüsse aufwiesen (Archambeault/DeZoort, 2001).

Appiah/Amon (2017) fanden für Großbritannien keinen signifikanten Zusammenhang zwischen der Größe eines Prüfungsausschusses und der Wahrscheinlichkeit für eine Insolvenz. Gleichermaßen stellte Ezzine (2018) auf Basis französischer und saudischer Daten fest, dass die Größe eines Prüfungsausschusses keinen Einfluss auf die Streuung der Rentabilitäten ausübt. Auch Al Farooque/Buachoom/Sun (2020) konnten keinen Zusammenhang zwischen der Größe des Prüfungsausschusses und der Ertragslage thailändischer Unternehmen feststellen. Dagegen konnten Dakhlallh/Rashid/Abdullah/Al Shebab (2020) für Jordanien nachweisen, dass die Größe des Prüfungsausschusses in einem positiven Zusammenhang mit der Unternehmensleistung (gemessen über Tobin's Q) steht.

He/Yang/He (2018) konstatierten, dass die Wahrscheinlichkeit für Jahresabschlusskorrekturen mit zunehmender **Vergütung des Prüfungsausschusses** sinkt. Dagegen stellte Lin (2018) negative Folgen einer leistungsabhängigen Vergütung der Prüfungsausschussmitglieder fest, denn sie führte zu einer geringeren Rechnungslegungsqualität und zu mehr abnormalen Prüfungshonoraren.

Befragungen

Umfragen fokussieren in erster Linie auf die **Kommunikation zwischen Prüfungsausschuss, Interner Revision und Abschlussprüfer**. Die Ergebnisse sind mäßig. Al-Twaijry/Brierley/Gwilliam (2002) fanden heraus, dass 62 % der externen Revisoren und 73 % der internen Revisoren den Informationsaustausch mit dem Prüfungsausschuss als mangelhaft bewerten. Zu einem ähnlichen Ergebnis gelangte eine Studie aus den USA, bei der Abschlussprüfer von Big-4-Gesellschaften befragt wurden. Diese bemängelten eine einseitige Berichterstattung, die insb. auf eine fehlende Expertise der Ausschussmitglieder zurückzuführen sei, sodass der Bezug zum Management somit insgesamt stärker sei als zum Prüfungsausschuss (Cohen/Krishnamoorthy/Wright, 2002). In einer Folgestudie wiesen die Autoren zudem darauf hin, dass das Management einen wesentlichen Einfluss auf die Qualität der Kommunikation zwischen Abschlussprüfer und Prüfungsausschuss ausübt (Krishnamoorthy/Wright/Cohen, 2002). In Deutschland nahmen einer Umfrage von Köhler (2005) zufolge Abschlussprüfer und Interne Revision zu lediglich 59 % bzw. 17 % und Vorstandsmitglieder zu immerhin 87 % an den Sitzungen des Prüfungsausschusses teil.

Experimente

Im Rahmen eines Fallstudienexperiments mit Abschlussprüfern zeigten Cohen/Hanno (2000) für die USA, dass Prüfer bei Unternehmen mit einem Prüfungsausschuss, der über eine schlechtere

Ressourcenausstattung verfügt, ein höheres Risiko wahrnehmen und deshalb die Prüfungshandlungen ausdehnen. DeZoort/Hermanson/Houston (2003b) testeten die Unterstützungsbereitschaft von Mitgliedern des Prüfungsausschusses im Falle einer vom Abschlussprüfer vorgeschlagenen Anpassung des Jahresabschlusses. Es zeigte sich, dass eine Unterstützung durch den Prüfungsausschuss nur dann zu erwarten war, wenn der Abschlussprüfer seine Meinung sehr hartnäckig gegenüber dem Management und Prüfungsausschuss vertrat.

5   Aktivitätsniveau

Archivstudien

Die vorliegenden Archivstudien messen das Aktivitätsniveau i. d. R. über die **Anzahl an jährlichen Sitzungen** des Prüfungsausschusses. Entsprechend den vorherigen Determinanten beurteilt die Forschung die Auswirkungen des Aktivitätsniveaus zu einem Großteil anhand von dessen Einfluss auf die Rechnungslegungsqualität. Die vorliegenden Forschungsbefunde sind uneinheitlich. Choi/Jeon/Park (2004) wiesen darauf hin, dass durch aktivere Prüfungsausschüsse die Wahrscheinlichkeit für das Aufdecken von Bilanzpolitik erhöht wird. Diese Argumentation wird für die USA durch die Studien von Xie/Davidson/DaDalt (2003) und Vafeas (2005) in Bezug auf das Ausmaß an Bilanzpolitik im Jahresabschluss gestützt. Die Autoren konnten einen signifikanten Rückgang an diskretionären Periodenabgrenzungen mit zunehmender Sitzungshäufigkeit des Ausschusses nachweisen. Zu dem gleichen Ergebnis kamen Mohammad/Ahmed (2017) und Hasan/Kassim/Hamid (2020), die für Malaysia aufzeigten, dass mit zunehmender Sitzungshäufigkeit das Ausmaß an sachverhaltsgestaltender Bilanzpolitik zurückgeht. Karamanou/Vafeas (2005) wiesen zudem auf eine Erhöhung der Ergebnisqualität bei regelmäßigen Treffen des Ausschusses hin, indem aussagekräftigere Gewinnprognosen für das Jahresergebnis abgegeben werden. Bei Versicherungsunternehmen aus den USA zeigten Hsu/Huang/Lai (2019) einen positiven Zusammenhang zwischen der Sitzungshäufigkeit und der Höhe der Schadensrückstellungen auf. El-Gazzar/Fornaro/Jacob (2008) verwendeten die Bereitschaft zur freiwilligen Berichterstattung als Maßstab und wiesen nach, dass diese in Unternehmen mit häufigen Treffen des Prüfungsausschusses deutlich höher ist. In Bezug auf Quartalsergebnisse konnten diese Befunde für die USA allerdings nicht bestätigt werden. Den Ergebnissen der Studie von Yang/Krishnan (2005) zufolge wirkt sich die Anzahl an jährlichen Sitzungen des Prüfungsausschusses nicht wesentlich auf das Ausmaß an Bilanzpolitik im Quartalsabschluss aus. Folgt man den Ergebnissen von Davidson/Goodwin-Stewart/Kent (2005) sowie Baxter/Cotter (2009) für Australien, wirkt sich die Sitzungshäufigkeit entgegen den US-Befunden wesentlich auf das Ausmaß an Bilanzpolitik im Jahresabschluss aus.

Gleiches erkannten Qamhan/Haat/Hashim/Salleh (2018) für den Oman. Für Singapur, Malaysia und den Oman konnten Van der Zahn/Tower (2004), Md Yusof (2010) sowie Gebrayel/Jarrar/Salloum/Lefebvre (2018) wiederum einen signifikanten Rückgang an Bilanzpolitik mit zunehmenden Aktivitätsniveau des Ausschusses nachweisen. Im Gegensatz dazu fanden Rashidah/

Fairuzana (2006) für Malaysia keinen signifikanten Zusammenhang zwischen der Anzahl an jährlichen Sitzungen und dem Ausmaß an Bilanzpolitik im Jahresabschluss. Die uneinheitlichen Ergebnisse sind mitunter über einen bestehenden nichtlinearen Zusammenhang zwischen der Sitzungshäufigkeit und der Rechnungslegungsqualität erklärbar. Insbesondere ist zu vermuten, dass bei einer Erhöhung von einer (»Pro forma«-)Sitzung pro Jahr auf eine Häufigkeit von zwei bis vier Sitzungen pro Jahr ein deutlicher Rückgang an Bilanzpolitik zu verzeichnen ist. Studien von Bédard/Chtourou/Courteau (2004) sowie Lin/Li/Yang (2006) haben Schwellenwerte von mindestens zwei, drei und vier Sitzungen pro Jahr untersucht, konnten diese Vermutung aber nicht bestätigen. Unklar bleibt bei beiden Studien allerdings auch, welchen Effekt ein häufigeres Treffen des Ausschusses (> 4 Sitzungen) mit sich bringen würde bzw. ob eine sehr hohe Sitzungsfrequenz nicht eher auf eine ineffektive Funktionsweise des Prüfungsausschusses hindeutet (z. B. zu kurze **Meetingdauern**, sodass in den Meetings Rechnungslegungsthemen nicht umfassend und abschließend diskutiert werden, pro forma Meetings abgehalten werden bzw. die Zusammensetzung des Ausschusses nicht adäquat ist, um komplexe Rechnungslegungsthemen zu lösen). Albersmann/Hohenfels (2017) konnten für Deutschland nachweisen, dass sowohl eine sehr geringe als auch eine sehr hohe Sitzungsfrequenz mit einem höheren Ausmaß an Bilanzpolitik verbunden ist. Die optimale Meetingfrequenz zur Reduzierung von Bilanzpolitik liegt der Studie zufolge bei vier bis fünf Meetings pro Jahr. Ebenso zeigen Unternehmen, die eine im Verhältnis zu ihrer Unternehmensgröße ungewöhnlich niedrige oder hohe Sitzungsfrequenz aufweisen, ein signifikant höheres Ausmaß an Bilanzpolitik. Sellami/Fendri (2017) konnten für Südafrika keinen Zusammenhang zwischen der Sitzungshäufigkeit und der IFRS-Konformität in Bezug auf die Darstellung von Transaktionen mit verbundenen Parteien belegen. Für Großbritannien ließ sich kein signifikanter Zusammenhang zwischen der Sitzungshäufigkeit und der Qualität der CSR-Berichterstattung (Al-Shaer/Salama/Toms, 2017), wohl aber ein Zusammenhang mit der Wahrscheinlichkeit für eine freiwillige Prüfung des CSR-Berichts (Al-Shaer/Zaman, 2018) nachweisen. Appuhami/Tashakor (2017) kamen zu dem Ergebnis, dass die Breite und Intensität der CSR-Berichterstattung australischer Unternehmen durch die Sitzungshäufigkeit positiv beeinflusst wird. Zu einem analogen Befund kam Musallam (2018) für Palästina. Für malaysische Unternehmen lässt sich dieser Zusammenhang hingegen nicht nachweisen (Katmon/Mohamad/Norwani/Al Farooque, 2019). Raimo/Vitolla/Marrone/Rubino (2020) stellten für eine internationale Stichprobe fest, dass die Qualität einer integrierten Berichterstattung mit zunehmender Sitzungshäufigkeit steigt.

Abbott/Parker/Peters (2004) zeigten, dass der Umfang an Jahresabschlusskorrekturen bei Unternehmen, deren Prüfungsausschuss mindestens vier Sitzungen pro Geschäftsjahr abhält, deutlich geringer ist als in einer Vergleichsgruppe von Unternehmen mit weniger als vier Sitzungen pro Geschäftsjahr.

Die existierenden Befunde weisen darauf hin, dass der Prüfungsausschuss von Unternehmen, in denen Fälle von Bilanzmanipulation bekannt wurden, während des Geschäftsjahres seltener zu Sitzungen zusammentrat, als derjenige von Unternehmen ohne Bilanzbetrug (Beasley/Carcello/Hermanson/Lapides, 2000; Farber, 2005). Zudem kommt es bei Unternehmen mit mindestens zwei Sitzungen des Prüfungsausschusses pro Geschäftsjahr zu deutlich weniger Sanktionen durch die US-amerikanische Börsenaufsicht (SEC) aufgrund von Betrug oder aggressiver Rechnungslegung (Abbott/Park/Parker, 2000). Dagegen zeigt sich in der Studie von Deslandes/Fortin/Landry (2020) kein Zusammenhang zwischen der Sitzungshäufigkeit und einer aggressiven Steuerpolitik kanadischer Unternehmen.

Wurde die Effektivität des Prüfungsausschusses über die Beziehung mit dem Abschlussprüfer beurteilt, so zeigte sich, dass Unternehmen, deren Prüfungsausschuss zweimal oder häufiger Sitzungen im Geschäftsjahr abhält, eher einen branchenspezialisierten Abschlussprüfer beauftragen als Unternehmen, in denen sich der Prüfungsausschuss nur einmal im Geschäftsjahr trifft (Abbott/Parker, 2000). Dagegen hatte die Sitzungshäufigkeit auf Basis einer Stichprobe aus dem Irak keinen Einfluss auf die Wahl einer Big-4-Prüfungsgesellschaft.

Lee/Mande (2005) zeigten, dass ab einer Anzahl von vier Sitzungen des Prüfungsausschusses pro Geschäftsjahr höhere Prüfungshonorare gezahlt werden. Einen positiven Einfluss der Sitzungshäufigkeit des Prüfungsausschusses auf die Prüfungshonorare stellten auch Jizi/Nehme (2018) für Banken in den USA fest. Zudem sinkt ab einer Anzahl von vier Sitzungen pro Geschäftsjahr die Nachfrage nach Beratungsleistungen vom Abschlussprüfer seitens des Unternehmens (Abbott/Parker/Peters/Raghunandan, 2003a). Auch kommt es mit höherer Sitzungsfrequenz des Prüfungsausschusses seltener zu Opinion Shopping (Archambeault/DeZoort, 2001).

Appiah/Amon (2017) erkannten für Großbritannien einen signifikant negativen Zusammenhang zwischen dem Aktivitätsniveau von Prüfungsausschüssen und der Wahrscheinlichkeit für eine Insolvenz. Für Australien zeigten Lee/Fargher (2018) auf, dass die Sitzungshäufigkeit des Prüfungsausschusses in einem signifikant positiven Zusammenhang zur Qualität des Whistleblowing-Systems steht. Al Farooque/Buachoom/Sun (2020) belegten für Thailand einen positiven Einfluss der Sitzungshäufigkeit auf die Ertragslage der Unternehmen. Dagegen stellte Ezzine (2018) auf der Basis französischer und saudischer Daten fest, dass die Sitzungshäufigkeit eines Prüfungsausschusses keinen Einfluss auf die Streuung der Rentabilitäten ausübt.

Qamhan/Haat/Hashim/Salleh (2018) stellten für den Oman fest, dass eine hohe **Anwesenheitsquote** bei Prüfungsausschusssitzungen zur Vermeidung von Bilanzpolitik beiträgt.

Befragungen

Eine Befragung von Abschlussprüfern in den USA ergab, dass diese einen Prüfungsausschuss nicht nur bei einer hohen Sitzungsfrequenz als effektiv wahrnehmen, sondern auch dann, wenn die Mitglieder des Prüfungsausschusses einen **Handlungswillen** aufweisen und aktiv Fragen stellen (Kalbers/Fogarty, 1993; Krishnamoorthy/Wright/Cohen, 2002). Eine entsprechende Motivation der Prüfungsausschussmitglieder erwarten auch interne Revisoren und Chief Financial Officers (Kalbers/Fogarty, 1993). Für Kanada wird zudem auf vorbereitete Mitglieder sowie eine gute Organisation und Struktur, das Bestehen einer Agenda sowie eine ordentliche Nachbereitung der jeweiligen Sitzungen des Prüfungsausschusses hingewiesen (Gendron/

Bédard, 2006). Eine interviewgestützte Untersuchung von Oussii/Klibi/Ouertani (2019) zeigte, dass nach Einschätzung tunesischer Prüfungsausschussmitglieder informelle Treffen zwischen Prüfungsausschussmitgliedern den höchsten Wirkungsgrad haben.

Experimente

Das Ergebnis eines Fallstudienexperimentes von Stewart/Munro (2007) aus Australien zeigte zudem, dass Abschlussprüfer bei einer höheren Sitzungsfrequenz des Prüfungsausschusses sowie bei einer häufigeren Teilnahme des Abschlussprüfers an den Sitzungen das Prüfungs-risiko geringer einschätzen.

V   Zusammenfassung und kritische Würdigung

1   Zentrale Forschungsbefunde

Zusammenfassend kann Prüfungsausschüssen anhand der vorliegenden Forschungsbefunde eine hohe Bedeutung im Rahmen des Corporate-Governance-Systems attestiert werden. So zeigt sich, dass bereits die Formierung eines Prüfungsausschusses im Unternehmen zu einer Verbesserung der Rechnungslegungsqualität führen kann. Zudem verdeutlichen die Ergebnisse, wie wichtig

(1) die Besetzung des Ausschusses durch Mitglieder mit Fachkenntnissen im Rechnungs- und Finanzwesen und durch unabhängige Mitglieder ist,

(2) klar definierte Aufgaben für den Handlungserfolg des Ausschusses sind,

(3) eine adäquate Größe des Ausschusses mit drei bis sechs Mitgliedern sein kann, um angemessene Abstimmungs- und Kommunikationsprozesse zu gewährleisten, und,

(4) regelmäßige Sitzungen des Ausschusses während des Geschäftsjahres sind.

Es zeigt sich, dass Unternehmen, deren Prüfungsausschüsse diese Kriterien erfüllen, u. a. weniger Bilanzpolitik betreiben, seltener Fälle von Bilanzmanipulationen aufweisen, über ein besseres internes Kontrollsystem verfügen, seltener durch externe Aufsichtsbehörden sanktioniert werden, seltener Korrekturen am Jahresabschluss vornehmen müssen und der Unabhängigkeit des Abschlussprüfers sowie einer hohen Prüfungsqualität insgesamt einen höheren Stellenwert beimessen. Dies gilt allerdings nur unter der Bedingung, dass die Ausschussmitglieder eine entsprechende Motivation für die Ausschussarbeit aufweisen, eine rege Kommunikation mit dem Vorstand, der Internen Revision und dem Abschlussprüfer pflegen und den Abschlussprüfer regelmäßig in die Ausschusssitzungen einbeziehen. Hinsichtlich der Wahrnehmung von Prüfungsausschüssen auf dem Kapitalmarkt zeigt sich, dass die Qualität des Periodenergebnisses von Unternehmen, deren Prüfungsausschüsse die genannten Kriterien erfüllen, höher bewertet wird. Insgesamt wird die mit dem FISG ausgeweitete Regulierung von Prüfungsausschüssen und dabei im Einzelnen die Pflicht zur Implementierung von Prüfungsausschüssen für PIEs, die verstärkte Besetzung des Ausschusses mit Mitgliedern, die Expertise in der Rechnungslegung und Abschlussprüfung aufweisen, die stärkere Überwachung der Abschlussprüfung sowie die konkretisierten Rechte, über den Prüfungsausschussvorsitzenden Auskünfte bei den Leitern der Zentralbereiche des Unternehmens einzuholen, eindeutig von den zuvor dargestellten Ergebnissen der empirischen Forschung gestützt.

2   Problemfelder der empirischen Forschung

Die vorgestellten Erkenntnisse sind jedoch vor dem Hintergrund diverser Aussagegrenzen zu betrachten, die der empirischen Forschung zugrunde liegen. Hinsichtlich der angewandten Forschungsmethoden ist zwischen Befragungen, Experimenten und Archivstudien zu unterscheiden. Bei Befragungen besteht das grundsätzliche Problem, dass die Untersuchungsteilnehmer die Zielsetzung der jeweiligen Studien klar erkennen können, sodass die Gefahr von verzerrten Antworten besteht. Die Aussagekraft von Befragungsergebnissen hängt somit von der Bereitschaft der Befragten zu ehrlichen und gewissenhaften Antworten ab. Bei Experimenten versucht man dieses Problem zu reduzieren, indem man die interessierenden Variablen in eine Fallstudie integriert, sodass der Untersuchungsgegenstand für die Teilnehmer nicht offensichtlich ist. Allerdings ist die Teilnahme an einem solchen Experiment i. d. R. mit größerem Aufwand verbunden, was sich negativ auf die Teilnahmebereitschaft und damit auf die Größe der Stichprobe auswirken kann. Bei Experimenten ist die Anzahl an Fallvarianten und damit auch die Anzahl der analysierbaren interessierenden Variablen begrenzt, denn ansonsten wird die Anzahl der benötigten Untersuchungsteilnehmer zu groß. Dies bedingt auch, dass die Realität in einem Experiment grob vereinfacht werden muss. Deshalb gelten die Ergebnisse von Experimenten streng genommen nur für die experimentellen Rahmenbedingungen und sie dürfen nicht verallgemeinert werden (Problem der externen Validität). Des Weiteren ist nicht gewährleistet, dass sich die Probanden im Rahmen eines Experimentes realitätsgetreu verhalten, z. B. weil deren Risikosituation im Experiment eine andere ist als in der Realität. Schließlich besteht bei vielen Experimenten das Problem, dass nicht die interessierenden Untersuchungssubjekte teilnehmen, sondern andere Probanden, die deren Rolle einnehmen sollen (z. B. Studierende). Ebenso wie bei Befragungen, bei denen die Befragungssituation nicht kontrollierbar ist, können Forscher bei sog. Feldexperimenten Störfaktoren nicht kontrollieren. Laborexperimente weisen dieses Problem nicht auf, haben aber Nachteile in Bezug auf die externe Validität.

Archivstudien verwenden Surrogate zur Einschätzung der Wirksamkeit von Prüfungsausschüssen, die im Zusammenhang mit Qualitätsmerkmalen stehen. Diese Surrogate greifen auf öffentlich beobachtbare bzw. verfügbare Informationen zurück und sind daher i. d. R. unvollständige Näherungslösungen. Gängige Surrogate in der Forschung sind: (1) Bilanzpolitik, Fraud, SEC-Sanktionen, Going-Concern-Beurteilungen, (2) Zwischenberichterstattung und freiwillige Berichterstattung sowie (3) Opinion Shopping, Prüferwechsel nach Going-Concern-Beurteilungen, Prüfungshonorare, der Anteil der Beratungshonorare an den Gesamthonoraren, die ein Abschlussprüfer von dem betreffenden Unternehmen erhält, sowie die Wahl des Abschlussprüfers (Branchenspezialisierung). Da die Rechnungslegungsqualität bzw. das Ausmaß an Bilanzpolitik das in der Forschung dominierende Surrogat ist, soll dessen Verwendung nachfolgend kritisch beleuchtet werden.

Die Forschung schätzt Bilanzpolitik häufig über diskretionäre Periodenabgrenzungen. Dabei sind Periodenabgrenzungen als Differenz zwischen dem aus der Gewinn- und Verlustrechnung resultierenden Jahresergebnis der Geschäftstätigkeit und dem aus der Kapitalflussrechnung resultierenden operativen Cashflow definiert (d. h. die zahlungsunwirksamen Aufwendungen und Erträge). Nicht diskretionäre Periodenabgrenzungen ergeben sich im Rahmen der gewöhnlichen Geschäftstätigkeit und sind über den Branchendurchschnitt nachweisbar, d. h. sie sind normal bzw. branchenüblich. Dagegen stellen diskretionäre Periodenabgrenzungen den Anteil an den gesamten Periodenabgrenzungen dar, der nicht über den gewöhnlichen Geschäftsbetrieb erklärt werden kann und nicht branchenüblich ist, sodass sie Bilanzpolitik anzeigen. Über verschiedene Modelle lassen sich die nicht diskretionären Periodenabgrenzungen schätzen, sodass die diskretionären Periodenabgrenzungen als Differenz zwischen den gesamten Periodenabgrenzungen und den geschätzten nicht diskretionären Periodenabgrenzungen ermittelt werden können. Generell besteht hier das Problem, dass Fehlspezifizierungen der Regressionsgleichungen zur Ermittlung der nicht diskretionären Periodenabgrenzungen zu Schätzfehlern in den diskretionären Periodenabgrenzungen führen können. Studien zur Zuverlässigkeit der Schätzmodelle kommen zu dem Ergebnis, dass die Gefahr verzerrter Untersuchungsergebnisse besonders groß ist, wenn weder Extremwerte der Finanz- und Ertragskraft aus der Stichprobe eliminiert werden noch eine Liquiditäts- oder Rentabilitätsgröße in das Modell aufgenommen wird (vgl. Dechow/Sloan/Sweeney 1995). Jüngere Studien der Prüfungsausschussforschung verwenden daher insb. Modelle, die verstärkt für diese Effekte kontrollieren. Auffallend ist außerdem, dass sich die vorliegenden Studien verstärkt auf Modelle zur Abschätzung buchmäßiger (sachverhaltsdarstellender) Bilanzpolitik beschränken, wenngleich die Prävention vor buchmäßiger Bilanzpolitik einen gewichtigen Anteil im Verantwortungsbereich eines Prüfungsausschusses ausmacht (Cohen/Gaynor/Krishnamoorthy/Wright, 2007). So könnte die Eingrenzung von buchmäßiger Bilanzpolitik durch den Ausschuss dennoch zu einem Anstieg an realer (sachverhaltsgestaltender) Bilanzpolitik führen, worüber das Gesamtausmaß an Bilanzpolitik unverändert bliebe. Empirische Studien konnten derart kompensatorische Effekte durchaus nachweisen (Chi/Lisic/Pevzner, 2011; Zang, 2012). Abhilfe könnte hier die sog. Schwellenwertmethode schaffen.[4] Diese untersucht Diskontinuitäten in der Häufigkeitsverteilung um bestimmte Zielgrößen herum, wie z. B. die Vermeidung von Verlusten und Ergebnisrückgängen oder die Erfüllung von Analystenprognosen. Die so beurteilte ergebniszielgrößenorientierte Bilanzpolitik umfasst sowohl Sachverhaltsdarstellungen als auch Sachverhaltsgestaltungen und kommt zudem ohne Schätzgleichungen zur Ermittlung von nicht diskretionären Periodenabgrenzungen aus.[5] Zudem ist auf die Existenz von Modellen zur Einschätzung realer Bilanzpolitik zu verweisen (vgl. hierzu die Studie von Roychowdhury, 2006).

Die weite Verbreitung des Surrogates Bilanzpolitik liegt insb. darin begründet, dass die Verwendung des Ausmaßes an Bilanzpolitik gegenüber anderen Surrogaten den Vorteil aufweist, gro-

---

4   So verwenden z. B. Quick und Wiemann (2012) diese Methode, um zu beurteilen, ob sich die Dauer der Prüfer-Mandanten-Beziehung auf die Prüfungsqualität auswirkt.

5   Da sich eine exakte Aufspaltung der Periodenabgrenzung in einen nicht diskretionären und einen diskretionären Anteil schwierig gestaltet, schlagen Healy und Wahlen bereits 1999 die Verwendung der Schwellenwertmethode (in der internationalen Forschung auch als Benchmark-beating-Methode bezeichnet) zum Nachweis von Bilanzpolitik vor (vgl. Healy und Wahlen (1999), S. 379).

ße Stichprobenumfänge auswerten zu können, denn bei vielen anderen Surrogaten, wie z. B. Jahresabschlusskorrekturen, Bilanzmanipulationen oder Going-Concern-Einschränkungen, handelt es sich um relativ seltene Ereignisse. Die in entsprechenden Stichproben enthaltenen Unternehmen sind durch finanzielle Schieflagen oder Insolvenzen sowie durch erhebliche Fehlleistungen gekennzeichnet. Hierdurch wird der Zusammenhang mitunter falsch repräsentiert. Die Verallgemeinerbarkeit der Ergebnisse ist damit begrenzt. Studien, welche die Effektivität von Prüfungsausschüssen über Bilanzpolitik beurteilen, erlauben hingegen eher eine Aussage über die durchschnittliche Qualität bei gewöhnlichen bzw. heterogeneren Unternehmen.

J Rechtliche Haftungsfragen und Gerichtsurteile

I   Zivilrechtliche Haftung der Mitglieder des Prüfungsausschusses

Dr. Peter Maser

Für die Mitglieder des Prüfungsausschusses gelten die nachfolgend darzustellenden allgemeinen Grundsätze zur Haftung des Aufsichtsrates. Eine zusätzliche Haftung kann durch pflichtwidriges Verhalten im Rahmen der Tätigkeit als Mitglied des Prüfungsausschusses entstehen.

Die Bedeutung der Tätigkeit des Aufsichtsrates bei der Überwachung und beratenden Begleitung der Unternehmensleitung ist in den vergangenen Jahren gewachsen. Dabei ist auch das Risiko einer Inanspruchnahme des Aufsichtsrates gestiegen. Dazu haben verschiedene Beteiligte beigetragen. Hierbei ist zunächst einmal der Gesetzgeber zu nennen, der den Pflichtenkreis der Aufsichtsräte erweitert und die Anspruchsverfolgung durch Aktionäre erleichtert hat, da inzwischen nach § 148 AktG Aktien im Nennbetrag von 100.000,00 Euro oder 1 % des Grundkapitals zur Einleitung eines Verfahrens genügen. Abschreckend wirkt bei Aktionärsklagen nur das Kostenrisiko des § 148 Abs. 6 AktG. Spektakuläre Firmenzusammenbrüche entstanden nicht erst in der Finanzkrise. Sie beruhten häufig auf offensichtlichem Verschulden von Organen und haben dadurch ebenfalls einen wichtigen Teil zur deutlich gestiegenen Inanspruchnahme beigetragen. Mit zunehmendem Risiko einer persönlichen Inanspruchnahme für Mitglieder des Aufsichtsrates stieg das Bedürfnis, sich durch D&O-Versicherungen abzusichern. Das Vorhandensein von D&O-Versicherungen wiederum erhöhte die Aussichten, eine Haftungsklage nicht nur durchzusetzen, sondern auch merkliche Beträge für die Gesellschaft zu generieren. Zwischenzeitlich wird wegen des Vorhandenseins von D&O-Versicherungen der überwiegende Teil der Organhaftungsklagen außergerichtlich erledigt. Und schließlich hat der Bundesgerichtshof in der bekannten ARAG/Garmenbeck-Entscheidung[1] u. a. ausgeführt, dass bei positiven Erfolgsaussichten für die Durchsetzung der Ansprüche grds. eine Pflicht zur Anspruchsverfolgung besteht. Wird der Anspruch trotzdem nicht verfolgt, so begeht das betroffene Organ seinerseits eine Pflichtverletzung, die zu verfolgen ist. Lässt der Aufsichtsrat Ansprüche gegen den Vorstand verjähren, so kann er deswegen selbst zum Schadensersatz gem. §§ 116 Satz 1, 93 Abs. 2 Satz 1 AktG verpflichtet sein.[2]

1   Haftungsvoraussetzungen

In § 116 AktG ist die Haftung des Aufsichtsrates gegenüber der Gesellschaft bei schuldhaftem Verhalten geregelt. Diese Vorschrift verweist auf die Haftung des Vorstandes (§ 93 AktG). Das bedeutet aber nicht, dass die Pflichten des Aufsichtsrates denen der Vorstände entsprechen.

---

1   BGHZ 135, S. 244 (255).
2   BGH, Urt. v. 18.09.2018 – Az. II ZR 152/17, Rn. 15

Der Aufsichtsrat hat einen anderen Pflichtenkreis. Ihm obliegt nicht die Geschäftsführung der Gesellschaft, seine wesentliche Aufgabe besteht in der Überwachung des Vorstandes.

Die Inanspruchnahme eines oder mehrerer Aufsichtsratsmitglieder, Letztere dann als Gesamtschuldner, setzt voraus:

- einen Schaden der Gesellschaft,
- die Verletzung einer Sorgfaltspflicht des Aufsichtsrates,
- ein Verschulden des Aufsichtsratsmitglieds und
- die Ursächlichkeit der Pflichtverletzung für den Schaden.

a   Schaden

Bei den ausgleichspflichtigen Schäden wird es sich regelmäßig um Vermögensschäden handeln. Aber auch immaterielle Schäden wie Reputationsschäden können zu einer Inanspruchnahme führen. Soweit ein Vermögensschaden vorliegt, ist dieser nur weiter zu verfolgen, wenn es sich um eine dem Unternehmenszweck widersprechende Beeinträchtigung handelt.[3] Viele Vermögensminderungen, denen keine Gegenleistung gegenübersteht, stellen keinen Schaden dar (bspw. Forschungs- und Entwicklungsleistungen, freiwillige Leistungen an Mitarbeiter oder die Allgemeinheit). Bei manchen Gesellschaften schließt die Satzung die Erzielung von Gewinn aus oder es wird geplant nicht kostendeckend angeboten (kommunale Verkehrsbetriebe). Liegt eine dem Unternehmenszweck widersprechende Beeinträchtigung vor, so ist eine hypothetische Vermögensbetrachtung anzustellen und die Differenz (einschließlich entgangenen Gewinns) zwischen tatsächlichem Vermögen und Vermögen ohne die pflichtwidrige Handlung auszugleichen.

b   Sorgfaltspflichtverletzung

Der Aufsichtsrat schuldet nach § 116 AktG, wie der Vorstand der Gesellschaft, die Sorgfalt eines ordentlichen und gewissenhaften Geschäftsleiters (für den Vorstand vgl. § 93 AktG). Sie geht über die Sorgfalt eines ordentlichen Kaufmanns (§ 347 HGB) hinaus und ist spezifischer als die allgemeine Sorgfaltspflicht (§ 276 BGB). Das bedeutet aber nicht, dass die Pflichten des Aufsichtsrates denen der Vorstände entsprechen. Der Aufsichtsrat hat einen komplett anderen Pflichtenkreis. Ihm obliegt nicht die Geschäftsführung der Gesellschaft, seine wesentliche Aufgabe besteht in der Überwachung des Vorstandes. Verlangt wird vom Aufsichtsrat die Sorgfalt, die ein ordentlicher und gewissenhafter Geschäftsmann in verantwortlich leitender Position bei selbstständiger Wahrnehmung fremder Vermögensinteressen zu beachten hat.[4]

---

3   Mertens/Cahn, in: Kölner Kommentar zum AktG, § 93 AktG, Rn. 55; a. A. Hüffer (2021), in: AktG § 93 Rn. 47–50, der einen Schaden bejaht, diesen aber auf Ebene der Pflichtwidrigkeit nicht weiterverfolgt.
4   Noack (2013), in: Baumbach/Hueck/Beurskens, GmbHG, § 52 Rn. 72.

Soweit ein Aufsichtsratsmitglied über individuelle Fähigkeiten oder Kenntnisse verfügt, so stellen diese das (erhöhte) Kriterium für die Sorgfaltspflicht dar, an dem er sich messen lassen muss.[5] Dabei kann es sich gleichermaßen um ehemalige Vorstände wie um spezialisierte Rechtsanwälte, Ingenieure, Marketing- oder Vertriebsspezialisten handeln. Grundsätzlich haben alle Aufsichtsratsmitglieder den gleichen Sorgfaltsmaßstab zu erfüllen, es erfolgt bspw. keine Differenzierung zwischen Arbeitnehmer- und Aktionärsvertretern im Aufsichtsrat. Schon vor vielen Jahren hat der Bundesgerichtshof entschieden, dass auch ein Arbeitnehmervertreter diejenigen Fähigkeiten besitzen oder sich aneignen muss, »die es braucht, um alle normalerweise anfallenden Geschäftsvorgänge auch ohne fremde Hilfe verstehen und sachgerecht beurteilen zu können«.[6]

Gerade die Mitglieder von Fachausschüssen wie dem Prüfungsausschuss werden häufig über einschlägige Spezialkenntnisse verfügen. Die übrigen Aufsichtsratsmitglieder dürfen sich auf eine vertiefte Überwachung der Vorstandtätigkeit durch die Ausschussmitglieder verlassen, solange sie, v.a. aufgrund der Rechenschaftsberichte, den Eindruck haben können, dass ordnungsgemäß gearbeitet wird.[7]

Ebenfalls ein erhöhter Sorgfaltsmaßstab besteht für Ausschussvorsitzende, und zwar unabhängig davon, ob der Vorsitz separat vergütet wird, und den Aufsichtsratsvorsitzenden. Sie übernehmen mit dem entsprechenden Amt eine erhöhte Verantwortung für die ordnungsgemäße Arbeit des Aufsichtsrates.[8]

Überwachungspflicht

Kernaufgabe des Aufsichtsrates ist die Überwachung des Vorstandes (§ 111 Abs. 1 AktG). Im dualen System mit Vorstand und Aufsichtsrat besitzt der Aufsichtsrat keinerlei geschäftsleitende Funktion. Seine Aufgabe ist es, wesentliche Geschäftsführungsmaßnahmen kritisch zu hinterfragen und ggf. die Zustimmung zu versagen. Eine umfassende Prüfung aller Geschäftsführungsmaßnahmen ist mit der Ausgestaltung des Aufsichtsratsmandates als Nebentätigkeit[9] nicht vereinbar und wird daher auch nicht geschuldet. Soweit Maßnahmen der Geschäftsführung der Zustimmung des Aufsichtsrates bedürfen, ist diese vor der Durchführung der Maßnahme einzuholen. Das Zustimmungserfordernis kann auf einen beschließenden Ausschuss, bspw. auch den Prüfungsausschuss, übertragen werden. Nicht zulässig ist die Übertragung auf den Vorsitzenden des Aufsichtsrates.[10]

---

5   Doralt/Doralt (2013), in: ArbHdb Aufsichtsratsmitglieder, § 16 Rn. 31.
6   BGHZ 85, S. 293 (295).
7   Vetter (2008), in: Hdb. börsennotierte AG, § 29 Rn. 60.
8   Hüffer (2021), in: AktG, § 116 Rn. 4; Spindler, in: Spindler/Stilz, AktG, § 116 Rn. 15.
9   Die Ausgestaltung als Nebentätigkeit ergibt sich bspw. als Umkehrschluss aus der aktienrechtlichen Regelung zur Maximalzahl der Aufsichtsratsmandate (§ 100 Abs. 2 Nr. 1 AktG).
10 BGH, NZG 2018, S. 1189 (1191).

Eine zunehmende Bedeutung hat die Überwachung der Corporate-Governance-Systeme der Gesellschaft durch den Aufsichtsrat gewonnen. Dazu gehören das interne Kontrollsystem (IKS), das Risikomanagementsystem (RMS) und das Compliance-Management-System (CMS). Bislang bestand keine gesetzliche Verpflichtung zur Einrichtung eines dieser Systeme, es gab auch keine Vorgaben zur konkreten Ausgestaltung.[11] Der Vorstand hatte darüber unter Wahrung pflichtgemäßen Ermessens zu entscheiden. Entscheidende Kriterien waren dabei die Branche, die Größe, die räumliche Tätigkeit, bisherige Erfahrungen und eine eventuelle Börsennotierung. Dies hat sich durch das FISG grundlegend geändert. § 91 Abs. 3 AktG, der aufgrund des FISG[12] eingeführt wurde, verpflichtet Vorstände börsennotierter Gesellschaften, »darüber hinaus ein im Hinblick auf den Umfang der Geschäftstätigkeit und die Risikofolge des Unternehmens angemessenes und wirksames IKS und RMS einzurichten«. Die Formulierung »darüber hinaus« bezieht sich auf den vorhergehenden Abs. 2, der eine Pflicht zur Einrichtung eines Risikofrüherkennungssystems (IDW PS 340 n. F.) beinhaltet.

Börsennotierte Gesellschaften müssen künftig ein IKS und RMS einrichten. Hinsichtlich des »Ob« besteht kein Beurteilungsspielraum, nur die konkrete Ausgestaltung, das »Wie«, liegt im Ermessen und richtet sich nach der Geschäftstätigkeit und der Risikolage des Unternehmens.

Pflichten bei Personalmaßnahmen

Wesentliche Aufgabe des Aufsichtsrates ist die Bestellung und Abberufung der Vorstandsmitglieder (§ 84 AktG). Seine Pflicht ist es, geeignete Kandidaten auszuwählen und ungeeignete kurzfristig abzuberufen. Bei der Bestellung und beim Abschluss des Dienstvertrages mit den Vorständen vertritt der Aufsichtsrat die Gesellschaft (§ 112 AktG). Dies gilt auch gegenüber Personen, die zu Vorständen bestellt werden sollen.[13] Zahlt der Aufsichtsrat in diesem Zusammenhang dem Vorstand eine unangemessene Vergütung, so haftet er dafür (§ 116 Satz 3 AktG). Im Rahmen des Gesetzes zur Angemessenheit der Vorstandsvergütung (VorstAG[14]) wurde dieser Haftungstatbestand ausdrücklich aufgenommen, dies hat jedoch nur deklaratorische Bedeutung, da auch ohne diese Regelung eine Haftung für unangemessene Vergütung bestand.[15]

Verpflichtung zur Verschwiegenheit

Als Teil der auch für Aufsichtsräte bestehenden Treuepflicht gegenüber der Gesellschaft besteht die Pflicht zur Verschwiegenheit (§ 116 Satz 2 AktG).[16] Ohne diese Pflicht könnte keine umfassende Berichterstattung durch den Vorstand verlangt werden. Die Pflicht zur Verschwiegenheit besteht in gleicher Weise für Anteilseigner und Arbeitnehmervertreter.[17] Alle Informationen, die der Aufsichtsrat im Rahmen seiner Tätigkeit erhält, sind von ihm geheim zu halten.

---

11   Vgl. dazu auch Binz/Sorg (2019), S. 387 (390).
12   12 BGB l 2021, S. 1534.
13   BGH, NZG 2019, S. 420 (423).
14   Vom 31.07.2009, BGBl. I 2009, S. 2509.
15   Koch (2018), in: AktG, § 116 Rn. 10.
16   Die Regelung wurde durch das TransPuG v. 01.07.2002 (BGBl. I, S. 2681) eingefügt.
17   OLG Stuttgart, AG 2007, S. 218 (219).

Dazu gehören auch Interna des Aufsichtsrates wie Stimmverhalten oder Meinungsäußerungen. Ausgenommen von der Verschwiegenheitsverpflichtung sind Vertreter von Kommunen und Kommunalverbänden im Aufsichtsrat, soweit die Befreiung für die Berichterstattung an die jeweilige Kommune notwendig ist (§ 394 AktG). Die Verpflichtung zur Verschwiegenheit besteht als nachwirkende Treuepflicht auch über das Ausscheiden als Aufsichtsrat fort und endet erst, wenn aus Unternehmenssicht offenkundig kein Geheimhaltungsinteresse mehr besteht. Bei Verstößen gegen die Verschwiegenheitsverpflichtung droht bei börsennotierten Gesellschaften neben der zivilrechtlichen Haftung auch eine strafrechtliche Inanspruchnahme (§ 404 Abs. 1 AktG).

c   Verschulden

Die Haftung eines Aufsichtsrates setzt, wie im deutschen Recht üblich, generell persönliches Verschulden voraus. Verschuldensformen sind Vorsatz und Fahrlässigkeit (§ 276 BGB). Dabei findet aber ein sog. objektivierter Verschuldensbegriff Anwendung. Wenn ein Aufsichtsrat aufgrund fehlender Vorkenntnisse eine Frage nicht beurteilen kann, so trifft ihn ein Übernahmeverschulden. Sein Verschulden ist in diesem Fall vorgelagert, er hätte mangels entsprechender Kenntnisse das Amt gar nicht erst übernehmen dürfen. Bei Pflichtverletzungen durch einen Ausschuss besteht eine Haftung für die nicht im Ausschuss befindlichen Aufsichtsratsmitglieder nur dann, wenn ihnen ein Auswahl- (ungeeignete Mitglieder wurden gewählt) oder ein Überwachungsverschulden (hinsichtlich der Ausschussarbeit) zur Last gelegt werden kann.[18]

d   Einschränkungen der Haftung durch die Business Judgement Rule

Die Haftung des Vorstandes ist bekanntermaßen sehr weitgehend. Eine wesentliche Einschränkung besteht allerdings dann, wenn er bei einer unternehmerischen Entscheidung vernünftigerweise annehmen durfte, auf der Grundlage angemessener Informationen zum Wohle der Gesellschaft zu handeln (§ 93 Abs. 1 Satz 2 AktG). Diese Regelung, deren Inhalt im Übrigen bereits früher in der Rechtsprechung Anwendung fand, wurde im Jahr 2005 durch das sog. UMAG in das Aktiengesetz ausdrücklich aufgenommen.[19] Sinn der Business Judgement Rule ist es, dem sorgfältig arbeitenden Vorstand bei unternehmerischen Entscheidungen einen weiten Ermessensspielraum einzuräumen. Anders wäre unternehmerisches Handeln auch nicht möglich. Wurden bei einer Entscheidung die Voraussetzungen der Business Judgement Rule erfüllt, stellt sich im Nachhinein die Entscheidung aber als falsch heraus, so haftet der Vorstand gegenüber der Gesellschaft nicht.

---

18   Mertens, in: Kölner Kommentar zum AktG, § 107 Rn. 179.
19   Gesetz zur Modernisierung des Aktienrechts v. 22.09.2005, BGBl. I 2005, S. 2802.

Oftmals verkannt wird, dass die Business Judgement Rule nur bei unternehmerischen Entscheidungen Anwendung findet.[20] Darunter fallen insb. nicht sog. rechtlich gebundene Entscheidungen, wozu die Beachtung gesetzlicher oder satzungsmäßiger Pflichten gehören. Liegt ein solcher Verfahrensverstoß vor, so scheidet die Anwendung der Business Judgement Rule aus. Auch im Übrigen stellt die Rechtsprechung hohe Anforderungen, um den »Safe Harbor« der Business Judgement Rule zu erreichen. Es sei in diesem Zusammenhang nur an die ausreichende Informationsbeschaffung und die Vermeidbarkeit einer fehlerhaften Entscheidung erinnert. Dabei korreliert der Umfang der notwendigerweise einzuholenden Informationen mit der Bedeutung der zu treffenden Entscheidung.[21]

2 Bedeutung der Business Judgement Rule für Aufsichtsräte

Für Aufsichtsräte ist die Business Judgement Rule in zweierlei Hinsicht relevant. Zunächst bedeutet sie für sie, dass, soweit ihr Vorliegen die Haftung des Vorstandes ausschließt, damit auch eine Haftung des Aufsichtsrates nicht infrage kommt. Denn soweit der Vorstand innerhalb der Business Judgement Rule gehandelt hat, war seine Handlung pflichtgemäß und ein Tätigwerden des Aufsichtsrates rechtlich nicht geboten.

Die Business Judgement Rule besitzt aber auch originäre, haftungsbegrenzende Wirkung für den Aufsichtsrat. Für ihn gilt diese Haftungsbegrenzung insb. dann, wenn er selbst an einer unternehmerischen Entscheidung mitwirkt. Dazu zählt in erster Linie die Genehmigung zustimmungspflichtiger Geschäfte des Vorstandes. Aufgrund der andersgelagerten Aufgabenstellung des Aufsichtsrates gehören dazu u. a. aber auch:
- die Berufung/Abberufung von Vorständen und Festlegung ihrer Vergütung,
- die Mitwirkung bei der Feststellung des Jahresabschlusses,
- die Auswahl und Auftragserteilung nebst Festlegung der Prüfungsschwerpunkte an den Abschlussprüfer und
- die Mitwirkung an übernahmerechtlichen Stellungnahmen.[22]

Wesentliche Verpflichtung des Aufsichtsrates ist es ferner, Pflichtverletzungen aktiver oder ehemaliger Vorstände zu verfolgen. Die Frage einer Geltendmachung von solchen Schadensersatzansprüchen stellt nach Auffassung der Rechtsprechung[23] nur teilweise eine Ermessens-

---

20   Mertens/Cahn, in: Kölner Kommentar zum AktG, § 116 Rn. 67, 68.
21   BGH, WM 2017, S. 24 (27).
22   Ihrig (2004), S. 2098 (2106); Schäfer (2005), S. 1253–1258.
23   BGH, AG 1997, S. 377 (378).

entscheidung dar. Der Aufsichtsrat wird sich somit bei dieser Fragestellung regelmäßig nicht auf die Business Judgement Rule berufen können.

Beweislastumkehr

Nach den allgemeinen Grundsätzen der Beweislastverteilung hätte der Kläger (hier die Gesellschaft) alle anspruchsbegründenden Tatsachen (Schaden, Pflichtverletzung, Ursächlichkeit und Verschulden) vorzutragen und zu beweisen. Entsprechend der Haftung bei Vorständen findet bei Aufsichtsräten eine Beweislastumkehr statt: Ist streitig, ob sich das betreffende Aufsichtsratsmitglied pflichtgemäß verhalten hat, so trifft es die Beweislast. Das Aufsichtsratsmitglied muss beweisen, dass es entweder keine Pflichtverletzung begangen hat oder dies nicht schuldhaft erfolgte oder der Schaden auch bei pflichtgemäßem Alternativverhalten eingetreten wäre.[24] Grund für diese Beweislastumkehr ist die unisono bei Vorständen und Aufsichtsräten unterstellte größere Sachnähe.

Compliance-Verstöße

Der Vorstand darf nicht nur selbst keine Gesetzesverstöße begehen, sondern muss auch Sorge tragen, dass durch eine entsprechende Unternehmensorganisation solche Verstöße verhindert werden. Bei entsprechender Gefährdung muss nach Auffassung der Rechtsprechung[25] ein Compliance-System zur Schadensprävention und Risikokontrolle eingerichtet werden. Die konkrete Ausgestaltung ist eine Geschäftsführungsmaßnahme und obliegt somit dem Vorstand. Kommt er der Verpflichtung nicht nach, so ist er vom Aufsichtsrat dazu anzuhalten. Erfolgen trotzdem Gesetzesverstöße, so kommt es nach Auffassung des BGH bei der Sanktionierung auch darauf an, ob das Unternehmen seiner Pflicht, Rechtsverletzungen aus seiner Sphäre möglichst zu verhindern, durch Einführung eines effizienten Compliance-Management-Systems nachgekommen ist.[26] Bei der Höhe des Bußgeldes sind somit entsprechende Compliance-Vorkehrungen zu berücksichtigen. Wie dieses Compliance-Management-System ausgestattet sein muss, um ggf. bußgeldreduzierend oder – ausschließend wirken zu können, hat das Gericht offengelassen. Dabei kommt es entscheidend auf den Einzelfall an, wobei die Kriterien u. a. Branche, Größe des Unternehmens, regionale Tätigkeit und frühere Gesetzesverletzungen sind.

Haftungsausschluss

Begeht der Aufsichtsrat eine Pflichtverletzung, so ist seine Haftung ausgeschlossen, wenn seine Handlung auf einem ordnungsgemäßen Hauptversammlungsbeschluss beruht (§ 116 i. V. m. § 93 Abs. 4 AktG). Im Wesentlichen sind dies Fälle, in denen die Hauptversammlung auf Wunsch des Vorstandes über eine genehmigungspflichtige Geschäftsführungsmaßnahme abstimmt (§ 119 Abs. 2 AktG) oder die Geltendmachung von Schadensersatzansprüchen gegen Vorstände beschließt (§ 147 Abs. 1 i. V. m. § 112 AktG). Spricht die Hauptversammlung dem Aufsichtsrat

---

24   Hüffer (2021), in: AktG, § 93 Rn. 16 m. w. N.; Koch (2021), in: Hüffer/Koch, AktG § 93 Rn. 53ff.
25   LG München I, NZG 2014, S. 345 (347).
26   BGH, GmbHR 2017, S. 1213.

die Entlastung aus, so liegt darin kein Verzicht auf Ersatzansprüche.[27] Es handelt sich um eine reine Zustimmung zur Tätigkeit des Aufsichtsrates im abgelaufenen Geschäftsjahr, soweit diese der Hauptversammlung bekannt ist. Ein Verzicht auf Ersatzansprüche gegen den Aufsichtsrat durch die Hauptversammlung ist grds. möglich, allerdings kann dies erst drei Jahre nach Entstehen des Anspruchs erfolgen.[28] Ein entsprechender Hauptversammlungsbeschluss bedarf der einfachen Mehrheit und es dürfen nicht mehr als 10% des Grundkapitals Widerspruch zu Protokoll erklären.[29]

Die Haftung eines Aufsichtsrates kann nicht durch Vereinbarung mit der Gesellschaft oder in der Satzung eingeschränkt werden oder auf Vorsatz und grobe Fahrlässigkeit begrenzt werden. So können nicht bestimmte Sachverhalte (bspw. besonders riskante Geschäftsführungsmaßnahmen) ausgeklammert oder Ansprüche der Höhe nach beschränkt werden. Das Aufsichtsratsmitglied kann allenfalls eine Freistellung mit Dritten (Muttergesellschaft, Großaktionär, wesentlicher Gläubiger) vereinbaren.[30] Wirtschaftlich kommt diese Freistellung einem Haftungsverzicht nahe.

3   Die D&O-Versicherung zur Minderung persönlicher Haftungsrisiken von Aufsichtsräten

Grundlage

Directors & Officers Liability Insurances (D&O-Versicherungen) dienen als Versicherung für schadensrelevante Pflichtverletzungen von Organen und leitenden Angestellten eines Unternehmens. Versicherungsnehmer ist das Unternehmen selbst, versichert sind die vorgenannten Personen. Unternehmen haben dadurch die Möglichkeit, Pflichtverletzungen ihrer Organe und leitenden Angestellten im Rahmen einer solchen Vermögensschadenhaftpflichtversicherung abzusichern. Versicherungsschutz besteht dabei grds. nur für die versicherten Personen, nicht für das Unternehmen selbst.

In den vergangenen Jahren ist die Zahl der D&O-Versicherungen in Deutschland deutlich gestiegen. Dies hängt u.a. mit der bekannten ARAG/Garmenbeck-Entscheidung[31] des Bundesgerichtshofs zusammen. Der BGH hatte entschieden, dass bei positiven Erfolgsaussichten für die Durchsetzung der Ansprüche auf Schadensersatz grds. eine Pflicht der Gesellschaft zur Anspruchsverfolgung besteht. Wird der Anspruch dennoch nicht verfolgt, so begeht das

---

27   § 120 Abs. 2 Satz 2 AktG.
28   § 116 Satz 1 i.V.m. § 93 Abs. 4 Satz 3 AktG.
29   § 116 Satz 1 i.V.m. § 93 Abs. 4 Satz 3 AktG.
30   Doralt/Doralt (2013), § 16 Rn. 163.
31   BGH, NJW 1997, S. 1926.

betroffene Organ seinerseits eine Pflichtverletzung, die zu verfolgen ist. Auch erhöht das Vorhandensein von D&O-Versicherungen die Zahl von Organhaftungsklagen, da nunmehr nicht nur das Privatvermögen des betroffenen Organs oder leitenden Angestellten als Haftungsmasse zur Verfügung steht, sondern die oftmals erheblichen Ansprüche gegenüber der Versicherungsgesellschaft durchgesetzt werden können. Schließlich führt auch die Professionalisierung der Aufsichtsräte, die die Tätigkeit von Vorständen und Geschäftsführer kritischer beleuchten, zu einer Zunahme von Haftungsklagen.

Versicherungsschutz

Versicherte Personen sind die handelnden Organe und leitenden Angestellten des Versicherungsnehmers. Sind Versicherungsnehmer AGs, sind Haftungsadressaten in erster Linie die Vorstände, die Aufsichtsräte und – soweit vorhanden – Beiräte und leitende Angestellte. Bei GmbHs sind es die Geschäftsführer und ggf. Aufsichts- bzw. Beiräte. Inzwischen verlangen Vorstände, Geschäftsführer und Aufsichtsräte größerer Unternehmen das Bestehen bzw. den unverzüglichen Abschluss einer D&O-Versicherung als Voraussetzung für ihre Tätigkeit. So vermeiden sie, bei vorliegender Pflichtverletzung und anschließender Inanspruchnahme durch die Gesellschaft oder Dritte hohe Summen aus ihrem Privatvermögen als Schadensersatz bezahlen zu müssen. Bei der Mehrzahl der Ansprüche gegen Organe handelt es sich um Ansprüche der Gesellschaft (sog. Innenansprüche), seltener sind es Direktansprüche von Dritten gegen die Organe (sog. Außenhaftung), wie sie bspw. bei einer Insolvenzverschleppung bestehen können. Soweit eine versicherte Person von der Gesellschaft oder einem Dritten wegen Pflichtverletzung in Anspruch genommen wird, hat sie einen Anspruch auf Deckung gegenüber der Versicherung geltend zu machen. Zwischen Gesellschaft und Versicherung besteht das Deckungsverhältnis. Die versicherte Person hat gegenüber der Versicherung einen Freistellungsanspruch, während sie im Innenverhältnis gegenüber der Gesellschaft haftet. In der Außenhaftung besteht entsprechend ein Freistellungsanspruch gegenüber dem geltend gemachten Haftungsanspruch.

Für Vorstandsmitglieder sieht §93 Abs. 2 Satz 3 AktG aufgrund des »Gesetzes zur Angemessenheit der Vorstandsvergütung« aus dem Jahre 2009 zwingend einen Selbstbehalt vor. Dieser Selbstbehalt muss mindestens 10 % des Schadens umfassen, allerdings bis maximal zur Höhe des Eineinhalbfachen der festen jährlichen Vergütung des Vorstandsmitglieds. Für Aufsichtsratmitglieder gibt es keine vergleichbare gesetzliche Regelung. Von Versicherungsunternehmen werden Versicherungen zur Abdeckung des Selbstbehalts angeboten. Während der Versicherungsschutz den durch die Pflichtverletzung entstandenen Schaden bis zur vereinbarten Deckungssumme unter Abzug eines etwaigen Selbstbehalts sowie die Kosten des gerichtlichen und außergerichtlichen Rechtsschutzes in Zivilsachen typischerweise abdeckt, sind Kosten eines strafrechtlichen Rechtsschutzes oftmals nicht inkludiert, sie sollten aber unbedingt zusätzlich versichert werden.

Grenzen der D&O-Versicherung

Wie auch sonst bei Haftpflichtversicherungen besteht kein Versicherungsschutz bei vorsätzlicher oder wissentlicher Pflichtverletzung. Wesentlich ist in diesem Zusammenhang, dass Kosten der Rechtsverfolgung auch dann erstattet werden, wenn eine vorsätzliche Pflichtverletzung behauptet wird. Weitere Voraussetzung für das Eintreten der Versicherung ist in vielen Policen, dass die Pflichtverletzung während der Geltung des Versicherungsvertrages erfolgt. Teilweise enthalten D&O-Versicherungen aber auch eine Rückwärtsdeckung (Pflichtverletzung erfolgt vor Abschluss des Vertrages, wird aber erst nach Abschluss bekannt). Eine zeitliche Deckungslücke kann auch dadurch entstehen, dass Schadensersatzansprüche erst Jahre nach der Pflichtverletzung geltend gemacht werden und der Versicherungsvertrag nicht mehr besteht, weil die Gesellschaft bspw. insolvent geworden ist. Insoweit ist dringend auf lange Nachhaftungszeiten zu achten. Die Versicherungen sind grds. mit einem Höchstbetrag für eine bestimmte Periode versehen. Dies kann dazu führen, dass, auch wenn grds. Versicherungsschutz besteht, keine Abdeckung erfolgt, da die entsprechende Versicherungssumme bereits ausgeschöpft ist. Häufig kommt dies bei Organhaftungsfällen mit einer Vielzahl von in Anspruch genommenen Versicherten vor. Aufgrund des Prioritätsprinzips kann es passieren, dass die maximale Versicherungssumme erreicht ist, weil in der Frühphase bereits Ansprüche gegenüber einzelnen Versicherten befriedigt wurden.

II   Relevanz des Strafrechts für den Prüfungsausschuss

Prof. Dr. Jürgen Wessing/John Paul Fürus

1   Grundlagen

Erst seit Anfang der 90er-Jahre des letzten Jahrhunderts ist das Bilanzstrafrecht aus seinem Schattendasein herausgetreten. Insbesondere größere Aktiengesellschaften sind seitdem zunehmend strafrechtlichen Ermittlungsverfahren wegen Bilanzfälschung und unrichtiger Darstellung ausgesetzt. Medienträchtige Verfahren wie aktuell gegen die Verantwortlichen der Wirecard AG oder auch davor gegen die der Bremer Vulkan AG, der HypoVereinsbank AG, der Balsam AG oder auch der Telekom AG, zeigen[32], dass Ermittlungsverfahren zu »Bilanzskandalen« mutieren können, verbunden mit ganz erheblichen Imageschäden für das Gesamtunternehmen.

Bilanzstraftatbestände sind in ihren Unrechtsvoraussetzungen nicht identisch, jedoch von gleicher Grundstruktur. Sie stellen zum einen die unrichtige Darstellung der Vermögensverhältnisse eines Unternehmens, insb. von Kapitalgesellschaften, durch im Einzelnen näher bestimmte Unternehmensvertreter unter Strafe. Zum anderen wird die Einhaltung zivilrechtlich vorgesehener Prüfungen, wie z.B. des Jahresabschlusses, gesichert und unrichtige Angaben bestimmter Unternehmensangehöriger gegenüber Prüfern werden mit Strafe bedroht.[33]

Für Aufsichtsratsmitglieder bzw. Mitglieder des Prüfungsausschusses sind neben den bilanzstrafrechtlichen Tatbeständen im HGB insb. neue Vorschriften im AktG, die die Bestellung und Überwachung der Abschlussprüfer betreffen, relevant. Wesentliche Neuerungen haben sich durch das Abschlussprüfungsreformgesetz vom 10. Mai 2016 ergeben (BGBl I 2016, S. 1142, »Gesetz zur Umsetzung der prüfungsbezogenen Regelungen der Richtlinie 2014/56/EU sowie zur Ausführung der entsprechenden Vorgaben der Verordnung (EU) Nr. 537/2014 im Hinblick auf die Abschlussprüfung bei Unternehmen von öffentlichem Interesse«). Neu sind insb. die Ordnungswidrigkeitentatbestände in § 405 Abs. 3b–3c AktG sowie der Straftatbestand des § 404a AktG.

---

32   Zu diesen und anderen Fällen s. Südbeck/Eidam (2017), in: Park, Kapitalmarktstrafrecht, § 331 Rn. 6.
33   Ransiek (2012), 8. Teil, Kap. 1 Rn. 1, 2; demgegenüber sind Vorschriften, die den falschen Bericht über das Ergebnis der Prüfung durch den Prüfer selbst unter Strafe stellen, für die Mitglieder des Prüfungsausschusses nicht einschlägig.

2   Bilanzstrafrecht

a   Die Straftatbestände des § 331 Abs. 1 Nr. 1–2 und § 331a HGB

Adressatenkreis

Die Bilanzstraftaten sind grds. als Sonderdelikte ausgestaltet, d. h., es kann sich nur ein bestimmter, im Gesetz jeweils näher festgelegter Personenkreis täterschaftlich strafbar machen. Personen, die im Straftatbestand nicht benannt werden, können nur Gehilfe oder Anstifter der jeweiligen Straftat sein.

Für die Mitglieder des Aufsichtsrates einer Kapitalgesellschaft kommt nur eine Strafbarkeit nach § 331 Abs. 1 Nr. 1 und 2 HGB in Betracht, da sie nur bei diesen Tatbestandsvarianten als taugliche Täter genannt sind. Mitglieder eines obligatorischen Aufsichtsrates, wie es bei der Aktiengesellschaft der Fall ist, sind stets taugliche Täter des Sonderdelikts.[34]

Die Mitglieder des Prüfungsausschusses der Aktiengesellschaft werden in § 331 HGB nicht ausdrücklich als taugliche Täter benannt. In den Kommentierungen findet sich daher der Hinweis, dass Mitglieder sonstiger Aufsichtsgremien, wie z. B. des Prüfungsausschusses, keine tauglichen Täter des § 331 Abs. 1 Nr. 1 und 2 HGB sein können.[35] Sorgenfrei wendet aber zu Recht ein, dass diese Einschätzung angesichts des Normzwecks und der Schutzrichtung von § 331 HGB unbefriedigend ist, soweit in dem fakultativen Gremium tatsächlich materielle Aufsichtstätigkeiten ausgeübt werden.[36] Hinzu kommt, dass sich zumindest die Mitglieder des Prüfungsausschusses einer Aktiengesellschaft aus der Mitte des Aufsichtsratsplenums zusammensetzen[37], faktisch also Aufsichtsratsmitglieder sind, die unstreitig Täter des Sonderdelikts sein können. Würde man sie von der Täterschaft ausnehmen, nur weil sie dem Prüfungsausschuss angehören, könnte die Sondertätereigenschaft als Aufsichtsratsmitglied durch Teilnahme am Prüfungsausschuss umgangen werden. Dies widerspricht dem klaren Wortlaut des Gesetzes. Daher wird man bei Mitgliedern des Prüfungsausschusses einer Aktiengesellschaft die taugliche Täterschaft nur verneinen, wenn ausnahmsweise andere Personen, wie z. B. Arbeitnehmervertreter[38], die nicht Aufsichtsrat sind, beteiligt werden.

Unrichtige Darstellung der Verhältnisse der Kapitalgesellschaft (§ 331 Nr. 1 HGB)

Tatgegenstand der unrichtigen Darstellung i. S. d. § 331 Abs. 1 Nr. 1 HGB kann die Eröffnungsbilanz, der Jahresabschluss, Lagebericht oder Zwischenabschluss von Kapitalgesellschaften sein. Obwohl der Anhang zum Jahresabschluss in dessen Legaldefinition in § 242 Abs. 3 HGB

---

34 Waßmer, in: Münchener Kommentar zum Bilanzrecht, § 331 Rn. 20; Leplow, in: Münchener Kommentar zum StGB, § 331 Rn. 31; Spatscheck/Wulf (2003), S. 173 f.
35 Waßmer, in: Münchener Kommentar zum Bilanzrecht, § 331 Rn. 22; Staub/Dannecker, in: HGB, § 331 Rn. 34.
36 Sorgenfrei, in: Münchener Kommentar zum StGB, § 331 Rn. 33.
37 Siehe hierzu Kap. C.I »Die Besetzung des Prüfungsausschusses«.
38 Siehe hierzu Kap. C.I.3 »Arbeitnehmervertreter im Prüfungsausschuss«.

nicht genannt wird, bildet er mit der Bilanz und Gewinn- und Verlustrechnung eine Einheit, sodass von § 331 Abs. 1 Nr. 1 HGB unter Normzweckaspekten auch Angaben im Anhang des Jahresabschlusses erfasst werden.[39]

Tathandlungen nach § 331 Abs. 1 Nr. 1 HGB sind die unrichtige Wiedergabe und das Verschleiern der Verhältnisse einer Kapitalgesellschaft in den jeweiligen Tatgegenständen. Verhältnisse
der Gesellschaft sind alle für die Beurteilung der jeweiligen Unternehmenssituation oder deren
voraussichtlicher Entwicklung bedeutsamen tatsächlichen Umstände. Nicht nur Tatsachen
i. e. S., sondern auch Schlussfolgerungen, Schätzungen, Bewertungen und Prognosen werden
erfasst.[40] Einigkeit besteht darin, dass nicht jede Verletzung von Rechnungslegungsvorschriften
zu einer Strafbarkeit nach § 331 Abs. 1 Nr. 1 HGB führt. Vielmehr muss es sich um eine »erhebliche« Verletzung handeln. Problematisch ist aber, dass eine generelle Abgrenzung zwischen
erheblichen und unerheblichen Verstößen im Voraus kaum möglich ist und Ermittlungsbehör-
den wie auch Gerichte eher zu einem strengen Maßstab neigen.[41] Abzustellen ist darauf, ob die
vorgenommene Bilanzierungsmethode schlechthin unvertretbar war. Ist dies nicht der Fall, so
ist der objektive Tatbestand auch nicht erfüllt.[42]

Die Aufgabe des Prüfungsausschusses liegt in der Vorbereitung und Unterstützung der Prüfung
des Jahresabschlusses und der anderen Tatgegenstände durch den Aufsichtsrat.[43] Daher stellt
sich die Frage, ob die Mitglieder des Prüfungsausschusses, auch wenn sie Aufsichtsratsmitglieder sind, eine Tathandlung i. S. d. § 331 Abs. 1 Nr. 1 HGB überhaupt vornehmen können. Schließlich wird die Unterstützungshandlung immer nur mittelbar zu einer unrichtigen Wiedergabe
oder zum Verschleiern der Verhältnisse z. B. im Jahresabschluss führen. Da die Mitglieder des
Prüfungsausschusses, die zugleich Aufsichtsratsmitglieder sind, aber durch ihre – fehlgelei-
tete – Unterstützung die unrichtige Darstellung bei fehlender Korrektur durch andere selbst
bewirken, ist bei diesen Mittäterschaft bzw. bei vorsätzlichem Handeln des ausführenden Aufsichtsratsmitglieds sogar mittelbare Täterschaft möglich. Da zudem die Prüfungspflicht bei
jedem Aufsichtsratsmitglied liegt und nicht vollständig delegierbar ist, muten diese Konst-
ruktionen ein wenig künstlich an, ist doch auch jedes Aufsichtsratsmitglied für sich – sei es
vorbereitend im Prüfungsausschuss tätig oder nicht – aufgefordert, nach bestem Wissen und
Gewissen korrekte Jahresabschlüsse abzugeben. Hält der Täter es konkret für möglich, dass
die betreffende Darstellung unrichtig ist bzw. eine Verschleierung beinhaltet und findet er sich
damit ab, so handelt er vorsätzlich und verwirklicht den Straftatbestand.

---

39   Sorgenfrei, in: Münchener Kommentar zum StGB, § 331 HGB Rn. 44; Spatscheck/Wulf (2003), S. 173 f.
40   Spatscheck/Wulf (2003), S. 173 f. m. w. N.
41   Zur Verfassungsmäßigkeit vgl. BVerfG v. 15.08.2006, 2 BvR 822/06, NJW-RR 2006, S. 196 ff.
42   KG wistra 2010, S. 235, 236; Kozikowski/Huber, in: Beck'scher Bilanz-Kommentar, § 331 Rn. 21.
43   Vgl. hierzu Kap. B.III.2, Tabelle 2 mit der »Gegenüberstellung der Aufgaben von Prüfungsausschuss und
     Abschlussprüfer«.

Unrichtige Darstellung der Verhältnisse eines Konzerns (§ 331 Abs. 1 Nr. 2 HGB)

§ 331 Abs. 1 Nr. 2 HGB enthält einen § 331 Abs. 1 Nr. 1 HGB entsprechenden Straftatbestand für Konzerne. Danach sind die unrichtige Wiedergabe und Verschleierung der Verhältnisse des Konzerns im Konzernabschluss, -lagebericht oder -Zwischenabschlussbericht durch Mitglieder des Aufsichtsrates einer Kapitalgesellschaft strafbar. Es kann auf die vorherigen Ausführungen zur unrichtigen Darstellung der Verhältnisse der Kapitalgesellschaft verwiesen werden.

Unrichtiger Bilanzeid (§ 331a HGB)

2006 wurde der sog. Bilanzeid zunächst in § 331 Nr. 3 lit. a in das HGB eingefügt, der in Reaktion auf die Finanzskandale in Europa und den USA entstand und sich an der strafbewehrten US-amerikanischen Vorschrift des Falschversicherns in sec. 302 (a) i.V.m. sec. 906 (c) SOX orientiert.[44] Mit dem FISG wurde der Straftatbestand in § 331a HGB überführt .

Täter eines Bilanzeids können nur gesetzliche Vertreter vom Inlandsemittenten nach § 2 Abs. 7 WpHG sein, d.h. Unternehmen, die Aktien oder Schuldtitel ausgeben und an einem organisierten Markt in Deutschland teilnehmen, ohne dass sie Emittenten mit Herkunftsland Deutschland sein müssen.[45] Nach § 331a HGB sind sämtliche gesetzlichen Vertreter des betroffenen Unternehmens zur Abgabe des Bilanzeids verpflichtet, bei Aktiengesellschaften alle Vorstandsmitglieder ohne Rücksicht auf die Ressortzuständigkeit.[46] Insoweit ist der Kreis der Verpflichteten in der deutschen Vorschrift weiter als in dem US-amerikanischen Pendant. Dieser verpflichtet nur CEO und CFO.[47]

Strafbar nach § 331a HGB ist, wer eine Versicherung im Jahresabschluss, Lagebericht, Konzernabschluss oder Konzernlagebericht »unrichtig abgibt«, worunter die inhaltliche Unrichtigkeit zu verstehen ist, die sich in Anlehnung an die Tatbestände des § 331 Abs. 1 Nr. 1 und 2 HGB bestimmt. Unrichtig wäre die Versicherung, wenn die jeweilige Finanzberichterstattung kein den tatsächlichen Verhältnissen entsprechendes Bild über die Vermögens-, Finanz- und Ertragslage des Unternehmens vermittelt.[48] Entgegen der Gesetzesformulierung »nach bestem Wissen« geht die h.M. davon aus, dass der Täter lediglich mit bedingtem Vorsatz gehandelt haben muss.[49]

Bei der Beurteilung der Vorstandsverantwortlichkeit ist zu beachten, dass regelmäßig nur ein Mitglied mit der Ausarbeitung des Jahresabschlusses betraut sein wird. Auch dieses Mitglied kann die Aufgabe vertikal delegieren und sich auf die Redlichkeit seiner Mitarbeiter verlassen, solange der Pflicht des § 91 Abs. 2 AktG nachgekommen wird. Weiß das Vorstandsmitglied aber, dass ein effektives innerbetriebliches Informations- und Kontrollsystem nicht besteht, so darf

---

44 Hierzu Abendroth (2008), S. 1147; Sorgenfrei (2008), S. 329.
45 Quedenfeld, in: Münchener Kommentar zum HGB, § 331 Rn. 7.
46 Hahn (2007), S. 375 f.
47 Hierzu Hütten/Stromann (2003), S. 2223, 2225.
48 Altenhain (2008), S. 1141, 1143 f.; Quedenfeld, in: Münchener Kommentar zum HGB, § 331 Rn. 65.
49 Quedenfeld, in: Münchener Kommentar zum HGB, § 331 Rn. 78; Kozikowski/Huber, in: Beck'scher Bilanz-Kommentar, § 331 Rn. 38; Altenhain (2008), S. 1141 ff.

es nicht darauf vertrauen, dass der Abschluss dennoch richtig ist. Eine Strafbarkeit nach § 331a HGB wäre gegeben. Ist ein Vorstandsmitglied nicht für den Jahresabschluss zuständig, so kann auch dieses sich nach dem Bilanzeid strafbar machen, wenn dieser geleistet wird, obwohl Anhaltspunkte für einen Pflichtenverstoß des zuständigen Vorstandsmitglieds oder für die Unrichtigkeit des Jahresabschlusses vorliegen.[50]

Exkurs: Bilanzeid nach sec. 302 SOX

Ausländische private Emittenten, die periodische Berichte nach sec. 13(a) und 15(d) SOX erstellen müssen, unterfallen der Regelung des US-amerikanischen Bilanzeids ebenso wie juristische Personen. Sie müssen also die gleichen Anforderungen erfüllen, wie US-amerikanische Unternehmen. Wie bereits erwähnt, ist aber der Kreis der nach sec. 302 SOX Verpflichteten kleiner als in der deutschen Vorschrift. Die schriftliche Bestätigung des Berichts zu bestimmten finanziellen Fragen ist vom CFO und CEO zu leisten. Diese sind jedem jährlichen oder vierteljährlichen Bericht an die SEC beizufügen, wobei bestimmte Form- und Beglaubigungsvorschriften einzuhalten sind.[51] Wird nun die Richtigkeit falsch versichert, so machen sich CFO und CEO strafbar. Da der deutsche Bilanzeid dem US-amerikanischen Straftatbestand nachgebildet ist[52], darf im Übrigen auf die obigen Ausführungen verwiesen werden.

Rechtsfolgen

Die Strafandrohung betrug bislang für alle Bilanzstraftatbestände im Höchstmaß bis zu drei Jahren Freiheitsstrafe oder Geldstrafe. Mit dem FISG wurde bei der Strafandrohung zwischen der unrichtigen Darstellung und unrichtiger Versicherung sowie zwischen vorsätzlicher und leichtfertiger Begehungsweise differenziert. Bei leichtfertiger Begehung des § 331 Abs. 1 Nr. 1a und 3 HGB beträgt die Straferwartung Freiheitsstrafe von bis zu einem Jahr oder Geldstrafe, § 331 Abs. 2 HGB. Bei der unrichtigen Versicherung des § 331a HGB beträgt die Höchststrafe fünf Jahre Freiheitsstrafe, bei leichtfertiger Begehungsweise zwei Jahre Freiheitsstrafe. Die Verjährungsfrist beträgt fünf Jahre (§ 78 Abs. 3 Nr. 4 StGB). Neben der Strafe kann nach § 70 StGB ein Berufsverbot verhängt werden, das aber nur bei hartnäckigen Wiederholungstätern in Betracht kommen wird.[53]

b   Anzeigepflicht der Bundesanstalt für Finanzdienstleistungsaufsicht (BaFin (§ 107 Abs. 1 WpHG))

Neben der internen Kontrolle der Rechnungslegung durch den Aufsichtsrat nach § 171 AktG und der externen Kontrolle durch den Abschlussprüfer nach §§ 313 ff. HGB findet eine Kontrolle durch die BaFin nach §§ 106ff WpHG statt. Sie dient der Überprüfung der Jahresabschlüsse, Konzernabschlüsse und Berichte von kapitalmarktorientierten Unternehmen.

---

50   Siehe hierzu insgesamt Altenhain (2008), S. 1141, 1146; Abendroth (2008), S. 1147, 1149.
51   Ausführlich DiBianco/Wessing, in: Wessing/Dann, § 2 Rn. 84 ff.
52   Abendroth (2008), S. 1147, 1150; Sorgenfrei (2008), S. 329 f.
53   Quedenfeld, in: Münchener Kommentar zum HGB, § 331 Rn. 118.

Hervorzuheben ist, dass die BaFin nach § 107 Abs. 1 WpHG bei Vorliegen des Verdachts einer Straftat im Zusammenhang mit der Rechnungslegung eines Unternehmens der für die Verfolgung zuständigen Behörde anzeigepflichtig ist. Anzeigepflichtig sind danach insb. die bilanzrechtlichen Straftatbestände des § 331 HGB und der §§ 400, 404a AktG.

c   Aktienrechtliche Sonderstraftatbestände

Unrichtige Darstellung (§ 400 Abs. 1 Nr. 1 AktG)

§ 400 Abs. 1 Nr. 1 AktG kommt neben § 331 HGB nur eingeschränkte Bedeutung zu, da die nach diesem Tatbestand erfassten Handlungen grds. subsidiär zu der handelsrechtlichen Regelung sind. Relevant ist § 400 AktG daher nur dann, wenn es um durch § 331 HGB nicht erfasste Fälle geht.[54]

Täter können wiederum Mitglieder des Aufsichtsrates sein.

Tatgegenstand sind die Vermögensverhältnisse der Gesellschaft einschließlich der Beziehungen zu verbundenen Unternehmen, wobei es um Angaben zur wirtschaftlichen Lage der Gesellschaft gehen muss.[55] Darstellungen oder Übersichten über den Vermögensstand sind mündliche oder schriftliche Berichte jeder Art, die einen Überblick über die wirtschaftlichen Verhältnisse der Gesellschaft insgesamt geben sollen.[56] Unter den Anwendungsbereich fallen daher insb. durch § 331 HGB nicht erfasste Sonder- oder Zwischenbilanzen sowie Darstellungen der Ertragslage.[57]

3   Pflichtverletzungen bei Abschlussprüfungen

Übersicht

Die Verordnung (EU) Nr. 537/2014 sieht bestimmte Vorgaben für die Bestellung und Überwachung der Abschlussprüfer vor, um fehlerhafte Abschlussprüfungen zu verhindern. Zur effektiven Durchsetzung enthält das AktG Sanktionsnormen, in denen auf Pflichten nach der Verordnung (EU) Nr. 537/2014 Bezug genommen wird. Verstöße in diesem Bereich sind dem Grundtatbestand nach Ordnungswidrigkeiten nach § 405 Abs. 3b–3c AktG. Bei entsprechender Qualifikation kann es sich jedoch um Straftatbestände gem. § 404a AktG handeln.

---

54   Bernsmann, in: Heidel, Aktien- und Kapitalmarktrecht, § 400 Rn. 10.
55   Ransiek (2012), 8. Teil, Kapitel 1 Rn. 90.
56   Ransiek (2012), 8. Teil, Kapitel 1 Rn. 91.
57   BGH JR 2005, S. 161 ff.

a   Ordnungswidrigkeiten nach § 405 Abs. 3b–3c AktG

Überwachung der Unabhängigkeit des Abschlussprüfers oder der Prüfungsgesellschaft (§ 405 Abs. 3b AktG)

Eine Ordnungswidrigkeit nach § 405 Abs. 3b Nr. 1 AktG liegt vor, wenn entgegen der Verordnung (EU) Nr. 537/2014 die Unabhängigkeit des Abschlussprüfers bzw. der Prüfungsgesellschaft nicht überwacht wird.[58]

§ 405 Abs. 3b Nr. 2 AktG betrifft die Empfehlung des Prüfungsausschusses an den Aufsichtsrat für die Bestellung eines Abschlussprüfers bzw. einer Prüfungsgesellschaft. Entspricht die Empfehlung nicht den Vorgaben der vorgenannten Verordnung[59] oder ist nicht das nach der Verordnung vorgesehene Auswahlverfahren vorangegangen[60], ist der Ordnungswidrigkeitentatbestand verwirklicht.

Als Täter kommen jeweils nur Mitglieder des Prüfungsausschusses in Betracht. Der Anwendungsbereich des Tatbestands ist jedoch begrenzt auf Gesellschaften in der Rechtsform der AG von öffentlichem Interesse i. S. d. § 316a Satz 2 HGB. Dies umfasst kapitalmarktorientierte Gesellschaften nach § 264d HGB, CRR-Kreditinstitute nach § 1 Abs. 3d Satz 1 KWG sowie Versicherungsunternehmen i. S. d. Art. 2 Abs. 1 der Richtlinie 91/674/EWG.

Fehlerhafte Bestellung des Abschlussprüfers bei nicht bestelltem Prüfungsausschuss (§ 405 Abs. 3c AktG)

Dieser Tatbestand ist begrenzt auf Fälle, in denen kein Prüfungsausschuss eingerichtet worden ist. In diesem Fall muss der Aufsichtsrat der Aktionärshauptversammlung des geprüften Unternehmens einen Vorschlag für die Bestellung von Abschlussprüfern oder Prüfungsgesellschaften vorlegen. Entspricht dieser Vorschlag nicht den Anforderungen des Art. 16 Abs. 5 Unterabs. 1 der Verordnung (EU) Nr. 537/2014, ist der Tatbestand verwirklicht.

Täter können nur Aufsichtsratsmitglieder sein. Der Anwendungsbereich ist begrenzt auf kapitalmarktorientierte Gesellschaften nach § 264d HGB sowie CRR-Kreditinstitute nach § 1 Abs. 3d Satz 1 KWG.

b   Straftatbestand des § 404a AktG

Die vorgenannten Ordnungswidrigkeiten werden zur Straftat qualifiziert, wenn der Täter für die Tat einen Vermögensvorteil erhält oder sich versprechen lässt (§ 404a Abs. 1 Nr. 1 und Abs. 2 Nr. 1 AktG) oder die Tat beharrlich wiederholt (§ 404a Abs. 1 Nr. 2 und Abs. 2 Nr. 2 AktG).

---

58   Vgl. Art. 4 Abs. 3 Unterabs. 2, Art. 5 Abs. 4 Unterabs. 1 Satz 1 oder Art. 6 Abs. 2 der Verordnung (EU) Nr. 537/2014.
59   Vgl. Art. 16 Abs. 2 Unterabs. 2 und 3 der Verordnung (EU) Nr. 537/2014.
60   Vgl. Art. 16 Abs. 3 Unterabs. 1 der Verordnung (EU) Nr. 537/2014.

Im Fall des Erhaltens oder Sichversprechenlassens eines Vermögensvorteils liegt der Grund für die Qualifikation zum Straftatbestand darin, dass der Täter eigennützig handelt. Die Begriffe des Erhaltens und Sichversprechenlassens sind gleichbedeutend wie in §§ 331, 332 StGB. Die Nähe zu den allgemeinen Korruptionsdelikten zeigt sich im Übrigen dadurch, dass hier die Begehung der Ordnungswidrigkeit und das Erhalten bzw. Sichversprechenlassen eines Vermögensvorteils durch eine Unrechtsvereinbarung (»dafür«) verknüpft sein müssen.

Im Fall eines beharrlichen Wiederholens ergibt sich die Strafwürdigkeit des Verhaltens dadurch, dass der Täter durch ein besonders hartnäckiges Verhalten seine rechtsfeindliche Einstellung zum Ausdruck bringt. Es ist davon auszugehen, dass die Rechtsprechung, ähnlich wie beim vergleichbaren Tatbestandsmerkmal in § 148 Nr. 1 GewO[61], es nicht für erforderlich hält, dass das frühere Verhalten als Straftat oder Ordnungswidrigkeit rechtskräftig geahndet worden ist. Umstritten ist jedoch, ob der Täter durch eine irgendwie geartete »Abmahnung« Erfahrungen gesammelt haben muss.[62] Erforderlich ist die wiederholte Verwirklichung desselben Tatbestands des § 405 AktG. Die Verwirklichung anderer Tatbestände des § 405 AktG führt nicht zu einem beharrlichen Wiederholen, kann jedoch den Schluss auf eine rechtsfeindliche Einstellung erleichtern.[63]

c   Rechtsfolgen

Ordnungswidrigkeiten nach § 405 Abs. 3b–3c können gem. § 405 Abs. 4 AktG mit einer Geldbuße in Höhe von bis zu 500.000 Euro geahndet werden. Anders als im Strafrecht gilt das Opportunitätsprinzip. Zu beachten sind auch die Möglichkeiten der Entziehung eines wirtschaftlichen Vorteils nach § 17 Abs. 4 bzw. § 29a OWiG sowie das Risiko von Unternehmensgeldbußen nach § 30 OWiG.

Straftaten nach § 404a AktG können mit Geld- oder Freiheitsstrafe bis zu einem Jahr geahndet werden. Daneben kommt, bei sehr schwerwiegenden Fällen, nach § 70 StGB ein zeitlich begrenztes Berufsverbot in Betracht.

Für die Verfolgung der prüfungsbezogenen Ordnungswidrigkeiten ist gem. § 405 Abs. 5 AktG bei Kreditinstituten und Versicherungsunternehmen die BaFin zuständig, im Übrigen das Bundesamt für Justiz. Wenn der Verdacht besteht, dass durch die Tat gleichzeitig eine Straftat begangen wurde, ist die Sache an die Staatsanwaltschaft abzugeben (§ 41 OWiG).

Sämtliche Bußgeldentscheidungen nach § 405 Abs. 3b und 3c AktG sind gem. § 407a Abs. 1 AktG von der zuständigen Verfolgungsbehörde an die beim Bundesamt für Wirtschaft und Ausfuhrkontrolle (BAFA) eingerichtete Abschlussprüferaufsichtsstelle (APAS) zu übermitteln. Bei Straf-

---

61   Vgl. BGH, NStZ 1992, S. 594, 595.
62   Zum Streit siehe Weiß, in: Münchener Kommentar zum StGB, AktG § 404a Rn. 35 m. w. N.
63   Weiß, in: Münchener Kommentar zum StGB, AktG § 404a Rn. 35.

taten hat die Staatsanwaltschaft eine entsprechende Übermittlungspflicht nach §407a Abs. 2 AktG im Fall der Erhebung der öffentlichen Klage (was den Antrag auf Erlass eines Strafbefehls einschließt). Die APAS wird dadurch als Aufsichtsbehörde in die Lage versetzt, auf ihrer Internetseite die Sanktionsentscheidungen bekanntzumachen.[64] Die Bekanntmachung darf gem. §69 Abs. 1a Satz 3 i. V. m. Abs. 1 Satz 2 WPO keine personenbezogenen Daten enthalten, sodass zwar Gesellschaften, jedoch keine natürlichen Personen namentlich genannt werden dürfen. Gemäß §69 Abs. 2 WPO ist die Bekanntmachung zu anonymisieren, wenn andernfalls »die Stabilität der Finanzmärkte oder laufende strafrechtliche Ermittlungen gefährdet oder den Beteiligten ein unverhältnismäßig großer Schaden zugefügt würde«.

4   Verletzung von Geheimhaltungspflichten

Verletzung der Geheimhaltungspflicht (§404 AktG)

Als strafrechtliche Spezialvorschrift bei Verletzung der Geheimhaltungspflichten ist §404 AktG flankierend einschlägig. Die Vorschrift sichert bzw. begründet die Schweigepflicht bestimmter Personen, z. B. der Mitglieder des Aufsichtsrates (§404 Abs. 1 Nr. 1 AktG). Tatbestandsmäßig handelt das Mitglied des Aufsichtsrates, wenn es ein Geheimnis offenbart oder verwertet. Geheimnis ist dabei jede Tatsache, die nur einem begrenzten Personenkreis bekannt oder zugänglich ist und an deren Geheimhaltung ein verständliches Interesse besteht.[65] Differenziert wird nach einem entsprechenden Geheimhaltungswillen und dem Geheimhaltungsinteresse. Maßgebend für die Bekundung des Geheimhaltungswillens ist bei einer Aktiengesellschaft i. d. R. der Vorstand oder das jeweils zuständige Vorstandsmitglied. Es gibt aber auch Tatsachen, deren Geheimhaltung v. a. für den Aufsichtsrat von Bedeutung ist, wie z. B. Umstände, die während seiner Beratung den Aufsichtsratsmitgliedern bekannt werden. Sollen sie geheim bleiben, ist eine entsprechende Äußerung des Aufsichtsrates ein wichtiger Hinweis auf die Notwendigkeit der vertraulichen Behandlung. Bezüglich des Geheimhaltungsinteresses ist auf die berechtigten wirtschaftlichen Interessen abzustellen.

Nicht geschützt ist so z. B. das »illegale Geheimnis«.[66]

Offenbart wird ein Geheimnis, wenn jemandem, der das Geheimnis nicht kennt, die Information zugänglich gemacht wird. Verwertet wird das Geheimnis, wenn das Geheimnis zum Zweck wirtschaftlicher Gewinnerzielung genutzt werden soll. Bedingter Vorsatz bei der Tatbestandsverwirklichung ist ausreichend.[67]

---

64   APAS (2022): https://www.apasbafa.bund.de.
65   Bernsmann, in: Heidel, Aktien- und Kapitalmarktrecht, §404 Rn. 3.
66   Bernsmann, in: Heidel, Aktien- und Kapitalmarktrecht, §404 Rn. 3; Weiß, in: Münchener Kommentar zum StGB, AktG §404 Rn. 19.
67   Siehe insgesamt ausführlich zu den Tatbestandsmerkmalen Bernsmann, in: Heidel, Aktien- und Kapitalmarktrecht, §404 Rn. 4 ff.

§ 404 AktG ist lex specialis zu den allgemeineren Straftatbeständen der Verletzung von Geheimhaltungspflichten im Strafgesetzbuch (§§ 203, 204 StGB).[68]

Fragen für die Praxis zu strafrechtlichen Risiken

- Bilanzstrafrecht
  - Ist der Handelnde tauglicher Täter?
  - Betrifft die unrichtige Darstellung die Eröffnungsbilanz, den Jahresabschluss, Lagebericht oder Zwischenabschluss einer Kapitalgesellschaft oder eines Konzerns (dann § 331 HGB) oder sonstige Darstellungen der Ertragslage oder Sonder- und Zwischenbilanzen (dann § 400 AktG)?
  - Handelt es sich im Rahmen des § 331 HGB um eine »erhebliche« Verletzung von Rechnungslegungsvorschriften?
- Abschlussprüfungen
  - Liegt im Zusammenhang mit der Bestellung und Überwachung der Abschlussprüfer ein sanktionsbewährter Verstoß gegen die Verordnung (EU) Nr. 537/2014 vor?
  - Ist der Anwendungsbereich des Tatbestands des § 405 Abs. 3b–3c AktG im Hinblick auf die Gesellschaft eröffnet?
  - Kommt eine Qualifikation zur Straftat in Betracht (§ 404a AktG)?
  - Sind Geheimhaltungspflichten betroffen und durch die Handlung des Aufsichtsratsmitglieds verletzt (§ 404 AktG)?

---

68   Bernsmann, in: Heidel, Aktienrecht und Kapitalmarktrecht, § 404 Rn. 11.

III Wesentliche Gerichtsentscheidungen für den Aufsichtsrat und den Prüfungsausschuss

Dr. Peter Maser

1 Fachlicher Sachverstand

Allgemeine Anforderungen an ein Aufsichtsratsmitglied

BGH vom 15. November 1982, BGHZ 85, 293 (»Hertie-Entscheidung«)

Der Bundesgerichtshof stellt klar, dass jedes Aufsichtsratsmitglied in der Lage sein muss, die allgemeinen Aufgaben eines Aufsichtsrates der Gesellschaft zu erfüllen, ohne dabei auf ständige Beratung durch externe Sachverständige angewiesen zu sein. Ein Aufsichtsratsmitglied muss diejenigen Mindestkenntnisse und -fähigkeiten besitzen, die es braucht, um alle normalerweise anfallenden Geschäftsvorgänge auch ohne fremde Hilfe sachgerecht beurteilen zu können. Er muss allerdings nicht auf sämtlichen Gebieten, auf denen der Aufsichtsrat tätig wird, Spezialkenntnisse besitzen. Soweit im Einzelfall Fragen auftauchen, die über die Fachkenntnis der Mitglieder insgesamt hinausgehen, kann externer Sachverstand hinzugezogen werden.

Anforderungen an den Finanzexperten im Aufsichtsrat

LG München I vom 5. November 2009, NZG 2010, 464; bestätigt durch OLG München vom 28. April 2010, NZG 2010, 784

Nach § 100 Abs. 5 AktG muss bei kapitalmarktorientierten Gesellschaften mindestens ein unabhängiges Mitglied des Aufsichtsrates über Sachverstand auf den Gebieten Rechnungslegung oder Abschlussprüfung verfügen. Dieser sog. Finanzexperte muss fachlich in der Lage sein, die vom Vorstand gegebenen Informationen kritisch zu hinterfragen. Dazu muss er aber seine Kenntnisse in Rechnungslegung oder Abschlussprüfung nicht durch eine überwiegende Tätigkeit in einem dieser Bereiche erlangt haben.

2   Wahl von Aufsichtsräten, Beschlussfähigkeit, Abberufung

Anspruch von Arbeitnehmervertretern auf Berücksichtigung in Ausschüssen
(Deutsche Börse AG)
LG Frankfurt vom 19. Dezember 1995, ZIP 1996, 1661

Das Gericht stellt klar, dass es grds. Sache des Aufsichtsrates ist, über die Zusammensetzung von Ausschüssen zu entscheiden. Dies darf aber nicht dazu führen, dass Arbeitnehmervertreter diskriminiert werden, d. h. ohne sachlichen Grund nicht in bestimmte Ausschüsse gewählt werden.

Beschlussfähigkeit bei Stimmverbot im dreiköpfigen Aufsichtsrat
BGH vom 2. April 2007, BB 2007, 1185

Unterliegt im Einzelfall ein Aufsichtsratsmitglied bei einem Beschlussgegenstand einem Stimmverbot – bspw. Beschlussfassung über die eigene Abberufung aus wichtigem Grund –, so hat sich das betreffende Aufsichtsratsmitglied bei der Abstimmung der Stimme zu enthalten. Der Bundesgerichtshof macht klar, dass entgegen einer verbreiteten Meinung das betroffene Aufsichtsratsmitglied an der Beschlussfassung teilnehmen könne, sich aber zwingend der Stimme zu enthalten habe. Da das Aufsichtsratsmitglied an der Beschlussfassung teilnehme, sei die Beschlussfähigkeit gegeben.

Abberufung eines Aufsichtsratsmitglieds
OLG Frankfurt vom 1. Oktober 2007, NZG 2008, 272

Ein Aufsichtsratsmitglied kann aus wichtigem Grund abberufen werden. Ein solcher liegt nach allgemeinen Grundsätzen vor, wenn ein Verbleiben des Aufsichtsratsmitglieds bis zum Ablauf seiner Amtszeit für die Gesellschaft unzumutbar ist. Ein solch wichtiger Grund kann gegeben sein, wenn sich ein Aufsichtsratsmitglied wiederholt Kontrollbefugnisse gegenüber dem Vorstand als Einzelperson anmaßt, obwohl die Überwachung der Geschäftsführung nach § 111 Abs. 1 AktG dem Aufsichtsrat als Organ insgesamt zugewiesen ist.

Keine Nichtigkeit der Wahl für das neue Aufsichtsratsmitglied bei Verstoß gegen § 100 Abs. 5 AktG
LG München vom 26. Februar 2010, AG 2010, 922

Ist ein Aufsichtsratsmitglied weder unabhängig noch Finanzexperte i. S. d. § 100 Abs. 5 AktG, führt dies nicht dazu, dass seine Wahl in den Aufsichtsrat nichtig ist. Auch der »ungeeignete Finanzexperte« i. S. d. § 100 Abs. 5 AktG kann weiterhin einfaches Mitglied im Aufsichtsrat sein, es sei denn, das Gericht erklärt die Wahl dieses Mitglieds auf Grundlage einer erfolgreichen Anfechtungsklage nach den §§ 245, 246 AktG für unwirksam.

Behandlung von fehlerhaft gewählten Aufsichtsräten
BGH vom 19. Februar 2013, NZG 2013, 535

Ein Aufsichtsratsmitglied, dessen Wahl nichtig ist oder für nichtig erklärt wurde, kann seine Stimme nicht wirksam abgeben. Er ist daher bei der Beschlussfassung wie ein Nichtmitglied zu behandeln. Der mit den Stimmen des als Nichtmitglied geltenden Aufsichtsrates gefasste Beschluss ist grds. nicht so zu behandeln, als sei er ordnungsgemäß gefasst worden. Sofern die Stimmen der als Nichtmitglieder zu behandelnden Aufsichtsräte für die Beschlussfassung oder die Ablehnung eines Beschlussantrags ursächlich geworden sind, ist ein entsprechender Beschluss nicht gefasst oder kommt sogar eine Umkehrung des Beschlussergebnisses in Betracht.

Keine Anfechtung einer Wahl zum Aufsichtsrat bei Verstoß des Wahlvorschlags des Aufsichtsrates gegen den DCGK
BGH vom 9. Oktober 2018, DB 2019, 294

Verstößt der Wahlvorschlag zur Neuwahl eines Aufsichtsrates gegen die Empfehlung des DCGK zur Höchstzahl von Aufsichtsratsmandaten (Ziff. 5.4.5), so beeinflusst dies nicht die Wirksamkeit der Wahl. Insbesondere macht es die Bekanntmachung nicht unwirksam noch liegt ein Verstoß gegen Informationspflichten vor.

3   Pflichten des Aufsichtsrates

Pflicht des Aufsichtsrates zur Geltendmachung von Schadensersatzansprüchen gegen Vorstandsmitglieder
BGH vom 21. April 1997, NJW 1997, 1926 (ARAG/Garmenbeck)

Kommt der Aufsichtsrat zu dem Ergebnis, dass sich der Vorstand schadensersatzpflichtig gemacht hat, so ist er grds. verpflichtet, eine Schadensersatzklage zu erheben. Kommt er dem nicht nach, so macht er sich selbst schadensersatzpflichtig. Von einer Verfolgung der Schadensersatzansprüche kann der Aufsichtsrat nur ausnahmsweise absehen, wenn gewichtige Gründe des Gesellschaftswohls dagegen sprechen und diese Umstände die Gründe, die für eine Rechtsverfolgung sprechen, überwiegen oder ihnen zumindest gleichwertig sind. Außerhalb des Unternehmenswohls liegende Gründe, wie die Vorstandsmitglieder persönlich betreffende Gesichtspunkte, darf der Aufsichtsrat nur in Ausnahmefällen berücksichtigen.

Fehlgeschlagene Risikogeschäfte als Untreue
BGH vom 4. Februar 2004, StV 2004, 424

Der Tatbestand der Untreue ist nicht bereits deswegen gegeben, weil ein Geschäft risikobehaftet war oder der Eintritt eines Verlustes drohte. Vernünftiges kaufmännisches Handeln darf nicht ohne Weiteres bestraft werden. Pflichtwidrigkeit ist allerdings dann gegeben, wenn der Handelnde den ihm gezogenen Rahmen nicht einhält.

Verschwiegenheitsverpflichtung
OLG Stuttgart vom 7. November 2006, AG 2007, 218

Die dem Aufsichtsratsmitglied obliegende Verschwiegenheitsverpflichtung gilt für Arbeitnehmer- und Anteilseignervertreter gleichermaßen.

Prüfung des Jahresabschlusses durch den Aufsichtsrat
OLG Stuttgart vom 1. Juli 2009, ZIP 2009, 2342

Es ist ausreichend, wenn dem Aufsichtsrat zunächst nur ein Entwurf des Prüfberichts zur Verfügung gestellt wird. Der Prüfbericht des Abschlussprüfers und das Testat müssen aber spätestens zum Zeitpunkt des Billigungsbeschlusses des Aufsichtsrates schriftlich vorliegen und wirksam unterzeichnet sein. Hierbei genügt es, wenn ein zwar unterzeichneter, aber von sämtlichen Beteiligten zunächst als Entwurf behandelter Prüfbericht vom Abschlussprüfer als endgültig und rechtsverbindlich erklärt wird. Eine separate Unterzeichnung des Bestätigungsvermerks sowie dessen Sieglung ist für die Wirksamkeit des Billigungsbeschlusses des Aufsichtsrates nicht erforderlich. Hieraus folgt insb., dass der Aufsichtsrat auf Basis eines Entwurfs des Prüfberichts des Abschlussprüfers den Abschluss prüfen kann. Das ermöglicht es, dass während des Prüfungszeitraums durch den Aufsichtsrat Änderungen am Jahresabschluss vorgenommen werden. Wichtig ist aber die Reihenfolge, dass der Prüfbericht mit dem Testat noch zu unterzeichnen ist, bevor der Aufsichtsrat den Billigungsbeschluss fasst. Als Letztes unterzeichnet der Vorstand den festgestellten Jahresabschluss.

Ordnungsgemäßer Bericht des Aufsichtsrates
BGH vom 21. Juni 2010, NZG 2010, 943

Der Bericht des Aufsichtsrates i. S. d. § 171 Abs. 2 AktG ist vom Aufsichtsrat durch einen förmlichen Beschluss festzustellen. Erst durch einen solchen Beschluss übernimmt der Aufsichtsrat die Verantwortung für den Inhalt des Berichts und gibt ihm seine Funktion als Informationsgrundlage für die Aktionäre. Eine lediglich stillschweigend oder konkludent erteilte Zustimmung des Aufsichtsrates genügt nicht, um den Bericht bestimmungsgemäß festzustellen. Gemäß § 171 Abs. 2 Satz 1 AktG hat der Aufsichtsrat ferner über das Ergebnis der Prüfung schriftlich an die Hauptversammlung zu berichten. Einem schriftlichen Bericht ist nur dann genügt, wenn der Bericht auch mit einer eigenhändigen Namensunterschrift des Vorsitzenden des Aufsichtsrates vorliegt.

Verschärfte Sorgfaltspflichten bei der Einholung von Rechtsrat
BGH vom 20. September 2011, NZG 2011, 1271 (»ISION«)

In der Entscheidung hat der Bundesgerichtshof die Anforderungen für die Auswahl eines Beraters konkretisiert. Um den geltenden Sorgfaltspflichten zu entsprechen, muss ein einzuschaltender Berater sorgfältig ausgewählt, dieser umfassend über den Sachverhalt informiert und die erteilte Auskunft einer eigenen Plausibilitätskontrolle unterzogen werden.

Wesentlich ist weiterhin, dass der Rechtsberater unabhängig ist. Grundsätzlich muss von ihm ein schriftliches Gutachten vorgelegt werden.

Umfang der Überwachungspflicht des Aufsichtsrates
OLG Stuttgart vom 19. Juni 2012, AG 2012, 762

Das Gericht folgt der h. M., dass sich für den Aufsichtsrat nicht die Pflicht ergebe, die gesamte Geschäftstätigkeit des Vorstands in allen Einzelheiten zu überprüfen. Vielmehr müsse die Überwachungstätigkeit des Aufsichtsrates im Normalfall zurückhaltend erfolgen. Bei einer sich verschlechternden Lage muss der Aufsichtsrat jedoch zur unterstützenden Überwachung übergehen und zusätzliche Berichte anfordern. Auch muss er die Einführung besonderer Zustimmungsvorbehalte prüfen. Bei Eintritt einer Krise hat der Aufsichtsrat zur gestaltenden Überwachung überzugehen, die Lage zu analysieren und existenzerhaltende Maßnahmen für das Unternehmen zu überlegen.

Verschärfung der Überwachungspflichten in der Unternehmenskrise
Kammergericht Berlin vom 29. April 2021, 2 U 108/18

Die persönliche Haftung von Aufsichtsräten wird seit Jahren von der Rechtsprechung verschärft. Die gilt in besonderem Maße in der Unternehmenskrise. Nach einer Entscheidung des Kammergerichts Berlin haftet nicht nur die operative Geschäftsführung für Zahlungen ab Eintritt der Krise, sondern unter bestimmten Voraussetzungen auch der Aufsichtsrat. In der Krise muss er seine Aufsicht intensivieren und ggf. darauf hinwirken, dass der Vorstand keine nach § 15b InsO verbotenen Zahlungen leistet. Dabei muss der Aufsichtsrat entsprechend §§ 116, 93 Abs. 2 Satz 2 AktG im Streitfall beweisen, dass er seine Pflichten erfüllt hat oder ihn an der Nichterfüllung kein Verschulden trifft. Auch darf er sich auf die Darstellung des Vorstands, dass keine Insolvenzgründe vorliegen, nicht verlassen.

Pflicht eines neuen Aufsichtsratsmitglieds zur umfassenden Prüfung
OLG Düsseldorf vom 6. November 2014, BeckRS 2015, 5651

Neue Aufsichtsratsmitglieder sind verpflichtet, sich u. a. durch Vorlage der Aufsichtsratsprotokolle über die bisherige Tätigkeit des Aufsichtsrates Bericht erstatten zu lassen.

Die Prüfung der Aufsichtsratsprotokolle ist nach Ansicht des Senats zwingend vorzunehmen, wenn die bisherigen Aufsichtsratmitglieder zuvor geschlossen zurückgetreten sind.

Im zugrunde liegenden Sachverhalt verlangte ein Insolvenzverwalter einer Gesellschaft von einem der Aufsichtsratmitglieder Schadensersatz wegen der Verletzung von Prüfungspflichten. Als in einer schwierigen Lage der Gesellschaft neue Aufsichtsratmitglieder gewählt wurden, übertrugen diese nach Überzeugung des Gerichts die Feststellung des Jahresabschlusses der Hauptversammlung, ohne den Abschluss selbst zu prüfen. Zudem verschaffte sich der Aufsichtsrat kein genaues Bild von der wirtschaftlichen Lage der Gesellschaft.

Pflicht zur eigenständigen Risikoanalyse
BGH vom 6. November 2012, NZG 2013, 339 (»Sardinien-Äußerungen«)

Jedes Aufsichtsratmitglied muss den relevanten Sachverhalt erfassen und sich ein eigenes Urteil bilden, wenn Geschäfte wegen ihres Umfangs und der mit ihnen verbundenen Risiken oder strategischen Funktionen für die Gesellschaft besonders bedeutsam sind. Dies kann sogar dazu führen, dass die Aufsichtsratmitglieder eine eigenständige Risikoanalyse durchzuführen haben. Mitglieder des Aufsichtsrates verletzten grds. ihre Treuepflicht gegenüber der Gesellschaft, wenn sie im Rahmen eines unternehmensinternen Konflikts bzw. mit dem Vorstand »pointierte Meinungsäußerungen« abgegeben und damit die Kreditwürdigkeit der Gesellschaft gefährden.

Die Einrichtung eines funktionierenden Compliance-Systems gehört zur Gesamtverantwortung des Vorstands
LG München vom 10. Dezember 2013, NZG 2014, 345 (»Siemens/Neubürger«)

Der Vorstand darf nicht nur selbst keine Gesetzesverstöße begehen, sondern muss auch dafür Sorge tragen, dass durch die Unternehmensorganisation solche Verstöße verhindert werden. Bei entsprechender Gefährdung besteht nach Meinung des Gerichts die zwingende Notwendigkeit, ein Compliance-System zur Schadensprävention und Risikokontrolle zu errichten. Die konkrete Ausgestaltung des Compliance-Systems hänge von der Branche, der Größe des Unternehmens, der geografischen Tätigkeit und der Organisation des Unternehmens ab. Auch etwaige Verstöße in der Vergangenheit müssten berücksichtigt werden.

Nicht ausreichend ist es, wenn die gesamte Verantwortung für das Compliance-System auf eine Ebene unterhalb des Vorstands delegiert wird. Erlangt der Vorstand Kenntnis von Verstößen, dann müssen auch die nicht mit Compliance betrauten Vorstände tätig werden.

Abberufung eines Vorstandsmitglieds durch den Aufsichtsrat aus wichtigem Grund
OLG Frankfurt vom 17. Februar 2015, BeckRS 2015, 02879 (»Commerzbank«)

Der Aufsichtsrat der Bank hatte in einem Beschluss den Widerruf der Bestellung eines Vorstandsmitglieds der AG aus wichtigem Grund beschlossen. Seitens des Aufsichtsrates wurde die Abberufung mit einem erheblichen Personalabbau begründet, bei dem u.a. auch eine zahlenmäßige Reduzierung der dem Vorstand nachgeordneten beiden Führungsebenen erfolgen sollte. Aus Sicht des Aufsichtsrates war es dabei nicht vertretbar, den Vorstand selbst von der Personalanpassung auszunehmen. Weiterhin sah der Aufsichtsrat in der Verkleinerung des Vorstands Vorteile bei der Steuerung des operativen Geschäfts und eine Verringerung der Schnittstellen in der Kommunikation. Nach Auffassung des OLG Frankfurt war der Beschluss des Aufsichtsrates wirksam. Das Gericht sieht aber den Widerruf der Bestellung als unwirksam an. Die Bestellung eines Vorstandsmitglieds könne nur widerrufen werden, wenn ein wichtiger Grund vorliege und die weitere Tätigkeit des Vorstandsmitglieds bis zum Ende seiner vertraglich vereinbarten Amtszeit für die Gesellschaft unzumutbar sei. Nach Auffassung des Gerichts hat die beklagte AG aber keine so weitgehenden Schwierigkeiten bei der Zusammenarbeit im Vorstand vorgetragen, dass es aufgrund dessen unzumutbar gewesen wäre, die Reduzierung des Vorstands erst mit Ablauf der Amtszeit des abberufenen Vorstandsmitglieds vorzunehmen. Es reiche insoweit nicht aus, wenn die Verkleinerung des Vorstands für die AG von Vorteil sei. Vielmehr müsse die Beibehaltung der bisherigen Zusammensetzung des Vorstands für die AG unzumutbar sein. Auch das Personalabbaukonzept der beklagten AG erfordere keine Abberufung zum jetzigen Zeitpunkt. Die im Rahmen des Personalabbaus angestrebte Reduzierung solle erst in drei Jahren abgeschlossen sein. Die reguläre Amtszeit des Vorstands dauere nur unwesentlich länger, insoweit (in Übereinstimmung mit der Vorinstanz, dem LG Frankfurt, Az. 3-05 O 8/14) hätte das Abwarten des Ablaufs der ordentlichen Amtszeit mit dem übrigen Personalabbau nahezu übereingestimmt.

Anwendung der Business Judgement Rule bei Pflichtverletzungen des Vorstands (HSH-Nordbank AG)
BGH vom 12. Oktober 2016, WM 2017, 24

Ein Strafsenat des BGH hat die Anwendung des Untreuetatbestandes auf »klare und deutliche« Fälle pflichtwidrigen Handelns beschränkt. Allerdings liegt bei einem Verstoß gegen die Pflicht zur Sorgfalt eines ordentlichen und gewissenhaften Geschäftsleiters grds. eine gravierende Pflichtverletzung vor. Eine Pflichtverletzung liegt ausnahmsweise aber nicht vor, wenn das Vorstandsmitglied bei einer unternehmerischen Entscheidung vernünftigerweise annehmen durfte, auf der Grundlage angemessener Informationen zum Wohle der Gesellschaft zu handeln (sog. Business Judgement Rule).

Der Vorstand hat dabei alle verfügbaren Informationsquellen auszuschöpfen, wobei die konkrete Entscheidungssituation den Umfang der Informationspflichten bestimmt. Unter Berücksichtigung des Zeitfaktors und unter Abwägung der Kosten und Nutzen weiterer Informationsgewinnung muss er sich eine »angemessene« Tatsachenbasis schaffen. Dabei ist der Umfang der Informationen von der Bedeutung der Entscheidung abhängig.

Berücksichtigung eines Compliance-Management-Systems bei der Bußgeldbemessung
BGH vom 9. Mai 2017, GmbHR 2017, 1213

Der Bundesgerichtshof äußerte sich erstmalig zur Bedeutung von Compliance-Management-Systemen (CMS) bei der Bemessung der Geldbuße. Danach ist es von wesentlicher Bedeutung, ob das betroffene Unternehmen seiner Pflicht, Rechtsverletzungen aus seiner Sphäre möglichst zu verhindern, entsprochen und ein effizientes CMS errichtet hat. Das CMS muss auf die Vermeidung von Rechtsverstößen ausgelegt sein. Eine Rolle kann dabei auch spielen, ob das Unternehmen in der Folge des Bußgeldverfahrens entsprechende Regelungen optimiert hat, sodass vergleichbare Rechtsverletzungen zukünftig jedenfalls deutlich erschwert werden.

Bislang haben Behörden, insb. das Bundeskartellamt, regelmäßig die Auffassung vertreten, dass eine Berücksichtigung existierender CMS nicht infrage komme. Schließlich zeige die Rechtsverletzung, dass das System nicht wirksam sei und daher nicht bußgeldreduzierend berücksichtigt werden könne.

Der BGH äußerte sich nicht, wie ein CMS ausgestattet sein muss, um ggf. bußgeldreduzierend zu wirken.

Zwingende Zustimmung des Aufsichtsrates zu Geschäftsführungsmaßnahmen
BGH vom 10. Juli 2018, BB 2018, 2423 (»Düsseldorfer Schloß«)

Die notwendige Zustimmung zu Maßnahmen der Geschäftsführung ist vor der Durchführung der Maßnahme einzuholen. Dabei ist die Übertragung der Entscheidung auf einen beschließenden Ausschuss möglich, nicht möglich ist hingegen die Entscheidung allein durch den Vorsitzenden des Aufsichtsrates.

Der Einwand, zwar sei die Zustimmung nicht eingeholt worden, sie wäre aber erteilt worden, wenn der Vorstand gefragt hätte (sog. pflichtgemäßes Alternativverhalten), ist möglich. Es obliegt aber dem Vorstand, nachzuweisen, dass der Aufsichtsrat mehrheitlich zugestimmt hätte.

Schadensersatzanspruch gegen den Aufsichtsrat wegen Verjährenlassens von Ersatzansprüchen gegen den Vorstand
BGH vom 18. September 2018, BGHZ 219, 356

Der Aufsichtsrat ist verpflichtet, eigenverantwortlich das Bestehen von Ersatzansprüchen gegen den Vorstand zu prüfen. Dies ergibt sich aus der Pflicht, die Geschäftsführung des Vorstands zu überwachen. Verletzt der Aufsichtsrat diese Pflicht und lässt Ansprüche gegen den Vorstand verjähren, so kann er gem. §§ 116 Satz 1, 93 Abs. 2 Satz 1 AktG selbst zum Schadensersatz verpflichtet sein.

Eintrittpflicht der D&O-Versicherung

OLG Frankfurt vom 7. Juli 2021, 7 U 19/21, und vom 4. August 2021, 7 W 13/21

Das OLG Frankfurt hat sich in zwei Entscheidungen im Zusammenhang mit der Wirecard AG mit der Einstandspflicht der D&O-Versicherung beschäftigt. In der ersten Entscheidung gewährte der Senat dem ehemaligen Vorstandsvorsitzeden Abwehrkosten gegen einen geltend gemachten zivilrechtlichen Anspruch. Bei der zweiten Entscheidung ging es um die Abwehr von strafrechtlichen Ansprüchen gegen den ehemaligen Director Accounting der Wirecard AG. Auch in diesem Fall sprach das Gericht dem Angeschuldigten einen Anspruch auf Übernahme der Abwehrkosten gegen die D&O-Versicherung zu.

4   Vergütung des Aufsichtsrates

Untreue des Aufsichtsratmitglieds wegen falscher Abrechnung von Sitzungsgeldern
OLG Braunschweig vom 14. Juni 2012, ZIP 2012, 1860

Die Satzung der Gesellschaft enthielt eine Regelung, dass den Aufsichtsratsmitgliedern bei Teilnahme an Sitzungen des Aufsichtsrates ein Sitzungsgeld zu vergüten ist. Einzelne Aufsichtsratsmitglieder machten in der Folge Sitzungsgeld nicht nur für Aufsichtsratssitzungen, sondern auch für eine Vielzahl weiterer Termine, wie Gespräche mit den Vorständen der Gesellschaft oder Anreisetage, geltend. Das Gericht sah in der satzungswidrigen Abrechnung der eigenen Vergütung den Tatbestand der Untreue erfüllt.

Zulässigkeit von Zahlungen an Aufsichtsratsmitglieder für Tätigkeiten außerhalb der Aufsichtsratstätigkeit
BGH vom 10. Juli 2012, BB 2012, 2522

Nimmt ein Aufsichtsrat außerhalb seiner Aufsichtsratstätigkeit Aufgaben wahr (bspw. Beraterverträge), so sind Zahlungen an ihn nur erlaubt, wenn der Gesamtaufsichtsrat vorher zustimmt. Eine nachträgliche Genehmigung durch den Gesamtaufsichtsrat ändert an der ursprünglichen Pflichtwidrigkeit nichts.

5   Vertretung der Aktiengesellschaft

Vertretung der Gesellschaft gegenüber vom Aufsichtsrat selbst bestellten Sachverständigen
BGH vom 20. März 2018, ZIP 2018, 926

Dem Aufsichtsrat ist es erlaubt, für Aufgaben, die er zu erfüllen hat, besondere Sachverständige zu beauftragen (§ 111 Abs. 2 AktG). Der Aufsichtsrat hat dazu die entsprechende Geschäftsführungsbefugnis und vertritt die Gesellschaft insoweit. Der Vergütungsanspruch des beauftragten Sachverständigen richtet sich gegen die Gesellschaft, die vom Aufsichtsrat vertreten wird.

Vertretung der Aktiengesellschaft gegenüber ihren Vorstandsmitgliedern
BGH vom 15. Januar 2019, ZIP 2019, 564

Der Aufsichtsrat vertritt die Gesellschaft gegenüber amtierenden Vorständen und solchen, die zu Vorständen bestellt werden sollen. Dies gilt auch für Geschäfte mit einer Gesellschaft, deren alleiniger Gesellschafter ein künftiges Vorstandsmitglied ist.

K Der Prüfungsausschuss in ausgewählten Ländern

I   Besonderheiten bei Prüfungsausschüssen in Österreich

Michael Vertneg

In Österreich hat der Prüfungsausschuss des Aufsichtsrates seinen Ursprung im Insolvenz-rechtsänderungsgesetz 1997. Bereits damals wurde für Kapitalgesellschaften (AG und GmbH) mit mehr als fünf Aufsichtsratsmitgliedern die verpflichtende Einrichtung eines Bilanzaus-schusses eingeführt. Der Österreichische Corporate Governance Kodex (ÖCGK) hat im Jahr 2002 die gesetzliche Regel durch eine ähnliche »Comply or Explain«-Vorschrift (C-Regel) er-gänzt.[1] 2005 wurde die verpflichtende Einrichtung eines Prüfungsausschusses auf börsenno-tierte Gesellschaften ausgeweitet. Mit dem Unternehmensrechtsänderungsgesetz 2008 wurde den internationalen Entwicklungen Rechnung getragen und der Kreis der Gesellschaften, die einen Prüfungsausschuss einzurichten haben, erweitert sowie die Aufgaben desselben präzi-siert. Schließlich erfolgten mit dem Abschlussprüfungsrechts-Änderungsgesetz 2016, mit dem u. a. Mitgliedstaatenwahlrechte der 2014 geänderten EU-Abschlussprüfungs-Richtlinie aus-geübt und andere Anpassungen an diese Richtlinie vorgenommen wurden, die bisher letzten Änderungen mit Bezug auf Prüfungsausschüsse. Die Einrichtung des Prüfungsausschusses hat zum Ziel, durch die konkrete Aufgabenstellung und Spezialisierung des Ausschusses und seiner Mitglieder zu einer besonders gründlichen Erfüllung der Aufsichtsfunktion beizutragen.[2]

1   Verpflichtung zur Einrichtung

a   Gesetzlich

Österreichische Unternehmen von öffentlichem Interesse gem. § 189a Nr. 1 lit. a und d öUGB, die meisten Kreditinstitute und Versicherungsunternehmen[3] sowie fünffach große Kapital-gesellschaften sind verpflichtet, einen Prüfungsausschuss einzurichten. Bei den zuvor ange-führten Unternehmen von öffentlichem Interesse handelt es sich i.W. um Unternehmen, deren übertragbare Wertpapiere zum Handel auf einem geregelten Markt in der EU oder im EWR zuge-lassen sind. Fünffach große Kapitalgesellschaften sind große Gesellschaften, die das Fünffache gesetzlich definierter Größenmerkmale überschreiten (siehe Tab. 16). Bei Aktiengesellschaf-ten, die Mutterunternehmen sind, ist zu beachten, dass die Größenmerkmale auf konsolidierter oder aggregierter Basis zu berechnen sind.

---

1   Weitere Bezugnahmen auf den ÖCGK erfolgen auf die Fassung vom Januar 2021.
2   Vgl. Kalss, in: Doralt et al. (2012), § 92 Rz 143.
3   Auf die teilweise komplexen Bestimmungen für Kreditinstitute und Versicherungsunternehmen zur Einrichtung sowie Zusammensetzung und zu den Aufgaben eines Prüfungsausschusses wird hier und in weiterer Folge nicht eingegangen.

Größenmerkmale	Bilanz-summe	Umsatz-erlöse	Mitarbeiter
Große Kapitalgesellschaft – bei Überschreiten von zwei Kriterien (§ 221 Abs. 3 öUGB)	> 20 MEUR	> 40 MEUR	> 250
Fünffach große Kapitalgesellschaft – bei Überschreiten eines Kriteriums (§ 271a Abs. 1 öUGB)	> 100 MEUR	> 200 MEUR	n/a

Tab. 16: Gesetzlich definierte Größenmerkmale nach öUGB

Wird eines der beiden Kriterien für eine fünffach große Kapitalgesellschaft überschritten, gilt die Verpflichtung, einen Prüfungsausschuss einzurichten, für folgende Rechtsformen: Aktiengesellschaften (§ 92 Abs. 4a öAktG), aufsichtsratspflichtige Gesellschaften mit beschränkter Haftung (§ 30 g Abs. 4a öGmbHG), Europäische Gesellschaften (Societas Europaea) (§ 51 Abs. 3a öSEG) und Genossenschaften (§ 24c Abs. 6 öGenG). Mit der Einbeziehung auch von Nicht-CRR-Kreditinstituten sowie von fünffach großen Kapitalgesellschaften und Genossenschaften in den Kreis der zur Einrichtung eines Prüfungsausschusses verpflichteten Unternehmen geht der österreichische Gesetzgeber weit über das unionsrechtliche Erfordernis hinaus.

b   Befreiung

Ein Prüfungsausschuss muss unter bestimmten Voraussetzungen nicht eingerichtet werden. In Kapitalgesellschaften, an denen ein Mutterunternehmen unmittelbar oder mittelbar mehr als 75 % der Anteile hält, muss kein Prüfungsausschuss bestellt werden, sofern im Mutterunternehmen ein solcher oder ein gleichwertiges Gremium dessen Aufgaben und sonstige Pflichten auf Konzernebene erfüllt (§ 92 Abs. 4a Nr. 3 Satz 1 öAktG[4]). Das Mutterunternehmen kann seinen Sitz auch im Ausland haben. In jedem Fall muss das entsprechende Gremium im Hinblick auf seine Kompetenz und Zusammensetzung den Anforderungen des § 92 Abs. 4a öAktG entsprechen und die Aufgaben eines Prüfungsausschusses gem. Nr. 4 lit. a–h im Tochterunternehmen wahrnehmen und seine sonstigen Pflichten erfüllen.[5]

Bei fünffach großen Kapitalgesellschaften und Genossenschaften kann die Bestellung eines Prüfungsausschusses auch unterbleiben, wenn der Aufsichtsrat aus nicht mehr als vier Mitgliedern (Kapitalvertretern) besteht, wie ein Prüfungsausschuss zusammengesetzt ist und dessen Aufgaben und sonstige Pflichten wahrnimmt (§ 92 Abs. 4a Nr. 3 Satz 3 öAktG, § 24c Abs. 6 Nr. 3 öGenG).

---

4   In weiterer Folge wird beispielhaft immer nur auf das öAktG Bezug genommen. Das öGmbHG, das öSEG und das öGenG enthalten analoge Bestimmungen, sofern nicht ausdrücklich etwas anderes ausgeführt wird.

5   Vgl. Erläuterungen zur Regierungsvorlage zum APRÄG 2016 zu § 92 Abs. 4a AktG.

c   Freiwillig

Ein Aufsichtsrat kann freiwillig einen Prüfungsausschuss einrichten. Dessen Zusammensetzung und Aufgaben können sich individuell an den Bedürfnissen der Gesellschaft orientieren.

2   Zusammensetzung des Prüfungsausschusses

Der Prüfungsausschuss setzt sich aus Mitgliedern des Aufsichtsrates zusammen, da der Ausschuss als kleineres Gremium des gesamten Organs zu verstehen ist. Nicht-Aufsichtsratsmitglieder kommen nicht in Betracht. Es besteht aber jederzeit die Möglichkeit, externe Experten für die Erörterung bestimmter Fragestellungen beizuziehen. Die Arbeitnehmervertreter im Aufsichtsrat haben das Recht auf Drittelbeteiligung in allen Ausschüssen und daher auch im Prüfungsausschuss (§ 92 Abs. 4 öAktG).

a   Finanzexperte

Dem Prüfungsausschuss muss (zumindest) ein Finanzexperte angehören. Finanzexperte ist, wer »über den Anforderungen des Unternehmens entsprechende Kenntnisse und praktische Erfahrung im Finanz- und Rechnungswesen und in der Berichterstattung verfügt« (§ 92 Abs. 4a Nr. 1 Satz 1 öAktG). Vom Finanzexperten wird kein Spezialwissen in allen Details verlangt, vielmehr geht es um ein generelles Verständnis in den angeführten Bereichen, die jedoch über Grundkenntnisse, die jedes Ausschussmitglied haben sollte, hinausgehen müssen. Die geforderten Erfahrungen können bspw. durch Tätigkeiten als Finanzvorstand, Leiter des Rechnungswesens oder Wirtschaftsprüfer angeeignet werden.[6] Die Prüfung der Qualifikation des Finanzexperten erfolgt bei der Wahl in den Aufsichtsrat. Die gesetzliche Vorgabe, dass dem Prüfungsausschuss ein Finanzexperte angehören muss, ist als Mindestanforderung zu sehen.

b   Unabhängigkeit

Der Vorsitzende des Prüfungsausschusses sowie der Finanzexperte müssen unabhängig sein. Ehemalige Vorstände, leitende Angestellte sowie Abschlussprüfer (bzw. Unterzeichner des Bestätigungsvermerks) dürfen diese Funktion erst nach dreijähriger Pause ausüben (§ 92 Abs. 4a Nr. 1 Satz 2 öAktG). Damit soll sichergestellt werden, dass Personen, die bis vor Kurzem die Geschäfte der Gesellschaft geführt oder ihren Jahresabschluss geprüft haben, keine führende Rolle im Prüfungsausschuss einnehmen.

---

6   Vgl. Reiter (2005), S. 9.

Ehemalige Abschlussprüfer der Gesellschaft oder deren Tochterunternehmen dürfen erst nach zwei Jahren, bestimmte andere an der Prüfung beteiligte Personen erst nach einem Jahr eine Organfunktion ausüben und daher Mitglied des Prüfungsausschusses werden (§ 271c öUGB).

Zusätzlich zu dem im Gesetz explizit angeführten Personenkreis sind auch Aufsichtsratsmitglieder, die aus anderen Gründen nicht unabhängig oder unbefangen sind, von diesen Funktionen ausgeschlossen. Da die gesetzlichen Regelungen keine weitere Definition der Unabhängigkeit enthalten, kann zur Auslegung des Begriffes der Österreichische Corporate Governance Kodex herangezogen werden. Danach ist ein Aufsichtsratsmitglied unabhängig, wenn es in keiner geschäftlichen oder persönlichen Beziehung zu der Gesellschaft oder deren Vorstand steht, die einen materiellen Interessenkonflikt begründet und daher geeignet ist, das Verhalten des Mitglieds zu beeinflussen (C-Regel 53 öCGK). Der Österreichische Corporate Governance Kodex dehnt die Unabhängigkeitsvorschriften auf die Mehrheit der Mitglieder eines Ausschusses aus (C-Regel 39 öCGK). Als weitere Orientierung dienen die im Anhang 1 zum öCGK enthaltenen Leitlinien zur Unabhängigkeit, worin Kriterien für die Beurteilung der Unabhängigkeit angeführt sind.

Für Aufsichtsräte und damit auch für Mitglieder des Prüfungsausschusses börsennotierter Gesellschafter bestehen zusätzliche aktienrechtliche Vorschriften zur Unabhängigkeit (§ 86 Abs. 4 Nr. 2 öAktG).

c Kompetenz

Sämtliche Mitglieder des Prüfungsausschusses sollten über Grundkenntnisse in jenen Bereichen verfügen, die zu den explizit im Gesetz genannten Überwachungsaufgaben zählen, also Rechnungslegung, interne Kontrollen, ggf. Interne Revision, Risikomanagement und Abschlussprüfung. Außerdem müssen die Ausschussmitglieder in ihrer Gesamtheit mit dem Sektor, in dem das Unternehmen tätig ist, vertraut sein (§ 92 Abs. 4a Nr. 1 Satz 3 öAktG). Eine Vertrautheit mit der konkreten Branche kann z. B. durch intensive Weiterbildung oder als Angehöriger eines beratenden Berufes in diesem Sektor erworben werden.[7]

3 Sitzungen

Der Prüfungsausschuss muss zumindest zwei Sitzungen im Geschäftsjahr abhalten (§ 92 Abs. 4a Nr. 1 Satz 4 öAktG). In der Praxis werden – gerade bei börsennotierten Unternehmen – aufgrund der unterjährigen Berichterstattung mehrere Sitzungen zu empfehlen oder notwendig sein (siehe hierzu Kap. K.I.5 »Berichtspflichten des Abschlussprüfers«). Den Sitzungen, die sich

---

7   Zur Vorgabe der Sektorvertrautheit vgl. Bydlinski/Köll/Milla/Reichel (2017), S. 183 f; Inwinkl (2017), S. 16.

mit der Vorbereitung der Feststellung des Jahresabschlusses und dessen Prüfung beschäftigen, ist der Abschlussprüfer hinzuzuziehen, der über die Abschlussprüfung zu berichten hat (§ 92 Abs. 4a Nr. 2 Satz 2 öAktG).

4   Aufgaben des Prüfungsausschusses

Das öAktG enthält in § 92 Abs. 4a Nr. 4 eine Aufzählung der (Mindest-)Aufgaben des Prüfungsausschusses. Diese umfassen:

- die Überwachung des Rechnungslegungsprozesses sowie die Erteilung von Empfehlungen oder Vorschlägen zur Gewährleistung seiner Zuverlässigkeit;
- die Überwachung der Wirksamkeit des internen Kontrollsystems, ggf. des internen Revisionssystems, und des Risikomanagementsystems der Gesellschaft;
- die Überwachung der Abschluss- und der Konzernabschlussprüfung unter Einbeziehung von Erkenntnissen und Schlussfolgerungen in Berichten der österreichischen Abschlussprüferaufsichtsbehörde gem. Art. 28 der EU-Abschlussprüfer-Verordnung;
- die Prüfung und Überwachung der Unabhängigkeit des (Konzern-)Abschlussprüfers, insb. im Hinblick auf die für die geprüfte Gesellschaft erbrachten zusätzlichen Leistungen;
- die Erstattung des Berichts über das Ergebnis der Abschlussprüfung an den Aufsichtsrat und die Darlegung, wie die Abschlussprüfung zur Zuverlässigkeit der Finanzberichterstattung beigetragen hat, sowie die Rolle des Prüfungsausschusses dabei;
- die Prüfung des Jahres-/(Konzern-)Abschlusses und die Vorbereitung seiner Feststellung, die Prüfung des Vorschlags für die Gewinnverteilung, des Lageberichts und ggf. des Corporate-Governance-Berichts sowie die Erstattung des Berichts über die Prüfungsergebnisse an den Aufsichtsrat;
- die Durchführung des Verfahrens zur Auswahl des (Konzern-)Abschlussprüfers unter Bedachtnahme auf die Angemessenheit des Honorars sowie die Empfehlung für seine Bestellung an den Aufsichtsrat.

Das österreichische Gesellschaftsrecht (§ 82 öAktG sowie § 22 öGmbHG) sieht vor, dass Gesellschaften ein internes Kontrollsystem einrichten müssen, das den Anforderungen des Unternehmens gerecht wird. Der Prüfungsausschuss muss die Wirksamkeit dieses Kontrollsystems überwachen. Aufgabe des Prüfungsausschusses ist auch die Überwachung des Risikomanagementsystems. Konkret muss der Ausschuss prüfen, ob derartige Systeme in der Gesellschaft eingerichtet sind und diese Systeme grds. als wirksam angesehen werden können. Dabei handelt es sich um eine laufende Prozesskontrolle. Wie die Überwachung im Einzelfall ausgestaltet wird, ist von verschiedenen Faktoren wie z. B. der Unternehmensgröße und -struktur, Branche und Komplexität des Geschäftes abhängig.

Der Prüfungsausschuss hat nicht nur jene Risiken zu prüfen, die mit der Rechnungslegung in Zusammenhang stehen, sondern auch z. B. operative Risiken. Die Überwachungsaufgabe des

Prüfungsausschusses bezieht sich daher nicht nur auf den Rechnungslegungsprozess, sondern auch auf die Einhaltung relevanter rechtlicher und statutarischer Anforderungen, die Sicherstellung zuverlässiger betrieblicher Abläufe sowie ggf. die Einhaltung strategischer Ziele.[8]

Der Prüfungsausschuss hat seine Aufgaben eigenständig wahrzunehmen. Die Ergebnisse der Abschlussprüfung sowie die sonstige Berichterstattung des Abschlussprüfers berücksichtigen nur Teilaspekte dieser Aufgaben und ersetzen nicht die eigene Überwachungs- und Prüfungstätigkeit des Ausschusses.

Unternehmen von öffentlichem Interesse unterliegen betreffend die Einhaltung der abschlussprüfungsrelevanten Vorschriften, insb. jener, die die Einrichtung und Aufgaben eines Prüfungsausschusses regeln, der Aufsicht durch die Abschlussprüferaufsichtsbehörde (APAB).[9] Die APAB darf zu diesem Zweck Untersuchungen bei diesen Unternehmen durchführen, um Verstöße gegen abschlussprüfungsrelevante Vorschriften aufzudecken oder zu verhindern, und kann ggf. Sanktionen gegen Unternehmensorgane verhängen.[10]

Mit seiner Kompetenz und Unabhängigkeit sowie mit seinem Verfahren zur Auswahl des Abschlussprüfers, seiner Überwachung der Abschlussprüfung (einschließlich der damit verbundenen laufenden Kommunikation mit dem Abschlussprüfer) und der Unabhängigkeit des Abschlussprüfers trägt der Prüfungsausschuss entscheidend zu einer hohen Qualität der Abschlussprüfung bei.[11]

5   Berichtspflichten des Abschlussprüfers

Der Abschlussprüfer hat über das Ergebnis seiner Prüfung und in besonderen Fällen auch unverzüglich während der Prüfung schriftlich an den Vorstand und den Aufsichtsrat zu berichten (§ 273 öUGB). Bei Gesellschaften mit einem gesetzlichen Prüfungsausschuss hat er zusätzlich an den Prüfungsausschuss (Art. 11 der EU-Abschlussprüfungsverordnung) einen gesonderten schriftlichen Bericht zu erstatten.

In Österreich sind bei Abschlussprüfungen seit 2018 die International Standards on Auditing (ISA) zwingend anzuwenden, die die bisher geltenden nationalen Prüfungsstandards weitgehend ersetzt haben. Der Abschlussprüfer hat daher neben seinen o. a. schriftlichen Berichtspflichten mit dem Prüfungsausschuss nach den Vorgaben von ISA 260 und anderen ISA zu kommunizieren. Diese Kommunikationspflicht besteht nicht nur einseitig durch den Ab-

---

8   Vgl. Potyka/Weber (2008), S. 195.
9   Vgl. § 1 Abs 4 Abschlussprüfer-Aufsichtsgesetz (APAG).
10   Vgl. §§ 61 ff. APAG.
11   Vgl. Erwägungsgrund 24 der EU-Abschlussprüfungs-Änderungsrichtlinie 2015/56/EU.

schlussprüfer, sondern ist auf einen Informationsaustausch und wechselseitige Erörterung der kommunikationspflichtigen Sachverhalte ausgerichtet.

Es ist vorgesehen (C-Regel 81a ÖCGK), dass zusätzlich zu den gesetzlich vorgeschriebenen Fällen der Prüfungsausschuss den Abschlussprüfer zu einer Sitzung einzuladen hat, in der die Art und Weise der Kommunikation zwischen Abschlussprüfer und Prüfungsausschuss festzulegen ist. In dieser Sitzung ist auch Gelegenheit für einen Austausch zwischen Prüfungsausschuss und Abschlussprüfer ohne Beisein des Vorstands zu geben.

Der Abschlussprüfer muss außerdem die Funktionsfähigkeit des Risikomanagements beurteilen und dem Vorstand darüber berichten. Dieser Bericht ist dem Vorsitzenden des Aufsichtsrates zur Kenntnis zu bringen. Dieser ist dafür verantwortlich, dass die Berichte im Prüfungsausschuss behandelt werden und dem Aufsichtsrat darüber berichtet wird (C-Regel 83 ÖCGK).

6   Berichterstattung an den Aufsichtsrat

Der Prüfungsausschuss ist in bestimmten Fällen vorbereitend für den Aufsichtsrat tätig. Die Feststellung des Jahresabschlusses sowie die Erklärung über den Konzernabschluss ist Aufgabe des Gesamtaufsichtsrates. Das Gesetz sieht daher ausdrücklich vor, dass der Prüfungsausschuss dem Aufsichtsrat einen Bericht über die Ergebnisse der durchgeführten Prüfung des Jahres- bzw. Konzernabschlusses erstattet (§ 92 Abs. 4a Nr. 4 lit. e öAktG). Weitere Berichtspflichten an den Aufsichtsrat, die sich aus den Aufgaben des Prüfungsausschusses ergeben, wurden bereits in Kap. K.I.4 ausgeführt. Im Regelfall wird es sich dabei um schriftliche Berichte handeln. Dadurch kann der Prüfungsausschuss die Erfüllung seiner Aufgaben dokumentieren.

7   Haftung

Das österreichische Gesellschaftsrecht enthält keine expliziten Regelungen für den Fall, dass die Bestimmungen zum Prüfungsausschuss (z. B. Einrichtung, Finanzexperte etc.) nicht eingehalten werden.

Allerdings besteht das Risiko, dass Beschlüsse, die ohne ordnungsgemäße Mitwirkung der gesetzlich vorgesehenen Organe zustande kommen, weil ein solches Organ trotz gesetzlicher Verpflichtung nicht eingerichtet ist, anfechtbar sein können.[12]

---

12   Vgl. OGH v. 25.04.2019, 6 Ob 209/18 f. Es bleibt abzuwarten, ob dieses Urteil über den Anlassfall hinaus Bedeutung erlangen wird.

Die Mitglieder des Aufsichtsrates haften für den Schaden, der durch die Verletzung ihrer Pflichten entsteht (§ 99 öAktG i.V.m. § 84 öAktG). Werden die gesetzlichen Vorschriften vom Aufsichtsrat nicht eingehalten und entsteht dadurch ein Schaden, kann der Aufsichtsrat von der Gesellschaft zur Haftung herangezogen werden.

8 Zusammenfassung

Aufgrund der EU-Rahmenbedingungen ähneln sich die Regelungen aus Österreich und Deutschland weitgehend, wenn auch im Einzelfall andere Detailbestimmungen existieren. Ein bedeutsamer Unterschied besteht darin, dass in Österreich der Kreis der Unternehmen, die einen Prüfungsausschuss einzurichten haben, erheblich über das unionsrechtliche Erfordernis hinausgeht.

Ein wesentliches Ziel der gesetzlichen Vorgaben in Österreich ist die Stärkung des Aufsichtsrates. Unternehmen von öffentlichem Interesse und fünffach große Gesellschaften sind verpflichtet, einen Prüfungsausschuss einzurichten. Diesem Ausschuss werden im Gesetz umfangreiche Aufgaben zugeordnet. Damit der Prüfungsausschuss seine Tätigkeit effizient wahrnehmen kann, werden bestimmte Mindestanforderungen an die Qualifikation und Unabhängigkeit seiner Mitglieder gestellt. Die Ansprüche an Mitglieder des Prüfungsausschusses in Bezug auf fachliche Qualifikation und Unabhängigkeit sind durch die bis Mitte 2016 wirksam gewordene Abschlussprüferreform in der EU erheblich gestiegen[13] und werden weiter steigen. Dies hat bereits merkbare Auswirkungen u.a. auf die Größe und Zusammensetzung der Prüfungsausschüsse in Österreich.[14] Vorbehaltlich der Rechtsprechung könnten auch die Haftungsrisiken in Zukunft zunehmen.

---

13 Vgl. Inwinkl (2017), S. 16.
14 Vgl. Steller/Haid (2019), S. 1251.

II   Besonderheiten bei Prüfungsausschüssen in der Schweiz

Alessandro Miolo/Dr. Ralph Wyss

1   Einleitung

Prüfungsausschüsse oder »Audit Committees«, wie sie in der Schweiz häufiger genannt werden, sind in der Schweiz kein gesetzliches Erfordernis. Der Druck zur Errichtung eines Prüfungsausschusses kommt von den Aktionären selbst und von Aufsichtsbehörden, für börsenkotierte Unternehmen bspw. von der Börsenaufsicht (SIX Exchange Regulation). Für Banken und Versicherungen ab einer bestimmten Größe schreibt die Eidgenössische Finanzmarktaufsicht FINMA die Einrichtung eines Prüfungsausschusses vor.[15]

Die economiesuisse, der Dachverband der Schweizer Wirtschaft, hat bereits 2002 einen »Swiss Code of Best Practice«[16] zur Corporate Governance veröffentlicht, worin u. a. empfohlen wird, dass der Verwaltungsrat[17] neben einem Prüfungsausschuss auch einen Nominations- sowie einen Entschädigungsausschuss errichtet. Der Swiss Code of Best Practice hat lediglich einen Empfehlungscharakter und richtet sich primär an Publikumsgesellschaften. Der Swiss Code of Best Practice wird in Kap. K.II.3 erläutert.

Die SIX Exchange Regulation AG, die Regulierungsbehörde für die Schweizer Börse, unterhält seit dem 1. Juli 2002 eine Richtlinie betreffend Informationen zur Corporate Governance, welche von den börsenkotierten Gesellschaften ausführliche Informationen zur Corporate Governance im jährlichen Geschäftsbericht fordert. Die aktuelle Fassung steht unter dem Titel »Richtlinie betr. Informationen zur Corporate Governance« (RLCG).[18] Ein wesentlicher Grundsatz der Direktive ist »comply or explain«: Sieht der Emittent von der Offenlegung bestimmter Informationen ab, so ist dies im Geschäftsbericht »einzeln und substanziell« zu begründen.[19] Die Richtlinie verlangt detaillierte Angaben über die Arbeitsweise des Verwaltungsrats einschließlich dessen Ausschüsse. Die RLCG wird in Kap. K.II.5 näher erläutert.

---

15   FINMA-Rundschreiben 2017/01, Rz. 31 für Banken (»Prüfausschuss«) und FINMA-Rundschreiben 2017/02, Rz. 25 für Versicherungen (»Prüfungsausschuss«).

16   Economiesuisse (2016): »Swiss Code of Best Practice« (Swiss Code) von Juli 2002, überarbeitet 2007, 2014 und 2016.

17   Im Gegensatz zum Aufsichtsrat in Deutschland/Österreich ist in der Schweiz der Verwaltungsrat kein reines Kontrollorgan, sondern auch Exekutivorgan (Art. 716 OR). Die Exekutivfunktion kann aber mittels Organisationsreglement wirksam an die Geschäftsleitung delegiert werden, was mit Ausnahme von sehr kleinen Gesellschaften der Regelfall ist (Art. 716b OR).

18   SIX Richtlinie Corporate Governance (RLCG) v. 18.06.2021.

19   SIX RLCG Art. 7.

Bezüglich der Kommunikation zwischen der Revisionsstelle[20] und dem Verwaltungsrat (bzw. dem Prüfungsausschuss, der eine Scharnierfunktion zwischen Prüfer und Verwaltungsrat innehat) gibt es einerseits Richtlinien im Schweizer Prüfungsstandard[21] PS 260[22] und andererseits – für börsenkotierte Gesellschaften – von der Schweizer Revisionsaufsichtsbehörde (RAB)[23] gem. deren Rundschreiben 1/2009. Dieses Rundschreiben wird in Kap. K.II.6 näher erläutert.

Bevor auf diese regulatorischen Grundlagen näher eingegangen wird, wenden wir uns zunächst den Besonderheiten von Schweizer Prüfungsausschüssen in der Praxis zu.

2 Prüfungsausschüsse in der schweizerischen Praxis

Aufgrund des regulatorischen Drucks der SIX Exchange Regulation ist davon auszugehen, dass fast sämtliche schweizerischen börsenkotierten Gesellschaften einen Prüfungsausschuss gebildet haben.

In kleineren Verhältnissen ist dies oftmals eine unnötige Formalität, da es nicht sinnvoll sein kann, wenn ein dreiköpfiger Verwaltungsrat Ausschüsse bildet. Andererseits hat es sich auch bei vielen großen privat gehaltenen Gesellschaften durchgesetzt, dass der Verwaltungsrat einen Prüfungsausschuss bildet, insb. wenn der Verwaltungsrat aus mehr als fünf Mitgliedern besteht, die teilweise verschiedene Aktionärsinteressen vertreten.

Sitzungsrhythmus: Aufgrund dieser diversifizierten »Prüfungsausschuss-Landschaft« überrascht es nicht, dass die Arbeitsweise dieser Ausschüsse äußerst unterschiedlich sein kann. Unter normalen Umständen finden je nach Aufgaben und Bedeutung des Prüfungsausschusses drei oder vier Sitzungen statt, bei einer Spannbreite von einer bis elf Sitzungen.[24] Sitzungen dauern im Normalfall zwischen drei und vier Stunden, können aber auch wesentlich kürzer oder länger sein.[25] Der Sitzungsrhythmus passt sich i.d.R. dem Prüfrhythmus an. Die Externe

---

20 Das Schweizer Gesellschaftsrecht verwendet den Begriff »Revisionsstelle« für den statutarischen Rechnungsprüfer (Art. 727 ff. OR).

21 Die Schweizer Prüfungsstandards (»PS«), Ausgabe 2013, enthalten die Übersetzung des im Jahr 2009 abgeschlossenen ISA Clarity Project des IASSB. Schweizerische Besonderheiten zu den ISA wurden in den einzelnen Standards berücksichtigt und als solche erkenntlich gemacht. Die PS werden zurzeit überarbeitet und sollen neue Entwicklungen berücksichtigen. Es ist geplant, dass die neuen PS per Ende 2021 in Kraft treten.

22 PS 260 Kommunikation über die Abschlussprüfung mit den Verantwortlichen für die Leitung und Überwachung.

23 Die Eidg. Revisionsaufsichtsbehörde RAB ist eine öffentlich-rechtliche Anstalt des Bundes mit Sitz in Bern. Sie ist zuständig für die Zulassung von Personen und Unternehmen, die Revisionsdienstleistungen erbringen, und beaufsichtigt die Revisionsstellen von Publikumsgesellschaften. Gemeinsam mit den Berufsverbänden, welche die Berufs- und Standesregeln zur Revision von Jahres- und Konzernrechnungen erlassen, gewährleistet die RAB die Qualität von Revisionsdienstleistungen (http://www.rab-asr.ch).

24 Vgl. Deloitte (2012), S. 22.

25 Vgl. Deloitte (2012), S. 22.

und/oder Interne Revision wird bei Bedarf eingeladen. Ebenso werden nach Bedarf interne und teilweise auch externe Spezialisten angehört (bei Banken bspw. die Risikokontrolle). Der CFO ist i. d. R. bei den Sitzungen anwesend. Es kann auch vorkommen, dass der CEO hinzugezogen wird.

Zusammensetzung: Schweizerische Prüfungsausschüsse haben i. d. R. zwei bis sechs Mitglieder. Nach einer statistischen Auswertung[26] haben 15% der Vorsitzenden eine exekutive Rolle bei einem anderen Unternehmen, nur 4% sind weiblich und nur 30% sind Schweizer. Die durchschnittliche Verweildauer in dieser Position beträgt 3,5 Jahre. Nach einer anderen Untersuchung[27] sind 80% der Mitglieder des Prüfungsausschusses nicht exekutiv, was das zentrale Merkmal der Unabhängigkeit der Mitglieder unterstreicht. Für Banken und Versicherungen definiert die FINMA zusätzlich spezifische Unabhängigkeitsmerkmale, die vom Vorsitzenden und einem Teil des Prüfungsausschusses (Mehrheit bei Banken, mindestens ein Drittel bei Versicherungen) erfüllt werden müssen.

Es lässt sich eine zunehmende Professionalisierung der Prüfungsausschüsse erkennen. Bis etwa 2002 waren Prüfungsausschüsse vorwiegend formelle Gremien ohne definierten Aufgabenbereich. Gemäß der Untersuchung von Deloitte hatten allerdings nur 42% der Mitglieder eine anerkannte Ausbildung in Rechnungslegung.[28]

Aufgaben: Bezüglich der Aufgaben halten sich die Prüfungsausschüsse – bewusst oder unbewusst – generell an die Vorgaben des Swiss Code of Best Practice der economiesuisse. Zusammenfassend hat ein Prüfungsausschuss unter Vorbehalt weiterer regulatorischer oder statutarischer Vorgaben drei wesentliche Aufgaben zu erfüllen:[29]
- Überwachung der externen Revision und ihrer Unabhängigkeit,
- Überwachung des internen Kontrollsystems, insb. die Auswertung der internen Revisionsberichte, und
- Durcharbeitung und Hinterfragung des Jahresabschlusses und ggf. der Zwischenabschlüsse.

Durchgesetzt haben sich die in der Fachliteratur geforderten Einzelsitzungen zwischen den nicht exekutiven Mitgliedern des Prüfungsausschusses und der Revisionsstelle, in welchen der externe Prüfer informell und ohne Protokollierung Bedenken äußern, aber auch sein Urteil über die Fähigkeiten von leitenden Mitarbeitern im Finanz- und Rechnungswesen sowie über die interne Kontrolle und die Zusammenarbeit mit der Geschäftsleitung abgeben kann.

---

26   Deloitte (2012), S. 25.
27   Vgl. Berndt/Offenhammer (2013), S. 370.
28   Deloitte (2012), S. 26.
29   Vgl. Böckli (2009), S. 1699 f.

3   »Swiss Code of Best Practice« (economiesuisse)

Der Swiss Code of Best Practice[30] der economiesuisse äußert sich zum Thema Prüfungsausschuss wie folgt:

1) Empfehlung 23:

Der Verwaltungsrat setzt einen Prüfungsausschuss (»Audit Committee«) ein.
- *Der Ausschuss setzt sich aus nicht exekutiven und unabhängigen Mitgliedern des Verwaltungsrats zusammen.*
- *Die Mehrheit, darunter der Vorsitzende, ist im Finanz- und Rechnungswesen erfahren. In komplexen Verhältnissen soll zumindest ein Mitglied Finanzexperte (z. B. amtierender oder ehemaliger CEO, CFO oder Wirtschaftsprüfer) sein.*

2) Empfehlung 24:

Der Prüfungsausschuss bildet sich ein eigenständiges Urteil über die externe und interne Revision, das interne Kontrollsystem und den Jahresabschluss.
- *Der Prüfungsausschuss macht sich ein Bild von der Wirksamkeit der externen Revision (Revisionsstelle) und der internen Revision sowie über deren Zusammenwirken.*
- *Der Prüfungsausschuss beurteilt im Weiteren die Funktionsfähigkeit des internen Kontrollsystems mit Einbezug des Risikomanagements und macht sich ein Bild vom Stand der Einhaltung der Normen (Compliance) in der Gesellschaft.*
- *Der Prüfungsausschuss geht die Einzel- und Konzernrechnung sowie die zur Veröffentlichung bestimmten Zwischenabschlüsse kritisch durch; er bespricht die Abschlüsse mit dem Finanzchef und dem Leiter der internen Revision sowie, ggf. getrennt von ihnen, mit dem Leiter der externen Revision.*
- *Der Prüfungsausschuss entscheidet, ob der Einzel- und Konzernabschluss dem Verwaltungsrat zur Vorlage an die Generalversammlung empfohlen werden kann.*
- *Der Prüfungsausschuss beurteilt Leistung und Honorierung der externen Revision und vergewissert sich über ihre Unabhängigkeit. Er prüft die Vereinbarkeit der Revisionstätigkeit mit allfälligen Beratungsmandaten.*

Dieser Swiss Code of Best Practice gilt als anerkannter Standard für bedeutende Unternehmen in der Schweiz, selbst wenn sie nicht börsenkotiert sind.

---

30   Economiesuisse (2016): »Swiss Code of Best Practice for corporate governance« (Swiss Code) von 2016. https://www.economiesuisse.ch/sites/default/files/publications/economiesuisse_swisscode_d_web.pdf.

4   »Audit Committee Guide« (RAB)

Die Revisionsaufsichtsbehörde des Bundes (RAB) hat gemeinsam mit den Prüfungsausschüssen ein Interesse an qualitativ hochstehenden Revisionsdienstleistungen. Vor diesem Hintergrund hat die RAB einen Leitfaden[31] für Prüfungsausschüsse von Gesellschaften des öffentlichen Interesses zur Zusammenarbeit mit der externen Revisionsstelle erarbeitet.

Der »Audit Committee Guide« fokussiert sich auf das Verhältnis zwischen dem Prüfungsausschuss und der externen Revisionsstelle und nimmt u. a. zu folgenden Themen Stellung:
• Zusammensetzung und Arbeitsweise des Prüfungsausschusses
• Prozesse zur Auswahl der Revisionsstelle
• Beurteilung der Unabhängigkeit der Revisionsstelle
• Kommunikation mit der Revisionsstelle.

Zudem umfasst der Leitfaden einen umfangreichen Fragenkatalog, der den Prüfungsausschuss in seiner Kommunikation mit der Revisionsstelle unterstützen kann.

5   Die Richtlinie betreffende Informationen zur Corporate Governance der SIX Exchange Regulation

Die Richtlinie zur Corporate Governance[32] der SIX Exchange Regulation AG für börsenkotierte Gesellschaften (RLCG) dient der Transparenz gegenüber den Anlegern. Ein detaillierter Anhang gibt vor, welche Angaben im Geschäftsbericht zu machen sind.

Neben detaillierten Angaben zu jedem einzelnen Mitglied des Verwaltungsrats und seiner Interessenbindungen sind hinsichtlich des Prüfungsausschusses und weiterer Ausschüsse insb. die Zusammensetzung, Kompetenzen und Arbeitsweise zu erläutern.

Es ist die tatsächlich gelebte Ordnung darzustellen (»substance over form«). Für die wesentlichen Kompetenzen der Ausschüsse ist zu jeder Kompetenz anzugeben, ob das Gremium nur beratend respektive vorbereitend tätig ist, ob es eine Kompetenz zum Entscheid unter Vorbe-

---

31   Eidgenössische Revisionsaufsichtsbehörde RAB, https://www.rab-asr.ch/backend/internet/cms/resource/31/null/ Audit_Committee_Guide.
32   Siehe SIX Richtlinie Corporate Governance (RLCG) v. 18.06.2021: https://www.ser-ag.com/dam/downloads/regulation/ listing/directives/DCG-de.pdf.

halt der Genehmigung durch den Gesamtverwaltungsrat hat oder ob dem Gremium Beschlusskompetenz zukommt.

Hinsichtlich der Arbeitsweise ist insb. der Sitzungsrhythmus und die jeweils übliche Sitzungsdauer des Gesamtverwaltungsrats und seiner Ausschüsse offenzulegen. Dazu ist auch die im Berichtsjahr abgehaltene Anzahl der Sitzungen des Gesamtverwaltungsrats und seiner Ausschüsse anzugeben. Zudem soll das Zusammenwirken des Gesamtverwaltungsrats mit seinen Ausschüssen und die Aufteilung der Kompetenzen kurz dargestellt werden. Weiter sind Angaben zum regelmäßigen Beizug von Mitgliedern der Geschäftsleitung oder von externen Beratern zur Behandlung spezifischer Themen zu machen.

Sodann sind aufgrund der Verordnung gegen übermäßige Vergütungen bei börsenkotierten Gesellschaften[33] auch die individuellen Vergütungen zu publizieren, welche die Mitglieder des Verwaltungsrates im laufenden Geschäftsjahr bezogen haben. Die Angaben zur Vergütung sind durch die Revisionsstelle zu prüfen. Die Berichterstattung dazu erfolgt in einem separaten Bericht an die Generalversammlung.

Die Angaben zur Corporate Governance gem. der Richtlinie RLCG unterliegen nicht der Prüfpflicht. Es ist jedoch üblich, dass die Revisionsstelle den Corporate-Governance-Bericht durchliest und das Management auf auffällige Ungereimtheiten aufmerksam macht.

6 Berichterstattung durch die Revisionsstelle an den Prüfungsausschuss

Gemäß den Bestimmungen des Art. 727 OR[34] müssen Publikumsgesellschaften, große Gesellschaften[35] sowie Gesellschaften, die zur Erstellung einer Konzernrechnung verpflichtet sind[36], ordentlich geprüft werden. Gemäß Art. 728b Abs. 1 OR beinhaltet die ordentliche Prüfung neben der Berichterstattung an die Generalversammlung auch einen »umfassenden Bericht mit Feststellungen über die Rechnungslegung, das interne Kontrollsystem sowie die Durchführung und das Ergebnis der Revision«.

---

33 VegüV (SR 221.331), in Kraft seit 01.01.2014.
34 Schweizerisches Obligationenrecht (enthaltend das Gesellschaftsrecht).
35 Als große Gesellschaften gelten (rechtsformunabhängig) Gesellschaften, die zwei der nachstehenden Größen in zwei aufeinanderfolgenden Geschäftsjahren überschreiten: Bilanzsumme von 20 Mio. CHF, Umsatzerlöse von 40 Mio. CHF, 250 Vollzeitstellen im Jahresdurchschnitt.
36 Die Voraussetzungen bestimmt Art. 963 OR; i.W. geht es um juristische Personen, welche eine oder mehrere andere rechnungspflichtige Unternehmen kontrollieren, wobei die Ausnahme gem. Fn. 19 ebenfalls gilt, sofern sie auch bei konsolidierter Betrachtung erfüllt ist.

Da bei Publikumsgesellschaften die Empfänger dieses umfassenden Berichts der Verwaltungsrat und der Prüfungsausschuss sind und der Bericht normalerweise nur mit Letzterem eingehend diskutiert wird, sei an dieser Stelle auf die spezifischen regulatorischen Anforderungen an diesen umfassenden Bericht eingegangen.

Auf den Prüfstandard PS 260 wird dabei nicht weiter eingegangen, da das Rundschreiben 1/2009 der Schweizer Revisionsaufsichtsbehörde (»RAB«) dem Prüfstandard vorgeht. Obwohl dieses nur bei der Aufsicht über Publikumsgesellschaften wirkt, dürfte sich das Rundschreiben der RAB bzgl. des Inhalts von umfassenden Berichten bei allen großen Gesellschaften durchsetzen.

Das Rundschreiben 1/2009 der RAB schreibt folgenden Mindestinhalt des umfassenden Berichts vor:[37]

1. Durchführung der Revision

a. Unabhängigkeit der Revisionsstelle, insbesondere mit Erläuterungen zu:

1. Dienstleistungen, die parallel zu gesetzlich vorgeschriebenen Revisionsdienstleistungen erbracht wurden;

2. übrigen Sachverhalten, welche die Unabhängigkeit gefährden können;

b. Zeitpunkt der Prüfungsarbeiten, ggf. unter Hinweis auf Verzögerungen;

c. Prüfungsgrundsätze, nach denen geprüft wurde;

d. Übersicht über den Prüfansatz, die prüfungsbezogene Risikobeurteilung und Abstützung auf das interne Kontrollsystem sowie eine Darstellung der wesentlichen Funktionsprüfungen und aussagebezogenen Prüfungen;

e. besondere Schwerpunkte der Prüfung im Berichtsjahr;

f. Darstellung jährlich rotierender Prüfungsschwerpunkte;

g. Zusammenarbeit mit anderen Prüferinnen oder Prüfern, der internen Revision des geprüften Unternehmens und externen Expertinnen oder Experten;

---

37   RAB Rs 1/2009, Rz. 6–9.

h. Prüfungsumfang bei Teilbereichen (sog. Scoping), d. h. prozentuale Angabe der durch Prüfung (Full Scope Audit) abgedeckten Teilbereiche im Verhältnis zum gesamten Konzern auf der Basis von Aktiven, Umsatz und Gewinn, unter prozentualer Angabe der Art der Tätigkeit bei den verbleibenden Teilbereichen:

1. Prüfung eines oder mehrerer Kontensalden, Arten von Geschäftsvorfällen oder Abschlussangaben auf wahrscheinlich bedeutsame Risiken (Specific Scope Audit);

2. festgelegte Prüfungshandlungen im Hinblick auf die wahrscheinlich bedeutsamen Risiken (Specified Procedures);

3. prüferische Durchsicht der Finanzinformationen (Review);

i. Art und Anzahl von Kontakten mit dem Revisionsausschuss des Verwaltungsrates (»Audit Committee«);

j. Erläuterung zur Festlegung der Wesentlichkeit und Toleranzwesentlichkeit bei der Prüfungsplanung sowie zu allfälligen Anpassungen derselben im Verlauf der Prüfung;

k. Art und Umfang von nicht administrativen Prüfungsarbeiten, die an ausländische Shared Service Centers (Delivery Centers) delegiert wurden;

2. Ergebnis der Revision

a. Angaben zu Abweichungen vom Standardwortlaut des Revisionsberichts an die Generalversammlung (Art. 728b Abs. 2 OR);

b. Übersicht über korrigierte und nicht korrigierte Fehler in der Jahres- bzw. Konzernrechnung, welche einzeln oder zusammengefasst wesentlich sind;

c. festgestellte Verstöße gegen das Gesetz, die Statuten oder das Organisationsreglement, die nicht im Revisionsbericht an die Generalversammlung enthalten sind (vgl. Art. 728c Abs. 1 und 2 OR);

d. Hinweise auf Schwierigkeiten bei der Prüfung mit der Geschäftsleitung (z. B. mangelnde Verfügbarkeit der relevanten Ansprechpartner oder Schwierigkeiten bei der Beschaffung der nötigen Prüfungsnachweise);

e. Erläuterungen zu den einzelnen Feststellungen der RAB im letzten Überprüfungsbericht zur Revisionsstelle mit Blick auf deren Prüfungsarbeiten zum geprüften Unternehmen;

3. Feststellungen zur Rechnungslegung

a. Anwendung von Rechnungslegungsstandards für die Konzernrechnung;

b. spezielle Rechnungslegungsfragen im Rahmen der Jahresrechnung (erstmalige Anwendung neuer Standards, Änderung und finanzielle Auswirkungen von Rechnungslegungsgrundsätzen, Wahlmöglichkeiten, Ermessensspielräume und Schätzungen);

c. wesentliche Unsicherheiten betreffend die Fähigkeit zur Fortführung der Unternehmenstätigkeit;

d. wesentliche Ereignisse nach dem Bilanzstichtag;

e. außergewöhnliche oder wesentliche Transaktionen mit nahestehenden Personen;

f. Außerbilanzgeschäfte und Anwendung von Zweckgesellschaften;

4. Feststellungen zum internen Kontrollsystem (IKS)

Zusammenfassung der Prüfungsergebnisse, insbesondere mit Erläuterungen zum Ausbau- und Dokumentationsgrad des IKS.

Nicht zuletzt wegen dieser regulatorischen Anforderungen sind die umfassenden Berichte der Revisionsstelle an den Verwaltungsrat und Prüfungsausschuss in den letzten Jahren sehr umfangreich geworden. Damit erhält der Prüfungsausschuss einerseits das Instrument, um sich ein umfassendes und fachlich qualifiziertes Bild über die finanzielle Lage und die Qualität der internen und externen Kontrollen derselben zu machen. Andererseits zeigt sich aufgrund der Tiefe der Information aber auch, dass der Prüfungsausschuss von großen Unternehmen seine Aufgabe nur dann wahrnehmen kann, wenn er als Gremium über ein hohes fachliches Verständnis verfügt.

7   Haftung

»Die Mitglieder des Verwaltungsrates (…) sind sowohl der Gesellschaft als auch den einzelnen Aktionären und Gesellschaftsgläubigern für den Schaden verantwortlich, den sie durch absichtliche oder fahrlässige Verletzung ihrer Pflichten verursachen (Art. 754 OR).«

Der Prüfungsausschuss als Gremium des Verwaltungsrates besitzt selbst keine Entscheidungsbefugnisse. Der Prüfungsausschuss analysiert die in seinen Bereich fallenden Sachverhalte und erstattet dem Gesamtverwaltungsrat Bericht, der dann entscheidet. Die Existenz eines Prüfungsausschusses reduziert die Haftung von Verwaltungsräten, die nicht Mitglied des Ausschusses sind, somit im Grundsatz nicht.[38]

Nach Auffassung der Autoren muss aber bei der Beurteilung einer Pflichtverletzung im Einzelfall berücksichtigt werden, dass der Prüfungsausschuss in börsenkotierten Unternehmen sowie in regulierten Unternehmen als Institut vorgeschrieben ist und dass dessen Mitglieder in diesem Fall besonderen Anforderungen an fachlicher Befähigung und Unabhängigkeit genügen müssen. Erfüllt ein Prüfungsausschuss seine diesbezüglichen Aufgaben nicht, so kann einem Mitglied des Verwaltungsrates, das selbst nicht im Prüfungsausschuss sitzt, ein allfälliges Versäumnis nur so weit vorgeworfen werden, als es bei sorgfältiger Lektüre der ihm vorgelegten Dokumente und unter Berücksichtigung der vom Prüfungsausschuss abgegebenen Empfehlungen hätte vermieden werden können. Dies mag vordergründig als unwesentliche Einschränkung erscheinen. In Anbetracht der fachlichen Anforderungen an Mitglieder von Prüfungsausschüssen und der zunehmenden Detaillierung der Berichterstattung kann sie aber im Einzelfall wesentlich sein.

Aus den gleichen Gründen ergibt sich, dass Mitgliedern des Prüfungsausschusses nach diesen Anforderungen eine besondere Verantwortung für die Angemessenheit und Richtigkeit der Entscheidungen des Verwaltungsrates über die Rechnungslegung und Berichterstattung zukommt. Stimmt ein Mitglied des Prüfungsausschusses der Entscheidung des Gesamtverwaltungsrates im Einzelfall nicht zu, ist dies daher unbedingt protokollarisch festzuhalten.

8   Zusammenfassung

Auch ohne gesetzlichen Zwang hat sich in der Schweiz die Einrichtung von Prüfungsausschüssen bei Publikumsgesellschaften und teilweise auch bei großen privaten Gesellschaften durchgesetzt. Diese Entwicklung beruht nur teilweise auf dem mehr oder weniger sanften Druck von Wirtschaftsverbänden (economiesuisse) und der Börsenaufsicht (SIX Exchange Regulation), sondern schlicht auf dem komplexen Umfeld des heutigen Wirtschaftslebens und zunehmenden Erwartungen der Aktionäre und der weiteren Stakeholder an die Qualität der Unternehmensführung und Berichterstattung.

---

38   Vgl. z. B. v. d. Crone (2006), S. 95.

III   Audit Committees in the United States of America

Krista Parsons/Maureen Bujno[39]

1   Regulatory Environment for the Audit Committee

The fiduciary duties of United States (U.S.) boards of directors are governed by U.S. laws. The audit committee is one of the required board of director committees for companies that have equity securities listed on the New York Stock Exchange (NYSE) or Nasdaq. Publicly traded U.S. companies must register with one of these two U.S. stock exchanges and comply with the exchanges' listing standards. Public companies have been regulated since 1934 by the U.S. Securities and Exchange Commission (SEC), which established the critical role of the audit committee in promoting accurately, timely financial reporting, and disclosures for public companies. In the U.S., the audit committee serves as a committee of the board and is charged with various responsibilities including the following:

- Overseeing the integrity of the company's financial statements,[40] accounting and financial reporting processes and financial statement audits,[41]
- Overseeing the company's compliance with legal and regulatory requirements,[42]
- Overseeing the registered public accounting firm's (independent auditor's) appointment, compensation, qualifications and independence,[43]
- Overseeing the performance of the company's independent auditor[44] and internal audit function,[45]
- Overseeing the company's systems of disclosure controls and procedures, internal controls over financial reporting, and compliance with ethical standards adopted by the company.

---

39   This chapter was contributed by Deloitte LLP's U.S. Center for Board Effectiveness (»the Center«) and specific acknowledgment is given to Krista Parsons, Audit & Assurance Managing Director, Deloitte & Touche LLP, and Maureen Bujno, Audit & Assurance Managing Director, Deloitte & Touche LLP. The Center offers a number of resources for executives, directors and others who are active in governance. A majority of the information presented within this chapter, along with audit committee leading practices and trends, a sample audit committee charter, an audit committee calendar of activities planning tool and a sample performance evaluation, can be found in the Center's Audit Committee Resource Guide. Please note that this chapter and the Audit Committee Resource Guide is not a comprehensive view of all audit committee requirements, but of general information only. Companies should review applicable SEC and NYSE or Nasdaq exchange rules and regulations and consult a qualified professional adviser to understand their full compliance needs. To obtain the Audit Committee Resource Guide or for more information about the Center's activities, programs and other useful articles and tools, please visit http://www.corpgov.deloitte.com
40   NYSE Corporate Governance Rule 303A.07(b)(i)(A).
41   Nasdaq Corporate Governance Rule 5605(c)(1)(C).
42   NYSE Corporate Governance Rule 303A.07(b)(i)(A).
43   NYSE Corporate Governance Rule 303A.07(b)(i)(A) and Nasdaq Corporate Governance Rule 5605(c)(1)(B).
44   NYSE Corporate Governance Rule 303A.07(b)(i)(A).
45   NYSE Corporate Governance Rule 303A.07(b)(i)(A).

Much of the evolution of corporate board governance requirements can be attributed to the changing U.S. regulatory landscape. Specifically, regulation has included the Securities Exchange Act of 1934 (Exchange Act), the Sarbanes-Oxley Act of 2002 (SOX Act), Dodd-Frank Wall Street Reform and Consumer Protection Act of 2010 (the Dodd-Frank Act), and the corporate governance listing standards of the NYSE and the Nasdaq. Further, the establishment of the Public Company Accounting Oversight Board (PCAOB) under the Sarbanes-Oxley Act resulted in regulating the independent accounting industry and formalizing of processes between the audit committee and the independent auditor.

The roles of boards and audit committees in the U.S. have continued to evolve over the years. Most publicly traded company boards are comprised of independent and non-independent directors. While non-independent directors are typically employees of the company, independent directors are not allowed to have a material or pecuniary relationship with the company.[46] Both the NYSE and Nasdaq listing standards require that a majority of the board be comprised of independent directors and require the following three committees be comprised solely of independent directors:[47] audit, nominating and corporate governance, and compensation committees.

This chapter will provide an overview of U.S. audit committee composition, key roles and responsibilities, and leading practices.

2   Audit Committee Composition

One of the key responsibilities of audit committees is overseeing a company's financial reporting processes and controls. To carry out this responsibility, the audit committee's composition is critical, beginning with its independence, financial literacy, and financial experts.

The audit committee should consist of three or more directors who are »independent« as determined by the board, based on the requirements discussed below.[48] All members must comply with the financial literacy requirements of the relevant securities exchange. Although audit committees are not required to include a »financial expert« as defined by the SEC, it is considered beneficial for at least one member to qualify as an »expert« to avoid having to disclose the reasons why there are no such experts on the committee.

---

46   The Exchange Act, NYSE and Nasdaq listing standards provide a definition of director independence. Section 10A of the Exchange Act, NYSE Corporate Governance Rules 303A.06 and 07(a), and Nasdaq Corporate Governance Rule 5605(c)(2)(A).
47   NYSE Corporate Governance Rule 303A and Nasdaq Corporate Governance Rule 5605.
48   NYSE Corporate Governance Rules 303A.06 and 07(a) and Nasdaq Corporate Governance Rule 5605(c)(2)(A).

Audit committees should review their composition periodically to confirm that members have the knowledge and experience they need to be effective. In addition to industry knowledge, members should have a strong grasp of internal control over financial reporting (ICFR) in addition to financial reporting and accounting issues such as revenue recognition, pensions and other post-employment benefits, financial instruments, and critical accounting policies.

Independence of Committee Members

- **SEC Requirements.** The SOX Act and final SEC rules provide extensive guidance and regulation related to the composition and function of audit committees. Audit committee members are drawn from members of the company's board of directors, with a Chairperson selected from among the committee members. Under Section 301 of the SOX Act, the listing standards of publicly traded companies must provide, in accordance with SEC rules, for the independence of the audit committee. Specifically, every member of the audit committee of a listed company must be independent. Independence is defined in Section 301 and in Exchange Act Rule 10A-3 to have two components:
  - A director must not accept any direct or indirect consulting, advisory or other compensatory fees from the listed company other than compensation for service as a director, and
  - A director must not be affiliated with the company or its subsidiaries.
- **NYSE and Nasdaq Requirements.** The NYSE and the Nasdaq listing standards both incorporate the SEC's independence requirements and define circumstances in which independence cannot be assumed (e.g. if a director is, or has been within the last three years, an employee of the listed company).[49] Each audit committee member must meet the applicable standards of independence and the determination of independence made by the board.[50] To ensure that independence of audit committee members is maintained continually, policies should be in place to review independence at least annually and to facilitate timely identification of potential threats of independence due to changing relationships or circumstances. Audit committee members may complete an annual independence questionnaire and inform the company of any changes that may affect his or her independence.

Financial Literacy and Financial Experts

All members of the audit committee must comply with all financial literacy requirements of the securities exchange(s) on which the company is listed. To help meet these requirements, the audit committee will typically provide its members with continuing education opportunities in financial reporting and other areas relevant to the audit committee.[51]

- **SEC requirements.** The SEC requires that at least one audit committee financial expert is identified and disclosed in the annual reports on Forms 10-K, 10-KSB, 20-F, or 40-F.[52] If more

---

49   NYSE Corporate Governance Rule 303A.02 and Nasdaq Corporate Governance Rule 5605(a)(2).
50   NYSE Corporate Governance Rules 303A.06 and 07(a) and Nasdaq Corporate Governance Rule 5605(c)(2)(A).
51   While the existence of a continuing education program for the board and audit committee is not a requirement, NYSE Corporate Governance Rule 303A.09 requires companies to adopt and disclose guidelines for corporate governance that address their policies for directors' continuing education.
52   Item 407(d)(5)(i)(A)(1) and (2) of Regulation S-K.

than one member meets the criteria, additional disclosures are at the company's discretion. If a public company does not comply with this regulation (i.e., if its audit committee does not have a financial expert), that fact must be disclosed as well. However, being designated as the audit committee financial expert does not elevate the committee members' duties, obligations, or liabilities, nor does it lessen the responsibilities of the other audit committee members.[53]

The SEC defines the audit committee financial expert through five attributes:[54]

- Having an understanding of financial statements and relevant generally accepted accounting principles (GAAP),
- Having an ability to assess the general application of GAAP in connection with the accounting for estimates, accruals and reserves,
- Experience in preparing, auditing, analyzing, or evaluating financial statements that present a breadth and level of complexity of accounting issues generally comparable to what can reasonably be expected to be raised by the company's financial statements, or experience in actively supervising those engaged in such activities,
- Having an understanding of internal controls over financial reporting,
- Having an understanding of the audit committee's functions.

The same SEC rule indicates that the attributes may be acquired by:

- Education and experience as a principal financial officer, principal accounting officer, controller, public accountant, or auditor, or experience in positions that involve similar functions,
- Experience actively supervising a principal financial officer, principal accounting officer, controller, public accountant, auditor, or someone performing similar functions,
- Experience overseeing or assessing the performance of companies or public accountants with respect to the preparation, auditing, or evaluation of financial statements,
- Other relevant experience.

- **NYSE and Nasdaq requirements.** The NYSE listing standards state that all audit committee members must be financially literate and at least one member must have accounting or related financial management expertise, as interpreted by the business judgment of the company's board.[55] According to the Nasdaq listing standards, all audit committee members must be able to read and understand financial statements at the time of their appointment to the committee and at least one audit committee member must be »financially sophisticated,« through employment experience in finance or accounting, a professional certification in accounting, or any comparable experience.[56] The NYSE and Nasdaq listing standards do not require a financial expert on the audit committee; however, if a person is designated as financial expert in terms of SEC standards, accounting or related financial management expertise is required by the NYSE and Nasdaq listing standards.

---

53   Item 407(d)(5)(iv)(B) of Regulation S-K.
54   Item 407(d)(5)(ii) of Regulation S-K. To evaluate whether an individual meets the criteria, questionnaires or other formal processes for assessing the financial literacy or the American Institute of Certified Public Accountants (AICPA) decision tree may be used.
55   NYSE Corporate Governance Rule 303A.07(a).
56   Nasdaq Corporate Governance Rule 5605(c)(2)(A).

Periodically, audit committees should review their composition and membership to confirm that they encompass the knowledge and experience needed to be effective. In addition to industry knowledge, committee members should have a strong grasp of key financial reporting and accounting issues, such as revenue recognition, pensions and other post-employment benefits, financial instruments, other critical accounting policies and internal controls.

3   Audit Committee Key Responsibilities and Areas of Focus

This section provides an overview of an audit committee's responsibilities in overseeing financial reporting and related internal controls, risk, and ethics and compliance. It also discusses the committee's role in overseeing the internal and independent auditors, as well as how the committee may interact with other members of management and external stakeholders. All U.S. publicly traded companies' audit committees are responsible for maintaining and reviewing, at least annually, the audit committee charter, which provides the audit committee with a documented plan identifying its authority and designating a road map to executing the audit committee's role effectively. The following list of audit committees' high-level oversight responsibilities may not be all inclusive:

- Maintenance of the audit committee charter
- Oversight of the independent auditor
- Evaluation of the independent auditor
- Oversight of internal audit
- Oversight of financial reporting and related internal controls
- Fraud risk
- Review of filings and earnings releases
- Risk oversight
- Ethics and compliance
- Reporting hotline procedures
- Audit committee evaluation
- Audit committee external communications

Maintenance of the audit committee charter

- **SEC requirements**. SEC rules require public companies to disclose in their proxy statements whether the board has adopted a written charter for the audit committee and, if so, to disclose whether a copy of the charter is available on the company's website and to provide the company's web address.[57]
- **NYSE and Nasdaq requirements.** To assist the audit committee in executing its role in a timely and efficient manner, the audit committee should have a written charter that defines

---

57   Item 302(a) of Regulation S-K.

its purpose, responsibility, and authority. In addition to addressing responsibilities prescribed by regulation, the charter should also address the audit committee's responsibility for significant transactions and unusual events and allow the committee to meet outside the official calendar, as needed. Both the NYSE and Nasdaq listing standards outline minimum requirements for the content of the audit committee charter.[58]

As with any formal governance document, companies typically review the audit committee charter with counsel annually and amend it if necessary. An annual review of the charter is recommended for all audit committees and is required for Nasdaq listed entities. The NYSE listing standards do not specifically require an annual review of the audit committee charter.[59]

A sample audit committee charter, as well as the requirements of the SEC, NYSE, and Nasdaq corporate governance listing standards, is included in *Deloitte LLP's Audit Committee Resource Guide*. See the last page of this chapter for information on accessing the Audit Committee Resource Guide.

Oversight of the independent auditor

Audit committees of listed companies are directly responsible for the appointment, compensation, and oversight of the independent auditor, including the resolution of any disagreements with management. It is optimal for the audit committee, management, the internal auditors, and the independent auditor to work together in a spirit of mutual respect and cooperation.

The audit committee and the independent auditor typically meet at least quarterly to thoroughly discuss a wide variety of matters, including the company's financial reporting, internal controls, and the audit, from planning to conclusion of the audit. These discussions should also include educational and evaluative topics. Executive sessions with the independent auditor are a way to maintain open communication and identify concerns, and they are required for NYSE-listed companies.

- **SEC requirements.** It is important for the audit committee to ensure that the independent auditor fulfils the communication requirements between the independent auditor and audit committee according to the listing standards and the SOX Act. The PCAOB's Auditing Standard No. 16 (AS16), Communications with Audit Committees, outlines the communication requirements for independent auditors of listed companies to include:
  - Significant issues discussed with management before the auditor's appointment or retention
  - Establishing an understanding of the terms of the audit
  - Obtaining information relevant to the audit
  - Overview of the audit strategy, timing of the audit, and significant risks

---

58   NYSE Corporate Governance Rule 303A.07(b) and Nasdaq Corporate Governance Rule 5605(c)(1) for the minimum requirements.
59   Nasdaq Corporate Governance Rule 5605(c)(1).

- Results of the audit including significant accounting policies and practices, critical accounting policies and practices, critical accounting estimates, and significant unusual transactions
- Auditor's evaluation of the quality of the company's financial reporting
- Other information in documents containing audited financial statements
- Difficult or contentious matters about which the auditor consulted
- Management consultation with other accountants
- Going-concern matters
- Uncorrected and corrected misstatements
- Material written communications
- Departure from the auditor's standard report
- Disagreements with management
- Difficulties encountered in performing the audit
- Other matters.

Regulation S-X, Rule 2-07, Communication with Audit Committees, requires the independent auditor to communicate the following to the audit committee:

- Critical accounting policies and practices used by the issuer
- Alternative accounting treatments within U.S. GAAP for accounting policies and practices related to material items that have been discussed with management during the current audit period, including the ramifications of the use of such alternative disclosures and treatments and the treatment preferred by the independent auditor
- Material written communications between the independent auditor and management of the issuer
- All non-audit services provided to any entity in an investment company complex if the audit client is an investment company, as defined in 210.2-01(f)(14), that were not pre-approved by the registered investment company's audit committee pursuant to 210.2-01(c)(7).
- The SEC stated in its rule release that it expects the discussions to occur prior to the filing of the Form 10-Q and Form 10-K.[60]

SEC rules also require companies to include an audit committee report in their proxy statements. In the report, the audit committee must state whether it has:

- Reviewed and discussed the audited financial statements with management
- Discussed with the independent auditor all matters required under applicable auditing standards
- Received required independence disclosures from the independent auditor.

Based on this review and discussion, the report must also include a statement of whether the audit committee recommended to the board that the audited financial statements be included in the annual report to be filed with the SEC.

---

60   Item 210.2-07 of Regulation S-X.

- **NYSE requirements.** The NYSE listing standards require the audit committee to meet with the independent auditor in order to review and discuss the company's annual audited financial statements and quarterly financial statements, including disclosures in management's discussion and analysis.[61] Periodically, the audit committee should meet separately with the independent auditor, management, and the internal auditor.[62] Furthermore, it should review any audit issues and management's response together with the independent auditor.[63] The audit committee must obtain a formal written communication from the independent auditor regarding independence as well as describing the firm's internal quality-control procedures and other material issues.[64] Finally, the audit committee must set clear hiring policies for employees or former employees of the company's independent auditor.[65]

Evaluation of the independent auditor

Inherent in the audit committee's duty to appoint, compensate, and oversee the independent auditor is an expectation that the audit committee evaluate the auditor.

- **NYSE requirements.** The NYSE listing standards require the audit committee to review a report by the independent auditor describing quality control, results of investigations, and independence.[66] The commentary accompanying this listing standard states that after reviewing the report and the independent auditor's work throughout the year, the audit committee will be in a position to evaluate the auditor's qualifications, performance, and independence.[67] The commentary also specifies that the evaluation should include the review and evaluation of the lead partner of the independent auditor and should take into account the opinions of management and the company's internal auditors (or other personnel responsible for the internal audit function).[68]

In the U.S., there is no formal guidance regarding the evaluation of the independent auditor. The frequency and formality is on an as needed basis, and preferences vary by company and audit committee. Practices for evaluating the independent auditor range from highly formalized processes with extensive documentation to more informal processes. Factors the audit committee may consider in developing an evaluation process include:

  - **Frequency and timing of the evaluation.** Many audit committees perform the evaluation annually, immediately following the issuance of the Form 10-K.
  - **Parties involved in the assessment.** Many companies conduct some form of evaluation to make decisions on auditor appointment and retention. As noted previously, the SEC established the audit committee's responsibility for the appointment, compensation and oversight of the independent auditor; however, it may not be practical for the

---

61   NYSE Corporate Governance Rule 303A.07(b)(iii)(B).
62   NYSE Corporate Governance Rule 303A.07(b)(iii)(E).
63   NYSE Corporate Governance Rule 303A.07(b)(iii)(F).
64   NYSE Corporate Governance Rule 303A.07(b)(iii)(A).
65   NYSE Corporate Governance Rule 303A.07(b)(iii)(G).
66   NYSE Corporate Governance Rule 303A.07(b)(iii)(A).
67   Commentary to NYSE Corporate Governance Rule 303A.07(b)(iii)(A).
68   Commentary to NYSE Corporate Governance Rule 303A.07(b)(iii)(A).

audit committee to oversee and coordinate the entire evaluation. In many instances, the audit committee delegates the coordination responsibility to an independent third party, the internal audit department, or another group within the company. The party responsible for coordinating the evaluation should obtain information not only from the audit committee, but from senior financial management and the internal auditors. Depending on the size and structure of the company, it may be appropriate to obtain input from the management of significant operating locations or business units.

– **Form and nature of the assessment.** Some independent auditors have assessment questionnaires for evaluating client service. Audit committees can use these questionnaires, tailor them to fit their needs, or create their own. The assessment can be done by having the relevant parties complete the questionnaire in writing or by holding interviews. They may also have a discussion about the experience the audit committee and others at the company have had in working with the independent auditor.

– **Assessment criteria.** The criteria for evaluating the independent auditor vary. Common criteria specific to the engagement team include technical competence; industry knowledge; frequency and quality of communication; cohesiveness as a team; demonstrated independence, objectivity and professional skepticism; and the level of support provided to the audit committee in fulfilling its responsibilities. Audit committees may consider information about the characteristics of the audit firm itself, such as size, financial strength and stability; presence in key markets; approach to professional development; technological capabilities; nature of the audit approach; quality of thought leadership; and eminence in the marketplace. Information about the results of the PCAOB inspection process and peer reviews may also be considered in the evaluation.

Oversight of internal audit

An effective relationship between the audit committee and internal auditors is fundamental to the success of the internal audit function. It is important for audit committees to assess whether the internal auditor's priorities are aligned with the audit committees, such as monitoring critical controls and identifying and addressing emerging risks. The specific expectations for internal audit functions vary by organization, but leading practices include the following elements:

• Objectively monitor and report on the health of financial, operational, and compliance controls
• Provide insight into the effectiveness of risk management
• Offer guidance regarding effective governance
• Become a catalyst for positive change in processes and controls
• Deliver value to the audit committee, executives, and management in the areas of controls, risk management, and governance to assist in the audit committee's assessment of the efficacy of programs and procedures
• Coordinate activities and share perspectives with the independent auditor.

In support of these objectives, audit committees can take several steps to facilitate a mutually beneficial relationship with the internal auditors:

- Hold regular private sessions with the internal auditors (required for NYSE listed companies).
- Be available when contacted by the chief audit executive (CAE) and vice versa.
- Engage in discussions regularly; make the reporting relationship a substantial and communicative one.
- Actively participate in discussing goals and evaluating the performance of the CAE; these responsibilities should not be delegated solely to the Chief Financial Officer (CFO) or Chief Executive Officer (CEO).
- Challenge the CAE and the internal audit department by setting high expectations, communicating those expectations clearly, and holding the department accountable for meeting them.
- See that the internal auditors have appropriate stature and respect and that they are visibly supported by senior management throughout the organization.
- Understand and approve the annual internal audit plan, and determine if the CAE has sufficient resources to execute against it.
- Support the CAE, providing guidance if needed and assistance when he or she reports potential management lapses.
- **NYSE and Nasdaq requirements.** The NYSE listing standards require audit committees to oversee the internal audit function and to note this responsibility in their audit committee charter.[69] It also requires that the audit committee's regular report to the board of directors include issues involving the performance of the internal audit function[70] and that the audit committee meet separately with the internal auditors.[71] The Nasdaq listing standards require that the audit committee oversee the accounting and financial reporting processes of the company.[72] The oversight of internal audit is often one component in meeting this requirement.

Through active oversight and the development of a mutually beneficial relationship with the audit committee, the internal auditor is often a catalyst for change in processes and controls. Internal audit can also deliver value to the audit committee, executives, and management in the areas of controls, risk management, and governance to assist the audit committee's assessment of the efficacy of programs and procedures.

A leading practice is for the CAE to report directly to the audit committee with an indirect reporting relationship to the CEO. This sets the tone regarding the importance of the internal audit function. With this structure, the audit committee oversees the hiring, evaluation, and compensation of the CAE.

---

69   NYSE Corporate Governance Rule 303A.07(b)(i)(A).
70   Commentary to NYSE Corporate Governance Rule 303A.07(b)(iii)(H).
71   NYSE Corporate Governance Rule 303A.07(b)(iii)(E).
72   Nasdaq Corporate Governance Rule 5605(c)(1)(C).

Oversight of financial reporting and related internal controls

To oversee internal controls over financial reporting successfully, the audit committee must be familiar with the processes and controls management has established and understand whether they were designed effectively. The audit committee works with management, the internal auditors, and the independent auditor to gain the knowledge needed to provide appropriate oversight.

Leading practices for the oversight of financial reporting and internal controls include the following:
*   Understand key controls and reporting risk areas as assessed by financial management, the internal auditors, and the independent auditor.
*   Emphasize oversight of corporate taxes, an area where high-risk and high-dollar decisions are made.
*   Leverage the value of internal controls beyond compliance.
*   Consider levels of authority and responsibility in key areas, including pricing and contracts, acceptance of risk, commitments, and expenditures.
*   Understand complex accounting and reporting areas and how management addresses them.
*   Understand significant judgments and estimates used by management and their impact on the financial statements, such as assumptions related to revenue recognition, financial instruments, contingencies and uncertain tax positions.
*   Anticipate and understand how pending financial reporting and regulatory developments may affect the company, particularly its talent needs.
    - **SEC requirements.** Discussions regarding internal controls and special audit steps to address significant deficiencies also may be guided by SEC certification requirements for the principal executive officer and the principal financial officer in Item 307 of SEC Regulation S-K.
      The audit committee may consider having management identify recurring issues related to financial reporting, including significant accounting policies, estimates, and judgments. A standard quarterly analysis may be useful for these meetings, and management should tailor the analysis to include new or unusual items that arose during the quarter. Because Regulation S-X, Rule 2-07 requires the independent auditor to discuss the effects of alternative GAAP methods on the financial statements, the information presented by management should be corroborated by the independent auditor.
    - **NYSE requirements.** The NYSE listing standards require the audit committee to review major issues regarding accounting principles and the presentation of the financial statements.[73] These include any significant changes in the company's selection or application of accounting principles, the adequacy of internal controls and any special audit steps adopted in response to what the NYSE terms »material control deficiencies.«[74]

---

73   General commentary to NYSE Corporate Governance Rule 303A.07(b).
74   PCAOB Rule 34-49455, Appendix D defines and provides examples of significant and material control deficiencies.

These discussions with management can be held during the review of the quarterly financial statements to be filed with the SEC. The second requirement is to review management's analyses of significant issues in financial reporting and judgments made in preparing the financial statements, including the effects of alternative GAAP methods.[75] This discussion can be held during the review of the quarterly financial statements. Additionally, the audit committee should review the effect of regulatory and accounting initiatives and off-balance-sheet structures on the financial statements. The audit committee is updated on management's plans to implement new technical or regulatory guidelines. The review of off-balance-sheet structures should be a recurring item on the agenda and may be done as part of the committee's review of management's discussion and analysis in the annual and quarterly reports. The frequency will depend on the company's operations and inclination to use those structures. The audit committee generally reviews off-balance-sheet structures, or at least material ones, before they are executed.

- **Nasdaq requirements.** Nasdaq requires disclosure of the audit committee's purpose, as set out in its charter, of overseeing accounting and financial reporting processes of the company and audits of the financial statements.

2013 COSO Framework

On May 14, 2013, the Committee of Sponsoring Organizations of the Treadway Commission (COSO) issued its updated 2013 Internal Control – Integrated Framework. Under COSO's transition guidance, the 2013 COSO framework superseded the original 1992 COSO framework as of December 15, 2014. The 2013 COSO framework provides a more formal structure for the design and evaluation of the effectiveness of internal control. The updated framework emphasizes the role of the board of directors – and, by delegation or regulation, the role of the audit committee – in overseeing internal control, which remains an essential aspect of effective governance. In particular, the framework highlights:

- The board's role in the control environment, including clarification of expectations for integrity and ethics, conflicts of interest, adherence to codes of conduct, and other matters,
- The board's assessment of the risk of management override of internal control and careful consideration of the possibility that management may override such controls,
- The establishment and maintenance of open lines of communication between management and the board, and the provision of separate lines of communication, such as whistleblower hotlines.

Fraud risk

In conjunction with risk oversight, the audit committee should be satisfied that the company has programs and policies in place to prevent and identify fraud. It should work with management to oversee the establishment of appropriate antifraud controls and programs and to take

---

75   General commentary to NYSE Corporate Governance Rule 303A.07(b).

the necessary steps when fraud is detected. The audit committee should also be satisfied that the organization has implemented an appropriate ethics and compliance program and established a reporting hotline. There are three main areas of fraud risk:

- Financial statement fraud, which includes intentional misstatements in or omissions from financial statements
- Asset misappropriation, which may include check forgery, theft of money, inventory theft, payroll fraud, or theft of services
- Corruption, which may include schemes such as kickbacks, shell companies, bribes to influence decision-makers, or manipulation of contracts.

Although the audit committee is concerned with all three types of fraud, financial statement fraud is its primary focus. While this type of fraud occurs least frequently, it is often the costliest.

One way the audit committee oversees the prevention and detection of financial statement fraud is by monitoring management's assessment of ICFR.

The audit committee should also have an awareness of the U.S. Foreign Corrupt Practices Act (FCPA) and other non-U.S. anticorruption laws that may be applicable (e.g., the U.K. Bribery Act). The audit committee should understand the following:

- Understand the company's obligations and responsibilities regarding anticorruption laws to which it is subject,
- Determine whether the company has dedicated appropriate oversight, autonomy, and resources to its anticorruption compliance program; depending on the company's size, this could involve assigning an individual who is specifically charged with anticorruption compliance and has a direct reporting line to the committee,
- Understand specific policies and procedures in place to identify and mitigate corruption-related risks,
- Discuss with management specific corruption-related risks that have been identified, including allegations of corruption that may have been received through the company's monitoring and reporting mechanisms, as well as management's plans for responding to such risks, and
- Monitor any actual violations, including management's response.

Review of filings and earnings releases

The audit committee generally reviews earnings releases, SEC filings containing financial information, and other financial information and earnings guidance provided to analysts, ratings agencies, and others. The committee should consider how it will execute these responsibilities to satisfy itself that all information is presented fairly and in a transparent manner. This should include a focus on consistency of information, tone, and messaging across all financial communications.

The audit committee should confirm that an appropriate legal review has been completed to verify the completeness of disclosures, including any obligation to report on trends. This legal review should also consider compliance with the company's policies on forward-looking state-ments and the completeness of any related disclaimers.

- **SEC requirements.** The committee should consider the SEC's rules regarding the use of non-GAAP financial measures in Regulation G and Item 10(e) of Regulation S-K. Under Re-gulation G, disclosure of any material information containing non-GAAP financial measures must include the most directly comparable GAAP financial measures, as well as a reconci-liation of the two.

  The SEC rules regarding the use of non-GAAP financial measures require, among other things, that disclosure of any material information containing non-GAAP financial measu-res must include the most directly comparable GAAP financial measures, that the GAAP measures must be disclosed with equal or greater prominence, and that the GAAP and non-GAAP measures must be reconciled. The SEC scrutinizes non-GAAP measures in response to concerns about their increased use and prominence. As a result, companies and audit committees should consider re-examining their use of non-GAAP measures and related controls and the disclosure of those measures.

- **NYSE requirements.** NYSE listing standards require that the audit committee meet to discuss the company's annual audited financial statements and quarterly financial statements with management and the independent auditor. They also require the audit committee charter to address the committee's responsibility to discuss earnings press releases and the financial information and guidance provided to analysts and ratings agencies.

  The commentary to the listing standards indicates that this discussion may be in general terms, and the audit committee may discuss the type of information disclosed and the type of presentation made. The commentary also indicates that the discussion should pay parti-cular attention to any pro forma or adjusted non-GAAP financial information. Note that SEC rules require the audit committee to recommend to the board that the audited financial statements be included in the company's annual report on Form 10-K.

Risk oversight

Given the dynamic business environment, which creates an ever-changing risk landscape, boards should make sure the risk oversight function is well defined and effective. The board plays a critical role in understanding and influencing management's processes for identifying, assessing, and continually monitoring risks. The board should clearly define which risks the full board should discuss regularly versus the risks that can appropriately be delegated primarily to a board committee. While many boards have a defined risk governance structure in place, it is important to continually assess the structure as companies face new risks.

A leading practice is for management to maintain a list of all enterprise-wide risks, which are then mapped to specific board committees where the expertise to oversee such risks may be resident. For example, human resource and compensation risks may be delegated to the com-pensation committee for oversight, while the audit committee is required to have a key role in overseeing financial risks. In many instances, the full board takes direct responsibility for and regularly discusses the company's most strategic risks, which include risks that could disrupt and materially impact the company's business strategy. Committee charters should be updated to align with the defined risk governance structure.

- **SEC Requirements.** The SEC considers risk oversight a primary responsibility of the board and requires disclosure of its role in this area. Disclosures include whether the entire board is involved in risk oversight, whether certain aspects are executed by individual board committees, and whether the employees responsible for risk management report directly to the board. Such disclosures inform shareholders' understanding of the board's process for overseeing risk.
- **NYSE requirements.** The NYSE listing standards further define the audit committee's role in discussing policies with respect to risk assessment and risk management. While it is the responsibility of the CEO and senior management to assess and manage the listed company's exposure to risk, the audit committee must discuss guidelines and policies to govern the process by which this is handled. The audit committee should discuss the listed company's major financial risk exposures and the steps management has taken to monitor and control such exposures. The audit committee is not required to be the sole body responsible for risk assessment and management, but the committee must discuss guidelines and policies to govern the process by which risk assessment and management is undertaken. Many companies, particularly financial services companies, manage and assess their risk through mechanisms other than the audit committee. The processes these companies have in place should be reviewed in a general manner by the audit committee, but they need not be replaced by the audit committee.

For companies outside the financial services industry, where many companies have separate board risk committees, any risks not assigned to a specific committee during this process are often delegated to the audit committee. While it may be appropriate for the audit committee to take responsibility for reviewing the guidelines, processes, and policies management has in place to identify, assess, and manage risk, boards should take care not to overburden the audit committee with risk oversight responsibilities.

Cyber risk oversight

It is often challenging for even the most tech-savvy business leaders to keep up with the scope and pace of developments related to big data, social media, cloud computing, IT implementations, cyber risk, and other technology matters. These developments carry a complex set of risks, the most serious of which can compromise sensitive information and significantly disrupt business processes. Cyber risk is often at the top of the agenda for management and boards at companies of all sizes and industries. The pervasiveness of cyber risk significantly increases concerns about financial information, internal controls, and a wide variety of risks, including the reputational risks that can result from a cyber incident. Oversight of a successful cyber risk management program requires proactive engagement and is most frequently the responsibility of the full board. In some organizations, a level of oversight may be delegated to a risk committee or the audit committee.

At companies where the audit committee holds some responsibility for cyber risk management, the committee should first obtain a clear understanding of the specific areas it is expected to oversee. In those organizations, the audit committee, in its capacity of overseeing financial risks and monitoring management's policies and procedures, may have expertise and be asked to play a significant strategic role in monitoring management's preparation for and response to cyber threats, coordinating cyber risk management initiatives and policies, and confirming their efficacy. Those audit committees may take the lead in monitoring cyber threat trends, regulatory developments, and major threats to the company. Other responsibilities may include setting expectations and accountability for management, as well as assessing the adequacy of resources, funding, and focus on cyber risk management activities.

For those audit committees charged with this oversight, engaging in regular dialogue with the chief information officer, chief information security officer, and other technology-focused leaders can help the committee determine where attention should be focused. Although cyber risk is frequently on the full board's agenda, audit committees are increasingly receiving regular updates from relevant technology leaders, with some technology risk-related topic on almost every meeting agenda.

The audit committee chairman can be a particularly effective liaison with other groups in enforcing and communicating expectations regarding cyber and financial risk mitigation.

Environmental, social, governance risk oversight

Rising focus on climate change, social justice, and shareholder activism in 2020 and 2021 led to an increased focus on environment, social, and governance (ESG) issues in corporate boardrooms. While regulation in these areas is evolving, risks related to ESG issues are not delegated to the audit committee in most companies. However, audit committees may have a growing role in evaluating or overseeing ESG-related initiatives to the extent regulatory requirements may lead to financial reporting requirements. Audit committees can engage on whether companies have appropriate internal and disclosure controls and procedures for information the company reports, how management considers ESG strategies and the effect they have on financial statements, and the role of internal auditors and external auditors in meeting marketplace and regulatory expectations.

Ethics and compliance

SEC, NYSE, and Nasdaq corporate governance listing standards all require a listed company to have a code of ethics or a code of conduct.[76] As highlighted by the U.S. federal sentencing guidelines for organizations, executives and boards of directors have special responsibilities for the oversight and management of ethics and compliance programs, which is an important component of a robust code of ethics or conduct. Though not required, audit committees in

---

76   Sarbanes-Oxley Act of 2002, Section 406; Nasdaq Corporate Governance Rule 5610; and NYSE Listed Company Manual Section 303A.10.

the U.S. often take a leadership role in updating the code and overseeing compliance programs (e.g., code of conduct trainings or questionnaires).

- **SEC requirements.** The SEC requires registrants to disclose whether they have written codes of ethics that apply to their principal executive officers, principal financial officers, principal accounting officers or controllers, or individuals performing similar functions. If they do not have written codes of ethics, they must explain why. Companies must promptly disclose amendments to and waivers from codes of ethics relating to any of those people.[77] The SEC rule defines a code of ethics as a written standard that is reasonably designed to deter wrongdoing and to promote:
  - Honest and ethical conduct, including the ethical handling of actual or apparent conflicts of interest between personal and professional relationships,
  - Full, fair, accurate, timely and understandable disclosure in reports and documents that a registrant files with the SEC and in other public communications,
  - Compliance with applicable laws, rules, and regulations,
  - The prompt internal reporting of violations to parties identified in the code,
  - Accountability for adherence to the code.

Companies must include these disclosures in their annual reports filed on Forms 10-K, 10KSB, 20-F, or 40-F. A company must make its code of ethics available to the public through one of the following methods:

  - File a copy of its code of ethics with the SEC as an exhibit to its annual report.
  - Post the code of ethics on its website, provided that the website address and the intention to provide disclosure in this manner are set forth in its annual report.
  - Indicate in its annual report that it will provide a copy of its code of ethics to any person, without charge, on request.

- **NYSE requirements.** The NYSE listing standards require a code of conduct that covers not only senior financial officers, but all employees.[78] Specifically, the websites of NYSE listed companies must disclose the code of conduct applicable to employees, directors, and officers. The NYSE listing standards require the audit committee to oversee legal and regulatory compliance. As a result, in many cases the audit committee will be involved in oversight of the code of ethics.

- **Nasdaq requirements.** The Nasdaq listing standards require public disclosure of a code of conduct applicable to all employees, officers, and directors.[79] Nasdaq's criteria for the code of conduct are consistent with the SEC's requirements. In addition, each code of conduct must provide for prompt and consistent enforcement, protection for individuals who report questionable behavior, clear and objective standards for compliance, and a fair process for determining violations. Any waiver for executive officers or directors must be made only by the board and be disclosed to shareholders promptly, along with the reasons for the waiver. Waivers of the code's requirements for executive officers or directors must be disclosed in a Form 8-K within four business days (with certain exceptions for foreign private issuers).

---

77   Sarbanes-Oxley Act of 2002, Section 406.
78   NYSE Corporate Governance Rule 303A.10.
79   Nasdaq Corporate Governance Rule 5610.

Both the NYSE and Nasdaq listing standards permit companies to have more than one code of conduct, as long as all directors, officers, and employees are covered by a code.

The board and the audit committee should consider whether the audit committee should be involved in this aspect of corporate governance. Those responsible for overseeing ethics and compliance should work with management to determine that the company's code of ethics or conduct complies with the applicable requirements. Companies may update the code in response to new issues or situations. When appropriate, legal counsel should be consulted on modifications to the code.

Board members or members of the committee that oversee compliance should have a thorough understanding of the waiver definition and disclosure requirements. The responsible members should also consider requiring all board members to acknowledge that they will comply with the code's requirements. Any decision to grant waivers should be considered carefully. A company may want to consider if a requirement to seek preapproval for a conflict with the code obviates the need for a waiver. Those responsible for overseeing ethics and compliance should work with management to establish a process for reporting and addressing violations promptly.

Reporting hotline procedures
Companies often use hotlines as a mechanism to report a range of ethics and compliance issues, including potential violations of the code of ethics. A thorough, independent, and objective process should be established by management and the audit committee for investigating complaints. Companies use various procedures, but the most common method of receiving tips from inside and outside the organization is through a telephone and web-based hotline administered by an internal department or a third party.

SEC regulations and the NYSE and Nasdaq listing standards require the audit committees of listed companies to establish procedures for:
*   Receiving, retaining and addressing complaints regarding accounting, internal accounting controls, or auditing matters, whether from internal or external sources, as well as reporting a range of compliance matters, including code of conduct violations.
*   The confidential, anonymous submission of employee concerns regarding questionable accounting or auditing matters.

The audit committee should work with management to confirm that the appropriate members of management are aware of questions or complaints received from internal sources and third parties, including vendors, through the various reporting methods available. Responsibility for investigating questions or concerns and reporting back to the audit committee often falls on individuals in the ethics and compliance, internal audit, legal, or risk management departments.

The audit committee should also establish expectations with respect to the type of complaints that will be reported to them and how they will be communicated. Some complaints may warrant immediate communication, such as those involving senior management and significant dollar amounts. In addition to these immediate reporting situations, the audit committee should receive a regular analysis of the complaints received, including a root-cause analysis, their resolution, and the steps taken to avoid similar violations in the future. The audit committee should also determine which complaints warrant a discussion with the board.

Hotline systems often include these features:
- Operation by an independent third party,
- Staffing by trained interviewers rather than fully automated systems,
- A dedicated phone number that is always available, along with other reporting means such as fax, the company's website, e-mail, and regular mail,
- Multilingual systems and operators,
- A provision for complainants to call back later with an the option to file complaints anonymously,
- Protection for complainants from any retaliation because of reporting,
- Protocols allow complaints to be funneled to the appropriate individual, with complaints involving senior management going directly to the audit committee,
- Handling of complaints in a confidential manner with resolution as quickly as possible,
- Broad understanding of complaint procedures among employees, vendors, and other interested parties.

A telephone and web-based hotline monitored by an independent third party is common. If the hotline is administered internally, operators should have specific training on where to direct questions or complaints, including those related to human resources, as well as the ability to provide coverage 24 hours a day, 365 days a year and include an anonymous reporting option. Employees can be informed of reporting channels in the code of ethics, the employee handbook, human resources orientation, ethics training, and periodic communications. Instructions for submitting questions or complaints can be posted in company facilities and on intranet sites.

The company's public website is a natural vehicle for communicating the procedures to individuals outside the organization. As discussed in the code of ethics section, NYSE listing standards require companies to adopt codes of ethics and disclose them on their websites. Nasdaq listed companies also must adopt and disclose codes of ethics, and many have chosen to post their codes on their websites. Telephone operators working in customer service and investor relations should be prepared to answer questions on how to submit concerns and complaints regarding financial reporting. Under the SEC's whistleblower programs, employees with knowledge of potential securities fraud who report original information to the government or a self-regulatory organization can receive a minimum of 10 percent and as much as 30 percent of monetary sanctions if the enforcement action results in fines of at least $1 million.

Whistleblowers are not required to report issues first through internal company channels; however, those who do so are still eligible for the reward if the company reports the problem to the government or if the whistleblower does so within 120 days of notifying the company.

It is important for the audit committee to work with management and internal audit to understand:
*   How hotlines are evaluated, tested, and audited to ensure calls are received, recorded, and managed in a consistent, confidential, accurate, and timely manner,
*   Opportunities to enhance internal whistleblowing systems and promote reporting mechanisms to all personnel,
*   The potential value of transaction monitoring tools to help promptly identify potential securities fraud issues such as bribery or financial statement fraud.

Companies with operations in different countries should be careful to comply with those countries' laws, as they may impose requirements, restrictions, and prohibitions different from those applicable in the United States.

Audit committee evaluation
*   **NYSE requirements.** The NYSE listing standards require audit committees to perform an annual performance evaluation, and this responsibility must be set forth in the audit committee's charter.[80] The SEC does not require audit committees to assess their performance.

Performance assessments also provide information that the audit committee can use to improve its processes. Additionally, as part of its ICFR procedures, the independent auditor must consider the effectiveness of the audit committee's oversight of financial reporting. The audit committee's self-assessment process can support those procedures.

The following factors are often considered when evaluating the audit committee's effectiveness:
*   Independence of the audit committee members from management,
*   Clarity with which the audit committee's responsibilities are articulated and the degree to which they are understood by management and the audit committee,
*   Interaction of the audit committee and the independent auditor, the internal auditors, and senior financial executives,
*   Whether the audit committee raises the right questions with management and the independent auditor, including questions that indicate the audit committee's understanding of critical accounting policies and judgments and that challenge management's judgments and conclusions, and
*   Whether the audit committee has been responsive to issues raised by the independent auditor.

---

80   NYSE Corporate Governance Rule 303A.07(b)(ii).

Audit committee external communications[81]

Audit Committee reporting has received a lot of attention in the U.S. due to investor and regulatory demands for more transparency. Investors, policymakers, and regulators are continuing to show interest in more detailed disclosure about audit committees, their activities, and their oversight of the relationship with independent auditors. In 2014, The Center for Audit Quality, which is comprised of leaders from the public company auditing firms, the Associated Institute of Certified Professional Accountants (AICPA) and three members from outside the public company auditing profession, along with several governance organizations, formed the Audit Committee Collaboration, which strongly encouraged enhanced audit committee disclosures. As these external parties request additional clarification about the roles and responsibilities, audit committees should consider whether they should enhance disclosures in the proxy statement.

Various SEC rules and exchange listing requirements address audit and audit-committee-related information that must be disclosed in the proxy statement, including the audit committee report and on company websites.

SEC rules require companies to disclose the name of each audit committee member and include an audit committee report in their proxy statements. In the report, the audit committee must state whether it has:

- Reviewed and discussed the audited financial statements with management,
- Discussed with the independent auditor all matters required under applicable auditing standards, or
- Received required independence disclosures from the independent auditor.

Based on this review and discussion, the report must also include a statement of whether the audit committee recommended to the board that the audited financial statements be included in the annual report to be filed with the SEC.

In 2017, the PCAOB and SEC approved the PCAOB Auditing Standard 3101,[82] (AS 3101), requiring changes to the auditor's report, which significantly modified the auditor's reporting model for external auditors to provide investors with meaningful insights into the audit while retaining the current »pass/fail« opinion of the existing auditor's report.

---

81   Deloitte LLP Audit Committee Resource Guide, April 2018.
82   PCAOB (2017): Auditing Standard No. 3101, The Auditor's Report on an Audit of Financial Statements When the Auditor Expresses an Unqualified Opinion. For more information about the standard, see https://pcaobus.org/Standards/Auditing/Pages/AS3101.aspx.

The primary changes include:

- Standardized ordering and inclusion of section headers, with the opinion section appearing first,
- Enhanced descriptions of the auditor's role and responsibilities, including a statement regarding independence requirements,
- Communication of critical audit matters (CAMs), and
- Disclosure of auditor tenure–the year in which the auditor began serving consecutively as the company's auditor.

A CAM[83] is defined as a matter communicated, or required to be communicated, to the audit committee that:

- Relates to accounts or disclosures that are material to the financial statements, and
- Involves especially challenging, subjective, or complex auditor judgment.

For additional information related to CAMs, the PCAOB has issued staff guidance to support the implementation of CAM requirements such as the Implementation of Critical Audit Matters: The Basics (March 2019),[84] which provides a high-level overview of the CAM requirements based on PCAOB Release No. 2017-001. Deloitte has developed a quick reference guide, Insights: PCAOB Auditor's Report – Critical Matters,[85] which provides information about CAM effective dates, expected benefits of CAMs for companies, consideration for audit committees and management, steps the auditor takes to identify CAMs, and other matters.

Appendix 1: Leading Practices and Trends for U.S. Audit Committees

The following is an abridgment of the Deloitte Audit Committee Resource Guide and provides a summary of leading practices for audit committees. This can be used to help assess an audit committee's practices and to develop agenda topics.

---

83   As defined in the standard, PCAOB Auditing Standard No. 3101, The Auditor's Report on an Audit of Financial Statements When the Auditor Expresses an Unqualified Opinion. For more information about the standard, see https://pcaobus.org/Standards/Auditing/Pages/AS3101.aspx.

84   PCAOB (2019): the Implementation of Critical Audit Matters: The Basics, https://pcaobus.org/Standards/Documents/Implementation-of-Critical-Audit-Matters-The-Basics.pdf.

85   Deloitte Insights: PCAOB Auditor's Report – Critical Audit Matters, https://www.iasplus.com/en-us/publications/us/other/auditors-report-placemat-cams/file.

Committee composition and effectiveness

- Focus on committee composition, including members' independence, financial literacy, and expertise.
- Focus on having the right skills and experience on the audit committee, such as financial, industry, risk management, business, and leadership experience.
- Consider diversity in all composition discussions.
- Limit the number of audit committee members to four or five to optimize effectiveness.
- Develop a succession plan for audit committee members and a rotation plan for the chairman, in coordination with the nominating committee.
- Review and approve the audit committee charter and align activities with a calendar that sets forth required activities and allows flexibility for additional topics.
- Perform a robust self-assessment annually.
- Consult with legal counsel to determine appropriate process and format for the annual audit committee assessment.
- Develop process that identifies opportunities for improvement.
- Identify a party that will lead the annual audit committee assessment process.
- Discuss the results of the self-assessment with the audit committee in an executive session and develop tactical plans to address findings.

Meeting effectiveness

- Meet at least quarterly, or more frequently as needed.
- Develop meeting agendas in consultation with management, internal auditors, and the external auditor; resist reusing past agendas without discussion.
- Consider seeking legal counsel in reviewing the calendar.
- Provide clear guidelines around the format, content, and length of materials.
- Align audit committee meeting materials and agendas with priority areas.
- Include times on agendas.
- Discourage presenters from flipping slides.
- Distribute briefings and other materials well in advance of meetings.
- Include executive summaries to reports that highlight issues and critical discussion points and allow discussion versus presentation during meetings.
- Limit the number of pages that can be included in reports, with details being in the appendix.
- Consider a regular watch list to report on ongoing topics even when they are not the focus of a particular meeting.
- Utilize telephonic meetings to review and approve earnings release and filings.
- Utilize in-person meetings for discussion on substantial topics.
- Rotate committee meeting locations periodically.
- Read all materials in advance of meetings.
- Encourage committee member to have 1–2 quality questions on each pre-read report.
- Ensure the audit committee chair has final approval of the agenda.
- Encourage presenters to limit their presentation to one-third of the allotted time; spend the rest of time in discussion and Q&A.

- Focus on key takeaways, actions, and questions and answers (Q&A).
- Encourage management and others to highlight key changes from the prior period, balances involving judgment, and areas where there were »close calls« when presenting financial information.
- Encourage management to discuss areas there were ›close calls‹ when presenting financials information.
- Meet with key stakeholders in advance of meetings to understand key issues and topics that will be discussed.
- Foster an environment where open dialogue and candid discussions are encouraged.
- Hold an audit committee-only session before each meeting to align on the agenda, confirm priorities, and identify concerns.
- Hold executive sessions at every meeting with the CFO, internal auditors, and independent auditors; consider having the committee meet after the executive sessions to discuss the effectiveness of the meeting and future agenda items.

Oversight of internal controls and financial reporting
- Understand risk areas as assessed by management, the internal auditors, and the independent auditor, as well as related controls. Also understand any prior internal control issues and how they have been resolved.
- Understand the design and components of the company's antifraud and anticorruption compliance programs and confirm that those programs have sufficient oversight, autonomy, and resources.
- Understand complex accounting and reporting areas and how management addresses them.
- Understand significant judgments and management estimates as well as their impact on the financial statements.
- Consider conducting a periodic analytic review of balance sheet items, focused on key underlying assumptions and potential vulnerabilities.
- Be aware of any uncertain tax positions taken by the company and their potential impact on financial reporting.
- Stay abreast of pending financial reporting and regulatory developments and understand how they may affect the company.
- Understand the issues raised in SEC comment letters received by the company, as well as management's response.
- Consider the nature of SEC comment letters issued to companies in similar industries.
- Consider levels of authority and responsibility in areas such as pricing and contracts, acceptance of risk, commitments, and expenditures.

Risk oversight
- Focus on financial risk oversight and assessment and understand financial risk management policies and processes.
- Avoid becoming overly dependent on checklists for monitoring financial risk.

- Periodically reassess the list of top risks, including which member of management and which board committee is responsible for each.
- Evaluate IT projects and related risks, particularly those with financial statement impact.
- Consider post-acquisition reviews to evaluate the reliability of initial acquisition assumptions, and make adjustments to future acquisitions if necessary.
- Have appropriate business leaders periodically provide an overview of their business, focusing on financial risks and other factors that may influence the financial statements.
- Periodically visit company locations and meet with local management.
- Communicate the company's financial risk story to stakeholders.
- Understand the issues raised in SEC comment letters received by the company as well as management's response.
- Understand the company's strategy for managing tax risk, tax controversy, and volatility in the effective tax rate.
- Consider potential reputational risks associated with tax positions.

Interaction with the independent auditor
- Exercise ownership of the relationship with the independent auditor.
- Focus on the independent auditor's qualifications, performance, independence, and compensation, including a preapproval process for audit and non-audit services.
- Get to know the lead audit partners and meet periodically with specialists (e.g., tax, IT, actuarial, SEC).
- Establish expectations regarding the nature and method of communication as well as the exchange of insights.
- Set an annual agenda with the independent auditor and engage in regular dialogue beyond audit committee meetings.
- Provide formal evaluations and regular feedback.

Interaction with the internal auditors
- Provide the internal auditors with direct access to the audit committee.
- Consider having internal audit report directly to the audit committee and administratively to senior management.
- Play an active role in determining the highest and best use of internal audit as well as the appropriate structure of the group (e.g., in-house versus outsourced resources).
- Be involved with the internal audit risk assessment and audit plans, including activities and objectives regarding ICFR.
- Conduct annual evaluations of the CAE.
- Understand internal audit staffing, funding, and succession planning, particularly the adequacy of resources; consider performing peer benchmarking to compare relevant metrics.

Interaction with the CFO and finance organization
- Conduct annual evaluations of the CFO.
- Understand management's process for early identification and resolution of accounting and other issues.
- Understand plans to address new accounting and reporting requirements and related risks.
- Provide input into management's goal-setting process.
- Discuss succession planning for the CFO and staff, including bench strength.

Member orientation and education
- Provide orientation of new members that focuses on audit committee responsibilities and involves committee members, the CEO, the CFO and finance management, internal audit, and the independent auditor.
- Address board education in the company's corporate governance guidelines in a way that is consistent with NYSE listing standards.
- Include educational topics on the agendas once or twice a year; topics may include a deep dive on a specific area of the business and related risks or a refresher on a significant accounting estimate.
- Participate in external programs focused on board or audit committee-related topics.
- Consider offering annual continuing education opportunities in financial reporting and other areas relevant to the audit committee, such as specialized industry matters, new regulations, operations, and emerging topics such as cyber risk and environmental, social, and governance (ESG) risk.

Executive (private) sessions
- Audit committee meetings should be preceded or followed by private sessions with the CFO, the internal auditors, and the independent auditor.
- Use an executive session for committee members to discuss how the meeting went and to identify agenda topics for future meetings.
- Discuss succession plans for the finance organization with the CEO and CFO annually during a private session.
- Establish expectations as to what sort of topics and discussions are expected of the external auditor in private sessions.

Committee effectiveness and self-assessment
- Manage meeting attendees to allow open and candid discussions.
- Perform a robust self-assessment annually.
- Discuss the results of the self-assessment with the audit committee in an executive session and develop tactical actions to address findings.
- Consider connecting external specialists with management counterpart for presentations.

Executive compensation
- Coordinate with the compensation committee on incentive compensation goals.
- Work with the compensation committee to understand the implications of the incentive structure, including its impact on employee retention and potential increases in fraud risk.
- Increase focus on the compensation of officers and directors, including the appropriate use of corporate assets.

Ethics and integrity
- Focus on the tone at the top, culture, ethics, and hotline monitoring.
- Provide oversight of compliance with the company's code of ethics/conduct.
- Initiate internal/independent investigations on matters within the committee's scope of responsibility.
- Understand the risk and mitigation mechanisms regarding management override of controls.

Coordination and communication with the full board and its other committees
- Understand areas of risk and responsibilities delegated to other committees.
- Consider periodic combined committee meetings if there are overlapping topics.
- Coordinate with the compensation committee on incentive goals for the talent pool.
- Coordinate with the compensation committee to establish the financial metrics used in incentive compensation plans.
- Work with the compensation committee to understand the implications of the incentive structure, including its impact on employee retention and potential increases in fraud risk.
- Increase focus on the compensation of officers and directors, including the appropriate use of corporate assets.
- Coordinate with the nominating committee to develop succession plans for audit committee members and the chairman.

Appendix 2: Questions for U.S. Audit Committees to Consider

The following is an abridgment of the Deloitte Audit Committee Resource Guide and provides a listing of questions for audit committees to consider. This can be helpful to identify topical board member questions related to the audit committee agenda as well as the company's policies, practices, controls, technology, and processes.

Composition
- Does the nominating and governance committee maintain a matrix that incorporates the skills and attributes needed on the audit committee?
- Does the audit committee periodically assess its composition to confirm its members collectively have the skills and experience (e.g., industry, business, leadership) needed to fulfil

the committees' duties? Are any gaps discussed with the nominating and governance committee chairman?
- When assessing committee composition, does the committee consider attributes such as
diversity, equity, inclusion, tenure, and experience?
- Do the audit committee members meet the requirements for financial expertise and financial literacy?
- Are training and education programs available to help audit committee members maintain
their financial knowledge?

Earnings guidance

The audit committee should discuss earnings guidance with management. Questions to consider include:
- When did management last evaluate its approach to providing earnings guidance? Is a
change in approach warranted as a result of the current economic environment and other
circumstances facing the company?
- How can pressures to meet expectations in the short term influence the quality of the company's reported financial results and management behavior?
- What practices do the company's competitors follow with respect to earnings guidance and
other forward-looking information?
- What are management's reasons for providing or not providing earnings-per-share targets
and other types of forward-looking information?
- How confident is management in its ability to forecast earnings accurately? Is the disclosure of a range of earnings estimates preferable to a specific target? Should the time frame for
which estimates are provided be modified, or are more frequent updates necessary?
- What are the company's long-term value drivers? What is the specific quantitative and qualitative information–be it financial or nonfinancial in nature–that best reflects these drivers? Is this information provided to investors and analysts on a forward-looking basis?
- Has management considered seeking input directly from shareholders regarding the types
of forward-looking information they would find meaningful?
- Do current circumstances warrant enhanced audit committee review of earnings estimates
and other forward-looking information before it is made public?
- If the company changes its approach to the provision of earnings guidance and forward-
looking information, should the audit committee modify its practices for reviewing that
information?

Non-GAAP measures

The audit committee should consider asking the following questions:
- Is the measure misleading or prohibited?
- Is the measure presented with the most directly comparable GAAP measure and with no
greater prominence than the GAAP measure?
- Is the measure defined and described appropriately and clearly labeled as non-GAAP?

- Does the reconciliation between the GAAP and non-GAAP measure clearly label and describe the nature of each adjustment, and is each adjustment appropriate?
- Is there transparent and company-specific disclosure of the substantive reasons why management believes that the measure is useful for investors as well as the purpose for which management uses the measure?
- Is the measure prepared consistently from period to period in accordance with a defined policy, and is it comparable to that of the company's peers?
- Is the measure balanced (e.g., does it adjust not only for nonrecurring expenses but also for nonrecurring gains)?
- Does the measure appropriately focus on material adjustments and not include immaterial adjustments that would not seem to be a focus of management?
- Do the disclosure controls and procedures address non-GAAP measures?
- Does the audit committee oversee the preparation and use of non-GAAP measures?
- Does the audit committee have a clear understanding of how non-GAAP measures impact compensation? Are the audit and compensation committees aligned on this?

Related party transactions

Nasdaq and NYSE listing standards each contemplate that the audit committee of a listed company, or another independent body of the board, will review all related-party transactions. In some instances, this responsibility is assigned to the audit committee. The following questions may help the audit committee assess its process for approving related-party transactions:

- What process will the committee follow in reviewing and approving related-party transactions? Is this process documented?
- Will special meetings be called as potential transactions arise, or is there a process to review transactions between scheduled meetings?
- What information does the committee need to make an informed judgment about the appropriateness of a transaction?
- Who will be responsible for presenting this information?

For each transaction brought for approval, the committee may consider asking:

- What are the business reasons for the transaction? Are these reasons in line with the company's overall strategy and objectives?
- When and how will the transaction have to be disclosed? How will investors view the transaction when it is disclosed?
- Which insiders could benefit from the transaction, and in what way?
- What impact will the transaction have on the financial statements?
- Are any outside advisers needed to help understand the implications of the transaction?

Risk oversight

When the board or audit committee is considering the effectiveness of the company's enterprise risk management–the process of planning, organizing, leading, and controlling activities to minimize the effect of downside risk on the organization–it may consider the following questions:

- Which board committees are responsible for various aspects of risk governance? Has the risk governance structure been defined?
- How do the various board committees oversee risk? Is there appropriate coordination and communication between all relevant stakeholders?
- Does the board consider the relationship between strategy and risk? What are the potential internal and external risks to the success of the strategy?
- Does management provide the board with the information needed to oversee the risk management process effectively?
- What are the company's policies and processes for identifying, assessing, and continually monitoring the major financial risk exposures on an integrated, enterprise-wide basis?
- Has management assigned owners for each risk that has been identified?
- How might the company's compensation programs encourage inappropriate focus on short-term financial performance? Are the audit committee and compensation committee aligned on such risks?
- What mechanisms does management use to monitor emerging financial risks? What are the early warning mechanisms, and how effective are they? How, and how often, are they calibrated?
- Which framework has management selected for the financial risk management program? What criteria were used to select it?
- What is the role of technology in the risk management program? How was it chosen, and when was it last evaluated?
- Is cyber risk receiving adequate time and focus on the audit committee agenda?
- How does the company identify and assess its ESG risks and opportunities, and how are they integrated into enterprise risk management? How will ESG initiatives evolve to meet increasing demands of stakeholders and regulators?

Audit innovation

With advances in technology, auditors are turning to innovation to enhance quality and drive value into the audit. In understanding how the independent auditor is using innovation, the audit committee may consider the following questions:

- How is the independent auditor leveraging innovation to enhance audit execution?
- What investments is the independent auditor making in audit innovation, and how do those investments translate to enhanced audit quality and value for the company?
- What insights is the independent auditor able to provide about the company and its financial and internal controls processes through the audit and with the use of new technologies, including audit analytics and robotic process automation?
- What are some of the emerging technologies that the independent auditor is exploring for use in the audit? How may the company benefit from the independent auditor's use of these emerging technologies?
- With respect to innovation, how is the independent auditor differentiating itself from competitors to add value to the audit?

Ethics and compliance

To the extent the audit committee is charged with the responsibility to oversee ethics and compliance, the audit committee may consider the following questions:

- Does the committee hear directly from the person who has day-to-day responsibility for ethics and compliance matters? Does this person have the ability to hold these discussions in an executive session?
- Do the ethics and compliance governance framework, organizational structure, and reporting lines provide sufficient independence for the audit committee to execute its responsibilities (e.g., does the chief ethics and compliance officer report directly or indirectly to the audit committee)?
- Does the ethics and compliance officer have adequate staff, technology, and other resources to do an effective job?
- Does the company regularly and systematically scrutinize the root causes of ethics and compliance failures and react appropriately? How does management take action on reports? Is there evidence of employees being disciplined promptly, appropriately, and consistently?
- Does the reporting process keep the audit committee informed of ethics and compliance issues, as well as the actions taken to address them? Is ethics and compliance a regular item on the committee's agenda?
- What type of ongoing monitoring and auditing processes are in place to assess the effectiveness of the ethics and compliance program?
- Is the company's risk culture encouraging the right type of behaviors?

Interactions with internal audit

- Does internal audit have a clearly articulated strategy that is reviewed and approved by the audit committee periodically?
- Does internal audit have a clear set of performance expectations that are aligned with the success measures of the audit committee and measured and reported to the audit committee?
- Does internal audit have a charter that is reviewed and approved by the audit committee periodically? Does internal audit operate in accordance with its charter?
- Is the internal audit plan aligned to the primary risks of the organization and other assurance activities? Is internal audit's risk assessment process linked to the company's enterprise risk management activities appropriately?
- Is internal audit flexible and dynamic in addressing new risks promptly and meeting the needs of the audit committee?
- Is internal audit effective in using advanced technologies, such as data analytics and robotic process automation, to improve audit quality?
- Does internal audit organize or perform peer reviews or self-assessments of its performance and report the results to the audit committee?

- Does the CAE have the right mix of experience and capabilities, including industry knowledge and business acumen, to understand the company's risks?
- Does the CAE have a professional certification, such as certified internal auditor, and participate in relevant continuing education programs?
- Is internal audit funded and adequately staffed with the appropriate mix of professionals needed to achieve its objectives?
- Does internal audit's reporting structure within the organization ensure sufficient independence and respect from management and other employees?
- Is the level of assurance provided by internal audit and its interaction with other assurance sources clear and appropriate for the audit committee?
- Does the internal audit function have and demonstrate the level of independence needed to execute its responsibilities properly?
- Does internal audit meet with the independent auditor regularly to discuss risk assessments, the scope of procedures, or opportunities to achieve greater efficiencies and effectiveness in the company's audit services?
- Does internal audit report issues in a timely manner and address them with management?
- Are issues identified and reported by internal audit highlighted to the audit committee appropriately, and is the progress of remediation tracked and reported?
- Are reports and other communications from internal audit to the audit committee of an appropriate standard, and do they provide value?

Finance organization talent

Do you have adequate personnel, both in numbers and quality, to fulfil your responsibilities with respect to the financial statements and ICFR?

- What is the succession plan for key finance positions?
- Are there finance professionals in the pipeline of potential leaders who the audit committee should meet? Are succession candidates given an opportunity to meet with the audit committee?
- What plans are in place to respond to unexpected turnover in finance roles? Is someone ready to begin immediately, and if not, what are the backup plans to hire temporary resources?
- What formal training and development programs are in place to keep finance professionals up to date with the latest developments and requirements? Do professionals receive training on advanced technologies that could enhance the effectiveness of the finance organization?
- How does the audit committee participate in the evaluation of the CFO? What kind of evaluation criteria are important to the audit committee?

Additional resources for US boards and audit committees can be found at Deloitte's Center for Board Effectiveness page at: www2.deloitte.com/us/en/pages/center-for-board-effectiveness/topics/center-for-board-effectiveness.html.

The preceding chapter reflects corporate governance practices and requirements in the United States and contains general information only. Companies should review the applicable rules and regulations of the jurisdictions in which they operate and consult a qualified professional adviser to understand their full compliance needs. Deloitte is not, by means of this publication, rendering accounting, business, financial, investment, legal, tax, or other professional advice or services. Deloitte shall not be responsible for any loss sustained by any person who relies on this publication.

About Deloitte

Deloitte refers to one or more of Deloitte Touche Tohmatsu Limited, a UK private company limited by guarantee (DTTL), its network of member firms, and their related entities. DTTL and each of its member firms are legally separate and independent entities. DTTL (also referred to as Deloitte Global) does not provide services to clients. In the United States, Deloitte refers to one or more of the US member firms of DTTL, their related entities that operate using the Deloitte name in the United States and their respective affiliates. Certain services may not be available to attest clients under the rules and regulations of public accounting. Please see www.deloitte.com/about to learn more about our global network of member firms.

IV Audit Committees in Great Britain

William Touche/Tracy Gordon

1 Regulatory Environment for the Audit Committee

Listed companies

All premium listed companies are required by the UK Listing Authority (UKLA) Listing Rules to explain how they have applied the principles of the UK Corporate Governance Code (›the Code‹) and also their level of compliance with the Code provisions.[86] The relevant principles of the Code in relation to the audit committee are as follows:

> M. The board should establish formal and transparent policies and procedures to en-sure the independence and effectiveness of internal and external audit functions and satisfy itself on the integrity of financial and narrative statements.
> N. The board should present a fair, balanced and understandable assessment of the company's position and prospects.
> O. The board should establish procedures to manage risk, oversee the internal cont-rol framework, and determine the nature and extent of the principal risks the compa-ny is willing to take in order to achieve its long-term strategic objectives.

Code Provision 24 calls for boards to establish an audit committee and sets out composition and terms of reference requirements (see below). To support boards in establishing an effective audit committee, the Code is supplemented by some guidance issued by the UK's Financial Reporting Council ›Guidance on Audit Committees – April 2016‹.[87] This guidance makes clear that while all board directors have a duty to act in the interests of the company the audit committee has a particular role, acting independently from the executive, to ensure that the interests of shareholders are properly protected in relation to financial reporting and internal control.

Financial services companies

The Prudential Regulation Authority (PRA) issued new requirements in 2016 on the establish-ment of audit committees in the entities which it regulates following the introduction of the EU

---

86 Financial Reporting Council (2018): The UK Corporate Governance Code.
87 Financial Reporting Council (2016): Guidance on Audit Committees.

Statutory Audit Directive in 2016.[88] The requirements are applied proportionately based on the status of the entity (see below for further details).

Large private companies

In 2018, the UK Companies Act 2006 was amended by the Miscellaneous Reporting Regulations which, for the first time, called for very large private companies[89] to explain their corporate governance arrangements in their directors' report in the annual report.[90] As part of this boards were asked to confirm whether or not they adopted a particular corporate governance code and, if so, to explain their level of appliance and compliance in relation to the relevant code. To help boards meet this new requirement, the Wates Corporate Governance Principles for large private companies (›the Wates Principles‹) were developed.[91] Whilst the Wates Principles do not specifically recommend the establishment of an audit committee, they do suggest that boards may wish to make use of committees to help with the consideration of matters such as financial reporting and risk.

UK audit committees under scrutiny

Recent high profile corporate collapses in the UK have resulted in a series of regulatory reviews and proposed reforms across the governance eco-system in the UK including specifically in relation to audit committees and auditors. These reviews, and their areas of focus, are as follows:

1. Independent Review of the Financial Reporting Council (FRC)
This review, led by Sir John Kingman and finalised in December 2019, focused on:
- The leadership, structure and funding arrangements of the FRC
- Audit regulation (including audit quality)
- Corporate reporting
- Enforcement – in particular holding directors to account
- Investor stewardship
- Role of the regulator in avoiding corporate failure

2. Statutory audit services market study by the Competition & Markets Authority (CMA)
The CMA's study of the market for statutory audit services, finalised in April 2019, focused on:
- The scope and purpose of audit
- Audit firm incentives
- Choice & switching of auditors
- The resilience of the audit market
- Regulation of audit in the UK

---

88   Prudential Regulation Authority (PRA; 2016): PRA Rulebook.
89   All UK registered companies with either: 2,000 or more employees; OR turnover over £200 million and a balance sheet total of more than £2bn.
90   The Companies (Miscellaneous Reporting) Regulations 2018.
91   Financial Reporting Council (2018): The Wates Corporate Governance Principles for Large Private Companies.

3. Independent Review of the quality and effectiveness of audit

On 18th December 2019, Sir Donald Brydon published a far-reaching report on his own independent review of the quality and effectiveness of audit.

In March 2021, the UK government issued an extensive consultation ›Restoring trust in audit and corporate governance‹ which brought together the recommendations from these three reviews and set out a range of proposals, many of which will impact audit committees. In May 2022, the UK government's response to the consultation was issued which set the direction for the following reforms:

- A new regulator called the Audit Reporting and Governance Authority (ARGA) to be established, replacing the Financial Reporting Council, to have powers to investigate and sanction breaches of corporate reporting and audit-related responsibilities by directors of public interest entities
- New minimum standards for audit committees in relation to the appointment and oversight of auditors, including monitoring audit quality
- Introduction of an attestation in relation to the effectiveness of internal controls
- A new ›resilience‹ statement setting out the material challenge to resilience over the short and medium term, and how these are being addressed
- Directors of public interest entities to report on the steps they have taken to prevent and detect material fraud
- A statutory requirement on public interest entities to publish an Audit and Assurance Policy every three years with an annual implementation report which explains how the assurance activity outlined in the policy is working in practice.

The UK Government has not yet confirmed the implementation timetable for these reforms.

2   Audit Committee Composition

Number and independence of members

The 2018 UK Corporate Governance Code says that the board should establish an audit committee of at least three members and that these should all be independent non-executive directors.

As noted above the UK Code applies to all premium listed companies, the Code does allow smaller listed companies (which are defined in the UK Code as companies outside the FTSE 350 index) to have just two members.

In the financial services sector the PRA Rulebook[92] sets out the following requirements for membership of the audit committee (s. Tab. 17):

Significant firms (that are not subsidiaries)	The audit committee must consist of a majority of independent non-executive directors (NEDs), including the chairman.
Lower-impact firms and subsidiaries of non-EEA parents	Whether or not there is an audit committee, there are no membership requirements.
Subsidiaries of EEA parents	Exempt from the requirement to have an audit committee, provided that the subsidiary has a parent entity in the European Economic Area (EEA) that is subject to audit committee requirements.

Tab. 17: Requirements for membership of the audit committee

Skills and experience

Appointments to the audit committee should be made by the board on the recommendation of the nomination committee, in consultation with the audit committee chairman. In considering the composition of the audit committee, the nominations committee and board should have regard to ensuring a range of skills, experience, knowledge and professional qualifications.

The Code requires that the committee as a whole has competence relevant to the sector in which the company operates. The board should also satisfy itself that at least one member of the audit committee has recent and relevant financial experience. The need for a degree of financial literacy among the other members will vary according to the nature of the company, but experience of corporate financial matters will normally be required.

3   Audit Committee Key Roles and Responsibilities

It is good practice for the main role and responsibilities of the audit committee to be set out in written terms of reference tailored to the particular circumstances of the company.

Code Provision 25 sets out the following main roles and responsibilities of the audit committee:

Corporate reporting
- monitoring the integrity of the financial statements of the company and any formal announcements relating to the company's financial performance, and reviewing significant financial reporting judgements contained in them;

---

92   Bank of England (2022): PRA Rulebook.

- providing advice (where requested by the board) on whether the annual report and accounts, taken as a whole, is »fair, balanced and understandable«, and »provides the information necessary for shareholders to assess the company's position and performance,
business model and strategy«;

Risk management and internal control
- reviewing the company's internal financial controls and internal control and risk management systems, unless expressly addressed by a separate board risk committee composed
of independent non-executive directors, or by the board itself;

Internal audit
- monitoring and reviewing the effectiveness of the company's internal audit function or,
where there is not one, considering annually whether there is a need for one and making a
recommendation to the board;

External audit
- conducting the tender process and making recommendations to the board, about the appointment, reappointment and removal of the external auditor, and approving the remune-
ration and terms of engagement of the external auditor;
- reviewing and monitoring the external auditor's independence and objectivity;
- reviewing the effectiveness of the external audit process, taking into consideration relevant
UK professional and regulatory requirements;
- developing and implementing policy on the engagement of the external auditor to supply
non-audit services, ensuring there is prior approval of non-audit services, considering the
impact this may have on independence, taking into account the relevant regulations and
ethical guidance in this regard, and reporting to the board on any improvement or action
required; and

Reporting to the board
- reporting to the board on how it has discharged its responsibilities.

In addition, Code Provision 26 calls for the annual report to describe the work of the audit committee, including:
- the significant issues that the audit committee considered relating to the financial statements, and how these issues were addressed;
- an explanation of how it has assessed the independence and effectiveness of the external
audit process and the approach taken to the appointment or reappointment of the external
auditor, information on the length of tenure of the current audit firm, when a tender was
last conducted and advance notice of any retendering plans;
- in the case of a board not accepting the audit committee's recommendation on the external
auditor appointment, reappointment or removal, a statement from the audit committee

explaining its recommendation and the reasons why the board has taken a different position (this should also be supplied in any papers recommending appointment or reappointment);

- where there is no internal audit function, an explanation for the absence, how internal assurance is achieved, and how this affects the work of external audit; and
- an explanation of how auditor independence and objectivity are safeguarded, if the external auditor provides non-audit services.

The requirements for audit committees of entities regulated by the Prudential Regulation Authority are consistent with these areas of focus.

4   Leading Practices for Audit Committees in Great Britain

Deloitte has developed a framework for assessing the effectiveness of audit committees in the UK.[93] This framework covers the following areas:

SETTING UP FOR SUCCESS

- Establishment, membership and appointment
- The audit committee chair
- Skills, experience, training and mindset
- Meetings of the committee
- Support and resources
- Relationship with the board
- Establishing an audit and assurance policy

THE AUDIT COMMITTEE AGENDA

- Oversight of accounting judgements, business and financial reporting and other company announcements
- Risk management
- Internal controls
- Culture, values, whistleblowing, fraud and investigations
- Oversight of internal audit
- Oversight of the external audit process
- Going concern and longer-term viability

---

93   Deloitte (2021): Audit Committee effectiveness. 2021 Framework.

- The audit committee's communication with shareholders

The framework also provides four »deep dive« sections – covering stakeholders, climate, cyber and

data security – which audit committees can use to assess their existing span of activities on these »hot topics«.

Examples of leading practices in each of these areas are as follows:

Setting up for success

THE AUDIT COMMITTEE CHAIR

- The committee chair is demonstrably committed to the integrity of all aspects of corporate reporting (both in the annual report and on the company website), internal control, risk management and audit quality.
- The audit committee chair brings an independent perspective and challenge when it comes to management, the internal auditor and the external auditor.

ESTABLISHMENT, MEMBERSHIP AND APPOINTMENT

- At least one member of the audit committee has recent and relevant financial experience and the committee as a whole has competence relevant to the sector in which the company operates.
- The audit committee is sufficiently diverse to avoid the risk of »groupthink«.

SKILLS, EXPERIENCE, TRAINING AND MINDSET

- Induction training provides committee members with adequate knowledge regarding the company's business model, strategy and key stakeholder relationships, including opportunities to visit the business operations, and regarding their role and responsibilities as audit committee members.
- The ongoing training requirements of committee members are agreed at the start of each year with each board member according to their specific needs and developments arising.
- Training provided to audit committee members takes account of current regulatory and governance areas of focus as appropriate for the remit of the audit committee, e.g. changing technology/digital landscape and supply chain resilience.

MEETINGS OF THE COMMITTEE

- There is a clear plan for the year to ensure that all matters falling within the remit of the audit committee are covered over the period of the year.
- The committee's agenda is set in a timely manner and circulated well in advance of meetings to all members with appropriate supporting papers.
- The meeting cycle allows time for »deep dives« in areas of particular complexity or interest, and for proper audit committee review of investigations.

SUPPORT AND RESOURCES

- The audit committee is provided with sufficient resources to undertake its duties.
- The audit committee assesses its confidence in the quality of the management information provided to it – from the finance function covering accounting and tax issues and judgements and, from other parts of the company, covering ethical and conduct matters, workforce information and compliance with laws and regulations.

RELATIONSHIP WITH THE BOARD

- There is clarity and agreement around the responsibilities delegated to the audit committee by the board.
- Sufficient time is allocated on the board agenda to enable a full report to be provided by the audit committee chair on the work of the audit committee.

ESTABLISHING AN AUDIT AND ASSURANCE POLICY

- The audit committee considers the principal and emerging risks to the business and both its financial reporting and operational controls, and identifies any areas where additional audit or assurance coverage would be of benefit, for instance corporate culture, alternative performance measures, key performance indicators.
- The committee establishes a policy regarding which of these areas should be covered by internal or external auditors or other providers of assurance and how frequently that should happen.

The audit committee agenda

OVERSIGHT OF ACCOUNTING JUDGEMENTS, BUSINESS AND FINANCIAL REPORTING AND OTHER COMPANY ANNOUNCEMENTS

- The audit committee has a clear understanding of each of the significant financial reporting issues and judgements in connection with the preparation of the company's financial statements, interim reports, preliminary announcements and related formal statements and challenges these robustly with management and the auditors.

- The audit committee understands the pervasive nature of management forecasts both for the significant judgements affecting financial reporting and the assessment of longer term viability and is satisfied that the forecasting process is robust.
- The audit committee reviews all earnings press releases and the financial information and earnings guidance provided to analysts and ratings agencies and recommends their release to the board.

FAIR, BALANCED AND UNDERSTANDABLE

- When requested by the board to review the annual report to determine whether it is fair, balanced and understandable, the audit committee requests and considers suitable supporting material, for example a report that lists good and bad news during the period, so that the audit committee can assess whether the balance is appropriate.

RISK MANAGEMENT

- The audit committee makes sure that it has a good understanding of how the company identifies, assesses, manages and monitors risk and sets risk appetite and of how the company develops, operates and monitors the system of internal control.
- The audit committee receives a financial risk assessment from management and as a result has a good understanding of how the company identifies, assesses, manages and monitors risk, including how the company sets risk appetite.
- The audit committee has reviewed the mechanisms management is using to monitor emerging risks and is satisfied that the company's list of principal risks is being periodically reassessed.
- Where any significant failings or weaknesses in internal control or risk management have arisen, the audit committee has received confirmation from an appropriate source that necessary actions have been/are being taken promptly to remedy those failings or weaknesses and seen evidence of those actions or planned actions.
- The audit committee requests ›deep dives‹ on particular risk hot topics such as cyber, GDPR and climate change bringing in external perspectives to supplement their knowledge and the information provided by management.

INTERNAL CONTROL

- The audit committee ensures that there is broad consideration of, and agreement on, what constitutes a material control including strategic, financial, operational and compliance controls.
- The audit committee has a good understanding of how the company develops, operates and monitors the system of internal control. This includes oversight of risk

assessments to understand material financial risks, fraud risks and IT risks, how they are managed and mitigated through strategic, operational, and compliance controls.

- The audit committee is satisfied that there is a clearly defined annual review process of the effectiveness of the system of internal control.
- The audit committee has a clear and agreed definition of a significant failing or weakness in internal control which has been shared with management and with internal audit.

CULTURE, VALUES, WHISTLEBLOWING, FRAUD AND INVESTIGATIONS

- The audit committee has reviewed the company's Staff Handbook, Code of Conduct or equivalent and is satisfied that it sets an appropriate tone on ethics, and reflects the company values established by the board. If the audit committee becomes aware of behaviours that are not in line with these values, including where observations on the effectiveness of governance have been raised by the external auditor, it takes steps to satisfy itself that these are addressed appropriately and, where necessary, communicated in the annual report.
- The audit committee ensures that a fraud risk assessment has been documented by the company and has been provided to the auditors and is satisfied that there are processes in place to ensure that the risks identified are being adequately managed or mitigated.
- The audit committee is satisfied that the company has robust processes for ensuring compliance with regulations within the company's industry sector. Significant regulatory matters are discussed at the board.

OVERSIGHT OF INTERNAL AUDIT

- The board, its committees and executive management should set the right ›tone at the top‹ to ensure support for, and acceptance of, internal audit at all levels of the organisation.
- The audit committee reviews and approves internal audit's role and mandate, approves the annual internal audit plan and monitors and reviews the effectiveness of its work.
- Internal audit has access to the audit committee and board chair where necessary and has a reporting line which enables it to be independent of the executive and so able to exercise independent judgement.
- Communication from the internal audit team to the audit committee is frequent, timely and provides the audit committee with a clear summary of work performed, results from this work, recommendations and any mitigating actions taken.
- In the absence of an internal function, the audit committee assesses whether the other monitoring processes applied by management provide sufficient and objective assurance.

OVERSIGHT OF THE EXTERNAL AUDIT PROCESS

- The audit committee holds early discussions with the external auditors to identify significant issues at the earliest opportunity and to develop an appropriate audit response.
- The audit committee asks the auditors to explain the overall scope of work in respect of the company's subsidiaries and to explain the extent of their involvement in the work of component (subsidiary) auditors.
- The audit committee takes steps to ensure that it has a good understanding of how materiality levels are expected to affect the level of audit work performed;
- The audit committee asks the auditors whether their audit has been reviewed by the firm's internal quality monitoring processes and, if so, what the main lessons learnt were; how the findings compare with inspection findings; and what actions they have taken to address any matters identified for improvement.

GOING CONCERN AND LONGER-TERM VIABILITY

- The audit committee considers the disclosures in the annual report on principal risks, going concern, viability, the description of the current business model, how the business will create value over the long term, and how opportunities and risks to the future success of the business have been considered and addressed.
- The audit committee is satisfied that the scenarios considered in assessing the longer-term viability statement are sufficiently complete and robust and contemplate principal and emerging risks appropriately.
- The audit committee considers that reporting on going concern and the longer-term viability statement includes all necessary assumptions and information about scenarios to enable shareholders to understand the quality and completeness of the board's process.

External communication

COMMUNICATION WITH SHAREHOLDERS

- The audit committee acknowledges and embraces its role of protecting the interests of shareholders as regards the integrity of published financial information by the company and the effectiveness of audit.
- The audit committee report details specific activities undertaken by the committee during the course of the year, including material areas where the audit committee has found it necessary to raise challenges to executive management, in order to enhance communication with shareholders about the work of the committee.
- The audit committee report details the committee's review of significant risks or key judgement areas, including sources of evidence and assurance, allowing readers insight into how issues have been addressed and the rationale behind the audit committee's conclusions, rather than simply stating they were considered.

L Fazit und Ausblick

Dr. Claus Buhleier/Dr. Arno Probst

Der vorliegende, wiederum grundlegend überarbeitete Praxisleitfaden hat die unterschiedlichen Aspekte der Arbeit von Prüfungsausschüssen behandelt. Deren Tätigkeit wird heute und in naher Zukunft von den insb. durch das FISG und die EU-Abschlussprüfungsreform geänderten rechtlichen Rahmenbedingungen geprägt, die zu nochmals gesteigerten Überwachungspflichten des Prüfungsausschusses führen, aber auch von verschiedenen Sonderthemen, die abhängig von der konkreten Unternehmenssituation für Prüfungsausschüsse einschlägig sein können. Jeder dieser Aspekte birgt seine eigenen Herausforderungen und trägt dazu bei, dass die Aufgabe von Prüfungsausschüssen, bei aller Komplexität, auch interessant und vielfältig ist.

Kap. B »Aufgaben des Prüfungsausschusses« hat bei den rechtlichen Rahmenbedingungen und darüber hinaus eine Fülle von (quasi-)gesetzlichen Vorschriften und Rechtsprechung aufgezeigt, die von Mitgliedern des Aufsichtsrates bzw. Prüfungsausschuss bei ihrer Arbeit grds. zu beachten sind. Die Vielfalt, Komplexität und Dynamik dieser Regelungen und Aufgaben führt zum einen dazu, dass viele Prüfungsausschüsse einen Anteil ihrer Zeit auf Formalitäten verwenden müssen, den sie als unangemessen hoch empfinden. Zum anderen entsteht bei den Mitgliedern der Prüfungsausschüsse ein hoher Fortbildungsbedarf, um mit dem Regulierungstempo Schritt halten zu können. Hinzu kommt, dass der Gegenstand der Überwachungstätigkeit – und hier insb. die finanzielle und zunehmend auch nichtfinanzielle Berichterstattung – komplexen und ständig wechselnden Regelungen unterliegt, die auch für viele Rechnungslegungs- wie Prüfungsexperten eine Herausforderung darstellen. Verdeutlicht wurden im Kap. B.III die Unterschiede der Verantwortlichkeit von Aufsichtsrat, Prüfungsausschuss und Abschlussprüfer sowie die Grenzen der gesetzlichen Abschlussprüfung, sodass für jeden Prüfungsausschuss und seine Mitglieder die Notwendigkeit klar wird, abzuwägen, wie mit »Überwachungslücken« umzugehen ist.

Nimmt man – im Einklang mit der Zielsetzung eines Praxisleitfadens – von Normenkritik Abstand, kann aus diesen Entwicklungen sowie den Ausführungen in Kap. C »Organisatorische Fragen des Prüfungsausschusses« das Fazit gezogen werden, dass den Bereichen »effiziente Selbstorganisation« und »Aus- und Fortbildung« eine fundamentale Bedeutung für eine erfolgreiche Prüfungsausschussarbeit zukommt.

Hinsichtlich der Überwachungsaufgaben des Prüfungsausschusses zeigt im Kap. D bereits ein erster Blick auf die Terminübersicht für das Gesamtjahr[1], dass in den Sitzungen des Prüfungs-

---

1   Vgl. Arbeitshilfe E »Planungshilfe zur Planung der Tagesordnung im Jahresverlauf«.

ausschusses eine Vielzahl komplexer Themen bewältigt werden muss. In Kap. D.II werden Risikofaktoren für mögliche Verstöße in der Rechnungslegung aufgezeigt und wie deren Erkennen und Adressieren die Tätigkeit von Prüfungsausschüssen effektiver machen können. In Kap. D. III.1 »Überwachung der internen Kontrollsysteme des Unternehmens« wurde dargelegt, dass sich die diesbezüglichen Pflichten des Prüfungsausschusses auf die Systemebene beziehen. Die ironisierend aufgeworfene Frage, ob ein Aufsichtsrat »etwa dem Buchhalter über die Schulter schauen« müsse[2], kann damit verneint werden. Trotzdem ist dieser Verantwortungsbereich des Prüfungsausschusses besonders herausfordernd: Schließlich ist der Prüfungsausschuss gehalten – gestützt auf Berichte des Vorstands, des Abschlussprüfers und leitender Mitarbeiter unterhalb der Vorstandsebene sowie externer Sachverständiger –, Kontrollsysteme zu überwachen, die das gesamte Unternehmensgeschehen abdecken, ohne sich dabei auf konkrete externe Soll-Vorgaben stützen zu können. Hinzu kommt, dass, wie in Kap. F.II und Kap. F.III dargestellt, diese Systeme einer nahezu fortwährenden Transformation unterliegen (sollten), auch vor dem Hintergrund der Digitalisierung und damit verbundener Cyber-Security-Herausforderungen. Gerade bei diesem Aspekt der Überwachungstätigkeit des Prüfungsausschusses wird daher deutlich, dass funktionierende Kommunikationsflüsse zwischen Prüfungsausschuss, Vorstand und Abschlussprüfer unverzichtbar sind, damit der Prüfungsausschuss seinen Überwachungspflichten nachkommen kann. Kap. D.III veranschaulicht daher auch, wie die Zusammenarbeit zwischen Prüfungsausschuss und Abschlussprüfer die Wirksamkeit und Qualität der Prüfungsausschusstätigkeit verbessern und wie der Prüfungsausschuss die Qualität der Abschlussprüfung beurteilen kann. Für die vorbereitende Prüfung des Jahresabschlusses durch den Prüfungsausschuss selbst (Kap. D.IV) gilt, dass – im Gegensatz zu den unternehmerischen Kontrollsystemen – eine Vielzahl von Soll-Vorschriften besteht, deren Beachtung der Prüfungsausschuss hinterfragen muss. Dies ist dadurch bedingt, dass der Prüfungsausschuss und der Aufsichtsrat im Unterschied zum Abschlussprüfer, der die Ordnungsmäßigkeit der Rechnungslegung im Fokus hat, auch die Zweckmäßigkeit der Rechnungslegung sowie potenzieller bilanzpolitischer Maßnahmen zu überwachen und zu beurteilen hat. Dazu kommen die sich aktuell sehr dynamisch entwickelnden Vorschriften zur Nachhaltigkeitsberichterstattung, die ausführlich in Kap. D.V (Überwachung) und Kap. F.IV (Ausblick) dargestellt werden.

Ausgewählte Einzelfragen der Tätigkeit des Prüfungsausschusses waren Gegenstand des Kap. F, welches Fragen der Überwachung der Unternehmensstrategie und -planung, der Steuern, der Informationstechnologie und Cyber Security, der Nachhaltigkeit sowie Nachhaltigkeitsberichterstattung, der Überwachung im Konzern oder auch der Überwachung in der Unternehmenskrise oder im Zuge eines Börsengangs umfasst. Neben den von Aktienrecht und DCGK vorgegebenen Aufgabenfeldern stellen diese Einzelfragen den Prüfungsausschuss und seine Mitglieder vor praktische Herausforderungen, mit denen verantwortungsvoll umgegangen werden muss.

---

2   So schon der Rechtsanwalt Hoffmann-Becking auf einer Tagung des Instituts der Wirtschaftsprüfer (IDW), siehe FAZ v. 08.10.2010, S. 16.

Manche Prüfungsausschüsse haben daneben Branchenspezifika zu beachten, z. B. bei Banken und Versicherungen oder Unternehmen der öffentlichen Hand. Diese wurden im Kap. G »Rechtsform- und branchenspezifische Besonderheiten des Prüfungsausschusses« behandelt.

Kap. H bringt die wertvolle ergänzende Perspektive von Praktikern ein, von denen der Beitrag von Sebastian Hakelmacher (siehe hierzu Kap. H.II) verdeutlicht, dass für die Prüfungsausschusstätigkeit Humor und Ironie bereichernd sein können.

Um für die Prüfungsausschusstätigkeit potenzielle Haftungsfragen zu vermeiden, wurden die potenziellen zivilrechtlichen und strafrechtlichen Haftungsfragen sowie die für Aufsichtsrat und Prüfungsausschuss relevanten Gerichtsentscheidungen vorgestellt, um die Sensibilität für den Umgang mit mögliche rechtliche Risiken zu stärken.

Insgesamt hat das FISG im Sommer 2021, nach der EU-Abschlussprüferreform im Jahr 2016, Aufsichtsräte und Prüfungsausschüsse von Unternehmen im öffentlichen Interesse noch einmal mehr in die Pflicht genommen und nach dem BilMoG 2009 den Tätigkeitsrahmen und Pflichtenkatalog wiederum erweitert. Die Dinge werden zweifelsohne eine Ausstrahlungswirkung auf die Prüfungsausschüsse und Aufsichtsräte von solchen Gesellschaften haben, die nicht Unternehmen des öffentlichen Interesses sind. Wiederum dürfte zudem aufgrund der Komplexität und der nochmals gesteigerten Sanktionen bei Fehlleistungen ein Schub in der Professionalisierung der Arbeit im Prüfungsausschuss damit verbunden sein, da die Unternehmenspraxis aus den Reformmaßnahmen Best Practices ableitet, die sich auch auf die Tätigkeit anderer Prüfungsausschüsse und Aufsichtsräte auswirken. Neben dieser Regulatorik sind es auch die gesellschaftlichen und technologischen Veränderungen, die sich zunehmend auf die Arbeit auch des Prüfungsausschusses auswirken.

In jedem Fall ist daher davon auszugehen, dass auch in Zukunft die Arbeit von Prüfungsausschüssen verantwortungsvoll, spannend, herausfordernd und interessant bleiben und – weiter zunehmen wird.

Arbeitshilfen

A   Hilfestellung zur Prüfung des Jahres-/ Konzernabschlusses

Zur Unterstützung der Pflicht zur Prüfung des Jahresabschlusses durch den Aufsichtsrat (§ 171 Abs. 1 Satz 1 AktG) werden im Folgenden exemplarisch Fragenkataloge zu einigen ausgewählten Bereichen dargestellt. Diese Praxisbeispiele sollen dem Aufsichtsrat sowie seinem Prüfungsausschuss als Orientierungshilfe dienen, um einen für das Unternehmen und den betreffenden Abschluss passenden Fragenkatalog zusammenzustellen. Hierbei ist für den Umfang und die Tiefe der Fragen neben der Unternehmensgröße, der Branche und den zugrunde liegenden Rechnungslegungsstandards sicher auch die Fachkenntnis der Aufsichtsratsmitglieder entscheidend. Nachdem ein geeigneter Fragenkatalog zusammengestellt wurde, kann dieser getrennt nach Bereichen den einzelnen Mitgliedern im Sinne einer Arbeitsteilung (z. B. anhand deren beruflicher und persönlicher Vorerfahrung) zugewiesen werden. Die Antworten auf die verschiedenen Fragen müssen jedoch letztlich zusammengetragen und allen Aufsichtsratsmitgliedern zugängig gemacht werden, damit diese persönlich über die Beschaffenheit des Abschlusses befinden oder ggf. selbst nochmals solche Themen in der Diskussion (möglicherweise unter Hinzuziehung von Vorstand und Abschlussprüfer) aufgreifen können, die ihnen nicht ausreichend geklärt oder weiterhin problematisch erscheinen.

1) Allgemeine Fragen zur Rechnungslegung

Grad der Rechnungslegung (allgemein)
- Wie schätzen Vorstand und Abschlussprüfer die Politik der Rechnungslegung ein – eher konservativ oder aggressiv?
- Hat sich diese Einschätzung in den letzten Jahren verändert?
- Teilt der Aufsichtsrat diese Einschätzung?
- Gibt es Anzeichen für einen »Richtungswechsel« im Rahmen der Bilanzpolitik?
- Ist die derzeitige Bilanzpolitik durch schlüssige Argumente untermauert?

Bilanzierungswahlrechte
- Erfolgt eine einheitliche, tendenziöse oder eine ausgewogene Ausübung der Bilanzierungswahlrechte?
- Wie würde ein um bilanzpolitische Maßnahmen »neutralisiertes« oder »bereinigtes« Ergebnis aussehen?
- Ist die Stetigkeit bei der Ausübung der Wahlrechte sichergestellt?

Sachverhaltsgestaltungen

* Gibt es im aktuellen Abschluss Sachverhaltsgestaltungen in erheblichem Umfang (z. B. Factoring, sale and lease back, Mietkauf, asset backed securities)?
* Mit welcher Begründung wurden diese durchgeführt?
* Wie würde der Abschluss ohne diese Gestaltungsvarianten aussehen
* Gibt es wesentliche Auswirkungen auf Kennzahlen oder Covenants?

Unternehmenszusammenschlüsse

* Wie erfolgte die Kaufpreisallokation? Sind bei der Kaufpreisallokation Probleme aufgetreten?
* Bestehen Unklarheiten bei der Bewertung von immateriellen Vermögenswerten oder der Zuordnung von Werttreibern? Konnten die zugrunde gelegten Nutzungsdauern objektiv nachvollziehbar und plausibel begründet werden?
* Kann die Höhe des Goodwills nachvollzogen werden?
* Kann die Werthaltigkeit durch den Impairmenttest auf den Erwerbsstichtag bestätigt werden?
* Wie hoch ist der Spielraum gegenüber den Buchwerten?
* Entsprechen die bei der Kaufpreisallokation verwendeten Informationen denjenigen, die zuvor für die Kaufentscheidung dem Aufsichtsrat und dem Vorstand vorgelegt bzw. verwendet wurden?

Impairmenttest

* Passen die Ergebnisse der Impairmenttests zu den Branchentrends und der allgemeinen konjunkturellen Lage?
* Wie wurden die Bezugsgrößen gewählt (z. B. Firmenwert pro Segment oder pro Gesellschaft)?
* Wie wurden Beta-Faktoren ermittelt? Sind diese im Branchenvergleich üblich? Wie haben sie sich im Zeitablauf entwickelt?
* Sind Wachstumsraten oder Inflationsabschläge bei der Wertermittlung berücksichtigt worden? Wie wurden die entsprechenden Parameter ermittelt?
* Sind die wesentlichen Annahmen des Impairmenttests, d. h. Unternehmensplanung, Diskontierungssätze und Wachstumsraten, konsistent zu Branchentrends oder Peer-Unternehmen? Wenn Abweichungen vorliegen, können diese plausibel und nachvollziehbar begründet werden?

2) Fragen zur Bilanz

Allgemeine Fragen

* Wie erfolgte die Ermittlung von notwendigen Schätzungen bei der Bilanzierung (z. B. Abschreibungsdauer abnutzbarer materieller und immaterieller Vermögenswerte wie erworbene Kundenstämme und erworbene Marken, Gängigkeitsanalysen bei der Vorratsbewertung, Einschätzung der Rückstellungsrisiken)?
* Enthält die Aktivseite Vermögenswerte, die Verfügungsbeschränkungen unterliegen (wenn ja, welcher Art und in welcher Höhe)?

- Wie entwickelt sich das Verhältnis zwischen langfristigen Verbindlichkeiten und langfristigem Vermögen?
- Wie haben sich die Eigenkapitalquote und der Verschuldungsgrad entwickelt?

Postenbezogene Fragen

- Wie wurde die Unterscheidung zwischen aufwandsseitig erfassten Forschungs- und aktivierten Entwicklungskosten durchgeführt?
- Welchen Hintergrund und Inhalt hat der Posten Goodwill?
- Wie sind die Ertragsaussichten bei den Beteiligungsunternehmen? Gab es gravierende Abweichungen zwischen geplanten und tatsächlichen Ergebnissen? Wenn ja, worin sind diese begründet? Gibt es sonstige Anzeichen für Wertminderungen im Bereich der Finanzanlagen?
- Ist die Höhe des Vorratsvermögens der Geschäftstätigkeit angepasst (Umschlagshäufigkeit)? Bestehen Zweifel an der Höhe der vorgenommenen Abwertungen im Bereich des Vorratsvermögens? Wurde mit Vereinfachungsverfahren bei der Bewertung gearbeitet (z.B. First in First out)? Wenn ja, welche Auswirkungen ergeben sich hieraus auf die Bilanz?
- Entspricht die Entwicklung der Forderungen dem Geschäftsverlauf? Wie hoch sind die Forderungsausfälle und Wertberichtigungen im Vorjahresvergleich? Bestehen Klumpenrisiken? Wie wurde Un- oder Unterverzinslichkeit berücksichtigt?
- Für welche Sachverhalte wurden aktive latente Steuern gebildet? In welchem Zeitraum ist mit einer Umkehrung der Effekte zu rechnen?
- Woraus resultieren die steuerlichen Verlustvorträge, auf die aktive latente Steuern gebildet wurden? In welchem Fall können sie genutzt werden? In welchem Zeitraum wird mit der Umkehrung der Effekte gerechnet? Stimmen diese Erkenntnisse mit der Unternehmensplanung überein?
- Ist der Bestand an liquiden Mitteln im Hinblick auf die Geschäftstätigkeit des Unternehmens angemessen? Werden überschüssige Mittel optimal angelegt? Welche Strategie wird hierbei verfolgt? Welche Risiken und Chancen beinhalten die Anlagemöglichkeiten?
- Ist das Verhältnis von Ausschüttungen und thesauriertem Eigenkapital der Unternehmenssituation angemessen?
- Welche Rückstellungen wurden mit welchen Zinssätzen abgezinst? Entspricht die Entwicklung der verwendeten Zinssätze dem allgemeinen Zinsniveau? Welche Auswirkungen ergeben sich im Bereich der Rückstellungen alleine durch externe Parameterveränderungen (Zinssatz, Gehalts- und Rententrends, Annahmen zur Kostensteigerung)?
- Gibt es wesentliche neue Rückstellungssachverhalte? Welche nicht rückstellungspflichtigen Rechtsstreitigkeiten befinden sich in welchem Stadium des Rechtsstreits?
- Sind die Ergebnisse der letzten Betriebsprüfung korrekt verarbeitet worden? Welche Erkenntnisse hatte die vergangene Betriebsprüfung? Bestehen wesentliche Betriebsprüfungsrisiken für noch unter Vorbehalt veranlagte Zeiträume?
- Besteht kurzfristig (Re-)Finanzierungsbedarf und wie soll dieser gedeckt werden?
- Bestehen Neben- oder Sicherungsabreden bzgl. Verbindlichkeiten?

3) Fragen zur Gewinn- und Verlust- bzw. Gesamtergebnisrechnung

Allgemeine Fragen

- Wie hoch sind die Anteile von operativem und Finanzergebnis am Ergebnis der gewöhnlichen Geschäftstätigkeit? Gab es Erträge und Aufwendungen von außergewöhnlicher Größenordnung oder außergewöhnlicher Bedeutung die im Anhang mit ihrem Betrag und ihrer Art zu erläutern zu erläutern waren (§ 285 Nr. 31 HGB)?
- Gibt es wesentliche Auswirkungen auf das Ergebnis aus Änderungen der Rechnungslegungsvorschriften?
- Ist die Vergleichbarkeit mit den Vorjahresangaben eingeschränkt?
- Sind Kennzahlen wie Wareneinsatzquote, Steuerquote oder Eigenkapitalrentabilität stabil? Wie lassen sich die Veränderungen erklären? Sind die Kennzahlen im Branchenvergleich verständlich?

Postenbezogene Fragen

- Wie erklären sich die wesentlichen Veränderungen der Posten?
- Gibt es zu außerplanmäßigen Wertminderungen des Vorjahrs neue Erkenntnisse?
- Wie verteilen sich die Umsatzerlöse und Materialaufwendungen auf die unterschiedlichen Geschäftsfelder?
- Ist der Personalaufwand pro Kopf im Vergleich zu Vorjahren plausibel?
- Wie hoch sind nicht wiederkehrende, einmalige oder außergewöhnliche Effekte? In welchen Posten werden diese abgebildet?
- Sind Erträge und Aufwendungen von außergewöhnlicher Größenordnung oder außergewöhnlicher Bedeutung gegeben, die in den sonstigen betrieblichen Erträgen bzw. sonstigen betrieblichen Aufwendungen auszuweisen und im Anhang mit ihrem Betrag und ihrer Art zu erläutern sind (§ 285 Nr. 31 HGB)?

4) Fragen zum Anhang

- Ist der Anhang klar strukturiert und verständlich geschrieben?
- Werden bei Stetigkeitsdurchbrechungen ausreichend Angaben zur Vergleichbarkeit gemacht?
- Sind die Angaben nach § 285 Nr. 3 HGB zu außerbilanziellen Geschäften (z. B. Leasing, Verpfändung) enthalten und vollständig?
- Sind alle Angaben zu Finanzinstrumenten enthalten bzw. wird der Begriff Finanzinstrumente korrekt abgegrenzt?
- Werden alle erforderlichen Angaben zu Bewertungseinheiten getätigt?
- Sind alle nicht aus der Bilanz ersichtlichen finanziellen Verpflichtungen dargestellt?
- Enthält der Anhang alle notwendigen Angaben zu Aufsichtsräten und Vorständen? Sind insbesondere die Vorstandsbezüge (bei börsennotierten Unternehmen im Vergütungsbericht) in der notwendigen Detailtiefe erläutert worden?
- Ist der Anteilsbesitz vollständig und ist dieser im Anhang mit allen erforderlichen Angaben enthalten?

- Müssen übernahmerechtliche Angaben gemacht werden?
- Erfolgt die Angabe zum Abschlussprüferhonorar in Einklang mit den Kenntnissen des Aufsichtsrates aus dessen Beauftragung?
- Sind die Angaben zu nahestehenden Personen und Unternehmen vollständig und zutreffend? Hat der Aufsichtsrat Kenntnis von weiteren berichtspflichtigen Sachverhalten?

Nachtragsbericht
- Sind die Erläuterungen zu den Ereignissen nach dem Abschlussstichtag verständlich, klar und ausreichend umfassend?
- Wird über alle wesentlichen Ereignisse nach Schluss des Geschäftsjahres berichtet?

5) Fragen zu weiteren Abschlussbestandteilen

Kapitalflussrechnung
- Wie haben sich die Cashflows aus betrieblicher Tätigkeit, Investitions- und Finanzierungstätigkeit im Vorjahresvergleich entwickelt?
- Deckt der Cashflow aus betrieblicher Tätigkeit die Investitionen im Berichtsjahr ab?
- Erscheint die Dividendenpolitik des Unternehmens (im Cashflow aus Finanzierungstätigkeit gesondert abgebildet) vor dem Hintergrund des Zahlungsmittelbestands und der Zahlungsströme sinnvoll?
- Wie stellen sich die Cashflows ohne Sondereffekte dar (z. B. Cashflow aus Veräußerung einer Beteiligung, Betriebsprüfungsnachzahlung)?
- Ist die wechselkursbedingte Veränderung des Finanzmittelfonds plausibel?
- Wie setzt sich der Finanzmittelfonds zusammen?
- Reichen die nachhaltig generierbaren Cashflows z. B. unter Annahme von Ersatzinvestitionen in Höhe der Abschreibungen, um die bestehenden Verbindlichkeiten planmäßig zu tilgen?

Eigenkapitalspiegel/-veränderungsrechnung
- Werden alle wesentlichen Änderungen des Konzerneigenkapitals verständlich dargestellt und sind diese plausibel auf dem Kenntnisstand des jeweiligen Aufsichtsratsmitglieds?
- Ist die durch Wechselkursänderungen induzierte, erfolgsneutrale Änderung im Konzerneigenkapital plausibel?
- Ist die Position »übrige Änderungen des Konzerneigenkapitals« nachvollziehbar?
- Erscheint das Verhältnis von Dividenden und thesauriertem Eigenkapital betriebswirtschaftlich sinnvoll?

Segmentberichterstattung
- Steht die Segmentberichtsrechnung in Einklang mit der Struktur der Berichterstattung an die Geschäftsführung bzw. den Vorstand sowie an den Aufsichtsrat? Ist die Segmentabgrenzung aussagekräftig?
- Ist die Entwicklung der einzelnen Segmente plausibel?

6) Fragen zum Lagebericht

Geschäftsentwicklung

- Stehen die Erläuterungen zur Vermögens-, Finanz- und Ertragslage und zur allgemeinen Geschäftsentwicklung in Einklang mit den Kenntnissen des Aufsichtsrates? Sind insbesondere die getätigten Ausführungen vollständig und in sich schlüssig?
- Ist die Berichterstattung ausgewogen? Sind die gesetzten Akzentuierungen möglicherweise irreführend?

Chancen- und Risikobericht

- Werden Chancen und Risiken – getrennt nach Risikoarten – aller Geschäftsbereiche in hinreichendem Umfang dargestellt?
- Sind die Erläuterungen zu ergriffenen Absicherungsmaßnahmen konkret genug und nachvollziehbar hinsichtlich verfolgter Strategie, Art und Umfang der Absicherung?
- Sind die verbleibenden offenen Risikopositionen quantifizierbar und entsprechend dargestellt?
- Sind das interne Kontrollsystem und das Risikomanagementsystem mit Rechnungslegungsbezug erläutert (nur bei Kapitalmarktorientierung)? Sind diese Ausführungen mit den Kenntnissen des Aufsichtsrates über diese Prozesse vereinbar?

Ausblick

- Umfasst der Prognosebericht mindestens ein Jahr, gerechnet vom letzten Abschlussstichtag, und ist der Zeitraum, auf den sich die Prognosen beziehen, angegeben? Werden absehbare Sondereinflüsse auf die wirtschaftliche Lage nach dem Prognosezeitraum dargestellt und analysiert?
- Sind die Ausführungen trotz immanenter Planungsunsicherheiten möglichst konkret und nachvollziehbar?
- Steht die Berichterstattung in Einklang mit internen Planungsunterlagen (z. B. für Zielvereinbarungen mit Führungskräften, Informationen in Gesprächen mit Kreditinstituten oder Analysten)?

Erklärung zur Unternehmensführung

- Wird eine Erklärung zur Unternehmensführung vom Vorstand abgegeben bzw. muss eine solche Erklärung abgeben werden?
- Ist die Erklärung zum Deutschen Corporate Governance Kodex enthalten?
- Stehen die geschilderten Unternehmensführungspraktiken und Arbeitsweisen in Einklang mit unternehmensinternen Vorgängen und Verfahrensanweisungen sowie Geschäftsordnungen?

Weitere Angaben

- Sind Angaben zur Kapitalzusammensetzung sowie übernahmerechtliche Angaben zu tätigen? Stehen die Angaben in Einklang mit den Kenntnissen des Aufsichtsrates?
- Besteht die Verpflichtung zur Abgabe eines Bilanzeids (Inlandsemittenten)? Kann die Aussage des Bilanzeids inhaltlich vom Aufsichtsrat gestützt werden?

7) Fragen zur Nichtfinanziellen Berichterstattung (sofern einschlägig)

Grundsätzliche Überlegungen

- Verfügt der Aufsichtsrat über hinreichende Ressourcen zur Erfüllung seiner Prüfungspflicht oder kann er diese bei Bedarf von innerhalb (z. B. Interne Revision) oder außerhalb des Unternehmens hinzuziehen (unabhängiger Wirtschaftsprüfer, z. B. der Abschlussprüfer)?
- Falls eine externe Prüfung beauftragt wird: welche Prüfungssicherheit wird angestrebt (begrenzte Sicherheit »Negativaussage« oder hinreichende Sicherheit »Positivaussage«)? In welcher Form soll über die Prüfung berichtet werden (z. B. nur schriftlich oder zusätzlich mündlich in einer Aufsichtsratssitzung)?

Fragen an den Vorstand

- Welche Gründe führten zur Auswahl der Berichterstattungsvariante (z. B. integrierte Berichterstattung in Lagebericht, Nichtfinanzielle Erklärung als abgegrenzter Teil des Lageberichts, eigenständiger Nachhaltigkeitsbericht) und welche Vor- und Nachteile gehen damit einher?
- Welche Gründe führten zur (Nicht-)Verwendung eines externen Rahmenwerks (z. B. GRI, DNK, UNGC) zur Erstellung des Berichts?
- Decken die gewählten Aspekte mindestens die vom Gesetz erforderlichen Themen (Umweltbelange, Arbeitnehmerbelange, Sozialbelange, Bestechung und Korruption, Achtung der Menschenrechte) ab?
- Ist ggf. das Weglassen eines Aspekts hinreichend begründet?
- Sind aus Unternehmens- oder Branchengesichtspunkten weitere Aspekte notwendig?
- Wurden Lieferketten in ausreichendem Umfang bei der Urteilung berücksichtigt?
- Sind die Nichtfinanziellen Risiken vollständig und richtig?
- Sind die Angaben in der Nichtfinanziellen Berichterstattung vollständig, plausibel, rechnerisch richtig?
- Ist das für die Berichterstattung zur Anwendung kommende interne Kontrollsystem wirksam (Prozesse sind angemessen gestaltet, sind tatsächlich implementiert und wurden eingehalten), so dass ein akzeptabel geringes Fehlerrisiko vorliegt?
- Ist die Berichterstattung aus Adressatensicht klar und übersichtlich?

Fragen an den ggf. mit der Prüfung beauftragten unabhängigen Wirtschaftsprüfer

- Welche Schwerpunkte der Prüfung wurden gesetzt?
- Wurden in hinreichendem Umfang Produktionsstandorte im In- und Ausland besucht?
- Welche Erkenntnisse ergaben sich aus der Prüfung über die Berichterstattung und das interne Kontrollsystem? Gibt es dazu Verbesserungsvorschläge?
- Gab es im Prüfungsablauf Probleme mit der Beschaffung hinreichender Prüfungsnachweise, z. B. wegen mangelnder Dokumentation, Verfügbarkeit oder Bereitschaft von Vorstand oder Mitarbeitern?
- Wurden Sachverständige des Unternehmens oder des Prüfers in die Prüfung einbezogen?
- Wie beurteilt der Prüfer Schätzwerte (waren diese z. B. sehr ambitioniert oder sehr vorsichtig)?

8) Fragen zum Rechnungslegungsprozess sowie IKS und RMS

- Wie schätzt der Vorstand die Stabilität des Rechnungslegungsprozesses ein?
- Wie stellt der Vorstand, insbesondere bei börsennotierten Gesellschaften, wie Angemessenheit und Wirksamkeit des IKS und das RMS im Hinblick auf den Umfang der Geschäftstätigkeit und die Risikolage des Unternehmens sicher?
- Wie weist der Vorstand die Angemessenheit und Wirksamkeit des IKS und RMS gegenüber dem Aufsichtsrat nach?
- Gibt es Schwächen im IKS und RMS und wie plant der Vorstand diese Schwächen abzustellen?
- Gbit es Feststellungen bei der IT-Prüfung und wie plant der Vorstand diese Schwächen bei den IT-Systemen abzustellen?

9) Fragen zur Abschlussprüfung

Fragen an den Abschlussprüfer

- Ist der Abschlussprüfer mit der Vorbereitung der Abschlussprüfung und der Aufstellung des Abschlusses durch den Vorstand bzw. das Unternehmen zufrieden?
- Hat der Abschlussprüfer alle benötigten Unterlagen zeitnah und vollständig erhalten?
- Sind Meinungsverschiedenheiten zwischen Abschlussprüfer und Vorstand aufgetreten? Welche Sachverhalte betraf dies? Wie wurden die Differenzen bereinigt?
- Wie schätzt der Abschlussprüfer die Qualität des Erstellungsprozesses und des Abschlusses ein?
- Welche Schwäche im Bereich des internen Kontrollsystems (IKS) und des Risikomanagementsystems (RMS) wurden im Rahmen der Abschlussprüfung festgestellt? Schätzt der Abschlussprüfer das IKS und das RMS im Hinblick auf den Umfang der Geschäftstätigkeit und die Risikolage des Unternehmens als angemessen und wirksam ein?
- Welche Bilanzierungswahlrechte oder Ermessensspielräume hätte der Abschlussprüfer anders genutzt und wieso?
- Gibt es Themenbereiche oder Bilanzierungsentscheidungen im Abschluss, die der Abschlussprüfer als grenzwertig einstuft?
- Bei welchen Prozessen sieht der Abschlussprüfer Verbesserungspotenzial?
- Ist das Rechnungswesen nach Meinung des Abschlussprüfers sowohl hinsichtlich fachlicher Qualifikation als auch in Bezug auf die Mannstärke adäquat besetzt?
- Ist der Vorstand aus Sicht des Abschlussprüfers ausreichend in den Abschlusserstellungsprozess eingebunden?
- Welches sind für den Abschlussprüfer die größten Risiken in Bezug auf sein Testat sowie in Bezug auf die Zukunft des Unternehmens?
- Welche Wünsche hat der Abschlussprüfer an Vorstand und Aufsichtsrat?
- Wie schätzt der Abschlussprüfer das Risiko hinsichtlich Fraud ein? Teilt er die Auffassung von Vorstand und/oder Aufsichtsrat?

Fragen an den Vorstand

- Ist der Vorstand mit dem Ablauf der Abschlussprüfung sowie deren Ergebnis zufrieden?
- Wie schätzt der Vorstand die Qualität des Prüfungsberichts ein?
- In welchen Bereichen des Abschlusserstellungs- und -prüfungsprozesses sieht der Vorstand Verbesserungspotenzial und bei wem?
- Kann der Mehrwert der Abschlussprüfung gesteigert werden und wodurch (z. B. Empfehlungen)?
- Ist der Vorstand mit der Zusammensetzung des Prüfungsteams zufrieden?
- Fühlte der Vorstand sich zeitnah und umfangreich über den Fortgang der Abschlussprüfung informiert?
- In welchen Punkten könnte die Zusammenarbeit zwischen Vorstand, Aufsichtsrat und Abschlussprüfer verbessert werden?

Fragen für den Kreis des Aufsichtsrates

- Ist der Aufsichtsrat mit dem Verlauf der Abschlusserstellung und -prüfung sowie dem Ergebnis zufrieden?
- Ist der Aufsichtsrat bei allen wichtigen Themen zeitnah und umfassend vom Vorstand informiert worden?
- Ist der Aufsichtsrat mit der Qualität des Prüfungsberichts des Abschlussprüfers zufrieden?
- Wie könnte die Qualität des Abschlusses, dessen Erstellungs- und Prüfungsprozess verbessert werden?
- Was können nach Auffassung des Aufsichtsrates Vorstand und Abschlussprüfer für Folgeabschlüsse optimieren?

B Hilfestellung für das Gespräch mit dem Abschlussprüfer zur Überwachung der Durchführung der Abschlussprüfung

Im Gespräch mit dem Abschlussprüfer kann der Prüfungsausschuss Informationen über die Durchführung der Abschlussprüfung erhalten, die über die schriftliche Berichterstattung im Prüfungsbericht und der mündlichen Berichterstattung in der »Bilanzsitzung« hinausgehen. Ein derartiges Gespräch kann auch im Rahmen der breiteren Zusammenarbeit von Aufsichtsrat und Abschlussprüfer geführt werden. Grundlage dieses Gespräches können die nachfolgenden Punkte bilden:

- Welche Risiken sieht der Abschlussprüfer im zu prüfenden Abschluss und wie wurden diese im Rahmen der Abschlussprüfung adressiert?
- Was sind die wesentlichen Bewertungsgrundlagen, welche wesentlichen Schätzungen und welche wesentlichen Ermessensentscheidungen des Managements waren erforderlich? Wie wurden diese im Rahmen der Abschlussprüfung beurteilt?
- Wie sind die Einschätzungen des Abschlussprüfers, insbesondere dessen Risikoeinschätzung zu den einzelnen Geschäftsbereichen des Unternehmens bzw. der Konzerngesellschaften?
- Was ist das Konzept des Prüfungsansatzes des Abschlussprüfers und welchen Prüfungsplan wird er verfolgen?
- Hat der Abschlussprüfer die mit dem Prüfungsausschuss abgestimmten Prüfungsschwerpunkte abgearbeitet und dazu berichtet?
- Sind die Einschätzungen des Abschlussprüfers konsistent zu den Berichten der internen Revision, der eigenen Kenntnisse und Erfahrungen des Aufsichtsrates und zu den Ankündigungen der BaFin hinsichtlich ihrer Prüfungsschwerpunkte?
- Wie läuft die Kommunikation zwischen Abschlussprüfer und Management, inklusive der schriftlichen Berichterstattung (Prüfungsberichte, ggf. Management Letter) sowie über die nicht gebuchten Prüfungsdifferenzen?
- Welche (vorläufigen) Prüfungsergebnisse liegen vor und wie läuft der Fortgang der Prüfung?
- Gibt es bezüglich der Prüfungsergebnisse bedeutende Meinungsverschiedenheiten zwischen Vorstand und Abschlussprüfer, die sowohl gelöst wie auch nicht behoben werden konnten?
- Wie hoch ist das Ausmaß an festgestellten Fehlern, die nicht nachgebucht wurden, und welche Erklärungen liefert der Vorstand?
- Wie schätzt der Abschlussprüfer die Offenheit der Auskunftspersonen der Gesellschaft bei der Durchführung der Prüfung ein?
- Erhält der Abschlussprüfer ungehinderten Zugang zu den angeforderten Unterlagen?
- Können bestimmte Informationen nur nach intensivem Insistieren beschafft werden?
- Wie geht der Vorstand mit den Empfehlungen des Abschlussprüfers um?
- Wie berichtet der Abschlussprüfer über seine Unabhängigkeit und seine Durchführung von Nichtprüfungsleistungen?

C Hilfestellung für die Beurteilung der Qualität des Abschlussprüfers

Fragen zur Unabhängigkeit des Abschlussprüfers

- Gibt es Beziehungen zwischen dem Prüfer und der Gesellschaft und ihrer Gruppe, die Zweifel an seiner Unabhängigkeit begründen können?
- Existieren Umstände, die eine Befangenheit des Abschlussprüfers besorgen lassen?
- Welche Leistungen wurden vom Abschlussprüfer zusätzlich zur Abschlussprüfung erbracht?
- Wird geregelt, welche Nichtprüfungsleistungen durch den Abschlussprüfer ausgeschlossen, nach Überprüfung durch den Prüfungsausschuss zulässig oder ohne Einschaltung des Prüfungsausschusses zulässig sind und wie geht der Abschlussprüfer damit um?
- Wie sind die Prozesse in der internationalen Organisation des Abschlussprüfers zur Sicherung der Unabhängigkeit weltweit ausgestaltet?

Fragen zur Qualität der Abschlussprüfung

- Wie erfolgt die Darstellung des Qualitätssicherungssystems im Transparenzbericht des Abschlussprüfers?
- Existiert eine Bescheinigung über den Peer Review für den Abschlussprüfer, der gesetzliche Abschlussprüfungen durchführt? Existiert ein Inspektionsbericht der APAS für Abschlussprüfer, die Unternehmen von öffentlichem Interesse prüfen?
- Wie zeichnet sich die fachliche Qualifikation des Prüfungsteams aus?
- Wie zeichnet sich die persönliche Integrität und das Urteilsvermögen der Teammitglieder aus?
- Haben die verantwortlichen Prüferpartner »Stehvermögen« gegenüber dem Vorstand?
- Wie läuft der Prüfungsprozess einschließlich der IT-Unterstützung ab?
- Wie funktionieren Planung und Überwachung der Prüfungshandlungen?
- Wie funktioniert das System der Qualitätssicherung der Wirtschaftsprüfungsgesellschaft?
- Ist die Berichterstattung des Abschlussprüfers an den Prüfungsausschuss geregelt und klar?
- Unterstützt der Abschlussprüfer den Prüfungsausschuss bzw. Aufsichtsrat bei seiner Überwachungstätigkeit (z. B. Empfehlungen)?
- Wie sichert der Konzernabschlussprüfer die Durchführung sowie die Qualität der Abschlussprüfung auf Ebene der Tochtergesellschaften bei dem Prüfungsgesellschaftsnetzwerk, bei Prüfungsgesellschaften mehrerer Netzwerke oder bei einem Joint Audit?
- Ist die Honorierung des Abschlussprüfers so gestaltet, dass diese eine qualitativ hochwertige Abschlussprüfung ermöglicht? Wie verhält sich diese im Verhältnis zu anderen Dienstleistern (z. B. Rechtsberatung, Steuerberatung, Unternehmensberatung)?
- Erfolgt eine adressatengerechte Information des Prüfungsausschusses über aktuelle Themen sowie relevante Änderungen im Bereich der Corporate Governance und in anderen Bereichen?

Einflussfaktoren der Prüfungsqualität und Ableitung von AQIs

Nach § 107 Abs. 3 Satz 2 AktG hat sich der Prüfungsausschuss mit der Qualität der Abschluss-prüfung zu befassen. Die Befassung mit dem Thema Prüfungsqualität erfordert zunächst eine Auseinandersetzung mit den unterschiedlichen Einflussgrößen auf die Prüfungsqualität (so-genannte Qualitätsfaktoren), aus denen sich eine Gesamtbewertung der Prüfungsqualität ab-leiten lässt. Nach dem IDW-Positionspapier »Kommunikation von Prüfungsqualität«[3] können diese Qualitätsfaktoren wie folgt systematisiert werden:

Qualitätskultur

- Governance: Vorliegen qualitätsfördernder Führungs- und Überwachungsstrukturen in der WP-Praxis
- Leadership: Bekenntnis der Praxisleitung zu Qualität als einem der wesentlichen Ziele der WP-Praxis (tone at the top) und Förderung einer positiven Fehlerkultur
- Kritische Grundhaltung & Unabhängigkeit: Angemessene und wirksame Regelungen und Maßnahmen zur Einhaltung ethischer Grundsätze einschließlich der einschlägigen Berufs-pflichten, insbesondere der kritischen Grundhaltung und der Unabhängigkeitsanforderungen

Mitarbeiterqualität

- Fachkenntnisse: Zusammensetzung des Prüfungsteams aus Personen mit den relevanten Qualifikationen und Fachkenntnissen sowie Vorhandensein und Zusammensetzung weite-rer spezialisierter fachlicher Expertise (z. B. Fachabteilungen)
- Geschäftsverständnis und Erfahrungen: Branchenexpertise und Verständnis des Prüfungs-teams vom Geschäftsmodell des Unternehmens einschließlich des rechtlichen und wirt-schaftlichen Umfelds, seiner Organisation und Prozesse sowie der Geschäftsrisiken

Prozessqualität

- Verfügbarkeit personeller und fachlicher Ressourcen: Zeitliche und räumliche Verfügbarkeit von fachlichen Mitarbeitern, ggf. einschließlich von Experten, und von Fachinformationen
- Involvement: Angemessene persönliche Einbindung des verantwortlichen Wirtschaftsprü-fers in den Abschlussprüfungsprozess und angemessene Anleitung und Überwachung des Prüfungsteams
- IT-Systeme und Prüfungstools: Verfügbarkeit von auf die Prozesse des Mandanten anpass-baren technologischen Ressourcen zur Prüfungsdurchführung sowie zur ergänzenden Unterstützung der jeweiligen Stakeholder bei der Erfüllung ihrer Funktionen
- Passgenauigkeit des Prüfungsprozesses: Fähigkeit zur Organisation und Koordination eines auf den Mandanten abgestimmten (risikoorientierten) Prüfungsprozesses, insbeson-dere auch Fokussierung auf die relevanten Fehlerrisiken
- Qualitätsmanagement-Prozess: Vorhandensein eines wirksamen Prozesses zur Steuerung, Überwachung und Verbesserung der Prüfungsqualität

---

3   Vgl. IDW (2021): Positionspapier Kommunikation von Prüfungsqualität, S. 14 und 15.

Kommunikation

- Kommunikation mit dem Aufsichtsorgan:
  Offene, proaktive und hinsichtlich Art, Zeitpunkt und Umfang auf die Bedürfnisse des Aufsichtsorgans ausgerichtete Kommunikation zu rechnungslegungs- und prüfungsrelevanten Sachverhalten (einschließlich Gefährdungen der Unabhängigkeit, Umfang und geplantem Ablauf der Prüfung, Ansichten zu Rechnungslegungsmethoden, während der Prüfung aufgetretenen Problemen), auch über die pflichtgemäßen Kommunikations-sachverhalte hinaus
- Kommunikation mit dem Management (CFO):
  Klare und regelmäßige Kommunikation über den Stand der Abschlussprüfung und ggf. darüber hinaus über Sachverhalte, die nicht unmittelbarer Gegenstand der Abschlussprüfung sind (z. B. Verbesserungsvorschläge im sog. Management Letter)

Auf der Grundlage dieser Qualitätsfaktoren können im Dialog zwischen Prüfungsausschuss und Abschlussprüfer Messgrößen (sogenannten »Audit Quality Indicators«, AQIs) abgeleitet werden. Das IDW-Positionspapier enthält Vorschläge für AQIs – unterteilt nach praxisbezogenen AQIs und auftragsbezogenen AQIs – mit Erläuterungen und Interpretationshinweisen.[4] Die Qualitätsinformationen können eine Grundlage sein, um die Diskussion über die wahrgenommene und die gewünschte Prüfungsqualität zu objektivieren. Der Fokus sollte auf relevanten AQIs liegen. Ausgangspunkt für die Beurteilung der Prüfungsqualität können vom Abschlussprüfer bereitgestellte Qualitätsinformationen sein, in der AQIs berichtet und eingeordnet werden.[5]

---

4   Vgl. IDW (2021): Positionspapier Kommunikation von Prüfungsqualität, S. 24 bis 41.
5   Vgl. IDW (2021): Positionspapier Kommunikation von Prüfungsqualität, S. 8.

D Muster einer Geschäftsordnung

Geschäftsordnung für den Prüfungsausschuss des Aufsichtsrates der [Name der Gesellschaft]

§ 1
Grundlage der Tätigkeit des Prüfungsausschusses
Der Prüfungsausschuss wird aus der Mitte des Aufsichtsrates bestellt. Soweit die vorliegende Geschäftsordnung keine abweichenden Regelungen trifft, gelten die Regelungen der Geschäftsordnung für den Aufsichtsrat der [Name der Gesellschaft] entsprechend.

§ 2
Zusammensetzung und Leitung
(1) Dem Prüfungsausschuss gehören, vorbehaltlich einer anderslautenden Bestimmung durch den Aufsichtsrat, vier Mitglieder an. Jeweils zwei werden auf Vorschlag der Anteilseignervertreter und der Arbeitnehmervertreter gewählt. Die Mitglieder des Prüfungsausschusses sind in ihrer Gesamtheit mit dem Sektor, in dem die Gesellschaft tätig ist, vertraut.

(2) Der Aufsichtsrat bestimmt ein Mitglied zum Vorsitzenden des Ausschusses. Dabei sollen weder der Vorsitzende des Aufsichtsrates noch ein ehemaliges Vorstandsmitglied zur Wahl vorgeschlagen werden.

(3) Mindestens ein Mitglied des Prüfungsausschusses muss über Sachverstand auf dem Gebiet Rechnungslegung und mindestens ein weiteres Mitglied des Prüfungsausschusses über Sachverstand auf dem Gebiet Abschlussprüfung verfügen.

(4) Der Vorsitzende des Prüfungsausschusses soll zumindest auf einem der beiden Gebiete entsprechend sachverständig sein. Der Vorsitzende des Prüfungsausschusses soll unabhängig von der Gesellschaft und vom Vorstand sowie auch unabhängig vom kontrollierenden Aktionär sein.

§ 3
Aufgaben des Prüfungsausschusses
(1) Der Prüfungsausschuss bereitet die Verhandlungen und Beschlüsse des Aufsichtsrates

- zur Prüfung und gegebenenfalls zur Feststellung des Jahresabschlusses und zur Billigung des Konzernabschlusses,
- zum Beschlussvorschlag des Vorstands zur Gewinnverwendung,
- zur Prüfung/prüferischen Durchsicht einer etwaigen nichtfinanziellen Erklärung bzw. eines etwaigen gesonderten nichtfinanziellen Berichts (§ 289b HGB) sowie
- zum Vorschlag des Aufsichtsrates an die Hauptversammlung über die Wahl des Abschlussprüfers und des Konzernabschlussprüfers sowie des Prüfers für den Halbjahresfinanzbericht, sofern dieser geprüft oder einer prüferischen Durchsicht unterzogen wird,

vor.

Zu diesem Zweck beschäftigt sich der Prüfungsausschuss intensiv mit dem Jahresabschluss und dem Konzernabschluss, dem zusammengefassten Lagebericht für die Gesellschaft und den Konzern sowie dem Vorschlag zur Gewinnverwendung.

Der Prüfungsausschuss erörtert die Prüfungsberichte mit dem Abschlussprüfer und gibt entsprechende Empfehlungen an den Aufsichtsrat. Der Prüfungsausschuss diskutiert mit dem Abschlussprüfer die Einschätzung des Prüfungsrisikos, die Prüfungsstrategie und Prüfungsplanung sowie die Prüfungsergebnisse. Der Vorsitzende des Prüfungsausschusses tauscht sich regelmäßig mit dem Abschlussprüfer über den Fortgang der Prüfung aus und berichtet dem Ausschuss hierüber.

(2) Vor der Unterbreitung des Wahlvorschlags holt der Prüfungsausschuss anstelle des Aufsichtsrates eine Erklärung des vorgesehenen Abschlussprüfers ein, ob und gegebenenfalls welche geschäftlichen, finanziellen, persönlichen oder sonstigen Beziehungen zwischen der Prüfungsgesellschaft, ihren Organen und Prüfungsleitern einerseits und dem Konzern und seinen Organmitgliedern andererseits bestehen, die Zweifel an der Unabhängigkeit des Abschlussprüfers begründen können. Die Erklärung soll sich auch darauf erstrecken, in welchem Umfang im vorausgegangenen Geschäftsjahr andere Leistungen für den Konzern, insbesondere auf dem Beratungssektor, erbracht wurden bzw. für das folgende Jahr vertraglich vereinbart sind. Diese Erklärung soll darüber hinaus bestätigen, dass innerhalb des Zeitraums zwischen dem Beginn des Prüfungszeitraums und der Abgabe des Bestätigungsvermerks keine verbotenen Nichtprüfungsleistungen i. S. v. Art. 5 Abs. 1 EU-Abschlussprüferverordnung (VO (EU) Nr. 537/2014) erbracht wurden bzw. werden.

(3) Der Prüfungsausschuss ist für die vorherige Zustimmung zu allen vom Abschlussprüfer zu erbringenden Leistungen, einschließlich zulässiger Nichtprüfungsleistungen, zuständig. Die Zustimmung zur Vergabe zulässiger Nichtprüfungsleistungen an den Abschlussprüfer kann vor Beginn eines Geschäftsjahres im Hinblick auf bestimmte Leistungsarten pauschal erfolgen. Bei einer solchen pauschalen Zustimmung legt der Prüfungsausschuss vorab Leitlinien i. S. v. Art. 5 Abs. 4 der EU-Abschlussprüferverordnung sowie einen Katalog von zulässigen Nichtprüfungsleistungen und ein maximales Budget im Rahmen der gesetzlich vorgegebenen Honorarvolumina für Leistungen fest, die an den Abschlussprüfer insgesamt vergeben werden dürfen. Ungeachtet dessen kann der Prüfungsausschuss im Einzelfall seine vorherige Zustimmung zu Nichtprüfungsleistungen erklären. In jedem Fall ist der Abschlussprüfer anzuhalten, sich zu vergewissern, dass seine Unabhängigkeit infolge der Erbringung derartiger Leistungen keiner Gefahr ausgesetzt wird.

(4) Der Prüfungsausschuss bereitet die Ausschreibung der Abschlussprüfung für den Aufsichtsrat vor.

(5) Der Prüfungsausschuss behandelt anstelle des Aufsichtsrates die nachfolgend aufgeführten Themen:

- Fragen der Rechnungslegung, insbesondere die Behandlung von grundsätzlichen Themen, wie z. B. die Anwendung neuer Rechnungslegungsstandards sowie die Überwachung des Rechnungslegungsprozesses.

- Erörterung der Halbjahres- und Quartalsfinanzberichte sowie einer etwaigen prüferischen Durchsicht des Halbjahresfinanzberichts mit dem Vorstand vor der Veröffentlichung.
- Überwachung des Rechnungslegungsprozesses, der Wirksamkeit des internen Risikomanagementsystems, des internen Kontrollsystems und des internen Revisionssystems sowie Fragen der Compliance.
- Der Prüfungsausschuss beschäftigt sich mit Beschwerden von Mitarbeitern zu den Sachverhalten, die der Überwachung des Prüfungsausschusses unterliegen (z.B. finanzielle und nichtfinanzielle Unternehmensberichterstattung, interne Kontrollen, Risikomanagement, Compliance, interne Revision, Abschlussprüfung etc.).
- Überwachung der Qualität der Abschlussprüfung, insbesondere die erforderliche Unabhängigkeit des Abschlussprüfers, und der von den Abschlussprüfern zusätzlich erbrachten Leistungen.
- Beschlussfassung
  - über die Erteilung des Prüfungsauftrags an den Abschlussprüfer, insbesondere auch die etwaige Erteilung des Prüfungsauftrags für eine prüferische Durchsicht oder Prüfung des Halbjahresfinanzberichts,
  - über die Festlegung der Prüfungsschwerpunkte,
  - über die Vergütung des Abschlussprüfers,
  - über den Abschluss einer Informationsvereinbarung (gemäß Empfehlung D.8 des Deutschen Corporate Governance Kodex), dass der Abschlussprüfer den Prüfungsausschuss unverzüglich über alle für seine Aufgaben wesentlichen Feststellungen und Vorkommnisse unterrichtet, die dem Prüfer bei der Durchführung der Abschlussprüfung zu seiner Kenntnis gelangen,
  - über den Abschluss einer Informationsvereinbarung (gemäß Empfehlung D.9 des Deutschen Corporate Governance Kodex), dass der Abschlussprüfer den Aufsichtsrat informiert bzw. im Prüfungsbericht vermerkt, wenn er bei der Durchführung der Abschlussprüfung Tatsachen feststellt, die eine Unrichtigkeit der von Vorstand und Aufsichtsrat abgegebenen Entsprechenserklärung gemäß § 161 AktG ergeben.
- Sonstige, in direktem Zusammenhang mit oben genannten Themen stehende Fragestellungen.

(6) Darüber hinaus erörtert der Prüfungsausschuss wesentliche Änderungen der Prüfungs- und Bilanzierungsmethoden und berät über die Unternehmensplanung des Vorstands. Dazu gehören insbesondere die Erläuterungen des Vorstands über die beabsichtigte Entwicklung und die strategische Ausrichtung des Konzerns, die Darstellung der Finanz-, Investitions- und Personalplanung für den Konzern und die Erläuterung von Abweichungen der tatsächlichen Entwicklung von früher berichteten Zielen unter Angabe von Gründen.

(7) Der Vorsitzende des Prüfungsausschusses und der Vorsitzende des Aufsichtsrates erteilen den Prüfungsauftrag und schließen die Informationsvereinbarung und die Offenlegungsvereinbarung ab.

§4
Information des Prüfungsausschusses

(1) Der Vorstand informiert den Prüfungsausschuss regelmäßig und rechtzeitig über alle zum Aufgabenbereich gehörenden Fragen. Er legt dem Prüfungsausschuss den Jahres- und Konzernabschluss sowie den Halbjahresfinanzbericht und die Quartalszwischenmitteilungen möglichst frühzeitig und insbesondere vor ihrer Behandlung durch den Aufsichtsrat bzw. ihrer Veröffentlichung vor. Die einzelnen Informations- und Berichtspflichten des Vorstands werden vom Prüfungsausschuss festgelegt.

(2) Der Prüfungsausschuss wird vom Abschlussprüfer über alle für die Aufgaben des Aufsichtsrates wesentlichen Feststellungen und Vorkommnisse unverzüglich unterrichtet, die sich bei der Durchführung der Abschlussprüfung ergeben.

(3) Der Prüfungsausschuss ist berechtigt, zum Zwecke der Erfüllung der ihm zugewiesenen Aufgaben alle erforderlichen Auskünfte vom Abschlussprüfer und vom Vorstand einzuholen. Dabei kann er Einsicht in alle Geschäftsunterlagen der Gesellschaft nehmen oder deren Vorlage vom Vorstand verlangen sowie die Bücher und Vermögensgegenstände der Gesellschaft einsehen und prüfen. Er kann für bestimmte Einzelfälle auch einzelne Ausschussmitglieder beauftragen und Sachverständige hinzuziehen.

(4) Der Vorsitzende des Prüfungsausschusses ist darüber hinaus berechtigt, direkt bei den Leitern der Zentralbereiche der Gesellschaft, die für die Aufgaben des Prüfungsausschusses zuständig sind, umfassende Auskünfte einzuholen. Jedes Mitglied des Prüfungsausschusses kann über den Ausschussvorsitzenden unmittelbar bei den Leitern derjenigen Zentralbereiche der Gesellschaft, die in der Gesellschaft für die Aufgaben zuständig sind, die den Prüfungsausschuss betreffen, Auskünfte einholen. Der Ausschussvorsitzende hat die eingeholte Auskunft allen Mitgliedern des Prüfungsausschusses mitzuteilen. Der Vorstand ist unverzüglich zu informieren, wenn ein solches Auskunftsbegehren geltend gemacht wurde.

§5
Einberufung, Beschlussfassung

(1) Der Prüfungsausschuss soll im Geschäftsjahr zu mindestens vier Sitzungen zusammentreten. Die Sitzungen des Prüfungsausschusses werden vom Vorsitzenden unter Einhaltung einer Frist von mindestens einer Woche einberufen.

(2) Für die Einberufung und Protokollierung von Sitzungen sowie für die Beschlussfähigkeit und Beschlussfassung des Prüfungsausschusses gelten die Bestimmungen der Geschäftsordnung für den Aufsichtsrat entsprechend.

(3) Beschlüsse des Prüfungsausschusses bedürfen der Mehrheit der abgegebenen Stimmen. Eine Stimmenthaltung zählt nicht zu den abgegebenen Stimmen. Ergibt eine Abstimmung Stimmengleichheit, hat der Ausschussvorsitzende, ohne dass es einer weiteren Stimmabgabe durch ihn bedarf, zwei Stimmen.

(4) Abwesende Mitglieder des Prüfungsausschusses können an der Beschlussfassung teilnehmen, in dem sie eine schriftliche Stimmabgabe durch ein anderes Mitglied des Prüfungsausschusses überreichen lassen oder ihre Stimme fernmündlich oder mithilfe sonstiger Mittel der Telekommunikation abgeben.

§ 6

Teilnahme an Sitzungen

(1) An den Sitzungen des Prüfungsausschusses nimmt der für das Ressort Finanzen zuständige Vorstand (Finanzvorstand) teil, sofern nicht der Vorsitzende oder der Prüfungsausschuss die Teilnahme im Einzelfall ausschließt. Der Vorsitzende des Prüfungsausschusses kann weitere Vorstandsmitglieder sowie vom Prüfungsausschuss beauftragte Berater und Sachverständige und, in Abstimmung mit dem Vorstand, Mitarbeiter des Unternehmens hinzuziehen. Der Leiter der Konzernrevision (Corporate Audit) zum Berichtspunkt »Interne Revision/Konzernrevision« und der Chief Compliance Officer zum Berichtspunkt »Compliance/Compliance-Management« nehmen an den Sitzungen zur Berichterstattung teil.

(2) Der Prüfungsausschuss soll regelmäßig mit dem Abschlussprüfer auch ohne den Vorstand beraten. Auf Verlangen einzelner Mitglieder des Prüfungsausschusses kann der Prüfungsausschussvorsitzende bestimmen, dass der Prüfungsausschuss mit dem Abschlussprüfer ohne Vorstand tagt.

§ 7

Berichterstattung an den Aufsichtsrat

Der Vorsitzende des Prüfungsausschusses erstattet dem Aufsichtsrat regelmäßig in den Sitzungen des Aufsichtsrates Bericht über die Tätigkeit des Prüfungsausschusses. Bei wesentlichen Vorkommnissen und Feststellungen des Prüfungsausschusses informiert er unverzüglich den Vorsitzenden des Aufsichtsrates.

§ 8

Verschwiegenheit

Mitglieder des Prüfungsausschusses und andere Personen, die an Sitzungen des Prüfungsausschusses teilnehmen, haben über erhaltene Berichte und den Inhalt der Beratungen sowie über Geheimnisse der Gesellschaft, namentlich Betriebs- und Geschäftsgeheimnisse, die ihnen durch ihre Tätigkeit im Prüfungsausschuss bekannt geworden sind, Stillschweigen zu bewahren.

[Alternativ: Für die Mitglieder des Prüfungsausschusses gilt die Verschwiegenheitsregelung in § XX der Satzung der Gesellschaft/§ XX der Geschäftsordnung des Aufsichtsrates.]

Die Ausschussmitglieder werden insbesondere auf die Einhaltung der Insiderregeln der Marktmissbrauchsverordnung VO (EU) Nr. 596/2014 achten.

§ 9

Selbstbeurteilung

Der Prüfungsausschuss wird im Zuge einer Selbstevaluierung des Aufsichtsrates gemäß Empfehlung D.12 des Deutschen Corporate Governance Kodex auch die Wirksamkeit seiner Tätigkeit regelmäßig beurteilen und darüber im Aufsichtsrat für die Berichterstattung in der Erklärung zur Unternehmensführung berichten.

Diese Geschäftsordnung ersetzt die Version von [***] und tritt am [***] in Kraft.

Beschlossen vom Aufsichtsrat in der Sitzung am [***]

Literaturverzeichnis

Abbott, L. J./Park, Y./Parker, S. (2000): The Effects of Audit Committee Activity and Independence on Corporate Fraud. In: Managerial Finance, 26. Jg., S. 55–67.

Abbott, L. J./Parker, S. (2000): Auditor Selection and Audit Committee Characteristics. In: Auditing: A Journal of Practice & Theory, 19. Jg., S. 47–66.

Abbott, L. J./Parker, S./Peters, G. F. (2004): Audit Committee Characteristics and Restatements. In: Auditing: A Journal of Practice & Theory, 23. Jg., S. 69–87.

Abbott, L. J./Parker, S./Peters, G. F./Raghunandan, K. (2003a): The Association between Audit Committee Characteristics and Audit Fees. In: Auditing: A Journal of Practice & Theory, 22. Jg., S. 17–32.

Abbott, L. J./Parker, S./Peters, G. F./Raghunandan, K. (2003b): An Empirical Investigation of Audit Fees, Nonaudit Fees, and Audit Committees. In: Contemporary Accounting Research, 20. Jg., S. 215–234.

Abendroth, C. (2008): Der Bilanzeid – sinnvolle Neuerung oder systematischer Fremdkörper? In: WM 2008, S. 1147–1151.

Achleitner, A.-K. (2016): Strategieentwicklung und -überwachung aus Sicht des Aufsichtsrats. In: BOARD, Heft 4.

Abdullah, R./Ismail, Z./Smith, M. (2018): Audit Committees' Involvement and the Effects of Quality in the Internal Audit Function on Corporate Governance. In: International Journal of Auditing, 22. Jg., Heft 3, S. 385–403.

Abernathy, J. L./Herrmann, D./Kang, T./Krishnan, G. V. (2013): Audit Committee Financial Expertise and Properties of Analyst Earnings Forecast. In: Advances in Accounting, Incorporating Advances in International Accounting, 29. Jg., S. 1–11.

Accountancy Europe (2019): Interconnected standard setting for corporate reporting. Online unter: https://www.accountancyeurope.eu/wp-content/uploads/191220-Future-of-Corporate-Reporting.pdf (letzter Abruf: März 2022).

Accountancy Europe (2022): Sustainability Assurance under the CSRD. Key matters to respond to the upcoming CSRD requirements. Discussion paper, Mai 2022, Brüssel.

ACFE (2020): Report to the Nations 2020. Global Study on occupational fraud and abuse. Online unter: https://acfepublic.s3-us-west-2.amazonaws.com/2020-Report-to-the-Nations.pdf (letzter Abruf: März 2020).

Adler, H./Düring, W./Schmaltz, K. (1994/2001): Rechnungslegung und Prüfung der Unternehmen. 6. Aufl., Stuttgart.

Agoglia, C. P./Doupnik, T. S./Tsakumis, G. T. (2011): Principles-Based versus Rules-Based Accounting Standards: The Influence of Standard Precision and Audit Committee Strength on Financial Reporting Decisions. In: The Accounting Review, 86. Jg., S. 747–767.

Albach, H. (1997): Strategische Unternehmensplanung und Aufsichtsrat. In: Zeitschrift für Unternehmens- und Gesellschaftsrecht, 26. Jg., S. 32–40.

Alam, Z. S./Chen, M. H./Ciccotello, C. S./Ryan, H. E. Jr. (2018): Board Structure Mandates: Consequences for Director Location and Financial Reporting. In: Management Science, 64. Jg., Heft 10, S. 4735–4754.

Albersmann, B. T./Hohenfels, D. (2017): Audit Committees and Earnings Management – Evidence from the German Two-Tier Board System. In: Schmalenbach Business Review, 18. Jg., Heft 2, S. 147–178.

Alcarria Jaime, J. J./De Albornoz Noguer, B. G. (2004): Specification and Power of Crosssectional Abnormal Working Capital Accruals Models in the Spanish Context. In: European Accounting Review, 13. Jg., S. 73–104.

Aldamen, H./Duncan, K./Kelly, S./McNamara, R./Nagel, S. (2012): Audit Committee Characteristics and Firm Performance During the Global Financial Crisis. In: Accounting & Finance, 52. Jg., S. 971–1000.

Aldamen, H./Hollindale, J./Ziegelmayer, J. L. (2018): Female Audit Committee Members and their Influence on Audit Fees. In: Accounting & Finance, 58. Jg., Heft 1, S. 57–89.

Al Farooque, O./Buachoom, W./Sun, L. (2020): Board, audit committee, ownership and financial performance – emerging trends from Thailand. In: Pacific Accounting Review, 32. Jg., Nr. 1, S. 54–81.

Alhababsah, S./Yekini, S. (2021): Audit Committee and Audit Quality: An Empirical Analysis Considering Industry Expertise, Legal Expertise and Gender Diversity. In: Journal of International Accounting, Auditing and Taxation, 42. Jg., S. 1–17.

Ali, M. J./Singh, R. K. S./Al-Akra, M. (2018): The impact of audit committee effectiveness on audit fees and non-audit service fees. In: Accounting Research Journal, 31. Jg., Heft 2, S. 174–191.

Al-Jaifi, H. A./Al-Rassas, A. H./Al-Qadasi, A. (2019): Institutional investor preferences. Do internal auditing function and audit committee effectiveness matter in Malaysia? In: Management Research Review, 42. Jg., Heft 5, S. 641–659.

Al-Okaily, J./BenYoussef, N. (2020): Audit Committee Effectiveness and Non-Audit Service Fees: Evidence from UK Family Firms. In: Journal of International Accounting, Auditing and Taxation, 41. Jg., S. 1–17.

Al-Shaer, H./Salama, A./Toms, S. (2017): Audit Committees and Financial Reporting Quality. Evidence from UK Environmental Accounting Disclosures. In: Journal of Applied Accounting Research, 18. Jg., Heft 1, S. 2–21.

Al-Shaer, H./Zaman, M. (2018): Credibility of Sustainability Reports. The Contribution of Audit Committees. In: Business Strategy and the Environment, 27. Jg., Heft 7, S. 973–986.

Ashraf, M./Michas, P. N./Russomanno, D. (2020): The Impact of Audit Committee Information Technology Expertise on the Reliability and Timeliness of Financial Reporting. In: The Accounting Review, 95. Jg., Nr. 5, S. 23–56.

Altenhain, K (2008): Der strafbare falsche Bilanzeid. In: WM 2008, S. 1141–1147.

Al-Twaijry, A. A. M./Brierley, J. A/Gwilliam, D. R. (2002): An Examination of the Role of Audit Committees in the Saudi Arabian Corporate Sector. In: Corporate Governance, 10. Jg., S. 288–297.

Alves, S. M. G. (2011): The Effect of the Board Structure on Earnings Management: evidence from Portugal. In: Journal of Finance Reporting & Accounting, 9. Jg., S. 141–160.

Amel-Zadeh, A./Serafeim, G. (2018): Why and how investors use ESG information: Evidence from a global survey. In: Financial Analysts Journal, 74. Jg., Heft 3, S. 87–103.

Amling, T./Bantleon, U. (2008): Interne Revision – Grundlagen und Ansätze zur Beurteilung der Wirksamkeit. In: DStR 2008, S. 1300–1306.

Anti-Fraud Collaboration (AFC) (2021): Mitigating the Risk of Common Fraud-Schemes. Online unter: https://www.thecaq.org/wp-content/uploads/2020/12/afc-mitigating-the-risk-of-common-fraud-schemes-2021-01.pdf (letzter Abruf: März 2022).

APAS (2022): Homepage. Online unter: https://www.apasbafa.bund.de (letzter Abruf: März 2022).

APAS (2022): Die APAS. Marktbeobachtung. Online unter https://www.apasbafa.bund.de/APAS/DE/Die_APAS/Marktbeobachtung/marktbeobachtung_node.html;jsessionid=F3BB5E46583B46B17EF444897AEC7C2E.1_cid371 (letzter Abruf: März 2022).

Appiah, K. O./Amon, C. (2017): Board Audit Committee and Corporate Insolvency. In: Journal of Applied Accounting Research, 18. Jg., Heft 3, S. 298–316.

Appuhami, R./Tashakor, S. (2017): The Impact of Audit Committee Characteristics on CSR Disclosure: An Analysis of Australian Firms. In: Australian Accounting Review, 27. Jg., Heft 4, S. 400–420.

Arbeitskreis Externe und Interne Überwachung der Unternehmung (AKEIÜ) der Schmalenbach-Gesellschaft für Betriebswirtschaft e. V. (2011): Überwachung der Wirksamkeit des internen Kontrollsystems und des Risikomanagementsystems durch den Prüfungsausschuss – Best Practice. In: Der Betrieb, 64. Jg., S. 2101–2105.

Arbeitskreis Externe und Interne Überwachung der Unternehmung (AKEIÜ) der Schmalenbach-Gesellschaft für Betriebswirtschaft e. V. (2021): Thesen zur Auswahl und Nutzung von Audit Quality Indicators aus der Sicht von Prüfungsausschüssen. In: Der Betrieb, 76. Jg., S. 2219–2225.

Arbeitskreis Externe Unternehmensrechnung (AKEU)/Arbeitskreis Externe und Interne Überwachung der Unternehmung (AKEIÜ) der Schmalenbach-Gesellschaft für Betriebswirtschaft e. V. (2009): Anforderungen an die Überwachungsaufgaben von Aufsichtsrat und Prüfungsausschuss nach § 107 Abs. 3 Satz 2 AktG i. d. F. des Bilanzrechtsmodernisierungsgesetzes. In: Der Betrieb, 62. Jg., S. 1279–1282.

Arbeitskreis Integrated Reporting der Schmalenbach-Gesellschaft für Betriebswirtschaftslehre e. V. (AKIR; 2018): Erstanwendung des CSR-Richtlinie-Umsetzungsgesetzes. In: Der Betrieb, 71. Jg., S. 2253–2260.

Archambeault, D./DeZoort, F. T. (2001): Auditor Opinion Shopping and the Audit Committee: An Analysis of Suspicious Auditor Switches. In: International Journal of Auditing, 5. Jg., S. 33–52.

Archambeault, D./DeZoort, F. T./Hermanson, D. R. (2008): Audit Committee Incentive Compensation and Accounting Restatements. In: Contemporary Accounting Research, 25. Jg., Heft 4, S. 965–992.

Association of Certified Fraud Examiners (ACFE; 2020): Report to the Nations. 2020 Global Study on Occupational Fraud and Abuse. Online unter: https://acfepublic.s3-us-west-2.amazonaws.com/2020-Report-to-the-Nations.pdf (letzter Abruf: März 2022).

Audit Committee Guide Review Task Force of the HKSA Corporate Governance Committee (2002): A Guide for effective Audit Committees. Hong Kong.

Audit Committee Leadership Summit (2019): Cybersecurity governance. Online unter: https://www.tapestrynetworks.com/sites/default/files/publication_pdf/ACLS%20ViewPoints%20-%20Cybersecurity%20-%20July%202019%20-%20FINAL%20New%20EY%20logo%20for%20score_0.pdf (letzter Abruf: März 2022).

Bachmann, G. (2021): In: Kremer, T./Bachmann, G./Lutter, M./v. Werder, A. (Hrsg.): Kodex-Kommentar – Deutscher Corporate Governance Kodex. 8. Aufl., München.

Baatwah, S. R./Salleh, Z./Stewart, J. (2019): Audit Committee Chair Accounting Expertise and Audit Report Timeliness. The moderating effect of chair characteristics. In: Asian Review of Accounting, 27. Jg., Nr. 2, S. 273–306.

Baetge, J./Haenelt, T. (2009a): Anforderungen des Kapitalmarkts an die IFRS-Zwischenberichterstattung und empirische Befunde zur derzeitigen Qualität publizierter IFRS-Zwischenberichte. In: Der Betrieb, 62. Jg., S. 2501–2506.

Baetge, J./Haenelt, T. (2009b): Die Qualität der Halbjahresfinanzberichterstattung in Deutschland. In: Zeitschrift für Internationale Rechnungslegung, 5. Jg., S. 545–552.

Bank of England (2020): PRA Rulebook. Online unter: https://www.prarulebook.co.uk/ (letzter Abruf: März 2022).

Bantleon, U./Mauer, S. (2010): Überwachung des Risikomanagements durch Prüfungsausschüsse. In: ZCG, 5. Jg., S. 94–99.

Bantleon, U./Thormann, D. (2006): Grundlegendes zum Thema »Fraud« und dessen Vorbeugung. In: DStR, 44. Jg., S. 1714–1721.

Barker, R./Eccles, R. G. (2018): Should FASB and IASB be responsible for setting standards for nonfinancial information? Online unter: https://www.sbs.ox.ac.uk/sites/default/files/2018-10/Green%20Paper_0.pdf (letzter Abruf: Februar 2022).

Barua, A./Rama, D. V./Sharma, V. (2010): Audit Committee Characteristics and Investment in Internal Auditing. In: Journal of Accounting and Public Policy, 29. Jg., S. 503–513.

Baxter, P./Cotter, J. (2009): Audit Committees and Earnings Quality. In: Accounting & Finance, 49. Jg., S. 267–290.

Beasley, M. S./Carcello, J. V./Hermanson, D. R./Lapides, P. D. (2000): Fraudulent Financial Reporting: Consideration of Industry Traits and Corporate Governance Mechanism. In: Accounting Horizons, 14. Jg., S. 441–454.

Beasley, M. S./Carcello, J. V./Hermanson, D. R./Neal, T. L. (2009): The Audit Committee Oversight Process. In: Contemporary Accounting Research, 26. Jg., S. 65–122.

Beattie, V. (2012): Do UK Audit Committees Really Engage with Auditors on Audit Planning and Performance? In: Accounting and Business Research, 42. Jg., S. 349–375.

Beckenbauer/Drängler (2013): Steißlage und Kaiserschnitt bei der Geburt des Jahresabschlusses. München.

Bédard, J./Chtourou, S. M./Courteau, L. (2004): The Effect of Audit Committee Expertise, Independence, and Activity on Aggressive Earnings Management. In: Auditing: A Journal of Practice & Theory, 23. Jg., S. 13–35.

Bédard, J./Paquette, S. (2021): Audit Committee Financial Expertise, Litigation Risk, and Auditor-Provided Tax Services. In: Accounting Perspectives, 20. Jg., Nr. 1, S. 7–48.

Berkshire Hathaway Inc. (2002): Annual Report, S. 19–20. Online unter: http://www.berkshirehathaway.com/reports.html (letzter Abruf: März 2022).

Berkshire Hathaway Inc. (2015): Shareholder Letters. Online unter: http://www.berkshirehathaway.com/letters/letters.html (letzter Abruf: März 2022).

Berndt, T./Offenhammer, C. (2013): Ausgestaltung einer effektiven Corporate Governance. In: Der Schweizer Treuhänder, Heft 6–7, S. 370–374.

Berndt, T./Offerhammer, C./Luckhaupt, S. (2011): Audit Committee und Abschlussprüfer – Inhalte, Entwicklungen und Grenzen der Zusammenarbeit. In: ZCG, 6. Jg., S. 133–141.

Bernsmann, K. (2014): In: Heidel, T. (Hrsg.): Aktienrecht- und Kapitalmarktrecht. 4. Aufl., Baden-Baden.

Berwanger, J. (2013): Interne Revision und Compliance-Management-System (CMS). In: Der Aufsichtsrat, 10. Jg., S. 104.

Beyer, M./Heyd, R./George, N. (2017): Aufsichtsrat kompakt. Stuttgart.

Bingham, D./Scott-Gall, H./Wilson-Otto, G./Tylenda, E./Kooroshy, J./Vilburn, C. (2017): The PM's Guide to the ESG Revolution. Goldman Sachs, New York.

Bierstaker, J. L./Cohen, J. R./DeZoort, F. T./Hermanson, D. R. (2012): Audit Committee Compensation, Fairness and the Resolution of Accounting Disagreements. In: Auditing: A Journal of Practice & Theory, 31. Jg., S. 131–150.

Binz, M. K./Sorg, M. H. (2019): Verschärfte Überwachungsaufgaben des Aufsichtsrats – eine Bestandsaufnahme. In: Betriebs-Berater, Heft 8, S. 387–295.

Bitkom (2021): Wirtschaftsschutz 2021. Online unter: https://www.bitkom.org/sites/default/files/2021-08/bitkom-slides-wirtschaftsschutz-cybercrime-05-08-2021.pdf (letzter Abruf: März 2022).

Boecker, C./Petersen, K./Zwirner, C. (2011): Accounting Fraud – vielfältiges Betätigungsfeld des Abschlussprüfers. In: Der Betrieb, 64. Jg., S. 899–895.

Böcking, H. J./Althoff, C. (2017): Paradigmenwechsel in der (Konzern-)Lageberichterstattung über nicht-monetäre Erfolgsfaktoren – Pre-Financial Performance Indicators als Vorstufe, nicht als Gegensatz von Financial Performance Indicators. In: Der Konzern, 15. Jg., S. 246–255.

Böckler-Stiftung (Hrsg.) (2011): Grundsätze ordnungsmäßiger Aufsichtsratstätigkeit. Arbeitshilfe für Aufsichtsräte, Nr. 10, Düsseldorf.

Böckli, P. (2003): Leitung eines »Audit Committee«: Gratwanderung zwischen Übereifer und Unsorgfalt – Das Audit Committee in der Praxis. In: Der Schweizer Treuhänder, 76. Jg., S. 559–572.

Böckli, P. (2009): Schweizer Aktienrecht. 4. Aufl., Zürich.

Braiotta, L./Gazzaway, T./Colson, R./Ramamoorti, S. (2010): The Audit Committee Handbook. 5. Aufl., New Jersey.

Braun, C./Louven, Chr. (2009): Neuregelungen des BilMoG für GmbH-Aufsichtsräte. In: Die GmbH-Rundschau, 100. Jg., S. 965–970.

Braun, U./Wolfgarten, W. (2012): In: Boos, K.-H./Fischer, R./Schulte-Mattler, H. (Hrsg.): Kreditwesengesetz Kommentar. 4. Aufl., München, S. 800–934.

Bravo, F./Reguera-Alvarado, N. (2019): Sustainable Development Disclosure: Environmental, Social and Governance Reporting and Gender Diversity in the Audit Committee. In: Business Strategy and the Environment, 28. Jg., Heft 2, S. 418–429.

Brown-Liburd, H. L./Wright, A. M. (2011): The Effect of Past Client Relationship and Strength of the Audit Committee on Auditor Negotiations. In: Auditing: A Journal of Practice & Theory, 30. Jg., S. 51–69.

Bryan, D./Liu, M. H. C./Tiras, S. L./Zhuang, Z. (2013): Optimal versus Suboptimal Choices of Accounting Expertise on Audit Committees and Earnings Quality. In: Review of Accounting Studies, 18. Jg., S. 1123–1158.

Buhleier, C. (2022): Reform des DCGK 2022. Gastkommentar. In: Der Betrieb, Heft 23-24, S. M4-M5.

Buhleier, C./Krowas, N. (2010): Persönliche Pflicht zur Prüfung des Jahresabschlusses durch den Aufsichtsrat. In: Der Betrieb, 63. Jg., S. 1165–1170.

Buhleier, C./Niehues, M./Splinter, S. (2016): Praktische Herausforderungen bei der Umsetzung der neuen Anforderungen an den Prüfungsausschuss des Aufsichtsrats. In: Der Betrieb, Heft 33, S. 1885–1892.

Bundesanstalt für Finanzdienstleistungsaufsicht (BaFin 2016): Merkblatt zu den Mitgliedern von Verwaltungs- und Aufsichtsorganen, Bonn.

Bundesanstalt für Finanzdienstleistungsaufsicht (BaFin 2017a): Rundschreiben 09/2017, Bonn.

Bundesanstalt für Finanzdienstleistungsaufsicht (BaFin 2017b): Rundschreiben 02/2017. Bonn.

Bundesanstalt für Finanzdienstleistungsaufsicht (BaFin 2018a): Merkblatt zur fachlichen Eignung und Zuverlässigkeit von Mitgliedern von Verwaltungs- oder Aufsichtsorganen gemäß VAG. Bonn.

Bundesanstalt für Finanzdienstleistungsaufsicht (2018b): Informationspflichten für Emittenten. Online unter: https://www.bafin.de/DE/Aufsicht/BoersenMaerkte/Transparenz/InformationspflichtenEmittenten/informationspflichten_fuer_emittenten_node.html (letzter Abruf: November 2021).

Bundesanstalt für Finanzdienstleistungsaufsicht (BaFin 2018c): Rundschreiben 05/2018. Bonn.

Bundesanstalt für Finanzdienstleistungsaufsicht (BaFin 2020): What ARUG II means for companies and BaFin. Online unter: https://www.bafin.de/SharedDocs/Veroeffentlichungen/EN/Fachartikel/2020/fa_bj_2003_Aktionaersrechterichtlinie_en.html (letzter Abruf: 21.11.2021).

Bundesamt für Sicherheit in der Informationstechnik (2017): BSI-Standard 200-2 IT-Grundschutz-Methodik. Online unter: https://www.bsi.bund.de/SharedDocs/Downloads/DE/BSI/Grundschutz/BSI_Standards/standard_200_2.pdf?__blob=publicationFile&v=2 (letzter Abruf: Februar 2022).

Bundesamt für Sicherheit in der Informationstechnik (2020): Home-Office? – Aber sicher! Online unter: https://www.bsi.bund.de/SharedDocs/Downloads/DE/BSI/Cyber-Sicherheit/Themen/empfehlung_home_office.html (letzter Abruf: Februar 2022).

Bundesministerium der Finanzen (2020): Zwischenbericht: Die Bedeutung einer nachhaltigen Finanzwirtschaft für die große Transformation. Sustainable-Finance-Beirat der Bundesregierung vom 5. März 2020. Online unter: https://sustainable-finance-beirat.de/wp-content/uploads/2020/03/200306_SFB-Zwischenbericht_DE.pdf (letzter Abruf: Februar 2022).

Bundesministerium der Finanzen (2021): Gesetz zur Stärkung der Finanzmarktintegrität (Finanzmarktintegritätsstärkungsgesetz – FISG) vom 10.06.2021. Online unter: https://www.bundesfinanzministerium.de/Content/DE/Gesetzestexte/Gesetze_Gesetzesvorhaben/Abteilungen/Abteilung_VII/19_Legislaturperiode/2021-06-10-FISG/0-Gesetz.html (letzter Abruf: 07.10.2021).

Bundesministerium der Justiz und für Verbraucherschutz (BMJV) (2015): Pressemitteilung zum Entwurf des AReG vom 16. Dezember 2015. Online unter: https://www.bmjv.de/SharedDocs/Pressemitteilungen/DE/2015/12162015_Reform_Abschlusspruefung.html (letzter Abruf: März 2020).

Bundesverband Investment und Asset Management (BVI; 2021): BVI Jahrbuch 2021, Daten, Fakten, Perspektiven. Frankfurt am Main.

Busch, D./Link, S. P. (2020): In: Johannsen-Roth, T./Illert, S./Ghassemi-Tabar, N. (Hrsg.): Deutscher Corporate Governance Kodex: DCGK. Kommentar. München.

Bydlinski, S./Köll, A./Milla, A./Reichel, E. (2017): APRÄG 2016. Wien.

Canadian Institute of Chartered Accountants (2012): A Framework for Board Oversight of Enterprise Risk. Toronto.

Carcello, J. V./Neal, T. L. (2003): Audit Committee Composition and Auditor Reporting. In: The Accounting Review, 75. Jg., S. 453–467.

Carcello, J. V./Neal, T. L./Palmrose, Z./Scholz, S. (2011): CEO Involvement in Selecting Board Members, Audit Committee Effectiveness, and Restatements. In: Contemporary Accounting Research, 28. Jg., S. 396–430.

Cassell, C. A./Myers, L. A./Schmardebeck, R./Zhou, J. (2018): The Monitoring Effectiveness of Co-opted Audit Committees. In: Contemporary Accounting Research 35. Jg., S. 1732–1765. Online unter: https://doi.org/10.1111/1911-3846.12429 (letzter Abruf: Juni 2022).

Cauers, L./Haas, K./Jakob, A./Kremer, F./Schartmann, B./Welp, O. (2008): Ist der gegenwärtig viel diskutierte Begriff »Compliance« nur alter Wein in neuen Schläuchen? In: Der Betrieb, Heft 50, S. 2717–2719.

Cauers, L./Häge, M. (2007): Die Interne Revision auf dem Prüfstand durch ein Quality Assessment. In: Der Betrieb, 60. Jg., S. 1477–1479.

CDP (2022): Homepage. Online unter: www.cdp.net (letzter Abruf: Februar 2022).

Center for Audit Quality (2019): External Auditor Assessment Tool: A Reference for US Audit Committees. Online unter: https://www.thecaq.org/external-auditor-assessment-tool-a-reference-for-us-audit-committees (letzter Abruf: März 2022).

Chan, A. M. Y./Liu, G./Sun, J. (2013): Independent Audit Committee Members' Board Tenure and Audit Fees. In: Accounting & Finance, 53. Jg., S. 1129–1147.

Chaudhry, N. I./Roomi, M. A./Aftab, I. (2020): Impact of Expertise of Audit Committee Chair and Nomination Committee Chair on Financial Performance of Firm. In: Corporate Governance, 20. Jg., Nr. 4, S. 621–638.

Chen, F./Li, Y. (2013): Voluntary Adoption of More Stringent Governance Policy on Audit Committees: Theory and Empirical Evidence. In: The Accounting Review, 88. Jg., S. 1939–1969.

Chen, Y. M./Moroney, R./Houghton, K. (2005): Audit Committee Composition and the Use of an Industry Specialist Audit Firm. In: Accounting and Finance, 45. Jg., S. 217–239.

Cheng, S./Felix, R./Indjejikian, R. (2019): Spillover Effects of Internal Control Weakness Disclosures: The Role of Audit Committees and Board Connections. In: Contemporary Accounting Research, 36. Jg., Heft 2, S. 934–957.

Chi, W./Lisic, L. L./Pevzner, M. (2011): Is Enhanced Audit Quality Associated with Greater Real Earnings Management? In: Accounting Horizons, 25. Jg., Heft 2, S. 315–335.

Chijoke-Mgbame, A. M./Boateng, A./Mgbame, C. O. (2020): Board Gender Diversity, Audit Committee and Financial Performance: Evidence from Nigeria. In: Accounting Forum, 44. Jg., Nr. 3, S. 262–286.

Choi, J./Jeon, K./Park, J. (2004): The Role of Audit Committees in Decreasing Earnings Management: Korean Evidence. In: International Journal of Accounting, Auditing and Performance Evaluation, 1. Jg., S. 37–60.

Clark, G./Feiner, A./Viehs, M. (2014): From the Stockholder to the Stakeholder: How Sustainability can drive financial Outperformance. Online unter: https://www.smithschool.ox.ac.uk/publications/reports/SSEE_Arabesque_Paper_16Sept14.pdf (letzter Abruf: Februar 2022).

Christensen, B. E./Omer, T. C./Shelly, M. K./Wong, P. A. (2019): Affiliated Former Partners on the Audit Committee: Influence on the Auditor-Client Relationship and Audit Quality. In: Auditing: A Journal of Practice & Theory, 38. Jg., Heft 3, S. 95–119.

Cohen, J. R./Gaynor, L. M./Krishnamoorthy, G./Wright, A. M. (2007): Auditor Communications with the Audit Committee and the Board of Directors: Policy Recommendations and Opportunities For Future Research. In: Accounting Horizons, 25. Jg., Heft 2, S. 165–187.

Cohen, J. R./Gaynor, L. M./Krishnamoorthy, G./Wright, A. M. (2011): The Impact on Auditor Judgments of CEO Influence on Audit Committee Independence. In: Auditing: A Journal of Practice & Theory, 30. Jg., S. 129–147.

Cohen, J. R./Hanno, D. M. (2000): Auditors' Consideration of Corporate Governance and Management Control Philosophy in Preplanning and Planning Judgments. In: Auditing: A Journal of Practice & Theory, 19. Jg., S. 133–146.

Cohen, J., Krishnamoorthy, G., & Wright, A. M. (2002). Corporate governance and the audit process. In: Contemporary accounting research, 19 Jg., Heft 4, S. 573–594.

CPA Canada/CPAB/ICD (2018): Audit Committee Guide to Audit Quality Indicators. Online unter: https://www.cpacanada.ca/en/business-and-accounting-resources/audit-and-assurance/enhancing-audit-quality/publications/guide-to-audit-quality-indicators (letzter Abruf: März 2022).

CureVac (2021): CureVac kündigt Preis für Erstemission von Stammaktien an. Online unter: https://www.curevac.com/2020/08/14/curevac-kuendigt-preis-fuer-erstemission-von-stammaktien-an/ (letzter Abruf: November 2021).

Davidson, R./Goodwin-Stewart, J./Kent, P. (2005): Internal Governance Structures and Earnings Management. In: Accounting and Finance, 45. Jg., Heft 2, S. 241–267.

Dakhlallh, M. M./Rashid, N./Abdullah, W. A. W./Al Shebab, H. J. (2020): Audit Committee and Tobin's Q as A Measure of Firm Performance among Jordanian Companies. In: Jour of Adv Research in Dynamical & Control Systems, 12. Jg., Nr. 1, S. 28–41.

de Cambourg, P. (2019): Ensuring the relevance and reliability of non-financial corporate information: an ambition and a competitive advantage for a sustainable Europe. Online unter: http://www.anc.gouv.fr/files/live/sites/anc/files/contributed/ANC/4.%20Qui%20sommes-nous/Communique_de_presse/Report-de-Cambourg_extra-financial-informations_May2019_EN.pdf (letzter Abruf: Januar 2020).

Dechow, P. M./Sloan, R. G./Sweeney, A. P. (1995): Detecting Earnings Management. In: The Accounting Review, 79. Jg., S. 193–225.

Defond, M. L./Hann, R. N./Hu, X. (2005): Does the Market Value Financial Expertise on Audit Committees of Boards of Directors. In: Journal of Accounting Research, 43. Jg., S. 153–193.

Deilmann, B. (2012): Beschlussfassung im Aufsichtsrat: Beschlussfähigkeit und Mehrheitserfordernisse. In: Betriebs-Berater, 67. Jg., S. 2191–2196.

Deloitte (2009): Sample listing of fraud schemes. Online unter: https://www2.deloitte.com/content/dam/Deloitte/in/Documents/risk/Corporate%20Governance/Audit%20Committee/in-gc-fraud-schemes-questions-to-consider-noexp.pdf (letzter Abruf: März 2022).

Deloitte (2010a): Effective use of specialists by audit committees. Audit-Committee-Brief.

Deloitte (2010b): Beiräte im Mittelstand, Studienserie »Erfolgsfaktoren im Mittelstand«. Online unter: http://www.deloitte.com/assets/Dcom-Germany/Local%20Assets/Documents/13_FocusOn/Mittelstand/2010/MM_Beirat_Final_300610_6475.pdf (letzter Abruf: März 2020).

Deloitte (2012): Corporate Governance – A spotlight on Swiss trends. 2nd ed. 2012.

Deloitte (2013): Heads Up – Volume 20, Issue 17.

Deloitte (2017): Risikomanagement Benchmarkstudie. Online unter: https://www2.deloitte.com/de/de/pages/audit/articles/risikomanagement-benchmarkstudie-2017.html (letzter Abruf: Februar 2022).

Deloitte (2019a): Internal Audit Insights 2019 – High-impact areas of focus.

Deloitte (2019b): The Future of Compliance 2018. Online unter: https://www.deloitte-mail.de/u/register.php?CID=141631293&f=21352 (letzter Abruf: Februar 2022).

Deloitte (2020): Corporate Governance Inside. Online unter: https://www2.deloitte.com/de/de/pages/governance-risk-and-compliance/articles/corporate-governance-inside.html (letzter Abruf: Februar 2022).

Deloitte (2020): Risikomanagement Benchmarkstudie 2020. Online unter: https://www2.deloitte.com/de/de/pages/audit/articles/risikomanagement-benchmarkstudie-2020.html (letzter Abruf: Februar 2022).

Deloitte (2021): Audit Committee effectiveness. 2021 Framework. Online unter: https://www2.deloitte.com/content/dam/Deloitte/uk/Documents/audit/deloitte-uk-audit-committee-effectiveness-framework-2021.pdf (letzter Abruf: März 2022).

Deloitte (2021): Cyber Security Report 2021. Wahljahr 2021 – digitale Meinungsbildung ein Risiko. Online unter: https://www2.deloitte.com/de/de/pages/risk/articles/cyber-security-report.html (letzter Abruf: Februar 2022).

Deloitte (2021): Gesetz zur Stärkung der Finanzmarktintegrität (FISG) vom Bundestag beschlossen. Überblick zu den zentralen Inhalten aus Sicht börsennotierter Unternehmen und ihrer Organe – Stand Juni 2021. Online unter: https://www2.deloitte.com/content/dam/Deloitte/de/Documents/audit/FISG-Gesetz-zur-Staerkung-der-Finanzmarktintegritaet.pdf (letzter Abruf: Februar 2022).

Deloitte (2021): IPO Readiness; Online unter: https://www2.deloitte.com/de/de/pages/mergers-and-acquisitions/articles/ipo-readiness.html (letzter Abruf: November 2021).

Deloitte (2021): The Audit Committee Frontier – addressing climate change. Online unter: https://www2.deloitte.com/content/dam/Deloitte/global/Documents/Risk/gx-the-audit-committee-frontier-climate-change-nov-2021.pdf (letzter Abruf: Februar 2022).

Deloitte (2021): Zweites Führungspositionen-Gesetz – FüPoG II. Online unter: https://www2.deloitte.com/de/de/pages/audit/articles/zweites-fuehrungspositionen-gesetz-fuepog-ii.html (letzter Abruf: Februar 2022).

Deloitte LLP (2018): Audit Committee Resource Guide. Online unter: https://www2.deloitte.com/us/en/pages/center-for-board-effectiveness/articles/audit-committee-resource-guide.html (letzter Abruf: Februar 2022).

Deslandes/Fortin/Landry (2020): Audit Committee Characteristics and Tax Aggressiveness. In: Managerial Auditing Journal, 35. Jg., Nr. 2, S. 272–293.

Deutsche Börse Cash Market (2021): Gesetzliche Märkte und Transparenzstandards. Online unter: https://www.deutsche-boerse-cash-market.com/dbcm-de/primary-market/marktstruktur/gesetzliche-maerkte/transparenzstandards (letzter Abruf: August 2021).

Deutsche Börse Cash Market (2021): Going Public – Ihr IPO an der Deutschen Börse. Online unter: https://www.deutsche-boerse-cash-market.com/dbcm-de/primary-market/going-public (letzter Abruf: März 2022).

Deutsche Börse Cash Market (2021): Listingprozess Regulierter Markt. Prime Standard. Online unter: https://www.deutsche-boerse-cash-market.com/dbcm-de/primary-market/going-public/ipo-line-going-public/regulierter-market/!ipo-28160-35126 (letzter Abruf: März 2022).

Deutsche Börse Cash Market (2021): Segmente. Online unter: https://www.deutsche-boerse-cash-market.com/dbcm-de/primary-market/marktstruktur/segmente (letzter Abruf: August 2021).

Deutsches Aktieninstitut e. V. (2021): Audit Quality Indicators & Beyond. Eine Befragung von Wirtschaftsprüfern, Prüfungsausschussmitgliedern und Finanzvorständen zur Beurteilung der Qualität der Abschlussprüfung durch den Prüfungsausschuss. Studien des Deutschen Aktieninstitut. Frankfurt am Main.

Deutscher Nachhaltigkeitskodex (2021): Den DNK zur Erfüllung der CSR-Berichtspflicht nutzen. Online unter: deutscher-nachhaltigkeitskodex.de/de-DE/Home/DNK/CSR-RUG (letzter Abruf: 19.11.2021).

DeZoort, F. T. (1997): An Investigation of Audit Committees' Oversight Responsibilities. In: Abacus, 33. Jg., S. 208–227.

DeZoort, F. T. (1998): An Analysis of Experience Effects on Audit Committee members' Oversight Judgments. In: Accounting, Organizations and Society, 23. Jg., S. 1–21.

DeZoort, F. T./Hermanson, D. R./Archambeault, B. S./Reed, S. A. (2002): Audit Committee Effectiveness: A Synthesis of the Empirical Audit Committee Literature. In: Journal of Accounting Literature, 21. Jg., S. 38–75.

DeZoort, F. T./Hermanson, D. R./Houston, R.W. (2003a): Audit Committee Member Support for Proposed Audit Adjustments: A Source of Credibility Perspective. In: Auditing: A Journal of Practice & Theory, 22. Jg., S. 189–205.

DeZoort, F. T./Hermanson, D. R./Houston, R.W. (2003b): Audit Committee Support for Auditors: The Effects of Materiality Justification and Accounting Precision. In: Journal of Accounting and Public Policy, 22. Jg., S. 175–199.

DeZoort, F. T./Salterio, S. E. (2001): The Effects of Corporate Governance Experience and Financial-Reporting and Audit Knowledge on Audit Committee Members' Judgments. In: Auditing: A Journal of Practice & Theory, 20. Jg., S. 31–47.

DCGN/econsense (2018): Neuer Impuls für die Berichterstattung zu Nachhaltigkeit?, S. 16.

Dhaliwal, D./Naiker, V./Navissi, F. (2010): The Association Between Accruals Quality and the Characteristics of Accounting Experts and Mix of Expertise on Audit Committees. In: Contemporary Accounting Research, 27. Jg., S. 787–827.

Dhaliwal, D./Zhen Li, O./Tsang, A. (2011): Voluntary nonfinancial disclosure and the cost of equity capital: The initiation of corporate social responsibility reporting. The Accounting Review, 86. Jg., Nr. 1, S. 59–100.

Diamond, D. W./Verrechia, R. E. (1991): Disclosure, liquidity and the cost of capital. In: The Journal of Finance, 46. Jg., Nr. 4, S. 1325–1359.

DiBianco, G./Wessing, J. (2013): In: Wessing, J./Dann, M. (Hrsg.): Deutsch-Amerikanische Korruptionsverfahren: Ermittlungen in Unternehmen – SEC, DOJ, FCPA, SOX und die Folgen. München.

Diederichs, M./Fricke, W./Macke, S. (2011): Risikomanagement im DAX30 – Untersuchung des State-of-the-Art. In: Der Betrieb, 64. Jg., S. 1461–1465.

Dierks, K./Sandmann, T./Herre, U. (2013): Das neu überarbeitete COSO-Rahmenwerk für Interne Kontrollsysteme und die Konsequenzen für die deutsche Unternehmenspraxis. In: Corporate Compliance Zeitschrift, 8. Jg., S. 166 ff.

Dieterle, O. (2018): Die Entwicklung der Internen Revision hin zum Trusted Advisor. In: Zeitschrift Interne Revision, 53. Jg., Heft 1, S. 4.

DIIR (2017): Enquete 2017 – Die Interne Revision in Deutschland, Österreich und der Schweiz.

DIIR (2019a): DIIR Revisionsstandard Nr. 2: Prüfung des Risikomanagementsystems durch die Interne Revision, Version 2.0.

DIIR (2019b): Internationale Grundlagen für die berufliche Praxis der Internen Revision vom 11.03.2019, Version 7.

Dillerup, R./Stoi, R. (2016): Unternehmensführung: Management & Leadership: Strategien – Werkzeuge – Praxis. 5. Aufl., München.

Dingel, S. (2021): EU-Sustainable-Finance-Taxonomie. Hintergründe, Implementierungserfahrung und Ausblick. In: Sustainable Value, Heft 2, S. 3–6.

Dittmar, P. (2014): Behavioral Auditing: begrenzte Rationalität und Entscheidungsheuristiken im Kontext der Urteilsbildung des Abschlussprüfers. Lohmar.

Doralt, P./Doralt, W. (2013): In: Semler, J./v. Schenck, K. (Hrsg.): Arbeitshandbuch für Aufsichtsratsmitglieder. 4. Aufl., München, S. 893–968.

DRSC (2015): Service. Online unter: www.drsc.de/service (letzter Abruf: März 2020).

Drygala, T. (2015): In: Schmidt, K./Lutter, M. (Hrsg.): AktG Kommentar. 3. Aufl., Köln.

Ebke, W. F. (2013): In: Münchener Kommentar zum Handelsgesetzbuch, Bd. 4. 4. Aufl., München.

Eccles, R./Kastrapeli, M. (2017): The Investing Enlightenment: How Principle and Pragmatism Can Create Sustainable Value through ESG. Online unter: https://arabesque.com/research/Final_The_Investing_Enlightenment.pdf (letzter Abruf: Februar 2022).

Economiesuisse (2016): Swiss Code of Best Practice for Corporate Governance in der Fassung von 2016. Online unter: https://www.economiesuisse.ch/sites/default/files/publications/economiesuisse_swisscode_d_web.pdf (letzter Abruf: Februar 2022).

Eidgenössische Finanzmarktaufsicht (FINMA 2017): Rundschreiben 2017/01, Rz. 31 für Banken (»Prüfausschuss«).

Eidgenössische Finanzmarktaufsicht (FINMA 2017): Rundschreiben 2017/02, Rz. 25 für Versicherungen (»Prüfungsausschuss«).

Eidgenössische Revisionsaufsichtsbehörde RAB (2009): Rundschreiben über den umfassenden Revisionsbericht an den Verwaltungsrat (RS 1/09) vom 19. Juni 2009. Online unter: http://www.revisionsaufsichtsbehoerde.ch/bausteine.net/file/showfile.aspx?downdaid=7487&sp=D&domid=1063&fd=2 (letzter Abruf: März 2020).

Eidgenössische Revisionsaufsichtsbehörde (2020): Homepage. Online unter: https://www.rab-asr.ch (letzter Abruf: Februar 2022).

Eidgenössische Revisionsaufsichtsbehörde RAB (o.D.): Audit Committee Guide. Leitfaden für Prüfungsausschüsse von Gesellschaften des öffentlichen Interesses zur Zusammenarbeit mit der externen Revisionsstelle. Online unter: https://www.rab-asr.ch/backend/internet/cms/resource/31/null/Audit_Committee_Guide (letzter Abruf: Februar 2022).

EIOPA (o. D.): EIOPA-BoS-14/253 DE. Leitlinien zum Governance-System. Frankfurt a. M.

El-Gazzar, S./Fornaro, J./Jacob, R. A. (2008): An Examination of the Determinants and Contents of Corporate Voluntary Disclosure of Management's Responsibilities for Financial Reporting. In: Journal of Accounting, Auditing & Finance, 23. Jg., S. 95–114.

Engelhardt, J. A. (2013): In: Beck'scher Online-Kommentar HGB. 3. Aufl.

Enns, D./Lindsay, H. (2008): 20 Questions Directors Should Ask About Crises Management.

EPSAS (2022): Übersicht. Online unter: https://ec.europa.eu/eurostat/de/web/epsas/ (letzter Abruf: Januar 2022).

Ernst, C./Seibert, U./Stuckert, F. (1998): KapAEG, StückAG, EuroEG. Düsseldorf.

Ernstberger, J./Hitz, J.-M./Stich, M. (2012): Why do Firms Produce Erroneous IFRS Financial Statements? Working Paper (doi:10.2139/ssrn.2060328).

Ernstberger, J./Pellens, B./Schmidt, A. (2019): Wie stehen deutsche Prüfungsausschussvorsitzende zum Thema Prüfungsqualität? In: WPg, 72. Jg., S. 806–813.

Sellhorn, Thorsten: Wie stehen deutsche Prüfungsausschussvorsitzende zum Thema Prüfungsqualität? In: WPg, 72. Jg., S. 806–813.

Euler, R./Klein, C. (2019): In: Spindler, G./Stilz, E. (Hrsg.): Aktiengesetz. 4. Aufl., München.

Eulerich, M./Velte, P. (2012): Effizienzprüfung des Aufsichtsrats als Qualitätsindikator der Corporate Governance – Konzeptionelle Ausgestaltungsvarianten und empirische Befunde. In: IRZ, 8. Jg., S. 125–130.

Europäische Kommission (2005): Empfehlung der Kommission vom 15. Februar 2005 zu den Aufgaben von nicht geschäftsführenden Direktoren/Aufsichtsratsmitgliedern/börsennotierter Gesellschaften sowie zu den Ausschüssen des Verwaltungs-/Aufsichtsrats (2005/162/EG), Amtsblatt L 52, Anhang 1, Abschnitt 4.3.1. Brüssel. Online unter: http://eur-lex.europa.eu/LexUriServ/LexUriServ.do?uri=OJ:L:2005:052:0051:0063:DE:PDF (letzter Abruf: Februar 2022).

Europäische Kommission (2010a): Green Paper on Corporate Governance in financial institutions and remunerations policies, COM (2010) 284, Brüssel. Online unter: http://ec.europa.eu/internal_market/company/docs/modern/com2010_284_en.pdf (letzter Abruf: März 2020).

Europäische Kommission (2010b): Green Paper Audit Policy: Lessons from the Crisis, COM (2010) 561, Brüssel. Online unter: https://www.europarl.europa.eu/meetdocs/2009_2014/documents/com/com_com(2010)0561_/com_com(2010)0561_en.pdf (letzter Abruf: März 2022).

Europäische Kommission (2011): Grünbuch Europäischer Corporate Governance-Rahmen vom 5. April 2011. Brüssel.

Europäische Kommission (2013): Die angestrebte Umsetzung harmonisierter Rechnungsführungsgrundsätze für den öffentlichen Sektor in den Mitgliedsstaaten, Bericht der Kommission an den Rat und das Europäische Parlament. Brüssel.

Europäische Kommission (2020): Nachhaltige Unternehmensführung. Online unter: https://ec.europa.eu/info/law/better-regulation/have-your-say/initiatives/12548-Nachhaltige-Unternehmensfuhrung_de (letzter Abruf: Februar 2022).

Europäische Kommission (2021): Bankenpaket 2021: neue EU-Vorschriften zur Stärkung der Widerstandsfähigkeit der Banken und zur Vorbereitung auf die Zukunft. Pressemitteilung vom 27. Oktober 2021. Online unter: https://ec.europa.eu/commission/presscorner/detail/de/ip_21_5401 (letzter Abruf: Februar 2022).

Europäische Kommission (2021): Sustainable finance package – Proposal for a Corporate Sustainability Reporting Directive (CSRD). Online unter: https://ec.europa.eu/info/publications/210421-sustainable-finance-communication_eN (letzter Abruf: Juni 2022).

Europäisches Parlament und Europäischer Rat (2017): Richtlinie (EU) 2017/1129 vom 14. Juni 2017. Brüssel.

Europäisches Parlament und Europäischer Rat (2019): Delegierte Verordnung (EU) 2019/980 der Kommission vom 14. März 2019. Brüssel.

Europäisches Parlament und Europäischer Rat (2020): Verordnung (EU) Nr. 2020/852 vom 18. Juni 2020 über die Einrichtung eines Rahmens zur Erleichterung nachhaltiger Investitionen und zur Änderung der Verordnung (EU) 2019/2088. Brüssel.

European Commission (2020): EU taxonomy for sustainable activities. Online unter: https://ec.europa.eu/info/business-economy-euro/banking-and-finance/sustainable-finance/eu-taxonomy-sustainable-activities_en (letzter Abruf: Februar 2022).

European Commission (2021): Proposal for a Directive of the European Parliament and of the Council amending Directive 2013/34/EU, Directive 2004/109/EC, Directive 2006/43/EC and Regulation (EU) No 537/2014, as regards corporate sustainability reporting. Online unter: https://eur-lex.europa.eu/legal-content/EN/TXT/PDF/?uri=CELEX:52021PC0189&from=EN (letzter Abruf: Februar 2022).

European Commission (2021): Proposal for a Council Directive on ensuring a global minimum level of taxation for multinational groups in the Union (SWD (2021) 580 final). Online unter: https://ec.europa.eu/taxation_customs/system/files/2021-12/COM_2021_823_1_EN_ACT_part1_v11.pdf (letzter Abruf: Februar 2022).

European Commission (2021): Sustainable finance package. Online unter: https://ec.europa.eu/info/publications/210421-sustainable-finance-communication_en#csrd (letzter Abruf: Februar 2022).

European Financial Reporting Advisory Group (EFRAG): Sustainability Reporting Standards Roadmap. Online unter: https://www.efrag.org/Activities/2010051123028442/Non-financial-reporting-standards?AspxAutoDetectCookieSupport=1 (letzter Abruf: Februar 2022).

Europäischer Rat (2001): Verordnung (EG) Nr. 2157/2001 vom 8. Oktober 2001 über das Statut der Europäischen Gesellschaft (SE) (ABl. EU L 294 v. 10. November 2001).

Europäischer Rat (2013): Verordnung über die aufsichtsrechtlichen Anforderungen an Vergütungssysteme im Versicherungsbereich (Versicherungs-Vergütungsverordnung VersVergV) vom 16. Dezember 2013.

Europäischer Rat (2013): Verordnung (EU) Nr. 1024/2013 des Rates vom 15. Oktober 2013 zur Übertragung besonderer Aufgaben im Zusammenhang mit der Aufsicht über Kreditinstitute auf die Europäische Zentralbank (ABl. EU L 287/63).

Europäisches Parlament und Europäischer Rat (2006): Richtlinie 2006/43/EG vom 17. Mai 2006 über Abschlussprüfungen von Jahresabschlüssen und konsolidierten Abschlüssen, zur Änderung der Richtlinien 78/660/EWG und 83/349/EWG des Rats und zur Aufhebung der Richtlinie 84/253/EWG des Rates, ABl. EU L 157/87 v. 9. Juni 2006.

Europäisches Parlament und Europäischer Rat (2010): Verordnung (EU) Nr. 1093/2010 vom 24. November 2010 zur Errichtung einer Europäischen Aufsichtsbehörde (Europäische Bankenaufsichtsbehörde), zur Änderung des Beschlusses Nr. 716/2009/EG und zur Aufhebung des Beschlusses 2009/78/EG der Kommission.

Europäisches Parlament und Europäischer Rat (2013): Richtlinie 2013/36/EU vom 26. Juni 2013 über den Zugang zur Tätigkeit von Kreditinstituten und die Beaufsichtigung von Kreditinstituten und Wertpapierfirmen, zur Änderung der Richtlinie 2002/87/EG und zur Aufhebung der Richtlinien 2006/48EG und 2006/49EG, ABl. EU, L 176, 56 Jahrgang, 27. Juni 2013.

Europäisches Parlament und Europäischer Rat (2013): Verordnung (EU) Nr. 575/2013 über die Aufsichtsanforderungen an Kreditinstitute und Wertpapierfirmen. Brüssel.

Europäisches Parlament und Europäischer Rat (2013): EU-Verordnung Nr. 646/2012 mit Bestimmungen über Geldbußen und Zwangsgelder gemäß der Verordnung (EG) Nr. 216/2008. Brüssel.

Europäisches Parlament und Europäischer Rat (2014): EU-Richtlinie 2014/56/EU (2014): RICHTLINIE 2014/56/EU vom 16. April 2014 zur Änderung der Richtlinie 2006/43/EG über Abschlussprüfungen von Jahresabschlüssen und konsolidierten Abschlüssen, ABl. EU, L 158/57, S. 196–226.

Europäisches Parlament und Europäischer Rat (2014): EU-Verordnung Nr. 537/2014 vom 16. April 2014 über spezifische Anforderungen an die Abschlussprüfung bei Unternehmen von öffentlichem Interesse und zur Aufhebung des Beschlusses 2005/909/EG der Kommission, ABl. EU, L 158/57, S. 77–112.

Europäisches Parlament und Europäischer Rat (2017): Richtlinie (EU) 2017/828 des Europäischen Parlaments und des Rates vom 17. Mai 2017 zur Änderung der Richtlinie 2007/36/EG im Hinblick auf die Förderung der langfristigen Mitwirkung der Aktionäre (ABl. EU L 132).

Europäisches Parlament und Europäischer Rat (2017): Richtlinie (EU) 2017/1129 des Europäischen Parlaments und des Rates vom 14. Juni 2017 über den Prospekt, der beim öffentlichen Angebot von Wertpapieren oder bei deren Zulassung zum Handel an einem geregelten Markt zu veröffentlichen ist, und zur Aufhebung der Richtlinie 2003/71/EG.

Europäisches Parlament und Europäischer Rat (2019): Delegierte Verordnung 2019/980 des Europäischen Parlaments und des Rates vom 14. März 2019 zur Ergänzung der Verordnung (EU) 2017/1129 des Europäischen Parlaments und des Rates hinsichtlich der Aufmachung, des Inhalts, der Prüfung und der Billigung des Prospekts, der beim öffentlichen Angebot von Wertpapieren oder bei deren Zulassung zum Handel an einem geregelten Markt zu veröffentlichen ist, und zur Aufhebung der Verordnung (EG) Nr. 809/2004 der Kommission.

Europäisches Parlament und Europäischer Rat (2020): EU-Verordnung Nr. 2020/852 vom 18. Juni 2020 über die Einrichtung eines Rahmens zur Erleichterung nachhaltiger Investitionen und zur Änderung der Verordnung (EU) 2019/2088, ABl. EU, L 198/63, S. 13.

European Banking Authority (2011): EBA Guidelines on Internal Governance (GL 44). Online unter: http://www.eba.europa.eu/regulation-and-policy/internal-governance/guidelines-on-internal-governance (letzter Abruf: Februar 2022).

European Banking Authority (EBA 2017): Guidelines compliance table (EBA/GL/2017/11).

European Banking Authority (EBA 2018): Leitlinien zur internen Governance (EBA/GL/2017/11).

European Banking Authority/European Securities and Markets Authority (EBA/ESMA 2017): Leitlinien zur Bewertung der Eignung von Mitgliedern des Leitungsorgans und Inhabern von Schlüsselfunktionen (EBA/GL/2017/12).

European Banking Authority/European Securities and Markets Authority (EBA/ESMA 2018): Final Report on Guidelines on the Assessment of the Suitability of Members of the Management Body and Key Function Holders: Title IV – Human and financial resources for training of members of the management body (EBA/GL/2017/12).

European Banking Authority/European Securities and Markets Authority (EBA/ESMA 2021): Final Report on Guidelines on the Assessment of the Suitability of Members of the Management Body and Key Function Holders: Title V – Diversity within the management body (EBA/GL/2021/06).

European Securities and Markets Authority (ESMA 2019): Verlautbarung vom 15.07.2019 zu IAS 12 Ertragsteuern (ESMA32-63-743).

European Securities and Markets Authority (ESMA 2019): European common enforcement priorities for 2019 annual financial reports (22/11/2019; ESMA32-63-791).

European Securities and Markets Authority (ESMA 2020): Leitlinien zur Überwachung von Finanzinformationen (23/11/2020; ESMA32-50-218).

European Securities and Markets Authority (ESMA 2021): European common enforcement priorities for 2021 annual financial reports (ESMA32-63-1186).

Expertenkommission Deutscher Public Corporate Governance-Musterkodex (2019): Deutscher Public Corporate Governance Musterkodex (D-PCGM). Online unter: www.Pcg-musterkodex.de (letzter Abruf: Januar 2022).

EZB (2018): Leitfaden zu Beurteilung der fachlichen Qualifikation und persönlichen Zuverlässigkeit. Online unter: https://www.bankingsupervision.europa.eu/ecb/pub/pdf/ssm.fap_guide_201705_rev_201805.de.pdf (letzter Abruf: Februar 2022).

Ezzine, H. (2018): Corporate Governance and Social Norms During Financial Crisis: Evidence from France and Saudi Arabia. In: Journal of Management and Governance, 22. Jg., Heft 3, S. 707–748.

Falk, M. (2012): IT-Compliance in der Corporate Governance: Anforderungen und Umsetzung. Schwalbach am Taunus.

Farber, D. B. (2005): Restoring Trust after Fraud: Does Corporate Governance Matter? In: The Accounting Review, 80. Jg., S. 539–561.

Farber, D. B./Kuang, S. X./Mauldin, E. (2018): Audit Committee Accounting Expertise, Analyst Following, and Market Liquidity. In: Journal of Accounting, Auditing & Finance, 33. Jg., Heft 2, S. 174–199.

Fauver, L./Hung, M./Li, X./Taboada, A. G.. (2017): Board Reform and Firm Value: Worldwide Evidence. In: Journal of Financial Economics, 125. Jg., Heft 1, S. 120–142.

Feldeisen (2012): Zwischen IFRS 13 und Hartz IV – Vorschläge für eine Abschlussprüfergebührenordnung (APGO). Berlin.

Felix, R./Pevzner, M./Zhao, M. (2021): Cultural Diversity of Audit Committees and Firms' Financial Reporting Quality. In: Accounting Horizons, 35. Jg., Nr. 3, S. 143–159.

Ferris, S. P./Liao, M.-Y. (2019): Busy boards and corporate earnings management: an international analysis. In: Review of Accounting and Finance, 18. Jg., Heft 4, S. 533–556.

Fiebig, H./Zeis, A. (2018): Kommunale Rechnungsprüfung. 5. Aufl., Berlin.

Financial Reporting Council (2016): Guidance on Audit Committees. Online unter: https://www.frc.org.uk/getattachment/6b0ace1d-1d70-4678-9c41-0b44a62f0a0d/Guidance-on-Audit-Committees-April-2016.pdf (letzter Abruf: März 2022).

Financial Reporting Council (2018): The UK Corporate Governance Code. Online unter: https://www.frc.org.uk/getattachment/88bd8c45-50ea-4841-95b0-d2f4f48069a2/2018-UK-Corporate-Governance-Code-FINAL.pdf (letzter Abruf: März 2022).

Financial Reporting Council (2018): The Wates Corporate Governance Principles for Large Private Companies. Online unter: https://www.frc.org.uk/getattachment/31dfb844-6d4b-4093-9bfe-19cee2c29cda/Wates-Corporate-Governance-Principles-for-LPC-Dec-2018.pdf (letzter Abruf: März 2022).

Firoozi, M./Magnan, M./Fortin, S. (2019): Does Proximity to Corporate Headquarters Enhance Directors' Monitoring Effectiveness? A Look at Financial Reporting Quality. In: Corporate Governance: An International Review, 27. Jg., Heft 2, S. 98–119.

Fischbach, D. (2003): Der Bilanzprüfungsausschuss des Aufsichtsrats und seine Zusammenarbeit mit dem Abschlussprüfer. Köln.

Fleischer, H. (2006): In: Fleischer, H. (Hrsg.): Handbuch des Vorstandsrechts. München.

Fleischer, H. (2017): Ehrbarer Kaufmann – Grundsätze der Geschäftsmoral – Reputationsmanagement: Zur »Moralisierung« des Vorstandsrechts und ihren Grenzen. In: Der Betrieb, 70. Jg., S. 1981–2044.

Fleischer, H. (2021): In: Hennsler (Hrsg.): Beck'scher Online Grosskommentar AktG.

Fletcher, J. C. (2003): Getting behind the Numbers, Directors' Handbook Series, National Association of Corporate Directors. Updated Edition, Washington.

Florstedt, T. (2020): Die wesentlichen Änderungen des ARUG II nach den Empfehlungen des Rechtsausschusses. In: ZIP, Heft 1, S. 1–9.

Freidank, C.-C./Velte, P. (2010): Verbesserung des deutschen Corporate-Governance-Systems durch eine Kompetenzerweiterung von Prüfungsausschüssen des Aufsichtsrats? – Eine Bestandsaufnahme zur potentiellen Reichweite der Ausschusstätigkeit. In: ZCG 2010, Heft 6, S. 296–301.

Freytag, G. (1855): Soll und Haben. Leipzig.

Friede, G./Busch, T./Bassen, A. (2015): ESG and Financial Performance: Aggregated Evidence from More than 2000 Empirical Studies. Online unter: https://papers.ssrn.com/sol3/papers.cfm?abstract_id=2699610 (letzter Abruf: Februar 2022).

Gabel, D./Kiefner, A./Heinrich, T. (2019). Rechtshandbuch Cyber-Security: IT-Sicherheit, Datenschutz, Gesellschaftsrecht, Compliance, M&A, Versicherungen, Aufsichtsrecht, Arbeitsrecht, Litigation. Frankfurt am Main.

Gao, H./Huang, J. (2018): The Even-Odd Nature of Audit Committees and Corporate Earnings Quality. In: Journal of Accounting, Auditing & Finance, 33. Jg., Heft 1, S. 98–122.

García-Meca, E./Ramón-Llorens, M.-C:/Martínez-Ferrero, J. (2021): Are Narcissistic CEOs more Tax Aggressive? The Moderating Role of Internal Audit Committees. In: Journal of Business Research, 129. Jg., S. 223–235.

García-Sanchez, I.-M./Marínez-Ferrero, J./García-Meca, E. (2017): Gender Diversity, Financial Expertise and its Effects on Accounting Quality. In: Management Decision, 55. Jg., Heft 2, S. 347–382.

Gebrayel, E./Jarrar, H./Salloum, C./Lefebvre, Q. (2018): Effective Association between Audit Committees and the Internal Audit Function and its Impact on Financial Reporting Quality: Empirical Evidence from Oman Listed Firms. In: International Journal of Auditing, 22. Jg., Heft 2, S. 197–213.

Gendron, Y./Bédard, J. (2006): On the Constitution of Audit Committee Effectiveness. In: Accounting, Organization and Society, 31. Jg., S. 211–239.

Gernoth, J./Wernicke, T. (2010): Neue Entwicklungen zum Bericht des Aufsichtsrats an die Hauptversammlung. In: NZG, 13. Jg., S. 531–535.

Gesetz zur Ergänzung und Änderung der Regelungen für die gleichberechtigte Teilhabe von Frauen an Führungspositionen in der Privatwirtschaft und im öffentlichen Dienst (2021): Bundesgesetzblatt Jahrgang 2021 Teil I Nr. 51, ausgegeben zu Bonn am 11. August 2021. Online unter: bgbl.de/xaver/bgbl/start.xav?startbk=Bundesanzeiger_BGBl&jumpTo=bgbl121s3311.pdf#__bgbl__%2F%2F*%5B%40attr_id%3D%27bgbl121s3311.pdf%27%5D__1646225100680 (letzter Abruf: 19.11.2021).

Gesetz zur Fortentwicklung des Sanierungs- und Insolvenzrechts (SanInsFOG 2020): Bundesgesetzblatt Jahrgang 2020 Teil I Nr. 66, ausgegeben zu Bonn am 29. Dezember 2020. Online unter: https://www.bgbl.de/xaver/bgbl/start.xav?startbk=Bundesanzeiger_BGBl&start=%2F%2F*%5B%40attr_id=%27bgbl120s3256.pdf%27%5D#__bgbl__%2F%2F*%5B%40attr_id%3D%27bgbl120s3256.pdf%27%5D__1630841635959 (letzter Abruf: Februar 2022).

Gesetz zur Stärkung der Finanzmarktintegrität (Finanzmarktintegritätsstärkungsgesetz – FISG 2021): Bundesgesetzblatt Jahrgang 2021 Teil I Nr. 30, ausgegeben zu Bonn am 10. Juni 2021. Online unter: https://www.bmj.de/SharedDocs/Gesetzgebungsverfahren/Dokumente/Bgbl_Finanzmarktintegritaet.pdf;jsessionid=E66B1FA700C3476AD8899A03C4BD6372.1_cid334?__blob=publicationFile&v=2 (letzter Abruf: Februar 2022).

Ghafran, C./O'Sullivan, N. (2017): The Impact of Audit Committee Expertise on Audit Quality: Evidence from UK Audit Fees. In: The British Accounting Review, 49. Jg., Heft 6, S. 578–593.

Ghassemi-Tabar, N./Probst, A. (2021): Informationsrechte des Aufsichtsrats und einzelner Mitglieder. In: Der Aufsichtsrat, Heft 4, S. 54–56.

Ghassemi-Tabar, N./Probst, A. (2021): FISG: Das Wichtigste aus Sicht von Aufsichtsrat und Prüfungsausschuss. In: Der Aufsichtsrat, Heft 6, S. 82–84.

Ghosh, A./Marra, A./Moon, D. (2010): Corporate Boards, Audit Committees, and Earnings Management: Pre- and Post-SOX Evidence. In: Journal of Business Finance & Accounting, 37. Jg., S. 1145–1176.

Gittermann, S. (2021): § 5 Arbeit von Ausschüssen. In: v. Schenck, K./Wilsing, H.-U. (Hrsg.): Arbeitshandbuch für Aufsichtsratsmitglieder. 5. Aufl., München.

Gleißner, W./Hunziker, S. (2019): »Mit Enterprise Risk Management die Entscheidungsqualität erhöhen«. In: EXPERT FOKUS, Heft 10, S. 745–749.

Glendening, M./Mauldin, E. G./Shaw, K. W. (2019): Determinants and Consequences of Quantitative Critical Accounting Estimate Disclosures. In: The Accounting Review, 94. Jg., Nr. 5, S. 189–218.

Global Reporting Initiative (2020): Annual Report 2020: Disclosures. Online unter: https://www.globalreporting.org/about-gri/mission-history/gri-s-own-reports/ (letzter Abruf: März 2022).

Gödel, R. D. (2010): Unverzichtbarkeit der Prognoseberichterstattung im (Konzern-)Lagebericht. In: Der Betrieb, 63. Jg., S. 431–435.

Gold, A./Klynsmit, P./Wallage, P./Wright, A. M. (2018): The Impact of the Auditor Selection Process and Audit Committee Appointment Power on Investment Recommendations. In: Auditing: A Journal of Practice & Theory, 37. Jg., Heft 1, S. 69–87.

Gößwein, G./Hohmann, O. (2011): Modelle der Compliance-Organisation in Unternehmen. – Wider den Chief Compliance Officer als »Überoberverantwortungsnehmer«. In: Betriebs-Berater, 66. Jg., S. 963 ff.

Governing Corporations (o.D.): Appendix B »Red Flags in Management«. Online unter: https://flatworldknowledge.lardbucket.org/books/governing-corporations/s15-appendix-b-red-flags-in-manage.html (letzter Abruf: Dezember 2021).

Gräfe, S./Ribbert, M./Wegmann, N. (2010): Umsetzung der Corporate Governance-Anforderungen nach dem BilMoG. In: Der Aufsichtsrat, 10. Jg., S. 142–144.

Gros, M./Velte, P. (2012): Corporate Governance Reporting zum Prüfungsausschuss. Eine empirische Untersuchung im DAX und MDAX für das Geschäftsjahr 2011 unter besonderer Berücksichtigung der Finanzexpertise im Prüfungsausschuss. In: DStR, 50. Jg., S. 2243–2249.

Groß, P. J./Amen, M. (2003): Rechtspflicht zur Unternehmensplanung? – Ein Diskussionsvorschlag zur Konkretisierung der Planungspflicht und von Mindestanforderungen an eine ordnungsmäßige Unternehmensplanung. In: WPg, 56. Jg., S. 1161–1180.

Grottel, B./Röhm-Kottmann, M. (2014): § 324 Prüfungsausschuss. In: Förschle, G./Grottel, B./Schmidt, S. F./Schubert, W. J./Winkeljohann, N. (Hrsg.): Beck'scher Bilanz-Kommentar: Handels- und Steuerbilanz. 9. Aufl., München.

Grottel, B. (2020): In: Grottel, B./Schmidt, S. F./Schubert, W. J./Störk, U. (Hrsg.): Beck'scher Bilanz-Kommentar. 12. Aufl., München.

Grützner, T./Behr, N. (2013): Die Haftung von Compliance Officer, Vorstand und Aufsichtsrat bei Rechtsverstößen von Mitarbeitern. In: Der Betrieb, Heft 13, S. 561–567.

Habersack, M. (2019) in: Goette, W./Habersack, M./Kalss, S. (Hrsg.): Münchener Kommentar zum Aktiengesetz, Bd. 2, 5. Aufl., München.

Häcker, J. (2011): In: Wirtschaftsstrafrecht Handbuch des Wirtschaftsstraf- und -ordnungswidrigkeitenrechts. 5. Aufl., Köln.

Hahn, C. (2007): Der Bilanzeid: Neue Rechtsfigur im deutschen Kapitalmarktrecht. In: IRZ, 3. Jg., S. 375–379.

Haka, S./Chalos, P. (1990): Evidence of Agency Conflict Among Management, Auditors, and the Audit Committee Chair. In: Journal of Accounting and Public Policy, 9. Jg., S. 271–292.

Hakelmacher, S. (2009): Wenn Manager zu viel kriegen …: und andere Ungereimtheiten aus der Unternehmenswelt. Düsseldorf.

Hakelmacher, S. (2011): Corporate Governance oder Die korpulente Gouvernante. 3. Aufl., Wiesbaden.

Hakelmacher, S. (2012): Die Verbrüsselung der Abschlussprüfung. In: WPg, 65. Jg., S. 177–185.

Hakelmacher, S. (2014): Die IFRS als literarisches Kunstwerk: u. A. illustriert am Beispiel der Zurechnungsfähigkeit der Portokasse. In: WPg, 67. Jg., S. 227–235.

Haller, A./Durchschein, C. (2018): Integrierte Unternehmensberichterstattung – eine Herausforderung für die Berichterstattung des Wirtschaftsprüfers (Teil 1). In: Der Betrieb, 71. Jg., S. 1805–1814.

Hans-Böckler-Stiftung (2010): Arbeitshilfe für Aufsichtsräte Nr. 17. Düsseldorf.

Hans-Böckler-Stiftung (2020): Jahresprogramm. Böckler Seminare für Aufsichtsräte. Online unter: https://www.mitbestimmung.de/ar-seminare (letzter Abruf: Februar 2022).

Hansen, J. C./Lisic, L. L./Seidel. T. A./Wilkins, M. S. (2021): Audit Committee Accounting Expertise and the Mitigation of Strategic Auditor Behavior. In: The Accounting Review, 96. Jg., Nr. 4, S. 289–314.

Harnacke, U. M. (2021): FISG: Änderung der Corporate Governance für Aktiengesellschaften aus der Sicht des Prüfungsausschusses. In: WPg, Nr. 17, S. 1093–1097.

Hartig, H. (2018) in: Krimphove, D./Kruse, O. (Hrsg.): Aufsichtsrechtliche Mindestanforderungen an die Geschäftsorganisation von Versicherungsunternehmen (MaGo). München.

Harvard Law School Forum on Corporate Governance (2020): Cybersecurity: An Evolving Governance Challenge. Online unter: https://corpgov.law.harvard.edu/2020/03/15/cybersecurity-an-evolving-governance-challenge/ (letzter Abruf: 28.02.2022).

Harvard Law School Forum on Corporate Governance (2021): Cybersecurity Oversight and Defense — A Board and Management Imperative. Online unter: https://corpgov.law.harvard.edu/2021/05/14/cybersecurity-oversight-and-defense-a-board-and-management-imperative/ (letzter Abruf: 01.03.2022).

Hasan, S./Kassim, A. A. M./Hamid, M. A. A. (2020): The Impact of Audit Quality, Audit Committee and Financial Reporting Quality: Evidence from Malaysia. In: International Journal of Economics and Financial Issues, 10. Jg., Nr. 5, S. 272–281.

Hasselbach, K. (2012): Überwachungs- und Beratungspflichten des Aufsichtsrats in der Krise. In: Neue Zeitschrift Gesellschaftsrecht, 15. Jg., S. 41–48.

Hauschka, C./Moosmeyer, K./Lösler, T. (2016): Corporate Compliance – Handbuch der Haftungsvermeidung im Unternehmen. 3. Aufl., München.

He, L./Yang, R./He, Y. (2018): Does Social Exchange Relationship Impair Audit Committee Effectiveness? In: Journal of Management and Governance, 22. Jg., Heft 2, S. 219–249.

He, X./Pittman, J. A./Rui, O. M./Wu, D. (2017): Do Social Ties between External Auditors and Audit Committee Members Effect Audit Quality? In: The Accounting Review, 92. Jg., Heft 5, S. 61–87.

HEAG (2018): Darmstädter Beteiligungskodex. Online unter: https://www.heag.de/stadtwirtschaft/darmstaedter-beteiligungskodex/ (letzter Abruf: Januar 2022).

Healy, P. M./Wahlen, J. M. (1999): A Review of the Earnings Management Literature and Its Implications for Standard Setting. In: Accounting Horizons, 13. Jg., S. 365–383.

Heidel, T. (2012): Zur Weisungsgebundenheit von Aufsichtsratsmitgliedern bei Beteiligung von Gebietskörperschaften und Alleinaktionären. In: NZG, 15. Jg., S. 48–55.

Heimrath, G. (2010): In: Wurzel, G./Schraml, A./Becker, R. (Hrsg.): Rechtspraxis der kommunalen Unternehmen. 2. Aufl., München.

Hennrichs, J./Pöschke, M. (2017): Die Pflicht des Aufsichtsrats zur Prüfung des »CSR-Berichts«. In: Neue Zeitschrift für Gesellschaftsrecht (NZG), 20, S. 121–127.

Hennrichs, J./Pöschke, M. (2022): In: Goette, W./Habersack, M./Kalss, S. (Hrsg.): Münchener Kommentar zum Aktiengesetz. 5. Aufl., München.

Henze, H. (2010): Bericht des AR an die HV: Beschlussfeststellung und Unterschrift durch den AR-Vorsitzenden erforderlich. In: Der Aufsichtsrat, 7. Jg., S. 146.

Hillebrandt, S./Ratzinger-Sakel, N. V. S. (2021): Codetermination on the Audit Committee: An Analysis of Potential Effects on Audit Quality. In: International Journal of Auditing, 25. Jg., Nr. 2, S. 283–302.

Hinterseher (2012): Die Verführung in das Detail. München.

Hirt, M. (2013): Die Überprüfung einer Strategie durch den Aufsichtsrat. In: Der Aufsichtsrat, 10. Jg., S. 144–146.

Hofbauer, P. (2021): Die Aufgaben des Prüfungsausschusses – insbesondere bei Auswahl und Überwachung des Abschlussprüfers. In: Mittelback-Hörmanseder, S./Schiebel, A. (Hrsg.): Rechnungswesen und Wirtschaftsprüfung. Aktuelle Fragestellungen der Rechnungslegung und angrenzender Themengebiete. Festschrift für Romuald Bertl. Wien, S. 55–74.

Hoffmann, S. (2021): Bilanzkontrolle – eine institutionelle Würdigung des neuen Verfahrens. In: WPg, 74. Jg., S. 1468–1473.

Hoffmann, T. (2016): Europarechtliche Umsetzungsdefizite bei der fakultativen Ausgestaltung des Prüfungsausschusses nach § 107 Abs. 3 Satz 2 AktG. In: NZG, S. 441.

Hsu, W.-Y./Huang, Y./Lai, G. (2019): Reserve Management and Audit Committee Characteristics: Evidence from U.S. Property-Liability Insurance Companies. In: The Journal of Risk and Insurance, 86. Jg., Heft 4, S. 1019–1043.

Hüffer, U. (2021): In: Hüffer, U./Koch, J. (Hrsg.): Aktiengesetz. 15. Aufl., München.

Hüffer, U./Koch, J. (2021): Aktiengesetz. 15. Aufl., München.

Hütten, C./Stromann, H. (2003): Umsetzung des Sarbanes-Oxley Acts in der Unternehmenspraxis. In: Betriebs-Berater, 58 Jg., S. 2223–2225.

Huwer, W. (2008): Der Prüfungsausschuss des Aufsichtsrats, Aufgaben, Anforderungen und Arbeitsweise in der Aktiengesellschaft und im Aktienkonzern. Berlin.

IAASB (2014): A Framework for Audit Quality. Key Elements that Create an Environment for Audit Quality. Online unter: https://www.ifac.org/system/files/publications/files/A-Framework-for-Audit-Quality-Key-Elements-that-Create-an-Environment-for-Audit-Quality-2.pdf (letzter Abruf: März 2022).

IDW (2002): Grundsätze für die prüferische Durchsicht von Abschlüssen (IDW PS 900).

IDW (2002): Grundsätze ordnungsmäßiger Buchführung bei Einsatz von Informationstechnologie (IDW RS FAIT 1).

IDW (2008): Projektbegleitende Prüfung bei Einsatz von Informationstechnologie (IDW PS 850).

IDW (2010): Berichterstattung über die Erweiterung der Abschlussprüfung nach § 53 HGrG (IDW PS 720).

IDW (2010): Interne Revision und Abschlussprüfung (IDW PS 321).

IDW (2011): Grundsätze ordnungsmäßiger Prüfung von Compliance Management Systemen (IDW PS 980).

IDW (2012a): Aufdeckung von Unregelmäßigkeiten im Rahmen der Jahresabschlussprüfung (IDW PS 210).

IDW (2012b): WP Handbuch. Wirtschaftsprüfung und Rechnungslegung, Bd. 1. Düsseldorf.

IDW (2017): Allgemeine Auftragsbedingungen für Wirtschaftsprüfer und Wirtschaftsprüfungsgesellschaften vom 1. Januar 2017. Düsseldorf.

IDW (2017): Ausgestaltung und Prüfung eines Tax Compliance Management Systems gemäß IDW PS 980 (IDW-Praxishinweis 1/2016).

IDW (2017): Feststellung und Beurteilung von Fehlerrisiken und Reaktionen des Abschlussprüfers auf die beurteilten Fehlerrisiken (IDW PS 261 n. F.).

IDW (2017): Grundsätze ordnungsmäßiger Erstellung von Prüfungsberichten (IDW PS 450 n. F.).

IDW (2017): Grundsätze ordnungsmäßiger Prüfung des Internen Kontrollsystems des internen und externen Berichtswesens (IDW PS 982).

IDW (2017): Grundsätze ordnungsmäßiger Prüfung von Internen Revisionssystemen (IDW PS 983).

IDW (2017): Grundsätze ordnungsmäßiger Prüfung von Risikomanagementsystemen (IDW PS 981).

IDW (2017): Pflichten und Zweifelsfragen zur nichtfinanziellen Erklärung als Bestandteil der Unternehmensführung (IDW-Positionspapier).

IDW (2017): Prüfung des Lageberichts im Rahmen der Abschlussprüfung (IDW 350 n. F.).

IDW (2018): Ausschreibung der Abschlussprüfung (IDW-Positionspapier). 2. Aufl.

IDW (2018): IT-Prüfung außerhalb der Abschlussprüfung (IDW PS 860).

IDW (2018): Zielorientierte Ableitung von Indikatoren zur Steuerung und Überwachung der Prüfungsqualität im Rahmen des Qualitätsmanagement-Prozesses nach IDW QS 1 (IDW-Praxishinweis).

IDW (2019): Die Prüfung der Maßnahmen nach § 91 Abs. 2 AktG im Rahmen der Jahresabschlussprüfung gemäß § 317 Abs. 4 HGB (IDW EPS 340 n. F.).

IDW (2020): Die Prüfung des Risikofrüherkennungssystems nach § 317 Abs. 4 HGB (IDW PS 340 n. F.)

IDW (2020): Zusammenarbeit zwischen Aufsichtsrat und Abschlussprüfer (IDW-Positionspapier). 2. Aufl.

IDW (2021): Die Prüfung des internen Kontrollsystems bei Dienstleistungsunternehmen (IDW PS 951 n. F.).

IDW (2021): EU-Regulierung der Abschlussprüfung. IDW-Positionspapier zu Nichtprüfungsleistungen des Abschlussprüfers (IDW-Positionspapier). 6. Aufl. vom 07.12.2021.

IDW (2021): EU-Regulierung der Abschlussprüfung. Inhalte und Zweifelsfragen der EU-Verordnung und der Abschlussprüferrichtlinie (IDW-Positionspapier). 6. Aufl., Ergänzungen vom 16.11.2021.

IDW (2021): Grundsätze für die Kommunikation mit den für die Überwachung Verantwortlichen (IDW PS 470 n. F.).

IDW (2021): IDW EQMS 1. Entwurf eines IDW Qualitätsmanagementstandards: Anforderungen an das Qualitätsmanagement in der Wirtschaftsprüferpraxis (12.2021). Online unter: http://www.idw-verlag.de/blob/134370/73ee3ea3e7392c637c4b4d3cc061eb9e/idw-eqms-1-data.pdf (letzter Abruf: März 2022).

IDW (2021): IDW Fragen und Antworten zur Berücksichtigung von ESG-bezogenen Aspekten in IFRS-Abschlüssen. Online unter: https://www.idw.de/idw/idw-aktuell/idw-fragen-und-antworten-zur-beruecksichtigung-von-esg-bezogenen-aspekten-in-ifrs-abschluessen/134014 (letzter Abruf: Februar 2022).

IDW (2021): Kommunikation von Prüfungsqualität: Vorschläge für einen strukturierten Dialog über Prüfungsqualität unter Berücksichtigung von Audit Quality Indicators (IDW-Positionspapier).

IFIAR (o.D.): Audit Committees and Audit Quality: Trends and Possible Areas for further consideration. Online unter https://www.ifiar.org/?wpdmdl=6632 (letzter Abruf: März 2022).

IG Metall (2005): Unternehmen Mitbestimmung. Leitlinien für Mitbestimmung und gute Aufsichtsratsarbeit. Online unter: https://www.igmetall.de/download/0149425_docs_ig_metall_xcms_18882__2_1a24506866ea5b03bb8b468e8b5073de96fad1d2.pdf (letzter Abruf: Februar 2022).

Ihrig, H. C. (2004): Reformbedarf beim Haftungstatbestand des § 93 AktG. In: WM 2004, S. 2098.

Institute of Internal Auditors (IIA; 2013): The Three Lines of Defense in Effective Risk Management and Control (IIA Position Papier). Online unter: https://na.theiia.org/standards-guidance/Public%20Documents/PP%20The%20Three%20Lines%20of%20Defense%20in%20Effective%20Risk%20Management%20and%20Control.pdf (letzter Abruf: März 2020).

Institute of Internal Auditors (IIA; 2019): Internationale Grundlagen für die berufliche Praxis der Internen Revision 2017 (International Professional Practices Framework – IPPF) vom 11.03.2019, Version 7.

Institute of Internal Auditors (IIA; 2020): The IIA's Three Lines Model. An update of the Three Lines of Defense. Online unter: https://www.theiia.org/globalassets/documents/resources/the-iias-three-lines-model-an-update-of-the-three-lines-of-defense-july-2020/three-lines-model-updated.pdf (letzter Abruf: Februar 2022).

Institut der Unternehmensberater IdU im Bundesverband Deutscher Unternehmensberater BDU e. V. (2009): Grundsätze ordnungsgemäßer Planung (GoP), 3. Aufl. Online unter: https://www.bdu.de/media/3706/gop21-web.pdf (letzter Abruf: Februar 2022).

International Federation of Accountants (2022): Homepage. Online unter: www.ifac.org (letzter Abruf: Februar 2022).

International Organization of Securities Commissions (IOSCO; 2019): IOSCO Report on Good Practices for Audit Committees in Supporting Audit Quality. Online unter: https://www.iosco.org/library/pubdocs/pdf/IOSCOPD618.pdf (letzter Abruf: März 2022)

Internet Security Alliance (2018): Management von Cyber-Risiken: Handbuch für Unternehmensvorstände und Aufsichtsräte. Online unter: https://www.allianz-fuer-cybersicherheit.de/SharedDocs/Downloads/Webs/ACS/DE/partner/20181004_Handbuch_Cyber_Risiken.pdf;jsessionid=A0147B6D013507E55F6316131397701B.internet472?__blob=publicationFile&v=4 (letzter Abruf: März 2022).

Intintoli, V. J./Kahle, K. M./Zhao, W. (2018): Director Connectedness: Monitoring Efficacy and Career Prospects. In: Journal of Financial and Quantitative Analysis, 53. Jg., Heft 1, S. 65–108.

Inwinkl, P. (2017): Die EU-Abschlussprüferreform. Änderungen für den im Aufsichtsrat angesiedelten Prüfungsausschuss. In: RWZ, 27. Jg., S. 16.

Ioannou, I./Serafeim, G. (2019): Corporate sustainability: a strategy? Harvard Business School Accounting & Management Unit Working Paper, (19-065).

ISO/IEC (2013): Information technology – Security techniques – Information security management systems – Requirements (ISO/IEC: 27001:2013).

ISS (2022): Voting Policies. Online unter: http://www.issgovernance.com/policy-gateway/voting-policies/ (letzter Abruf: März 2022).

ISS (2022): Governance QualityScore. Online unter: https://www.issgovernance.com/esg/ratings/governance-qualityscore/ (letzter Abruf: Februar 2022).

Ittonen, K./Miettinen, J./Vähämaa, S. (2010): Does Female Representation on Audit Committees Affect Audit Fees? In: Quarterly Journal of Finance and Accounting, 49. Jg., S. 113–139.

Jackson, A. B./Moldrich, M./Roebuck, P. (2008): Mandatory Audit Firm Rotation and Audit Quality. In: Managerial Auditing Journal, 23. Jg., S. 420–437.

Jamil, N. N./Nelson, S. P. (2011): An Investigation on the Audit Committees Effectiveness: The Case for GLCs in Malaysia. In: Gadjah Mada International Journal of Business, 13. Jg., S. 287–305.

Jizi, M./Nehme, R. (2018): Board Monitoring and Audit Fees: The Moderating Role of CEO/Chair Dual Roles. In: Managerial Auditing Journal, 33. Jg., Heft 2, S. 217–243.

Johl, S./Subramaniam, N./Zain, M. M. (2009): Audit Committee and CEO Ethnicity and Audit fees: Some Malaysian evidence. In: The International Journal of Accounting, 47. Jg., S. 302–332.

Kajüter, P. (2017): Nichtfinanzielle Berichterstattung nach dem CSR-Richtlinie-Umsetzungsgesetz. In: Der Betrieb, 28. Jg., S. 617–624.

Kalbers, L. P./Fogarty, T. (1993): Audit Committee Effectiveness: An Empirical Investigation of the Contribution of Power. In: Auditing: A Journal of Practice & Theory, 12. Jg., S. 24–49.

Kalkeimer (2012): Mögliche Therapien bei einer Überdosis von Bilanzregeln. Rummelsberg.

Kalss, S. (2012): In: Doralt, P./Nowotny, C./Kalss, S. (Hrsg.): Kommentar zum Aktiengesetz, Bd. 1. 2. Aufl., Wien.

Kapoor, N./Goel, S. (2017): Board Characteristics, Firm Profitability and Earnings Management: Evidence from India. In: Australian Accounting Review, 27. Jg., Heft 2, S. 180–194.

Karamanou, I./Vafeas, N. (2005): The Association Between Corporate Boards, Audit Committees, and Management Earnings Forecasts: An Empirical Analysis. In: Journal of Accounting Research, 43. Jg., S. 453–486.

Katmon, N./Mohamad, Z. Z./Norwani, N. M./Al Farooque, O. (2019): Comprehensive Board Diversity and Quality of Corporate Social Responsibility Disclosure: Evidence from an Emerging Market. In: Journal of Business Ethics, 157. Jg., Heft 2, S. 447–481.

Keune, M. B./Johnstone, K. M. (2012): Materiality Judgments and the Resolution of Detected Misstatements: The Role of Managers, Auditors, and Audit Committees. In: The Accounting Review, 87. Jg., S. 1641–1677.

Khudhair, D. Z./Al-Zubaidi, F. K. A./Raji, A. A. (2019): The effect of board characteristics and audit committee characteristics on audit quality. In: Management Science Letters, 9. Jg., S. 271–282.

Klein, A. (2002): Audit Committee, Board of Director Characteristics, and Earnings Management. In: Journal of Accounting and Economics, 33. Jg., S. 375–400.

Koch, A./Wolfgarten, W. (2021): FISG – Auswirkungen für (Kredit-)Institute am Finanzstandort Deutschland. In: Zeitschrift für das gesamte Kreditwesen, Heft 17, S. 880–884.

Koch, J. (2021): In: Hüffer, U./Koch, J. (Hrsg.): Aktiengesetz. 15. Aufl., München.

Köhler, A. G. (2005): Audit Committees in Germany – Theoretical Reasoning and Empirical Evidence. In: Schmalenbach Business Review, 57. Jg., S. 229–252.

Köhler, A. G. (2019): Audit Quality Indicators. In: Deloitte (Hrsg.): Corporate Governance Inside, Ausgabe 4. Online unter: https://www.deloittegermany.de/corporate-governance-inside-smart-audit/audit-quality-indicators/ (letzter Abruf: Februar 2022).

Kommission Governance Kodex für Familienunternehmen (2015): Homepage. Online unter: http://www.kodex-fuer-familienunternehmen.de/index.php/kodex (letzter Abruf: Februar 2022).

Kompenhans, H. (2009): Der Prüfungsausschuss und das Interne Kontrollsystem. In: Deloitte (Hrsg.): Corporate Governance Forum: Informationen für Aufsichtsrat und Prüfungsausschuss, Heft 1, S. 6–7.

Kompenhans, H./Buhleier, C./Splinter, S. (2013): Festlegung von Prüfungsschwerpunkten durch Aufsichtsrat und Abschlussprüfer. In: WPg, 66. Jg., S. 59–66.

König, E. (2013): Der unabhängige Finanzexperte im Aufsichtsrat. München, S. 33–64.

Koprivica, R. (2009): Die Effektivität von Prüfungsausschüssen. Eine theoretische und empirische Analyse. Saarbrücken.

Kort, M. (2010): Risikomanagement nach dem Bilanzrechtsmodernisierungsgesetz. In: ZGR, 13. Jg., S. 440–471.

Kozikowski, A./Huber, H. P. (2010): In: Ellrott, H./Förschle, G./Kozikowski, A./Winkeljohann, N. (Hrsg.): Beck'scher Bilanzkommentar. 7. Aufl., München.

Kremer, T. (2014): In: Ringleb, H.-M./Kremer, T./Lutter, M./v. Werder, A. (Hrsg.): Kodex-Kommentar – Kommentar zum Deutschen Corporate Governance Kodex. 5. Aufl., München.

Kremer, T. (2018): In: Kremer, T./Bachmann, G./Lutter, M./v. Werder, A. (Hrsg.): Kodex-Kommentar – Deutscher Corporate Governance Kodex. 7. Aufl., München.

Kremer, T./Klahold, C. (2010): Compliance-Programme in Industriekonzernen. In: ZGR, 13. Jg., S. 113–143.

Krishnamoorthy, G./Wright, A./Cohen, J. (2002): Auditors' View on Audit Committees and Financial Reporting Quality. In: The CPA Journal, 72. Jg., S. 56–57.

Krishnan, J. (2005): Audit Committee Quality and Internal Control: An Empirical Analysis. In: The Accounting Review, 80. Jg., S. 649–675.

Krishnan, J./Wen, Y./Zhao, W. (2011): Legal Expertise on Corporate Audit Committees and Financial Reporting Quality. In: The Accounting Review, 86. Jg., S. 2099–2130.

Kropff, B. (1998): Die Unternehmensplanung im Aufsichtsrat. In: NZG, 1. Jg., S. 613–619.

Küting, P./Strauß, M. (2020): »Coronomics«: Krise(n) und (potenzielle) Krisenbewältigung im betriebswirtschaftlichen Spiegel der Vorgaben des IDW S 6 (2018). In: Der Betrieb, 73. Jg., S. 2193–2203.

Lai, K. M. Y./Srinidhi, B./Gul, F. A./Tsui, J. S. L. (2017): Board Gender Diversity, Auditor Fees, and Auditor Choice. In: Contemporary Accounting Research, 34. Jg., Heft 3, S. 1681–1714.

Lammers, C. (2011): Der Prüfungsausschuss des Aufsichtsrats nach dem Sarbanes-Oxley Act und dem BilMoG: Zum Spannungsverhältnis zwischen US-amerikanischem Kapitalmarktrecht, europäischen Vorgaben und deutschem Aktienrecht. Frankfurt.

Lanfermann, G./Röhricht, V. (2009): Pflichten des Prüfungsausschusses nach dem BilMoG. In: Betriebs-Berater, 64. Jg., S. 887–891.

Lanfermann, G. (2017): Prüfung der CSR-Berichterstattung durch den Aufsichtsrat. In: BB, 72. Jg., 747–750.

Lanfermann, G. (2019): Qualitätsindikatoren als Hilfsmittel für Prüfungsausschüsse zur Überwachung der Abschlussprüfung. In: WPg, 72 Jg., S. 9–13.

Laue, J. C. (2018): Unternehmenskultur als Grundlage der Corporate Governance – mit mehr Kultur zu weniger Kontrolle. In: Der Aufsichtsrat, Heft 10, S. 141–143.

Lee, G./Fargher, N. L. (2018): The Role of the Audit Committee in Their Oversight of Whistle-Blowing. In: Auditing: A Journal of Practice & Theory, 37. Jg., Heft 1, S. 167–189.

Lee, H. Y. (2003): The Role of Audit Committee Independence, Auditor Tenure, and Their Interaction on Managers' Accounting Discretion. In: The Journal of Applied Business Research, 19. Jg., S. 1–13.

Lee, H. Y./Mande, V. (2005): The Relationship of Audit Committee Characteristics with Endogenously Determined Audit and Non-Audit Fees. In: Quarterly Journal of Business and Economics, 44. Jg., S. 93–112.

Lee, H. Y./Mande, V./Ortman, R. (2004): The Effect of Audit Committee and Board of Director Independence on Auditor Resignation. In: Auditing: A Journal of Practice & Theory, 23. Jg., S. 131–146.

Lee, J./Park, J. (2019): The Impact of Audit Committee Financial Expertise on Management Discussion and Analysis (MD&A) Tone. In: European Accounting Review, 28. Jg., Nr. 1, S. 129–150.

Leyens, P. C. (2012): Informationsversorgung des Aufsichtsrats. In: Freidank, C.-C./Velte, P. (Hrsg.): Corporate Governance, Abschlussprüfung und Compliance – Neue Entwicklungen aus nationaler und internationaler Sicht. Berlin, S. 279–292.

Li, N./Wahid, A. S. (2018): Director Tenure Diversity and Board Monitoring Effectiveness. In: Contemporary Accounting Research, 35. Jg., Heft 3, S. 1363–1394.

Li, X./Li, Y. (2020): Female Independent Directors and Financial Irregularities in Chinese Listed Firms: From the Perspective of Audit Committee Chairpersons. In: Finance Research Letters, 32. Jg., Artikel 101320.

Lin, J. W./Li, J. F./Yang, J. S. (2006): The Effect of Audit Committee Performance on Earnings Quality. In: Managerial Auditing Journal, 21. Jg., S. 921–933.

Lin, Y.-C. (2018): The Consequences of Audit Committee Quality. In: Managerial Auditing Journal, 33. Jg., Heft 2, S. 192–216.

Liu, M. H. C./Zhuang, Z. (2011): Management Earnings Forecasts and the Quality of Analysts' Forecasts: The Moderating Effect of Audit Committees. In: Journal of Contemporary Accounting & Economics, 7. Jg., S. 31–45.

Lisic, L. L./Myers, L. A./Seidel, T. A./Zhou, J. (2019): Does Audit Committee Accounting Expertise Help to Promote Audit Quality? Evidence from Auditor Reporting of Internal Control Weaknesses. In: Contemporary Accounting Research, 36. Jg., Nr. 4, S. 2521–2553.

Lühn, S. (2011): In: Grotherr, S. (Hrsg.): Handbuch der internationalen Steuerplanung. 3. Aufl., Herne.

Lutter, M./Krieger, G./Verse, D. (2020): Rechte und Pflichten des Aufsichtsrats. 7. Aufl., Köln.

Lutter, M. (2009): Professionalisierung des Aufsichtsrats. In: Der Betrieb, 62. Jg., S. 775–779.

Magilke, M. J./Mayhew, B. W./Pike, J. E. (2009): Are Independent Audit Committee Members Objective? Experimental Evidence. In: The Accounting Review, 84. Jg., S. 1959–1981.

Mangena, M./Pike, R. (2005): The Effect of Audit Committee Shareholding, Financial Expertise and Size on Interim Financial Disclosures. In: Accounting and Business Research, 35. Jg., S. 327–349.

Mangena, M./Tauringana, V. (2008): Audit Committees and Voluntary External Auditor Involvement in UK Interim Reporting. In: International Journal of Auditing, 12. Jg., S. 45–63.

McDaniel, L./Martin, R. D./Maines, L. A. (2002): Evaluating Financial Reporting Quality: The Effects of Financial Expertise vs. Financial Literacy. In: The Accounting Review, 77. Jg., S. 139–167.

Md Yusof, M. A. (2010): Does Audit Committee Constrain Discretionary Accruals in MESDAQ Listed Companies? In: International Journal of Business and Social Science, 1. Jg., S. 124–136.

Melcher, T./Nimwegen, S. (2010): Das Zusammenwirken von Aufsichtsrat und Abschlussprüfer zur Vermeidung und Aufdeckung von Fraud – Möglichkeiten einer erfolgreichen Zusammenarbeit. In: ZCG, 5. Jg., S. 87–93.

Mertens, H.-J./Cahn, A. (2020): In: Zöllner, W./Noack, U. (Hrsg.): Kölner Kommentar zum Aktiengesetz, Bd. 2, Teil 2: §§ 95–117. 3. Aufl., Köln.

Meurer, F. (2021): ESG and Equity Capital Returns: An Assessment of the Linkage Between ESG Scores and Corporate Financial Performance Moderated by National Culture. Masterthesis, MSc International Financial Management, University of Groningen. Online unter: https://feb.studenttheses.ub.rug.nl/27904/ (letzter Abruf: Oktober 2021).

Meuwissen, R./Quick, R. (2009): Abschlussprüfung und Beratung. Eine experimentelle Analyse der Auswirkungen auf Unabhängigkeitswahrnehmungen deutscher Aufsichtsräte. In: ZfbF, 61. Jg., S. 382–415.

Miglani, S./Ahmed, K. (2019): Gender Diversity on Audit Committees and its Impact on Audit Fees: Evidence from India. In: Accounting Research Journal, 32. Jg., Heft 4, S. 568–586.

Mohammad, A. J./Ahmed, D. M. (2017): The Impact of Audit Committee and External Auditor Characteristics on Financial Reporting Quality among Malaysian Firms. In: Research Journal of Finance and Accounting, 8. Jg., Heft 13, S. 9–16.

Monitoring Committee Corporate Governance Code (2016): The Dutch Corporate Governance Code in der Fassung vom 8. Dezember 2016. Online unter: https://www.mccg.nl/publicaties/codes/2016/12/8/corporate-governance-code-2016-en (letzter Abruf: Februar 2022).

Moosmayer, K. (2015): Compliance – Praxisleitfaden für Unternehmen. 3. Aufl., Erlangen/München.

Müller, M. (2005): Prüfung von Jahresabschluss und Konzernabschluss im Aufsichtsrat. Düsseldorf.

Müllheimer (2018): Die Entleerung der Vollversammlung. Stanford.

Musallam, S. R. M. (2018): The Direct and Indirect Effect of the Existence of Risk Management on the Relationship between Audit Committee and Corporate Social Responsibility Disclosure. In: Benchmarking: An International Journal, 25. Jg., Heft 9, S. 4125–4138.

Mustafa, S./Youssef, N. (2010): Audit Committee Financial Expertise and Misappropriation of Assets. In: Managerial Auditing Journal, 25. Jg., S. 208–225.

Naiker, V./Sharma, D. S./Sharma, V. D. (2013): Do Former Audit Firm Partners on Audit Committees Procure Greater Nonaudit Services from the Auditor? In: The Accounting Review, 88. Jg., S. 297–326.

Nasdaq (2022): The Nasdaq Stock Market LLC Rules. 5600 Corporate Governance Requirements. Online unter: https://listingcenter.nasdaq.com/rulebook/nasdaq/rules/nasdaq-5600-series (letzter Abruf: Februar 2022).

New York Stock Exchange (NYSE; 2022): NYSE Listed Company Manual. Section 303A.00 Corporate Governance Standards. Online unter: https://nyseguide.srorules.com/listed-company-manual/document?treeNodeId=csh-da-filter!WKUS-TAL-DOCS-PHC-%7B0588BF4A-D3B5-4B91-94EA-BE9F17057DF0%7D--WKUS_TAL_5667%23teid-68 (letzter Abruf: Februar 2022).

Ng, T. B./Tan, H. (2003): Effects of Authoritative Guidance Availability and Audit Committee Effectiveness on Auditors' Judgments in an Auditor-Client Negotiation Context. In: The Accounting Review, 78. Jg., Heft 3, S. 801–818.

Nipper, M. (2021): The role of audit committee chair tenure – A German perspective. In: International Journal of Auditing, 25. Jg., Nr. 3, S. 716–732.

Noack, U. (2013): In: Baumbach A./Hueck, A./Beurskens, M. et al. (Hrsg.): GmbHG. 20. Aufl., München.

Nonnenmacher, R./Pohle, K./v. Werder, A. (2009): Aktuelle Anforderungen an Prüfungsausschüsse. In: Der Betrieb, 62. Jg., 2009, S. 1447–1454.

Nonnenmacher, R./Wemmer, D./v. Werder, A. (2016): Anforderungen an Prüfungsausschüsse – Leitfaden für Prüfungsausschüsse nach der Abschlussprüfungsreform 2016. In: Der Betrieb, 69. Jg., 2016, S. 2826–2836.

Norman, C. S./Rose, J. M./Suh, I. S. (2011): The Effects of Disclosure Type and Audit Committee Expertise on Chief Audit Executives' Tolerance for Financial Misstatements. In: Accounting, Organizations and Society, 36. Jg., S. 102–108.

Nowak, K. (2017): European Public Sector Accounting Standards (EPSAS): Die Bedeutung eines EPSAS Conceptual Framework für die Normentwicklung. In: Der Konzern, 15. Jg., S. 96.

Opitz, P. (2013): Zur Fortbildungsverantwortung von Vorstand und Aufsichtsrat. Zugleich ein Beitrag zu §§ 25c und 25d KWG i. d. F. von Art. 1 Nr. 48 CRD IV-UmsetzungsGE. In: BKR, S. 177–184.

Oradi, J./Izadi, J. (2020): Audit Committee Gender Diversity and Financial Reporting: Evidence from Restatements. In: Managerial Auditing Journal, 35. Jg., Nr. 1, S. 67–92.

Organisation for Economic Co-operation and Development (OECD; 2018): Bericht zu Phase 4: Deutschland. Umsetzung des OECD-Übereinkommens über die Bekämpfung der Bestechung. Online unter: https://www.oecd.org/corruption/anti-bribery/Germany-Phase-4-Report-GER.pdf (letzter Abruf: März 2022).

Organisation for Economic Co-operation and Development (OECD; 2018): Umsetzung des OECD-Übereinkommens über die Bekämpfung der Bestechung. Online unter: http://www.oecd.org/corruption/anti-bribery/Germany-Phase-4-Report-GER.pdf (letzter Abruf: Februar 2022).

Organisation for Economic Co-operation and Development (OECD) (2021): Statement on a Two-Pillar Solution to Address the Tax Challenges Arising from the Digitalisation of the Economy – 8 October 2021. Online unter: https://www.oecd.org/tax/beps/statement-on-a-two-pillar-solution-to-address-the-tax-challenges-arising-from-the-digitalisation-of-the-economy-october-2021.htm (letzter Abruf: Februar 2022).

Organisation for Economic Co-operation and Development (OECD) (2021): Tax Challenges Arising from the Digitalisation of the Economy – Global Anti-Base Erosion Model Rules (Pillar Two). Online unter: https://www.oecd.org/tax/beps/tax-challenges-arising-from-the-digitalisation-of-the-economy-global-anti-base-erosion-model-rules-pillar-two.pdf (letzter Abruf Februar 2022).

Organisation for Economic Co-operation and Development (OECD) (2022a): Tax Challenges Arising from the Digitalisation of the Economy – Commentary to the Global Anti-Base Erosion Model Rules (Pillar Two). Online unter: https://www.oecd.org/tax/beps/tax-challenges-arising-from-the-digitalisation-of-the-economy-global-anti-base-erosion-model-rules-pillar-two-commentary.pdf (letzter Abruf: Juni 2022).

Ott, N./Lüneborg, C. (2019): Internal Investigations in der Praxis – Umfang und Grenzen der Aufklärungspflicht, Mindestaufgriffsschwelle und Verdachtsmanagement. In: CCZ, 12. Jg., S. 71–80.

Oussii, A. A./Klibi, M. F./Ouertani, I. (2019): Audit Committee Role: Formal Rituals or Effective Oversight Process. In: Managerial Auditing Journal, 34. Jg., Heft 6, S. 673–695.

Papenfuß, U. (2013): Verantwortungsvolle Steuerung und Leitung öffentlicher Unternehmen. Wiesbaden.

Pathak, S./Samba, C./Li, M. (2021): Audit committee diversity and financial restatements. In: Journal of Management and Governance, 25. Jg., Nr. 3, S. 899–931.

Pauthner, J./Ghassemi-Tabar, N. (2018): Compliance-Überwachung durch den Aufsichtsrat. Düsseldorf.

PCAOB (2017): Auditing Standard No. 3101. The Auditor's Report on an Audit of Financial Statements: When the Auditor Expresses an Unqualified Opinion. Online unter: https://pcaobus.org/Standards/Auditing/Pages/AS3101.aspx (letzter Abruf: Februar 2022).

PCAOB (2019): The Implementation of Critical Audit Matters: The Basics. Online unter: https://pcaobus.org/Standards/Documents/Implementation-of-Critical-Audit-Matters-The-Basics.pdf (letzter Abruf: Februar 2022).

PCAOB (2022). Auditing Standard No. 2. Appendix D. Examples of Significant Deficiencies and Material Weaknesses. Online unter: https://pcaobus.org/oversight/standards/archived-standards/details/auditing-standard-no-2_1810 (letzter Abruf: Februar 2022).

Peasnell, K. V./Pope, P. F./Young, S. (2000): Detecting Earnings Management Using Cross-Sectional Abnormal Accruals Models. In: Accounting and Business Research, 30. Jg., Heft 4, S. 313–326.

Peasnell, K. V./Pope, P. F./Young, S. (2005): Board Monitoring and Earnings Management: Do Out-side Directors Influence Abnormal Accruals? In: Journal of Business Finance & Accounting, 32. Jg., S. 1311–1346.

Peemöller, V. H./Krehl, H./Hofmann, S./Lack, J. (2020): Bilanzskandale: Delikte und Gegenmaßnahmen. 3. Aufl., Berlin.

Peltzer, M. (2009): Die Unvereinbarkeit des Mitbestimmungsgesetzes 76 mit guter Corporate Governance und darauf zielende Verbesserungsvorschläge. In: Grundmann, S.: Unternehmensrecht zu Beginn des 21. Jahrhunderts. Festschrift für Eberhard Schwark. München, S. 707–728.

Piot, C./Janin, R. (2007): External Auditors, Audit Committees and Earnings Management in France. In: European Accounting Review, 16. Jg., S. 429–454.

PMI PMBOK (2021): Guide and Standards. 7. Aufl., Philadelphia.

Poller, N./Kroner, S. (2012): Unternehmen in der Krise? – Handlungsempfehlungen zur Rolle des Aufsichtsrats. In: Der Aufsichtsrat, 12. Jg., S. 69–71.

Poole, V./Sullivan, K. (2021): Tectonic shits: How ESG is changing business, moving markets, and driving regulation, Deloitte Insights. Online unter: https://www.iasplus.com/en-ca/publications/other/tectonic-shifts-how-esg-is-changing-business-moving-markets-and-driving-regulation/at_download/file/DI_tectonic-shifts.pdf (letzter Abruf Februar 2022).

Potthoff, E./Trescher, K. (2003): Das Aufsichtsratsmitglied. Ein Handbuch der Aufgaben, Rechte und Pflichten. 6. Aufl., Stuttgart.

Potyka, M./Weber, W. (2008): Der Prüfungsausschuss nach dem URÄG 2008. In: GesRZ, 37. Jg., S. 190–199.

Prangenberg, A. (2007): Aufsichtsrat einer Konzerntochter: Eigene Prüfung des Jahresabschlusses. In: Der Aufsichtsrat, 4. Jg., S. 154–155.

Prangenberg, A./Sollanek, A. (2010): Die Beauftragung des Abschlussprüfers durch den Aufsichtsrat. Arbeitshilfen für Aufsichtsräte Nr. 12. Düsseldorf.

Probst, A./Theisen, M. R. (2017): Gute Corporate Governance – die aktuelle Rolle des Abschlussprüfers. In: Der Aufsichtsrat, Heft 11, S. 154–157.

Prölss, E. R./Dreher, M. (2018): Versicherungsaufsichtsgesetz. 13. Aufl., München.

Project Management Institute (PMI) (2017): PMBOK Guide and Standards. 6. Aufl., Philadelphia.

Prudential Regulation Authority (PRA; 2016): PRA Rulebook: CRR Firms and Solvency II Firms: Audit Committee Instrument 2016. Online unter: https://www.bankofengland.co.uk/-/media/boe/files/prudential-regulation/policy-statement/2016/ps1616app1 (letzter Abruf: März 2022).

Qamhan, M. A./Haat, M. H. C./Hashim, H. A./Salleh, Z. (2018): Earnings Management: Do Attendance and Changes of Audit Committee Members Matter? In: Managerial Auditing Journal, 33. Jg., Heft 8/9, S. 760–778.

Qiao, Z./Chen, K. Y./Hung, S. (2018): Professionals Inside the Board Room: Accounting Expertise of Directors and Dividend Policy. In: Applied Economics, 50. Jg., Heft 56, S. 6100–6111

Quedenfeld, D. (2013): In: Münchener Kommentar zum Handelsgesetzbuch: HGB, Bd. 4. 3. Aufl., München.

Quick, R. (2006): Prüfung, Beratung und Unabhängigkeit des Abschlussprüfers. Eine Analyse der neuen Unabhängigkeitsnormen des HGB im Lichte empirischer Forschungsergebnisse. In: BFuP, 58. Jg., S. 42–61.

Quick, R./Wiemann, D. (2012): Einfluss der Mandatsdauer des Abschlussprüfers auf ergebniszielgrößenorientierte Bilanzpolitik. In: ZfB, 82. Jg., S. 1107–1142.

Raghunandan, K./Read, W. J./Rama, D. V. (2001): Audit Committee Composition, »Gray Directors«, and Interaction with Internal Auditing. In: Accounting Horizons, 15. Jg., S. 105–118.

Raimo, N./Vitolla, F./Marrone, A./Rubino, M. (2020): Do Audit Committee Attributes Influence Integrated Reporting Quality? An Agency Theory Viewpoint. In: Business Strategy and the Environment, S. 1–13.

Rainsbury, E. A./Bradbury, M. E./Cahan, S. (2009): The Impact of Audit Committee Quality on Financial Reporting Quality and Audit Fees. In: Journal of Contemporary Accounting & Economics, 5. Jg., S. 20–33.

Ransiek, A. (2012): In: Achenbach, H./Ransiek, A. (Hrsg.): Handbuch Wirtschaftsstrafrecht. 3. Aufl., Heidelberg.

Rashidah, A. R./Fairuzana, H. M. A. (2006): Board, Audit Committee, Culture and Earnings Management: Malaysian Evidence. In: Managerial Auditing Journal, 21. Jg., S. 783–804.

Rat der Europäischen Union (2022): Neue Vorschriften für die Nachhaltigkeitsberichterstattung von Unternehmen: vorläufige politische Einigung zwischen Rat und Europäischem Parlament (597/22). Pressemitteilung vom 21. Juni 2022. Online unter: https://www.consilium.europa.eu/de/press/press-releases/2022/06/21/new-rules-on-sustainability-disclosure-provisional-agreement-between-council-and-european-parliament/ (letzter Abruf: Juni 2022).

Raum, R. (2015): Bedeutung von internationalen Compliance Standards in Straf- und Bußgeldverfahren. Online unter: https://www.netzwerk-compliance.de/fileadmin/content/PDF/Veranstaltungen/Fruehjahrstagung_2015/Vortrag_Dr-Rolf_Raum_NetzwerkCompliance_2015 maerz19.pdf (letzter Abruf: Februar 2022).

Regierungskommission Deutscher Corporate Governance Kodex (DCGK; 2019): Deutscher Corporate Governance Kodex in der Fassung vom 9. Mai 2019.

Regierungskommission Deutscher Corporate Governance Kodex (DCGK; 2019): Deutscher Corporate Governance Kodex in der Fassung vom 16. Dezember 2019.

Regierungskommission Deutscher Corporate Governance Kodex (2020): Deutscher Corporate Governance Kodex in der Entwurfsfassung vom 23. Januar 2020.

Regierungskommission Deutscher Corporate Governance Kodex (DCGK; 2020): Presse. Online unter: https://www.dcgk.de/de/presse.html (letzter Abruf: März 2020).

Regierungskommission Deutscher Corporate Governance Kodex (DCGK; 2022): Deutscher Corporate Governance Kodex in der Entwurfsfassung vom 21. Januar 2022.

Regierungskommission Deutscher Corporate Governance Kodex (DCGK; 2022): Deutscher Corporate Governance Kodex in der Fassung vom 28. April 2022.

Reichert, J./Ott, N. (2014): Die Zuständigkeit von Vorstand und Aufsichtsrat zur Aufklärung von Non Compliance in der AG. In: NZG, 17. Jg., S. 241–251.

Reinstein, A./Weirich, T. R. (1996): Testing for Bias in the Audit Committee. In: Managerial Auditing Journal, 11. Jg., S. 28–35.

Reiter, R. (2005): Der Finanzexperte im Prüfungsausschuss. In: Aufsichtsrat aktuell, 1. Jg., S. 9–11.

Ringleb, H.-M./Kremer, T./Lutter, M./v. Werder, A. (Hrsg.) (2014): Kodex-Kommentar zum Deutschen Corporate Governance Kodex. 5. Aufl., München.

Roychowdhury, S. (2006): Earnings Management through Real Activities Manipulation. In: Journal of Accounting and Economics, 42. Jg., S. 335–370.

Ruhwedel, P./Weitzel, T. (2013): Die Berichterstattung des Aufsichtsrats. In: Der Aufsichtsrat, 10. Jg., S. 40–41.

Saibaba, M. D./Ansari, V. A. (2011): Audit Committees and Corporate Governance: A Study of Select Companies Listed in the Indian Bourses. In: The IUP Journal of Accounting Research & Audit Practices, 10. Jg., S. 46–54.

Salleh, S./Stewart, J. (2012): The Role of the Audit Committee in Resolving Auditor-Client Disagreements: A Malaysian Study. In: Accounting, Auditing & Accountability Journal, 25. Jg., S. 1340–1372.

Schäfer, C. (2005): Die Binnenhaftung von Vorstand und Aufsichtsrat nach der Renovierung durch das UMAG. In: ZIP 2005, S. 1253–1258.

Scheffler, E. (2014): Rolle des Aufsichtsrats bei der Vermeidung und Überwindung von Unternehmenskrisen. In: Betriebs-Berater, 69. Jg., S. 2859–2863.

Scheffler, R./Lenz, A./Andreas, S. (2019): Corporate Governance und Risikomanagement. Bestandsaufnahme und Perspektiven des betrieblichen Risikomanagements 20 Jahre nach Inkrafttreten des KonTraG. In: WPg, 72. Jg. 2019, S. 367–376.

Schindler, J./Haußer, J. (2012): Die Pflicht gesetzlicher Vertreter von Kapitalgesellschaften zur Aufdeckung von Unregelmäßigkeiten und die Reaktion des gesetzlichen Abschlussprüfers. In: WPg, 65. Jg., S. 233–246.

Schmidt, J./Wilkins, M. (2013): Bringing Darkness to Light: The Influence of Auditor Quality and Audit Committee Expertise on the Timeliness of Financial Statement Restatement Disclosures. In: Auditing: A Journal of Practice & Theory, 32. Jg., S. 221–244.

Schmidt, K./Lutter, M./Drygala, T. (2020): In: Schmidt, K./Lutter, M. (Hrsg.): Aktiengesetz Kommentar. 4. Aufl., Köln.

Schmidt, M. (2019): Green and more: Quo vadis nichtfinanzielle Berichterstattung? In: WPg, Heft 22, S. 1198 ff.

Schmidt, S. F./Heinz, S. (2020): In: Beck'scher Bilanz-Kommentar. 12. Aufl., München.

Schmittmann, J. M. (2012): Aufsichtsratstätigkeit in der Krise. In: Grundei, J./Zaumseil, P. A. (Hrsg.): Der Aufsichtsrat im System der Corporate Governance. Wiesbaden, S. 163–184.

Schneider, A. (2018): When Replacing an Audit Committee Member, Does Financial Expertise Matter to Investors? In: Journal of Managerial Issues, 30. Jg., Heft 2, S. 183–193.

Scholz, C. (2013): Handlungsbedarf: Der Aufsichtsrat und die Rubrik »Mitarbeiter« im Geschäftsbericht. In: Der Aufsichtsrat, 10. Jg., S. 88–91.

Sellami, Y. M./Cherif, I. (2020): Female audit committee directorship and audit fees. In: Managerial Auditing Journal, 35. Jg., Nr. 3, S. 398–428.

Sellami, Y. M./Fendri, H. B. (2017): The Effect of Audit Committee Characteristics on Compliance with IFRS for Related Party Disclosures. In: Managerial Auditing Journal, 32. Jg., Heft 6, S. 603–626.

Semler, J. (2007): Erinnerungen an die praktische Tätigkeit eines Aufsichtsratsmitglieds. Studien des Deutschen Aktieninstituts, Heft 37. Frankfurt a. M.

Semler, J./v. Schenck, K. (2013): Arbeitshandbuch für Aufsichtsratsmitglieder. 4. Aufl., München.

Sharma, D. S./Sharma, V. D./Tanyi, P. N./Cheng, X. (2020): Should Audit Committee Directors Serve on Multiple Audit Committees? Evidence from Cost of Equity Capital. In: Auditing: A Journal of Practice & Theory, 39. Jg., Nr. 2, S. 185–205.

Sharma, V. D./Iselin, E. R. (2012): The Association between Audit Committee Multiple-Directorships, Tenure, and Financial Misstatements. In: Auditing: A Journal of Practice & Theory, 31. Jg., S. 149–175.

Sharma, V. D./Sharma, D. S./Ananthanarayanan, U. (2011): Client Importance and Earnings Management: The Moderating Role of Audit Committees. In: Auditing: A Journal of Practice & Theory, 30. Jg., S. 125–156.

Shepardson, M. L. (2019): Effects of Individual Task-Specific Experience in Audit Committee Oversight of Financial Reporting Outcomes. In: Accounting, Organizations and Society, 74. Jg., S. 56–74.

Siepelt, S. (2016): Zur praktischen Umsetzung einer Informationsordnung durch den Aufsichtsrat. In: Board, Heft 3, S. 118–122.

Siepelt, S./Pütz, L. (2018): Die Compliance-Verantwortung des Aufsichtsrats. In: CCZ, 11. Jg., S. 78–84.

Simons, C. (2014): In: Hölters, W. (Hrsg.): Aktiengesetz – Kommentar. 2. Aufl., München.

Simons, C. (2020): In: Johannsen-Roth, T./Illert, S./Ghassemi-Tabar, N. (Hrsg.): Deutscher Corporate Governance Kodex: DCGK. Kommentar. München.

Singhvi, M./Rama, D. V./Barua, A. (2013): Market Reactions to Departures of Audit Committee Directors. In: Accounting Horizons, 27. Jg., S. 113–128.

SIX Richtlinie Corporate Governance (RLCG) (2021): Richtlinie betr. Informationen zur Corporate Governance vom 18. Juni 2021. Online unter: https://www.ser-ag.com/dam/downloads/regulation/listing/directives/DCG-de.pdf (letzter Abruf: Februar 2022).

SIX Exchange Regulation (2002): Kommentar zur Corporate Governance-Richtlinie vom 18. November 2002, letztmals aktualisiert am 20. September 2007.

SIX Exchange Regulation (2008): Richtlinie betr. Informationen zur Corporate Governance vom 29. Oktober 2008 (»RLCG«). Online unter: http://www.six-exchange-regulation.com/admission_manual/06_15-DCG_de.pdf (letzter Abruf: März 2020).

SIX Exchange Regulation (2019): Directive on Information relating to Corporate Governance (DCG) vom 20. Juni 2019. Online unter: https://www.six-exchange-regulation.com/dam/downloads/regulation/admission-manual/directives/06_16-DCG-FIDLEG_en.pdf (letzter Abruf: März 2020).

Song, J./Windram, B. (2004): Benchmarking Audit Committee Effectiveness in Financial Reporting. In: International Journal of Auditing, 8. Jg., S. 195–205.

Sorgenfrei, U. (2008): Zweifelsfragen zum »Bilanzeid«. In: wistra, 27. Jg., S. 329–336.

Sorgenfrei, U. (2010): In: Joecks, W./Miebach, K. (Hrsg.): Münchener Kommentar zum StGB. München.

Spatschek, R./Wulf, M. (2003): Straftatbestände der Bilanzfälschung nach dem HGB. Ein Überblick. In: DStR, 41. Jg., S. 173–180.

Spindler, G. (2010): In: Spindler, G./Stilz, E. (Hrsg.): Kommentar zum Aktienrecht. 2. Aufl., München.

Spindler, G. (2014): In: Goette, W./Habersack, M./Kalss, S. (Hrsg.): Münchener Kommentar zum AktG, Bd. 2: §§ 76–117, MitbestG, DrittelbG. 4. Aufl., München.

Spindler, G./Stilz, E. (Hrsg.) (2019): Kommentar zum Aktiengesetz: AktG. 4. Aufl., München.

Spindler, G. (2021): In: Spindler, G./Stilz, E. (Hrsg.): beck-online.GROSSKOMMENTAR AktG, Stand 01.09.2021.

Sponsoring Organizations of the Treadway Commission (2004): Enterprise Risk Management – Integrated Framework, September 2004 Edition, Executive Summary.

Srinidhi, B./Gul, F. A./Tsui, J. (2011): Female Directors and Earnings Quality. In: Contemporary Accounting Research, 28. Jg., S. 1610–1644.

Staub, H./Dannecker, R. (2012): In: Handelsgesetzbuch: HGB. 5. Aufl., München.

Steinhardt, R./Stubenrauch, I. (2012): Nachhaltige Unternehmensführung und Reporting. In: Deloitte Finance & Accounting Forum 2/2012.

Steller M./Haid, M. (2019): Steigende Anforderungen an den Prüfungsausschuss des Aufsichtsrats. Eine empirische Analyse der Auswirkungen auf Prüfungsausschüsse von Unternehmen im österreichischen Prime Market (ATX Prime). In: WPg, Heft 23, S. 1251 ff.

Sterin M. (2020): The Influence of Audit Committee Expertise on Firms' Internal Controls: Evidence from Mergers and Acquisitions. In: Accounting Horizons, 34. Jg. Nr. 3, S. 193–211.

Stewart, J./Munro, L. (2007): The Impact of Audit Committee Existence and Audit Committee Meeting Frequency on the External Audit: Perceptions of Australian Auditors. In: International Journal of Auditing, 11. Jg., S. 51–69.

Studer/Wallace (2011): Die rasenden Standardsetzer von London. Zürich.

Südbeck, B./Eidam, T. (2017): In: Park, T. (Hrsg.): Kapitalmarktstrafrecht. 4. Aufl., Baden-Baden.

Sultana, N./Singh, H./Rahman, A. (2019): Experience of Audit Committee Members and Audit Quality. In: European Accounting Review, 28. Jg., Heft 5, S. 947–975.

Sun, J./Liu, G./Lan, G. (2011): Does Female Directorship on Independent Audit Committees Constrain Earnings Management? In: Journal of Business Ethics, 99. Jg., S. 369–382.

Sünner, E. (2008): Der Bericht des Aufsichtsrats an die Hauptversammlung nach § 171 Abs. 2 AktG. In: AG, 53. Jg., S. 411–416.

S&P Global (2015): Sustainability indices. Online unter: https://www.spglobal.com/esg/csa/indices/?r (letzter Abruf: Februar 2015).

Task Force on on Climate-related Financial Disclosures (2017): Final Report: Recommendations of the Task Force on Climate-related Financial Disclosures. Online unter: assets.bbhub.io/company/sites/60/2021/10/FINAL-2017-TCFD-Report.pdf (letzter Abruf: März 2022).

Thannisch, R./Vogt, W. (2021): Noch viel Luft nach oben – Nachhaltigkeitsberichterstattung aus Sicht von Arbeitnehmervertreterinnen und Arbeitnehmervertretern. In: v. Keitz, I./Pelster, C. (Hrsg.): Handbuch Unternehmensberichterstattung. Berlin.

Theisen, M. R./Linn, A./Schöll, S. (2007): Die Berichterstattung des Aufsichtsrats im Wandel. Eine empirische Analyse der Aufsichtsratsberichte 2005 im Vergleich zu 1984 bis 1994. In: Der Betrieb, 60. Jg., S. 2493–2501.

Theisen, M./Probst, A. (2016): Die Rolle des Aufsichtsrats in der Krise – Ergebnisse einer aktuellen Panel-Untersuchung der Aufsichtsratspraxis. In: Der Betrieb, 69. Jg., S. 1–8.

Thormann, B./Zempel, I. (2020): Kommentierung zu § 342b HGB. In: Baetge, J./Kirsch, H.-J./Thiele, S. (Hrsg.): Bilanzrecht e-Kommentar, München.

UN PRI/ICGN (2018): Investor Agenda for corporate ESG Reporting. Online unter: https://www.icgn.org/sites/default/files/ESG%20Reporting%20Discussion%20Paper%20FINAL.pdf (letzter Abruf: Februar 2022).

Value Balancing Alliance (2022): Homepage. Online unter: https://www.value-balancing.com/ (letzter Abruf: Februar 2022).

Vafeas, N. (2005): Audit Committees, Boards, and the Quality of Reported Earnings. In: Contemporary Accounting Research, 22. Jg., S. 1093–1122.

Vafeas, N./Waegelein, J. F. (2007): The Association Between Audit Committees, Compensation Incentives, and Corporate Audit Fees. In: Review of Quantitative Finance and Accounting, 28. Jg., Heft 3, S. 241–255.

Van der Zahn, J.-L. W. M./Tower, G. (2004): Audit Committee Features and Earnings Management: Further Evidence from Singapore. In: International Journal of Business Governance and Ethics, 1. Jg., Heft 2/3, S. 233–258.

Velte, P. (2018): Does Gender Diversity in the Audit Committee Influence Key Audit Matters' Readability in the Audit Report? UK Evidence. In: Corporate Social Responsibility and Environmental Management, 25. Jg., Heft 5, S. 748–755.

Velte, P. (2011): Erteilung des Prüfungsauftrags und Überwachung des Abschlussprüfers durch den Prüfungsausschuss – vorbereitende oder ersetzende Tätigkeit. In: NZG, 14. Jg., S. 771–773.

Velte, P. (2013): »Verlässlichkeitslücke« bei der Prüfung von Halbjahresfinanzberichten? In: NZG, 16. Jg., S. 289–291.

Velte, P. (2021): Regulierung der Corporate Governance nach dem Finanzmarktintegritätsstärkungsgesetz (FISG). In: Steuern und Bilanzen, Nr. 11, S. 450–457.

Velte, P./Stiglbauer, M. (2011): Impact of audit Committee with Independent Financial Experts on Accounting Quality. An Empirical Analysis of the German Capital Market. In: Problems and Perspectives in Management, 9. Jg., Heft 4, S. 17–33.

Velte, P. (2022): Regulierung der Sustainable Board Governance – das fehlende Glied in der Kette des »EU Green Deal«-Projekts? In: IRZ, 63. Jg., Heft 2, S. 63–68.

Vetter, E. (2008): In: Marsch-Barner, R./Schäfer, J. G. (Hrsg.): Handbuch börsennotierte AG. 2. Aufl., Köln.

Vetter, E. (2021): Das neue Auskunftsrecht des Prüfungsausschusses nach § 107 Abs. 4 AktG. In: Die Aktiengesellschaft, 66. Jg., Nr. 16, S. 584–588.

Vetter, J. (2020): Zur Zusammensetzung von Prüfungsausschüssen im Geschäftsjahr 2018 (DAX 160). In: WPg, Nr. 16, S. 993–1001.

Vetter, E./Peters, M. (2021): In: Henssler, M./Strohn, L. (Hrsg.): Gesellschaftsrecht., 5. Aufl., München.

Visvanathan, G. (2021): Audit Committee Accounting Expertise and Audit Quality – the Case of Going-Concern Opinions. In: Accounting and Finance Research, 10. Jg., Nr. 3, S. 27–43.

von der Crone, H. C. (2006): Arbeitsteilung im Verwaltungsrat. In: Baer, Ch.: Verwaltungsrat und Geschäftsleitung: Ihre Tätigkeit und ihr Verhältnis zueinander. Bern, S. 79–99.

von Werder, A. (2021): In: Kremer, T./Bachmann, G./Lutter, M./v. Werder, A. (Hrsg.): Kodex-Kommentar – Kommentar zum Deutschen Corporate Governance Kodex. 8. Aufl., München.

von Werder, A./Danilov, K. (2018): Corporate Governance Report 2018: Kodexakzeptanz und Kodexanwendung. In: Der Betrieb, 71. Jg., S. 1997–2008.

von Werder, A./Danilov, K./Schwarz, P. (2021): Corporate Governance Report 2021: Akzeptanz und Anwendung des neuen Kodex. In: Der Betrieb, 74. Jg., Heft 37, S. 2097–2110.

Waclawik, E. (2022): In: Hölters, W. (Hrsg.): Aktiengesetz. 4. Aufl., München.

Walter P./Pauly, W./Beutel, H. (2012): Rechtsprobleme der Abwicklung von Freistellungsansprüchen im kommunalen Wirtschaftsrecht. In: Der Kommunaljurist, S. 446–451.

Wan-Hussin, W. N./Fitri, H./Salim, B. (2021): Audit Committee Chair Overlap, Chair Expertise, and Internal Auditing Practices: Evidence from Malaysia. In: Journal of International Accounting, Auditing and Taxation, 44. Jg., 100413.

Warncke, M. (2010): Prüfungsausschuss und Corporate Governance. Einrichtung, Organisation und Überwachungsaufgabe. 2. Aufl., Berlin.

Waßmer, M. P. (2013): In: Münchener Kommentar zum Bilanzrecht. München.

Weiß, U. (2019): In: Joecks, W./Miebach, K. (Hrsg.): Münchener Kommentar zum Strafgesetzbuch, Bd. 7: Nebenstrafrecht II. 3. Aufl., München.

Wermelt, A./Oehlmann, D. (2019): Prüfung von Risikofrüherkennungssystemen. In: WPg, 72. Jg., S. 1026–1032.

Wheelen, T. L./Hunger, J. D. (2010): Strategic Management and Business Policy: Case. 12. Aufl., Upper Saddle River.

Wilbanks. R. M./Hermanson, D. R./Sharma, V. D. (2017): Audit Committee Oversight of Fraud Risk: the Role of Social Ties, Professional Ties, and Governance Characteristics. In: Accounting Horizons, 31. Jg., Heft 3, S. 21–38.

Wisskirchen, G./Glaser, J. (2012): Internal Investigations aus Sicht des Aufsichtsrates. In: BOARD, S. 148–152.

Withus, K.-H. (2009a): Überwachung der Wirksamkeit von Internen Kontroll- und Risikomanagementsystemen. In: ZIR, 44. Jg., S. 262–268.

Withus, K.-H. (2009b): Zur Umsetzung der HGB-Modernisierung durch das BilMoG: Wirksamkeitsüberwachung interner Kontroll- und Risikomanagementsysteme durch Aufsichtsorgane kapitalmarktorientierter Gesellschaften. In: DB, 62. Jg., S. 82–90.

Withus, K.-H. (2010): Strafbare Handlungen durch Unterlassen – Gefahren für Aufsichtsräte und Compliance-Verantwortliche. In: Zeitschrift für Corporate Governance, 5. Jg., Nr. 2, S. 71–77.

Woidtke, T./Yeh, Y. (2013): The Role of Audit Committee and the Informativeness of Accounting Earnings in East Asia. In: Pacific-Basin Finance Journal, 23. Jg., S. 1–24.

Wolf, K. (2009): Zur Anforderung eines internen Kontroll- und Risikomanagementsystems im Hinblick auf den (Konzern-)Rechnungslegungsprozess gemäß BilMoG. In: DStR, 47. Jg., S. 920–925.

World Economic Forum (2020): Measuring Stakeholder Capitalism Towards Common Metrics and Consistent Reporting of Sustainable Value Creation. Online unter: https://www3.weforum.org/docs/WEF_IBC_Measuring_Stakeholder_Capitalism_Report_2020.pdf (letzter Abruf: 28.02.2022).

World Economic Forum. (2021): The Global Risks Report 2021. Insight Report, 16. Aufl. Online unter: https://www3.weforum.org/docs/WEF_The_Global_Risks_Report_2021.pdf (letzter Abruf: 28.02.2022).

Wustmann, H. (2010): Prüfung von Compliance-Management-Systemen durch den Wirtschaftsprüfer. In: Deloitte Corporate-Governance-Forum, Heft 2, S. 10–11.

Xie, B./Davidson, W. N./DaDalt, P. J. (2003): Earnings Management and Corporate Governance: The Role of the Board and the Audit Committee. In: Journal of Corporate Finance, 9. Jg., S. 295–316.

Yang, J. S./Krishnan, J. (2005): Audit Committees and Quarterly Earnings Management. In: International Journal of Auditing, 9. Jg., S. 201–219.

Zain, M. M./Wahab. E. A. A./Foo, Y. B. (2010): Audit Quality: do the Audit Committee and Internal Audit Arrangements Matters? In: Corporate Ownership & Control, 8. Jg., Nr. 1, S. 333–345.

Zaman, M./Hudaib, M./Haniffa, R. (2011): Corporate Governance Quality, Audit Fees and Non-Audit Services Fees. In: Journal of Business Finance & Accounting, 38. Jg., S. 165–197.

Zang, A. Y. (2012): Evidence on the Trade-Off between Real Activities Manipulation and Accrual-Based Earnings Management. In: The Accounting Review, 87. Jg., S. 675–703.

Zetzsche, D./Noack, U. (2020): Kölner Kommentar zum Aktiengesetz. 4 Aufl., Köln.

Zhou, H./Owusu-Ansah, S./Maggina, A. (2018): Board of Directors, Audit Committee, and Firm Performance: Evidence from Greece. In: Journal of International Accounting, Auditing and Taxation, 31. Jg., S. 20–36.

Zillger, B./Vogt, W. (2021): Krisen früh erkennen. In: Arbeitsrecht im Betrieb (AiB), Nr. 42, Heft 5, S. 31–33.

Zornborstel (2012): Die Verbreitung des Fair Value zur Minimierung verlässlicher Aussagen der Rechnungslegung, Düsseldorf.

Rechtsprechungsverzeichnis

BGH vom 15. November 1982, BGHZ 85, 293.

BGH vom 21. April 1997, NJW 1997, 1926.

BGH vom 4. Februar 2004, StV 2004, 424.

BGH vom 2. April 2007, BB 2007, 1185.

BGH vom 21. Juni 2010, NZG 2010, 943.

BGH vom 20. September 2011, NZG 2011, 1271.

BGH vom 10. Juli 2012, BB 2012, 2522.

BGH vom 6. November 2012, NZG 2013, 339.

BGH vom 19. Februar 2013, NZG 2013, 535.

BGH vom 12. Oktober 2016, WM 2017, 24.

BGH vom 9. Mai 2017, GmbHR 2017, 1213.

BGH vom 20. März 2018, ZIP 2018, 926.

BGH vom 10. Juli 2018, BB 2018, 2423.

BGH vom 18. September 2018, BGHZ 219, 356.

BGH vom 9. Oktober 2018, DB 2019, 294.

BGH vom 15. Januar 2019, ZIP 2019, 564.

KG Berlin vom 29.04.2021, 2 U 108/18.

LG Frankfurt vom 19. Dezember 1995, ZIP 1996, 1661.

LG München I vom 5. November 2009, NZG 2010, 464; bestätigt durch OLG München vom 28. April 2010, NZG 2010, 784.

LG München vom 26. Februar 2010, AG 2010, 922.

LG München vom 10. Dezember 2013, NZG 2014, 345.

OLG Braunschweig vom 14. Juni 2012, ZIP 2012, 1860.

OLG Düsseldorf vom 6.11.2014 – BeckRS 2015, 5651.

OLG Frankfurt vom 1. Oktober 2007, NZG 2008, 272.

OLG Frankfurt vom 17. Februar 2015, BeckRS 2015, 02879.

OLG Frankfurt vom 07.07.2021 – 7 U 19/21.

OLG Frankfurt vom 04.08.2021 – 7 W 13/21.

OLG Stuttgart vom 7. November 2006, AG 2007, 218.

OLG Stuttgart vom 1. Juli 2009, ZIP 2009, 2342.

OLG Stuttgart vom 19. Juni 2012, AG 2012, 762.

Autorenverzeichnis

Jan Bracke ist Senior Manager im Bereich Business Assurance bei Deloitte Deutschland mit mehr als zehn Jahren Berufserfahrung. Er ist Wirtschaftsprüfer und Steuerberater und auf die Prüfung und prüfungsnahe Beratung von Compliance-Management-Systemen, insb. nach IDW PS 980 sowie auch im Rahmen von Revisionsprüfungen, spezialisiert. Jan Bracke ist Mitglied in Arbeitskreisen des IDW sowie beim DICO und Mitherausgeber der Deloitte Studie: »The Future of Compliance«.

Dr. Astrid Bregenhorn-Kuhs ist Tax-Partnerin bei Deloitte Deutschland mit mehr als 20 Jahren Berufserfahrung. Sie berät umfassend sowohl nationale als auch internationale Unternehmensgruppen und verfügt über umfangreiche Erfahrungen im Konzernsteuerrecht. Ihre Beratungsschwerpunkte sind internationales Steuerrecht, Strukturierungs- und Post-Merger-Integration-Beratung, die Beratung bei Betriebsprüfungen sowie die Vertretung bei Steuerstreitigkeiten. Sie ist die verantwortliche Tax-Audit-Partnerin für börsennotierte Konzerne. Dr. Bregenhorn-Kuhs ist Lehrbeauftragte an der Ruhr-Universität Bochum für Konzernsteuerrecht.

Dr. Claus Buhleier ist Partner im Center für Corporate Governance bei Deloitte Deutschland. Er ist Wirtschaftsprüfer, Steuerberater und Certified Public Accountant (CPA) und als Partner im Bereich Audit & Assurance spezialisiert auf die Jahres- und Konzernabschlussprüfung bei börsennotierten Gesellschaften. Aufgrund seiner langjährigen Praxiserfahrung in Abschlussprüfung und Beratung verfügt er über umfassende Expertise bei Themen rund um Aufsichtsräte und Prüfungsausschüsse. Dr. Buhleier ist Leiter des Arbeitskreises »Corporate Governance Reporting« der Schmalenbach-Gesellschaft, Mitglied des IDW-Arbeitskreises »Corporate Governance und Gesellschaftsrecht« sowie Mitherausgeber der Fachzeitschrift »BOARD –Zeitschrift für Aufsichtsräte in Deutschland«. Ferner ist er bei Accountancy Europe deutscher Vertreter in der »Audit Committees Task Force«. Er führt regelmäßig Aufsichtsratsfortbildungen durch (u. a. an der Frankfurt School of Finance & Management sowie an der ICG Real Estate Board Academy) und veröffentlicht Fachbeiträge zu Themen der Corporate Governance.

Maureen Bujno ist Managing Director des Deloitte's Center for Board Effectiveness in den USA und Leiterin der Abteilung Audit & Assurance Governance bei Deloitte & Touche LLP. Als Expertin für eine Vielzahl von Corporate-Governance-Themen arbeitet sie eng mit Vorständen, Ausschüssen und leitenden Angestellten zusammen, um Herausforderungen der Corporate Governance, die Entwicklung von Regeln und führende Praktiken zu diskutieren. Maureen Bujno leitet die Reihe der Governance-Angebote in den USA und ist eine häufige Rednerin und Autorin zu verschiedensten Governance-Themen. Dazu zählen aktuelle Themen wie aufkommende Fragen der Vorstandsführung, die Rolle des Vorstands bei der Risikokontrolle, strategische Risikobewertung, Tagesordnungspunkte des Vorstands und Effektivität sowie führende Praktiken des Prüfungsausschusses.

Sebastian Dingel verantwortet bei Audit & Assurance die Service Offerings Internal Controls Assurance und Sustainability Assurance. Er unterstützt unsere Mandanten bei prüfungsnahen Fragestellungen in Bezug auf ganzheitliche und belastbare Steuerungs- und Berichtsprozesse in der finanziellen Berichterstattung und der Nachhaltigkeitsberichterstattung. Als Sparringspartner von Management und Aufsichtsrat zur Weiterentwicklung risikoorientierter IKS-Modelle liegt sein Augenmerk auf ganzheitlichen Ansätzen zur Unternehmensüberwachung, der Berücksichtigung externer Servicedienstleister und integrierter digitaler Prozessketten sowie globalen Transformationsprojekten. Seit über einem Jahrzehnt liegt sein besonderer Fokus auf der Weiterentwicklung von Governance-Ansätzen datengetriebener Nachhaltigkeitsberichterstattung. Im Rahmen von Prüfungs- und Beratungsprojekten unterstützt er unsere Mandanten in der Entwicklung, Implementierung und Prüfung umfassender datengestützter Berichtsprozesse im Einklang mit den regulatorischen Anforderungen. Seine Projekterfahrung im Hinblick auf das Design und die Prüfung von ESG-Berichtsprozessen umfasst Themenschwerpunkte in den Bereichen ESG-Berichterstattung, EU-Sustainable-Finance-Taxonomie und Green Bonds Reporting.

Karin Dohm ist seit mehr als zehn Jahren Aufsichtsrätin und Prüfungsausschussvorsitzende bei börsennotierten Aktiengesellschaften. Derzeit ist sie Vorsitzende des Prüfungsausschusses und Mitglied des Board der dänischen Danfoss A/S sowie Vorsitzende des Prüfungsausschusses und Mitglied im Aufsichtsrat der Ceconomy AG. Darüber hinaus ist sie Mitglied des Vorstands und CFO der börsennotierten Hornbach Management AG. Zuvor hatte sie zehn Jahre verschiedene globale Führungspositionen bei der Deutschen Bank inne. Bis 2011 war sie Partnerin und Wirtschaftsprüferin im Bereich Financial Services bei Deloitte.

John Paul Fürus ist Rechtsanwalt und Steuerberater in der Kanzlei Wessing & Partner als Fachanwalt für Steuerrecht und Strafrecht. Er verteidigt und berät Unternehmen und Einzelpersonen mit Schwerpunkten im Insolvenz- und Steuerstrafrecht und führt Steuerstreitverfahren. John Paul Fürus ist Lehrbeauftragter im Bereich Strafrecht an der Hochschule für Polizei und öffentliche Verwaltung Nordrhein-Westfalen in Aachen.

Dr. Nima Ghassemi-Tabar ist Director bei Deloitte Deutschland. Er ist Rechtsanwalt und spezialisiert auf die Beratung von Vorständen und Aufsichtsräten zum Gesellschafts- und Konzernrecht einschließlich Fragen der Corporate Governance. Ein weiterer Schwerpunkt sind Aufbau, Prüfung und Verbesserung von Compliance-Management-Systemen sowie die rechtliche Begleitung interner Untersuchungen. Dr. Ghassemi-Tabar ist Herausgeber zahlreicher Standardwerke zum Gesellschaftsrecht und zur Compliance und Corporate Governance sowie geschäftsführender Herausgeber der Compliance-Sonderausgaben der Fachzeitschrift Der Betrieb.

Tracy Gordon ist Director bei Deloitte im Vereinigten Königreich. Hier verantwortet sie zudem die Leitung des »UK Centre for Corporate Governance«. In dieser Funktion beschäftigt sich Tracy Gordon mit Fragen und Themen im Zusammenhang mit der Corporate Governance von börsennotierten und privaten Unternehmen. Außerdem unterstützt sie das unabhängige britische Forum der Vorsitzenden von Prüfungsausschüssen (ACCIF), in dem die Prüfungsausschussvorsitzenden zahlreicher FTSE-350-Unternehmen vertreten sind.

Christian Haas leitet den Bereich IT Assurance in der Finanzindustrie bei Deloitte Deutschland. Er ist Wirtschaftsprüfer und Partner im Bereich Risk Advisory am Standort Frankfurt. Durch seine mehr als 25-jährige Erfahrung in der Beratung und Prüfung verfügt er über umfangreiche Expertise in den Themen IT- und Cyberrisiken bei nationalen und internationalen Mandanten der Finanzindustrie. Weiterhin ist Christian Haas der verantwortliche Deloitte Partner in mehreren Gremien zum Thema »IT Compliance und Informationssicherheit«. Dazu zählt u. a. der »IT Roundtable« der Banken, ein Kreis von Bankern und Wirtschaftsprüfern, der sich mit neuen Anforderungen in der IT (u. a. zu bankaufsichtlichen Anforderungen an die IT – BAIT) auseinandersetzt, sowie der Arbeitskreis »IT-Prüfung bei Instituten« beim Institut der Wirtschaftsprüfer e. V. (IDW). Darüber hinaus leitet er mehrere Initiativen mit Banken und Investmentgesellschaften zur Behandlung weiterer Compliance-Anforderungen (u. a. zum Einsatz neuer Technologien wie Cloud und künstlicher Intelligenz).

Dr. Daniela Hohenfels ist Director im Bereich Accounting & Reporting Advisory. Ihr Fokus liegt in der Beratung von internationalen, kapitalmarktorientierten Unternehmen zu komplexen IFRS-Bilanzierungs- und Reportingthemen, der Erstellung von gutachterlichen Stellungnahmen sowie der Implementierung neuer Rechnungslegungsstandards und Berichterstattungserfordernisse. Zuvor war sie Habilitandin am Fachgebiet Rechnungswesen, Controlling und Wirtschaftsprüfung (Lehrstuhl Prof. Dr. Reiner Quick) an der Technischen Universität Darmstadt mit den Forschungsschwerpunkten earnings management, Prüfungsqualität von Abschlussprüfern, non-financial reporting sowie Effizienz von Prüfungsausschüssen. Sie promovierte auch am Lehrstuhl von Professor Quick.

Andre Konopka ist Partner im Bereich Accounting & Reporting Advisory. Er unterstützt kapitalmarktorientierte Unternehmen, international tätige Familienunternehmen und Private-Equity-Gesellschaften im Umfeld des externen Rechnungswesens. Sein Schwerpunkt liegt hierbei auf der Begleitung von IPOs und Carve-outs, der Unterstützung bei Due-Diligence-Prozessen, der Rechnungslegungsintegration von Zukäufen, der klassischen Rechnungslegungsberatung und der Umstellung der Rechnungslegung.

Dr. Markus Kreeb ist Senior Manager und leitet die Grundsatzabteilung Versicherungen (Audit Financial Services Industry, Insurance) bei Deloitte. Durch seine Erfahrung besitzt er profunde Kenntnisse der nationalen und internationalen Rechnungslegung sowie des Aufsichtsrechts von Versicherungsunternehmen. Dr. Kreeb ist als Autor diverser Veröffentlichungen in Erscheinung getreten und war nach seinem Studium an der Universität Mannheim als wissenschaftlicher Mitarbeiter am Seminar für ABWL, Risikomanagement und Versicherungslehre an der Universität zu Köln tätig.

Katryna Krüger ist seit Februar 2015 beim Institutional Shareholder Services (ISS) tätig, dem weltweit führenden Anbieter von Corporate-Governance- und Responsible-Investment-Lösungen. Dort leitet sie seit September 2021 das Research für Deutschland, Österreich und die Schweiz und verantwortet diverse globale Projekte im Bereich Corporate Governance mit internationalen ISS-Teams.

Sarah Kunasingam führt das Deloitte IPO Center, den zentralen Anlaufpunkt für Mandanten im Zusammenhang mit IPO- und Kapitalmarktbestrebungen. Sie verfügt über 14 Jahre Berufserfahrung in der M&A- und IPO-Beratung großer und mittelständischer Unternehmen ebenso wie von Start-ups aus diversen Industrien. Ihr besonderer Fokus liegt auf der Analyse der Kapitalmarktreife sowie der Unterstützung der IPO-Vorbereitung, u. a. in Form von IPO-Programmen und Financial Support.

Rolf Künemann ist verantwortlicher Partner des Bereichs Audit and Assurance mit dem Schwerpunkt Real Estate bei Deloitte in Deutschland. Er ist Wirtschaftsprüfer und Steuerberater sowie Geschäftsführer der Deutschen Baurevision. Er verfügt über fast 30 Jahre Erfahrung in der Durchführung von Jahresabschlussprüfungen sowie in der prüfungsnahen Beratung von Immobiliengesellschaften. Darüber hinaus ist Rolf Künemann für die Koordination der Erbringung von Deloitte-Immobiliendienstleistungen in mehreren Fachabteilungen bei Deloitte in Nordrhein-Westfalen verantwortlich und als Dozent bei der IREBS und der Real Estate Board Academy des Instituts für Corporate Governance in der Immobilienwirtschaft tätig.

Prof. Dr. Carl-Friedrich Leuschner ist Mitglied des Governance-Ausschusses und Partner von Deloitte in Deutschland. Er ist seit über 25 Jahren als Wirtschaftsprüfer und Steuerberater tätig. Schwerpunktmäßig betreut Professor Leuschner als Abschlussprüfer international bedeutende Unternehmen der Finanzindustrie. Darüber hinaus berät und schult er Aufsichtsräte und ist Autor verschiedener Aufsätze zu aktuellen Themen der Rechnungslegung, Prüfung und Corporate Governance in inländischen sowie ausländischen Fachzeitschriften. Seit 2005 lehrt Carl-Friedrich Leuschner als Honorarprofessor Wirtschaftsprüfung an der Universität Osnabrück.

Markus Link ist Partner und Wirtschaftsprüfer bei Deloitte und leitet den Bereich Business Assurance & Accounting Operations Assurance in Deutschland und für Deloitte Continental Europe. Er verfügt über langjährige Erfahrung in der Durchführung von Konzernabschlussprüfungen internationaler, börsennotierter Gesellschaften. Schwerpunktmäßig beschäftigt er sich mit der Prüfung und der prüfungsnahen Beratung zur Weiterentwicklung der Corporate-Governance-Systeme (CMS, RMS, IKS und IRS) sowie im Bereich der Nachhaltigkeitsberichterstattung und der weiteren Unterstützung insb. des Aufsichtsrats und Vorstands mit Blick auf die Wirksamkeit der internen Kontrollsysteme von Unternehmen i. w. S. Er ist Mitglied der Arbeitskreise »GRC« und »Neue Dienstleistungen« beim IDW.

Jens Löffler ist Audit Partner bei Deloitte Deutschland. Er ist Wirtschaftsprüfer, Steuerberater und als Audit & Assurance Quality Leader gesamtverantwortlich für das Qualitätsmanagementsystem in diesem Bereich in Deutschland. Jens Löffler ist in verschiedenen IDW-Fachgremien tätig, u. a. seit Januar 2021 als Vorsitzer des Hauptfachausschusses des IDW (HFA). Innerhalb des EU Policy Centre von Deloitte nimmt er weitere Aufgaben im Bereich Audit Policy wahr.

Sarah Luisa Maruhn ist seit 2018 für Deloitte im Bereich Wirtschaftsprüfung im Industriesektor tätig. Zuvor war sie als hilfswissenschaftliche Mitarbeiterin am Lehrstuhl für Corporate Governance & Wirtschaftsprüfung an der Johannes Gutenberg-Universität in Mainz tätig, wo sie seit April 2019 an ihrer Promotion arbeitet.

Dr. Peter Maser ist Rechtsanwalt sowie ehemaliger Partner bei Deloitte Legal. Er leitete über viele Jahre den Bereich Bank- und Kapitalmarktrecht bei Deloitte Legal in Deutschland. In seiner Tätigkeit als Rechtsanwalt berät er vornehmlich börsennotierte Gesellschaften in Fragen des Aktienrechts. Herr Dr. Maser ist darüber hinaus Aufsichtsrats- bzw. Verwaltungsratsmitglied börsennotierter Immobiliengesellschaften, einer größeren Regionalbank und eines weiteren Finanzdienstleisters. Seit vielen Jahren ist er Lehrbeauftragter an einer Hochschule und bei einem renommierten Fortbildungsinstitut. Ferner veröffentlicht er regelmäßig Beiträge in Fachzeitschriften.

Daniela Mattheus ist Rechtsanwältin und seit 2021 Co-Managing Partner im ECBE Center for Board Effectiveness GmbH. Zudem ist sie Multiaufsichtsrätin, u.a. als Vorsitzende des Prüfungs- und Compliance-Ausschusses bei »Die Autobahn GmbH des Bundes« sowie unabhängiges Mitglied im Aufsichtsrat der Commerzbank AG. Zuvor hatte sie verschiedene Positionen in Big-Four-Wirtschaftsprüfungsgesellschaften inne, zuletzt als Partnerin von EY Financial Accounting Advisory Services. Frau Daniela Mattheus ist seit 2020 Präsidentin der Financial Experts Association e. V.

Alessandro Miolo ist Managing Partner und Dipl.-Wirtschaftsprüfer des Bereichs Wirtschaftsprüfung von Deloitte AG in der Schweiz. Er ist seit mehr als 25 Jahren in der Prüfung und Beratung von nationalen und internationalen Unternehmen tätig. Während dieser Zeit hat er verschiedene Kunden auch zu Themen im Zusammenhang mit der Corporate Governance und Compliance unterstützt. Er ist bei Deloitte in der Schweiz zudem für das CFO-Programm zuständig.

Daniel Oehlmann ist als Senior Manager bei Deloitte tätig und Wirtschaftsprüfer und Steuerberater. Schwerpunktmäßig berät er Unternehmen zu Nachhaltigkeit und Risikomanagement. Vor seinem Einstieg bei Deloitte war er als Risikomanager eines multinationalen Chemie-, Öl- und Gasunternehmens tätig. Daniel Oehlmann hat umfassende Erfahrung in der Prüfung großer internationaler Mandanten mit komplexen Unternehmensstrukturen. Zusätzlich ist er als Dozent für internationale Finanzberichterstattung tätig.

Krista Parsons ist Managing Director bei Deloitte & Touche LLP. Sie ist im Center for Board Effectiveness tätig und leitet das Audit Committee Lab Program von Deloitte. In dieser Funktion berät sie Vorstände und Aufsichtsräte zu Themen der Corporate Governance von Unternehmen, wobei der Schwerpunkt auf dem Prüfungsausschuss liegt. Darüber hinaus leitet sie das Programm für Prüfungsausschüsse von Deloitte und ist Autorin einschlägiger Deloitte-Publikationen wie dem »Audit Committee Brief«, »On the Audit Committee's Agenda« und dem »Audit Committee Guide«.

Anna Marina Prehn ist als Rechtsanwältin (Syndikusrechtsanwältin) und Senior im Bereich Business Assurance bei Deloitte tätig. Sie ist spezialisiert auf die Konzeptionierung, Implementierung und Überprüfung von Compliance-Management-Systemen. Hierbei liegt ihr Schwerpunkt insb. auf der Identifikation und Bewertung von Rechtsrisiken. Anna Marina Prehn verfügt zudem über Erfahrung in der Beratung von Unternehmen und Unternehmensorganen im Bereich Corporate Governance und Corporate Compliance.

Dr. Arno Probst ist Leiter des Centers für Corporate Governance und des Board-Programms bei Deloitte Deutschland. Er ist Wirtschaftsprüfer, Steuerberater und Partner im Bereich Audit & Assurance in Hamburg. Mit seiner langjährigen Praxiserfahrung in der Prüfung und Beratung von börsennotierten Mandanten und großen internationalen Familienunternehmen verfügt er über weitreichende Expertise in Fragen rund um den Prüfungsausschuss. Dr. Probst ist Lehrbeauftragter für Corporate Governance an der Leuphana Universität in Lüneburg, führt regelmäßig Aufsichtsratsfortbildungen (u. a. an der ESMT) durch und wirkt in zahlreichen Publikationen im Bereich Corporate Governance mit. Er ist zudem Mitglied im Fachbeirat bei »ArMiD (Aufsichtsräte Mittelstand in Deutschland) e. V.«, Frankfurt, einem Verband von Aufsichtsratspraktikern. Er gibt regelmäßig in der Fachzeitschrift »Der Aufsichtsrat« eine Befragung von Aufsichtsrats- und Beiratsmitgliedern zu aktuellen Corporate-Governance-Themen heraus.

Prof. Dr. Reiner Quick leitet, nach Stationen an den Universitäten Mannheim, Essen und Münster, seit 2004 das Fachgebiet Rechnungswesen, Controlling und Wirtschaftsprüfung an der Technischen Universität Darmstadt. Von 2009 bis 2018 hatte er eine Teilzeitprofessur an der University of Southern Denmark inne. Außerdem leitet er seit 2016 den Arbeitskreis Digital Finance der Schmalenbach-Gesellschaft mit. Seit letztem Jahr ist er zudem Honorarprofessor der Universidad de Málaga. Des Weiteren ist er langjähriges Mitglied der Prüfungskommission für das Wirtschaftsprüferexamen. Sein Forschungsschwerpunkt liegt auf dem Gebiet des wirtschaftlichen Prüfungswesens (u. a. Unabhängigkeit, Nichtprüfungsleistungen, Prüfungsmärkte, Prüfungsberichterstattung, sonstige Prüfungsdienstleistungen).

Oliver Rattka ist Partner bei Deloitte im Bereich Financial Advisory und leitet das IPO Services Team in Deutschland. Er hat mehr als 20 Jahre sektorenübergreifende Berufserfahrung in internationalen M&A-Transaktionen und IPO-Prozessen für strategische und finanzielle Investoren. Ein weiterer Fokus liegt auf innovativen digitalen Lösungen. Insbesondere hat er die Entwicklung der Deloitte.Engine, einem End-to-end Datenbank-Tool für komplexe Carve-Outs, Spinoffs und IPO-Prozesse, initiiert und geleitet.

Sven Richtering ist Senior Manager im Bereich Business Assurance bei Deloitte in Deutschland. Als Certified Internal Auditor und anerkannter Prüfer für Interne Revisionssysteme[DIIR] unterstützt er Unternehmen national und international beim Aufbau und der Weiterentwicklung von Revisionsfunktionen sowie bei der operativen Revisionsdurchführung. Weiterhin verfügt Herr Richtering über langjährige Erfahrung in der Prüfung von internen Revisionssystemen.

Maya Riedel ist Senior-Managerin und Steuerberaterin bei Deloitte und berät internationale Konzerne bei der Transformation von Systemen und Prozessen. Ihr beruflicher Werdegang begann bei einer Big-Four-Wirtschaftsprüfungsgesellschaft im Bereich Prozess- und Kontrollprüfung von kapitalmarktorientierten Unternehmen und umfasst einen mehrjährigen Auslandsaufenthalt in Russland, wo sie die Systemtransformation eines deutschen Konzerns begleitete. Bei Deloitte liegt ihr Fokus auf der Finanztransformation, insb. im Kontext von SAP S/4HANA.

Christoph Schenk ist Geschäftsführer von Deloitte und Managing Partner Audit & Assurance. Zudem ist er Mitglied der globalen Audit & Assurance Executive von Deloitte. Er ist Wirtschaftsprüfer und Steuerberater mit mehr als 25 Jahre Berufserfahrung in der Prüfung börsennotierter multinationaler Konzerne. Auf der Basis seiner Erfahrung als Wirtschaftsprüfer in vielen unterschiedlichen Jurisdiktionen berät er Vorstände und Aufsichtsräte globaler Unternehmen in allen Fragen der Corporate Governance.

Prof. Dr. Eberhard Scheffler war Finanzvorstand eines internationalen Konzerns, war Gründungspräsident der Deutschen Prüfstelle für Rechnungswesen (DPR) und lehrte viele Jahre an der Universität Hamburg. Er ist Wirtschaftsprüfer und war Mitglied des Deutschen Standardisierungsrates. Er ist Mitherausgeber des Beck'schen Handbuchs der Rechnungslegung. Seine zahlreichen Fachveröffentlichungen behandeln die Themen Konzernmanagement, Controlling, Finanzierung und Rechnungslegung.

René Scheffler ist Partner im Bereich Business Assurance bei der Deloitte GmbH WPG und verantwortlich für das Deloitte Service Offering Risk Assurance in Deutschland sowie Co-Lead des Service Offerings Corporate Governance Assurance. Er verfügt über 15 Jahre Prüfungs- und Beratungserfahrung in den Bereichen Risikomanagement, Business-Continuity-Management, Compliance-Management, interne Kontrollsysteme und Interne Revision. Er hat zahlreiche Prüfungen und Beratungsprojekte zu Themenstellungen der Corporate-Governance-Systeme auf nationaler und internationaler Ebene für börsennotierte und nicht börsennotierte Unternehmen geleitet. René Scheffler ist Diplom-Kaufmann, arbeitet als Certified Internal Auditor (CIA) und ist Mitglied der Risk Management Association e.V. Ferner ist er regelmäßig Referent zu Themenstellungen des Risikomanagements sowie der Corporate Governance und veröffentlicht regelmäßig Artikel zu diesen Themenkreisen in Fachzeitschriften.

Dr. Matthias Schmidt ist Director im Bereich Sustainability Assurance bei Deloitte. Vor seinem Einstieg in das Unternehmen im Jahr 2019 war er beim Institut der Wirtschaftsprüfer in Deutschland, DWS und International Integrated Reporting Council tätig. Schwerpunktmäßig beschäftigt er sich mit nachhaltigkeitsbezogenen Fragestellungen von Rechnungslegung und Governance. Dr. Schmidt promovierte über integrierte Finanz- und Nachhaltigkeitsberichterstattung bei Prof. Baetge an der Uni Münster. Er ist Lehrbeauftragter an der FH Münster und regelmäßig Referent bzw. Gremienmitglied zu Sustainable Finance.

Michael Sell ist seit September 2021 Leiter der Abschlussprüferaufsichtsstelle APAS. Nach dem Studium der Rechts- und Verwaltungswissenschaft und einer kurzen Tätigkeit in einer internationalen Wirtschaftsprüfungsgesellschaft folgte der Eintritt in das Bundesfinanzministerium. Herr Sell war zwölf Jahre im Bundeskanzleramt tätig. Am Ende leitete er die Gruppe »Finanzpolitik« (mit Steuerpolitik, Bundeshaushalt, Finanzmärkte). Danach wechselte er zur Bundesanstalt für Finanzdienstleistungsaufsicht (BaFin) als Exekutivdirektor für Querschnittsaufgaben/Innere Verwaltung. Von 2012 bis 2018 leitete er als Ministerialdirektor die Steuerabteilung im Bundesministerium der Finanzen (BMF). Anschließend arbeitete er als Rechtsanwalt und Steuerberater, bevor er seine aktuelle Leitungsposition bei der APAS übernahm.

Ingo Speich ist seit 2019 Leiter für Nachhaltigkeit und Corporate Governance bei der Deka Investment. Zuvor hat er 14 Jahre für Union Investment gearbeitet und leitete dort im Portfoliomanagement das Team Nachhaltigkeit und Engagement. Er ist im Vorstand der DVFA und Mitglied der Corporate-Governance-Kommission. Ingo Speich ist Mitglied der Arbeitskreise »Corporate Governance Reporting« und »Sustainable Finance« der Schmalenbach-Gesellschaft. In der 19. Legislaturperiode war er Mitglied des Sustainable-Finance-Beirats der Bundesregierung. Darüber hinaus ist er gelernter Bankkaufmann, CFA Charterholder und besitzt einen Abschluss als Diplom-Kaufmann der Universität Trier sowie einen MBA der European Business School in Oestrich-Winkel und der Durham University.

Silke Splinter ist Director bei Deloitte. Sie ist als Wirtschaftsprüferin und Steuerberaterin qualifiziert und verfügt über umfassende Erfahrung in der Durchführung von Abschlussprüfungen sowohl bei mittelständischen als auch bei international tätigen, börsennotierten Unternehmen. Ihre Tätigkeitsschwerpunkte sind die Prüfungstätigkeit für börsennotierte Konzerne sowie gutachterliche Tätigkeiten. Frau Splinter begleitet regelmäßig Enforcement-Prüfungen bei kapitalmarktorientierten Unternehmen.

Elisabeth Tedesco ist Tax Director bei Deloitte. Sie berät überwiegend multinationale Unternehmen mit Sitz in Deutschland bei Fragen des nationalen und internationalen Konzernsteuerrechts. Im Rahmen von Abschlussprüfungen liegt ihr Fokus auf der Umsetzung eines risikoorientierten Prüfungsansatzes im Prüfungsfeld Steuern sowie der Beurteilung steuerlicher Risiken und ihrer ordnungsgemäßen Abbildung im Jahres- und Konzernabschluss.

Prof. Dr. Dr. Manuel René Theisen ist emeritierter Universitätsprofessor für Betriebswirtschaftslehre an der Ludwig-Maximilians-Universität München. Er hatte an der dortigen Fakultät für Betriebswirtschaft von 1998 bis 2010 den Lehrstuhl für Allgemeine Betriebswirtschaftslehre, Betriebswirtschaftliche Steuerlehre und Steuerrecht inne. Zudem ist Professor Theisen Begründer und seit 2004 geschäftsführender Herausgeber der unabhängigen Fachzeitschrift »Der Aufsichtsrat«, die in der Handelsblatt Fachmedien GmbH erscheint.

William Touche ist Senior Partner und stellvertretender Vorsitzender bei Deloitte London. In seiner über 30-jährigen Berufserfahrung hat er mit einer Vielzahl von FTSE-100-Prüfungs- und

Beratungskunden zusammengearbeitet. Des Weiteren leitet er das »Corporate Governance Centre« von Deloitte sowie das »Executive and Board Programme Team«.

Michael Vertneg ist Partner bei Deloitte in Österreich und hat einen Master in technischer Mathematik von der Technischen Universität in Wien. Als qualifizierter Wirtschaftsprüfer hat er Prüfungserfahrung sowohl in der Bankenbranche als auch in wichtigen Dienstleistungsbereichen für Risikoberatung, die seine berufliche Einstellung in seiner gegenwärtigen Rolle als National Professional Practice Director (NPPD) weiterhin prägen.

Kai Vogeler ist Director bei Deloitte und leitet den Bereich Transformation Assurance in Deutschland. Er hat mehr als 20 Jahre Erfahrung in der Prüfung und Beratung von kapitalmarktorientierten internationalen Konzernen zu den Themen Transformation der Finanzfunktion, Post Merger Integration, IPO-Readiness-Programme sowie zur Transformation von Geschäftsprozessen und IT-Systemen. Sein aktueller Fokus liegt auf der Beratung des CFO Office sowie des Aufsichtsrats zu Fragen der Auswirkung der Digitalisierung auf die Unternehmensüberwachung.

Walter Vogt, Diplombetriebswirt (FH) und Restrukturierungs- und Sanierungsberater, ist hauptamtlicher Gewerkschaftssekretär beim IG-Metall-Vorstand in Frankfurt/M im Ressort Betriebsverfassung/Mitbestimmungspolitik, in dem bei der IG Metall auch die Besetzung der Vorschläge der gewerkschaftlichen Aufsichtsratsmandate, deren Qualifizierung und die Begleitung der Wahlen nach den entsprechenden Wahlordnungen der Mitbestimmungsgesetze erfolgt. Als externer Arbeitnehmervertreter der IG Metall hat er Erfahrung als stellvertretender Prüfungsausschussvorsitzender im Aufsichtsrat eines börsennotierten Maschinenbauers gesammelt und ist aktuell Mitglied im Aufsichtsrat und im Risiko- und Prüfungsausschuss der Mercedes-Benz Bank AG, Stuttgart und daneben Mitglied im Aufsichtsrat der Mercedes-Benz Mobility AG, Stuttgart sowie der Honeywell Deutschland Holding GmbH, Offenbach. Ferner ist er als Mitglied der Genossenschaft Vorsitzender des Aufsichtsrats der Baugenossenschaft Darmstadt eG und koordiniert darüber hinaus das Themenfeld Nachhaltigkeit beim IG-Metall-Vorstand.

Thomas von Oehsen arbeitet seit 2020 als Senior Advisor bei FGS Global. Seine Schwerpunkte liegen in der strategischen und kommunikativen Positionierung von Unternehmen in den Bereichen Corporate Governance, Nachhaltigkeit und Investor Relations, einschließlich dem Umgang mit einflussreichen und aktivistischen Investoren. Davor war er 14 Jahre bei Institutional Shareholder Services (ISS), dem weltweit führenden Anbieter von Corporate-Governance- und Responsible-Investment-Lösungen. Dort leitete Thomas von Oehsen viele Jahre das Research für Deutschland, Österreich und die Schweiz und war zudem mitverantwortlich für die globalen ISS-Abstimmungsrichtlinien. Vor seiner Zeit bei ISS arbeitete er u. a. im Finanzdienstleistungsbereich der ehemaligen DaimlerChrysler AG. Er ist Volljurist mit einem Abschluss der Freien Universität Berlin und hat einen Master of Business Administration.

Prof. Dr. Jürgen Wessing ist als Fachanwalt für Strafrecht qualifiziert. Er ist Partner der auf Wirtschafts- und Steuerstrafrecht spezialisierten Kanzlei Wessing & Partner sowie Lehrbeauftragter für Strafprozessrecht und Steuerstrafrecht an der Universität Düsseldorf. Er ist als Koordinator sowie Verteidiger in Umfangsverfahren von mehrjähriger Dauer sowie in der Präventions- und Krisenberatung von Produktionsfirmen, Kreditinstituten und internationalen Konzernen tätig. Nicht zuletzt ist er Autor zahlreicher Publikationen zum Strafprozessrecht und zu materiellem Strafrecht und kann auf eine umfangreiche Vortragstätigkeit zu Themen des Wirtschafts- und Steuerstrafrechts verweisen.

Dr. Ralph Wyss ist Partner bei Deloitte in Zürich. Er ist Schweizer Rechtsanwalt und promovierter Jurist mit rund 30 Jahren Berufserfahrung, vornehmlich in der Finanzdienstleistungsbranche. Bei Deloitte leitet er den Bereich Risk and Regulatory Assurance Services. Er unterstützt außerdem die Restructuring Services im Bereich der Umstrukturierung und Liquidation von Banken. Er ist ein ausgewiesener Experte für Geldwäschebekämpfung und Compliance auf dem Schweizer Markt. Ferner ist Dr. Wyss Co-Autor eines führenden Kommentars zum schweizerischen Geldwäschereigesetz.

Die Herausgeber bedanken sich bei allen Autoren für ihre Mitwirkung.

Stichwortverzeichnis

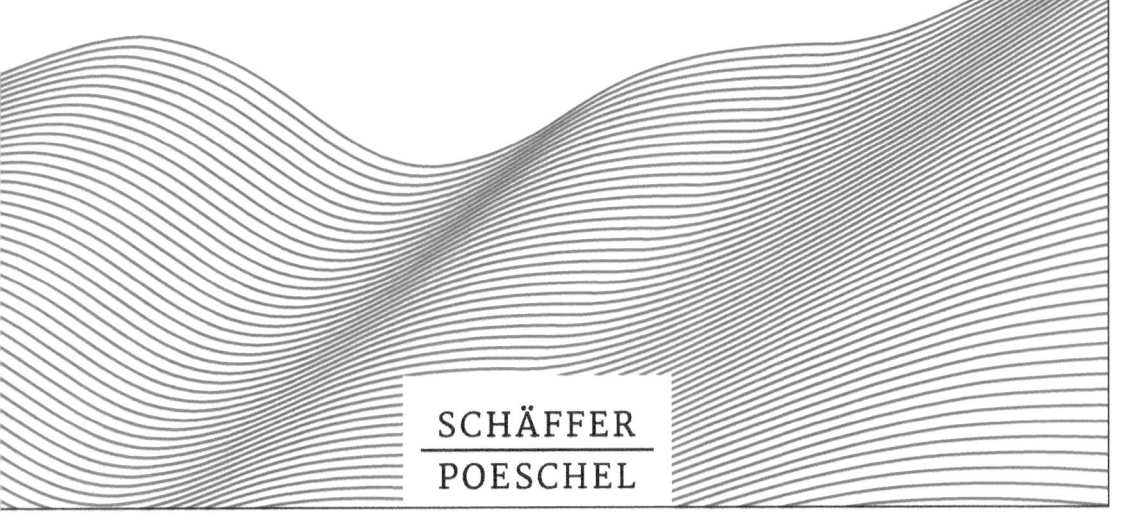